ADOLF HITLER

TRADUÇÃO

Renate Müller

Karina Janini

Petê Rissatti

Simone Pereira

ADOLF HITLER

VOLUME 1

Os anos de ascensão 1889-1939

VOLKER ULRICH

Amarilys

Título original em alemão:
Adolf Hitler, Band 1: Die Jahre des Aufstiegs 1889-1939

Copyright © S. Fischer Verlag GmbH, Frankfurt am Main 2013

Amarilys é um selo editorial Manole.

EDITOR-GESTOR: Walter Luiz Coutinho
EDITOR: Enrico Giglio
PRODUÇÃO EDITORIAL: Luiz Pereira
PREPARAÇÃO: Susana Yunis, Luiza Bonfim
REVISÃO: Ana Lúcia Mendes, Bruna Cordeiro, Karina Sávio, Maitê Zickuhr
EDITORAÇÃO ELETRÔNICA: Anna Yue
CAPA E PROJETO GRÁFICO: Daniel Justi

Dados Internacionais de Catalogação na Publicação (CIP)
(Câmara Brasileira do Livro, SP, Brasil)

Ulrich, Volker
Adolf Hitler : os anos de ascensão : 1889-1939,
volume 1 / Volker Ulrich. – Barueri, SP : Amarilys, 2015.
Título original: Adolf Hitler : band 1 : Die Jahre des Aufstiegs 1889-1939.

Vários tradutores.
Bibliografia.
ISBN 978-85-204-4063-6

1. Alemanha - Política e governo - 1933-1945
2. Hitler, Adolf, 1889-1945 3. Nazismo I. Título.

15-08529   CDD-943

Índices para catálogo sistemático:
1. Hitler, Adolf : Alemanha : História 943

Todos os direitos reservados.
Nenhuma parte deste livro poderá ser reproduzida, por qualquer processo,
sem a permissão expressa dos editores.
É proibida a reprodução por Xerox.

A Editora Manole é afiliada à ABDR – Associação Brasileira de Direitos Reprográficos.

Edição brasileira – 2016

Editora Manole Ltda.
Av. Ceci, 672 – Tamboré
06460-120 – Barueri – SP – Brasil
Tel.: (11) 4196-6000 – Fax: (11) 4196-6021
www.amarilyseditora.com.br | info@amarilyseditora.com.br

Impresso no Brasil | *Printed in Brazil*

A tradução deste livro teve o apoio do Goethe-Institut, que é
financiado pelo Ministério das Relações Exteriores da Alemanha.

Introdução VII

1 O jovem Hitler.   3

2 Os anos em Viena 20

3 A experiência crucial da guerra 37

4 O salto para a política. 58

5 O rei de Munique 74

6 Golpe e processo 110

7 A prisão de Landsberg – *Mein Kampf*. 138

8 O "Führer" à espreita 157

9 O prodígio da política alemã 189

10 Hitler e as mulheres 229

11 O jogo pelo poder 250

12 O fatídico janeiro de 1933 301

13 Hitler em pessoa 328

14 A instauração da ditadura. 359

15 Revisão de Versalhes. 416

16 O culto ao Führer e a comunidade do povo. 449

17 Estilo de governo e arquitetura monumental 498

18 A corte de Berghof 537

19 Em luta contra as igrejas 565

20 A radicalização da "política judaica" 583

21 A caminho da guerra. 605

Notas 675

Referências. 901

Créditos fotográficos. 933

Agradecimentos. 935

Índice onomástico 937

INTRODUÇÃO

"Esse menino não vai dar em nada, mas isso não é motivo para achar que seu caráter e seu destino não sejam interessantes!" Nem que as pessoas "deixarão de se ocupar com a sua personalidade sombria", escreveu Thomas Mann em seu ensaio *Irmão Hitler*, publicado em 1939.[1] No entanto, era de se esperar que, com o distanciamento crescente em relação ao Terceiro Reich, o interesse nesse grande malfeitor da história alemã diminuísse gradualmente. Mesmo assim, vem acontecendo o oposto: a política do passado da República Federal da Alemanha é, também, uma história de ondas hitlerianas periodicamente recorrentes. Desde a virada do milênio, o interesse obsessivo parece ter aumentado. "Nunca se falou tanto em Hitler", escreveu o historiador Norbert Frei, de Jena, na abertura de seu livro *1945 und wir. Das Dritte Reich im Bewusstsein der Deutschen* [1945 e nós. O Terceiro Reich na consciência dos alemães], publicado em 2005, no ano em que se comemorou sessenta anos do final da ditadura nazista e da Segunda Guerra Mundial.[2] De fato, o tema esteve presente na mídia como nunca antes. Seja na televisão ou no cinema, nos títulos de revistas ou em livros de tema histórico, em todos os lugares nos deparávamos com a imagem do "Führer". E não havia nenhuma evidência de que isso seria diferente em 2015, ano do 70º aniversário do fim da guerra.

Há muito tempo a indústria mundial de entretenimento se apoderou desse assunto, e Hitler transformou-se em um tipo de "ícone popular do horror" que, colocado em cena com alarde marqueteiro, promete os efeitos mais horripilantes. Ainda hoje, o "Führer" dos nazistas, aquele homem que comandou a história da Alemanha e do mundo durante doze anos, continua sendo "a droga mais poderosa capaz de chamar a atenção".[3] O potencial de entusiasmo conferido por sua personalidade amedrontadora nunca foi superado por outra figura histórica, nem mesmo por Stálin. Isso se deve, naturalmente, à dimensão monstruosa dos crimes cometidos pelos alemães enquanto Hitler estava no poder, e não "em nome da Alemanha".

Paralelamente ao mercado de entretenimento, e em grande parte não afetada por ele, a historiografia internacional levou adiante a pesquisa sobre Hitler e o nacional-socialismo. Nenhum objeto histórico foi mais bem pesquisado em todos os seus ângulos e ramificações do que esse: a literatura sobre o assunto é tão vasta que atualmente enche bibliotecas inteiras. Da mesma forma, o interesse dos historiadores especializados nessa "figura sombria" continua inabalável. O mistério que envolve a figura de Hitler, as questões sobre como e por que ele chegou ao poder e pôde exercê-lo por mais de uma década – com as consequências catastróficas bem conhecidas – sempre buscam novas explicações. Não faltam tentativas para se aproximar do "fenômeno" por meio de biografias; no entanto, dentre tantas publicações, somente poucas – quatro, na verdade – podem ser consideradas importantes e intrigantes: a primeira biografia de Konrad Heiden, em dois volumes, escrita durante seu exílio na Suíça em meados do ano de 1939; o clássico *Studie Eine Tyrannei* [Estudo da tirania], de Alan Bullock, desenvolvido no início dos anos cinquenta; o grande retrato de Hitler e sua época de Joachim Fest, publicado inicialmente em 1973 e, por fim, a obra mais completa e abrangente de Ian Kershaw, em dois volumes (1998 e 2000).[4]

A biografia de Konrad Heiden foi uma tentativa de "reconhecimento da importância histórica do fenômeno Hitler enquanto este ainda exercia seu poder".[5] Como jornalista do *Frankfurter Zeitung* em Munique entre 1923 e 1930, o autor teve a oportunidade de acompanhar de perto a ascensão de Hitler e sua transformação em celebridade. Seu livro foi baseado em suas observações e nas informações obtidas de pessoas que faziam parte do círculo do agitador de Munique. Heiden resistiu à tentação de mistificar Hitler ou transformá-lo em uma pessoa hilária: "O 'herói' deste livro não é um *Übermensch* [super-homem], tampouco um bicho-papão", frisou Heiden em seu prefácio, datado de agosto de 1935, "e sim um indivíduo contemporâneo interessante e, se observado do ponto de vista numérico, o maior arrebatador de massas da história mundial".[6] Embora muitos detalhes biográficos tenham sido corrigidos pela pesquisa, a obra ainda nos fascina pela quantidade de julgamentos adequados e análises inteligentes, por exemplo, em relação à atuação de Hitler como orador e o "caráter duplo" de sua existência.[7]

Entre os exilados, essa obra precoce foi recebida com entusiasmo. "Só se fala na biografia fulminante de Hitler escrita por Konrad Heiden", escreveu Thea Sternheim, a segunda ex-esposa do dramaturgo Carl Sternheim, no final de outubro de 1935. "Os holofotes se voltam para a Alemanha. De repente, agradecemos a Deus pela existência dessa consciência tão bela. Não será esse livro a brecha decisiva nesse crime flagrante que está ocorrendo na Alemanha?"[8] O conde Harry Kessler, patrono das artes e diplomata, exilado na França, também elogiou a obra: "Um livro sábio e perspicaz. 'A união entre um homem inteligente e um povo fracassado.' Perfeito."[9] A Gestapo e o SD fizeram investigações sobre o autor, que conseguiu fugir para os Estados Unidos, passando por Lisboa, depois da invasão da França pela Wehrmacht em 1940.[10]

A brilhante estreia de Alan Bullock em 1952 foi o ponto de partida da pesquisa científica sobre o "fenômeno Hitler". Esse historiador britânico teve acesso aos documentos alemães confiscados, que foram apresentados como prova nos Processos de Nuremberg e que logo depois foram publicados.[11] Bullock descreveu o ditador alemão como um "oportunista totalmente desprovido de princípios", movido apenas por seu "desejo de poder", e isso em "sua forma mais crua e refinada".[12] Em suas palavras finais, Bullock baseou-se explicitamente no depoimento do presidente do Senado em Danzig, Hermann Rauschning que, por pouco tempo, exerceu uma grande influência sobre a avaliação de Hitler com seu livro *Revolution des Nihilismus* [Revolução do niilismo], publicado no exílio em 1938. Nele, Rauschning, entre outras coisas, afirmou que o nacional-socialismo é "um movimento por excelência, uma dinâmica absoluta, revolução com denominadores diferentes e sempre pronta para trocá-los". Mas o nacional-socialismo certamente não é "uma crença e doutrina".[13]

A tese sobre Hitler, um oportunista expoente da *Machtpolitik*, foi revista pelas pesquisas feitas nas décadas seguintes. O mérito foi do historiador Eberhard Jäckel, de Stuttgart, que forneceu evidências convincentes de que Hitler tinha uma "visão mundial global" consistente, apesar de sua loucura ideológica, e de que essa visão guiou consideravelmente seus atos. Os dois elementos mais importantes dessa visão mundial eram, de acordo com Jäckel, a "eliminação dos judeus" e a conquista de "espaços vitais no Leste" – pontos axiomáticos fixos aos quais Hitler permaneceu fiel desde a década de 1920.[14] Essa percepção fundamental foi captada por Fest, bem como por Kershaw, e também foi confirmada pelo estudo existente.

A biografia de Hitler escrita por Fest e publicada cerca de vinte anos depois da de Bullock, impressionou não somente pela qualidade literária da apresentação – "Desde Thomas Mann, ninguém havia escrito um texto em alemão tão bem sobre Hitler", elogiou Erberhard Jäckel[15] – mas também "pela capacidade de interpretação densa e, ao mesmo tempo, abrangente", como notou Karl-Dietrich Bracher. Este, por sua vez, preparou o terreno para uma observação crítica da origem, estrutura e consequências do domínio nacional-socialista com seus trabalhos *Die Auflösung der Weimarer Republik*, *Die nationalsozialistische Machtergreifung* e *Die deutsche Diktatur*, escritos nos anos 1950 e 1960.[16] Historiadores alemães especializados, um tanto envergonhados, se questionam por que um *outsider* como o jornalista Fest foi capaz de realizar essa façanha, e não alguém do seu meio.[17]

Fest não somente criou um psicograma da personalidade de Hitler, até então não superado, mas também o inseriu no contexto de sua época. Como pré-requisito mais importante para a ascensão de Hitler, Fest descreveu a coincidência de condições individuais e gerais, "a correspondência quase indecifrável entre um homem com essa época e a época com esse homem".[18] Para que o contexto se tornasse plausível, Fest inseriu "observações intermediárias" na apresentação cronológica continuada, nas quais mesclou a biografia individual e vertentes de desenvolvimento supraindividuais. A partir dessas observações, Fest criou a constatação paradoxal de que Hitler, embora a tenha detestado, se transformou no "fantasma alemão da revolução", no qual se mesclaram traços modernos e saudosistas de maneira peculiar.[19]

Muitas críticas foram feitas à interpretação de Fest, que não se baseou em fontes de arquivos recentes, e sim na literatura publicada até então. Assim, verificou-se com razão que o papel das elites conservadoras, que abriram as portas do poder para Hitler, não foi muito bem elucidado.[20] Também não podemos negar que, em algumas partes da apresentação, tal como na crítica ao estilo de Hitler em *Mein Kampf* [Minha luta], é possível notar claramente a altivez do autor diante do arrivista iliterato.[21] É importante citar que a interpretação do papel de Hitler feita por Fest foi fortemente influenciada por seu principal informante, o arquiteto predileto de Hitler e, mais tarde, ministro de Armamentos, Albert Speer. Fest, um jornalista experiente e bem articulado, auxiliou Albert Speer em suas "memórias", publicadas em 1969, e este, por sua vez, forneceu informações a Fest durante a elaboração da biografia de Hitler. Assim, algumas das lendas de Speer fizeram parte da interpretação de Fest, como sua autocaracterização como especialista não político, que sucumbiu ao poder de sedução do ditador.[22]

No entanto, não há como negar que Fest conseguiu um feito importante. Com seu trabalho pioneiro, "certamente esse será, por muito tempo, o livro mais importante sobre Hitler", profetizou o historiador Klaus Hildebrand, de Bonn, durante uma reunião.[23] Na verdade, somente após 25 anos um historiador inglês, Ian Kershaw, se atreveu a escrever uma grande biografia de Hitler. O primeiro volume foi lançado em 1998; dois anos depois, foi publicado o segundo. Kershaw pôde se basear em fontes às quais Fest não teve acesso, principalmente os diários do *Gauleiter* berlinense e, mais tarde, ministro da Propaganda, Joseph Goebbels, cuja edição começou a ser preparada nos anos 1980 pelo Instituto de História Contemporânea de Munique.[24]

Em suas observações iniciais, o conhecido historiador de Sheffield admitiu, candidamente, que de certa forma abordou Hitler "do modo errado", ou seja, a partir das estruturas do domínio nazista, as quais ele havia estudado extensivamente em suas publicações anteriores. Por isso, diferente de Fest, Kershaw não se interessou tanto pelo "caráter peculiar do homem", e sim pelas condições sociais e forças que possibilitaram a existência de Hitler. A isso esteve associada uma mudança de perspectiva: "A tarefa do biógrafo [...] não consiste em se concentrar na personalidade de Hitler, e sim em focalizar a natureza do poder – o poder do 'Führer'". Para explicar o tremendo impacto desse poder, é preciso "lançar um olhar atento às expectativas e motivações da sociedade alemã", e menos a Hitler.[25] Portanto, o que Kershaw pretendia não era nada mais, nada menos do que uma "biografia de Hitler do ponto de vista sociológico".[26]

Kershaw acreditava ser capaz de provar que, em muitas situações, o próprio Hitler não precisava agir, pois a sociedade alemã, dos sátrapas que o rodeavam até os *Volksgenossen*,* sempre estavam dispostos a "trabalhar a favor do Führer", ou seja, antecipando e satisfazendo seus desejos com rapidez".[27] O historiador britânico foi acusado de fomentar uma imagem de Hitler pela qual o ditador é apresentado como

---

* Termo do nacional-socialismo cujo significado é "membro da raça ariana". (N.T.)

"passível de substituição, supérfluo e, na melhor das hipóteses, fraco".[28] Contudo, Kershaw não chega a tanto. O papel de Hitler e suas fixações ideológicas delirantes são levados em consideração, mas, ao mesmo tempo, Kershaw deixa claro que, sem a participação de um grande número de indivíduos que trabalhavam a seu favor, a realização de suas ambições criminosas teria sido impossível. Somente a partir de interações entre as intenções de Hitler e a necessidade de ação estruturalmente condicionada, que partia de iniciativas de seus subordinados e de instituições, é possível explicar – de acordo com a tese central – o desencadeamento da dinâmica do regime, que levou a soluções cada vez mais radicais. Com isso, Kershaw encerrou definitivamente a longa e infrutífera disputa entre a escola "intencionalista" e a "estruturalista" na historiografia alemã.[29]

"As bibliotecas registram 120 mil obras sobre Hitler. A obra de Kershaw é um maciço central", concluiu o editor do *Frankfurter Allgemeinen Zeitung*, Frank Schirrmacher, em seu discurso arrebatado.[30] Será que depois dessa biografia monumental de Hitler ainda existe a necessidade de uma nova? Afinal, desde a publicação do primeiro volume da obra de Kershaw já se passaram mais de quinze anos. Desde então, as engrenagens da pesquisa não pararam, e continuaram rodando com velocidade crescente.[31] Surgiram muitos outros livros que prometiam revelar novas facetas da personalidade de Hitler e informações sobre determinadas fases de sua vida: a biografia fisiognomônica de Claudia Schmölder, *Hitlers Gesicht* [O rosto de Hitler] (2000); o polêmico livro de Lothar Machtan, com revelações sobre a suposta orientação homossexual do ditador, *Hitlers Geheimnis* [O segredo de Hitler] (2001); o trabalho fundamental de Birgit Schwarz sobre a concepção artística de Hitler, *Geniewahn: Hitler und die Kunst* [Hitler e a arte](2009); a pesquisa de Timothy W. Ryback sobre a biblioteca de Hitler e seus hábitos de leitura, *A biblioteca esquecida de Hitler* (2008); o retrato do jovem Hitler escrito por Dirk Bavendamm, *Der junge Hitler* [O jovem Hitler], (2009); a procura de Thomas Weber por pistas sobre a experiência de guerra do soldado Hitler, *Hitlers erster Krieg* [A primeira guerra de Hitler] (2010); a tentativa de Ralf Georg Reuth de esclarecer as origens do ódio antissemita de Hitler, *Hitlers Judenhass* [O ódio de Hitler pelos judeus] (2009); os estudos pioneiros de Othmar Plöckinger sobre os "anos de formação" de Hitler em Munique, de 1918 a 1920 (2013), e sobre a história de Hitler em *Mein Kampf* (2006); a tese de Ludolf Herbst sobre a encenação de um messias alemão, *Hitlers Charisma* [O carisma de Hitler] (2010); a investigação de Mathias Rösch, *Die Münchner NSDAP 1925-1933* [A NSDAP de Munique 1925-1933] (2002); a história sobre a "casa marrom", de Andreas Heusler, *Wie München zur "Hauptstadt der Bewegung" wurde* [Como Munique se transformou na "capital do movimento"](2008); as pesquisas de Sven Felix Kellerhoff e Thomas Friedrich sobre a postura de Hitler em relação à capital do reino alemão, *Hitlers Berlin* [A Berlim de Hitler] (2003) e *Die missbrauchte Hauptstadt* [A cidade abusada] (2007).

A vida privada de Hitler também foi investigada mais a fundo na última década – começando com a documentação de Anton Joachimsthaler, *Hitlers Liste* [A lista de

Hitler] (2003), que tentou desvendar a rede de relacionamentos pessoais de Hitler com base na sua lista de presentes recebidos entre 1935 e 1936, passando pela pesquisa de Brigitte Hamann sobre a relação de Hitler com a família Wagner, *Winifred Wagner und Hitlers Bayreuth* [Winifred Wagner e a Bayreuth de Hitler] (2002), e o livro de Eduard Bloch, médico de Linz, *Hitlers Edeljude* [O judeu nobre de Hilter] (2008), além da história de Wolfgang Martynkewicz sobre Hugo e Elsa Bruckmann, um casal de editores de Munique e partidários de primeira hora de Hitler, *Salon Deutschland* [Salão Alemanha] (2009); a reconstrução do triângulo amoroso entre Hitler, sua sobrinha Geli Raubal e seu motorista Emil Maurice, escrita por Anna Maria Sigmund, *Des Führers bester Freund* [O melhor amigo de Hitler] (2003); e a biografia meticulosamente pesquisada *Eva Braun – Ein Leben mit Hitler* [Eva Braun – Uma vida com Hitler] (2010), escrita por Heike B. Görtemaker, que acabou com inúmeras lendas sobre a amante do Führer. Ainda devem ser mencionados a investigação de Ulf Schmidt, *Hitlers Arzt Karl Brandt* (2009), escrita com embasamento na História da Medicina; os estudos de Jürgen Trimborn sobre o escultor de Hitler, *Arno Breker – Der Künstler und die Macht* [Arno Breker – O artista e o poder] (2011), e sobre a principal cineasta do Führer *Leni Riefenstahl – Eine deutsche Karriere* [Leni Riefenstahl – Uma carreira alemã] (2002); a biografia dupla escrita por Karin Wieland, *Dietrich & Riefenstahl. Der Traum von der neues Frau* [Dietrich e Riefenstahl. O sonho da nova mulher] (2011); e o relato sobre o primeiro arquiteto de Hitler, *Paul Ludwig Troost 1878-1934* [Paul Ludwig Troost 1878-1934] (2012), feito por Timo Nüßlein.

Ao mesmo tempo, foram publicadas numerosas biografias sobre os principais homens da República de Weimar e do Estado nacional-socialista, que trouxeram novas informações sobre Hitler e seu governo – entre elas, a apresentação de Wolfram Pyta, *Hindenburg: Hersschaft zwischen Hohenzollern und Hitler* [Hindenburg: O poder entre os Hohenzoller e Hitler] (2007); os textos de Peter Longerich sobre Heinrich Himmler, chefe da polícia nacional-socialista e do aparelho do terror nazista (2008) e sobre o chefe de propaganda Joseph Goebbels (2010); a biografia de Otto Dietrich, chefe de imprensa de Hitler, escrita por Stefan Kring (2010); a de Alfred Rosenberg, o chefe de ideologia de Hitler, elaborada por Ernst Piper (2005); a do comandante do Serviço de Segurança do Reich Reinhard Heydrich, feita por Robert Gerwarth (2011); a de Walter Frank, o principal jurista de Hitler e, mais tarde, governador--geral da Polônia após sua ocupação, escrita por Dieter Schenk (2006); a obra de Hans Otto Eglau sobre o patrono de Hitler, o industrial Fritz Thyssen (2003); o texto de Christopher Kopper sobre o banqueiro de Hitler, Hjalmar Schacht (2006); o de Kirstin A. Schäfer sobre Werner von Blomberg, *Hitlers ersten Feldmaschall* (2006); o de Klaus-Jürgen Müller sobre o *Generaloberst* Ludwig Beck (2008); e o de Johannes Leicht sobre Heinrich Claß, o presidente do Alldeutscher Verband (2012).

Além disso, existem inúmeras novas monografias e ensaios sobre os aspectos individualizados do Terceiro Reich, que foram alimentados com os nossos conhecimentos sobre as bases e sobre o modo de funcionamento do sistema nacional-

-socialista. Citaremos somente o estudo provocador de Götz Aly, *Hitlers Volksstaat* (2005), a história da economia no nacional-socialismo *Ökonomie der Zerstörung* (2007), escrita por Adam Tooze; o estudo de Wolfgang König sobre a sociedade de consumo nacional-socialista, *Volkswagen, Volksempfänger, Volksgemeinschaft* (2004); a apresentação de Markus Urban sobre os dias do partido, *Die Konsensfabrik* (2007); o improvável *bestseller* escrito por uma equipe de pesquisadores incluindo Eckart Conze, Norbert Frei, Peter Hayes e Moshe Zimmermann sobre a história do Ministério do Exterior, *Das Amt und die Vergangenheit* [O cargo e o passado] (2010); as pesquisas esclarecedoras de Frank Bajohr sobre a corrupção na era nazista, *Parvenüs und Profiteure* [Arrivistas e oportunistas] (2001) e a abordagem inovadora sobre o grupo de liderança do Ministério da Segurança do Reich, *Generation des Unbedingten* [A geração da incondicionalidade] (2002), bem como os excessos de violência contra os judeus na província alemã *Volksgemeinschaft als Selbstermächtigung* [A comunidade nacional como autocapacitação] (2007). Nos últimos anos, esse conceito de "comunidade nacional" foi exaustivamente discutido na História e, não por acaso, em 2010 o Museu Histórico Alemão dedicou a ele uma exposição sob o título "Hitler e os alemães".[32] Por fim, o historiador britânico Richard J. Evans escreveu a história mais abrangente até o momento sobre o nacional-socialismo, a trilogia *O Terceiro Reich* (2004, 2006, 2009), que pode reivindicar o posto de referência sobre o assunto.

Reunir todo esse material e sintetizá-lo já seria o suficiente para justificar o esforço de escrever uma nova biografia de Hitler. Mas a intenção deste livro não se limita a isso. Pelo contrário: aqui, a personalidade de Hitler, que na apresentação de Kershaw ficou delegada a um segundo plano, voltará a ocupar uma posição central, sem negligenciar as condições sociais que permitiram a sua ascensão meteórica. Para tal, algumas suposições que permeiam praticamente toda a literatura sobre essa personalidade são postas à prova. A primeira é a de que Hitler era uma figura bem normal, com horizontes intelectuais limitados e pouco traquejo social. O problema central de todas as abordagens a respeito dele, como já havia formulado Karl-Dietrich Bracher, é explicar "como um homem tão limitado existencialmente foi capaz de estabelecer e propagar uma ideologia de dimensões históricas e consequências mundiais de tal porte, e que tanto dependiam dele".[33] Esse mesmo questionamento básico foi feito por Kershaw: "Como explicar que um indivíduo com tão poucos dotes intelectuais e habilidades sociais [...] foi capaz de um impacto histórico tão intenso, deixando o mundo todo embasbacado?".[34]

Mas e se a existência de Hitler não tiver sido tão limitada e seus dotes intelectuais tão pouco desenvolvidos como se convencionou afirmar? Kershaw, bem como a maioria dos biógrafos do Führer, afirma que seu "único e indiscutível talento" consistia na sua capacidade de "mobilizar os mais primordiais sentimentos das massas".[35] Que Hitler era dono de um talento extraordinário para discursar é um fato incontestável, e isso teve uma importância fundamental em sua ascensão nos anos vinte e início dos anos trinta. No entanto, o presidente do NSDAP era muito

XIII

mais do que um demagogo de primeira; ele também era um ator muito talentoso, um mestre na arte de representar usando diversas máscaras e assumindo os papéis mais variados. Ninguém foi capaz de desmascará-lo tão bem quanto Charlie Chaplin, no filme *O grande ditador*, de 1949. Em 1972, depois que Albert Speer assistiu ao filme, elogiou o artista que "em sua tentativa de desvendar o caráter de Hitler, foi mais bem-sucedido que qualquer outro cineasta contemporâneo".[36]

O "estranho caráter teatral" da existência de Hitler, do qual Fest já falara,[37] será usado aqui como um *Leitmotiv* da apresentação. A capacidade de representar, que Hitler empregava para enganar tanto seus seguidores como seus adversários, camuflando suas verdadeiras intenções, é sem dúvida outro segredo importante do seu sucesso como político. O ministro das Finanças Lutz Schwerin von Krosigk, ao se lembrar do fim do Terceiro Reich após dezessete anos, refere-se à "hipocrisia extrema" como o traço predominante do caráter de Hitler: "Ele não era honesto nem mesmo com seus confidentes mais próximos; acredito que ele era completamente hipócrita, a ponto de não conseguir mais diferenciar o limite entre a mentira e a verdade".[38] Com esse seu julgamento moralizante, Schwerin von Krosigk foi novamente enganado por Hitler, um mestre em ludibriar seus aliados conservadores.

Hitler gostava de se apresentar como um artista frustrado, um homem que foi desviado para a política contra a sua vontade, e essa automistificação como "artista político" também deixou marcas na biografia hitleriana. Ao estudá-la, era fácil esquecer que o verdadeiro talento de Hitler não eram as artes plásticas – como pintor e desenhista arquitetônico Hitler pode ser considerado quase medíocre. Ele estava no campo da política. Sua astúcia tática e a capacidade para detectar e tirar proveito de situações favoráveis num piscar de olhos eram muito superiores às de seus rivais em seu próprio partido, bem como em relação a todos os políticos dos partidos burgueses. Essa é a única explicação para o fato de que Hitler triunfou em todas as crises intrapartidárias antes de 1933. E isso também elucida por que ele foi capaz de, após somente alguns meses, vencer seus parceiros da coalizão no "gabinete de concentração nacional", que acreditavam que o haviam "contratado" – um processo surpreendente, descrito detalhadamente no capítulo "A instauração da ditadura". Além disso, o estilo peculiar, personalizado e improvisado de Hitler, que levou a conflitos permanentes de competências e a uma anarquia das repartições públicas e dos recursos, não resultou (como será demonstrado) da falta de talento político; pelo contrário, foi um método refinado usado para colocá-lo em uma posição praticamente inatacável.

Uma outra imagem, transformada em clichê, afirma que no âmbito particular, alijada da política, sua existência era totalmente desinteressante e que ele não teve uma vida privada. Até mesmo Konrad Heiden afirmou que o demagogo "não é capaz de atingir as pessoas, passando pelas massas", e lhe atestava a "falta de coragem para uma vida privada".[39] Alan Bullock afirmou que Hitler era um "desenraizado sem lar e sem família", totalmente "desprovido de vínculos".[40] Joachim Fest se referiu a "um espaço vazio, sem pessoas ao seu redor", e afirmou enfaticamente: "Ele não tinha uma vida privada".[41] Ian Kershaw corroborou esse achado, ao atestar que Hitler havia mergulhado de cabeça no papel do "Führer". Em uma entrevista por ocasião da publicação de seu primeiro volume, Kershaw declarou: "A vida privada de Hitler foi sua vivência como entidade política. Se você subtrair toda a política de sua vida, pouco ou nada restará [...] de certa forma, ele é uma casa vazia".[42] Hans Mommsen, decano da escola "estruturalista" na historiografia alemã sobre o nacional-socialismo, fez coro a essa interpretação: "por trás das aparições públicas de Hitler" não havia "nenhuma esfera privada"[43] – um exemplo flagrante de como o mito do líder influenciou a historiografia. Neste livro tentaremos corrigir essa imagem. O intuito aqui é procurar provar que a alegada existência vazia de Hitler, não obstante suas atividades políticas, é uma falácia. De certo modo, acreditamos que os biógrafos também foram vítimas do papel que Hitler foi capaz de desempenhar com perfeição: esconder a sua vida privada e entrar em cena como um político que renunciou a todos os prazeres particulares para se colocar inteiramente a serviço do "povo e do Reich". O quão pouco essa imagem corresponde à realidade será mostrado principalmente nos capítulos sobre suas relações com as mulheres, bem como sobre a sociedade que frequentava o *Berghof*. Nesses capítulos, é lançada uma luz sobre o ambiente privado do ditador. Pode-se antecipar o resultado dessa introspecção: a vida privada de Hitler era mais rica do que supunham alguns contemporâneos e historiadores mais atuais. A informação de que ele era incapaz de se relacionar é uma inverdade. Caracteristicamente, não havia uma separação nítida entre a esfera política e a privada, e ambas se misturavam de uma maneira muito incomum. A partir disso, o estilo de governo do ditador é abordado sob uma nova perspectiva no capítulo "Estilo de governo e arquitetura monumental".

"Podemos apresentar Hitler como um ser humano?", perguntaram as pessoas na época do lançamento do filme *A queda*, de Bernd Eichinger, em 2004, no qual o ditador, encarnado pelo famoso ator Bruno Ganz, aparece em seus últimos dias no *bunker* da Chancelaria do Reich.[44] A única resposta para essa pergunta é: Não só podemos, *devemos*! Seria um erro grave acreditar que um criminoso do porte de Hitler também tenha sido um monstro como pessoa. É verdade que seria mais simples se pudéssemos caracterizá-lo como um psicopata que transformou diligentemente seus impulsos assassinos em atos políticos. Essa tendência à demonização dominou a pesquisa durante muito tempo – e distorceu a percepção da verdadeira personalidade. Em fevereiro de 1947, em sua cela na prisão de Spandau, Albert Speer observou a crescente tendência da sociedade pós-nazista de apresentar Hitler como um "ditador furioso e descontrolado, mesmo com assuntos de pouca importância". Speer achava isso "errado e perigoso", de acordo com suas anotações: "Se, na imagem que temos de Hitler, desconsiderarmos os traços humanos, se deixarmos de lado a sua capacidade de persuasão, as características que o tornavam simpático, e até mesmo o seu charme austríaco, que ele era capaz de demonstrar, não estaremos fazendo jus a sua imagem".[45] Leni Riefenstahl, depois de ler *Erinnerungen* [Memórias] de Speer, escreveu-lhe em meados dos anos 1970 que as pessoas nunca deixariam de perguntar: "O que havia em Hitler que impressionou não apenas o povo alemão, mas também muitos estrangeiros, que pareciam enfeitiçados por ele?". E acrescentou: "Eu também jamais conseguirei esquecer ou perdoar as coisas terríveis que aconteceram em nome de Hitler, e não desejo esquecer. Mas não esquecerei, da mesma forma, o que emanava dele, o quão intensa era essa emanação. Esquecer tornaria as coisas muito fáceis para nós. No entanto, esses dois opostos aparentemente inconciliáveis de sua personalidade – essa esquizofrenia – eram provavelmente o produto das enormes energias geradas por sua presença".[46]

Esses aspectos da natureza peculiar de Hitler – a justaposição de traços adoráveis e energias criminosas – não devem ser considerados como meras tentativas de desviar a atenção da própria participação no regime nazista. Eles devem, isso sim, ser levados a sério, se quisermos entender o poder de sedução que Hitler exercia não somente em sua comitiva, mas também sobre grande parte do povo alemão. No Capítulo 13, cujo título (para estranheza de muitos) é "Hitler em pessoa", tentei levar isso em consideração, fornecendo outros aspectos do comportamento peculiar dele, além dos oferecidos por Fest em *Blick auf eine Unperson* [Um olhar sobre uma não pessoa].[47]

Sem sombra de dúvida, Hitler era o eixo central do regime nacional-socialista. Com ele, o Terceiro Reich subsistiria ou pereceria. Por isso, quem pretende entender o nacional-socialismo, sua atratividade e monstruosidade, deve encarar a força motriz de Hitler, bem como os estímulos que atuavam sobre ele. Isso ocorre principalmente no capítulo sobre "O culto ao Führer e a comunidade do povo", que aborda as correlações entre o ditador e a sociedade alemã, e onde podem ser encontradas as razões de sua imensa popularidade.

Mostrar Hitler como um ser humano não significa despertar simpatias por ele, ou mesmo minimizar seus crimes. Nesta biografia, Hitler também é apresentado como a pessoa que ele foi no início dos anos 1920: um antissemita fanático, capaz de controlar sua obsessão contra os judeus por motivos táticos, mas que jamais perdeu de vista seu principal objetivo – "tirá-los" da Alemanha. Por isso, a questão de como Hitler, uma vez no poder, trabalhou nesse sentido e que tipo de apoio recebeu nessa empreitada será aqui abordada com atenção especial.

Nos trechos sobre a política externa após 1933 também se tenta evidenciar a firmeza com a qual Hitler perseguiu a conquista de "espaço no Leste", fixada em meados da década de 1920, embora ele tenha, inicialmente, usado a máscara do político da paz, fingindo atuar somente na revisão do Tratado de Versalhes. No capítulo final, "A caminho da guerra", é relatado como o ditador transformou, passo a passo, a política da revisão em uma de expansão, com a qual o Terceiro Reich pretendia não apenas ascender ao poder hegemônico inconteste do continente europeu, como desempenhar um papel dominante no mundo. O desencadeamento da guerra no final do verão de 1939 será a abertura do segundo volume.

O primeiro concentra-se nos "anos de ascensão", o que não significa que se trata de uma história ininterrupta de sucesso. Ao contrário: aqui é mostrado que essa carreira esteve muitas vezes ameaçada pelo fiasco, principalmente após o golpe fracassado de novembro de 1923 e a desastrosa derrota eleitoral em novembro de 1932. O caminho de Hitler para o poder não foi, de forma alguma, inexorável: em janeiro de 1933 ainda teria sido possível impedir sua nomeação para chanceler. O chefe da NSDAP não se beneficiou somente de uma crise com uma constelação particular, que ele soube usar de maneira inescrupulosa, mas também da subavaliação notória de seus adversários políticos internos, que permeou sua carreira desde o início. Essa subavaliação também levaria os estadistas estrangeiros a imaginar, ilusoriamente, que poderiam coibir Hitler em seu impulso agressivo. O despertar amargo veio com a quebra do Acordo de Munique, em março de 1939. No entanto, com essa quebra o ditador também havia cruzado uma linha vermelha. A nêmesis se anuncia, embora nenhum contemporâneo o soubesse, nem mesmo Hitler.

A principal fonte deste trabalho foi *Hitler – Sämtliche Aufzeichnungen* [Hitler – Todas as anotações], de 1905 a 1924, publicado por Eberhard Jäckel e Axel Kuhn em 1980, e a subsequente edição em três volumes do Instituto de História Contemporânea de Munique, *Hitler. Reden, Schriften, Anordnungen* [Discursos, escritos e ordens] de 1925 a 1933, que só foi apresentado em sua íntegra em 2003.[48] Ambas as edições documentam, de maneira impressionante, a manifestação precoce e a consistência duradoura das fixações ideológicas de Hitler. Seria importante que o Instituto de História Contemporânea também publicasse os testemunhos pessoais de Hitler de 1933 a 1945 com a mesma edição cuidadosa; até lá, os historiadores dependerão da coleção não tão completa de Max Domarus, *Hitler – Reden und Proklamationen* [Hitler – Discursos e proclamações].[49]

Dentre as publicações de registros oficiais deve ser citada especialmente a edição *Akten der Reichskanzlei – Die Regierung Hitler* [Arquivos da chancelaria do Reich – O governo Hitler], publicada pela Comissão Histórica na *Bayerischen Wissenschaften*, com o Arquivo Federal. Os volumes II a VI, revisados por Friedrich Hartmannsgruber, e que englobam os anos 1934 a 1935, foram publicados entre 1999 e 2012 e, portanto, não puderam ser utilizados por Kershaw.[50]

Uma fonte importante e ainda não completamente explorada são os diários de Joseph Goebbels, publicados por Elke Frölich em nome do IfZ Munique (Instituto de História Contemporânea de Munique), que foram disponibilizados para pesquisa somente após 2006. Embora algumas dessas anotações estilizadas tenham sido escritas visando a posteridade, esses documentos do ministro da Propaganda de Hitler nos proporcionam *insights* importantes sobre as ideias e motivações do "Führer", tendo em vista sua proximidade com o chanceler do Reich. Nessas publicações, o homem Hitler também é surpreendentemente tangível.[51]

Tais como as anotações feitas pelos companheiros de Hitler, os testemunhos de contemporâneos dele também são intensamente utilizados. Seus admiradores e opositores são igualmente considerados. Entre seus opositores está – além de Thomas Mann, Victor Klemperer, Thea Sternheim, Theodor Heuss e Sebastian Haffner – o já citado conde Harry Kessler, cujo trabalho abrangente com os diários foi finalizado em 2010, com a edição do nono volume (de 1926 a 1937). Outra fonte recente e importante são os relatórios de diplomatas estrangeiros, vindos de dez países diferentes, publicados em 2011 por Frank Bajohr e Christoph Strupp, do Centro de Pesquisa para a História Contemporânea, sob o título *Fremde Blicke auf das 'Dritte Reich'* [Um olhar estrangeiro sobre o 'Reich'].[52] O material de pesquisa impresso foi completado com buscas extensas no Arquivo Federal de Berlin-Lichterfelde, no Arquivo Federal de Koblenz, no Instituto de História Contemporânea de Munique, no Arquivo do Estado da Baviera e na Biblioteca Estadual da Baviera, ambos em Munique, e no Arquivo Federal Suíço, em Berna.[53] Fiquei surpreso com o quanto ainda há para ser descoberto, embora a vida de Hitler seja considerada um dos objetos mais bem pesquisados da historiografia.

Este livro não fornece uma interpretação completamente nova. Tendo em vista os grandes predecessores, de Konrad Heiden até Ian Kershaw, essa seria uma reivindicação muito presunçosa. No entanto, é esperado que este primeiro volume sirva para ampliar o conhecimento sobre o homem que – segundo Stefan Zweig – "[trouxe] mais desgraças para o nosso mundo do que qualquer outro, em todos os tempos",[54] bem como sobre a personalidade dele e suas contradições e antagonismos. Assim, a imagem de Hitler se torna mais complexa e multifacetada. Ele não era um "homem sem qualidades",[55] e sim um com muitas características e vários rostos. Atrás da figura pública, composta da autoencenação do "Führer", bem como dos escritos de seus fiéis seguidores, é possível visualizar o ser humano – com suas características simpáticas e repulsivas, com seus grandes talentos e dons, assim como com seus complexos profundos e emoções evidenciáveis, suas energias destrutivas e forças motrizes assassinas. O objetivo é desconstruir o mito Hitler, que esteve presente de maneiras variadas na literatura e em discussão aberta após 1945 como "fascinação [negativa] pelo monstro".[56] Aqui, de certa forma, Hitler é "normalizado", mas isso não o torna "mais normal"; pelo contrário, ele parece ainda mais indecifrável.

Escrever sobre essa figura da História alemã e europeia é, certamente, a tarefa mais difícil à qual um historiador é capaz de se submeter. Sempre restará alguma coisa inexplicada. Talvez Rudolf Augstein estivesse certo quando, em suas considerações sobre a obra de Joachim Fest, questionou se a biografia de Hitler realmente seria possível.[57] O estudo dessa figura enigmática e perturbada nunca findará; cada geração vindoura será desafiada a lidar com isso novamente. "Os alemães foram libertados de Hitler, mas nunca poderão se livrar dele", resumiu Eberhard Jäckel em um discurso em 1979. E mesmo o Hitler morto "sempre estará com os alemães

– com os sobreviventes, com os que vivem atualmente e até mesmo com aqueles que ainda não nasceram; Hitler não estará presente como esteve com seus contemporâneos, mas sim como um monumento eterno das possibilidades humanas".[58]

XIX

Os anos de ascensão
1889-1939

1

O JOVEM HITLER

"Não sei de nada sobre a história da família. Nessa questão, sou uma pessoa muito mal informada", confessou Hitler em agosto de 1942, em um de seus inúmeros monólogos em seu quartel-general na *Wolfsschanze*: "Eu sou completamente desprovido de sentimentos familiares e não tenho qualquer ligação com o clã. Isso não é da minha natureza. Eu pertenço à minha comunidade étnica".[1] O ditador tinha boas razões para declarar seu desinteresse pela história de sua família, pois nela havia pontos obscuros que, desde o início dos anos 1920, quando Hitler iniciou sua carreira política, deram origem a boatos e especulações, causando, mais tarde, dor de cabeça aos historiadores. Até hoje, muitas das questões relacionadas com a ascendência de Hitler ainda não foram esclarecidas.

As pistas levam até Waldviertel, uma região agrícola no norte da Baixa Áustria, na fronteira com a Boêmia. Ali, em 17 de junho de 1837, na aldeia Strones, em Döllersheim, Maria Anna Schicklgruber, uma criada solteira, filha de um pequeno fazendeiro, deu à luz um menino que recebeu o nome Alois. Ser filho ilegítimo não era algo excepcional – isso era muito comum naquela época –, mas sim o fato de que sua mãe tinha quase 42 anos, naquela época uma idade considerada avançada para o parto. Não obstante, após cinco anos, Maria Anna casou-se com o moleiro Johann Georg Hiedler, de cinquenta anos, proveniente de Spital. Aparentemente, o casal vivia em circunstâncias pobres, pois é provável que antes da morte de Maria Anna, em 1847, a criança bastarda ficou aos cuidados de Johann Nepomuk, irmão mais novo de Johann Georg e fazendeiro bem situado de Spital. O pai adotivo de Alois – que grafava seu sobrenome como Hüttler, e não Hiedler – cuidou do menino como se fosse seu próprio filho. Alois cresceu em um ambiente bem cuidado; com as três filhas de Johann Nepomuk, frequentou a escola pública e, mais tarde, aprendeu o ofício de sapateiro em Viena.

Para um jovem com a sua origem e formação escolar, Alois Schicklgruber fez uma carreira notável. Em 1855, com dezenove anos incompletos, ele decidiu abandonar a profissão e se engajou no Departamento de Finanças, a serviço da monarquia austríaca. Nele, Alois, extremamente ambicioso e com grande senso de responsabilidade, galgou degrau por degrau até que, em 1875, ao ser promovido para oficial da Alfândega em Braunau, passou a ocupar um posto na hierarquia funcional que normalmente é concedido somente a funcionários com diploma de Ensino Médio.[2]

Um ano depois, aconteceu um fato estranho: no início de junho de 1876, Johann Nepomuk, acompanhado de três testemunhas, foi ao escritório do notário Josef Penker, em Weitra, uma pequena cidade próxima a Spital, e declarou que Alois Schicklgruber era filho de seu irmão Johann Georg Hiedler, falecido há dezenove anos. No protocolo elaborado pelo notário e assinado pelas três testemunhas, aparece pela primeira vez o sobrenome "Hitler" no lugar de "Hiedler" – naquela época provavelmente não se dava muita atenção à grafia dos nomes. Um dia depois, o pároco de Döllersheim inseriu o nome do pai de Alois no espaço antes em branco como sendo "Georg Hitler", riscou o sobrenome Schicklgruber e substituiu a palavra "ilegítimo" por "legítimo".[3]

Houve muita especulação sobre os motivos para a legalização tardia da paternidade e para a mudança do sobrenome com ela associada.[4] Se Johann Georg Hiedler era, de fato, o pai, de acordo com a leitura oficial do Terceiro Reich, por que ele não reconheceu seu filho logo após seu casamento com Maria Anna, em 1842? Por que ele deixou que seu filho fosse criado na casa de seu irmão Johann Nepomuk? Não seria esse o verdadeiro pai de Alois, como muitos historiadores acreditam?[5] A favor disso fala a iniciativa de mudança de sobrenome, que aparentemente partiu de Nepomuk, e não do próprio Alois. Mas, então, por que ele não reconheceu a paternidade e preferiu citar o nome do irmão, falecido há tantos anos? Seria essa uma tentativa de encobrir um escândalo familiar secreto? Ou ele pretendia libertar seu filho adotivo, cuja ascensão era motivo de seu orgulho, da pecha de ter nascido como ilegítimo? No entanto, a legalização tardia depõe contra isso, uma vez que essa situação não prejudicou o sucesso profissional de Alois Schicklgruber durante muitos anos. Existem indícios de que o agricultor bem-sucedido queria preservar seu herdeiro das garras do fisco. Como sobrinho oficialmente reconhecido, o beneficiário principal da herança, Alois pagaria um imposto menor sobre ela.

Enfim, a verdade é que a identidade do avô paterno de Adolf Hitler era incerta. É irônico que o ditador que exigia um comprovante sobre a "ascendência ariana" de cada cidadão alemão não fosse capaz de comprovar a própria, embora a árvore genealógica oficial do Führer tente mostrar o contrário. "Deve causar estranhamento", publicou o *Bayerischer Kurier* em 12 de março de 1932, um dia antes do primeiro escrutínio para a eleição do presidente do Reich, na qual Hitler concorria com Hindenburg, "que Hitler, um indivíduo tão falante, se mostre tão circunspecto sobre sua árvore genealógica e sobre o tempo de existência de seu sobrenome". Pouco antes, a *Wiener Sonn- und Montagszeitung* revelara, de modo sensacionalista, que o sobrenome do pai de Hitler era, na verdade, "Schücklgruber" [sic] e que o real motivo para a mudança havia sido a herança.[6]

Os boatos sobre uma possível ascendência judaica de Hitler não se confirmaram. Eles já haviam surgido nos anos 1920, e mais tarde aparentemente foram certificados por uma fonte confiável: em suas memórias escritas antes de sua execução em Nuremberg em 1946, Hans Frank, o governador-geral da Polônia ocupada, afirmou que o pai do ditador foi gerado pelo comerciante judeu Frankenberger, em Graz, onde Maria Anna Schicklgruber trabalhara como empregada doméstica.[7] No entanto, investigações minuciosas demonstraram que naquela época não existiu nenhuma família judia com o sobrenome Frankenberger em Graz, bem como em toda a Estíria.[8] Não existem evidências de que Hitler levou a sério as especulações sobre um suposto avô judeu ou que as tenha considerado uma ameaça.

Logo, poderíamos dizer que a manipulação do sobrenome em 1876 foi um episódio bizarro, se ela mais tarde não tivesse tido consequências para a carreira de Hitler. "Nenhuma medida tomada por 'seu velho pai' o satisfez tanto quanto essa", lembrou August Kubizek, um amigo de juventude de Hitler, "pois o sobrenome 'Schicklgruber' lhe parecia muito rústico, rude e pouco prático. 'Hiedler' era sem graça, muito macio. Mas 'Hitler' soava bem e era fácil de lembrar."[9] De fato, um homem com o sobrenome Schicklgruber dificilmente poderia ser recomendado como o messias político dos alemães. A saudação *Heil* Schicklgruber!" decerto só provocaria risos.

Por fora, Alois Hitler, como ele passou a se chamar, desempenhou o papel de funcionário modelo. Um ex-colega de Braunau o descreveu como uma pessoa antipática, que seguia de modo pedante o regulamento dos funcionários, vivia isolado e não cultivava vínculos sociais.[10] As fotos mostram um homem garboso, usando um uniforme de trabalho com botões reluzentes, tendo ao lado um sabre brilhante. Mas em sua vida privada as coisas não andavam tão bem. Sua agitação interior não lhe permitia permanecer por muito tempo em um só lugar. O resultado foram mudanças frequentes de residência. E a sua vida amorosa também era extremamente instável. Na verdade, se considerarmos as convenções sociais de sua época e do meio em que vivia, ele era quase um devasso. Hitler foi casado três vezes – o primeiro casamento ocorreu em 1873, em Braunau, aos 36 anos de idade, com Anna Glasl (filha de um funcionário público e catorze anos mais velha que ele) e acabou em divórcio sete anos depois. O oficial da Alfândega havia se engraçado com uma garota de dezenove anos de idade, a garçonete Franziska (Fanni) Matzelsberger, uma aventura que não passou despercebida em Braunau, uma pequena cidade com 3 mil habitantes. Em maio de 1883, um mês após a morte de sua primeira esposa, Alois Hitler casou-se com a amante 24 anos mais nova, que havia dado à luz um filho ilegítimo dois anos antes. Essa criança, tal como o pai, recebeu o nome Alois. Duas semanas após o casamento, ela deu à luz outra criança, sua filha Angela.

Mas essa alegria não durou muito. No mesmo ano, Franziska Hitler adoeceu de tuberculose, uma doença muito disseminada na época. Enquanto ela fenecia, Alois teve um caso com Klara Pölzl, que já havia trabalhado para ele como empregada doméstica e fora recontratada para ser a governanta de seus dois filhos, Alois e Angela. Klara Pölzl, nascida em Spital em 1860, era 23 anos mais jovem do que Alois Hitler. Ela era filha de um pequeno agricultor, Johann Baptist Pölzl, e de sua mulher, Johanna, que, por sua vez, era uma das filhas de Johann Nepomuk Hüttler,

[FOTO 1] A mãe: Klara Hitler, nascida Pölzl (1860-1907), por volta de 1885.

[FOTO 2] O pai: Alois Hitler (anteriormente Schicklgruber) (1837-1903) trajando o uniforme de funcionário da Alfândega, por volta de 1880.

o pai adotivo de Alois Schicklgruber.[11] Isso significa que, segundo a declaração de legitimidade de 1876, Alois Hitler e Klara Pölzl eram primos de segundo grau. (Se Nepomuk realmente fosse o pai de Alois, a relação familiar seria ainda mais estreita.) Em agosto de 1884, quando Fanny faleceu aos 23 anos de idade, Klara Pölzl já havia sido engravidada por Alois. Por isso, decidiu não esperar o ano de luto como de costume, e sim casar imediatamente. Mas não era algo tão simples, pois o padre da paróquia local se recusou a dar seu consentimento em decorrência do parentesco. Portanto, Alois Hitler entrou com um pedido de dispensa junto à Sede Episcopal, em Linz; somente depois de muito vai e vem, a dispensa foi concedida.[12] Em 7 de janeiro de 1885, o casal finalmente pôde se casar.

Klara Hitler deu à luz três filhos, em rápida sequência – Gustav, em 1885, Ida, em 1886, e Otto, em 1887. Os três morreram cedo, o que era incomum, mesmo em tempos de grande mortalidade infantil. Em 20 de abril de 1889, por volta das 18h30, Klara deu à luz um quarto filho no segundo andar da Gasthofzum Pommer, na Salzburger Vorstadt, 219, onde a família Hitler estava hospedada. Essa criança foi batizada com o nome Adolf, na segunda-feira de Páscoa.[13] Nessa época, sua mãe tinha 28 anos de idade, e seu pai, 51.

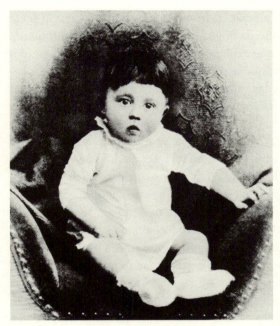
[FOTO 3] Adolf Hitler quando bebê, 1891.

Existem poucos testemunhos sobre os primeiros anos de vida de Adolf Hitler. As informações publicadas por ele no primeiro capítulo de *Mein Kampf* sobre a casa paterna certamente são uma mistura de meias-verdades e lendas, com as quais o golpista de 1923 e prisioneiro na fortaleza Landsberg tentou angariar simpatias e tornar crível sua vocação política como Führer de um novo Reich alemão. Documentos pessoais que talvez pudessem fornecer informações verdadeiras sobre sua infância e juventude foram confiscados a mando dele próprio após 1930. Em abril de 1945, poucos dias antes de seu suicídio no bunker da Chancelaria do Reich, Hitler ordenou a seu ajudante de ordens Julius Schaub que os destruísse.[14] Assim, a maioria das informações é de segunda mão, obtida a partir de registros e memórias de contemporâneos e companheiros de jornada que foram posteriormente elaboradas e, a partir de um ponto de vista crítico em relação às fontes, podem ser usadas com cautela, pois já foram incorporadas na trajetória de vida de Adolf Hitler.[15]

"Hoje, acredito que o destino foi bom comigo ao me deixar nascer em Braunau", escreve Hitler no início de *Mein Kampf*. "Afinal, nessa pequena cidade situada na fronteira entre dois Estados alemães, a reunificação parece ser, pelo menos para os mais jovens entre nós, uma tarefa a ser cumprida usando todos os meios disponíveis."[16] No entanto, na infância de Hitler, Braunau não desempenhou nenhum papel importante. Em 1892, seu pai, após ter sido promovido a oficial da Alfândega, foi transferido para Passau, no lado alemão da fronteira. Os anos passados lá deixaram suas marcas no desenvolvimento da linguagem do garoto. Hitler assumiu um sotaque bávaro, que ele manteve e que explica parte de sua atuação como agitador de porão de uma cervejaria de Munique no início dos anos 1920.[17]

Mais tarde, Hitler começou a dar a impressão de ter crescido em um ambiente com privações materiais.[18] Mas isso não era verdade. Como oficial da Alfândega, Alois Hitler recebia um salário anual de 2,6 mil coroas – o mesmo valor pago a um diretor de escola. E, mesmo em 1895, quando seu pai se aposentou aos 58 anos de idade, sua aposentadoria era de 2,2 mil coroas, ou seja, seu padrão de vida praticamente não mudou.[19] Assim, a família de Hitler fazia parte da classe média abastada. Além de Alois e Klara, viviam nesse núcleo os dois filhos do segundo casamento, Alois e Angela, e também Adolf; seu irmão Edmund, nascido em 1894 (que contraiu sarampo em 1900, vindo a falecer); e outra irmã chamada Paula, nascida em 1896. No apartamento, ainda morava uma ajudante importante, a irmã mais jovem e solteira de Klara, Johanna Pölzl – a tia Hanni, que era corcunda e aparentemente tinha um leve retardo mental.[20]

Nesse círculo familiar, Alois Hitler atuava como um pai de família severo e facilmente irritável. Ele exigia de seus filhos obediência irrestrita e respeito incondicional, e, quando estes não cumpriam com suas exigências, ele não pensava duas vezes antes de pegar a vara de marmelo. Alois, o filho mais velho, foi quem sofreu mais com o temperamento violento do pai (e por isso deixou a casa paterna aos catorze anos de idade); mas também Adolf, sete anos mais jovem, parece ter apanhado do pai ocasionalmente. A declaração de sua irmã Paula, durante o inquérito em maio de 1946, de que ele "levava uma surra todos os dias", talvez tenha sido um exagero.[21] Na verdade, o oficial da Alfândega contribuía muito pouco para a educação das crianças. Depois do trabalho, Alois preferia se dedicar a seu passatempo, a apicultura, ou ia até a cervejaria para tomar alguns copos de cerveja com seus conhecidos e discutir a situação mundial.[22] Os relatos posteriores de Adolf Hitler de que seu pai fazia uso excessivo de álcool – obrigando-o certa vez a buscá-lo bêbado na cervejaria e levá-lo para casa – devem ser lidos com ceticismo.[23] Eles correspondiam à intenção de pintar a figura do pai com cores sombrias e, em contrapartida, mostrar a mãe com uma imagem ainda mais brilhante. Em agosto de 1932, após uma conversa com o Führer, Joseph Goebbels, o *Gauleiter* de Berlim, anotou: "A juventude de Hitler foi praticamente igual à minha. O pai, um tirano doméstico; a mãe, uma fonte de bondade e amor".[24]

Klara Hitler era uma mulher tranquila, humilde e obediente, que suportava sem reclamar os arroubos autocráticos de seu marido, protegendo as crianças de seus ataques coléricos sempre que possível. A morte precoce de seus primeiros três filhos foi uma perda amarga para ela. Por isso, sempre tentou cercar seu quarto filho, Adolf, com amor e cuidados, enquanto seus dois enteados, Alois e Angela, às vezes se sentiam negligenciados. "Ele era mimado desde as primeiras horas da manhã até tarde da noite", declarou William Patrick Hitler, o filho de Alois Jr., em setembro de 1943, em Nova Iorque, "e os enteados eram obrigados a ouvir histórias intermináveis sobre o quão maravilhoso era Adolf".[25]

Para o jovem Hitler, a atenção e o carinho da mãe eram uma compensação para a imensa severidade do pai. "Ele sempre falou de sua mãe com amor profundo", relatou August Kubizek.[26] Anos mais tarde, ele ainda carregava consigo uma pequena foto de Klara Hitler dentro do bolsinho do paletó. E um retrato da mãe, pintado a óleo, foi um dos poucos objetos pessoais que Hitler manteve em seu quarto até o fim.

Segundo os psicanalistas, os primeiros anos de vida são decisivos para o desenvolvimento da personalidade. Somente alguns historiadores, principalmente psico-historiadores, resistiram à tentação de descobrir no jovem Hitler os traços do monstro no qual ele se transformou. Assim, a experiência da violência, à qual a criança foi exposta por seu pai, foi interpretada como uma das causas para a política assassina do ditador.[27] No entanto, os biógrafos devem tomar cuidado ao tirar conclusões a partir de experiências da primeira infância. O castigo físico, naquela época, era comumente usado com finalidade educativa. Um pai autoritário e repressor e uma mãe amorosa e equilibrada: essa constelação não era rara em famílias da classe média por volta da virada do século. Afinal de contas, sabemos que Hitler teve uma infância bastante normal; não existem dados confiáveis sobre uma formação anormal de sua personalidade à qual possam ser atribuídos os crimes por ele cometidos posteriormente. Se de fato houve um problema, ele provavelmente não era resultante da pouca atenção por parte do pai, e sim de um excesso de carinho e indulgência maternos. Possivelmente isso contribuíra para desenvolver no jovem Hitler um ego superestimado, uma tendência ao dogmatismo aliada à falta de vontade de submeter-se a esforços desagradáveis. Já nos tempos de escola, esses traços de caráter estavam claramente definidos.

Em 1895, no ano de sua aposentadoria, Alois Hitler comprou uma fazenda em Hafeld, um distrito da comunidade Fischlham, próximo a Lambach. Aos seis anos de idade, Hitler iniciou seus estudos na escola comunitária de Fischlham, que tinha somente uma classe. "Lá, quando ainda estava no primeiro ano, comecei a participar dos estudos do segundo ano e, mais tarde, do terceiro e do quarto anos."[28] Em 1897, o pai vendeu a fazenda e alugou um apartamento em Lambach, onde o garoto, então com oito anos, estudou na escola pública e, por um curto período, frequentou a escola e coral para meninos do mosteiro beneditino. No outono de 1898, a família se mudou novamente, dessa vez para Leonding, uma aldeia perto de Linz. Lá, Alois Hitler havia comprado uma casa perto do cemitério. Após a anexação da Áustria, essa casa se transformaria em um lugar de peregrinação. "Ela era pequena e muito simples", disse Goebbels, ministro da Propaganda, em uma visita em março de 1938. "Me levaram para o quarto que havia sido o seu reino [...] Então, foi aqui que um gênio se desenvolveu. Tive uma sensação de solenidade e grandeza."[29]

Adolf Hitler era um aluno brilhante, capaz de atender também às exigências da escola primária de Leonding e que só levava notas excelentes para casa. "O aprendizado ridiculamente fácil na escola me proporcionava tanto tempo livre que passei mais tempo ao sol do que no quarto", escreveu Hitler em *Mein Kampf* sobre esses anos despreocupados.[30] Com os meninos da região, Hitler brincava de jogos de guerra, nos quais ele gostava de assumir o comando. "Aquela foi a época da Guerra dos Bôeres", contou mais tarde um garoto que sentava no banco escolar próximo a Hitler, quando ambos frequentaram a escola de Leonding. "Nós, de Leonding, éramos os bôeres, sob o comando de Hitler; os meninos de Untergamberg eram os ingleses. Lá, a brincadeira muitas vezes pegava fogo, até mesmo na casa de Hitler, depois da batalha, pois o 'comandante' deixava seu pai esperando muito tempo pelo tabaco que este lhe havia mandado comprar."[31]

À noite, Hitler devorava os livros de Karl May, como todos os garotos de sua idade – "à luz de vela e com uma grande lupa à luz do luar", como relatou Hitler em fevereiro de 1942 no Wolfsschanze, em um dos seus monólogos sobre a época da juventude.[32] Dizem que durante a guerra, principalmente nas situações mais

[FOTO 4] Foto da classe com Adolf Hitler (acima, centro) aos dez anos de idade, em Leonding, em 1899.

difíceis, Hitler pegava um dos livros de Karl May e apresentava Winnetou ao seu séquito "como o paradigma de um comandante de companhia".[33]

No círculo de seus colegas de escola de Leonding, Hitler se via no papel de um "pequeno líder",[34] e a foto de sua classe feita em 1899 parece confirmar essa impressão: o garoto, que nessa época tinha dez anos de idade, está na fileira de cima, bem no meio, em uma posição de destaque, com uma expressão levemente *blasé*, "em um gesto que denota superioridade".[35] É possível ver: até então, o menino não padece de problemas de autoestima.

Entretanto, com a transição para a escola secundária estadual em Linz, em setembro de 1900, a infância luminosa chegou ao fim. Para aquele garoto de onze anos de idade, a mudança trouxe consigo uma caminhada de uma hora para ir e outra para voltar da instituição. Na nova turma, Hitler deixou de ser o porta-voz absoluto e passou a ser somente mais um entre muitos. Além disso, ele carregava consigo o estigma de ser uma criança interiorana. Para ele, foi difícil inserir-se na comunidade escolar, tão mais regrada que a anterior. Seu desempenho escolar, antes exemplar sem demonstrar esforço, caiu. Já ao final do primeiro ano, de 1900 a 1901, Hitler foi reprovado com o conceito "insuficiente" em Matemática e História Natural, e foi obrigado a repetir o ciclo escolar. Mesmo após dois anos na escola, só conseguia ser aprovado com muito esforço. Em 1924, seu antigo professor, dr. Eduard Huemer, lembrou-se dele como um "garoto magro e pálido", que era "decididamente talentoso", mas que "não era esforçado". Com "seu talento inquestionável", ele "deveria ter obtido resultados muito melhores". "Recalcitrante, arbitrário, dogmático e irascível" – assim ele era visto por seus professores; "muitas vezes, Hitler chegou a mostrar uma aversão velada" a seus ensinamentos e exortações.[36] Durante a puberdade, aquele garoto animado e comunicativo transformou-se em um jovem introvertido e mal-humorado, que assumiu a posição de marginalizado.

Em seu livro *Mein Kampf*, Hitler atribuiu seu fracasso escolar a um ato de rebeldia, não contra seus professores, mas sim seu pai. Aquele que, contra a sua vontade, queria obrigá-lo a seguir sua carreira de funcionário público, algo que Hitler repudiava. "Eu não queria me tornar um funcionário público, não, não e não [...] Eu cheguei a passar mal só de pensar em encarar a minha vida sentado em um escritório, em deixar de ser um homem livre. Obrigado a preencher formulários com o conteúdo de toda a minha vida."[37]

Mas é preciso duvidar dessa afirmação. Pois, se o pai de Hitler de fato teve a intenção de que o filho seguisse a carreira de funcionário público, certamente o teria encaminhado a um ginásio com orientação humanística, e não à escola secundária, que preparava os estudantes para profissões técnicas e comerciais.[38] Aparentemente, foi o talento do garoto para o desenho, descoberto cedo, que influenciou essa decisão. No entanto, a história de que Hitler aos doze anos de idade (como ele afirma em *Mein Kampf*) já havia decidido trocar a carreira de funcionário público

[FOTO 5] Recorte: o garoto com os braços cruzados.

pela profissão de artista, provocando uma amargurada rejeição de seu pai – "Não, pintor não, nunca enquanto eu viver!"³⁹ –, certamente pertence ao reino das lendas.

Todavia, é de se supor que as tensões entre pai e filho se intensificaram nesse período. Alois Hitler percebeu que o adolescente escapava de seu controle e mostrava sinais crescentes de insubordinação. O que o exasperava provavelmente não eram as divergências de opinião sobre a carreira profissional, e sim a má vontade demonstrada por Adolf de se esforçar para acompanhar o Ensino Médio. Alois, o filho ilegítimo da região de Waldviertel, foi obrigado a trabalhar muito para melhorar de vida. Assim, ele esperava que seu filho reconhecido, que havia crescido sob condições mais favoráveis, fosse capaz de manter seu status com diligência e perseverança, talvez expandindo ainda mais sua posição social, galgando outro degrau na hierarquia social, o que não lhe havia sido concedido por conta de sua origem e educação. Hitler, em vez disso, se mostrava surpreendentemente preguiçoso e indisciplinado, provocando seu pai ambicioso até a morte.

Antes que o conflito crescesse ainda mais, aconteceu um fato inesperado: em 3 de janeiro de 1903, Alois Hitler faleceu aos 65 anos de idade, enquanto tomava uma cerveja matinal na cervejaria Wiesinger, em Leonding – "deixando-nos na mais profunda tristeza", como se pode ler em *Mein Kampf*.⁴⁰ Para sua esposa, mas ainda mais para seus filhos, a morte repentina desse tirano doméstico deve ter sido um alívio. A família estava financeiramente garantida: Klara passou a receber uma pensão de viúva, que lhe permitia viver de maneira digna.⁴¹ Ela em geral desfrutava as férias de verão na casa de sua segunda irmã Theresia, em Weitra, acompanhada de Adolf e Paula. Os filhos de Theresia mais tarde relataram que o jovem Adolf às vezes brincava com eles, mas preferia se isolar para pintar, desenhar ou ler um dos livros que sempre trazia consigo.[42]

Seu desempenho escolar, no entanto, não melhorou. No ano letivo de 1903 e 1904, Hitler somente foi aprovado após uma segunda prova e com a condição de que mudasse de instituição. Com isso, sua mãe o matriculou na escola secundária em Steyr, a 80 quilômetros dali, e o instalou na casa de pais substitutos. Pela primeira vez, Adolf Hitler foi separado de sua mãe por períodos mais prolongados, e ele sofria visivelmente com saudades de casa. Quando já era chanceler, queixou-se "da saudade e de quanto sofreu quando sua mãe o enviou para Steyr".[43] Um de seus professores daquela época lembrou-se de um "aluno de estatura média, um pouco pálido", que provavelmente por "estar passando uma primeira temporada em terra estranha [...], apresentava um comportamento um pouco tímido e abatido".[44] Entretanto, Hitler não ficou por muito tempo naquela cidade da Alta Áustria. No outono de 1905, após vários resultados escolares medianos, ele conseguiu convencer sua mãe a tirá-lo da escola, fingindo estar doente. O que restou dessa época foi um ódio elementar dirigido à escola e aos professores. "Eu não suporto os professores. Os poucos que foram bons confirmam a regra."[45] Entre esses poucos professores bons, Hitler incluía o de História da escola de Linz, dr. Leopold Poetsch que, como ele destacou com louvor em *Mein Kampf*, "soube me cativar e entusiasmar com sua eloquência deslumbrante".[46]

Quando esse desistente escolar precoce retornou ao seio da família, Klara Hitler já havia vendido a casa em Leonding e, em junho de 1905, alugara um apartamento em Linz, na Humboldtstrasse, 31. Como sua enteada, Angela, havia se casado há pouco com o funcionário público Leo Raubal e mudado para sua casa, apenas quatro pessoas dividiam o apartamento: a mãe, Adolf, a irmã Paula e a tia Hanni. A eles juntava-se de vez em quando um pensionista, o estudante Wilhelm Hagmüller, de Leonding, que almoçava com a família.

Em 1900, Linz, a capital da Alta Áustria, tinha cerca de 60 mil habitantes. Muitos deles, assim como a família de Hitler, vinham de áreas rurais circundantes. Por conta da localização favorável à margem direita do rio Danúbio, a cidade se desenvolveu como um importante centro de entroncamento da malha ferroviária. Na virada do século, a principal atração da cidade era a estação de trens. Ali paravam modelos velozes, que ligavam Viena a Munique. Para uma cidade provinciana de cunho rural, a oferta cultural era impressionante. Quando a família Hitler se mudou para Linz, August Göllerich, o diretor do conservatório, criou um repertório de óperas considerável e, com isso, ganhou a reputação de ser um excelente intérprete das obras de Liszt, Wagner e Bruckner.[47]

Em retrospectiva, os dois anos vividos por Hitler em Linz antes de sua partida para Viena pareceram-lhe "como um sonho lindo".[48] Foram dias de ociosidade cultivada. O aprendizado de uma profissão nem passava por sua cabeça. Esse garoto de dezesseis anos de idade gastava a maior parte do tempo em seu pequeno gabinete, com seus desenhos, pinturas e leituras; ou passeando, cuidadosamente trajado e com atitudes de estudante rico, balançando uma bengala preta com cabo de marfim entalhado pela rua principal de Linz, que ia da estação ferroviária até a ponte do Danúbio.[49] À noite, Hitler gostava de assistir à apresentação de uma ópera no Teatro Estadual de Linz, e lá ele provavelmente encontrou August Kubizek no final de 1905. Kubizek era filho de um tapeceiro e estofador, e Hitler se tornou seu amigo.[50]

No outono de 1953, três anos antes de seu falecimento, Kubizek publicou suas memórias sobre o "amigo de juventude". Essas memórias têm uma importância especial, pois representam o único testemunho abrangente sobre os anos que o jovem Hitler passou em Linz. No entanto, elas devem ser lidas criticamente, pois remetem a uma versão anterior, escrita por Kubizek em 1943 a mando de Martin Bormann, o secretário de Hitler, para o arquivo do partido NSDAP. Por isso, a admiração por Hitler, o Führer, pode ser percebida reiteradas vezes. Alguns episódios foram enfeitados por Kubizek na versão publicada após a guerra, um e outro detalhe também não foi lembrado corretamente, mas, em essência, trata-se de uma fonte confiável.[51]

A primeira e única descrição desse jovem foi feita por Kubizek e, por isso, é citada aqui detalhadamente:

> Hitler tinha estatura mediana e era esguio; naquela época ele já se mostrava um pouco mais alto do que sua mãe. Sua imagem não condizia com a de um homem forte, ele era alto e franzino [...] O nariz era bem proporcionado e decididamente não marcante. A testa era alta e livre, talvez um pouco maior em sentido posterior. Desagradava-me sempre o hábito de Hitler de enfatizar o repartido do cabelo em direção à testa [...] Eu nunca vi em minha vida um ser humano no qual [...] os olhos dominassem o rosto tão completamente como no caso do meu amigo. Seus olhos eram os mesmos claros de sua mãe. Mas o olhar fixo, penetrante, era ainda mais intenso no filho [...] Sua capacidade de mudar a expressão do olhar era assustadora, especialmente quando falava. No entanto, sua voz densa e sonora não me impressionou tanto como essa expressão. Adolf, de fato, falava com os olhos [...] Quando ele veio a minha casa pela primeira vez e eu o apresentei para minha mãe, ela me disse antes de ir dormir: 'Que olhos mais estranhos tem esse seu amigo!'. E eu ainda me lembro bem de que em suas palavras havia mais medo do que admiração.[52]

Os olhos – mais tarde eles sempre seriam citados como a característica mais proeminente da fisionomia de Hitler; e para alguns, esse era o segredo de seu sucesso, em especial com as mulheres.[53]

Esses dois amigos não poderiam ser mais diferentes quanto a sua natureza e temperamento. "Enquanto eu era um jovem quieto, algo sonhador, muito empático e facilmente adaptável, portanto, flexível [...]", segundo o autorretrato de Kubizek, "Hitler era violento e temperamental. Coisas inofensivas, como algumas palavras impensadas, provocavam-lhe ataques de raiva".[54] Apesar de ser quase um ano mais jovem, Hitler era claramente o dominante. Era ele quem mandava, enquanto Kubizek quase sempre fazia o papel do ouvinte paciente. "Ele tinha uma necessidade de falar e precisava de alguém que o escutasse."[55] Sua tendência ao monólogo, com a qual mais tarde encheria a paciência de seu séquito, aparentemente já fazia parte da personalidade desse jovem egocêntrico.

O que unia os dois amigos tão desiguais era sua paixão pela música, em particular pela obra de Richard Wagner. "O entusiasmo juvenil por esse mestre de Bayreuth era ilimitado", reconheceu Hitler em *Mein Kampf*.[56] Os dois jovens compartilharam esse sentimento com muitos adultos, não somente no reino dos Habsburgo, mas também no Império Alemão. "Para entender alguma coisa sobre aquela época", escreveu Thomas Mann em 1907, "é preciso vivenciar e reconhecer a arte de Richard Wagner".[57] Hitler lia tudo o que era possível encontrar em termos de literatura biográfica a respeito de Wagner, e nas longas caminhadas com o amigo pelos arredores de Linz ele era capaz de parar abruptamente e recitar uma passagem de uma carta ou anotação do compositor.[58] Sua ópera favorita era (e continuou sendo) *Lohengrin*; o comensal Hagmüller, que frequentava o apartamento da Humboldtstrasse, lembrou-se de como o jovem Hitler "andava pela sala de um lado para o outro e cantava *'Du Schwan zieh hin'*".[59]

Em suas memórias, Kubizek relatou o "estado de êxtase completo" no qual Hitler entrou após a apresentação da ópera *Rienzi* – a história do político romano medieval Cola di Rienzi, que libertou Roma da tirania dos nobres, e que no final foi abandonado pelo povo, morrendo sob os escombros do Capitólio em chamas. Hitler ficou calado por muito tempo, mas depois levou seu amigo até o Freinberg, tomou as suas mãos e começou a falar com um entusiasmo febril. "Com imagens grandiosas e arrebatadoras, ele falou sobre o futuro do seu povo [...], falou de uma missão especial que um dia lhe seria concedida. Eu [...] praticamente não entendi o que ele queria dizer com aquilo. Foi preciso que se passassem muitos anos para que eu fosse capaz de entender o que aquele momento etéreo significara para meu amigo." Quando Kubizek, no começo de agosto de 1939, durante uma visita ao Festival de Bayreuth, lembrou Hitler daquela noite no Freinberg, este se voltou para Winifred Wagner e comentou: "Foi naquela hora que tudo começou".[60]

Essa narrativa é, como se pode ver, ditada pela intenção de estilizar posteriormente o episódio *Rienzi* em uma grande experiência de despertar político. Parece que aqui ocorreu o encontro da projeção de Kubizek e da necessidade de autoengrandecimento de Hitler. Se eliminarmos a tendência à mitificação, fica claro no que consistia a função da paixão por Wagner para o estado mental lábil do jovem Hitler: ela o levava a um arroubo frenético de aumento da autoestima, possibilitando-lhe a fuga para um mundo de sonhos, no qual seu próprio futuro deixava de ser sombrio, transformando-se em luz e claridade. Hitler, mais de uma vez, manifestou que seu destino era ser artista e abominava todas as profissões burguesas, o "ganha-pão" dos gentios. E seu amigo, que por sua vez sonhava com uma carreira de música, o admirava pela aparente seriedade com a qual perseguia suas ambições. Incansável, Hitler fazia desenhos e esboços, e elaborou planos fantásticos para uma reconstrução da cidade de Linz, que incluía a obra de uma grande ponte sobre o Danúbio, bem como um grande auditório de música. Sobre sua primeira visita ao gabinete de Hitler, Kubizek escreveu: "Parecia que eu estava no escritório de uma construtora".[61] Hitler, o corajoso elaborador de projetos fantásticos, nunca sequer se questionou se as suas ideias um dia seriam executadas. Ele havia criado para si um estranho mundo ilusório, um casulo entre o sonho e a realidade.

Isso também teve efeito no "amor juvenil" do jovem de dezessete anos, que Kubizek relata de maneira redundante. De acordo com ele, o primeiro encontro aconteceu na primavera de 1906, durante um passeio ao pôr do sol pelo centro de uma Linz embelezada pelos raios solares. Stefanie Isac era o nome da jovem pela qual Hitler possuía uma afeição intensa; só tinha olhos para ela, embora certamente não tivesse a audácia de falar sobre sua adoração. A jovem, portanto, não percebeu de forma alguma a existência de seu admirador secreto. Kubizek esclareceu a estranha timidez do amigo com a justificativa de que Hitler temia que um encontro mais próximo acabasse destruindo o ideal de perfeição que havia criado ao tomar a jovem como personificação de todas as mulheres. Da mesma forma, caso esse romance de fato tenha ocorrido da forma como Kubizek o descreve, ele nos deixa conhecer, por sua vez, a essência do jovem Hitler: nomeadamente, a dúvida da primeira fantasia amorosa em oposição a uma realidade desilusória precoce.[62]

No início de maio de 1906, Hitler viajou a Viena pela primeira vez por duas semanas. Ele se mostrou impressionado com as paisagens da metrópole – os museus, a Ópera Estatal, o prédio do Parlamento, a Prefeitura e a magnífica Ringstrasse, que interagia com ele "como um encanto das 1001 noites".[63] Em duas noites visitou a ópera e assistiu às performances de *Tristan* e *O holandês voador,* com atuação do famoso diretor da Ópera Estatal, Gustav Mahler, e seu estilista cênico, Alfred Roller. Presenteou Kubizek com quatro cartões-postais – a primeira evidência de escrita de próprio punho de Hitler preservada. Os traços são energéticos e surpreendentemente maduros – embora o jovem de dezessete anos parecesse ter problemas com ortografia, gramática e pontuação. De vez em quando, já utilizava o tom exagerado e dramático característico de seus discursos e escritos posteriores. É o caso do segundo cartão sobre a Ópera Estatal: "Não é nada animador [!] o interior do palácio. É a majestade tremenda exterior que demarca a arquitetura da severidade de um monumento artístico [!], assim as pessoas sentem no interior uma veneração da [!] grandeza. Somente quando as imensas ondas sonoras ao longo do lugar transbordam e o sussurro do vento do terrível farfalho das oscilações sucumbe [!] é que nos sentimos dignos e esquecemos do ouro e do veludo [!] com os quais o interior está abarrotado".[64]

Desde a sua primeira visita, Hitler sentiu-se fascinado pela capital. "Em sua cabeça, ele já não vivia mais em Linz, e sim em Viena."[65] No entanto, a súbita doença de sua mãe frustrou seus planos. Em janeiro de 1907, o médico da família, o judeu dr. Eduard Bloch, detectou em Klara Hitler um câncer de mama e solicitou que os filhos fossem ao consultório para informar o diagnóstico. Dr. Bloch, 34 anos mais tarde, já vivendo no exílio americano, relatou como Hitler recebeu a má notícia: "Seu rosto pálido e comprido estava abatido. Lágrimas rolaram de seus olhos e Hitler perguntou se a sua mãe tinha alguma chance".[66] Em 18 de fevereiro, Klara Hitler foi submetida a uma cirurgia complicada no hospital Barmherzigen Schwestern, em Linz.[67] Após sua alta, em 5 de fevereiro, ela parecia se recuperar. Como os degraus que levavam ao apartamento situado no terceiro andar na Humboldtstrasse eram demasiadamente cansativos para Klara, a família mudou-se para Urfahr, na outra margem do Danúbio, em meados de maio de 1907. Lá, no primeiro andar de um edifício de construção recente, assumiram um pequeno apartamento na Blütenstrasse, 3.

No início de setembro de 1907, depois que o estado de saúde de sua mãe parecia ter se estabilizado, Adolf viajou mais uma vez para Viena, a fim de submeter-se a um exame de admissão na Academia de Belas-Artes. Compareceram 112 candidatos. Hitler passou pela primeira rodada, na qual foram reprovados 33 indivíduos; na segunda rodada, a decisiva, na qual foram aprovados somente 28 pessoas, Hitler foi reprovado. "Poucas cabeças. Amostra de desenho insuficiente", foi o resultado do exame.[68] Hitler viajara para Viena com a certeza "de ser prontamente aprovado no exame"; sua reprovação o pegou de jeito – "foi como um golpe súbito, vindo do nada".[69] O diretor da academia, ao ser questionado por Hitler, explicou-lhe que suas habilidades situavam-se "claramente" na arquitetura, e não na área da pintura. No entanto, Hitler não tinha um requisito básico para estudar arquitetura: a conclusão do Ensino Médio. "Abatido, deixei aquele magnífico edifício hanseático situado no Schillerplatz", registrou em *Mein Kaimpf*. "Pela primeira vez em minha jovem vida, me senti em desacordo comigo mesmo."[70] Muitas pessoas especularam reiteradas vezes o que teria acontecido se Hitler tivesse sido aprovado no exame de admissão. Provavelmente, não apenas sua vida – mas a História do povo alemão, para não dizer a História mundial – teria tomado um rumo diferente.

Em outubro, depois que Hitler voltou para Linz, o estado de saúde de sua mãe piorou muito. O filho passou a se dedicar aos seus cuidados – "Hitler adivinhava todos os seus desejos e cuidava dela com carinho e devoção. Eu nunca tinha visto em Hitler essa ternura empática", admirou-se August Kubizek. Essa observação bate com o relatório do dr. Bloch, que ia diariamente até a residência para mitigar as dores de sua paciente.[71] Na noite de 21 de dezembro de 1907, Klara Hitler faleceu com apenas 47 anos de idade. Na manhã seguinte, o médico encontrou Hitler junto ao leito de morte de sua mãe. "Em meus quase quarenta anos de atividade, eu nunca vi uma pessoa jovem tão indescritivelmente triste e arrasada como o jovem Adolf Hitler", lembrou-se Bloch em uma anotação de novembro de 1938.[72]

Após seu fracasso no exame de admissão para a Academia vienense, que ele não havia contado para a família e os amigos, a morte da mãe foi ainda mais difícil de aceitar. Com ela, Hitler perdeu provavelmente a única pessoa pela qual ele sentira amor.[73] Não existem indícios de que o tratamento dispensado à sua mãe pelo médico judeu tenha sido a causa para o ódio patológico antissemita de Hitler.[74] No próprio dia do funeral, em 23 de dezembro, Hitler (então com dezoito anos de idade) compareceu ao consultório de Bloch e declarou: "Doutor, eu sempre lhe serei grato".[75] E, mesmo nos anos seguintes, Hitler conservou seus sentimentos de gratidão em relação a ele. Em 1938, quando Hitler festejou sua entrada triunfal em sua "cidade natal", Linz, após a anexação da Áustria, dizem que ele perguntou imediatamente: "Digam-me, meu bom e velho dr. Bloch ainda vive?".[76] Dentre todos os judeus de Linz, Hitler colocou o médico sob a proteção da Gestapo. No final de 1940, o casal Bloch conseguiu emigrar para os Estados Unidos, passando por Portugal.

Em 1908, depois do Ano-Novo, Hitler visitou uma vez mais o túmulo dos pais em Leonding. "Adolf estava muito conformado", relatou seu acompanhante Kubizek. "Eu bem sabia o quão profundamente a morte de sua mãe o tinha abalado [...] Fiquei supresso ao ver como ele falava sobre isso com clareza e tranquilidade."[77] Agora, nada mais prendia o jovem em Linz; com grande determinação, Hitler preparou sua mudança para Viena. Com sua irmã, Paula, solicitou junto à direção do Departamento de Finanças a pensão mensal destinada aos órfãos, no valor de cinquenta coroas, 25 para cada um. A herança paterna, de 652 coroas para cada um dos herdeiros, estava depositada em uma conta bloqueada até que completassem 24 anos de idade, mas ambos podiam desfrutar imediatamente da porção da herança materna, no valor de 2 mil coroas. Com isso, Hitler não ficou rico, como muitos afirmaram, mas conseguiu sobreviver muito bem em Viena durante um ano, sem a necessidade de trabalhar em um emprego formal.[78]

Em 4 de fevereiro, Magdalena Hanisch, a proprietária da casa situada na Blütenstrasse, em Urfahr, procurou uma amiga em Viena, Johanna Motloch, pedindo a ela que intercedesse por Adolf Hitler junto ao famoso cenógrafo e professor da Escola de Artes, Alfred Roller: "Ele é um jovem sério e trabalhador, com dezenove anos, maduro e assentado para a idade, e vem de uma família altamente respeitável." Roller responde prontamente: "O jovem Hitler é bem-vindo e deve trazer os seus trabalhos para que eu possa ter uma ideia de sua arte". Alguns dias depois, a sra. Hanisch contou a sua amiga sobre a reação de Hitler à notícia: "Ele leu a carta lentamente, palavra por palavra, como se quisesse decorá-la, com um sorriso nos lábios e determinação estampada no rosto". Será que aqui, após a deprimente experiência vivida em outubro, uma porta se abria para sua tão sonhada carreira de artista? Em uma carta endereçada à Johanna Motloch, Hitler exprimiu sua "mais profunda gratidão" a essa "gentil senhora" por seus esforços para que "ele tivesse acesso a esse grande mestre cenógrafo".[79] Estranhamente, Hitler não fez uso da oferta feita por Roller. Se acreditarmos em suas declarações posteriores, o que o impediu de aceitar o convite foi a sua timidez: "Quão tímido era Hitler quando vivia em Viena [...] Ele não se atreveria a aproximar-se de um homem tão famoso, da mesma forma que não se atrevia a discursar para mais do que cinco pessoas".[80]

Em 12 de fevereiro de 1908, Hitler partiu para Viena. Em suas malas, além de seus livros, ele provavelmente também levava documentos familiares importantes, como as cartas de sua mãe, que mandou queimar em 1945.[81] Hitler havia persuadido seu amigo Kubizek, que o acompanhou até a estação ferroviária, a seguir com ele para Viena, onde poderia estudar música no Conservatório. No apartamento em Urfahr permaneceram, a princípio, sua irmã Paula e a tia Hanni; pouco depois, Johanna voltou para Waldviertel e foi morar na casa de parentes. Paula, com doze anos de idade, foi viver na casa de sua meia-irmã, Angela Raubal.[82] Hitler, como já havia feito em outubro do ano anterior, foi morar na casa da costureira solteira Maria Zakreys, situada na Stumpergasse, 29, no distrito Mariahilf, um área habitada por "pessoas de baixa renda". Em 18 de fevereiro, Hitler escreveu um cartão-postal para Kubizek: "Aguardo ansiosamente pela notícia da sua vinda [...] Toda Viena te espera. Portanto, venha logo".[83]

2

OS ANOS EM VIENA

"Viena foi e sempre será a mais difícil, porém completa, escola da minha vida. Quando cheguei a essa cidade, era ainda quase garoto, e quando a deixei era um homem sério e calado." Esse foi o balanço dos anos passados em Viena feito por Hitler em seu livro *Mein Kampf*.[1] Na verdade, os cinco anos que Hitler viveu na capital da dupla monarquia austro-húngara, de 1908 até 1913, foram de grande importância para sua vida. O impacto causado pelas impressões desse novo ambiente, bem como as experiências pelas quais Hitler passou, forjaram seu caráter e seus pontos de vista políticos. Portanto, não foi por acaso que Hitler em seus monólogos no quartel-general do Führer sempre voltava a falar sobre os anos vienenses.

A Viena da virada do século era uma metrópole europeia – e, com cerca de 2 milhões de habitantes, a quarta maior cidade após Londres, Paris e Berlim. A antiga cidade residência da dinastia Habsburgo não vivia somente da glória e do esplendor do passado; com suas indústrias, casas de comércio, bancos e meios de transporte modernos, Viena era o centro de uma vida econômica efervescente e, com seus teatros, salas de concerto, estúdios, editoras e jornais, era ao mesmo tempo o centro de uma cena cultural muito atuante. "Em nenhuma cidade europeia o interesse por assuntos culturais era tão intenso como em Viena", lembrou o escritor vienense Stefan Zweig, ao falar dos anos que antecederam a Primeira Guerra Mundial.[2] Em Viena os representantes da arte moderna causaram alvoroço com suas inovações – pintores como Gustav Klimt, Egon Schiele e Oskar Kokoschka, os arquitetos Otto Wagner e Adolf Loos, os escritores Arthur Schnitzler e Hugo von Hofmannsthal, o compositor Arnold Schönberg e muitos outros.[3] No Palácio Imperial de Hofburg ainda residia o imperador Francisco José I – a garantia aparente de uma estabilidade inabalável e símbolo de um reinado duradouro. Em 1908, quando Hitler se mudou para Viena, o já idoso monarca celebrou seu sexagésimo aniversário de reinado com diversos jantares de gala e com um desfile pomposo.[4] Mas por trás da fachada glamorosa existiam rachaduras profundas. Os prédios magníficos da Ringstrasse e as espaçosas avenidas, testemunhos da autoconfiança e da necessidade de representação da aristocracia e da burguesia abastada, contrastavam com os cortiços miseráveis dos subúrbios, nos quais as famílias da classe trabalhadora eram obrigadas a viver em espaços muito apertados. "Depois da virada do século, Viena já fazia parte das cidades socialmente mais desfavoráveis", escreveu Hitler em

Mein Kampf. "Riqueza ostensiva e pobreza repugnante podiam ser observadas em rápida sequência."[5] Mas Viena não era apenas uma cidade com crassos contrastes sociais. Nela, os problemas do Estado multinacional austro-húngaro podiam ser observados como através de uma lente de aumento. Nenhuma outra cidade europeia, com exceção de Berlim, apresentava uma taxa de imigração tão elevada. Entre 1880 e 1919, o número de habitantes dobrou. Os tchecos eram o maior grupo populacional. Em 1910, um em cada cinco habitantes de Viena era de origem tcheca.[6] A proporção da população judaica também era maior em Viena do que nas demais cidades europeias. Em 1910, viviam 175,3 mil judeus em Viena, o que correspondia a 8,7% da população. Desses, os mais pobres, principalmente os imigrantes vindos das regiões orientais do reino, Hungria, Galícia e Bucovina, viviam em Leopoldstadt, popularmente conhecida como Mazzeinsel, ou ilha Matzá.[7]

A imigração desenfreada despertou, entre os alemães que residiam em Viena, bem como entre os habitantes alemães residentes em outras regiões da monarquia austro-húngara, o medo de uma "infiltração estrangeira", de perder sua hegemonia cultural e política, tida como certa. Em resposta a esse temor, no final do século XIX foram fundadas associações, partidos e movimentos de massa que estampavam o seu nacionalismo radical em suas bandeiras.[8] Esses, por sua vez, provocavam as contrarreações correspondentes em indivíduos de outras nacionalidades. Com os conflitos nacionais cada vez mais difíceis, o *Reichsrat*, parlamento da metade ocidental da monarquia do Danúbio – no qual os alemães deixaram de ser o grupo nacional mais forte após a introdução do direito geral de voto para homens (a partir dos 24 anos de idade) em 1907 –, passou a ser uma arena de combate. Com os embates públicos protagonizados pelos porta-vozes das diferentes nacionalidades, cada vez mais observadores passaram a acreditar que a monarquia Habsburgo estava em uma crise e que o Estado multinacional estava prestes a se desintegrar. O clima *fin-de-siècle*, frequentemente invocado, aquele prenúncio de catástrofes estarrecedoras, em nenhum lugar esteve tão palpável como na Viena da virada do século. "Todos esperam, estáticos: os garçons, as carruagens, os governos. Todos estão à espera do fim. Desejo um bom fim de mundo, Sua Graça!", foi o comentário do vienense Karl Kraus sobre esse sentimento de fim dos tempos na revista *Die Fackel*, fundada por ele em 1899.[9]

Logo após sua chegada a Viena, Hitler comunicou a seus leitores de *Mein Kampf* que ele havia sido atirado em um "mundo de miséria e pobreza".[10] Esse foi outro blefe deliberado, uma vez que, devidamente suprido com a herança materna, a pensão de órfão e a ajuda que recebia da tia Hanni, Hitler tinha condições de manter seu modo de vida habitual: não fazer nada. No final de fevereiro de 1908, depois que Kubizek também foi para Viena, mudaram-se para o maior quarto da residência da sra. Zakreys, na Stumpergasse, 27, pagando um aluguel mensal de vinte coroas. Enquanto Kubizek era aprovado no primeiro exame de admissão para o Conservatório, passando a experimentar um estudo regrado, seu amigo vivia um dia a dia sem metas e planos. Geralmente acordava tarde – um hábito que manteve como líder do partido e chanceler. Quando Kubizek voltava para casa, muitas vezes o encontrava sentado com seu bloco de desenho, ou afundado em seus livros.

Hitler gostava de ler até tarde da noite. "Livros, sempre novos livros! Eu não consigo imaginar Adolf sem os livros", lembrava seu amigo. "Os livros eram o seu mundo".[11] As lendas sobre deuses ou heróis germânicos ocupavam um lugar de destaque, seguidos por obras sobre a arte e história da arquitetura, mas também a literatura contemporânea, como os dramas de Ibsen ou a peça de Frank Wedekind, *O despertar da primavera*; todos eles foram adquiridos por esse leitor voraz.[12] Mas em sua memória Hitler armazenava somente o que lhe parecia importante e útil, o restante era rapidamente esquecido. Em *Mein Kampf*, Hitler dedicou uma longa seção à "arte da leitura correta", uma técnica já usada por ele na juventude, ou seja: "manter o valioso separado do inútil, guardando-o na memória e, se possível, não dando atenção a coisas sem importância, para não carregar consigo lastro desnecessário".[13]

Sempre que conseguiam, os dois amigos iam à ópera. "Antes da Guerra Mundial, a ópera era maravilhosa! Lá também existia uma cultura incrível!", diria Hitler ainda em 1942.[14] Muitas vezes, para conseguir um dos cobiçados lugares em pé, no térreo, era preciso esperar horas na fila. Como em Linz, os amigos se inebriavam com os dramas musicais de Wagner. "Nesse mundo místico apresentado por esse grande mestre, Adolf se perdia, deixando tudo para trás."[15] Apesar de Gustav Mahler ter abandonado a direção da Ópera no final de 1907, irritado pelos ataques antissemitas, os dois jovens wagnerianos continuavam totalmente a favor do dirigente e compositor judeu na disputa por suas interpretações de Wagner.[16]

Quanto ao restante, o gosto artístico de Hitler mantinha-se intocado pela modernidade vienense. Ele não se interessava pelos trabalhos dos secessionistas vienenses ao redor de Gustav Klimt; preferia coisas tradicionais: as obras do romântico tardio Arnold Böcklin, as pinturas monumentais neobarrocas de Hans Makart e, especialmente, as pinturas de gênero idílico feitas por Eduard von Grützner, de Munique.[17] "Em Viena, quando eu era jovem, vi um quadro de Grützner em uma vitrine [...] Eu não conseguia parar de olhar, tamanha era minha admiração."[18] Para Hitler, a pintura não figurativa não passava de "rabiscos aleijados".[19] Ele também não compreendia as mensagens dos porta-vozes de uma arquitetura nova e funcional, como Adolf Loos; seus arquitetos-ídolos eram Karl Friedrich Schinkel e Gottfried Semper.[20] Era capaz de permanecer horas a fio na frente dos magníficos edifícios da Ringstrasse. "Lá, ele esquecia não somente o tempo, mas tudo ao seu redor [...] Em casa, ele desenhava as plantas, os cortes longitudinais e, a seguir, tentava trabalhar com algum detalhe interessante [...] Então, a Ringstrasse transformava-se em um objeto visual animado, no qual ele podia medir seu conhecimento de arquitetura e demonstrar seus pontos de vista."[21]

Depois de algum tempo, Kubizek notou uma alteração no comportamento do amigo em relação à época em Linz. Hitler estava completamente desequilibrado.

Era capaz de explodir por qualquer coisa e fazia acusações raivosas contra o mundo que, supostamente, conspirava contra ele; em seguida, afundava em depressões, fazendo autoacusações atormentadoras. Fases de atividade febril alternavam-se com fases de letargia, nas quais ele não fazia absolutamente nada.[22] Certo dia, Hitler surpreendeu Kubizek com a ideia de escrever sua própria ópera, *Wieland der Schmied* ("Wieland, o ferreiro"), embora só tivesse tido aulas de piano durante três meses em Linz, a partir do começo de outubro de 1906 até o final de janeiro de 1907, e lhe faltasse o conhecimento do ofício de compositor: um empreendimento aventureiro, ao qual o estudante de música Kubizek assistia relutantemente. Depois de muitas noites trabalhando, nas quais entrava em um frenesi criativo, Hitler afinal desistiu de seu objetivo.[23] E assim foi com outros projetos: sempre que tinha uma ideia, Hitler se empenhava e trabalhava nela com afinco e, repentinamente, perdia o interesse e sua atenção se voltava para outro plano.

Em 1939, em seu ensaio "Irmão Hitler", Thomas Mann reconheceu nos devaneios do jovem uma "forma da manifestação artística". "Tudo está ali, de maneira embaraçosa: a 'dificuldade', a preguiça, um sentimento patético de precocidade, o problema de lidar com algo, aquela sensação de 'o que-você-quer, na verdade?', o vegetar afundado em uma boemia social e psicológica, a rejeição basicamente arrogante e superior de qualquer atividade razoável e honrosa – baseado em quê? –, a suposição de estar predestinado a algo indefinível que, se fosse mencionado, se pudesse ser mencionado, faria as pessoas desatarem a rir."[24]

Cada vez mais, os dois amigos entravam em atrito em sua residência. Hitler não era o único a se sentir perturbado com Kubizek ao piano enquanto se dedicava a seus estudos autodidatas. O que realmente azedava sua vida era o fato de que, todas as manhãs, seu companheiro de quarto se dirigia garbosamente ao Conservatório, onde era aplaudido, e para ele, Hitler, o verdadeiro artista, as portas da Academia permaneciam fechadas. Até então, ele havia omitido isso. Certa noite, após nova briga, o jovem de dezenove anos de idade explodiu, gritando: "Eles me rejeitaram, me expulsaram, fui excluído [...]". Essa confissão foi acompanhada de uma enxurrada de insultos. "'Essa academia!', gritou. 'Um bando de funcionários públicos velhos, encarquilhados, antiquados, burocratas estúpidos! Essa Academia merecia ser explodida!'. Seu rosto estava pálido, os lábios, apertados e quase brancos. Mas seus olhos brilhavam. Esses olhos eram sobrenaturais! Como se todo o ódio do mundo estivesse contido neles, todo o ódio do qual ele era capaz."[25] Esse foi um dos raros momentos nos quais Hitler, sempre tão introspectivo, se abriu para outro ser humano, permitindo-lhe lançar um olhar em seu íntimo. Por trás da atitude arrogante com a qual ele sempre fazia valer suas reivindicações de superioridade, escondia-se uma grande insegurança em relação a seu próprio futuro como artista.

Talvez esse tenha sido o motivo pelo qual o jovem Hitler – segundo o testemunho de Kubizek – passou a se interessar cada vez mais pela política. Ele visitou várias vezes o parlamento, o *Reichsrat* e, da galeria, acompanhava os debates proferidos em dez línguas diferentes. Mais tarde, ele expressou sua indignação quanto ao "espetáculo patético" que lhe fora oferecido: "uma multidão descontrolada e gesticulante, que gritava em vários tons diferentes; acima deles um tiozinho inofensivo que, banhado em suor e agitando um sino, tentava recuperar a dignidade daquela casa, com gritos admonitórios ou conciliadores".[26] Segundo Hitler, em *Mein Kampf*, ele se tornou imune naquela época ao princípio democrático da maioria. Mas, aparentemente, a violência das brigas parlamentares era uma atração para ele. Kubizek, que o acompanhou certa vez e que, enojado com o tumulto generalizado, logo resolveu ir embora, vivenciou uma reação muito diferente de seu amigo: "Ele havia se levantado, seus dedos se fecharam em punhos, seu rosto ardia de excitação. Então, eu preferi ficar quieto, sentado em meu lugar, embora eu não tivesse a menor ideia do motivo da disputa".[27]

Sem dúvida, o clima político arraigado em Viena influenciou aquele jovem provinciano, tão receptivo para soluções radicais. Já na época de estudante, em Linz, Hitler havia se engajado no apoio às aspirações da "Associação da Escola Alemã", cuja tarefa era a criação de escola públicas e jardins de infância em língua alemã em regiões onde havia idiomas mistos.[28] A crença na superioridade cultural dos alemães já fazia parte do pensamento de Hitler na época em que se mudou para a metrópole do Danúbio. "Quando eu fui para Viena, minhas simpatias estavam total e completamente direcionadas ao pangermanismo", escreveu ele em *Mein Kampf*, e nesse caso a afirmação é absolutamente crível.[29] Georg Ritter von Schönerer, que fundou o movimento pangermânico na Áustria, foi um dos políticos mais admirados pelos novos vienenses. Seu programa de uma unificação da Áustria alemã com o Império Alemão, que pressupunha a dissolução do *Vielvölkerstaat* [Estado multinacional] da monarquia Habsburgo, aparentemente exercia uma fascinação extrema sobre a imaginação política do jovem Hitler. "Ele foi capaz de reconhecer o fim inevitável do Estado austríaco de forma mais correta e clara do que qualquer outro", elogiou Hitler depois, referindo-se ao entusiasmado nacionalista alemão e admirador de Bismarck.[30] Continuamos sem saber se Hitler, aos dezenove anos de idade, já era capaz de aproveitar alguma coisa do culto que os austríacos pangermânicos dedicavam a seu ídolo. Certo é que ele, mais tarde, incorporou em sua NSDAP a saudação "*Heil*" e o título "Führer", elementos usados pelos seguidores de Schönerer.[31]

Na virada do século, Schönerer já havia ultrapassado o ponto alto de sua atividade pública. (Seu último mandato no *Reichsrat* terminara em 1907.) Com a sua luta contra a Igreja Católica, sob o lema "*Los von Rom*" ("Largar Roma"), ele havia afrontado muitos de seus simpatizantes que faziam parte da população católica da Áustria alemã. Em seu livro *Mein Kampf*, Hitler criticou o movimento "*Los von Rom*" como um erro grave e, nesse contexto, acusou Schönerer de "não entender a psiquê das grandes massas".[32] Hitler acabou encontrando no político Karl Lueger tudo o que procurou em vão em Schönerer. Lueger foi prefeito de Viena e fundador do Partido Social Cristão, que no início do século xx estava no auge de sua popularidade. A atividade política de Lueger foi direcionada para ganhar o apoio da "classe média que corria o risco de desaparecer", o que lhe rendeu "um séquito de seguidores inabaláveis e devotos, capazes de grandes sacrifícios e altamente combativos".[33]

Como "schöneriano", Hitler confessou ter sido inicialmente um oponente do Partido Social Cristão em um de seus monólogos no quartel-general do Führer. Mesmo assim, ele logo passou a ter "um imenso respeito pessoal" por Lueger: "Eu o ouvi discursar pela primeira no salão comunitário da prefeitura; em meu íntimo, travei uma luta contra mim mesmo, eu queria odiá-lo, mas só conseguia admirá-lo: ele tinha um grande talento como orador".[34] Hitler decerto não admirava o político somente por sua retórica poderosa, mas principalmente por sua política de germanização rigorosa, que perseguia sob o lema "Viena é alemã e deve continuar alemã".[35] Além disso, Hitler também se deixou impressionar pelos feitos notáveis que o prefeito contabilizou durante seu mandato desde 1897, com a modernização da infraestrutura de Viena. Lueger não cuidou somente da municipalização das companhias de gás, eletricidade e dos transportes, mas também se dedicou à assistência social e à saúde, além de criar parques e espaços verdes. "Lueger foi o maior espectro político local, o prefeito mais brilhante que já viveu entre nós", elogiou, ainda, o futuro chanceler Hitler.[36] Em março de 1910, quando um grande cortejo fúnebre acompanhou Lueger até o túmulo, seu jovem admirador estava entre as centenas de milhares de pessoas que cercavam as ruas, assistindo à cerimônia.[37]

Além do Partido Social Cristão de Lueger, os sociais-democratas representavam a maior força política na Viena do período pré-guerra. A relação do jovem Hitler com os sociais-democratas era estranhamente ambígua. Por um lado, ele era tocado pela miséria social, com a qual se defrontava a cada passo em Viena. Assim, ocupou-se durante semanas com planos para a construção de habitações sociais, para que a população trabalhadora pudesse usufruir de residências dignas a preços acessíveis.[38] Por outro lado, Hitler era dominado pelo medo de, um dia, também afundar no proletariado. "Talvez", especula um amigo, "por trás do empenho estafante com o qual ele trabalhava, se escondesse instintivamente a intenção de se proteger da miséria das massas, por meio de um trabalho educacional abrangente".[39] Em Viena, Hitler presenciou várias grandes manifestações de trabalhadores locais. Segundo ele, essas demonstrações lhe pareciam mais ameaçadoras do que atraentes. "Durante quase duas horas eu fiquei ali parado, sem respirar, observando aquela multidão que, como um enorme verme, rolava para a frente. Finalmente, deixei a praça e caminhei para casa, deprimido e aflito."[40]

Como simpatizante dos pangermânicos, Hitler odiava os esforços do Partido Social Democrata austríaco para o entendimento com os povos eslavos. Seu internacionalismo repugnava o jovem nacionalista radical. Hitler suspeitava que os líderes do partido social-democrata exploravam a situação de miséria da população operária, usando-a para seus próprios propósitos. Segundo Kubizek, ele teria dito após uma manifestação: "'Quem está levando esse povo à miséria? Seguramente, não são os homens que um dia também sofreram a miséria do homem comum, e sim os ambiciosos, os sedentos de poder, até mesmo os políticos distantes do povo, que enriquecem às custas da massa.' Uma explosão de raiva contra os aproveitadores políticos encerrou a acusação amarga feita por meu amigo".[41] A oposição à social-democracia, acusada de "não alemã" e corrupta, manteve-se como uma constante fundamental na visão política de Hitler – uma herança venenosa do tempo em que viveu em Viena.

No início de julho de 1908, após o final do semestre de verão, Kubizek voltou para Linz, a fim de passar as férias com seus pais. Hitler o acompanhou até a Estação Ferroviária de Viena. Kubizek jamais imaginou que somente o reencontraria trinta anos depois, após a anexação da Áustria ao Reich Alemão. Inicialmente, o amigo que ficou em Viena ainda lhe enviou alguns cartões-postais, e até mesmo duas cartas, nas quais ele descreveu sua "vida de eremita" com uma alegria forçada e, como uma novidade especial, mencionou que matou alguns "carrapatos imensos" em seu quarto; em outra ocasião, escreveu que sobrevivera a um "forte catarro brônquico". E também frisou que, durante a ausência do amigo, não ficou na boa vida: "Agora escrevo muito, em geral à tarde e no início da noite."[42] Na segunda metade de agosto, Hitler enviou um último cartão-postal de Waldviertel, onde visitava parentes. Depois disso, deixou de fazer contato. Em novembro de 1908, quando Kubizek retornou à Viena como combinado, a sra. Zakreys lhe contou que Hitler havia se mudado sem deixar seu novo endereço.[43]

Em setembro de 1908, Hitler candidatou-se uma segunda vez a uma vaga na Academia de Belas-Artes. Dessa vez, ele não foi admitido nem mesmo para fazer o exame.[44] Provavelmente esse foi o motivo para separar-se do amigo sem dar qualquer explicação. A autoestima de Hitler ficou gravemente abalada: o sonho de uma grande carreira como artista parecia ter acabado. Em seus recorrentes surtos de ódio contra os "mestres-escola" da Academia, que o haviam rejeitado "como sem talento", aquele que mais tarde se tornaria o chanceler do Reich sempre deixava claro o quão profundamente ficara magoado.[45] Em sua compulsão de genialidade, o jovem Hitler sentia-se bastante incompreendido e retraía-se cada vez mais. No outono de 1908, Hitler rompeu as relações não só com Kubizek, mas também com seus familiares. Em 18 de novembro, alugou um novo quarto na Felberstrasse, 22, junto à Estação Ferroviária, não muito longe da Stumpergasse; ali, morou até 20 de agosto de 1909.[46]

Não há informações seguras sobre o tempo em que morou na Felberstrasse. Durante quatro meses, Hitler desapareceu quase por completo de nosso campo de visão. Entretanto, podemos supor que sua situação financeira se deteriorou a cada mês. A herança materna já havia sido gasta, e a pensão de órfão era insuficiente para cobrir suas despesas. Pela primeira vez, Hitler passou por uma fase de privação, da qual reclamou mais tarde ao se referir a sua estadia em Viena: "Durante meses não comi nenhuma refeição quente. Eu sobrevivi à base de leite e pão seco".[47]

Talvez essa tenha sido a época em que aquele episódio ao qual Hitler dedicou um espaço especial em *Mein Kampf* ocorreu. Segundo ele, "para não morrer de fome", foi trabalhar como ajudante em uma construção. Lá, as conversas que teve com seus colegas de trabalho, todos sindicalizados, serviram para "irritá-lo ao extremo". Nação, pátria, a autoridade das leis, religião, moral – tudo foi coberto de lama. Quando Hitler se atreveu a discordar, os colegas o teriam ameaçado de empurrá-lo do andaime. Um pouco mais rico em termos de experiência, Hitler deixou seu emprego.[48] No entanto, é improvável que essa história, atestada somente pelo próprio Hitler, realmente tenha acontecido dessa forma. Provavelmente, Hitler a inventou para demonstrar o quão heroico era aos vinte anos de idade, batalhando contra as "heresias" da doutrina marxista.[49]

Em 22 de agosto de 1909, Hitler mudou-se para uma moradia mais barata, situada na Sechshauser Strasse, 58. Ele, que anteriormente escrevera "artista" ou "estudante" nos formulários de mudança de endereço (o que não correspondia à verdade), dessa vez informou que sua profissão era "escritor", embora nunca tivesse publicado uma linha sequer.[50] Em 16 de setembro, foi mais uma vez obrigado a deixar o quarto onde morava, provavelmente porque não conseguia mais pagar o aluguel. Dessa vez, no formulário de mudança de endereço consta, sob a rubrica "mudou para onde?", a expressão "local desconhecido". Durante os meses seguintes, Hitler parece que não teve um domicílio fixo. O outono de 1909 foi, para ele, "uma época muito amarga", escreveu em janeiro de 1914 em retrospectiva, e mesmo após cinco anos "ainda carregava consigo as lembranças na forma de queimaduras de frio nos dedos, mãos e pés".[51]

Ainda que essas palavras tenham sido um dos exageros típicos de Hitler, uma coisa é certa: em sua derrocada social, ele havia "chegado ao fundo do poço".[52] Ele, que de acordo com o testemunho de Kubizek sempre se trajou cuidadosamente e tinha uma necessidade quase doentia por limpeza,[53] passou a fazer parte da legião de moradores de rua desmazelados que dormiam nos bancos dos parques ou que, nos dias mais frios, se reuniam em instituições de caridade de Viena, onde recebiam uma refeição quente.

No final do outono de 1909, no abrigo de moradores de rua em Meidling que recebia cerca de mil indivíduos a cada noite, oferecendo uma refeição gratuita que consistia de sopa e pão, Hitler acabou conhecendo Reinhold Hanisch, um vagabundo itinerante que já havia sido condenado e que agora ocupava o estrado de cama ao seu lado. "À esquerda, sobre o estrado de arame, estava deitado um jovem magro, com os pés feridos de tanto andar. Com ele reparti o pão que me restava e que tinha recebido de agricultores. Naquela época, eu ainda falava com um forte sotaque berlinense; aquele jovem adorava a Alemanha. Sua cidade natal, Braunau am Inn, eu conhecia das minhas andanças, de modo que pude acompanhar suas narrativas", contou Hanisch em maio de 1933, referindo-se ao início daquela amizade masculina.[54] De manhã cedo, os ocupantes do abrigo tinham que desocupar o lugar, retornando somente à noite. Durante o dia, Hanisch e Hitler tentavam ganhar algum dinheiro com bicos. Mas Hitler não aguentava remover a neve durante muito tempo: "Ele não tinha um casacão de inverno, e sua aparência muitas vezes era miserável e azulada, como se estivesse congelado".[55]

Certa vez, quando aquele jovem fracote de vinte anos de idade se gabou dizendo que havia frequentado a Academia de Belas-Artes, Hanisch teve uma ideia: será que o talento artístico de Hitler não poderia ser útil para ambos? Então, sugeriu a Hitler que pintasse cartões-postais que ele, Hanisch, os venderia nos bares e restaurantes. A renda seria partilhada equitativamente entre ambos. Cedendo à insistência de seu parceiro, Hitler pediu a sua tia Johanna a importância de 50 coroas, com a qual conseguiu comprar os materiais de desenho e pintura. O sucesso dessa empreitada foi maior do que o esperado: em 9 de fevereiro de 1910, ambos conseguiram trocar o abrigo de moradores de rua por um lugar no pensionato para homens, na Meldemannstrasse, 27.[56] Nele, Hitler passaria os três anos seguintes.

Naquela época, o pensionato para homens no bairro operário Brigittenau, na periferia de Viena, era uma instituição bastante moderna, que oferecia certo conforto a seus quinhentos moradores, em comparação com o abrigo para moradores de rua. Ali, não eram obrigados a passar a noite em grandes dormitórios. A cada um era destinada uma pequena cabine-dormitório, com cama, mesa e guarda-roupa, e também um luxo especial: luz elétrica. Além disso, havia áreas comuns, incluindo uma ampla sala de leitura com biblioteca, na qual ficavam à disposição os jornais diários, bem como um aposento menor, o assim chamado escritório.[57] Ali, Hitler permanecia durante o dia, desenhando e pintando. Ele usava temas recorrentes, pontos turísticos de Viena como a igreja de São Carlos, a catedral de Santo Estevão ou a prefeitura. Hanisch vendia as pinturas aos turistas e marchands. À noite, após as 20h, Hitler se retirava e ia para a cama, onde gastava muitas horas com seus estudos autodidatas. "Eu pintava para a minha subsistência e estudava pelo prazer de aprender [...] Acho que as pessoas ali achavam que eu era um excêntrico."[58]

De fato, naquela sociedade heterogênea do pensionato para homens, que incluía trabalhadores braçais solteiros e pequenos funcionários, bem como acadêmicos errantes, aquele arremedo de artista de 21 anos de idade era um ser alienígena. Hitler não se misturava, não fumava nem bebia e, quando o tema da conversa eram as mulheres, quase nada tinha para contribuir. Na Meldemannstrasse, como em todos os pensionatos para homens, as visitas femininas eram estritamente proibidas. Mas Hitler não parece ter feito qualquer esforço para se tornar próximo de mulheres. Oportunidades não teriam faltado, inclusive durante o tempo em que morou com Kubizek. Este contou que, quando iam à ópera, Hitler sempre atraía olhares curiosos das mulheres. E Kubizek sempre se perguntou no que consistia a força de atração de Hitler – seriam seus "olhos excepcionalmente brilhantes" ou a "sua expressão estranhamente severa, que dominava seu rosto ascético"? Talvez tenha sido apenas a "sua indiferença visivelmente ostensiva que atraía os membros do sexo oposto, estimulando as mulheres a testar essa resistência tipicamente masculina".[59]

Não importa: naquela atmosfera carregada de erotismo que reinava em Viena na época anterior à guerra, em que peças teatrais como *A ronda*, de Arthur Schnitzler, e os quadros permissivos de Gustav Klimt provocavam escândalos, o jovem Hitler vivia um ascetismo quase monástico. Concluir, a partir disso, que Hitler na verdade se sentia atraído por homens, mas não assumia, é pouco convincente,[60] pois, mesmo durante o tempo em que viveu no pensionato para homens, onde não faltavam oportunidades de contato, não há o menor indício de uma tendência homossexual de Hitler.

Ele nem mesmo cogitava usar os serviços de prostitutas para suprir suas necessidades sexuais, como muitos de seus pares burgueses faziam. Isso, segundo Kubizek, era motivado principalmente pelo medo de contrair uma doença sexualmente transmissível que ainda grassava naquela época: a sífilis.[61] Mas talvez o exemplo do pangermanismo propagado por Schönerer, que recomendava que os jovens até 25 anos de idade vivessem em celibato, tenha desempenhando um papel: "nada é tão benéfico para a juventude quanto uma castidade extremamente prolongada. A castidade tonifica todos os músculos, os olhos brilham, a inteligência é vivaz, a memória é fresca, a fantasia é vívida, a vontade é rápida e firme, e a sensação de força faz que vejamos o mundo todo através de um prisma colorido".[62] Se Hitler se manteve fiel a esse mandamento de castidade, e muito fala a favor disso, ele ainda não tinha dormido com nenhuma mulher ao deixar Viena, aos 24 anos de idade.[63]

Sobre as implicações desse desenvolvimento sexual sublimado, só podemos especular. As implicações talvez já pudessem ser reconhecidas no medo visível que o jovem Hitler tinha em relação ao contato físico e sua visão idealizada da mulher, que ele já externara em seu namoro a distância com Stefanie, a garota de Linz. Isso consegue explicar sua irritabilidade nervosa, que tanto incomodou Kubizek no tempo em que conviveram em Viena. No entanto, o nervosismo – reconhecido pela classe médica como "neurastenia", a doença da moda –, um fenômeno que afetou muitos homens e mulheres na virada do século, e que pouco tinha a ver com a sexualidade reprimida, mas sim com a enorme aceleração que dominou todas as atividades rotineiras, provocada pelo aparecimento de modernos meios de transporte e comunicação, havia tomado conta do cotidiano.[64]

Entre os dois parceiros de negócios, Hanisch e Hitler, logo começou um desentendimento. Para que ambos pudessem se manter, era preciso que Hitler pintasse um quadro a cada dia. Mas, em algumas ocasiões, Hitler preferia se dedicar a ler os jornais ou a participar de discussões políticas na sala de leitura. Para desempenhar seu "trabalho artístico, era preciso estar inspirado", disse ao parceiro que cobrava seu empenho.[65] Outra coisa que enfureceu Hanisch foi o fato de Hitler fazer amizade com outro residente no pensionato para homens: Josef Neumann, um lavador de panelas de 31 anos de idade e de ascendência judaica, que vendia todo tipo de produto no varejo. Neumann também passou a vender os quadros de Hitler e, portanto, a ser um concorrente de Hanisch. Em junho de 1910, Hitler e Neumann sumiram do pensionato, mas retornaram após cinco dias.[66] Provavelmente, ambos tentaram construir uma vida profissional fora de seu domicílio – um plano que pelo visto não deu certo. Em julho, Neumann foi embora de Viena e Hitler voltou a depender da parceria estabelecida com Hanisch.

Após algumas semanas, essa parceria acabou. Hitler acusou Hanisch de tê-lo enganado, não pagando por dois quadros que vendera. Um conhecido que morava no pensionato foi à polícia e registrou uma queixa. Em 5 de agosto de 1910, Hitler prestou depoimento na delegacia de polícia de Brigittenau; o protocolo de seu depoimento ainda existe: "Há aproximadamente duas semanas, Hanisch não voltou ao pensionato para homens e não me pagou pelo quadro *Parlamento*, no valor de 50 coroas, bem como por uma aquarela no valor de 9 coroas".[67] Hanisch foi condenado a sete dias de prisão – também por ter-se registrado com um nome falso em outro pensionato para homens desde meados de julho. Hitler passou a vender seus próprios quadros. Assim, iniciou relações comerciais com Jakob Altenberg e Samuel Morgenstern, dois judeus proprietários de lojas de molduras e arte. Ambos pagavam a Hitler muito bem, o que o levou a uma independência financeira.[68]

Johanna, a tia de Hitler, faleceu no final de março de 1911. Nessa oportunidade, a família ficou sabendo que Adolf recebera da tia grandes quantias de dinheiro. Angela Raubal, que enviuvou em 1910 e que vivia de uma pequena pensão de funcionário público, com a qual sustentava não somente seus três filhos, mas também Paula, a irmã de Hitler, se viu no direito de solicitar que lhe fosse concedido o valor total da pensão de órfãos, que, até então, era dividido entre os irmãos. No início de maio de 1911, Hitler foi convocado a comparecer ao Tribunal Distrital Leopoldstadt de Viena, a pedido do Tribunal da Comarca de Linz. Nele, Hitler declarou que "era capaz de cuidar de si e que concordava que sua irmã recebesse o valor total da pensão de órfãos".[69] Além desse protocolo, não existem fontes que forneçam informações sobre a permanência de Hitler no pensionato para homens em 1911 e 1912. O nome de Hitler somente é citado novamente em 1913 – em um testemunho de um novo morador, Karl Honisch, que durante alguns meses morou na Meldemannstrasse e escreveu um relatório detalhado sobre esse período em 1939 para o Arquivo Central da NSDAP.[70]

Estranhamente, o tempo parecia ter parado. Hitler continuava sentado em seu local de trabalho, no nicho da janela do escritório: "Com sua compleição física esbelta e face encovada, cabelos escuros que lhe caíam sobre a testa e trajando um terno escuro e desgastado, Hitler trabalhava com afinco desde cedo até o final da tarde."[71] Esse era seu lugar e ninguém podia reivindicá-lo. Ele, com o tempo, passou a ser uma espécie de instituição no pensionato para homens, era respeitado por seus companheiros e até mesmo admirado por suas habilidades como pintor: "Tínhamos orgulho de ter um artista entre nós".[72] Honisch mostra claramente a tentativa de descrever Hitler da maneira mais positiva possível, referindo-se a ele como uma "pessoa gentil e amável", que "se preocupava com o destino de cada um dos seus companheiros", mas que sempre cuidou para "não permitir que as pessoas chegassem muito perto dele". Por essa razão, "ninguém se atrevia a intimidades".[73]

Apenas raramente, como afirma Honisch, Hitler mostrava um pouco mais de si, e isso somente quando a conversa se voltava para a política e ele, que era chamado à boca pequena de "Inteligência", se via provocado a assumir uma postura: "Muitas vezes Hitler levantava-se rapidamente, jogava o pincel ou lápis de cor sobre a mesa e, de maneira muito temperamental, emitia a sua opinião sem medir as palavras, com olhos brilhantes, jogando para trás com movimentos repetidos da cabeça o cabelo que vivia lhe caindo na testa." Após esses arroubos temperamentais inesperados, Hitler de vez em quando interrompia seu fluxo de pensamentos e, com "um gesto resignado de mão, sentava-se novamente em frente ao cavalete de pintura, "como se quisesse dizer que tinha pena de cada palavra gasta, uma vez que vocês são incapazes de entender".[74] Segundo as observações de Honisch, existiam dois temas capazes de exaurir Hitler: quando a conversa girava em torno "dos vermelhos e dos jesuítas", ou seja, os sociais-democratas e os católicos. No entanto, não existem referências a ataques antissemitas, o que levanta a questão sobre a postura de Hitler em relação aos judeus naquela época.

Quando Hitler foi para Viena, ele seguramente ainda não era um antissemita. O testemunho do médico judeu dr. Bloch, de Linz, é mais confiável do que o de Kubizek em 1945, que diz ter descoberto uma convicção antissemita em Hitler já na época em que viviam em Linz.[75] Em seu livro *Mein Kampf*, Hitler afirma que somente em Viena ele se tornou um inimigo dos judeus: "Aquela foi, para mim, a época da maior revolução interna que vivi. De cidadão fracote, passei a ser um antissemita fanático".[76] A maioria dos biógrafos seguiu essa versão. Era muito fácil derivar a questão dos judeus das necessidades de compensação do artista incompreendido. Nos judeus, o "ódio até então desordenado e errático de Hitler [...] finalmente encontrou seu alvo", observou Joachim Fest.[77] Apenas as pesquisas de Brigitte Hamann levaram à apresentação real da imagem de Hitler – uma das numerosas lendas com as quais o demagogo do início dos anos 1920 tentava sugerir um desenvolvimento linear de sua "visão do mundo". Aparentemente, não houve uma experiência de conversão ao antissemitismo durante os anos passados em Viena; na verdade, as coisas não eram tão claras como há muito se supunha.[78]

Uma coisa é certa: mesmo que quisesse, Hitler não teria conseguido evitar entrar em contato com correntes antissemitas na época em que viveu em Viena. Afinal, na virada do século, a capital austríaca era um playground para antissemitas. A imigração maciça, principalmente de "judeus orientais", despertou os temores de uma "judaização" de Viena; o sucesso dos imigrantes judeus, conscientes do ponto de vista educacional e orientados a subir na vida, despertou inveja e amargura nos nativos.[79] Muitos políticos vienenses tocavam na tecla dos ressentimentos antissemitas. Georg von Schönerer, o líder do pangermanismo austríaco e admirado por Hitler, associou sua luta pelo "germanismo" com um antissemitismo racial até então desconhecido na Áustria. Mesmo o prefeito Karl Lueger, o segundo modelo político de Hitler, não tinha escrúpulos para usar bordões como "a Grande Viena não deve se transformar em uma Grande Jerusalém", além de adotar a difamação da "imprensa judaica" para compor uma imagem antissemita refinada.[80] Seria uma surpresa se o jovem Hitler não tivesse sido afetado por isso.

A Viena da virada do século aparentemente foi um terreno muito fértil para a disseminação de teorias raciais. Nos jornais e panfletos pangermânicos, eram discutidos os ensinamentos obscuros de Guido von List – que classificou a humanidade em "senhores arianos soberanos" e "membros da manada não ariana" –, bem como as fantasias racistas de seu aluno Joseph Adolf (Jörg) Lanz von Liebenfels. Em 1906, Lanz publicou a coletânea *Ostara*, "a primeira e única revista para a pesquisa e culto da raça soberana".[81] Hitler, comprovadamente, lia o *All deutsches Tagblatt*, o jornal pangermânico, cuja redação ficava perto de seu primeiro endereço na Stumpergasse, e é provável que também estudou os cadernos *Ostara*. O fato de que Lanz, mais tarde, dizia ser o homem "que forneceu as ideias a Hitler"[82] não quer dizer absolutamente nada a respeito da verdadeira influência que a leitura de *Ostara* exerceu sobre aquele jovem homem. Entretanto, não há dúvidas de que Hitler, com seus estudos autodidatas, familiarizou-se com o repertório estereotipado e com os preconceitos antissemitas disseminados nos círculos nacionalistas; o que não significa afirmar que ele foi envenenado por eles. Por outro lado, não podemos ignorar que aquele morador do pensionato para homens não tinha quaisquer problemas em seu convívio diário com outros moradores judeus. Com Josef Neumann, Hitler tinha um laço de amizade: "Neumann era um homem de bom coração, que gostava de Hitler e o respeitava muito", disse Reinhold Hanisch.[83] Segundo seu depoimento, o assistente de serralheiro Simon Robinson, que ocasionalmente o ajudava com pequenas importâncias em dinheiro, e o representante Siegfried Löffner, que apoiava a venda de cartões-postais, faziam parte dos conhecidos judeus de Hitler no pensionato para homens. O detalhe de Hitler vender seus quadros de preferência para comerciantes judeus também depõe contra a suposição de que, já naquela época, ele nutria uma forte aversão aos judeus. Por isso, é bastante crível quando Hanisch declara em retrospectiva que, "naquela época, Hitler definitivamente não "odiava os judeus. Isso só aconteceu mais tarde".[84] Essa declaração foi confirmada por um anônimo de Brünn, que morou no pensionato para homens na primavera de 1912: "Hitler se entendia muito bem com judeus, e certa vez disse que eles são um povo sábio, mais unido do que o povo alemão".[85]

No entanto, os comentários de Hitler sobre os judeus, da forma como Hanisch os transmitiu, são muito contraditórios. Por um lado, ele os elogiava como a primeira nação civilizada, porque abdicaram do politeísmo em favor da fé em um único Deus; elogiava as instituições de caridade judaicas em Viena, das quais ele próprio se beneficiara; defendia os judeus decididamente contra as acusações de assassinatos ritualísticos proferidas pelos antissemitas, bem como as realizações culturais de judeus como as do poeta Heinrich Heine e do compositor Gustav Mahler. Por outro lado, quando questionado sobre o fato de os judeus permanecerem como estrangeiros em outras nações, ele parece ter respondido que isso se devia ao fato de serem "uma raça à parte". Outras vezes, também teria dito que os judeus "tinham um cheiro diferente".[86] Em resumo: Hitler aparentemente compartilhava de alguns preconceitos e estereótipos antissemitas do ambiente nacional alemão, mas ainda estava longe do ódio paranoico contra os judeus que mais tarde se transformaria no ponto fixo de suas ações políticas. De modo algum podemos nos referir a uma "visão de mundo" fechada, uma convicção antissemita estabelecida. "Esse Hitler está pronto", afirmou Konrad Heiden, seu primeiro biógrafo, ao escrever sobre o resultados dos anos vienenses.[87] Hitler, no entanto, ainda estava longe de estar "pronto". Experiências muito mais dramáticas ainda estavam por vir antes que ele se transformasse naquele antissemita obsessivo que encarnou como demagogo de porão de cervejaria em Munique em 1919.

Na cafeteria aparentemente frequentada por Hitler nas últimas semanas de sua estada em Viena, ele não chamou a atenção com declarações políticas radicais. Maria Wohlrab, a proprietária, descreveu Hitler como um jovem sério, introvertido, que lia muito e falava pouco. Às vezes, vinha acompanhado de uma mulher que teria dito, no último dia em que ele esteve lá, "Dolferl, vá para a Alemanha".[88] No entanto, resta a dúvida se, passados trinta anos, a proprietária do restaurante realmente seria capaz de se lembrar daquele cliente introvertido. De qualquer forma, Hitler já falava em emigrar para a Alemanha há algum tempo, desde que morava no pensionato para homens. Munique, a capital da Baviera, era a cidade que mais o atraía. Ali, acreditava Hitler, teria mais chances de desenvolver seus talentos artísticos que em Viena. Em Munique, as galerias e suas fabulosas coleções de arte o fascinavam. Mas ele esperou chegar o seu 24º aniversário em 20 de abril de 1913, pois a partir dessa data teria direito à herança paterna. Desde 1903, a herança no valor de 652 coroas havia aumentado para 819 coroas e 98 centavos – uma quantia considerável, cujo pagamento foi disponibilizado pelo Tribunal Distrital de Linz em 16 de maio.[89]

Nos dias seguintes, Hitler preparou sua mudança. Comprou roupas novas e deu baixa em seu endereço vienense. Em 25 de maio, partiu em um trem para Munique. Mas Hitler não viajou sozinho. Com ele estava Rudolf Häusler, um aprendiz de farmacêutico de vinte anos que havia se mudado para o pensionato para homens em fevereiro de 1913, onde fez amizade com Hitler. Provavelmente ambos se tornaram próximos pelo fato de a biografia de Häusler, em muitos pontos, se assemelhar à de Hitler. Häusler vinha de uma família vienense burguesa e abastada; havia sido expulso da escola em razão de uma molecagem, o que levou seu pai a escorraçá-lo de casa. Hitler, quatro anos mais velho, cuidou dele, introduziu-o ao mundo da ópera de Wagner e o convenceu a partir com ele para Munique. Como já acontecera antes no caso Kubizek, Hitler obteve o consentimento da mãe de Rudolf, Ida Häusler, que continuou apoiando o filho mesmo após sua mudança para o pensionato para homens.[90]

Após a chegada em Munique, Hitler e Häusler alugaram um pequeno quarto do alfaiate Joseph Popp no terceiro andar do prédio situado na Schleissheimer Strasse, 34, na periferia de Schwabing. No formulário de endereços, preenchido em 29 de maio de 1913, Hitler escreveu "pintor artístico", e na rubrica "Provável tempo de permanência" está escrito "2 J" (J de *Jahre* – "anos", em alemão).[91] Portanto, desde o início, o recém-chegado pretendia estabelecer-se por um período mais longo na capital da Baviera.

Em retrospectiva, observando o ano de 1924, Hitler sempre falou com entusiasmo do tempo vivido em Munique antes da guerra.[92] Na cidade havia muitas coisas que o atraíam. Na virada do século, a "Atenas junto ao rio Isar" já tinha a reputação de uma grande metrópole de arte que abrigava um número cada vez maior de pintores e escultores, bem como de escritores.[93] Assim como em Viena, Hitler não estava interessado pelo *avant-garde* que se reunia em torno de *O Cavaleiro Azul* de Kandinsky, Münter e Marc; sua curiosidade era a Antiga Pinacoteca com os velhos mestres, a Nova Pinacoteca com a coleção particular de Ludwig I e a coleção de arte do conde Adolf Friedrich von Schack, na qual existiam obras de Böcklin, Anselm von Feuerbach, Carl Spitzwegen, os pintores favoritos de Hitler, bem como o romântico tardio Moritz von Schwind.[94] Os imponentes edifícios e as magníficas avenidas também impressionaram Hitler. Em *Mein Kampf*, ele elogiou a "magia" da residência Wittelsbach, "a maravilhosa união da força primordial e da requintada atmosfera artística".[95]

Aparentemente, Hitler também se sentia atraído pelo meio boêmio de Schwabing, com sua mistura colorida de artistas sérios e idealistas excêntricos, com suas ideias para melhorar o mundo, como descreveu Erich Mühsam em suas memórias: "Pintores, escultores, poetas, modelos, desocupados, filósofos, fundadores de religiões, subversivos, inovadores, éticos da sexualidade, psicanalistas, músicos, arquitetos, artesãs, jovens burguesas dissidentes, eternos estudantes, diligentes e preguiçosos, ávidos por viver e cansados da vida, pessoas com cabelos loucamente ondulados e outras com eles engomadinhos".[96] Nesse mundo de seres diferentes, o jovem fechado e excêntrico não chamava muito a atenção; ali, Hitler podia vivenciar desenfreadamente seus devaneios e sua antipatia por um trabalho regrado. Assim como muitos dos frequentadores regulares do Café Stefanie (também conhecido como "Café Megalomania"), ele acreditava ser designado para algo maior, sem ter uma ideia mais concreta do que isso seria e como poderia chegar até lá.

Em um de seus monólogos no quartel-general do Führer, Hitler falou sobre sua "decisão" de continuar "trabalhando como autodidata": "Fui para Munique com uma alegria sincera; eu queria estudar durante três anos; aos 28 anos pensei em trabalhar como desenhista para Heilmann & Littmann; teria participado da primeira seleção e, uma vez lá, disse a mim mesmo, as pessoas veriam o quanto eu era capaz".[97] Na verdade, parece que em Munique Hitler também não empreendeu esforços direcionados para se tornar um "desenhista arquitetônico" profissional e continuou levando seu estilo de vida habitual. A cada dois, três dias, pintava um quadro que, como em Viena, geralmente era uma cópia de cartão-postal mostrando edifícios famosos de Munique: o Hofbräuhaus, a Feldherrenhalle, Frauenkirche, Alter Hof, Theathinerkirche e outros. Quando terminava um quadro, ele mesmo se dirigia às lojas e aos *Biergarten* para vendê-los.

Assim, o dr. Hans Schirmer, médico em Munique, contou que, certa noite, no jardim do Hofbräuhaus, um "jovem muito modesto e com aparência bem acabada" aproximou-se de sua mesa e ofereceu uma pintura a óleo para venda. Como Schirmer não tinha dinheiro suficiente no momento, pediu a Hitler que fosse ao seu apartamento no dia seguinte. Nessa oportunidade, encomendou mais dois quadros, que Hitler forneceu prontamente. "Com isso, percebi que ele devia trabalhar de maneira intensa para cobrir os gastos básicos à sua subsistência."[98] Seguindo esse padrão, Hitler conseguiu formar uma sólida carteira de clientes. Com o que ganhava, conseguia viver relativamente bem.

Hitler foi de súbito arrancado dessa existência boêmia autossuficiente: no dia 18 de janeiro de 1914, um funcionário do Departamento de Investigação Criminal de Munique bateu em sua porta na Schleissheimer Strasse, 34, e lhe entregou uma carta do magistrado de Linz solicitando que comparecesse para uma triagem dentro de dois dias.[99] Hitler fazia parte do grupo de 1889 e deveria ter se apresentado no final do outono de 1909 à Junta de Serviço Militar; também deveria ter comparecido para triagem na primavera de 1910. Mas ele não havia ido para a triagem nesse ano, nem nos dois anteriores. Presumivelmente, a fuga dessa obrigação foi uma das razões de sua mudança para Munique. "Ausência não justificada, porque sua estadia não pôde ser verificada", foi a anotação feita pela Junta de Serviço Militar de Linz, sua comunidade natal. Desde agosto de 1913, a polícia de Linz passou a investigar o paradeiro do fugitivo, até que, cinco meses depois, em meados de janeiro de 1914, afinal o descobriu. Em 19 de janeiro, Hitler compareceu ao consulado geral do Império Austro-Húngaro. Somente então ele entendeu a gravidade da situação, pois, se não atendesse a ordem de apresentação, seria ameaçado de uma pena de prisão de quatro semanas a um ano, além de uma multa de até 2 mil coroas.

Hitler provavelmente ficou muito assustado, pois no dia 21 de janeiro respondeu à ordem com uma carta muito longa, de três páginas e meia, cheia de justificativas – o mais extenso testemunho de sua juventude escrito à mão.[100] Ele admitiu que não se apresentou em Linz no outono de 1909, mas afirmou que o fez em fevereiro de 1910, em seu bairro em Viena, e nunca mais soube nada sobre o assunto. Assim, ele culpou a ineficiência burocrática dos órgãos responsáveis pela situação. A ele, "nunca lhe ocorreu" furtar-se ao serviço militar. Ao mesmo tempo, com seu relatório detalhado e claramente exagerado sobre os anos difíceis em Viena, tentou angariar simpatias junto ao magistrado de Linz: "Apesar das grandes dificuldades, vivendo muitas vezes em um meio mais do que duvidoso, sempre honrei o meu nome, sou inocente perante à Lei e minha consciência está limpa, exceto pelo não cumprimento da ordem militar, que naquela época eu desconhecia. Essa é a única coisa pela qual me sinto responsável e, para tal, o pagamento de uma multa modesta deveria ser suficiente, e eu não me recusarei a pagar". Hitler solicitou autorização para comparecer em Salzburgo, que era mais próxima do que Linz. O consulado geral de Munique encaminhou a petição ao magistrado de Linz em 23 de janeiro como "muito digna de consideração" e Hitler, realmente, alcançou seu objetivo: em 5 de fevereiro de 1914, ele foi submetido à triagem. O resultado foi: "Incapaz para o serviço militar e de apoio, muito fraco. Inapto".[101] Assim, Hitler pôde voltar sem problemas para Munique.

Nesse ínterim, Häusler aproveitou a ausência de Hitler para deixar o quarto que ambos dividiam. Provavelmente, Häusler não suportava mais conviver estreitamente com um colega que costumava ler e pontificar até tarde da noite. A partir daí, Hitler teve de pagar o aluguel sozinho, o que parece que não lhe foi difícil. Ele continuou frequentando os cafés em Schwabing, mas não travou novas amizades. Além disso, evitou quaisquer contatos com um dos grupos nacionalistas como o Münchener Ortsgruppe des Alldeutschen Verbandes (Grupo Local da Liga Pangermânica), um dos maiores da Alemanha guilherminiana e que tinha entre seus representantes mais influentes o editor Julius F. Lehmann. Sua senhoria, Anna Popp, descreve Hitler como um jovem retraído, que se fechava em seu quarto "como um eremita" e que sempre declinava de seus convites para um jantar a dois com a observação de que "tinha que trabalhar".[102]

A falta de contatos era apenas um sinal externo de sua profunda insegurança interna. Após um ano em Munique, Hitler foi obrigado a admitir que não avançara nenhum passo e que sua existência precária como "pintor artístico" não lhe dava muitas oportunidades para o futuro. O início da Primeira Guerra Mundial, no começo de agosto de 1914, o libertaria inesperadamente daquele estado frustrante e sem perspectivas.

3

A EXPERIÊNCIA CRUCIAL DA GUERRA

"Então, para mim, bem como para a maioria dos alemães, iniciou-se o momento mais memorável e importante da vida terrena. Em comparação com os eventos poderosos dessa luta, todo o passado se transformou em um nada."[1] Com essas palavras dramáticas, Hitler celebrou o início da Primeira Guerra Mundial em *Mein Kampf*. Na verdade, para ele, essa guerra se transformou em uma experiência educacional decisiva; a guerra representou o ponto de virada mais importante de sua vida até então. Após o fracasso de suas elevadas ambições artísticas, em sete anos de privações, decepções e rejeições, esse homem solitário de 25 anos de idade parecia ter somente uma maneira para abandonar sua existência inútil e sem metas. Sem a experiência da Primeira Guerra Mundial e suas consequências, Hitler não teria se tornado o homem que foi; a guerra fez sua carreira política possível.[2]

A notícia do assassinato do herdeiro do Império Austro-Húngaro, o arquiduque Francisco Ferdinando, e de sua esposa em 28 de junho de 1914, em Sarajevo, chegou ao conhecimento de Hitler quando ele estava novamente debruçado sobre seus livros em seu quarto na Schleissheimer Strasse. Tendo em vista a situação tensa na Europa, em particular o agravamento das relações entre a Áustria-Hungria e a Sérvia, Hitler em nenhum momento teve dúvidas "de que uma avalanche havia sido desencadeada e que não seria possível pará-la."[3] Ele dividia essa sensação de inevitabilidade de um grande conflito europeu com muitos de seus contemporâneos – até a alta cúpula da política e do Exército na Alemanha guilherminiana. No entanto, a guerra poderia ter sido evitada em julho de 1914 se os dirigentes do Reich em Berlim, pressionados pelos militares, não tivessem decidido usar o atentado de Sarajevo como pretexto para um confronto com a Tríplice Entente, composta por França, Inglaterra e Rússia. Com isso, desejava-se romper o anel de "cerco" e mudar a constelação de poder na Europa em favor da Alemanha. Em 5 e 6 de julho, asseguraram à aliada Áustria-Hungria não somente apoio total para uma ação militar contra a Sérvia – eles praticamente a compeliram a ações rápidas e enérgicas. Entretanto, o chanceler alemão Theobald von Bethmann Hollweg estava ciente de que os dirigentes do reino corriam um grande risco com o "cheque em branco" dado aos aliados. "Uma ação contra a Sérvia pode levar a uma guerra mundial", confidenciou Hollweg a Kurt Riezler, o secretário de legação do Ministério de Relações Exteriores.[4]

Nada do que se encenava nessas semanas da escalada da crise nos gabinetes de Berlim e Viena foi a público. Assim, Hitler também partilhava da crença geral de que os "grupos governamentais de Viena" pressionavam "a favor da guerra" e que a política alemã nada mais podia fazer que não apoiar os aliados com "lealdade inquestionável".[5] Na fase final da crise, ele igualmente não conseguiu perceber – como a maioria dos outros – a estratégia refinada de Bethmann Hollweg ao manobrar a Rússia czarista para o papel de agressor, a fim de responsabilizá-la pelo desencadeamento da guerra. "A Rússia deve ser apresentada como vilã de qualquer forma", declarou o chanceler em um telegrama endereçado ao Kaiser Guilherme II em 26 de julho.[6] O plano deu certo: na opinião pública alemã prevaleceu a ideia de que o reino alemão tinha que se defender de um ataque hostil e, por esse motivo, as disputas internas, bem como as discórdias que dividiam as classes sociais, deveriam ceder lugar à necessidade de uma concórdia nacional.

Já no final de julho de 1914 aconteceram em Munique, bem como na maioria das outras grandes cidades alemãs, vastos comícios patrióticos que, em parte, terminaram em selvageria. Quando o regente da banda no Café Fahrig em Karlstor se recusou a tocar a canção patriótica *Die Wacht am Rhein*, o estabelecimento foi completamente demolido.[7] No início de agosto, quando a guerra era certa, o entusiasmo se mostrava retumbante. No dia 2 de agosto, uma multidão de pessoas se reuniu na Odeonsplatz, em frente à Feldherrnhalle. "As melodias, canções de soldados e palavras de entusiasmo ali ouvidas pareciam um refrão sobre a força e confiança alemã", relatou uma testemunha ocular.[8] Entre as pessoas que aplaudiam freneticamente também estava o "pintor artístico" Adolf Hitler. Uma fotografia feita mais tarde por Heinrich Hoffmann, que um dia viria a ser seu "fotógrafo pessoal", mostra Hitler arrebatado pela atmosfera eufórica.[9] Com sua tendência característica a discursos exaltados, Hitler descreveu seus sentimentos da época em *Mein Kampf*: "Ainda hoje não me envergonho de dizer que, tomado por um entusiasmo violento, caí de joelhos e agradeci aos céus de todo o coração por ter me presenteado com a sorte de poder viver nessa época".[10]

Nos primeiros dias da guerra, muitos outros compartilhavam da mesma sensação. Subitamente, tudo que os oprimia ou separava se dissolvia em uma experiência grupal inebriante. "A bem da verdade, devo reconhecer que nesse primeiro despertar das massas havia algo magnífico, arrebatador e até mesmo sedutor, algo do qual era difícil escapar", lembrou-se, ainda, Stefan Zweig trinta anos mais tarde.[11] Naqueles dias, até mesmo Erich Mühsam, o anarquista e antimilitarista de Schwabing, surpreendeu-se ao notar que "estava de alguma forma emocionado com o frenesi generalizado, provocado pela paixão ensandecida. A confiança dos alemães e sua forte simpatia e fé são chocantes, porém magníficas. Agora existe uma unidade espiritual, como aquela que certa vez almejei para assuntos culturais".[12]

No entanto, nem todos compartilhavam dessa ideia. Na província, o entusiasmo pela guerra era pequeno. "Mas uma tristeza imensa tomou conta de muitas famílias de agricultores, pois vários pais de famílias por vezes numerosas são obrigados a partir, os filhos, cavalos e carruagens são confiscados pelas autoridades militares e, lá fora, a colheita está à espera", publicou o jornal *Münchner Neuesten Nachrichten* em 4 de agosto de 1914.[13] Mas mesmo nas grandes cidades o alto-astral patriótico estava limitado à burguesia e às camadas pequeno-burguesas; entre os trabalhadores, em especial aqueles organizados em sindicatos e no SPD, prevalecia um humor sério e deprimido. "O que temos a ver com o assassinato do herdeiro do trono austríaco? É para isso que devemos morrer? O que nos leva a isso?" "Eu estou aliviado por não ser obrigado a ir (para a guerra), pois não tenho a menor vontade de morrer por outras pessoas."[14] Essas declarações de trabalhadores de Hamburgo no final de julho de 1914 provavelmente também foram proferidas em teor igual ou semelhante nos bairros proletários de Munique.

Os intelectuais, escritores e artistas eram mais suscetíveis a essas inebriantes "experiências de agosto". A isso, juntavam-se os mais diversos motivos: insatisfação com as condições fossilizadas da sociedade guilherminiana, o cansaço da impregnação burguesa e o conforto de um longo período de paz, o saudosismo de aventura, desafio e comunidade. "Como um artista, o soldado que existe no artista, não louvaria a Deus pelo colapso de um mundo de paz, do qual ele estava saturado, extremamente saturado", escreveu Thomas Mann, que vivia em Munique. "Guerra! Sentíamos uma limpeza, uma libertação e uma esperança imensa."[15]

O "artista" Adolf Hitler sentia o mesmo. A guerra, para ele, parecia uma "libertação das sensações vexatórias da juventude",[16] como uma libertação da marcha lenta de sua existência reclusa. A perspectiva de pertencer a uma comunidade, a possibilidade de abraçar uma causa nacional aparentemente justa, tudo isso o afetou de modo bastante revigorante. No dia 3 de agosto, Hitler afirma que encaminhou uma petição ao rei Ludwig III da Baviera pedindo autorização para servir em um regimento bávaro, apesar de sua nacionalidade austríaca, recebendo seu consentimento um dia depois, por ordem de gabinete.[17]

Essa afirmação foi questionada, com razão.[18] Durante a confusão ocorrida no primeiro dia de mobilização, quando muitos entusiastas da guerra procuravam voluntariamente os locais de alistamento, parece que ninguém pensou em verificar a nacionalidade de Hitler. Se o tivessem feito, ele não poderia ter servido ao exército da Baviera.

Assim, no dia 5 de agosto, Hitler alistou-se como voluntário, mas não foi aceito de imediato e, comprovadamente, entrou para a reserva de conscritos VI do 2º Regimento de Infantaria da Baviera em 16 de agosto de 1914. Naquela época, o batalhão de reserva ficava alojado na escola elisabetana que fora reaproveitada como quartel. Ali, Hitler recebeu roupas adequadas ao serviço militar, bem como seus equipamentos; em seguida, obteve um treinamento militar básico.[19] Em primeiro de setembro, o recruta foi encaminhado ao recém-formado 16º Regimento de Reserva da Infantaria. Esse regimento (denominado "Regimento List", segundo o nome

[FOTO 6] Hitler em meio a uma manifestação patriótica no Odeonplatz de Munique, 2 de agosto de 1914 (Foto: Heinrich Hoffmann)

de seu primeiro comandante, coronel Julius List) era um grupo bem heterogêneo: além dos jovens voluntários, também serviam homens mais velhos, os assim chamados reservistas, ao lado de estudantes de Munique e artistas de todas as regiões, agricultores, trabalhadores rurais, artesãos, operários e profissionais liberais. Em suma, ali estavam representadas todas as classes e faixas etárias.[20]

Em 10 de outubro de 1914, o regimento deixou Munique a fim de participar de um treinamento de combate no campo de Lechfeld, perto de Augsburg. "Os primeiros cinco dias em Lechfeld foram os mais cansativos de minha vida", relatou Hitler em uma carta endereçada a Anna Popp, sua senhoria. "A cada dia, uma marcha mais longa, exercícios mais difíceis e caminhadas noturnas de até 42 quilômetros, e, mais tarde, grandes manobras da brigada."[21] Nessas semanas, a maior preocupação de Hitler (de acordo com suas próprias palavras) foi chegar ao front somente quando a luta já estivesse decidida. "Esse era o fato que muitas e muitas vezes não me deixava dormir."[22] Essa apreensão era completamente infundada. No começo, os exércitos alemães avançaram rapidamente atravessando a Bélgica e o norte da França. No entanto, o recuo das tropas próximo ao rio Marne no início de setembro de 1914 acabou com o plano inicial de envolver e aniquilar as forças militares francesas com um imenso movimento em pinça. Analisando em perspectiva, naquela época a guerra já estava perdida. O marechal de campo Helmuth von Moltke, sobrinho do vitorioso comandante prussiano, sofreu um colapso nervoso, sendo substituído pelo ministro da Guerra, Erich von Falkenhayn, em 14 de setembro. A dimensão do desastre militar foi mantida em segredo para o público alemão. A consequência disso foi que grande parte da população, especialmente os voluntários que ansiavam por fazer parte do front, permaneceu iludida sobre a verdadeira situação.

Na manhã de 21 de outubro, o regimento List embarcou em três trens e foi enviado ao front ocidental. "Estou tremendamente feliz", escreveu Hitler, cheio de expectativas.[23] De Ulm, a primeira estação, ele enviou um cartão-postal para Joseph Popp com "minhas melhores saudações em viagem para a Antuérpia".[24] Na manhã de 22 de outubro, o trem chegou ao Reno. Ainda em março de 1944, Hitler se lembrava desse momento: "Vi o Reno pela primeira vez em 1914, quando parti com a tropa para o ocidente. Jamais esquecerei os sentimentos que se abateram sobre mim quando vislumbrei pela primeira vez aquele curso do destino".[25] Passando por Colônia e Aachen, prosseguiram através da Bélgica. Ali, Hitler já pôde observar os vestígios da guerra. A estação de trem de Liège, relatou ele, "estava completamente em ruínas, e a cidade de Lovaina, aos escombros".[26] Dois meses antes, nos dias 25 a 28 de agosto, as tropas alemãs cometeram ali um dos piores crimes de guerra, ao massacrar 248 civis belgas, destruindo partes da antiga cidade e incendiando a famosa biblioteca universitária.[27]

Na noite de 23 de outubro, o comboio chegou à cidade francesa de Lille. Era possível ouvir claramente o ruído dos campos de batalha de Flandres. Falkenhayn, o sucessor de Moltke, tinha de início se mantido fiel ao conceito de ofensiva do Estado-Maior. Reforçando o flanco direito do ataque alemão, ainda esperava cercar os exércitos britânico e francês. "Assim começou a tão falada 'corrida para o mar', uma série de batalhas cujo objetivo era se deslocar cada vez mais para a costa do canal. Os agressores alemães sofreram pesadas perdas, também as houve entre os jovens voluntários de guerra que, imbuídos de um desprezo pela morte, corriam diretamente para o fogo cerrado que partia das metralhadoras inimigas. A 6ª Divisão da Reserva da Baviera, da qual fazia parte o regimento List, também foi lançada no meio das lutas em Ypern. Em 27 de outubro, após um período de calmaria de três dias, chegou uma ordem de marcha para o front. Na madrugada do dia 29 de outubro, durante um ataque à aldeia flamenga Gheluvelt, em uma floresta junto à estrada em direção a Becelaere, Hitler recebeu seu "batismo de fogo" – uma experiência incisiva que ele relatou detalhadamente em uma carta endereçada ao assessor do tribunal de Munique, Ernst Hepp, que havia comprado duas aquarelas suas antes da guerra e que, de vez em quando, o convidava para comer.[28]

Essa carta, escrita pelo soldado em 5 de fevereiro de 1915 e, portanto, apenas três meses após o evento, é um documento impressionante.[29] Ela mostra que Hitler possuía um senso de observação aguçado, bem como uma capacidade notável de expressar com palavras a sua vivência (embora não tenha conseguido superar completamente seus problemas notórios com a ortografia e pontuação).

Por volta das seis horas da manhã, nos encontramos com as outras companhias em uma pousada e, às sete horas, tudo começou. Em formação, atravessamos uma floresta à nossa direita e, em perfeita ordem, chegamos a uma clareira situada no alto. Diante de nós, há quatro canhões enterrados. Atrás deles, em grandes buracos cavados no chão, tomamos posição e ficamos esperando [...] finalmente, ouvimos a ordem 'em frente'. Saímos em debandada e corremos sobre os campos [...] em direção a uma pequena propriedade rural. À nossa esquerda e direita explodem as bombas e, entre elas, ouvem-se as balas inglesas, às quais não prestamos atenção. Há dez minutos estamos aqui deitados e, então, vem a nova ordem 'em frente' [...] Agora, os primeiros de nós são atingidos. Os ingleses apontam as metralhadoras para nós. Deixamo-nos cair ao solo e rastejamos lentamente através de uma depressão no terreno. Às vezes, tudo para porque alguém foi atingido e não consegue seguir em frente, e nós somos obrigados a tirá-lo de lá.

Os agressores, já bastante enfraquecidos, procuram proteção em uma pequena área arborizada.

As balas uivam sobre nós e pedaços de troncos de árvores voam ao nosso redor. E as granadas continuam caindo na borda da floresta, lançando para cima nuvens de pedras, terra e areia, desenraizando as árvores mais pesadas, afogando tudo em um vapor amarelo-esverdeado fedorento. Não podemos ficar aqui para se[m]pre e, se formos mortos, ainda é melhor que seja lá fora.

Os soldados avançavam sobre prados e campos de nabos, alcançando as primeiras trincheiras inglesas, para dentro das quais saltavam. "Ao meu lado estão soldados de Würt[t]emberg. Debaixo de mim, ingleses mortos e feridos [...] Finalmente, entendi por que saltei sobre algo tão macio." Seguiu-se uma batalha impiedosa, homem contra homem.

"Quem se rende é morto. Limpamos trincheira após trincheira. Por fim, chegamos a uma grande estrada [...] à esquerda existem algumas casas de fazenda, ainda ocupadas, e somos recebidos com fogo fechado. Vemos um companheiro após o outro tombar [...] Avançamos quatro vezes e fomos obrigados a recuar novamente; do meu grupo sobrou apenas um além de mim e, afinal, ele também foi morto. Um tiro rasgou a manga direita do meu uniforme, mas milagrosamente nada me aconteceu [...] Lutamos assim durante três dias, até que, no terceiro dia, os ingleses foram derrotados."

O Regimento List só foi retirado da batalha na tarde do dia 1º de novembro e marchou de volta para um quartel de repouso em Werwick. As perdas foram imensas. "Em quatro dias o nosso regimento de 3,5 homens foi redu[z]ido a seiscentos. O regimento inteiro passou a ter somente três oficiais."[30] Entre os mortos estava também o comandante do regimento, o coronel List.

Não restam dúvidas: esse primeiro encontro com a realidade sangrenta da guerra foi uma experiência traumática para ele. As imagens da luta marcaram sua memória de forma indelével. Mesmo quando ele escreveu *Mein Kampf* na prisão de Landsberg, as cenas da guerra permaneciam nitidamente em sua memória.[31] Hitler leu a passagem sobre a guerra, recém-escrita, para o companheiro de prisão Rudolf Heß. Este descreveu a cena em uma carta para Ilse Pröhl, sua futura esposa: "O tribuno foi falando cada vez mais devagar e de forma vacilante, [...] ele fazia pausas cada vez mais longas e, de repente, baixou o papel, apoiou sua cabeça com a mão e soluçou."[32]

O elevado tributo pago pelo Regimento de List não rendeu nada, exceto os parcos ganhos territoriais. Depois de uma segunda tentativa, uma decisão no Ocidente que também falhou, o front congelou nas trincheiras no início de novembro de 1914. De Nieuport, na costa belga, até a fronteira suíça, numa extensão de oitocentos quilômetros, as tropas exaustas se enterraram. Hitler descreve o sistema de valas profundas em uma carta datada de janeiro de 1915: "Um emaranhado de abrigos, trincheiras com frecheiras, valas de comunicação, obstáculos de arame farpado, 'dentes de lobo', minas de aproximação, uma posição quase inexpugnável".[33] No entanto, Hitler já não precisava estar na primeira linha do front. Promovido a cabo em 3 de novembro, passou a atuar na ordenança do regimento. Desde então, começou a servir como um dos muitos mensageiros militares até o final da guerra. Sua tarefa consistia em levar as ordens do comandante do regimento até a linha de frente, quando as linhas telefônicas para os comandantes de batalhão ou de companhia deixavam de funcionar – uma missão perigosa.[34] No início de dezembro de 1914, Hitler escreveu que, com sua nomeação para mensageiro militar, "colocou todos os dias sua vida em risco e viu a morte de frente".[35]

Em meados de novembro de 1914, o cabo foi indicado para receber a Cruz de Ferro de 2ª Classe pelo novo comandante de regimento, o tenente-coronel Philipp Engelhardt. No entanto, uma granada atingiu a barraca na qual Engelhardt, reunido com vários comandantes de companhias, deliberava sobre a condecoração. O comandante foi gravemente ferido e alguns dos membros do quartel-general, mortos. Hitler deixara a barraca cinco minutos antes – a sorte lhe sorrira, como ainda aconteceria muitas vezes em sua vida.[36] No dia 2 de dezembro, Hitler recebeu a Cruz de Ferro de 2ª Classe das mãos do ajudante do regimento, o tenente Georg Eichelsdörfer. "Esse foi o dia mais feliz da minha vida", escreveu ele com orgulho a sua senhoria de Munique, mas acrescentou: "Na verdade, meus camaradas, que também mereciam recebê-la, estavam quase todos mortos". Hitler pediu a Joseph Popp que guardasse o jornal com a notícia de sua condecoração. "Mais tarde, se Deus permitir que eu sobreviva, quero guardá-lo como recordação."[37]

Desde o final de novembro de 1914, o comando do regimento permaneceu em Messines, uma cidade pequena e completamente devastada, não muito longe do front e sob constante e pesado fogo de artilharia.

Há dois meses, dia após dia, o ar e a terra tremem com o uivo e a explosão das granadas, com o estouro das granadas de fragmentação", relatou Hitler no final de janeiro de 1915. "O concerto infernal começa por volta das 9h e termina às 13h, ent[ã]o atinge seu auge e recomeça entre 15h e 17h. Às 17h, tudo acaba. É assustador quando à noite se escuta o ribombar dos canhões em todo o front. Inicialmente a distância e, ent[ã]o, cada vez mais perto; aos poucos, começa a fuzilaria, e após meia hora, o silêncio volta a reinar. Ainda se veem alguns foguetes de sinalização ao longe e, bem distante, é possível observar a luz emitida por grandes holofotes e escutar o trovejar dos grandes canhões. Mas nem a morte ou o diabo nos tirará desta aldeia.[38]

Nas cartas que seguiam para Munique, Hitler reclamava que "essa luta eterna o deixava embotado", que "lhe faltava o sono ordenado de uma criança". Escrevia que "agora andava muito nervoso", pois o fogo de artilharia constante "acab[a]va até com os nervos mais fortes".[39] Na véspera do Natal de 1914 aconteceu algo inusitado nos campos de batalha de Flandres: as armas silenciaram em quase todos os lugares. De início, isoladamente; em seguida, em grupos cada vez maiores, os soldados alemães e ingleses saíram de suas trincheiras. As pessoas se encontraram na terra de ninguém, entre as linhas de atiradores, trocaram presentes e combinaram uma trégua para o dia seguinte. Aparentemente, havia ocorrido um milagre: os mesmos homens que, dias atrás, faziam o impossível para se matarem mutuamente, agora estavam juntos, rindo, conversando, fumando e brindando um ao outro. "Nos sentíamos felizes como crianças", observou um oficial saxão em seu diário.[40]

O 16º Regimento de Reserva da Infantaria também participou da confraternização. "Era algo comovente: entre as trincheiras, os inimigos mais odiados e combatidos estão em pé ao redor da árvore de Natal, cantando canções natalinas", escreveu um membro do regimento em uma carta a seus pais datada de 28 de dezembro de 1914. "Jamais esquecerei essa visão durante toda a minha vida."[41] Hitler não contou nada sobre sua reação a esse "milagre de Natal no front". Mas, de acordo com um relatório de outro mensageiro do regimento, ele expressou sua desaprovação de maneira incisiva: "Algo assim nem deveria ser debatido em tempos de guerra".[42]

Em seus monólogos durante a Segunda Guerra Mundial, Hitler sempre se referia a suas experiências na Primeira Guerra Mundial. Se fosse 20 ou 25 anos mais jovem, comentou em julho de 1941, poucas semanas após o início da guerra de aniquilação contra a União Soviética, ele "estaria no front: eu era um soldado por paixão".[43] Mas o que Hitler era realmente? O bravo soldado do front, que compartilhava "o sofrimento de milhões de alemães, que durante semanas permaneciam acocorados dentro de um buraco feito por granadas, paralisados pelo medo da morte", como ele afirmou em uma reunião da NSDAP em setembro de 1930, em Munique?[44] Já nos anos 1920, e ainda mais no início dos anos 1930, começaram a surgir dúvidas sobre essa representação. Então, na primavera de 1932, dois veteranos do Regimento de List publicaram artigos em jornais social-democratas – o *Braunschweiger Volksfreund* e o *Echo der Woche*, a edição de fim de semana do *Hamburger Echo*. Neles, acusaram

Hitler de não ter lutado na linha de frente, mas sim de ter passado a guerra fora da verdadeira zona de perigo, no quartel-general do regimento.[45] De fato, os mensageiros do regimento viviam em condições relativamente menos duras do que os soldados nas trincheiras. Eles podiam ficar em um alojamento protegido e comiam melhor. Acima de tudo, não estavam expostos ao fogo das metralhadoras e às balas dos franco-atiradores. Na verdade, "na opinião de todos os soldados das trincheiras, os homens do comando do regimento não passavam de oficiais de caserna", escreveu um camarada do regimento para Hitler em março de 1932. "De qualquer forma, fazer parte do comando do regimento era muito melhor do que servir na companhia; é a verdade inegável."[46] Isso não significa que o trabalho dos mensageiros não envolvia riscos. O maior perigo, para eles, eram os tiros da artilharia que caíam atrás do front.

Em 1933, no arquivo do partido da NSDAP, foram coletados relatórios de antigos camaradas do front, que certificaram que Hitler "sempre se distinguiu por sua prontidão permanente" e por nunca ter se furtado a "qualquer missão perigosa". Muitas vezes, as pessoas se surpreenderam por ele voltar "sempre intacto" de suas missões.[47] No entanto, essas declarações devem ser consideradas com ceticismo, pois serviam ao propósito de Hitler para que seus testemunhos parecessem críveis. Os depoimentos de seus ex-superiores parecem mais dignos de confiança. Assim, o tenente-coronel Friedrich Pet, que comandou o regimento até março de 1916 em substituição a Engelhardt, disse em fevereiro de 1922:

> Hitler foi um soldado extremamente trabalhador, disposto, consciente e leal, sendo absolutamente confiável e fiel a seus superiores [...] Particularmente notável é seu empenho e sua coragem ilimitada, com a qual enfrentou todas as situações perigosas e em combate. Ele nunca perdeu sua calma férrea e seu sangue frio. Quando a situação estava especialmente perigosa, ele se ofereceu para as missões de ordenança na linha de frente, e as cumpriu com sucesso.[48]

Provavelmente, essa avaliação extremamente positiva foi decorrente de simpatias pelo herói local emergente da direita em Munique. Mas também Fritz Wiedemann, que atuou como ajudante no Regimento de List de janeiro de 1916 a abril de 1917, expressou-se de maneira semelhante, embora menos efusiva: Hitler tinha sido "o exemplo do soldado desconhecido", aquele "que cumpria o seu dever com calma e em silêncio".[49] Essa afirmação tem ainda mais credibilidade se considerarmos que Wiedemann tinha todos os motivos para criticar seu ex-cabo. Hitler, após sua nomeação para chanceler do Reich em 1933, o encarregou como seu ajudante pessoal, mas o suspendeu do cargo em janeiro de 1939, enviando-o para São Francisco como cônsul-geral e, mais tarde, para Tianjin. Wiedemann distanciou-se de Hitler e, no final da guerra, colocou-se à disposição dos aliados como testemunha contra os chefes nazistas acusados.[50]

Se considerarmos todas as fontes, podemos constatar que Hitler não se distinguiu por uma bravura especial, e também não conseguiu uma "função de retaguarda" para sobreviver ileso à guerra. A tentativa de Thomas Weber de fazer de Hitler um covarde que fugia de trabalhos perigosos é enganosa.[51] Até mesmo um adversário confesso de Hitler, como o escritor Alexander Moritz Frey, que emigrou em 1933 e serviu como médico no Regimento de List, declarou em uma gravação de 1946: "Quando dizem que ele era um covarde, isso não corresponde à verdade. Mas ele também não era corajoso, pois lhe faltava a serenidade".[52]

É fato que uma pergunta sempre se repetia: por que o cabo Hitler, um soldado tão ciente de seus deveres, não foi promovido durante a guerra? No processo de Nuremberg, em 1948, Fritz Wiedemann afirmou, para gáudio geral dos presentes, que "não encontrou em Hitler as qualidades correspondentes de um líder [em alemão, Führer]. Em suas memórias de 1964, Wiedemann reforçou que Hitler "não levava jeito como um superior". Sua postura teria sido "negligente" e "sua resposta, quando era perguntado, era tudo menos curta, como seria a de um militar". "Hitler quase sempre mantinha a cabeça um pouco inclinada sobre o ombro esquerdo."[53] Assim como Wiedemann, Max Amann, que também serviu como vice-sargento no 16º Regimento de Reserva da Infantaria e mais tarde como administrador da NSDAP e diretor da editora Eher, depôs em 1945, afirmando que Hitler nunca quis ser indicado para promoção. Certo dia, quando Amann o informou sobre uma possível indicação para promoção a sargento, Hitler teria "respondido horrorizado": "Peço-lhe que se abstenha disso, sem as insígnias tenho mais autoridade do que com elas".[54] Hoje em dia, não sabemos se esse era o verdadeiro motivo ou se Hitler temia que uma promoção pudesse levar a uma transferência para outro regimento, ocupando um posto mais perigoso.

Depois de 1918, Hitler não fez segredo do fato de que para ele, assim como para muitos voluntários de guerra, o idealismo de agosto de 1914 desapareceu abruptamente com o choque da realidade da guerra e da morte mecanizada em massa no campo de batalha. "O horror assumiu o lugar do romantismo da guerra. O entusiasmo arrefeceu gradualmente e o júbilo excessivo foi sufocado pelo medo da morte", escreveu Hitler em *Mein Kampf*.[55] E ele também não omitia o medo de morrer que sentira, nem que seu "instinto de preservação" se opusera ao seu senso de dever. "E confessava abertamente, sem qualquer vergonha, o fato de ter nervos mais sensíveis que os demais", disse Rudolf Heß em junho de 1924, ao reproduzir uma afirmação feita por Hitler. "De qualquer modo, todos passaram por isso, em maior ou menor grau. Aqueles que o negam, provavelmente nunca estiveram no meio do fogo cruzado ou são mentirosos."[56] Finalmente, uma coisa é certa, assegurou Hitler em *Mein Kampf*: "Depois de uma longa luta interna, o senso do dever triunfou. A vontade, finalmente, prevaleceu."[57]

A autoeducação austera, aliada a um embotamento diante do sofrimento humano, foi uma das marcas duradouras de Hitler desde a época da Primeira Guerra Mundial. Em outubro de 1941, durante uma rodada noturna de chá no quartel-general do Führer, Hitler expôs ao grupo que "muitas vezes estamos expostos a impressões nervosas, cujos efeitos não são bem conhecidos pela liderança, mas, nesse caso, é preciso endurecer: [...] Somente a morte é capaz de vencer a morte!"[58] E, de modo ainda mais enfático, ele resumiu sua experiência em fevereiro de 1942: "Ou o fogo do front nos varre para longe e sucumbimos à covardia, ou – se superarmos a tentação interior – nos tornamos fortes."[59] As impressões da guerra aparentemente confirmaram tudo o que Hitler havia lido em folhetos e jornais pangermânicos em seus anos de Viena: na natureza, bem como na sociedade humana, somente o forte consegue se impor, enquanto o fraco fica pelo caminho. O fato de que essa convicção social darwinista, à qual Hitler se apegou pelo resto de sua vida, era decorrente da experiência da guerra, foi reiteradamente abordado por ele no quartel-general do Führer:

> Fui ao campo de batalha imbuído do mais puro idealismo; mas, depois de ver milhares sendo feridos e morrerem, nos conscientizamos de que a vida é uma luta cruel e contínua que, em última análise, serve para a preservação da espécie: um pode fenecer, enquanto outros permanecem vivos.[60]

Hitler era respeitado por seus camaradas no comando do regimento. Mas mesmo assim – como já ocorrera no pensionato para homens em Viena – havia um distanciamento praticamente insuperável. As pessoas sentiam que Hitler era diferente deles – "um pouco esquisito", como disse Max Amann em retrospectiva.[61] Hitler continuava não fumante, se recusava a tomar bebidas alcoólicas e a partir da primavera de 1915 deixou de receber cartas de seus amigos de Munique. Evitou também travar conhecimento com mulheres francesas ou ir a um bordel em companhia de outros soldados do regimento. Um de seus camaradas, o mensageiro Balthasar Brandmayer, relatou como Hitler reagiu certa vez à proposta de se divertir com uma "rapariga" após receber seu soldo:

> 'Eu morreria de vergonha se tivesse que procurar uma francesa para fazer amor', exclamou Hitler em dialeto bávaro, interrompendo a conversa. Sua exclamação provocou, inicialmente, uma gargalhada homérica. 'Olhe só, o padreco!', gritou um dos camaradas. O rosto de Hitler ficou sério. 'Será que vocês perderam completamente o senso, o orgulho alemão?', recomeçou ele.[62]

Quanto à alegação de Werner de que nos anos 1916 e 1917 Hitler teve um relacionamento amoroso com uma francesa, Charlotte Lobjoie, e com ela teve um filho ilegítimo em março de 1918, não existem evidências conclusivas.[63] Da mesma forma, pressuposição frequente e também tida como certa por Lothar Machtan, a de que Hitler teve um relacionamento homossexual com Ernst Schmidt, igualmente mensageiro, não foi comprovada.[64] É verdade que os mensageiros dependiam uns dos outros durante o desempenho de suas missões arriscadas, sabiam de seus pontos fortes e fracos e formavam uma espécie de comunidade de sobrevivência. Mas a amizade entre Hitler e Schmidt, segundo sabemos, não passou de uma camaradagem. Contra um suposto relacionamento homossexual também existe o fato de que Hitler, após sua nomeação como chanceler do Reich, continuou a cultivar

[FOTO 7] Hitler (à direita) e seus camaradas de guerra do 16º Regimento da Infantaria da Reserva (List) com o *fox terrier* Foxl, 1915.

a amizade com o camarada, chegando a visitar os locais de batalha da Primeira Guerra Mundial com Ernst Schmidt e Max Amann em 1940.[65]

Hitler se virava melhor no mundo masculino do regimento do que na vida civil. No regimento ele não precisava se preocupar com sua sobrevida diária; ali, reinavam a ordem e a disciplina. Aparentemente, ele não teve nenhuma dificuldade em se encaixar no sistema de comandos e obediência. A experiência da guerra moldaria seu pensamento de acordo com hierarquias militares, o que viria a ser fundamental para a estrutura organizacional do NSDAP. Diante de seus superiores, Hitler se mostrava pronto a servir, quase devoto.[66]

Ele não participava das brincadeiras grosseiras e vulgares de seus camaradas. Quando estava entre eles, parecia um alienígena. As fotografias remanescentes daquela época geralmente o mostram sentado ou em pé, muito magro, com uma expressão rígida, distanciada. Quando ele aparece com um braço no ombro de um dos camaradas, o aspecto é, de alguma forma, superficial – o observador é confrontado com uma esquisita sensação de estranheza.[67] Em uma das fotos, é possível ver um *fox terrier* branco, que chegou às mãos de Hitler em 1915 e aparentemente havia escapado da linha do front britânico. Ele era muito apegado ao animal e lhe ensinara vários truques. Em janeiro de 1942, quando a situação militar no front oriental se agravou dramaticamente, conta-se que Hitler passou metade da noite falando de seu Foxl: "Eu gostava tanto dele [...] compartilhava tudo com ele, à noite ele dormia comigo [...] Eu jamais o teria dado a alguém por prêmio algum". Em setembro de 1917, quando o regimento foi transferido para a Alsácia, Foxl sumiu de repente – para Hitler, foi uma perda terrível. "O desgraçado que fez isso comigo nem imagina o mal que me causou."[68] A afeição que Hitler conseguia desenvolver em relação a cães contrastaria com a frieza de sentimentos que ele demonstrava até mesmo para pessoas mais íntimas.

Ao contrário de seu comportamento no pensionato para homens em Viena, no front Hitler aparentemente se furtou a fazer declarações políticas. "Eu era um soldado e não pretendia politizar", reiterou ele em *Mein Kampf*.[69] Em Nuremberg, em 1947, em resposta à pergunta se Hitler já fazia discursos na época da guerra, Max Amann respondeu com um sonoro "Não!"[70] Somente quando, rodeado por seus camaradas, surgiam vozes que duvidavam da vitória dos Impérios Centrais, Hitler se inflamava: "A Guerra Mundial, para nós, não pode estar perdida".[71] As convicções políticas que Hitler nutria naquela época foram por ele reveladas em um raro momento de franqueza, em uma carta para seu assessor Hepp no início de fevereiro de 1915. Nela, Hitler expressa sua esperança de que soldados que teriam a sorte de rever sua pátria a veriam "mais limpa e purificada dos estrangeirismos". Na frase seguinte, Hitler deixa isso compreensível, ao expressar sua esperança de que "através do sacrifício e sofrimento de centenas de milhares como nós [...] sejam dizimados não somente os inimigos da Alemanha em sua compleição externa, mas também o nosso internacionalismo interno [!]. Isso valeria muito mais do que todo o lucro territorial".[72]

Em outras palavras: Hitler não via o alvo da guerra da mesma maneira que os círculos anexionistas na indústria pesada, partidos conservadores e associações nacionais de agitadores, que visavam a conquistas territoriais; mas pretendia que a Alemanha se manifestasse externamente "contra um mundo internacional de inimigos" e, internamente, trabalhasse para a constituição de uma homogeneidade étnica, ao mesmo tempo quebrando a força do movimento operário social-democrata, que ele acusava de "internacionalista". O fato de que, em 4 de agosto de 1914, o SPD se colocara a favor do governo imperial, ao aprovar os créditos de guerra, parece que não afetou a atitude negativa de Hitler. Ele continuou a cultivar os preconceitos e fobias que se solidificaram em seu pensamento político.

Entre março de 1915 e setembro de 1916, o 16º Regimento de Infantaria da Reserva estava em Fromelles, onde devia defender um trecho de 2,3 quilômetros do front. Nas pausas entre os combates, Hitler encontrou tempo suficiente para a pintura de novos quadros e para a leitura de livros. "Durante toda a Guerra Mundial", declarou mais tarde, "carreguei comigo na mochila os cinco volumes de Schopenhauer. Aprendi muito com ele".[73] Não sabemos o quão intensivamente o cabo se ocupou com a filosofia desse pensador. Mas Hitler tinha conhecimento de alguns fundamentos básicos de sua obra *O mundo como vontade e representação*, como a ideia de que todos os gênios, especialmente os da arte, não são compreendidos. Inclusive o fato de que, com força de vontade, é possível não só viver em ascetismo sexual, mas também derrotar o medo da morte. Certamente, Hitler sentiu-se encorajado com a leitura de Schopenhauer.

No final de setembro de 1916, o regimento foi transferido para o sul, bem a tempo para participar das batalhas junto ao rio Somme, em 1º de julho – das mais sangrentas da Primeira Guerra Mundial, nas quais morreram quase 60 mil soldados britânicos já no primeiro dia de luta; no final, morreram ou foram feridos mais de 419 mil soldados britânicos e mais de 204 mil soldados franceses. As perdas alemãs estiveram em torno de 465 mil mortos e feridos.[74] "Isso não é mais uma guerra, e sim uma destruição mútua através de força técnica [...] As dificuldades e os terrores da morte que passamos juntos não podem ser descritos com palavras", escreveu um vice-sargento à sua mãe no outono de 1916.[75]

A sorte novamente parecia estar ao lado de Hitler. No entanto, no dia 5 de outubro, uma granada atingiu a entrada do bunker no qual os mensageiros do regimento procuraram abrigo. Hitler foi ferido por um estilhaço na coxa esquerda. O ajudante de ordens Wiedemann conta o que o ferido disse, quando ele se inclinou sobre ele: "Não é tão grave, não, senhor tenente-coronel, eu ficarei com vocês, eu ficarei no regimento".[76] É "estranho" que, em janeiro de 1942, Hitler ainda se lembrasse "de que a dor praticamente não é percebida no momento do ferimento; você leva uma pancada, e pensa que nada aconteceu. As dores só começam mais tarde, durante o transporte".[77] O ferimento de Hitler era menos grave do que a princípio se temia. Ele recebeu cuidados médicos em um hospital de campanha em Hermies e, de lá, foi transportado para o Hospital Prussiano da Cruz Vermelha em Beelitz, ao sudoeste de Berlim, onde permaneceu do dia 9 de outubro até 1º de dezembro de 1916, quando se reestabeleceu. Sobre o novo ambiente, Hitler escreveu: "Que mudança. Diretamente da lama da batalha de Somme para as camas brancas nessa construção fantástica! A gente não se atrevia a deitar nas camas. Só lentamente era possível se acostumar a esse mundo novo".[78]

No hospital de Beelitz, Hitler encontrou soldados feridos, cansados da guerra e que expressavam esse sentimento com firmeza. Em seu livro *Mein Kampf*, Hitler escreveu indignado sobre os "indivíduos miseráveis" que com eloquência infame "ridicularizavam por todos os meios os soldados decentes". O exemplo de um soldado, em especial, o deixou profundamente irritado, declarando que se ferira propositadamente para escapar da guerra.[79] Para Hitler, que parecia continuar convicto em relação ao sentido da guerra, quaisquer formas de recusa militar seriam somente sintomas do declínio da moral militar. Não sabemos se Hitler às vezes também teve dúvidas quanto à vitória, pois praticamente não existem relatórios de primeira mão, cartas do front ou qualquer outro testemunho emitido após a metade da Primeira Guerra Mundial.

Em 4 de novembro de 1916, o convalescente recebeu permissão para viajar a Berlim. Pela primeira vez, Hitler esteve na capital do Reich, para onde se mudaria dezessete anos mais tarde como chanceler, e tudo o que viu e ouviu em sua estada não melhorou seu humor. "A miséria era evidente em todos os lugares. A metrópole sofria com a fome. A insatisfação era muito grande."[80] Na verdade, a situação do abastecimento em todas as grandes cidades alemãs havia piorado drasticamente desde 1915 e 1916. Longas filas formavam-se todos os dias em frente às lojas que vendiam produtos alimentícios. Com chuva ou sol, mulheres e crianças esperavam para conseguir meio quilo de manteiga, alguns ovos ou um pedaço de carne. A insatisfação gerada por essas condições intoleráveis vinha à tona cada vez mais em demonstrações motivadas pela fome e greves espontâneas – ações de protesto, com um cunho cada vez mais crítico do ponto de vista social, e contra a ordem social vigente, contra os privilegiados e ricos. Em abril de 1916, um policial berlinense relatou:

> O clima de depressão é geral. Todos anseiam pelo término da guerra [...] As pessoas não estão satisfeitas com as medidas governamentais, uma vez que nada é feito contra a inflação e a usura. Com essa amargura os soldados se dirigem ao campo de batalha e, de modo geral, se escuta dizer que a guerra não está sendo travada pelo bem da pátria, e sim para o bem do capitalismo.[81]

Pouco restara do entusiasmo pela guerra naqueles dias de agosto de 1914; o cansaço e o desejo de paz dominavam o ânimo da população metropolitana. Hitler precisou passar pela mesma experiência ao receber alta hospitalar em 2 de dezembro de 1916, sendo transferido para Munique, onde deveria se registrar no batalhão substituto do 16º Regimento de Reserva da Infantaria. Hitler escreveu em *Mein Kampf* que não reconhecia mais a cidade. "Raiva, descontentamento e xingamentos, não importa onde estivermos!"[82] O descontentamento se dirigia "à" Prússia, que era odiada por bávaros militares e civis na mesma medida. Em agosto de 1917, um policial relatou o que soldados bávaros diziam durante uma viagem de trem: "Os soldados desejam principalmente o fim imediato da guerra, e mencionaram que os alemães também seriam culpados por seu prolongamento [...] Enquanto a Baviera estivesse com a Prússia, haveria guerra, pois a Prússia ainda envolve seu enorme focinho em todos os conflitos.[83]

Por outro lado, à medida que aumentavam as tensões sociais, o descontentamento ficava cada vez mais evidente com o crescimento significativo dos ressentimentos antissemitas. Os judeus não foram acusados somente de enriquecer descaradamente à custa da miséria da população, mas também de tentar, por todos os meios, "escapar" do serviço militar. Desde o final de 1915, o Ministério de Guerra da Prússia foi praticamente inundado por reclamações sobre a alegada recusa dos judeus a servir ao exército. Muitos indivíduos de religião judaica, segundo o teor da campanha conduzida em sua maioria pela Sociedade Pangermânica, usavam dinheiro e relações pessoais para atravessar o período da guerra confortavelmente instalados em escritórios e postos burocráticos atrás do front. O industrial e publicitário Walther Rathenau, que foi chamado para ser o diretor da divisão de matéria-prima de guerra no Ministério de Guerra prussiano em agosto de 1914, e que deixou o cargo em março de 1915 após ser hostilizado várias vezes, escreveu em agosto de 1916 sob a influência da crescente onda antissemita: "Quanto mais judeus morrerem nessa guerra, maior será a capacidade de seus opositores de provar que eles estiveram sentados atrás do front a fim de cometer usura. O ódio irá duplicar e triplicar".[84]

O temor de Rathenau demonstrou ser totalmente justificado. Algumas semanas depois, em 11 de outubro de 1916, o ministro da Guerra prussiano Adolf Wild von Hohenborn ordenou uma verificação da situação do serviço militar de todos os judeus alemães. A assim chamada "contagem de judeus" era uma monstruosidade, pois com ela a política alemã deu ouvidos a uma suspeita injustificada dos antissemitas – numa época em que muitos judeus alemães já haviam morrido lutando pela Alemanha. "E isso depois de dois anos de completa devoção à nossa pátria! Eu me sinto como se tivesse recebido um tapa na cara", observou Georg Meyer, capitão e líder em um regimento de artilharia de campo da Baviera, quando soube do levantamento estatístico.[85]

É difícil supor que Hitler, que já havia assumido os estereótipos antissemitas nos anos passados em Viena, permanecera alheio à crescente campanha difamatória antissemita durante a segunda metade da guerra. Se acreditarmos em suas versões posteriores, foi exatamente durante a sua estada no quartel de reserva em Munique em dezembro de 1916 que Hitler entendeu a alegada "fuga ao dever com a pátria" praticada pelos judeus. "Os escritórios de advocacia estão ocupados por judeus. Quase todo escriba é um judeu, e todos os judeus têm um escriba."[86] Também ao se referir à influência dos judeus na economia de guerra, Hitler reproduziu em *Mein Kampf* o estereótipo antissemita típico dos "aproveitadores da guerra": "Aqui, o povo judeu realmente se tornou 'indispensável'. Lentamente, a aranha começou a sugar o sangue dos poros do povo".[87]

Não sabemos, com segurança, se o cabo Hitler já pensava assim em 1916/1917. Se ele realmente ficou mais receptivo ao antissemitismo desenfreado por meio de suas experiências "no front Natal", ele escondeu isso de seus camaradas de guerra, ou pelo menos não demonstrou abertamente suas ideias antissemitas.[88] Wiedemann, seu ajudante de regimento, ficou surpreso ao reencontrar Hitler na Munique dos anos 1920, quando este já era um político antissemita popular. Ele disse que desconhecia o motivo do "ódio fanático de Hitler pelos judeus". As experiências vividas com oficiais e soldados no 16º Regimento de Reserva da Infantaria nunca lhe deram o menor motivo para tal.[89]

É notável o fato de que Hitler, durante sua estada em Munique, nunca tenha visitado sua antiga senhoria, a família Popp, bem como seus conhecidos da época anterior à guerra. Todas as recordações de sua vida civil aparentemente lhe eram desagradáveis. Hitler entediava-se no quartel e ansiava voltar ao front. "No momento, estou em tratamento dentário. Mesmo assim, voltarei imediata [!] e voluntariamente ao campo de batalha", comunicou Hitler em 19 de dezembro de 1916 a Karl Lanzhammer, que servia como ciclista no quartel-general do regimento. Dois dias mais tarde, escreveu a Balthasar Brandmayer, um de seus camaradas do esquadrão de mensageiros: "Geralmente estou sentado entre minhas quatro paredes, com as bochechas inchadas, e muitas vezes penso em vocês. [...] Há poucos dias, saiu um transporte para o regimento. Infelizmente, não pude seguir junto".[90] O quartel-general do regimento se transformou na família substituta de Hitler. Em uma carta endereçada a Wiedemann, na qual Hitler se dizia "apto para servir", ele manifestou o "desejo ardente de voltar ao seu velho reg[iment]o e a seus antigos camaradas."[91] O ajudante cedeu ao pedido; em 5 de março de 1917, Hitler comemorou seu retorno ao front.

Naquela época, o regimento se encontrava em La Bassée. No final de abril de 1917, ele foi transferido para a região de Arras, no norte da França, sob o comando do major Anton von Tubeuf; em meados de julho de 1917, o regimento voltou a Flandres, no cenário dos primeiros combates, e envolveu-se com a batalha por Ypern. Em 31 de julho, em sua grande ofensiva, os britânicos utilizaram uma nova arma: os "tanques". Em agosto de 1941, Hitler disse: "O nosso azar foi que os líderes daquela época não reconheceram a tempo a importância do armamento técnico. [Se tivéssemos] quatrocentos tanques no verão de 1918, teríamos vencido a Guerra Mundial."[92] De fato, o comando do exército alemão se decidiu tardiamente a desenvolver veículos blindados, de modo que o atraso não pôde ser compensado. No entanto, isso não representava um efeito decisivo para a guerra.[93]

No início de agosto de 1917, depois de pesadas perdas, o regimento foi retirado da batalha de Flandres e instalado na Alsácia, um setor mais calmo do front. No dia 17 de setembro, Hitler recebeu a medalha Cruz de Mérito Militar de Classe III. No final de setembro, Hitler pôde, finalmente, usufruir um período de férias de dezoito dias, que passou em Berlim, na casa dos pais de um camarada, Richard Arendt, no bairro Prenzlauer Berg. Dessa vez, diferente de uma visita relâmpago em novembro de 1916, Hitler aproveitou ao máximo a vida metropolitana e suas ofertas culturais.[94] "A cidade é fantástica", escreveu Hitler em 6 de outubro em carta endereçada a Ernst Schmidt. "É uma verdadeira metrópole. O trânsito ainda é intenso. Estou fora quase o dia todo. Agora, finalmente, tenho a oportunidade de conhecer os museus a fundo. Resumindo: não sinto falta de nada."[95] Hitler enviou três cartões-postais ao seu superior, o sargento Max Amann; em um deles, ele lamentava que os dias em Berlim haviam "passado tão rapidamente".[96] No dia 17 de outubro, Hitler retornou ao regimento, que havia sido transferido para Champagne.

No pequeno bairro junto ao Prenzlauer Berg, habitado por trabalhadores, artesãos e empregados simplórios, Hitler certamente notou quão explosiva a situação tinha se tornado. Em abril de 1917, Berlim foi o palco das primeiras grandes greves dos trabalhadores da indústria armamentícia. Os efeitos da Revolução Russa de fevereiro podiam ser observados em Berlim, bem como nas outras grandes cidades alemãs. "Nós só temos que fazer como na Rússia, e as coisas também mudarão" – esse tipo de declaração, que um informante da polícia ouviu de trabalhadoras de Hamburgo em frente a mercearias, correspondia ao sentimento geral do povo.[97] No Partido Social-Democrata Independente da Alemanha (USPD), que foi constituído no início de abril de 1917 como alternativa à ala majoritária do antigo SPD, reuniu--se o protesto anti-guerra. Embora as autoridades civis e militares atuassem com represálias maciças contra os opositores da guerra, não conseguiam mais trazer a paz através da força. "A população já não alimenta esperanças de um desfecho favorável para a guerra. De modo geral, o fim da guerra é almejado a qualquer custo", informaram policiais de Berlim em meados de julho de 1917.[98] Em dezembro de 1977, o temor fundamentado de que as negociações de paz com os bolchevistas no poder em Brest-Litovski poderiam falhar em razão da falta de flexibilidade da delegação alemã forneceu combustível adicional à insatisfação geral.

No final de janeiro de 1918, a insatisfação culminou em uma grande demonstração grevista: centenas de milhares de homens e mulheres trabalhadores participaram de um amplo movimento grevista em Berlim, Hamburgo, Munique, Nuremberg e em muitas outras cidades, em prol de um rápido cessamento do massacre popular. "Não tenho palavras para dizer o que senti ao ver aquela procissão de homens e mulheres trabalhadores, sérios, calados e em bloco caminhando pela rua; naquele momento, era como uma sensação de júbilo me tomando por completo", escreveu uma jovem funcionária de Hamburgo a seu namorado no front.[99] Entre os soldados, as notícias sobre o movimento grevista dividiam as opiniões, como mostram as cartas interceptadas do front. Além de uma aprovação indisfarçável, também era possível ler manifestações de incompreensão e rejeição. O espectro de manifestações ia desde: "Todos os companheiros ficaram felizes com a greve" a perguntas indignadas como: "Será que essas pessoas insanas pensam que a greve ajudará a acabar com a guerra mais rápido?"[100] Aparentemente, o cabo Hitler pertencia ao segundo grupo. Ainda em *Mein Kampf*, Hitler descreveu a greve geral como "o maior ato de enganação de toda a guerra"; a greve nada mais fez do que "fortalecer a fé dos povos inimigos na vitória".[101] Hitler culpou a liderança dos sociais-democratas do MSPD, embora ele, ao contrário do USPD, nada tivesse a ver com as greves, só aderindo à direção grevista em Berlim e em outros lugares para terminar o movimento o mais rapidamente possível. "Agora, com a instalação da greve", comentou o presidente da polícia de Berlim, Heinrich von Oppen, em 29 de janeiro de 1918, "a direita social-democrata se juntou ao movimento, embora com relutância, para não ser completamente relegada a um segundo plano."[102]

Em março de 1918, depois do tratado de paz de Brest-Litovski impingido à Rússia, o alto-comando alemão fez uma última tentativa para forçar uma decisão militar através de uma grande ofensiva alemã no Ocidente. O sucesso inicial parecia justificar as mais ousadas esperanças. As tropas alemãs, que atacavam em uma ampla frente desde Cambrai, ao norte, a Saint-Quentin, no sul, conseguiram avançar sessenta quilômetros; depois de alguns dias, o ataque estancou. Nem mesmo as três ofensivas seguintes em abril, maio e julho de 1918 conseguiram mudar a história. No final de maio, o exército alemão chegou ao rio Marne, e estava a somente alguns dias de marcha de Paris. Mas a posição estratégica do exército ocidental só havia piorado com os recentes sucessos, uma vez que os avanços do front praticamente desafiavam os contra-ataques. Ficou evidente que o Comando Supremo do Exército cometeu excessos e que a força ofensiva alemã havia se esgotado. Em 18 de julho, teve início o contra-ataque francês, que levou imediatamente a uma profunda derrocada nas posições alemãs. Desde então, a iniciativa ficou por conta dos aliados, que recebiam continuamente reforços de tropas americanas descansadas.

O Regimento de List esteve envolvido em todas as ofensivas – junto aos rios Somme, Aisne e Marne – e, por sua vez, sofreu perdas pesadas; somente nas lutas de abril, metade dos homens foi morta ou ferida.[103] Hitler se manteve ileso; em 4 de agosto de 1918, depois que o regimento foi retirado do front junto ao rio Marne, ficando em descanso em Le Cateau, Hitler recebeu a Cruz de Ferro de 1ª Classe – uma condecoração rara para um simples cabo. Se a sugestão da condecoração de Hitler partiu (como se supunha) de Hugo Gutmann, um tenente judeu que substituiu Wiedemann como ajudante de ordens, não é um fato comprovado. Se assim foi, Hitler nunca lhe agradeceu. Em vez de expressar gratidão, Hitler manifestou-se depreciativamente sobre o oficial em novembro de 1941: "Em nosso regimento havia um judeu, Gutmann, um covarde sem igual. Ele portava a Cruz de Ferro. Isso era ultrajante e uma vergonha".[104]

Quatro dias após Hitler ter recebido a Cruz de Ferro de 1ª Classe, em 8 de agosto de 1918, os tanques britânicos romperam o espaço de Amiens, adentrando as linhas alemãs. Esse "dia negro" das tropas terrestres alemãs foi a virada definitiva da guerra. Exaustão e cansaço de guerra ficaram cada vez mais evidentes, em níveis sem precedentes. No front, os relatórios sobre violações de disciplina e insubordinações se acumulavam. Em muitas guarnições na Alemanha também havia problemas; cada vez mais soldados tentavam escapar do transporte para o front. "Nas cartas quase não se leem mais frases patrióticas [...]", relatou um funcionário do monitoramento das correspondências no início de setembro de 1918. "O interesse individual pela guerra passou para um segundo plano; o ponto de vista de cada homem é praticamente um só: "Eu tento evitar o front da melhor maneira possível!".[105] No entanto, passaram-se mais quatro semanas até que o Comando Supremo, empossado em agosto de 1916, sob o comando de Paul von Hindenburg e Erich Ludendorff, decidiu a derrota militar. Em 29 de setembro de 1918, na cidade belga de Spa, os dois generais declararam aos líderes da Alemanha Imperial que a guerra estava perdida e que era necessário pedir um armistício. Para tal, deveria ser fundado um governo com base parlamentar, encabeçado pelo príncipe Max von Baden, do qual também participaria a maioria dos sociais-democratas como o partido mais forte do Parlamento.

Enquanto essa virada decisiva dos eventos estava em andamento, Hitler não estava no front. Em 21 de agosto, viajara para Nuremberg a fim de participar de um curso para telefonistas e, de 10 a 27 de setembro, passou suas segundas férias em Berlim. Não temos nenhum testemunho confiável sobre esses dias – somente um breve comentário feito no quartel-general do *Führer* em outubro de 1941. Aparentemente, Hitler ocupou seu tempo principalmente na Ilha dos Museus, visitando exposições de arte.[106] Não sabemos se ele percebeu os sinais da crise revolucionária em andamento ou se a suprimiu conscientemente. Após retornar ao front, seu regimento se postou em Comines, onde já havia estado no outono de 1914. Desta vez, no entanto, o regimento não atacou, mas teve que se defender dos intensos ataques dos ingleses. Na noite de 13 para 14 de outubro de 1918, Hitler e vários colegas foram vítimas de um ataque de gás denominado "Lost", também chamado de "cruz amarela" ou "gás mostarda", em razão de seu odor peculiar. "Logo cedo, a dor tomou conta de mim, piorando a cada quinze minutos, e às sete horas da manhã retornei tropeçando e cambaleando, com os olhos ardendo e levando comigo as últimas mensagens", descreveu Hitler aquele momento. "Após algumas horas, meus olhos se transformaram em brasas ardentes, ao me redor tudo estava escuro."[107] Hitler recebeu atendimento de urgência no hospital militar bávaro situado próximo a Oudenaarde e, a seguir, foi transportado para o hospital de reserva Pasewalk, em Stettin, onde chegou em 21 de outubro. Ali, Hitler testemunhou o início da revolução alemã de 1918-1919.

Até hoje não se sabe o quão grave de fato era a "cegueira" de Hitler, nem como ela foi tratada em Pasewalk.[108] Os registros médicos não existem mais. O que parece certo é que ele sofreu uma grave inflamação nas conjuntivas e pálpebras decorrente da intoxicação pelo gás e que, temporariamente, mal podia enxergar. Em uma carta datada de novembro de 1921, o próprio Hitler relata que a sua "cegueira" melhorou "em um período de tempo relativamente curto, e que a visão retornou gradualmente".[109] A sempre repetida suposição de que Hitler, na verdade, não havia sofrido uma intoxicação grave por gás mostarda e que sua "cegueira" havia sido provocada por uma reação histérica parece menos plausível em vista desses fatos. A afirmação há pouco tempo formulada de que um dos médicos que o atenderam, o psiquiatra Edmund Foster, teria curado Hitler de sua "cegueira histérica" por meio de hipnose, mas não o despertou ao final da sessão, de modo que Hitler "permaneceu em estado de transe", parece ser totalmente absurda. Dessa forma, o futuro ditador, com seu senso missionário e sua fé na predestinação, é apresentado como vítima de um tratamento com hipnose que não foi concluído![110]

Sem sombra de dúvida, as notícias do colapso militar e da derrocada revolucionária no início de novembro de 1918 abalaram Hitler profundamente. Sentia-se bem como soldado, gostava muito do regimento – e, de repente, tudo aquilo com o qual se identificava desapareceu. Para Hitler e muitos outros que, até o final, nutriam ilusões sobre a verdadeira situação, começou a busca pelos "bodes expiatórios". E nada mais natural do que procurar por eles onde os pangermânicos e os direitistas já os tinham identificado durante a guerra. No outono de 1918, em face da derrota militar, esses grupos intensificaram sua propaganda. A perseguição dos judeus "fujões" e "aproveitadores da guerra" juntou-se à não menos maldosa lenda da facada nas costas – de que as atividades subversivas dos sociais-democratas e judeus enfraqueceram o exército alemão, privando-o da vitória. Com essa mentira histórica, os militares e seus defensores, que haviam levado o império à ruína, pretendiam se furtar à responsabilidade, impondo-a a outros. Assim, no final de outubro de 1918, o segundo presidente da Liga Pangermânica, barão Konstantin von Gebsattel, conclamou os correligionários a "aproveitar a situação para fazer alarde contra o judaísmo, usando os judeus como para-raios e responsáveis por todo o mal".[111]

Em *Mein Kampf*, Hitler tentou estilizar o choque da derrota e revolução em uma experiência pessoal de conversão política. No início de novembro de 1918, relatou, apareceram marinheiros em Pasewalk, que conclamaram para a revolução. Logo depois, a "monstruosidade" passou a ser a "mais terrível certeza" de sua vida. Em 10 de novembro, o capelão do hospital contou aos internos que a dinastia Hohenzollern havia caído e que a república havia sido proclamada. Enquanto aquele velho senhor falava, dizendo que a guerra havia sido perdida e que a Alemanha deveria se entregar à "misericórdia dos vencedores", Hitler não se conteve: "No momento em que minha vista se turvava novamente, voltei tateando e cambaleando para o dormitório, me joguei na cama e enterrei minha cabeça ardente no travesseiro e cobertor [...] Então, tudo havia sido em vão [...] Será que os túmulos de centenas de milhares que um dia saíram da pátria para nunca mais voltar não deveriam se abrir? [...] Tudo isso aconteceu somente para que um bando de criminosos miseráveis tomassem a nossa pátria? [...] Nessas noites crescia em mim o ódio contra os responsáveis por esse ato". Esse trecho Hitler terminou com uma frase sempre muito citada: "Mas eu decidi me tornar um político."[112]

No entanto, essa não foi uma decisão súbita. A ideia de abdicar de suas ambições como artista e arquiteto e dedicar-se inteiramente ao trabalho político provavelmente só se desenvolveu no decorrer de 1919. A afirmação de Ernst Deuerlein ainda é válida: "Hitler não chegou à política – a política chegou a Hitler".[113] Quanto a seu desenvolvimento ideológico, o episódio de Pasewalk situa-se exatamente na interface entre a primeira experiência-chave, a da guerra, e uma segunda experiência, a da revolução e contrarrevolução em Munique. No ódio estabelecido contra os "criminosos de novembro", ambas se juntaram: a fobia contra a esquerda e o ressentimento contra os judeus. Antes que isso pudesse dar origem à imagem final do "bolchevismo judeu" como o cerne da "visão mundial" de Hitler, foram necessárias outras influências e impressões formadoras.

4

O SALTO PARA A POLÍTICA

"Tornei-me político contra a minha vontade!", disse Hitler, em janeiro de 1942, no quartel-general do Führer. "Existem pessoas que acreditam que seria difícil para mim deixar de fazer o que faço atualmente. Não: o melhor dia da minha vida será aquele em que deixarei a política com suas tristezas, desgraças e problemas."[1] A afirmação de que Hitler somente se tornou político por amor à nação, mas que sua verdadeira vocação era ser artista, fazia parte da autoimagem cuidadosamente elaborada pelo ditador. Na verdade, a política era a área na qual ele conseguia demonstrar seu talento retórico e suas habilidades demagógicas. Embora seus primeiros passos tenham sido incertos e hesitantes, Hitler logo eliminaria todos os rivais que concorriam com ele pelo poder na situação nacionalista, transformando-se gradativamente no "líder" de um partido militante da direita radical.

Hitler iniciou sua carreira em Munique. No período pós-guerra, a capital bávara oferecia as condições ideais que tornaram possível sua ascensão política. Na primavera de 1919, com a República dos Conselhos, o pêndulo da radicalização batia cada vez mais para a esquerda, e aqui, com a ação contrária da contrarrevolução, o pêndulo se desviou acentuadamente para a direita. De maneira instintiva, Hitler soube aproveitar essa constelação única. Mas ele tinha patronos influentes no meio militar, que abriram seu caminho para a política.

Em 19 de novembro de 1918, Hitler estava curado e recebeu alta do hospital de Pasewalk. O cabo, aos quase trinta anos de idade, fazia parte do exército de milhões de soldados sem nome que, após o fim da guerra, se dirigiram às suas guarnições de origem, onde aguardavam sua desmobilização. Por conseguinte, Hitler devia estar deprimido. Sem profissão, sem família e sem laços sociais, ele corria o risco de recair na incerteza existencial do período pré-guerra. Visando retardar ao máximo seu desligamento do Exército, Hitler retornou para Munique em 21 de novembro, onde foi encaminhado para a 7ª Companhia do 1º Regimento de Reserva da Infantaria. Ali, encontrou alguns de seus companheiros do 16º Regimento de Reserva da Infantaria, entre eles Ernst Schmidt, ao qual se uniu novamente.[2]

Enquanto isso, algumas mudanças também haviam ocorrido na capital bávara. Em 7 de novembro, a revolução triunfara em Munique, dois dias antes de Berlim. Um nome estava na boca do povo: Kurt Eisner, o presidente do pequeno grupo do USPD de Munique, que havia saído da prisão Stadelheim somente em meados de outubro de 1918, onde esteve preso desde a greve de janeiro do mesmo ano. Na tarde de 7 de novembro, com um grupo de companheiros grevistas, Eisner aventurou-se a participar de uma manifestação em massa na Theresienwiese, durante a qual um quartel atrás do outro foi invadido no rastro de uma ação revolucionária. Não houve qualquer ato de resistência – um sinal claro de como a ordem monárquica vigente até então estava arruinada até mesmo na Baviera. Na manhã de 8 de novembro, cartazes vermelhos brilhantes proclamavam o "Estado Livre da Baviera" e a dinastia Wittelsbach foi declarada deposta. Na tarde do mesmo dia, foi formado um governo conjunto pelos membros do USPD e MSPD. Kurt Eisner era, ao mesmo tempo, primeiro-ministro e ministro do Exterior. Erhard Auer, desde o início o mais feroz rival de Eisner no gabinete, assumiu o Ministério do Interior.[3] Mas o fato de que o golpe ocorrera livre de qualquer ato de violência e o de que o novo governo, de acordo com seus primeiros pronunciamentos, se apresentava moderado asseguravam aos novos ministros um alto grau de aceitação, que ia muito além da classe operária. "Não é maravilhoso? Nós fizemos uma revolução sem derramar uma única gota de sangue! Em toda a História, esse acontecimento é único", comentou Eisner, ao final.[4]

Quando Hitler regressou a Munique, a vida normal havia se instalado após aqueles dias turbulentos do início de novembro. No gabinete, os conflitos entre Eisner e os ministros do MSPD se acirraram rapidamente. Esses, assim como seus colegas do Conselho Popular de Berlim, decidiram desconsiderar os conselhos de operários e soldados em uma futura constituição democrática. Esses conselhos somente deveriam permanecer provisoriamente até a eleição de uma assembleia constituinte. Eisner, por sua vez, fez campanha para a coexistência de conselhos e Parlamento, ao contrário de Auer, empenhado em conseguir marcar uma data o mais rapidamente possível para as eleições estaduais da Baviera na esperança de eliminar os conselhos, minando assim a posição de Eisner. Em 5 de dezembro, na reunião do conselho de ministros, o dia 12 de janeiro de 1919 finalmente foi escolhido como a data da eleição.

Outro ponto de conflito foi o claro compromisso assumido por Eisner ao reconhecer que a Alemanha era a culpada pela guerra. Em 23 de novembro, ele publicou no jornal liberal *Berliner Tageblatt* excertos de relatórios do ministro da Baviera em Berlim, datados de julho e agosto de 1914, que comprovam que o governo alemão havia deliberadamente fomentado o conflito entre a Áustria-Hungria e Sérvia, provocando assim o confronto decisivo com esse acordo.[5] Essa publicação não foi só criticada veementemente por seus colegas de gabinete do MSPD; a burguesia nacional o acusou até mesmo de "traidor da pátria". A partir de então, Eisner foi alvo de fortes ataques antissemitas. Filho de um comerciante judeu de Berlim que fez carreira como jornalista no SPD, foi difamado como "judeu galego", e seu nome, na verdade, era "Salomon Kosmanowsky". "Será que mais tarde acreditaremos que nós permitimos que essa gentalha vivesse na Alemanha por um dia sequer?", escreveu, indignado, o capitão de fragata Bogislaw von Selchow em seu diário, em 25 de novembro de 1918.[6]

De acordo com Ernst Schmidt, nos dias após sua chegada, Hitler "não disse muito sobre a revolução", mas era possível ver "o quão amargurado estava".[7] Aparentemente, Hitler não se incomodou com a deposição da dinastia Wittelsbach, mas sofria, em vez disso, com o fato de que os quartéis eram comandados somente por conselhos de soldados, o que feria seu senso de ordem e disciplina. "Tudo aquilo era tão repugnante que decidi partir imediatamente, se possível", anotou em *Mein Kampf*.[8] É provável que Hitler sentia-se ainda mais perturbado pela atmosfera de indiferença exaltada que tomou conta de Munique e de outras grandes cidades alemãs nas primeiras semanas e meses após a revolução. A "mania da dança" assumiu "proporções terríveis", eram os comentários no conselho de ministros do governo Eisner no início de janeiro de 1910. "As mulheres estão enlouquecidas, os donos de restaurantes estão de mãos atadas."[9]

Nessas circunstâncias, Hitler deve ter ficado satisfeito quando, no começo de dezembro de 1918, com Ernst Schmidt, recebeu ordens para assumir o cargo de segurança em um campo de prisioneiros de guerra e civis em Traunstein, no Chiemgau. Lá, Hitler permaneceu por mais de um mês e, nessa época, ele de novo desapareceu quase completamente de vista. Em meados de janeiro – e não em março, como ele conta em seu livro *Mein Kampf* –, antes de o campo ser fechado, Hitler voltou para Munique.[10] Já em meados de fevereiro, houve uma reestruturação do Batalhão de Reserva do 2° Regimento de Infantaria, e Hitler foi encaminhado para a 2ª Companhia de Desmobilização. Praticamente nada sabemos sobre suas atividades nessa época. Há grandes chances de que Hitler passou a maior parte do tempo no quartel. De vez em quando, ele parece ter retomado um velho hábito, visitando a ópera com seu amigo Ernst Schmidt. De 20 de fevereiro a 8 de março, tudo indica que tenha recebido uma ordem para assumir a função de guarda na estação férrea central de Munique. Mas isso também não está comprovado.[11]

Bem nesse período teve início uma radicalização geral, que modificaria totalmente o curso da revolução em Munique e na Baviera. Essa radicalização foi desencadeada pelo assassinato de Kurt Eisner em 21 de fevereiro de 1919. O primeiro-ministro estava a caminho do Parlamento, onde pretendia anunciar a renúncia de todo o gabinete – uma consequência da derrota eleitoral devastadora nas eleições parlamentares de 12 de janeiro sofrida pelo partido de Eisner, o USPD. O partido ficou com apenas 2,5% (três assentos), e o MSPD, por sua vez, com 33% (61 assentos). O partido mais forte, com 35% (66 assentos), foi o Bayerische Volkspartei (BVP), fundado em novembro de 1918. O assassino, que matou sua vítima com dois tiros na cabeça, era um jovem tenente de 22 anos de idade e estudante de direito inscrito na Universidade de Munique, conde Anton Arco auf Valley. Em uma nota escrita por ele antes do atentado, informou o motivo de sua ação: "Eisner é um bolchevique, é judeu, não é alemão, não se sente alemão, compromete qualquer pensamento e sentimento patriótico, é um traidor do Estado".[12] Poucas horas depois, o garçom Alois Lindner, membro do Conselho dos Operários, disparou dois tiros em Erhard

Auer no Parlamento, ferindo-o gravemente. Para os grupos revolucionários da classe trabalhadora de Munique ficou certo que o social-democrata tinha parte da culpa no atentado, uma vez que nos meses anteriores havia tentado, de todas as maneiras, acabar com o prestígio público do primeiro-ministro.

"Para nós, a bala que atingiu Eisner parece ter desencadeado uma nova época da revolução", observou a escritora Ricarda Huch em seu diário em 26 de fevereiro.[13] Essa impressão não era falsa. Em 22 de fevereiro, delegados do Conselho de toda a Baviera reuniram-se em Munique e fundaram um "Conselho Central da República Bávara". Seu presidente acabou sendo Ernst Niekisch, um professor da escola pública que fazia parte da ala esquerdista do MSPD. Após longas negociações entre os representantes dos conselhos e os partidos, ficou decidido que o Parlamento, inicialmente suspenso, devia ser mais uma vez convocado. Em 17 de março, o Parlamento elegeu Johannes Hoffmann, ex-ministro da Cultura no governo Eisner, como novo primeiro-ministro. No entanto, Hoffmann não conseguiu acalmar os ânimos exaltados entre os operários. Pelo contrário, a notícia da proclamação da *Räterepublik* húngara (uma república soviética) por Béla Kun animou todos aqueles que, em Munique, ansiavam por uma experiência semelhante. Na noite de 6 para 7 de abril, a decisão foi tomada. Uma edital do Conselho Central anunciou a proclamação da República Soviética da Baviera. O governo Hoffmann fugiu para Bamberg, de onde anunciou que continuava sendo "o único detentor do poder na Baviera".[14]

"O primeiro pedaço da Alemanha que adere ao bolchevismo", comentou o patrono das artes e diplomata conde Harry Kessler. "Se os comunistas forem capazes de se manter por lá, esse será um evento alemão e europeu de primeira classe."[15] Porém, foram exatamente os comunistas que se recusaram a participar. Para Eugen Leviné, o chefe bávaro do KPD, o novo governo era somente uma "república soviética de faz de conta", uma vez que os homens que encabeçavam o conselho despertavam profunda desconfiança nos comunistas. O novo presidente do Conselho Central era o escritor Ernst Toller, que durante a Primeira Guerra Mundial passou de voluntário de guerra a pacifista, e tinha se filiado ao USPD. Entre os doze representantes do povo no Governo de Conselhos estavam personalidades ilustres como o socialista sem partido e escritor Gustav Landauer, que assumiu o Ministério de Educação Pública, bem como alguns personagens bizarros, como o anarquista Silvio Gesell, que assumiu o Departamento de Finanças e, com suas propostas pouco ortodoxas para a restauração da moeda, desencadeou pânico entre os abastados.

O experimento de Toller durou apenas uma semana. Em 13 de abril, um Domingo de Ramos, depois que a tentativa de golpe do governo de Hoffmann (com a ajuda de unidades militares de Munique) contra o Governo de Conselhos fracassou, os comunistas ao redor de Leviné acreditaram que chegara o momento de tomar o poder. Nessa noite, uma reunião de Conselhos Operacionais e de quartéis declarou a dissolução do Conselho Central. Um comitê de ação composto por quinze membros foi escolhido como novo governo, do qual cinco membros compunham o Conselho Executivo, e

Leviné assumiu a presidência. Foi anunciada uma greve geral de nove dias para dar oportunidade aos operários de se organizarem, formando um "Exército Vermelho."

Isso foi o suficiente para que o governo de Berlim desse um basta. Em 16 de abril, o primeiro-ministro do Reich, Philipp Scheidemann (MSPD), declarou no gabinete que acederia ao pedido de ajuda militar do governo Hoffmann. O general de divisão prussiano Ernst von Oven foi encarregado de conduzir as operações. Nas tropas de intervenção também marcharam os voluntários sob o comando de Franz Ritter von Epp, cujo braço direito era o capitão Ernst Röhm, e a Brigada Naval, sob o comando do capitão Hermann Ehrhardt, que poucos meses depois, em março de 1920, participaria do Kapp-Putsch.[16] Contra essa força-tarefa de 30 mil homens, as unidades do "Exército Vermelho", formadas às pressas sob o comando do marinheiro Rudolf Egelhofer, não tiveram a menor chance.

No final de abril, o cerco ao redor de Munique foi fechado. A capital do Estado ficou completamente ilhada e sem abastecimento de gêneros alimentícios; o mercado financeiro desabou. Todas as tentativas para evitar um derramamento de sangue falharam – por um lado, por conta de uma atitude intransigente do ministro da Defesa, Gustav Noske (MSPD), que queria fazer de Munique um exemplo e, por outro lado, em decorrência da superestimação das forças próprias por parte de Egelhofer. No dia 30 de abril, no Ginásio Luitpold, uma ordem dele levou à execução de dez reféns, entre eles sete membros da Associação Thule, de extrema direita – um ato de vingança em relação às atrocidades cometidas pelos voluntários durante a marcha contra Munique. Esse "assassinato de reféns" foi recebido pela população como um ato repugnante, e também foi fortemente condenado pelos defensores dos conselhos governamentais. O acontecimento permaneceu na memória coletiva da cidade como um sinônimo do "reinado de terror dos 'vermelhos'". Na verdade, esse ato foi superado pelas atrocidades cometidas pelas tropas governamentais durante a sua chegada a Munique no começo de maio.

Em 3 de maio, a resistência do "Exército Vermelho" foi quebrada. Seguiu-se um terror branco, nunca antes presenciado por uma cidade alemã. Ao todo, foram mortas mais de seiscentas pessoas, entre elas muitos civis inocentes. Os principais líderes representantes de ambas as *Räterepubliken*, ou repúblicas soviéticas, também não foram poupados. Em 2 de maio, Gustav Landauer foi capturado e brutalmente assassinado ao ser levado para a prisão Stadelheim por soldados de grupos voluntários. Rudolf Egelhofer foi descoberto em seu esconderijo no mesmo dia; depois de sofrer maus-tratos graves, foi morto com um tiro na cabeça no pátio interno de sua residência. Eugen Leviné morreu em 5 de junho após um julgamento sumário, assassinado por pelotão de fuzilamento. Ernst Toller conseguiu ficar escondido até o dia 4 de junho; acabou sendo condenado a cinco anos de prisão. Em 7 de maio de 1919, Erich Mühsam, que também se engajara para a *Räterepublik*, escreveu em seu diário na penitenciária Eberach: "Esta é a revolução tão exaltada por mim. Seis meses depois, o resultado é uma imensa poça de sangue: tremo só de pensar".[17]

Como Hitler se comportou naquelas semanas dramáticas entre o assassinato de Eisner e a dissolução da república soviética? Em *Mein Kampf*, ele praticamente não comenta nada sobre isso, e desde o início seu silêncio alimentou boatos de que ele pretendia esconder um capítulo de sua biografia um tanto desagradável – ou seja, que ele simpatizava com os esquerdistas no início da revolução. Konrad Heiden, o primeiro biógrafo de Hitler, captou esses boatos em meados dos anos 1930, afirmando que o cabo, com seus camaradas, engajou-se em prol dos sociais-democratas, posicionando-se contra os comunistas.[18] É discutível se Hitler, em 3 de abril de 1919, foi escolhido como "homem de confiança" de seu batalhão de desmobilização, o que decerto não teria acontecido se ele tivesse revelado abertamente ser contrário à revolução. A partir disso, é possível concluir que, naquela época, Hitler com certeza "simpatizava com a maioria social-democrata"?[19]

Teria sido muito surpreendente se Hitler tivesse se declarado solidário justo com aquele partido político, contra o qual havia desenvolvido uma forte aversão nos anos em que viveu em Viena, e ainda mais durante a Primeira Guerra Mundial. Se, nos primeiros meses da revolução, Hitler aparentemente tendia a favor da maioria social-democrata, isso nada tinha a ver com simpatias pelo grupo, mas talvez com estratégias táticas. Depois de 9 de novembro de 1918, as esperanças de todos aqueles que temiam que a revolução fosse conduzida para uma transformação socialista da sociedade se voltaram para o MSPD. Para manter a ordem tradicional da propriedade privada (e não porque, subitamente, se tornaram defensores convictos da democracia parlamentar), grande parte da burguesia conservadora se declarou alinhada com a maioria social-democrata, clamando por eleições no Reich, bem como eleições estaduais, o mais rápido possível. Na Baviera, Erhard Auer, o inimigo figadal de Eisner, "era a grande esperança" até mesmo dos inimigos da revolução.[20] Em seus monólogos no quartel-general do Führer, Hitler emitiu palavras de apreço por Auer e outros líderes sociais-democratas. "Não faço diferenças entre os personagens de 1918: alguns entraram de gaiatos nessa história como Pôncio Pilatos entrou no credo: nenhum deles queria a revolução. Isso inclui Noske, e também Ebert, Scheidemann, Severing e, na Baviera, Auer."[21]

Existem evidências que caracterizam o comportamento de Hitler na primavera de 1919 como "um misto de constrangimento, passividade e adaptação oportunista".[22] Por isso, é bem possível (embora não totalmente comprovado pelas imagens cinematográficas) que, em 26 de fevereiro, Hitler tenha acompanhado o cortejo fúnebre de Eisner pelo centro de Munique até o cemitério situado no leste da cidade.[23] Na época das duas repúblicas soviéticas, Hitler não se colocou à disposição do governo Hoffmann, em Bamberg, e também não se juntou a um dos inúmeros *Freikorps* ou grupos paramilitares. Em vez disso, ficou à espera em um dos quartéis de Munique, aguardando o desenrolar dos acontecimentos. Alegadamente, no dia 13 de abril, Domingo de Ramos, ele teria conclamado seus camaradas a se manterem fora dos combates: "Nós não somos uma guarda revolucionária para vagabundos judeus!".[24] Essa história, no entanto, não vem de uma fonte segura. Porém, é certo que, em 15 de abril, um dia após a proclamação da segunda república soviética, nas novas eleições para os conselhos de quartéis, Hitler foi eleito para o conselho substituto do batalhão de sua companhia de desmobilização, o que mostra que ele não era um adversário declarado do regime de conselhos.[25] Parece que, já naquela época Hitler era um mestre na arte da dissimulação; ele não se expunha, mas mantinha-se o mais discretamente possível – na suposição, não infundada, de que os conselhos não durariam muito tempo. Seu relato em *Mein Kampf*, no qual conta que provocou o descontentamento geral dos líderes comunistas e resistiu com hombridade a uma prisão iminente em 27 de abril, provavelmente é inventado.[26]

Imediatamente após o fim do regime de conselhos, Hitler saiu da retaguarda, declarando-se abertamente a favor da contrarrevolução. Em 9 de maio, reencontramos Hitler como integrante de uma comissão composta por três membros, na qual deveria investigar a postura dos soldados de seu regimento durante as *Räterepubliken*. Em *Mein Kampf*, Hitler falou sobre suas "primeiras atividades puramente políticas".[27] Durante a investigação, ele não deixou de denunciar os companheiros que, diferentes dele, tinham simpatizado claramente com a revolução. Assim, Hitler denunciou Georg Dufter, que em 15 de abril tinha sido eleito com ele para o Conselho do Batalhão da 1ª Companhia de Desmobilização, como o "pior e mais radical agitador do regimento", aquele "que não perdia a oportunidade de fazer propaganda para a república soviética".[28] Hitler foi recompensado por seus serviços. Quando a Companhia de Desmobilização, à qual pertencia, foi dissolvida no início de maio, ele escapou da dispensa do Exército. A partir de junho de 1919, Hitler passou a fazer parte da agência de liquidação do 2º Regimento de Infantaria.[29] Mais tarde, isso seria de grande importância para sua carreira política.

O governo Hoffmann voltou para Munique somente no final de agosto. Assim, desde o início de maio, o poder ficou nas mãos das Forças Armadas, mais especificamente nas do "*Reichswehrgruppenkommando 4*" (Gruko), formado em 11 de maio sob o comando do general Arnold von Möhl, responsável pelas tropas da Defesa sediadas na Baviera. Segundo um despacho oficial de 20 de maio, sua tarefa principal consistia em "com a polícia, promover uma vigilância mais estrita da população e aprender a reconhecer sua disposição e humor, a fim de identificar precocemente uma nova rebelião, cortando-a pela raiz".[30] O "Departamento de Divulgação" do Grupo de Comando, cuja direção estava nas mãos do capitão Karl Mayr desde o final de maio, foi incumbido dessa tarefa. Esse oficial empreendedor viria a ser o mais importante "parteiro da carreira política de Hitler".[31]

Parece que Hitler chamou a atenção de Mayr por seu trabalho na Comissão de Investigação. "Quando o encontrei pela primeira vez", teria dito mais tarde, "ele parecia um velho cão vadio à procura de um dono".[32] O capitão, por sua vez, procurava por "homens de confiança" competentes, que fizessem "contrapropaganda" dentro da tropa, ou seja, fornecessem esclarecimento sobre os supostos perigos do bolchevismo e que ressuscitassem o velho espírito de nacionalismo e militarismo. Em uma lista de "pessoas de propaganda e homens de confiança" criada pelo Departamento de Notícias possivelmente no início de junho de 1919, aparece pela primeira vez o nome "Hittler [sic] Adolf".[33] Porém, antes de assumir seu trabalho, o cabo precisava de um novo treinamento. Hitler, como se supunha anteriormente, não estava entre os participantes do primeiro treinamento, que ocorreu entre 5 e 12 de junho de 1919, na Universidade de Munique. Ele tomou parte apenas do terceiro curso de formação, ministrado de 10 a 19 de julho nas instalações da Sociedade de Museus no Palais Porcia.[34] Para a seleção dos palestrantes, Mayr fez uso de suas conexões políticas. Assim, convenceu um velho colega de escola, o historiador Karl Alexander von Müller, um conservador nacionalista, a falar sobre a história alemã desde a Reforma, bem como sobre a história política da Primeira Guerra Mundial.[35] No grupo de palestrantes também estava o cunhado de Müller, o engenheiro Gottfried Feder, de Murnau, que havia chamado a atenção de círculos nacionalistas pangermânicos de Munique com a publicação do *Manifest zur Brechung der Zinsknechtschaft des Geldes* ["Manifesto pelo rompimento da escravidão dos juros"]. O autoproclamado teórico da economia via no mamonismo, ou culto ao dinheiro, e na ganância dele resultante, o grande mal de seu tempo. Como culpado por esse mal, Feder acusava a "economia dos juros altos para empréstimos", que acreditava estar nas mãos dos judeus. Para ele, "a quebra dos grilhões dos banqueiros" significava que "a renda obtida exclusivamente através da posse de dinheiro, e não através de um emprego" se tornaria impossível no futuro e que esse "capital voraz" devia ser combatido em prol do "capital criativo". Em 6 de junho, Feder proferiu sua primeira palestra para trezentos a quatrocentos ouvintes, sendo várias vezes interrompido por aplausos do público e, no terceiro curso, ministrado em julho, também foi um dos palestrantes.[36] Hitler ficou impressionado: "Pela primeira vez em minha vida, ouvi uma argumentação fundamentada sobre o capital das bolsas de valores internacionais e o capital de empréstimos".[37] As teorias de Feder, que combinavam ressentimentos anticapitalistas e antissemitas, passariam a fazer parte do conteúdo programático do NSDAP em seu estágio inicial.

Em suas memórias, Karl Alexander von Müller relatou como ele, após o término de sua palestra, encontrou um grupo no salão que se esvaziava, em cujo centro estava um homem "que falava cada vez mais apaixonada e ininterruptamente com sua voz estranhamente gutural: eu tive uma impressão esquisita", disse o historiador, "como se a excitação do grupo fosse uma obra sua e, ao mesmo tempo, lhe devolvesse sua voz. Eu vi seu rosto magro e pálido, encimado por uma mecha de cabelo que caía sobre seus olhos, com um bigode curto e grandes olhos de cor azul-clara, que brilhavam fanaticamente".[38] Esse testemunho é relevante, uma vez que chama a atenção pela primeira vez para um talento especial, o maior patrimônio de Hitler: sua habilidade como orador. "Você sabia que entre os seus pupilos existe um talento da oratória?", perguntou Müller ao capitão Mayr. Esse lhe pediu que chamasse Hitler para conversar. "E ele veio obedientemente até o pódio, com seus movimentos desajeitados e um jeito que me pareceu uma espécie de constrangimento desafiador. Nossa conversa não foi produtiva."[39] Até então, o político ainda não havia encontrado seu papel. O talento da retórica e a aparição pública por ora não se encaixavam. Além do mais, a presença do famoso professor de História intimidou Hitler visivelmente, lembrando-o de seu insucesso escolar. Seu senso de inferioridade se expressa em *Mein Kampf* em ressentimentos contra a "assim chamada 'inteligência'" que, "de qualquer maneira, sempre desdenhou daquele que não frequentou as escolas obrigatórias e, portanto, não foi alimentado com o conhecimento necessário".[40]

O capitão Mayr não se importava com a falta de certificados de habilitação de seu pupilo. Mayr parecia gostar do cabo. No final de julho de 1919, quando foi formado um "Comando de Esclarecimento", que deveria dar um "treinamento antibolchevista" no campo de trânsito Lechfeld, perto de Augsburg, Hitler fez parte dos 26 "instrutores" escolhidos.[41] Durante o curso que durou cinco dias (de 20 a 25 de agosto), Hitler não fez somente duas palestras – uma sobre "as condições de paz e reconstrução", a outra sobre "palavras de ordem social e política" –, mas também encabeçou as discussões dos demais eventos.[42] Para ele, os dias passados em Lechfeld foram a verdadeira iniciação como político. Pela primeira vez, ele obteve reconhecimento e confirmação em um círculo maior de pessoas; pela primeira vez, percebeu o efeito que suas habilidades retóricas podiam exercer sobre o público. "Eu comecei com muito empenho e amor", descreveu Hitler mais tarde esse momento. "Finalmente, tive a oportunidade de falar para uma grande plateia; e tudo aquilo que, antes, eu fazia instintivamente, aconteceu: eu era capaz de 'falar'."[43] Mais tarde, alguns participantes do curso lhe confirmaram isso. "Principalmente o sr. Hittler [sic]", diziam, era "um orador nato que, com seu fanatismo e comportamento populista, praticamente compele os ouvintes a prestar atenção e acompanhar seus pensamentos".[44]

Da época de Lechberg foi registrado o primeiro comentário antissemita de Hitler. Durante "uma palestra especialmente boa, clara e temperamental [...] sobre o capitalismo", relatou o chefe do campo, tenente Walther Bendt, Hitler também "abordou brevemente a questão judaica".[45] Tudo indica que Hitler se referiu à palestra de Feder, bem como aos sentimentos antissemitas radicais que se haviam disseminado entre as tropas de modo quase epidêmico desde a primavera de 1919, em Munique e na Baviera.[46] Até mesmo o primeiro-ministro Eisner havia sido bastante difamado no meio burguês-conservador como colaborador do "bolchevismo judaico". Após a "libertação" de Munique, a campanha de ódio estendeu-se também aos representantes proeminentes do Governo de Conselhos de ascendência judaica – como Ernst Toller, Eugen Leviné, Towia Axelrod ou Erich Mühsam. "A galeria de homens famosos da época da República de Conselhos", anunciou o *Bayerische Bauernblatt*, um jornal editado pelo político do BVP Georg Heim, do movimento cristão dos agricultores, em maio de 1919, "é um álbum de criminosos, uma ralé de estrangeiros, principalmente advindos do distrito municipal de Jerusalém, que escolheu o povo amável da Baviera como objeto de exploração, enchendo seus bolsos".[47] O Governo de Conselhos era considerado um "governo de judeus", sendo associado ao quadro de terror do "bolchevismo". Em outubro de 1919, o Departamento de Notícias da polícia de Munique, em face da propaganda antissemita em todos os círculos sociais, avaliou que a "ocorrência de pogroms judeus seria perfeitamente possível".[48] As queixas dos representantes da comunidade judaica e da Associação Central de Cidadãos Alemães de Crença Judaica foram rejeitadas pela polícia com a observação: "O ódio contra os judeus foi encorajado pelo fato de que a maioria dos líderes comunistas é de origem judaica".[49]

Hitler absorvia como uma esponja os sentimentos antissemitas, assim como os slogans que pululavam nos panfletos e folhetos nacionalistas antissemitas.[50] Sua conversão em um antissemita fanático, que ele mesmo remonta aos primeiros anos passados em Viena, ocorreu somente naquela época, em Munique, tendo como pano de fundo a revolução e a contrarrevolução. A imagem do inimigo judeu como a encarnação de todo o mal passou a ser o centro de sua visão racista do mundo e, aparentemente, Hitler começou a expressá-la já no Campo de Lechfeld de "modo tão claro e sem rodeios" que o tenente-coronel Bendt sentiu-se forçado a pedir-lhe moderação, caso contrário, poderia dar origem à impressão de uma "difamação dos judeus". A abordagem da "questão judaica" deve ser feita o mais cuidadosamente possível, para evitar "associações muito evidentes sobre essa raça não pertencente ao povo alemão".[51]

Seu mentor, Karl Mayr, não apenas sabia das ideias antissemitas de Hitler, mas ao que parece também as partilhava. Em 10 de setembro de 1919, instruiu seu colaborador a responder a uma carta que um ex-participante do curso, Adolf Gemlich, de Ulm, redigira ao "Excelentíssimo Senhor Capitão". A carta solicitava esclarecimentos sobre se os judeus "constituem um perigo nacional" e, em caso afirmativo, qual é o comportamento do "governo social-democrata" diante desse perigo.[52] A resposta detalhada de Hitler pode ser encarada como o documento-chave de sua biografia. Nela, estão reunidos todos os estereótipos antissemitas que Hitler assumira nos meses anteriores. Entre eles, encontra-se a constatação de que "o judaísmo é necessariamente uma raça, e não uma fraternidade religiosa". Portanto, em princípio, existe uma incapacidade de assimilação. Por meio de "inseto [sic] milenar", o "judeu de modo geral preservou sua raça e suas características mais acentuadamente do que muitos povos entre os quais vive". Quanto a essas "características raciais", Hitler (como aluno diligente de Feder) cita "a dança ao redor do bezerro de ouro". "Seu poder é o poder do dinheiro, que se multiplica indefinidamente e sem esforços na forma de juros [...] Tudo o que motiva as pessoas a progredir, seja religião, socialismo ou democracia, para os judeus é apenas um meio de saciar o desejo de dinheiro e poder. Sua atuação, através de suas consequências, é a tuberculose racial das nações."[53]

Hitler se mostrava como um analista frio, com argumentação racional: o antissemitismo como movimento político não deve ser determinado por sentimentos, pois esses, finalmente, seriam expressos na forma de pogroms. Com isso, o protegido militar usou como gancho um debate atual, iniciado por Heinrich Pudor, um antissemita de Leipzig, em agosto de 1919, sob o título *"Kultur-Antisemitismus oder Pogrom-Antisemitismus?"* ["Antissemitismo da cultura ou antissemitismo do pogrom?"]. Pudor se pronunciara contrário a lutar contra os judeus somente com a ajuda das leis. Para quebrar a "dominação judaica" deve ser usado qualquer meio, incluindo o pogrom.[54] Uma associação antissemita, o Deutsch-Völkische Schutz- und Trutzbund havia se distanciado desse movimento de perseguição aos judeus, declarando-se favorável a colocá-los sob a lei que regulamenta os estrangeiros, uma antiga reivindicação dos pangermânicos.[55] Hitler também contrapôs ao "sentimento antissemita" aquilo que ele denominava de "antissemitismo racional". Este deveria levar ao "combate legal e programado e à erradicação dos privilégios dos judeus"; o "objetivo final", no entanto, deveria continuar sendo "a eliminação inflexível dos judeus, em geral". Mas somente "um governo com poder nacional" seria capaz disso, e "nunca um governo marcado pela impotência nacional", como o governo vigente, que Hitler acreditava estar relacionado aos judeus, "que também haviam sido a força motriz da revolução".[56]

O objetivo da "eliminação dos judeus em geral" passou a ser um tema central para Hitler. Certamente, essa não era a opinião individual de um antissemita excêntrico, e sim poderia ser consenso entre a nova defesa do Reich e dos *Freikorps*. O capitão Mayr concordou com as "explanações muito claras", mas se manteve reservado quanto "aos problemas com os juros, também abordados por Hitler". Os juros não são uma invenção dos judeus, mas sim "uma instituição baseada no princípio de propriedade e no impulso aquisitivo". Embora seja necessário combater os excessos, não deveríamos, como Gottfried Feder, "jogar fora o bebê com a água do banho". Nos demais aspectos, Mayr concordou explicitamente com o conceito de que "aquilo que chamamos um governo social-democrata encontra-se completamente acorrentado ao judaísmo". E ainda reforçou a alegação de que "todos os elementos nocivos" – "também os judeus!" – devem "ser expulsos ou 'encapsulados' como se fossem agentes causadores de doenças".[57]

No dia 12 de setembro de 1919, quatro dias antes de escrever a carta para Gemlich, Hitler participou pela primeira vez de uma reunião do Partido dos Trabalhadores Alemães (DAP). Em uma ocasião, escreve Hitler no início do nono capítulo do primeiro volume de *Mein Kampf*, ele recebeu de um superior hierárquico a ordem de "ver o que estava acontecendo" com aquela associação política.[58] Assim, na literatura ficou estabelecido que Hitler foi enviado como espião à reunião para observar. Atualmente, Othmar Plöckinger refutou de modo convincente essa descrição: o capitão Mayr já conhecia muito bem o DAP e seu meio, portanto, não precisava ser informado sobre suas atividades. Logo, a atividade de espionagem de

Hitler pode ser descartada. Ele também não comparecia sozinho às reuniões, como pode ser comprovado pelas listas de presença, e se fazia acompanhar por vários camaradas do *Aufklärungskommando*, tropa de reconhecimento do campo Lechfeld. Sua presença correspondia aos interesses do 4º Comando de Defesa do Reich em influenciar o DAP.[59]

Nesse caso, tratava-se de um dos muitos grupos étnico-nacionalistas que se originaram da Liga Pangermânica, que se formaram após 1918, a partir da mais influente associação agitadora da direita no período pré-guerra e durante a guerra, e que se disseminaram de maneira quase metastática. A Sociedade Thule, em Munique, formava um núcleo organizacional, liderado por um presidente, um personagem sombrio chamado barão Rudolf von Sebottendorff, no melhor estilo de uma sociedade secreta. Entre seus membros, estavam personalidades notáveis de Munique, como o editor Julius F. Lehmann, um dos cofundadores do grupo local da Liga Pangermânica, bem como alguns simpatizantes menos conhecidos da direita nacionalista, que ainda desempenhariam um papel como atores no NSDAP: além de Gottfried Feder, o publicitário Dietrich Eckart e os estudantes Hans Frank, Rudolf Heß e Alfred Rosenberg.[60]

A Sociedade Thule representava uma espécie de plataforma para os esforços contrarrevolucionários em Munique. Seu símbolo era uma suástica, e ela também tinha um jornal próprio no *Münchener Beobachter*. Essa sociedade não se limitava à clientela burguesa, e tentava conquistar adeptos para as ideias nacionalistas entre a força operária. Um membro da sociedade secreta, o jornalista esportivo Karl Harrer, foi encarregado de entrar em contato com o ferroviário Anton Drexler, que ficou conhecido durante a guerra como apoiador do Partido Nacionalista Alemão, fundando em março de 1918 a "Comissão Livre dos Trabalhadores para uma Paz Justa".[61] Harrer e Drexler criaram um "Círculo Político de Trabalhadores", que deu origem ao Partido dos Trabalhadores Alemães em 5 de janeiro de 1919. Drexler passou a ser presidente do grupo local de Munique, e Harrer assumiu o cargo de presidente do Reich – um título um tanto presunçoso, tendo em vista o fato de que o novo partido tinha somente trinta membros na fase inicial e que, nos meses seguintes, não superou o status de grupo dissidente.[62]

A assembleia do DAP, na cervejaria Sterneckerbräu, em 12 de setembro, também contou com somente 41 pessoas. Gottfried Feder discursou sobre o tema "Como e com que meios podemos eliminar o capitalismo?". Como Hitler já conhecia essas teses de Feder, se dedicou a observar as pessoas presentes à reunião. "A minha impressão não era boa, nem má; uma nova fundação, como tantas outras." Após a palestra, quando Hitler já estava pronto para sair, um dos visitantes, o professor Baumann, entrou na discussão e se pronunciou favorável à separação da Baviera da Prússia e à unificação com a República da Áustria Alemã. Assim, diria Hitler mais tarde em *Mein Kampf*, fui obrigado a usar da palavra para passar uma descompostura naquele "senhor tão culto", que acabou deixando o restaurante com o rabo entre as pernas.[63]

Essa descrição também não corresponde aos fatos, uma vez que o nome Baumann só consta em uma lista de presença dois meses após o episódio.[64] É mais provável que Hitler, já no campo Lechfeld, tomou a palavra durante a discussão, impressionando os presentes. Após a reunião, Drexler saiu em seu encalço, entregando-lhe seu panfleto *Mein politisches Erwachen* ["Meu despertar político"]. A seguir, o presidente do partido teria afirmado: "Nossa, esse cara é bocudo! Ele bem que nos serviria para alguma coisa".[65]

No dia seguinte, Hitler leu o panfleto de Drexler, e lá encontrou muitas coisas que também diziam respeito ao seu próprio "despertar político". Ficou particularmente impressionado com o conceito central do artigo – a insistência para unir o nacionalismo e o socialismo, ou seja, libertar a classe operária das supostas "heresias" do marxismo, ganhando-a para a "causa nacional". Para sua surpresa, relata Hitler, uma semana mais tarde recebeu um cartão-postal que comunicava sua inclusão no DAP e um convite para participar da próxima reunião do comitê do partido. O que Hitler presenciou naquele simples restaurante situado na Herrnstrasse excedeu suas piores expectativas: "Aquilo era um arremedo de associação da pior espécie [...] Ali não havia nada, exceto algumas diretrizes. Não havia um programa, nenhum folheto. Não havia material impresso, nem carteirinhas de filiação, nem mesmo um simples carimbo. A única coisa visível era a boa-fé e a boa vontade".[66]

Qual foi o motivo que levou Hitler a entrar para esse clube – "um misto de sociedade secreta e 'chopinho' no final da tarde"?[67] Ao que parece, foi exatamente esse caráter rudimentar e inacabado do novo partido que lhe facilitou a decisão da afiliação. Essa "agremiação ridícula e sua meia dúzia de membros" oferecia a vantagem "de ainda não estar consolidada em uma 'organização' e oferecia a cada um a possibilidade de realizar uma verdadeira atividade pessoal".[68] Em outras palavras: ali Hitler teve a oportunidade de, rapidamente, ficar em primeiro plano e moldar o partido de acordo com suas próprias ideias.

Em *Mein Kampf*, ele relata (com sua tendência a superlativos) que sua adesão ao DAP foi a "resolução mais decisiva" de sua vida.[69] A informação de que ele, como membro do exército do Reich, nem mesmo poderia se associar (como muitos afirmam) é incorreta, uma vez que, formalmente, ele ainda pertencia ao antigo exército.[70] No entanto, Hitler não foi o sétimo membro do DAP, e sim, na melhor das hipóteses, o sétimo membro do comitê do partido, no qual Drexler lhe pediu para entrar como chefe de propaganda. Uma lista de membros em ordem alfabética que, para simular a adesão de um número maior de integrantes, começava com o número 501, somente foi elaborada no início de fevereiro de 1920 e, nela, Hitler consta como membro número 555.[71]

O objetivo dele, desde o início, era fazer daquele grupo sectário que se reunia ao redor de uma mesa de bar um partido poderoso. Para começar, em outubro de 1919, em uma pequena sala conjugada do Sterneckerbräu, foi instalado o escritório do DAP com uma máquina de escrever, na qual eram digitados os convites para as reuniões. Mais tarde, Hitler contou que ele mesmo saía para entregar os convites. O número de ouvintes aumentou lentamente – "de onze para treze, finalmente para 17, 23, 34".[72] Em meados de outubro de 1919, o DAP estava pronto para ser apresentado ao grande público. Um anúncio publicado no *Münchener Beobachter* conclamava para uma reunião no Hofbräukeller, uma cervejaria de Munique. Mais de cem pessoas compareceram e puderam ouvir Hitler como o segundo orador da noite. Para ele, então com trinta anos de idade, essa primeira aparição pública em 16 de outubro foi uma experiência tão incisiva que em *Mein Kampf* seu relato faz referências ao trecho sobre o Campo Lechfeld: "Eu discursei durante trinta minutos e aquilo que eu fazia anteriormente, sem saber, somente usando o meu sentir, agora ficou comprovado: eu sei falar!".[73]

Mesmo nas frases escritas por Hitler nos cinco anos seguintes ao episódio, é possível notar sua euforia ao descobrir seu maior talento, o poder da oratória. Na ressonância positiva do público, Hitler buscou a autoafirmação que o compensava por tantas decepções colhidas quando era jovem. Max Amann, que reencontrou Hitler nessa época, quase não o reconheceu: "Nele ardia um fogo desconhecido [...] Eu estive duas ou três vezes em suas reuniões [...] O homem gritava, ele se comportava como doido, eu nunca vi algo assim! E depois todos diziam: 'Esse homem é sincero!' A transpiração escorria; ele estava encharcado de suor, é inacreditável".[74]

A cada vez, mais pessoas compareciam às reuniões do DAP. Dentro de um curto espaço de tempo, Hitler passou a ser a estrela entre os oradores do partido. No dia 13 de novembro de 1919, no Eberlbräukeller lotado com 130 ouvintes, Hitler proferiu críticas graves contra o Tratado de Paz de Versalhes assinado no final de julho de 1919. "Enquanto o mundo existir, nenhum povo deveria ser obrigado a assinar algo tão vergonhoso." O relator da Direção da Polícia de Munique anotou, nesse ponto do discurso, a exclamação: "Isso é arte dos judeus!". Hitler associou seus protestos contra Versalhes a ataques violentos contra o ministro das Finanças do Reich, Matthias Erzberger, que havia assinado o acordo de cessar-fogo em 11 de novembro de 1918, na floresta de Compiègne. Ainda, Hitler disse que tinha certeza de que "o homem que nos fez engolir esse tipo de tratado" em "breve abandonará seu posto", deixando de atuar até mesmo como professor do ensino fundamental em Buttenhausen (seguiu-se uma aclamação: Ele ainda vai acabar como Eisner).[75] (Na verdade, Erzberger foi vítima de um atentado em agosto de 1921, após ter renunciado ao cargo de ministro das Finanças em março de 1920, em consequência a uma campanha de difamação da direita nacionalista alemã.) O *Münchener Beobachter* informou sobre a reunião: "Aplausos estrondosos e repetidos em agradecimento às explanações do senhor Hitler".[76]

Os reiterados sucessos de Hitler no DAP o tornaram mais interessante para as forças armadas do Reich. No final de outubro de 1919, foi criado um cargo de auxiliar para Hitler no comando do *Schützenregiment* 41, regimento de fuzileiros, no quartel Prinz Arnulf. Hitler, mais tarde, autodenominou-se "oficial de educação", o que não era correto, uma vez que ele, como cabo, não podia assumir um posto de oficial.[77] Hitler manteve seu relacionamento com Karl Mayr no Departamento de Notícias do Comando de Grupos, mas direcionou seu foco de atividades cada vez mais para a propaganda do partido. Em 10 de dezembro, discursou no restaurante Deutsches Reich sobre "a Alemanha antes de sua mais profunda humilhação". Durante o discurso, Hitler deixou claro quem era o culpado pela derrota e pela revolução. São "os judeus [...], que fazem os negócios e não se acanham em fomentar e instigar a guerra entre irmãos". Seu ponto de vista era inabalável: "A Alemanha para os alemães!".[78] Hitler foi ainda mais claro em uma reunião no dia 16 de janeiro de 1920: "Não permitiremos que o nosso destino seja governado por estrangeiros. Exigimos a proibição da imigração de judeus".[79] No início de sua carreira política, ele passou a declarar abertamente seu antissemitismo. Desde o começo, ele se apresentou como um antissemita radical e, com isso, cumpriu totalmente as expectativas de seu público. O antissemitismo, que no outono de 1919 atingiu seu auge em Munique, lhe ofereceu uma base ideal de ressonância.

Karl Harrer, o presidente do Reich no DAP, observava com desagrado o avanço agressivo de Hitler na vida pública. Harrer queria que o partido seguisse o estilo de uma seita de conspiradores, de acordo com o padrão da Sociedade Thule. Por meio de um novo regulamento interno, que obrigava a comissão composta por sete membros a seguir sua linha, Hitler praticamente conseguiu destituir Harrer em dezembro de 1919.[80] Este renunciou ao seu cargo em 5 de janeiro de 1920. Com Anton Drexler, o sucessor de Harrer, Hitler começou a elaborar o programa do partido, que foi apresentado em uma grande reunião em fevereiro de 1920. Os 25 pontos, elaborados por ambos no apartamento de Drexler, não continham nenhuma ideia original, e indicavam somente um corte transversal através do conglomerado de conceitos que cursavam em círculos nacionalistas antissemitas. A lista desses 25 pontos era encabeçada pela convocação da união de todos os alemães formando uma "Grande Alemanha" (ponto 1) após a abolição do Tratado de Versalhes (ponto 2) e após a devolução das colônias alemãs (ponto 3). A tendência antissemita já estava claramente expressa no ponto 4: "Apenas membros da nação podem tornar-se cidadãos. Apenas os que têm sangue alemão, independentemente de credo, podem ser membros da nação. Portanto, nenhum judeu pode ser membro da nação". Essa ideia foi seguida da exigência de enquadrar todos os judeus que viviam na Alemanha "sob a legislação para estrangeiros" (ponto 5) e proibir "novas imigrações" (ponto 8).

A influência de Gottfried Feder se reflete no desejo da "abolição dos lucros obtidos sem trabalho e sem esforços" (ponto 11) e no "rompimento da escravidão dos juros", incluindo a confiscação de todos os lucros da guerra (ponto 12). A classe operária foi abordada através da exigência de nacionalização das grandes empresas e participação nos lucros, e com uma generosa expansão da política de previdência (pontos 13-15). Já a classe média foi atraída com a promessa de uma municipalização das grandes lojas de departamentos (ponto 16), e os agricultores, com a perspectiva de uma reforma agrária (ponto 17). O lema era "o bem comum vem antes do bem individual" (ponto 24). O slogan do "fortalecimento do poder central" (ponto 25), com a polêmica contra "a economia parlamentar corruptora" (ponto 6), deixava claro quais eram os objetivos do programa: a eliminação da democracia de Weimar e a criação de um governo autoritário, regido pela "comunidade popular", na qual não havia lugar para os judeus.[81]

Hitler e Drexler escolheram o *Hofbräuhaus* como o local para a apresentação do programa. A propaganda do evento foi feita pelo DAP com cartazes vermelhos. O temor de que não haveria público suficiente mostrou ser infundado. Na noite de 24 de fevereiro de 1920, 2 mil pessoas lotaram o salão de festas situado no primeiro andar. Hitler foi o segundo a discursar, mas foi ele que inflamou a plateia com seus ataques selvagens contra o Tratado de Versalhes, contra Erzberger e, principalmente, contra os judeus. O relatório da polícia fornece uma impressão sobre as reações do público: "Em primeiro lugar, fora com os judeus. Depois, limparemos a nossa casa. [Muitos aplausos.] Para os atravessadores e usurários, as multas não têm serventia. [Castigos físicos! Enforcamento!] Como podemos proteger nossos companheiros desse bando de sanguessugas [Enforcamento!]?"[82]

Depois disso, Hitler passou a ler cada ponto do programa, enquanto um grande número de adversários da esquerda protestava em alto e bom som. O observador da polícia anotou: "Muitas vezes havia tumulto, de modo que pensei que, a qualquer momento, a reunião acabaria em pancadaria".[83] Mais tarde, o partido declararia que a reunião de 24 de fevereiro foi o ato heroico da fundação do movimento. O próprio Hitler lançou as bases para isso, ao afirmar no primeiro volume de *Mein Kampf*: "Foi aceso um fogo, de cujas brasas sairia a espada, libertando o herói germânico Siegfried e devolvendo a vida à nação alemã. [...] Então, a sala se esvaziou lentamente. O movimento seguiu seu curso".[84] O evento não despertou muita atenção na imprensa de Munique, pois o DAP, que logo mais passaria a se denominado *Nationalsozialistische Deutsche Arbeiterpartei* (NSDAP), ainda era demasiado insignificante. Em uma reportagem de 37 linhas publicada no *Münchener Neuesten Nachrichten*, o nome de Hitler nem mesmo foi mencionado, e o *Völkischer Beobachter* (como passou a ser chamado o *Münchener Beobachter* a partir do final de 1919), limitou-se a publicar uma pequena nota.[85]

Em 31 de março de 1920, Hitler foi exonerado do serviço militar.[86] No entanto, ele continuou fiel ao ambiente das Forças Armadas, tão decisivas para o início de sua carreira política. Em poucos meses, o cabo Hitler, até então desconhecido, tornou-se indispensável como o orador mais eficiente do (NS)DAP. Assim, ele cumpriu a primeira etapa de sua ascensão meteórica; agora, ele pretendia ampliar a base do partido, colocando-se à sua frente. Em breve, o demagogo das cervejarias, com a ajuda de patrocinadores poderosos, se transformaria na atração de Munique e iria ainda mais além.

5

O REI DE MUNIQUE

"Que época boa foi aquela! Dentre todas as minhas lembranças, essa é a mais bela."[1] Mesmo muito tempo depois que Hitler se tornou chanceler do Reich, seus pensamentos ainda voltavam para os primeiros anos do NSDAP em Munique. Para ele, esses anos representavam o período heroico da história do partido, "um tempo de luta", no qual ele e seus correligionários formaram uma comunidade unida, desafiando todas as dificuldades. "Nossos velhos nacional-socialistas, aquilo era algo maravilhoso; naquela época, em um partido era possível perder tudo e não ganhar nada."[2] O fato de que o NSDAP, em apenas quatro anos, evoluiu de uma pequena seita e passou a ser o principal elemento de poder na política da Baviera era um êxito que Hitler obviamente computava como seu. Ele apresentara-se como um "homem desconhecido" para "conquistar uma nação"[3] e, quinze anos mais tarde, atingira esse objetivo. Mas o ditador nunca esqueceu que a metrópole bávara lhe servira de trampolim para a sua espantosa carreira. Hitler demonstrou sua gratidão ao conceder a Munique o título de "capital do movimento" em agosto de 1935.[4]

Certamente, a ascensão do nacional-socialismo é impensável sem o fator Hitler. Sem ele, o partido teria permanecido um entre muitos grupamentos à margem direita do espectro político. Mas também é certo que, sem as condições especiais oferecidas pelos anos pós-guerra, tanto na Baviera como no Reich, sem a instabilidade social e a miséria econômica, sem o trauma coletivo como consequência da guerra perdida, esse agitador populista jamais teria se alçado do anonimato para a proeminência política. As circunstâncias daquela época favoreceram Hitler, e ele também sabia usá-las habilmente e de maneira inescrupulosa como nenhum de seus concorrentes na arena nacional-socialista de direita.

Em março de 1920, os oponentes direitistas da república sob a liderança do administrador regional Wolfgang Kapp, da Prússia Oriental, e do barão Walther von Lüttwitz, general comandante do *Reichwehrgruppenkommando* 1 em Berlim, fizeram a primeira tentativa de eliminar a odiada democracia de Weimar. Embora o golpe tenha fracassado depois de alguns dias porque os trabalhadores paralisaram a vida pública através de uma greve geral maciça, os contrarrevolucionários da Baviera acharam que havia chegado a hora de forçar a renúncia do governo, encabeçado pelo social-democrata Johannes Hoffmann de vez. Em 16 de março, o parlamento elegeu Gustav Ritter von Kahr, até então presidente do governo da Alta Baviera, como novo primeiro-ministro da Baviera.[5]

Sob sua liderança, a política da Baviera deu uma guinada definitiva para a direita. A ambição desse monarquista assumido era transformar a Baviera em uma "célula de ordem" no Reich. Uma de suas primeiras medidas foi uma nova lei de estrangeiros, voltada especialmente contra a imigração e permanência dos "judeus do leste". Com isso, o novo governo foi ao encontro dos desejos dos nacionalistas da extrema direita e, ao mesmo tempo, forneceu o combustível para inflamar os humores antissemitas na população.[6] A seguir, Munique transformou-se em um eldorado para os adversários republicanos de toda a Alemanha. Então nele o foragido capitão de corveta Hermann Ehrhardt, que com sua brigada de fuzileiros navais formara a espinha dorsal do Exército durante o golpe Kapp-Lüttwitz, encontrou abrigo. Em seu novo quartel-general na Franz-Joseph-Strasse, Ehrhardt fundou uma sociedade secreta, a organização "Consul", cujo objetivo era o assassinato dos principais representantes da República. A primeira vítima do grupo foi Karl Gareis, o primeiro líder do USPD no Parlamento bávaro, assassinado em 9 de junho de 1921. A essa morte seguiram-se as do político de centro e ex-ministro do Reich Matthias Erzberger, no dia 26 de agosto de 1921, e, em 24 de junho de 1922, como auge de uma terrível série de atentados, a do ministro do Exterior Walther Rathenau. Sobre isso escreveu o já citado Bogislav von Selchow, afirmando que "Rathenau não estava isento de culpa", porque o movimento nacionalista na Alemanha era uma "força nova e elementar": "E tais brasas que ardem entre o povo não deveriam ser alimentadas ao se permitir que, em tempos tão agitados, os alemães sejam representados no exterior por um estrangeiro".[7] Selchow não era uma voz extremista isolada. Seu pensamento correspondia ao sentimento geral em círculos nacionalistas alemães.

No verão de 1920, o general aposentado Erich Ludendorff, que também tinha participado do golpe de Estado em março, mudou-se para Munique. Sua nova residência, uma mansão situada no sul da cidade, transformou-se no ponto de encontro de todas as aspirações contrarrevolucionárias na Baviera.[8] Toleradas pelas autoridades, muitas organizações paramilitares podiam exercer suas atividades subversivas no Estado Livre da Baviera, entre elas principalmente as defesas civis (*Einwohnerwehren*), fundadas após a derrubada das repúblicas soviéticas e que logo contavam com cerca de 300 mil integrantes. A presença desses exércitos contrarrevolucionários cunhou a vida cotidiana e a cultura política na Munique do início dos anos 1920. "Elas eram a encarnação constitucional da resistência bávara contra o Tratado de Paz de Versalhes e do ódio contra a República de Weimar. Acima de tudo, essas organizações paramilitares eram contrárias a Berlim como a nova fortaleza da política de esquerda alemã, contra a miscigenação dos povos e contra a cultura de vanguarda."[9]

Os subversivos da direita encontraram patrocinadores benevolentes em Ernst Pöhner, presidente da polícia de Munique, e em Wilhelm Frick, chefe do departamento político VI. Ambos faziam vista grossa para as atividades conspiratórias da organização "Consul". Hitler e o NSDAP também se beneficiaram inicialmente da proteção desses dois altos funcionários. Eles teriam mantido sua "mão protetora sobre o partido nacional-socialista e o sr. Hitler", pois neles haviam vislumbrado "a semente de uma renovação da Alemanha", explicou Frick no processo contra os golpistas do ano 1923.[10] Hitler sabia muito bem o que devia àqueles que o apoiaram enquanto faziam parte do aparato do Estado bávaro. Em *Mein Kampf*, Hitler teceu elogios a Pöhner e Frick por não terem poupado esforços, "por terem sido alemães, antes de qualquer coisa, e só depois funcionários públicos".[11] Ainda no final de março de 1942, Hitler elogiou Frick, que sempre teve "um comportamento impecável" e "auxiliou o trabalho do partido com suas dicas".[12]

Já em seu primeiro ano de atividades, o NSDAP superou todos os demais grupamentos populares em Munique. Não passava uma semana sem que houvesse uma reunião ou manifestação. Desde que o partido viera a público em 24 de fevereiro de 1920, os eventos geralmente aconteciam nas grandes cervejarias – na Hofbräuhaus, Bürgerbräukeller, Kindlkeller ou Hackerbräukeller. O número de ouvintes oscilava entre oitocentas e 2,5 mil pessoas, e no segundo semestre de 1920 chegou a 3 mil. Em dezembro de 1920, o *Wehrkreiskommando* VII bávaro constatou que "as atividades do Partido Nacional Socialista dos Trabalhadores [...] eram coroadas de sucesso e transcorriam no melhor caráter patriótico".[13] Em fevereiro de 1921, o NSDAP fez seu primeiro comício no Circo Krone, na Marsstrasse, naquela época o maior espaço coberto de Munique. Mais de 6 mil pessoas se reuniram a fim de ouvir Hitler discursando. "Para mim o salão enorme parecia um molusco gigante", relembrou Hitler em *Mein Kampf*. "Depois de uma hora, os aplausos aumentaram como explosões espontâneas, interrompendo meu discurso, e diminuíram depois de duas horas, transformando-se em um silêncio solene, que vivenciei muitas e muitas vezes [...] Nesse dia, saímos pela primeira vez do esquema habitual das reuniões do partido."[14]

Na verdade, era Hitler quem atraía o público semanalmente. Durante o ano de 1920, ele foi o orador principal 21 vezes, além de participar como orador em inúmeros outros eventos. Ainda, com a expansão do NSDAP para outras localidades, Hitler também podia ser ouvido no interior da Baviera. Finalmente, no início do outono de 1920, ele participou da campanha eleitoral austríaca com quatro discursos – uma carga de trabalho extenuante.[15] Nessa época inicial, Hitler almejava principalmente tornar conhecido o NSDAP (que ainda era um partido relativamente pequeno), garantindo-lhe um lugar na boca do povo. "Não importa que riam de nós, ou que debochem, ou que nos chamem de palhaços ou criminosos; o importante é que falem sobre nós e que sempre se ocupem conosco", assim descreveu Hitler sua estratégia em *Mein Kampf*.[16] Com isso, o número de membros do partido aumentou – de 190 em janeiro de 1920, passou a 675 no mês de maio, chegando a 2,5 mil em janeiro de 1921 e 3,3 mil em agosto do mesmo ano. O agitador de Munique disseminava otimismo: "Os atuais números modestos do movimento" não oferecem motivo "para duvidar de sua futura ascensão", disse Hitler, em outubro de 1921, ao presidente do grupo local do NSDAP em Hannover, Gustav Seifert.[17]

Ao contrário do que se supõe, Hitler não falava de improviso, e sim preparava cuidadosamente suas apresentações. De maneira meticulosa, anotava em uma dúzia de folhas de papel todas as palavras-chave e os bordões que lhe serviriam como guia durante suas explanações, que em geral duravam de duas a três horas. (Eberhard Jäckel e Axel Kuhn tornaram-nas disponíveis em *Hitler – Sämtliche Aufzeichnungen* [Hitler – Arquivos completos] Pouco antes da reunião, caminhava pelo quarto, recapitulando os conteúdos mais importantes do discurso, e reiteradas vezes era interrompido por telefonemas de seus seguidores, que o informavam sobre o clima predominante no local do evento. Hitler em geral chegava com meia hora de atraso para aumentar o suspense. Colocava suas anotações do lado direito e, ocasionalmente, lançava para elas um olhar de esguelha, para ter certeza de que não esquecera de nada.[18]

Os discursos seguiam um padrão estritamente calculado para surtir seu efeito. Era comum Hitler começar a falar com calma, quase hesitante. Nos primeiros dez minutos, "ele tentava, com a sensibilidade de um ator, sentir o humor de seu público".[19] Assim que tinha certeza da aprovação da audiência, sua postura ficava mais relaxada. Ele começava a enfatizar suas explanações com gestos expressivos, seja jogando a cabeça para trás, estendendo o braço direito para a frente e sublinhando as frases mais marcantes com o dedo indicador, seja batendo na mesa com a mão cerrada em punho. Ao mesmo tempo, seu tom e a escolha das palavras eram cada vez mais agressivos. Quanto mais o público aplaudia e gritava, demonstrando aprovação, mais ele aumentava o volume e o ritmo de seu discurso. Seu entusiasmo era transmitido cada vez mais ao público até que, ao final, após um *crescendo* furioso, os ouvintes se encontravam em um estado de excitação frenética, enquanto o orador, banhado em suor, aceitava os cumprimentos de sua comitiva.[20]

O carisma de Hitler como orador foi determinado por uma série de fatores: em primeiro lugar, sua voz sonora e de timbre agradável – essa era "sua arma mais poderosa"[21] –, que ele usava como se fosse um instrumento musical. "Aquilo que começara com um 'vibrato', com o qual Hitler lamentava o destino sofrido e as traições de um povo, na próxima frase assemelhava-se a uma tempestade iminente e purificadora, para então arrebatar o público, levando-o ao êxtase com uma força impetuosa, como a erupção de um vulcão."[22] Até 1928, Hitler discursava sem microfone e amplificador; nessa época, a força natural de sua voz de barítono ainda não era distorcida por ferramentas técnicas auxiliares.

Hitler inclusive sabia escolher suas palavras, adaptando-as ao público. Ele dominava "a linguagem do homem simples do pós-guerra"[23] e era capaz de temperar seus discursos não apenas com o linguajar rude do soldado raso, mas também com ironia e sarcasmo. Respondia às interjeições com seu raciocínio rápido, e quase sempre despertava o riso da plateia. Com seus discursos, atingia os sentimentos predominantes da época. Como nenhum outro, ele conseguiu expressar o que seus ouvintes pensavam e sentiam, fazendo uso de seus medos e ressentimentos, bem como de suas esperanças e aspirações. Ernst Hanfstaengl, um antigo companheiro da época de Munique, classificou-o como um "virtuoso do piano da alma das massas".

> Além de sua retórica empolgante, esse homem possuía o estranho dom de conectar as aspirações gnósticas daquela época, que buscavam uma personalidade forte de liderança, à sua própria necessidade de projeção e, nesse amálgama, conseguia fazer qualquer esperança e expectativa parecerem factíveis.[24]

Hitler impressionava não somente com *o que* ele dizia, mas *como* o dizia. Ao discursar, falava como o soldado desconhecido da Primeira Guerra Mundial, que compartilhava as necessidades e os desejos de seu público. A aura de verdade e autenticidade parecia envolvê-lo. "A primeira coisa que a gente sentia: aquele que está falando o faz com o coração, ele não quer convencer alguém de algo em que ele mesmo não 'acredita' plenamente [...]", observou Hans Frank, que em janeiro de 1920, aos dezenove anos de idade, ouviu pela primeira vez um discurso de Hitler. "Ele falava tudo o que lhe ia na alma, e na alma de todos nós."[25] Konrad Heiden já havia percebido o segredo do sucesso do "agitador" na "união entre o homem e a palavra". No ponto alto de seu discurso, Hitler "convencia a si mesmo" de tal forma que, como dizia, "mesmo da própria mentira ainda jorrava autenticidade sobre aqueles que o ouviam".[26]

Desde os seus primeiros discursos, Hitler já gostava de usar imagens e temas religiosos. Em seus "empréstimos" tirados da Bíblia, ele às vezes tinha a audácia de comparar-se a Jesus Cristo: "Sim, nós não somos muitos, mas uma vez um homem se levantou na Galileia, e hoje seus ensinamentos dominam o mundo".[27] Os desejos e as esperanças que muitas pessoas, inseguras em decorrência da guerra e do período pós-guerra, nutriam por um messias político logo foram associados à figura de Hitler, que propagava sua mensagem de bem-estar para o povo com um zelo missionário. O negociante Kurt Lüdecke, que durante algum tempo fez parte do círculo mais íntimo do agitador, disse que Hitler "parecia ser um segundo Lutero". "Eu tive uma experiência que pode ser comparada apenas a uma conversão religiosa."[28] Tal experiência de renascimento era comum a muitos frequentadores das reuniões organizadas por Hitler, mesmo para aqueles que haviam se distanciado do NSDAP e que, agora, se viam participando de uma comunidade arrebatada.

Finalmente, a atratividade das performances de Hitler também se relacionava a uma teatralização cada vez mais sofisticada. Ela unia "os elementos de espetáculos circenses e a grande ópera ao cerimonial edificador dos rituais litúrgicos das igrejas".[29] Desfiles com bandeiras e marchas musicais motivavam o público. O suspense aumentava à medida que o orador tão anunciado demorava a chegar. Karl Alexander von Müller descreveu a chegada do herói local: "De repente, na entrada dos fundos, via-se um movimento. Gritos de comando. No púlpito, o orador interrompe uma frase no meio. Todos se levantam gritando *Heil*. E, no meio da multidão aos gritos e das bandeiras agitadas, entra a passos rápidos e com o braço direito estendido o tão esperado orador e sua comitiva, dirigindo-se ao microfone".[30] Mesmo para aqueles que não se deixavam contaminar por aquela atmosfera febril, as reuniões tinham um alto valor de entretenimento, eram uma "farra" com a qual a cerveja, abundantemente servida, de fato contribuía.[31]

Hitler tinha um senso impecável para os efeitos do simbolismo político. Desde 1921, uma bandeira com a cruz suástica era o emblema oficial do partido. Ela unia as cores preto, branco e vermelho do Reich à suástica, que já era usada como símbolo político em círculos nacionalistas. Por exemplo, a suástica foi empregada no capacete por membros da Brigada da Marinha Ehrhardt durante o golpe Kapp--Lüttwitz.[32] A ela juntaram-se as bandeiras, que passariam a representar a *Sturmabteilung* (SA) e a saudação "*Heil*", obrigatória no movimento a partir de 1926.[33] Os nacional-socialistas não tinham escrúpulos para copiar os métodos de propaganda da esquerda. Anunciavam suas reuniões com cartazes vermelhos brilhantes e, montados em caminhões, distribuíam panfletos para a população. Seu objetivo era agremiar os operários dos partidos esquerdistas, mas às reuniões de Hitler compareciam principalmente pequenos burgueses assustados, soldados errantes e acadêmicos desclassificados.[34]

Hitler também adaptava o conteúdo de seus discursos ao gosto de seu público pequeno-burguês, nacional-conservador e antissemita. Em relação aos temas abordados, o repertório era bem restrito. A princípio, Hitler em geral apresentava uma retrospectiva da "Alemanha maravilhosa e florescente de antes da guerra", na qual "ainda reinava a ordem, limpeza e precisão", os funcionários públicos "não eram corruptos" e "cumpriam seu trabalho com afinco".[35] E, novamente, Hitler chamava a atenção para "os tempos heroicos de 1914",[36] quando o povo alemão, em rara unanimidade, partiu para a guerra que lhe fora imposta pela Tríplice Entente. No contexto de um passado idealizado, Hitler apresentava o presente em cores ainda mais negras. Em todos os lugares, ele via somente sinais de declínio e decadência. Em um discurso por ocasião do 50º aniversário da fundação do Reich, em janeiro de 1921, Hitler perguntou: "E por que estamos hoje em frente às ruínas daquele Reich criado de forma tão genial por Bismarck?".[37] A resposta era sempre a mesma: foi a revolução de 1918-1919 que levou a Alemanha "ao colapso e à escravidão".[38] Ele responsabilizava os judeus e a esquerda – para os quais cunhou o termo "criminosos da revolução" ou, depois de janeiro de 1922, o termo "criminosos de novembro".[39] Esses, através de suas atividades subversivas, teriam impedido a Alemanha de ganhar a guerra e a entregaram, indefesa, aos inimigos. "O 'intrépido' exército foi apunhalado pelas costas pelos 'sociais-democratas judeus', subornados com o ouro dos judeus", escreveu um jornal do USPD referindo-se a uma declaração feita por Hitler em uma reunião realizada no Hofbräuhaus em abril de 1920.[40] A lenda da "punhalada pelas costas" foi encenada por Hindenburg e Ludendorff, os ex-chefes

Nationalsozialistische Deutsche Arbeiterpartei.

Hoch die internationale Solidarität!

Das war die Parole, mit der man die wenigen Denkenden, die die soge-
nannte Völkerverbrüderung und Solidaritätsbuselei als jüdischen Börsenschwindel
erkannt hatten, zu Boden schlug.

Nun können unserem Volk die Augen aufgehen darüber, welche Wirksam-
keit dieser Solidarität innewohnt.

Deutschland wird verhungern und kein Hahn kräht nach ihm.

Frankreich besetzt das Ruhrgebiet, kein Mensch der anderen Welt kümmert
sich darum.

Immer neue Erpressungen werden folgen und niemand wird mit uns
Mitleid empfinden.

Was allein könnte Deutschland heute retten?

Selbsthilfe!

Und diese einzige Hilfe, sie ist dem deutschen Volk in 50jähriger Wühlarbeit
von der internationalen Börse und ihren marxistischen Agenten geraubt worden.

Heute hat das deutsche Volk den Lohn für die infamste Gaunerei der
Weltgeschichte, für die verbrecherische Wehrlosmachung seiner selbst durch die

Novemberverbrecher von 1918

zu erdulden.

Kommt nun Alle

Heute Donnerstag, den 11. Januar 1922, abends 8 Uhr

zur

Riesenkundgebung in den Zirkus Krone

mit der Parole:

„Nieder mit den Novemberverbrechern."

Es wird sprechen unser Führer, Pg. Adolf Hitler.

Beginn 8 Uhr abends.   Eintritt zur Deckung der Plakatkosten Mk. 10.—

Juden ist der Zutritt verboten.

Einberufer: Für die Parteileitung:
A. Drexler.

Buch Schmitt & Söhne, München.

[FOTO 8] Panfleto do NSDAP anunciando um comício de Hitler no Circo Krone, em 11 de janeiro de 1922.

do 3º Comando Supremo do Exército, em uma apresentação perante o comitê de investigação da Assembleia Nacional em novembro de 1919 e, desde então, passou a ser parte do arsenal de propaganda da direita nacionalista.[41]

A polêmica contra o Tratado de Versalhes ocupava um lugar de destaque nas campanhas feitas por Hitler; nesse caso, ele usava como gancho o ressentimento generalizado sobre a "paz e desonra vergonhosa". As condições do tratado eram "inatingíveis", martelava ele em seus discursos, porque pilhavam a Alemanha, "deixando-a desnuda", expondo-a "à escravidão" por tempo indeterminado. Ao povo alemão foi "impingida uma paz em termos nunca antes determinados nos 6 mil anos de história mundial". Comparado a isso, o tratado de paz de Brest-Litovsk, que a Alemanha imperialista impôs à Rússia revolucionária em março de 1918, mais parecia uma "brincadeira de crianças".[42] Essa foi uma inversão descarada dos fatos, pois, comparado ao Tratado de Brest-Litovsk, o Tratado de Versalhes era "leve".

À sua agitação desmedida contra o Tratado de Versalhes, Hitler associou ataques de ódio à República de Weimar e a seus principais representantes. Ele usou termos como "república de maltrapilhos", "governo de judeus de Berlim" ou "república de atravessadores" para se referir à nova ordem democrática.[43] Na opinião dele, todos os políticos democráticos eram incapazes e corruptos. Seu desprezo não tinha limites, incluindo até mesmo Friedrich Ebert, o presidente do Reich. Aludindo à antiga profissão de Ebert como seleiro, Hitler comparou a Alemanha a um "colchão velho": "Rasgada e rôta, totalmente esburacada e danificada, com as molas aparecendo e os cordões rompidos; resumindo, carente de cuidados ao extremo: mas o que de mais importante vemos ao olhar para esse colchão do Reich é que ele está cheio de piolhos, senhor Ebert, mais do que qualquer outra coisa".[44] Hitler caluniou impunemente o antigo ministro de Finanças do Reich, Erzberger, referindo-se a ele como "mais um daqueles novos criminosos do Estado alemão".[45] Na primavera de 1922, direcionou seu ódio em especial contra Rathenau, o ministro do Exterior do Reich, com uma campanha de difamação nacionalista contrária ao "político da pacificação", acusando-o de fazer concessões aos aliados vencedores, "traindo e vendendo o povo alemão".[46] Com suas tiradas, Hitler contribuiu para o envenenamento do clima reinante, o que possibilitou o assassinato dos dois políticos proeminentes.

Para Hitler, os representantes eleitos de maneira democrática de Weimar estavam totalmente a serviço "das bolsas de valores internacionais e do capital de empréstimo", que estrangulavam a Alemanha, sugando todo o seu sangue.[47] Com isso, o país que fora economicamente bem-sucedido passou a ser uma "colônia do capital mundial, subjugada por seus executores" e "à mercê da escravização".[48]

É certo que o demagogo não se limitou a captar medos e ressentimentos de seu público, reforçando-os; ao mesmo tempo, ele lhe ofereceu uma perspectiva aparentemente promissora na forma do programa de 25 pontos do NSDAP. "Nossa principal crítica, no entanto, é o nosso programa. Sua simplicidade. Nosso desejo", anotou Hitler como palavras-chave para um discurso feito em agosto de 1920.[49] Mesmo em seus discursos iniciais, ele anunciou que cancelaria o Tratado de Paz de Versalhes: "Assim que tivermos o poder, rasgaremos esse papelucho".[50] Do mesmo modo, não escondia que, para a recuperação econômica, seria necessário "quebrar os grilhões da escravidão dos juros".[51] E também citou a meta para um "renascimento nacional": para o exterior, a construção de uma "Grande Alemanha"[52] e, para o interior, a criação de uma "comunidade nacional", na qual devia ser abolida a diferença entre a classe média e a operária: "Precisamos nos transformar em uma nação de executores honestos [...] O pré-requisito para isso não é a aceitação de classes, de burguesia ou proletariado, e sim que nos transformemos em uma verdadeira nação de irmãos [...] dispostos a fazer sacrifícios nacionais [...] Nenhuma arrogância classista, nenhuma presunção de uma parte da população em questões nacionais [...] Operários e intelectuais devem estar cientes de que fazem parte de um todo e de que somente juntos serão capazes de erguer nosso povo novamente".[53] Esse, enfatizou o orador reiteradas vezes, é o caminho para o "verdadeiro socialismo alemão, não para o socialismo da luta de classes pregado pelos líderes judeus".[54]

Hitler deixou claro que queria eliminar o sistema democrático de Weimar. "Fora com o partidarismo que destroçou nosso povo", proclamou Hitler em abril de 1920. Novamente, ele fez menção aos sentimentos antidemocráticos e antiparlamentares generalizados. De maneira incansável, pregou a "luta implacável contra todos os vermes parlamentares, contra todo esse sistema".[55] Seu lugar deveria ser ocupado por "um governo de poder e autoridade", "capaz de acabar com toda essa bagunça sem medir esforços".[56] Ao abordar a necessidade de um "ditador que, ao mesmo tempo, seja um gênio", de existir um "homem de ferro que, até hoje, continua sendo a encarnação do espírito germânico", Hitler ia ao encontro das aspirações de muitos de seus ouvintes.[57] "A Alemanha", declarou Hitler em maio de 1921, "somente será capaz de sobreviver se limparmos com vassouras de ferro o chiqueiro judeu da corrupção, da hipocrisia democrática e da fraude socialista. A vassoura de ferro, no entanto, deverá ser forjada na Baviera".[58]

O agitador também não fez segredo sobre o que pretendia fazer com os revolucionários de 1918-1919: "Nós exigimos um tribunal nacional alemão, perante o qual todos os homens de 1918 e 1919 deverão ser responsabilizados". No protocolo de um discurso de setembro de 1922, no qual ele demandava inicialmente "um ajuste de contas com todos os criminosos de novembro", existe uma anotação: "Aplausos retumbantes durante vários minutos".[59]

Quem lê os discursos de Hitler proferidos nos anos 1920 a 1922 deve se surpreender com a facilidade com que ele foi capaz de cativar um público cada vez maior empregando sempre o mesmo mantra. Mas, aparentemente, a monotonia das acusações, os juramentos de vingança e as promessas do futuro eram o segredo de seu sucesso.[60] O próprio Hitler, no capítulo sobre o papel da propaganda em seu livro *Mein Kampf*, comentou: "A receptividade da multidão é muito limitada, a compreensão é baixa, mas, em contrapartida, o fator esquecimento é grande. A partir desses fatos, qualquer propaganda eficaz deve ser restrita a pouquíssimos pontos, a ser usados como palavras-chave até que todos sejam capazes de imaginar o que cada uma delas quer dizer".[61] No entanto, essas explanações careciam de originalidade; elas baseavam-se no livro do francês Gustave Le Bon sobre a "Psicologia das massas" (que, em 1919, encontrava-se em sua terceira edição). Nele, a massa da população era descrita como Hitler também a caracterizaria: estúpida, egoísta, feminina, inconstante, incapaz de exercer a crítica e dominada por emoções não controladas.[62] Hitler provavelmente incorporou as teses de Le Bon durante a leitura de um livro do neurologista J. R. Rossbach, de Munique, *Die Massenseele* ["A alma das massas"], publicado em 1919 e que em muitos trechos faz referências à obra do francês.[63]

O agitador das cervejarias, travestido com uma imagem popular, na verdade desprezava as massas, as quais considerava como um instrumento manipulável de sua ambição política. Nesse contexto, Hitler sem dúvida não era uma exceção, e sim apenas um amplificador da grande corrente de pessimismo cultural, representada principalmente pelos autores da "revolução conspiradora" na República de Weimar.[64] Ao contrário desses, porém, Hitler sabia como atrair as massas, o que o tornou interessante para a burguesia conservadora nacional. Max von Gruber, o médico e higienista de raças que, como muitos dos professores universitários de Munique, era um simpatizante precoce do nacional-socialismo escreveu retrospectivamente: "A burguesia alegrava-se com o que Hitler conseguiu fazer com as pessoas simples, solapando a social-democracia, o que nos havia sido negado. No entanto, ele não percebeu os perigos do sucesso de sua própria demagogia. O diabo estava sendo exorcizado por Belzebu".[65]

O tema central, presente em quase todos os discursos, era o desafio de lutar contra o judaísmo. Esse assunto era abordado por Hitler de modo mais radical. Um exemplo vivo é seu discurso "Por que somos antissemitas?", proferido em 20 de agosto de 1920 no Hofbräuhaus, na presença de mais de 2 mil pessoas. Esse é o único discurso proferido por Hitler em seus primeiros anos de atividades de propaganda registrado na íntegra.[66] Ele contém todos os estereótipos antissemitas que Hitler assimilou durante os anos de sua época autodidata – como o texto de Richard Wagner *"Das Judentum in der Musik"* ["O judaísmo na música"] (1850); os trabalhos do Conde Arthur de Gobinlau, a obra de Houston Stewart Chamberlain *Die Grundlagen des neunzehnten Jahrhunderts* ["Os fundamentos do século XIX"] (1899); o trabalho de Theodor Fritsh *Handbuch der Judenfrage* ["Manual da questão judaica"] (1907); o livro *Das Gesetz des Nomadentums* ["A lei do nomadismo"] (1887), de Adolf Wahrmund, entre muitos outros.[67] Tudo isso deu origem a uma mistura obscura de estereótipos antissemitas vulgares e pseudocientíficos.

Inicialmente, Hitler afirmava que os judeus, ao contrário dos "arianos" (considerados uma raça nórdica), eram incapazes de realizar um trabalho produtivo e também uma atividade cultural criativa. Eles jamais refletiriam a "formação de um

Estado" e permaneceriam sempre como "nômades" e "parasitas, vivendo junto a outros povos" – "como uma raça dentro de outras raças, como um Estado dentro de outros Estados". Impulsionados por suas características raciais mais importantes, o "mamonismo e materialismo", e "sem o trabalho e o suor que acompanham todos os mortais", conseguiram juntar riquezas consideráveis. E, assim, Hitler chegava a seu assunto favorito: "o capital de empréstimos e da bolsa de valores", que "hoje controla praticamente o mundo inteiro, com valores incomensuráveis, [...] crescendo de modo vertiginoso e – o pior! – corrompendo completamente qualquer trabalho legal". Os nacional-socialistas enfrentaram esse poder destrutivo "para despertar o instinto antissemita em nosso povo, estimulando-o e conferindo-lhe forças". Como último alvo "inalterável", Hitler citava "a extirpação dos judeus do nosso povo", como já havia escrito em uma carta a Adolf Gemlich em setembro de 1919.

Nesse ponto, o protocolo registra: "Apupos frenéticos e palmas duradouras". Durante seu discurso de duas horas, o orador foi interrompido 56 vezes com aclamações do público. Aparentemente, Hitler atingia com precisão os sentimentos antissemitas do momento, que haviam se disseminado na capital do Estado livre como uma febre endêmica após a derrota da república soviética. Um observador do jornal social-democrata *Münchener Post* comentou sua apresentação: "Uma coisa é certa, e não podemos negar: atualmente, Hitler é o agitador mais astuto em ação em Munique".[68]

Do cenário ameaçador de um "capital de bolsas de valores e de empréstimos" de atuação internacional, que mantinha a Alemanha firmemente aprisionada, até a imagem de uma "conspiração mundial judaica" o passo era muito pequeno. A teoria da conspiração era onipresente na mídia alemã nacionalista e da direita conservadora desde a publicação da edição alemã dos *Protocolos dos sábios de Sião*, em 1919. O folheto, que rapidamente atingiu uma circulação de mais de 100 mil exemplares, tratava de relatórios sobre reuniões secretas do primeiro congresso sionista na Basileia em 1897, no qual, alegadamente, foram desenvolvidas estratégias para a conquista da dominação mundial pelos judeus. Em suas palavras-chave para uma reunião em 12 de agosto de 1921, Hitler citou os protocolos pela primeira vez.[69] Em um relatório sobre um discurso em Rosenheim, onde foi fundado o primeiro grupo local do NSDAP fora de Munique, está escrito em 21 de agosto de 1921: "Agora, Hitler prova com base no livro *Sábios de Sião* [...], que isso, a obtenção do poder, não importa com quais meios, sempre foi e sempre será a meta dos semitas".[70]

A suposta busca do domínio mundial pelos judeus fazia parte dos tópicos fixos do fanático antissemita desde 1920. "O único objetivo dos judeus – o domínio do mundo – é um crime novo." A consequência que Hitler derivava dessa alucinação era clara e não dava margens a dúvidas para o público em geral: "O povo alemão só estará livre e curado quando se desvencilhar dos bandidos judeus". Para os nazistas, a "solução da questão judaica" era o "ponto central".[71] Nenhum morador de Munique que participava de uma reunião com Hitler ou que lia jornais sobre as reuniões entendia exatamente o que ele tinha em mente em relação aos judeus. Mas, ao que parece, isso não incomodou ninguém. Ao contrário: como mostram as manifestações e os aplausos entusiasmados dirigidos à questão judaica, a abordagem desses pontos somente aumentou a atração exercida pelo orador. A exigência de "eliminar" os judeus da Alemanha, não importa por quais meios, irmanava Hitler e seu público cada vez mais; nesse ponto, o desejo fantasioso de uma "comunidade nacional" homogênea do ponto de vista racial já podia ser vislumbrado.

O fato de as tiradas antissemitas de Hitler não terem função apenas propagandística, mas serem originadas do núcleo mais íntimo de suas convicções políticas, surgiu de um testemunho até então desconhecido: em agosto de 1920, ele recebeu a visita de Heinrich Heim, um jovem estudante de direito em Munique que, na Segunda Guerra Mundial, como conselheiro ministerial e ajudante de ordens de Martin Bormann, viria a registrar os monólogos de Hitler no quartel-general do Führer. Heim "gostou muito de Hitler" e relatou esse fato em uma carta dirigida ao barão Fritz von Trützschner, em Berlim. Hitler era "simpático e sério, um caráter profundo, nobre e dotado de grande determinação". Quanto à "questão judaica", ele defendia a ideia:

> "Precisamos exterminar o bacilo, uma vez que não será possível tornar o corpo resistente; enquanto os judeus estiverem na ativa, não existirão meios de dissolver a multidão em seres racionais individuais [...], de modo que a sua influência não seja perniciosa. Uma germanização dos judeus, em todos os sentidos, ele considera impossível. Portanto, se os judeus nocivos permanecerem na Alemanha, esta não poderá recuperar-se. Trata-se de uma questão de sobrevivência de uma nação. Assim, não podemos parar diante da vida dos cidadãos iludidos, e muito menos diante de uma tribo estrangeira, perigosa e hostil".[72]

Até o seu suicídio na Chancelaria do Reich, em Berlim, no final de abril de 1945, Hitler permaneceria inabalável em sua convicção de que, na luta contra os judeus, tratava-se de uma questão de "ser ou não ser". Ele já era conhecido por seus preconceitos e estereótipos antissemitas desde os anos vividos em Viena, mesmo sem ter-se identificado com eles naquela época. A derrota militar do Império, que os círculos nacionalistas tentavam atribuir principalmente aos "bodes expiatórios" judeus, aparentemente também reforçou os ressentimentos antissemitas no cabo Hitler. Mas somente com a impressão gerada pela revolução e contrarrevolução em Munique nos anos 1918 e 1919, em cuja esteira houve uma radicalização veemente do ódio aos judeus na metrópole bávara, Hitler transformou-se naquilo que o marcaria até o final de sua vida: um antissemita fanático, que encarava a expulsão da "perigosa tribo estrangeira" como sua mais importante missão política.

Mesmo após Hitler ter deixado o Exército no final de 1920, o capitão Mayr incentivou seu protegido sempre que possível. Em setembro de 1920, Mayr escreveu ao líder golpista Kapp – que refugiara-se na Suécia – que o NSDAP "deveria fornecer a base para o forte grupo de ataque que todos almejamos". Seu programa "talvez ainda seja um pouco desajeitado, talvez falho", mas certamente será complementado. O partido tinha evidenciado "pessoas jovens e muito capazes, entre elas especialmente um senhor Hitler, que "se transformou em uma força motriz", "um orador de primeira". "No grupo local de Munique temos mais de 2 mil membros, e no verão de 1919 esse número não chegava a cem."[73]

Também foi Mayr que, em março de 1920, enviou Hitler, bem como o jornalista Dietrich Eckart, de avião para Berlim a fim de apoiar o governo dos rebeldes. No entanto, ambos chegaram tarde demais; o golpe de Estado estava à beira do colapso. "Sua aparência e seu modo de falar fazem os outros os ridicularizarem." Com essas palavras, o capitão Waldemar Pabst, principal manipulador do assassinato de Rosa Luxemburg e Karl Liebknecht em janeiro de 1919 e um dos organizadores do golpe de 1920, teria repreendido o agitador de Munique.[74] Pabst não seria o único a subestimar Hitler completamente. Uma das condições mais importantes para o sucesso deste viria a ser a subestimação de seu poder de atuação e de sua capacidade assertiva.

Dietrich Eckart era muito mais do que apenas um acompanhante de Hitler; ele foi seu mais importante mentor nos dois primeiros anos de sua atividade política. Esse homem vinte anos mais velho e, de acordo com Ernst Hanfstaengl, "um maravilhoso espécime de homem bávaro, com a aparência de uma velha morsa",[75] não teve muito sucesso como dramaturgo antes de 1941, em Berlim; somente sua adaptação livre de *Peer Gynt*, de Ibsen, tornou-o conhecido por um público maior. Em 1915, Eckart mudou-se para Munique, onde se juntou a círculos nacionalistas pangermânicos. A partir de dezembro de 1918, passou a publicar a revista semanal *Auf gut Deutsch* com o apoio da Sociedade Thule, que fornecia uma plataforma para autores antissemitas. Em agosto de 1919, Eckart discursou pela primeira vez para os membros do DAP; no entanto, ele nunca se filiou a esse partido, nem ao posterior NSDAP. Ele conheceu Hitler no inverno de 1919/1920 e, aparentemente, o agradara. Porém, a expressão a ele atribuída logo após o primeiro encontro com Hitler é provável que faça parte do mundo das lendas: "Esse será o próximo homem (no poder) na Alemanha. O mundo todo ainda falará sobre ele".[76] Mas, com um sentido apurado, Eckart reconheceu o talento extraordinário de retórica de Hitler, bem como seu grande poder de atração sobre as massas. Muito rápido, ele viu (de acordo com um depoimento devidamente protocolado feito durante um interrogatório pela direção da polícia de Munique) que Hitler "era o homem certo para o movimento".[77]

Entre os dois homens desenvolveu-se um relacionamento estreito, quase simbiótico. Segundo Joachim Fest, Eckart foi "a primeira pessoa de origem burguesa cuja presença Hitler era capaz de suportar sem que seus complexos mais profundos viessem à tona".[78] Ele ajudou esse jovem de trinta anos de idade, curioso e ainda maleável, a escrever seu primeiro artigo – "Naquela época, do ponto de vista estilístico, eu ainda era um bebê", reconheceu mais tarde o ditador[79] –, apoiou-o em suas convicções antissemitas e abriu-lhe as portas para a alta sociedade de Munique. E, não menos importante, apoiou Hitler e o NSDAP financeiramente. Assim, Eckart ajudou de maneira decisiva na aquisição do periódico *Völkischen Beobachter* em dezembro de 1920 como fiador para a quantia de 60 mil marcos, que foram disponibilizados dos fundos do Exército.[80] Hitler agradeceu-lhe com efusividade: "Sem a sua ajuda providencial, as coisas provavelmente não teriam dado certo. Sim, eu acredito que nós teríamos perdido a melhor oportunidade de conseguir um jornal próprio por muitos meses. Hoje, dedico-me ao movimento com o coração e com a alma; o senhor não imagina o quanto estou feliz por termos alcançado esse objetivo há tanto tempo acalentado".[81] Em outubro de 1921, Eckart, por sua vez, entregou a Hitler um exemplar de sua tradução de *Peer Gynt*, após lhe passar a direção editorial principal do *Völkischen Beobachter*, com uma dedicatória pessoal: "Para meu querido amigo Adolf Hitler. Sinceramente, Dietrich Eckart".[82]

Durante o ano de 1922, o relacionamento de ambos esfriou. Quanto mais seguro e confiante Hitler se mostrava, mais dispensável lhe parecia Eckart como mentor político. Em março de 1923, Hitler passou o cargo de diretor editorial para seu então vice, Alfred Rosenberg. No entanto, ele sempre manteve uma grata recordação do amigo, que faleceu no final de dezembro de 1923 por insuficiência cardíaca. O segundo volume de *Mein Kampf* termina com louvores ao homem "que, como poucos, dedicou sua vida ao despertar de um povo, o nosso povo, seja em pensamentos ou palavras e, no final, com seus atos".[83] Nunca mais, assim confidenciou Hitler a sua secretária Christa Schroeder, ele "encontrou outro amigo que estivesse ligado a ele com uma harmonia semelhante de pensamentos e sentimentos". Essa amizade pertence "às mais belas coisas que recebera na década de 1920".[84] Ainda em seus monólogos no quartel-general do Führer, Hitler descreveu os méritos de Eckart como "imortais"; ele era "uma estrela polar para o início do movimento nacional-socialista".[85]

Através de Dietrich Eckart, Hitler entrou em contato com Alfred Rosenberg. Esse filho de um comerciante, nascido em 1893 em Reval (atual Tallinn), estudou arquitetura em Moscou durante a Segunda Guerra Mundial, obtendo o diploma. Em novembro de 1918, Rosenberg foi para Munique, onde, acompanhado por Max Erwin von Scheubner-Richter, um compatriota de Riga, e Otto von Kursell, o ilustrador da literatura panfletista, passou a fazer parte da "máfia do Báltico".[86] Rosenberg presenciou o início da Revolução Russa em Moscou; para ele, a revolução era obra dos judeus. O primeiro artigo escrito por Rosenberg para a revista de Dietrich, *Auf gut Deutsch*, foi intitulado: "A revolução judaico-russa". Um de seus primeiros escritos, "*Die Totengräber Rußlands*" ["A Rússia coveira"], de novembro de 1921, era precedido por um trecho curto com o título programático "Der Jüdische Bolschewismus" ["O bolchevismo judeu"]. Isso retratava a imagem refinada do inimigo que obcecava Rosenberg, citada por ele inúmeras vezes em outras publicações, como no livro *Pest in Rußland* ["Peste na Rússia"], de maio de 1922, no qual ele descrevia a seus contemporâneos a crueldade do "experimento judaico-bolchevista".

Com esse cenário do horror, Rosenberg impressionou Hitler fortemente. Os discursos do agitador mostram que ele passou a enxergar as condições predominantes na Rússia revolucionária desde o verão de 1920 cada vez mais a partir dos pontos de vista de Rosenberg, associando-as à ideia fixa da "conspiração judaica mundial". A Rússia, declarou Hitler em junho de 1920, "estava completamente à mercê da fome e da miséria, e a culpa disso era somente dos judeus, e de mais ninguém". "O bolchevismo", diria ele no final de julho, tinha virado suas promessas do avesso: "Se alguém na Rússia está por cima, não são os operários, e sim, invariavelmente, os hebreus". Por isso Hitler falava de uma "ditadura dos judeus" ou "governo judeu de Moscou", que sugava o povo, e alertava para a "inundação de lama do bolchevismo judeu", contra a qual o NSDAP deveria se opor como um aríete do caráter alemão.[87] O antissemitismo, que Hitler a princípio associou ao anticapitalismo, foi ampliado com a dimensão do antibolchevismo. Com isso, os aspectos básicos da "visão mundial" do demagogo estavam completos.

Assim como Eckart e Rosenberg, o estudante Rudolf Heß também incorporou o grupo dos primeiros membros do partido. No entanto, ele não fazia parte dos conselheiros ideológicos; encarnava o tipo inicialmente raro do discípulo fiel. Nascido em Alexandria em 1894 como filho de um rico comerciante alemão, Heß, assim como Hitler, ofereceu-se como voluntário na guerra em 1914. No final dela, Heß era piloto de um esquadrão de caça no front ocidental. Como muitos outros membros de sua geração, Heß enfrentou dificuldades para voltar à vida civil. Ele se juntou à Sociedade Thule, participou do movimento burguês para a derrubada da república soviética de Munique e conheceu Hitler através de Dietrich Eckart. No início de julho de 1920, entrou para o partido NSDAP. Logo, como aluno do professor de geografia Karl Haushofer, tornou-se um dos seguidores mais próximos de Hitler. "Encontro Hitler praticamente todos os dias", contou a seus pais em setembro de 1920. E em abril de 1921 escreveu a uma prima: "Hitler [...] tornou-se um amigo querido para mim. Um companheiro fantástico! [...] Ele tem uma origem simples. Mas adquiriu um vasto conhecimento, que eu admiro cada vez mais". O que atraía Heß no programa de Hitler foi por ele descrito desta forma: "Sua ideia básica é preencher as lacunas entre as camadas populacionais, fundar um socialismo com base nacional. Isso, é claro, inclui a luta contra o judaísmo."[88]

Em maio de 1921, Heß acompanhou Hitler quando uma delegação do NSDAP foi convidada pelo primeiro-ministro von Kahr para uma troca de pontos de vista – um sinal claro de que o governo da Baviera levava a sério os nacional-socialistas como fator político. Hitler explicou que sua única ambição era "converter a classe operária radical ao sentimento nacional", e pedia que "ninguém o incomodasse durante essa tarefa".

As "explanações feitas com carinho e veracidade" causaram-lhe "uma excelente impressão", relatou Kahr em suas memórias inéditas.[89] Após o encontro, Heß mandou uma longa carta para Kahr sem o conhecimento de Hitler, na qual ele elogiava o chefe de propaganda que tanto admirava: ele unia "uma rara sensibilidade para o sentimento popular, instinto político e uma enorme força de vontade". Isso explica por que Hitler, "em sua luta política, logo transformou-se em uma pessoa tão temida e, por outro lado, tão reverenciada, cujo poder se estendia muito além do que se suspeitava publicamente". Heß finalizou com as palavras: "Ele tem um caráter raro, decente e justo, uma bondade infinda; religioso, é um católico fervoroso. Ele tem apenas um objetivo: o bem de seu país".[90]

Nem todos os membros líderes do NSDAP tinham a mesma opinião. Para muitos, a atividade incansável do chefe de propaganda era um incômodo. A inveja do seu papel como estrela do partido também fazia parte do jogo, bem como a preocupação de que o ativismo de Hitler e a natureza grosseira de sua propaganda conduziriam politicamente a um beco sem saída. Na primavera de 1921, as tensões na cúpula do grupo se aprofundaram, provocadas pelas tentativas de fusão do NSDAP com outros partidos e grupamentos nacionalistas. O primeiro partido cogitado foi o Partido Socialista Alemão (DSP), fundado em maio de 1919 pelo engenheiro mecânico Alfred Brunner, da mesma forma sob o patrocínio da Sociedade Thule. O programa do DSP diferia muito pouco do programa do NSDAP. O DSP também defendia a ideia de um socialismo nacional como uma alternativa ao capitalismo denunciado como "judeu". No entanto, o DSP propagava o antissemitismo de uma forma menos agressiva do que o partido concorrente, e não limitava sua atividade (como o NSDAP) a Munique e à Baviera, estendendo-a também para o norte da Alemanha. Em meados de 1920, o DSP contava com 35 grupos locais de apenas 2 mil membros. Logo, o DSP e o NSDAP nada mais eram que uma facção no meio nacionalista alemão. Uma fusão de duas forças fracas parecia ser ideal.[91]

Até então, o NSDAP, insistindo em sua independência, recusara todas as tentativas de contato. No início de agosto de 1920, em uma reunião dos nacional-socialistas da Alemanha, da Áustria e da Tchecoslováquia em Salzburgo, um acordo parecia estar a caminho. Foi criado um comitê de coordenação que deveria orientar a incorporação. Hitler, que se apresentava em Salzburgo como orador, aparentemente deixou-se contaminar com a euforia da unificação. De qualquer forma, um cartão-postal do presidente do partido, Drexler, que anunciava "a união de todos os nacional-socialistas e todo o território de língua alemã", também portava a sua assinatura.[92] Depois de algum tempo, o chefe de propaganda do NSDAP começou a distanciar-se do acordo de Salzburgo. Em janeiro de 1921, Hitler exibiu resumidamente suas objeções fundamentais contra uma fusão com os socialistas alemães: por um lado, criticou que o DSP, com a criação de muitos grupos locais, "tinha cindido sua força de tal maneira que hoje o partido está em todos os lugares e, ao mesmo tempo, em lugar nenhum"; por outro lado, se mostrou descontente com a "sua adesão completa ao assim chamado princípio democrático", isto é, a decisão do DSP de também participar das eleições para os parlamentos. Hitler se opunha a essa decisão, exigindo uma propaganda em massa radical e antiparlamentar.[93]

Nem todos os líderes do NSDAP partilhavam desse ponto de vista. Em vez disso, uma maioria considerava que ainda existia a possibilidade de um acordo com o DSP. Essa maioria compartilhava o descontentamento dos socialistas alemães em relação ao "fanfarrão fanático", que bloqueava o caminho para a unificação.[94] Em março de 1921, na convenção do DSP em Zeitz, também esteve presente Drexler, como representante oficial do NSDAP, votando a favor da fusão, mesmo com reservas. A liderança do partido unificado deveria ser transferida para Berlim. Hitler, que aparentemente não tinha sido consultado, ficou indignado. Inicialmente, ameaçou sair do partido, caso a decisão de fusão dos partidos, tomada em Zeitz, fosse implementada. Com isso, Hitler conseguiu adiar a decisão, mas a questão da unificação ainda estava no ar. Na primavera de 1921, Hitler não apresentava condições e disposição para resolver o assunto à sua maneira. Nessas semanas, seu comportamento espelhava sua insegurança e dificuldade de decisão. Hitler sentia-se agredido com a resistência incomum encontrada na liderança do partido e até mesmo em Drexler, e passou a reagir com extrema agitação. "Um homem que não confia em si e em suas possibilidades, tão cheio de complexos de inferioridade frente a todos que já estavam estabelecidos ou que estavam a caminho de sobrepujá-lo. Devoto e inseguro, muitas vezes grosseiro, sempre que percebia um sentimento de limitação", assim o descreveu Gerhard Rossbach, o ex-líder dos *Freikorps*.[95]

Em última análise, o motivo da rejeição de Hitler a todos os esforços de fusão também era, provavelmente, o medo de perder seu papel de protagonista de um partido popular, que ele havia conquistado graças a seu talento de orador no NSDAP. Aqui, o perigo vinha de outro lado, mais precisamente do doutor e professor Otto Dickel e da *Deutschen Werkgemeinschaft* ["Comunidade Alemã do Trabalho"] – fundada por ele em março de 1921. Com seu livro *Die Auferstehung des Abendlandes* ["O ressurgimento do Ocidente"] – uma resposta à obra consagrada de Oswald Spengler, *A decadência do Ocidente* –, Dickel havia chamado a atenção em círculos nacionalistas.[96] Em junho de 1921, quando Hitler viajou novamente para Berlim em companhia de Dietrich Eckart para angariar dinheiro para seu partido sempre em dificuldades financeiras, o NSDAP convidou Dickel para discursar em um evento realizado no Hofbräuhaus, o reduto dos triunfos retóricos de Hitler. Dickel também sabia como entusiasmar o público, e uma circular do partido emitida após o evento anunciou sua alegria em contar com ele como um "orador popular e arrebatador".[97]

Para o dia 10 de julho, foi combinada uma reunião preliminar sobre um acordo com o grupo local do DSP de Nuremberg e "o grupo de trabalho" de Dickel, em Augsburg. Hitler, que ainda estava em Berlim, ficou sabendo da reunião e apareceu em Augsburg antes da chegada da delegação do NSDAP, ameaçando "de modo violento" que era "capaz de impedir qualquer acordo". Durante a negociação de três horas, Hitler se deixou arrebatar por surtos de ódio, até que, incapaz de permanecer no recinto, deixou o local e seus camaradas de partido visivelmente constrangidos. Um dia depois, Hitler anunciou sua saída do NSDAP.[98]

A violência dessa reação é compreensível se considerarmos que, nesse momento, Hitler questionou sua existência política. O fato de que um professor universitário, um homem com doutorado, estava a ponto de roubar-lhe a cena em seu cenário político, mobilizou seus sentimentos de ódio contra os mestres e professores, que sempre o dominaram após seu fracasso em Linz e Viena. Em uma carta enviada ao grupo local do NSDAP de Hannover, datada de 5 de janeiro de 1922, Hitler externou sua "profunda satisfação" com o fato de que este grupo local também rejeitara os esforços empreendidos por Dickel e seu "grupo de trabalhos". "Infelizmente, a sua opinião sobre os nossos assim chamados letrados e estudiosos, nos quais qualquer um acredita, é a pura verdade [...] E um dr. Dickel que além de ser ocidental também faz parte do *Werkbund* para nós não é ninguém. Um Dickel que afirma ser nacional-socialista, seja mentalmente ou em pensamento, é nosso inimigo e será combatido."[99] Além disso, a reação de Hitler também é reveladora em termos de seu comportamento em situações de crise vindouras.[100] Com sua declaração de saída do NSDAP, Hitler pela primeira vez correu um alto risco. Meses após não ter sido capaz de tomar uma decisão, ele resolveu correr o risco apostando no lema "tudo ou nada", na esperança de que a direção do partido aceitasse sua manobra chantagista. Se Dietrich Eckart não tivesse mediado a situação, talvez a carreira política de Hitler tivesse acabado abruptamente em julho de 1921. Drexler, dividido entre a repugnância frente à conduta de prima-dona do orador e a preocupação de perder o chefe de propaganda e, ao mesmo tempo, o carro-chefe do partido, mandou perguntar a Hitler sob quais condições ele voltaria para o partido.

Com isso, Hitler teve a oportunidade de virar a mesa, e ele não a deixou escapar. No dia 14 de julho, informou à comissão do NSDAP sobre as seis condições "que deveriam ser estritamente cumpridas" e das quais dependia sua volta ao partido. Em primeiro lugar, Hitler pediu a convocação de uma assembleia geral extraordinária no prazo de uma semana, na qual pretendia ser empossado como "primeiro-presidente com autoridade ditatorial" para, com a ajuda de um comitê de ação recém-formado, proceder "a uma limpeza implacável do partido, expulsando os elementos nele infiltrados". Além disso, exigiu que Munique fosse declarada "sede inabalável do movimento", a proibição de quaisquer alterações no nome e no programa do partido por um período de seis anos e uma rejeição definitiva de quaisquer esforços de fusão. Quem quisesse seguir com o NSDAP teria que se juntar ao partido. As negociações deveriam ser feitas somente com "sua aprovação pessoal" e os participantes deveriam ser escolhidos "exclusivamente" por ele. Hitler não pretendia ser exposto novamente a uma situação na qual ele pudesse ser vencido e isolado pela maioria da liderança do partido em uma questão central. O sexto e último ponto determinava que a reunião de anexação agendada pelo NSDAP para agosto, em Linz, não seria atendida.[101] Hitler afirmou que suas exigências não foram feitas porque ele "era viciado em poder", mas porque o NSDAP, "sem uma mão firme na liderança", logo deixaria de ser o que pretendia: um partido nacional-socialista de luta. Mas, na verdade, aqui Hitler mostrou um traço de sua personalidade, já evidenciado na destituição de Harrer em janeiro de 1920 – o seu empenho para obter o papel de liderança absoluta no partido.

A maioria dos membros da comissão submeteu-se às exigências porque acreditava que não podia abrir mão de Hitler. Como reconhecimento de seu "vasto conhecimento", com seu "sacrifício incomensurável e com suas contribuições voluntárias para a prosperidade do movimento", bem como "por seu raro talento como orador", responderam os membros do comitê, "cederiam-lhe os poderes ditatoriais". O comitê "ficou muito feliz" ao saber que Hitler aceitou o cargo de primeiro-presidente, que já lhe havia sido oferecido reiteradas vezes por Drexler.[102] Em 26 de julho, Hitler voltou ao NSDAP como membro número 3680.

Os adversários de Hitler não se deram por vencidos. Na manhã de 29 de julho, o dia da assembleia geral extraordinária, os adversários distribuiriam um panfleto no qual se lia: "Adolf Hitler – Um traidor?"; "Ambição pessoal e sede de poder". Lia-se ali também que haviam induzido Hitler "a contribuir com a desunião e fragmentação" do NSDAP, "ajudando, com isso, os negócios do judaísmo e de seus comparsas". Seu objetivo, diziam, era usar o partido "como um trampolim para fins ilícitos, tomando para si a liderança, para então empurrar o partido para outro trilho". Hitler seria um "demagogo" e baseava-se "somente em seu talento como orador"; ele liderava a luta "à maneira judia", distorcendo todos os fatos. Era preciso defender-se desse "megalomaníaco e autor de provérbios".[103] Um cartaz dos opositores, cuja publicação foi proibida pela polícia de Munique, terminava com as seguintes palavras: "O tirano deve ser derrubado. Nós não descansaremos até que 'Sua Majestade Adolf I', atual 'rei de Munique' acabe de desempenhar seu papel."[104]

Com seu panfleto, impresso prazerosamente pelo jornal socialdemocrata *Münchener Post*, os adversários acidentalmente ajudaram Hitler. Na noite de 29 de julho, no Hofbräuhaus, Hitler foi festejado com "aplausos infindáveis" e acabou com os panfletários anônimos ao informar que foi lavrada uma queixa contra eles. Ao mesmo tempo, Hitler gabou-se de nunca ter pretendido a presidência do partido, o que não era verdade; disse também que agora não podia mais furtar-se aos pedidos insistentes de Drexler.[105] A proposta de transferir a Hitler o cargo de presidente do partido foi aprovada por unanimidade pelos 554 membros presentes. Drexler recebeu o cargo de presidente de honra. A alteração da constituição do partido feita por Hitler transferiu ao novo presidente a "verdadeira direção" do NSDAP; portanto, estava totalmente adaptada para assegurar sua pretensão de liderança.[106]

Este foi o momento do nascimento do "partido do Führer" e, com ele, começou a estilização do demagogo em "líder do movimento". "Mais altruísta, capaz de sacrifícios, abnegado e honesto [...] do que ele, nenhum ser humano é capaz de servir a uma causa". Com estas palavras, Dietrich Eckart defendeu Hitler em 4 de agosto, no jornal *Völkischer Beobachter*. Hitler interferiu com "mão de ferro", pondo fim àquela "palhaçada". "O que mais é preciso para mostrar quem merece a nossa confiança?"[107] Rudolf Heß também exortou os críticos: "Vocês estão cegos para não ver que esse homem tem a personalidade de líder, o único capaz de ir à luta? Vocês acreditam que, sem ele, as pessoas se aglomerariam no Circo Krone?"[108]

Poucos dias após sua tomada de poder no partido, Hitler fundou uma organização de defesa própria, a SA (*Sturmabteilung* ou tropa de assalto). Os primórdios da *Sturmabteilung* nacional-socialista remontam ao ano de 1920, quando o DAP/NSDAP começou a organizar uma estratégia de defesa para suas reuniões, a qual deveria enfrentar os "baderneiros marxistas". No final de 1920, essa defesa passou a ser a "divisão de ginástica e desportos" do NSDAP. Seu desenvolvimento foi favorecido pela dissolução das defesas civis da Baviera, com a qual o primeiro-ministro von Kahr foi obrigado a concordar em junho de 1921, pressionado pelos aliados e pelo governo do Reich, em Berlim. A maioria dos membros da defesa juntou-se a associações "patrióticas" tais como a organização paramilitar "Bayern und Reich", que se apresentava como uma espécie de defesa da pátria; mas também o serviço de ordem do NSDAP recebeu muitos membros. No início de agosto de 1921, Hitler decretou a transformação da ainda denominada "divisão de ginástica e desportos" em um poderoso exército do partido. Esse deveria, de acordo com o manifesto de sua fundação, empenhar sua força e "servir como um aríete para o movimento global", bem como "servir como porta-voz da ideia de defesa de um povo livre".[109]

O capitão da *Reichswehr*, Ernst Röhm, passou a ser a figura-chave para esse plano. Nascido em 1887 e filho de um funcionário das ferrovias do reino bávaro, Röhm era um representante típico da geração de oficiais do *front* que, após 1918, tiveram dificuldades para se adaptar novamente à vida civil. Na Primeira Guerra Mundial, esse homem destemido fora ferido três vezes; um estilhaço de granada arrancou-lhe metade do nariz, sua bochecha estava marcada por uma cicatriz provocada por um tiro de raspão. O choque sofrido com a notícia da derrota levou-o a procurar as forças contrarrevolucionárias. Röhm foi um dos ativistas do grupo paramilitar que contribuiu consideravelmente com a derrota da república comunal. No final de 1919, Röhm afiliou-se ao DAP como membro número 623. Logo, tornou-se íntimo de Hitler – ele foi um dos poucos partidários da primeira hora que chamavam de "você" o homem que mais tarde seria o Führer.

Röhm substituiu o capitão Mayr como o mais importante elo com as forças armadas do Reich. Como oficial da brigada Epp (como era chamado o grupo paramilitar após sua integração nas forças armadas do Reich), Röhm obtinha as armas, munições e equipamento militar para as defesas civis e, após a dissolução das defesas, cuidou para que o inventário não fosse parar nas mãos dos aliados. Dessa forma, ele tinha acesso aos arsenais secretos de armas que, em caso de necessidade, podiam ser disponibilizados para as organizações paramilitares.[110] Röhm também trabalhou ativamente para que a *Sturmabteilung* (SA) – como passou a ser chamada a partir de setembro de 1921 – se tornasse uma organização paramilitar. "Vocês também devem ser treinados para formar uma tropa de assalto", exclamou Hitler no começo de outubro dirigindo-se aos homens da SA. "Precisamos ser fortes, não só com palavras, mas também com ações contra o nosso maior inimigo – os judeus."[111] Desde o outono de 1921, a SA passou não somente a proteger os eventos do NSDAP, mas também a tumultuar as reuniões dos adversários políticos, bem como a espancar judeus na rua.[112] Em seus monólogos no quartel-general do Führer, Hitler continuou justificando a violência praticada pela SA: A política, "naquela época, era feita nas ruas"; ele buscara "pessoas inescrupulosas", "indivíduos brutais", que se prontificaram a "levantar" e lutar.[113]

Em uma série de provocações, a SA espalhava o medo e o terror. Em meados de setembro de 1921, a SA acabou com uma reunião do Bayernbund,* no Löwenbräukeller. O cabeça do movimento, o engenheiro Otto Ballerstedt, foi espancado e, finalmente, empurrado do pódio escada abaixo, causando um ferimento na cabeça que sangrou copiosamente.[114] Esse incidente violento teve repercussões jurídicas. Em janeiro de 1922, Hitler foi sentenciado a um período de reclusão de três meses por comprometer a segurança do Estado, dos quais ele deveria passar somente um mês na prisão de Stadelheim (de 24 de junho a 27 de julho de 1922). "Pelo menos ele pode usufruir de uma cela individual", relatou Rudolf Heß; ele "pode trabalhar, cuidar de sua alimentação, receber visitas duas vezes por semana [...], pode ler jornais. Pensando bem, a paz faz bem aos nervos e à voz."[115] Em setembro de 1921, o primeiro-ministro von Kahr renunciou depois que o parlamento do Estado bávaro, incluindo o seu partido, o BVP, deixou de apoiá-lo. Com ele, Pöhner, chefe de polícia e um dos mais determinados apoiadores de Hitler, também deixou o cargo. Na gestão do barão Hugo von Lerchenfeld-Köfering, o sucessor de Kahr, a relação entre Berlim e Munique ficou mais tranquila. Ao mesmo tempo, o departamento de Polícia de Munique começou a observar mais atentamente a movimentação do NSDAP e da SA. No final de outubro, Hitler foi convocado, sendo ameaçado de expulsão da Baviera caso não controlasse seus homens. O presidente do NSDAP "prometeu fazer de tudo para evitar uma escalada".[116] Isso não era verdade. No dia 4 de novembro, houve uma pancadaria generalizada no Hofbräuhaus, na qual a tropa da SA espancou brutalmente os manifestantes presentes, a maioria dos quais eram trabalhadores ligados à esquerda. "O nosso coração se enchia de júbilo ao reviver tais experiências da guerra", Hitler finalizou seu relatório em *Mein Kampf*.[117] A "batalha do Hofbräuhaus" foi alardeada pela propaganda nacional-socialista como o "batismo

---

*   Organização fundada em 1921 sob o nome *Bayerischer Heimat- und Königsbund*, ou, em tradução livre, "Federação Bávara da Nação e da Realeza". Não era apoiada pelo príncipe--herdeiro, que acreditava que a monarquia da Baviera não deveria ser associada a partidos políticos. Com a chegada dos nazistas ao poder, a federação foi censurada e seus principais membros foram presos. (Bayerischer Heimat- und Königsbund "In Treue fest" (BHKB) – Bayernbund e. V. Historisches Lexikon Bayerns). (N.E).

de fogo" da SA. A violência truculenta da SA era ideal para o NSDAP. Seus opositores políticos foram intimidados; a partir de então, as ruas de Munique pertenciam à tropa de arruaceiros da SA. "Nós crescemos espancando os outros", era seu lema.[118]

O fato de os nacional-socialistas dominarem os espaços públicos também chegou ao conhecimento de Friedrich Ebert, presidente do Reich, durante uma visita oficial à capital bávara, em 12 e 13 de junho de 1922. Ao chegar à estação central de trens, Ebert foi agredido verbalmente e levou algumas cusparadas. O cônsul geral britânico informou Londres de que Ebert passou pela "experiência desagradável", de ser "vaiado em todos os lugares aos quais compareceu". Não houve uma "apresentação das tropas da guarda, e nenhum hasteamento da bandeira em homenagem ao presidente".[119]

Após o assassinato de Rathenau em 24 de junho de 1922, as relações entre Berlim e Munique deterioraram-se novamente. O governo da Baviera suspendeu a lei de defesa da república, que havia sido promulgada no parlamento um dia antes. Em seu lugar, emitiu um regulamento próprio, cuja determinação mais importante era que os infratores da Baviera não deveriam ser encaminhados ao novo tribunal de justiça do Estado junto ao tribunal de Leipzig. As associações patrióticas da Baviera achavam que isso ainda era um excesso de indulgência frente ao governo de Berlim. No dia 16 de agosto, organizaram um comício no Königsplatz de Munique, com a participação do NSDAP em formações fechadas e com a cúpula da SA. Hitler, o segundo orador do comício, protestou contra a intenção de "obrigar a Baviera a seguir as determinações feitas por Berlim", e exigiu uma "lei emergencial [...] contra a exploração e usura internacional".[120] A escalada na manifestação das massas ficou comprovada: o agitador dos porões das cervejarias e seu movimento tornaram-se um foco de poder evidente na política da direita.

Isso ficou ainda mais evidente durante um *Deutscher Tag*, ou "dia alemão", convocado pelas Associações Patrióticas na cidade de Coburgo, na Francônia, em 14 e 15 de outubro de 1922. Hitler foi novamente convidado e viajou para lá em um trem especial, levando oitocentos homens da SA. Hitler não atendeu à solicitação dos dignitários locais de não entrar na cidade em formação fechada ao som de marchas, para evitar disputas com a esquerda. Assim, aconteceu o inevitável: com sua apresentação brutal, a SA desencadeou violentas batalhas urbanas, fazendo jus à sua fama de bandidos brutais. No final, como Hitler relatou triunfante em *Mein Kampf*, "não se via mais nada de vermelho nas ruas".[121] Na sequência, Coburg passou a ser um reduto do NSDAP. O futuro chanceler do Reich providenciou uma medalha comemorativa para os participantes da orgia de espancamentos.

Os sucessos evidentes da propaganda ajudaram a promover um notável surto de crescimento do NSDAP. Grupos locais foram fundados em muitas cidades fora de Munique.[122] Em outubro de 1922, Julius Streicher – como Hitler, um antissemita convicto – colocou seu grupo de Nuremberg como parte da "Deutsche Werkgemeinschaft", a serviço do NSDAP. Isso quebrou a resistência do DSP contra uma anexação ao partido de Hitler; a campanha de Hitler surtira efeito. No final de 1922, o NSDAP já contava com cerca de 20 mil membros, e seu raio de ação havia se estendido para além das fronteiras da Baviera.[123] Em sua nova filial situada na Corneliustrasse 12, que desde o início de novembro substituiu a pequena sede situada no Sterneckerbräu, juntavam todos os fios de um abrangente trabalho do partido.

A grande massa de membros do partido era recrutada na classe média baixa. O grupo maior era representado por trabalhadores braçais (20%), seguido por comerciantes (13,6%), empregados (11,1%) e agricultores (10,4%). Só então vinham os trabalhadores não qualificados (9,5%) e os trabalhadores especializados (8,5%).[124] Portanto, o antigo NSDAP era essencialmente um fenômeno da classe média, enquanto em Munique a proporção de acadêmicos, estudantes e artistas se destacava.[125] Os *slogans* demagógicos caiam em solo fértil para os trabalhadores braçais, que representavam o objetivo principal da propaganda nacional-socialista. Em uma carta endereçada ao major Konstantin Hierl, datada de julho de 1920, Hitler confessava "a dificuldade de converter os trabalhadores que, em grande parte, já pertenciam a organizações há muitos anos". No entanto, o objetivo do NSDAP "não era ser uma organização de classe, e sim um movimento popular".[126] Na verdade, em 1922 o partido ainda estava muito distante desse objetivo, embora Rudolf Heß pretendesse dar uma impressão contrária durante um comício no Circo Krone: "Ali, o trabalhador senta-se ao lado do dono de fábrica, e juízes ao lado de cocheiros. Em nenhum outro lugar você verá algo assim". "Ninguém pode com o nacional--socialismo", pois ele "nasceu da classe trabalhadora".[127]

Desde 1922, Hitler tornara-se uma figura pública interessante. O codinome "rei de Munique", cunhado por seus adversários dentro do partido, passou a ser uma realidade. Sua vida privada, no entanto, permaneceu oculta para olhos indiscretos. Desde maio de 1920, Hitler morava em um quarto na Thierschstrasse 41, que lhe foi designado pelo departamento habitacional de Munique (*Wohnungsamt*). Aos olhos de seu senhorio, Maria Reichert, ele era o inquilino ideal, que pagava seu aluguel e a conta telefônica pontualmente, que raramente recebia visitas femininas e que não chamava a atenção de ninguém.[128] Aquele homem jovem e magro também não cuidava muito de sua aparência: quase sempre trajava um terno azul desbotado, um casaco bege e um velho chapéu de feltro. O único acessório mais chamativo era um chicote feito de pele de hipopótamo com cabo de prata e uma alça, que ele sempre trazia consigo.[129]

Ernst Hanfstaengl foi um dos poucos autorizados a visitar Hitler em sua moradia. Hanfstaengl, nascido em 1887 e descendente de uma família de editores de Munique, tinha estudado em Harvard e, temporariamente, dirigiu a filial nova-iorquina da editora de artes de seu pai, retornando a Munique no verão de 1921 com sua esposa Helene, filha de um empresário teuto-americano. Em novembro de 1922, Hanfstaengl vivenciou uma apresentação de Hitler no Kindlkeller e ficou fascinado com a "fenomenal personalidade do orador", decidindo conhecer Hitler de perto. Logo, esse filho da alta burguesia passou a fazer parte da comitiva do agitador.[130]

Em suas memórias, Hanfstaengl transmitiu uma impressão da moradia espartana de Hitler: "O quarto [...] era limpo e agradável, embora fosse relativamente estreito e com poucos móveis. O piso era coberto por um linóleo barato e gasto e alguns tapetinhos puídos. Na parede em frente à cama [...] havia uma cadeira e uma mesa, bem como uma prateleira sem acabamento, que abrigava seus livros."[131] Entre tais livros estavam *Geschichte des ersten Weltkrieges* ["História da Primeira Guerra Mundial"], de Hermann Stegemann, *Politik und Kriegführung* ["Política e conduta de guerra"], de Ludendorff, *Deutsche Geschichte des 19. Jahrhunderts* ["História da Alemanha no Século XIX"], de Heinrich von Treitschke, *Vom Kriege* ["*Da guerra*"], de Clausewitz, *Geschichte Friedrichs des Großen* ["A história de Frederico o Grande"], de Franz Kugler, uma biografia de Wagner de Houston Stewart Chamberlain, o livro *Schönsten Sagen des Klassischen Altertums* ["*As mais belas histórias da Antiguidade Clássica*"], de Gustav Schwab e as memórias de guerra de Sven Hedin. Além desses, havia ainda uma série de romances de entretenimento, romances policiais e – um pouco escondido, pelo menos do ponto de vista de Hanfstaengl – o livro *Illustriete Sittengeschichte* ["História Ilustrada da Moralidade"] e o livro *Geschichte der erotischen Kunst* ["História da Arte Erótica"], ambos do escritor judeu Eduard Fuchs.[132]

Com Hitler, Hanfstaengl compartilhava não somente o interesse pela História, mas também pela arte e pela música. Hanfstaengl era um bom pianista e logo notou que era capaz de alegrar aquele entusiasta de Wagner, que muitas vezes estava irritado e mal-humorado. Assim que Hanfstaengl se sentava ao piano na sala de estar do senhorio e dedilhava os primeiros compassos da abertura dos "Mestres Cantores" de Wagner, Hitler transformava-se em outra pessoa: "No instante seguinte, ele começava a andar pela sala, movendo os braços como se fosse um maestro, acompanhando cada nota musical com um assobio estranhamente penetrante, porém com um *vibrato* perfeito. Hitler sabia de cor o prelúdio de A até Z e, como ele tinha um ouvido musical excelente para interpretar o espírito de uma música, até eu tomei gosto por nosso dueto".[133]

De que viveu Hitler? Essa pergunta já havia sido feita pelos autores do panfleto anônimo datado de julho de 1921, e até os dias de hoje ela ocupa os historiadores. As condições pecuniárias de Hitler nos anos de sua ascensão política permanecem muito obscuras. Ele próprio testemunhou perante o tribunal em janeiro de 1921 "que nunca recebera um centavo sequer por seu trabalho dentro do NSDAP". Mas ele permitia que fosse pago por suas palestras fora do partido, por exemplo, quando discursava para o Deutsch-Völkischen Schutz- und Trutzbund,** e que "era obrigado a cobrar para sobreviver".[134] Se Hitler realmente conseguia viver somente dessa renda, parece duvidoso. Está comprovado que simpatizantes oriundos da

---

** Federação Nacionalista Alemã de Proteção e Defesa; maior federação antissemita da Alemanha. (N.E.)

[FOTO 9] O chanceler Adolf Hitler parabeniza Hermine Hoffmann, uma de suas antigas patrocinadoras, pelo seu octagésimo aniversário, em sua casa em Munique-Solln, 11 de julho de 1937.

direita nacionalista o ajudavam com quantias em dinheiro.[135] Além disso, sempre existiram senhoras mais idosas que gostavam dele e cuidavam para que nada lhe faltasse. Entre elas estava Hermine Hoffmann, viúva do diretor de uma escola, que o recebia e o mimava em sua residência situada em Solln, perto de Munique. Em fevereiro de 1923, ela escreveu a Hitler, "meu querido e reverenciado amigo", que decidira almoçar com ela no domingo. "Então, venha, por favor." Além disso, pediu a Hitler que dessa vez não perdesse a oportunidade de dormir em Solln. "Os últimos tempos foram tão cheios de preocupações que o senhor nos deve, bem como à nossa causa sagrada, descansar aqui em nosso sossego, para poder se recuperar."[136]

Hitler também gostava de se deixar mimar por Dora Lauböck, a esposa do conselheiro do governo Theodor Lauböck, fundador do primeiro grupo local do NSDAP em Rosenheim. Sempre que viajava, Hitler enviava cartões de felicitações ao casal. Depois que Theodor Lauböck foi transferido para a estação Ostbahnhof de Munique, os contatos entre ambos se estreitaram ainda mais. Assim, em 1922, Hitler passou o Natal na residência da família Lauböck. Fritz, o filho do casal, lhe serviria como secretário particular em 1923.[137]

Hitler não precisava de muita coisa para suprir suas necessidades pessoais; no entanto, o fundo de caixa do partido sempre estava em baixa, uma vez que as taxas pagas pelos associados e os valores provenientes das reuniões não cobriam as despesas de funcionamento, e porque o *Völkischer Beobachter* também necessitava de subsídios consideráveis.[138]

Portanto, Hitler estava sempre atrás de potenciais doadores poderosos para angariar fundos. O fabricante dr. Gottfried Grandel, de Augsburg, fazia parte dos primeiros apoiadores. Grandel já apoiara a publicação da revista de Eckart, *Auf gut Deutsch*.[139] A ele juntou-se o químico dr. Emil Gansser, que trabalhava nas fábricas da Siemens em Berlim e era amigo de Dietrich Eckart. Gansser, assim como o dr. Karl Burhenne, diretor de departamento político e social da Siemens, haviam observado o desenvolvimento do "movimento hitlerista" durante dois anos (de acordo com uma carta descrita por Burhenne em março de 1922). Burhenne acrescentou que estava convencido de que "uma doação generosa, mesmo que confidencial, para uma causa sadia, nascida do povo, [...] seria capaz de influenciar favoravelmente e em pouco tempo a situação política na Alemanha".[140] Instigado por Gansser, Hitler fez uma palestra em 29 de maio de 1922 no "Nationalen Klub von 1919", em Berlim, que entre seus sócios contava com oficiais e funcionários públicos, bem como empresários. Aparentemente, o demagogo de Munique era extremamente hábil para cativar seu público, pois suas explanações foram recebidas com aprovação.[141] Depois disso, foram feitas algumas doações por industriais de Berlim, entre eles Ernst von Borsig e o fabricante de café Richard Franck.[142] Após uma intermediação feita por Gansser e Rudolf Heß, que em 1922 estudou por alguns meses na Escola Politécnica de Zurique, Hitler entrou em contato com círculos pró-alemães na Suíça para conseguir novas doações. Assim, no final de agosto de 1923, Hitler, juntamente com Gansser, visitou a família do general Ulrich Wille em sua vila em Zurique. Um membro da família anotou em seu diário: "Hittler [sic] é extremamente simpático. Quando ele fala, seu corpo todo estremece. Seu discurso é maravilhoso."[143]

Quando não estava convidado para discursar em eventos do partido ou quando não viajava para conseguir doações, Hitler voltava ao seu estilo de vida e de trabalho desregrado dos tempos antes da guerra. "Na verdade, a gente nunca sabia exatamente onde ele se encontrava", disse Hanfstaengl. "No fundo, ele era um boêmio, que não criava raízes em lugar algum."[144] Gottfried Weber "estava muito preocupado com a nossa obra – o movimento alemão de libertação empreendido pelo nacional-socialismo – cujo líder entusiasta é o senhor, sem sombra de dúvida." O acesso a Hitler não era fácil e ele não gastava muito tempo com os assuntos importantes do partido; aparentemente, ele adorava "relaxar no meio artístico e na companhia de mulheres bonitas".[145] Os atrasos de Hitler eram notórios, bem como sua falta de organização e divisão do trabalho. Hitler preferia passar seu tempo livre nos cafés e nos restaurantes de Munique – no Café Neumayr, uma cervejaria localizada próxima ao mercado Viktualienmarkt, no Café Heck no Hofgarten ou na Osteria Bavaria, um ponto de encontro de artistas na Schellingstrasse. Ali, Hitler muitas vezes ficava horas sentado com seus seguidores mais próximos, saboreando café e bolo. Sua "mania de doces" era notável. Quando o assunto era bolo e *chan-*

tilly, Hitler sempre queria mais.[146] Ao seu redor, Hitler reunia um grupo heterogêneo, que incluía Christian Weber, um ex-comerciante de cavalos que, assim como Hitler, gostava de andar com um chicote nas mãos; Ulrich Graf, o guarda-costas de Hitler, e Emil Maurice, um temido rufião que mais tarde viria a ser o chofer de Hitler. Ao lado destes três homens, o líder dos nacional-socialistas podia percorrer Munique com a arrogância descarada de um "pequeno rei do submundo".[147] Também faziam parte da camarilha Max Amann, o antigo sargento de Hitler que, após a posse do Führer como presidente do NSDAP em julho de 1921, foi nomeado chefe administrativo do partido e, pouco depois, chefe da editora do partido; o jovem jornalista Hermann Esser, que havia servido como assessor de imprensa sob o comando do capitão Mayr e que depois de Hitler era considerado o segundo orador mais talentoso do NSDAP, bem como o tenente Johann Klintzsch, um antigo membro da brigada Erhardt, que em agosto de 1921 foi encarregado de estruturar a SA. A esse grupo juntavam ainda burgueses um pouco mais intelectualizados, tais como Dietrich Eckart, Rudolf Heß, o grande admirador de Hitler, o "filósofo do partido" Alfred Rosenberg e Ernst ("Putzi") Hanfstaengl. Sem sobra de dúvida, nesse ambiente – "uma mistura estranha de mundo boêmio e estilo *condottiere*"[148] –, Hitler sentia-se muito bem. Ali, era capaz de relaxar e desenvolver seus monólogos, enquanto seus seguidores sorviam suas palavras.

Hermann Göring desdenhava da comitiva de Hitler denominando-a "clube de jogadores de boliche com horizontes provincialmente limitados".[149] Mas isso não o impediu de juntar-se ao clube. Esse filho de um alto funcionário colonial da época guilherminiana, nascido em 1893, ficou famoso durante a Primeira Guerra Mundial como piloto de caça. Göring havia sido o último comandante do famoso esquadrão Richthofen, sendo condecorado em junho de 1918 com a maior comenda, o "Pour le mérite". Depois de 1918, passou pela Suécia e Dinamarca exercendo diversas funções. No começo de fevereiro de 1922, casou-se com a sueca Carin von Kantzow, nascida baronesa von Fock, com a qual mudou-se para Munique, onde encontrou Hitler em uma reunião em outubro ou novembro de 1922; pouco depois, Göring filiou-se ao NSDAP. Em março de 1923, Hitler entregou-lhe a liderança da SA. "Um famoso piloto de caças e portador da comenda *Pour le mérite!* Que excelente propaganda! Além do mais, ele tem dinheiro e não me custa um só centavo! Isso é muito importante", disse entusiasmado o presidente do NSDAP sobre sua nova aquisição.[150]

Hanfstaengl e Göring não eram os únicos que conferiam à imagem provinciana do NSDAP uma aura de sofisticação. Graças à ajuda de patrocinadores influentes, Hitler logo teve acesso à alta sociedade. Em junho de 1921, Dietrich Eckart lhe garantiu o acesso aos salões de Helene Bechstein, a esposa de um rico fabricante de pianos em Berlim. Essa senhora elegante passou a ter um carinho maternal por esse político em ascensão, treze anos mais novo do que ela, e fez de tudo para que ele fosse aceito na sociedade. Helene providenciou roupas novas para Hitler, ensinou-lhe o traquejo so

[FOTO 10] Fotografia tirada no apartamento de Heinrich Hoffmann, em novembro de 1929. Em pé, da esquerda para a direita: Rudolf Heß, Martin Mutschmann (*Gauleiter* da Saxônia), Heinrich Himmler. Sentados da esquerda para a direita: Joseph Goebbels, a secretária, Adolf Hitler, Helene Bechstein, Edwin Bechstein, Hans Schemm (*Gauleiter* da Alta Francônia) e Franz Pfeffer von Salomon.

[FOTO 11] O editor Hugo Bruckmann e sua esposa Elsa, nascida princesa de Cantacuzène, por volta de 1940. O casal – assim como os Bechstein – fazia parte do grupo de patrocinadores de Hitler em Munique.

cial e também o apoiou com quantias em dinheiro. Nos jantares oferecidos pela família Bechstein no "Hotel Quatro Estações" de Munique, Hitler era muito bem-vindo.[151]

Hitler frequentemente também era convidado para ir ao apartamento de Hanfstaengl, situado na Gentzstrasse, nas cercanias de Schwabing. Lá, ele reencontrou o historiador Karl Alexander von Müller, a quem devemos um relato perspicaz sobre a aparição de Hitler: "Através da porta aberta, vi como Hitler saudava a anfitriã de maneira quase submissa no estreito corredor; vi como ele entregou o chicote, tirou o chapéu de feltro e o casaco impermeável e, finalmente, desatou o cinto do revólver, pendurando tudo no cabideiro. Isso era um tanto estranho e lembrava Karl May [...] O homem que entrou a seguir já não era mais aquele instrutor desafiante-envergonhado que trajava um uniforme mal ajustado que eu conheci em 1919; os seus olhos já irradiavam a certeza de seu sucesso público: no entanto, ele ainda tinha alguma coisa estranhamente canhestra, e eu tinha a impressão desagradável de que ele sentia isso e se zangava quando alguém percebia".[152] Essa insegurança refletia o medo que o arrivista sentia de não ser levado a sério pela sociedade burguesa, à qual agora tinha acesso.

Através de Hanfstaengl, Hitler conheceu Elsa Bruckmann, esposa do editor Hugo Bruckmann – que publicou, entre outros, os livros de Houston Stewart. O salão de Elsa Bruckmann, que antes de 1914 deu a oportunidade de intercâmbio intelectual a um grande número de artistas e acadêmicos renomados, depois de 1918 passou a ser o ponto de encontro de autores e políticos antissemitas nacionalistas.[153]

Elsa Bruckmann ouviu um discurso de Hitler pela primeira no Circo Krone e, como confessou mais tarde, sentiu-se "despertada" por sua voz. No entanto, aparentemente ela só teve um contato mais próximo com Hitler durante o período de sua prisão em Landsberg e, só então, em dezembro de 1924, Hitler entrou pela primeira vez no salão Bruckmann, no palacete situado no Karolinenplatz número 5.[154] Após a morte de Hugo Bruckmann, em setembro de 1941, Hitler elogiou os "serviços por ele prestados ao recém-criado NSDAP". Em sua casa, "ele conheceu todos os homens importantes das forças nacionalistas de Munique".[155]

O que tornava Hitler tão interessante para os membros da elite social provavelmente não era o antissemitismo agressivo, com o qual ele frequentemente arrebatava seu público de cervejaria, e sim sua aparência bizarra e seu comportamento excêntrico. "Hitler era um ser envolto pela aura de um mágico, pelo cheiro do mundo do circo e por uma amargura trágica, o brilho aguçado do 'monstro famoso'."[156] Era preciso ver esse homem de quem todos em Munique falavam – e mesmo aqueles que se sentiam repelidos por seu radicalismo político continuavam vendo em Hitler um objeto de estudo fascinante –, cuja presença garantia o entretenimento. Assim, Hitler era convidado para todos os salões, e observado com um misto de medo e divertimento contido.[157]

No outono de 1923, Hitler também teve acesso à família Wagner, em Bayreuth, com ajuda da família Bechstein. "Com grande respeito", escreveu Winifred Wagner, esposa de Siegfried (filho de Richard Wagner), aos 26 anos. Hitler adentrou pela primeira vez a mansão Wahnfried no dia primeiro de outubro e, "muito emocionado", "observou tudo a seu redor que pudesse estar relacionado a R[ichard] W[agner] – os aposentos no andar inferior, onde ficava sua mesa de trabalho, o piano de cauda, quadros, a biblioteca etc. etc."[158] Hitler falou sobre sua juventude em Linz e contou da impressão profunda que as óperas de Wagner lhe causaram. Ao se despedir, havia conquistado não somente Winifred, mas também Siegfried Wagner. "Graças a Deus, ainda existem homens alemães!", foram as palavras exaltantes do "filho do mestre". "Hitler é um homem magnífico, a verdadeira alma alemã."[159] Em 28 de setembro de 1923, Hitler fez seu primeiro discurso público em Bayreuth e, em seguida, visitou Houston Stewart, idoso e adoentado. Em uma carta datada de 7 de outubro, Stewart também o aclamou entusiasticamente como um "homem capaz de despertar as almas do sono e da ineficiência". E Hitler, na verdade, nem era o fanático do qual lhe falaram: "O fanático esquenta as cabeças, o senhor aquece os corações. O fanático quer persuadir, o senhor quer convencer, apenas convencer – e é por isso que o senhor é convincente." Seu visitante deu-lhe novas esperanças: "O fato de que a Alemanha, num momento de profunda necessidade, dá à luz um Hitler, é um testemunho de sua vivacidade."[160] Da mesma forma que Hitler, que nos primeiros anos de sua súbita ascensão fenomenal até chegar a ser uma proeminência política absorveu como uma esponja uma grande variedade de ideias antissemitas, tornando-se disponível, ele também aprendeu a trafegar entre os mais diversos ambientes sociais, assumindo vários papéis. O tom que Hitler usava em seus discursos "não era do agrado de todos", afirmou Rudolf Heß em julho de 1921, mas ele "também era capaz de falar de forma diferente".[161] A sua capacidade de adaptar seu comportamento e modo de falar a cada tipo de público se devia a seu talento de ator, seu segundo maior triunfo depois do talento de orador. Hanfstaengl, por sua vez, ficou impressionado com a empatia incrível com a qual Hitler conseguia imitar a voz e as peculiaridades típicas de um ser humano. Suas apresentações paródicas eram "magistrais, dignas de um cabaré".[162] Assim, Hitler era capaz de usar seu talento como mímico sempre que necessário, para corresponder à imagem que os outros tinham dele. "Ele se transformou em um ator ágil no cenário político, calculista e com muitas caras."[163] A arte da dissimulação, aliada à astúcia, tornou-se uma das características mais salientes do político Hitler.

Mesmo depois que Hitler passou a ser conhecido além dos limites da Baviera, ainda não existia nenhuma fotografia dele. "Durante quatro anos, Hitler conseguiu que nenhuma fotografia dele fosse publicada", contou o ditador em um almoço na "Toca do Lobo" em abril de 1942.[164] A recusa de Hitler em se deixar fotografar certamente era parte de uma encenação. Com isso, ele aumentou o interesse público em sua pessoa. "Qual é a aparência de Hitler?" – essa foi a pergunta feita pelo artista plástico Thomas Theodor Heine em maio de 1923, no *Simplicissimus*, para então observar, resignado, abaixo de suas últimas doze caricaturas: "As perguntas ficarão sem reposta. Hitler não é um indivíduo. Hitler é um estado."[165] A timidez de Hitler relacionada a câmeras fotográficas algumas vezes teve consequências desagradáveis para ele. Assim, em abril de 1923, durante uma visita de Hitler e Hanfstaengl ao Luna Park (um grande parque de diversões junto ao Halensee, em Berlim), Hitler foi reconhecido e fotografado pelo fotógrafo de imprensa Georg Pahl. Imediatamente, Hitler correu até ele, golpeando sua câmera com um pedaço de pau. Somente depois de muito debater, Pahl concordou em lhe dar o negativo.[166] Provavelmente a reação violenta de Hitler se devia ao fato de que o NSDAP, naquela época, devido à lei de proteção à República, havia sido proibido na Prússia e o líder do partido (que estava sendo procurado pela polícia) queria permanecer anônimo durante a viagem.

Depois que o mesmo fotógrafo berlinense conseguiu fazer um instantâneo de Hitler no início de setembro de 1923, durante o "dia alemão" em Nuremberg, Hitler parou com esse jogo de esconde-esconde, marcando uma sessão de retratos com Heinrich Hoffmann. O *Berliner illustrierten Zeitung* de 16 de setembro de 1923 publicou o primeiro retrato impresso de Hitler com a nota: "Adolf Hitler, o líder dos nacional-socialistas, que até então não permitia ser fotografado, mas que hoje deixou de ser fiel a seu princípio".[167]

Em 1909, Heinrich Hoffmann, que logo se tornou o "fotógrafo pessoal" de Hitler, fundou um estúdio fotográfico próprio aos 24 anos de idade, situado na Schellingstrasse, e seus serviços de fotografia e retratos se tornaram conhecidos também no meio artístico. Nos anos de 1918 e 1919, Hoffmann tornou-se o cronista mais importante da revolução de Munique; sem no entanto simpatizar com os objetivos dos esquerdistas. Após a derrubada da república comunal, Hoffmann apoiou a propaganda da contrarrevolução, juntou-se a uma defesa civil e, em abril de 1920, entrou para o NSDAP. Hoje em dia, não se sabe quando exatamente ele conheceu Hitler. De qualquer modo, desde a primeira sessão de retratos, Hoffmann passou a fazer parte da comitiva do líder do partido não apenas como seu fotógrafo, mas também como um artista espirituoso que, assim como Hanfstaengl, sabia como animar um grupo.[168]

Em 29 de outubro de 1922, o conde Harry Kessler, em tom clarividente, comentou a "Marcha sobre Roma" de Benito Mussolini: "Com um golpe de Estado, os fascistas tomaram o poder na Itália. Se o mantiverem, isso será um evento histórico que terá consequências incalculáveis, não apenas para a Itália, mas também para toda a Europa".[169] Para os nacional-socialistas, a tomada de poder significou um grande impulso. "Mussolini mostrou do que uma minoria é capaz, quando está imbuída de uma vontade nacional sagrada", declarou Hitler em uma reunião do NSDAP em novembro de 1922, e exigiu "a formação de um governo nacional na Alemanha segundo o padrão fascista."[170] Impressionado pelos acontecimentos na Itália, um pequeno grupo de seguidores de Hitler começou a propagar uma imagem do Führer, que tinha como modelo o *Duce* italiano. O pontapé inicial foi dado por Hermann Esser que, no início de novembro, exclamou no Hofbräuhaus: "O Mussolini alemão chama-se Adolf Hitler".[171]

Durante os primeiros anos, não existia um culto ao líder no NSDAP. O termo Führer apareceu pela primeira vez em dezembro de 1921, mas ainda era uma exceção. Nos cartazes que anunciavam as reuniões e nos anúncios de jornal, o presidente do partido geralmente era anunciado como "sr. Adolf Hitler" ou "membro do partido Hitler". Desde a "Marcha sobre Roma", de Mussolini, essa prática mudou. Hitler passou a ser o Führer carismático, o futuro salvador da nação.[172] No outono de 1922, a Universidade de Munique organizou um concurso sobre o tema "Como será o homem que levantará a Alemanha novamente?" Rudolf Heß recebeu o primeiro prêmio com um hino de louvor entusiasmado ao messias político que despontava no horizonte: "Seu profundo conhecimento em todas as áreas da vida pública e da História, a capacidade de delas tirar lições, a fé na pureza da própria causa e na vitória final, uma força de vontade sem limites lhe conferem o poder do discurso arrebatador, que leva as massas a aclamá-lo [...] Essa é a imagem do ditador: um espírito aguçado, claro e verdadeiro, apaixonado e, a seguir, comedido, frio e arrojado, cuidadoso na tomada de decisões, inescrupuloso quanto à rápida implementação, impiedoso contra si mesmo e com os outros, duro e, ao mesmo tempo, suave no amor a seu povo, incansável no trabalho, com um punho de aço em uma luva de veludo, capaz de vencer a si mesmo. Ainda não sabemos quando esse homem interferirá como salvador. Mas ele virá, com certeza. Milhões de pessoas sentem isso." Heß deixou bem claro em uma carta escrita em fevereiro de 1923 para o historiador Karl Alexander von Müller, cujas palestras assistiu em Munique, que a imagem vista por ele ao escrever era a de Hitler. "Nessa carta, Heß enviou-lhe o manuscrito, acrescentando uma explicação: "Desenvolvi alguns pontos do trabalho anexo motivado por meu desejo. Mas em muitos aspectos, esta é a imagem que tenho de H[itler] depois de um convívio de dois anos e meio, muitas vezes diário".[173]

Assim como Heß, Eckart e Rosenberg não se cansavam de transmitir as expectativas messiânicas depositadas em Hitler, aclamando-o como o homem forte que libertaria a Alemanha da vergonha, fazendo-a renascer. O culto ao *Führer* alcançou um ponto alto no 34° aniversário de Hitler, em 20 de abril de 1923. Nesse dia, o jornal *Völkischer Beobachter* publicou um poema de Eckart sob a manchete "*Deutschlands Führer*" ["O líder da Alemanha"], que terminava com as seguintes palavras: "Abram os corações! Quem quiser ver, verá! Ali está a força, da qual a noite foge!". Na mesma edição, Rosenberg aplaudia a atuação de Hitler que "a cada mês se tornava mais madura e arrebatadora". Multidões de desesperados, que ansiavam por um "líder do povo alemão", voltavam seus olhos "esperançosos para aquele homem de Munique". Ali é possível perceber a "interação misteriosa entre o Führer e seus seguidores [...], que hoje caracteriza o movimento de libertação da Alemanha".[174]

Na verdade, Hitler recebia inúmeras cartas de congratulações da população alemã, nas quais ele era citado como o "messias da pátria". "Hoje, os olhos dos alemães sofridos voltam-se para a sua figura de líder", lia-se em uma carta proveniente de Breslau, e em nome de todos os "seguidores de Mannheim", Hitler prometia:

"Persistiremos na luta para que a nossa pátria seja libertada da vergonha e desordem e, se preciso, saberemos morrer por ela."[175]

Para ser eficaz, o político carismático, segundo Max Weber, precisa de um grupo de seguidores convencido de suas habilidades "extraordinárias" e que, por esse motivo, acredita piamente em sua vocação.[176] Esse grupo de seguidores devotos cristalizou-se ao redor de Hitler em 1921 e 1922, e esse mesmo grupo promoveu uma ofensiva jornalística para estabelecer o culto ao redor de Hitler como o "líder" carismático. Neste sentido, Ludolf Herbst teve razão ao falar sobre o "carisma de Hitler" em um estudo criterioso, ao dizer que se tratava da "invenção de um novo messias".[177] Certo é que a tentativa de construir uma imagem de herói nacional em torno do presidente do NSDAP dificilmente daria certo se Hitler não tivesse algumas habilidades políticas extraordinárias, mais notavelmente sua retórica e seu talento de ator. O talento (extrínseco) a ele atribuído e o carisma (intrínseco) de Hitler se complementavam mutuamente, e somente essa correspondência consegue explicar porque a auréola de Hitler como "líder da futura Alemanha" foi capaz de se transformar no *slogan* que alcançaria a grande massa da população.[178]

A questão, no entanto, é saber se o próprio Hitler já se via no papel que seus admiradores queriam vê-lo. Em maio de 1921, Hitler disse a Max Maurenbrecher, o editor do jornal pangermânico *Deutschen Zeitung*, que ele "não é o líder e estadista capaz de salvar a pátria do naufrágio no caos", e sim "o agitador, capaz de reunir as massas [...] Aquele que precisa de alguém maior a escorá-lo, alguém em cuja ordem ele possa se apoiar". Em junho de 1922, Hitler declarou a Arthur Moeller van den Bruck, um autor da "revolução conservadora": "Eu sou apenas um tocador de tambor e colecionador."[179] Porém, sua imagem começou a mudar no outono de 1922, provavelmente também em decorrência do bizantinismo que o meio lhe oferecia. "Precisamos de um homem forte. E esse homem surgirá dentre os nacional-socialistas", declarou Hitler no início de dezembro.[180] Já não havia mais dúvidas de que ele seria esse "homem forte". Isso se observa também nos primeiros retratos feitos por Hoffmann, que já mostram Hitler na mesma pose que teriam seus retratos como Führer – em uma atitude masculina forçada, com os braços cruzados ou com o braço esquerdo apoiado fortemente no quadril, com as sobrancelhas contraídas e os lábios apertados sob o bigode aparado. A linguagem corporal e a expressão facial demonstram força de vontade, determinação e dureza.[181]

Essa *auto-estilização* foi acompanhada por uma tendência crescente à *auto-ocultação*. Mesmo os críticos intrapartidários observaram em seu panfleto de julho de 1921 que Hitler, sempre que questionado sobre a profissão que exerceu antigamente, "respondia irado e de forma emocional".[182] Hanfstaengl também notou que Hitler "se fechava imediatamente, como se fosse uma ostra", quando era questionado sobre seu passado – assim como Lohengrin, o mensageiro místico do Gral de Wagner, ao qual Elsa Brabant não podia perguntar "o nome e o país".[183] A história de vida totalmente comum de Hitler da época anterior a 1914 já não harmonizava com sua nova autoimagem. Assim, antes mesmo de começar a escrever *Mein Kampf*, Hitler começou a reescrever seu passado de acordo com a mensagem nacionalista que ele almejava. Em um primeiro esboço biográfico preparado por ele no final de novembro de 1921 para um partidário do NSDAP intitulado "Senhor Doutor" (provavelmente tratava-se do patrocinador Emil Gansser), Hitler já se apresentou como um autodidata modesto que, "influenciado pela dura realidade vivida" em Viena, transformou-se em um antissemita que, em 1919, "juntou-se ao Partido Alemão dos Trabalhadores que na época contava com sete membros", onde encontrou o "movimento" político que julgava adequado.[184]

"Hoje temos certeza de que, quando Hitler discursa, nenhum dos maiores salões de Munique é capaz de abrigar tantas pessoas, nem mesmo o Circo Krone. E milhares vão embora, pois não conseguiram entrar", escreveu o relator do jornal *Kölnische Zeitung* no início de novembro de 1922. Em seguida, descreveu aos leitores desse jornal liberal de direita, como ele "foi arrebatado pelo enorme poder de persuasão" do orador.[185] Karl Alexander von Müller também presenciou a apresentação de seu antigo ouvinte no final de janeiro de 1923, durante uma reunião e ficou impressionado: "Ele passou bem perto de mim e pude ver: essa era uma pessoa diferente daquela que conheci em residências particulares: seus traços esbeltos e pálidos, contraídos em uma raiva obsessiva; seus olhos esbugalhados que emitiam chamas frias, procurando por inimigos à direita e esquerda, para dizimá-los. Era a multidão que lhe inspirava essa força misteriosa? Era dele que ela fluía?".[186]

[FOTO 12] Uma das primeiras fotografias de Hitler feita pelo fotógrafo Heinrich Hoffmann, de Munique, em setembro de 1923.

Uma moradora de Munique que, dias depois, participou de uma reunião completamente lotada no Löwenbräukeller, responde a essa pergunta à sua maneira: "Ele falou sobre a causa com tanta devoção e empenho". Ela escreveu a Hitler para dizer-lhe que seu discurso "impressionou a todos"; "Para nós [...] essas horas foram uma experiência maravilhosa e lembro-me sempre daqueles dias quando nossas tropas deixaram Berlim em agosto de 1914. Espero que possamos viver isso novamente".[187]

A crescente importância dada a Hitler também não passou despercebida pelos observadores estrangeiros. O cônsul-geral britânico em Munique, William Seeds, que em abril de 1922 ainda considerara o chefe do NSDAP uma aparição negligenciável no cenário político da Baviera, informou em novembro: "Durante os últimos meses [...] *Herr* Hitler se transformou em alguém muito superior a um agitador obsceno e até mesmo cômico". No Estado Livre da Baviera já se especulava se, algum dia, ele viria a ser o primeiro-ministro. John Addison, um observador da embaixada britânica em Berlim, considerou imprudente "tratá-lo como se ele fosse um mero palhaço". O cônsul-geral de Munique foi instruído pelo Foreign Office a manter Hitler sob estreita observação.[188]

Dentro de apenas quatro anos, o desconhecido soldado da Primeira Guerra Mundial transformou-se em um orador cativante para as multidões, a atração principal da Baviera, e também passou a alimentar as fantasias de muitas pessoas fora do Estado Livre. Por um lado, essa súbita ascensão fenomenal para a fama política originou-se dos fenômenos sociais e políticos próprios da época pós-guerra, que forneceram um quadro extremamente favorável a esse populista da direita. Por outro lado, isso também se deve ao forte sentimento de oportunidade única que Hitler percebeu no clima cada vez mais antissemita que reinava em Munique. Inicialmente inseguro e desajeitado na vida social, Hitler cresceu passo a passo até assumir o papel de líder do partido, que derrotou todos os concorrentes ao poder, reunindo um grande número de seguidores ao redor de si que o acompanhavam com fé cega. Hitler aprendeu a refinar seu repertório retórico e de atuação, bem como a usar o efeito provocado por suas poses. Quanto mais inebriantes eram as manifestações de sucesso nas arenas da metrópole bávara, mais confiante Hitler ficava e gostava de desempenhar o papel que lhe fora destinado por seus fiéis seguidores: deixara de ser o simples "tocador de tambor" e transformou-se no futuro "salvador", destinado a livrar a Alemanha da "vergonha e da miséria", conduzindo-a a um grande futuro, tal como o célebre político medieval Rienzi planejara fazer com Roma. Ao mesmo tempo em que se mantinha fiel à sua obsessão antissemita, Hitler mostrou-se capaz de aprender a se adequar, por exemplo, à necessidade de adaptação às convenções sociais em salões burgueses. Ele sabia como as conexões sociais com patronos influentes, tais como as famílias Bechstein, Bruckmann e Wagner, eram importantes e como podia usá-las. Portanto, nessa fase de aprendizado, Hitler já havia desenvolvido as características que mais tarde o distinguiriam como político: o poder esmagador da retórica, a complicada arte da dissimulação e a astúcia tática.

Se algum de seus velhos camaradas o reencontrasse nesse momento, mal poderia acreditar que se travava do mesmo homem calado e discreto que conhecera nos anos do front. "Meu caro Hitler, quem teve a oportunidade de acompanhá-lo desde a fundação do movimento até hoje, não pode deixar de admirá-lo [...]", escreveu um antigo membro do Regimento List por ocasião do aniversário de Hitler em 20 de abril de 1923. "Você fez o que provavelmente nenhum outro homem alemão seria capaz de fazer, e nós, seus companheiros do *front*, estamos à sua disposição. Milhares e milhares de homens têm a mesma convicção."[189]

6

GOLPE E PROCESSO

"Em 1923, quando quebrei a cara, eu só pensava em como levantar novamente."[1] Sempre que falava sobre o fracasso do golpe de 8 e 9 de novembro de 1923, Hitler ficava taciturno. Isso era de se esperar, pois essa foi a segunda grande decepção de sua carreira após ter sido recusado pela Academia de Arte de Viena. Após quatro anos de crescimento constante como político populista, Hitler estava repentinamente ameaçado de descambar de volta para a insignificância. Seu destino, e com ele o destino de seu movimento, pareciam estar selados. "O golpe de Munique marca o fim de Hitler e de seus seguidores nacional-socialistas", comentou o *The New York Times*.[2]

Se na Baviera tudo tivesse corrido de acordo com o direito e a lei, os golpistas teriam passado muitos anos atrás das grades. Após a prisão, um retorno à política teria sido inconcebível. Mas graças à benevolência da justiça bávara, o chefe do NSDAP escapou com uma pena mínima e ainda conseguiu usar o tribunal para colocar-se em cena, reinterpretando a ação amadorística como uma derrota heroica. Dessa forma, o golpe fracassado passou a ser o ponto de referência da lenda nacional-socialista. Os participantes que morreram em frente à Feldherrnhalle foram transformados em "mártires" do movimento; a eles, Hitler dedicou o primeiro volume de *Mein Kampf*. Depois de 1933, os dias 8 e 9 de novembro transformaram-se no ponto alto do calendário de festas do nacional-socialismo. Anualmente, Hitler relembrava os acontecimentos do outono de 1923 com um discurso para os "velhos combatentes" na cervejaria Bürgerbräukeller, e anualmente a celebração terminava com a reencenação ritual da marcha histórica até a Feldherrnhalle.[3]

O ano de 1923 começou de maneira bombástica. Em 11 de janeiro, as tropas francesas e belgas marcharam para a região do Ruhr em represália aos atrasos com os quais a Alemanha pagava suas reparações. Uma onda de indignação tomou conta do país; alguns observadores, ao notar o recrudescimento do sentimento nacionalista, lembraram-se dos primeiros dias de agosto de 1914. O chanceler apartidário Wilhelm Cuno, que desde novembro de 1922 era o chefe de um governo de minoria burguesa, proclamou a "resistência passiva". A vida econômica do Reno e Ruhr praticamente acabou. As forças de ocupação responderam com duras sanções, prendendo os grevistas e tomando as ferrovias e minas de carvão – o que, por sua vez, aumentou a irritação do lado alemão. "Provavelmente, o ano de 1923 será um ano fatídico para a Alemanha. Aqui, trata-se de ser ou não ser", profetizou o agente florestal Georg Escherich, fundador das defesas civis dos moradores da Baviera.[4]

Para surpresa de seus seguidores, Hitler não se juntou à "frente de união" nacional. Para Hitler, o importante era redirecionar a onda de protestos para o suposto inimigo. Na noite de 11 de janeiro, o dia da ocupação do Ruhr, Hitler fez um discurso no Circo Krone, criticando fortemente os "criminosos de novembro". "Ao apunhalar o antigo exército pelas costas", os criminosos de novembro deixaram a Alemanha indefesa e à mercê da "escravidão absoluta". "Um renascimento alemão para o exterior" somente seria possível, "depois que os criminosos fossem responsabilizados e entregues à justiça". Aquela "conversa sobre a frente unificada" serve somente para desviar a atenção do povo desta tarefa.[5] Coerentemente, dessa vez Hitler recusou-se a participar de um comício contra a França, o "inimigo figadal" organizado pelas associações patrióticas em 14 de janeiro, em Munique. Com isso, o presidente do NSDAP demonstrou claramente estar confiante o bastante para assumir seu próprio papel político de forma permanente.

As consequências econômicas da "resistência passiva" foram desastrosas. O *Reich* somente conseguia cobrir os enormes custos necessários para o pagamento dos salários nas fábricas desativadas, imprimindo papel moeda desenfreadamente, e colocando-o em circulação. A deterioração da moeda já havia começado no final da guerra, e acelerou-se rapidamente. Do dia para a noite, a classe média e operária perdeu suas economias, enquanto os aventureiros e especuladores aproveitaram a oportunidade e tomaram para si imensas fortunas. Associada à desvalorização da moeda, houve uma desvalorização fundamental de todos os padrões morais na sociedade; o cinismo estava em alta. Em seu livro *Geschichte eines Deutschen* [História de um alemão], Sebastian Haffner descreveu essa dramática experiência geracional: "Nós já passamos por esse grande jogo de guerra e vivenciamos o choque do final: um aprendizado político muito decepcionante e hoje observamos diariamente o colapso de todas as regras de vida e a falência da idade e experiência."[6]

Um efeito colateral do clima quase apocalíptico, alimentado pela inflação galopante, foi o aparecimento dos assim chamados "santos da inflação" – pregadores itinerantes que exerciam uma força de atração semelhante à de Jesus, tais como Friedrich Muck-Lamberty, o "Messias da Turíngia", que com seu grupo de danças e apresentações teatrais levava as multidões a êxtase, ou o antigo fabricante de champanhe Ludwig Christian Häusser, que usava modernos meios de propaganda para atrair multidões.[7]

Em Munique e na Baviera, Hitler era o homem que atraía os indivíduos sedentos de redenção, bem como as camadas populacionais de indivíduos desqualificados ou ameaçados de desqualificação. Os nacional-socialistas foram os que mais se beneficiaram com a situação econômica catastrófica. "Enquanto outras reuniões de cunho político eram menos frequentadas em razão do enorme aumento dos preços cobrados pelas entradas e pela cerveja, os comícios nacional-socialistas sempre lotavam os salões", relatou a direção da polícia de Munique.[8] Multidões de pessoas procuravam o NSDAP, atraídas pelas frases feitas de Hitler contra os "atravessadores" e "usurários" judeus-capitalistas, que ganharam plausibilidade com a abrupta desapropriação de grandes camadas populacionais. Em Munique, os nacional-socialistas eram "mais fortes do que os partidos da direita" e, em muitas outras cidades, "o movimento florescia", informou Rudolf Heß no início de 1923. Entre fevereiro e novembro de 1923, o partido contabilizava 35 mil novos membros, de modo que seu número total até a época do golpe aumentara para 55 mil. Como recorda Maria Enders, uma das funcionárias do escritório situado na Corneliusstrasse, às vezes a procura era tão grande que ela mal conseguia preencher os cartões de inscrição de novos membros.[9]

Os boatos sobre um golpe iminente dos nacional-socialistas começaram a circular a partir do outono de 1922. No início de novembro, o conde Harry Kessler soube pelo diplomata e escritor Victor Naumann, que acabara de voltar de Munique, que Hitler e Esser "tinham tudo sob seu controle". A qualquer momento "seriam capazes de atacar os judeus e se insurgir contra Berlim". Ambos ainda teriam "um grupo grande e bem organizado de seguidores armados". A defesa do Reich "não ofereceria qualquer resistência".[10] Em novembro de 1922, o novo primeiro-ministro da Baviera, Eugen von Knilling (BVP), que acabara de substituir Lerchenfeld-Koefering, ainda assegurou a Robert Murphy, o cônsul americano em Munique, de que Hitler "não tinha estrutura suficiente para chegar a ser mais do que um orador popular". Hitler não tinha "as qualidades de um Mussolini", e "nunca teria tanto sucesso quanto Kurt Eisner": "Ele também não possui as mesmas ferramentas intelectuais para tal; além do mais, o governo está de olho nele, o que não era o caso em 1918".[11] Isso mostra mais uma vez como Hitler foi subestimado, bem como o perigo que dele emanava. No entanto, o ponto de vista do primeiro-ministro não era partilhado por todos os membros do governo da Baviera. Em uma nota feita em meados de dezembro de 1922, o conselheiro ministerial do Ministério do Interior, Josef Zetlmeier, faz uma referência ao movimento nacional-socialista como "um perigo para o Estado" – pois se eles fossem capazes de concretizar "mesmo que só parcialmente, o que pretendem fazer contra os judeus, sociais-democratas e o capital bancário", se pusessem em prática suas "ideias nefastas", haveria um "grande derramamento de sangue e uma desordem generalizada". Até então, todas as advertências endereçadas a Hitler haviam sido infrutíferas. Isso também não é surpreendente, se levarmos em consideração "a energia emanada de um movimento que, ao que tudo indica, terminará em uma ditadura". Zetlmeier conclamou seu governo a deixar de lado sua prática preestabelecida de tolerância ao NSDAP.[12]

Na verdade, o governo bávaro, alarmado com os boatos persistentes de golpe, estabeleceu alguns limites para a convenção do NSDAP marcada para o final de janeiro de 1922 em Munique. Assim, o comício central planejado para acontecer na praça Königsplatz foi proibido. Foram proibidas todas as reuniões e passeatas a céu aberto. Em 25 de janeiro, durante uma conversa exaltada com o chefe de polícia Eduard Notz, sucessor de Pöhner, Hitler ameaçou fazer cumprir à força o direito de ir às ruas. "Por ele, o governo pode atirar, ele encabeçaria o movimento, e se quisessem também poderiam matá-lo." No entanto, o primeiro tiro desencadearia "uma maré vermelha" e, duas horas depois, "o governo estaria liquidado". Após exclamar "Nos vemos novamente na presença de Philipi!", o presidente do NSDAP deixou o aposento intempestivamente.[13] O governo levou a ameaça a sério e decretou estado de exceção em toda a Baviera. Hitler talvez tivesse sofrido um sério revés se seus influentes patrocinadores não tivessem interferido a seu favor. Por intermédio de Röhm e Ritter von Epp, Hitler conseguiu uma audiência com o comandante da *Reichswehr* na Baviera, o tenente-general Otto von Lossow. Hitler deu-lhe sua palavra de honra, afirmando que não faria nenhuma tentativa de golpe. Hitler repetiu a mesma afirmação solene na presença de Gustav Ritter von Kahr, que naquela época era novamente presidente do governo na Alta Baviera. Em seguida, Lossow e Kahr intercederam por ele junto ao primeiro-ministro Knilling. Depois de outra reunião com Nortz, o chefe de polícia, na noite de 26 de janeiro, na qual Hitler repentinamente se mostrou muito manso, dizendo que "garantiria o bom andamento do 'dia do partido' (*Parteitag*) empenhando sua honra e seu nome", o evento foi aprovado com certas restrições.[14]

No entanto, Hitler não obedeceria às normas estabelecidas. Assim, na noite de 27 de janeiro, o NSDAP realizou doze e não somente as seis reuniões que haviam sido autorizadas. Hitler, aclamado pela multidão "como se fosse um salvador", discursou em todas elas e não mediu esforços para recitar expressões de zombaria e desprezo contra o governo Knilling. "Sim, senhor ministro, como o senhor sabe que nós, os nacional-socialistas, queremos fazer um golpe? Sim, [irônico], a mulher que vende leite lhe contou! Um condutor de bonde lhe disse, e uma telefonista escutou algo semelhante durante uma conversa telefônica! E [triunfante] o jornal *Münchener Post* escreveu isso!" Os nacional-socialistas nem teriam necessidade de fazer um golpe, pois não eram "um partido moribundo" e sim, um movimento jovem, "que crescia a cada semana em força e números". O NSDAP podia esperar até que chegasse seu dia. Nesse dia, não faremos um golpe e sim, um "simples sopro" bastará para varrer o governo para fora.[15]

Durante o *Parteitag*, que durou três dias, grande parte de Munique continuava na mão dos nacional-socialistas. Tropas da SA marchavam, dominando o cenário nas ruas. O desafio aberto das regulamentações governamentais significou uma grande perda de prestígio para o primeiro-ministro. De modo geral, relatou o enviado de Württemberg, Carl Moser von Filseck, acreditava-se "que o governo ficara completamente desacreditado". Sua reputação "sofrera um sério golpe".[16] No entanto, em vez de aprender com o ocorrido, entendendo que conviver com Hitler e seu movimento era algo ilusório, os representantes do poder do Estado na Baviera permaneceram em sua atitude flexível. Uma das razões era o medo de perder o apoio da população, caso realmente decidissem atuar decisivamente contra as atividades dos nacional-socialistas, pois em círculos conservadores nacionalistas esses ainda eram considerados aliados úteis na luta contra a esquerda socialista. Até mesmo a liderança militar da Baviera via "o núcleo saudável do movimento Hitler" exatamente no fato de que este "detinha a força da propaganda, capaz de motivar a classe trabalhadora a assumir uma postura nacional". Mais tarde, o general von Lossow declararia no Processo Hitler: "Nós não pretendíamos reprimir violentamente o movimento Hitler, e sim posicioná-los dentro do possível e realizável".[17]

Nas organizações militares, incluindo a SA, ainda se via a liderança militar do Reich como uma reserva militar secreta, à qual era possível recorrer em caso de conflito. No início de fevereiro de 1923, foi constituído por iniciativa de Ernst Röhm um "Grupo de Trabalho das Unidades de Combate da Pátria" (*Arbeitsgemeinschaft der Vaterländischen Kampfverbände*), cujo núcleo era formado pela SA, bem como pelo grupo paramilitar Oberland e membros do *Reichsbanner*. O líder militar era Hermann Kriebel, um tenente-coronel aposentado, ex-chefe das defesas populares; o exército assumiu a formação militar. A inclusão da *Arbeitsgemeinschaft* mudou o caráter da SA – a tropa do partido transformou-se em uma associação militar, sendo reestruturada de acordo com um modelo militar sob a chefia de Hermann Göring: no lugar das *Hundertschaften*** entraram as *Sturmkompanien* (companhias de ataque), que eram reunidas em *Sturmbataillonen* (batalhões de ataque) e *Sturmregimenten* (regimentos de ataque). O objetivo autoimposto da *Arbeitsgemeinschaft* foi descrito por um memorando desenvolvido por Hitler em meados de abril de 1923: "1. Chegar ao poder político. 2. Limpeza brutal dos inimigos internos da pátria. 3. Educação da nação, intelectualmente de acordo com a vontade, tecnicamente através da formação para o dia que dará a liberdade à pátria, encerrando o período da traição de novembro e outorgando a nossos filhos e netos um novo Reich Alemão".[18] Frente às autoridades bávaras, as unidades de combate demonstravam sua determinação para atuar também na ilegalidade. Em 15 de abril, realizaram um grande exercício militar na Fröttmaninger Heide, ao norte de Munique, e ao retornarem invadiram a zona de exclusão ao redor do congresso. De forma deliberadamente provocativa, o presidente do NSDAP realizou um desfile em frente à residência do embaixador prussiano na Prinzregentenstrasse. "Hitler terá um ataque de megalomania", comentou o chefe de imprensa do Ministério do Exterior da Baviera, referindo-se à displicência da polícia em relação à agitação.[19]

Ao mesmo tempo, os jovens da SA em Munique ficavam cada vez mais ousados. Assim, forçaram um livreiro estabelecido na Brienner Strasse a retirar um livro de sua vitrine, cujo título não os agradava. Depois do ocorrido, o proprietário da livraria enviou a Hitler uma carta em tom furioso, queixando-se da "ditadura de

---

*   Literalmente, "centúria", termo utilizado para denominar grupos militares que continham mais de cem pessoas. (N.E.)

moleques". Após uma reunião do presidente do NSDAP, uma mulher que fez anotações durante o discurso foi submetida a uma degradante revista corporal pelos jovens responsáveis pela organização do salão. Sua acompanhante, uma médica, ficou indignada: "Ali, nos defrontamos com o mais puro terror, muito pior do que na época de Eisner". Os transeuntes judeus eram abordados e agredidos na rua; comerciantes judeus eram denunciados porque, supostamente, "difamavam de maneira ultrajante a causa de Hitler".[20]

No final de abril, Hitler novamente decidiu medir forças com o governo bávaro. Para tal, o dia 1º de maio pareceu-lhe a data mais adequada, por sua importância simbólica para a esquerda – como dia tradicional do movimento operário – e para a direita – como dia da "libertação" de Munique da república comunal em 1919. Quando o governo recusou-se a proibir a festividade de maio, planejada pelo SPD e pelos sindicatos na Theresienwiese, Hitler convidou os líderes da Associação de Trabalhadores a "impedir a passeata d[os] vermelhos" com uma abordagem agressiva, se necessário com uso de armas".[21] Na madrugada do dia 1º de maio, 2 mil homens armados com rifles e metralhadoras reuniram-se no então campo aéreo militar de Oberwiesenfeld, no norte de Munique. As armas foram obtidas dos depósitos da defesa do Reich, contra a proibição expressa de Lossow. Enquanto os homens ainda realizavam serviço militar – entre eles Hitler, com seu capacete de aço na cabeça e a Cruz de Ferro Classe I presa ao uniforme – grandes unidades da polícia bávara se faziam presentes cercando o Oberwiesenfeld. Além disso, as tropas militares ficaram de prontidão nos quartéis. Dessa vez, o governo bávaro e a liderança militar do Reich estavam dispostos a enfrentar o desafio, mostrando a Hitler os limites de seu poder. Graças "à atitude decidida e indubitável das forças policiais que integravam esse cordão de isolamento, foi possível banir qualquer tendência à ação ativista [...] dos indivíduos reunidos no Oberwiesenfeld"; é o que consta no relatório final da polícia de Munique.[22]

Por volta do meio-dia, um comando militar do Reich apareceu, exigindo a entrega das armas roubadas. Kriebel e outros "esquentados" queriam se opor à exigência, mas Hitler temia o risco de um confronto armado entre o exército e a polícia que, como ele bem sabia, poderia acabar rapidamente com as suas ambições políticas. Assim, os homens entregaram as armas e deixaram o local. Antes disso, a manifestação de maio no campo aberto de Theresienwiese também havia terminado sem qualquer perturbação da ordem pública. Munique suspirou, aliviada; o temido confronto foi evitado.

Para Hitler, esse final inglório significava seu primeiro revés – mesmo em seus monólogos no quartel-general do Führer, ele se referia a isso como a "maior humilhação" de sua vida.[23] Ele tentava confortar seus homens da SA: "Nosso dia chegará em breve"[24], mas não ajudava a esconder a perda de prestígio sofrida com o fiasco de 1º de maio. Hitler "não tinha objetivos claros" e "era manipulado por instigadores que constantemente clamavam por uma 'ação' salvadora", citou o agente florestal

Escherich, que encontrara o presidente do NSDAP pela primeira vez em fevereiro e que formara uma impressão desfavorável de Hitler: "Um pequeno demagogo, que só sabe usar chavões." Então, passou a acusá-lo publicamente de não controlar os "*desperados*" em suas tropas.[25] Alguns observadores achavam que Hitler já havia ultrapassado o apogeu de sua obra. Murphy, o cônsul dos EUA, informou a Washington que os nacional-socialistas "estavam em declínio".[26] No entanto, isso era uma mera ilusão. A derrota de 1º de maio apenas desacelerou temporariamente a força propulsora do movimento de Hitler.

Certamente o líder do NSDAP sentiu-se desconfortável quando a promotoria da Baviera deu início a uma investigação contra ele, instigada pelo ministro do Interior, por "formação de uma quadrilha armada". Isso poderia levá-lo à prisão por vários meses. Mas assim que Hitler ameaçou fornecer detalhes sobre o conluio entre a SA, as associações de defesa e o exército do Reich, Franz Gürtner, o ministro da Justiça da Baviera no cargo desde agosto de 1922, determinou que o início do julgamento fosse adiado para "tempos menos agitados" por razões de Estado. O processo caiu no esquecimento.[27] Mais uma vez ficou claro que a postura negligente do governo bávaro era completamente inadequada para acalmar o ímpeto de ação dos demagogos.

Hitler, no entanto, retirou-se por algum tempo da vida pública, aparentemente porque necessitava de um descanso após as emoções vividas nos últimos meses. Viajou para Berchtesgaden, para usufruir do isolamento proporcionado pelos Alpes, onde seu amigo Dietrich Eckart estava escondido há algum tempo, na tentativa de escapar de uma prisão iminente. Sob o codinome "Wolf", registrou-se na Pensão Moritz, dirigida pelo casal Büchner, que gostava de Hitler. Naquela época, confessou Hitler mais tarde, ele "se apaixonara completamente pela paisagem". "Para mim, o Obersalzberg era algo maravilhoso."[28] Foi difícil convencê-lo a participar do manifesto em memória de Leo Schlageter em Munique no dia 10 de junho, organizado pelas associações patrióticas. (Schlageter fora condenado à morte e sumariamente executado pelos franceses em 26 de maio, após ter cometido vários atentados à bomba na região do Ruhr.) Assim que terminou seu discurso, Hitler voltou para seu idílio de férias. Rudolf Heß, que o visitou em julho, o encontrou em boa forma: "Felizmente, Hitler agora vai frequentemente às montanhas para recuperação. Vê-lo com calças de couro curtas, joelhos à mostra e em manga de camisa é algo muito incomum. Sua aparência também está bem melhor do que antes".[29]

Joachim Fest afirmou que Hitler refugiou-se em "suas antigas letargias e aversões" no Obersalzberg.[30] No entanto, de acordo com o testemunho de Heß, isso não era verdade: "Sua vida aqui é estressante, o seu dia é totalmente programado, desde cedo até tarde da noite. Uma reunião atrás da outra, muitas vezes ele não para nem mesmo para comer".[31] Com seu recém-adquirido Mercedes Benz, Hitler se deixava levar confortavelmente de um evento a outro por seu motorista.

O agravamento da crise política e econômica desde o verão de 1923 também não permitia uma ausência prolongada do presidente do partido. A inflação estava chegando ao seu ponto máximo. "Em agosto, o dólar atingiu um milhão", lembrou Sebastian Haffner. "Ao lermos a notícia, ficamos sem ar, como se fosse o anúncio de um recorde incrível. Após duas semanas, já ríamos disso, pois parecia que o dólar havia captado nova energia ao chegar à marca de um milhão e passou a subir cada vez mais, em um ritmo de centenas de milhões e bilhões. Em setembro, o milhão já não tinha mais valor algum e o bilhão passou a ser a unidade de pagamento. No final de outubro, a unidade de pagamento passou a ser o trilhão."[32]

A queda vertiginosa da moeda agravou a situação e o desespero de grandes camadas da população. No final de agosto, a Suábia relatou sobre um estado de ânimo "extremamente deprimido": "O desemprego e a fome batem em muitas portas e ninguém sabe como evitar os perigos". Em outubro, o presidente do governo da Alta Baviera informou sobre uma atmosfera semelhante àquela que reinava em novembro de 1918: "Comentários afirmando que não importa que tudo se acabe [...] são comuns".[33]

Uma onda de passeatas, greves e tumultos decorrentes da fome abalou o país. Em agosto, Cuno renunciou ao cargo. Gustav Stresemann, o presidente do Deutsche Volkspartei, um fervoroso anexionista e seguidor de Ludendorff que havia se transformado em um republicano racional durante a Primeira Guerra Mundial, passou a ser o novo chanceler do Reich. Stresemann formou um gabinete da grande coalizão, do qual faziam parte o DVP, o Partido Democrático Alemão (DDP) e o Zentrum, bem como o SPD. O novo governo foi confrontado com a difícil tarefa de combater a inflação, pois a recuperação econômica seria impossível sem a estabilização da moeda. Mas antes era preciso por um fim à luta em Ruhr, um desastre financeiro. Em 26 de setembro de 1923, o presidente e o governo do Reich anunciaram o cessamento da "resistência passiva". Imediatamente, a política da direita desencadeou uma campanha selvagem contra a política de capitulação de Stresemann e a grande coalizão.[34]

Na Baviera, onde os ressentimentos contra a "Berlim Vermelha" sempre foram mais pronunciados do que nos demais lugares, a oposição começou a crescer. Nos dias 1 e 2 de setembro de 1923, as associações patrióticas reuniram-se em Nuremberg para celebrar um *Deutschen Tag*. "As ruas estavam envoltas em um mar de bandeiras nas cores preta, branca e vermelha e bandeiras azuis e brancas", relatou o departamento de polícia de Nürnberg-Führt, "gritos retumbantes de *Heil*, vindos das multidões que ocupavam as ruas, calçadas e janelas, envolviam os convidados de honra e a passeata [...]: era um clamor de alegria emitido por centenas de milhares de indivíduos angustiados, intimidados, pisoteados, desesperados, aos quais se revelara um raio de esperança de libertação da escravidão e miséria. Muitos homens e mulheres choravam, dominados pela emoção."[35]

Em Nuremberg, Hitler e Ludendorff fizeram uma aliança. Em 1921, Rudolf Heß apresentou o presidente do NSDAP a Ludendorff. Hitler ficou muito feliz ao conhecer pessoalmente o general da Primeira Guerra Mundial, que ele "tanto admirava", relatou Hitler perante o Tribunal de Munique em fevereiro de 1924. E Ludendorff, por sua vez, testemunhou que após ter sido apresentado a Hitler, "só o viu crescer". Ele reconheceu que "ali estava alguém que entendia o povo, que ali estava alguém com um moral elevado, alguém que poderia trazer a redenção": "Foi assim que Hitler e eu nos encontramos".[36] Para Hitler, o "herói da Guerra Mundial" foi de grande valia. Tendo-o como aliado, Hitler tinha esperanças de obter o consentimento das forças armadas para seus planos de golpe. O dia 10 de maio ensinou a Hitler que, sem o apoio do exército, sua empreitada estaria fadada ao fracasso.

Nuremberg também provocou outro acontecimento importante: a fundação de uma liga patriótica de luta – o (*Vaterländischer*) *Kampfbund*, da qual fazia parte o núcleo ativista das associações de defesa – SA, *Oberland* e *Reichsbanner*. Também aqui Kriebel serviu como líder militar; a administração ficou a cargo de Erwin Scheubner-Richter. A liderança política do *Kampfbund* foi oferecida a Hitler em 25 de setembro. O "programa de ação" não deixava dúvidas sobre o propósito: seu objetivo real, "a derrota do marxismo", somente seria alcançado pelas associações "se estas estivessem de posse de meios de poder estaduais". Logo, isso significava que "a revolução nacional na Baviera não deve preceder a tomada do poder político, mas a tomada do poder político do Estado é o pré-requisito para a revolução nacional."[37]

A constante invocação da "revolução nacional" iminente alimentou no grupo da direita as esperanças de uma revolução. Os boatos sobre um golpe voltaram a circular e deram origem a uma excitação geral. Com isso, Hitler e seu movimento passaram a sofrer uma pressão crescente. Em breve, chegaria o dia no qual ele "não conseguiria mais segurar" seus homens, alertou Wilhelm Brückner, líder do regimento da SA de Munique. "Se nada for feito agora, as pessoas debandarão."[38]

Em setembro e outubro, o escritório do NSDAP foi inundado por montanhas de cartas vindas de todas as partes da Alemanha. Nelas, Hitler era convocado a agir com urgência. Todas as esperanças voltavam-se para Hitler, o "salvador da Baviera" que, "com sua vassoura de ferro", "limparia aquele estábulo de Áugias". Com uma "atitude enérgica" – como a de Mussolini, na Itália – ele seria capaz de prestar um "enorme serviço" à Alemanha. Todos os dias, as pessoas aguardavam o "sinal de ataque", e oravam para que "Nosso Senhor conduzisse Hitler à vitória perfeita" – esse era o teor da maioria das cartas recebidas. Uma senhora distinta, residente em Bogenhausen, um bairro nobre de Munique, que dois anos antes comparecera a todos os discursos de Hitler no Circo Krone e que enfrentou longas filas para comprar seu ingresso "só para ouvir cada palavra, cada entonação de sua voz e para saudá-lo de perto com um grito de *Heil*, escreveu-lhe no início de novembro: "Que agora o Todo Poderoso fortaleça seu braço, deixando-o tão forte quanto suas palavras, para que finalmente chegue o dia da libertação".[39] A liderança do NSDAP provavelmente foi incentivada por essa esmagadora manifestação de fé no Führer, motivando-a a não aguardar por mais muito tempo para tomar as medidas planejadas.

Com seus discursos inflamados no Circo Krone, Hitler aumentava as expectativas. O povo alemão estava dominado por um "sentimento intenso": "Isso não pode continuar assim", anunciou Hitler em 5 de setembro. Existem "apenas duas possibilidades: ou Berlim marcha e acaba em Munique, ou Munique marcha e acaba em Berlim".[40] Em meados de setembro, durante a realização do *Deutscher Tag*, Rudolf Heß observou como Hitler foi festejado como se fosse o Messias anunciado: "num piscar de olhos, os seis salões estavam superlotados e a multidão ainda aglomerava-se em sua frente, aguardando em vão para entrar [...] Em um dos salões, ele repentinamente foi possuído por algo indescritível – agarrou-me de tal maneira que tive que cerrar os dentes [...] O salão estava cheio de cabeças pensantes e críticas – ao final, todos estavam entusiasmados e completamente fora de si."[41]

"Quando é que isso começa?" – esta pergunta agitava a multidão. Até então, nem Hitler tinha certeza quando seria. Em meados de setembro, Heß notou que ele estava "sério, como nunca antes": Hitler sentia "sua responsabilidade também [...] no que diz respeito ao início, sobre a sua decisão de incendiar o barril de pólvora".[42] Para o dia 27 de setembro, o presidente do NSDAP planejava catorze grandes reuniões só em Berlim – uma espécie de prelúdio, para antecipar a tomada de decisão.

Mas então aconteceu algo que Hitler não esperava: no dia 26 de setembro, o gabinete Knilling decretou o estado de sítio e nomeou Gustav Ritter von Kahr comissário geral do Estado, com poderes quase ditatoriais. Este passo, por um lado, ia

[FOTO 13] Uma das grandes reuniões do NSDAP tendo Hitler como orador no Circo Krone, Munique 1923 – antes do golpe de Hitler (Foto: Heinrich Hoffmann).

contra o governo de Berlim, que acabara de proclamar o fim da "resistência passiva" e, por outro, também ia contra o movimento de Hitler, cuja crescente prontidão golpista não passara despercebida pelas autoridades bávaras. Como uma de suas primeiras medidas, Kahr proibiu os catorze grandes comícios do NSDAP anunciados para o dia 27 de setembro. Imediatamente, Hitler protestou veementemente contra a medida, mas não conseguiu que a proibição fosse cancelada.[43] A partir de então, o relacionamento entre o comissário geral do Estado e o líder do partido ficou comprometido. Hitler tentava claramente distanciar-se de Kahr, que em sua opinião "era somente um funcionário zeloso, desprovido de instinto político e firmeza em suas vontades". Portanto, ele também não era "o homem adequado para liderar a luta decisiva". O que Hitler queria dar a entender era claro: somente ele e mais ninguém era o homem indicado para "preparar o caminho do maior movimento de libertação da Alemanha."[44]

Assim, durante todo o mês de outubro, reinava em Munique uma atmosfera altamente febril. Os atores principais, Kahr de um lado e Hitler do outro, rodeavam-se como dois gatos desconfiados. Ofertas tentadoras e ameaças abertas revezavam-se. No emaranhado das manobras e jogadas políticas ardilosas, até mesmo os iniciados tinham dificuldades para manter a orientação. A situação complicou-se ainda mais após um grave conflito entre a Baviera e o Reich.

Em 26 de setembro, em resposta à nomeação de Kahr, Ebert, o presidente do Reich, também decretou o estado de sítio e encarregou o ministro da Defesa, Otto Geßler, a executar as ordens. No dia seguinte, Geßler ordenou a proibição da divulgação do *Völkischer Beobachter*, pois o jornal havia publicado um artigo calunioso contra Stresemann, chanceler do Reich, e contra o chefe da Defesa, Hans von Seeckt. No entanto, o general Lossow recusou-se a cumprir a ordem de proibição contra a vontade de Kahr. Então, Eckert decretou a destituição de Lossow. Nesse momento, Kahr interveio e, por sua vez, nomeou Lossow para o comando das tropas militares da Baviera. Isso selou a ruptura entre Berlim e Munique. Efetivamente, a Baviera passou a ser governada por um triunvirato, pelo comissário geral do Estado von Kahr e seus dois principais aliados, o general von Lossow e o coronel Hans Ritter von Seißer, chefe de polícia da Baviera.[45]

Durante algum tempo, o conflito entre a Baviera e o *Reich* acobertou a disputa entre o triunvirato e as forças ativistas em relação a Hitler e o *Kampfbund*. Nos bastidores, no entanto, a luta continuava. O objetivo de ambos era o mesmo: a eliminação da democracia de Weimar e a instituição de uma "ditadura nacional". No entanto, existiam profundas diferenças de opinião sobre os caminhos a seguir para alcançar esse objetivo e qual seria o momento apropriado para agir. De acordo com as ideias de Kahr, Lossow e Seißer, a "revolução nacional" deveria partir de Berlim. Eles sabiam que na capital do Reich estavam sendo feitos planos para a formação de um "conselho" que, após o final esperado do governo Stresemann, tomaria o poder. Desse conselho participariam, além do general von Seeckt, o ex-diretor geral do grupo industrial Stinnes, Friedrich Minoux, e o embaixador alemão em Washington, Otto Wiefeldt.[46] O triunvirato colaboraria com esses esforços. Por esse motivo, depôs Kahr no processo Hitler pareceu-lhe necessário "recrutar as forças nacionais principalmente na Baviera, para que esta se fortalecesse, de modo que também tivesse condições de associar-se às tentativas de formar um conselho, apoiando-o mais tarde".[47] Em outras palavras: Kahr e seus confidentes não pretendiam tomar a iniciativa, e sim deixar isso a cargo da liderança militar de Berlim e seus contatos no norte da Alemanha. Hitler e o *Kampfbund* deveriam subordinar-se a "todas as forças patrióticas para a criação de uma autoridade de Estado firme e sólida" na Baviera. Sua ajuda seria bem-vinda, declarou Kahr na gravação feita durante uma coletiva de imprensa em 1º de outubro, mas ambos deveriam inserir-se "dentro do todo"; "desvios não serão tolerados."[48]

De acordo com as ideias de Hitler e do *Kampfbund*, a "ditadura nacional" deveria ser inicialmente proclamada na Baviera, de onde deveria partir a "Marcha sobre Berlim". "Desenrolamento da questão alemã na última hora, a partir da Baviera: proclamação de um exército de libertação sob um governo alemão em Munique", foi assim que Hitler descreveu o pretendido caminho para o poder em um discurso aos líderes da SA em 23 de outubro. E, em um discurso no Circo Krone em 30 de outubro, Hitler foi ainda mais claro: "Hoje, a Baviera tem uma grande missão [...] Precisamos sair de nossos limites, lutar contra aquela praga marxista em Berlim [...] Precisamos levar a luta adiante, dar uma estocada diretamente no coração". Aqui, o orador não deixou dúvidas sobre quem regeria o golpe programado: "Para mim, a questão alemã somente estaria solucionada depois que a bandeira nas cores preta, branca e vermelha com a suástica tremulasse sobre o granizo de Berlim".[49] Hitler pretendia deixar a liderança militar do golpe a cargo de Ludendorff. Sua fama como general da Guerra Mundial parecia oferecer a garantia de adesão do exército do Reich. No entanto, Hitler reivindicava para si a liderança política – um sinal claro de que ele já não se via mais como um mero "tocador de tambor" e sim, como o futuro Führer. "Um homem, quando se sente chamado para liderar uma nação, não tem o direito de dizer: 'Eu irei se alguém me quiser ou se alguém vier me buscar'. Esse homem tem o dever de fazê-lo", disse Hitler perante o tribunal, relembrando suas antigas considerações.[50]

Enquanto o triunvirato preferia ganhar tempo, Hitler pressionava para a ação. O líder do NSDAP sentia-se pressionado não somente pelas expectativas de seus seguidores em toda a Alemanha e pelos homens do *Kampfbund* em Munique, mas também pelas mudanças nas condições políticas dominantes. Com a intervenção militar contra os *Einheitsfrontregierungen* (governos da frente única) compostos pelo SPD e KPD na Saxônia e Turíngia no final de outubro e começo de novembro de 1923, deixou de existir um motivo apresentado pelos conspiradores bávaros para o desfile militar na fronteira com a região central da Alemanha. A fundação de uma autoridade monetária autorizada a emitir papel moeda, a Rentenbank, em meados de outubro, deixou claro que o governo Stresemann agora também tencionava tomar uma ação decisiva para a restauração da moeda. Hitler e a liderança do *Kampfbund* sofriam com a pressão do tempo. Em 1º de novembro, em uma reunião com Seißer, o presidente do NSDAP assegurou que: "Eu não faço nada contra o exército do Reich ou contra a polícia, não pense que sou tão estúpido – não sou golpista, que isso fique bem claro".[51] Ao mesmo tempo, Seißer convidou o triunvirato a agir: "Já está em tempo. A miséria econômica está afligindo o povo de tal maneira que devemos agir, ou nossos seguidores se bandearão para os comunistas".[52]

No início de novembro, Seißer viajou para Berlim como representante do triunvirato, a fim de sondar a situação. Em uma conversa com o chefe da Defesa do Reich, Seißer apontou para a "forte pressão" que "todas as forças patrióticas na Baviera" exerciam sobre Kahr para que este "interviesse contra Berlim", visando a "criação de uma ditadura nacional". Seeckt explicou que esse também era seu objetivo, mas ao mesmo tempo deixou claro que o "caminho a ser percorrido deveria ser o legal". Portanto, para ele, uma "Marcha sobre Berlim" estava absolutamente fora de questão.[53] Pouco tempo depois, no dia 6 de novembro, Kahr convocou os líderes das associações patrióticas, entre eles Kriebel (do *Kampfbund*) para uma reunião, alertando-os enfaticamente para não tomarem decisões arbitrárias: "Sou eu, e mais ninguém, que dará as ordens para marchar". Lossow apoiou a decisão e lembrou do fracasso do golpe Kapp-Lüttwitz em 1920: "Estou preparado para apoiar uma ditadura da direita, desde que ela tenha uma chance de sucesso. Se apenas estivermos sendo empurrados para um golpe que terá um final infeliz depois de cinco ou seis dias, não contem comigo".[54]

Após a reunião de 6 novembro, ficou claro que o triunvirato não estava disposto a tomar a iniciativa, já que desejava aguardar os acontecimentos em Berlim e no norte da Alemanha para, eventualmente, posicionar-se apoiando o "conselho" a ser formado. Hitler, depois de suas declarações arrogantes da semana anterior, não podia permanecer inativo: "Não é possível preparar as pessoas para alguma coisa e depois chamá-las de volta. Nós não podemos incentivá-las ininterruptamente. Precisamos chegar a uma decisão clara", confessou mais tarde durante o processo.[55] Portanto, na noite de 6 de novembro, Hitler decidiu atacar. A decisão foi confirmada no dia seguinte durante uma reunião com os líderes do *Kampfbund*. A data foi marcada para o dia 11 de novembro, o dia do cessar-fogo em 1918. Kriebel propôs concentrar as unidades do *Kampfbund* para um exercício noturno na região da Fröttmaninger Heide no dia 10 de novembro. No dia seguinte, seria dada a ordem para que invadissem Munique. Porém, esse plano foi abandonado assim que se soube que Kahr convocara uma reunião no Bürgerbräukeller para a noite de 8 de novembro, para a qual seriam convidadas todas as personalidades importantes da cidade.

Baseado nessa convocação a curtíssimo prazo, Hitler deduziu que Kahr pretendia passar-lhe a perna, e suspeitou até mesmo que o comissário geral do Estado talvez pretendesse anunciar o restabelecimento da dinastia Wittelbach. Boatos correspondentes circularam em Munique no começo de novembro de 1923. Porém,

Hitler opunha-se fortemente à restauração da monarquia. "Jamais você verá", ditou Hitler no final de setembro a seu secretário, Fritz Lauböck, que datilografava, "que o partido nacional-socialista alemão fará ao menos uma tentativa de conduzir novamente a dinastia Hohenzollern ou Wittelbach, juntamente com toda a corja da corte, a assumir o governo de nosso povo alemão".[56]

Assim, o presidente do NSDAP decidiu antecipar a data do golpe de Estado para a noite de 8 de novembro. A súbita ocupação do Bürgerbräukeller ofereceu a oportunidade única de acesso a todos os políticos destacados da capital do Estado e, concomitantemente, forneceu o estopim inicial para o golpe. O triunvirato seria confrontado com um fato consumado e seria forçado a colaborar. "Devemos comprometer as pessoas de tal modo que não consigam voltar atrás", assim Hitler declarou sua intenção a Hanfstaengl.[57] Nós pretendíamos "dar um empurrãozinho" nos três irresolutos, declarou Hitler durante o processo, para "que eles, finalmente, se decidissem a saltar dentro da água fria".[58]

Durante o dia 8 de novembro, foram expedidas as ordens para os líderes do *Kampfbund*, algumas tendo sido entregues por mensageiros motorizados. O círculo de confidentes foi mantido restrito para não prejudicar o efeito surpresa do empreendimento.[59] Nas primeiras horas da manhã, Hitler garantiu o apoio de Pöhner, seu antigo patrocinador no departamento de Polícia, entregando-lhe o cargo de primeiro-ministro da Baviera no governo golpista. Segundo Pöhner, a proposta veio "inesperadamente", mas ele sentira "uma satisfação interior" com o fato "de que, finalmente, alguém tivera a força para agir": "Quando Hitler me perguntou, eu respondi sem hesitar: Sim, eu topo".[60] Às nove horas, Hitler telefonou para Heß, pedindo seu comparecimento. Em seguida, deu-lhe a tarefa de prender os membros do governo da Baviera que estavam no Bürgerbräukeller: "Com um aperto de mão, selei minha promessa de manter segredo absoluto e nos despedimos, só nos reencontrando à noite".[61]

Hitler apareceu por volta do meio-dia na redação do *Völkischer Beobachter* – "segurando na mão o chicote de cães [...] uma imagem de profunda determinação" – e explicou ao surpreso editor-chefe Rosenberg, bem como ao também presente Hanfstaengl: "Chegou o momento de agir [...] No entanto, não falem nada a ninguém". À noite, ambos deveriam ir até o Bürgerbräukeller, sem esquecer de levar consigo as pistolas.[62] Estas foram as instruções dadas ao círculo mais restrito de conspiradores. A empreitada, tendo em vista a antecipação da data, foi tocada às pressas e improvisadamente. Não havia tempo suficiente para uma melhor preparação e essa seria uma condição considerável para o fracasso.

O Bürgerbräukeller já estava superlotado antes mesmo do início da apresentação, às 20h. Em frente à entrada aglomeravam-se centenas de pessoas que não tinham conseguido entrar. Pouco depois que Kahr iniciou seu discurso, Hitler chegou a bordo de sua Mercedes, acompanhado de Alfred Rosenberg, seu guarda-costas Ulrich Graf e Anton Drexler, que somente então fora informado por Hitler sobre suas pretensões: "Eu lhe desejo sorte", teria dito secamente o presidente de honra do NSDAP.[63] Ao ver a grande multidão em frente ao Bürgerbräukeller, Hitler ficou em dúvida se as tropas de ataque que estavam para chegar seriam capazes de passar por entre a multidão sem causar pânico, comprometendo o ataque surpresa. Espontaneamente, virou-se para o policial que estava de guarda e pediu-lhe que retirasse as pessoas da rua. Mais tarde, Konrad Heiden diria sarcasticamente: "Obedecendo às ordens de Hitler, a polícia abriu o caminho para seu golpe".[64]

Pouco depois, chegaram os primeiros caminhões lotados com homens da SA e a "tropa de choque Hitler", uma unidade especial com cem homens (um protótipo da SS) isolou a entrada e cercou o edifício. Hitler, que nessa noite usava um terno escuro, entrou na antessala do salão e caminhou nervosamente de um lado para o outro.[65] Finalmente, por volta de 20h45, ele atirou ao chão o copo de cerveja que Hanfstaengl lhe entregara, sacou sua pistola e invadiu o salão, enquanto uma tropa da SA, liderada por Göring, posicionava uma metralhadora na porta de entrada. "É óbvio que ali ninguém entrará carregando uma folha de palmeira", disse o presidente do NSDAP durante o processo para justificar sua entrada marcial.[66] Com muita dificuldade, Hitler – "pálido, com uma mecha de cabelo pendendo sobre o rosto, flanqueado por um homem da tropa de choque de cada lado, os quais brandiam pistolas para o alto"[67] – abriu caminho até o pódio. Hitler subiu em uma cadeira a cerca de dez passos de distância de Kahr e, como o barulho no salão não diminuía, disparou um tiro contra o teto. Em seguida, saltou da cadeira, subiu ao pódio e gritou extremamente agitado: "A revolução nacional começou. O salão está ocupado por seiscentos homens fortemente armados. Ninguém deve deixar o salão. Se não fizerem silêncio imediatamente, darei ordens para atirar em direção à galeria com uma metralhadora. O governo da Baviera foi deposto. O governo do *Reich* foi deposto. Formamos um governo provisório".[68]

Então, Hitler convocou Kahr, Lossow e Seißer a acompanhá-lo até uma sala anexa, onde informou que garantiria sua segurança. Um "sentimento de raiva e nojo" tomou conta de mim, escreveu Kahr em suas memórias inéditas. Ao mesmo tempo, ele acalentava a esperança silenciosa de que as forças policiais logo dariam um fim naquela assombração. Ou seja, o objetivo era ganhar tempo. Ao sair, Lossow teria sussurrado aos seus parceiros: "Façam o jogo dele" e, com olhares de cumplicidade, os três decidiram usar essa tática.[69] No entanto, parece duvidoso que naquele momento o triunvirato já estivesse de acordo sobre entrar no jogo de Hitler para, logo em seguida, enganá-lo. Na sala anexa, onde ocorriam as negociações, Hitler foi confrontado com uma resistência inesperada, embora usasse todo o seu poder de persuasão. Banhado em suor, espumando pela boca, ainda fortemente excitado e brandindo sua pistola, Hitler gritou: "Ninguém sairá vivo desta sala sem a minha permissão". Depois, um pouco mais calmo, pediu desculpas por seu procedimento, pois não tivera outra escolha: "Agora a coisa já está feita. Não tem volta". Em poucas palavras, Hitler explicou como imaginava a futura composição do governo na Baviera e no Reich: "Pöhner será o primeiro-ministro com poderes ditatoriais.

Você" – virando-se para Kahr – "será o representante do governo. O governo do Reich, Hitler; exército nacional, Ludendorff; ministro de Polícia, Seißer". Hitler disse-lhes ainda que "sabia o quanto seria difícil aceitar suas determinações", mas ele queria "facilitar-lhes a decisão". O aliciamento dos homens foi seguido por meio de uma ameaça: "Tenho quatro balas na minha pistola, três para meus colaboradores, caso me abandonem, e a última bala para mim", disse Hitler fazendo um movimento com a pistola em direção à cabeça. Kahr, "profundamente indignado" com esse tipo de tratamento, apenas respondeu friamente: "Você pode me prender, pode me matar, você pode acabar comigo. Morrer ou não morrer já não importa".[70] Assim, passaram-se dez minutos, sem que Hitler tivesse avançado mais um passo.

Enquanto isso, ondas de indignação tomaram conta do salão. Muitos dos cidadãos abastados de Munique presentes à reunião, chocados com o que tinham acabado de presenciar, expressavam sua desaprovação com gritos tais como "Teatro!", "América do Sul!", "México!".[71] Para acalmar os ânimos, Göring subiu ao pódio e explicou com seu vozeirão de comando que a ação não fora dirigida contra Kahr; muito pelo contrário, esperava-se sua colaboração. De resto, disse aos presentes, cada um ainda tinha a sua cerveja, portanto, deveriam se dar por satisfeitos.[72] Essa observação irreverente enfureceu ainda mais o público.

Então, Hitler voltou ao salão e o que aconteceu em seguida deixou o historiador Karl Alexander von Müller sem fala, mesmo quarenta anos depois, quando escreveu suas memórias. Hitler, que anteriormente deu aos presentes a impressão de estar louco, repentinamente passou a ser o dono da situação. Em um breve discurso – "uma obra prima da oratória digna de um ator" – Hitler virou o clima predominante na reunião, "como num passe de mágica". Assim que o demagogo teve certeza de ter conquistado o público, Hitler fez uma pergunta que sugeria a resposta por ele desejada: "Lá fora estão os senhores Kahr, Lossow e Seißer, que estão indecisos sobre a decisão a ser tomada. Posso dizer-lhes que vocês os apoiam?" E a resposta "Sim! Sim", ecoava de todos os lados. Em tom triunfal, Hitler finalizou teatralmente: "Amanhã, o dia começará com um novo governo nacional alemão ou estaremos todos mortos".[73]

Nesse momento, Ludendorff entrou em cena, acompanhado de gritos de *Heil*. Scheubner-Richter fora encarregado de trazê-lo de carro. É improvável que o general não tenha sido informado sobre a ação iminente. Poucas horas antes, por volta das 16h, Ludendorff procurou Kahr e, na presença de Lossow e Seißer, declarou que "era urgente tomar uma decisão". Kahr apontou os planos já conhecidos para instituir um congresso mas, ao mesmo tempo, "declinou de uma ditadura da direita, originária da Baviera", o que levou Ludendorff a retirar-se ameaçando claramente que "finalmente as pessoas começariam a reagir".[74] Porém, à noite, Ludendorff agiu como se também tivesse sido pego de surpresa pelas atitudes tomadas por Hitler: "Meus senhores, estou tão surpreso quanto vocês. Mas o passo foi dado, trata-se de nossa pátria e de uma questão nacional. Eu só posso aconselhá-los a seguir conosco, façam o mesmo!" O aparecimento de Ludendorff mudou abruptamente a atmosfera da sala. As armas desapareceram e tudo passou a ser uma "persuasão amigável". O primeiro a ceder foi Lossow, influenciado por Ludendorff; depois dele foi a vez de Seißer. O único relutante era Kahr. Finalmente, também ele cedeu depois de muita pressão: "Estou pronto para assumir a liderança do destino da Baviera como governador da monarquia". Hitler, que nem mesmo remotamente cogitava uma restauração da monarquia, mas que precisava da aprovação de Kahr, respondeu que "nada impediria isso", e ele mesmo notificaria o príncipe-herdeiro Ruprecht de que a ação não era contra a monarquia Wittelsbach, muito pelo contrário, ela serviria para expiar a injustiça cometida contra ele em novembro de 1918. E, com fingida subserviência, declarou: "Excelência, eu lhe asseguro que, a partir de agora, estarei ao seu lado, fiel como um cão".[75]

Então, Hitler passou a exigir que os homens o acompanhassem à reunião, para selar o pacto oficialmente. Novamente, Kahr empacou: ele não voltaria para o salão do qual "tinha sido convidado a sair de modo tão desonroso". Mas Hitler não aceitou sua negativa: "Você será recebido com grande júbilo; as pessoas se ajoelharão à sua frente". Kahr, com a cara fechada, foi o primeiro a falar e repetiu que ele se via como um "governador da monarquia" e que só aceitou apoiar a ação em benefício da Baviera e da Alemanha. A seguir, Hitler apertou-lhe a mão demoradamente, com uma "expressão luminosa no rosto [...], uma alegria franca, quase infantil", como observou Karl Alexander von Müller. A cena lembrou-lhe um "juramento do Rütli perante o povo reunido". De fato, passada a tensão da primeira hora, o líder do golpe estava eufórico. Com um fervor quase religioso, Hitler virou-se mais uma vez para o público: "Nas próximas semanas e meses quero cumprir o que jurei a mim mesmo há cinco anos, quando estava cego e internado no hospital: não parar nem descansar até que os criminosos de novembro de 1918 sejam subjugados! Até que uma nova Alemanha, grandiosa, poderosa e livre renasça das ruínas dessa Alemanha miserável! Amém". Então, Ludendorff declarou, "pálido e com emoção contida", que se colocava à disposição do governo nacional alemão; Lossow e Seißer também anunciaram sua aprovação após terem sido chamados por Hitler para ir até o pódio.[76] Hitler também agradeceu-lhes com um aperto de mão vigoroso. Ele, e não Ludendorff, era a estrela da noite. O "tocador de tambor" tirou sua máscara e reafirmou sua reivindicação de líder na "revolução nacional".

Provavelmente não havia ocorrido a ninguém no salão que a encenação da fraternidade pudesse ser um espetáculo bem calculado. "Estávamos todos profundamente emocionados, como nunca antes", disse Hitler referindo-se à atmosfera que reinava naquele momento.[77] E a maioria dos participantes da reunião compartilhou a sensação de fazer parte de um momento histórico. A emoção era tanta que não foi possível cantar o hino alemão antes do término da reunião. Antes que a reunião terminasse, um comando da SA liderado por Heß prendeu os membros do gabinete Knilling presentes. Todos foram levados para a mansão do editor pangermânico Julius F. Lehmann. Depois do aparente sucesso da ação-surpresa, Hitler cometeu um erro crucial: ao receber a notícia de que a tomada do quartel de pioneiros tinha esbarrado em dificuldades, Hitler, juntamente com Friedrich Weber, chefe do Oberland, decidiu ir até lá, deixando Kahr, Lossow e Seißer aos cuidados de Ludendorff. Ao retornar, constatou horrorizado que o general deixara o triunvirato partir com a mera promessa de manter sua palavra. Ludendorff reagiu às acusações de Hitler com irritação: ele proibia qualquer dúvida quanto à palavra de honra de um oficial alemão![78]

Logo ficou claro o quanto essas dúvidas eram fundamentadas. Assim que Kahr, Lossow e Seißer deixaram a reunião, aproveitaram a liberdade de ação reconquistada para distanciar-se de Hitler e Ludendorff, dando início a contramedidas. Com isso, o golpe estava fadado ao fracasso, pois baseava-se na adesão forçada do triunvirato. Os rebeldes não se preocuparam com um planejamento mais detalhado – a ocupação de instituições-chave, tais como os quartéis das Forças Armadas e da polícia, centros de tráfego e comunicação, editoras etc. O planejamento amador e o caráter improvisado da ação tornaram-se aparentes e o único culpado era o próprio Hitler, que antecipara o golpe. O único sucesso da empreitada foi a tomada do comando do distrito militar da Baviera – até então sob os cuidados de Lossow – liderada por Ernst Röhm. Entre seus seguidores estava um jovem com óculos de aros de arame: Heinrich Himmler, com 23 anos de idade, era na época um agrônomo desempregado. Para Himmler, o golpe significaria o início de uma carreira política que, no Terceiro Reich, o levaria a ser o segundo homem mais poderoso depois de Hitler.[79]

Enquanto isso, os homens do triunvirato não ficaram ociosos. Como o seu local de trabalho estava ocupado pelas tropas da SA, Lossow deixou o Bürgerbräukeller e dirigiu-se até a sede de comando. Lá, foi imediatamente recebido pelos generais presentes com a pergunta: "Excelência, tudo isso não passou de um blefe, não é?". Se até aquele momento o chefe das Forças Armadas da Baviera ainda estava inseguro, ali ele garantiu ter "feito sua declaração no Bürgerbräukeller sob pressão e para manter as aparências".[80] Pouco depois das onze horas, os oficiais dirigiram-se ao quartel do Regimento de Infantaria 19, de onde passaram coordenadas contra as medidas anunciadas. Kahr e Seißer chegaram por volta de uma hora da madrugada de 9 de novembro. O triunvirato decidiu-se por um texto a ser transmitido pelo rádio, que foi liberado às 2h50 para todas as estações: "O comissário-geral do Estado von Kahr, general von Lossow e o coronel Seißer rejeitam o golpe de Hitler. A declaração obtida sob a mira de armas no Bürgerbräukeller é inválida. É preciso ter cautela contra o abuso cometido pelos nomes acima citados".[81] Todos os governos municipais e os postos da polícia de fronteiras receberam a orientação para prender os rebeldes em caso de tentativa de fuga.

Durante muito tempo, os rebeldes golpistas não sabiam do rumo tomado pelos acontecimentos. Após a meia-noite, eles ainda mandaram colar cartazes com uma "Proclamação ao povo alemão" nas paredes dos prédios e nas colunas destinadas à publicidade. Nessa proclamação, anunciavam que o "governo dos criminosos de novembro" fora deposto, dando origem a um "governo alemão nacionalista provisório".[82] Na verdade, a iniciativa já estava nas mãos do triunvirato, que passou a noite toda "emitindo ordens" para reforçar as tropas de Munique e preparar a derrota do golpe.[83] Um enviado de Hitler e Kriebel que se dirigiu ao quartel da infantaria nas primeiras horas da manhã, para certificar-se da decisão tomada por Lossow, foi imediatamente detido. O general despachou-o com a seguinte observação: "Não negociamos com rebeldes". E Kahr emendou: "As garantias extorquidas com armas são nulas e sem efeito".[84]

Embora a encenação do golpe tenha sido amadora e a atuação no Bürgerbräukeller tenha tido traços burlescos[85], era preciso levar a sério o que aconteceu em Munique na noite 9 de novembro. Em alguns aspectos, foi uma antecipação do que ocorreria dez anos mais tarde após a nomeação de Hitler como chanceler do Reich. Durante algumas horas, as tropas de choque acreditaram ter a posse do poder político e imediatamente passaram a aterrorizar seus adversários políticos e os cidadãos judeus de Munique. Logo após o término da reunião no Bürgerbräukeller, os membros da "tropa de choque Hitler" marcharam até o prédio que abrigava o editorial do jornal *Münchener Post*, do SPD, e depredaram suas instalações. Pouco depois da meia-noite, invadiram a residência de Erhard Auer, um político do SPD e editor-chefe do jornal, a fim de prendê-lo. No entanto, lá encontraram somente sua esposa e o genro, que foi levado para ser preso no Bürgerbräukeller. Ali já se encontrava o presidente do Clube Central de Cidadãos Judeus de Munique, dr. Ludwig Wassermann, que foi preso pelos rebeldes após ser identificado quando tentava deixar o salão. Durante a noite, comandos da SA saíram para prender judeus, mantendo-os como reféns. Algumas das famílias judias mais conhecidas já haviam deixado a capital bávara ou mantinham-se escondidas. Na manhã de 9 de novembro, membros do Oberland seguiram para o distrito Bogenhausen, tido como o bairro residencial de "judeus ricos do leste", onde promoveram detenções indiscriminadas, baseados somente em agendas de endereços e nomes encontrados nas plaquinhas junto às portas. Os presos também foram levados ao Bürgerbräukeller, onde foram presos, bem como os oito vereadores do partido da esquerda, que foram detidos pelos membros da "tropa de choque Hitler" durante a madrugada, na prefeitura.[86]

Robert Clive, cônsul-geral britânico em Munique, informou em 11 de novembro: "Como exemplo do tipo de coisa que deveríamos esperar caso Hitler chegasse ao poder, devo mencionar que ordens para reunir os judeus foram dadas imediatamente naquela mesma noite."[87] Na verdade, somente o rápido fracasso do golpe impediu o pior. Na maleta do nacional-socialista e jurista do Supremo Tribunal da Baviera, barão Theodor von der Pfordten, baleado e morto na tarde do dia 9 de novembro, foi encontrado o esboço de uma constituição que deveria entrar em vigor imediatamente após um golpe bem-sucedido. Entre outras coisas, essa constituição previa que "todas as pessoas que representam um perigo à segurança e todos os seres inúteis" deveriam ser levados para um *Sammellager*, ou campo de concentração temporário. Aqueles que tentassem escapar da "transferência" seriam punidos com a morte, bem como os indivíduos "pertencentes ao povo judeu", enriquecidos durante a guerra, caso tentassem salvar seu patrimônio do confisco.[88] Segundo Hanfstaengl, no início do verão de 1923, o próprio Hitler citou o ditador romano Sulla, responsável pelas "listas de proscrição, expropriações e execuções, como um exemplo de limpeza das aglomerações de bolchevistas na Alemanha pós-guerra". Mesmo durante os processos subsequentes, Hitler nunca fez segredo de suas intenções: o golpe deveria ser "a mais monstruosa transformação da Alemanha [...] da História, desde a fundação do novo estado de Brandemburgo".[89]

Nas primeiras horas da manhã, os conspiradores finalmente perceberam que não podiam mais contar com o triunvirato. Cada nova notícia que chegava mostrava que o exército e a polícia estadual eram contrários ao golpe. No Bürgerbräukeller, a euforia da noite deu lugar à desilusão. O humor de Hitler oscilava entre esperançoso e desesperado. Por um lado, durante a noite, Hitler ainda pediu a Gottfried Feder que revogasse o confisco dos bancos. Por outro, ele parecia aceitar o inevitável: "Se der certo, ótimo; se não der, nos enforcaremos".[90] Durante horas, deliberaram sobre como proceder. Finalmente, Kriebel sugeriu uma retirada ordenada em direção a Rosenheim, o quartel-general do NSDAP. Mas Ludendorff discordou: ele não queria que o "movimento nacionalista terminasse no pó da estrada".[91] Ludendorff sugeriu fazer uma passeata para o centro da cidade. Agora, quando Hitler aparentemente estava em um beco sem saída, o general sentia-se fortificado e cortava todas as discussões com o comando: "Nós marcharemos!". No entanto, só existia uma vaga esperança de ganhar o apoio da opinião pública com a passeata e, talvez, virar o jogo mais uma vez.[92]

Por volta do meio-dia, a passeata tomou forma – na frente, Hitler, Ludendorff, Scheubner-Richter, Weber (do Oberland), Graf, o guarda-costas de Hitler e Göring, seguidos por cerca de 2 mil homens do *Kampfbund* e os *Fähnrich* da Escola de Infantaria que, liderados pelo ex-líder dos *Freikorps*, Gerhard Rossbach, haviam desertado para seguir os rebeldes. Ao chegarem a Ludwigsbrücke, foram enfrentados por um cordão de policiais, que não conseguiu contê-los. A passeata seguiu até o Isartor e desceu o vale até Marienplatz, onde milhares de expectadores estavam reunidos, aplaudindo os manifestantes. "O entusiasmo era tremendo", disse Hitler mais tarde, "e, ao pensar na passeata, só posso dizer que o povo nos apoia."[93] No entanto, os participantes da passeata devem ter percebido que muitos dos cartazes com a proclamação do novo governo haviam sido arrancados ou cobertos com os cartazes da proclamação de Kahr.[94] A passeata começou a cantar *"O Deutschland hoch in Ehren"* ["Oh, Alemanha, tão honrada"]. Pouco antes de chegar ao Odeonsplatz, próximo à Feldherrnhalle, a passeata deparou-se com um segundo cordão de isolamento formado pela polícia. Começou um quebra-quebra e ouviu-se um tiro – até hoje não se sabe de onde – seguido de um violento tiroteio que durou trinta segundos.[95] Quando o tiroteio acabou, catorze rebeldes e quatro policiais jaziam mortos na calçada. Uma das primeiras vítimas foi Scheubner-Richter, que estava de braços dados com Hitler e o arrastou ao solo. Com a queda, Hitler sofreu um deslocamento do braço. Göring foi gravemente ferido por um tiro no quadril. Enquanto os rebeldes que encabeçavam a passeata se jogavam instintivamente no chão, para depois empreender a fuga em carreira desabalada, Ludendorff continuou marchando garbosamente através do cordão de isolamento da polícia, e foi preso sem oferecer resistência ao chegar ao Odeonsplatz.

No meio da confusão generalizada, Hitler se levantou e arrastou-se até uma rua lateral, onde o médico Walter Schultze, chefe do serviço médico da SA, o encontrou e o levou até um carro que estava à espera. O carro seguiu em velocidade vertiginosa em sentido sul. Pouco antes de Uffing am Staffelsee, o motor parou de funcionar. Hitler, o médico e um paramédico foram a pé até a casa de veraneio de Ernst Hanfstaengl. "Pouco depois das 7h", contou Helene Hanfstaengl, "a empregada apareceu e disse que alguém batia suavemente na porta da frente. Eu desci. Para minha grande surpresa, reconheci a voz fraca e inconfundível de Hitler. Abri a porta rapidamente. Lá estava ele, pálido como cera, sem chapéu, seu rosto e suas roupas estavam sujos, seu braço esquerdo pendia do ombro em um ângulo peculiar. Dois homens o apoiavam, um jovem médico e um paramédico."[96]

O fugitivo, que estava há muitas horas sem dormir, ainda encontrava-se em estado de choque. Hitler temia a morte de Ludendorff e Ulrich Graf, que o protegera jogando seu próprio corpo sobre Hitler e que, com efeito, ficara gravemente ferido – enquanto o outro quase não sofrera ferimento algum. O braço deslocado provocava fortes dores em Hitler e somente no dia seguinte o médico conseguiu recolocá-lo no lugar. Como Hitler não conseguia vestir seu paletó por causa da tipoia que segurava seu braço, Helene Hanfstaengl deu-lhe o roupão azul de seu marido. "O paciente sorriu e disse que se sentia com um imperador romano."

Durante a tarde do dia 11 de novembro, Hitler ficou agitado. Ele enviara o paramédico à residência da família Bechstein, em Munique, pedindo que cedessem seu carro para a fuga através da fronteira austríaca. Mas o carro não veio e Hitler sabia que seu esconderijo logo seria descoberto. Por volta das 17h, o telefone tocou: a mãe de Hanfstaengl, que morava perto, informou apressadamente que estavam revistando sua casa. Segundo Helene Hanfstaengl, Hitler teria exclamado "Agora tudo está perdido!", fazendo um movimento rápido para pegar seu revólver, que havia colocado em cima de um armário. Helene tomou-lhe o revólver e, com tremenda presença de espírito, escondeu-o em uma lata de mantimentos cheia de farinha.[97] "Depois disso, peguei papel e caneta e lhe pedi que escrevesse as instruções para seus colaboradores mais próximos – uma folha para cada um seria o suficiente."

Pouco depois, vários carros pararam em frente à casa. O jovem tenente de polícia Rudolf Belleville, um conhecido de Rudolf Heß, apresentou-se e pediu educadamente para revistar a casa. A sra. Hanfstaengl conduziu-o escada acima e abriu uma porta. No relatório oficial da polícia constam as seguintes palavras: "Hitler estava em pé no quarto, trajando um pijama branco, com o braço na tipoia [...]". "Olhava para [Belleville] fixamente, de modo vazio e, ao ser informado de que o tenente havia vindo para prendê-lo, estendeu-lhe a mão e disse que estava à disposição".[98] No mesmo dia, o líder do NSDAP foi levado para a fortaleza Landsberg am Lech. Ali, foi conduzido à cela 7, anteriormente ocupada pelo assassino de Eisner, conde Arco, que foi transferido a outra cela para dar lugar ao novo prisioneiro ilustre.[99] Göring, gravemente ferido, foi atendido em um hospital particular de Munique, sendo preso ao tentar fugir atravessando a fronteira com a Áustria. Graças à negligência da polícia de Garmisch, Göring conseguiu escapar para Innsbruck. Um grupo de rebeldes o seguiu, entre eles Hermann Esser e Ernst Hanfstaengl. Rudolf Heß instalou-se inicialmente no apartamento de um amigo de seu pai, o professor Karl Haushofer, e mais tarde fugiu para a casa de parentes na Áustria. Em maio de 1924, após o julgamento de Hitler, Heß entregou-se às autoridades bávaras. Gottfried Feder, que também saíra ileso, refugiou-se na casa de amigos na Tchecoslováquia de novembro de 1923 a janeiro de 1924. Pöhner e Frick, que haviam conspirado com os rebeldes, foram presos na noite de 8 para 9 de novembro na sede da polícia. Röhm foi preso após a capitulação do *Wehrkreiskommando*, na tarde de 9 de novembro. Ludendorff, que se entregara voluntariamente, foi solto novamente após dar sua palavra de honra.[100]

Em Munique, o clima que predominava imediatamente após o golpe fracassado assemelhava-se a uma panela em franca ebulição. Principalmente os "membros das classes abastadas" demonstravam uma atitude hostil contra o exército e a polícia. "Enquanto marchávamos pela Maximilianstrasse", relatou um capitão da polícia, "fomos insultados com expressões como 'Protetores de judeus', 'Traidores da pátria', 'Cães sanguinários', '*Heil* Hitler', 'Abaixo Kahr' etc. Quando passamos pela Odeonsplatz, os transeuntes gritaram, assobiaram e vaiaram, ameaçando-nos com os punhos cerrados."[101] Nos dias que se seguiram, houve repetidas manifestações em Munique e em outras cidades da Baviera contra o "bando de traidores" Kahr, Lossow e Seißer. "Estava claro que o sentimento da multidão estava completamente do lado de Hitler", informou a Londres o cônsul geral britânico.[102] Hitler e seus conspiradores tinham muitos simpatizantes entre os estudantes. Em uma reunião na universidade de Munique em 12 de novembro, os oradores eram continuamente interrompidos por gritos de "*Heil* Hitler!" e "Abaixo Kahr!". No final, quando o reitor convidou a plateia para cantar o hino alemão, o público entoou a canção de Erhardt, "Hakenkreuz am Stahlhelm" ["Suástica no capacete de aço"]. No clube, Karl Alexander von Müller fez o possível para, nas palavras dele, "trazer os estudantes à razão".[103] O clima melhorou apenas lentamente. Os acontecimentos no Reich também contribuíram para isso. Em meados de novembro de 1923, o auge da crise havia passado. A inflação foi controlada com a introdução do *Rentenmark*** –

**   Moeda de transição para combater a inflação (N.T.)

uma condição fundamental para a recuperação econômica. A democracia de Weimar sobrevivera. Um período de estabilização pôs fim ao período pós-guerra.[104]

Nos primeiros dias de sua prisão em Landsberg, Hitler estava totalmente desmoralizado e tinha pensamentos suicidas. Entrou em uma greve de fome – provavelmente com a intenção de dar fim à vida – e foi transferido para o hospital da prisão. "Hitler estava sentado à minha frente, miserável, rosto encovado, mal barbeado e exausto, ouvindo minhas palavras simples com um sorriso apático e com o rosto desprovido de emoções", lembra-se o carcereiro Franz Hemmrich.[105] "Estou cheio disso tudo, se eu tivesse um revólver, faria uso dele", confidenciou Hitler a Alois Maria Ott, psicólogo da prisão. Aparentemente, Ott conseguiu acalmar o prisioneiro e, juntamente com seu advogado Lorenz Roder, pôde convencê-lo a desistir da greve de fome.[106] No entanto, os visitantes ficaram chocados com o estado de Hitler: ele estava pálido, magro e, como Heß ficou sabendo em seu esconderijo, "psicologicamente muito prostrado".[107] Hitler recuperou-se aos poucos. Sua meia-irmã Angela Raubal, que o visitou em meados de dezembro, e que conversou com ele durante meia hora, disse que Hitler estava "espiritual e emocionalmente em forma"; "fisicamente, ele está indo muito bem", informou a seu irmão Alois. "Seu braço ainda lhe traz problemas, mas parece que atualmente está quase curado. A solidariedade experimentada por Hitler durante esses dias foi tocante".[108]

Entre as pessoas que ainda acreditavam em Hitler estava a família Wagner. Em 9 de novembro, a família estava em Munique por mero acaso, pois à noite seria a estreia de "Glück", o poema sinfônico de Siegfried. Após o golpe fracassado, o concerto foi cancelado e a família Wagner voltou para Bayreuth amargurada: "Nunca houve uma traição tão vergonhosa! Mas pessoas tão puras como Hitler e Ludendorff não são imunes a isso [...] Mas a judeuzada e os padrecos tirariam isso de letra", disse Siegfried indignado. Sua esposa Winifred tentou animar os seguidores decepcionados do NSDAP em Bayreuth: "Acreditem, apesar de tudo, Adolf Hitler é a nossa esperança. É ele quem arrancará a espada do tronco do carvalho alemão". No início de dezembro de 1923, Winifred escreveu uma carta ao "prezado e querido sr. Hitler", à qual juntou o livreto de "Schmied von Marienburg", de Siegfried: "Quem sabe o livrinho o manterá ocupado durante um certo tempo". Em breve, Winifred e Siegfried residiriam por algum tempo na "casa de nossos amigos em comum, a família Bechstein. O senhor sabe que em espírito, sempre estará entre nós!". No dia 6 de dezembro, Winifred contou a uma amiga que enviou a Landsberg um "pacote imenso, com um cobertor de lã, um casaco, meias, alguns produtos comestíveis, livros etc.", para ser entregue a esse homem tão admirado. Antes do Natal, Winifred montou um verdadeiro "local de coleta de pacotes natalinos a serem enviados para Landsberg". Siegfried ficou encantado com tanta dedicação: "Minha esposa luta como uma leoa para defender Hitler! Fantástico!"[109]

Em 13 de dezembro de 1923, o segundo promotor Hans Ehard (que por duas vezes foi primeiro-ministro da Baviera) foi até Landsberg para interrogar Hitler. No entanto, este se recusou consistentemente a fornecer qualquer depoimento para os autos: "Ele não era um criminoso" e não se deixava "interrogar como se fosse um criminoso". À alegação de Ehard de que sua recusa prolongaria desnecessariamente sua detenção, Hitler respondeu: "No meu caso, trata-se de justificar minhas ações e missivas antes do ocorrido"; [...] e ainda proibiu "o tribunal de emitir qualquer julgamento" sobre sua pessoa. Na verdade, ele "somente apresentaria suas melhores cartas no tribunal", e então todos veriam se "determinados senhores" teriam a coragem de "levantar a mão para fazer um juramento falso" – uma ameaça dirigida a Kahr, Lossow e Seißer.

Como o interrogatório desse prisioneiro teimoso não progredia, Ehard ordenou que o secretário encarregado de protocolar o depoimento saísse e conversou extra-oficialmente com Hitler durante cinco horas. Inicialmente ainda desconfiado, seu interlocutor relaxou gradualmente e logo despejou sobre o promotor uma avalanche de comentários. Neles, deixava claro qual estratégia de defesa usaria em seu julgamento: ele negava a acusação de alta traição, uma vez que os representantes legais do poder estatal na Baviera não só "participaram", mas também "ajudaram-no a preparar" tudo o que foi decidido no Bürgerbräukeller meses antes do golpe. "Internamente, eles foram favoráveis à causa e somente mais tarde foram dissuadidos."[110]

Onde deveria acontecer o julgamento? Hitler, um adversário da legislação alemã da República de Weimar de 1922, pronunciara-se a favor do Tribunal de Justiça de Leipzig, pois acreditava que ali encontraria juízes menos favoráveis ao triunvirato do que no Tribunal de Justiça da Baviera. "Em Leipzig, muitos homens talvez entrassem na sala de audiências como testemunhas, mas certamente a deixariam como prisioneiros", disse Hitler durante uma conversa com Ehard. "É óbvio que em Munique isso não acontece: afinal, aqui isso não pode acontecer."[111] Na verdade, na Baviera, os poderosos não queriam que o público soubesse o quanto Kahr e Lossow (que deixaram seus cargos em fevereiro de 1924, antes do início do processo) estiveram envolvidos no golpe. Então, decidiu-se que o julgamento seria feito no *Volksgericht* de Munique I; o lugar escolhido foi o prédio da antiga escola militar, na Blutenburgstrasse 3. Ali, em 26 de fevereiro de 1924, começou o processo contra Hitler, Ludendorff e outros oito réus (Röhm, Pöhner, Frick, Kriebel e Weber e os líderes da SA Wilhelm Brückner, Robert Wagner e Heinz Pernet). O julgamento foi acompanhado com grande interesse pela imprensa alemã e internacional. O prédio foi bloqueado com obstáculos de arame farpado e guardas. Para entrar, era preciso passar por vários controles. A sala do julgamento estava completamente lotada.[112]

Hitler, que foi transferido para as celas situadas no prédio do tribunal no dia 22 de fevereiro, mostrava-se confiante no resultado do processo. "O que eles poderiam fazer comigo? Eu só preciso revelar mais algumas coisas, principalmente sobre Lossow, e o grande escândalo estará feito", comentou Hitler a Hanfstaengl (que voltara a Munique logo depois de sair da prisão) pouco antes do início do processo.[113] No dia 26 de fevereiro, perto das nove horas, os réus e seus advogados entraram na sala – à frente, Ludendorff trajando um terno azul simples, seguido por Pöhner e, depois, Hitler, trajando um terno escuro no qual se via a Cruz de Ferro de primeira classe. "Ele está com boa aparência", disse um repórter. "A prisão não deixou marcas." Enquanto todos os réus foram imediatamente para seus lugares, Hitler ainda permaneceu em pé por alguns minutos, olhando atentamente para as pessoas reunidas na sala.[114] A acusação citou Hitler como "a alma do empreendimento"[115] e, desde o primeiro dia do julgamento, não deixou nenhuma dúvida sobre quem desempenharia o papel principal no processo. Em seu discurso de defesa, que durou quatro horas, Hitler assumiu a total responsabilidade: "Eu, somente eu, desejava isso. Os outros homens trataram comigo apenas no final." Mas, ao mesmo tempo, ele refutou o ponto principal da acusação, pois "não existe traição contra os traidores da pátria de 1918".

Além disso, se ele realmente cometeu uma alta traição, Hitler disse que ficou espantado com o fato de que "os senhores que estavam ao nosso lado e desejavam a mesma coisa, e que também estavam a par de tudo por terem participado das reuniões" agora não estavam sentados no banco dos réus. Essa frase foi dirigida contra Kahr, Lossow e Seißer, sobre os quais Hitler anunciou que revelaria dados incriminadores durante a sessão privada do julgamento.[116]

O presidente do tribunal era Georg Neidhardt, que já havia mostrado quem era de fato durante o processo contra o conde Arco, ao afirmar que o assassino de Eisner era alguém "imbuído de amor ardente pelo seu povo e país". Antes do julgamento, durante uma conversa com Kahr, Neidhardt reclamou: "[...] o único grande homem que temos na Alemanha atualmente é Ludendorff, e agora é ele quem devo condenar".[117] Durante todo o processo, Neidhardt não escondeu suas simpatias. Neidhardt permitiu que Hitler usasse o tribunal como palco para sua demagogia. Apenas ocasionalmente, quando o rebelde se manifestava abusivamente contra os representantes do governo, aumentando o tom de sua voz ao máximo, Neidhardt o repreendia levemente e pedia moderação. Neidhardt ainda deu a Hitler a oportunidade de interrogar detalhadamente todos os homens do triunvirato. Ao trocar o papel de acusado pelo de promotor, o demagogo conseguiu usar de toda a sua eloquência para apresentar ao público os odiados apóstatas do dia 9 de novembro.

O único que enfrentou Hitler eficazmente foi Lossow. Ele desmascarou a atitude altruísta de Hitler afirmando que se tratava de um truque demagógico. O líder dos nacional-socialistas acreditava ser um "Mussolini alemão", e seus seguidores já o anunciavam como o "Messias alemão". Ele, Lossow, jamais teria dado seu consentimento para uma "ditadura da direita composta por Hitler-Ludendorff". "Eu não era um *komitatschi**** sem profissão, que acreditava que honrar um golpe me

---

***   Membro da milícia anticomunista da Sérvia. (N.T.)

[FOTO 14] Fotografia do grupo de acusados no processo Hitler após a sentença. Da esquerda para a direita: Heinz Pernet, Friedrich Weber, Wilhelm Frick, Hermann Kriebel, Erich Ludendorff, Adolf Hitler, Wilhelm Brückner, Ernst Röhm e Robert Wagner, 1º de abril de 1924 (Foto: Heinrich Hoffmann)

renderia honras e homenagens."[118] Esse contra foi como um soco certeiro. Quando Hitler se vingou mais tarde, ofendendo Lossow grosseiramente, Neidhardt considerou a ofensa "imprópria", mas não houve consequências. Depois disso, o general preferiu deixar a sala e não retornar.[119]

Na Escola de Guerra, o jornalista Hans von Hülsen, um observador crítico, classificou o "processo-monstro" como "teatro indigno". "O que foi encenado ali me lembrou o carnaval político de Munique."[120] Até o final, Hitler comandou o processo. Em seu discurso de encerramento, um primor de retórica calculista, Hitler invocou a hora "na qual a multidão que hoje caminha pelas ruas carregando a nossa cruz se unirá àqueles que, em 8 de novembro, a confrontaram". Virando-se em direção aos juízes, anunciou: "Os senhores não darão o veredicto final. Este será anunciado pela Deusa do Juízo Final, que um dia se erguerá de nossos túmulos trajada de 'História' [...] Os senhores podem proferir mil vezes a palavra 'Culpado!', mas essa Deusa do Juízo Eterno rasgará com um sorriso a petição do promotor: ela nos absolverá". O capitão Röhm, ao ser questionado pelo juiz se tinha algo a acrescentar, declarou: "Após as declarações feitas por meu amigo e líder Adolf Hitler, nada tenho a acrescentar". E os outros acusados uniram-se a ele.[121]

O veredicto foi anunciado na manhã do dia 1º de abril. Uma multidão aglomerava-se na sala de audiências. Muitos visitantes trouxeram arranjos de flores para os acusados. De acordo com o andamento do processo até então, a absolvição de Ludendorff, que desta vez compareceu trajando o uniforme de gala de general com suas condecorações, não foi uma surpresa. Para a decepção geral do Tribunal de Justiça, o general declarou que recebeu a sentença "como uma vergonha, que esse uniforme e as condecorações não mereciam". No protocolo lê-se: "Exclamações exaltadas de *Heil*".[122] Hitler, Weber, Kriebel e Pöhner foram condenados à pena mínima de cinco anos de prisão; no entanto, depois de cumprirem seis meses de reclusão, poderiam ser beneficiados com liberdade condicional. No caso de Hitler, o tribunal decidiu que para "alguém que pensa e sente como um alemão" não poderia ser aplicada a pena de deportação para a Áustria, o que levou o público ao delírio. Brückner, Röhm, Pernet, Wagner e Frick foram condenados a um ano e três meses em liberdade condicional.[123] Imediatamente após a divulgação da sentença com penas escandalosamente leves, o pessoal da imprensa acotovelou-se junto aos telefones para espalhar a notícia. O *Münchener Neueste Nachrichten* relatou: "Por volta de 11h45, Ludendorff partiu de carro [...], acompanhado de saudações impetuosas de *Heil*. Hitler, Kriebel e os outros condenados apareceram na janela do edifício do tribunal e também foram recebidos pela multidão [...] com gritos entusiasmados de 'viva' e '*Heil*'".[124]

"Munique zomba do veredicto, que foi considerado uma excelente piada de 1º de abril", comentou o *Times* de Londres.[125] Entre os defensores da democracia de Weimar, no entanto, o veredicto foi fortemente criticado. "Em Munique foi perpetrado um assassinato judicial da república", escreveu o jornal liberal de esquerda *Weltbühne*.[126] De fato, o tribunal atestou aos acusados que "suas ações foram guiadas pelo espírito puramente patriótico e pelo mais nobre desejo altruísta".[127] Isso equivalia a uma absolvição moral. Não foi dita nenhuma palavra sobre o golpe que custou a vida de quatro policiais, nada foi dito sobre o terror exercido pelos comandos da SA naquela noite em Munique, e nenhuma palavra foi dita sobre o esboço de uma constituição encontrado por von der Pfordten em poder dos quatro rebeldes mortos, no qual já se previa o sistema dos campos de concentração nacional-socialistas de 1933. O julgamento tinha pouco a ver com jurisprudência; o julgamento era uma caricatura de jurisprudência e, de certa forma, antecipava a jurisprudência do período nacional-socialista. Hitler mostrou-se grato, promovendo o manipulador das leis Neidhardt a presidente do Tribunal Superior de Justiça de Munique em setembro de 1933.[128]

O processo tornou Hitler conhecido muito além da fronteira bávara. Durante meses, a mídia interessou-se por aquele homem que tinha sido capaz de transformar o fiasco do golpe de Estado em um triunfo da propaganda. Todos estavam convencidos de que poderiam contar com ele mesmo após o curto período de prisão em Landsberg. Para Hitler, terminava um período de aprendizado de cinco anos, no qual atuara inicialmente como "tocador de tambor" do movimento e, no final, como "líder" da "revolução nacionalista".[129] O aprendizado mais importante que Hitler teve com o fracasso de sua empreitada de 8 e 9 de novembro foi reconhecer que, se quisesse o poder, deveria seguir por outro caminho: não o caminho do golpe e sim a aparente legalidade da aliança com o exército do Reich. Em fevereiro, na prisão de Landsberg, Hitler declarou: "estou convicto de que a violência não leva mais a nada. O Estado já está fortemente estabelecido e é o detentor das armas!".[130]

Naqueles dias críticos de novembro de 1923, alguns traços do caráter de Hitler, bem como alguns padrões comportamentais, emergiram de forma mais clara. Os mesmos traços que mais tarde também poderiam ser observados e que incluíam a flutuação extrema entre euforia, apatia e depressão, manifestados nas horas seguintes à tentativa de golpe. Muitas vezes, Hitler anunciou que iria se matar caso a empreitada falhasse. Essa vontade latente de autoaniquilação acompanharia toda a sua carreira política. Sebastian Haffner já o intitulara (com toda a razão) de "suicida em potencial por excelência" em seu livro *Germany: Jekyl & Hyde* [Alemanha: Jekyl & Hyde], publicado em 1940 durante seu exílio na Inglaterra.[131] Da mesma forma, manteve-se constante o preceito de "tudo ou nada", que caracterizava esse jogador político. Talvez Hitler usasse consciente ou inconscientemente o exemplo do rei prussiano Frederico II, sobre o qual lera na biografia escrita por Franz Kugler, *Geschichte Friedrichs des Großen* [A história de Frederico, o Grande], de 1840. Durante um ataque surpresa contra a Silésia em 1440, Frederico, o Grande, também apostou tudo em uma só carta, e na Guerra dos Sete Anos (1756-1763), demonstrou sempre uma disposição suicida para assumir riscos.[132] Pressionado pelas circunstâncias, Hitler agiu da mesma forma com sua ação precipitada na noite de 8 de novembro, empregando o método da surpresa e extorsão ao enfrentar o triunvirato Kahr/Lossow/Seißer.[133] Uma vez decidido a agir, Hitler deixava de ser acessível. "O sr. Hitler não admite considerações. Ele é o dono da razão e os demais devem apenas aceitar o que ele diz", caracterizou Lossow a autoimunização a críticas daquele homem convencido de si.[134]

No entanto, aparentemente nenhum dos homens que compunham seu séquito fez qualquer tentativa de afastá-lo de suas intenções. Todos seguiram suas ordens sem pestanejar, embora tenham sido informados tardiamente sobre seus planos de golpe.[135] Isso prova, mais uma vez, o quanto sua autoridade de líder se tornou indiscutível dentro do partido. O fracasso do golpe também não interferiu nisso – pelo contrário, consolidou o prestígio de Hitler como o homem que não só falava, mas que também agia em momentos críticos, assumindo também grandes riscos pessoais. Hitler ainda desfrutaria dessa aura nebulosa como chanceler do *Reich*.

7

A PRISÃO DE LANDSBERG – *MEIN KAMPF*

"Landsberg foi a minha faculdade à custa do Estado", disse Hitler certa vez a seu assessor jurídico, Hans Frank.[1] Depois de anos de atividades políticas agitadas e de semanas de um processo que exigiu toda a sua atenção, a prisão de Landsberg proporcionou-lhe, pela primeira vez, um período mais longo de calmaria. "Entre os muitos casos de sorte na carreira política de Hitler, esses nove meses de privacidade são um dos seus presentes mais preciosos", segundo Konrad Heiden.[2] O prisioneiro famoso passou a ter muito tempo para refletir sobre o desastre de 8 e 9 de novembro de 1923 e para dele tirar lições proveitosas. Hitler aproveitou sua estadia forçada atrás das grades para dar continuidade a seus estudos autodidatas. Agora, ele "voltou a ter tempo para ler e aprender", como escreveu no início de maio de 1924 a Siegfried Wagner, pois praticamente não tivera mais tempo para "informar-se sobre as últimas novidades no mercado de livros nacionalistas".[3] É claro que ele não lia despropositadamente; tinha em mente o livro que resolvera escrever. Em fevereiro de 1942, Hitler conta que, sem o período que passou na prisão, "*Mein Kampf* não teria sido escrito"; apenas em Landsberg muitas coisas sobre as quais nada sabia anteriormente tornaram-se "claras conceitualmente" para ele.[4] Por isso, deu a entender, foi uma estupidez dos governantes prendê-lo: "Eles teriam feito melhor em me deixar falar e falar, não me deixando ficar em paz".[5]

Ao mesmo tempo, o período de prisão em Landsberg promoveu sua fé em si mesmo e em sua missão histórica. Naquela época, ele "tinha adquirido aquele grau de autoconfiança, otimismo e fé que nada seria capaz de abalar".[6] A consciência de ser especialmente escolhido, que Hitler já sentia quando era jovem, transformou-se em uma certeza. E seus companheiros de prisão, encabeçados por Rudolf Heß, faziam de tudo para reforçar seu papel de "grande político", no qual ele se via baseado na obra de Wagner, *Rienzi*. Em meados de junho de 1942, Heß escreveu à sua namorada, Ilse Pröhl, que tinha certeza de que Hitler seria "o próximo 'grande homem' na Alemanha, o 'ditador', cuja bandeira em breve tremularia sobre os edifícios públicos de Berlim, pois ele acredita que a fé remove montanhas."[7] Em nenhum lugar é possível identificar a interação peculiar entre as esperanças e expectativas messiânicas que seus discípulos nele projetavam e a autoimagem de Hitler como messias nacional tão claramente como nas cartas de Rudolf Heß escritas em Landsberg.

"A pena de Hitler é uma pena de galantaria, férias recreacionais endossadas juridicamente", zombou o jornalista Carl von Ossietzky no final de abril de 1924 no jornal *Montag Morgen*.[8] De fato, as condições oferecidas pela prisão em Landsberg assemelhavam-se às de um sanatório e não às de uma prisão. Hitler gozava de privilégios inimagináveis. Sua cela, situada no primeiro andar, era um quarto amplo, claro e confortavelmente mobiliado. Além da rica dieta oferecida pela cozinha da prisão, Hitler recebia constantemente pacotes recheados de coisas boas, de modo que seu quarto dava aos visitantes a impressão de uma "loja de *delicatessen*".[9] No dia 20 de abril, em seu aniversário de 35 anos, Hitler recebeu inúmeros presentes, cartas e telegramas. "Seu quarto e sala de estar assemelhavam-se a uma floresta de flores". O perfume exalado pelas flores lembrava uma estufa de plantas."[10] Em Munique, os apoiadores do NSDAP (que tinha sido proibido) e os ex-soldados do *front* organizaram um "manifesto de honra" em favor do homem que, diziam, "acendeu o pensamento de liberdade e a consciência nacionalista no povo alemão, transformando-a na grande chama atual."[11]

Admiradores e seguidores políticos peregrinavam incessantemente para Landsberg. Nos meses de abril e maio, Hitler recebeu cinco ou mais visitantes diariamente, vindos de todas as partes da Alemanha. "Todas as idades e classes sociais estavam representadas. Indivíduos fortes, com longas barbas, trajando calças curtas de couro e sapatos grosseiros com pregos, senhores da indústria e do mundo dos negócios finamente trajados, membros do clero de ambas as confissões, pequenos burgueses, advogados, ex-oficiais, professores, agricultores, artistas, trabalhadores sazonais, nobres, livreiros, editores e redatores, todos compareciam com os pedidos mais estranhos."[12] Entre a multidão de visitantes também estavam as amigas maternais de Hitler – Hermine Hoffmann, que mimava o prisioneiro com bolo e *chantilly*, Helene Bechstein, que o presenteou com um gramofone, e Elsa Bruckmann, que em maio só foi autorizada a falar com Hitler após esperar por duas horas. Em seu relato "Minha primeira viagem até o *Führer*", escrito em abril de 1933, ela descreve o encontro seguindo um padrão de conversão religiosa: "Finalmente foram me buscar; fui levada por longos corredores e então fui recebida por Hitler em seu traje curto típico da Baviera e um casaco de linho amarelo: discreto, cavalheiresco e com olhos brilhantes. Esse primeiro momento de nosso encontro foi decisivo para mim, pois nesse homem que agora estava na minha frente e tão próximo, senti a mesma grandeza discreta, a mesma autenticidade natural e a vida que fluía diretamente da raiz, que até então eu vislumbrei no grande líder e orador à distância, na experiência global das reuniões [...] Transmiti-lhe as saudações de um amigo nosso, Houston Stewart Chamberlain, uma pessoa muito importante, e que naquela ocasião ainda era vivo e que, anos antes, reconheceu a importância de nosso *Führer*."[13]

Embora a tendência estilizadora do relato não possa ser ignorada, ele nos revela algo sobre a capacidade de Hitler em assumir um papel que, supostamente, impressionaria ao máximo seu interlocutor. Assim, na presença dessa dama da sociedade, Hitler assumiu a postura de homem simples e humilde – o que era ressaltado pelo traje curto típico da Alta Baviera. Quando passeava pelo jardim da prisão, muitas vezes na companhia de um de seus seguidores, Hitler também trajava diariamente sua confortável calça de couro com suspensórios, bem como uma camisa de linho branca com gravata.[14] Com uma boa alimentação e muito ar puro, Hitler recuperou-se rapidamente: "A aparência do tribuno é esplêndida. Seu rosto já não está mais tão magro. O descanso forçado está lhe fazendo bem", escreveu Heß a Ilse Pröhl em 18 de maio.[15] Heß só chegou a Landsberg em meados de maio. Inicialmente, ele ficou no primeiro andar, a "ala dos comandantes", no qual além de Hitler também estavam presos Hermann Kriebel, Friedrich Weber e Emil Maurice. Maurice, que chegou a Landsberg no final de abril, atuava como elo de ligação com os "mercenários" presos no piso térreo – cerca de quarenta membros da "tropa de choque Hitler", condenados em um segundo processo e que foram levados para a fortaleza Landsberg gradualmente.[16] Hitler também assumia o papel de "líder" frente aos demais prisioneiros. Cada recém-chegado era obrigado a apresentar-se a ele e fazer um relatório. "Eu mal tinha chegado à minha cela", lembrou o prisioneiro Hans Kallenbach, "quando [...] Emil Maurice apareceu transmitindo-me a ordem para comparecer imediatamente ao quarto do Führer. Até aqui ainda existia o velho ímpeto nacional-socialista!"[17]

Apesar da proximidade espacial, Hitler gostava de manter um distanciamento. Ele ficava deliberadamente longe das atividades desportivas dos prisioneiros. Hanfstaengl, ao apontar que Hitler se tornara um pouco corpulento aos 35 anos de idade e ao aconselhá-lo a participar dos exercícios e competições, recebeu a seguinte resposta: "Não, não, nem pensar. Isso seria muito ruim para a disciplina. Um líder não pode se dar o luxo de se deixar vencer por membros de sua comitiva – nem mesmo durante a ginástica ou jogos".[18] O almoço comunitário na grande sala de estar seguia sempre o mesmo ritual. Os companheiros de prisão ficavam em pé atrás de suas cadeiras até que se ouvisse o grito "Atenção!". "O Führer e seu séquito caminhavam através das fileiras de fiéis escudeiros até seu lugar à cabeceira da mesa."[19] Um cerimonial semelhante repetia-se todos os sábados durante as "noites de camaradagem". "Quando Hitler entrava, a banda sempre tocava uma marcha de boas-vindas e depois uma canção de soldados, que todos acompanhavam cantando vigorosamente". Em geral, Hitler fazia um breve discurso, que terminava com "Agora mais do que nunca! *Sieg Heil!*". Segundo Kallenbach, nessas noites, "líder e liderados [...] cultivavam o verdadeiro espírito dos soldados do *front*."[20]

Os carcereiros não assistiam aos acontecimentos passivamente; alguns simpatizavam com os empreendimentos dos nacional-socialistas. Tratavam Hitler com muito respeito e o cumprimentavam secretamente com "*Heil!*"[21] O tenente de polícia Belleville, que desde julho de 1924 fazia parte da equipe de guardas, apresentou-se a Rudolf Heß com as seguintes palavras: "Saudações – sei quem o senhor é; sou um nacional-socialista". Heß conta que "Os olhos desse pobre rapaz ainda mare-

[FOTO 15] O capitão Ernst Röhm visita Hitler na fortaleza Landsberg, 17 de junho de 1924.

[FOTO 16] Hitler com seus companheiros de prisão na fortaleza Landsberg. Da esquerda para a direita: Adolf Hitler, Emil Maurice, Hermann Kriebel, Rudolf Heß e Friedrich Weber.

javam de lágrimas" ao lembrar que naquela época fora obrigado a prender Hitler.[22] Durante as palestras de Hitler, os carcereiros reuniam-se nas escadarias para ouvi--lo. Kallenbach lembrou que, "em nenhum momento um ouvinte causou a menor perturbação".[23] Os prisioneiros também podiam editar seu próprio jornal, o *Der Landsberger Ehrenbürger*, para o qual Hitler ocasionalmente escrevia algum artigo ou contribuía com uma caricatura.[24] Isso garantia entretenimento variado e distração. Um grupinho alegre passava um período agradável de férias em Landsberg. Nenhum dos prisioneiros mostrava sinal algum de arrependimento ou culpa.

Hitler tinha, como disse mais tarde, orientado seus companheiros de prisão a comportarem-se de tal maneira que, depois que saíssem, "todos os que trabalham na instituição estejam transformados em nacional-socialistas convictos".[25] No entanto, para isso não foi necessário muito trabalho de persuasão. O próprio Hitler evitava qualquer tipo de conflito com a administração da penitenciária e "tentava conseguir o que era possível com calma e sem atritos". Hitler anunciou que não tinha a menor vontade de comportar-se como "um selvagem", e "proibia enfaticamente que seus homens entrassem em confronto com a direção do presídio."[26] Sem dúvida, isso era motivado pelo medo de uma suspensão da liberdade condicional. Com uma boa conduta ostensiva, Hitler queria certificar-se de que seria libertado depois de seis meses, no dia 1º de outubro.

Em pouco tempo, enquanto dentro da fortaleza se formava uma sociedade secreta, o movimento nacionalista se desfez em numerosos grupos rivais. Em 9 de novembro de 1923, von Kahr, comissário geral do Estado, proibiu o NSDAP e as organizações do *Kampfbund*; o jornal *Völkischer Beobachter* parou de circular e os bens do partido foram confiscados.[27] Imediatamente antes de sua detenção, em uma das mensagens ditadas para a sra. Hanfstaengl, Hitler pediu a Alfred Rosenberg que chefiasse o movimento enquanto ele estivesse preso.[28] Até hoje não está claro porque esse pedido foi feito a Rosenberg, um homem nada prático. Talvez a decisão tomada por Hitler tenha sido baseada exatamente nessa falta de características de liderança. Assim, ele não precisava temer que um rival crescesse durante sua ausência.[29] Em sua primeira circular datada de 3 de dezembro de 1923, assinada com o pseudônimo "Rolf Eidhalt" (um anagrama de "Adolf Hitler"), Hitler comunicou a Rosenberg que a direção do NSDAP, "apesar de tudo, continuava em mãos firmes". No entanto, devido à proibição, era preciso que "a partir de então, o partido fosse conduzido como uma organização secreta". Nesse caso, era preciso empenhar esforços para "evitar o esfacelamento de nosso movimento".[30]

Mas foi exatamente isso que aconteceu. Com a ausência de Hitler, faltava a mais importante figura de integração que, até então, equilibrara as forças e os interesses divergentes. "Os altos e baixos ocorridos no movimento após a prisão de Hitler são a melhor medida para sua personalidade proeminente de líder", declarou um de seus seguidores após ser liberado do presídio Landsberg.[31] Rosenberg não tinha a autoridade necessária para garantir a coesão do partido. De todos os lados "surgiram os presunçosos e os cavaleiros da conjuntura do segundo e terceiro escalões".[32] As necessidades de projeção e os ciúmes velados dominavam a cena. Além disso, logo ficou claro que o NSDAP, por causa de sua organização relativamente fraca fora de Munique, estava inadequadamente preparado para as condições da ilegalidade. Por esse motivo, Rosenberg e Hans Jakob, o segundo presidente do partido, fundaram a Comunidade do Povo Pangermânico (Großdeutsche Volksgemeinschaft – GVG) em 1º de janeiro de 1924. Embora fosse fácil perceber que se tratava de uma organização sucessora do NSDAP, ela foi facilmente aprovada.[33] No entanto, a esperança de criar um caldeirão para juntar todos os seguidores de Hitler não se cumpriu. Logo após sua criação, teve início uma violenta rivalidade entre Rosenberg e Hermann Esser – que voltou do exílio austríaco em maio de 1924, de um lado – e Julius Streicher do outro. A luta pelo poder terminou no início de julho com o afastamento de Rosenberg, enquanto Esser e Streicher formaram o novo dueto de liderança. Em uma circular, ambos exigiram "que o foco do antigo movimento de Hitler deveria situar-se fora do parlamento".[34]

Essa declaração foi dirigida principalmente contra o Völkische Block (VB), outra organização fundada no início de janeiro de 1924, que congregava diversos grupos nacional-socialistas populares que haviam concordado com uma participação nas eleições. Em 6 de abril, durante a eleição do parlamento bávaro, o Völkische Block teve um sucesso espetacular: no primeiro turno, conseguiu 17,1% dos votos e 23 assentos no parlamento e, com isso, passou a ser o terceiro partido mais forte depois do BVP (32,8%) e do SPD (17,2%). Em Munique, superou todos os demais partidos com 25,7% dos votos.[35] Para as eleições do parlamento alemão, o Völkische Block fez uma aliança eleitoral com o Deutschvölkische Freiheitspartei (DVFP), uma organização concorrente e fundada no outono de 1922 por Albrecht von Graefe, Reinhold Wulle e Wilhelm Henning, três dissidentes do Deutschnationale Volkspartei (DNVP). Os membros do Deutschvölkische Freiheitspartei acharam que havia uma oportunidade de preencher o vácuo organizacional que se formara com a proibição do NSDAP, tornando-os a força dominante dentro do movimento nacionalista. O fato de que Ludendorff trabalhava decididamente para que os grupos nacionalistas e nacional-socialistas se unissem sob a égide de uma organização favoreceu essa aliança eleitoral.[36]

Em 4 de maio de 1924, durante as eleições para o parlamento do *Reich*, a lista unificada do Völkische alcançou 6,5% dos votos e 32 mandatos. Desse total, 22 pertenciam aos representantes do DVFP, e apenas dez pertenciam aos nacional-socialistas, entre eles Röhm, Feder, Frick e Gregor Straßer, um farmacêutico de Landshut, que em breve desempenharia um papel de liderança no NSDAP.[37] O membro mais conhecido do grupo era Ludendorff, que em maio visitou Hitler duas vezes para convencê-lo da ideia de união de todos os grupos nacionalistas. Hitler assumiu uma postura conciliatória, mas com certas restrições.[38] No entanto, não conseguiu impedir que em 24 de maio os deputados do parlamento do Reich se unissem formando um grupo parlamentar sob a denominação "Nationalsozialistische Freiheitspartei", ou "Partido Nacional-Socialista da Libertação". Pouco depois, a imprensa publicou uma declaração afirmando que "o desejo dos líderes nacionalistas – o general Ludendorff, Hitler e von Graefe – era que os seguidores em todo o Reich passassem a formar uma única organização política".[39] Ludendorff reforçou este comunicado, afirmando que Hitler se pronunciara clara e inequivocamente a favor de que a fusão da DVFP e do NSDAP levasse à formação de um único partido mesmo fora do parlamento do Reich.[40] Entre os seguidores de Hitler formou-se uma resistência contra a mudança na estratégia parlamentar e os esforços de fusão com o DVFP. Principalmente os nacional-socialistas do norte da Alemanha ficaram alarmados.[41] No final de maio de 1924, eles enviaram uma delegação formada por quatro membros e liderada por Ludolf Haase até Landsberg, para informar Hitler sobre suas preocupações. Hitler, no entanto, tal como fizera com Ludendorff, respondeu evasivamente. Quanto à participação nas eleições, ele já tinha escrito a Siegfried Wagner no começo de maio que "achava melhor evitá-las, pelo menos desta vez".[42] Aparentemente, ele já não era frontalmente contrário a um envolvimento parlamentar. Heß resumiu retrospectivamente o ponto de vista do "tribuno", "uma vez que entramos no parlamento – mesmo contra nossa vontade –, a atuação ali tomada deveria ser encarada como um dos muitos meios de combate do sistema atual [...]". Mas isso não significa uma "cooperação positiva", e sim "uma oposição e obstrução nítida e permanente". "Liderar o parlamento, ou melhor, o parlamentarismo no parlamento ao extremo!", esse seria o lema.[43]

Porém, Hitler sempre demonstrou seu desagrado sobre uma fusão do NSDAP com o DVFP, mesmo evitando traçar linhas claras sobre isso, para desgosto dos nacional-socialistas do norte da Alemanha. Seus esforços visavam manterem-se afastados das disputas internas do partido e das intrigas pessoais desagradáveis que, como ele reconhecia claramente, só prejudicariam sua aura como Führer. Em 16 de junho, Hitler comunicou a Ludolf Haase que ninguém deveria esperar que ele "interferisse ou assumisse uma responsabilidade" como prisioneiro em Landsberg. Ele teria resolvido "manter-se afastado da política até que sua libertação lhe restituísse também a capacidade de liderar".[44] Pouco depois, Hermann Fobke, um estudante de Direito que estava preso em Landsberg como ex-membro da "tropa de choque Hitler", avisou seus amigos do norte da Alemanha que Hitler achava "a situação tão irremediável" que tinha certeza de que precisaria "começar tudo do zero" quando saísse da prisão. No entanto, ele estava confiante de que em poucos dias teria "as rédeas novamente nas mãos".[45]

Em 7 de julho, Hitler tornou pública sua decisão. No comunicado à imprensa, Hitler informou que ele "deixara a liderança do movimento nacional-socialista" e que "renunciara a qualquer atividade política durante a duração de sua prisão. Além disso, informou que a decisão também se devia ao excesso de trabalho: "O sr. Hitler está escrevendo um livro volumoso e, para tal, pretende ter o tempo livre necessário". Pelo mesmo motivo, ele pediu a seus seguidores que não o visitassem mais em Landsberg.[46] Como o fluxo de visitantes inicialmente não diminuíra, Hitler repetiu seu pedido em 29 de julho. A partir de então, ele apenas receberia aqueles que lhe comunicassem previamente o objetivo da visita e que tenham recebido seu consentimento: "Nos demais casos, peço desculpas, mas serei obrigado a recusar a visita".[47]

O retiro de Hitler reforçou as tendências centrífugas dentro do movimento nacionalista. No dia 20 de julho, uma conferência em Weimar que deveria levar a um acordo terminou em tumulto e insultos verbais. Depois dessa experiência, Ludendorff disse que "ficou nauseado": "Se esse é o movimento do DVFP, agradeço e estou arrependido de ter estado entre eles".[48] Embora a fusão dos nacional-socialistas e do DVFP tenha sido proclamada em uma conferência realizada em agosto, no mesmo local, formando a "Nationalsozialistische Freiheitsbewegung", ou "Movimento Nacional-Socialista da Libertação", esse movimento não saiu do papel. O processo de desintegração do NSDAP e do movimento nacionalista continuou inexoravelmente, apesar de todos os apelos para se chegar a um acordo.[49]

Hitler, frequentemente pressionado por seus seguidores para exercer sua autoridade, manteve-se coerente com sua decisão de não tomar partido abertamente por nenhum dos lados, abstendo-se de qualquer comentário. Ele deveria "manter-se completamente neutro", para que pudesse reorganizar objetivamente o partido quando estivesse em liberdade – foi esse seu recado para o grupo do NSDAP do norte da Alemanha. "Quem não obedecer, será excluído impiedosamente."[50] Desta forma, Hitler evitou ser arrastado para a luta de grupos: "Sua pessoa não entra nessa disputa mesquinha. Assim que ele estiver em liberdade, ele porá ordem em tudo em curto espaço de tempo", observou Rudolf Heß em meados de agosto de 1924. E, não sem razão, ele suspeitava que Hitler não achava que as discussões em curso eram tão indesejáveis: "Ele mostra para a sociedade lá fora que sem ele nada pode ser feito, e que não é tão simples fazer o trabalho que ele fazia."[51] Alguns de seus seguidores até suspeitaram de que Hitler alimentava a disputa conscientemente, "para manter-se à frente de tudo".[52] De fato, aqui parece ter sido usada uma técnica de dominação que Hitler, como chanceler do Reich, desenvolveria à perfeição: usar a prática de dividir para reinar e, com ela, acirrar a disputa entre possíveis rivais, afirmando assim sua própria liderança.[53]

Devido às declarações de julho de 1924, tornou-se público pela primeira vez que Hitler pretendia escrever um livro. Os trabalhos preparatórios remontavam às primeiras semanas passadas na prisão. Durante seu interrogatório pelo promotor Erhard em 13 de dezembro de 1923, Hitler falou sobre suas intenções em um memorando, com o qual pretendia "desmascarar" seus opositores.[54] Com a permissão do diretor do presídio, ele conseguiu que lhe trouxessem uma máquina de escrever; o carcereiro Franz Hemmrich trouxe-lhe uma mesa apropriada e papel.[55] Não foi possível achar o memorando, mas seu conteúdo pode ser reconstruído a partir de discursos proferidos por Hitler no tribunal.[56] Após sua condenação em 1º de abril de 1924, Hitler deu continuidade a seus trabalhos, e apresentou o primeiro resultado de seus esforços em um artigo na edição de abril da revista pangermânica *Deutschlands Erwachen*. Esse artigo já apresentava semelhanças notáveis com algumas passagens de *Mein Kampf*.[57] E Hitler mantinha o objetivo original em mente: Ele escrevia "um ajuste de contas detalhado com aqueles senhores que, no dia 9 de nov[embro] gritavam 'Hurra' e que no dia 10 já tentavam provar a 'temeridade daquele empreendimento maluco'", disse Siegfried Wagner em 5 de maio.[58]

No início de junho, a editora Eher, que pertencia ao partido, anunciou o lançamento do livro para julho em um folheto promocional, com o título "Quatro anos e meio de luta contra a mentira, estupidez e covardia" (*Viereinhalb Jahre Kampf gegen Lüge, Dummheit und Feigheit*). O conteúdo, brevemente esboçado, deixava claro que o livro teria somente um volume.[59]

O caráter da obra mudou com a decisão tomada por Hitler de se retirar temporariamente do trabalho político: o que originalmente foi concebido apenas como um escrito com teor justificativo seria ampliado com alguns elementos autobiográficos.[60] Desde a segunda quinzena de junho, Hitler trabalhava intensivamente elaborando o manuscrito. No final de julho, ele leu para Heß um trecho sobre sua experiência de guerra no *front* ocidental (*Mein Kampf*, capítulo 5) e discutiu com ele a composição da capa.[61] No dia 23 de julho, Hitler voltou à cela de Heß e perguntou se poderia ler para ele o capítulo sobre Munique, que acabara de escrever (*Mein Kampf*, capítulo 4). "Ainda estou completamente subjugado com a impressão causada pelo livro", relatou Heß a sua namorada. As palavras elogiosas de Heß deixaram Hitler exultante: "Que mistura fantástica de superioridade fria e madura de um homem com a vivacidade incontida de um garoto!".[62]

Que Hitler ditou seu livro para Heß, muitas vezes até tarde da noite, é uma lenda adotada por muitos biógrafos de Hitler a partir das memórias do carcereiro Otto Lurker.[63] Na verdade, o próprio Hitler digitou o manuscrito usando dois dedos, depois que ele esboçava seus pensamentos em palavras-chave em um papel.[64] O papel desempenhado por Heß durante a elaboração do livro é descrito em uma carta escrita por ele no final de julho: Frequentemente, Hitler "lê para mim trechos de seu livro [...], após a conclusão de um capítulo, ele o traz e o explica. Então conversamos sobre um ou outro ponto".[65] No início de agosto, Hitler acreditava que o livro estaria concluído, e convidou Heß "solenemente [...] para corrigi-lo em conjunto".[66] Aparentemente, isso não aconteceu, pois Hitler sempre adiava a preparação do manuscrito. No final de agosto, Hitler ainda trabalhava incessantemente com o livro, e "não gostava de ser interrompido"[67]. Em setembro, Otto Leybold, diretor do presídio, ainda o viu "empenhado, trabalhando com o livro durante muitas horas por dia".[68] No dia 20 de dezembro de 1924, quando Hitler deixou a fortaleza Landsberg, grande parte do manuscrito estava concluída. Consta que Maurice escondeu o manuscrito dentro da caixa de madeira do gramofone e o contrabandeou para fora.[69]

[FOTO 17] Capa de uma brochura promocional da editora Eher anunciando o livro que viria a se chamar *Mein Kampf*, início de junho de 1924.

No entanto, a publicação do livro era adiada mês após mês. Esse atraso estava relacionado às dificuldades financeiras da editora Eher. "Dívidas, só dívidas, em todo os lugares só dívidas", queixou-se o editor Max Amann para o membro do partido Hanfstaengl.[70] Os motivos políticos provavelmente eram ainda mais importantes: Hitler não queria prejudicar seus esforços para revogar a proibição do NSDAP com a publicação do livro.[71] É nesse contexto que devemos avaliar a mudança do título

– desde fevereiro de 1925, o livro foi anunciado com o título reduzido, *Mein Kampf* –, bem como a reestruturação da obra. O livro, originalmente planejado como volume único, passaria a ser dividido em duas partes. Hitler decidiu que o primeiro volume terminaria com a promulgação do programa do partido de 24 de fevereiro de 1920, reservando alguns dos capítulos programáticos que já estavam prontos para o segundo volume.[72] Em abril de 1925, Hitler, que estava em Obersalzberg, finalizou o manuscrito do primeiro volume. Josef Stolzing-Cerny, o crítico musical do *Völkischer Beobachter*, e Ilse Pröhl, noiva e futura esposa de Rudolf Heß, ajudaram nos trabalhos editoriais.[73]

O primeiro volume de *Mein Kampf* foi publicado em 18 de julho de 1925; o segundo volume demorou um pouco mais. No outono de 1926, Hitler retirou-se novamente para o Obersalzberg, onde ditou o texto que faltava para uma secretária.[74] Rudolf Heß – agora secretário pessoal de Hitler, assumiu a redação final.[75] Em 11 de dezembro de 1926, o segundo volume começou a ser vendido. Heß profetizara que "uma onda de espanto, raiva e admiração assolaria as terras germânicas" após a publicação.[76] As vendas, inicialmente, não deslancharam. Talvez por conta do preço relativamente alto do primeiro volume, que custava doze marcos. Embora os 10 mil exemplares da primeira edição do volume I estivessem quase totalmente vendidos até o final de 1926, as vendas da segunda edição ficaram muito aquém do esperado.[77] As vendas somente aumentaram após o sucesso do NSDAP nas eleições de 1930; principalmente a "edição popular", bem mais barata, que foi um sucesso de vendas. Até o final de 1932, quase 228 mil exemplares haviam sido vendidos. Após a tomada do poder, em 1933, a edição deu outro salto. Diariamente eram vendidos "cerca de 4 mil exemplares", como apontou Hitler a Heß em abril de 1933. "[Max] Amann não consegue encontrar gráficas em número suficiente para a impressão do livro."[78] As bibliotecas públicas e as escolas eram obrigadas a adquirir o livro e, desde 1936, os funcionários dos cartórios civis foram instruídos a entregar um exemplar de *Mein Kampf* aos casais recém-casados. Durante a guerra foi publicada uma edição impressa em papel-bíblia destinada aos soldados. Em 1944, a edição saltou para 12.450.000 exemplares.

Certa vez, durante uma conversa com Hans Frank, Hitler disse que se soubesse que um dia seria chanceler do Reich, não teria escrito *Mein Kampf*.[79] Mas isso era pura falácia. Hitler tinha muito orgulho de sua obra e gostava de presentear exemplares com uma dedicatória pessoal.[80] Ele enriqueceu com *Mein Kampf* e a obra também foi de grande importância para sua futura carreira política. O livro tinha dupla finalidade: por um lado, permitia que Hitler apresentasse sua história de vida até a entrada na política como prelúdio para sua missão histórica, unindo autobiografia e programática. Os primeiros anos, com suas dificuldades e decepções, eram apresentados como uma etapa indispensável para o desenvolvimento, como um período de incubação de um gênio político forjado pelas agruras da vida. Por outro lado, com seu livro, Hitler pretendia enfatizar sua liderança dentro do movimento nacionalista. O livro servia como prova de que ele era ao mesmo tempo político e programático, uma composição raramente encontrada na história da humanidade (como Hitler explicava com orgulho em *Mein Kampf*).[81] Isso também explica o estilo pretensioso do livro, com o qual o autor queria provar que mesmo com uma escolaridade insuficiente, era letrado o bastante para competir com qualquer professor universitário.[82]

Os carcereiros Otto Lurker e Franz Hemmrich relataram que Hitler juntou uma verdadeira biblioteca durante o período em que esteve preso em Landsberg, que "ocupava um grande espaço em seu quarto decorado com belos quadros e flores".[83] Porém, é difícil determinar o que Hitler realmente leu e quais as fontes que usou para escrever *Mein Kampf*. O próprio Hitler falou pouco sobre isso e, conscientemente, não citou nominalmente os autores por ele mencionados. Otto Straßer, irmão de Gregor, disse ter visto as obras antissemitas de Houston Stewart Chamberlain e Paul de Lagarde entre os livros de Hitler.[84] Em *Mein Kampf* existem pistas evidentes da doutrina de Gobineau sobre a desigualdade das raças humanas, bem como do livro *Rassenkunde des deutschen Volkes* [Higiene racial do povo alemão], de Hans F. K. Günther, cuja terceira edição foi publicada em 1923 e entregue a Hitler pelo editor J. F. Lehmann com uma dedicatória pessoal. Finalmente, também podemos citar o panfleto racista de Henry Ford, o rei americano dos automóveis, intitulado *O judeu internacional*, lançado na Alemanha em 1922 com grande sucesso. "Eu considero Ford a minha inspiração", teria dito Hitler a um repórter americano.[85] Para o segundo volume de *Mein Kampf*, Hitler aparentemente também usou o livro do autor americano Madison Grant, *O fim da grande raça*, publicado por J. F. Lehmann em 1925, no qual a "mistura racial" era descrita como a causa do desaparecimento de povos e culturas.[86] Para Hitler, a obra certamente não oferecia novos conhecimentos, mas confirmava suas convicções fortemente estabelecidas. De modo geral, essa parecia ser a característica de seu comportamento de leitura em Landsberg: não lia para checar suas opiniões, e sim para confirmá-las. Meticulosamente, Hitler procurava por detalhes que coubessem na visão mundial já existente.[87]

Assim, *Mein Kampf* não continha muitas novidades; na verdade, a obra em dois volumes representava essencialmente um resumo dos inúmeros discursos proferidos pelo demagogo antes de novembro de 1923 – mas agora com a pretensão de sistematizar os frutos de sua leitura, apresentando-os como uma cosmovisão consistente e coerente.[88] No centro da interpretação da história por Hitler estavam os termos "povo e raça" – que se transformaram no título do capítulo 11 do primeiro volume. Para Hitler, a "questão racial" era não somente a chave da história mundial como também da cultura humana".[89] Com isso, Hitler distanciou-se do pensamento histórico marxista: para ele, as raças, e não as classes, eram as forças motrizes; as lutas das raças e não das classes determinavam o desenvolvimento histórico. Hitler derivava suas teorias raciais de supostas leis da natureza. Aqui reinava o "impulso universal para a pureza racial": "Uma raposa sempre será uma raposa, um ganso sempre será um ganso, um tigre sempre será um tigre etc.". Portanto, qualquer mistura de raças era uma violação contra "a lógica férrea da natureza", que levaria automaticamente à degeneração e à decadência. "As grandes culturas do passado sucumbiram porque a raça original e criativa morreu por envenenamento do sangue."[90]

Hitler associava sua teoria racial com justificativas biológicas a ideias social-darwinistas, as quais ele já havia interiorizado quando atuava como soldado na Primeira Guerra Mundial. A natureza visa apenas "a vitória dos mais fortes e a eliminação dos fracos ou sua submissão incondicional." Para Hitler, considerações de caráter humanitário na "luta pela sobrevivência" estavam fora de cogitação: "Quem quer viver, que lute; e quem não quer brigar nesse mundo de combate eterno não merece viver". Na lógica dessa visão mundial profundamente desumana habitava a ideia de uma "melhoria" das raças – até a meta final distante, quando "finalmente, o que de melhor existe na humanidade terá passe livre, pois obteve a posse da terra".[91] E Hitler não deixou nenhuma dúvida a quem caberia essa tarefa – aos "arianos", apresentados como os únicos representantes da "raça criativa": "Tudo o que sabemos hoje em termos de cultura humana, resultados da arte, ciência e tecnologia, é quase exclusivamente um produto da criatividade dos arianos".[92]

Na cosmovisão bipolar de Hitler, a contrapartida negativa da "raça ariana" era a "raça judia". Em muitas passagens de *Mein Kampf*, Hitler repetia textualmente o que dissera em suas vociferações antissemitas, como as de agosto de 1920. "O" judeu era citado como a encarnação de todo o mal, e sua eliminação, por vezes, como a tarefa mais importante de sua missão política. No entanto, comparando com suas declarações anteriores, é possível detectar uma radicalização frente às medidas que deveriam ser tomadas contra os judeus. No final de julho de 1924, ao ser questionado por um visitante se havia mudado seu posicionamento frente ao judaísmo, Hitler respondeu: "Sim, sim [...] eu reconheci que até agora fui muito tolerante! Enquanto escrevia meu livro, percebi que futuramente deverão ser usadas armas potentes para que sejamos bem-sucedidos. Estou convencido de que esta é uma questão vital não apenas para nosso povo, mas para todos os povos, pois o Judá é a praga mundial".[93]

Logo, Hitler estava convicto de que não agia para o povo alemão, e sim em nome de todas as nações quando se decidiu pela "eliminação dos judeus". À luz dessa obsessão, a luta antissemita atingiu uma dimensão quase escatológica. "Se, com a ajuda de seu credo marxista, o judeu vencer sobre os povos do mundo", escreveu Hitler no primeiro volume, "então a sua coroa simbolizará a morte da humanidade, e este planeta continuará sua jornada pelo éter como há milhões de anos, desprovido de habitantes." E, a partir disso, concluiu: "Portanto, acredito hoje que atuo de acordo com o Criador Todo Poderoso: quando luto contra os judeus, estou lutando pela obra do Senhor".[94] Saul Friedländer caracterizou essa manifestação pseudorreligiosa de hostilidade extrema contra os judeus como "antissemitismo de redenção", cujos primórdios remontam ao Bayreuther Kreis, principalmente na atuação de Houston Stewart Chamberlain.[95]

A "remoção dos judeus" deixou de significar deportação ou expulsão, mas incluía em última análise a aniquilação e o "extermínio". Em *Mein Kampf*, Hitler usou a terminologia da parasitologia para caracterizar os judeus como "insetos nocivos", cuja eliminação era necessária.[96] Uma passagem encontrada no segundo volume de *Mein Kampf* mostra que em seu delírio antissemita também havia lugar para fantasias assassinas: "Se, no início da guerra, tivéssemos enfiado doze ou quinze mil desses hebraicos corruptos como fizeram com milhares de nossos melhores trabalhadores alemães nos campos de batalha, o sacrifício de milhões de vítimas no *front* não teria sido em vão."[97]

Em *Mein Kampf*, também podemos notar uma radicalização de suas ideias sobre política externa. Ao assumir, Hitler buscou eliminar o Tratado de Versalhes, depois de um ajuste de contas com a França, o "arqui-inimigo", bem como recuperar as colônias e restaurar as fronteiras de 1914 – ou seja, no sentido de um revisionismo tão comum em todos os círculos pangermânicos e nacionalistas alemães. Em seu livro, Hitler deu ênfase a uma nova ideia: uma nação como a Alemanha, que apresenta uma expansão populacional, precisa de uma grande área territorial para se alimentar e desenvolver sua força política. Essa ideia do "espaço vital" deve-se a Karl Haushofer, que com suas ideias geopolíticas influenciou consideravelmente seu aluno Rudolf Heß e, através desse, o programa de política externa de Hitler.[98] Além disso, existem provas de que, em Landsberg, Hitler leu a obra do geopolítico e cofundador da Liga Pangermânica Friedrich Ratzel sobre "Geografia Política" (1897), que Haushofer levou para Landsberg e entregou a seu aluno e amigo Heß.[99]

A questão era onde conquistar esse "espaço vital". O quarto capítulo do primeiro volume, no qual Hitler abordou criticamente a política exterior guilherminiana anterior a 1914, já indica a direção a seguir: "Se alguém na Europa precisar expandir seu território, isso somente poderia ser feito às custas da Rússia e, nesse caso, o novo Reich teria que seguir o caminho dos antigos Cavaleiros Teutônicos, usando a espada para arar o solo alemão, para fornecer à nação o pão de cada dia".[100] O texto não deixava dúvidas de que, para Hitler, a expansão em direção ao leste somente poderia ocorrer através da guerra. Hitler foi ainda mais claro no capítulo 14 do segundo volume ("Orientação para leste ou política de leste"), no qual proclama o direito do povo alemão a "áreas territoriais adequadas nessa terra" como o objetivo central da política exterior, concluindo: "Interromperemos a interminável procissão germânica em direção ao sul e leste da Europa, e passaremos a olhar para as terras do leste. Finalmente, encerraremos a política colonial e comercial do período anterior à guerra, e daremos início à política territorial do futuro."[101]

Para Hitler, o espaço vital almejado era um empreendimento relativamente livre de riscos. Para ele, o estado soviético estava na mão de "bolcheviques judeus", ou seja, significativamente enfraquecido em sua "substância racial". "O gigantesco reino do leste está próximo do colapso. O fim do domínio judaico na Rússia também significará o fim da Rússia como Estado. Nós fomos designados pelo destino para testemunhar um desastre que será a mais poderosa confirmação da veracidade da teoria racial nacionalista."[102] Assim, os dois principais objetivos de Hitler – a destruição do "bolchevismo judeu" e a conquista de "espaço vital no leste" – estavam decididos programaticamente e unidos em um conceito único. Hitler, a despeito da flexibilidade e das manobras táticas de dissimulação, permaneceria fiel a esses objetivos com pertinácia dogmática mesmo como chanceler do Reich.

"Para mim, esse sempre será o maior mistério do Terceiro Reich", escreveu o romancista Victor Klemperer em sua análise sobre a linguagem do regime nacional-socialista publicada em 1946, "como esse livro pode ser (ou melhor, teve que ser) divulgado para o grande público e como, mesmo assim, Hitler foi capaz de chegar ao poder, exercendo-o durante doze anos, embora a bíblia do nacional-socialismo já circulasse anos antes da tomada do poder.[103] Na verdade, em *Mein Kampf*, Hitler explicou com clareza invejável o que pretendia fazer quando assumisse o poder. Será que as pessoas que o elegeram e aplaudiram não tinham lido seu livro? Durante muito tempo, a pesquisa partiu desse princípio[104] e, entre outras coisas, contou com o testemunho de Otto Straßer que, em seu livro publicado em 1940, *Hitler und ich* [Hitler e eu], contou que em 1927, na convenção do partido em Nuremberg, confessou para um pequeno grupo de membros do partido que não lera *Mein Kampf*, mas que somente decorara algumas frases marcantes. Em seguida, os outros (entre os quais estava também seu irmão Gregor e Joseph Goebbels) confessaram que também não o tinham lido.[105] Se isso valia até mesmo para os guarda-costas de Hitler, imaginemos os milhões de seguidores, sem falar naqueles que não faziam parte do NSDAP?

Othmar Plöckinger, em seu estudo minucioso sobre a história do livro *Mein Kampf*, provou que a afirmação feita sobre o "*best-seller* não lido" era exatamente isso: "Um mito que combinava com as estratégias de justificação dos primeiros anos do pós-guerra, onde se manteve por longo tempo".[106] O primeiro volume, publicado em 1925, encontrou ampla ressonância crítica na imprensa burguesa. Durante uma discussão detalhada, Stefan Grossmann, o publicitário da esquerda liberal, declarou à revista *Das Tagebuch* que duvidava da integridade mental do escritor de memórias. O jornal liberal *Frankfurter Zeitung* afirmou que Hitler estaria "arruinado" após essa confissão, enquanto o jornal conservador *Augsburger Neueste Nachrichten* afirmava que Hitler era um "homem altamente capaz", que "com empenho honesto defende suas convicções conquistadas durante a dura batalha de vida. Quem quiser conhecer de perto a personalidade peculiar de Hitler e entender suas atitudes deve ler o livro, que será útil para todos que o lerem, seja de forma crítica ou aprovadora".[107] Após os sucessos eleitorais do NSDAP em 1929 e 1930, aparentemente muitas pessoas seguiram essa recomendação. A favor disso falam os números crescentes de venda, bem como o destaque dado à obra no jornalismo diário. Assim, um comentário negativo como o de Hellmut von Gerlach no jornal *Weltbühne* em junho de 1932 era uma exceção: "Quem leu a autobiografia de Hitler, *Mein Kampf*, pensará, espantado, como um sádico Mestre Supremo da Confusão conseguiu tornar-se o líder de um terço do povo alemão".[108]

Entre os seguidores de Hitler, *Mein Kampf* desbancou todas as obras concorrentes de autores nacional-socialistas dos anos 1930, transformando-se na bíblia do partido. Certamente, nem todos que receberam o livro como presente de casamento após 1936 o estudaram detalhadamente. Mas podemos supor que os nacional-socialistas convictos conheciam pelo menos as partes mais importantes. Além disso, o fato de que as taxas de frequência de empréstimo nas bibliotecas públicas foram relativamente elevadas nos primeiros anos da ditadura indica que existia um interesse pelo livro.[109]

No final de agosto de 1924, Hitler estava convencido de que seria libertado em 1º de outubro, seis meses após sua prisão.[110] Em meados de setembro, Hitler começou a pesquisar os preços de um carro que ele pretendia comprar após ser libertado. "O grande problema reside no fato de que, mesmo se eu for libertado no dia 1º de outubro, somente poderei contar com recebimentos maiores advindos do meu livro após meados de dezembro. Portanto, serei forçado a pegar um empréstimo ou adiantamento com alguém", confidenciou o fanático por carros a Jakob Werlin, diretor da filial Benz & Cie em Munique* durante uma visita feita a ele em Landsberg.[111]

Se tudo dependesse da direção do presídio, Hitler efetivamente teria sido libertado o mais breve possível. O diretor Leybold simpatizava imensamente com ele. "Não vejo Hitler como culpado. Ele é um idealista [...] Quando ouço suas palavras, penso que poderia ser um nacional-socialista", externou ao carcereiro Hemmrich.[112] Em seu parecer datado de 15 de setembro, Leybold elogiou Hitler dizendo que ele "era um homem da ordem e disciplina". Ele era "modesto, humilde e gentil", "não fazia reivindicações de qualquer espécie", e sempre "procurava adaptar-se às limitações impostas pelo sistema penal", comportando-se "com cortesia frente aos carcereiros e nunca era ofensivo". Segundo a opinião de Leybold, durante o período em que esteve preso, Hitler sem dúvida "amadureceu e ficou mais tranquilo", de modo que no futuro não poderia ser considerado perigoso.[113]

No entanto, Friedrich Tenner, vice-presidente de polícia de Munique, desmentiu essa afirmação: após sua libertação, Hitler, "que hoje mais do que nunca, é a alma do movimento", "retomará a luta implacável com o governo e não hesitará em violar a lei".[114] O primeiro promotor do *Volksgericht* de Munique I, Ludwig Stenglein, também se pronunciou contrário à libertação precoce de Hitler: de acordo com seu comportamento durante o processo e na prisão, não podemos de modo algum afirmar que os condenados tenham abdicado de suas "intenções subversivas" e que,

---

*　Em 1926, passou a se chamar Daimler-Benz e teve sua sede transferida para Berlim. (N.T.)

futuramente, "serão bem-comportados". Quando, finalmente, a III Strafkammer, divisão dedicada a questões criminais, aprovou a liberdade condicional, a promotoria entrou com uma queixa junto ao Supremo Tribunal da Baviera.[115] Com isso, a libertação de Hitler no dia 1º de outubro foi suspensa, o que desencadeou uma verdadeira "ressaca generalizada" em seus seguidores em Landsberg.[116]

Hitler, no entanto, se mostrou pouco impressionado. O que o preocupava era a possibilidade de o governo bávaro deportá-lo para a Áustria após sua libertação. No início de outubro de 1924, o governo bávaro enviou um representante a Viena para negociar uma "possível transferência de Hitler para a Áustria". No entanto, os postos de fronteira em Passau já haviam sido instruídos a não permitir a entrada de Hitler na Áustria. O governo vienense assumiu a posição de que Hitler, ao "emigrar" para a Baviera e prestar serviço militar ao exército bávaro, perdeu sua cidadania austríaca. Nos próximos meses, a atitude do governo austríaco não mudaria.[117] Sobre a notícia – na verdade, incorreta – de que sua cidadania tinha sido revogada, Hitler declarou em 16 de novembro que ele não se incomodava com essa perda, pois "nunca se sentira como cidadão austríaco e sim, como alemão".[118] No início de abril de 1925, Hitler formalizou o pedido para abdicar da cidadania austríaca e o governo vienense deferiu o pedido em 30 de abril.[119] Doravante, Hitler era um apátrida; a cidadania alemã somente lhe foi concedida em 1932.

Em 6 de outubro de 1924, a autoridade máxima da legislação da Baviera rejeitou a contestação da promotoria, que fez uma última tentativa para impedir a concessão da liberdade condicional de Hitler. Porém, como Leybold, o diretor do presídio, intercedeu novamente por seu prisioneiro modelo, a Suprema Corte do Estado ordenou a libertação para o dia 20 de dezembro.[120] Possivelmente, o resultado das eleições do parlamento do Reich em 7 de dezembro influenciaram essa decisão. O Movimento Nacional-Socialista da Libertação conseguiu somente 3% dos votos, ou seja, perdeu mais da metade dos votos em comparação com maio.[121] A direita nacionalista aparentemente ultrapassara seu ponto máximo; ela já não representava mais um sério perigo. Assim, uma cidadã abastada de Munique entrou em contato com o primeiro-ministro Held solicitando "paz na terra também para o mais alemão dos alemães, Adolf Hitler". Após as eleições teriam sido desfavoráveis ao partido de Hitler, não existia uma razão específica para "deixá-lo atrás das grades". Acrescentou, ainda: "Se tivéssemos vinte *Hitlers* no povo alemão, nossas vidas seriam bem diferentes".[122]

Em 25 de fevereiro, Hitler contou que todos, desde o diretor até os carcereiros, "tinham lágrimas escorrendo pelo rosto". "Nós conquistamos a todos!"[123] Gregor Straßer e Anton Drexler chegaram com o carro para levar Hitler imediatamente para uma reunião com Ludendorff. "A competição por sua pessoa começa antes mesmo do que eu esperava", escreveu Heß. "[Hitler] nem mesmo cogitou acompanhá-los. Estava indignado! Ele só queria descansar e mais nada!"[124] A relação entre Hitler e Ludendorff durante o período passado no presídio esfriou acentuadamente. Hitler não esqueceu que Ludendorff permitira a "evasão" de Kahr, Lossow e Seißer na noite de 8 de novembro de 1923.[125] E Hitler ficou ressentido não apenas porque o general permitiu que fossem realizadas eleições para o parlamento do Reich, mas também por ter se posicionado à frente das tentativas de unificação entre os nacionalistas alemães e os nacional-socialistas. No dia em que Hitler for libertado, anotou Heß em 11 de dezembro, "Ludendorff terá uma grande surpresa. Ele não sabe com quem está lidando".[126]

Em vez de Ludendorff, Hitler permitiu que Adolf Müller o buscasse, o homem em cuja gráfica eram impressas as publicações da editora Eher, juntamente com o fotógrafo Heinrich Hoffmann. No portal de Landsberg, Hoffmann bateu uma foto memorável de Hitler, que foi publicada em numerosos jornais com a legenda "Hitler deixa Landsberg".[127] Hitler encontrou seu apartamento na Thierschstrasse enfeitado com flores e coroas de louro. "Meu cachorro quase me empurrou escada abaixo, de tanta alegria", lembrou Hitler.[128] Três dias depois, Hitler compareceu ao Salão Bruckmann, no Karolinenplatz. "Como tudo é bonito aqui", teria dito ao ver o ambiente magnífico, e no livro de visitas escreveu sugestivamente: "Aquele que foi marcado pela tristeza não merece alegrias".[129] Hitler passou o Natal na residência da família Hanfstaengl, que mudara de seu apartamento na Gentzstrasse para uma mansão na Pienzenauerstraße no Herzogpark. "Por favor, Hanfstaengl, toque

[FOTO 18] Hitler em frente ao Portão de Landsberg após sua libertação, 20 de dezembro de 1924.

para mim o 'Liebestod'", teria dito Hitler ao anfitrião logo que entrou. Ao som da música de Wagner, conta Hanfstaengl, o hóspede relaxou: "Sua aparência agora era calma, quase serena, e cumprimentou minha esposa [...]. Novamente, pediu desculpas pelo ocorrido em Uffing, cantarolou baixinho algo engraçado para minha filha e, em seguida, elogiou nosso novo lar."[130]

No final de dezembro de 1924, uma circular aos grupos locais do Völkischer Block saudava Hitler com as seguintes palavras: "O homem das atitudes fortes e da pontaria política certeira voltou."[131] Mas, durante as primeiras semanas após o Natal, Hitler manteve-se afastado da política. Visitou os prisioneiros que ainda estavam em Landsberg e dedicou-se à impressão do livro. "Ele está correndo de lá para cá por causa das pessoas que permanecem em Landsberg e também por causa de seu livro", comentou um ex-companheiro de cárcere de Munique.[132] Cuidadosamente, Hitler sondou o terreno para não cometer nenhum deslize quando voltasse à política. "Hitler persistia em seu silêncio congelado, numa retração percebida como sinistra por seus seguidores", anunciou o jornal *Bayerischer Anzeiger* em 21 de janeiro de 1925.[133]

8

O "FÜHRER" À ESPREITA

"Agora deixei de ser um desconhecido, e isso nos dá a base mais importante para uma nova tentativa", disse Hitler para Ernst Hanfstaengl após sair da prisão em Landsberg e assegurar a sua esposa: "Uma coisa lhe prometo [...]: da próxima vez, não cairei do cavalo!".[1] Ainda durante sua temporada no presídio, Hitler decidiu fundar um novo NSDAP. Como ele se manteve completamente afastado da disputa entre as facções rivais no terreno nacionalista, sua aura não foi danificada. Assim, ele imaginava ter boas oportunidades para reconstruir o partido e reunir o grosso do movimento, atualmente fragmentado. Desde o início, Hitler prosseguiu com a intenção de transformar o NSDAP em um instrumento incondicional de suas ambições como líder, e isso também incluía manter Munique como o centro de seu poder domiciliar e sede do partido. A partir daí, Hitler passou a dar uma importância quase religiosa ao berço do movimento. "Roma – Meca – Moscou! Cada um dos três lugares incorpora uma filosofia de vida. Concentremo-nos na cidade que presenciou os primeiros sacrifícios de nosso movimento: ela deverá ser a Moscou do nosso movimento!".[2] Munique, dizia Hitler, não devia ser abandonada: "O lugar mais sagrado é aquele onde a gente mais sofreu".[3]

As condições gerais haviam mudado em comparação ao período de ascensão do NSDAP antes de 1923. Após o tumulto pós-guerra e o ano da inflação em 1923, seguiu-se uma fase de consolidação relativa da República de Weimar entre 1924 e 1928. Após a estabilização da moeda, a economia alemã recuperou-se rapidamente. Em 1927, a produção industrial pela primeira vez atingiu o nível pré-guerra. Também houve um grande aumento dos ganhos reais dos empregados, enquanto o desemprego, que no inverno de 1923-1924 ainda era de vinte por cento, demonstrou uma tendência de queda. O pior parecia ter acabado; a população mostrava um otimismo cauteloso.

Na política externa também se observou um franco progresso. Com a adoção do plano Dawes em 1923, que adaptou o pagamento das reparações de guerra ao desempenho da economia alemã, a Alemanha conseguiu assegurar uma completa evacuação da região do Ruhr. No período de 1924 a 1929, durante o qual Gustav Stresemann dirigiu ininterruptamente o Ministério do Exterior apesar de mudanças constantes no Gabinete, os acordos com as potências ocidentais continuaram, especialmente com a França. Nos Tratados de Locarno, em outubro de 1925, a Alemanha reconheceu a fronteira ocidental determinada pelo Tratado de Versalhes, e confirmou a desmilitarização da Renânia. Em contrapartida, França e Bélgica desistiram de uma alteração à força das fronteiras estabelecidas. A entrada em vigor estava associada à admissão da Alemanha na Liga das Nações, que ocorreu solenemente em setembro de 1936. Com isso, a Alemanha voltou a fazer parte da comunidade internacional.[4]

Quando falamos nos "loucos anos 1920", não nos referimos apenas à recuperação da economia e aos sucessos da política externa, mas principalmente à "cultura de Weimar", que se distinguia por sua enorme criatividade e senso de experimentação.[5] Em 1923-1924, o expressionismo, com seu êxtase dramático e suas utopias socialmente transformadoras, foi seguido por uma fase de "nova objetividade", com uma tendência de sobriedade voltada à pintura, literatura e arquitetura. Sua expressão mais evidente foi inicialmente apresentada na Bauhaus, dirigida por Walter Gropius primeiramente em Weimar, e mais tarde em Dessau – um local experimental não só para a arquitetura funcional, mas também para uma concepção correspondente de móveis e utensílios. Promovida pelos modernos canais de mídia – discos, televisão e filmes falados – estabeleceu-se uma moderna cultura de massa, cujas ofertas deixaram de ser um privilégio das classes abastadas. Os esportes atraíam muitas pessoas – futebol, atletismo, boxe, provas de ciclismo e corridas de automóvel. Em seu livro *Geschichte eines Deutschen* [História de um alemão: memórias 1914-1933], Sebastian Haffner citou uma verdadeira "mania desportiva", da qual ele e muitos outros jovens eram adeptos durante a República de Weimar.[6]

Berlim era o centro dos "loucos anos 1920", com seu imenso potencial de diversão, seus cinemas imponentes e salões de dança, onde imperavam as importações americanas, tais como o *shimmy* e o *charleston*.

A moda feminina tornou-se mais prática e casual; o cabelo curto passou a ser o símbolo da emancipação da mulher. A sexualidade, antes reprimida, ficou mais livre e determinava o relacionamento entre os sexos. Tudo isso significava uma riqueza de experiências, ideias e distrações que ia contra a tendência ao radicalismo político – pelo menos enquanto a frágil estabilidade social não fosse afetada por novas perturbações.

Portanto, os sinais deixaram de ser tão favoráveis aos projetos de Hitler. "Hoje, o terreno fértil da inflação faz falta para a política golpista desesperada. Hitler encontra condições completamente diferentes às quais precisa adaptar sua política", constatou o *Bayrische Anzeiger*.[7] Mesmo assim, o "tribuno" estava "muito animado" e "cheio de vigor" durante as semanas nas quais organizou a nova fundação do partido, de acordo com observações de Rudolf Heß, que desde abril era o secretário particular de Hitler. "O peso extra que Hitler acumulou em L[andsberg] já desapareceu. E claro, ele praticamente não tem mais tempo; como sempre, vive na correria."[8] Hitler preparou cuidadosamente seu retorno ao palco político. Primeiro, precisava convencer o governo bávaro a suspender a proibição do NSDAP. No início de janeiro de 1925, foi recebido em audiência por Heinrich Held, primeiro-ministro da Baviera e presidente do BVP. Frente ao representante da promotoria do Estado, Hitler mostrou-se arrependido e solicitou a libertação dos golpistas que ainda estavam presos em Landsberg, prometendo que no futuro atuaria dentro da normalidade. Ao mesmo tempo, distanciou-se dos ataques de Ludendorff e dos demais representantes nacionalistas contra a Igreja católica. O primeiro-ministro reagiu com frieza: o governo da Baviera "nunca mais toleraria" circunstâncias como as ocorridas antes de 9 de novembro de 1923, mas as enfrentaria "com todos os meios que competem à autoridade do Estado". Ao final, porém, concordou em suspender a proibição do NSDAP e do *Völkischer Beobachter*. "A besta está domesticada", teria dito Held. "Agora podemos afrouxar as algemas."[9] Hitler somente conseguiu dar início a sua segunda carreira política porque seus adversários subestimaram sua periculosidade.

No dia 26 de fevereiro, dez dias após a suspensão da proibição, o *Völkischer Beobachter* voltou a circular. Em um artigo editorial entitulado "Para a revitalização do nosso movimento" e em um artigo publicado na mesma edição, "Chamada aos ex-membros do partido nacional-socialista alemão", Hitler convidava a todos para acabar com os conflitos do passado e "trabalhar como antes, confiantes e lado a lado, como irmãos de uma grande comunidade de luta".[10] Nas diretrizes sobre a "nova composição" do NSDAP publicadas junto com o artigo, lia-se que somente poderiam associar-se pessoas que solicitassem sua inscrição por escrito. Ao mesmo tempo, informava-se inequivocamente que o objetivo fundamental não mudara: "toda a força do movimento deve ser direcionada ao pior inimigo do povo alemão: o judaísmo e o marxismo, bem como aos partidos a eles relacionados ou que os apoiam, o centro e a democracia".[11]

Um dia depois, em 27 de fevereiro, Hitler veio a público, deliberadamente em um lugar no qual encenara seu golpe há um ano e meio: o Bürgerbräukeller. Muitas horas antes do início da reunião, o salão estava completamente lotado, e quando Hitler finalmente apareceu, seus seguidores o saudaram freneticamente. Alguns de seus seguidores mais famosos – Ludendorff, Rosenberg, Röhm, Gregor Straßer – não compareceram, bem como o fundador do partido, Drexler, que solicitara em vão a exclusão de Hermann Esser e Julius Streicher. Em seu lugar, Max Amann assumiu a direção do evento. Hitler de modo algum apresentou-se como arrependido, mas voltou ao mesmo assunto sobre o qual falara em novembro de 1923. Grande parte de seu discurso de duas horas consistiu das já conhecidas declarações antissemitas, com as quais instigava a atmosfera reinante na sala. "O judeu", anunciou Hitler, "era o poder demoníaco" que mergulhou a Alemanha na miséria; a luta contra essa "praga mundial" somente seria ganha "quando a bandeira com a suástica" tremulasse "sobre todas as oficinas e fábricas". "A força total do movimento" deveria concentrar-se nesse objetivo.

Apenas na última parte do discurso, Hitler abordou o verdadeiro tema da noite, a fundação do novo partido. E repetiu seu apelo a todos que "ainda eram nacional-

-socialistas de coração", para que fizessem as pazes e se reunissem ao redor dele. E Hitler não deixava dúvidas sobre a sua liderança: "Eu me abstive de falar qualquer palavra durante nove meses; agora, eu lidero o movimento e ninguém me imporá condições". Somente ele seria o responsável e, após um ano, os membros poderiam decidir: "Se fiz a coisa certa, não me difamarão. Se fiz algo errado, entregarei meu cargo em suas mãos [Exclamações do público: Jamais!]".[12] Esse final teatral foi seguido por uma cena de reconciliação habilmente organizada entre os líderes beligerantes das organizações sucessoras do NSDAP: Julius Streicher, Artur Dinter e Hermann Esser da Comunidade do Povo Pangermânico e Rudolf Buttmann, Gottfired Feder e Wilheml Frick, do Völkischer Block, que se deram as mãos ostensivamente sobre o pódio. "O reencontro dos dois irmãos inimigos" foi um sucesso, relatou Heß. Na mesma noite, Hitler e Winifred Wagner, que ele havia convidado para a reunião no Bürgerbräukeller, dirigiram-se para Bayreuth na nova limusine Mercedes comprada por Hitler.[13]

Apesar da união publicamente demonstrada, as brigas no terreno socialista ainda não estavam resolvidas. A Comunidade do Povo Pangermânico dissolveu-se em março de 1925; os líderes e a maioria de seus membros juntaram-se ao NSDAP recém-formado. No entanto, os seguidores do Völkischer Block mostraram-se mais resistentes; dos 23 membros do parlamento do Estado bávaro, somente seis mudaram para o novo grupo nacional-socialista, formado sob a liderança de Rudolf Buttmann. Ludendorff e Gregor Straßer renunciaram à liderança do Movimento Nacional-Socialista da Libertação em 12 de fevereiro, mas muitos simpatizantes ainda viam Ludendorff como a figura líder do movimento nacionalista, e não Hitler. No início de maio, Anton Drexler, completamente decepcionado com Hitler, fundou em Munique uma organização própria com os membros restantes do Völkischer Block, o Nationalsozialistischer Volksbund (Associação Popular Nacional-Socialista – NSVB), que nunca foi considerado uma concorrência séria para o NSDAP.[14]

Sua primeira aparição pública teve consequências desagradáveis para Hitler: no dia 7 de março, o governo bávaro o proibiu de discursar em público. Uma declaração de Hitler incomodava muito o governo: "O governo será obrigado a passar por cima de nosso cadáver, ou nós passaremos sobre o cadáver do governo" – uma ameaça que, de fato, negava todos seus protestos de legalidade.[15] A maioria dos demais Estados, incluindo a Prússia, juntaram-se a essa proibição. Com isso, Hitler perdeu sua arma mais forte, o discurso nas manifestações de massa: ele só podia discursar em reuniões fechadas e eventos do partido. Os saraus na residência da família Bruckmann serviram-lhe como fórum substituto. Ali, ele discursava frequentemente para um grupo seleto de quarenta a sessenta convidados, geralmente os representantes mais influentes da economia, das ciências e da cultura, e onde era obrigado a atuar de forma muito diferente dos grandes encontros em massa, com sua atmosfera febril e seus estados de comoção extática. Até mesmo sua aparência, observou o historiador Karl Alexander von Müller, foi adaptada ao meio social, trajando um paletó azul escuro, por vezes parecendo-se até mesmo com um smoking. Para Hitler, aquilo era "um aprendizado completamente novo da propaganda, da dissimulação e da pesca de pessoas". Com olhar aguçado, Müller registrou as mudanças visíveis na fisionomia de Hitler desde os dias da prisão: "O rosto afinado, pálido e com aparência doentia, que muitas vezes parecia vazio, estava mais estruturado. A estrutura óssea compacta, da testa até o queixo, era mais pronunciada. O que antes parecia quixotesco foi substituído por um traço de visível dureza: em sua essência, a imagem já era a mesma que, mais tarde, ficaria na nossa memória".[16]

Se Hitler quisesse a liderança absoluta do NSDAP, era preciso, antes, livrar-se dos rivais políticos. Isso dizia respeito principalmente a Ludendorff, do qual Hitler já se distanciara durante sua prisão. Não foi por acaso que Hitler não mencionou o nome de Ludendorff em seu discurso de 27 de fevereiro e que, somente após a cena de reconciliação, tenha se lembrado do general com um curto epílogo, "aquele que sempre será o líder militar do povo alemão". Por outro lado, Ludendorff também se mostrava decepcionado com Hitler. Em um pequeno grupo de colaboradores, disse que ele sofria de uma "psicose prisional". E, no início de fevereiro, Ludendorff anunciou que, se Hitler voltasse a fundar novamente o NSDAP, ele se retiraria da vida política, mas manteria seu mandato no parlamento do Reich.[17]

Inesperadamente, Hitler logo teria a oportunidade de desferir um golpe decisivo em Ludendorff. No dia 28 de fevereiro de 1925, o presidente do Reich, Friedrich Ebert, faleceu com apenas 54 anos de idade. Hitler conseguiu, então, convencer Ludendorff a candidatar-se como sucessor de Ebert pelo movimento nacionalista na próxima eleição. O prefeito de Duisburg, Karl Jarres, foi apontado como candidato dos partidos de direita DNVP e DVP; o social-democrata Otto Braun, o político de centro-direita Wilhelm Marx e o comunista Ernst Thälmann também se candidataram. Embora Hitler soubesse que Ludendorff não tinha nenhuma chance, ele fez de tudo para dar a impressão de que apoiava a candidatura do NSDAP recém--fundado com todas as suas forças. O *Völkischer Beobachter* publicava incessantemente chamadas que conclamavam para a eleição do general com o lema: "Quem deseja a liberdade elege o homem com o punho de aço".[18]

A primeira rodada de votação, em 24 de março, foi desastrosa para Ludendorff. Ele teve apenas 286 mil votos, ou seja, 1,1%, muito menos do que todos os demais concorrentes. "Nem mesmo Bismarck tornou-se chanceler do povo alemão com o resultado de uma eleição", com essas palavras Hitler tentou enfeitar o resultado das eleições no *Völkischer Beobachter*.[19] Mas, na realidade, ele estava muito satisfeito. "Bem-feito – agora, finalmente, acabamos com ele", teria comentado ao saber da derrota esmagadora de Ludendorff.[20] Como nenhum dos candidatos conseguiu a maioria absoluta no primeiro escrutínio, foi feito um segundo escrutínio em 26 de abril. Dessa vez, o candidato da direita, o ex-marechal de campo Paul von Hindenburg, passou à frente de Wilhelm Marx, que representava o SPD, o DDP e o Zentrum. A eleição de Hindenburg provavelmente teria sido evitada se o KPD tivesse retirado seu candidato Thälmann. Assim, os comunistas contribuíram com a eleição de um monarquista convicto para o mais alto cargo do Estado. "Quem, há dois anos, acreditaria que Hindenburg viria a ser presidente do Reich?", exultou o agente florestal Escherich em seu diário. "Agora temos novamente um homem absolutamente impecável e inteligente à frente do Reich."[21] Na verdade, Hindenburg tinha um sério problema de relacionamento com as instituições democráticas da República. O grande problema decorrente desse fato se apresentaria o mais tardar durante a crise existencial da democracia de Weimar, depois de 1930.

Hitler, que conclamou seu partido para apoiar Hindenburg, ficou satisfeito com o resultado eleitoral, pois "finalmente a cartola teve que ceder lugar ao capacete de aço". Com Hindenburg, era de esperar que "a Alemanha voltaria a ter um futuro melhor."[22] Ludendorff, no entanto, encerrou seu papel como figura principal da direita nacionalista. Seu declínio para a irrelevância política se deu com uma velocidade espantosa. A aliança Tannenberg, fundada por ele em setembro de 1925, transformou-se em uma seita sob a influência de sua segunda esposa, a médica Mathilde von Kemnitz, na qual se cultivavam teorias de conspiração abstrusas contra maçons, judeus e jesuítas, bem como ideias religiosas neopagãs.[23]

O segundo rival marginalizado por Hitler foi Ernst Röhm. O ex-capitão reuniu membros da dissolvida SA e do *Kampfbund*, formando uma nova organização paramilitar, a *Frontbann*. Sua ideia de construir um novo movimento militar, independente do partido, colidiu com a intenção de Hitler de reduzir a SA novamente à função de uma tropa auxiliar do NSDAP. "O propósito da nova SA", disse Hitler nas diretrizes de 26 de fevereiro de 1925, seria "como [aquele de] antes de fevereiro de 1923: o fortalecimento físico da nossa juventude, a educação para a disciplina e a devoção ao grande ideal comum, a formação no serviço de arquivo e inteligência do movimento".[24] Esses conceitos diferentes levaram a uma cisão no final de abril de 1925: Röhm abriu mão da direção da SA e da *Frontbann* e retirou-se do movimento. Em, 1928, Röhm emigrou para a Bolívia como conselheiro militar. Em novembro de 1926, Hitler nomeou Franz Pfeffer von Salomon como seu sucessor.

Antes de novembro de 1923, o NSDAP era basicamente uma plantinha bávara; nas regiões do norte, o partido era pouco representativo. Mas Hitler pretendia mudar isso. Antes da oficialização do partido em 27 de fevereiro de 1925, Hitler deu a Gregor Straßer a tarefa de reconstruir o partido no noroeste da Alemanha. Ele não foi capaz de resistir ao "caráter tempestuoso e cativante" de Hitler, confessou mais tarde a um de seus confidentes.[25] Esse farmacêutico de Landshut, que com seu batalhão de choque participara do golpe de Estado em 9 de novembro, passou a ser um dos mais conhecidos políticos nacionalistas durante o período que Hitler esteve preso. Em abril de 1924, seu nome foi eleito para a lista do Völkischer Block no parlamento do Estado da Baviera, onde assumiu o posto de presidente do grupo. Juntamente com Ludendorff e von Graefe, formou o triunvirato da "liderança do Reich" do Movimento Nacional-socialista de Libertação e, como seu deputado, entrou para o *Reichstag* em dezembro de 1924. Straßer não era apenas um grande orador, mas também um talentoso organizador. Admirava Hitler como figura indispensável do movimento mas, diferente de tantos outros, não nutria por ele uma admiração cega. Certa vez, Straßer comentou que "não sirvo para ser o famoso planeta que sempre gira em torno do sol, para dele obter a luz".[26] O estilo de vida boêmio de Hitler o incomodava, e Straßer também não compartilhava o ódio fanático que o demagogo de Munique nutria pelos judeus, embora fosse um antissemita convicto.

Tal como acontece com muitos ex-combatentes de guerra, a imagem de Straßer sobre o "nacional-socialismo" era moldada pela experiência nas trincheiras. No entanto, ele tinha como ênfase o pensamento socialista, e não o nacionalista. Straßer levava a sério o anticapitalismo do programa. No início de 1926, em um artigo sobre o Ano-Novo publicado no *Völkischer Beobachter*, Straßer escreveu: "Por isso nós, os nacional-socialistas, lutamos não apenas pela liberdade nacional de nosso povo, mas também pela justiça social, pela nacionalização da economia alemã."[27] A imunidade parlamentar experimentada por Straßer como deputado do parlamento do Reich e associada ao passe livre para viajar com os trens do Reich, garantiam-lhe uma grande liberdade de movimento, que ele usava com energia incansável para fazer propaganda para o NSDAP no norte e oeste da Alemanha. Até o final de 1925, nessas regiões já existiam 262 grupos locais; em comparação com o período anterior ao golpe, seu número praticamente quadruplicou.[28] Paul Joseph Goebbels, um jovem acadêmico, tornou-se o mais importante funcionário de Straßer. Nascido em 1897, filho de um advogado na cidade industrial Rheydt, no Baixo Reno, Goebbels era portador de uma deficiência física no pé direito – um defeito físico responsável por um profundo complexo de inferioridade, que tentava compensar com esforços intelectuais. Em 1917, após a conclusão do ensino secundário, Goebbels iniciou o curso de Germanística em Bonn, concluindo-o em 1921 em Heidelberg com um doutorado sobre o dramaturgo romântico Wilhelm Schütz. A ambição do recém-formado doutor, que pretendia fazer carreira como escritor ou jornalista, inicialmente não foi satisfeita. O jornal liberal *Berliner Tageblatt* não aceitou sua candidatura a um emprego em janeiro de 1924, e essa recusa foi a raiz de seu ódio aos judeus e à "imprensa judaica". Durante algum tempo, Goebbels trabalhou na filial do *Dresdner Bank*, em Colônia, e a experiência adquirida lá durante os meses de inflação galopante reforçaram suas ideias críticas sobre o capitalismo. Esse jovem frustrado passou a interessar-se por Hitler na primavera de 1924, durante o processo de alta traição em Munique. "O Führer", escreveu Goebbels dois anos mais tarde, "verbalizou exatamente o que eu sentia". "Deus o inspirou a dizer o quanto sofremos. O senhor traduziu nossa dor em palavras redentoras e formulou frases de confiança no milagre vindouro."[29]

Em agosto de 1924, depois de uma visita ao *Weimarer Vereinigungsparteitag* dos nacionalistas, durante a qual encontrou Georg Straßer pela primeira vez, Goebbels e um ex-colega de escola fundaram um grupo local do Movimento Nacional-Socialista de Libertação de Rheydt. Durante as reuniões do grupo, o anão e deficiente físico intelectualizado descobriu seu talento retórico. Durante alguns meses, Goebbels assumiu o cargo de editor-chefe do *Völkische Freiheit*, o semanário *Gau-Kampfblatt* do NSFB publicado em Elberfeld. Em fevereiro de 1925, durante a reorganização do NSDAP, Goebbels filiou-se imediatamente ao partido e foi proposto por Karl Kaufmann (um confidentes de Straßer) para ser o administrador do *Gau* Rheinland-Nord. Mudou-se para perto da sede do partido em Elberfeld. Sua reputação cresceu como orador eficaz do partido, cujas apresentações sempre levavam a confrontos violentos com os comunistas na região do Ruhr.

O que unia Goebbels a Straßer era, por um lado, uma forte rejeição emocional ao capitalismo e um compromisso fantasioso com o socialismo. "Nacional e socialista! O que vem primeiro e o que vem depois? Aqui no Ocidente, a questão não dá margem a dúvidas. Em primeiro lugar, a redenção socialista. Em segundo lugar, a libertação nacional, como uma forte ventania."[30] Por outro lado, ele compartilhava a rejeição de Straßer pela "economia porca e vagabunda" da sede de Munique.[31] Ambos odiavam principalmente Hermann Esser que, segundo eles, exercia uma péssima influencia sobre Hitler. Ambos acreditavam que sua principal tarefa era libertá-lo das supostas garras da panelinha de Munique, comprometendo-o com a linha "socialista" da ala Straßer. Em 10 de setembro de 1925, para criar um "contraponto" à perniciosa tendência de Munique[32], foi fundada a "Arbeitsgemeinschaft Nord-West" com sede em Elberfeld – uma associação livre das províncias do noroeste, com Straßer como líder e Goebbels como administrador. Este último também assumiu o editorial de um informativo publicado quinzenalmente, o *Nationalsozialistische Briefe* [Cartas nacional-socialistas]. A associação não era contra Hitler, ao contrário, sua liderança sempre foi expressamente reconhecida. Em seus estatutos de 9 de outubro, os *Gauleiter* comprometiam-se a "desconsiderar todos os assuntos egoístas e servir à ideia nacional-socialista liderada por Adolf Hitler no melhor espírito de camaradagem".[33]

Nessa época, Goebbels ainda tinha dúvidas se Hitler, o qual havia encontrado pela primeira vez em julho de 1925, realmente seria capaz de desempenhar o papel de Messias político que Hitler tanto desejava. Em meados de outubro de 1925, ao terminar a leitura de *Mein Kampf*, Goebbels perguntou-se: "Quem é este homem? Metade plebeu, metade Deus! Seria, na verdade, o Cristo? Ou somente o apóstolo João?".[34] Depois de algumas semanas, ao encontrar com Hitler pela segunda vez em 6 de novembro, Goebbels já não tinha mais dúvidas. Hitler o cumprimentou "como um velho amigo", escreveu exultante em seu diário. "E esses grandes olhos azuis. Como estrelas [...] Esse homem tem tudo para ser um rei. O tribuno popular nato. O novo ditador."[35]

Em 22 de novembro, durante a primeira reunião do grupo de trabalho, Straßer apresentou o esboço de um "programa abrangente do socialismo nacional". Esse programa não substituiria o programa atual do partido, mas o concretizaria em diversos pontos. A direção tomada evidenciava-se principalmente na insistência em nacionalizar as indústrias-chave – "através da transferência de posse dos meios de produção para a comunidade". Na política externa, Straßer imaginava uma união de todos os alemães em um "reino pangermânico" que deveria ser um ponto de atração para uma "Sociedade Aduaneira Europeia" e, ao mesmo tempo, o centro de gravidade para os "Estados Unidos da Europa".[36] Deveria ser realizada uma tentativa de aliança com a Rússia bolchevique da forma que Straßer expunha em um artigo no *Völkischer Beobachter*, no espírito oposicionista comum contra o ocidente capitalista e o Tratado de Paz de Versalhes.[37]

Em 24 de janeiro de 1926, os *Gauleiter* dos Estados do noroeste da Alemanha encontraram-se em Hannover para discutir o futuro programa do partido. Gottfried Feder também viajou de Munique para Hannover e, em nome da direção do partido, manifestou-se contra qualquer alteração do programa de 25 pontos. O fato de que Feder, durante a reunião, fazia diligentemente anotações, foi registrado pelos participantes com desagrado, pois todos temiam que ele informasse Hitler sobre todas as manifestações críticas. A decisão sobre o programa foi adiada e o esboço de Straßer foi enviado a uma comissão, juntamente com outros posicionamentos. No entanto, foi decidido que o referendo que sugeria a expropriação dos príncipes sem compensação, indicado pelos comunistas e sociais-democratas, seria apoiado.[38]

Inicialmente, Hitler não deu atenção especial às atividades da *Arbeitsgemeinschaft Nord-West*. Como em todos os conflitos dentro do partido, Hitler também deixou as coisas tomarem seu rumo. No final de julho de 1925, ele participou pela primeira vez do Festival de Bayreuth. Lá, instalou-se na residência da família Bechstein, e deixou-se mimar por eles. Elsa Bruckmann, sua patrocinadora de Munique, também fazia parte do grupo. Hitler encontrou-se com Winifred Wagner apenas no sétimo dia de sua estadia em Bayreuth. "Winnie" e "Wolf", como ambos se chamavam, logo passaram a se tratar como "você" – uma familiaridade que Hitler permitia apenas a algumas pessoas. "Esse período foi maravilhoso, recordou Hitler em fevereiro de 1942. "Eu tinha 36 anos de idade, ainda não sabia o que eram preocupações, tudo era maravilhoso! Tinha um nível agradável de popularidade, todas as pessoas eram bondosas, ninguém exigia nada de mim e me deixavam em paz. Durante o dia, eu trajava o típico traje bávaro curto, mas ia ao festival trajando smoking ou fraque."[39]

Mais tarde, Hitler retirou-se para Berchdesgaden, onde morou em uma pensão durante várias semanas, e continuou escrevendo o segundo volume de *Mein Kampf*, juntamente com Max Amann. Retornou a Munique no final de setembro de 1925.[40] Enquanto o líder do partido permaneceu quase invisível durante dois meses, Georg Straßer empenhou-se em reforçar sua posição no noroeste da Alemanha. Até então, Hitler não percebia Straßer como um rival; ao contrário, ele o elogiou efusivamente em um encontro dos líderes do NSDAP, em outubro de 1925, por ter desbravado "grandes áreas da Alemanha para o nacional-socialismo".[41]

Somente em janeiro de 1926, quando alguém (provavelmente instigado por Gottfried Feder) lhe enviou o projeto do programa feito por Straßer, Hitler passou a ver as atividades da associação como uma ameaça a sua liderança.[42] "Hitler está furioso por causa do programa", observou Goebbels.[43] Somente então o líder do partido foi obrigado a deixar de lado seu comportamento reservado.

E, como em outras situações de crise, Hitler apressou-se a antecipar o confronto decisivo. Em 14 de fevereiro, convocou os líderes para uma reunião em Bamberg. Goebbels estava confiante de que os representantes do grupo de trabalho conseguiriam prevalecer com suas ideias programáticas: "Em Bamberg seremos a bela inacessível e atrairemos Hitler para o nosso lado. Em todas as cidades vejo, entusiasmado, que o nosso espírito socialista está em movimento. Ninguém mais acredita em Munique. Elberfeld será a Meca do socialismo alemão."[44]

No entanto, a reunião tomou um rumo diferente do previsto por Goebbels. Entre os sessenta participantes, os representantes do norte e oeste da Alemanha estavam em minoria e, desde o início, Hitler os confrontou. Em seu discurso, que durou várias horas, ele rejeitou as ideias programáticas do grupo de trabalho ponto por ponto. Na política externa, Hitler defendeu as alianças com a Itália e Inglaterra; ambas as potências deveriam ser consideradas como parceiros potenciais por terem se oposto à França, o "inimigo figadal" da Alemanha. Ele também se recusava categoricamente a unir forças coma Rússia, pois isso resultaria em uma "imediata bolche-

[FOTO 19] Winifred Wagner e Hitler (com um capacete) durante um passeio campestre, em 1927.

vização da Alemanha". Como em *Mein Kampf*, Hitler insistia em manter a aquisição "territorial" como o centro de sua concepção de política externa, de onde derivou a exigência de seguir "uma orientação para o leste, tal qual na Idade Média". Sobre a expropriação dos príncipes, Hitler também assumiu uma posição diametralmente oposta: para os nacional-socialistas, os príncipes são, em primeira linha, alemães. "Não toleraremos que lhes tomem o que pertence a eles, pois somos defensores da justiça e não daremos um pretexto ao sistema de exploração judaica que permita a exploração do nosso povo." Além disso, Hitler proibiu qualquer discussão sobre o programa do partido: o programa é o "credo do movimento" e, portanto, é "intocável".[45] Goebbels ficou "atordoado": "Que Hitler é esse? Um reacionário? [...] A questão russa: completamente errada. Itália e Inglaterra, aliados naturais. O que é isso! Nossa missão é a destruição do bolchevismo. O bolchevismo é arte dos judeus! Precisamos herdar a Rússia!". E Goebbels também ficou chocado com a atitude de Hitler sobre a "expropriação do príncipe": "O direito deve prevalecer. Isso também vale para o príncipe. Não abalar a questão da propriedade privada! Que absurdo!".[46]

Contudo, apesar de sua profunda decepção, o normalmente tão eloquente administrador do *Gau* Elberfeld não ousou enfrentar Hitler abertamente. Enquanto Goebbels permanecia em silêncio, Gregor Straßer foi obrigado a assumir a defesa e, aparentemente, foi subjugado pela retórica fervorosa de Hitler. Goebbels comentou que ele respondeu "de modo hesitante, trêmulo e desajeitado". Gottfried Feder também classificou a impressão causada por Straßer como a de um cão "depois de levar uma surra".[47] O triunfo do pessoal de Munique foi retumbante. A reunião de Bamberg determinou o fracasso total do grupo do *Arbeitsgemeinschaft Nord-West*, apesar de ele não ter se dissolvido imediatamente. No início de março de 1926, Gregor Straßer foi obrigado a entrar em contato com os líderes do *Gau* pedindo que devolvessem os exemplares de seu projeto de programa, uma vez que ele se comprometera com o "senhor Hitler a solicitar a devolução sumária de todos os exemplares do esboço de projeto".[48] Futuramente, não haveria mais debates sobre o programa do NSDAP.

Hitler era inteligente o bastante para não saborear sua vitória. Em vez de humilhar os perdedores, procurou trazê-los para perto com gestos conciliatórios. Demonstrativamente, Hitler visitou Gregor Straßer em Landshut, que se recuperava de lesões sofridas em um acidente de carro.[49] Em setembro, Hitler o convocou para comparecer à sede do partido em Munique para substituir Hermann Esser como chefe de propaganda – ou seja, aquele homem contra o qual os ataques do *Arbeitsgemeinschaft Nord-West* foram inicialmente dirigidos.[50] Hitler também deu uma atenção especial a Goebbels, cujos talentos políticos reconheceu imediatamente, e cuja necessidade de elogios e reconhecimento também não passou despercebida. A maneira com a qual Hitler acariciava o ego ferido do "pequeno doutor" mostrava que o líder do partido era um grande conhecedor da natureza humana. "Assim que ele estiver aqui, o convencerei a ficar entre nós. Dele cuidarei sozinho, não precisam se meter nisso", disse Hitler rodeado por seus confidentes.[51] No final de março, convidou Goebbels para ir a Munique e discursar em um lugar de destaque, o Bürgerbräukeller. Na tarde de 7 de abril, assim que chegou, Goebbels começou a ser formalmente cortejado. Hitler enviou sua Mercedes para recebê-lo: "Que recepção elegante!".[52] Durante a ida para o hotel, Goebbels observou "cartazes gigantescos" fixados em postes, que anunciavam sua apresentação noturna.

"Parece que meu coração vai explodir dentro de peito [...], anotou Goebbels referindo-se a seu discurso que durou duas horas e meia. "Eu dou tudo. A plateia está enlouquecida e grita. No final, Hitler me abraça. Seus olhos estão marejados de lágrimas. Meu sentimento é de alegria." No dia seguinte, Goebbels, como convidado pessoal do presidente do partido, visitou as instalações do escritório do NSDAP; também teve vários encontros com Hitler, que usou todos os seus poderes de persuasão para convencer o ainda cético Goebbels. Finalmente, ele se mostrou convencido: "Estou completamente tranquilo quanto a ele. Ele é um homem, encarem-no como tal. Uma pessoa como ele pode ser meu *Führer*. Eu me curvo ao maioral, ao grande gênio político!".

Em 19 de abril, Goebbels apresentou-se como orador em Stuttgart, juntamente com Hitler, e com ele comemorou seu 37º aniversário. Em seu diário, escreveu entusiasmado: "Adolf Hitler, eu te amo porque você é grandioso e simples ao mesmo tempo".[53] Em meados de junho, Hitler discursou em Essen. "Como orador, ele reúne uma tríade maravilhosa de gestos, expressões faciais e palavras. Um arrebatador nato! Com esse homem, é possível conquistar o mundo".[54] Em julho, Goebbels foi convidado a passar alguns dias com Hitler no Obersalzberg e agradeceu efusivamente a honra que lhe foi concedida com uma confissão de fidelidade absoluta: "Sim, esse é um homem ao qual podemos servir. Essa é imagem do criador do Terceiro Reich [...] Estou em frente a ele, completamente abalado. Ele é como uma criança: boa, amável e misericordiosa. Também é como um gato: astuto, ágil e articulado. E como um leão que ruge, imponente e gigantesco. Um companheiro, um homem".[55] A conversão de Goebbels estava garantida. No final de outubro de 1926, Hitler o promoveu a *Gauleiter* do NSDAP da Grande Berlim e, com isso, atribuiu-lhe um dos cargos mais importantes na luta pelo poder político no partido.

Com a vitória sobre o grupo Straßer, Hitler consolidou sua posição de forma significativa. Em 22 de maio de 1926, durante a assembleia geral em Munique, ele garantiu sua reivindicação de liderança. Sua reeleição como líder do partido passou a ser uma mera formalidade; à pergunta feita por Max Amann, se "outra pessoa que não Adolf Hitler deveria liderar o movimento", os delegados reagiram com escárnio. O estatuto recém-aprovado do NSDAP declarou que o programa de 24 de fevereiro de 1920 não seria mudado e determinou que o líder do partido tivesse liberdade de decisão, sem estar preso às decisões majoritárias de um comitê. Em seu relatório de prestação de contas, Hitler salientou que um ano após sua nova fundação, o partido "apresentava-se melhor do que antes" e que "se afirmara" em todos os lugares da Alemanha, e também conquistara uma série de "oradores de primeira". E citou explicitamente "Goebbels, nosso amigo de Elberfeld", um fato que Goebbels anotou em seu diário com grande satisfação.[56]

Em 3 e 4 de julho de 1926, em Weimar, durante a primeira convenção do partido após a suspensão da proibição, o NSDAP apresentou-se em nova harmonia. (O local havia sido escolhido porque a Turíngia era um dos poucos Estados onde Hitler podia discursar publicamente.) Todas as solicitações que continham material capaz de gerar conflitos foram encaminhadas com bastante antecedência para as "comissões especiais", para não afetar a imagem da união dentro do partido. Em seu discurso no Deutsches Nationaltheater na tarde de 4 de julho, Hitler conjurou a disposição para o sacrifício e fé dos membros do partido. "Profundo e místico. Quase como um evangelho [...]", anotou Goebbels. "Agradeço ao destino por ter encontrado esse homem!".[57] Pouco depois, Hitler encontrava-se em um carro aberto, em pé e com o braço direito levantando em saudação fascista, trajando um casaco impermeável, e assistia ao desfile de milhares de homens da SA. A convenção do partido em Weimar foi uma etapa importante para a transformação do NSDAP em um verdadeiro "partido do Führer". Não houve oposição contra a reivindicação do poder feita por Hitler; a reconciliação com os grupos locais parecia ter funcionado. No jornal *Völkischer Beobachter*, Alfred Rosenberg publicou: "Do desejo fez-se a força. Esta é a grande experiência de Weimar. Ela tem uma bandeira. E um líder".[58] Certamente, no NSDAP o desenvolvimento foi menos imponente do que a propaganda do partido demonstrava. O número de membros aumentou lentamente. No final de 1925, existiam pouco mais de 27 mil membros; no final de 1926, eram 50 mil.

[FOTO 20] Hitler na convenção do partido em Weimar, 3 e 4 de julho de 1926.

Somente em março de 1927, o número de associados ultrapassou a marca de 57.477 de novembro de 1923; até o final de 1927, o número de associados foi de 72.590.[59] Os sinais de estagnação também podiam ser observados em Munique, a sede do partido. Após 1925, pouco se sentia da dinâmica do movimento e sua presença constante nas ruas como nos anos 1920. Na primavera de 1928, o grupo local de Munique não contava com mais do que 2.500 membros e, com isso, nem mesmo chegava ao número de membros que tinha em 1923.[60] As reuniões seccionais geralmente eram pouco frequentadas: apenas quatro pequenos grupos participavam ativamente da vida do partido. E a relutância dos membros em pagar suas contribuições também indicava um interesse decrescente.[61]

Além do mais, as rivalidades de 1924 continuaram; discórdias e brigas marcavam o dia a dia do partido. Em Munique, a ascensão de Goebbels era observada com inveja. No início de fevereiro de 1927, o *Gauleiter* de Berlim provocou indignação com um artigo intitulado "Parlamentarismo?" no *Nationalsozialistische Blätter*. "Karl, esse garoto que está ficando cada vez pior [...] Ele se atreveu a reprimir Frick, irritando profundamente esse homem sempre tão tranquilo", confidenciou Rudolf Buttmann em carta a sua esposa. "H[itler] também responderá por escrito às insinuações desse escriba insolente."[62] Na verdade, o presidente do partido encarregou Goebbels de repreender Karl levemente, através de Feder. Como na época de Landsberg, Hitler evitava interferir na disputa entre seus subcomandantes, e não se comprometia com nenhum dos lados.

O fato de o NSDAP, nos primeiros anos após sua nova fundação, ser apenas um fenômeno marginal na política alemã também se refletiu nos resultados eleitorais. Assim, nas eleições regionais em Mecklenburg-Schwerin, em 6 de junho de 1926, o NSDAP obteve somente 4.607 votos (1,7%) e na Saxônia, em 31 de outubro de 1926, 37.725 votos (1,6%). O NSDAP saiu-se um pouco melhor nas eleições estaduais na Turíngia em 30 de janeiro de 1927, onde chegou a 27.946 votos (3,5%).[63] No início de 1927, Hitler continuava convencido de que, como relatou Heß, "esse será o ano da virada".[64] No entanto, isso não aconteceu. Em março de 1927, o comissário do Reich responsável pela ordem pública determinou que o partido "de modo geral [...] não tinha feito grandes progressos": "O número de seguidores arrebanhados pelo partido não chegava nem mesmo perto do número de afiliados em 1923."[65] No verão de 1927, Theodor Heuss, deputado do DDP e docente na escola de política Deutsche Hochschule für Politik em Berlim, acreditava que o NSDAP era naquele momento apenas uma "lembrança do período da inflação".[66] Observadores estrangeiros emitiram avaliações semelhantes. John Perowne, o consultor do Foreign Office para assuntos ligados à Alemanha, vaticinou em um memorando no final de 1927: "A figura de Hitler e a de Ludendorff estão se tornando cada vez mais insignificantes".[67]

Karl Stützel, o ministro bávaro do Interior, também não via nenhuma razão para continuar proibindo Hitler de discursar em público. Em 5 de março de 1927, depois de muito vai e vem, a proibição de discursar na Baviera foi suspensa. No dia seguinte, Hitler fez sua primeira apresentação pública em Vilsbiburg e, em 9 de março, festejou sua volta ao Circo Krone. Sete mil pessoas lotaram o circo, entre elas também "membros das camadas sociais abastadas, senhoras trajando casacos de pele e representantes da elite intelectual", relatou um observador da polícia de Munique. "O ar quente e adocicado está carregado de sensacionalismo." Finalmente, por volta de 21h, Hitler entrou no salão acompanhado por seu séquito: "As pessoas estavam felizes e excitadas, acenavam e gritavam "*Heil*" o tempo todo, em pé sobre os bancos. O barulho das pisadas fortes é ensurdecedor. Escuta-se o toque de uma trombeta, como no teatro. Silêncio repentino". A encenação da reunião não mudara em relação a 1923: após a entrada de Hitler, seguido por duas fileiras de tocadores de tambor, entraram duzentos homens da SA "perfeitamente perfilados". "As pessoas os saudavam com os braços estendidos na saudação fascista [...] No palco, Hitler assumiu a mesma postura, o braço estendido em saudação. A música soava. As bandeiras tremulavam ao passar, estandartes brilhantes com a suástica envolvida pela coroa de louros e as águias, uma réplica das antigas insígnias romanas."

O observador encarregado de relatar a encenação não ficou muito impressionado com o discurso em si. Hitler teria começado devagar e, em seguida, as palavras brotavam tão rapidamente que era difícil entendê-las. "Ele gesticula com os braços e com as mãos", descreveu, "salta de um lado para o outro e sempre tenta fascinar o público. Quando é interrompido pelos aplausos, estende as mãos com um gesto teatral." O observador (que claramente não era um simpatizante do movimento nacional-socialista) não conseguiu aproveitar nada do discurso de Hitler: "Durante o discurso, Hitler emprega comparações desajeitadas, feitas sob medida para a capacidade de compreensão de seu público, e não deixa escapar nenhuma alusão barata [...] As palavras e os pontos de vista são lançados com uma segurança ditatorial como se fossem princípios fixos e fatos imutáveis. Tudo isso também pode ser observado na fala, como se fosse algo expelido".[68]

No final de março, em sua segunda apresentação, apenas três quartos dos lugares do Circo Krone foram ocupados; no início de abril, 3 mil ouvintes compareceram e, alguns dias depois, em 6 de abril, esse número se reduziu à metade. "Novamente, Hitler discursa para um pequeno público", regozijou-se o jornal social-democrata *Münchener Post*.[69] Certamente, a atratividade de Hitler como orador para grandes multidões não funcionava de forma habitual depois da pausa forçada de dois anos. E isso não estava relacionado apenas ao declínio do interesse que ocorreu até mesmo entre os membros do partido de Munique, mas também com o conteúdo de seus discursos, que se alinhavam com a retórica das crises de 1923, não levando em consideração as alterações ocorridas desde 1924. Hitler ignorava solenemente todos os sinais de recuperação econômica. "A Alemanha afunda cada vez mais", anunciou em dezembro de 1925 e repetiu essa visão poucos meses mais tarde: "Hoje, somos um povo miserável, atormentado pela desgraça e miséria [...] Sete anos depois de 1918, podemos dizer que afundamos cada vez mais."[70] Para mostrar as condições da Alemanha como muito desfavoráveis, Hitler gostava de compará-las à Itália de Mussolini: "Lá, a economia é próspera, e aqui existe uma indústria decadente com doze milhões de desempregados", explicou Hitler numa reunião em Stuttgart, em abril de 1926.[71] Na verdade, em 1926, somente cerca de 2 milhões de pessoas estavam desempregadas.

O exagero desmedido da miséria econômica era acompanhado por uma polêmica desenfreada contra a política de entendimento de Stresemann. Por trás do Plano Dawes de 1924, o agitador apenas conseguia vislumbrar a intenção de "um grandioso empobrecimento do povo alemão", e o Tratado de Locarno de 1925 fazia parte desse quadro: "a subjugação total e vergonhosa – esse é o sentido mais profundo do Tratado de Locarno".[72] Hitler dirigiu ataques certeiros contra Stresemann, como fizera antes com Rathenau. Acusou-o de trair os interesses nacionais. Afinal de contas, chegar a um acordo com a França, o "inimigo implacável", era quase como "tentar fazer uma coligação entre um ganso e uma raposa". O ministro do Exterior foi difamado como "candidato da clemência francesa"; os interesses de seu colega de cargo francês eram mais importantes para ele do que os interesses do povo alemão.[73]

Até mesmo na tão apregoada "cultura de Weimar", Hitler via apenas os sintomas do declínio e da decadência, bem de acordo com os críticos culturais conservadores. Na literatura e na arte tudo era "sujo e enlameado". Os "envenenadores da alma do povo alemão" também estavam "aprontando em Weimar e, com sua música de negros e com o jazz profanavam vergonhosamente os redutos da arte mais sublime". A missão dos nacional-socialistas era "acabar com essa porcaria".[74] Hitler responsabilizava as atividades "subversivas dos judeus pela degeneração da cultura. Em agosto de 1925, Hitler afirmou que os judeus não dominariam somente os bancos, mercados de ações e a economia, mas também a imprensa, literatura, arte, teatro e cinema. "Atualmente, eles dominam praticamente tudo o que diz respeito à intelectualidade. Economicamente, eles já são os donos do mundo."[75] Após a suspensão da proibição dos discursos públicos, Hitler passou a apresentar-se como antissemita fanático não somente em reuniões fechadas do partido, mas também em eventos públicos para grandes massas, tal como já acontecia antes de sua prisão. Nenhum outro orador do NSDAP, nem mesmo Streicher ou Goebbels, conseguia superar Hitler em seus discursos antissemitas contra os arruaceiros e contrabandistas galegos", os "judeus estranguladores sanguinários internacionais", "zangões das finanças internacionais".[76] Em junho de 1927, Hitler prometia que só "respiraria aliviado" quando "os povos forem libertados dos judeus opressores". Em 24 de fevereiro de 1928, no oitavo aniversário da promulgação do programa do partido no Hofbräuhaus, houve uma aparente contradição, quando Hitler exigiu que se deixasse claro para os judeus "quem é o dono da casa": "caso se comportem bem, podem ficar. Senão, fora!". Mas a frase seguinte era inequívoca: "É impossível competir com parasitas. É preciso removê-los".[77]

No entanto, Hitler era capaz de refrear sua obsessão antissemita sempre que discursava para um público pequeno e seleto. Esse foi o caso durante um discurso na noite de 28 de fevereiro para os membros do Nationalklub de 1919, de Hamburgo, no grande salão de festas do Hotel Atlantic. Na ocasião, Hitler evitou qualquer abordagem da "questão judaica"; em vez disso, concentrou-se totalmente no "perigo do movimento marxista". Nesse discurso, Hitler empregou o termo "marxista" de modo bem amplo; dali, ele incluiu os sociais-democratas, bem como os comunistas. No entanto, como o SPD de Hamburgo, um partido moderado que colaborava com a burguesia liberal nessa cidade hanseática, dificilmente serviria como bicho papão, Hitler direcionou seu ataque principal ao KPD, cujo líder Ernst Thälmann era de Hamburgo. Deliberadamente, o demagogo de Munique insuflou os temores dos ouvintes, entre eles representantes de destaque da câmara de comércio hanseática, frente a uma tomada de poder pelos comunistas. "Se os comunistas venceram hoje, dois milhões caminharão para o cadafalso." Só existe um caminho para combater isso: "A destruição e aniquilação da visão marxista do mundo". E era exatamente esse o objetivo de seu movimento. Ele sabia que o "veneno só pode ser combatido com um antídoto", e o movimento não descansará até "que o último marxista tenha sido convertido ou exterminado". O público, inicialmente reservado, "aplaudiu Hitler freneticamente" depois dessas palavras e, no final, quando o orador conclamou a visão de uma "Alemanha do poder e da liberdade", foi ovacionado e houve gritos de *Heil*.[78]

Para Hitler, os termos "judeu" e "marxista" eram intercambiáveis. Dependendo da necessidade, Hitler alertava contra o "inimigo mundial judeu" ou contra o "envenenamento popular marxista internacional". Às vezes, usava ambas as fórmulas de ódio em um único contexto: "O judeu é e sempre será o inimigo mundial e sua arma, o marxismo, é a peste da humanidade", escreveu em um artigo publicado pelo *Völkischer Beobachter* em fevereiro de 1927.[79] "Extermínio do marxismo" – para Hitler, isso significava a abolição dos antagonismos de classe através da construção de uma "verdadeira comunidade nacional". Em expressões sempre diferentes, Hitler salientou em seus discursos o "casamento" do nacionalismo e socialismo, a união dos "trabalhadores intelectuais e braçais". O nacional-socialismo "não reconhece o burguês, nem o proletário" e sim, somente "o alemão, que trabalha pelo seu povo".[80] Ocasionalmente, Hitler também invocava suas experiências no *front*, nas quais ele enxergava uma pré-forma da "comunidade nacional": "Na Alemanha existia um lugar onde não havia uma divisão das classes. Esse lugar eram as companhias no *front*. Ali, ninguém se limitava a um traço burguês ou proletário, no *front* só existia a companhia e isso bastava".[81]

Em dezembro de 1925, Hitler mudou um pouco a temática de seu discurso em comparação com os discursos feitos antes de 1924, ao enfatizar a necessidade de obter "território e posse territorial" para assegurar a base alimentar do povo alemão. Em julho de 1926, na convenção do partido em Weimar, o ponto central de seu discurso passou a ser a exigência de "adequar a área territorial ao tamanho da população". Para isso, seria necessário o "poder e a força": "Resolveremos o problema com punho forte e espada afiada".[82] A partir do outono de 1926, quando Hitler encerrou a elaboração do segundo volume de *Mein Kampf*, a "questão territorial" passou a ser o tema permanente de seus discursos. E ele não fazia segredo do fato de querer resolver essa questão à força, assim que a Alemanha voltasse a ser uma nação com grande poderio militar. Em 5 de março de 1927, em Vilsbiburg, durante sua primeira apresentação pública após a suspensão da proibição de discursar, Hitler citou o exemplo da colonização do leste na Idade Média. Naquela época, "a região ao leste do rio Elba foi conquistada pela espada e entregue ao punho cerrado dos agricultores". "E, se vocês não nos entregarem o espaço sobre a terra", proclamou Hitler no início de abril de 1927 no Circo Krone, "então nós mesmos iremos buscá--lo".[83] Em novembro de 1927, Hitler usou o título de um livro do escritor nacionalista Hans Grimm, de 1926, ao exclamar: "Nós somos um povo sem terra!", e no início de fevereiro de 1928 o tema "a luta pelo habitat" apareceu pela primeira vez em seus discursos públicos.[84] Hitler não dizia diretamente que a Rússia bolchevista seria o primeiro alvo dessa cobiça expansiva, mas todos na plateia tinham certeza da direção pretendida para a política expansionista.

Em uma época na qual o NSDAP ainda era um fenômeno marginal na política alemã, os anúncios grandiosos de Hitler talvez parecessem ilusórios. Para dissipar as dúvidas de seus seguidores, ele não perdia nenhuma oportunidade para conjurar a "fé cega e fanática" na vitória final do "movimento". Somente a "fé inabalável", "torna possível o impossível".[85] "É aqui", disse Rudolf Heß no final de março de 1927 a Walter Hewel, um ex-companheiro do presídio de Landsberg, "que o grande líder popular encontra o fundador de uma religião: ao ouvinte deve ser transmitida uma fé apodítica, somente então a multidão de seguidores poderá ser levada a seu destino. E a multidão seguirá seu líder mesmo se houverem contratempos, mas o fará somente se lhe for transmitida a fé incondicional na justeza de sua própria vontade, bem como a fé na missão do líder e, em nosso caso, na missão de seu próprio povo".[86]

O nacional-socialismo encenava-se como uma religião política. "Hoje, o que significa o cristianismo para nós?", zombou Goebbels. "A religião é o nacional--socialismo."[87] Por isso, o partido era encarado como uma "comunidade de fé" e o programa do partido era uma "confissão de credo filosófica". Como os antigos apóstolos, os "discípulos" do *Führer* receberam a missão de levar ao povo os princípios do "movimento", como se fosse "um evangelho para o nosso povo".[88] Esse também era um dos motivos para a recusa de Hitler em revisar seu programa de 25 pontos. "Não, não", disse Hitler a Hanfstaengl, "isso permanece como está. O Novo Testamento também está cheio de contradições, e isso não foi um obstáculo para a disseminação do cristianismo."[89] Em 1925, durante a festa de Natal do NSDAP em Munique, Hitler traçou paralelos entre o cristianismo primitivo e o "movimento" nacional-socialista. "Inicialmente", Cristo "também foi ridicularizado" e, mesmo assim, essa fé transformou-se em um grande movimento mundial. Pretendemos fazer o mesmo no campo da política." E, um ano depois, Hitler comparou-se a Jesus: "Eu terminarei a obra iniciada por Cristo. O nacional-socialismo nada mais é senão a prática dos ensinamentos de Cristo."[90]

Em seus discursos, especialmente em suas apoteoses finais, Hitler gostava de usar seu vocabulário religioso – por exemplo, quando terminava um discurso com "Amém!", conjurando a "fé em um novo e santificado Reich alemão", ou mesmo quando clamava ao "Nosso Senhor", para que lhe desse a força necessária para terminar sua obra, "apesar dos demônios".[91] E também repetia incansavelmente que seriam necessários sacrifícios para chegar ao alvo. E aqui também Hitler traçava paralelos com o cristianismo primitivo. "Nós temos que seguir a Via Dolorosa e temos orgulho disso!" Os "mártires" que porventura perderem suas vidas a serviço do "movimento" desfrutarão de veneração especial.[92] E o ritual da convenção do partido passou a usar elementos litúrgicos cristãos tais como a cerimônia de transferência da *Blutfahne*,* associados ao juramento pessoal de lealdade ao "Führer".

Embora, por um lado, Hitler e os nacional-socialistas não tivessem escrúpulos em usar sentimentos e formas religiosas, instrumentalizando-os para seus próprios fins políticos, por outro, demostravam uma estrita neutralidade frente às confissões cristãs. Em seu editorial para o restabelecimento do partido em fevereiro de 1925, Hitler se opôs a qualquer tentativa de levar "as disputas religiosas" para o movimento. No NSDAP, os "membros de ambas as confissões religiosas devem viver pacificamente lado a lado".[93] Já o *Gauleiter* da Turíngia, Arthur Dinter, autor do famigerado best-seller antissemita *Die Sünde Wider das Blut* [O pecado contra o sangue], reagiu de modo bem mais veemente com sua ideia de um "ensino cristão puro", favorável à destruição das duas vertentes cristãs. Por esse motivo, Hitler o demitiu de suas funções no final de setembro de 1927.[94] Em julho de 1928, o presidente do partido escreveu-lhe: "Como líder do movimento nacional-socialista e como ser humano, que acredita cegamente fazer parte daqueles que fazem a história, encaro o seu trabalho como danoso para o movimento nacional-socialista, enquanto ele puder ser associado a suas intenções reformadoras." Após este veredicto, Dinter foi excluído do NSDAP.[95]

Embora o NSDAP tenha feito poucos progressos durante a fase de estabilização da República de Weimar, esses anos foram de grande importância para o seu desenvolvimento interno. Naquela época, formou-se a base para sua recuperação futura. "Aos poucos", escreveu Rudolf Heß em novembro de 1927, "cumpriram-se as previsões que dizem respeito ao ano de 1927 e à nossa causa, embora pouco visíveis para fora, mas que preparavam silenciosamente os sucessos vindouros."[96] Entre 1925 e 1928, o NSDAP transformou-se definitivamente em um "partido do

---

*   "Bandeira de sangue" usada pelo NSDAP durante o golpe de novembro de 1923, manchada com o sangue derramado pelos golpistas mortos. (N.T.)

Führer", ou seja, um partido em que tudo estava centralizado no homem que o liderava. De agora em diante, não poderiam existir "dúvidas sobre quem lidera e comanda", observou Heß na carta anteriormente citada a Walter Hewel, datada de março de 1927, na qual explicou o "princípio do líder" como a base da organização. Esse princípio baseava-se no preceito: "para baixo, autoridade incondicional e para cima, responsabilidade". Hitler transmite "suas ordens aos *Gauführer*, que as transmitem aos líderes dos grupos locais, e os líderes dos grupos locais as transmitem para a grande massa de seguidores. A responsabilidade segue [...] sempre o sentido inverso." Nesse contexto, Heß falava de uma "democracia germânica".[97]

Este sistema baseava-se no compromisso pessoal com o Führer e na subordinação incondicional a suas decisões. Aquele que violasse o princípio enfrentaria sanções. Isso ocorreu, por exemplo, com o presidente da seção Schwabing do NS-DAP, Ernst Wolterek, que reclamou da falta de reconhecimento público de Hitler, ameaçando com sua demissão. Em junho de 1926, durante uma reunião secional especialmente convocada, Hitler deixou claro que "o partido estava baseado em autoridade e subordinação e, portanto, ele, como *Führer*, não aceitava que um mero líder secional se rebelasse contra as mais altas instâncias. Se isso fosse tolerado, o partido estaria acabado."[98] Em maio de 1927, quando a SA de Munique, comandada por Edmund Heines, rebelou-se frustrada pela estagnação do movimento, Hitler entrou em ação novamente. "Quem não quiser se subordinar deve retirar-se do partido e, principalmente, da SA."[99] No final de maio, Heines foi excluído do partido e da SA.

Enquanto sua liderança não era ameaçada, Hitler evitava interferir nos conflitos organizacionais internos. Na verdade, seu método de liderança previa incentivar as rivalidades entre os subordinados, em vez de impedi-las. Segundo sua rude visão de mundo social-darwinista, as rivalidades representavam um processo de seleção, no qual os mais fortes e mais capazes prevaleceriam. Heß elogiou a atitude reservada de Hitler afirmando: "Ele se mantém afastado das mesquinharias do dia a dia". Dessa forma, Hitler pode apresentar-se "superior e distanciado", como um "grande político, um estadista".[100] De 1926 a 1928, o culto ao redor do Führer (que antes do golpe era modesto) institucionalizou-se. A saudação "*Heil* Hitler!" passou a ser mandatória para os membros do partido; nessa saudação manifestava-se o "reconhecimento incondicional da liderança de Hitler, uma espécie de canonização de sua pessoa já em vida".[101] A propaganda ocupava-se incessantemente com a popularização do culto ao líder, levando ao último grupo local. As primeiras brochuras com fotografias feitas por Heinrich Hoffmann nos anos 1924 e 1926, "*Deutschlands Erwachen in Bild und Wort*" [O despertar da Alemanha em palavras e imagens], foram extremamente úteis à propaganda, pois reforçaram a aura quase religiosa de Hitler: "Um homem do povo prega o evangelho de amor pela pátria".[102] Principalmente Goebbels, que se tornara um fervoroso admirador do mestre depois de sua experiência de Damasco, provou ser um dos mais zelosos propagandistas do mito Hitler. Em julho de 1926, Goebbels escreveu no *Völkischer Beobachter* que somente os iniciados seriam capazes de perceber "o que a personalidade de Adolf Hitler significa para a unidade do movimento nos últimos anos de luta". Graças a ele, o movimento não "se pulverizou em todas as direções".[103]

Mais uma vez, podemos notar a interação entre o sentimento de missão de Hitler e as expectativas atribuídas a ele como o Messias vindouro, o "salvador" dos alemães. "Para mim, que estou sempre perto dele", relatou Heß em novembro de 1927, "é impressionante ver como ele cresce a cada dia, como adquire sempre novos conhecimentos, como enfrenta todos os problemas que chega até ele de modo bem diferente de antes, borbulhando de ideias; e como supera a si próprio em seus últimos discursos."[104] Na convenção do partido de 1927, que pela primeira vez foi realizada em Nuremberg, o culto ao Führer foi celebrado extensivamente. O próprio Hitler participou intensivamente dos preparativos. Em uma conclamação, Hitler convidou os "membros nacionalistas alemães de ambos os sexos", a juntarem-se "ao novo exército da jovem Alemanha", no qual "a fraqueza da maioria não seria decisiva, e sim a fé no líder".[105] Entre 15 mil e 20 mil seguidores haviam ido para a antiga cidade do Reich. Em 21 de agosto, após a "consagração dos estandartes" em Luitpold, Hitler participou do desfile das colunas na praça principal, trajando a camisa parda da SA. Durante o desfile, como se pode ler em um relatório, Hitler foi "saudado efusivamente e presenteado com flores".[106] Um dos participantes, o jovem berlinense e estudante de direito Horst Wessel, escreveu em retrospectiva: "Bandeiras, entusiasmo, Hitler, Nuremberg parecia um acampamento do exército pardo. Essa impressão foi a mais forte de todas."[107]

Paralelamente ao estabelecimento do culto do Führer, a expansão da organização do partido foi acelerada. Em março de 1925, na direção do partido em Munique, Philipp Bouhler assumiu o cargo de diretor administrativo e Franz Xaver Schwarz tornou-se o tesoureiro. Além deles, Rudolf Heß – como homem de ligação entre o Führer e a direção do Reich –, bem como Max Amann, diretor da editora do partido, desempenhavam papéis importantes. Inicialmente, a direção da propaganda do Reich ficou a cargo de Hermann Esser que, como relatado, foi substituído por Gregor Straßer em setembro de 1926. Além disso, foi criado um comitê de avaliação e conciliação (Untersuchungs- und Schlichtungsausschuss ou USchlA), que deveria mediar conflitos intrapartidários e que logo se tornou uma "instituição indispensável".[108] No início de janeiro de 1928, o major aposentado Walter Buch assumiu o cargo de Bruno Heinemann na chefia; o advogado Hans Frank passou a ser um de seus dois assessores.[109] Em junho de 1925, o escritório transferiu a sede do partido da editora Franz Eher da Thierschstrasse 15 para a Schellingstrasse 50, onde o fotógrafo de Hitler Heinrich Hoffmann disponibilizou algumas salas. "Estamos instalando um novo escritório. No entanto, ainda é algo provisório. O tribuno espera construir em breve seu próprio escritório, com todas as comodidades modernas", relatou Rudolf Heß.[110] A peça mais importante e apresentada com orgulho era um arquivo central manuscrito, que abrangia todos os membros do partido. Em 2 de janeiro de 1928, Hitler entregou a Gregor Straßer o cargo de diretor organizacional do Reich; ele próprio assumiu a direção do departamento de propaganda.[111] Sob a égide de Straßer, o organograma do partido foi unificado em todo o território do Reich. Entre outras coisas, os *Gaue* foram redivididos e alinhados aos círculos eleitorais da convenção do partido. O resultado foi um poderoso aparato burocrático que representaria a estrutura para a posterior mobilização das multidões.

Além disso, foram criadas diversas organizações e associações especiais, que formavam uma rede capaz de abranger os diferentes grupos profissionais. Em fevereiro de 1926, foi formada a Associação Estudantil Nacional-socialista Alemã (Nationalsozialistische Deutsche Studentenbund), cuja direção foi entregue a um estudante de Germanística da Universidade de Munique, Baldur von Schirach, em julho de 1928. Em agosto de 1927, Alfred Rosenberg deu início à fundação de uma "união de luta pela cultura alemã" (*Kampfbund für deutsche Kultur*), que deveria fazer frente a uma suposta influência "decompositora" exercida pelo modernismo artístico. Entre seus apoiados estava a família Bruckmann, um dos patrocinadores mais influentes de Hitler em Munique. Em janeiro de 1928, o *Deutsche Frauenorden* foi anexado ao NSDAP sob a denominação "Rotes Hakenkreuz", ou "suástica vermelha". (A partir dele, surgiu a liga nacional-socialista de mulheres, ou *NS-Frauenschaft*, em 1931.) Em setembro de 1928, Hans Frank fundou o *Bund Nationalsozialistischer Juristen* ou Confederação Nacional dos Juristas: em 1929, foram fundados o *Nationalsozialistischer Deutscher Lehrerbund* ou Associação Nacional-socialista dos Professores Alemães, o *Nationalsozialistischer Schülerbund* ou Associação Nacional-socialista dos Estudantes, bem como o *Nationalsozialistischer Ärztebund* ou Associação Médica Nacional-socialista. Para os jovens, já existia a Juventude Hitlerista, fundada em 1926, que atendia jovens de catorze a dezoito anos de idade e o *Bund Deutscher Mädel* (BDM) ou Liga das Jovens Alemãs, fundada em 1929.[112]

Na primavera de 1925, Hitler encarregou seu companheiro e motorista ocasional, Julius Schreck, a formar uma "*Stabswache*" – ou guarda pessoal – nos moldes da antiga "tropa de choque de Hitler", que logo passou a ser chamada de *Schutzstaffel* (SS). Essa formação que, inicialmente, contava com poucas centenas de membros, era responsável pela guarda pessoal do Führer; seus membros acreditavam ser uma espécie de elite, que contava com as melhores e mais atuantes forças dentro do movimento. Seu líder foi promovido à categoria de um *Reichsführer* da SS, que desde o final de 1926 estava subordinada à recém-formada liderança da SA, sob o comando de Pfeffer von Salomon. No final de setembro de 1927, o *Reichsführer* substituto passou a ser Heinrich Himmler; em janeiro de 1929, Himmler foi nomeado para encabeçar a SS.

Nascido em 1900, esse filho de um professor ginasial de Munique cresceu bem protegido em um meio católico burguês e, como seus dois irmãos, teve uma boa formação humanística. Himmler era um dos típicos representantes da assim chamada "geração da juventude da guerra" – jovem demais para ser enviado ao *front* como soldado, mas com idade suficiente para vivenciar a guerra como uma experiência incisiva. Mesmo depois que seu desejo de tornar-se um oficial foi impedido pela derrota militar e pela revolução de 1928, esse jovem fisicamente fraco orientava-se no exemplo do soldado. Um tanto inibido no trato com os demais, Himmler aprendeu a esconder sua insegurança atrás de um escudo protetor de frieza, dureza e objetividade.[113] Na Munique do início da década de 1920, o estudante de agronomia engajou-se em organizações paramilitares. Após o fracasso do golpe de 9 de novembro de 1923, o universitário graduado desempregado entregou seu futuro ao partido de Hitler. Seus primeiros sucessos vieram como agitador local do NSDAP na Baixa Baviera; em 1926, Gregor Straßer o nomeou vice-chefe de propaganda da sede do partido em Munique. Diferentemente dos demais líderes nacional-socialistas, Himmler não teve uma experiência catártica promovida pelo encanto carismático do Führer, e mesmo Hitler manteve distância desse homem com aparência tão pedante e inaparente, mas o respeitava como um hábil organizador. Em janeiro de 1929, promovido a *Reichsführer* da ss, Himmler empreendeu esforços para tirar a *Schutzstaffel* da alçada da sa, transformando-a em uma disciplinada organização de elite e inteiramente dedicada a Hitler. Himmler promoveu a coesão interna de sua "Ordem" através de um culto específico e ordenou um rigoroso código de conduta, ao qual os homens da ss eram obrigados a se submeter.[114]

Nos anos de estagnação, Hitler começou uma campanha para obter apoio dos grandes industriais. Em junho de 1926, discursou pela primeira vez para cinquenta a sessenta representantes da indústria da região do Ruhr. Nesse discurso, feito no *Nationalklub* de 1919, em Hamburgo, Hitler evitou observações desairosas sobre os judeus e, dessa vez, empenhou-se no "confronto com o marxismo". Ao mesmo tempo, tentou tranquilizar os industriais sobre suas intenções sobre a política industrial, assegurando que ele defendia a "manutenção da propriedade privada". O *Rheinisch-Westfälische Zeitung*, porta-voz da indústria pesada, resumiu a essência do discurso dessa forma: "A livre economia seria protegida porque era a ordem econômica possível e mais adequada". Theodor Reismann-Grone, o editor do jornal, podia reivindicar para si o fato de ter apoiado o partido de Hitler já no início dos anos 1920.[115] No final de abril de 1927, Hitler discursou mais uma vez para um grupo de convidados dos meios econômicos e polítcos em Essen. Dessa vez, propagou sua ideia de unir o nacionalismo e socialismo de forma simbiótica, conferindo novamente "autoridade à pessoa". Rudolf Heß, que acompanhou Hitler, descreveu o efeito do discurso: "Eu nunca o ouvi discursar como hoje. Irritado com o silêncio gélido que reinou na sala durante a primeira hora, ele entusiasmou-se de tal forma ao falar que, no final, os cerca de quatrocentos ouvintes o aplaudiam freneticamente!". "No final do discurso", Emil Kirdorf – de oitenta anos de idade, patriarca da indústria pesada do Reno-Vestfália e há muitos anos diretor geral da companhia de mineração *Gelsenkirchener Bergwerks-AG* – "estava em pé, visivelmente emocionado, e apertou a mão do tribuno".[116]

Em 4 de julho de 1927, Elsa Bruckmann arranjou um encontro entre Kirdorf e Hitler em sua residência junto ao Karolinenplatz. Durante quatro horas, o chefe do NSDAP falou com o industrial que, ao final, estava tão impressionado que pediu a Hitler que escrevesse suas observações em um memorando, o qual encaminharia às mais importantes personalidades da indústria do Ruhr. Hugo Bruckmann mandou imprimir o texto em forma de brochura em sua editora sob o título *Der Weg zum Aufstieg* ["O caminho para o crescimento"] e, no final de agosto, Hitler enviou-a a Kirdorf com um pedido de ajuda ao "honorável senhor conselheiro", para que ajudasse a "disseminar esses pensamentos em seu círculo de amizades". Nesse documento Hitler também deixou claro que não atuaria no sistema do setor privado, porque "somente um Estado nacionalista forte seria capaz de garantir tal proteção e liberdade de existência, bem como a existência da economia". Mais uma vez, Hitler abafou seu antissemitismo; somente uma vez Hitler mencionou o "judeu internacional" como o "mais zeloso propagandista" da "teoria do pacifismo, da reconciliação e da paz mundial eterna".[117]

Aparentemente, a brochura não surtiu grande efeito. Os líderes industriais do Ruhr mantinham uma distância clara do NSDAP, que naquela época ainda era um pequeno partido radical marginal. "Hitler não vai nos trazer coisas boas", escreveu Paul Rush, o magnata do Ruhr em dezembro de 1927 para Albert Vögler, o presidente das *Vereinigte Stahlwerke*.[118] Quando Rudolf Heß anunciou, no mesmo mês, que a situação na região do Ruhr ia "de vento em popa" e "as pessoas influentes praticamente correm atrás do tribuno", o fazia movido pelo desejo e não pelo fatos.[119] Kirdorf, que associou-se ao NSDAP em 1º de agosto de 1927 e participou da convenção do partido em Nuremberg como convidado de honra, deu as costas ao partido um ano mais tarde, irritado com a agitação anticapitalista do NSDAP na região do Ruhr. No entanto, Kirdorf manteve o contato com Hitler. Em 1929, após a convenção do partido em Nuremberg, Kirdorf escreveu a Hitler: "Aqueles que tiveram a oportunidade de participar dessa conferência [...] reconhecerão a importância do seu movimento para a recuperação de nossa pátria alemã e lhe desejarão sucesso, mesmo que duvidem de alguns pontos do programa do partido ou que os rejeitem".[120] Embora as tentativas de Hitler de cortejar os industriais do Ruhr tenham dado poucos resultados concretos e, como afirmavam alguns boatos na imprensa, não resultaram em enormes doações, o empreendimento não foi um fracasso completo; afinal, a empreitada deu-lhe a reputação de seguir um curso moderado em questões econômicas – uma reputação da qual Hitler pôde usufruir em 1930, quando o NSDAP passou a se tornar interessante também para os empresários.

Na virada do ano 1927 para 1928, Hitler mostrava-se confiante. "Agora sei que o destino me levará para onde eu pretendia ir quatro anos atrás", escreveu a Winifred Wagner em 30 de dezembro de 1927. "Então, virá o tempo em que o orgulho do seu amigo será o agradecimento por tantas coisas que hoje eu não posso lhe retribuir."[121] O motivo do otimismo eram as próximas eleições do parlamento, em 20 de maio de 1928. No início de janeiro, Hitler declarou que tinha certeza de conseguir quinze assentos. "Se chegarmos a 25, entraremos no governo, para sair dele com calma, assim que houver uma oportunidade."[122] O NSDAP desenvolveu uma grande campanha eleitoral. Na noite de 14 de maio, Hitler, juntamente com o principal candidato, general Franz Ritter von Epp, apresentou-se em doze grandes eventos em Munique: "Sentimo-nos como soldados", exclamou, "como soldados de um novo exército alemão, de um novo Reich e das ideias que, um dia, forjarão esse Reich".[123] Disse ainda que "nunca esteve tão animado esperando por uma eleição quanto dessa vez", anotou Goebbels, e esperava, confiante "de que teremos um desempenho relevante, que corresponda à coragem para o sacrifício demonstrada até então."[124]

No entanto, os resultados da eleição do *Reichstag* foram desastrosos para o NSDAP. Os grandes vencedores foram os partidos da esquerda, que conseguiram aumentar seus votos de 26 para 29,8% (SPD) e de 9 para 10,6% (KPD). O social-democrata Hermann Müller formou um Gabinete da grande coalizão com o SPD, Zentrum, BVP, DDP e DVP. O *Deutschnationale Volkspartei* (DNVP) registrou os piores resultados, caindo de 20,5 para 14,2 por cento. O NSDAP alcançou apenas 2,6por cento, ou seja, também registrou perdas em comparação com a eleição do *Reichstag* de dezembro de 1924.[125] Em vez de catorze deputados, o NSDAP enviou apenas doze para o *Reichstag*, entre eles Ritter von Epp, Goebbels, Frick, Gregor Straßer, Gottfried Feder e Hermann Göring, que retornara da Suécia para a Alemanha no outono de 1927, após uma anistia geral do presidente Hindenburg. Embora Hitler traçasse um balanço positivo na noite da eleição, dados os resultados catastróficos do Völkische Block (que chegou a somente 0,9%), o resultado mais importante era o fato de que, futuramente, existiria "somente um movimento nacionalista", o NSDAP.[126] Porém, entre seus seguidores predominava a decepção: o dia 20 de maio não era "motivo de satisfação" para os nacional-socialistas, disse Gregor Straßer e Goebbels escreveu em seu diário: "A depressão tomou conta de mim".[127]

É certo que o NSDAP não obteve somente maus resultados. Os piores resultados ocorreram em locais onde havia aglomerações industriais urbanas. Em Berlim, o NSDAP chegou somente a 1,6%, embora o *Gauleiter* Goebbels tivesse se empenhado muito após a suspensão temporária do partido.[128] No entanto, em algumas áreas rurais de Schleswig-Holstein e na Baixa Saxônia, o NSDAP apresentou progressos consideráveis – no círculo eleitoral Weser-Ems, chegou a 5,2 por cento. Os melhores resultados foram obtidos em regiões centrais: na Francônia (8,1%), na alta Baviera/Suábia (6,2%) e na região Pfalz (5,7%). Em Munique, próximo dos oito por cento, o NSDAP quase chegou a ser a terceira potencia depois do SPD (24%) e BVP (17%). "Nenhum sacrifício é grande demais" para evitar uma coalizão preto-vermelha na Baviera, anunciou Hitler, pois o NSDAP corria o risco de sofrer uma nova proibição. "Munique é a central do partido e deve ser protegida." Portanto, a princípio ele não rejeitaria a ideia de uma participação no governo no Estado Livre, e solicitou ao Ministério da Justiça que não tomasse medidas contra o seu movimento.[129]

A direção do partido concluiu que futuramente, a partir da eleição de 20 de maio de 1928, o foco da propaganda seria direcionado para as áreas rurais, onde seria possível atingir melhores resultados do que nas grandes cidades, com "menor dispêndio de tempo, força e dinheiro", segundo publicação no *Völkischer Beobachter* no final de maio.[130] No outono de 1927, o NSDAP já reforçara sua presença junto à população rural no norte da Alemanha. Em 10 de setembro, Hitler discursou pela primeira vez para milhares de agricultores de Schleswig-Holstein e garantiu-lhes uma atenção especial para seus interesses.[131] Em abril de 1928, para evitar possíveis críticas, Hitler corrigiu o ponto dezessete do programa do partido, que previa uma "lei de desapropriação das terras sem fins lucrativos". Essa questão previa somente as "terras que foram adquiridas de forma ilegal", ou seja, dirigia-se "em primeiro lugar, contra as sociedades especulativas judaicas".[132]

Após a eleição no *Reichstag*, Hitler retirou-se novamente para Berchtesgaden, onde permaneceu por algumas semanas. Em outubro de 1928, alugou a casa de férias "Wachenfeld" por cem marcos ao mês – um lugar simples no estilo alpino, que pertencia à viúva de um empresário do norte da Alemanha, Margarete Winter. Para cuidar da residência, contratou sua meia-irmã, Angela Raubal. "Liguei imediatamente para minha irmã, em Viena: Eu aluguei uma casa, você gostaria de administrar as tarefas domésticas? Ela aceitou e nos mudamos imediatamente. Foi tão fantástico! O primeiro Natal passado lá foi maravilhoso!", recordou Hitler em janeiro de 1942. Na ocasião, Hitler também contou detalhadamente como ele convenceu a viúva a vender-lhe, em junho de 1933, a casa que ele mais tarde transformaria no "Berghof".[133]

Em junho e julho de 1928, Hitler aproveitou a estadia em Obersalzberg para iniciar um novo projeto de livro. Hitler já tinha abandonado sua intenção inicial de escrever suas memórias de guerra para a editora Bruckmann. Aparentemente, tomou essa decisão inspirado por Ernst Jünger, que lhe enviara seu livro *Feuer und Blut* [Fogo e sangue] em janeiro de 1926 com a dedicatória "Ao líder nacional Adolf Hitler!" – seu quarto livro depois de *In Stahlgewittern* [Tempestade de Ferro], *Der Kampf als inneres Erlebnis* [A guerra como experiência interior] e *Wäldchen 125* [Bosque 125], no qual o autor descrevia sua experiência de guerra. Hitler, que fez muitas marcações a lápis em sua edição do *Feuer und Blut*, agradeceu a Jünger em maio: "Li todos os seus livros. Com eles, aprendi a apreciar um dos poucos grandes conhecedores das experiências no *front*. E foi com grande alegria que recebi seu livro *Feuer und Blut*, enviado pessoalmente com sua amável dedicatória".[134] Em setembro de 1926, Elsa Bruckmann contou a seu marido que Hitler "há muito pensava sobre a elaboração do livro sobre a guerra e acredita que o projeto está amadurecendo e se tornando mais vívido, que as imagens se cristalizam ao redor dos núcleos por ele concebidos, e pedem por sua conclusão".[135] Na verdade, Hitler ainda nem começara a escrever; de qualquer forma, até hoje não foram encontrados os fragmentos de um manuscrito.

No entanto, foi encontrado um original datilografado de 234 páginas, datado do verão de 1928, que o historiador americano Gerhard L. Weinberg publicou em 1961 sob o título *Hitlers Zweites Buch* [O segundo livro de Hitler][136] Aparentemente, Hitler ditou o texto a sua secretária durante poucas semanas. No final de junho de 1928, Heß informou seus pais sobre o assunto tratado no livro: "Sábado/domingo vamos para Berchtesgarde, onde eu [...] vou me encontrar com o tribuno, que está escrevendo um novo livro (aparentemente muito bom) sobre política externa."[137] Na verdade, Hitler tinha se proposto a apresentar seus pontos de vista sobre política externa em um contexto mais amplo. A razão para tal foi o problema do Tirol do Sul, que Hitler abordara anteriormente em uma brochura publicada em fevereiro de 1926 – uma impressão prévia do segundo volume de *Mein Kampf*.[138] Sua disponibilidade, expressa na brochura, para abrir mão de todas as reivindicações sobre o Tirol do Sul, tendo em vista sua desejada aliança com a Itália, lhe rendeu violentos ataques em meios nacionalistas nas eleições de 1928.[139] No entanto, a questão do Tirol do Sul não estava no centro de seu "segundo livro", no qual ele desenvolveu processos básicos de pensamentos que passaria a apresentar em seus discursos a partir de 1926: que a "luta pela vida de um povo" deve consistir de um equilíbrio entre o território e a população, que a política externa é a arte de "assegurar [...] a um povo o espaço vital necessário", que somente uma região da Europa poderia ser cogitada para tal "política territorial", situada "no leste" e que, portanto, uma aliança com a Rússia não seria viável, e a Alemanha deveria juntar-se à Itália e Inglaterra. Mesmo que Hitler, em suas "palavras de encerramento", enfatizasse que sua tarefa não era fornecer uma explicação sobre a "questão judaica", ele não deixou de apresentar sua visão paranoica de um mundo antissemita resumidamente: "O povo judeu é incapaz de criar um Estado de acordo com uma concepção espacial, pois não tem habilidades para tal. O povo judeu depende das habilidades criativas de outras nações como base de sua existência. Assim, a existência dos judeus passa a ser parasitária na vida dos demais povos. O objetivo final da luta pela sobrevivência judaica é a escravização de povos ativos e produtivos".[140]

Em 13 de julho de 1928, Hitler discursou para 5 mil ouvintes no Saalbau Friedrichshain, em Berlim, sobre o tema "Política Externa", no qual resumiu as teses principais de seu "segundo livro".[141] A seguir, foi para Norderney em companhia de Goebbels, para usufruir uma semana de férias. Hitler não deu continuidade à elaboração no novo livro. Aparentemente, ele só tomou a decisão definitiva de não publicá-lo no decorrer de 1929.[142] Apenas resta especular sobre as razões que o levaram a tomar essa decisão. Talvez Max Amann tenha argumentado com preocupações financeiras. Em 1927-1928 as vendas de *Mein Kampf* diminuíram muito; aparentemente, não havia nenhuma necessidade de outro livro de Hitler. Provavelmente, era muito mais importante citar que na primavera de 1928, com o referendo popular contra o Plano Young, abriu-se uma possibilidade cooperação com a direita nacionalista. As investidas selvagens contra os políticos burgueses no "segundo livro" poderiam representar um obstáculo.[143] Deferências na política externa aparentemente não desempenhavam nenhum papel naquele momento. Esse argumento só foi apresentado mais tarde por Hitler. Ele estava "muito contente", como contou a Speer em meados dos anos 1930, por não ter liberado a publicação de seu "segundo livro escrito em 1928": "Hoje, isso teria me trazido grandes dificuldades políticas".[144]

Dada a crise atual no movimento, Hitler cancelou a convenção do partido de 1928 e, em vez disso, convocou uma "reunião de líderes" em Munique, que seria realizada simultaneamente com a assembleia geral. O presidente do partido empreendeu todos os esforços para melhorar o humor visivelmente perturbado de seus seguidores: somente uma minoria seria capaz de fazer a história, e o simples fato de os demais partidos e a opinião pública se voltarem contra o NSDAP "era praticamente uma razão matemática para o desempenho anterior de nosso movimento".[145] No entanto, Hitler não logrou acabar com o ceticismo reinante; até mesmo Goebbels considerou as observações de Hitler como "um tanto cansadas": "O ambiente de Munique. Já não suporto mais isso".[146] No entanto, o problema não situava-se somente na base, mas também na sede do partido: sobre a queixa de um deputado da Francônia, de que era impossível chegar até Hitler porque algumas pessoas construíram "um muro" a seu redor, Walter Buch, o presidente da Comissão de Investigação e Conciliação, respondeu que os chefes de departamento "muitas vezes eram obrigados a esperar durante dias para serem recebidos pelo sr. Hitler".[147] Não era apenas a falta de confiabilidade de Hitler que angustiava Buch, mas também o desprezo com o qual ele tratava seus funcionários. Em outubro de 1928, Buch esboçou uma carta na qual contava "aquilo que lhe pesava na alma há muitas semanas": o fato de que Hitler estava "gradualmente desenvolvendo um desprezo pela humanidade, o que me enche de preocupação".[148]

Uma cena típica da maneira ofensiva com a qual Hitler tratava seus leais funcionários foi testemunhada pelo *Gauleiter* da Baixa Baviera, Otto Erbersdobler, em março de 1929. O presidente do partido ordenou que durante o comício realizado em uma vila da Alta Baviera, a SA deveria fazer a viagem de caminhão; para economizar dinheiro, Pfeffer von Salomon mandou que viajassem de trem. No dia seguinte, no escritório do partido em Munique, Hitler deu-lhe "uma bronca violenta", "ficou em pé na sua frente e gritou com ele durante dez minutos, enquanto batia na mesa com seu chicote para reforçar suas explanações". E, "futuramente, proibia quaisquer mudanças em suas disposições". Ao terminar a preleção, perguntava; "Estamos entendidos, senhor membro do partido?". O chefe supremo da SA empertigou-se e estendeu a mão para Hitler."[149]

O relacionamento de Hitler com seus subordinados orientava-se, primeiramente, pela conveniência, ou seja, o quanto eles o interessavam ou atrapalhavam.[150] "Da boca dele nunca ouvi elogios ou até mesmo observações de aprovação aos membros do partido", lembrou Albert Krebs, diretor do grupo local do NSDAP de Hamburgo e *Gauleiter* da mesma cidade durante um curto período em 1928. Com um "faro animalesco", Hitler diferenciava entre pessoas "que nele confiavam cegamente e tinham uma fé quase religiosa" e "aqueles que o observavam criticamente à distância e o avaliavam com base na razão". Dos últimos, Hitler não gostava, mas só permitia que percebessem isso quando já haviam deixado de lhe ser úteis.[151]

Outra causa de ressentimento era o fato de que ele, após banhar-se nos aplausos do público, quase sempre saía imediatamente, evitando qualquer contato com os membros do partido local. Mantinha distância e cultivava a aura do distanciamento. Na primavera de 1928, quando Albert Krebs o conduziu pelas novas instalações do escritório de Hamburgo, Hitler mal tomou conhecimento dos funcionários presentes, embora esses "procurassem chegar perto dele, felizes e carentes de comunicação". "Visivelmente relutante", Hitler permitiu que Krebs o apresentasse para depois "responsabilizar o pessoal de Hamburgo pelo fato de que suas esperanças em um sucesso mais rápido ainda não se tivessem concretizado".[152]

Quando as perspectivas para o NSDAP melhoraram sensivelmente após a primavera de 1929, as vozes críticas silenciaram. No inverno de 1928-1929, a economia se deteriorou acentuadamente: em fevereiro, o número de pessoas registradas como desempregadas nas agências do Ministério do Trabalho subiu para 3 milhões.[153] No interior, os preços dos produtos agrícolas despencaram; muitos agricultores não conseguiam mais pagar os juros dos empréstimos tomados. O resultado foram falências e concordatas. Principalmente em Schleswig-Holstein começou um movimento de oposição ao governo. Os agricultores organizaram passeatas portando bandeiras negras; um grupo radical liderado por Claus Heim praticou atentados a bomba contra os prédios da Receita Federal e das agências de Administração do Estado.[154] O período de relativa estabilização da República de Weimar chegou ao fim.

Hitler sentiu-se confirmado em seus prognósticos: "Tudo que prevíamos, aconteceu [...]", exultou no final de março de 1929. "A economia alemã está agonizando."[155] Novamente, quem mais se beneficiou da crise foi o NSDAP. Entre outubro de 1928 e outubro de 1929, o número de membros do partido passou de 100 mil para 150 mil.[156] O partido também se tornou mais popular entre os estudantes. O NSDAP alcançou resultados espetaculares nas eleições para os parlamentos estudantis em 1928-1929.[157] Em novembro de 1928, Hitler discursou no Löwenbräukeller para 2.500 estudantes da Universidade de Munique que, ao final do discurso, o aplaudiram entusiasticamente.[158]

A aceitação do NSDAP também aumentou acentuadamente entre a população rural. "Em todos os lugares, as coisas estão progredindo muito bem", relatou Heß em outubro de 1928 sobre uma viagem com fins propagandísticos empreendida por Hitler para o norte da Alemanha. "O melhor de tudo [...] foram os agricultores de Dithmarschen, para os quais o tribuno discursou em Heide, Schleswig-Holstein: belos exemplares de homem, gigantes em estatura, musculosos [...] Durante a primeira hora, ficaram sentados ali e pareciam blocos de gelo, mas gradualmente foram arrebatados pelo discurso e, no final, os aplausos foram imensos, um motivo de espanto para todos aqueles que conhecem as pessoas fechadas que residem nessa região."[159] Em Dithmarschen, o NSDAP passou a receber um número maior de membros após a "Blutnacht von Wöhrden"**, em 7 de março de 1929. Nesse local, ocorreu um incidente entre uma unidade da SA e simpatizantes do KPD, no qual foram mortos dois homens da SA e várias pessoas ficaram feridas. O NSDAP usou o incidente para fazer um manifesto político. Hitler participou do enterro. Sua presença, segundo um relatório da polícia, "causou uma forte impressão entre a população". Muitas agricultoras passaram a usar a suástica pregada em seus aventais de trabalho e nas aldeias as pessoas começaram a usar a saudação *"Heil!"* Muitos agricultores estavam "extremamente amargurados e são capazes de todo tipo de violência". Para eles, os nacional-socialistas eram vistos como os "salvadores" que os tirariam da miséria.[160]

Nas eleições estaduais e municipais, na primavera e verão de 1929, o NSDAP conseguiu bons resultados. Assim, sua proporção de votos nas eleições regionais na Saxônia em 12 de maio subiu de 1,6 para 5 por cento – "um sucesso que supera todas as nossas expectativas", regozijou-se Goebbels.[161] Em Mecklenburg-Schwerin, o partido de Hitler duplicou sua participação para 4,1 por cento e na eleição do conselho da cidade, ocorrida em Coburgo no final de junho, o NSDAP pela primeira vez conquistou a maioria dos assentos em uma comunidade.[162]

No início de agosto de 1929, durante a convenção do partido em Nuremberg, o NSDAP demonstrou sua recém-conquistada autoconfiança. A convenção, de acordo com a vontade da liderança do partido, deveria ser "não somente a maior manifestação do movimento, mas também a maior demonstração política-nacional da Alemanha".[163] Cerca de 100 mil seguidores foram para lá (embora segundo as estimativas da polícia tenha sido somente 40 mil) em trens especiais partindo de todos os cantos da Alemanha. A cidade transformou-se em um "acampamento do exército pardo". Hitler escreveu um "diário de Nuremberg" para o *Illustrierter Beobachter*, uma revista do partido criada em 1926. Nesse artigo, Hitler escreveu sobre a proclamação final feita na praça de Hauptmarkt: "Cobertos de flores, os batalhadores pardos do Terceiro Reich passaram por nós marchando a passos rápidos, durante três horas e meia".[164] O que Hitler não revelou foram os atos de violência cometidos pelas tropas da SA durante a convenção do partido. Durante quatro dias, a antiga cidade do Reich encontrava-se em estado de exceção.[165]

Dessa vez, na tribuna de honra não estavam somente os admiradores de Hitler, Winifred Wagner e Emil Kirdorf, mas também Theodor Duesterberg, o segundo presidente do *Stahlhelm, Bund der Frontsoldaten****, e o príncipe Augusto Guilherme,

---

**   "Noite sangrenta" de Wöhrden, uma pequena vila perto de Heide. Designa o conflito ali ocorrido entre comunistas e nacional-socialistas em 1929. (N.T.)

***   Em tradução livre e literal, "Mentira sobre a culpa pela guerra". Termo frequentemente utilizado pelos nazistas para referir-se à denúncia do artigo 231 do Tratado de Versalhes,

quarto filho de Guilherme II, que era membro do *Stahlhelm* e que poucos meses depois, em dezembro de 1929, candidatou-se a membro do NSDAP.[166] Goebbels não estava nem um pouco satisfeito: "Conheci o príncipe Augusto Guilherme. Um tanto senil. Toda essa reação *Stahlhelm*, em pé no pódio, não me agrada nem um pouco."[167] No entanto, Hitler decidiu formar uma aliança com as forças nacional-conservadoras para acabar com o Plano Young. Esse plano, negociado por uma conferência de especialistas em Paris sob a direção do americano Owen Young, trouxe algumas facilidades financeiras para a Alemanha em comparação com o Plano Dawes, mas ainda seria necessário pagar reparações de guerra por um longo período de tempo (até 1988). Em contrapartida, foi acertada a evacuação precoce da Renânia.[168]

A direita, em peso, se opôs a isso, encabeçada por Alfred Hugo, o magnata da mídia que, em outubro de 1928, foi eleito novo presidente do DNVP e que levou o partido a assumir uma oposição intransigente contra o "sistema Weimar". Seu império da mídia era formado não somente pela editora Scherl, de Berlim, mas também por muitas outras empresas tais como a agencia de notícias *Telegraphen-Union* (TU), a *Allgemeine Anzeigen GmbH* (AIA) e a *Universum Film AG* (Ufa). Por meio de seus serviços gráficos, Alfred Hugo fornecia matrizes de notícias predefinidas à imprensa das províncias, ou seja, ele também tinha influência sobre jornais que não estavam filiados a sua empresa. No início de julho de 1929, por iniciativa de Hugenberg, foi constituído o *Reichsausschuß für das deutsche Volksbegehren*, ou "Comitê do Reich pelo Referendo Alemão", do qual faziam parte os líderes representantes do *Stahlhelm*, da Liga Pangermânica, do *Reichslandbund* e dos *Vaterländische Verbände* – ao qual Hitler também se associou, após a resolução de que a campanha encetada não seria somente a oposição ao Plano Young, mas também contra a assim chamada *Kriegsschuldlüge*.****[169] A decisão de Hitler não foi aprovada por unanimidade por seus seguidores. "Atrás dessa chamada existem nomes. Oh, meu Deus! No caso de Hitler podemos dizer, apenas: Que pena vê-lo em tal companhia!", queixou-se Goebbels em seu diário.[170] Mas Hitler acalmou o *Gauleiter* de Berlim quanto a suas intenções: ele jamais impulsionaria a carroça dos nacionalistas alemães, ao contrário, mas pretendia utilizar o *Volksbegehren* para seus próprios fins. Os nacional-socialistas "queriam encabeçar o movimento e arrancar a máscara do rosto do DNVP".[171]

A campanha, no entanto, fracassou. O número de assinaturas necessário para o referendo foi alcançado por pouco, mas durante a votação em 22 de dezembro de 1929, somente 13,8% do eleitorado votaram a favor da "lei de liberdade" apre-

---

cuja provisão responsabilizou a Alemanha pelo total desencadeamento da Primeira Guerra Mundial (An Illustrated Dictionary of the Third Reich). (N.E.)
**** Termo frequentemente utilizado pelos nazistas para referir-se à denúncia do Tratado de Versalhes que responsabilizou a Alemanha pelo total desencadeamento da Primeira Guerra Mundial. (N.E.)

sentada. Mesmo assim, todo o empenho valeu a pena para Hitler e para o NSDAP. O líder do partido tornou-se socialmente aceitável nos círculos conservadores da direita, e conseguiu destaque na grande imprensa Hugenberg durante vários meses. No final da campanha, Hitler e Hugenberg apresentaram-se no Circo Krone em 25 de outubro, e ficou provado que o presidente do DNVP não era capaz de se opor ao poder eloquente do discurso do agitador de Munique.[172] O NSDAP apresentou-se como uma força jovem e dinâmica, muito superior a seus aliados conservadores nos quesitos organização e prontidão para a ação. O fato de o partido de Hitler ter sido o maior beneficiado com a campanha anti-Young ficou claro com as eleições estaduais no outono de 1929. No dia 27 de outubro, em Baden, o partido chegou a 7 por cento: em 8 de dezembro, na Turíngia, alcançou incríveis 11,3 por cento. O NSDAP também conseguiu muitos votos durante as eleições comunais em novembro.[173] Gustav Stresemann, ministro das Relações Exteriores e um dos homens mais importantes da República, faleceu na manhã do dia 3 de outubro de 1929 depois de sofrer dois acidentes vasculares cerebrais. "É uma perda irreparável, com consequências imprevisíveis", observou o conde Harry Kessler, que estava em Paris e captou a reação dos franceses: "Todos comentam isso, a cabeleireira, os garçons no restaurante, os motoristas, as vendedoras de jornais [...] Paris inteira sente a sua morte, como se fosse um desastre nacional". O mesmo era válido para democratas alemães. Em 6 de outubro, durante o funeral, 200 mil berlinenses acompanharam Stresemann em sua última jornada – "não era um funeral de Estado, e sim, um funeral do povo".[174]

Três semanas depois, em 24 de outubro de 1929, na "Quinta-feira Negra", a Bolsa de Valores de Nova York quebrou. A crise que Hitler esperava, chegou. E certamente não foi por acaso que ele, nessa época, trocou sua humilde moradia situada na Thierschstrasse por um confortável apartamento de nove quartos no segundo andar do prédio situado na Prinzregentenstrasse 16, no bairro nobre Bogenhausen. "Agora, o chefe tem um apartamento muito bonito", escreveu Ilse Heß, a esposa do secretário particular de Hitler, "ele também adquire uma coisa aqui, outra acolá, e fica feliz como uma criança, sempre que consegue algo novo e raro. Os aposentos são adoráveis, grandes e o pé direito é alto."[175] A tomada do poder não parecia distante e Hitler precisava de um domicílio adequado, para representar condignamente seu novo papel na política alemã.

9

O PRODÍGIO DA POLÍTICA ALEMÃ

Em uma carta confidencial de fevereiro de 1930, Hitler declarou que "anteriormente, em muitos aspectos, fui um profeta e quase sempre estava certo". Até então, ele evitara citar um período de tempo específico para o sucesso do movimento nacional-socialista. Agora, era capaz de prever com "segurança quase clarividente" que em "dois anos e meio a três anos a Alemanha terá superado o ponto mais baixo de sua humilhação". "Eu acredito que, nesse intervalo de tempo, nosso partido será vitorioso, e que, portanto, o período de declínio terminou e começará uma fase de crescimento para o nosso povo."[1] Na primavera de 1930, essa profecia ainda poderia parecer uma fantasia de um político provinciano convencido de sua missão. Porém, após alguns meses, com a eleição do *Reichstag* em 14 de setembro, a situação mudou fundamentalmente. O NSDAP apresentou resultados exorbitantes. Seu Führer, que anteriormente era apenas uma figura bizarra à margem do espectro da direita, foi subitamente catapultado para o centro da política alemã. Tudo o que ele, até então, fingiu ser um objetivo vago, agora parecia estar a seu alcance: o partido Hitler encontrava-se a um passo de assumir o poder.

Esse desenvolvimento não foi de todo surpreendente. As eleições estaduais e comunais de 1929 mostraram que o NSDAP estava em ascensão. Onde quer que o partido se apresentasse, o número de membros aumentava. E a campanha contra o Plano Young deu ao partido a oportunidade de ficar em evidência como o partido de protesto da direita. No entanto, o verdadeiro avanço para se tornar um movimento das multidões só aconteceu durante a crise econômica mundial, que atingiu duramente a Alemanha.[2] A recuperação econômica durante os supostos "anos dourados" da República foram financiados, em grande parte, com a ajuda de empréstimos estrangeiros a curto prazo, principalmente americanos. Com a quebra da Bolsa de Nova York no final de outubro de 1929, os bancos americanos foram forçados a reaver seus empréstimos. A desaceleração da economia alemã, que iniciou em 1928-1929, ficou mais rápida. O número de desempregados disparou de 1,3 milhões em setembro de 1929 para 3,4 milhões em fevereiro de 1930. Um ano mais tarde, já se contabilizavam 5 milhões de desempregados e, em 1923, no auge da crise, eram 6 milhões. Na verdade, o número de desempregados era ainda maior, porque as estatísticas não computavam os desempregados "invisíveis", ou seja, aqueles que por algum motivo não se registraram nos departamentos do Ministério do Trabalho. A República de Weimar experimentou "uma queda abismal para uma depressão sem precedentes".[3]

As consequências psicológicas foram devastadoras. Após as experiências exaustivas do período pós-guerra e inflação, a deflagração de uma nova crise sem precedentes esgotou a capacidade de resistência emocional de muitas pessoas. A população foi tomada por um sentimento generalizado de catástrofe e dizimação, até mesmo nas camadas que não foram diretamente afetadas pelo impacto econômico. Esse sentimento foi acompanhado por uma perda radical de confiança nas instituições democráticas e nos partidos. Fomentaram-se ressentimentos contra o sistema parlamentar de Weimar. Os governantes pareciam sobrecarregados com as consequências da crise. À medida que essa impressão se consolidava, crescia o clamor por um "homem forte", um messias político que tiraria os alemães da depressão e os conduziria para o caminho de uma nova grandeza nacional. Hitler, como nenhum outro, foi capaz de associar as expectativas do povo a sua pessoa, e esta certamente é a chave que explica seu sucesso.[4] Agora chegou o grande momento para aquele homem que já desfrutava da veneração de seus seguidores. Um homem que há muito se identificou no papel de "líder" carismático que lhe foi atribuído. O início de 1930 evidenciou as bases flutuantes sobre as quais se apoiava a democracia de Weimar. A grande coalizão que governava desde 1928, comandada pelo chanceler social-democrata do Reich, Hermann Müller, desmantelou-se. O motivo foi algo bem menos importante: o aumento das contribuições para o seguro desemprego de 3,5 para 4% solicitado pelo SPD e rejeitado pelo DVP. Mas essa briga era por algo maior, ou seja, uma decisão direcional sobre quem deveria arcar com as consequências da crise. O DVP, que representava os interesses da grande indústria, deu uma guinada para a direita após a morte de Stresemann sob o comando do novo presidente, Ernst Scholz; forças influentes dentro do partido, apoiadas pela Reichsverband der Deutschen Industrie (RDI), associação da indústria alemã, insistiam em renunciar a colaboração com os social-democratas.[5] Por outro lado, na fração do SPD a disponibilidade de continuar assumindo compromissos à custa de sua própria clientela diminuiu. Segundo Hermann Müller, que anunciou o rompimento da grande coalizão, o estoque de coisas em comum se esgotou. O jornal liberal *Frankfurter Zeitung* escreveu sobre um "dia negro" e, realmente, o dia 27 de março de 1930 marcou um corte profundo na história da República de Weimar. Depois desse dia, deixou de existir um governo baseado na maioria parlamentar; esse foi o início da dissolução da primeira democracia alemã.[6]

A paralisia autoinfligida do governo e do parlamento convinha ao presidente do Reich, Paul von Hindenburg e a seus assessores mais próximos. Já há algum tempo, eles tinham feito planos de eximir a social-democracia da responsabilidade política, estabelecendo um regime presidencial autoritário situado acima dos partidos.[7] Essa foi a missão dada ao novo chanceler do Reich, o presidente da ala de centro, Heinrich Brüning. Ele deveria governar de acordo com Hindenburg e sua "camarilha", independente da maioria no parlamento, apoiado apenas pela confiança de Hindenburg e no artigo 48 da constituição do Reich, que concedia poderes emergenciais ao presidente. Assim, Brüning formou um gabinete com "especialistas", sem a representação do SPD. Isso deu início a uma mudança constitucional silenciosa. Desde o início, Brüning não deixou dúvidas de que dissolveria o parlamento e adotaria decretos de emergência caso o parlamento do governo não desse seu consentimento.[8]

O NSDAP não desempenhou qualquer papel na formação de um regime presidencial; sua pequena fração no parlamento parecia ser insignificante. No entanto, era público que o afastamento de um governo regido pelo parlamento e a erosão da democracia iam de encontro aos planos de Hitler. Goebbels comentou a formação do governo em 30 de março de 1930: "Talvez o Gabinete seja derrubado em breve. Imediatamente, ocorrerá a dissolução do parlamento. Bravo! Que época maravilhosa é essa!".[9] Com novas eleições, o NSDAP podia contar com ganhos eleitorais consideráveis; por isso, o partido trabalhava prevendo uma dissolução do parlamento. Em 4 de abril, Brüning sobreviveu a uma moção de desconfiança apoiada pelo NSDAP, porque o DNVP recusou seu apoio. "Todo o DNVP caiu (...) O chefe está com uma raiva mortal", observou Goebbels.[10] No mesmo dia, Hitler declarou sua saída do comitê do Reich para o referendo contra o Plano Young.[11] Em 12 de abril, durante a votação decisiva sobre o orçamento, a maioria da fração do DNVP votou novamente a favor do modelo apresentado pelo governo e, assim, preservou o gabinete de Brüning da primeira derrota parlamentar.

Desde o início, Hitler estava decidido a explorar inescrupulosamente a dupla crise econômico-política para seus propósitos. A estratégia seguida por ele revela-se na formação do governo da Turíngia, no início de 1930. Nas eleições parlamentares em dezembro de 1939, o NSDAP detinha 11,3% dos votos e conquistou seis assentos. Se os partidos burgueses desejassem realizar seu desejo de formar um governo sem a participação dos social-democratas, dependiam do apoio dos nacional-socialistas. Hitler optou pela participação no governo; no entanto, exigiu dois departamentos-chave: o Ministério do Interior e o Ministério da Educação. "Aquele que possui esses dois ministérios, e explora impiedosa e persistentemente seu poder, é capaz de coisas extraordinárias", escreveu Hitler na carta confidencial de 2 de fevereiro, citada anteriormente. Com o Ministério do Interior, o NSDAP teria a supervisão da Polícia Estadual e, com o Ministério da Educação, comandaria o completo sistema escolar e educacional. Portanto, Hitler não estava interessado exclusivamente na participação do governo; ele queria conquistar o poder executivo. Como candidato para assumir as posições ministeriais, Hitler sugeriu Wilhelm Frick, um dos golpistas de 1923, que inicialmente foi recusado pelo DVP como inaceitável. "Então, fui pessoalmente para Weimar", contou Hitler, "e disse claramente àqueles senhores que o dr. Frick será o nosso ministro ou haverá novas eleições". Mas a última coisa que os partidos burgueses desejavam era novas eleições, uma vez que levariam ao fortalecimento do NSDAP. Assim, o DVP cedeu à pressão do ultimato de três dias e, em 23 de janeiro de 1930, Frick foi eleito como novo ministro do Interior e da Educação.[12] Durante seu mandato de catorze meses, Frick forneceu uma amostra do que aconteceria após a "tomada do poder" em 30 de janeiro de 1933, em uma escala muito maior ao nível do Reich: funcionários públicos qualificados foram demitidos porque eram suspeitos de simpatizar com o SPD; em seu lugar, foram colocados seguidores do ministro. Nas escolas, as orações se tornaram obrigatórias, já que, como explicou Frick no parlamento, serviam como uma "defesa contra as fraudes" que foram "cometidas contra o povo pelo marxismo e pelos judeus". Na Universidade de Jena, foi instituída uma cadeira de Teorias das Raças, para a qual Frick nomeou o conhecido antissemita Hans F. K. Günther. O novo diretor da Weimarer Kunst- und Bauchhochschule, a Escola Superior de Artes e Engenharia, passou a ser Paul Schultze-Naumburg, um nacional-socialista convicto, que ordenou a retirada das obras de arte moderna do Schlossmuseum. Contra esse ato de iconoclastia praticamente não houve resistência. A cidade de Goethe e Schiller há muito se transformara em um reduto dos nacional-socialistas. Ali, tinham conseguido 23,8% dos votos em 1929 – muito mais do que a média nacional.[13]

Demorou um bom tempo até que o DVP da Turíngia percebesse onde havia se metido. Em 1º de abril de 1931, o DVP ajudou a derrubar Frick ao apoiar uma moção de desconfiança do SPD. Já em setembro de 1932, os nacional-socialistas voltariam ao poder após uma vitória eleitoral triunfante com 42% dos votos. Frick, a quem Hitler agradeceu efusivamente por ter levado à Turíngia "o centro do saneamento nacional, político e econômico da Alemanha", foi recompensado com o cargo de ministro do Interior no governo de "concentração nacional" em 30 de janeiro de 1933.[14]

Na primavera de 1930 já era esperado que o NSDAP conseguiria ganhar muitos votos na próxima eleição estadual em junho, na Saxônia. Para Hitler, era conveniente que o antigo conflito entre o *Gauleiter* de Berlim Joseph Goebbels e os irmãos Straßer agora viesse à tona. Em primeiro plano, a questão era quem teria um destaque dominante na publicidade nacional-socialista na capital do Reich. Os irmãos Straßer, com sua editora Kampf-Verlag e suas publicações, competiam com o semanário *Der Angriff*, editado por Goebbels. Porém, por trás dessas rivalidades também se escondiam diferenças ideológicas. Otto Straßer, ao contrário de seu irmão Gregor e de Goebbels, nunca se afastou da linha "socialista" da *Arbeitsgemeinschaft Nord*. Nas publicações do Kampf-Verlag, pelas quais era o responsável principal – porque Gregor, como gerente de organização do Reich tinha pouco tempo disponível –, Otto Straßer defendia uma mistura de ideias nacionalistas e anticapitalistas, com uma inclinação decididamente antiocidental e pró-soviética.[15]

A luta pelo poder entre Goebbels e Otto Straßer agravou-se no final de janeiro de 1930, quando a editora Kampf anunciou que no dia 1º de março passaria a distribuir um jornal diário próprio. "Essa é uma verdadeira punhalada nas costas", disse Goebbels indignado.[16] Goebbels começou a pressionar Hitler a proibir o projeto e solicitou que o jornal *Angriff* fosse editado diariamente. O líder do partido prometeu tomar atitudes contra Otto Straßer, mas nada aconteceu. No dia 1º de março, quando a primeira edição do jornal *Der nationale Sozialist* foi publicada, a paciência de Goebbels chegou ao fim. Irritado, Goebbels ameaçou com sua demissão e confidenciou ao seu diário: "Hitler quebrou sua palavra comigo cinco vezes. É difícil reconhecer isso e tiro minhas próprias conclusões. Hitler se esconde, não toma decisões; ele deixou de liderar e deixa as coisas acontecerem".[17] Ao aborrecimento sobre a inatividade de Hitler somou-se a decepção sobre sua decisão de não participar do funeral de Horst Wessel no dia 1º de março. O ex-aluno e *Sturmführer* da SA foi baleado por um comunista no final de janeiro de 1930, e os ferimentos provocaram seu falecimento no dia 23 de fevereiro. Goebbels decidiu transformá-lo no "novo mártir do Terceiro Reich", celebrando um sofisticado culto aos mortos. A canção "Die Fahne hoch", escrita por Wessel, tornou-se o hino do partido e, após 1933, era cantada em todas as ocasiões oficiais após o hino alemão.[18]

O fato de que Hitler, durante muito tempo, esquivou-se de tomar partido abertamente no conflito entre Goebbels e Otto Straßer tinha pouco a ver com a sua dificuldade de decisão. Ao contrário, numa época em que esperava seu avanço político, Hitler evitava tudo o que pudesse dar a impressão de desunião interna no partido. No final de abril, Hitler aproveitou uma reunião interna de líderes do NSDAP em Munique para sair da defensiva pela primeira vez: "Um único acerto de contas com Straßer, com a editora Kampf, com os bolcheviques de salão (...)", exultou Goebbels. E, aliviado, constatou: "Hitler lidera novamente. Graças a Deus. Todos estão entusiasmados com ele. Straßer e seu pessoal estão derrotados".[19] O fato de Hitler, ao final da reunião, ter anunciado a nomeação de Goebbels para chefe de propaganda do Reich coroou o triunfo do *Gauleiter* de Berlim. Com isso, ele assumiu o cargo que Gregor Straßer cedera ao presidente do partido.

No entanto, Hitler ainda temia uma ruptura definitiva com Otto Straßer e seus seguidores. No final de maio, fez uma última tentativa de chegar a um acordo amigável e ordenou que o dissidente comparecesse ao Hotel Sanssouci, situado na Linkstrasse 37, onde estava hospedado em Berlim. Durante uma conversa que durou dois dias, Hitler usou todo seu poder de persuasão, mas seu adversário mostrou-se surpreendentemente insensível a sua oratória, que caracteristicamente mesclava tentações e ameaças. Otto Straßer recusou categoricamente a oferta de Hitler de comprar a editora Kampf em nome de Max Amann e, em contrapartida, nomear Straßer para a chefia de imprensa do Reich. O ponto central das diferenças situava-se na interpretação daquilo que se entende como "socialismo" no programa do partido. Straßer acusou Hitler de "estrangular o socialismo revolucionário visando a legalidade do partido" e de uma "nova cooperação com os partidos burgueses da direita (Hugenberg, *Stahlhelm* etc.)". Hitler respondeu, irritado: "Eu sou socialista [...] Mas o que você entende por socialismo é simplesmente um marxismo crasso. A massa de trabalhadores pede apenas pão e circo. Ela não se importa com ideais".

E, logo depois, reiterou seu axioma básico: a força motriz da História não é a luta de classes, mas a luta das raças. "Só existe uma revolução, a revolução da raça. Não existe revolução econômica, e nem revolução política – o conflito é sempre o mesmo: a luta entre as raças inferiores e a raça superior e dominadora. No dia em que a raça superior esquecer esta lei sagrada, ela perderá a batalha."

Otto Straßer, no entanto, queria clareza e, assim, fez a pergunta crucial: o que Hitler pretendia no caso de tomada do poder? Deixaria a propriedade de Krupp, por exemplo, intocada? A resposta de Hitler foi: "Sim, é claro. Você pensa que sou louco a ponto de arruinar a indústria pesada alemã?". "Se você quiser manter o regime capitalista [...]", disse-lhe Straßer, "então você não tem o direito de continuar falando de socialismo!".[20] Isso levou ao rompimento entre ambos. Após a conversa, Hitler chamou Otto Straßer de "judeu branco intelectual", e "marxista de primeira".[21] Porém, antes de encarar as consequências, Hitler preferiu aguardar as eleições na Saxônia, em 22 de junho. Com 14,4%, o NSDAP praticamente conseguiu triplicar sua proporção de votos em comparação com a eleição de maio de 1929 e passou a ser o segundo partido mais forte depois do SPD (33%), na frente até mesmo do KPD (13,6%).[22] Oito dias depois, Hitler encarregou Goebbels em uma carta aberta, de eliminar os "bolchevistas de salão" da organização berlinense. "Atue impiedosa e brutalmente."[23] Na noite de 30 de junho, quando Goebbels leu a mensagem de Hitler durante uma assembleia geral de membros do *Gau* Berlim, ecoaram gritos de "Enforquem!". "E tudo terminou com uma grande declaração de lealdade ao movimento, a Hitler e a mim", escreveu Goebbels em seu diário.[24]

Otto Straßer e seus seguidores se anteciparam à expulsão do partido, declarando sua saída em 4 de julho. "Os socialistas deixam o NSDAP", essa foi a manchete de seu jornal *Der nationale Sozialist*. No entanto, poucos seguiram sua chamada. Otto Straßer claramente subestimara o apoio de seu partido. Sua associação, Kampfgemeinschaft Revolutionärer Nationaler Sozialisten, da qual se originou posteriormente a "Schwarze Front" ou Frente Negra, nunca contou com mais de poucos milhares de membros. Gregor Straßer já tinha rompido com seu irmão. Suas ações solitárias haviam destruído completamente "seu relacionamento pessoal".[25] A crise interna do partido foi resolvida sem o conhecimento do grande público.

A ascensão de Hitler na primavera e verão de 1930 foi decisivamente favorecida por erros cometidos pelo governo Brüning. Desde o início, o chanceler do Reich não mediu esforços para abafar os efeitos da crise econômica através de uma política rigorosa de contenção de gastos: os gastos do governo foram reduzidos brutalmente, os impostos e as deduções foram aumentados, os funcionários públicos e empregados foram os mais fortemente prejudicados. Aconteceu o previsto: em 16 de julho, o parlamento do Reich rejeitou a proposta de cobertura do governo; Brüning declarou que não mais negociaria com o parlamento, e colocou em vigor sua proposta através de decreto presidencial. A petição da fração do SPD para revogação do decreto de emergência não obteve uma clara maioria, ao que Brüning anunciou a dissolução do parlamento – uma decisão um tanto míope, uma vez que qualquer observador politicamente consciente deveria saber que, depois do resultado da eleição na Saxônia, o NSDAP só lucraria com as novas eleições marcadas para 14 de setembro.[26]

Assim, o comentário de Goebbels sobre a dissolução do parlamento foi um claro "Viva!", e ele imediatamente mergulhou nos preparativos para a campanha eleitoral, com a qual ele pretendia dar provas de sua habilidade como novo chefe de Propaganda do Reich. A Alemanha nunca tinha visto uma campanha daquele porte. "Até o dia 14 de setembro não deve existir nenhuma cidade, nenhuma aldeia e nenhum lugar na Alemanha onde os nacional-socialistas não tenham feito um grande encontro", exigiu Goebbels em uma "circular extraordinária" em 23 de julho. O alvo eleitoral definido foi a "derrota do Estado marxista de novembro". Ao todo, o partido se apresentou com 1.500 oradores; só nas últimas quatro semanas, o NSDAP havia realizado 34 mil reuniões.[27] Hitler era a principal atração. Onde quer que ele se apresentasse, as multidões acorriam. Quatro dias antes da eleição, mais de 16 mil pessoas lotaram o Palácio dos Esportes de Berlim; segundo Goebbels, 100 mil berlinenses tentaram conseguir um ingresso para o evento. A "tempestade de júbilo" na chegada de Hitler parecia um "furacão".[28]

Os discursos de campanha eleitoral feitos por Hitler sempre seguiam o mesmo padrão. No início, ele apresentava a polêmica contra o "sistema de Weimar", o qual responsabilizava pelo declínio e decadência. Comparou o parlamentarismo segundo o modelo ocidental com um "velho fraque". "A democracia é incapaz de resolver os problemas, pois havia colocado o domínio da maioria acima da "autoridade da personalidade". Hitler criticava principalmente a alegada falha dos partidos que, em sua totalidade, somente defendiam determinados interesses e nunca o povo como um todo. "Doze anos de domínio absoluto dos antigos partidos parlamentares fizeram com que a Alemanha se transformasse em um objeto de exploração e escárnio para o resto do mundo." Em contrapartida, o NSDAP representava um "novo movimento do povo alemão", no qual os antagonismos de classe e esnobismo foram superados pela primeira vez. "Hoje, existe somente um movimento na Alemanha que não está dirigido a um grupo, e sim a um povo, e esse movimento é o nosso." Assim, afirmou Hitler, o NSDAP já antecipa o projeto de futuro proposto por ele para toda a Alemanha: a criação de uma "comunidade nacional" – uma "organização que não reconhece apenas proletários, cidadãos, agricultores, artesãos, etc., e sim [...] uma que é composta por todos os *Gauen* da Alemanha e por indivíduos de todos os grupos". O *slogan* "comunidade nacional" exercia claramente um grande apelo popular, pois sempre que Hitler invocava essa imagem ideal, recebia de volta aplausos tempestuosos. A essa imagem associava-se a promessa de um ressurgimento nacional, semelhante à época da "revolta" prussiana de 1813. "O que prometemos não é a melhoria material de cada classe", proclamou Hitler no Palácio de Esportes de Berlim em 10 de setembro, "e sim a multiplicação da força da nação, pois apenas ela mostra o caminho para a libertação do povo como um todo". Os discursos frequentemente terminavam com uma apelação para os sentimentos religiosos do público, acenando com a visão de um "Reich alemão poderoso, com honra, liberdade, poder e glória", "que substituiriam a decadência atual".[29]

Na literatura defendeu-se muitas vezes a tese de que, durante sua campanha eleitoral, Hitler deliberadamente não inclui a "questão judaica" para não assustar os eleitores,[30] mas isso não é verdade. Já durante a abertura da campanha eleitoral em Munique, no dia 18 de julho, Hitler reclamou que "na Alemanha tudo era permitidos aos judeus" e "que os judeus praticamente estavam acima de todas as leis". Mas ele se certificaria de que "as mentiras do partido marxista", "fabricadas com a prestidigitação típica dos judeus" fossem desmascaradas. Hitler continuava usando os termos "judeus" e "marxistas" como sinônimos como fazia em 1930. O marxismo era "apenas um precursor dos judeus", que só "queriam se apoderar de todo o dinheiro", afirmou uma semana depois em Nuremberg. Porém, a época na qual "os judeus" passariam pelas "mesmas provações de centenas de anos atrás já começou". Um relatório de polícia sobre o conteúdo do discurso de Hitler proferido em Würzburg, em 5 de agosto, foi resumido assim: "Ele tentava apresentar os judeus como uma raça estrangeira, descrevendo-os como as pragas de um povo". O objetivo dos judeus é a "completa castração da Alemanha", declarou Hitler cinco dias mais tarde em Kiel.

[FOTO 21] Vista do Palácio de Esportes de Berlim durante um comício eleitoral nacional-socialista, em setembro de 1930.

"Mas vocês estão equivocados. Nosso povo ainda tem sangue, o sangue de milhares de anos flui dentro de nós." Nesse momento, o protocolo do discurso informa: "Exclamações; 'Fora com os judeus' e aplausos." Hitler deixava claro que os judeus eram um "corpo estranho" e, portanto, não teriam um lugar na almejada "comunidade nacional". "A assim chamada 'internacional' é apenas um interesse de um grupo, uma raça em particular, que não faz parte de nós e que pretende acabar com todo o nacionalismo, para que possa prevalecer internacionalmente", declarou Hitler em Augsburg no início de setembro.[31]

O fato de que "eles", os judeus, dominam não apenas a imprensa mas também todo o mercado de ações era um bordão fixo do demagogo e, por isso, todos sabiam o que Hitler queria dizer quando falava de "aranhas financeiras supranacionais", que se alimentavam com os infortúnios da nação, ou quando exclamava: "Hoje, as altas finanças internacionais adornaram-se da Alemanha". Nesse caso, o atributo anteriormente usado ("judaico") foi omitido, o que indica que Hitler tentou moderar um pouco seu antissemitismo fanático, mas sem dar um passo atrás nessa questão. A multidão que ouvia seus discursos certamente sabia que os judeus, no caso de uma tomada de poder pelo nacional-socialismo, enfrentariam tempos difíceis. E a multidão de ouvintes certamente também sabia qual a direção que Hitler tomaria em relação à política externa. Superar a "falta de espaço", esse seria "o caminho que um povo saudável sempre tomou". "Temos um excesso populacional de 20 milhões de pessoas, nosso espaço é pouco", disse Hitler em Colônia no dia 18 de agosto; três dias depois, ressaltou em Koblenz: "Nós queremos que o povo alemão lute por seu espaço habitacional".[32] Durante sua campanha eleitoral, Hitler nunca escondeu seus dois objetivos axiomáticos – a destruição do "marxismo judaico" e a conquista do "espaço vital"; seus objetivos sempre estiverem claros para todos que quisessem ouvir.

"Acabem com todos os interessados em enganar o povo", essa foi a tônica de uma proclamação do NSDAP quatro dias antes da eleição.[33] O próprio Hitler havia enfatizado repetidamente que o dia da eleição deveria ser o "ponto da virada" na História alemã. Seu discurso proferido em 7 de setembro no salão de festas do Luitpoldhain em Nuremberg tinha como lema: "O povo levanta, a tempestade começa!" – segundo o poema de Theodor Körner da época das "Batalha das Nações", de 1813.[34] O Führer do NSDAP sentia-se carregado por uma onda de aprovação e, portanto, contava com um grande número de votos. O "tribuno, sempre cuidadoso com suas estimativas", acreditava que sessenta a setenta mandatos seriam possíveis, informou Rudolf Heß na véspera da eleição.[35] O resultado superou até mesmo as expectativas mais otimistas na liderança do partido. O NSDAP aumentou sua participação nos votos de 2,6 para 18,3%; o número de assentos subiu de doze para 107. Nunca houve uma avalanche política semelhante nas eleições na Alemanha. "Conquistamos uma grande vitória", declarou Hitler em 16 de setembro no Circo Krone, completamente lotado. "Hoje, o movimento nacional-socialista pode afirmar que o pior já passou."[36]

O SPD, com 24,5% dos votos, ainda era o partido mais forte; mas, em comparação com 1928, havia perdido 5,3%, enquanto o KPD passou de 10,6 para 13,2%. Isto significa que os partidos de esquerda apresentaram uma estabilização relativa. O catolicismo político também permaneceu relativamente estável – o partido do centro e BVP – com 11,8 ou 3% em comparação com 12,1 ou 3,1% em 1928. Os grandes perdedores foram os partidos burgueses do centro e direita. O DNVP atingiu apenas 7%, seu número de votos foi novamente reduzido à metade após o resultado desastroso de 1928. O mesmo aconteceu com o DVP, que caiu de 8,7% para 4,5%, enquanto o DDP (que desde julho de 1930 se firmou como Deutsche Staatspartei), teve que se contentar com 3,8% (em 1928, eram 4,9%).[37] Os nacional-socialistas foram os que mais se beneficiaram com o declínio dos nacionalistas alemães e com a erosão dos partidos burgueses de centro. Em todos os lugares onde esses partidos perderam votos maciçamente, o NSDAP apresentou um crescimento estrondoso. Além disso, o partido foi beneficiado com a elevada taxa de participação nas eleições. Uma proporção significativa de indivíduos que, até então, não eram eleitores, decidiu-se pelo partido de Hitler em 1930. Em seus cálculos estatísticos eleitorais, Jürgen Falter demonstrou que um em cada três eleitores do DNVP, um em cada quatro eleitores do DVP ou DDP e cada sétimo não eleitor votou no NSDAP, enquanto apenas um em cada dez eleitores do SPD votou no NSDAP. A burguesia conservadora e liberal demonstrou ser bem mais suscetível do que o meio social-democrático. Os nacional-socialistas receberam o maior apoio das regiões do norte e leste da Alemanha, predominantemente protestantes, enquanto a população em regiões tradicionalmente católicas se mostraram mais resistentes do que o esperado.

Em sua análise contemporânea dos resultados eleitorais, o sociólogo Theodor Geiger falou em um "pânico da classe média". Isso era apenas uma meia-verdade. Embora a participação da classe média tenha sido especialmente alta entre o eleitorado nacional-socialista, o NSDAP também exerceu uma forte atração sobre os trabalhadores – não tanto sobre os trabalhadores da indústria clássica, mas sobre os empregados na agricultura, artesãos e nas empresas de porte médio. Os desempregados, no entanto, pouco contribuíram para a ascensão do nacional-socialismo. Esses votaram bem mais no KPD de Ernst Thälmann do que no partido de Adolf Hitler. De modo geral, o NSDAP correspondia melhor à imagem de um "partido popular" do que os seus concorrentes políticos: nele, acumulou-se o protesto social das diferentes camadas populacionais. Durante a campanha eleitoral, o NSDAP se apresentou como um movimento jovem e dinâmico, ao qual o futuro pertencia. De fato, a idade média de seus membros era bem mais jovem do que nos demais partidos. No entanto, a proporção de jovens eleitores não foi fundamental para o sucesso eleitoral do NSDAP. Ainda que sua imagem nas ruas fosse determinada por jovens ativistas da SA, o partido de Hitler foi igualmente votado por jovens e velhos.[38]

"Fantástico [...] De júbilo em júbilo, um crescimento espantoso. Um espírito de luta arrebatador. Os partidos burgueses estão destroçados.", foi como Goebbels descreveu a reação no Palácio dos Esportes, na noite de 14 de setembro. Um dia depois, ele comentou: "Bem, esta alegria é nossa e nossos inimigos estão consternados. De uma só vez, 107 mandatos [...] Hitler está completamente endoidecido".[39] Entre os defensores da República, o susto provocado pela ascensão avassaladora do NSDAP foi grande. "Um dia negro para a Alemanha", comentou o conde Harry Kessler. Agora, o país se encontrava à beira "de uma crise nacional, que somente poderia ser vencida através da união de todas as forças que apoiam ou pelo menos toleram a República". Caso contrário, "existe a ameaça de uma guerra civil e, mais adiante, uma nova Grande Guerra".[40] O romancista Victor Klemperer, que lecionava em Dresden, externou temores similares. "Cento e sete nacional-socialistas – que vergonha! E quão próximos estamos, na verdade, de uma guerra civil", escreveu Klemperer na segunda-feira após a eleição.[41] "Era de se esperar que ocorresse um movimento para a direita, mas não nessa extensão", queixou-se Thea Sternheim, a ex-mulher do dramaturgo Carl Sternheim, em Berlim-Wilmersdorf. Segundo seu relatório, "a maioria das pessoas de ascendência judaica estava completamente desorientada com as eleições" e "previam grandes infortúnios".[42] Bella Fromm, a colunista social do *Vossische Zeitung*, também registrou "uma espécie de pânico" após a eleição de setembro: "Não seria melhor deixar a Alemanha e esperar do lado de fora?" Assim como acontecia com muitos judeus assimilados, a jornalista não tinha a intenção de emigrar. "É incrível", escreveu em seu diário, "ver quantas pessoas acreditam que seria melhor emigrar."[43]

O *Frankfurter Zeitung* citou "eleições amarguradas". A maioria dos eleitores queria externar seu protesto – o protesto contra "os métodos de governo ou de desgoverno, contra o parlamentarismo indeciso dos últimos anos", bem como contra a miséria econômica, que levou tantos desesperados aos braços de Hitler.[44] A vitória eleitoral do NSDAP abriu "aspectos aventureiros", escreveu Carl von Ossietzky no semanário *Weltbühne*. "Não apenas um partido burguês, mas o pensamento burguês, como um todo, encontrou seu Waterloo [...] A burguesia alemã, humilhada e privada de seus direitos, optou pelo fascismo de Adolf Hitler."[45] Outro autor do semanário *Weltbühne* acreditou que o sucesso de Hitler poderia ser explicado com a "profunda depressão" que acometia principalmente as "camadas politicamente desinteressadas". "A pequena burguesia se juntava em massa ao 'flautista de Munique' e seu adepto berlinense Goebbels."[46] O conde Harry Kessler, por sua vez, via no avanço político do nacional-socialismo "um fenômeno febril da pequena classe média moribunda". Salvá-la era impossível, mas sua agonia poderia "causar uma tragédia imensa para a Europa".[47] A interpretação do partido nazista como um produto de degradação da burguesia ou da pequena burguesia não levou ao reconhecimento daquilo que era novo nesse movimento – o seu caráter difuso como "partido popular", que sabia como integrar interesses heterogêneos, alinhando-os com a figura carismática do Führer.

No exterior, a vitória eleitoral dos nacional-socialistas também suscitou temores. Em Paris, o embaixador britânico Ronald Hugh Campbell informou que a vitória "foi uma supressa desagradável" e "profundamente preocupante". Predominava a impressão de que uma "virada com consequências de longo alcance sobre a política internacional" havia chegado.[48] O ministro do Exterior, Aristide Briand, disse sentir-se "pessoalmente abalado" e deu a entender a seu colega de cargo alemão, Julius Curtis, que futuramente a França "agiria com a máxima cautela em relação à cooperação com a Alemanha".[49] Na Grã-Bretanha, a "avalanche política da eleição" foi motivo de grande desilusão quanto à possibilidade de relações diplomáticas normais com a Alemanha. Em uma primeira análise, em 18 de setembro, o embaixador britânico em Berlim, Horace Rumbold, atribuiu o sucesso do NSDAP ao clima de protesto generalizado sobre a situação econômica catastrófica, que Hitler absorvera com o vigor juvenil de seu movimento, transformando-o em ganhos eleitorais. No Foreign Office, temia-se que, tendo em vista a agitação radical anti-Versalhes de Hitler, ocorresse um endurecimento da postura francesa em relação à Alemanha e, por outro lado, que o chanceler do Reich, Brüning, optaria por um relacionamento menos amigável em sua política externa. "Haverá [...] um endurecimento da política externa alemã, pois Brüning certamente tentará explorar a sujeira nazista."[50]

O caráter de protesto sobre as eleições também foi eliminado dos comentários da imprensa britânica. O *Manchester Guardian* comentou que o NSDAP conseguiu mobilizar um milhão de eleitores insatisfeitos e o *Times* acreditava, tal como o embaixador Rumbold, que a chave do sucesso estava na "juventude" dos nacional-socialistas. "Em todo caso, eles triunfaram momentaneamente ao ganhar o apoio de grande parte dos jovens alemães." Lord Rothermere, figura importante da imprensa britânica, causou tumulto ao escrever um artigo em seu jornal *Daily Mail* (que foi publicado no dia seguinte também no *Völkischer Beobachter*). Nesse artigo (sob a manchete "Renascimento de uma Nação"), Rothermere elogiou o sucesso do NSDAP como um "marco maciço" e o "início de uma nova era nas relações entre a Alemanha e o resto do mundo". Segundo Rothermere, o movimento NS representava a geração jovem, à qual a Inglaterra deveria estender a mão em sinal de reconciliação. Isso também serviria aos interesses britânicos, pois uma Alemanha forte representaria um baluarte adicional contra o bolchevismo. A "civilização ocidental" só teria a ganhar se em Berlim chegasse ao poder um governo "inspirado pelos mesmos princípios saudáveis sob os quais Mussolini reergueu a Itália nos últimos oito anos".[51] Representantes de estabelecimentos políticos e publicitários no Reino Unido já ensaiavam as primeiras tentativas de para estabelecer um relacionamento amigável com a Alemanha de Hitler pós-1930.

Com os resultados espetaculares de 14 de setembro, apresentou-se a Hitler a perspectiva concreta de chegar ao poder por vias legais, ou seja, através de eleições. "A constituição não pode nos ditar o objetivo, mas apenas o caminho. E do caminho legal ninguém poderá nos dissuadir", disse Hitler ainda na noite da eleição.[52] Porém, o sucesso eleitoral não lhe coube diretamente. O choque provocado pela ascensão inesperada do NSDAP fez com que as forças políticas mais moderadas se unissem. No início de outubro de 1930, a fração do SPD no parlamento decidiu "tolerar" o Gabinete Brüning, isto é, não bloquear as impopulares medidas de austeridade tomadas em caráter emergencial e recusar as moções de desconfiança de outros partidos. Essa decisão não foi fácil para os social-democratas, uma vez que possibilitava à esquerda concorrente, com o KPD devidamente reforçado, uma ampla área de ataque. Mas não existia qualquer alternativa se o SPD não quisesse comprometer o único bastião remanescente do poder, ou seja, o governo com o partido do centro e o Deutsche Staatspartei na Prússia, sob o comando do primeiro-ministro social-democrata Otto Braun. Se Brüning falhasse, existia o risco de perder a coalizão com a Prússia e também uma nova dissolução prematura do parlamento, com um novo fortalecimento do NSDAP. Assim, o SPD, com sua postura de tolerância, passou a ser um "parceiro silencioso do governo Brüning", embora esse não fosse o plano original previsto pelo governo presidencial – uma constelação que portava material de conflito entre Hindenburg e o chanceler do Reich.[53]

Em 5 de outubro de 1930, durante uma sondagem com os partidos, Brüning recebeu Hitler pela primeira vez na residência de Gottfried Treviranus (o ministro para Territórios Ocupados), acompanhado de Frick e Gregor Straßer. O chanceler do Reich informou o presidente do NSDAP sobre sua intenção de levar as potências ocidentais a reduzirem e, finalmente, cancelarem os pagamentos de reparações, através de uma política interna de austeridade rigorosa. Nessa ocasião, apelou a Hitler "como antigo soldado do *front*", a acompanhar a política com uma oposição construtiva, que poderia vir a ser o "pré-requisito para uma posterior fusão". Hitler respondeu com um monólogo que durou uma hora. "Ele começou de forma tão tímida e cautelosa", relatou Brüning em suas memórias, "que Treviranus e eu começamos a sentir pena dele e passamos a acreditar que deveríamos encorajá-lo com apartes incentivadores. Depois de 45 minutos, percebemos que isso não foi uma boa ideia. Seu discurso foi ficando cada vez mais intenso e o tom de voz ficou mais alto". Hitler passou a usar o mesmo tom com o qual fazia seus discursos para as multidões. Segundo Brüning, "a palavra 'destruir' passou a ser usada com maior frequência", inicialmente dirigida ao SPD, depois contra a reação e, finalmente, contra a França como inimigo figadal e contra a Rússia como o reduto do bolchevismo. Quando ele chegasse ao poder, se tornaria forte juntamente com a Inglaterra, depois com a Itália e América, para subjugar esses inimigos em um curto espaço de tempo. Nem mesmo a pergunta feita por Brüning sobre como Hitler garantiria a solvência da Alemanha interrompeu o fluxo de palavras despejado por ele, uma vez que a mera notícia do sucesso eleitoral do NSDAP levou a uma considerável evasão do capital estrangeiro. "Na minha cabeça houve um estalo: Mussolini", recordou Brüning. Depois da reunião, embora as partes se despedissem "amigavelmente", ficou claro para o chanceler que uma participação do NSDAP no governo era impensável, mesmo que ele não excluísse o partido de uma coalizão com a esquerda futuramente.[54] "O chefe e Frick voltaram tarde da noite da reunião com Brüning [...]", anotou Goebbels. "Continuamos com a nossa oposição. Graças a Deus [...] aparentemente Hitler impressionou Brüning tremendamente. Ele estava muito feliz."[55] Mas, na verdade, entre Hitler e Brüning as coisas não ficaram bem. O chanceler do Reich deixou bem claro que não levava Hitler a sério como político e, com isso, tocou em seu ponto mais sensível: seu complexo de inferioridade.[56] A partir daí, Hitler evitou novos encontros com Brüning e, durante um ano, não cruzou seu caminho. Enquanto isso, direcionou o seu partido para uma oposição clara contra o gabinete presidencial. O prodígio político alemão procurou uma compensação para a rejeição de Brüning e a encontrou na atenção que recebia de todos os lados. O sucesso eleitoral catapultou Hitler para o centro da atenção pública. "Vocês nem fazem ideia de como a situação do movimento e, principalmente, a de H[itler] mudou mesmo durante a noite [...] da eleição", contou Rudolf Heß a seus pais. "De repente, ficamos 'apresentáveis'. Pessoas que, anteriormente, evitavam H[itler], agora tinham uma 'necessidade imperiosa' de falar com ele. A imprensa nacional e estrangeira não nos dava trégua."[57] Poucos dias depois da eleição, Hitler ofereceu a Hanfstaengl o cargo de chefe da imprensa estrangeira do NSDAP. Devido a suas excelente conexões, especialmente com o mundo anglo-saxão, ele "seria capaz de prestar valiosos serviços ao movimento em seu caminho ao poder".[58] Hanfstaengl aceitou e passou a manter contatos com os representantes da imprensa estrangeira. Na segunda metade de setembro e primeira metade de outubro, Hitler conduziu uma série de entrevistas – entre outras, para o *Daily Mail*, o *Times* e jornais do império da imprensa Hearst, nos EUA. Nelas, Hitler procurou acalmar os temores que sua vitória eleitoral provocara entre seus antigos inimigos da guerra. Ele fazia de conta que era um político nacionalista consciente, acessível a argumentos racionais, cujo único objetivo era eliminar pacificamente os pesados fardos impostos aos alemães pelo Tratado de Versalhes e Plano Young. A alternativa a essa política revisional inevitável seria a bolchevização da Alemanha, o que não era interessante para as potências ocidentais. A linha de raciocínio de Lord Rothermere também ia de encontro com a afirmação de Hitler de que seu movimento representaria a "jovem Alemanha", que deseja apenas viver em paz com as outras nações. A geração jovem não poderia ser responsabilizada para arcar com a dívida da guerra e, portanto, tinha o direito de recusar os demais "pagamentos de tributos". O presidente do NSDAP falou com "grande simplicidade e sinceridade", relatou Rothay Reynolds do *Daily Mail*. Ele tinha se conscientizado de que o carisma de Hitler não se baseava em sua aura ou na sua eloquência e capacidade de cativar a atenção do público, mas sim na sua "capacidade de persuasão".[59]

É claro que nem todos se deixavam enganar. Mesmo na Alemanha não faltaram vozes de alerta. Para surpresa de muitos, Thomas Mann, escritor e detentor do prêmio Nobel, fez um apaixonado "apelo à razão" em 17 de outubro de 1930 no Salão Beethoven, bem como uma análise profunda dos pré-requisitos mentais e espirituais do nacional-socialismo. O movimento de Hitler nunca teria atingido tamanho "poder de convicção das massas" se não tivesse sido precedido por "um sentimento de nova era", uma "nova sensação espiritual da humanidade", que se distanciou dos princípios de uma sociedade burguesa – "liberdade, justiça, educação, otimismo, fé no progresso". Um sentimento que se distanciou da crença na razão e que se voltou para as "forças do inconsciente, dinâmicas e ocultistas", afastando-se de tudo que era intelectual. Alimentado por tais tendências e apoiado por uma "enorme onda de barbarismo excêntrico e democracia de massas rude e primitiva", o nacional-socialismo comprometeu-se com uma "política de estilo grotesco" – "com características de Exército da Salvação, luta de massas, alarido, aleluia e repetição excessiva de palavras-chave monótonas, até que todos espumassem pela boca". Mas Thomas Mann não parou por aí, ele assumiu as consequências políticas de seu discurso. Segundo, ele, apenas os sociais-democratas seriam capazes de deter o avanço dos nacional-socialistas. Por isso, exclamou, "o lugar político da burguesia alemã situava-se ao lado da democracia social". Seu discurso foi várias vezes interrompido por apartes hostis, orquestrados por Arnolt Bronnen – antes um expoente do expressionismo literário e amigo de Bertold Brecht – que transformara-se em um defensor dos nacional-socialistas. "Thomas Mann cuspiu nas cabeças de nossos homens e, com seu discurso 'Apelo à razão', nos ofendeu descadaramente", disse Goebbels.[60]

O apelo de Mann praticamente não surtiu efeito. Em dezembro de 1930, o historiador Friedrich Meinecke descreveu muito bem a postura da burguesia alemã frente ao nacional-socialismo: "Todos riem de suas exigências econômicas e, em círculos economicamente mais abastados, discute-se muito sobre a barulheira pública. Mas, estranhamente, nesse mesmo meio, também se comenta sobre a utilidade e usabilidade do nacional-socialismo".[61] Em retrospectiva do ano 1939, Sebastian Haffner, oriundo de um meio burguês mais culto e que tinha uma grande sensibilidade para mudanças mentais, falou sobre um "fascínio pelo monstro", "aquela estranha obnubilação e atordoamento dos inimigos que eram simplesmente incapazes de lidar com o fenômeno e que se haviam rendido à magia asquerosa e ao inebriamento pelo mal".[62] A perda de popularidade dos centro-liberais, que se refletia na dramática perda de votos do DDP/Deutsche Staatspartei e DVP – devia-se, principalmente, à radicalização de camadas eleitorais burguesas que, movidas pelo medo da derrocada social de desejos antiparlamentares, voltavam-se agora em massa para o partido nacional-socialista. Os porta-vozes intelectuais da direta antidemocrática – os autores partidários da "revolução conservadora" tais como Oswald Spengler, Arthur Moeller van den Bruck, Ernst Jünger, Edgar Julius Jung ou Carl Schmitt – já tinham desenvolvido sua crítica à república, fundamentando assim o movimento de desmonte de Weimar.[63]

Por sua vez, os indivíduos que faziam parta da inteligência liberal e esquerdista não eram tão clarividentes quanto Thomas Mann. Até mesmo um observador astuto como Theodor Wolff, editor-chefe do *Berliner Tageblatt*, alimentava grandes ilusões sobre o caráter do movimento nacional-socialista e seu Führer. Em 14 de setembro de 1930, antes da divulgação dos primeiros resultados eleitorais, ele achou por bem alertar em seu editorial sobre uma "superestimação deste partido de fundo de quintal". Embora o NSDAP fosse capaz de enviar muitos parlamentares para o *Reichstag*, logo todos veriam que se tratava de "um grupo de incompetentes". "Eu suponho que o dia de hoje será um dia de glória para o nacional-socialismo, seguido de sua queda. A coroa dos reis da plebe vai cair e até mesmo Hitler desaparecerá como um sol que se põe."[64] Carl von Ossietzky, diretor do semanário *Weltbühne*, foi outro que se enganou redondamente. Pouco antes das eleições, ele tranquilizou seus leitores afirmando: "O presente do movimento nacional-socialista é barulhento, mas ele não tem futuro". O "dogma um tanto ridículo da vocação de Hitler como salvador da nação alemã" era algo "místico"; isso poderia "confundir as pessoas por algum tempo", mas não as alimentaria a longo prazo.[65] Depois que o resultado da eleição contradisse Ossietzky, ele passou a fazer campanha para a substituição de Brüning, a quem acusou de ter "engrandecido o fascismo". "É melhor ter um governo de direita aberto do que um prolongar do mandato de Brüning. Esse cara de pergaminho com nariz afilado, esse Padre Filucius (uma alusão ao personagem *Pater Filuzius*, de Wilhelm Busch) que tem uma Cruz de Ferro I pendurada no rosário deve sumir do mapa."[66] Ossietzky expressava-se de modo igualmente depreciativo sobre Hitler, intitulado alternadamente de "patife meio louco", "louco patético", "tolo vagabundo" e "falastrão".[67] Mas essa tentativa de ridicularizar o Führer do NSDAP não atingia o fenômeno Hitler; ela também não serviu para demover seus seguidores da ideia de que Hitler era a pessoa que salvaria a nação.

A ideia de que o partido Hitler, uma vez no poder, rapidamente fracassaria devido a sua própria incapacidade, era generalizada nos grupos esquerdistas. Uma notável exceção foi o dramaturgo Ernst Toller, que cumpriu uma pena de prisão durante cinco anos por ter participado das repúblicas comunais de Munique. "O chanceler do Reich, Adolf Hitler, aguarda na frente dos portões de Berlim", escreveu Toller em um artigo para o semanário Weltbühne em 7 de outubro de 1930. Toller alertou sobre a "perigosa ilusão" de deixar o NSDAP governar, pois ele logo estaria "acabado". Fazendo assim, ignorava-se a "sede de poder e permanência no poder" demonstradas por Hitler. Como chanceler do Reich, Hitler eliminaria as conquistas democráticas com uma simples canetada. "Na calada da noite, todos os funcionários públicos republicanos, juízes e policiais perderão seus cargos, que serão assumidos por companheiros fascistas confiáveis [...] Centenas de milhares de hitleristas esperam por um cargo!" Reinará um "terror brutal e cru contra os socialistas, comunistas, pacifistas e os poucos democratas sobreviventes". E assim que Hitler se sentir suficientemente fortalecido, ele também não poupará os sindicatos. "Agora, a frase a seguir fará sentido: o relógio mostra um minuto para a meia-noite."[68] O vaticínio lúcido de Toller tornou-se realidade a partir de 1933.

Poucos dias após a eleição, Hitler teve a oportunidade de demonstrar publicamente como chegou ao poder e o que pretendia fazer após assumi-lo. Em 23 de setembro, no tribunal do Reich em Leipzig, teve início o julgamento de três jovens oficiais do Reich de uma guarnição de Ulm que, contrariando uma determinação do Ministério da Defesa do Reich, tinham entrado em contato com o NSDAP e feito propaganda a favor do partido. No terceiro dia do julgamento, Hitler foi citado como testemunha a pedido de Hans Frank, o advogado da defesa. Fora do tribunal, as pessoas se acotovelavam; um grande contingente de representantes da imprensa internacional estava presente para ver o homem que, de repente, tornou-se o portador das esperanças de milhões de pessoas. Segundo Hanfstaengl, reinava uma "atmosfera de alta tensão, absolutamente crepitante" quando Hitler adiantou-se e o *Reichgerichtsrat* Alexander Baumgarten começou o interrogatório.[69] Baumgarten admoestou a testemunha para não "fazer um discurso de propaganda com várias horas de duração" – uma alusão ao processo de alta traição na primavera de 1924, quando o Tribunal de Munique foi convertido em um palco para a agitação. No entanto, depois de começar com tranquilidade, Hitler se alterou e passou a responder com grande excitação, o que levou o juiz a repreendê-lo: "Aqui não queremos que o senhor faça discursos políticos. Por favor, acalme-se e, em seguida, faça observações objetivas".

Ao ser questionado sobre a relação do NSDAP com as Forças Armadas, Hitler respondeu claramente: para o NSDAP, a *Reichswehr* era "o mais importante instrumento para a restauração do Estado e do povo alemão". Por esse motivo, qualquer tentativa de "acabar com ela" seria uma "loucura". Caso seu partido chegasse ao poder, ele garantiria de que aquele exército de 100 mil homens do Tratado de Versalhes voltaria ser um "grande exército do povo alemão". Hitler repetiu o que sempre enfatizou em seus discursos de campanha eleitoral: que seus objetivos "jamais seriam perseguidos por meios ilegais". Sempre que um de seus subcomandantes – como no caso Otto Straßer – agiu contrariamente às suas instruções, ele o "repreendeu imediatamente". De qualquer forma, o NSDAP "não precisava usar de violência", uma vez que seria o partido mais forte nas próximas eleições. "Tentaremos conseguir as maiorias decisivas na Assembleia Legislativa através de um caminho constitucional e, assim que isso acontecer, moldaremos o Estado de acordo com as nossas ideias." No entanto, ele não deixou dúvidas sobre o que aconteceria após a tomada do poder: "Se o nosso movimento ganhar a luta legal, teremos uma nova Corte Nacional, e o novembro de 1918 será expiado. E cabeças rolarão."[70]

Hitler não poderia ter expressado mais claramente que a renúncia à violência se manteria somente enquanto ainda não estivesse de posse do poder. O compromisso com a Constituição serviu a um propósito tático: garantir ao NSDAP o espaço político necessário para continuar a desestabilizar a tão odiada Ordem de Weimar sob a proteção dos direitos constitucionais, para depois eliminá-la por completo. O que pensar sobre os protestos de legalidade, Goebbels deixaria bem claro durante um processo em Leipzig, contra Richard Scheringer, um dos oficiais acusados: "O que será que os irmãos pretendem fazer contra nós? Eles estavam apenas esperando para nos atacar. Agora somos estritamente legais, totalmente legais".[71] No verão de 1930, o Departamento Político da sede da polícia em Berlim, em nome do ministro do Interior da Prússia – o social-democrata Carl Severing – apresentou um memorando sobre o caráter do movimento Hitler. Baseado em muitos materiais, chegou-se ao resultado de que "o NSDAP era um grupamento subversivo", "cuja aspiração era minar a forma republicana do governo constitucionalmente estabelecida". As explicações contrárias de Hitler tinham uma única intenção: "para evitar os obstáculos regulamentares, vestir-se temporariamente com o manto da legalidade".[72] Porém, durante uma reunião de gabinete em 19 de dezembro de 1930, todos os ministros do Reich concordaram em inicialmente não tomar quaisquer medidas contra o NSDAP. O próprio Brüning advertiu "para que não fossem aplicados os mesmos métodos errados aplicados contra a social-democracia no período anterior à guerra".[73] O memorando prussiano desapareceu nas estantes de arquivos da chancelaria do Reich.

Principalmente na liderança militar do Reich, que havia apoiado decisivamente a transição para o regime presidencial em março de 1930 e que ocupava uma posição chave na nova constelação política, começou-se a revidar a postura frente ao NSDAP desde o outono. Impressionados com o juramento de legalidade de Hitler, em Leipzig, o ministro de Defesa do Reich, Wilhelm Groener, e seu assessor político mais próximo, o chefe ministerial general Kurt von Schleicher, se empenharam para

[FOTO 22] Hitler após seu depoimento proferido no Tribunal do *Reich* em Leipzig, em 25 de setembro de 1930 (excerto).

que o partido de Hitler deixasse de ser considerado um movimento subversivo de oposição e que fosse levado a sério como uma força significativa a ser incluída nas considerações políticas. Na verdade, por trás desse empenho estava o desejo de usar essa "disposição de defesa" do movimento nacional-socialista para os planos da liderança militar do Reich, ou seja, recrutar pessoal adicional do movimento para as tarefas da defesa nacional. Com isso, esperava-se que a incorporação do NSDAP exercesse uma influência moderadora e domesticadora sobre eles.[74] Por outro lado, Hitler não esqueceu os ensinamentos recebidos em 9 de novembro de 1923: que o caminho para o poder só poderia ser concluído com um apoio ou, pelo menos, com uma benevolente neutralidade das Forças Armadas do Reich. Sua apresentação em Leipzig foi um avanço em direção à Bendlerstrasse. Em meados de janeiro de 1931, Hitler encontrou-se com o chefe da direção do exército, o general Kurt von Hammerstein. O propósito da reunião fica claro em uma curta nota no diário de Goebbels: "Precisamos trazer o E(xército) do R(eich) para o nosso lado".[75]

A sessão de abertura do *Reichstag* em 13 de outubro de 1930 deixou claro o quão esfarrapada era a promessa de legalidade de Hitler. Os 107 deputados do NSDAP compareceram ao plenário trajando a camisa marrom e a braçadeira com a suástica, apesar da proibição de uso de uniformes determinada na Prússia. Essa provocação foi acompanhada de tumultos no centro de Berlim. Consternado, o conde Harry Kessler observou: "Durante toda a tarde e noite multidões de nazistas protestavam e quebraram as vitrines de lojas de departamentos tais como a Wertheim, Grünfeld etc. À noite, no Potsdamer Platz, as multidões reunidas gritavam 'Acorda, Alemanha!, 'Morra!, Judá!, '*Heil! Heil!*, e eram continuamente apartadas pelos policiais, que patrulhavam as ruas a cavalo ou montados em caminhões".[76] O fato de que a "tempestade das vitrines" visava quase exclusivamente estabelecimentos judaicos leva à conclusão de que não se tratava de uma ação espontânea, e sim planejada.[77] Em entrevistas com a imprensa estrangeira, Hitler se distanciou dos tumultos. Estes seriam obra de "arruaceiros, ladrões de lojas, saqueadores e agitadores comunistas" e nada tinham a ver com o seu movimento.[78] Mas as aparências não desmentiam essa afirmação. Em sua resposta ao discurso de Gregor Straßer, o vice-presidente da fração do NSDAP, o deputado bávaro do SPD Wilhelm Hoegner aproveitou os incidentes de 13 de outubro para expor a frase enganosa dos nacional-socialistas durante o juramento de legalidade: "Nós não acreditamos que os lobos de ontem se transformaram em cordeiros piedosos durante a noite, tangidos por pastores pacíficos."[79]

Embora representado como o segundo maior partido no *Reichstag* e em todas as comissões parlamentares, o NSDAP desde o início das sessões optou pela tática da obstrução. O partido tentava paralisar o trabalho do *Reichstag,* atrapalhando as negociações com propostas e interpelações duvidosas.[80] Além disso, Goebbels forçava ações extraparlamentares. No início de dezembro de 1930, ele suspendeu a estreia do filme *Nada de novo no front,* baseado no romance antibélico de Erich

Maria Remarque, publicado em 1929. O filme estava sendo exibido no cinema Mozartsaal, no Nollendorfplatz. "Depois de dez minutos de exibição, o cinema parecia um hospício", escreveu Goebbels em seu diário. "A polícia se mostra impotente. A multidão enfurecida ataca os judeus. É a primeira entrada para o ocidente. 'Judeus fora!' 'Hitler está pronto para atacar' A polícia solidariza-se conosco [...] A estreia do filme foi suspensa, a próxima apresentação também. Nós vencemos." Após novas manifestações contra o filme, o departamento de censura proibiu sua apresentação em 12 de dezembro – a primeira capitulação frente ao terror nazista. "A rua NS diz ao governo como agir", trinfou Goebbels.[81]

Depois que o *Reichstag* conseguiu interpor uma mudança de ordem para derrubar a política obstrucionista dos nacional-socialistas, a fração do NSDAP saiu em 10 de fevereiro de 1931, seguida de 41 deputados do DNVP e quatro do *Landvolk*. Segundo declaração do líder da fração do NSDAP e vice-presidente do *Reichstag* Franz Stöhr, somente voltariam ao "Parlamento Young" quando houvesse uma oportunidade para "prevenir uma medida particularmente insidiosa da maioria antipopulista do *Reichstag*".[82] No dia 26 de março, o *Reichstag* entrou em recesso e voltou a se reunir somente em outubro.

Desde o início de 1931, o crescente radicalismo do debate político se transformou em lutas semelhantes à guerra civil.[83] Os atos de violência geralmente eram praticados pela SA. Por meio de passeatas em bairros proletários ou aparições-relâmpago em pequenas cidades "vermelhas", as tropas da SA tentavam espalhar um clima de intimidação, demonstrando sua onipresença aos adversários políticos. Suas provocações, muitas vezes acompanhadas por pancadarias, assemelhavam-se a expedições de conquista em território inimigo. Frente a isso, as ações organizadas pelos comunistas ou social-democratas geralmente eram medidas de autodefesa contra a postura cada vez mais agressiva da SA durante o revide do movimento sindical, a qual as forças policiais muitas vezes apoiavam simplesmente não tomando qualquer atitude.[84] A afirmação repetida de Hitler de que os ataques "invariavelmente eram obra dos comunistas e membros do *Reichsbanner*" e que os homens da SA "geralmente eram a minoria e sempre agiram em legítima defesa", era uma distorção flagrante dos fatos.[85]

No entanto, para a liderança do NSDAP, as atividades violentas da SA eram uma faca de dois gumes, pois ameaçavam sair de seu controle, desmascarando a promessa de legalidade de Hitler. O conflito latente começou no verão de 1930, ainda no meio da campanha eleitoral. Atrás dele escondia-se uma pergunta sem resposta que permeava a história da SA como um problema estrutural básico. A SA deveria ser uma mera tropa auxiliar do NSDAP na luta pelo poder ou um "conglomerado de defesa" que, após a "tomada do poder" teria um papel militar decisivo no Terceiro Reich? Insatisfeita com as dificuldades financeiras crônicas e várias afrontas (por exemplo, ao ser preterida na lista de candidatos para a eleição para o *Reichstag*), a SA de Berlim, comandada por Walter Stennes, o líder supremo da SA Ocidental, recusou-se a continuar atuando como guarda de salão para os eventos do partido. A crise agravou-se quando, no final de agosto de 1930, durante uma apresentação de campanha de Goebbels em Breslau, as tropas da SA invadiram o escritório da direção do *Gau* causando uma destruição considerável.[86] Hitler dirigiu-se a Berlim para cortar a rebelião pela raiz. Na sede do clube de veteranos de guerra situada na Chausseestrasse, Hitler batalhou para conseguir a confiança dos dois mil homens da SA presentes, enquanto (de acordo com um relatório do presidente da polícia de Berlim) elevava o "tom tenso de sua voz, transformando-a em gritos quase histéricos". A cena de reconciliação culminou com a renovação da promessa de fidelidade: "Nesta hora, prometemos que nada nos separará. Que Deus nos ajude a lutar contra todos os demônios! Que Deus Todo-Poderoso abençoe a nossa luta!".[87]

Por ora, a revolta havia acabado – "Aparentemente, Stenner quer manter a calma", anotou Goebbels em 3 de setembro[88] –, mas o conflito era latente. Hitler anunciou que o líder supremo da SA, Pfeffer von Salomon, fora deposto e que ele próprio pretendia assumir a liderança da SA. As transações financeiras foram transferidas a Otto Wagener, o antigo chefe de gabinete de Pfeffer, que anteriormente tinha comandado uma pequena indústria e que se afiliou ao NSDAP em 1929, após a convenção do partido em Nuremberg. No final de novembro de 1930, em uma reunião de líderes da SA em Munique, o presidente do NSDAP anunciou que pretendia entregar a liderança da SA a seu companheiro Ernst Röhm, que havia acabado de voltar da Bolívia. Isso surpreendeu a todos os presentes, pois Röhm era exatamente o homem por ele marginalizado em 1925, devido a divergências sobre o papel a ser desempenhado pela SA. Aparentemente, esse ato foi uma concessão aos ainda insatisfeitos líderes da SA, em sua maioria, ex-oficiais e combatentes dos *Freikorps*, que ainda consideravam Röhm como um de seus velhos combatentes. No início de janeiro de 1931, Röhm assumiu seu trabalho como chefe de gabinete da SA.

Paralelamente ao avanço do NSDAP, a SA transformou-se em uma organização de multidões: se em janeiro de 1931 a SA contava com 77 mil membros, em janeiro de 1932 eles passaram a 290 mil e, em agosto de 1932, já eram 445 mil. Os membros eram recrutados de diferentes camadas sociais, mas em comparação com o partido, a maior proporção era composta por trabalhadores. A SA exercia uma atração especial sobre os jovens desempregados, originários das classes médias afetadas pelo medo da proletarização. Ela oferecia aos jovens, inseguros quanto a sua perspectiva de vida, não apenas uma rede social de assistência – desde o ensopado serviço nas cozinhas da SA até um alojamento em seus abrigos –, mas também uma área de atividade, na qual os jovens podiam vivenciar sua agressividade. A subcultura específica da SA, com seus pontos de encontro que funcionavam como postos avançados na Guerra Civil, deu origem ao alto grau de violência que cunhou a imagem pública dos batalhões pardos.[89] Esse mesmo ativismo era uma ameaça latente para a evolução "legal" do partido. Em 18 de fevereiro de 1931, Hitler desmentiu no *Völkischer Beobachter* o boato de que o NSDAP planejava uma "revolução violenta".

Ao mesmo tempo, ele convocou os homens da SA a se precaver contra supostos espiões e provocadores que tentavam induzir a SA a praticar "atos ilegais": "Todas as medidas tomadas pelos atuais detentores do poder não afetarão a nossa legalidade inabalável".[90] O apelo, no entanto, nem sempre foi bem recebido. Goebbels registrou em seu diário: "A SA está muito insatisfeita com Munique".[91] No início de março de 1931, durante uma reunião com a Brigada da SA de Munique, Hitler protestou contra a acusação de "ser covarde demais para promover uma luta ilegal". Ele apenas queria evitar que a SA "fosse dizimada pelo fogo das metralhadoras" porque "precisava dela para coisas muito mais importantes, ou seja, para a construção do Terceiro Reich".[92] O medo de Hitler em relação a uma proibição da SA e, possivelmente, até mesmo do seu partido, foi novamente deflagrado por Hindenburg em 28 de março. Com um decreto emergencial, Hindenburg ampliou os poderes do governo Brüning para o combate ao extremismo político. O presidente do NSDAP viu-se então forçado a conduzir o conflito latente com a SA de Berlim a uma decisão. Em uma disposição datada de 30 de março, Hitler ordenou aos membros do partido que observassem estritamente o decreto de emergência. Qualquer membro do partido que agisse em contrário seria imediatamente expulso. E, durante uma convenção de líderes em Weimar no dia 1º de abril, Hitler anunciou a demissão de Stennes. "A maior, mas talvez também a última crise do partido. Precisamos passar por ela forçosamente", exigiu Goebbels ao retornar para Munique no trem noturno, juntamente com Hitler ao ver seu "chefe" completamente "acabado". "Viagem triste. Tenho pena de Hitler. Ele está magro e pálido."[93]

Stennes e seus seguidores não permaneceram inativos. No dia 1º de abril, ocuparam as dependências da administração do *Gau* Berlim e do departamento editorial do jornal "Angriff" e, no dia seguinte, posicionaram-se abertamente contra a "ditadura desenfreada não alemã e contra a demagogia irresponsável de Hitler.[94] Porém, a tentativa de estender a rebelião de Berlim ao noroeste da Alemanha falhou, pois Hitler e Goebbels deram início a ações contrárias em Munique. Em 2 de abril, o presidente do partido conferiu ao líder do *Gau* Berlim o poder "para recomeçar a limpeza do movimento com toda a determinação possível".[95] Em 4 de abril, o *Völkischer Beobachter* publicou um longo artigo no qual Hitler explicava porque ele demitiu Stennes, excluindo-o também do partido. Durante meses, o "capitão de polícia aposentado", que "em seu íntimo, jamais fora um nacional-socialista", "tentou incutir o veneno da deslealdade no cérebro e coração dos valentes homens da SA", afirmando que o movimento era "atrasado, covarde e burguês". Essa "conspiração contra o nacional-socialismo" ele pretendia "cortar pela raiz": "Eu sei que 8 milhões de pessoas respirarão aliviados quando esses destruidores da última esperança alemã forem eliminados".[96] Uma vez confrontados com a escolha de seguir Hitler como o "fundador e líder" do movimento ou se juntar àquele "bando de amotinados", os grupos da SA em todo o país apressaram-se a emitir declarações de lealdade ao partido. A rebelião acabou rapidamente; Stenes saiu, e foi acompanhado de apenas algumas centenas de pessoas. No dia 16 de abril, seu sucessor apresentou a nova tropa da SA de Berlim no Palácio de Esportes; uma tropa da SA totalmente devotada a Hitler. "Muitos choram. É um momento grandioso. Stennes foi derrotado [...] SA Berlim está pronta", anotou Goebbels.[97] Os acontecimentos da primavera de 1931 também tiveram um impacto político de longo prazo. Naquela época, começou a ascensão da SS que, formalmente, ainda era subordinada à liderança da SA. A SS se mostrara absolutamente fiel à liderança do partido, o que a diferenciava como um poder contrário à SA.

Após a eleição de setembro, foi necessário criar turnos noturnos para dar conta de tantos novos pedidos de adesão. Até o final de 1930, o número de membros subiu para 389 mil e, até o final de 1931, para 806.294.[98] As instalações situadas na Schellingstrasse 50 logo ficaram pequenas demais para o movimento normal do escritório, e elas também não cumpriam os critérios de representação do partido, que se preparava para a tomada do poder. Assim, Hitler decidiu comprar o Palais Barlow construído em 1828 e situado na aristocrática Brienner Strasse. O prédio estava à venda desde 1928. O contrato de compra foi assinado no final de maio de 1930 e o preço do imóvel em uma localização privilegiada era superior a 800 mil marcos. O presidente do partido convocou os membros a contribuir com os custos.[99] O prédio necessitava de inúmeras reformas. Para elas, Hitler contratou o arquiteto Paul Ludwig Troost, de Munique. Hitler foi apresentado ao arquiteto no final de setembro de 1930, na residência da família Bruckmann. Troost era conhecido principalmente por ter planejado a decoração de interiores de grandes transatlânticos, tais como o navio "Europa". Hitler já tinha ouvido falar dele no final dos anos 1920, e encomendou móveis nas *Vereinigte Werkstätte* para seu apartamento na Prinzregentenstrasse. O arquiteto ficou muito impressionado com o apreço do agitador de Munique, que agora era um político de destaque. Hitler era "um ser humano maravilhoso, educado, humilde. Muito comovente", escreveu sua esposa Gerdy Troost em uma carta a sua amiga, em novembro de 1930. "E ele tem tanta sensibilidade e percepção para a arquitetura – Paul disse que em toda sua vida não encontrou outra pessoa como ele."[100] Rapidamente, Troost passou a ser o arquiteto preferido de Hitler. Além da reforma do Palais Barlow, a ele também seriam confiados os planos para os novos edifícios do partido situados na Arcistrasse e a "Haus der Kunst" ou Casa da Arte, terminada em 1937.

O líder do partido demonstrava vivo interesse no progresso do trabalho. Desde o outono de 1930, Hitler se reunia com Troost regularmente e levava Goebbels até a obra sempre que este se encontrava em Munique. "Visita à nova sede do partido. Pomposa e ampla. Hitler está se esbaldando", anotou o chefe de propaganda do Reich em julho de 1930. Quatro meses mais tarde, outra anotação: "O chefe na obra. Ele me mostra o estado atual. Meu quarto vai ser fabuloso. A obra toda é uma caixinha de joias". Porém, logo o entusiasmo mesclou-se com a preocupação de que Hitler, ocupado demais com a magnífica construção, deixasse de cuidar de suas tarefas políticas mais urgentes. Em 26 de fevereiro de 1931, quando o conflito com a SA de Berlim estava chegando ao auge, Goebbels anotou em seu diário: "O chefe: ele agora só pensa na nova sede do partido. E isso, no momento atual. Não gosto nada disso".[101]

A nova sede do partido foi inaugurada no início de março de 1931. No jornal *Völkischer Beobachter*, Hitler publicou uma retrospectiva sobre os primórdios humildes do partido e, ao mesmo tempo, elogiou a nova sede como um "casamento perfeito entre a conveniência e beleza".[102] No piso térreo, o antigo vestíbulo deu lugar a um "salão das bandeiras" e, no piso superior, a antessala deu lugar a um "salão dos estandartes". Junto a ele, situava-se uma salão de reuniões finamente decorado, o "salão dos senadores". No pavimento ou porão foi criado um cassino e uma cozinha; o arquivo central foi instalado em um anexo na asa norte do palacete. Nos dois primeiros pisos e no sótão (até então não utilizado) ficavam os escritórios. Rudolf Heß, cheio de orgulho, relatou a seus pais: "O espaço representativo, incluindo os aposentos do líder, são tão bonitos que os representantes de nações estrangeiras podem ser recebidos sempre que necessário [...] Meu aposento encontra-se diretamente ao lado do aposento do Führer e de outra sala onde ficam meus auxiliares (um chefe de escritório e duas datilógrafas)."[103]

O vasto aposento de canto, no primeiro andar, foi reservado para Hitler. Um busto de Mussolini, um retrato de Frederico, o Grande, e um quadro (*O ataque do regimento List, em Flandres*) enfeitavam o interior. Quem acreditava que as instalações atraentes disciplinariam o comportamento de trabalho do presidente do partido, enganou-se. Hitler logo voltou ao seu ritmo de trabalho irregular, estressando seus colaboradores. Os afazeres burocráticos o repugnavam, bem como horários fixos. Hitler raramente esteve na "Casa Marrom", lembrou-se Hans Frank, e quando alguém o procurava levando consigo arquivos com documentos importantes, era bem comum que ele subitamente corresse até o telefone e saísse apressado em seguida, deixando para trás os que o aguardavam. Às vezes, Hitler cumpria algum compromisso, mas se desvencilhava rapidamente do trabalho burocrático e, em seguida, submetia os presentes a um monólogo de uma hora sobre algum problema que o interessava no momento.[104] Hitler preferia passar seu tempo com os velhos camaradas em seu café favorito, o Café Heck, no Hofgarten. Goebbels ficava escandalizado com aquela "gangue burguesa" ali reunida. "Como um homem como Hitler consegue suportar aquilo, mesmo que seja durante cinco minutos apenas?", perguntava-se repetidamente. E, tal como em meados dos anos 1920, ele acreditava que devia proteger seu "chefe" das influências corruptoras dessa sociedade: "Ele tem que sair desse meio, sair de Munique."[105] O que Goebbels não sabia era a função de alívio psicológico que a gangue de amigos de Munique exercia sobre Hitler. Com eles, Hitler ficava à vontade, sem ser molestado com as exigências que a função de estrela da política tão admirada e odiada trazia consigo.

O Palais Barlow oferecia espaço suficiente para o aparato do partido em expansão. Novos departamentos para a organização e propaganda foram criados: o depar-

[FOTO 23] Escritório de Hitler na Casa Marrom, em Munique, com um busto de Mussolini e um retrato de Frederico, o Grande.

[FOTO 24] Hitler (com seu chicote) ao deixar a Casa Marrom acompanhado por seu ajudante pessoal, Julius Schaub (o segundo a partir da direita).

tamento de política econômica, chefiado por Richard Walter Darré, o departamento jurídico comandado por Hans Frank e, em agosto de 1931, surgiu uma assessoria de imprensa do Reich, chefiada pelo jornalista econômico Otto Dietrich, genro do editor Theodor Reismann-Grone.[106] A Casa Marrom cada vez mais passou a ser apenas um prédio administrativo. A multidão de partidários fiéis considerava a sede como um "templo dedicado ao culto da imagem do líder reverenciado", "um lugar praticamente sagrado".[107] Para os membros decepcionados da SA, o magnífico prédio era a "casa dos figurões" e, também para os adversários dos nacional-socialistas, a Casa Marrom era alvo de comentários irônicos, uma vez que a atmosfera imponente contrastava com tudo que o socialismo propagava. Em junho de 1931, Erich Mühsam, anarquista de Munique, escreveu um poeminha sobre o apartamento de Hitler na Prinzregentenstrasse e a sede do partido situada na Brienner Strasse: *"In München haben die Nazi/Zwei wunderschöne Palazzi./In einem führt Hitler selbst Haus,/im anderen bild't er im Führen aus/Fürs Dritte Reich die Bonzen./Mit Hakenkreuzen, bronzen,/Granitnen, Quadern, hemdenbraun,/Zwingburgen-ähnlich anzuschaun,/Ragt der Paläste stolzer Bau./Der Nazi Ruhm strahlt helle,/und nur die Gelderquelle,/Die kennt man nicht genau".**[108]

No caso do Palais Barlow, conhecemos a fonte do dinheiro. O grande industrial Fritz Thyssen conseguiu um crédito no valor de 300 mil marcos para o NSDAP e foi o fiador do empréstimo.[109] Thyssen, o filho mais velho do lendário magnata do aço, August Thyssen, era o presidente e maior acionista da Vereinigte Stahlwerke, o maior empreendimento siderúrgico europeu. Pouco antes do golpe de Estado de 9 de novembro de 1923, Thyssen ouviu Hitler discursar pela primeira vez e o conheceu pessoalmente na residência de Scheubner-Richter, juntamente com Ludendorff. O agitador "causou-lhe uma ótima impressão", disse durante o processo de desnazificação em agosto de 1948. Inicialmente, Frizt Thyssen encontrou sua pátria política nos *Deutschnationalen*. Ele apoiou o trajeto da oposição fundamental iniciado em outubro de 1928 pelo novo presidente Hugenberg. Em julho de 1929, apoiou o referendo no comitê do *Reich* contra o Plano Young, juntamente com Hugenberg e Hitler. Após a avalanche eleitoral de setembro de 1930, passou a fazer campanha pública para um governo de direita que incluía os nacional-socialistas e passou a apoiar financeiramente o partido Hitler. Sua generosidade concentrava-se principalmente em Hermann Göring, que, como uma espécie de governador de Berlim, tinha a tarefa de estabelecer contatos com meios econômicos e sociais influentes, tornando o movimento nacional-socialista socialmente aceito na capital do Reich.

---

*   Os nazistas tinham em Munique/Dois palácios dos mais chiques/Em um Hitler mantinha seu lar/No outro se punha a mandar/Nos batutas do Terceiro *Reich*./Suásticas em acobreados tons/Granitos, blocos, camisas marrons./Frente ao mais simples cidadão/Erguem-se palácios de vaidosa construção./A fama nazista brilha aos montes/Mas de onde vem tanto dinheiro?/Ninguém sabe ao certo as fontes. (N.T.)

Göring usava as doações – pelo menos duas vezes 50 mil marcos – principalmente para uso pessoal. Mandou decorar representativamente seu grande apartamento em Berlim e mantinha um estilo de vida luxuoso. Thyssen achava que o dinheiro gasto estava sendo bem aplicado, pois Göring era tido como o protagonista da ala "moderada" do NSDAP e podia servir como contrapeso para as forças anticapitalistas.[110] Thyssen não foi o único homem de negócios empenhado em dar aos nacional-socialistas uma parcela do poder. Entre aqueles que partilhavam da mesma ideia de Thyssen estava também Hjalmar Schacht, que em março de 1930 deixou o cargo de presidente do *Reichsbank* em protesto contra uma suposta deterioração do Plano Young.[111] Durante uma recepção na casa de um banqueiro em fevereiro de 1930, ficou claro onde estavam concentradas as simpatias do antigo cofundador do DDP liberal de esquerda: sua esposa usava ostensivamente um colar com uma suástica. Ao ser questionado por uma repórter social do jornal *Vossische Zeitung*, Schacht declarou: "Por que não dar uma oportunidade aos nacional-socialistas? Eles me parecem tão aprumados".[112] Depois de 14 de setembro, Schacht expressou publicamente sua admiração pelo brio do NSDAP: é impossível governar permanentemente contra 20% dos eleitores".[113] Em dezembro, seu velho amigo Emil Georg von Stauß, diretor geral do Deutsche Bank, convidou-o para um jantar com Hermann Göring em sua mansão no Wannsee. Stauß, como membro da agora extremamente reduzida ala do DVP, fazia parte do parlamento, onde sondou a ala do NSDAP para uma eventual colaboração. O jantar a três aparentemente foi promissor. Segundo Schacht, Göring mostrou-se como um companheiro urbano e agradável", e na noite de 5 de janeiro de 1931 ocorreu um novo encontro com Schacht na residência de Göring, que também contou com a presença de Thyssen, o novo mecenas do partido nazista.[114] Goebbels, que também esteve presente, comparou ambos: "Schacht dá a impressão de ser um carreirista (!), enquanto Thyssen é bem tradicional (!). Bacana. É um capitalista, mas esse tipo de líder empresarial até que não é mau."[115] Hitler juntou-se ao grupo depois do jantar, "Seu comportamento não era pretensioso nem elaborado – ao contrário, era natural e despretensioso", relatou Schacht em suas memórias. "Em momento algum Hitler deu a entender que já era o líder do segundo maior partido alemão no parlamento. Depois dos muitos boatos que ouvimos sobre Hitler, e depois das críticas públicas que lemos sobre ele, ficamos agradavelmente impressionados com sua presença."[116] Como tantas outras vezes, Hitler também fez um longo monólogo e praticamente não deu espaço a seus interlocutores para falar. Mesmo assim, Schacht mostrou-se bem impressionado. Desde o primeiro encontro com Hitler, confessou Schacht, ele reconheceu que sua "força propagandística [...] teria oportunidades fantásticas junto à população alemã, se não fosse possível debelar a crise econômica e afastar as multidões do radicalismo". Pouco depois, insistiu com Brüning para que os nacional-socialistas ganhassem responsabilidades no governo, porque só assim o movimento "poderia ser ordenadamente direcionado".[117]

Para Hitler, o contato com Schacht também foi muito importante, e não apenas por sua grande reputação como industrial e banqueiro, mas também porque ele o valorizava como perito em questões financeiras, um assunto do qual ele nada entendia. O antigo presidente do *Reichsbank* provavelmente era "o homem mais importante no campo da economia monetária e financeira da Alemanha", disse Hitler a Otto Wagener.[118] Logo, Schacht poderia ser útil novamente assim que os nacional-socialistas chegassem ao poder. "A indústria está se aproximando", rejubilou-se Goebbels e Rudolf Heß também tinha certeza que, de repente, "os mais importantes líderes empresarias [...] bateriam secreta e calmamente à porta, pedindo uma reunião".[119] Na verdade, o comportamento insinuante de Thyssen, Schacht ou Stauß não era típico da elite corporativa. A acusação tão popular no jornalismo da esquerda, de que os nacional-socialistas deviam seu sucesso eleitoral ao apoio financeiro das grandes empresas e que Hitler era conduzido pela guia da indústria[120], não era verdadeira. A campanha eleitoral do NSDAP foi financiada em grande parte por seus recursos próprios – taxas de adesão, dinheiro obtido com o pagamento para participar de reuniões e pequenas doações particulares.[121] Indiretamente, os empresários contribuíram com o sucesso da direita radical através de sua polêmica desenfreada contra o "sistema" de Weimar, contra os sindicatos e o estado de bem--estar social. Não foi por acaso que a perda de poder do parlamento e o estabelecimento do gabinete presidencial Brüning foram recebidos com aplauso e apoio nos grandes círculos industriais.[122]

Depois de 14 de setembro, os líderes empresariais já não podiam mais ignorar os nacional-socialistas. No entanto, a maioria ainda mantinha um distanciamento cuidadoso e cheio de expectativa diante deles. Esse distanciamento era motivado pela incerteza sobre o futuro político-econômico do partido. Os temores de que o anticapitalismo da propaganda nacional-socialista era mais do que mera retórica recrudesceram quando a ala do NSDAP no parlamento apresentou uma série de solicitações em outubro de 1930, nas quais demandava-se, entre outras coisas, a nacionalização dos grandes bancos, a proibição de negociação e valores mobiliários e uma limitação das taxas de juros a 5%. O que mais irritou a comunidade empresarial foi o fato de que os nacional-socialistas apresentaram Gottfried Feder como seu porta-voz no debate sobre o orçamento de 1931, o mesmo homem que exigiu a "quebra da escravidão dos juros" e, com isso, ganhou a reputação de excêntrico hostil a empresários.[123] Na virada de 1930 para 1931, o jornal *Deutsche Allgemeine Zeitung* expressava em um editorial a preocupação das grandes indústrias sobre a atitude ambígua do NSDAP: As contradições entre os elementos anticapitalistas e moderados dentro do partido iriam intensificar-se no futuro, e o resultado dessa luta ainda era "completamente incerto".[124]

Hitler empenhou-se em dissipar esses temores. Ele sabia que seria difícil atingir seus objetivos políticos enfrentando a resistência determinada dos líderes empresariais. E Hitler advertiu Otto Wagener, o chefe do departamento de economia política, dizendo: "O senhor subestima o poder político desses homens [...] e a economia, como um todo". "Tenho a sensação de que, inicialmente, não conseguiremos conquistar a Wilhelmstrasse lutando contra eles."[125] Em setembro de 1930, Hitler reuniu-se com o presidente da Hamburg-Amerika-Linie (Hapag) e ex-chanceler Wilhelm Cuno e garantiu-lhe que seu partido promovia a iniciativa empresarial e o capital privado, mas que tomaria medidas contra bens adquiridos de modo fraudulento.[126] Hitler expressou-se de modo semelhante em Munique, em reunião com o editor Theodor Reismann-Grone. Posteriormente, o editor registrou o encontro em seu diário: "É o tipo do oficial austríaco. Um dinárico. Eu começo a falar, ele logo interfere e fica falando sozinho. Sua palavra não está situada no intelecto, e sim no temperamento. Seu discurso é incitante. O alemão precisa disso. A velocidade só pode ser combatida com velocidade. Ele afirma que o seu objetivo de vida é a destruição do marxismo".[127] No início de dezembro, Hitler discursou pela segunda vez no *Hamburger Nationalclub* de 1919. No entanto, não se posicionou sobre questões diárias prementes; em vez disso, alimentou seu público com a promessa vaga de que a economia somente poderia prosperar quando a Alemanha tivesse poderes políticos e quando os "tributos" fossem eliminados. No final do discurso, Hitler exclamou: "Eu me dediquei a uma única doutrina: o que é melhor para meu povo é bom e está correto".[128] Para a nobre sociedade hamburguesa, que aplaudiu Hitler estrondosamente, o discurso provavelmente permaneceu nebuloso sempre que o NSDAP foi envolvido em questões econômicas e questionado sobre as medidas que o partido tomaria depois de assumir o poder.

Hitler evitava conscientemente definir o contexto programático do futuro programa econômico, por um lado porque ele pretendia ter opções para a indústria e, por outro, porque não pretendia alienar a ala "socialista" em seu próprio partido. Na primavera de 1931, quando Hans Reupke, um funcionário do conselho executivo da Associação de Indústrias do Reich que se associara secretamente ao NSDAP em maio de 1930, apresentou o livreto *Der Nationalsozialismus und die Wirtschaft* [O nazismo e a economia], no qual afirmava que o NSDAP refinara seus "*slogans* anticapitalistas" transformando-os em *slogans* antimaterialistas", Goebbels reagiu indignado: "Isso é a mais pura traição do socialismo." Depois de seu protesto veemente junto a Hitler, Goebbels anotou satisfeito: "Reupke também foi ignorado pelo chefe".[129] Na verdade, o líder do partido não era contra o conteúdo do livreto, mas evitava se envolver em uma discussão pública sobre ele. Quanto a essa questão, Otto Wagener também foi confrontado com suas manobras. Em 1932, o chefe do departamento de política econômica queria publicar alguns de seus ensaios sob o título *"Das Wirtschaftsprogramm der NSDAP"* [O programa econômico do NSDAP]. Hitler proibiu a distribuição do livreto, que já tinha sido impresso pela editora. O material só pôde circular internamente com a estampa "somente para uso interno!".[130]

Depois de 14 de setembro, as doações da indústria também fluíam para o NSDAP – como "resseguro político" caso a tendência de sucesso apresentada pelo partido persistisse e a indústria participasse do poder. De modo geral, as subvenções não eram depositadas diretamente no caixa do partido, e sim nas contas particulares de alguns nacional-socialistas dos quais se acreditava que pudessem exercer uma influência "moderadora". Além de Göring, Georg Straßer também foi contemplado, pois era considerado o homem mais poderoso depois de Hitler. Walther Funk, o ex-diretor administrativo do *Börsen-Zeitung* de Berlim que deixara seu cargo no final de 1930 e havia assumido a edição de um informativo administrativo cuja tarefa era melhorar o relacionamento entre a economia e o NSDAP, também recebeu doações. Funk, que se afiliou oficialmente ao partido em junho de 1931, logo passou a ser o mais importante consultor de Hitler em questões econômicas e um concorrente direto de Otto Wagener.[131]

Aparentemente, Hitler não recebeu doações dos industriais e também não as solicitou. Para ele, as doações eram desnecessárias, uma vez que desde setembro de 1930 houve um aumento considerável dos pagamentos de direitos autorais de seu livro *Mein Kampf*. Ao que parecia, Hitler declarou ao fisco somente uma fração daquilo que recebeu.[132] Em suas reuniões, gabava-se de não receber salário do partido, mas para cada uma de suas inúmeras apresentações recebia o pagamento das despesas que, somado aos honorários recebidos por seus artigos no *Völkischer Beobachter* e no *Illustrierter Beobachter*, constituíam uma renda extra considerável. Ele também cobrava altos valores por entrevistas concedidas a representantes da imprensa estrangeira, e pelos artigos que escrevia esporadicamente para os jornais do americano William Randolph Hearst.[133] Os gastos com sua assessoria pessoal – secretário particular, motorista, guarda-costas – eram pagos pelos cofres do partido. Assim, Hitler tinha meios suficientes para manter o grande apartamento na Prinzregentenstrasse e a casa de veraneio em Obersalzberg, prosseguir com sua paixão por modelos caros da marca Mercedes Benz e, desde fevereiro de 1931, alugar uma suíte no elegante Hotel Kaiserhof, na Mohrenstrasse, sempre que estava em Berlim.[134]

O apoio mais eficaz do NSDAP não vinha de doações da grande indústria, e sim do governo Brüning. Apesar do crescimento constante do número de desempregados, o chanceler do Reich prosseguiu com sua política econômica deflacionária. Para atingir seu objetivo principal, a abolição completa dos pagamentos de reparação da guerra, Brüning ignorou o desemprego em massa e o empobrecimento geral. "O norte da política de Brüning desde a primavera de 1931 não foi a superação, mas o aproveitamento político da depressão pela qual o país passava."[135] Depois de novas evasões de divisas, o governo do Reich estava à beira da insolvência. Em 20 de junho de 1931, o presidente americano Herbert Hoover sugeriu uma moratória de um ano para todos os pagamentos a serem feitos pela Alemanha. Brüning saudou a iniciativa de Hoover como um passo intermediário para solucionar de uma vez por todas o problema das reparações. Após longas negociações, a França finalmente concordou com a moratória. No entanto, o efeito calmante esperado para os mercados financeiros não se instalou. Em 13 de julho, uma semana após a data de vigência da moratória, houve a quebra do Darmstädter und Nationalbank (Danatbank), um dos maiores bancos comerciais alemães. Tal fato desencadeou uma corrida geral para os bancos e caixas de poupança, de modo que o governo se viu forçado a fechar todos os caixas de bancos durante dois dias. "Dias difíceis pairam sobre a Alemanha", anotou Thea Sternheim. "A quebra do Danatbank. A decisão de fechar todos os bancos na terça e quarta-feira, o fechamento completo dos mercados de ações. O pânico reina em todos os lugares."[136]

O agravamento da crise econômica na primavera e verão de 1931 serviu como munição para o NSDAP. Em 17 de maio, na eleição regional em Oldenburg, o partido chegou a 37,2% e, pela primeira vez, passou a ser o grupo mais forte no parlamento. Nas eleições estaduais em Hamburgo, o NSDAP conseguiu chegar a 26,2% e passou a ser a segunda bancada mais forte depois do SPD. Nas eleições estaduais em Hesse, em 15 de novembro, o porcentual subiu para 37,1% e o NSDAP passou a ser, de longe, o partido mais forte.[137] Apesar dos sucessos recentes, Hitler ainda não tinha avançado um passo sequer em direção a seu objetivo de poder. Em janeiro, Goebbels já manifestara sua preocupação dizendo "que tudo leva muito tempo e a dinâmica do partido parece estar estacionada no ponto de congelamento". Depois da vitória em Oldenburg, Goebbels anotou: "Hitler ainda é uma fonte de força e otimismo. É preciso ser um otimista para conduzir a nossa causa à vitória".[138]

Em julho de 1931, Hitler tentou novamente cerrar fileiras com Hugenberg e Franz Seldte, o líder do *Stahlhelm*. Em um telegrama para Brüning assinado por todos, reafirmaram em nome "de toda a oposição nacional" que a Alemanha "já não podia suportar os encargos injustos que lhes foram impostos" e que não poderia aceitar os novos compromissos frente à França.[139] Além disso, Hitler decidiu apoiar um referendo iniciado pelo *Stahlhelm*, apoiando a coalizão governista da Prússia, substituindo-a por um governo que "corresponda à vontade do povo devidamente identificada na eleição de 14 de setembro de 1930". Em uma proclamação feita na tarde da véspera do referendo de 9 de agosto de 1931, o presidente do NSDAP declarou: "Enquanto a democracia social e o partido do centro não estiverem superados, a Alemanha não ressuscitará. Hoje, a posição a partir da qual a social-democracia domina a Alemanha é a Prússia".[140] O referendo falhou; apenas 37,1% votaram a favor de uma rápida dissolução do parlamento prussiano – para Goebbels, uma grande derrota promovida pelo *Stahlhelm*, levando de arrasto o NSDAP. E Goebbels fez exigências a Hitler: "Então, vamos cair fora dessa salada burguesa! Nós precisamos ser mais dominadores e rigorosos. Somos nacional-socialistas. Essa é a nossa salvação".[141]

Na noite de 12 de setembro de 1931, os nacional-socialistas de Berlim mostraram o que significava para eles uma abordagem "mais rigorosa". Era o dia do Ano-Novo judaico: quinhentos homens da SA perturbaram a ordem pública no Kurfürstendamm com gritos de "Acorda, Alemanha! – Morra, Judá!", provocaram transeuntes e agrediram brutalmente várias pessoas que supunham ser judias. Durante esse tumulto, o recém-empossado líder da SA de Berlim, conde Wolf-Heinrich Helldorf e seu ajudante Karl Ernst, desfilava para cima e para baixo no Kurfürstendamm em um carro aberto da marca Opel enquanto dava suas ordens. A Centralverein deutscher Staatsbürger jüdischen Glaubens [Associação Central dos Cidadãos Alemães de Confissão Judaica] citou "tumultos semelhantes ao pogrom", o jornal social-democrata *Vorwärst* falou sobre "excessos vergonhosos" e "escândalo cultural". Em um processo subsequente, 33 delinquentes presos foram condenados a penas de detenção de até um ano e nove meses; Helldorf e Ernst foram condenados a seis meses de detenção cada um e a uma multa de 100 marcos. Na audiência de apelação em fevereiro de 1932, o tribunal absolveu os líderes da SA da acusação de perturbação da ordem pública; as penas da maioria dos demais participantes do tumulto também foram significativamente reduzidas. "É certo", declarou o jornal *Berliner Tageblatt*, "que com este veredito, um dos piores atos terroristas dos últimos tempos praticamente não será punido e aqueles que teriam que ser responsabilizados escaparão impunes".[142] Mais uma vez ficou claro que a justiça era cega do olho direito. Com isso, a SA, com sua estratégia de ocupar os espaços públicos e apossando-se do seu controle, seria diretamente incentivada.

Em 15 de setembro, Hitler orientou os líderes de grupos da SA em Munique para "serem extremamente cautelosos" e "não se deixarem provocar". Os nacional-socialistas deveriam "se manter dentro da lei, o único caminho seguro no momento". Ao mesmo tempo, Hitler deu a entender que simpatizava com ações como as praticadas no Kurfürstendamm. Segundo ele, nas grandes cidades a SA por vezes se via confrontada com a necessidade de "fazer alguma coisa para satisfazer o espírito revolucionário do povo". Seguramente, a liderança do partido deveria distanciar-se publicamente dos líderes da SA participantes. "Porém, os líderes podiam ter certeza de que o partido não esqueceria seus méritos e, no momento certo, lhes devolveria seus cargos."[143] Hitler sinalizava claramente que o compromisso com a legalidade era uma manobra puramente tática para, no "momento certo", ou seja, após a tomada do poder, acabar com o Estado de direito.

Apesar da aparente ambiguidade dos juramentos de legalidade de Hitler, no outono de 1931 o comando das forças armadas e o governo do *Reich* intensificaram seus esforços para integrar o NSDAP na responsabilidade política. Em 9 de setembro, Heß relatou que houve várias tentativas para "persuadir Brüning a deixar H[itler] participar pelo menos do governo". A condição imposta por Hitler para isso seria tão-somente um edital convocando novas eleições, que "trariam novamente um sucesso imenso para o movimento".[144] Os esforços para a participação do NSDAP no governo partiam do próprio presidente do Reich, que acreditava que a solução ideal era um governo de "concentração nacional" de Brüning a Hitler. Hindenburg exigia "uma alteração do Gabinete para possibilitar a colaboração da direita", informou em 20 de setembro o chefe do Gabinete Ministerial do Ministério da Defesa do Reich, general Kurt von Schleicher, ao secretário de Brüning, Erwin Planck.[145] Em 3 de outubro, Schleicher, que desde a primavera manteve contato com o NSDAP por intermédio de Röhm, encontrou-se com Hitler. O presidente do NSDAP declarou sua disponibilidade para fazer parte do Gabinete Brüning, mas apenas se fossem convocadas novas eleições. "Desistiremos da Prússia assim que obtivermos uma posição de poder decisiva no Reich [...], relatou Goebbels reproduzindo o relatório de Hitler sobre a reunião. "Na Prússia, o marxismo poderá ser subjugado através de um comissário do Estado."[146] Schleicher, que alguns dias depois teve outra conversa com Hitler, teve uma impressão positiva de seu interlocutor: "Um homem interessante com um talento de oratória excepcional. Quando fala sobre seus planos, ele entra em órbita. "A gente precisa puxá-lo pelo paletó para trazê-lo de volta à realidade."[147] Schleicher estava errado ao acreditar que ele, o general politizador, seria capaz de influenciar Hitler em suas ambições políticas e "domá-lo". Esse foi um erro fatal, pelo qual Schleicher pagaria com a própria vida.

Na manhã de 10 de outubro, Brüning encontrou-se com o líder do NSDAP, que "dessa vez se mostrava bem mais autoconfiante". Mais uma vez, Hitler não descartou a ideia de uma participação no governo, mas recusou-se a apoiar publicamente uma reeleição de Hindenburg, cujo mandato terminaria na primavera de 1932. "A conversa aparentemente foi amigável", relatou Brüning em suas memórias.[148] A pedido do chanceler do Reich, Hindenburg recebeu Hitler e Göring na mesma noite para uma audiência de duas horas. O presidente do Reich estava impaciente com o fato de que jovens nacional-socialistas o receberam em suas apresentações na Prússia Oriental com gritos de "Acorda, Alemanha!". Contudo, Hitler conseguiu melhorar o clima da reunião encarnando o papel de cabo na Primeira Guerra Mundial, mostrando-se respeitoso e subserviente.[149] No entanto, Hindenburg deixou claro para os líderes nazistas que qualquer tentativa de chegar ao poder sem levá-lo em consideração esbarraria em forte resistência. A reunião terminou sem um resultado concreto. Hitler "até que conversou de modo bem agradável", mas ele serviria apenas como ministro dos Correios – "nesse caso, ele poderia [lamber-me] [...] por trás, nos selos", teria dito Hindenburg.[150] Na verdade, a impressão deixada pelo presidente do NSDAP não foi tão desagradável como muitas vezes foi escrito. "Eu gostei muito de Hitler", disse o presidente do Reich a um velho confidente, o general Karl von Einem. Em uma carta à sua filha, datada de 14 de outubro, o general escreveu que a "oposição nacional" inicialmente perdera a sua oportunidade, mas que certamente poderia ter uma nova chance: "Se a direita não tivesse cancelado repetidamente, tudo já estaria em ordem."[151] Hitler também ficou satisfeito: "Resultado: somos apresentáveis. Agora, o velho senhor nos conhece pessoalmente. O chefe diz que ele é venerável", comentou Goebbels.[152]

No outono de 1931, Hindenburg concordou com uma remodelação do Gabinete. Brüning desistiu de alguns ministros que Hindenburg não considerava suficientemente "da direita" – no caso, o ministro do Interior Joseph Wirth, o homem da ala mais à esquerda do *Zentrum*; seu departamento foi assumido pelo ministro da Defesa, Groener, que se tornou o segundo homem mais importante no Gabinete. Brüning assumiu a sucessão de Curtius e, além da chancelaria, também passou a ser responsável pelo Ministério do Exterior. De modo geral, o novo governo passou a ser ainda menos politicamente ligado ao partido do que o governo anterior, uma vez que o DVP já não estava representado. Sua saída sinalizou que partes da comunidade empresarial se distanciaram de Brüning.[153] Em 16 de outubro, o segundo gabinete presidencial sobreviveu por pouco a uma moção de desconfiança – graças à fração do SPD, que votou contra. Anteriormente, Hitler tentou justificar em uma longa "carta aberta" endereçada a Brüning, o porquê de o NSDAP continuar se opondo estritamente ao governo: Hitler achava que o caminho escolhido, que começava com o saneamento econômico inicial do Reich antes de entrar em negociações de revisão com as potências ocidentais, era completamente errado. Sem uma eliminação das reparações seria impossível pensar em uma recuperação econômica. Com sua política econômica deflacionária, Brüning agia de acordo com o método: "Cirurgia bem-sucedida, o paciente morreu" – uma crítica que não era injustificada, mas que não mencionava que os nacional-socialistas eram os beneficiários desta política intensificadora de crises.[154]

Na noite de 10 de outubro, após a reunião com Hindenburg, Hitler, Goebbels e Göring foram de carro até Bad Harzburg, onde a "oposição nacional", instigada por Hugenberg, pretendia fazer uma manifestação conjunta no dia seguinte. A pequena cidade na borda da região do Harz tinha sido escolhida como o local da manifestação porque Braunschweig, o estado ao qual pertencia, era governado pelos nacional-socialistas e *Deutschnationalen* desde outubro de 1930. A direita antirrepublicana estava ali reunida – além dos representantes do NSDAP, *Stahlhelm*, Reichslandsbund e Alldeutschen Verband, encontravam-se no local também o príncipe de Hohenzoller Eitel Friedrich, o ex-chefe do exército general von Seeckt (desde 1930 deputado do DVP) e o presidente do *Reichsbank*, Hjalmar Schacht, que assumiu publicamente sua mudança de reduto político com sua presença por meio de um discurso afiado, que atacava a política econômica de Brüning.[155] Poucos grandes indústrias estiveram presentes. Exceto Fritz Thyssen e Ernst Brandi, um dos diretores empresas de siderurgia e presidente da associação dos mineiros, poucos homens do segundo escalão se deram o trabalho de comparecer. Entre eles, Ernst Middendorf, o diretor geral da Deutschen Erdöl-AG [uma empresa petroleira], ou Rudolf Blohm, um proprietário de estaleiro de Hamburgo. Dias depois, Schacht queixou-se em uma carta dirigida a Paul Rensch: "Que pena que a indústria não esteve presente em Harzburg".[156]

Na verdade, Hitler aceitou a reunião relutantemente. Na noite de 10 de outubro, ele chegou atrasado à reunião preliminar. "Hitler está furioso, pois querem nos encostar na parede [...]", observou Goebbels. "Ainda vou conversar a sós com ele durante uma hora. Mais distância da direita."[157] Na verdade, o presidente do NSDAP não atendeu ao chamado para ir a Harzburg para demonstrar a existência de pontos em comum, mas para demonstrar sua liderança e deixar claro aos seus

[FOTO 25] Alfred Hugenberg e Adolf Hitler, dois parceiros distintos no *front* Harzburg, 11 de outubro de 1931.

parceiros de aliança que ele não se deixaria usar como "propagandista". Assim, na manhã de 11 de outubro, Hitler resumiu-se a presenciar o desfile das unidades da SA e SS, e deixou o local assim que as formações do *Stahlhelm* se aproximaram. Demonstrativamente, Hitler não compareceu ao almoço em conjunto. Hitler justificou-se afirmando que não poderia sentar à mesa e almoçar enquanto seus homens da SA estavam de "estômago vazio".[158] Hitler compareceu novamente atrasado ao comício realizado à tarde no *Kursaal* após uma longa discussão com Hugenberg, e tanto em seu discurso como no manifesto lido em seguida, não deixou dúvidas sobre quem mandaria futuramente. Os nacional-socialistas estavam dispostos "a assumir a responsabilidade total para a formação de governos nacionais no Reich e nos estados", e com o mesmo espírito apoiariam "as associações nacionais da oposição através de cooperação fiel".[159]

A "frente Harzburg", como a aliança passou a ser chamada, era uma entidade bastante frágil. A desconfiança mútua predominava entre os parceiros. Cada um suspeitava que os demais perseguissem objetivos de interesse próprio. "Todos sabem que Hitler e Hugenberg se enlaçam como dois pugilistas para impedir o adversário de dar um golpe perigoso. E esse fato já é conhecido bem antes da reunião em Harzburg.", afirmou o jornal *Vossische Zeitung*.[160] Todos concordavam apenas quanto à rejeição do "sistema de Weimar" e quanto à vontade de derrubar o governo Brüning, mas não com um programa para superar a crise econômica e política. Hugenberg, que na sua imprensa gostava de se autoelogiar como "líder" da ala conservadora de direita, foi confrontado com o fato de que Hitler não se contentaria com o papel de sócio minoritário. Por outro lado, o presidente do NSDAP, apesar do comportamento ofensivo demonstrado em Bad Harzburg, não pretendia acabar com o relacionamento, pois necessitava dos dignitários burgueses para enfrentar o governo Brüning de maneira crível com um cenário ameaçador da troca de poder.[161] Uma semana após o encontro em Bad Harzburg, Hitler deixou claro que o papel de líder cabia a ele e a seu movimento, quando ordenou o desfile de aproximadamente 100 mil membros da SA, da SS e da juventude hitlerista vindos de todos os cantos da Alemanha, enquanto os incentivava gritando "para não se exaltarem na reta final".[162] Para Goebbels, essa demonstração de força foi "a nossa resposta a Harzburg e Brüning".[163]

Em 25 de novembro de 1931, dez dias após a vitória eleitoral triunfal do NSDAP em Hessen, explodiu uma bomba que ameaçava atrapalhar toda a orquestração de Hitler: um membro da ala nacional-socialista do parlamento de Hessen que fora obrigado a depor seu mandato por usar um falso título de doutor encaminhou documentos comprometedores ao presidente de polícia de Frankfurt. Tratava-se do resultado de uma reunião que os membros da direção do *Gau* de Hessen realizaram no início de agosto no Boxheimer Hof, em Lampertsheim. Os "documentos de Boxheim", como foram denominados, incluíam uma série de proclamações e regulamentos para o caso de uma tomada de poder pelos nacional-socialistas após a derrota de um suposto levante comunista. Para "restaurar a segurança pública", seria necessária uma "repressão implacável das forças armadas". Qualquer ordem da SA e das "milícias estaduais" deveriam ser seguidas imediatamente. "A resistência seria punida com a pena de morte." Quem fosse encontrado com uma arma de fogo deveria ser "executado imediatamente". Funcionários públicos, empregados e trabalhadores que não reassumissem imediatamente suas funções, seriam ameaçados com pena de morte.[164] O autor do documento foi o assessor do tribunal Werner Best, chefe do departamento jurídico da direção do *Gau* e presidente designado da fração do parlamento – um jurista jovem, ambicioso com doutorado, que aparentemente pretendia demonstrar aos camaradas do partido como era possível disfarçar uma "tomada de poder" em medida de emergência defensiva por meio de truques pseudolegais.

A publicação desses planos causou grande celeuma, uma vez que confirmava todos os temores sobre as intenções violentas dos nacional-socialistas. "Um regimento de violência brutal e fascista – [eles] pretendem transformar Hessen no estado experimental para o fascismo alemão", essa era a manchete do *Hessische*

Volkszeitung, o jornal do SPD.[165] Enquanto a imprensa social-democrática e liberal exigia consequências, o procurador do Reich, Karl August Werner, tentou banalizar o ocorrido. Werner agia sob as ordens diretas de Brüning, que queria evitar que as negociações em curso entre o centro e o NSDAP em Hessen fossem afetadas com o caso Boxheimer através da formação da primeira coalizão preto-marrom em nível estadual. (Na verdade, as negociações foram interrompidas em dezembro.) Em 30 de novembro, foi aberta uma investigação contra o autor dos "documentos Boxheimer", que tinha sido suspenso de suas funções. No entanto, a investigação foi deliberadamente retardada e, em outubro de 1932, a investigação contra Best foi suspensa pelo quarto senado do tribunal do Reich por falta de provas.

A atitude leniente do Judiciário frente aos nacional-socialistas contrastava nitidamente com a dureza com a qual lidava com a esquerda política. No final de novembro de 1931, Carl von Ossietzky foi condenado a um ano e seis meses de detenção por alegadamente "revelar segredos militares". Sobre um protesto da Liga dos Direitos Humanos, no qual discursaram, entre outros, o jornalista Leopold Schwarzschild e o escritor Arnold Zweig, Thea Sternheim anotou: "O mais terrível [...] é o fato de que todos os oradores acreditam que, com a chegada do Terceiro Reich, as escuras fantasias de alguma pessoas violentas publicadas no documento de Hessen possam se tornar realidade".[166]

Para Hitler, as revelações eram extremamente desagradáveis, uma vez que novamente colocavam em dúvida suas confissões de lealdade. A seu pedido, Göring apressou-se a assegurar ao presidente do Reich que a direção do partido "nada tinha a ver com os documentos Boxheimer" e que "mantinha-se fiel como antes à sua posição de estrita legalidade".[167] No início de dezembro, Hanfstaengl conseguiu convencer Hitler de que uma coletiva de imprensa internacional no Hotel Kaiserhof seria o fórum ideal para tranquilizar o público sobre seus planos. Em seu discurso para os correspondentes reunidos, o presidente do partido afirmou que era absurdo presumir que o NSDAP, que já estava pronto para chegar ao poder, seria capaz de ignorar o princípio de legalidade nesse momento. Por outro lado, ele não poderia proibir os membros do partido de pensar em como reagir no caso de um levante comunista. Novamente, Hitler dramatizou a ameaça comunista, em uma tentativa de desviar a atenção do perigo que ele próprio representava. A batalha decisiva contra o bolchevismo seria disputada na Alemanha, e os nacional-socialistas consideraram que a sua missão era vencer essa luta.[168] Hanfstaengl ficou extasiado com a estreia de Hitler perante a imprensa estrangeira: ele "discursou comedidamente, foi razoável e convincente" e, mesmo durante suas declarações polêmicas, manteve "uma ironia tranquila" sem "parecer grosseiro e invasivo".[169]

Em sua pose de político moderado que controlava rigorosamente suas emoções, Hitler aparentemente era capaz de impressionar os mais céticos entre os presentes. Porém, em entrevistas individuais com jornalistas e diplomatas estrangeiros, ele provocava sentimentos mistos. O jornalista americano Hubert R. Knickerbocker, que o entrevistou no final de 1931 na Casa Marrom, simpatizou muito com "esse dono de casa educado": "Ele mesmo ajeitou a cadeira de seu visitante e sorria educadamente". Mas até mesmo Knickerbocker passou pela experiência de testemunhar que Hitler, uma vez entusiasmado com seu monólogo, esquecia completamente da presença de seu convidado. "Ele logo acelerou o ritmo de seu discurso, sua voz passou a ter a força de um orador no pódio, ele inclinava-se para frente em sua cadeira, gesticulava violentamente, seus olhos fixavam o nada e discursava para um auditório".[170] O embaixador norte-americano em Berlim, Frederick M. Sackett, que no início de dezembro de 1931 discursou juntamente com Hitler em um evento na residência de Emil Georg von Stauß, o descreveu "como se estivesse se dirigindo a uma grande plateia': "Enquanto falava vigorosamente, nunca me olhava nos olhos". Sackett acalmou o ministro do Exterior, dizendo que Hitler, caso chegasse ao poder, logo estaria liquidado: "Ele certamente não é do tipo a partir do qual emergem chefes de Estado".[171]

O veredito da jornalista americana Dorothy Thompson, esposa do ganhador do prêmio Nobel Sinclair Lewis (que concedeu uma entrevista a Hitler em seu salão no Hotel Kaiserhof), foi ainda mais crítico. Em seu livro *I saw Hitler*, Dorothy dizia estar convencida de "ter encontrado o futuro ditador da Alemanha", mas bastou--lhe um minuto para "reconhecer a insignificância aterrorizante daquele homem que provocou tanta curiosidade em todo o mundo". Para a sofisticada e articulada repórter, Hitler era "o protótipo exato do pequeno homem"; "Uma mecha de cabelo cai sobre uma testa inaparente e ampla. A parte de trás da cabeça é achatada. A face é larga junto às maçãs do rosto, o nariz é grande e mal formado, sem caráter. Seus movimentos são desajeitados, vulgares e nada marciais." Mesmo assim, a aparência de Hitler não foi apenas repugnante para essa observadora crítica, "que se sentiu atraída pelo encanto gentil, quase feminino desse austríaco". Dorothy relatou que a característica mais marcante eram seus olhos, que irradiavam um "brilho especial". Na entrevista, Hitler comportou-se como sempre o fazia com interlocutores do sexo masculino: "Ele fala sem parar, como se estivesse discursando para uma multidão. Em suas relações pessoais, Hitler é tímido, quase envergonhado. A cada pergunta, procura por um tema que lhe convém. Em seguida, seus olhos fixam um canto distante da sala; sua voz adquire um tom histérico, quase um grito. Ele dá a impressão de um indivíduo em estado de transe".[172]

Em alguns aspectos, as observações de Dorothy Thompson são as mesmas vivenciadas por Klaus Mann que, meses mais tarde, presenciou como Hitler devorava uma tortinha de morango após outra no salão de chá do Hotel Carlton, em Munique. O filho mais velho de Thomas Mann teve a oportunidade de estudar Hitler detalhadamente, cercado por sua comitiva. Seu veredito foi: "um hipócrita maligno, com um olhar histérico em seu rosto pálido e inchado". Em sua autobiografia publicada postumamente em 1952, *Der Wendepunkt*, Klaus Mann conta: "A sensação de sentar perto de tal criatura certamente não foi agradável; e mesmo assim, eu não conseguia tirar os olhos daquela cara nojenta. Eu nunca o achei atraente, nem em fotos, nem no palco iluminado; mas a feiúra com a qual me deparei naquele momento superou todas as minhas expectativas. A vulgaridade de seus traços me acalmou e me fez bem. Eu olhei para ele e pensei: 'Schicklgruber, você não vencerá mesmo que você se esgoele. Você quer dominar a Alemanha? E você quer ser ditador? Com esse nariz? Não me faça rir [...], você jamais chegará ao poder'".[173] O relatório de Klaus Mann é um exemplo impressionante de como uma visão puramente estética de Hitler, o nojo de sua fisionomia percebida como repugnante, podia levar a subestimar o homem, seu efeito sobre as multidões e sua assertividade.

Obviamente, essas observações não eram apenas instantâneas; na virada dos anos 1931-1932 houve várias tentativas de analisar mais profundamente o fenômeno Hitler e o nacional-socialismo. Uma das tentativas mais notáveis é o ensaio de Theodor Heuss, *"Hitlers Weg. Eine historisch-politische Studie über den Nationalsozialismus"* [O caminho de Hitler: um estudo histórico-político do nazismo], que o autor concluiu no início de dezembro de 1931 e que rapidamente chegou a oito edições. Heuss, um docente da Berliner Hochschule für Politik e deputado do parlamento do Reich do Deutsche Staatspartei, captou a dupla face do movimento nacional-socialista: de um lado, o mundo dos sentimentos fortes e paixões – o culto ao Führer, a fé quase religiosa em um homem e sua "visão do mundo", a sugestão das multidões nas encenações públicas – e, do outro, o aparato burocrático, a máquina do partido altamente eficiente e organizada, projetada para a fria conquista do poder. "Repentinamente, o cálculo racional e a desinibição dos sentimentos encontram-se lado a lado." Essa contradição aparente, segundo Heuss, também caracteriza Hitler. Heuss o descreveu, por um lado, como um "mestre do êxtase dos sentimentos – a técnica do psicólogo treinado para dirigir reuniões e a exuberância nervosa de uma paixão primitiva se encontram"; e, por outro, como um "político que deseja o poder". Ele caracterizou as afirmações de legalidade de Hitler como aquilo que realmente eram – uma manobra tática para chegar mais perto de seu objetivo. "Hoje, legalidade significa formação ou confirmação pela vontade maioria. O zombador da democracia submete-se, jurando, a sua técnica e ideia. Ao fazê-lo, ele sugere a seus seguidores: não se trata de uma mudança da fé, mas sim do início de um período de adaptação para ganhar tempo e um pouco de paciência. Porque amanhã e depois de amanhã teremos a maioria dos votos, uma maioria – esse é o poder."

Nesse contexto, Heuss também classificou a moderação no tom de voz, que Hitler passou a usar em seus discursos. "Ele está vociferando bem menos. Parou de falar mal dos judeus. É capaz de falar durante horas sem pronunciar a palavra 'judeu' uma única vez. Segundo Heuss, isso evidentemente não significa que Hitler moderou seu antissemitismo, mas apenas que isso representa apenas a "necessidade tática para não parecer monomaníaco". Com a mesma perspicácia, Heuss reconheceu que a "aquisição de território no leste europeu [...] representava o núcleo da política externa de Hitler" e a concretização desse objetivo significava guerra, embora Hitler afirmasse o oposto. "Ele se defende da acusação de que está provocando uma nova guerra, mas ele parte da premissa de que uma nova guerra é necessária e que, para que a Alemanha saia vitoriosa, é preciso eliminar a política externa alemã."[174] Aqueles que leram a análise de Heuss ficaram bem informados não apenas sobre o trajeto pregresso de Hitler, mas também sobre o que era de se esperar caso ele tomasse o poder.

A maioria dos contemporâneos, no entanto, não conseguia avaliar a situação com tanta clareza. O humor predominante que reinava no final do ano 1931 foi descrito por Victor Klemperer como um sentimento de desespero generalizado: "As pessoas apenas querem continuar vivendo de qualquer maneira, sem entender muito bem o sentido e a possibilidade de continuarem vivos. Estão todos embotados." E o conde Harry Kessler contentou-se com uma anotação lacônica: "Que triste véspera de Ano-Novo, o fim de um ano desastroso e o início provável de um ano ainda mais catastrófico".[175]

10

HITLER E AS MULHERES

"Esses dias foram muito tristes para mim. Preciso superar essa grande solidão", queixou-se Hitler em 30 de dezembro de 1931 em uma carta a Winifred Wagner. Na véspera do Natal, Hitler foi a Bayreuth, mas não teve coragem de encontrá-la. "Não devemos acabar com a alegria alheia só porque estamos tristes."[1] A tristeza de Hitler tinha uma razão específica: na manhã de 19 de setembro de 1931, sua sobrinha Geli Raubal foi encontrada morta em seu apartamento na Prinzregentenstrasse; a seu lado estava a pistola que Hitler guardava na gaveta da escrivaninha para se proteger de possíveis ataques. O incidente causou grande repercussão, pois naquela época, ele, a nova estrela do palco da política alemã, era cortejado como possível parceiro de uma coligação da direita. Para o historiador, a tragédia da Prinzregentenstrasse fornece um ponto de partida para levantar uma questão central da vida pessoal de Hitler: saber como era seu relacionamento com o sexo feminino.

Esta questão é muito difícil de responder e, provavelmente, nunca será respondida de forma conclusiva. Konrad Heiden, o primeiro biógrafo de Hitler, já se referia ao "erotismo obscuro", e até hoje nada mudou a respeito.[2] Sobre esse lado de sua vida privada, Hitler manteve segredo até mesmo para seus amigos íntimos. Os documentos pessoais autênticos são extremamente raros; provavelmente, a maior parte foi vítima da ação exterminadora de Julius Schaub no final da guerra. Portanto, não é de estranhar que nenhum capítulo da biografia de Hitler seja tão permeado de boatos e lendas como aquele sobre sua relação com as mulheres. Entre os boatos mais absurdos estão as especulações sobre a natureza da genitália de Hitler. Assim, foi dado crédito a uma narrativa de um ex-colega de escola, que relatou que um bode destruiu metade do pênis de Hitler com uma mordida, bem como se acreditou em um relatório de autópsia de médicos legistas soviéticos, datado de 1945, sobre a ausência do testículo esquerdo de Hitler. Pelo que sabemos sobre Hitler até hoje através de relatórios de seu médico pessoal, Theodor Morell, que também examinou as partes íntimas de Hitler, seus órgãos sexuais eram normalmente desenvolvidos. Portanto, todas as suposições de que Hitler era incapaz de amar fisicamente as mulheres não estão fundamentadas.[3]

Todas as tentativas de detectar sinais patológicos em seu comportamento sexual também não lograram êxito. As memórias de Ernst Hanfstaengl, publicadas em 1970, visaram fornecer aos leitores com inclinações ao *voyeurismo* anedotas apimentadas como esta: uma noite, quando ele saíra da sala para chamar um taxi para Hitler, este aproveitou sua ausência para "ajoelhar-se na frente de sua esposa Helene, dizendo ser seu escravo, e lamentava o destino por tê-la conhecido tarde demais". "Somente a muito custo, Helene conseguiu fazer com que Hitler, que rastejava humildemente a seus pés, se levantasse", pouco antes que seu marido pudesse testemunhar aquela situação ridícula.[4] A suposição de que um homem, que mais tarde foi capaz de comandar crimes monstruosos também era sexualmente pervertido foi facilmente aceita pela literatura.[5] A afirmação feita principalmente entre exilados, de que Hitler tinha tendências homossexuais, também se mostrou infundada. Lothar Machtan transformou essa afirmação no centro de um extenso estudo em seu livro *Hitlers Geheimniss* [O segredo de Hitler], lançado com grande estardalhaço em 2001. Machtan explicou que pretendia comprovar que "Hitler amava homens, [...] e que o conhecimento desse fato era importante para compreender sua pessoa e sua carreira".[6] No entanto, Hitler foi obrigado a "domesticar sua paixão pelo mesmo sexo", porque a homossexualidade representava uma "desvantagem fatal para sua carreira política". Seu comportamento viril arrogante nada mais seria do que uma forma de expressão espasmódica de seus esforços para "esconder sua natureza efeminada".[7] Machtan tentou dar plausibilidade a sua interpretação fornecendo evidências, mas, na verdade, foi incapaz de fornecer provas convincentes de que a suposta homossexualidade do ditador era mais do que mera especulação. Outra variante curiosa no amplo campo especulativo sobre a vida sexual de Hitler afirma que ele era um homem desprovido de quaisquer necessidades sexuais. Tal suposição se deve ao testemunho de sua secretária de longa data, Christa Schroeder, que descreveu o relacionamento de seus "chefe" com o sexo feminino com uma frase curta: "Ele precisava de erotismo, não de sexo." Hitler se satisfazia com o "êxtase das multidões". Todas as suas relações com mulheres teriam sido "platônicas".[8] Joachim Fest assumiu essas suposições ao interpretar os triunfos retóricos de Hitler como "alternativas para uma sexualidade vazia".[9] A essa interpretação associa-se a ideia popular de que esse homem ególatra, totalmente convencido de sua missão, era incapaz de estabelecer um relacionamento emocional com as mulheres. "Em resumo, Hitler adora apenas a si mesmo."[10] Esse contexto fica claro o suficiente, mas não basta para explicar sua história de relacionamentos tão cheia de complexos.

Uma coisa é certa: Hitler era bastante receptivo a estímulos femininos. "Como existem mulheres lindas!", entusiasmou-se ele no final de janeiro de 1942 na "*Wolfsschanze*", ou "Toca do Lobo". "Estávamos sentados no Ratskeller em Bremen. De repente, entra uma mulher: naquele momento, parecia que o Olimpo se abriu! Ela brilhava! Os comensais largaram a faca e o garfo e todos os olhos se fixaram naquela mulher! E, depois, em Braunschweig! Depois de Braunschweig, fiquei com raiva de mim. Mas todos meus companheiros sentiram o mesmo que eu: uma garota loira veio correndo em direção ao meu carro para entregar-me um buquê de flores; mais tarde, todos se lembraram do que ocorreu, mas ninguém foi capaz de perguntar a ela qual era seu endereço, para que eu pudesse escrever-lhe um agradecimento. Ela era loira, alta e maravilhosa!".[11]

Hitler também se lembrava de Stefanie, sua paixão na época da juventude em Linz, como "loira, alta e maravilhosa". Na verdade, aos dezessete anos de idade, o Hitler apaixonado nunca se atreveu a trocar uma palavra sequer com a garota; ele a adorava à distância. "Durante a minha juventude em Viena, conheci muitas mulheres bonitas", assim Hitler terminou seu monólogo no quartel general do *Führer*. Mas, aparentemente, ele não se relacionou com nenhuma delas. Christa Schroeder relatou sobre uma mulheres chamada Emilie, de Viena, que Hitler dizia ter sido seu "primeiro amor".[12] Na verdade, tratava-se da irmã de seu amigo Rudolf Häusler, que naquela época tinha dezessete anos de idade – uma garota tímida e recatada, a quem Hitler provavelmente presentou com um desenho feito por ele e com a qual ele nunca teve um relacionamento amoroso.[13] Durante o tempo em que viveu em Munique quase como um eremita antes do início da guerra em 1914, não existem provas de seu relacionamento com mulheres.

Será que Hitler evitava contatos com o sexo oposto por timidez excessiva ou por ascetismo autoimposto? Nós não sabemos. Só podemos presumir que Hitler fazia aquilo que homens jovens costumam fazer, ou seja, ele se masturbava. Naquela época, a masturbação, condenada por gerações de médicos, padres e pedagogos como pecado grave, era um ato carregado de sentimentos de repreensão para jovens de todas as camadas sociais e tida como "o grande prazer da culpa", como cita Joachim Radkau em seu estudo sobre os sofrimentos neurastênicos por volta da virada do século.[14] Talvez a causa do desajeitamento de Hitler seja resultado desse sentimento de culpa. Não devemos nos esquecer que, após interromper sua formação escolar e não ser aceito na Academia de Arte de Viena, esse jovem sentia-se como um grande fracassado – uma condição desfavorável para sair confiante em busca de conquistas.

Em 1914, quando partiu para a guerra aos 25 anos de idade, Hitler ele aparentemente ainda não havia tido experiências sexuais com mulheres e, ao que parecia, isso continuou assim durante os quatro anos de sua permanência no *front* ocidental. Seus companheiros de guerra, cujas conversas giravam preferencialmente em torno da sexualidade, faziam chacotas com ele em razão de seu não envolvimento real ou fingido. Em última análise, as pessoas o aceitavam como aquilo que ele demonstrava ser – um santo meio estranho, que deixava transparecer uma estranha abstinência frente a todos os prazeres dos sentidos.[15]

Depois de 1918, os soldados que escaparam do terrível massacre das batalhas e também as mulheres, que foram privadas do convívio com seus homens durante a guerra, estavam ansiosos para recuperar o tempo perdido. A flexibilização geral dos bons costumes que se mostrava, por exemplo, na "mania de dança", veio de encontro às necessidades. Assim, podemos supor que Hitler também deixou de lado sua timidez com as mulheres nos anos pós-guerra e mergulhou de cabeça na azáfama dos prazeres.[16] Na verdade, a principal censura feita por seus adversários intrapartidários no verão de 1921 foi seu "relacionamento excessivo com mulheres".[17] Pouco se sabe sobre isso, existem apenas fofocas de segunda mão. Assim, conta-se que em 1923 Hitler teve um caso com Jenny Haug, irmã de seu motorista naquela época. Isso foi relatado por Konrad Heiden, que diz ter tomado conhecimento da história por intermédio de uma pessoa próxima a Hitler.[18]

Na verdade, Hitler frequentemente se fazia acompanhar de senhoras que correspondiam ao tipo "amiga maternal": Hermine Hoffmann, Helene Bechstein e Elsa Bruckmann, que colocaram debaixo de suas asas protetoras aquele político emergente, desajeitado e aparentemente desamparado.[19] Entre as "mamães de Hitler" havia certa rivalidade para obter a atenção de seu protegido. Em março de 1942, Hitler recordou como uma dama da sociedade de Munique nunca mais foi convidada a frequentar o salão dos Bruckmann depois que Elsa notou o olhar de relance que a mulher lançara para ele ao se despedir. "Ela era muito bonita e, provavelmente, eu era interessante para ela, nada mais!".[20] Helene Bechstein idolatrava Hitler de tal maneira que gostaria que ele tivesse se casado com sua única filha, Lotte. "Ao ser perguntada por que um namoro com Hitler não deu certo, a herdeira do casal Bechstein, quinze anos mais nova que ele, respondeu: 'Ele não sabia beijar!'".[21]

Winifred Wagner, de certa forma, também correspondia à imagem de "amiga maternal", embora fosse oito anos mais jovem que Hitler. Em novembro de 1926, inspirada pela leitura de uma biografia de Mussolini, Winifred procurou entender melhor sua relação com seu tão admirado amigo. Em uma carta a uma amiga, Winifred escreveu que homens que "têm a vocação para exercer um cargo tão importante" se tornam "internamente muito solitários" porque "colocam sua missão acima de tudo e dos outros". O relacionamento com uma mulher é "a única ponte e o único contato com o resto da humanidade", e isso é "imensamente importante" para esses homens, cujo caráter "foi quase exclusivamente" formado pela mãe. Portanto, inconscientemente, tanto em Hitler quanto em Mussolini, a "saudade da mãe falecida" determinava suas relações com as mulheres.[22] Winifred Wagner sabia do grande papel que Klara Hitler desempenhara na vida de seu filho e o quanto ele sofreu com sua morte precoce. Portanto, ela tentou ser uma mãe substituta para Hitler, embora "Wolf" (como era chamado na infância) provavelmente despertasse nela outros sentimentos além dos maternais. Em 1924, durante seu cárcere em Landsberg, Leybold, o diretor do presídio, percebeu que Hitler como solteiro suportava mais facilmente a privação da liberdade do que seus colegas casados: "Ele não tem nenhuma necessidade de feminilidade. Hitler é muito cortês com as mulheres com as quais tem contato durante as visitas, e não as envolve em discussões políticas sérias".[23] Uma coisa é certa: Hitler sempre tratava as mulheres com extrema cortesia, cumprimentava-as com um beijo na mão, como um cavalheiro, e sua voz assumia um tom suave e insinuante. Aqueles que o conheciam como um orador gesticulante que emitia gritos selvagens, muitas vezes ficavam surpresos com o Hitler em caráter privado. Ao mesmo tempo, Hitler não gostava quando as mulheres se intrometiam em seus assuntos políticos – um fato avaliado corretamente por Leybold. Muitos anos depois, Hitler explicou durante um almoço na "Wolfsschanze" que a experiência histórica "demonstrou claramente" que "a mulher na política – mesmo que seja muito inteligente – é incapaz de discernir entre coisas da mente e do coração".[24]

Para Hitler, a imagem da mulher foi e permaneceu tradicionalmente caracterizada: o homem era responsável pela política e pelo trabalho; a mulher era responsável pelo lar, pelos cuidados com seu marido e pela educação dos filhos. "O mundo dos homens é grande, em comparação com o mundo da mulher: o dever pertence ao homem e só ocasionalmente seu pensamento vagueia até sua esposa. O mundo da mulher é o homem; só de vez em quando ela pensa em outras coisas; essa é a grande diferença." E Hitler sempre repetia que as mulheres dependem da proteção dos homens e, sem eles, estariam perdidas: "Por isso a mulher ama o herói. Ele lhe dá a sensação de segurança. A mulher deseja um homem heroico."[25] Hitler não conseguia imaginar uma relação de parceria entre um homem e uma mulher.

Desde o início, Hitler decidiu abster-se do casamento e da vida familiar. Em junho de 1924, quando Rudolf Heß lhe sugeriu que sua irmã Paula poderia mudar-se de Viena para Munique, ele "protestou veementemente, horrorizado". Disse que aquilo seria um "fardo para ele, algo que o atrapalharia", pois ela tentaria influenciá-lo em suas decisões. "É por esses motivos que ele não iria se casar, e até evitava envolver-se com mulheres; era o que sempre dava a entender. Ele queria ser capaz de, a qualquer momento, expor-se a todos os perigos e, se necessário, dispor-se a morrer sem ter que pensar em nada e em ninguém."[26] Hitler manteve-se fiel ao seu princípio de não ficar vinculado a uma mulher através do casamento para não sofrer limitações em sua liberdade de ação política até pouco antes de seu suicídio no *bunker* da chancelaria do Reich. Após sua libertação da prisão em Landsberg, comentou-se nos círculos nacional-socialistas em Munique que Hitler pretendia unir-se a Erna Hanfstaengl, a irmã de Ernst ("Putzi") Hanfstaengl. Boatos desse tipo passaram a ser frequentes, de modo que Hitler viu-se obrigado a desmenti-los no início de março de 1925: "Estou tão casado com a política que nem posso pensar em 'ficar noivo'."[27]

Mas isso não excluía eventuais relacionamentos com mulheres. Após sua libertação da prisão em Landsberg, Emil Maurice, o novo e belo motorista de Hitler, assumiu a tarefa de olheiro e procurava garotas para seu "chefe" sempre que estavam em viagem. No entanto, após a guerra, Maurice confidenciou a Christa Schroeder que nas noites após as reuniões, Hitler e ele apenas sentavam com as garotas e conversavam. E Hitler também oferecia dinheiro às acompanhantes, sem nunca pedir algo em troca.[28] Provavelmente, Hitler só queria relaxar na presença de mulheres bonitas após suas apresentações extenuantes. Durante seu depoimento em junho de 1945, quando foi perguntado sobre "questões sexuais", Maurice declarou que tinha certeza de que "nenhum dos casos amorosos de Hitler" chegou a um relacionamento sexual.[29]

Aparentemente, isso também valia para seu relacionamento com Maria Reiter, que havia conhecido no outono de 1926 em Berchtesgaden, na época em que terminou de escrever o segundo volume de *Mein Kampf*. A existência dessa "amante desconhecida" somente se tornou pública em 1959, através de uma reportagem da revista ilustrada *Stern*, quando foi apresentada como uma "descoberta sensacional".[30] Embora nem todos os detalhes do relato feito por Maria Reiter, que morava em um subúrbio de Munique, sejam conhecidos, ele fornece informações preciosas sobre o relacionamento complicado de Hitler com as mulheres. Maria Reiter nasceu em 23 de dezembro de 1909 em Berchtesgaden. Seu pai, um alfaiate profissional, foi um dos fundadores da associação local do SPD. Sua mãe tinha uma loja de artigos para moda no piso térreo do Deutsches Haus – o hotel no qual Hitler ficou hospedado no outono de 1926.[31] A mãe de Maria Reiter faleceu algumas semanas antes do seu encontro com Hitler. Sua irmã mais velha assumiu a loja e Maria ajudava como vendedora. Durante algum tempo, Hitler observou aquela moça loira de olhos azuis, até que finalmente se apresentou a ela. Como ponto de partida para uma conversa, ele aproveitou um passeio que ambos faziam no Kurpark de Berchtesgaden com seus cães. "Cães pastores realmente são muito leais e sociáveis", teria dito Hitler. "Não consigo imaginar minha vida sem eles. E com você? Também é assim?"

Naquela época, Maria Reiter tinha dezesseis anos, e Hitler, 37. Como sabemos, o pai de Hitler também preferia mulheres bem mais jovens. Hitler nunca escondeu essa preferência: "Existe coisa melhor do que educar uma garota novinha? Uma menina de dezoito, vinte anos é maleável como cera. Um homem deve ter a oportunidade de deixar sua marca em cada garota. Todas as mulheres anseiam por isso!".[32] Aqui, Hitler racionalizava abertamente um problema que enfrentava com mulheres da mesma idade que ele, autoconfiantes e intelectualizadas, que lhe davam a entender claramente que sabiam da artificialidade de suas poses galanteadoras. Encontros desse tipo mexiam com seus sentimentos de inferioridade, como demonstra o comportamento envergonhado de Hitler durante uma conversa com Dorothy Thompson, em 1931.[33]

Com sua "Mimi", "Mizzi" ou "Mitzerl", como Hitler logo passou a chamar sua nova conquista, ele tinha a oportunidade de bancar o amigo paternal, superior em tudo. Ele a cortejou e a convidou juntamente com sua irmã para participar de uma reunião do NSDAP no Deutsches Haus. Após o término da reunião, quando um pequeno grupo reuniu-se para festejar, Hitler só deu atenção a ela. Segundo Maria Reiter, quando perguntou a Hitler por que ele ainda não era casado, o ditador respondeu que primeiro "deveria salvar o povo alemão, que estava prostrado". Enquanto respondia à pergunta, seu joelho tocava a perna da garota e logo depois pisou firmemente em seu pé. Essa forma pouco delicada de abordagem continuou quando, no apartamento da irmã de Maria Reiter, Hitler subitamente ficou de pé na

[FOTO 26] Maria Reiter aos dezesseis anos de idade, época em que conheceu Hitler. No verso da foto está a dedicatória: "Uma eterna recordação de sua Mizzi Reiter, 26/08/1926".

sua frente e perguntou: "Você não quer me dar um beijo de despedida?". Quando ela reagiu defensivamente – "Eu nunca beijei um homem. E não posso beijar você [...]!" –, seu comportamento mudou subitamente: "Seus lábios se estreitaram. Seu olhar perdeu toda a doçura que tinha momentos antes."

Um incidente semelhante narrado por Henriette Hoffmann, a jovem filha do fotógrafo Heinrich Hoffmann e que mais tarde casou-se com o líder da juventude do Reich, Baldur von Schirach, indica que essa história pode ser verdadeira. Certa noite, na casa de seu pai, quando os convidados já tinham saído, Hitler aproximou-se dela subitamente. "O sr. Hitler trajava um impermeável inglês e segurava na mão seu chapéu cinza. Então, ele disse algo que não se encaixava em sua postura habitual. Ele me olhou e disse muito sério: 'Você não quer me beijar?'". Henriette Hoffmann também não cedeu a seu pedido: "Não, por favor, não mesmo, sr. Hitler; para mim, isso é impossível!". E a reação de Hitler: "Ele não disse nada, bateu com o chicote na palma da mão e desceu as escadas lentamente até a porta da casa".[34]

O que esse padrão de comportamento pode sugerir? Aparentemente, com todo seu charme artificial, o repertório restrito de Hitler não permitia que ele tivesse com uma mulher um relacionamento informal que fosse além da troca de gentilezas. Sua pouca experiência pode ter desempenhado um papel, bem como sua incapacidade ou disposição para criar empatia frente às necessidades e anseios daqueles com quem se relacionava. Seus avanços tempestuosos e suas atitudes abruptas não agradavam, e suas tentativas canhestras de conquista eram típicas para seu comportamento. Hitler era desprovido de uma bússola de sentimentos.

Embora tenha sido rejeitado, Hitler não terminou seu relacionamento com Maria Reiter. Ele a acompanhou até o túmulo de sua mãe, pediu-lhe que se tratassem por "você" e pediu a ela que o chamasse de "Wolf" – um privilégio oferecido a poucas mulheres além de Winifred Wagner. Também houve um primeiro beijo e, se acreditarmos no relato da sra. Reiter, este também ocorreu em circunstâncias esquisitas. Maurice levou o casal de carro até um bosque situado depois de Bischofswiesen. Enquanto Maurice permaneceu no carro, Hitler levou a menina de dezesseis anos de idade até uma clareira e a posicionou na frente de um pinheiro alto. Ele a fixou com o olhar "como um pintor olha para seu modelo". Finalmente, segundo o relatório, ele a agarrou violentamente: "Ele apertou meu pescoço com força. Ele me beijou. Ele não sabia o que fazer".

Para Lothar Machtan, essa cena é a prova para sua teoria de que Hitler era homossexual. "Como ele poderia saber o que fazer, se não havia um desejo a lhe indicar o caminho?".[35] Porém, uma outra interpretação é mais plausível: Hitler tinha desejos, mas não sabia como proceder, até que ponto ir. Talvez ele temesse que sua namorada fizesse outras exigências, caso não ficasse só no beijo. Em janeiro de 1942, Hitler se lembrou do episódio: "Miezel era uma menina incrivelmente bonita. Naquela época, eu conhecia muitas mulheres. Eu gostei muito de algumas. Mas por que eu deveria me casar e, em seguida, deixar uma mulher para trás? [...] Por esse motivo, naquela época eu não aproveitei algumas oportunidades. Eu me controlava".[36]

Na verdade, Maria Reiter aparentemente acreditou que as intenções de Hitler eram sérias. Após sua partida de Berchtesgaden, Maria escreveu-lhe longas cartas. As respostas de Hitler geralmente eram cartões-postais com algumas frases curtas, quase sempre idênticas: "Querida criança! Receba meus melhores cumprimentos. Penso sempre em você! Seu Wolf."[37] Nas poucas cartas endereçadas a ela, Hitler sempre se queixava do excesso de trabalho, que lhe deixava pouco tempo para assuntos privados, e afirmava seu carinho eterno: "Sim, querida criança, você sabe o que significa para mim e o quanto eu te amo".[38] Em 23 de dezembro de 1926, no dia de seu 17º aniversário, Hitler lhe fez uma visita e ficou até o Natal. Ela o presenteou com duas almofadas bordadas com a suástica. Hitler lhe deu os dois volumes de seu livro *Mein Kampf*, encadernados em couro marroquino. No final de março de 1927, Maria o visitou em Munique; aparentemente, seu caso não passou de um inofensivo *tête-à-tête* em seu apartamento na Thierschstrasse. No verão, Hitler terminou abruptamente o romance, depois de receber, na sede do partido, cartas anônimas que o acusavam de impudicícia e violação de uma menor de idade. Em 1939, Maria Reiter casou-se com um hoteleiro e mudou-se para Seefeld, no Tirol. Maria Reiter afirma ter visitado Hitler novamente no verão de 1931, passando uma noite com ele na Prinzregentenstrasse. Essa narrativa, no entanto, deve ser encarada com ceticismo, pois naquela época outra mulher entrou na vida de Hitler: sua sobrinha Geli Raubal.

Nenhuma das mulheres que conviveram com Hitler despertou tantas imagens fantasiosas em seus contemporâneos e, mais tarde, nos historiadores, como Geli Raubal. Konrad Heiden a chamou de "grande amor de Hitler", e a maioria dos autores também a julgou como tal. Depois de sua mãe, a sobrinha foi a única mulher pela qual Hitler nutriu sentimentos mais profundos.[39] Talvez, a avaliação desse caso seja dificultada por especulações e boatos. Então, o que existe de verdadeiro nessa relação? Será que a sobrinha realmente desempenhou um papel tão importante na vida de Hitler?

Angela (Geli) Raubal nasceu em Linz, em 4 de junho de 1909, alguns meses depois de Hitler, então com dezenove anos de idade, mudar-se para Viena.[40] Geli era a segunda de três filhos do casamento da meia-irmã de Hitler, Angela, com Leo Raubal, um funcionário público da Receita. Leo Raubal faleceu em 1910, deixando

[FOTO 27] Geli Raubal, a atraente sobrinha de Hitler (1908-1931).

a família em uma situação financeira precária. Paula, a irmã de Hitler, também passou a fazer parte da família. A situação financeira melhorou em outubro de 1915, depois que Angela Raubal assumiu o cargo de preceptora de um internato para meninas em Viena.

Sua ambição era dar aos filhos uma boa formação escolar. Após concluir o primeiro grau, Geli frequentou o ensino secundário e, em junho de 1927, esteve entre as melhores alunas que concluíram o Abitur* no Linzer Akademischen Gymnasium [Ginásio Acadêmico de Linz]. Geli, juntamente com seu irmão mais velho, Leo, visitara seu agora famoso tio há três anos, no presídio Landsberg. Naquela ocasião, relatou o carcereiro Franz Hemmrich, Hitler a recebeu com um abraço e um "caloroso beijo na boca".[41] Após o Abitur, Hitler convidou a sobrinha e seus colegas de turma para uma viagem a Munique. Geli ficou hospedada no palacete da família Bruckmann, onde os formandos foram convidados a tomar um chá da tarde com o presidente do NSDAP. "Perfilamo-nos em frente a Hitler: ele cumprimentou cada um com um firme aperto de mão, bateu fortemente seus calcanhares um contra o outro, lançando um olhar profundo com seus olhos azuis claros, que aparentemente tinham um efeito fascinante", lembrou Alfred Maleta, um colega de turma de Geli que se tornou presidente do Conselho Nacional austríaco depois de 1945.[42]

Em agosto de 1927, Geli Raubal participou da convenção do partido em Nuremberg. Em seguida, Hitler empreendeu uma viagem pela Alemanha com Geli, sua mãe Angela e Rudolf Heß. "A sobrinha do tribuno é uma jovem bonita e alta, de dezenove anos de idade", relatou Heß, "sempre alegre e falante, tal qual o tio. Na verdade, quando ela fala, ninguém consegue superá-la." Hitler desejava que Geli estudasse na Alemanha, mas ele duvidava que ela conseguiria passar do segundo semestre, pois casaria antes disso".[43] Henriette von Schirach também descreve Geli como "alta, alegre e segura de si". "Ela era adorável e sua beleza não era fotografável; nenhuma das fotos que meu pai fez dela foi capaz de reproduzir seu encanto".[44] No outono de 1927, a sobrinha de Hitler se mudou para Munique, onde se matriculou na faculdade de Medicina.

A jovem atraente logo passou a ser o centro das atenções na mesa cativa do Café Heck. Com seu "jeito informal de moleque", Geli fascinava os homens, relatou Heinrich Hoffmann em suas memórias. "Quando Geli estava sentada à mesa, tudo girava ao seu redor e Hitler nunca tentou tomar a conversa para si. Geli era uma feiticeira. Com seu jeito natural, livre de qualquer faceirice, ela espalhava o bom humor aos presentes. Nós todos a adorávamos, principalmente seu tio, Adolf Hitler."[45]

Emil Maurice, motorista do carro Mercedes Kompressor, também idolatrava Geli. Sempre que levava o grupo para um piquenique junto ao Chiemsee, ele fica-

---

* O Abitur é um exame que possibilita tanto a conclusão do ensino secundário quanto a entrada na Universidade. (N.E.)

va perto dela. Nessas ocasiões, ele tirava seu bandolim do porta-malas e cantava canções folclóricas irlandesas. Hitler nunca nadava no lago. O máximo que fazia era tirar os sapatos e as meias, e caminhar cuidadosamente com seus pés brancos nas águas rasas. Geli e Henriette Hoffmann, que ficaram amigas, procuravam um lugar escondido para nadar atrás de arbustos: "Nós nadávamos nuas e ficávamos ao sol, para secar; nossa grande ambição era bronzear o corpo todo".[46]

Pouco antes do Natal de 1927, Maurice confessou ao "chefe" os sentimentos que nutria por Geli, que aparentemente eram correspondidos e, de certa forma, pediu a mão dela em noivado. Hitler teve um acesso de fúria. Ele nunca vira Hitler tão alterado, lembrou Maurice décadas depois. "Naquele momento, pensei seriamente que ele pretendia atirar em mim".[47] Hitler ameaçou mandar Geli de volta para a casa da mãe, em Viena, e formulou suas condições: ele ordenou ao casal um período experimental de dois anos. "Pense bem, Emil, dois anos inteirinhos durante os quais poderemos nos beijar apenas de vez em quando e sempre sob o olhar atento de meu t[io] A[dolf]." Finalmente, o casal aceitou as condições ditatoriais de Hitler. Em uma carta de Natal para Maurice, Geli Raubal escreveu: "Estou tão feliz por poder ficar perto de você".[48] Seu tio, no entanto, nem pensava em permitir que a sobrinha mantivesse o relacionamento com seu motorista. Em janeiro de 1928, Maurice foi demitido sem aviso prévio, e a seguir foi banido do convívio com o líder do partido como *persona non grata*.[49]

Sobre as razões que motivaram a reação violenta de Hitler só nos resta especular. Maurice suspeitava que o motivo era o ciúme. Hitler teria se apaixonado por sua sobrinha, "mas tratava-se de um amor estranho, inconfesso".[50] Anni Winter, sua governanta de longa data, disse que Hitler tomou essa atitude como zelo pelo bem--estar de Geli: "Ele só queria o melhor para ela. Geli era uma garota imprudente".[51] De qualquer forma, desde a primavera de 1928, Geli Raubal fazia parte da comitiva de Hitler. Ela acompanhava o tio ao cinema, teatro e ópera, e até mesmo durante as compras. "Hitler caminhava atrás dela como um carneirinho."[52] Em julho, ambos passaram alguns dias de férias em Helgoland, junto a Goebbels e Angela Raubal.[53] E, naturalmente, Geli também esteve presente durante a primeira apresentação de Hitler no Palácio de Esportes de Berlim, em novembro de 1928. "O chefe chegou. Ativo como sempre. Com sua linda sobrinha, pela qual até eu seria capaz de me enamorar", anotou Goebbels.[54] Geli passou o Natal de 1928 com Hitler em Haus Wachenfeld, no Obersalzberg, onde sua mãe trabalhava como governanta. Lá também festejaram seu 21º aniversário em junho de 1929.[55] No início de agosto de 1929, Geli participou com Hitler da convenção do partido em Nuremberg. Goebbels escreveu, feliz: "Geli Raubal. Uma mocinha linda. Jantei com ela, sua mãe e Hitler. Demos muitas risadas".[56]

Geli Raubal certamente gostava de ser o centro das atenções, bem como ser cortejada pelos homens que gravitavam ao redor de Hitler. Ela sentia-se lisonjeada com o carinho que "tio Alf", como ela o chamava, lhe dedicava. Também apreciava o fato de Hitler permitir que ela participasse de sua ascensão vertiginosa ao poder em 1929-1930, bem como da aura de poder e sucesso a ele associada. A presença da sobrinha fazia bem a Hitler. Ele adorava apresentar-se com ela publicamente. Segundo Maurice, "ele tinha orgulho de ser visto na companhia dessa pessoa encantadora".[57] Por mais que Hitler gostasse da jovem, ele evitou quaisquer intimidades mesmo quando estava cercado por seus asseclas. "Hitler nunca mostra seus sentimentos em público", observou Heinrich Hoffmann. "Ele sempre se comportou adequadamente frente à Geli. Somente seu olhar e o tom carinhoso de sua voz traíam o afeto que Hitler sentia por ela."[58]

No entanto, a presença constante de Geli Raubal ao lado de Hitler logo deu motivo para boatos que circulavam dentro do partido. Em outubro de 1928, Goebbels confidenciou a seu diário que Karl Kaufmann lhe "contara coisas insanas sobre o chefe": "Ele, sua sobrinha Geli e Maurice. A tragédia de uma mulher. Devemos nos desesperar? Por que temos que sofrer por causa de uma mulher? Eu acredito firmemente em Hitler. Eu entendo tudo. O que é verdadeiro e o que é falso".[59] Uma queixa frequente do *Gauleiter* de Berlim era que Hitler se deixava distrair do trabalho "pelo mulherio".[60] No entanto, até hoje não sabemos se Hitler chegou a ter relações sexuais com a sobrinha. Entre as pessoas próximas, as opiniões eram divergentes. Hanfstaengl estava convencido do caráter "incestuoso" desse relacionamento. A "impulsividade desregrada" de Geli Raubal complementou "a sexualidade problemática de Hitler".[61] Christa Schroeder, por sua vez, em conversas com Anni Winter, disse que podia garantir que Hitler amava muito a garota, mas que nunca teve com ela um relacionamento sexual.[62] A forte ligação entre ambos ficou clara em outubro de 1929, quando Geli Raubal deixou o quarto da pensão na qual vivia e foi morar com Hitler na Prinzregentenstrasse. Lá, foi instalada em um agradável quarto de canto, que pôde decorar de acordo com seu gosto pessoal. Os empregados de Hitler – o casal Anni e Goerg Winter, sua antiga locatária Maria Reichert e a faxineira Anna Kirmair – não estavam nada satisfeitos com a presença da nova moradora. Eles achavam que a sobrinha se aproveitava da generosidade de Hitler e adorava ser mimada por ele. A pedido do tio, Geli havia desistido da faculdade de Medicina logo depois da matrícula para seguir a carreira de cantora. Para isso, Hitler contratou o regente Adolf Vogl, de Munique, a quem conhecia desde maio de 1919, e também pagou aulas particulares em um estúdio de canto.[63] Em julho de 1930, Geli Raubal viajou com a família Bechstein para o Festival de Bareuth e, em seguida, participou com seu tio e Goebbels do Festival da Paixão, em Oberammergau.[64] Aparentemente, Geli não levou as aulas de canto muito a sério; ela preferia divertir-se em grupo, quando não se aprofundava na leitura de romances de folhetim ou jornais, o que dava a Hitler motivos de reclamação.[65]

Para Geli, a vida na Prinzregentenstrasse aparentemente passou a ser um fardo. Ali, ela era constantemente controlada por seu tio. Os cuidados de antes se transformaram em regulamentos e obrigações a serem seguidos. Hitler deixava claro que ela dependia dele financeiramente. Ele pagava todos seus gastos com roupas e sapatos sem contestar.[66] Mas um dia, quando a fotógrafa amadora pediu uma câmera fotográfica cara da marca Leica para substituir sua Rolleiflex, Hitler negou-se a comprá-la. "Geli ficou amuada e, durante uma caminhada com Hitler, ela permaneceu em silêncio", observou Julius Schaub, que foi contratado em 1925 como "companheiro constante" a serviço de Hitler, tendo sido promovido a ajudante pessoal em 1933.[67] Hitler vigiava cada passo da sobrinha e restringiu cada vez mais sua liberdade de ir e vir. Quando a jovem decidiu participar de um dos bailes de carnaval de Munique, ele só concordou quando Heinrich Hoffmann e Max Amann aceitaram acompanhá-la como guardiães da honra. Quando Hoffmann conversou com Hitler a respeito, recebeu como resposta: "O que Geli considera uma restrição é apenas precaução. Não quero que ela caia nas mãos de uma pessoa indigna".[68] Esse argumento era falho: Hitler queria Geli só para ele; ninguém mais a merecia.

Assim, a jovem anteriormente despreocupada tornou-se cada vez mais séria e fechada, como observou Henriette Hoffmann.[69] As brigas ficaram cada vez mais frequentes na Prinzregentenstrasse. Em meados de setembro de 1931, Hitler não permitiu que a sobrinha viajasse para Viena, uma decisão que ela provavelmente havia tomado para escapar temporariamente do controle do tio. Na noite de 17 de setembro, a esposa de Julius Schaub, que acompanhou Geli a uma apresentação teatral, achou que a jovem estava "ausente, triste, com cara de quem chorou".[70] No dia seguinte, quando Hitler partiu para uma viagem para o norte da Alemanha, houve outra briga. Depois da partida de Hitler, Geli trancou-se em seu quarto. Na manhã do dia 19 de setembro, como ela não apareceu para tomar o café da manhã nem atendeu às batidas na porta, Anni Winter chamou seu marido. Juntos, arrombaram a porta e foram confrontados com uma visão terrível: Geli estava deitada no chão; sua camisola estava coberta de sangue. Sua cabeça estava apoiada em um braço, o outro estava estendido em direção ao sofá, sobre o qual estava uma pistola Walther 6,35 mm.[71] Rudolf Heß foi imediatamente informado, e correu para lá com o tesoureiro Schwarz para se inteirar da situação. Em seguida, Heß foi para a Casa Marrom, de onde tentou fazer uma ligação telefônica para falar com Hitler.

Como de costume, o presidente do partido interrompeu sua viagem em Nuremberg, hospedando-se no Deutscher Hof, e na manhã do dia 19 de setembro seguiu viagem em direção ao norte. Logo após sua partida, seu carro foi ultrapassado por um táxi; um mensageiro do hotel informou que um sr. Heß, de Munique, precisava falar com Hitler com urgência. Hitler correu até uma cabine telefônica. Heinrich Hoffmann, que o seguiu, escutou a conversa: "'Mas isso é terrível!', bradou Hitler com voz rouca. Então, ele gritou: 'Heß, responda claramente, sim ou não, ela ainda está viva? Heß, esta é sua palavra de honra como oficial, não minta para mim... Heß... Heß [...]!' Hitler cambaleou para fora da cabine. Seu cabelo estava caído sobre o rosto. Seus olhos brilhavam alucinados. Eu vi Hitler desse jeito apenas uma vez mais: no *bunker* da Chancelaria do Reich em abril de 1945".[72]

Mesmo levando em consideração que essa descrição é dramatizada, não podemos duvidar que a notícia da morte de Geli Raubal abalou Hitler profundamente. Em uma dolorosa viagem, ele retornou a Munique. No vilarejo Ebenhausen, seu carro foi parado pela polícia; a acusação por excesso de velocidade ainda se encontra nos arquivos.[73] Às 14h30, Hitler chegou à Prinzregentenstrasse. Ele ainda pôde ver o corpo antes que fosse levado para o necrotério do Ostfriedhof, um cemitério de Munique. Nesse momento, a investigação policial no apartamento já estava concluída.[74]

Georg Winter informou a polícia por volta de 22h15, depois que Heß e Schwarz deixaram o apartamento. Dois peritos criminais, acompanhados de um médico da polícia, iniciaram as investigações. No relatório consta que "a morte foi provocada por um tiro no pulmão e, de acordo com o *rigor mortis*, ocorreu há muitas horas (dezessete ou dezoito)". De acordo com os peritos, tudo indica que foi um suicídio, embora "não tenha sido encontrada uma carta de despedida e nenhum outro documento que possa indicar uma intenção suicida". "Sobre a mesa foi encontrado apenas um esboço de carta para uma amiga de Viena, que não continha indícios de um suicídio iminente."[75] Ao serem questionados sobre possíveis razões para o ato, os empregados de Hitler declararam nada saber sobre a questão. Apenas Maria Reichert apresentou um possível motivo para o ato ao informar que "ultimamente Geli Raubal estava muito nervosa".[76]

À tarde, depois de chegar em casa, Hitler já tinha superado o choque inicial. Ao detetive que tomou seu depoimento logo após sua chegada, deu a impressão de estar conformado. Ele admitiu que houve um confronto com sua sobrinha a respeito de seus planos para o futuro, mas tentou minimizar sua importância: Geli, que ainda estava insegura quanto a uma apresentação pública como cantora, pretendia continuar seu aperfeiçoamento em Viena. "Eu concordei, mas com a condição de que sua mãe, que se encontra em Berchtesgaden, ficasse com ela em Viena. Como Geli não aceitou esses termos, fui contra seu plano de morar lá. Provavelmente ela ficou com raiva, mas não demonstrou isso claramente. Na sexta-feira, quando parti, ela se despediu de mim calmamente." Hitler declarou que a morte de sua sobrinha o "tocou profundamente, pois ela era a única parente próxima que lhe restava". Em seguida, deixou escapar uma observação reveladora: ele já pensava nas consequências políticas da tragédia: "[...] e logo agora isso tinha que acontecer com *ele*."[77]

Os adversários de Hitler não perderam a oportunidade. O jornal social-democrata *Münchener Post* levantou dúvidas sobre a versão de suicídio publicando um artigo intitulado "Um caso misterioso". Nesse artigo, o jornal informava sobre uma briga violenta na casa de Hitler, motivada pelo pretenso noivado de Geli Raubal. Além disso, o jornal informou que a morta apresentava uma fratura de nariz e outros ferimentos graves.[78] Devido ao artigo, o Ministério Público ordenou um novo exame pelo médico legista. O resultado não deixou dúvidas: além do ferimento à bala no tórax, o cadáver não apresentava vestígios de violência, nem mesmo no nariz. As preparadoras de cadáveres também confirmaram a informação.[79] Em uma contestação elaborada na noite de 21 de setembro, publicada pelo *Münchener Post* no dia seguinte, Hitler afirmou que todas as alegações eram falsas. Sua sobrinha pretendia retornar à Viena, "onde passaria por uma avaliação com um especialista em pedagogia da voz". "Em 18 de setembro, quando ele deixou o apartamento, 'não houve nenhuma briga' e 'nenhuma comoção'".[80] No entanto, os boatos sobre as possíveis causas da morte continuaram a brotar. Alguns alegavam que Hitler mandou a ss assassinar Geli Raubal, que teria sido engravidada por um estudante judeu; outros chegaram a sugerir que o próprio Hitler a assassinara durante um acesso de raiva – uma versão tão absurda quanto a primeira, porque no momento da morte ele se encontrava em Nuremberg.[81] Outro boato que se manteve por muito tempo foi a ideia de que a morte de Geli era decorrente de um acidente. Houve um disparo acidental enquanto ela manipulava a arma de Hitler. Essa versão foi aceita por Winifred Wagner, e o próprio Hitler parece ter se sentido confortado por ela. Durante o interrogatório feito pelos americanos em maio de 1945, em Berchtesgaden, Angela Raubal também confirmou que um acidente teria sido a causa mais provável, pois ela não tinha nenhuma outra explicação pra o suicídio da filha.[82] No entanto, a teoria do acidente não é plausível pois, segundo testemunhou Henriette von Schirach, Geli Raubal sabia lidar com a pistola Walther. Ambas teriam testado a arma em um campo de tiro perto de Munique.[83]

Assim, todos os indícios falam a favor de um suicídio no caso Geli Raubal. Mas qual seria o motivo? Essa pergunta intrigou as pessoas por muito tempo. Alguns supunham que o fato estava relacionado ao suposto comportamento sexual anormal de Hitler. Para essa suposição havia uma testemunha-chave, Otto Straßer, que declarou a representantes do Office of Strategic Studies americano que Geli fora forçada a práticas sexuais pervertidas, enriquecendo sua narrativa com detalhes sórdidos.[84] Hanfstaengl, por sua vez, também colaborou com a disseminação de boatos em suas memórias ao publicar uma declaração de Geli: "Meu tio é um monstro. Ninguém é capaz de imaginar o que ele faz comigo". Hanfstaengl não deixa dúvidas a seus leitores sobre essa frase enigmática ao contar que, após uma noite passada juntos, Hitler proferiu graves ameaças contra seus adversários e sublinhou o efeito de suas palavras com um golpe certeiro com seu chicote para cães. Ele, Hanfstaengl, por acaso observou o rosto de Geli e viu, assustado, "uma expressão de medo e nojo que distorceu seu rosto no momento em que o silvo do chicote cortou o ar".[85] A conclusão podia ser apenas uma: Geli Raubal foi vítima dos anseios sadomasoquistas do tio. Nesse contexto também se encaixam as lorotas de Hanfstaengl sobre os desenhos pornográficos de Hitler, que teriam mostrado Geli em posições "que qualquer modelo profissional se negaria a fazer".[86]

Outros autores supunham que havia ciúme em jogo. A sobrinha teria descoberto que Hitler também cortejava outras mulheres e teve medo de "perder o poder que tinha sobre seu tio Alf".[87] Contudo, essas suposições só seriam relevantes se presumíssemos que Geli Raubal tinha um grande apego emocional a Hitler, o que nunca foi comprovado. A resposta sobre os motivos provavelmente nunca será claramente respondida, mas existe outra explicação plausível: Geli sentia que seus anseios de tornar-se uma grande cantora não se concretizariam. Acima de tudo, ela sentia-se oprimida por Hitler em sua mania de controlar tudo, tolhendo sua liberdade e qualquer iniciativa própria. Ela sofria com o fato de estar presa em uma "gaiola dourada" no apartamento da Prinzregentenstrasse.[88] Nessa situação, percebida por ela como intolerável, Geli acreditou que sua única saída era o suicídio. A pedido de sua mãe, seu corpo foi transladado para Viena e enterrado no cemitério central em 23 de setembro.

Hitler não compareceu ao funeral. Ele hospedou-se por alguns dias na casa do editor do *Völkischer Beobachter*, Adolf Müller, junto ao Tegernsee. Em suas memórias, seu companheiro Heinrich Hoffmann conta que Hitler parecia um "homem profundamente abalado". Todos temiam que ele tentasse o suicídio; por esse motivo, seu motorista Julius Schreck pegou a arma de Hitler e a guardou. Durante algum tempo, o líder do partido pensou até mesmo em renunciar à carreira política.[89] Essa narrativa também passou a fazer parte da literatura séria sobre Hitler. "Durante várias semanas", segundo Joachim Fest, "Hitler parecia estar à beira de um colapso nervoso e repetidas vezes esteve decidido a abandonar a política".[90] Mas essa história não é compatível com o fato de que Hitler, já em 24 de setembro, encontrou-se em Berlim com Goebbels e Göring – mais calado do que habitualmente, mas completamente centrado – e, ao discursar para 10 mil seguidores em Hamburgo, apresentou-se de forma habitual.[91] Dois dias depois, Hitler viajou secretamente a Viena, para depositar flores no túmulo de Geli.

Sem dúvida, a morte da sobrinha atingiu Hitler intensamente. Seu luto por ela era real. O quarto de Geli na Prinzregentenstrasse permaneceu intocado; a governanta ficou encarregada de manter sempre um buquê de flores frescas no vaso sobre a mesa. Mais tarde, Hitler pediu ao escultor Ferdinand Liebermann, de Munique, que fizesse um busto em bronze da falecida. No primeiro aniversário de sua morte, Hitler visitou o túmulo de Geli, acompanhado por Goebbels e sua meia-irmã. Depois disso, o período de luto acabou para ele. Sua comitiva não tocou mais no assunto.[92]

A catástrofe particular não fez Hitler se sentir tolhido em seus planos políticos; ao contrário, ele soube aproveitá-la para seus fins. A partir de então, ele pôde caracterizar-se definitivamente como o político que renunciou a felicidade pessoal para prosseguir em sua missão política e servir exclusiva e altruisticamente ao povo alemão. Com essa artimanha, Hitler também conseguiu impressionar seus amigos mais próximos dentro do partido. No final de outubro de 1931, Goebbels escreveu sobre uma conversa tida com Hitler: "Em seguida, Hitler falou sobre Geli. Ele a amou muito. Ela tinha sido 'uma boa camarada'. Seus olhos estão marejados de lágrimas [...] Esse homem, no auge do sucesso, sem ter qualquer felicidade pessoal, está comprometido apenas com a felicidade de seus amigos".[93] Hitler também queixou-se a Otto Wagener sobre a falta que sentia de Geli Raubal – "Seu riso alegre sempre me dava alegria, sua tagarelice inofensiva era meu prazer" –, mas imediatamente ele finalizava com a observação: "Agora estou completamente livre, interna e externamente [...] Agora, pertenço somente ao povo alemão e à minha missão".[94] Em novembro de 1931, Rudolf Heß observou que Geli tinha sido "a alegria de Hitler" que "lhe alegrou nas poucas horas de relaxamento em seu próprio lar e que lhe faria muita falta". "Como sua vocação toma todo seu tempo, esse coitado não pode se beneficiar dos prazeres de uma vida de casado."[95] A estratégia de Hitler de cercar-se doravante da aura de um homem sem vida privada fez sucesso não somente entre seus contemporâneos; ela também deixou profundas marcas na história. De que forma é possível explicar que todos os principais biógrafos de Hitler – de Heiden, Bullock e Fest até Kershaw – partiram do princípio de que não existia muita informação interessante sobre o lado privado dessa "não pessoa"?[96]

Dizem que a morte de Geli mudou Hitler e, certamente, esse acontecimento deve ser considerado como "um dos eventos-chave de sua vida pessoal".[97] A sobrinha foi a única mulher – além de sua mãe – pela qual Hitler nutriu sentimentos mais profundos. Sua capacidade de amar, se é que ela existia, ficou ainda mais limitada. Intimamente, Hitler ficou cada vez mais solitário. Em sua vida faltava o "elemento carinhoso", e isso teria sido a "semente de sua desumanidade".[98] Porém, essa interpretação disseminada é contestada pelo fato de que Hitler, no final do verão de 1931, conheceu, no Hotel Kaiserhof, uma mulher com a qual iniciou um breve romance: Magda Quandt. O que Hitler não sabia era que seu *Gauleiter* de Berlim tinha um caso com a ex-esposa do industrial Günther Quandt. Magda Quandt também parece ter simpatizado com Hitler. Goebbels, por sua vez, padecia de ciúme violento: "Magda está dando muita atenção a Hitler. Eu sofro muito com isso [...] Não preguei um olho essa noite", lamentou-se no final de agosto de 1931 e, poucos dias depois, ele exigiu: "Magda tem que convidar o chefe e dizer-lhe o que há entre nós [...] Se ela não o fizer, algo nos separará [...] O amor e um ciúme estúpido".[99] Em meados de setembro, apenas alguns dias antes do suicídio de Geli, Magda confessou a Hitler sua intenção de casar com Goebbels. E Goebbels anotou, feliz: "Hitler está resignado. Ele é muito solitário. E não tem sorte com as mulheres [...] Ele disse que sou um felizardo. Ele ama Magda, mas torce pela minha felicidade. 'Uma mulher bonita e inteligente. Ela não irá me bloquear, mas sim incentivar'. Ele apertou minhas mãos e seu olhos estavam marejados de lágrimas."[100]

Joseph Goebbels e Magda Quandt se casaram em 19 de dezembro de 1931. Hitler foi testemunha do casamento e o casal fez um pacto com ele: a partir de então, Hitler poderia se considerar um amigo da casa e, sempre que precisasse, poderia usufruir do convívio de ambos. Para Hitler, Magda Goebbels era a mulher atraente que poderia posar ao seu lado como uma figura representativa. Após a tomada do poder, Magda poderia assumir o papel de primeira-dama.[101] Ao mesmo tempo, a família Goebbels se preocupou em ajudar Hitler a superar a falta de Geli Raubal. Em janeiro de 1932, ambos conversaram em particular sobre "questões matrimoniais": "Ele está muito solitário. Sente saudades da mulher que não tem. Isso é comovente. Ele gosta muito de Magda. Precisamos encontrar uma boa esposa para ele. Uma mulher como Magda".[102]

Hitler, no entanto, reagia fortemente quando tinha a sensação de que queriam lhe arrumar uma esposa. "Gosto de ter belas mulheres ao meu redor, mas não suporto quando tentam me forçar a fazer algo", disse ele certa vez à atriz Leni Riefenstahl, com a qual se encontrou em maio de 1932 na praia de Horumersiel, no Atlântico Norte e que logo após a "tomada do poder" passaria a ser sua diretora de cinema preferida.[103] O que o casal Goebbels não sabia era que Hitler começou a namorar uma jovem de Munique logo após o suicídio de sua sobrinha: Eva Braun. Dentre todas as mulheres, depois de sua mãe, Eva desempenharia o papel mais importante em sua vida. Eva Braun nasceu em 6 de fevereiro de 1912. Era a segunda das três filhas do professor Friedrich Braun e de sua esposa Franziska, que na época de solteira trabalhara como costureira.[104] As crianças cresceram em uma família de classe média, foram batizadas e educadas como católicas. Eva frequentou a escola primária de 1918 a 1922 e, em seguida, um liceu situado na Tengstrasse. Em 1928, frequentou durante um ano o tradicional Institut der englischen Fräulein, em Simbach, na fronteira austro-germânica.

[FOTO 28] Eva Braun no estúdio fotográfico Photohaus Hoffmann, Munique, posando sentada sobre a escrivaninha, em 1930.

Ali, além dos princípios de administração do lar, Eva também aprendeu datilografia e contabilidade. Em setembro de 1929, respondeu a um anúncio do jornal e candidatou-se ao cargo de aprendiz no Photohaus Hoffmann, onde foi imediatamente aceita. Em suas memórias, Heinrich Hoffmann a descreve como "de tamanho médio e muito empenhada em manter sua figura esbelta": "Seu rosto arredondado era emoldurado por cabelos loiro-escuros. Com seus olhos azuis, a gente poderia descrevê-la como bonita, embora seu rosto se assemelhe ao de uma boneca. Uma beleza comum, vista aos montes em fotos publicitárias".[105]

Algumas semanas depois de ter sido contratada, provavelmente em outubro de 1929, Eva conheceu Adolf Hitler. Mais tarde, Eva relembraria aquele primeiro encontro com sua irmã Ilse: em um final de tarde, quando subiu uma escada para colocar alguns documentos em uma pasta, seu chefe apareceu com um senhor que, ao vê-la, imediatamente fixou o olhar em suas pernas. "Eu desci e Hoffmann nos apresentou: 'Senhor Wolf – nossa querida senhorita Eva!'. E, então: 'Por favor, senhorita Braun, vá até o restaurante da esquina e nos traga cerveja e bolo de carne'". Enquanto o estranho comia, "olhava fixamente para ela" e, depois que ele foi embora, Hoffmann lhe perguntou: "'Você não percebeu quem era o senhor Wolf? Você nunca olha as nossas fotos? [...] Aquele era Hitler, nosso Adolf Hitler!' Eu respondi: 'Ah?'".[106]

Talvez o encontro tenha sido como Eva o descreveu, mas é certo que Hitler, então com quarenta anos, interessou-se espontaneamente por aquela técnica de laboratório fotográfico que, na época, tinha dezessete anos de idade. Provavelmente, Eva o lembrava de "Mimi" Reiter e, assim como fizera tempos atrás, Hitler também usou seu charme paternal com Eva Braun, cobrindo-a com elogios, oferecendo pequenos presentes e, eventualmente, a convidando para sair.[107] Seu relacionamento ficou mais íntimo após a morte de Geli Raubal. Se e quando Eva Braun se tornou a amante de Hitler – as opiniões divergem sobre essas questões. Christa Schroeder, que desde sempre viu seu "chefe" como um ser assexual, acreditou até o final que o relacionamento de ambos era uma farsa. No entanto, o relato da secretária de Hitler afirmando que Eva Braun contou a sua cabeleireira que nunca teve relações sexuais com Hitler nos parece inverossímil.[108] Henriette von Schirach, no entanto, estava convencida de que o "caso de amor" começou no inverno de 1931-1932, ou seja, apenas alguns meses depois da tragédia ocorrida no apartamento da Prinzregentenstrasse. Henriette também contribui com alguns detalhes sobre as circunstâncias nas quais os dois teriam se encontrado: "Após a morte de Geli, quem mandava no apartamento de Hitler era a sra. Winter, sempre empenhada em zelar pelos bons costumes. Portanto, Hitler era obrigado a se comportar como um estudante que leva uma jovem ao seu quarto, na casa dos pais. Ele comprava entradas de teatro para a senhora Winter e seu marido, para poder usufruir de algumas horas de sossego com Eva em seu apartamento."[109]

Caso Hitler realmente estivesse empenhado em esconder seu romance da governanta, ele não obteve sucesso. Depois de 1945, Anni Winter depôs várias vezes informando que nos primeiros meses de 1932 Eva Braun e Hitler passaram a ter um relacionamento íntimo[110], e se alguma pessoa poderia testemunhar isso, essa pessoa era ela. A biógrafa de Eva Braun, Heike Görtemaker, também acredita que o relacionamento amoroso começou no início de 1932.[111] Não existe uma certeza absoluta sobre a data.

Diferente de Geli Raubal, Eva Braun não foi autorizada a acompanhar Hitler aos eventos. Desde o início, Hitler cobriu o relacionamento com um véu de discrição. Por um lado, ele foi motivado a agir assim pelo súbito interesse em sua vida privada que surgiu após a morte da sobrinha; por outro, a existência de uma amante iria contra seus esforços de encenar-se como um "líder" solitário, que sacrifica sua vida privada a serviço incansável da nação. "Eu tenho outra noiva: a Alemanha. Eu sou casado: com o povo alemão e seu destino", dizia Hitler reiteradas vezes.[112] Aparentemente, Hitler desempenhava esse papel inspirado pelo tribuno popular Rienzi, que no quinto ato da ópera de Wagner responde à observação feita por sua irmã Irene, "Você nunca amou": "Eu também amo, ah, Irene/Você não conhece mais meu amor?/maltratado, vergonhosamente desfigurado,/insultado, desonrado, violado e desprezado!/[...] Dediquei minha vida somente a ela,/e também minha juventude, minha masculinidade;/pois eu queria vê-la, a noiva altiva,/coroada como a rainha do mundo,/então saiba: minha noiva chama-se Roma!".[113]

Uma confissão aparentemente honesta, feita por Hitler durante uma conversa particular, na qual ele afirmava que "vencera a compulsão para possuir uma mulher fisicamente", também fazia parte da estratégia de ocultação que havia adotado.[114] Para Hitler, Eva Braun era a atriz ideal – não apenas porque ela aparentava atender às suas necessidades sexuais, mas também porque concordava em participar de sua encenação. Para Hitler, esse relacionamento era de fácil manutenção e, inicialmente, sem muito compromisso. Ao ser questionado por Fritz Wiedemann – que foi um de seus superiores no regimento e, mais tarde, ajudante de ordens – se a vida de solteiro não lhe trazia problemas, Hitler respondeu sorrindo: "A vida de solteiro também tem suas vantagens. Para o amor, eu mantenho uma garota em Munique".[115]

Para Hitler, 1932, o ano das decisões, foi um ano preenchido por constantes campanhas eleitorais. Durante estadias mais ou menos longas, Hitler residiu no Hotel Kaiserhof, próximo à chancelaria do Reich, onde pretendia morar em breve. Sobrava pouco tempo para sua namorada de Munique. Eva Braun sentia-se negligenciada. No segundo semestre, provavelmente no início de novembro, Eva tentou o suicídio, aparentemente com uma arma que pertencia a seu pai. Segundo o relatório de sua irmã Ilse, Eva foi encontrada sobre a cama dos pais. Ela ainda conseguiu telefonar para o médico dr. Plate, um cunhado de Heinrich Hoffmann, e este mandou que a levassem para um hospital.[116]

Será que Eva Braun realmente pretendia se matar? Heinrich Hoffmann relatou que Hitler, que correu para a beira de seu leito, fez essa pergunta ao médico, que confirmou a intenção suicida. Então, Hitler comentou que futuramente dedicaria mais tempo a sua namorada: "Você escutou, Hoffmann, a garota fez isso por amor a mim".[117] Christa Schroeder acreditava que o motivo teria sido uma "tentativa de extorsão" – com uma falsa tentativa de suicídio, Eva Braun pretendia prender Hitler a ela.[118] Caso essa tenha sido sua intenção, a tentativa valeu a pena. Hitler, pronto para assumir o poder, não podia se dar o luxo de um novo escândalo, que poderia lançar uma luz desfavorável sobre sua vida privada.

Em 1º de janeiro de 1933, ambos compareceram a uma apresentação dos "Mestres cantores de Nuremberg", de Wagner, no Teatro Nacional de Munique, acompanhados pelo casal Heß, por Heinrich Hoffmann e alguns outros membros de sua comitiva. Em seguida, reuniram-se na residência de Hanfstaengl; Hitler apresentou-se "bem-humorado e divertido, como no início dos anos 1920". No livro de hóspedes de Hanfstaengl, escreveu: "No primeiro dia do novo ano", e assegurou ao dono da casa: "Este ano nos pertence. Eu assino embaixo."[119]

11

O JOGO PELO PODER

"Começa o jogo pelo poder. Talvez dure o ano inteiro. Uma partida de xadrez que será jogada com rapidez, inteligência e, em parte, também com astúcia." Escreveu Joseph Goebbels em 7 de janeiro de 1932. Contudo, essas frases muito citadas não se encontram em seu diário oficial, mas sim em seu livro *Vom Kaiserhof zur Reichskanzlei* [Da Corte Imperial à Chancelaria do Reich], publicado em 1934 pela editora Eher--Verlag.[1] Com essa versão bastante elaborada e estilizada das notas originais, o chefe de Propaganda queria causar a impressão de um Führer lendário, cujas manobras geniais seriam as únicas responsáveis pela ascensão do NSDAP ao poder, em 30 de janeiro de 1933. O chefe de imprensa de Hitler, Otto Dietrich, seguiu a mesma linha com seu volume de reportagens "*Mit Hitler in die Macht*" [Com Hitler no poder], publicado no outono de 1933, também pela editora do partido. Nesse livro ele exalta o Führer do NSDAP como uma personalidade "única e sem igual". Com uma "antevisão instintiva" ele [Hitler] teria planejado todos os seus passos. Mesmo nas situações mais difíceis teria mantido a "calma absoluta" e "desmoronado e triturado a frente inimiga com sua vontade tenaz", até que finalmente sua recompensa não lhe pudesse mais ser negada, entrando para a Chancelaria do Reich.[2]

Essa imagem estava muito distante do verdadeiro decorrer dos acontecimentos. O caminho de Hitler para o poder não foi nenhuma constante marcha triunfal, senão uma partida interrompida que poderia ter tido um final diferente. Os nacional-socialistas tinham proclamado 1932 "o ano da decisão".[3] Em cinco grandes turnos eleitorais tiveram a oportunidade de dar provas da força organizacional e propagandística que haviam alcançado nesse meio tempo. Mais uma vez o NSDAP atingiu um grande sucesso. Nas eleições do *Reichstag* no final de julho de 1932, foi de longe o partido mais votado. A Wilhelmstraße parecia prestes a ser alcançada. Porém, com sua inflexível estratégia do tudo ou nada, reivindicação do poder total, Hitler levou seu partido a um beco sem saída. Nas eleições do início de novembro, o partido sofreu pela primeira vez uma forte perda. A aura de invencibilidade havia sido enfraquecida, bem como a confiança no Führer. O NSDAP entrou na sua pior crise desde sua proibição em 1923 e 1924. Ao mesmo tempo, desde 1932 eram perceptíveis os primeiros sinais de recuperação econômica; a depressão parecia superada. Assim, algo indicava que mais uma vez pudera ser afastado o perigo da tomada do poder pelos nacional-socialistas. Em 31 de dezembro, em seu semanário "Das Tage-Butch" [O Diário], o jornalista de esquerda liberal Leeopold Schwarzschild escreveu que "o desenvolvimento desse ano alemão de 1932 será para historiadores e políticos de épocas futuras um objeto de estudo de primeiríssimo plano". Pois somente da distância retrospectiva se pode entender totalmente "qual milagre histórico provocou um desvio no último momento".[4]

No início do ano Hitler espalhava otimismo. Em sua mensagem de Ano-Novo, afirmou que a Alemanha estava prestes "a se tornar nacional-socialista com muita rapidez". O partido contava com mais de 15 milhões de filiados – "uma marcha triunfal, sem precedentes na história do nosso povo".[5] Em uma entrevista concedida ao jornal japonês *Tokio Asahi Shimbun*, em 3 de janeiro, mostra-se confiante de que seu partido "em breve tomará o poder na Alemanha" e "fundará o novo Terceiro Reich".[6] No entanto, Hitler sabia que para isso ele dependia principalmente do apoio dos círculos econômicos. Em 1931, como relatou Rudolf Heß, ele já se esforçara "com grande sucesso" para "abalar os suportes existentes do governo atual no mundo da indústria e dos bancos".[7] De fato, Brüning perdera muito apoio na economia por conta de sua falha política deflacionária que agravou a crise. Porém, isso não trabalhou a favor do NSDAP, pois ainda havia reservas em relação a um movimento cujos representantes tinham um discurso duplo no tocante ao programa de política econômica. A fim de melhorar a imagem do seu partido, Hitler aceitou o convite para fazer um discurso em 26 de janeiro de 1932 perante o Clube da Indústria de Düsseldorf, o ponto de encontro da elite econômica da Renânia-Vestfália.[8]

[FOTO 29] Hitler junto a Hermann Göring na reunião do Clube da Indústria de Düsseldorf, na qual Fritz Thyssen lê uma declaração que termina com "*Heil*, sr. Hitler", 26 de janeiro de 1932.

Cerca de setecentos ouvintes lotaram o grande salão de baile do Parkhotel de Düsseldorf. Como partidários e opositores do nacional-socialismo discutiam violentamente em frente ao hotel, Hitler entrou no salão por uma entrada lateral. Para se adequar ao ambiente, ele trocou o uniforme marrom pela sobrecasaca escura e calça listrada. Quem esperava obter informações sobre quais medidas concretas seriam tomadas por um governo dirigido por ele para superar a crise econômica, ficou decepcionado. Hitler repetiu no seu discurso de duas horas e meia apenas o que anunciara em ocasiões semelhantes, como em suas aparições no Clube Nacional de Hamburgo de 1919: que somente um Estado forte poderia estabelecer um marco para uma economia florescente e que quem pensava a favor da propriedade privada, deveria rejeitar a ideia de democracia. "É um contrassenso construir a economia com base no pensamento do desempenho e do valor individual, de forma a estabelecer funcionalmente a autoridade da personalidade, mas negar politicamente tal autoridade e colocar no seu lugar a lei da maioria, a democracia." Novamente ele invocava o perigo bolchevique, o qual, prosseguindo com sua marcha triunfal, "exporá o mundo a uma completa transformação, exatamente como o cristianismo em outros tempos". O movimento nacional-socialista seria a única força a poder impedir que a Alemanha também "se afunde no caos bolchevique". "E, se censuram nossa intolerância, declaramo-nos orgulhosamente partidários dela, sim, tomamos uma decisão inexorável de exterminar o marxismo na Alemanha até sua última raiz." Hitler evitou cuidadosamente qualquer declaração abertamente antissemita, e sobre seu programa de conquista do "espaço vital" [doutrina que afirmava a necessidade de integrar as comunidades alemãs dispersas na Europa] na Rússia só houve insinuações no discurso. Em vez disso, no final enfatizou que uma Alemanha refortalecida sob sua liderança estaria pronta para a "amizade e paz" com seus vizinhos.[9]

Criaram-se muitas lendas em torno da aparição de Hitler no Clube da Indústria. Elas remetem, sobretudo, ao relato de Otto Dietrich, que acompanhara Hitler e aparentemente fornecia a autêntica versão de uma testemunha ocular em seu livro *Mit Hitler in die Macht*: inicialmente recebido com "fria reserva", Hitler logo teria empolgado o público. "As fisionomias começam a enrubescer, os olhos detêm-se nos lábios do Führer, percebe-se que os corações se aquecem [...] As mãos movimentam-se primeiramente hesitantes, depois vêm as salvas de palmas efervescentes. Quando Adolf Hitler terminou, tinha ganhado sua batalha. Nesse "dia memorável" Hitler teria "conquistado os capitães da indústria do Oeste alemão": "O gelo fora quebrado, o pensamento nacional-socialista havia encontrado seu solo fértil nos círculos importantes e influentes do sistema."[10]

Esse relato, que marcou por muito tempo a literatura mais antiga sobre a relação do nacional-socialismo com a grande indústria, foi corrigido pelo historiador americano Henry A. Turner e alguns autores que o seguiram.[11] Primeiramente, observou-se com razão que de modo algum toda a elite econômica da região do Ruhr estivera presente. Obviamente, um dos primeiros admiradores de Hitler, Fritz

Thyssen, esteve lá; além dele, também compareceram Ernst Poensgen e Albert Vögler das *Vereinigte Stahlwerke* [siderúgicas associadas]; Ernst Brandi da *Bergbauverein* [associação mineradora]; e Karl Haniel da *Gutehoffnungshütte* [tradicional empresa mineradora], presidente do Clube da Indústria. Porém, algumas celebridades da grande indústria ficaram ostensivamente longe desse encontro, sobretudo, Gustav Krupp von Bohlen und Halbach, o presidente da Associação da Indústria Alemã do Reich, mas também Paul Reusch, Carl Duisberg da ιg *Farben* [associação de interesses da indústria de tintas], Fritz Springorum da *Hoesch Stahlwerke* [siderúrgica Hoesch] e o empresário da mineração, Paul Silverberg.[12]

Também as reações do público não foram unânimes em seu entusiasmo, como sugere o relato de Dietrich. Quando Thyssen terminou seu discurso de agradecimento com "*Heil*, sr. Hitler!", a maioria de seus colegas presentes sentiu isso como uma bajulação constrangedora.[13] Afinal, o discurso de Hitler pouco contribuiu para estimular de modo duradouro a prontidão dos grandes industriais a fazer doações. Mesmo Otto Dietrich, em suas memórias bem mais objetivas de 1955, admite: "As contribuições para a doação, solicitada na saída do salão, foram de boa intenção, porém insignificantes. Além disso, mesmo naquela época não se podia dizer que se tratava de um apoio ou financiamento substancial da 'economia' ou 'indústria pesada' à luta política de Hitler".[14] Nas campanhas eleitorais pelo cargo de presidência do Reich na primavera de 1932, importantes líderes da economia, como Krupp e Duisberg, pronunciaram-se a favor de Hindenburg e pagaram alguns milhões de marcos para seu fundo eleitoral.[15]

A questão da nova eleição para a presidência do Reich era tema dominante nos primeiros meses de 1932. A fim de poupar Hindenburg, já com 85 anos de idade, de passar por uma segunda votação direta, o chanceler do Reich, Brüning, teve a ideia de prolongar o mandato de Hindenburg através de uma decisão do *Reichstag*. Contudo, para isso ele precisava de uma maioria de dois terços para alterar a constituição, que só poderia ser atingida com a aprovação dos nacional-socialistas e do DNVP.[16] Na noite de 6 de janeiro, o ministro da *Reichswehr* e do Interior, Wilhelm Groener, encontrou-se com Hitler, por ordem de Brüning, a fim de convencê-lo desse projeto. "Simpática impressão, uma pessoa modesta, respeitável, que quer o melhor", resumiu em seguida seu julgamento sobre o Führer do NSDAP. "Sua atitude é de um autodidata ambicioso [...] A intenção e as metas de Hitler são boas, mas ele é um entusiasta, fervoroso, eclético."[17] A seguir, houve uma série de negociações, nas quais Hitler se demonstrou primeiramente disposto ao acordo, para finalmente associar uma possível aprovação da candidatura de Hindenburg à demanda da dissolução do *Reichstag* e novas eleições. Mas isso Brüning não podia aceitar, porque com a vitória esperada do NSDAP ele teria perdido sua maioria de tolerância* no *Reichstag*.

---

*   Apoio a um governo minoritário por um ou vários partidos não integrantes do governo. (N.T.)

Em 12 de janeiro, Hitler comunicou a Brüning que "com todo o respeito pela pessoa do sr. presidente do Reich", tinha de recusar a proposta de prorrogação do mandato. Como justificativa, fez considerações sobre a constitucionalidade, que eram bem fundamentadas, mas pareciam estranhas saindo da sua boca, pois não deixara dúvidas de que pretendia revogar a Constituição o mais rápido possível após uma tomada do poder pelos nacional-socialistas.[18] No entanto, sua recusa colocava o presidente do NSDAP diante de um dilema: se Hindenburg, apesar da idade avançada, decidisse candidatar-se para um segundo mandato, ele não teria outra escolha senão aceitar o desafio. Era grande o risco de se submeter a uma concorrência direta com o "vencedor de Tannenberg"[†], especialmente popular entre partidários da direita. Uma derrota como essa poderia prejudicar a imagem do Führer do movimento, que aparentemente avançava incessantemente de vitória em vitória. Em 19 de janeiro, Goebbels conversou pela primeira vez com Hitler, em seu apartamento particular em Munique, sobre a questão da presidência do Reich: "Defendo sua candidatura. Ele sozinho vencerá Hindenburg. Calculamos com números. Mas os números enganam. Hitler tem que se tornar presidente do Reich. Só assim é possível. É essa a palavra de ordem. Ele não se decidiu ainda. Vou continuar a insistir".[19]

Mas para a aflição de Goebbels, Hitler protelou sua decisão por semanas. Ele estava claramente mais cético do que seu *Gauleiter* e chefe do Departamento de Propaganda. "Hitler está esperando tempo demais", queixou-se Goebbels em 28 de janeiro, e dois dias depois anotou: "Quando Hitler vai se decidir? Ele não tem coragem? Então, é preciso encorajá-lo".[20] Somente em 3 de fevereiro, quando Goebbels já havia praticamente terminado os preparativos para a campanha eleitoral na Casa Marrom, Hitler deu a entender sua prontidão para concorrer com Hindenburg. Todavia, essa decisão só deveria se tornar pública depois de o presidente do Reich ter declarado sua nova candidatura e os sociais-democratas terem se pronunciado a seu favor. O que estava por trás disso era claro: se Hindenburg fosse apoiado pela facção republicana que em 1925 o havia combatido, então Hitler poderia se apresentar como candidato da direita nacional. "Mas primeiramente, Hindenburg precisa ter certeza; o SPD precisa apoiá-lo. Só então a nossa decisão será feita. Maquiavel! Mas correto", agora também Goebbels admitia.[21]

Justamente por esse motivo, Hindenburg não se apressou com sua decisão. Como informou Brüning no final de janeiro, Hindenburg só queria aceitar uma candidatura se ela "não se deparasse com a resistência coesa da direita toda".[22] A criação de uma comissão Hindenburg suprapartidária, no início de fevereiro, sob a direção do prefeito de Berlim, Heinrich Sahm, que em pouco tempo reuniu mais de três milhões de assinaturas, não foi suficiente para o presidente do Reich. Somente quando a *Kyffhäuserbund*, a confederação de veteranos de guerra, fez voto

---

†   Alusão à batalha de Tannenberg, 1914. (N.T.)

de lealdade ao marechal de campo, Hindenburg declarou sua disponibilidade para aceitar a candidatura, em 15 de fevereiro. "Um dia de significado fatídico para a Alemanha" observou Hermann Pünder, secretário de Estado da Chancelaria do Reich.[23] Hitler deixou passar mais uma semana antes de permitir a Goebbels que anunciasse sua candidatura no Sportpalast de Berlim, na noite de 22 de fevereiro. "Dez minutos de entusiasmo, ovações, as pessoas se levantam para me aclamar de pé. O teto parece querer arrebentar. É fantástico. Assim venceremos", descreve Goebbels a reação dos partidários.[24]

Contudo, ainda havia um obstáculo: para se candidatar, Hitler precisava da cidadania alemã. Em julho de 1930, Frick, na época secretário do Interior da Turíngia, malogrou em sua tentativa de querer nomear Hitler comissário de gendarmaria de Hildburghausen. Quando esse despropósito se tornou público em 1932, provocou certo espanto, o que é compreensível. Nesse ínterim, a liderança do NSDAP já havia encontrado uma solução mais elegante, pressionar seu secretário do Interior de Braunschweig, Dietrich Klagges, que tinha um governo de coalizão com o DNVP e o DVP, a tomar medidas para a naturalização de Hitler por meio de sua nomeação a funcionário público. Primeiramente, pensava-se em nomeá-lo professor extraordinário titular de "sociologia orgânica e política" na Escola Politécnica de Braunschweig.[25] Mas era demais, mesmo para os parceiros da coalizão com o NSDAP. Em vez disso, alimentaram a ideia de conceder a Hitler o cargo de conselheiro governamental na legação de Braunschweig em Berlim. Ele se encontrava lá em 26 de fevereiro, quando recebeu sua certidão de nomeação e prestou juramento oficial: "Juro fidelidade à Constituição do Reich e do país, obediência à lei, e cumprir escrupulosamente os deveres da minha função".[26] E com isso sua "função" já estava cumprida. Logo a seguir, requereu férias até o final da campanha para presidência do Reich, que depois sempre foram renovadas. Sem dúvida alguma, a meta política fora atingida: "Acaba de chegar a notícia de que ele foi nomeado o enviado de Braunschweig. Então, cidadão Hitler. Parabenizamos", anota Goebbels com seu cinismo peculiar sob a data de 26 de fevereiro.[27]

Os alemães nacionalistas partidários de Hugenberg não se entusiasmaram com a candidatura de Hindenburg nem de Hitler e nomearam seu próprio candidato à presidência, Theodor Duesterberg, o segundo presidente federal do *Stahlhelm*. Com isso, a Frente de Hartzburg",‡ que já não era mesmo muito firme, se desfez. O KPD também apresentou seu próprio candidato, o presidente do partido, Ernst Thälmann. O SPD, ao contrário, decidiu, como o partido *Zentrum*, não apresentar nenhum candidato, mas sim Hindenburg. Em seu apelo, publicado em 27 de fevereiro no jornal social-democrata *Vorwärts*, a direção do partido declarou: "Hitler ao invés de Hindenburg significa caos e pânico na Alemanha e em toda a Europa,

‡   Aliança de nacionalistas antidemocráticos de oposição ao governo Brüning. (N.T.)

agravamento extremo da crise econômica e da miséria provocada pelo desempre-go, altíssimo perigo de conflitos sangrentos entre o próprio povo e com o exterior. Hitler no lugar de Hindenburg significa vitória da parte reacionária da burguesia sobre as partes progressistas da classe-média e sobre a classe trabalhadora, destrui-ção de todas as liberdades civis, da imprensa, das organizações políticas, sindicais e culturais, agravamento da exploração e escravidão assalariada". O apelo termi-nava com a palavra de ordem: "Derrotem Hitler! Por isso votem em Hindenburg!"[28]

Assim as frentes se inverteram em relação a 1925. "Que país estranho [...]", declarou abismada Thea Sternheim, em 1932. "Hindenburg como preferido dos de-mocratas. Há alguns anos, quando soube da sua eleição [...], vomitei de pavor, de indignação. Hoje, considerando a ameaça do fascismo, o republicano treme pela preservação de Hindenburg."[29] Mas para o NSDAP, o apoio do SPD a Hindenburg ofereceu o desejado material de agitação. Na sessão plenária do *Reichstag* de 23 de fevereiro, Goebbels provocou um escândalo ao declarar que Hindenburg "aban-donou a causa de seus antigos eleitores" e "se posicionou claramente ao lado da socialdemocracia". "Diz-me quem te elogia e te direi quem és!", continuou o de-putado do NSDAP. Hindenburg "é elogiado pela imprensa marrom de Berlim, pelo partido dos desertores". Reagindo a essa provocação infame, o deputado do SPD Kurt Schumacher, veterano de guerra deficiente e voluntário de 1914, tomou a pa-lavra e em um discurso combativo deu uma resposta memorável a Goebbels: "Se tivermos alguma coisa a reconhecer no nacional-socialismo, é o fato de que ele conseguiu pela primeira vez na política alemã, a mobilização total da imbecilida-de humana."[30] Como Goebbels se recusou a se desculpar pelas suas injúrias, foi obrigado a retirar-se do plenário. Hitler demonstrou-se entusiasmado: "Assim a guerra está declarada".[31]

Imediatamente depois, os nacional-socialistas iniciaram sua campanha elei-toral. Para isso foram empregados os meios técnicos mais modernos. Goebbels gravou um disco de gramofone com uma distribuição de 50 mil exemplares. Em um filme sonoro de dez minutos, que deveria ser exibido nas praças das grandes cidades, Hitler era louvado como o salvador e redentor do povo alemão. Cartazes berrantes multiplicavam a mensagem central que o Diretório de Propaganda já havia fixado no início de fevereiro: "Fora com o sistema! Ao nacional-socialismo o poder!"[32] No seu discurso de abertura da campanha eleitoral no Sportpalast de Berlim, em 27 de fevereiro, que o jornal *Völkischer Beobachter* [O observador popu-lar] publicou sob o título "Sinal de ataque", Hittler reforçou, diante de 25 mil ou-vintes, que na iminente "luta gigantesca" se tratava de "muito mais" do que "uma candidatura à presidência"; tratava-se de um acerto de contas com o "sistema" de 9 de novembro que em treze anos de existência teria levado a Alemanha à beira do abismo. Esse era basicamente o teor de todos os discursos subsequentes: "Assim fomos acusadores durante treze anos, e agora chegou a hora, já que os senhores, meus compatriotas, após treze anos, no dia 13 de março, pela primeira vez precisam ser juízes, e de modo abrangente, sobre o que foi destruído por um lado, e sobre o que o outro lado reconstruiu dos valores internos do nosso povo!"[33] Goebbels registrou a reação: "O povo delira. Uma hora de vertigem. Hitler é o cara. Eu o adoro."[34]

Hitler cumpriu um programa desgastante entre 1º e 11 de março. Fez comícios em Hamburgo, Stettin, Breslau, Leipzig, Bad Blankenburg, Weimar, Frankfurt, Nuremberg, Stuttgart, Colônia, Dortmund e Hanôver, e em toda parte, o público afluía em massa. Sobre a recepção na reunião completamente lotada nos salões Sagebielsäle de Hamburgo, o jornal *Hamburger Tageblatt* escreveu: "Uma multidão de quatro mil pessoas; quatro mil pessoas que compõem um exército grisalho, embotado, e que parece querer limpar todas as suas lágrimas, seu sofrimento, suas preocupações nesse grito ao mesmo tempo de saudação e homenagem".[35] O jornal *Schlesische Zeitung* noticiou sobre os 50 mil ouvintes no Salão do Centenário de Breslau, onde Hitler chegou com horas de atraso: "Vieram de longe, de Hirschberg, Waldenburg, Sulau e Militsch, de todas as partes da Silésia, e mesmo muitas horas de viagem nas posições mais desconfortáveis, ou agarradas na capota de um ônibus, não as fizeram desistir de ouvir o seu 'Führer' [...] As pessoas esperaram horas a fio, sem impaciência, em clima festivo. Levaram almoço e jantar. Vendedores ambulantes irrompem pela multidão com frutas e refrigerantes, socorristas e enfermeiras encontram-se em seus postos; é uma imagem colorida e dinâmica".[36] As manifestações em massa para a eleição à presidência do Reich, na primavera de 1932, foram mais espetaculares do que os eventos para a eleição do *Reichstag* de setembro de 1930. Ter visto ou ouvido Hitler, a nova estrela da política, era para muitos alemães, inclusive para aqueles que não eram membros do partido, uma necessidade. Eles projetavam nele sua nostalgia de um messias nacional que redimiria o país da sua miséria e o levaria ao reflorescimento. Hitler soube servir-se dessa nostalgia, valendo-se sempre das mesmas imagens sombrias para denunciar os treze anos da república como uma época de pura decadência e conclamando diante dessa o suposto futuro glorioso de uma "comunidade do povo".

No entanto, o Führer do NSDAP evitou atacar Hindenburg pessoalmente. Ele queria conduzir a luta "como um cavalheiro", como garantiu ao presidente do Reich no final de fevereiro.[37] Hitler tinha consciência de que não podia comprometer a relação com Hindenburg de maneira irreparável, porque se ficasse sujeito a ele, não poderia alcançar o poder sem a aprovação do presidente do Reich. Assim, não perdia a oportunidade de expressar sua veneração pelo antigo marechal de campo. Ao mesmo tempo, deixava claro que Hindenburg era um homem do passado, enquanto ele, Hitler, e seu movimento pertenciam ao futuro. "Ancião" proclamou em Nuremberg, em 7 de março, "você não carrega mais o futuro da Alemanha nas costas, mas nós precisamos carregá-lo nas nossas, você não pode mais assumir nenhuma responsabilidade por nós. Nós próprios, a geração da guerra, vamos assumi-lo. Honrado ancião, hoje você não pode mais proteger aqueles que queremos destruir. Por isso, afaste-se e deixe o caminho livre!"[38]

A agressão principal de Hitler dirigia-se à socialdemocracia, que supostamente usava o mito Hindenburg como desculpa para fugir à responsabilidade. "Acredite em mim", escarnecia em todos os comícios da campanha eleitoral, "se eu não tivesse alcançado nada na minha vida a não ser ter forçado esse partido a cair aos pés do marechal de campo, já seria um mérito histórico [...] Houve uma bela transformação nesse partido. Antigamente, o partido do proletariado revolucionário; hoje, o partido de uma votação burguesa bem comportada em prol do odiado general marechal de campo de 85 anos".[39] Não há dúvida, essa polêmica visava levar à dissensão entre a liderança social-democrata e seus partidários. Pois Hitler podia calcular que suas chances de vencer Hindenburg no primeiro turno não eram muito grandes, caso os eleitores do SPD em peso votassem em Hindenburg.

Contudo, a propaganda espalhava confiança. "A frase que permanece e é eternamente repetida: Adolf Hitler não é só nosso candidato, Adolf Hitler será o próximo presidente. A certeza da vitória do partido todo tem que ser elevada à crença cega", solicitava o Diretório de Propaganda em uma circular a todos os distritos.[40] Mesmo Goebbels oscilava entre esperança e medo. "As estimativas para Hitler são fantásticas, sobretudo, entre correligionários", assinalou em 6 de março. "Nisso vejo um perigo. Só não podemos é ficar eufóricos e subestimar o adversário."[41] Porém, poucos dias depois, demonstrava-se seguro da vitória: "Tarde da noite ainda conversei com Hitler. Ele está em Stuttgart. Viaja de triunfo em triunfo. Tudo muito bem. Será um sucesso!"[42] Nesse ínterim, Hitler também estava convicto de poder derrotar Hindenburg. No primeiro turno, um dia antes da decisão de 13 de março, declarou em uma entrevista concedida ao *New York Evening Post* com o correspondente Hubert Knickerbocker que ambos, ele e Hindenburg, receberiam cerca de 12 milhões de votos, ou seja, não obteriam a maioria absoluta; mas no segundo turno, em 10 de abril, Hindenburg não teria mais nenhuma chance – acrescentando que teria sido irresponsável da parte de Brüning ter convencido o velho senhor a candidatar-se e com isso tê-lo levado à previsível derrota.[43]

Diante da grande tensão das expectativas, o resultado das eleições foi um choque para o partido todo: Hindenburg, com mais de 18 milhões de votos (49,8%) ficara claramente longe de Hitler, que conseguira um pouco mais de 11 milhões (30,1%). Contudo, o titular do cargo não atingira a maioria absoluta, de modo que foi necessário um segundo turno. Thälmann obteve quase 5 milhões (13,2%), Duesterberg só 2,5 milhões (6,8%).[44] A decepção dos adeptos do NSDAP foi tamanha que em alguns lugares eles hastearam a bandeira com a suástica a meio mastro.[45] Goebbels escreveu em seu diário: "Fomos derrotados, terríveis prognósticos [...] Nossos correligionários estão deprimidos e sem coragem. Agora é preciso uma grande jogada. Telefonema com Hitler. Ele está imensamente surpreendido com o resultado. Colocamos nossas metas em nível demasiadamente alto".[46] Ainda na noite da eleição, Hitler esboçou um apelo ao partido por meio do qual ele tentava dissimular o desastre, dizendo que em todo caso, no tocante à eleição de setembro de 1930, o NSDAP teria duplicado o número de votos. "Hoje, tornamo-nos, incontestavelmente, de longe o partido mais forte da Alemanha." Os membros do partido foram exortados a se preparar "nova e imediatamente e da forma mais incisiva para o ataque à frente do *Zentrum* e à frente marxista [...]". Nenhum dia mais poderia ser perdido; todos tinham que dar "o melhor e tudo" de si, "para pregar a vitória na nossa bandeira".[47]

Otto Dietrich deturpou a reação ao resultado eleitoral de 1933, como o "grande momento" de Hitler. Nessa "noite fatídica" o "Führer superou sua grandeza" e reergueu os desalentados em virtude da sua "vontade totalmente incondicional e vulcânica".[48] A impressão de Hanfstaengl foi completamente diferente, na noite de 13 de março no apartamento da Prinzregentenplatz: Hitler teria ficado sentado refletindo sozinho em uma sala quase escura e causado a impressão nas suas visitas "de um jogador decepcionado e desencorajado que apostara muito acima de suas condições".[49] Em um discurso numa reunião do NSDAP em Weimar, em 15 de março, Hitler teve que admitir em público que havia "se enganado nos cálculos". Disse que não considerara possível que "até o último homem" dos social-democratas votasse em Hindenburg.[50] De fato, os membros do SPD haviam seguido o credo da direção do partido de maneira surpreendentemente disciplinada.

Entre os dois turnos eleitorais, surgiu de repente a ideia de uma candidatura do príncipe herdeiro Guilherme. Em uma carta dirigida a Hitler, o filho mais velho do imperador Guilherme II solicitava apoio. O presidente do NSDAP declarou-se aparentemente disposto a renunciar à sua candidatura, no entanto, somente sob a condição de que Hindenburg também se decidisse a dar esse passo. Se ele ajudasse o príncipe herdeiro a chegar à presidência, então Hitler bem poderia contar com sua gratidão, graças à qual lhe seria confiada a chancelaria. Mas o plano todo estava de antemão fadado ao fracasso. Não só Hindenburg não pensava em abrir mão da sua reeleição iminente e segura, como também Guilherme II, do seu distante exílio em Doorn, na Holanda, vetou a candidatura do príncipe herdeiro e assumiu as consequências, recomendando publicamente a eleição de Hitler.[51]

Hitler declarou em 21 de março em uma entrevista a Sefton Delmer, correspondente em Berlim do *Daily Express*, que ele faria uma campanha como o mundo ainda não vira.[52] Como o presidente do Reich decretara uma "trégua da Páscoa" que proibia reuniões públicas no período de 20 de março a 3 de abril, havia apenas uma semana disponível para a campanha eleitoral. O curto prazo tornavam necessários, como assinalou Goebbels em seu diário, "métodos completamente novos" para a propaganda. Parte desses métodos consistia, sobretudo, na ideia de fretar um avião, por meio do qual Hitler realizaria diariamente vários comícios para as massas.[53] Em 3 de abril, ele começou partindo de Munique em um Junker D-1720, no seu primeiro "voo pela Alemanha" que o levou a mais de vinte grandes eventos, primeiramente, aos baluartes saxônicos do NSDAP, Dresden, Leipzig, Chemnitz e Plauen, depois Berlim e Potsdam, e de lá passando pela Pomerânia e Prússia Oriental onde discursou em Lauenburg, Elbing e Königsberg. Em 6 de abril voltou para o sul da Alemanha, apresentando-se em Würzburg, Nuremberg e Regensburg. Um dia depois era possível vê-lo em Frankfurt, Darmstadt e Ludwigshafen, no dia seguinte, em Düsseldorf, Essen e Münster, e em 9 de abril, o último dia da campanha, em Böblingen, Schwenningen, e o comício final em Stuttgart. "Ninguém podia escapar a essa onda de propaganda", escreveu Otto Dietrich, que participou significativamente na organização do primeiro "voo pela Alemanha". "Ela despertava o interesse esportivo e levava em conta a necessidade de sensação das massas, assim como agitava os ânimos políticos [...] Era propaganda política que deixava até mesmo métodos americanos à sombra."[54]

De fato, esse empreendimento revelou-se extraordinariamente atrativo. No total, foram mais de 1,5 milhão de pessoas alcançadas em um período de poucos dias. Somente ao discurso de Hitler no Lustgarten de Berlim, em 4 de abril, compareceram de 150 mil a 200 mil pessoas. O evento também foi gravado em um filme sonoro.[55] Depois do primeiro "voo pela Alemanha" seguiram-se mais três em 1932. Eles contribuíram essencialmente para a popularização do culto ao Führer. O *slogan* "Hitler sobre a Alemanha", sobre o qual os jornais do partido escreviam grandes artigos, não só sugeria a onipresença do presidente do NSDAP; ele simbolizava sua pretensão de estar acima das classes e dos partidos e já antecipava o futuro movimento "Comu-

[FOTO 30] Capa de uma brochura de propaganda da editora Eher-Verlag para os voos de Hitler, 1932.

nidade do Povo". Como os nacional-socialistas eram o único partido que nos moldes norte-americanos utilizava o avião, isso lhe conferia uma aura de modernidade e futuro garantido. E como Hitler não faltava aos compromissos marcados, mesmo com mau tempo, sua aura de "salvador da nação" consolidava-se como aquele que se sacrifica servindo à sua missão, sem temer perigo nenhum. Enquanto as multidões aceitavam esperar horas a fio, Hitler pousava descendo das nuvens "igual a um messias, [...] e anunciava sua mensagem de salvação".[56]

Hitler se esforçava à exaustão. "Meu Deus, o homem está se consumindo", relatou a amiga Winifred Wagner, preocupada. "E quem conhece sua aversão a voar sabe o quanto ele teve que superar!!!"[57] De fato, ao contrário do mito heroicizante, difundido sobretudo por Otto Dietrich[58], Hitler tinha pavor de voar, o que ele mal conseguia esconder das pessoas ao seu redor. Sefton Delmer, o único jornalista estrangeiro que teve o privilégio de poder acompanhar Hitler no seu primeiro "voo pela Alemanha", retratou em suas memórias como a sociedade a bordo do avião, pilotado pelo comandante da Lufthansa, Hans Baur, bajulava o Führer e procurava receber a sua atenção. Mas Hitler recusava toda aproximação com uma "apatia ranzinza". "Ele estava sentado lá e olhava pela janela indiferente, o queixo apoiado na mão direita, com algodão nos ouvidos. Só de vez em quando mudava um pouco de posição ou coçava a nuca." Para Sefton Delmer surgia aqui "uma imagem completamente nova de Hitler, o oposto absoluto do homem do aperto de mão, atento em causar boa impressão" que ele vivenciara durante a partida do aeroporto Berlim-Tempelhof. Em seu relato, prossegue o jornalista, "desde essa época viajei com alguns estadistas, mas em nenhum deles observei tamanho contraste entre a personalidade pública e a privada como em Hitler". Mal aterrissara o avião, ele mudava abruptamente de papel: tomava uma posição ereta, assumia o papel do "Führer". "Lá estava ele, com a cabeça descoberta, empertigado e sério, os ombros para trás, a expressão dos lábios com determinação bélica, a mão levantada para saudar. Quando os gritos de boas-vindas da multidão aumentavam de volume, passava à segunda fase. Seus olhos dilatavam-se de tal modo que se podia ver sua parte branca e 'se iluminavam', com uma luz que expressava uma compreensão amistosa pelas necessidades do seu povo, confiança impávida, a luz nos olhos de um messias predestinado a conduzir a Alemanha a um lugar ao sol."[59] Em geral, Hitler era recepcionado por dignitários locais, meninas entregavam buquês de flores e a capela da SA dava a moldura musical ao evento. No caminho do aeródromo para o local do comício não era raro que o desfile de carros acompanhando Hitler fosse recebido por manifestantes comunistas. Em Elbing, porto do mar Báltico, Sefton Delmer presenciou como os guarda-costas, comandados por Sepp Dietrich, pularam de seus carros e foram para cima dos trabalhadores com cassetetes de borracha e soco-inglês.[60] A polícia não fez nada para impedi-los. Novamente uma prova de que os nacional-socialistas já se sentiam os futuros donos da Alemanha e acreditavam que podiam apoderar-se da lei pelas próprias mãos.

Em seus discursos, Hitler repetia a queixa interminável sobre os supostos treze anos de desordem econômica na Alemanha e aproveitava para prometer acabar com a "corja dos partidos" tão logo ele chegasse ao poder. Para as pessoas ao seu redor era um martírio ter que ouvir sempre as mesmas tiradas que ele variava apenas ligeiramente, dependendo do lugar onde falava. Assim ele comparou, em Potsdam, o desenvolvimento do NSDAP com a ascensão do pequeno Estado de Brandemburgo à grande potência da Prússia. "Começamos pequenos, desprezados e escarnecidos e aos poucos nos tornamos o movimento nacional-socialista, e temos hoje 11 milhões de seguidores, a maior organização que a Alemanha jamais viu, eles marcham atrás das nossas bandeiras."[61]

Hitler ficou em uma situação difícil quando o jornal de esquerda liberal *Welt am Montag* publicou uma conta do Hotel Kaiserhof no início de abril sob o título "Assim vive Hitler!", em que apresentava as despesas de Hitler e de seu séquito referentes a apenas dez dias de março de 1932, no valor de 4.008,00 *Reichsmark*.

De fato, a soma era exagerada. As despesas de hotel de 1931 e 1932 foram preservadas e por ela pode-se depreender que Hitler teve que pagar entre 606 e 829 marcos para ele próprio e seus acompanhantes, em geral de três a quatro pessoas, para um período de três a quatro dias. Para os cinco dias de 8 de abril até 2 de maio de 1932, ele pagou 837 marcos para cinco pessoas e sete acomodações.[62] Em todo caso, tratava-se de uma soma considerável que contradizia de modo crasso com a imagem que Hitler passava de si como o homem simples do povo que preservava seu estilo de vida modesto. Em uma declaração de 7 de abril, o presidente do NSDAP apressou-se em designar a conta publicada como uma falsificação e em seu discurso estilizou novamente o político do desprendimento pessoal que, ao contrário dos "magnatas" dos outros partidos, não tinha patrimônio e nem dependia disso: "Não preciso disso, vivo como o pássaro na floresta".[63]

O resultado das eleições anunciado em 10 de abril foi menos decepcionante para os nacional-socialistas do que o de 13 de março. Hindenburg foi eleito como se esperava, com 53% dos votos, mas Hitler tinha conseguido mais de dois milhões de votos adicionais e aumentado sua cota para 36,8%. Uma grande parte dos eleitores de Duesterberg, que retirara sua candidatura, votou nele. Thälmann alcançou só 10,2%. Muitos partidários do KPD se distanciaram da eleição.[64] Para os defensores da república, o resultado da eleição não era de modo algum tranquilizador. "Ontem, Hindenburg foi reeleito na Alemanha", escreveu Thea Sternheim em Paris, "mas apesar da vitória, o crescimento do partido do Hitler é assustador. Essa luta ainda não acabou definitivamente."[65] A liderança do NSDAP criou confiança: "Para nós, trata-se de uma vitória avassaladora [...]", comentou Goebbels. "Hitler está totalmente feliz. Agora temos o trampolim para as eleições da Prússia."[66]

Na Prússia, Baviera, Württemberg e Anhalt, as eleições para os parlamentos estaduais estavam marcadas para 24 de abril; no mesmo dia haveria nova eleição do parlamento de Hamburgo. Um dia após a decisão de 10 de abril, Goebbels já elabo-

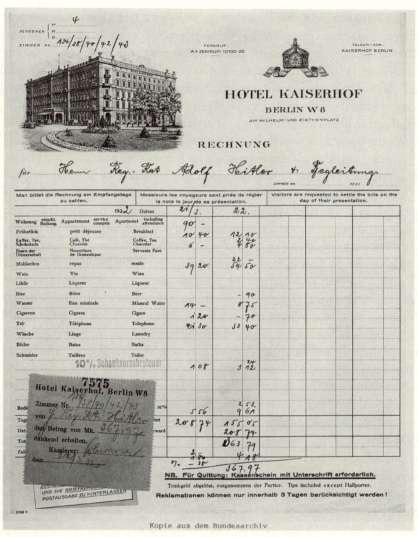

[FOTO 31] Conta do Hotel Kaiserhof em Berlim para o conselheiro governamental Adolf Hitler e três acompanhantes, de 21 a 22 de março de 1932.

rava um programa para a nova rodada de eleição: "14 dias de propaganda eleitoral. Lá também queremos fornecer uma obra-prima".[67] Hitler iniciou em 16 de abril seu segundo "voo pela Alemanha". Dessa vez, a campanha estendeu-se para além das grandes cidades até a província e ali também o afluxo foi enorme. "As massas ficaram de pé durante sete horas esperando o Führer", noticiou, por exemplo, o jornal *Völkische Beobachter* sobre a reunião em Donauwörth, sul da Baviera.[68] Hitler dirigiu o foco de sua campanha eleitoral para a Prússia, de longe o maior e mais importante estado federal. Enfatizou que a eleição que ali ocorreria em 24 de abril tratava-se de uma ocasião fatal, a qual consistia em derrotar a coalizão governamental em exercício sob o social-democrata Otto Braun e conectá-la "à Prússia de Frederico, o Grande", que foi "durante séculos um modelo inédito de limpeza, ordem e disciplina". Como a Prússia na época do levante contra Napoleão, em 1813, se tornara "o porta-estandarte da liberdade alemã", agora precisava "tornar-se o porta-estandarte da nova e grande unificação social da nação alemã."[69]

As eleições de 24 de abril beneficiaram os nacional-socialistas com um grande aumento na votação. Na Prússia, eles puderam ampliar sua cota de 1,8% em 1928 para 36,3% em 1932. Com 162 mandatos, tornaram-se o partido mais forte do parlamento da Prússia. A coalizão composta do SPD, o *Zentrum* e o DSTP perdeu sua maioria, mas permaneceu no exercício de suas funções, já que o NSDAP não atingira a maioria absoluta necessária para uma nova eleição a ministro-presidente. Na Baviera, o BVP afirmou-se com uma pequena vantagem (32,6%) sobre o NSDAP que passou de 6,1% a 32,5%. Em Württemberg, o NSDAP tornou-se o partido mais forte, com 26,4%, e também em Hamburgo onde chegou a 31,2%, triunfando sobre o baluarte do SPD (30,2%). Mas atingiu seu melhor resultado em Anhalt, com 40,9%.[70] Apesar do impressionante sucesso, o partido de Hitler não pôde transformar a nova força dos parlamentos estaduais na Prússia, Baviera, Württemberg e Hamburgo em uma participação governamental. Somente em Anhalt conseguiu substituir o ministro-presidente social-democrata. Nos apontamentos do diário de Goebbels percebe-se certo desespero, apesar da "vitória fenomenal": "E agora? Algo precisa acontecer. Precisamos ganhar poder, caso contrário, nos matamos de tanto vencer [sem chegar ao poder]".[71]

Com frequência eram menos as ideias engenhosas de Hitler do que acontecimentos inesperados e externos que ajudavam o NSDAP. Um papel crucial teve o estranhamento entre Hindenburg e Brüning. O presidente do Reich ficou melindrado com o chanceler do Reich pelo fato de só ter sido reeleito graças à social-democracia e ao *Zentrum* católico, e não aos seus correligionários da direita nacionalista. "Sim, que burro que fui de ter me reeleito pela segunda vez", segundo disse.[72] Quando Brüning lhe deu os parabéns do governo em 11 de abril, Hindenburg reagiu com indignação e deu a entender que os dias do chanceler estavam contados.[73]

As discussões acerca da proibição da SA e da SS contribuíram para o desentendimento entre o "ancião" e Brüning. Em 17 de março, o secretário do Interior da Prússia, Carl Severing, mandou fazer uma busca na secretaria do NSDAP e da SA na Prússia. O material apreendido revelou que a SA ficara em estado de alerta no dia da eleição de 13 de março. Hitler protestou contra a ação da polícia, mas ao mesmo tempo chamou os homens da SA e SS a não se deixarem "provocar em hipótese alguma por uma ilegalidade".[74] Em uma conferência em Berlim, em 5 de abril, os secretários do Interior, sobretudo da Baviera e da Prússia, pressionaram Groener a finalmente empreender algo contra as organizações paramilitares dos nacional-socialistas. O ministro do Interior do Reich, que havia hesitado por muito tempo, decidiu agir. Em um memorando dirigido ao chanceler do Reich, em 10 de abril, declarou que após a vitória eleitoral de Hindenburg, o momento psicologicamente favorável para agir de modo enérgico contra as colunas marrons havia chegado. Somente com dificuldade Brüning conseguiu convencer Hindenburg da necessidade de uma proibição. Em 13 de abril, o presidente do Reich promulgou um decreto de emergência para a "segurança da autoridade estatal", com o qual "todas as organizações paramilitares" do NSDAP foram declaradas dissolvidas.[75]

O conde Harry Kessler se admirou de que o caso tenha sido "resolvido tão facilmente com uma canetada" e que a SA e SS tenham se deixado desarmar com essa "paciência de Jó". Isso corresponderia ao "frágil e bastante feminino caráter de Hitler", "nisso semelhante ao de Guilherme II", "verborragia e nada por trás, quando é para valer".[76] Mas essa foi uma interpretação equivocada tanto da situação como da personalidade de Hitler. Os nacional-socialistas haviam sido informados a tempo da proibição iminente e tiveram tempo bastante para tomar as medidas necessárias. Os camisas pardas desapareceram de cena da noite para o dia, mas a coesão organizacional da SA e SS se manteve, pois seus membros se refugiaram no partido. Um decreto de dissolução não significava de modo algum o fim definitivo.[77] Além disso, em uma convocação em 13 de abril, Hitler deixou claro que só considerava a proibição como uma medida passageira, já que após as eleições dos parlamentos estaduais de 24 de abril haveria uma nova situação. Ele advertiu seu pessoal a não dar "nenhuma chance aos atuais detentores do poder" de "terem alguma desculpa para poder suspender as eleições": "Se vocês cumprirem sua obrigação, esse golpe do general Groener recairá mil vezes sobre ele e seus aliados através da nossa propaganda".[78]

Hitler bem sabia que Hindenburg assinara o decreto de emergência muito a contragosto e que houve uma resistência considerável na liderança da *Reichswehr* à proibição. Em 15 de abril, o presidente do Reich solicitou Groener a também verificar as medidas contra a formação de proteção social-democrata, *Reichsbanner Schwarz-Rot-Gold*.[§] E anexara à carta, escrita em um tom deveras descortês, o material supostamente comprometedor para o *Reichsbanner* que o comandante-em-chefe do Exército, general Kurt von Hammerstein, lhe entregara.[79] Decisivo para o destino de Groener (e juntamente com ele o gabinete Brüning completo) foi o fato de seu protegido político, o chefe do Ministério da Defesa, Kurt von Schleicher, ter se afastado e começado a fazer intrigas contra ele. Schleicher era contra a proibição da SA, porque via em suas tropas de espancadores um potencial de defe-

---

§   Força paramilitar instituída durante a República de Weimar, Bandeira do Reich, preto, vermelho e ouro. (N.E.)

sa que podia prestar um serviço valioso para o desenvolvimento futuro das forças armadas. E como sempre, acreditava poder envolver o NSDAP na responsabilidade governamental e através disso "domá-lo". Nesse sentido, ele concordava com as intenções de Hindenburg que já há tempos forçara ampliar mais para a direita o gabinete presidencial e reprovava Brüning pela falta grave de não ter ainda se libertado da [maioria de] *tolerância* através do SPD.[80]

Em 28 de abril, Schleicher encontrou-se com Hitler para um primeiro diálogo secreto a fim de sondar as condições sob as quais o Führer do NSDAP entraria para um gabinete de direita ou o toleraria. Segundo a anotação de Goebbels, a conversa, da qual também participara o general Hammerstein, "correu bem". Segundo ele, "entrou-se em acordo". No início de maio, o *Gauleiter* de Berlim recebeu a notícia de que os generais "continuam revirando": "Continuem firme! Brüning e Gröener precisam cair fora". Em um segundo diálogo secreto entre Hitler e Schleicher, em 7 de maio, do qual também participaram o secretário de Estado Otto Meissner e o filho do presidente, Oskar von Hindenburg, foi definido o roteiro para derrubar o governo Brüning. Goebbels resumiu o resultado: "Brüning deve cair ainda essa semana: o velho vai lhe retirar a confiança. Schleicher empenha-se para isso [...] Então, vem o gabinete presidencial. *Reichstag* dissolvido. As leis coercitivas caem. Temos a liberdade de fazer agitação e apresentamos nossa obra-prima".[81] Em outras palavras: Hitler havia recusado uma participação no governo, mas concordado em tolerar um gabinete presidencial voltado para a direita, e para isso negociara uma nova eleição do *Reichstag* e a anulação da proibição da SA e da SS. Com esse arranjo, Hitler pôde ficar mais do que satisfeito, pois manteve todos os triunfos sem se comprometer. "Chefe descontraidamente alegre [...]", observou seu secretário. "Consultamos para a próxima campanha eleitoral. Vai ser um grande sucesso."[82]

Mas a conspiração não correu totalmente de acordo com o planejado. Brüning conseguiu postergar mais uma vez sua saída, alertando Hindenburg para as consequências negativas que sua demissão acarretaria para a política externa, além da ameaça de expor ao *Reichstag* o comportamento mal-agradecido do marechal de campo.[83] O parlamento reuniu-se novamente em 9 de maio. O porta-voz do grupo parlamentar do NSDAP, Hermann Göring, atacou Groener frontalmente e reivindicou a anulação das proibições da SA e da SS. Groener respondeu um dia depois. Enfraquecido por motivos de saúde, deixou-se distrair várias vezes pelas interrupções dos nacional-socialistas, e sua atuação foi o oposto de uma apresentação soberana. "Infelizmente, Groener causou um impacto catastrófico ao defender sua causa perante o parlamento", escreveu alguns dias depois o deputado do DSTP, Theodor Heuss. "Era conhecido que ele não sabia falar, por isso normalmente lia. Mas ele estava muito nervoso e cobrira a cabeça com um esparadrapo por causa de uma furunculose. Estava com má aparência, falou livremente e, por conta das interrupções, não terminava suas frases."[84] Depois de sua apresentação desastrosa, Groener não durou muito mais na política; Schleicher e Hammerstein forçaram sua demissão.

"Bem feito", diz Goebbels regozijante. "Cai o manto, cai o duque."[85] Na noite de 12 de maio, Groener comunicou sua intenção de demitir-se do cargo de ministro da *Reichswehr*; no entanto, queria continuar a dirigir o Ministério do Interior. Como Hindenburg partiu em 12 de maio para sua fazenda em Neudeck, na Prússia Oriental, a decisão foi novamente adiada. Mas de fato, a carreira de Groener encerrou-se em 12 de maio, e com ele o gabinete de Brüning perdera seu apoio mais importante.[86]

Enquanto Hindenburg permanecia em Neudeck, os adversários de Brüning prosseguiam "cavoucando".[87] O diário de Gobbels comprova o quão sistematicamente eles procederam para enterrar o cargo do chanceler do Reich. "A crise continua conforme o programa [...] Uma série de telefonemas com Hitler. Ele está muito satisfeito" (14 de maio) "Aqui está tudo ainda em clima de [feriado] Pentecostes. Só Brüning oscila. Então, avançar" (18 de maio) "Operação Schleicher está bem. Brüning completamente isolado. Procura desesperadamente por novos ministros. Schleicher recusou o M[inistério] da D[efesa] do R[eich]. Ele quer fazer tudo" (19 de maio). "Schleicher continua vasculhando. A lista de ministros está sendo discutida [...] Pobre Brüning! Ele está desiludido" (20 de maio)[88] Em 25 de maio, Werner von Alvensleben, um homem de confiança de Schleichert, que se mantinha ligado aos nacional-socialistas, já pôde comunicar que três dias mais tarde Brüning "alçaria voo"; e ele já tinha pronta a lista do gabinete com o nome do novo chanceler: Franz von Papen.[89]

O fato de encontrar-se em sua fazenda em Neudeck deixava Hindenburg exposto às influências de seus correligionários altamente conservadores que o fortaleciam em sua intenção de separar-se de Brüning. Em 20 de maio, o gabinete de Brüning aprovou o projeto de um decreto de emergência que autorizava o comissário do Reich de Ajuda ao Leste, Hans Schlange-Schöningen, a adquirir para o Reich, mediante leilão judicial, as propriedades que não estavam mais aptas à supressão de dívidas, com a finalidade de disponibilizá-las às colônias de camponeses. A Liga Agrária do Reich, organização de lobby dos grandes agricultores, protestou junto ao presidente do Reich contra esse projeto satanizado como "bolchevismo agrário". Em 25 de maio, quando Meissner apresentou a Hindenburg, em Neudeck, o projeto de decreto de emergência, ele recusou assiná-lo.[90] E foi mais longe, mandando seu secretário de Estado transmitir a Brüning seu "desejo urgente" de "reestruturar o gabinete, e para a direita".[91] Isso foi o mesmo que solicitar sua demissão.

Quando Hindenburg voltou para Berlim, em 28 de maio, os dados já haviam sido laçados. Em seu pronunciamento decisivo na manhã de 29 de maio, Brüning deixou claro ao presidente do Reich que não aceitaria mais por muito tempo "intrigas de postos irresponsáveis, especialmente da *Reichswehr*, contra ele e o governo do Reich". E disse que para continuar a trabalhar precisaria de "certas garantias", sobretudo, de um "novo ato de confiança do senhor presidente do Reich".[92] Esse desejo foi rejeitado rispidamente por Hindenburg, o qual disse que não daria mais autorização ao governo dirigido por Brüning a promulgar decretos de emergência.

Com isso a cisão estava consolidada. Por volta do meio-dia de 30 de maio, Brüning enviou seu pedido de demissão. Hindenburg dedicou apenas três minutos e meio para a última conversa.[93] Com essa frieza, o presidente do Reich livrou-se do homem que apenas sete semanas antes o ajudara na reeleição. Brüning, como observou Pünder, pessoa de confiança dele, "estava por dentro completamente indignado – e com razão", mesmo que não o demonstrasse.[94] Brüning recusou o desejo de Hindenburg de se predispor para o cargo de ministro das Relações Exteriores.

"A bomba explodiu ontem. Brüning entregou às 12h a demissão completa do gabinete. Com isso, caiu o sistema", triunfou Goebbels.[95] Um republicano como o conde Harry Kessler reagiu horrorizado à notícia da demissão de Brüning: "influências ardilosas impuseram sua vontade, como nos tempos de Eulenburg e Holstein", sob Guilherme II, queixou-se em 30 de maio. "O dia de hoje significa o fim provisório da república parlamentar."[96] De fato, a queda de Brüning representou um corte. Como salientou Heinrich August Winkler, com ele terminou "a fase moderada do sistema presidencial."[97] Contudo, não se deve ignorar que a deterioração da democracia parlamentar, o aumento do poder do presidente do Reich e da liderança da *Reichswehr*, às custas de uma ampla supressão do *Reichstag* do processo de decisão política, já haviam começado com a entrada de Brüning para o governo. De certo modo, o chanceler foi vítima de um desenvolvimento que ele mesmo havia iniciado.

Ainda no final da tarde de 30 de maio, Hindenburg recebeu também Hitler e Göring no âmbito de suas consultas com os líderes dos partidos. O Führer do NSDAP declarou sua prontidão para uma "cooperação profícua" com um governo de direita formado pelo presidente do Reich, sob Franz von Papen. Mas ele impôs as mesmas duas condições que havia negociado com Schleicher: a dissolução do *Reichstag* o mais rápido possível e a revogação da proibição da SA.[98] Ambas lhe foram prometidas. Satisfeito, assinalou Goebbels: "Diálogo com o velho transcorreu bem [...] A proibição da SA cai. Uniforme será permitido e *Reichstag* dissolvido. Isso é o mais importante. O resto virá. O homem é v. Papen. Isso é também indiferente. Eleger! Eleger! Vamos ao povo! Estamos todos muito contentes.[99] A liderança do NSDAP considerava como acertado que o novo governo tratava-se apenas de uma solução provisória. Pois ele contava alcançar um resultado tão esmagador nas eleições seguintes do *Reichstag* que não restaria outra opção a Hindenburg senão confiar a Hitler a liderança dos negócios governamentais. As eleições dos parlamentos estaduais em Oldenburg em 29 de maio, e em Mecklemburgo-Schwerin em 5 de junho, nas quais o NSDAP obteve 48,4 ou 49% dos votos e respectivamente a maioria dos mandatos[100], fortaleceram o partido na convicção de que um sucesso semelhante já se acenava na próxima eleição para o parlamento. "Precisamos nos afastar de Papen tão rápido quanto possível", Goebbels dava o rumo já em 6 de junho.[101]

O novo chanceler do Reich, Franz von Papen, um cavaleiro da antiga nobreza da Vestfália, como deputado pouco influente do grupo parlamentar do *Zentrum* no parlamento da Prússia, não havia chamado muita atenção até então. Contudo, na

Primeira Guerra Mundial servira como comandante de batalhão no *front* ocidental, o que aos olhos de Hindenburg o tornava recomendável. Para Schleicher, que tirara esse candidato da cartola, era justamente sua inexperiência política que o tornava apropriado, acreditando que assim seria mais fácil manobrá-lo como instrumento de suas próprias ambições de poder. "Ele queria ter a marionete política nas mãos e precisava de um 'chanceler de fala', que pudesse falar, mas que não tivesse vontade própria."[102] O general politizador que até então fizera seu jogo de intrigas nos bastidores, assumiu no novo gabinete o cargo de ministro da *Reichswehr* e com isso pela primeira vez obteve notoriedade pública. O cargo de ministro das Relações Exteriores foi assumido pelo embaixador de Londres, Konstantin Freiherr von Neurath; o de ministro do Interior por Wilhelm Freiherr von Gayl, até então diretor da Sociedade Agrária da Prússia Oriental; o de ministro da Alimentação e da Agricultura pelo barão Magnus von Braun, proveniente também da aristocracia rural prussiana. A pasta da Fazenda ficou para o conde Lutz Schwerin von Krosigk, diretor ministerial desse ministério desde 1929; o Ministério do Correio e Transportes para o barão Paul von Eltz-Rübenach, anteriormente presidente da diretoria do *Reichsbank* de Karlsruhe, o Ministério do Trabalho para Hugo Schäffer, um ex-diretor da empresa Krupp e presidente do *Reichsversicherungsamt*, órgão de previdência social do Reich. A pasta da Justiça foi para Franz Gürtner, que como secretário da justiça da Baviera havia protegido Hitler. O único membro do gabinete que fizera parte do governo Brüning foi o ministro da Economia, Hermann Warmbold. No total, os representantes altamente conservadores, proprietários de terras ao leste do rio Elba, tiveram uma preponderância evidente. Por esse motivo, o jornal do SPD *Vorwärts* falava com pertinência de "gabinete dos barões".[103] A base política do novo governo era também tão exígua quanto sua base social, pois não só o SPD e o KPD lhe declararam guerra como também o *Zentrum* lhe recusou apoio, porque para eles pesava sobre Papen a má reputação da traição a Brüning.

Em 31 de maio, Papen encontrou-se pela primeira vez com Hitler. Conforme relatou em suas memórias publicadas em 1952, o chefe do NSDAP causou-lhe mais a impressão de um boêmio do que de um político, e pouco notou o "magnetismo" que lhe era atribuído. Seu comportamento era educado e modesto. "Ao que parece, esse comportamento, que Groener e Brüning também haviam observado, fazia parte da performance de Führer do partido para conquistar seus interlocutores criando falsamente uma sensação de segurança quanto às suas intenções. Hitler reagia evasivamente à pergunta sobre uma possível participação no governo mais adiante: "Ele não gostaria de vincular-se antes de se ter conhecimento do resultado da eleição. Mas deu a entender que considerava meu gabinete apenas como uma solução provisória e que continuaria a luta para fazer do seu partido o mais forte do país e com isso se tornar chanceler".[104]

Em 4 de junho, Hindenburg dissolveu o *Reichstag* como combinado e para a nova eleição foi fixada a data de 31 de julho. Em 16 de junho foi revogada a proibição da SA e com isso cumpria-se a segunda condição imposta por Hitler para dar sustentação ao gabinete Papen. Foi em vão o protesto do ministro-presidente da Baviera, Held, em uma reunião de Papen com os representantes dos estados em 11 de junho. Essa medida não seria compreendida pelos 13 milhões de eleitores de Hindenburg. Ela significaria "carta branca para assassinato e homicídio, assim como para o pior tipo de terror contra pessoas que pensam diferentemente".[105] O que muitos temiam aconteceu: houve uma escalada de violência em proporções até então desconhecidas. Nacional-socialistas e comunistas confrontavam-se diariamente nas ruas em lutas sangrentas. "Estamos cada vez mais próximos de uma guerra civil", observou o conde Harry Kessler. "É uma contínua Noite de São Bartolomeu, dia a dia e de domingo a domingo."[106] Um dos piores incidentes aconteceu em Altona, que na época ainda não fazia parte de Hamburgo e sim da Prússia. O presidente de polícia, membro do SPD, havia autorizado, após consultar Severing, uma marcha provocativa de 7 mil homens da SA pelos bairros comunistas, o que resultou em dezessete mortos e inúmeras pessoas feridas gravemente. "O abalo provocado por esse novo domingo sangrento é geral e amplo", registrou Kessler.[107]

A autoinfligida escalada de violência serviu ao governo Papen como desculpa para colocar em prática um de seus projetos políticos mais importantes, ou seja, arrasar definitivamente o "baluarte [republicano] da Prússia".

Na Prússia, a fraca coalizão de governo composta por SPD, *Zentrum* e DSTP, permaneceu no cargo após a derrocada das eleições de 24 de abril. Otto Braun, o forte ministro-presidente de outros tempos, havia se afastado e, no início de junho de 1932, passado suas tarefas ao seu substituto, o ministro de Bem-Estar Social Heinrich Hirtsiefer, do *Zentrum*. Nessa época já corria o boato sobre a introdução de um comissário do Reich na Prússia. Primeiramente, Papen favoreceu outra solução. Em 6 de janeiro, solicitou o presidente do parlamento da Prússia, o nacional-socialista Hanns Kerrl, a tentar formar imediatamente um novo governo de coalizão com NSDAP, *Zentrum* e DNVP.[108] Contudo, as negociações não avançaram. "Também na Prússia, não à participação. O poder por completo ou a oposição", declarou Goebbels reproduzindo a tática de Hitler.[109] O *Zentrum* se dispunha a aceitar na melhor das hipóteses um ministro-presidente do DNVP, mas não um nacional-socialista. No início de julho de 1932, foram considerados fracassados os esforços para uma maioria apta a governar na Prússia; o parlamento estadual adiou as sessões plenárias por tempo indeterminado.

Cada vez mais os planos do Reich contra a Prússia passavam ao primeiro plano. Em uma reunião ministerial em 11 de julho, o ministro do Interior do Reich, von Gayl, declarou que chegara "o momento psicológico para o governo do Reich intervir". Segundo ele, o governo prussiano concentrava-se no combate ao movimento nacional-socialista, porém a resistência ao "perigo comunista" era insuficiente. Como resultado da reunião, Papen protocolou que no gabinete se estava de acordo sobre "a designação de um comissário do Reich" para a Prússia.[110] Em 14 de julho,

Papen, Gayl e o secretário de Estado, Meissner, foram a Neudeck a fim de obter de Hindenburg uma carta branca para o golpe que planejavam. Deixaram em aberto a data do "decreto da restauração da segurança e ordem na região do estado da Prússia". Agora restava esperar pela ocasião apropriada para colocá-lo em vigor.[111]

Para essa ocasião serviu o "domingo sangrento de Altona" de 17 de julho. Um dia depois foram convocados à chancelaria do Reich, na manhã de 20 de julho, Hirtsiefer, Severing e o secretário da Fazenda da Prússia, Otto Klepper. Sem rodeios, Papen lhes comunicou que o presidente do Reich o nomeara comissário do Reich e destituíra os secretários da Prússia de seus respectivos cargos. Das atribuições de ministro-presidente, acrescentou o chanceler, ele próprio se encarregaria; para a diretoria do comissariado da Secretaria do Interior da Prússia encarregara o prefeito de Essen, Franz Bracht. Papen não se mostrou nem um pouco impressionado com os protestos de Hirtsiefer e Severing, assinalando que o procedimento "tão escandaloso" era "sem precedentes na história".[112] Logo após a reunião, decretou estado de exceção militar em Berlim e na Marca de Brandemburgo, e transferiu o poder de execução ao general de divisão Gerd von Rundstedt (o que o levaria à patente de marechal general de exército na *Wehrmacht* de Hitler). Em uma correspondência dirigida a Papen, o governo destituído da Prússia apresentou oficialmente uma denúncia e comunicou que recorreria à decisão do Tribunal de Estado.[113] Com isso, ficou ao mesmo tempo claro que a resistência contra o golpe de Estado deveria ficar rigorosamente dentro da legalidade, o que significou meia capitulação. "Berlim, tudo tranquilo. SPD e sindicatos totalmente covardes. Eles também não ameaçam. A *Reichswehr* adentra. Bravo. Agora os porcos estão fora do poder", alegra-se Goebbels.[114]

Era possível resistir? Essa questão sempre foi muito debatida desde os dias do exílio social-democrata. Certo é que o governo Papen teria respondido a uma mobilização da Polícia de Proteção prussiana com uma ação do *Reichwehr*, e não há dúvida sobre quem teria se saído melhor. Além disso, uma grande parte da Polícia de Proteção, especialmente nos escalões mais altos, não era tão firme em sua fidelidade à República quanto fizeram acreditar após 1945.[115] O espírito de luta mais forte residia manifestamente nos ativistas do *Reichsbanner*, e aqui a decepção com a passividade na liderança do SPD era a maior. "Naqueles dias eu via pessoas do *Reichsbanner* chorar", lembra-se Otto Buchwitz, secretário do distrito da Baixa Silésia. "Todos os funcionários entregaram os comprovantes de filiação."[116] No entanto, considerando objetivamente, é preciso constatar que o *Reichsbanner* não teria tido condições de confrontar-se com as associações paramilitares da direita.

O antídoto mais eficiente teria sido uma greve geral. O temor de uma greve geral não era presente apenas no "gabinete de barões", mas também, e sobretudo, no entorno de Hitler. "Haverá uma greve geral? Não acredito. Esperemos. Tensão febril", Goebbels anotara antes do golpe.[117] Um papel importante teve a lembrança do golpe Kapp-Putsch que fracassara devido a uma greve geral. Todavia, a situação no verão de 1932 era fundamentalmente distinta daquela da primavera de 1920. Naquela época predominava o pleno emprego e agora havia mais de seis milhões de desempregados e tudo indicava que uma convocação à greve não teria grande repercussão. Além disso, a inconstitucionalidade do "golpe prussiano" não era muito evidente como fora noutrora. Naquela altura, conspiradores de direita deram o golpe contra o legítimo poder Estatal. Dessa vez, a ação provinha do governo do Reich e dirigia-se contra o governo estadual que havia perdido sua maioria parlamentar.

Desse modo, mal se pode censurar os socialdemocratas e sindicatos por terem temido o risco de uma guerra civil. Mas podemos criticar o fato de não terem feito nada e terem deixado as coisas acontecerem. A desocupação do baluarte da Prússia desencorajou os partidários da República e incentivou seus adversários. Imediatamente após o golpe de Estado, os novos poderosos começaram a "limpar" a administração prussiana de funcionários públicos fiéis à República. Os nacional-socialistas procederam do mesmo modo depois de chegar ao poder. Com razão Karl Dietrich Bracher denominou o "golpe prussiano" como um "prelúdio" da "tomada do poder" de 30 de janeiro de 1933, em sua obra clássica *Die Auflösung der Weimarer Republik* [Dissolução da República de Weimar], (1955).[118] Em 25 de outubro de 1932, o Tribunal do Estado proferiu sua sentença que não poderia ter sido mais contraditória, uma vez que, por um lado, reforçava o direito do presidente do Reich a designar um comissário do Reich, e, por outro, declarava ilícita a eliminação completa do governo do Estado prussiano. A sentença judiciária não fez a menor alteração na realização da transferência do poder. O governo prussiano provisório estava formalmente reabilitado, mas teria futuramente uma existência insignificante ao lado do comando do comissário do Reich.[119]

No início de julho de 1932, Hitler iniciou a campanha eleitoral e deu o impulso no encontro de *Gauleiter* em 8 de junho. Conforme declarou, o 31 de julho deveria ser um "acerto de contas do povo alemão com a política dos últimos catorze anos e seus responsáveis".[120] "Desperte, Alemanha! Dê o poder a Adolf Hitler!" e "Abaixo o sistema, os partidos e seus representantes!", eram os *slogans* anunciados pelo Diretório de Propaganda do Reich.[121] Em meados de julho, Hitler gravou um disco, distribuído pela editora Eher-Verlag por cinco *Reichsmark*.[122] Depois disso, o presidente do partido iniciou seu terceiro "voo pela Alemanha". De acordo com o programa, ele visitou cinquenta cidades em todo o território alemão, e novamente deu-se a cena habitual: dezenas de milhares de pessoas aguardando sua chegada, com frequência por horas a fio – em Stralsund, no dia 19 de julho, até mesmo bem depois da meia noite.[123] Em Bremen, o avião de Hitler, iluminado por dentro, deu uma volta sobrevoando o Weserstadion. Uma demonstração que deveria identificar o "Führer" como o iluminado, *o deus ex machina* flutuando sobre todas as depressões da luta política.[124] No final da maratona da campanha eleitoral, Hitler causava "uma impressão de cansaço e exaustão", de acordo com um jornal local de Gladbeck.[125] Hanfstaengl, que fazia parte de seus acompanhantes, descreveu em suas memórias "a caçada de multidões em multidões, de cidade em cidade". Após suas aparições, o Führer do partido teria estado completamente extenuado. "Não éramos outra coisa senão assistentes de um boxeador, ocupados em deixar Hitler em forma entre as rodadas de discurso."[126]

Os discursos de Hitler ofereciam pouca novidade. No início, traçava novamente a imagem da decadência econômica e política geral, atribuindo a responsabilidade ao "sistema" de Weimar, prosseguindo com a promessa de eliminar a "panelinha de partidos". Hitler fixou "uma meta", em um discurso em Eberswalde, em 27 de julho, proclamou que iria "varrer para fora os trinta partidos da Alemanha".[127] Depois evocava "o milagre" nacional-socialista que "através de um pequeno número de pessoas se tornara a maior organização" que jamais se envolverá em "acordos ruins", mas permanecerá fiel a seus princípios que dizem respeito não a mandatos e cadeiras ministeriais, mas ao "futuro da gente alemã", que não é um partido de classes nem de interesses, mas um "partido do povo alemão", e seu maior mérito consiste em ter "dado nova esperança a milhares de pessoas".[128] Hitler não fez críticas ao novo gabinete presidencial, ou se o fez, foi somente com muita cautela. Assim, declarou em 15 de julho em Tilsit: "Se meus adversários me dizem que acoberto o governo Papen, então tenho de lhes dizer: deem-se por felizes de ser o sr. Papen que governa e não eu."[129]

Dessa vez, Hitler abriu mão completamente do estridente tom antissemita, obviamente com a intenção de ganhar eleitores da burguesia liberal. Quando, por exemplo, em 20 de julho falou em Kiel que existia uma "subumanidade" com a qual os nacional-socialistas queriam "acabar", deixou conscientemente em aberto de quem se tratava.[130] Que ele não tenha de modo algum perdido de vista os axiomas centrais da sua "visão de mundo", mas só as tenha ocultado por razões táticas durante suas aparições públicas, pode-se comprovar pelo fato de ele ter reforçado enfaticamente no prefácio do regulamento da Organização Política do NSDAP: "Sangue e raça, personalidade e valor da personalidade, a luta como fenômeno eternamente seletivo, a Terra e o espaço vital como força determinante, obrigatória e impulsora" são, assim dizia, "em seu significado fundamental não só reconhecidos como também pela primeira vez prestigiados" pelo movimento nacional-socialista.[131]

"Uma grande vitória foi alcançada! O Partido Nacional-Socialista dos Trabalhadores Alemães tornou-se agora o partido mais forte do *Reichstag* alemão." Com essa palavras, Hitler comemorou o resultado da eleição de 31 de julho em um comunicado.[132] À primeira vista, o resultado dos nacional-socialistas era realmente impressionante: haviam alcançado 37,3% dos votos, um aumento de 19% e com 230 mandatos constituíam o grupo parlamentar mais forte do *Reichstag*. O KPD obteve leves ganhos, passando de 13,1 a 14,5%, enquanto o SPD teve uma perda de quase três pontos percentuais (de 24,5 a 21,6%). O *Zentrum* e o BVP obtiveram um ligeiro aumento de 11,8 a 12,5% e de 3 a 3,2%, respectivamente; a ala católica novamente permaneceu estável. Em compensação o DNVP teve que aceitar mais uma vez a perda de votos, sua cota caiu de 7 para 5,9%. O DVP sofreu uma queda drástica (de 4,7 passaram a 1,2%), bem como o Partido do Estado Alemão (1 em vez de 3,8%). "O *Zentrum* [está] totalmente destruído", constatou com precisão o deputado alemão--nacionalista Reinhold Quaatz.[133]

Mas à segunda vista, o resultado para o NSDAP parecia menos imponente. Comparado ao segundo turno, de 10 de abril, para o cargo de presidente do Reich, o partido crescera apenas 0,6%; chegando claramente ao teto de sua capacidade de mobilização. Contente, o conde Harry Kessler observou que "os nazistas não só não tinham alcançado seu objetivo", como se podia observar "pela primeira vez claros sinais de estagnação e refluxo da maré".[134] Goebbels tinha a mesma avaliação: "Assim não chegaremos à maioria absoluta. Então, [devemos] escolher outro caminho". Ele anotou imediatamente em seu diário como esse "outro caminho" poderia ser: "Agora precisamos chegar ao poder e exterminar o marxismo. De um jeito ou de outro! Algo tem que acontecer. O tempo da oposição terminou. Agora, devemos agir!".[135]

Hitler não tinha clareza ainda de quais seriam os próximos passos. Na casa de Adolf Müller, em Tegernsee, para a qual ele já se retirara uma vez após a morte de Geli Raubal, teve uma conversa com Goebbels que anotou logo em seguida, de modo estenográfico: "Hitler reflete diante de difíceis decisões. Um acordo com o *Zentrum*? Isso é repulsivo!".[136] De fato, parece que Hitler considerou temporariamente formar uma coalizão com o *Zentrum*. Juntos, os dois partidos somavam desde 31 de julho a maioria no *Reichstag*. Mas a ideia logo foi deixada de lado, pois significaria partilhar o poder. Além disso, tratava-se de um partido que ele havia caluniado nas últimas campanhas eleitorais, apontando-o como o maior responsável (além do SPD) pelo odiado "sistema". Como sempre antes de decisões difíceis, Hitler hesitava. Para se distrair, em 3 de agosto assistiu com Goebbels a uma apresentação de *Tristão e Isolda*, em Munique. Depois disso, divertiram-se com "música e conversas" na casa de Hanfstaengls.[137] Mal havia retornado para Berchtesgaden e, depois de muita reflexão, havia tomado uma decisão. Ele queria se encontrar com Schleicher para reivindicar a Chancelaria para si e, além dela, quatro ministérios – o "do Interior para Frick, o da Aeronáutica para Göring, o do Trabalho para Straßer, e o da Educação para Goebbels". "Significa dizer: o poder total ou nada. Assim está certo. Só não [deve] ser tacanho. Ele acha que os barões vão ceder? E o velho presidente?", Goebbels reproduz as reflexões de Hitler.[138] Com isso, o maior fator de insegurança baseava-se em uma questão: Hindenburg nomearia Hitler chanceler do Reich?

Em 5 de agosto, Hitler encontrou-se com Schleicher em um lugar secreto em Fürstenberg, perto de Berlim. Evidentemente, ele conseguiu convencer o ministro da *Reichswehr*, "durante um passeio de horas", da "necessidade de tê-lo como chanceler".[139] De qualquer forma, logo após seu retorno a Obersalzberg, Hitler chamou seu séquito para lhes comunicar que estava "tudo em ordem": "Em uma semana a coisa se desencadeará. O chefe se tornará chanceler e ministro-presidente da Prússia.

Straßer, ministro do Interior do Reich e ministro do Interior da Prússia; Goebbels, ministro da Cultura da Prússia e Ministério da Educação do Povo do Reich. Darré para a Agricultura em ambos os cargos. Frick, secretário de Estado da Chancelaria do Reich. Göring, Aeronáutica. Justiça fica conosco. Warmbold, Economia, Crosigk, Fazenda. Schacht, *Reichsbank*. Um gabinete de homens. Se Hitler realmente havia negociado com Schleicher esse quadro de pessoal ou apresentado a Goebbels uma versão exageradamente otimista do diálogo é discutível. Certo é que Schleicher queria manter sob seu poder o Ministério da *Reichswehr*, e provavelmente esse era também o motivo pelo qual o general supunha poder manter Hitler como chanceler sob seu controle. Contudo, Goebbels estava de acordo com Hitler; se o plano fosse posto em prática, o objetivo dos nacional-socialistas seria: "Nunca mais entregaremos o poder, só por cima de nossos cadáveres". Essa será a solução total. Ela é sangrenta, mas limpa e purifica. O trabalho todo. E queremos labutar como loucos. Relatamos a noite toda. Cogitei planos até madrugada adentro. Ainda não posso compreender. Às portas do poder".[140]

Não só no topo do NSDAP, mas também na base do partido e da SA preparava-se para a aparente e iminente tomada do poder. Em torno de Berlim, as associações da SA reuniram-se visando enfatizar com esse cenário de ameaça a própria reivindicação do poder. "Deixem os homens nervosos. É esse o objetivo do exercício", anotou Goebbels.[141] O conde Harry Kessler observou na noite de 10 de agosto ao voltar para seu apartamento em Berlim que os cômodos do porão do seu porteiro, um partidário do partido nazista, "estavam bem iluminados": música de rádio, a porta da casa escancarada, de modo que qualquer um poderia simplesmente entrar. Clima de festa e vitória! As pessoas já estão no Terceiro Reich!".[142] Porém, as comemorações da vitória eram prematuras. Enquanto os jornais do dia anterior noticiavam a chancelaria de Hitler como "quase certa", constatou Kessler em 11 de agosto, "durante a noite a situação se reverteu: a resistência dos velhos senhores parece ter endurecido".[143] Notícias semelhantes haviam chegado também à cúpula do NSDAP, que participava de uma convenção do partido em Prien am Chiemsee, segundo as gravações de Goebbels: "O ancião reluta. Não quer Hitler [...] Em todo caso, agora [devemos] manter os nervos sob controle e ficar firme".[144] O que havia acontecido?

Na manhã de 10 de agosto, após a volta de Hindenburg de Neudeck, Papen informou o presidente do Reich que nos círculos do NSDAP e do *Zentrum* havia pretensões de "substituir o governo Papen por um governo sob a liderança de Hitler". Enquanto no *Zentrum* se considera a possibilidade de união com os nacional-socialistas, Hitler pensa, no entanto, em um governo presidencial com ele como chanceler. "O próprio chanceler", assim o secretário de Estado, Meissner, descreveu o posicionamento de Papen em uma gravação, "deixou a decisão nas mãos do presidente do Reich e declarou que sua pessoa não imporia nenhum obstáculo a um remanejamento do governo." Porém, Hindenburg declarou não querer abdicar do gabinete presidencial sob a liderança de Papen. Por mais que desejasse "recorrer à cooperação com o movimento nacional-socialista, tinha que recusar resolutamente a nomeação do presidente do NSDAP para chanceler do Reich". "Hitler é líder de partido e um gabinete conduzido por ele seria também um gabinete de partido, que não é interpartidário, senão parcial." Além disso, Hindenburg ressentia a promessa quebrada de Hitler de dar apoio ao gabinete Papen. Ele não oferecia nenhuma garantia de, uma vez que fosse nomeado chanceler, preservar "o caráter de um governo presidencial", ou seja, de que respeitaria a esfera do poder do presidente do Reich.[145] Enfim, a postura de rejeição de Hindenburg também tinha a ver com a aversão de um representante da antiga elite dirigente do período guilhermino contra o arrivista: "Não posso confiar o Reich do imperador Guilherme e de Bismarck a um cabo da Boêmia", teria dito a um ajudante de ordens.[146] (Hindenburg havia passado pela localidade de Braunau, na Boêmia, durante a guerra da Prússia contra a Áustria em 1866 e confundiu esse local com a cidade natal de Hitler, Braunau am Inn.)

Na tarde de 10 de agosto, Papen convocou seu gabinete e informou os ministros sobre o resultado do diálogo com Hindenburg. Agora dependia de "atrair o movimento de direita para o Estado" sem, contudo, confiar o governo a Hitler. Tendo em conta o veto de Hindenburg, Schleicher também se distanciou de seu acordo feito com Hitler. Ele só falava agora de uma participação do NSDAP na responsabilidade governamental, e não mais de transferir o cargo de chanceler a Hitler. A maioria dos ministros aderiu a esse voto. Nas negociações subsequentes com Hitler seria preciso sondar "em que medida se deve permitir a participação dos nacional-socialistas no governo para impedi-los de persistir na oposição",[147] resumiu Papen sobre o resultado da reunião de gabinete.

Em 12 de agosto, Hitler viajou de carro para a capital do Reich. Ele passou a noite com Goebbels em Caputh, perto de Berlim. Para o dia seguinte estavam programadas negociações decisivas com o governo. "O fruto de um trabalho de dez anos estará maduro? Espero que sim; mal me atrevo a acreditar", anotou Goebbels.[148]

Na tarde de 13 de agosto, Hitler encontrou-se primeiramente com Schleicher na Bendlerstraße, depois com Papen na Wilhelmstraße. Diante da Chancelaria encontravam-se centenas de pessoas na expectativa de presenciar um acontecimento histórico.[149] Hitler inteirou-se definitivamente do que já lhe fora dito: Hindenburg se recusara a lhe passar o cargo de chanceler. Em vez disso, Papen ofereceu-lhe o cargo de vice-chanceler, mas Hitler recusou rispidamente. Como Führer do partido mais forte no *Reichstag*, não se poderia esperar que ele "se submetesse a outro chanceler". No diálogo de duas horas, realizado em parte sob tensão, Papen várias vezes tentou em vão convencer Hitler de que um movimento tão grande como o seu não poderia permanecer "permanentemente na oposição". Então, o chanceler do Reich declarou, por fim, que precisava informar o presidente do Reich do fracasso das negociações.[150] Quando Hitler chegou acompanhado ao apartamento de

Magda Goebbels na Reichskanzlerplatz às duas horas da manhã, parecia claro que a segunda tentativa de tomar o poder fracassara.

Porém, às 15h, o sucessor de Pünder na Chancelaria do Reich, Erwin Planck, filho do Prêmio Nobel de Física, Max Planck, telefonou repentinamente comunicando que o presidente do Reich desejava falar com Hitler. Primeiro, ele resistiu: "Se a decisão já foi tomada, não faz sentido que eu vá". No entanto, ao que parece, Planck dera a impressão de que Hindenburg não estava completamente decidido. De qualquer forma, no entorno de Hitler nascia novamente uma "curta e vaga esperança": "Todos torcendo".[151] A reunião ocorreu pouco depois das 16h. Hitler compareceu acompanhado de Frick e Röhm, ao lado de Hindenburg participaram Papen e Meissner. À pergunta do presidente do Reich – se ele estava preparado para participar do governo Papen –, Hitler respondeu que isso era fora de questão por motivos que ele já apresentara pela manhã. "Considerando o significado do movimento nacional-socialista, ele teria que solicitar a completa liderança do governo e da governança para si e seu partido." Em seguida, Hindenburg declarou que tinha de responder a essa solicitação "com um claro e determinante 'não'". "Ele não poderia transferir, perante Deus – sua consciência e sua Pátria –, o poder governamental todo a um partido, que, além disso, não era imparcial em relação aos que pensam de modo diferente." Hindenburg exortou Hitler a conduzir a luta na oposição "como um cavalheiro", e ao mesmo tempo lhe deu a entender que esse pronunciamento não significava que suas relações estavam definitivamente cortadas. "Nós dois somos velhos colegas e queremos permanecer assim, pois mais tarde nossos caminhos podem se cruzar. Assim, quero também lhe estender a mão agora como colega."[152] A audiência terminara quase uma meia hora depois.

Hitler manteve a compostura durante o diálogo. Porém, imediatamente depois, explodiu de raiva. Recriminou Papen e Meissner de tê-lo enganado conscientemente, avisando-o através do secretário de Estado, Planck, que Hindenburg ainda não havia decidido, embora a decisão já tivesse sido tomada há muito tempo.[153] "Como é que o senhor pretende governar?", perguntou ao presidente do Reich. "Acredita que poderá governar com esse *Reichstag*?" Papen replicou com displicência provocadora: "Ah, o *Reichstag*! Admira-me que logo o senhor dê valor ao *Reichstag*."[154] Na noite de 13 de agosto o governo publicou um comunicado oficial que reproduzia o diálogo de tal modo que Hitler foi ridicularizado em público. De acordo com o comunicado, Hitler solicitara "na íntegra o poder estatal completo", o que o presidente do Reich teve de recusar, "porque perante sua consciência e dever para com a pátria, não podia se responsabilizar pela transferência do poder governamental completo exclusivamente ao movimento nacional-socialista, que queria aplicar esse poder de modo unilateral".[155] Alguns dias depois, Planck confiou a seu antecessor, Pünder, que na redação do comunicado se tomara como exemplo o "Despacho de Ems", com o qual Bismarck fizera uma injustiça à França provocando a guerra.[156] De fato, Hitler deixou claro, em um protocolo redigido às pressas junto com Frick e

Röhm, que ele solicitara a "liderança" do governo, quer dizer, o cargo de chanceler do Reich, porém não o poder Estatal completo.[157] No entanto, isso não podia competir com o impacto devastador do comunicado. Essa impressão completamente pertinente de que Hitler era inapto para acordos e irredutível impôs-se também nos círculos nacionalistas alemães que simpatizavam com ele. A Hitler não interessava o bem do país, senão conquistar o poder total para si próprio e sua gente.

O dia 13 de agosto foi um baque pesado para Hitler. O político com um instinto supostamente aguçado apostara alto demais e perdera a partida. "Ele [...] bateu à porta da Chancelaria do Reich e deu com o nariz na porta em público."[158] A natureza da recusa tocou um ponto vulnerável de Hitler, o trauma do golpe malogrado de 8 e 9 de novembro de 1923. Assim, não é nenhuma casualidade que, nas semanas após o 13 de agosto, ele tenha evocado repetidas vezes a lembrança dos acontecimentos de nove anos atrás. Em um *Gautagung* [encontro nacional-socialista] em Nuremberg, ele declarou que a situação naquele momento era comparável à de 1923: "O partido luta, aproxima-se da vitória, no último momento acontece sempre o mesmo complô. Um montinho de reacionários sem perspectiva se liga a judeus e [eles] tentam no último minuto impedir a clara vitória do movimento". Diferentemente daquela época, o partido não podia se deixar seduzir pela via do golpe. Pelo contrário, tratava-se de "manter os nervos sob controle e não ceder".[159] No entanto, esses apelos não podiam compensar as profundas decepções que o repetido fracasso da tomada de posse do governo por Hitler provocara em seus partidários. Sobretudo na SA, que já se imaginara na antecâmara do poder, havia tumulto. Manter calmo seu batalhão marrom, declarou Röhm, é agora "o mais difícil".[160]

Ainda na noite de 13 de agosto, Hitler foi de carro para Munique. Conforme ouviu seu acompanhante: "Pois é, precisamos ver como será".[161] Ele se retirou por alguns dias em Obersalzberg. O correspondente do *New York American*, Karl Wiegand, que o entrevistou em Haus Wachenfeld, achou Hitler ainda completamente enfurecido com a recusa de Hindenburg.[162] Em um diálogo com Louis P. Lochner do *Manchester Guardian*, que o procurou no mesmo dia, ele desmentiu os boatos que corriam novamente sobre a supostamente planejada "marcha em Berlim". Suas tropas de assalto seriam suficientemente disciplinadas e não se desviariam das vias legais.[163]

Ao mesmo tempo, justamente no início de agosto, na Prússia Oriental, na Alta Silésia e em Schleswig-Holstein houve uma série de atos de violência por parte da SA guiados por motivos políticos. Eles se dirigiam, sobretudo, contra os membros do KPD e do *Reichsbanner,* causando inúmeras vítimas. Em Kiel, foram alvos de atentados sindicatos e redações de jornais de esquerda, bem como estabelecimentos judaicos, como sinagogas.[164] Esse terror preocupava o conde Harry Kessler e dava "em pequena dimensão a visão" do que os nacional-socialistas tencionavam "após uma vitória em grande escala e de modo muito mais aprofundado em todo o Reich".[165] No gabinete do Reich, o qual em 9 de agosto se aconselhava sobre "medidas para a restituição da segurança pública", Papen atribuiu a nova onda de violência à tentativa dos nacional-socialistas de "através da inquietação pública" forçar a necessidade de Hitler de "assumir a liderança do governo". Segundo ele, isso equivaleria a "um suicídio do governo do Reich", se eles não se manifestassem contra. No mesmo dia, o gabinete despachou um decreto de emergência, segundo o qual homicídios por motivos políticos também estariam futuramente sujeitos à pena capital. Em Berlim e Elbing foram instituídos tribunais especiais a fim de poder acelerar o julgamento dos autores de atos de violência.[166]

Apenas poucas horas depois, na noite de 9 para 10 de agosto, em Potempa, um lugarejo na circunscrição regional de Gleiwitz, na Alta Silésia, aconteceu um dos assassinatos mais atrozes dos anos anteriores a 1933. Nove homens da SA uniformizados invadiram o apartamento do minerador Konrad Pietrzuch, simpatizante do KPD, arrancaram-no da cama e o pisotearam até a morte diante dos olhos da mãe e do irmão.[167] Como o crime fora cometido após a entrada em vigor do decreto de emergência, estava ao abrigo das disposições severas do direito penal. Em 22 de agosto, o tribunal especial de Beuthen proferiu a sentença. Cinco dos acusados foram condenados à morte, um deles obteve pena de dois anos de reclusão, três foram absolvidos. A sentença desencadeou intensos protestos entre os nacional-socialistas. Hitler enviou um telegrama aos condenados: "Diante dessa monstruosa sentença de morte, sinto-me vinculado a vocês por uma fidelidade infinita, sua liberdade é, a partir deste momento, nossa questão de honra; a luta contra um governo sob o qual isso foi possível é nosso dever".[168] Sob o título "A culpa é dos judeus!" em seu jornal *Der Angriff* de 24 de agosto, Goebbels expressou abertamente o que Hitler por questão de tática não dissera um mês antes em seu discurso de campanha eleitoral: "Não se esqueçam, camaradas! Repitam cem vezes por dia, de modo que isso os persiga até em seus sonhos mais profundos: a culpa é dos judeus! E eles não escaparão ao tribunal criminal que merecem".[169]

Solidarizando-se declaradamente com os assassinos de Potempa, Hitler havia deixado cair a máscara e revelado que seus juramentos de legalidade eram simplesmente uma cilada para enganar a esfera pública. Qualquer um na Alemanha podia saber, o mais tardar naquele momento, o que esperava o país se os nacional-socialistas se apoderassem da liderança do Estado. "Mas quem em toda a esfera pública compreenderá que o Führer de um movimento político tão grande ouse dar irrefletidamente uma declaração de honra aos homicidas bêbados?", pergunta o jornal *Frankfurter Zeitung*, expressando assim uma opinião amplamente disseminada.[170] Para o conde Harry Kessler, isso era um claro sintoma de que "o desencantamento" do partido nazista havia começado: "O 13 de agosto e Potempa atuam como veneno no corpo do partido".[171] No entanto, de novo Hitler recebeu apoio – desta vez justamente do governo Papen, a quem ele acabara de combater. Em 5 de setembro as penas de morte proferidas contra os cinco principais criminosos foram transformadas em penas de prisão perpétua. Em março de 1933, algumas semanas após a transferência do poder a Hitler, os assassinos foram anistiados.[172]

O fato de Hitler ter se exposto e declarado inequivocamente que, sob seu governo, qualquer forma de princípio de Estado de direito seria eliminada e que homicídio político seria legalizado não teve absolutamente em lugar nenhum o efeito assustador que esperava o conde Harry Kessler. Hjalmar Schacht, por exemplo, cujo nome constava na lista do gabinete negociada entre Schleicher e Hitler, apressou-se no final de agosto de 1932 em garantir ao "Caro sr. Hitler" sua "inalterada simpatia". Ele bem sabia que Hitler não precisava "de nenhum consolo", porém convinha "uma palavra de sincera empatia" nessa época de reveses: "Seu movimento é sustentado internamente por uma verdade e necessidade tão autênticas que a vitória de uma forma ou de outra não tardará. O senhor não se deixou seduzir por falsos ídolos nos períodos de prosperidade do movimento. Tenho a firme confiança de que, sendo o senhor agora forçado a se defender por curto tempo, resistirá à tentação de se ligar [a] falsos ídolos. Se o senhor continuar sendo o que é, não lhe faltará o sucesso". Schacht terminou sua carta com a promessa: "O senhor pode contar comigo como seu auxiliar de confiança."[173] Desse modo o diplomado da antiga e renomada escola secundária Johanneum de Hamburgo e por muito tempo presidente do *Reichsbank* recomendou-se para uma posição de liderança no Terceiro Reich, que ele ansiava ardentemente.

O que poderia resistir depois de 13 de agosto? A situação não apresentava saída, pois nem Papen se aproximara de seu objetivo de incorporar os nacional-socialistas ao governo do Reich nem Hitler do seu intuito de alcançar a posição de poder decisiva através do cargo de chanceler em um gabinete presidencial que lhe serviria de plataforma para a eliminação total do "sistema" de Weimar e para a instituição de sua ditadura. Após o "não" categórico de Hindenburg, ele não podia ter naquele momento esperanças quanto a essa solução. Assim, ficou a questão da negociação de uma coalizão com o *Zentrum* e a fixação de uma linha de oposição rigorosa ao gabinete Papen – o que Hitler já ameaçara. Em 25 de agosto, o presidente do NSDAP debateu com Goebbels em Berchtesgaden três opções possíveis: "Ou o gabinete presidencial, o mais agradável, mas muito improvável; ou o *Zentrum* do nosso lado – desagradável, porém relativamente apropriado no momento; ou a oposição mais ferrenha. Muito desacolhedor, porém isso também se faz necessário".[174] Enquanto os dois conferenciavam, Gregor Straßer chegou e informou sobre a conversa que tivera dois dias antes com o ex-chanceler, Heinrich Brüning, em uma casa particular em Tubinga. De acordo com as memórias de Brüning, Straßer deu a entender que Hitler desistiria do cargo de chanceler se houvesse um rápido acordo entre o NSDAP e o *Zentrum*.[175] Mas não se pode falar de desistência, como se pode depreender do diário de Goebbels: "Straßer [se mostra] forte para a solução do *Zentrum*. Hitler e eu, ao contrário, [somos] favoráveis ao avanço da ideia da presidência".[176] Assim, uma coalizão com o *Zentrum* já estava fora de questão, pois Brüning não estava disposto a passar o cargo de ministro-presidente e secretário do Interior da Prússia, com poder de disposição sobre a polícia prussiana, a Hitler, com quem se encontrara novamente em 29 de agosto na casa de uma fabricante em Grunewald. E menos disposto ainda estava Brüning a aceitar Hitler como chanceler do Reich em um governo de coalizão entre conservadores e nacional-socialistas.[177] Contudo, os nacional-socialistas prosseguiram com as negociações informais com o *Zentrum*, porque com a opção de formação de maioria parlamentar seria possível pressionar Hindenburg e seu entorno, e ao mesmo tempo tornar o DNVP dócil. "Muitas coisas indicam que Hitler e Brüning vão se acertar e com isso a economia e o país estarão ameaçados por um terrível regime", escreveu Hugenberg em 19 de agosto a Albert Vögler, o diretor executivo das *Vereinigte Stahlwerke*.[178]

O governo Papen respondeu ao desafio de Hitler com uma estratégia dupla. Por um lado, introduziu uma mudança na política econômica, decidindo, entre outras medidas, por uma série de providências para a recuperação da conjuntura econômica nacional mediante redução de impostos para as empresas que contratassem mão de obra adicional – mas também através da flexibilização dos vínculos de direito tarifário, atendendo com isso a uma antiga demanda dos empregadores.[179] Por outro lado, no gabinete foram levados adiante planos que o ministro do Interior, Gayl, apresentou pela primeira na reunião ministerial de 10 de agosto – dissolver o *Reichstag* e suspender novas eleições por um período superior ao de sessenta dias, previsto no artigo 25 da Constituição. "Sem dúvida alguma, entra-se em conflito com a Constituição, mas defender isso cabe em última instância ao sr. presidente do Reich."[180] Em 30 de agosto, Papen, Schleicher e Gayl foram a Neudeck. Com a alegação de que havia uma "situação de emergência estatal" que justificava medidas extraordinárias, conseguiram obter a aprovação de Hindenburg da prorrogação por tempo indeterminado das novas eleições. Ao mesmo tempo, o presidente do Reich deu carta branca para a dissolução do *Reichstag*.[181]

No mesmo dia em que Hindenburg outorgou o gabinete Papen a um procedimento inconstitucional, o *Reichstag* se reunia para sua sessão constitutiva. Antes disso, em seu discurso diante do grupo parlamentar do NSDAP, Hitler enfatizara "o direito do movimento ao poder": "Ele nunca encarara esse desenvolvimento com mais calma e confiança do que hoje."[182] Com os votos do NSDAP, do *Zentrum* e BVP, Hermann Göring foi eleito presidente do *Reichstag*. Embora o cargo de vice-presidente competisse tradicionalmente ao segundo partido mais forte, portanto, ao SPD, seu candidato Paul Löbe foi derrotado por um deputado do *Zentrum* que fora proposto pelo NSDAP. Com isso houve, segundo o jornal *Völkische Beobachter*, "uma presidência do *Reichstag* livre de marxistas". O procedimento tático do NSDAP estava claro: incentivado pelos planos emergenciais do gabinete Papen, queria mostrar que, como Göring dissera em seu discurso de 30 de agosto, "o novo *Reichstag* dispõe de uma grande maioria nacional apta ao trabalho e com isso não existe de modo algum o conjunto de fatos de um estado emergencial de direito público".[183]

Hitler deu mais um passo adiante. Tarde da noite de 32 de agosto, ele reuniu seu séquito no apartamento de Göring para uma "conferência secreta": "trama-se um plano arrojado" anotou Goebbels. "Vamos fazer o velho cair. Para isso são necessários silêncio e preparação. O velho não nos quer. Ele está completamente nas mãos dos reacionários. Portanto, o próprio tem que ser derrubado".[184] O caminho até a queda de Hindenburg deveria passar pelo artigo 43 da Constituição do Reich, que previa a possibilidade de se fazer um referendo sobre a destituição do presidente do Reich mediante uma maioria de dois terços no *Reichstag*. Somente o processo de tal decisão teria significado uma drástica perda de sua autoridade. Em 8 e 10 de setembro, no palácio do presidente do *Reichstag*, as delegações do NSDAP e do *Zentrum* negociaram um procedimento em conjunto contra Hindenburg. Segundo Goebbels, os representantes do *Zentrum* não pareciam desfavoráveis, porém, pediram "tempo para refletir".[185] Somente quando Brüning ameaçou sair do partido, "se algum membro do grupo parlamentar continuasse com negociações nesse sentido", afastaram-se do plano.[186] Com isso, o ex-chanceler do Reich teria perfeitamente tido a oportunidade de se vingar de Hindenburg pela sua demissão humilhante, mas ele sabia que se Hindenburg caísse, muito provavelmente seu sucessor seria Hitler.

Paralelamente às negociações com o *Zentrum*, Hitler reforçou seus ataques ao gabinete Papen. Em seu discurso no Sportpalast de Berlim, em 1º de setembro, criticou-o severamente como "um regime político que só se apoia em baionetas", e disse que caso se acreditasse que seria possível ameaçar os nacional-socialistas com uma dissolução do *Reichstag* atrás da outra, então, "Por nós que sejam cem vezes! Seremos os vencedores. Não vou perder a cabeça. Minha vontade é inabalável e o meu fôlego é maior do que o de meus adversários".[187] Três dias depois, no *Gautagung* de Nuremberg, falou mal da "panelinha de reacionários" no gabinete dos "quatro *vons*": "Os senhores creem realmente que podem me fisgar com algumas cadeiras ministeriais? Não quero de jeito nenhum circular em sua sociedade! Os senhores não fazem ideia de como estou me lixando para tudo isso. Se o bom Deus quisesse que as coisas fossem tal como são, teríamos vindo ao mundo de monóculo."[188] Mais uma vez, após três dias, em 7 de setembro, no Circo Krone de Munique, dava até mesmo um de guardião da Constituição: "Temos o direito de dizer que formamos o governo. Isso os senhores não querem nos conceder. Bem, aceito o desafio à luta, meus senhores [...] Os senhores dizem que a Constituição sobreviveu. E eu digo que só agora a Constituição faz sentido".[189]

Em 12 de setembro, o *Reichstag* reuniu-se para a primeira sessão de trabalho. Constava do programa uma declaração governamental de Papen, à qual se seguiria um debate geral de vários dias. Porém, a sessão correu de modo completamente diferente do que se esperava, pois, antes ainda de entrar na pauta do dia, o deputado do KPD, Ernst Torgler, tomou a palavra e solicitou a votação imediata das propostas de seu grupo parlamentar, isto é, de recusar os decretos de emergência do governo e apresentar o voto de desconfiança ao gabinete Papen. O protesto de um único deputado teria sido suficiente para recusar o ataque do KPD. Porém, isso não aconteceu e em meio à confusão geral, Frick solicitou que se interrompesse a sessão por meia hora. Enquanto Papen aproveitava a pausa para receber de um mensageiro o decreto de dissolução do parlamento, Hitler decidiu-se pelo apoio do grupo parlamentar do NSDAP à proposta dos comunistas. Sua intenção era deixar nítido a todos quão exígua era a base parlamentar do governo Papen.

Na reabertura da sessão, o presidente do *Reichstag*, Göring, começou imediatamente a esclarecer as modalidades da votação e ignorou acintosamente o chanceler do Reich, que do assento governamental pediu a palavra várias vezes abanando a pasta vermelha com o decreto de Hindenburg. "Nesta situação", de acordo com Papen em suas memórias, "não me resta nada a não ser, em meio a essa balbúrdia, colocar na mesa de Göring o decreto de dissolução do parlamento, assinado pelo presidente do Reich e com o governo abandonar a casa."[190] Em seguida, Göring anunciou o resultado da votação: 522 deputados aderiram ao voto de desconfiança, apenas 42 deputados do DNVP e do DVP recusaram sua aprovação. "A derrota mais vergonhosa que se pode imaginar", comentou Goebbels.[191] O efeito psicológico foi enorme. Papen passara um vexame e sua observação de que o decreto de dissolução já existia antes da votação, sendo esta, portanto, nula, não pôde reparar o dano. O fato é que "nove décimos do *Reichstag* e do povo alemão são contra esse chanceler da 'concentração nacional', constatou objetivamente o conde Harry Kessler.[192] Sob a impressão da derrota avassaladora, o gabinete decidiu em 14 e 17 de setembro afastar-se do plano de emergência acordado com Hindenburg e marcar as novas eleições para 6 de novembro, o último dia possível dentro do prazo de sessenta dias.[193] Em um diálogo com Pünder, o ex-secretário de Estado de Brüning, Schleicher, admitiu no início de outubro de 1932 que a tarefa principal do gabinete Papen, fazer o "NSDAP aproximar-se do governo, não fora alcançada", porém, haviam obtido "o completo 'desencanto' pelos nazistas". Nas eleições seguintes, tanto o partido de Hitler quanto o *Zentrum* sofreria perdas, de modo que a formação de uma maioria parlamentar não seria mais possível. Então, o *Reichstag* "terá de se predispor a fim de evitar mais uma eleição para a tolerância do governo".[194]

"Perspectivas de eleição bastante pessimistas", anotou Goebbels no final de setembro. "Precisamos nos arrebentar de trabalhar. Assim poderá dar certo mais uma vez."[195] Após quatro campanhas eleitorais esgotantes, eram inconfundíveis os sinais de cansaço não só entre a população em geral como também entre os partidários do NSDAP. Especialmente na SA, depois da guinada de 13 de agosto, a prontidão para se concentrar novamente e com todas as forças em uma nova eleição era mínima. Pela primeira vez, houve uma redução do número de filiados: de 455 mil em agosto para 435 mil em outubro de 1932. Em muitos lugares falava-se de um clima "depressivo" e de "derrotismo".[196] Além disso, muitas eleições deixaram um rombo nos cofres do partido que só com dificuldade conseguia novos recursos financeiros. "Angariar fundos é muito difícil. Os grandes estão do lado de Papen", reclamou Goebbels.[197] De fato, o governo Papen podia contar com o apoio da grande indústria, desde que atendera amplamente à vontade dos empresários com seu novo programa econômico. O suporte financeiro da grande indústria foi dessa vez quase exclusivamente para os partidos que apoiavam Papen e seu gabinete, ou seja, DNVP e DVP.[198]

Ao contrário de muitos de seus seguidores, Hitler demonstrava otimismo. O gabinete Papen iria muito em breve desmoronar "como um castelo de cartas", declarou em uma entrevista ao *Daily Mail*, em 24 de setembro.[199] Em um discurso no encontro de propaganda do Reich na Casa Marrom, em 6 de outubro, ele tentou mobilizar os membros do partido para a nova campanha: "Nós, nacional-socialistas, daremos à nação um exemplo inédito da nossa força de vontade [...] Encaro a luta com confiança absoluta. A batalha pode começar. Em quatro semanas dela sairemos vencedores".[200] O *slogan* central era: "Contra Papen e os reacionários".[201] O diplomata Ulrich von Hassel, que depois de sua nomeação a embaixador em Roma procurou Hitler em 23 de setembro em seu apartamento em Munique, achou-o ainda "numa profunda amargura" em relação a Papen e Hindenburg. "Ele não se intimidara no tocante à agitação contra esse governo que queria lutar com ele e que o 'enganara' [...] Com os senhores barões ele não fará rodeios."[202] Consequentemente, as diretrizes publicadas pelo Diretório de Propaganda do Reich diziam que Papen como pessoa precisava "ser mostrado ao povo tanto como ambicioso quanto inapto representante do clube dos senhores reacionários".[203]

Hitler sabia que dessa vez tratava-se de muito mais. Se não conseguisse superar o resultado da eleição de 31 de julho ou ao menos manter-se no mesmo nível, então a aura de implacabilidade da marcha triunfal nacional-socialista estaria em perigo, e ameaçaria-se estabelecer uma mudança da tendência que levara até então o partido de sucesso em sucesso. Mais esgotante ainda era a agenda a que ele se permitira: seu quarto "voo pela Alemanha", o qual iniciou em 11 de outubro, dessa vez no Ju 52, durou três semanas e meia e o levou novamente a muitas regiões do país, inclusive, à Frísia Oriental e Bergisches Land, as quais não havia visitado ainda. Hitler começava todos os seus discursos justificando sua decisão de não ter entrado para o gabinete Papen em 13 de agosto, uma prova de quão profunda era a decepção por ter fracassado na obtenção do cargo de chanceler. Ele não queria se prestar ao papel de "ministro da clemência de Papen". Esse "papel decorativo" não lhe seria apropriado. Além disso, declarou que não queria entrar em um acordo do qual teria que sair alguns meses depois, pois Papen e sua panelinha de reacionários não queriam influenciá-lo politicamente, mas sim "amordaçá-lo".[204] Hitler enfatizou várias vezes que não ambicionava cargos ministeriais e tampouco o compartilhamento do poder: "A única coisa que me seduz é a própria liderança, o poder de verdade, e a isso nós, nacional-socialistas, temos um direito legal sagrado".[205] Seus adversários não deveriam enganar-se quanto à sua "imensa determinação"; ele havia escolhido seu caminho e o seguiria até o fim. "Um homem como eu pode sucumbir, um homem como eu pode ser assassinado, porém, tal homem não pode ceder!" Uma palavra não constava no léxico do movimento nacional-socialista, "capitulação".[206] Tais confissões feitas sob pressão indicam que em Hitler a certeza da vitória era forçada, que ele também não estava livre de temores de um possível golpe. Por um lado, novamente os jornais nacional-socialistas transbordavam de notícias sobre o sucesso da turnê propagandística de Hitler, mas na verdade, o número de participantes das demonstrações caía. A Arena Luitpold em Nuremberg só teve metade de sua capacidade ocupada em 13 de outubro.[207] Não foram poucos os eleitores que haviam acorrido ao suposto portador da esperança em julho e afastaram-se dele depois de 13 de agosto. "Mas ele não consegue, dizia-se; ele é só um fanático obstinado, promete demais e não alcança nada. Um cometa cadente na neblina de novembro", assim Konrad Heiden reproduziu o clima geral antes da eleição.[208]

Diferentemente de julho, Hitler extravasou seus sentimentos de ódio antissemita, o que contribuiu para reforçar a impressão de que ele próprio atrapalhara seu acesso ao poder devido a seu fanatismo obstinado. Essa guinada não foi mencionada por nenhum biógrafo de Hitler, embora salte à vista. Assim, afirmava em todos os seus discursos, contrariando a verdade, que o programa econômico de Papen fora concebido pelo banqueiro judeu Jakob Goldschmidt, ex-diretor do Danat-Bank e que seria "aclamado por todos os judeus", porque só servia aos interesses do capital bancário. Tampouco faltavam tiradas contra a "imprensa judaica de Berlim", e novamente evocava o espectro do "bolchevismo internacional judaico", "uma praga que já quase tomou conta de um continente e ameaça nos invadir". "Ou o povo alemão sai das mãos dos judeus ou ele se degenera", declarou em 30 de outubro, em Essen. "E aí eu gostaria de ser seu mediador, gostaria de introduzi-lo ao seu próprio Reich alemão [...] e fazer a conexão entre forma e povo, entre Estado e organização do povo que deveriam ser uma só no futuro."[209] Mais uma vez Hitler deixara claro que no novo Estado do povo não haveria lugar para judeus.

O tom anticapitalista de luta de classes da propaganda partidária, que acompanhava a polêmica contra o "reacionarismo" de Papen, provocava mais perplexidade nos eleitores da burguesia do que antissemitismo novamente desvelado em seus discursos, porque contradizia os *slogans* da "Comunidade do Povo". "Agora se deveria defender o socialismo mais radical", postulou Goebbels em 25 de setembro.[210] O *Gauleiter* de Berlim colocou em prática o que havia dito ao fazer o NSDAP apoiar, poucos dias antes da eleição, a greve dos trabalhadores da Companhia de Transportes Berlinense (BVG). Os membros da Organização Nacional-Socialista das Células de Empresas (NSBO) juntamente com a Oposição Sindical Revolucionária (RGO), dominada pelos comunistas, formaram piquetes e paralisaram os transportes na capital. "Ontem: greve o dia todo", anotou Goebbels em 5 de novembro. "Nossa gente lidera. Graves atos de terror. Já quatro mortos. Em Berlim, clima de revolução. Que continuem!"[211] Durante os dias da greve, Goebbels, que esteve continuamente em contato com Hitler, constatou satisfeito que Hitler aprovava explicitamente seu ponto de vista, embora fosse previsível que a interação com os comunistas custaria votos. "No momento, Hitler faz marxismo. Greve de transportes em Berlim!", escreveu a professora Luise Solmitz, de Hamburgo, em seu diário no dia da eleição. Na eleição de julho, ela havia votado no NSDAP; em 6 de novembro, mudara novamente para o DNVP.[212] E como ela, não poucos eleitores tradicionais do nacionalismo-alemão se decidiram abertamente. Pois o partido de Hugenberg teve novamente um aumento de três pontos percentuais, de 5,9 para 8,9%.

Em compensação, a eleição de 6 de novembro foi um desastre para os nacional-socialistas. Eles perderam mais de 2 milhões de votos; sua cota teve uma redução de 4,2 pontos percentuais, passando para 33,1%, o número de mandatos teve uma redução de 34%, passando para 196. Ganharam a eleição o DNVP e o KPD, que subiu de 14,5 para 16,9%, entrando para o *Reichstag* com cem deputados, enquanto o SPD e os dois partidos católicos tiveram perdas leves: o SPD caiu de 21,6 para 20,4%, o *Zentrum* de 12,5 para 11,9% e o BVP de 3,2 para 3,1%. O DVP teve um leve ganho (de 1,2 para 1,9%); o DStP estagnou em um 1%. Em relação à eleição de julho, a participação na eleição diminuíra quase 4% (para 80,6%), o que teve resultado negativo, sobretudo, para o NSDAP.[213] O resultado da eleição foi estimado como uma grande sensação por todos os jornais liberais da capital. "A ideia nacional-socialista perdeu sua força publicitária [...] A aura desapareceu [...] A mágica falhou. A crença enfraqueceu [...] O fracasso de Hitler como político e homem de Estado tornou-se flagrante", escreveu o jornal *Vossische Zeitung*.[214] Goebbels, que também tinha esperado alguns dias antes da eleição que "não será tão ruim", teve de admitir sem rodeios: "Sofremos uma grave derrota [...] Agora estamos diante de lutas difíceis".[215]

Para Hitler também 6 de novembro significou o terceiro golpe vulnerável de 1932. Seu carisma, que consistia no magnetismo provocado nas massas e no papel de messias político que lhe era atribuído, estava em jogo. Por um lado, o líder do partido esforçou-se em seu discurso do final da eleição para disfarçar o resultado: O "ataque violento ao movimento" teria sido abatido, o governo Papen teria sofrido uma "derrota arrasadora", porque o DNVP não conseguira sequer 10% dos votos. De acordo com ele, a consequência para os nacional-socialistas só podia ser "prosseguir com a luta contra o regime até a eliminação definitiva".[216] Mas com isso, ele não podia arrancar o partido da profunda depressão que depois das eleições se apossara de todas as suas estruturas.[217] Pela primeira vez, lançou-se uma grande dúvida sobre sua perspicácia política. Sua estratégia do tudo ou nada não condenaria o movimento nacional-socialista a uma oposição permanente, não o ameaçaria em uma nova eleição a cair num abismo? Hitler parecia demonstrar indiferença a essa dúvida. De qualquer modo, Goebbels manteve sua opinião, após uma longa consulta sobre os rumos futuros do partido, em 9 de novembro: "Nada de reconciliação. Ao ataque! Papen tem que sair. Não há acordo. Os reacionários vão ficar admirados. Não fazemos nada pela metade".[218]

Papen pôde ficar satisfeito com o resultado da eleição, pois juntos o NSDAP e o *Zentrum* não dispunham mais da maioria no *Reichstag*. Hitler não podia mais ameaçá-lo com uma coalizão entre o *Zentrum* e o NSDAP. Assim, o chanceler do

Reich acreditou que se depararia com mais predisposição do presidente do NSDAP quando lhe fez a proposta de agosto, em uma correspondência de 13 de novembro, de entrar para seu gabinete. Conforme disse, através da eleição de 6 de novembro criou-se uma "nova situação" e com isso também "uma nova possibilidade para a síntese de todas as forças nacionais". Agora era preciso deixar para trás "a amargura da campanha eleitoral" para juntos servirem à "causa do país".[219] Mas na liderança do NSDAP desconfiava-se que havia uma artimanha por trás dessa oferta com a finalidade de atrair Hitler novamente para uma cilada. "Nenhum 13 de agosto mais. Isso seria a catástrofe", anotou Goebbels, deixando ao mesmo tempo claro onde estava o ponto crucial que não era negociável: "Hitler tem que se tornar chanceler do Reich! *Conditio sine qua non*".[220]

Hitler deixou passar três dias antes de recusar o convite de Papen para dialogar sobre a participação do NSDAP no governo. Depois das experiências com conversas, o melhor para ele seria resolver a questão por escrito. "Sob nenhuma circunstância estou disposto a deixar que o processo de 13 de agosto se repita comigo."[221] Na reunião ministerial de 17 de novembro, Papen comunicou que seus esforços para a "criação da concentração nacional" haviam fracassado. Ele iria propor a demissão do gabinete, "a fim de desimpedir [...] o caminho para as negociações do presidente do Reich com os líderes partidários [...]".[222] Hindenburg aceitou a proposta de demissão, no entanto, pediu a Papen que prosseguisse por enquanto com os assuntos governamentais.

O conde Harry Kessler ficou muitíssimo satisfeito com a notícia da demissão de Papen: "Finalmente! Esse diletante imprudente com seu eterno sorriso trouxe mais desastres em seis meses do que qualquer outro chanceler antes dele em tão pouco tempo."[223] O jornal *Vorwärts* noticiou o acontecimento sob a manchete. "Cai o gabinete de senhores!"[224] Nos círculos socialdemocratas lembrava-se muito bem que fora Papen que, com seu golpe de Estado contra a Prússia, eliminara o último baluarte da República em 20 de julho. Contudo, a questão sobre quem deveria suceder ao chanceler e como se encontraria uma saída para a crise do governo não estava nada clara. A única coisa certa, observou Kessler em 19 de novembro, é: "Tudo está mais ou menos entregue ao acaso ou ao bom ou mau humor de quatro a cinco pessoas".[225]

Em 18 de novembro, Hindenburg encetou as negociações com os líderes partidários. Seu objetivo era formar um "gabinete da concentração nacional" do *Zentrum* até os nacional-socialistas. Primeiramente, recebeu Hugenberg, que se pronunciou favorável ao prosseguimento do "governo presidencial interpartidário" e contra o cargo de chanceler para Hitler. Ele não via em "Hitler cumprimento contratual".[226] O presidente do DVP, Eduard Dingeldey, também advertiu sobre a personalidade de Hitler, "um homem do tipo imprevisível e facilmente influenciável". Ninguém poderia garantir que como chanceler ele não tentaria "se manter no poder também contra a vontade do presidente do Reich".[227] O presidente do *Zentrum*, Ludwig Kaas, e o presidente do Partido Popular da Baviera [BVP], Fritz Schäffer, foram mais reservados. Ambos eram favoráveis à participação dos nacional-socialistas no governo. Segundo eles, a decisão sobre a quem confiar a Chancelaria competia somente a Hidenburg. "Nessa esfera não nos intrometemos". Schäffer protocolou que o verdadeiro perigo consistia "menos na pessoa de Hitler do que em seu entorno" que abraçara a ideia da ditadura partidária. Por isso, seria necessário instalar "contrapesos e personalidades fortes" em um governo conduzido por Hitler, a fim de impedir um abuso de poder.[228]

Em 17 de novembro, Hitler fora convocado por telefone pelo escritório do presidente do Reich a uma conversa pessoal às 11h30 de 19 de novembro. Em 18 de novembro, ele foi de avião para Berlim, acompanhado por Frick e Straßer. Goebbels aconselhou-o a "falar com o velho como se fosse um pai": "Convencê-lo de modo bem primitivo e tentar conquistar sua confiança." Reuniram-se até tarde da noite: "Comemos, rimos, batemos papo, tocamos música [...] Hitler está de bom humor [...] Deus queira que dê certo."[229] Novamente, como em 13 de agosto, muitos adeptos nacional-socialistas reuniram-se na Wilhelmstraße e aclamaram Hitler enquanto ele passava de carro indo para o encontro com Hindenburg. Era a terceira vez que se encontrava com o presidente do Reich. Dessa vez, insistira em falar primeiramente a sós com Hindenburg. Somente depois da metade do debate de mais de uma hora, o secretário de Estado, Meissner, pôde estar presente. Mais uma vez Hindenburg apelou para Hitler como o "líder de um movimento" cujo "significado nacional" ele reconhecia totalmente, e que ele [Hitler] não deveria se fechar ao seu desejo de cooperação em um governo da "concentração nacional": "A época é séria demais para que cada um possa seguir seus interesses pessoais e seu próprio caminho. Precisamos deixar de lado o que separa e nos juntarmos em uma associação de emergência." Porém, Hitler persistia na opinião de que só poderia entrar para um gabinete se obtivesse "a liderança política", ou seja, o cargo de chanceler. Em relação à composição do gabinete, ele demonstrou disponibilidade para um acordo. Conforme disse, não pensava de modo algum em ocupar os cargos ministeriais exclusivamente com nacional-socialistas. Hindenburg questionava se Hitler contataria com outros partidos para criar um programa objetivo de cooperação, ao que este último declarou que isso só seria feito se ele fosse encarregado pelo presidente do Reich a formar o governo. Nesse contexto, colocou uma ideia em jogo, supondo que pudesse ser ouvida por Hindenburg: "Acho que eu encontraria uma base a partir da qual eu e o novo governo receberíamos do *Reichstag* uma Lei Plenipotenciária". A possibilidade de uma legislação simplificada por meio de uma "Lei Plenipotenciária", que, contudo, exigia uma maioria de dois terços no *Reichstag*, era uma via legal prevista em situações especiais de emergência. Stresemann já fizera uso da mesma na crise de outubro de 1923. Essa lei oferecia a vantagem de o governo poder agir por um certo prazo de modo independente da instituição do *Reichstag*, sem precisar recorrer com frequência ao direito de decreto de emergência. A resposta de Hindenburg à proposta de Hitler foi de que ele queria pensar no assunto com calma e tornar a conversar com ele.[230]

Aparentemente, devido à impressão da conversa a sós, o mais importante de 19 de novembro foi Hindenburg ter se distanciado pela primeira vez do seu "não" categórico à chancelaria para Hitler. Contudo, havia insegurança no entorno do chefe do NSDAP se era realmente "séria a tentativa" de "solucionar o problema conosco" ou se a intenção do outro lado era apenas "de nos sacanear novamente", como desconfiava Goebbels.[231] O dia 21 de novembro solucionou essa questão. Nesse dia, Hindenburg recebeu Hitler pela segunda vez e conferiu-lhe oficialmente a tarefa de formar o governo, contudo, apenas sob a condição de criar "uma maioria segura, apta a trabalhar com um programa de trabalho uniforme e sólido no *Reichstag*". Isso só era possível se Hitler recebesse apoio tanto do *Zentrum* como do DNVP, o que no caso do partido de Hugenberg era de antemão impossível. Hitler soube antes, através de Meissner, da intenção de Hindenburg e pôs sua resposta preparada cautelosamente em uma carta que entregou ao presidente do Reich. Nesta, ele solicitava que o "cargo" lhe fosse entregue, "o qual fora até então conferido por Vossa Excelência a todos os titulares do poder presidencial", ou seja, os plenos poderes do chanceler de um gabinete presidencial, como Brüning e Papen também os haviam recebido. Precisamente para isso Hindenburg não estava pronto e assim as negociações haviam, de fato, fracassado, mesmo que no final Hindenburg tenha garantido a Hitler: "Minha porta estará sempre aberta para o senhor".[232]

Aos diálogos com Hindenburg sucedeu uma correspondência entre Hitler e Meissner, na qual se tratava novamente da diferença fundamental entre um gabinete presidencial interpartidário e um governo parlamentar apoiado numa maioria no *Reichstag*.[233] Em 23 de novembro, Hitler recusou a tarefa proposta por Hindenburg de encetar negociações com os partidos sobre uma maioria parlamentar, devido à sua "inexequibilidade interna". No dia seguinte, por meio de uma carta de Meissner, Hindenburg rejeitou também oficialmente a solicitação de Hitler de ser encarregado da liderança do gabinete presidencial. A alegação era a mesma de 13 de agosto. O presidente do Reich dizia que não acreditava poder aceitar "a entrega de seus poderes presidenciais ao líder de um partido que sempre salientara sua exclusividade e que mantinha uma posição predominantemente negativa em relação a ele pessoalmente e às medidas políticas e econômicas por ele consideradas necessárias". Conforme Hindenburg, sob tais circunstâncias podia-se temer que um governo presidencial conduzido por Hitler "se desenvolveria inevitavelmente rumo a uma ditadura partidária com todas as suas consequências para um agravamento incomum das contradições no povo alemão pela qual ele, perante seu juramento e consciência, não poderia se responsabilizar."[234] Depois da troca de ideias, Hitler previu a recusa e reagiu "totalmente calmo", como observou Goebbels: "O velho não tem confiança nele. E é recíproco [...] Basta de comédia. Agora Papen voltará [...] Mais uma vez os barões venceram. Até quando?".[235]

A petição para transferir a "direção responsável" do gabinete presidencial para "o líder do grande grupo nacional", ou seja, para Hitler,[236] que fora enviada em 19 de novembro ao presidente do Reich por industriais, banqueiros e agricultores também não pôde mudar nada na decisão de Hindenburg. A iniciativa dessa ação partira de Wilhelm Keppler, um empresário de médio porte do qual Hitler fizera seu consultor em questões político-econômicas na primavera de 1932. Por iniciativa, sobretudo, de Hjalmar Schacht, foi criado um "posto de trabalho" com o nome Keppler, o qual devia harmonizar "as opiniões do nacional-socialismo [...] com a prosperidade da economia privada."[237] No entanto, o apoio do meio empresarial à petição ficou aquém das expectativas. A petição continha apenas dezenove assinaturas, das quais quase a metade era dos membros do "círculo Keppler": Hjalmar Schacht; o banqueiro Kurt von Schröder, proprietário do Banco Stein em Colônia; Friedrich Reinhart, membro da diretoria do Commerzbank; August Rosterg, representante da indústria do potássio; e Ewald Hecker, membro do conselho fiscal da Ilseder Hütte [antiga metalúrgica de Ilsede]. Extraordinariamente alta era a cota do conjunto dos comerciantes de Hamburgo, representada por quatro assinantes, Emil Helfferich, Franz Witthoeft, Carl Vincent Krogmann (posteriormente prefeito de Hamburgo durante o período nazista) e Kurt Woermann, como também da agricultura em larga escala com cinco assinantes, no topo, o presidente da *Reichslandbund*,¶ o conde Eberhard von Kalckreuth. Em compensação, o *Ruhrlade*** estava representado somente por um membro célebre, Fritz Thyssen, que há muito tempo era um partidário confesso e fervoroso de Hitler.[238] Em 12 de novembro, Schacht já comunicara a Hitler que a indústria pesada "pouco cooperaria" na ação. Esta fazia jus ao nome por conta de sua lentidão.[239] Porém, Albert Vögler, diretor geral das *Vereinigte Stahlwerke* informou o banqueiro Schröder, em 21 de novembro, que ele e Paul Reusch, presidente do conselho fiscal da *Gutehoffnungshütte*, e Fritz Springorum, diretor geral da Hoesch, estavam de acordo com a "solução da crise atual" proposta na petição, mas que não a assinavam porque "mantinham-se afastados de qualquer posicionamento político".[240] Aqui, insinuava-se uma mudança de tendência a favor de Hitler, influenciada provavelmente pelo sucesso do KPD na eleição de novembro, que despertara nos líderes econômicos novos temores de uma "bolchevização" da Alemanha. Contudo, a maioria dos grandes proprietários de terras ao leste do rio Elba mantinha firme seu desejo de ter Papen como chanceler. Assim, a petição era pouco apropriada para influenciar de modo duradouro as decisões de Hidenburg. O fato de o nome de Kalckreuth constar entre os assinantes deve tê-lo impressionado, pois os lobistas dos grandes proprietários de terras

---

¶   Associação representante dos interesses da agricultura alemã durante a República de Weimar. (N.T.)

**   Grupo de interesses dos doze industriais mais influentes da região do Ruhr. (N.T.)

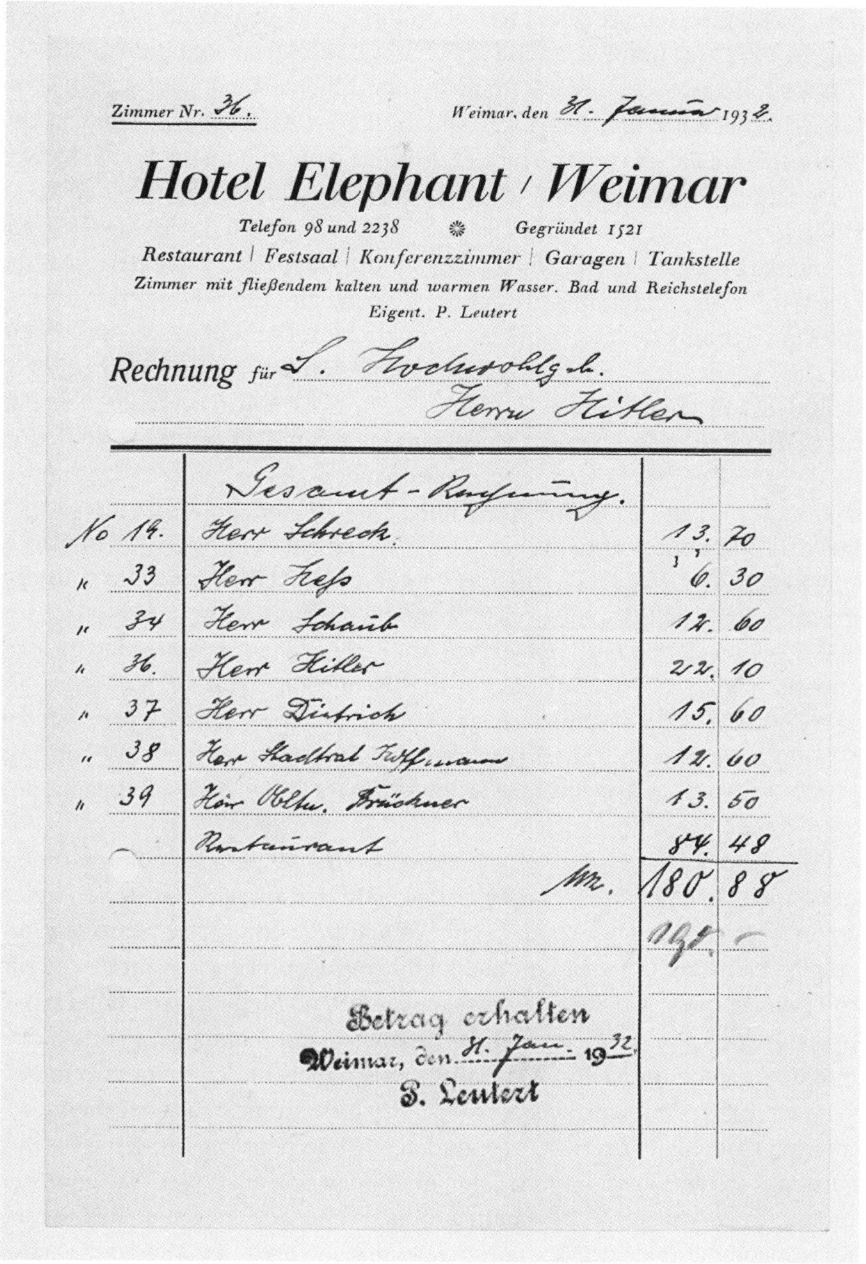

Zimmer Nr. 36. Weimar, den 31. Januar 1932.

Hotel Elephant / Weimar

Telefon 98 und 2238 Gegründet 1521

Restaurant | Festsaal | Konferenzzimmer | Garagen | Tankstelle

Zimmer mit fließendem kalten und warmen Wasser. Bad und Reichstelefon

Eigent. P. Leutert

Rechnung für S. Hochwohlgeb.
Herrn Hitler

	Gesamt-Rechnung.	
No 14.	Herr Schreck.	13. 70
" 33	Herr Heß	6. 30
" 34	Herr Schaub	12. 60
" 36.	Herr Hitler	22. 10
" 37	Herr Dietrich	15. 60
" 38	Herr Stadtrat Hoffmann	12. 60
" 39	Herr Oblt. Brückner	13. 50
	Restaurant	84. 48
	Mk.	180. 88

Betrag erhalten
Weimar, den 31. Jan. 1932.
P. Leutert

[FOTO 32] Conta do Hotel Elephant, Weimar, para Hitler e seus acompanhantes (Julius Schreck, motorista; Rudolf Heß, secretário particular; Julius Schaub, ajudante de campo; Otto Dietrich, chefe de imprensa do NSDAP; Heinrich Hoffmann, fotógrafo; primeiro-tenente Wilhelm Brückner, ajudante de campo), 31 de janeiro de 1932.

ao leste do rio Elba sempre tiveram Hindenburg como um de seus defensores. Em janeiro de 1933 essa influência teria um efeito particularmente fatídico.

Após seu fracasso em tentar nomear um gabinete da "concentração nacional" incluindo os nacional-socialistas, a Hindenburg só restava como alternativa encarregar novamente Papen como chanceler ou nomear outro homem de sua confiança.

De acordo com as circunstâncias, só podia ser o general Schleicher, *spiritus rector* do governo presidencial. Em 23 de novembro, o ministro da *Reichswehr* sondou o terreno para saber se Hitler podia imaginar o apoio de um gabinete comandado por ele. Hitler respondeu negativamente e ao mesmo tempo enfatizou que não permitiria a nenhum de seus homens fazer parte de tal gabinete. Sob essas circunstâncias, Schleicher protocolou na reunião ministerial de 25 de novembro que "com uma mudança de chanceler não se ganhará nada".[241] Porém, na verdade, Schleicher já estava decidido nesse momento a deixar Papen cair. Pois seu protegido, ao contrário do que se esperava, não se revelara de modo algum como uma ferramenta sem vontade própria, mas há muito tempo se emancipara politicamente dele. Seu capital mais importante era a íntima posição de confiança junto a Hindenburg, que desenvolvera ao longo de seus cinco meses como chanceler e que agora empregava contra Schleicher na luta pelo poder. Em 26 de novembro, Hindenburg rejeitou o pedido do chanceler do Reich em exercício de não mais ser encarregado de formar novamente o governo: "Cortava-lhe o coração que Papen também quisesse abandoná-lo."[242] Schleicher assumiu o encargo de negociar novamente com os líderes partidários a fim de mobilizá-los para a tolerância de um novo gabinete sob Papen. De fato, o astuto general utilizou as sondagens para tatear as possibilidades de ele próprio obter o cargo de chanceler.[243]

Enquanto isso se esperava na liderança do NSDAP para ver como terminaria a "luta Papen/Schleicher".[244] Naqueles dias, Hitler manteve-se conscientemente afastado de Berlim. Ele se instalara em Weimar para engajar-se como orador na campanha eleitoral da eleição municipal que estava prestes a acontecer. Perante Sefton Delmer, que o procurou em 27 de novembro no Elephant, seu hotel favorito na praça do mercado de Weimar, Hitler demonstrou-se confiante de que o dia do triunfo do movimento nacional-socialista viria o mais tardar em quatro meses. À pergunta que sucedeu a entrevista, se nesse caso ele ambicionava a restauração da monarquia Hohenzollern, Hitler respondeu que não pensava "em servir de cavalo de corrida para um jóquei imperial, que quer pular nas minhas costas justamente no momento em que estou passando a linha de chegada".[245] Em 30 de novembro, Hitler recusou de modo polido, porém resoluto, o convite de Meissner para uma reunião com o presidente do Reich em Berlim. Conforme disse, um novo debate não faria sentido, já que as opiniões de ambos os lados permaneciam inalteradas; ele não podia assumir a responsabilidade de novamente despertar uma esperança na esfera pública cujo "não cumprimento só seria uma grave decepção".[246] O trauma de 13 de agosto ainda era presente.

Quando Hindenburg recebeu Papen e Schleicher para mais uma conversa, no fim da tarde de 1º de dezembro, estava claro que se devia tomar a decisão sobre a questão da chancelaria. Schleicher relatou primeiramente o fracasso de suas sondagens, mas era a favor de "esperar o desenvolvimento da facção nazista". Nesse contexto, revelou pela primeira vez abertamente como um gabinete conduzido por ele encontraria uma saída para a crise. Esta consistia em mobilizar os nacional-socialistas, sob a liderança de Gregor Straßer, a entrarem para o gabinete, dividindo o NSDAP e por meio de uma "terceira via" – dos sindicatos, passando pelos partidos da burguesia até os dissidentes do partido de Hitler –, realizar as medidas necessárias para a recuperação da economia e redução do desemprego. No entanto, essa perspectiva parecia demasiado vaga para Hindenburg: "Para ele seria insuportável prorrogar mais uma vez a decisão", replicou e pediu a Papen que prosseguisse com o governo. Papen declarou sua prontidão, porém, somente sob a condição de que o presidente do Reich "lhe disponibilizasse todos os direitos presidenciais para o conflito que certamente se esperava com o *Reichstag*". Hindenburg aceitou – tratava-se de "preservar a Alemanha de um dano que poderia resultar da violação dos deveres do *Reichstag*".[247] Isso significa que Hindenburg se decidira por um gabinete que deveria implementar então aqueles planos de emergência que já estavam disponíveis em agosto e setembro de 1932, ou seja, de dissolver o *Reichstag*, prorrogar a nova eleição por tempo indeterminado e, nesse ínterim, viabilizar uma reforma constitucional que deixava o governo do Reich amplamente independente do parlamento. Schleicher deu a entender que não podia compartilhar desse desenvolvimento, porque uma violação aberta da constituição levaria a agitações semelhantes a uma guerra civil. "Mongezinho, mongezinho, segues um caminho difícil",[††] disse ao se despedir, ameaçando Papen.[248]

Na manhã de 2 de dezembro, Papen reuniu seu gabinete para informar sobre a decisão de Hindenburg. A reunião foi dramática. Com exceção do ministro do Correio e Transportes, Eltz-Rübenach, todos os demais pronunciaram-se contra o relançamento do governo Papen. Quando Meissner observou que esse voto também não iria dissuadir o presidente do Reich "da decisão tomada após a difícil luta", Schleicher obteve seu melhor trunfo. Em resposta à pergunta do ministro da Justiça sobre "se a *Reichswehr* estava segura para todas as futuras eventualidades", mandou chamar o tenente-coronel Eugen Ott no gabinete. Schleicher já o encarregara, semanas antes, de testar a capacidade da *Reichswehr* de enfrentar com sucesso agitações internas e ao mesmo tempo proteger as fronteiras externas. O resultado fora negativo. A palestra de Ott causou uma "impressão estarrecedora" nos participantes, como registrou em seu diário o ministro da Fazenda, Schwerin von Krosigk.[249] Imediatamente depois, Papen declarou que com isso resultara uma nova situação

††   Alusão a Martinho Lutero. (N.T.)

e ele precisava recusar o mandato de formar o governo. Hindenburg demitiu seu chanceler favorito muito a contragosto: "Então precisamos em nome de Deus deixar o senhor von Schleicher tentar sua sorte".[250] Mesmo depois de sua demissão do cargo de chanceler, Papen pôde manter seu domicílio de serviço na Wilhelmstraße. Hindenburg queria tê-lo por perto como seu consultor. Essa constelação de fatores iria adquirir um significado especial em janeiro de 1933.

No entorno de Hitler, a nomeação de Schleicher para chanceler do Reich foi bem acolhida. "Assim está bom. Essa é a última alternativa do velho", comentou Goebbels. "Logo vamos começar a protestar e, aliás, pressionar o que deve ser pressionado."[251] Na liderança do NSDAP houve resistência à intenção de seguir uma acirrada rota de colisão. Principalmente Gregor Straßer solicitava agora que se afastasse da política do tudo ou nada. Não há certeza se, de fato, Schleicher lhe prometera o cargo de vice-chanceler, em um encontro secreto, em 4 de dezembro, como é aceito na historiografia em geral. A única fonte em que os autores se baseiam é o livro de Goebbels *Vom Kaiserhof zur Reichskanzlei*. Contudo, no seu diário oficial não há nenhuma indicação da proposta e menos ainda da observação final de Goebbels de que Straßer "não só não teria excluído essa proposta como também teria comunicado sua decisão" de "no caso de uma nova eleição" criar uma lista Straßer. Assim se pode supor que Goebbels introduziu essa versão posteriormente a fim de fazer parecer plausível a "grave traição [de Straßer] contra o Führer e o partido".[252]

Em todo caso, é discutível se Gregor Straßer era favorável a uma tática mais flexível em relação ao gabinete Schleicher e se, em princípio, não recusava uma participação no governo sem o direito ao cargo de chanceler. Quanto a isso foi fortalecido pelo resultado das eleições municipais da Turíngia em 4 de dezembro. O NSDAP perdeu duramente, embora Hitler tenha se engajado bastante. Em relação à eleição do *Reichstag* de 31 de julho, o partido perdera 40% dos votos.[253] O jornal *Berliner Tageblatt* comentou o resultado sob o título "Aura destruída". Como o NSDAP só teria vivido até então sob a "psicose da certeza da vitória", "a mudança de tendência deve ter tido um efeito mais violento ainda para ele". E para o jornal *Frankfurter Zeitung* ficara comprovado com a eleição da Turíngia "que não cada vez mais, ao contrário, cada vez menos se justifica que o sr. Hitler tenha a especial pretensão de ser o Führer da nação [...] Esse 4 de dezembro colocou o sr. Hitler na fileira dos outros líderes partidários, à qual ele pertence."[254] Um retrocesso drástico do NSDAP nas eleições seguintes do *Reichstag*, sim, uma desintegração do movimento não parecia mais excluída. A depressão que predominava no partido desde 6 de novembro acentuava-se. Em Munique, a Polícia Política observou em 1932 os primeiros fenômenos de dissolução: "Não só não há praticamente mais novos filiados, mas observa-se uma crescente estagnação entre os membros do partido; inúmeras dissidências estão na ordem do dia, as contribuições entram lentamente e os cortes devidos ao atraso das contribuições são cada vez mais frequentes [...] Em todas as suas partes [...], o partido dá a impressão de estar exaurido."[255] Só nesse contexto se explica por que o conflito entre Hitler e Gregor Straßer surgia então com uma acuidade inesperada.

O conflito já era há muito tempo candente. Sobretudo Goebbels fizera de tudo para desacreditar seu antigo mentor e posterior adversário perante Hitler, acusando--o de utilizar a organização como escada para sua própria sede de poder. "Straßer, sem querer, fez um favor ao partido por meio de transformações organizacionais. Muito astuto [...]", anotou no final de 1932. "Hitler deve ser aos poucos desapoderado. Presidente honorário. Ele não quer ver isso. É preciso aguçá-lo." A incessante intriga do chefe de Propaganda do Reich contra o "Mefistófeles do partido", como ele chamava Straßer, não ficou sem efeito. No início de setembro, anotou em seu diário: "Ao meio-dia, longa conversa com Hitler. Ele desconfia fortemente de Straßer. Quer lhe tomar o poder partidário."[256] Porém, não era tão simples tirar o poder de Straßer, pois o diretor da organização do Reich gozava de alta reputação no partido e, além disso, era considerado nos círculos dos representantes da indústria pesada da Renânia-Vestfália como um nacional-socialista com quem se podia dialogar. August Heinrichsbauer, o redator da publicação *Rheinisch-Westfälischer Wirtschafts-dienst* [Serviço econômico da Renânia-Vestfália] lhe falou, em Essen, em setembro de 1932, sobre as preocupações de "alguns senhores importantes" da indústria da região do Ruhr relativas ao princípio de Hilter do tudo ou nada. Conforme disse, "o cumprimento desse princípio 'significaria' o mesmo que autoexclusão". Com isso, o NSDAP se encaminharia para um "isolamento autoimposto" do qual só sairia com muita dificuldade. Através de sua "agitação desenfreada de tipo marxista" ele perderia, além disso, a confiança "necessária para então assumir a mais alta responsabilidade".[257] Após a perda da eleição de novembro, Straßer considerou chegado o momento para introduzir uma mudança de estratégia e conduzir o partido da infrutífera oposição para a responsabilidade governamental, e deixou isso bem claro a Hitler. O presidente do NSDAP farejava uma revolta contra sua autoridade e reagiu violentamente à mesma altura: Hitler estaria "furioso com Straßer", porque este estaria fazendo "sabotagem", constatou Goebbels em 9 de novembro.[258]

No final de novembro de 1932, quando Hitler se consultou com Göring, Straßer, Frick e Goebbels sobre o futuro posicionamento em relação ao gabinete de Schleicher, houve o primeiro embate. "Straßer é a favor da participação. É normalmente muito pessimista. Hitler nitidamente contra ele. Permanece consequente", resume Goebbels.[259] Em uma "conferência de *Reichsführer*" no Hotel Kaiserhof, em 5 de dezembro, o conflito agravou-se. Straßer e Frick tinham estado antes com Schleicher que mais uma vez ameaçara dissolver o *Reichstag*, caso o NSDAP não se decidisse pela tolerância de seu gabinete. Straßer pronunciou-se novamente favorável a uma postura de concordância, enquanto Hitler permaneceu inflexível.[260] Assim, determinou que os deputados do NSDAP mantivessem essa postura, os quais na tarde de 5 de dezembro, um dia antes da abertura da sessão do *Reichstag*, se reuniram para sua primeira sessão. "Jamais um movimento venceu quando escolheu o caminho do acordo". Depois, o presidente do grupo parlamentar, Wilhelm Frick, elogiou o "Führer" em nome de todo o grupo parlamentar pela "lealdade inabalável e inquebrantável".[261] Durante o discurso de Hitler, Goebbels observou que o rosto de Gregor Straßer ficara visivelmente "petrificado".[262] Ele bem percebeu que com a sua posição estava bastante isolado no grupo parlamentar e que não havia perspectiva de se impor contra Hitler no partido.

Na manhã de 8 de dezembro, Straßer escreveu a Hitler uma carta em que comunicava sua decisão de demitir-se de seus cargos do partido e renunciar a seu mandato do *Reichstag*. Para sua argumentação, declarou que considerava a estratégia de Hitler de apostar no caos que lhe propiciaria o cargo de chanceler, "errada, perigosa e contrária ao interesse geral alemão". Contudo, ao mesmo tempo, garantiu que com a sua renúncia não pretendia tornar-se o "centro das ambições da oposição", mas que queria recuar "sem rancor para a fileira dos simples correligionários do partido". Por esse motivo, ele deixaria "Berlim ainda hoje e, mais tarde, a Alemanha por um período mais longo".[263]

Imediatamente em seguida, Straßer solicitou aos inspetores regionais do NS-DAP, presentes em Berlim, que comparecessem em seu escritório do *Reichstag*. (Os inspetores regionais, todos os *Gauleiter*, haviam sido designados no decorrer de uma reforma organizacional em agosto 1932; vários distritos estavam respectivamente sob a responsabilidade deles). Com voz rouca informou-os sobre sua decisão. Declarou que Hitler não seguia mais desde agosto de 1932 "nenhuma linha clara", e somente em um aspecto persistia obstinadamente: "ele quer sob quaisquer circunstâncias tornar-se chanceler do Reich." Conforme disse, como a longo prazo não havia chance de alcançar esse objetivo, ele expunha o movimento ao perigo de fragmentação e declínio; basicamente havia duas vias para a conquista do poder. Por um lado, a via legal, nesse caso Hitler devia aceitar o cargo de vice-chanceler que lhe fora oferecido e utilizar essa posição como alavanca política. Por outro, a via ilegal, com a tentativa de tomar o poder pela força com ajuda da SS e SA. Ele, Straßer, teria seguido seu Führer em ambas as vias. Mas esperar simplesmente que Hitler seja algum dia nomeado chanceler do Reich, para isso ele não estaria disponível. Não obstante, ao mesmo tempo Straßer deixou claro que motivos pessoais teriam influenciado sua decisão. Reclamou energicamente de Göring, Goebbels e Röhm, que gozavam da preferência de Hitler, o que ele considerava um rebaixamento de sua pessoa, algo que ele não merecia e não estava mais disposto a aceitar. Essas revelações completamente surpreendentes causaram uma impressão arrasadora nos inspetores regionais, como relatou um participante. Eles prometeram a Straßer que refletiriam novamente, porém ele declarou "firme e resolutamente que sua decisão era definitiva e irrevogável".[264]

A carta de Straßer foi entregue de manhã no Hotel Kaiserhof e caiu como uma bomba para Hitler e seu entorno. O presidente do partido temia que isso fosse o sinal de uma revolução de palácio e tomou imediatamente medidas contrárias. De manhã, recebeu os inspetores regionais na suíte do hotel, valendo-se de todo o seu poder de persuasão e arte dissimuladora para garantir a lealdade deles. Começou de forma melodramática: "Se alguém se tornar desleal e me abandonar no momento mais difícil do partido, poderei aguentar e até mesmo superar. Se todos vocês quiserem me abandonar, o trabalho da minha vida e sua luta não farão mais sentido, todo o movimento virá abaixo. Além desse movimento, e com ele a tarefa de toda uma vida que me impus, não terei mais nada" – nesse momento, Hitler lançou o olhar para o busto de sua sobrinha Geli Raubal – "que possa me ligar a esta Terra. Assumirei as consequências e só peço que meus restos mortais e meu caixão sejam ornamentados com a bandeira que outrora criei para o movimento como símbolo de uma nova Alemanha."

Após esse prelúdio, Hitler solicitou aos que estavam presentes a lhe comunicarem "aberta e honestamente" o que Gregor Straßer apontara como motivos para sua renúncia. Depois de Robert Ley tê-lo dito em nome de todos, Hitler encetou um longo monólogo no qual procurou refutar ponto por ponto os argumentos de Straßer. De acordo com Hitler, aceitar ser vice-chanceler teria levado em pouco tempo a diferenças graves entre ele e Papen, o qual lhe responderia friamente com as respectivas recriminações de que ele era o chanceler e chefe da chancelaria, e se isso não convinha a Hitler, que deixasse então seu cargo livre. Com isso, Papen e seus fautores teriam atingido seu objetivo, ou seja, de demonstrar em público que Hitler não seria capaz de governar. "Recuso esse caminho e espero até que a chancelaria me seja oferecida. Este dia virá, ele está provavelmente mais próximo do que pensamos." Conforme declarou, muito mais fatídico ainda seria a via ilegal para o poder, pois Hindenburg e Papen não hesitariam em dar o comando para atirar. "Não sou suficientemente irresponsável, meus senhores, de mandar a juventude alemã e a geração do *front* como a melhor masculinidade da nação para as metralhadoras da polícia, Gregor Straßer não vivenciará isso!"

Mesmo no que se refere à sua relação pessoal com seu companheiro de luta de longa data, Hitler refutou todas as críticas. Segundo disse, há muito tempo já lhe havia chamado a atenção que Straßer se demonstrava "reservado, sério e circunspecto" em relação a ele. "É culpa minha? O que posso fazer se Göring e Goebbels me visitam sem convite com mais frequência do que Straßer? [...] Esses são motivos para um dos meus mais estreitos e antigos colaboradores virar as costas ao movimento?" Durante essa exposição, Hitler mudou de tom, bem à altura de sua arte cênica. Seu discurso tornou-se "cada vez mais sereno, mais humano, mais gentil, mais propagandístico", lembra-se Hinrich Lohse, o inspetor regional dos *Gaue* do Norte, e nenhum dos presentes no diálogo de duas horas pôde escapar à lógica sedutora de sua argumentação. "Ele triunfou e provou aos seus imprescindíveis combatentes, hesitantes e novamente recuperados, que na prova de resistência mais difícil do movimento ele era o mestre, e Straßer, o aprendiz."[265]

No entanto, à noite, no apartamento de Goebbels, predominou um clima tenso. Hitler estava "muito pálido", conforme o *Gauleiter* de Berlim. Por volta das três da manhã, Goebbels foi chamado para uma reunião de crise no Hotel Kaiserhof, da qual participaram, além de Hitler, também Röhm e Himmler. Eles tinham nas mãos a recém-impressa edição do jornal *Tägliche Rundschau* que trazia a notícia da renúncia de Straßer, até então mantida em segredo, e ligava-a à reflexão de que somente se Straßer assumisse a liderança do NSDAP, o partido poderia sair de sua "terrível confusão". Hitler via seus temores se confirmarem de que se tratava de um complô contra ele. "Se o partido desmoronar, termino em três minutos", ameaçou.[266] Como após o golpe fracassado de 1923, o aventureiro tinha pensamentos suicidas e essa não seria a última vez, antes de ele, de fato, cometer suicídio no final de abril de 1945, no *bunker* da Chancelaria do Reich, em Berlim. Em um estranho contraste ao clima de catastrofismo que acometia Hitler, havia a rapidez com que ele ainda nessa madrugada assumiu as primeiras consequências relativas à organização: o aparelho político de Straßer seria reformado e o Instituto dos inspetores regionais novamente abolido. O próprio Hitler assumiu a direção da organização política. Como seu representante, nomeou o então atual inspetor do Reich II do NSDAP, Robert Ley. Os departamentos de Agricultura e da Educação do Povo foram declarados como independentes e submetidos respectivamente à responsabilidade de Darré e Goebbels.[267]

A renúncia de Straßer era o assunto do dia em 10 de dezembro, todos os jornais o noticiavam amplamente e corriam boatos absurdos. Porém, logo ficou claro que a saída do homem forte de outrora não levaria à cisão do NSDAP. Straßer tinha-se resignado há muito tempo e não queria uma luta pelo poder com Hitler. Ainda na noite de sua renúncia, tomara o trem para Munique. De lá viajou ao Tirol para voltar das férias só pouco antes do Natal. Durante duas semanas, seus amigos também não sabiam de seu paradeiro.[268] O único homem da cúpula do NSDAP que se solidarizou com ele foi Gottfried Feder, que tivera grande influência sobre o desenvolvimento de Hitler no início dos anos 1920, mas que nesse ínterim não desempenhava mais nenhum papel importante na política.[269] Na tarde de 9 de dezembro Hitler falou novamente perante inspetores e *Gauleiter*, depois diante dos deputados do grupo parlamentar do *Reichstag*. Goebbels descreveu essa impressão: "destruidora contra Straßer e mais ainda contra Feder. As pessoas choram de raiva e dor. Enorme sucesso de Hitler. No final, espontânea manifestação de lealdade. Todos dão a mão a Hitler. Straßer está isolado. Homem morto!".[270] E dois dias depois, quando a cúpula do partido se reuniu na Casa Marrom em Munique, dizia-se: "Tudo por Hitler. Alegria pelo fato de o caso Straßer ter sido liquidado tão rapidamente".[271]

Porém, com isso, a crise do partido ainda não tinha sido vencida. Em amplos círculos dos filiados, a renúncia de Straßer provocara "grande inquietação".[272] Dúvidas sobre a arte da liderança de Hitler misturavam-se com desorientação quanto ao procedimento a ser adotado a partir de então. Nas semanas antes do Natal, Hitler viajou pelos *Gaue* a fim de levantar o moral dos funcionários. Em Breslau, ele comparou em 10 de dezembro – sinal de quão drástica era a situação – a luta do NSDAP com a de Frederico, o Grande, na Guerra dos Sete Anos. Também o rei da Prússia sempre teve que aceitar reveses, porém no fim levou a vitória. Quem espera pelo "declínio do movimento" se engana; ele é "inabalável como uma rocha no mar".[273] "Estou orgulhoso de saber que todo o movimento está do meu lado de modo mais coeso do que nunca", exclamou um dia depois em Leipzig. "O partido não é acometido de uma crise, mas sim já se livrou dela há muito tempo."[274] Porém, isso parecia mais uma pretensa demonstração de coragem e contradizia evidentemente a situação real, de modo que Hitler só deve ter convencido poucos do seu séquito. Uma impressão pertinente do clima é transmitida pelo diário de Goebbels no qual os assuntos abordados eram as assembleias pouco frequentadas e a inconsolável situação financeira.[275] Na véspera de Natal, o *Gauleiter* de Berlim resumiu: "O ano todo de 1932 é uma maré de azar. É preciso destruí-lo".[276]

Em um diálogo com o ministro-presidente da Baviera, Held, em 10 de dezembro, o chanceler do Reich, Schleicher, declarou que considerava "superado o perigo nacional-socialista".[277] O teor era semelhante nos editoriais dos grandes jornais liberais na passagem do ano 1932 para 1933. "O violento ataque nacional-socialista ao Estado democrata caiu por terra", anunciou o correspondente de Berlim do jornal *Frankfurter Zeitung*, Rudolf Kircher. "Ano da decisão", foi o título da retrospectiva do ano por Julius Elbau no jornal *Vossische Zeitung*, na qual ele constatou que a República fora "salva" não por ter sido defendida, "mas porque os agressores se haviam destruído reciprocamente. Era um caminho pela garganta do diabo para o qual não se pode olhar depois sem um calafrio."[278] No jornal *Berliner Tageblatt*, o movimento Hitler foi até mesmo reduzido a um episódio histórico: "Em toda parte no mundo inteiro, as pessoas falavam [...] como é que ele se chamava mesmo, seu primeiro nome: Adalbert Hitler. Depois? Desapareceu!"[279]

Na revista *Der Deutsche Volkswirt*, o jornalista liberal Gustav Stolper chegou a um prognóstico confiante: "O ano de 1932 trouxe a Hitler sua sorte e seu fim." Com o 31 de julho, o movimento teria atingido seu ponto culminante; com o 13 de agosto, iniciado a sua queda. "Desde então, o hitlerismo entrou em colapso cuja dimensão e ritmo só são comparáveis à sua própria ascensão. O hitlerismo morre pela sua própria lei natural da vida." Exatamente essa era a visão do político social-democrata e ex-ministro da Fazenda do Reich, Rudolf Hilferding. Segundo sua análise no órgão teórico do SPD, *Die Gesellschaft*, o 13 de agosto marcava "a peripécia no drama – a mudança decisiva inicial desse ano [...] sr. Hitler desce do patamar do Palácio – é a queda do fascismo".[280]

"Creio que já passamos o perigo. O cúmulo da loucura parece ultrapassado [...]", escreveu Thomas Mann a Hermann Hesse, em 22 de dezembro.[281] Também no ocidente constatava-se com alívio que a onda nacional-socialista estava se extinguindo claramente. No *Foreign Office*, atribuía-se a perda da influência de Hitler ao seu desejo obstinado de conquistar o poder por inteiro: "A obstinação de Hitler em obter poder completo [...] fez com que ele perdesse o bonde".[282] Harold Laski, o cientista de Estado e político do Partido *Labour*, observou no final de 1932 que Hitler provavelmente encerraria "sua carreira como um velho em um vilarejo da Baviera", que "à noite em uma choperia conta às pessoas de sua confiança como certa vez quase conseguira derrubar o Reich alemão".[283]

Porém, não só observadores críticos estavam convictos da queda incessante do movimento nacional-socialista, mas também antigos partidários de Hitler. Em 31 de dezembro de 1932, Luise Solmitz desabafou sua decepção em seu diário: "O ano levou consigo uma grande esperança – [...] Adolf Hitler. Nosso inspirador e grande Führer da união nacional [...] e no fim, apenas o Führer de um partido inquestionável que se desmorona cada vez mais, de maneira duvidosa. Não consigo me conformar de jeito nenhum com essa amarga decepção".[284]

Além do mais, havia também vozes que atentavam para um julgamento mais cauteloso da situação. Assim, em uma carta dirigida ao industrial Robert Bosch, em 29 de dezembro, Theodor Heuss expressou sua esperança de que "o hitlerismo" não se recuperasse "mais de sua crise atual", e acrescentou imediatamente: "Mas seria perigoso subestimá-lo como fator de poder, pois milhares lutam em seu aparelho simplesmente por uma posição econômica estabelecida".[285] Carl von Ossietzky também constatou, na edição de Ano Novo da revista *Weltbühne*, plenamente satisfeito pelo fato de no início do ano o partido de Hitler ter batido às portas do poder e no final ter sido "abalado por uma crise violenta". Não obstante, advertia de "expectativas exageradas": "A base econômica era sempre suscetível de criar criminosos."[286] De fato, o índice de desemprego com 5,8 milhões de pessoas era ainda muito alto no final de 1932; em janeiro passou para quase 6 milhões.[287] Contudo, o aumento condicionado pela estação do ano atingiu nesse ano não a mesma proporção do ano anterior. O pior da crise parecia superado. Espalhava-se um otimismo cauteloso. "Terra à vista!" era a manchete no caderno de economia do jornal *Frankfurter Zeitung* de 1º de janeiro de 1933.[288]

12

O FATÍDICO JANEIRO DE 1933

Durante a despedida de seu antecessor Schleicher, no começo de fevereiro de 1933, Hitler disse que "o mais surpreendente em sua vida era o fato de sempre ter sido salvo, mesmo após ter desistido".[1] De fato, a situação do presidente do NSDAP no início de 1933 não era promissora. Seu partido encontrava-se em uma crise profunda; entre seus membros prevalecia o desânimo e a resignação. Na SA, a insatisfação sobre o rumo tomado pela liderança do partido estava prestes a explodir. O movimento nacional-socialista estava mais distante do poder do que no início de 1932. No início de 1933, em uma carta à sua amiga Winifred Wagner, Hitler queixou-se do "trabalho pesado e árduo" que precisou cumprir durante semanas. A cada dia, novas preocupações juntavam-se às já existentes: "Agora entendo por que na minha juventude apenas Wagner e seu destino significavam mais para mim do que os destinos de tantos outros alemães. É provável que seja a mesma necessidade de uma luta eterna contra o ódio, a inveja e a ignorância".[2]

Sua mensagem de Ano Novo, ditada no Obersalzberg no dia 30 de dezembro com uma voz alta que reverberou em toda a residência Wachenberg, também externava como Hitler percebia a situação, a despeito de toda confiança externa por ele demonstrada.[3] À noite, Hitler leu sua mensagem para seus paladinos. Goebbels mostrou-se entusiasmado: "Nenhuma reconciliação. É lutar até o fim [...] Hitler é o máximo. Radical ao extremo".[4] A partir desse momento, todas as medidas de cortesia e consideração taticamente condicionadas que o líder do partido praticara anteriormente, em um esforço para ganhar respeitabilidade nos meios burgueses durante suas apresentações e nas primeiras campanhas eleitorais de 1932, foram abandonadas. Hitler ressurgiu como o antissemita fanático e demagogo de cervejaria, que demonstrou sua obsessão com uma linguagem tremendamente agressiva e, ao mesmo tempo, sectária: "O judeu internacional, como inspirador intelectual, pratica em quase todos os países do mundo essa batalha das sub-raças desqualificadas contra a cultura, levando a capacidade criativa e asseguradora de uma humanidade superior ao relaxamento do liberalismo". Na Rússia, a "liderança judaico-intelectual da revolução mundial" já fez seu trabalho destruidor e, de acordo com os planos, "o resto do mundo será contaminado por uma rede de ligações e estações". Apenas um país enfrenta esse perigo: a Itália de Mussolini, que encontrou no fascismo "um ideal que domina e formata toda sua vida". "Este é o único país e o único povo que superou o estado de classes burguesas e, assim, criou a condição interna para superar e erradicar o marxismo!"

Mais uma vez, Hitler abdicou aos demais compromissos. Afirmou que "estava decidido a não entregar o direito de primogenitura de nosso movimento em troca de uma participação em um governo sem poder". Ele "se oporia até o último suspiro" contra "a entrega da missão de um povo alemão orgulhoso e forte em troca de alguns assentos ministeriais".[5] Essas frases deixam claro que Hitler não abdicaria de sua estratégia "tudo-ou-nada". Com isso, o trajeto do movimento parecia estar traçado.

Após apenas quatro semanas, Hitler era o chanceler do Reich. Essa virada que surpreendeu muitos observadores não foi um "trinfo da vontade", como a propaganda nacional-socialista logo apregoou – ela foi o resultado de uma sinistra intriga por trás dos bastidores, realizada por poucos atores, liderados por Franz von Papen, o ex-chanceler do Reich. "O sr. Hitler, ao ser presenteado com a vitória, já era um derrotado. Ele perdeu sua aposta pelo poder governamental quando lhe foi oferecida a oportunidade de ganhá-lo mais tarde", escreveu Leopold Schwarzschild em seu artigo *Kanzler Hitler* [Chanceler Hitler] no início de fevereiro de 1933.[6] Nessa intriga política, havia uma questão de importância crucial: quem tinha acesso a Hindenburg ou, para citar Konrad Heiden, "quem era o dono do ouvido do velho senhor".[7] Em última análise, o destino do país dependia da decisão do presidente do Reich. Graças à fantástica biografia de Wolfram Pyta, sabemos que o ancião Hindenburg não era um fantoche submisso nas mãos de sua camarilha – como pesquisas anteriores deixaram entrever –, e sim que ele sempre foi o dono de suas decisões.[8] Ele foi o personagem principal no drama que antecedeu a nomeação de Hitler; Papen, o secretário de Estado Meissner e o "que não estava previsto na Constituição", o filho do presidente do Reich, Oskar von Hindenburg, atuavam como seus principais auxiliares.

O prelúdio foi o encontro de Papen com Hitler no dia 4 de janeiro, que Karl Dietrich Bracher descreveu com razão como "a hora do nascimento do 'Terceiro Reich'".[9] Esse encontro foi arranjado pelo banqueiro Kurt von Schröder, membro do "Keppler-Kreis", que também assinou a entrada de Hindenburg em 19 de novembro de 1932. Em 16 de dezembro, após um discurso de Papen no Berliner Herrenklub, ele entabulou uma conversa com o antigo chanceler do Reich. Durante essa conversa, foi ventilada a ideia de promover um diálogo com Hitler. Não se sabe se a ideia partiu de Papen ou de Schröder. Schröder imediatamente informou Keppler sobre a disposição de Papen de encontrar-se com Hitler. "O desejo de encaminhar um encontro entre P[apen] e H[itler] também me parece extremamente importante na situação atual", respondeu Keppler em 19 de dezembro. Pois Papen "certamente teria melhores condições de avaliar [...] como está a disposição do velho hoje, e como será possível vencer a resistência apresentada até o momento".[10] No mesmo dia, Keppler oferecia a Hitler seus serviços de intermediação em uma carta. Como ponto de encontro, Keppler sugeriu a residência de Schröder em Colônia; ele garantia a "confiabilidade absoluta" do banqueiro.[11] No dia 26 de dezembro, Keppler anunciou a Schröder a chegada de Hitler em Colônia na manhã do dia 4 de janeiro. Ele esperava que a "habilidade" do anfitrião fosse capaz de "eliminar os últimos entraves na discussão". Papen, que estava em sua propriedade em Wallerfangen no Saar, concordou com o pedido de Schröder quanto ao local e a data.[12]

Para ambos – Papen e Hitler – esse encontro agendado abriu perspectivas interessantes: Papen não superara o fato de que seu antigo patrocinador, Schleicher, o esvaziara politicamente no início de dezembro. Ele planejava uma vingança e via na ligação com Hitler a possibilidade de eliminar Schleicher de seu cargo, voltando assim a desempenhar novamente um papel político importante. Hitler, por sua vez, reconheceu num possível entendimento com Papen a oportunidade de sair da situação difícil à qual levara seu partido, virando a situação a seu favor. Hitler sabia que Papen ainda tinha um acesso privilegiado a Hindenburg e esperava com isso quebrar a resistência do presidente do Reich a sua candidatura à chancelaria.[13] Ambos os lados se empenharam em manter o encontro em segredo. Hitler, que pretendia abrir a campanha eleitoral para a eleição parlamentar em Lippe em 4 de janeiro, não se dirigiu diretamente para o lançamento do evento, mas seguiu em um trem noturno de Munique para Bonn. Na estação de trem, Schreck, seu motorista, o aguardava com a grande limusine Mercedes, levando o grupo para tomar o café da manhã no Hotel Dreesen, em Bad Godesberg. Pouco depois, apareceu um segundo carro com as cortinas cerradas, no qual entrou Hitler, acompanhado de Himmler e Heß, e todos seguiram para a mansão de Schröder, em Colônia. Keppler também se dirigiu para lá, vindo diretamente de Berlim; Papen chegou por volta de 11h30.[14]

Em seguida, Hitler e Papen se retiraram para o escritório de Schröder, onde permaneceram durante duas horas; o anfitrião os acompanhou como testemunha silenciosa. Segundo ele, Hitler abriu a conversação, fazendo novamente acusações violentas sobre o tratamento dispensado pelo governo anterior do Reich ao caso Potempa. Papen respondeu que esses desentendimentos pertenciam ao passado e que deveriam ser feitas tentativas de estabelecer uma base comum para um novo governo, composto por conservadores e nacional-socialistas. Aparentemente, nesse contexto ele sugeriu uma espécie de "duunvirato", isto é, uma partilha do poder entre ele e Hitler. Para tornar essa solução palatável ao líder do NSDAP, ele lhe acenou com o cargo de ministro da Defesa e ministro do Interior. Hitler, em seguida, começou com um de seus temidos monólogos, durante o qual explicou por que ele continuaria insistindo com a Chancelaria. No entanto, ele estaria disposto a incluir seguidores de Papen no governo, desde que eles endossassem as modificações por ele desejadas depois da tomada de poder. Como primeiras medidas, Hitler citou "a eliminação de todos os sociais-democratas, comunistas e judeus de posições de liderança" e a "restauração da ordem na vida pública". Até então, as posições ainda não estavam definidas, mas todos se separaram com a promessa de continuar a conversa.[15]

Em 6 de janeiro, Keppler escreveu a Schröder que tinha a impressão de que "o encontro parecia ter transcorrido favoravelmente na direção desejada". Schacht também agradeceu ao banqueiro de Colônia pela "iniciativa corajosa de promover o entendimento entre dois homens que tanto estimamos e cuja interação talvez traga rapidamente uma solução positiva". Ele esperava "que a reunião em sua casa possa, um dia, ter uma importância histórica".[16] A esperança de Schacht se concretizou: o encontro em Colônia foi o ponto de partida de eventos que culminaram com o dia 30 de janeiro de 1933. Hitler, que nos últimos dias de dezembro imaginava ter esgotado seus trunfos, repentinamente estava de volta ao jogo pelo poder. O resultado mais importante foi o fato de Papen e Hitler concordarem em deixar a inimizade de lado para juntos trabalharem pela derrubada de Schleicher. Embora os contornos do novo governo ainda não tivessem sido discutidos detalhadamente, principalmente a questão da chancelaria, o primeiro passo havia sido dado. E Hitler levou consigo a certeza de que Papen aproveitaria sua influência sobre Hindenburg para negociar uma solução em comum. Em 9 de janeiro, Hitler informou Goebbels, que então anotou em seu diário: "Papen totalmente contra Schleicher. Quer derrubá-lo e eliminá-lo completamente. Ele ainda tem acesso ao velho. A chancelaria ou os ministérios do poder: Guerra ou Interior. Isso é muito bom".[17]

No entanto, a intenção de manter a reunião conspiratória em segredo falhou. Papen foi flagrado por um fotógrafo postado na frente da casa de Schröder assim que desceu do carro. No dia seguinte, o *Tägliche Rundschau*, um jornal relacionado a Schleicher, publicou a seguinte manchete: "Hitler e Papen contra Schleicher".[18] Segundo o jornal católico *Germania*, a notícia foi um "cutucão no formigueiro" e deu motivo para especulações selvagens.[19] Em uma declaração conjunta em 5 de janeiro, Papen e Hitler tentaram dissipar a impressão de que a reunião tinha como objetivo tramar contra o chanceler do Reich: na verdade, tratava-se de "sondar a possibilidade de uma grande frente única nacional"; ninguém tocou na "posição do Gabinete atual".[20] No entanto, as tentativas de dissimulação não surtiram efeito. Durante vários dias os jornais tentaram "adivinhar" o que teria sido discutido na reunião.[21]

Inicialmente, Schleicher não demonstrou preocupação. Em 6 de janeiro, enquanto tomava chá com o embaixador francês François-Poncet, Schleicher se expressou de modo condescendente sobre seu antecessor. No próximo encontro, ele pretendia fazer insinuações: "Meu querido Fränzchen, você cometeu outro erro".[22] Em 9 de janeiro, Papen procurou Schleicher e tentou enganá-lo, dizendo que durante o encontro em Colônia tentou convencer Hitler a entrar para o governo Schleicher – uma afirmação que ele repetiu em suas memórias. É pouco crível que o general tenha aceitado essa mentira tão óbvia. Apesar de tudo, em um comunicado conjunto, ficou estabelecido que a reunião comprovou a completa insustentabilidade de uma rixa entre ambos.[23] Em 9 de janeiro, Papen também informou o presidente do Reich sobre seu encontro com Hitler. Se pudermos acreditar nas memórias de Meissner, Papen resumiu os resultados dizendo que "Hitler desistira de sua exigência anterior sobre a transferência de todo o poder de governo e que agora estava de acordo em participar de um governo de coalizão com os partidos da direita". Em seguida, Hindenburg orientou Papen a prosseguir de maneira "pessoal e estritamente confidencial" com as negociações com Hitler.[24] Com isso, o presidente do Reich passou a ser um dos participantes intencionais de uma conspiração feita à revelia do chanceler atual, com pleno conhecimento das consequências, visando estabelecer um novo governo de "concentração nacional", um plano que veio a falhar no outono de 1932 por conta da atitude inflexível de Hitler.[25]

Logo, Schleicher não poderia mais contar com o apoio do presidente do Reich. Em 10 de janeiro, Goebbels soube que, caso o Parlamento lhe desse o voto de desconfiança após sua nova convocação no final de janeiro, o chanceler do Reich já não poderia contar com a ordem de dissolução presidencial. Seu tempo estava esgotado.[26] Na verdade, a situação de Schleicher já era precária desde o início de janeiro. Em sua declaração de governo transmitida pelo rádio em 15 de dezembro de 1932, ele se apresentou como um "general social" e não somente prometeu levar a cabo programas públicos de emprego como também voltar atrás na determinação do Gabinete Papen de 5 de setembro, que permitia às entidades patronais o pagamento de salários abaixo das tabelas salariais negociadas. Com esses anúncios, Schleicher alienou os empresários e fomentou ainda mais a desconfiança a seu respeito ao fazer a "herética" observação de que não era um "defensor do capitalismo nem do socialismo", e que termos como "iniciativa privada ou planejada" já não o assustavam.[27] Por outro lado, Schleicher não conseguiu garantir o apoio contínuo dos sindicatos. Seu programa de criação de empregos financiado pelo Estado havia sido aceito, mas a social-democracia, intimamente associada aos sindicatos livres, permaneceu fiel em sua "oposição acirrada" contra Schleicher, o qual acusava de coparticipação no golpe de Estado contra a Prússia em julho de 1932.[28]

Por outro lado, as esperanças nutridas por Schleicher sobre uma colaboração com Gregor Straßer revelaram-se não realistas. Em 6 de janeiro, o chanceler do Reich apresentou o ex-chefe de organização do NSDAP a Hindenburg e obteve seu consentimento para uma possível nomeação de Straßer como vice-chanceler e ministro do Trabalho. Porém, ele deixou de se empenhar energicamente nessa questão, uma vez que Hitler estava novamente em ascensão desde a reunião em Colônia e praticamente não existia uma possibilidade de conseguir uma parcela significativa do NSDAP para apoiar o governo.[29]

Ao mesmo tempo, o *Reichslandbund*, o *lobby* dos grandes proprietários do leste do rio Elba, passou a atacar o Gabinete Schleicher. O *Reichslandbund* acusou o governo principalmente de não proteger suficientemente os agricultores contra as importações de alimentos baratos e a execução de propriedades agrárias falidas. Em 11 de janeiro, Hindenburg recebeu uma delegação do *Reichslandbund* – que incluía o nacional-socialista Werner Willikens, um dos quatro membros do conselho – para uma reunião. O conde Kalckreuth demonstrou que a situação era a pior possível: A menos que se tomassem medidas imediatas para "melhorar as condições econômicas na agricultura", aconteceria um desastre. Imediatamente, o presidente do Reich solicitou que o chanceler, bem como o ministro da Agricultura e Economia, se inteirassem das queixas dos representantes agrícolas e, se possível, tomassem medidas resolutivas.[30] Pouco depois da reunião tornou-se pública uma resolução adotada pelo conselho do *Reichslandbund* que foi entregue à imprensa antes mesmo do encontro com Hindenburg. Nela, o governo foi acusado de "contribuir com a penúria da agricultura alemã" de uma forma que não se acreditava ser possível "nem mesmo sob um governo puramente marxista". A esse ataque frontal Schleicher respondeu declarando que não mais negociaria com os representantes do *Reichslandbund*.[31]

De certa forma, o motim contra o Gabinete Schleicher assemelha-se à campanha contra o suposto "bolchevismo agrícola" de Brüning, que contribuiu para sua queda no final de maio de 1932. Hindenburg, que como dono de terras em Neudeck era aberto aos interesses dos agricultores do leste do rio Elba, também ficou impressionado. A posição de Schleicher, já debilitada pelo jogo de intrigas de Papen e com o fracasso de seus planos "contrários ao *front*", foi adicionalmente prejudicada. "Schleicher está em conflito com o *Landbund*. Os agricultores estão ficando irados", escreveu Goebbels em seu diário; na versão revisada de 1934, ele foi ainda mais claro: "No momento, isso nos convém".[32] Talvez ainda mais desfavorável para Schleicher fosse o fato de que, desde o final de 1932, houve uma deterioração dramática do relacionamento do filho do presidente do Reich, Oskar von Hindenburg. Ele atuava como assessor militar a serviço de seu pai e era um de seus conselheiros mais próximos. A causa dessa deterioração não foi esclarecida; mas as suas consequências foram graves: Schleicher perdeu seu mais importante defensor na casa Hindenburg.[33]

Para piorar a situação, o *Deutschnationale Volkspartei*, o partido popular nacional alemão, também se distanciou do governo. Em 13 de janeiro, Hugenberg ofereceu a Schleicher seu apoio ao Gabinete como ministro da Economia e Agricultura, mas apenas sob a condição de que o general concordasse com um regime estritamente autoritário, independente do Parlamento. No entanto, em seu discurso transmitido pelo rádio em 15 de dezembro, Schleicher declarara que "era difícil sentar na ponta da baioneta", ou seja, "era difícil governar sem o apoio amplo do povo" e, assim, recusou a oferta de Hugenberg.[34] Uma semana depois, em 21 de janeiro, a ala do DNVP no parlamento anunciou combate ao governo Schleicher em um tom tão sério quanto o *Reichslandbund*. O governo de Schleicher tendia a "pensamentos socialistas internacionais", "provocava o perigo de um bolchevismo em campo aberto" e, ao mesmo tempo, "liquidava o pensamento autoritário que o senhor presidente do Reich fomentou ao nomear o Gabinete de Papen".[35]

Tudo isso serviu de combustível para os adversários de Schleicher. Após assistir a uma apresentação de *La Traviata*, de Verdi, na Staatsoper under den Linden, Hitler encontrou-se com Papen na noite de 10 de janeiro, na mansão de Joachim von Ribbentrop, um comerciante de champanhe, no elegante bairro Dahlem. Ribbentrop, um ex-oficial que após o término da guerra passou a comercializar bebidas e ficou rico após se casar com a filha do fabricante de champanhe Henkell, encontrou Hitler pela primeira vez em agosto de 1932. Logo depois, Ribbentrop entrou para o NSDAP. Através dos contatos sociais de que dispunha como membro do exclusivo *Berliner Herrenklub* [Clube de Cavalheiros de Berlim], Ribbentrop se ofereceu como intermediador entre os círculos conservadores e os nacional-socialistas.[36] O que foi discutido nessa conversa privada entre Hitler e Papen, não se sabe. Aparentemente, não se chegou a um consenso, pois Hitler recusou em cima da hora um convite para um almoço em Dahlem, em 12 de janeiro. Goebbels anotou: "Tudo ainda está no limbo".[37]

Naqueles dias, a atenção de Hitler estava focada nas eleições estaduais em Lippe-Detmold. Ali, ele esperava ser capaz de provar que o partido tinha superado sua crise do final de ano e que voltaria a ganhar. "Lippe nos dá a primeira oportunidade de passar da defensiva para a ofensiva", anunciou o chefe de propaganda do Reich, Joseph Goebbels.[38] Assim, nas duas primeiras semanas de janeiro, aquele pequeno estado que contava com apenas 174 mil habitantes, dentre eles 117 mil eleitores, foi inundado por uma onda de propaganda sem precedentes. O NSDAP convocou todos os seus oradores mais importantes, incluindo Goebbles, Göring, Frick e o príncipe August Wilhelm ("Auwi"). O próprio Hitler apresentou-se como orador em dezesseis eventos durante dez dias. O jornal *Lippische Zeitung* comentou (sob a manchete "Hitler vai para as aldeias") que "a situação do NSDAP deveria estar

[FOTO 33] Campanha eleitoral do NSDAP em Lippe, janeiro de 1933.

muito difícil para fazer com que o grande "Führer" fosse pessoalmente para as pequenas aldeias."[39] Como os salões disponíveis eram muito pequenos, a direção da campanha eleitoral alugou três tendas; a maior era capaz de abrigar 4 mil pessoas. Para ocupá-las, também foram trazidos visitantes de fora. Em 4 de janeiro, para o comício de abertura feito por Hitler em Bösingfeld e Detmold, foram contratados seis trens especiais.[40]

Os discursos de Hitler ofereciam poucas novidades: ele justificou mais uma vez sua decisão de agosto e novembro de 1932 de não participar do governo. "Se eu quisesse me vender por um prato de lentilhas, eu já o teria feito há tempos." Aquele que conquista o povo, mais dia menos dia receberá o poder de governar. Ele teria herdado de seus antepassados uma "cabeça dura de agricultor" e podia esperar "até que a providência divina achasse que chegou a hora". No entanto, quem o ouvia com atenção certamente ficaria com a orelha em pé com a afirmação repetida de Hitler de que "não entraria pela porta dos fundos (da Wilhelmstrasse), e sim pela porta principal". Na verdade, com a colaboração clandestina de Papen, Hitler preparava cuidadosamente sua entrada na chancelaria pela porta dos fundos. Ele não se atinha às condições específicas reinantes em Lippe. Apenas invocou o mito do Armínio, o chefe dos queruscos, ajeitando-o para servir à propaganda nacional-socialista. Assim, no dia 5 de janeiro, Hitler lembrou "da primeira apresentação consciente, bem-articulada e bem-sucedida da nação alemã sob o comando de Hermann, o querusco, contra o despotismo romano": "Fragmentação interna e desperdício de energia sempre causaram feridas graves ao povo alemão. A comunidade nacional-socialista colocará um fim nisso".[41] Na tarde de 12 de janeiro, Hitler e Goebbels visitaram o monumento a Hermann em Detmold, na floresta de Teutoburgo, uma homenagem à Batalha Varo do ano 9 d.C.: "Está imerso na neblina e é tão grandioso [...] Desafiando a França. Essa sempre foi a linha da política alemã".[42]

Durante a campanha eleitoral, Hitler montou seu quartel geral em Grevenburg, uma antiga construção que pertencia a Adolf Freiherr von Oeyenhausen, situada diretamente na fronteira com Lippe e afastada do público. De lá, ele se movimentava com facilidade para qualquer canto daquele pequeno estado. "Nenhum farejador da imprensa descobriu a nossa trilha", contou Otto Dietrich. "Nós chegávamos e desaparecíamos novamente; ninguém sabia de onde vínhamos e para onde íamos."[43] Um tema constante nas conversas junto à lareira era o caso Gregor Straßer. Hitler e seu grupo ainda não tinham certeza sobre suas intenções. Era sabido que Straßer estava em Berlim no começo de janeiro, e todos temiam que Schleicher o levasse para compor seu gabinete como vice-chanceler. Em 12 de janeiro, na fortaleza Grevenburg, quando foi anunciado que Straßer foi recebido por Hindenburg, os temores pareciam se confirmar. "É assim que imagino um traidor", ralhou Goebbels. "Eu sempre vi isso claramente. Hitler está muito chateado. Agora, tudo depende de Lippe."[44]

Na noite de 15 de janeiro, o resultado estava definido: o NSDAP tinha 39.064 votos (39,5%); isso significava 6 mil votos a mais em comparação com novembro, mas mesmo assim ainda eram 3.500 votos a menos do que na eleição de julho de 1932.[45] O jornal *Vossische Zeitung* comentou: "Se nesta área inteiramente protestante e predominantemente rural a propaganda concentrada e massificada de Hitler [...] conseguiu apenas uma minoria de eleitores – 61% contra 39% – fica claro que a reivindicação de cem por cento do poder é uma arrogância vazia, composta de ludíbrio e autoengano."[46] Theodor Wolff foi ainda mais incisivo no *Berliner Tagesblatt*: "Na verdade, de sua batalha heroica em Lippe, Hitler trouxe apenas uma mosca empalada na ponta de sua espada".[47] Mesmo assim, a propaganda nacional-socialista comemorou o resultado com uma grande vitória: "O partido está novamente em ascensão. Portanto, valeu a pena", disse Goebbels satisfeito.[48] O *Völkischer Beobachter* avaliou a eleição de Lippe como uma prova contundente de que "a estagnação do NSDAP fora superada totalmente, e que existia agora uma tendência à melhora. A onda nacional-socialista volta a crescer".[49] O efeito psicológico dessa propaganda era inevitável: a posição de Hitler no partido estava novamente consolidada e sua posição nas negociações com Papen foram reforçadas.

Hitler aproveitou o vento de cauda para acertar as contas com Gregor Straßer em uma reunião com os líderes do *Gau* em Weimar, no dia 16 de janeiro. Hitler falou por três horas e, se nesse grupo ainda houvesse simpatizantes do antigo líder de organização do Reich, ninguém se atreveu a pedir a palavra. "A vitória de Hitler foi completa. O caso Straßer está resolvido [...]", triunfou Goebbels. "Straßer está acabado [...] Bem-feito, seu falso e mau-caráter. Esse cara vai terminar como merece."[50] A carreira de Gregor Straßer acabara, definitivamente. Ele não foi expulso do partido, mas foi obrigado a prometer que se absteria de qualquer atividade política durante dois anos. Um encontro, originalmente planejado para o dia 24 de janeiro em Munique, foi desmarcado por Hitler.[51] O líder do partido não esqueceu os problemas causados por esse colaborador outrora tão importante. No dia 30 de julho de 1934, Hitler mandaria assassiná-lo, no contexto da "ação" sangrenta contra a liderança da SA.

De Weimar, Hitler partiu diretamente para Berlim para prosseguir com as secretas tratativas sobre a formação de um governo liderado por ele. O chefe do NSDAP estava "de bom humor e muito satisfeito com o rumo das coisas", disse Keppler ao banqueiro Schröder, que passava suas férias em Arosa.[52] No dia 17 de janeiro, Hitler reuniu-se com Alfred Hugenberg e Otto Schmidt-Hannover (um membro do parlamento dos *Deutschnationalen* e presidente da fração), na residência de Göring. Depois do combate entre os parceiros originais da Frente Harzburg antes das eleições de 6 de novembro, a relação atual entre ambos era bem mais relaxada. Em 28 de dezembro de 1932, Hugenberg dirigiu-se diretamente a Hitler em uma carta e propôs uma nova negociação, para verificar se seria possível acabar com "a divisão política de duas parcelas do movimento de renovação nacional" para formar uma nova unidade.[53] O distanciamento entre o DNP e Schleicher foi acompanhado de uma reaproximação com o NSDAP. Embora a reunião de 17 de novembro não tenha levado a resultados concretos, Hitler deixou claro para Hugenberg que, se ele assumisse a Chancelaria, lhe reservaria um lugar importante em seu Gabinete. Sobre Hindenburg, Hitler se manifestou depreciativamente: Ele não era um "fator independente", falava como "um velho disco de vinil", "seu vocabulário político pobre englobava oitenta frases". Aparentemente, Hugenberg "conseguiu se entender com Hitler, mesmo que o entendimento não tenha sido perfeito", anotou Reinhold Quaatz, que na mesma noite informou ao presidente de DNVP os detalhes sobre o encontro.[54]

Em 18 de janeiro, por volta do meio-dia, Hitler, acompanhado de Röhm e Himmler, foi novamente até a mansão de Ribbentrop em Dahlem, para continuar a conversa com Papen. Incentivado pelo sucesso em Lippe, Hitler insistiu de modo mais enfático do que em 4 e 10 de janeiro, que lhe transferissem a chancelaria. Papen respondeu que "isso supera a influência que tenho sobre Hindenburg". Com isso, as negociações pareciam ter chegado a um beco sem saída. Para superar o bloqueio, Ribbentrop sugeriu um encontro entre Oskar von Hindenburg e Hitler. Dessa vez, todos foram embora sem marcar uma nova reunião.[55] Papen escreveu ao industrial do Ruhr, Fritz Springorum, que "tinha se empenhado em todas as direções para chegar à concentração nacional mas, como resultado das eleições em Lippe, encontrara uma grande resistência por parte de Hitler para entrar no Gabinete como parceiro júnior".[56] Mesmo assim, Papen não excluiu uma nova edição de sua própria chancelaria – uma solução que também era bem-vinda pela maioria dos representantes da região do Ruhr.

Embora Hitler estivesse fortemente influenciado pelas atividades conspiratórias, ele ainda encontrava oportunidades suficientes para se distrair. Na noite de 18 de janeiro, Hitler e o líder do *Gau* Berlim foram ao cinema para assistir o filme *Der Rebell* [O Rebelde], dirigido por Luis Trenker, que também ocupava o papel principal no filme – um estudante do Tirol que sacrificou sua vida batalhando na resistência à ocupação napoleônica. Uma produção "fantástica", elogiou Goebbels. "Um levante nacionalista do Tirol. Ali é possível ver o que pode ser feito com um filme. E o que faremos com ele." Hitler ficou tão empolgado que assistiu o filme à noite pela segunda vez. Depois da sessão, todos continuaram conversando na residência de Göring até as cinco horas da madrugada, lembrando do passado: "Hitler estava muito espirituoso. Quase morremos de rir."[57]

Mesmo nesses dias agitados de luta pelo poder, Hitler manteve seu ritmo e procurava a sensação de calma e confiança em seu meio. À tarde, geralmente era visto com seus seguidores no *hall* do Hotel Kaiserhof, tomando chá e comendo bolo. No final da noite, quando terminava seu programa político, Hitler geralmente relaxava em companhia do casal Goebbels. Raramente se despedia antes das três horas da madrugada. Seu paladino se preocupava com a sua saúde: "O chefe não se sente nada bem. Ele come e dorme muito pouco".[58] Na noite de 20 de janeiro, Hitler se apresentou em grande forma no Palácio de Esportes de Berlim, discursando para 10 mil líderes do NSDAP. "Uma tempestade de aplausos irrompe. É impossível descrevê-la com palavras. Temos a impressão de que o salão virá abaixo. Já não se ouve mais a música. Hitler caminha através de uma floresta de mãos levantadas em saudação, escoltado por homens da SS e seus companheiros de sempre", relatou o jornal *Der Angriff*, descrevendo a entrada triunfal de Hitler.[59] Mais uma vez, o líder do partido implorou aos encarregados que não se deixassem desencorajar pelos retrocessos nem se contaminassem pelo espírito do "derrotismo maldito" – um tapa em Gregor Straßer –, e sim que se empenhassem para atingir "o grande objetivo", a construção de uma "nova comunidade nacional". E terminou com um apelo: "Temos que temperar a nossa vontade, tornando-a cada vez mais dura, precisamos abençoar essa vontade através da camaradagem e lealdade. Com a nossa vontade desafiaremos a miséria dessa época até que essa nossa vontade passe a ser a vontade do povo alemão, superando esse momento de grande aflição!".[60] O discurso foi totalmente concebido para preparar os membros do partido para um período ainda mais longo de luta pelo poder e todos que o ouviram provavelmente nem podiam imaginar que Hitler seria nomeado chanceler do Reich apenas dez dias depois.

Na tarde de 22 de janeiro, Hitler inaugurou uma pedra memorial para Horst Wessel, no cemitério Nikolai, no bairro Prenzlauer Berg. Horst Wessel passou a ser um "mártir" do movimento nacional-socialista depois de sua morte em fevereiro de 1930. Em seu discurso, Hitler o descreveu como "imolado", cujo hino "Die Fahne hoch" se transformou na "canção de luta de milhões" e que, com seu "sacrifício", erigiu um monumento "que será mais eterno que a pedra e o aço".[61] Antes de se reunirem na frente do cemitério, as formações da SA de Berlim organizaram várias marchas partindo de pontos diferentes e que convergiam na frente da Karl-Liebknecht-Haus, a sede do KPD junto ao Bülowplatz. O chefe de polícia de Berlim proibira uma contramanifestação comunista e mobilizou 14 mil policiais para evitar conflitos. Como a liderança do KPD exortara seu seguidores a não se deixar provocar pelo pessoal da SA, o dia foi pacífico. A propaganda NS, no entanto, comemorou a falta de confrontação como se fosse uma vitória magnífica: "SA marchando. Perda terrível de prestígio do KPD. O Bülowplatz nos pertence [...] Nós ganhamos uma batalha", observou Goebbels.[62] O jornal social-democrata *Vorwärts* comentou: "O fato de que, em 22 de janeiro de 1933, as hordas pardas de Hitler puderam desfilar em Berlim, em frente às janelas da sede do KPD, com a intenção consciente de desafiar e humilhar – o fato de poderem fazê-lo sem que houvesse uma resistência eficaz, isso também foi um evento amargo para todo o movimento operário".[63]

Na noite de 22 de janeiro, Hitler discursou novamente durante uma homenagem a Horst Wessel no Palácio dos Esportes. Por volta das dez horas, partiu com Frick e Göring para Dahlem, onde Papen os esperava. Essa nova reunião foi marcada pela presença do secretário de Estado, Meissner, e Oskar von Hindenburg.

Para manter sua participação em segredo, ambos visitaram demonstrativamente a Staatsoper Unter den Linden, de onde saíram antes do término da apresentação.[64] Logo depois de chegar na mansão de Ribbentrop, Hitler convidou o filho do presidente para uma conversa particular em uma sala adjacente. O assunto discutido durante essas duas horas foi motivo de especulação. É pouco provável que Hitler tenha ameaçado o jovem Hindenburg, dizendo que revelaria que a fazenda Neudeck (presenteada em 1928), era fruto de uma maracutaia, pois a posse foi passada diretamente ao filho para economizar os impostos de herança. Mas é possível que Hitler tenha prometido que, caso se tornasse chanceler, todas as dívidas da fazenda seriam liquidadas, por conta de obras básicas de saneamento da propriedade.[65] Mesmo que ele aparentemente não tenha conseguido eliminar completamente as reservas de Oskar von Hindenburg, este teria dito a Meisser durante a viagem de volta que Hitler o impressionara.[66] Hitler, por sua vez, ficou menos bem impressionado com seu interlocutor: "O jovem Oskar [é] uma cópia rara da estupidez", disse alguns dias depois a Goebbels.[67]

Para Hitler, o mais importante foi que, logo após a conversa em particular com o filho do presidente, a reunião com Papen obteve progressos significativos. Pela primeira vez, o favorito de Hindenburg deixou entrever que ele seria capaz de apoiar a chancelaria de Hitler e que aceitaria o cargo de vice-chanceler.[68] Porém, quando Papen procurou Hindenburg na manhã de 23 de janeiro para apresentar essa solução, ele foi repreendido. Ribbentrop tomou para si a decisão de informar Hitler.[69] Este, por sua vez, viajou à noite para Munique, onde se reuniu com Goebbels no dia seguinte, na Casa Marrom, falando de modo confiante sobre o progresso do desenvolvimento: "O terreno foi nivelado [...] Papen quer ser vice-chanceler. A posição de Schleicher é muito vulnerável. Mas ele parece não suspeitar de nada."[70] Durante a ausência de Hitler, Frick e Göring prosseguiram com as negociações com Papen, em Dahlem. Assim, chegou-se ao consenso de que era mais provável vencer a resistência de Hindenburg contra uma chancelaria de Hitler apresentando-lhe o Gabinete sonhado da "concentração nacional", no qual se reuniram todas as forças da ressuscitada "frente Harzburg". Na transcrição de Ribbentrop se lê, resumidamente: "Tomada de decisão sobre uma frente nacional para apoiar Papen junto ao velho Hindenburg."[71] Hindenburg valorizava basicamente a participação dos nacionalistas alemães", disse Meissner a Hugenberg na noite de 21 de janeiro. O presidente do Reich reservava-se o direito de definir quem ocuparia o Ministério de Defesa do Reich e o Ministério do Exterior porque, "de acordo com a Constituição, ele representa o comando superior e representa o Reich em termos de direito popular, ou seja, ele é o responsável direto".[72]

Enquanto isso, a perda de poder do chanceler do Reich se intensificou. "A situação de Schleicher é muito ruim. Quando ele cairá?", perguntou-se Goebbels em 22 de janeiro.[73] Dois dias antes, o conselho de anciãos do *Reichstag* decidiu convocar definitivamente o Parlamento para o dia 31 de janeiro. Como anteriormente apenas a pequena ala do DVP havia concordado em apoiar o governo, Schleicher (assim como Papen antes dele) podia contar com uma derrota eleitoral esmagadora. Caso o Parlamento colocasse em pauta o voto de desconfiança, o chanceler já havia anunciado em uma reunião de Gabinete de 16 de janeiro que lhe enviaria por escrito uma ordem de dissolução. Nesse contexto, Schleicher fez uso do plano original que seu antecessor já considerara na fase final de seu governo: transferir as novas eleições além do prazo constitucional de 60 dias, ou seja, até o outono, depois que a economia tivesse feito progressos. Surpreendentemente, o ministro de Relações Exteriores, von Neurath, e o ministro das Finanças, Schwerin von Krosigk, que no início de dezembro de 1932 rejeitaram decisivamente a proposta de quebra constitucional, agora apoiavam a proposta de Schleicher.[74] A questão, no entanto, era se o chanceler do Reich conseguiria convencer Hindenburg, depois de ter torpedeado as considerações de Papen apontando para uma guerra civil iminente, levando à sua demissão.

Schleicher recebeu a resposta em uma entrevista com Hindenburg em 23 de janeiro. O presidente do Reich declarou que "pretendia refletir um pouco mais sobre a questão da dissolução do Parlamento, mas que não poderia concordar com a mudança da data da eleição prevista pela constituição".[75] Na verdade, essa decisão não foi uma surpresa. Ao lançar mão do plano de emergência de Estado, Schleicher deixou claro que falhara em seu conceito político de obter uma ampla margem de tolerância no Parlamento, assim como havia feito Papen anteriormente. Hindenburg classificava o fato de Schleicher usar a mesma saída que seu predecessor, o qual ele afastara do cargo por esse mesmo motivo, como imposição. Aparentemente, naquele momento ele já decidira se livrar de Schleicher. E isso era fácil, uma vez que tinha conhecimento das negociações secretas de Papen e Hitler, e sabia que existia uma alternativa próxima. Possivelmente, a decisão do presidente do Reich foi influenciada pelo fato de que, poucos dias antes, na comissão de Orçamento do Parlamento, foi trazido à baila o uso indevido de dinheiro público para a recuperação financeira de propriedades feudais. O assim chamado "escândalo da ajuda ao Leste" causou grande celeuma, uma vez que alguns amigos de Hindenburg estavam envolvidos. Estes últimos culparam Schleicher de não os ter protegido e intensificam seus ataques a ele.[76]

Os boatos sobre a intenção de Schleicher de suspender as votações após uma dissolução do Parlamento alertaram os sociais-democratas e o *Zentrum*. Em 25 de janeiro, a liderança do SPD e a chefia da ala parlamentar do SPD "protestaram veementemente contra o plano de proclamação de uma assim chamada Lei de Emergência", que equivaleria a um golpe de Estado.[77] O ministro prussiano Otto Braun chegou a falar em um "convite para alta traição".[78] Até mesmo o líder do *Zentrum*, o prelado Ludwig Kaas, em uma carta ao chanceler do Reich datada de 26 de janeiro, advertiu insistentemente ser "contra escolher um caminho [...] cuja justificativa seria juridicamente impossível": "Adiar a eleição seria uma inegável violação da constituição, com todas as consequências de natureza política e jurídica decorrentes."[79] Com seus protestos, os dois maiores partidos democráticos contribuíram para minar a posição de Schleicher. O que eles não consideraram era que o maior perigo não era a quebra da Constituição por Schleicher, mas a instalação de um Gabinete de "concentração nacional" sob a liderança de Hitler.

Na manhã do dia 28 de janeiro, Schleicher convocou seu Gabinete e anunciou que no dia 31 de janeiro ele só se apresentaria no Parlamento se o presidente do Reich lhe desse previamente a ordem de dissolução. Ele não pretendia oferecer "o espetáculo inútil de uma derrota certa". Caso Hindenburg, como era de se esperar, lhe recusasse a solicitação, ele daria entrada na renúncia do Gabinete. Depois que os ministros concordaram com o procedimento, o chanceler interrompeu a reunião e, pouco antes do meio-dia, procurou o presidente do Reich. Hindenburg rejeitou friamente o pedido de dissolução do Gabinete, como já o tinha feito cinco dias antes. Segundo ele, Schleicher não obteve "uma maioria parlamentar", portanto, era preciso procurar por outra solução.[80] Após vinte minutos, Schleicher já estava de volta e falou com seus colegas de Gabinete; ele tinha a sensação de "falar contra uma parede"; "o velho nem mesmo entendeu seus argumentos e rebateu com frases sem sentido". "Ficamos profundamente chocados", escreveu o ministro das Finanças Schwerin von Krosigk em seu diário. "O Gabinete Schleicher foi derrubado dois meses após a perda de confiança do presidente do Reich."[81] Pouco tempo após a renúncia de Schleicher, Hindenburg solicitou oficialmente que Papen sondasse com os partidos a possibilidade de uma nova formação de governo. "Atualmente, ele desempenha inequivocamente o papel do favorito do presidente, uma vez que ele não está escorado por mais nada e, praticamente, tem o povo todo contra si", disse o conde Harry Kessler que, naquele momento, ainda acreditava ser possível uma reedição do Gabinete Papen. "Tenho uma sensação de náuseas quando penso que seremos novamente governados por esse carneiro notório e jogador de risco [...] A coisa toda é uma mistura de corrupção, favoritismo e subterfúgios, que lembra os piores dias da monarquia absolutista."[82]

Em 27 de janeiro, um dia antes da renúncia de Schleicher, Hitler voltou de Munique para Berlim. À tarde, Hitler e Frick reuniram-se novamente com Hugenberg e Schmidt-Hannover no escritório de Göring. Göring abriu a reunião com a notícia de que Papen aceitou a nomeação de Hitler para a chancelaria do Reich e que Franz Seldte, o primeiro líder do *Stahlhelm*, concordou em participar de um Gabinete Hitler. Porém, o líder do DNVP ainda se mostrava reservado: ele rejeitou a exigência de Hitler de ocupar o cargo de ministro do Interior da Prússia com um de seus homens, pois nesse caso os nacional-socialistas teriam o controle sobre a polícia no maior Estado alemão. Ele também exigiu que Schmidt-Hannover fosse nomeado secretário de Estado na Chancelaria do Reich e que outro político do DNVP fosse o chefe de imprensa do Reich. Hitler recusou os pedidos. Como anotou Ribbentrop, a reunião "acabou em briga".[83] Hitler estava tão irritado com a atitude de

Hugenberg que pretendia voltar imediatamente para Munique. Göring e Ribbentrop tiveram dificuldades em dissuadi-lo. O antigo temor de que os conservadores ainda poderiam tirá-lo da jogada pouco antes da vitória, como fizeram em agosto do ano anterior, agitava Hitler. "Hitler ainda está muito cético e desconfiado. Ele tem toda razão. Do outro lado, um bando de criminosos!", exaltou-se Goebbels.[84] Os boatos que circulavam em Berlim sobre uma convocação iminente de Papen para a liderança de um "Gabinete de Luta" só reforçaram a desconfiança de Hitler.[85] De qualquer forma, ele se recusou a encontrar Papen no mesmo dia. Mais uma vez, as negociações estavam à beira do fracasso. A interferência de Papen impediu isso. Na noite de 27 de janeiro, Papen declarou em Dahlem que a briga entre Hitler e Hugenberg não deveria ser levada tão a sério. O mais importante era que ele próprio havia "se decidido totalmente a favor da Chancelaria de Hitler" e faria tudo para impô-la a Hindenburg. Para Ribbentrop, essa garantia foi o "ponto de virada da coisa toda".[86]

De fato, durante o transcorrer do dia 28 de janeiro, Papen conseguiu superar definitivamente a resistência de Hindenburg contra a nomeação de Hitler a chanceler. No entanto, a condição imposta era que a formação do governo de Hitler deveria ocorrer "de acordo com a Constituição e em consenso com o parlamento do Reich". Hugenberg, com o qual Papen se reunira no período da tarde, já se mostrava mais conciliador sobre a renúncia de Schleicher: "É preciso compactuar com Hitler e tentar limitar seus poderes ao máximo". Para si, o presidente do DNVP exigiu o Ministério da Economia no Reich e na Prússia: "os dois ministérios devem estar em uma só mão, para que a condução política seja sensata". Hitler, por sua vez, levou ao conhecimento de Papen que Hindenburg poderia ocupar todos os ministérios de acordo com seu desejo – exceto o cargo de ministro do Interior do Reich e o de comissário do Reich para a Prússia, que ele pretendia reservar ao seu partido.[87] Aparentemente, esta oferta era notável; pelo menos era uma abdicação evidente do ponto de vista "tudo-ou-nada" anteriormente defendido. Na verdade, com esses dois cargos estrategicamente importantes de acordo com o modelo da Turíngia de 1930, Hitler pretendia fazer cumprir a reivindicação nacional-socialista de poder. Então, Papen entrou em contato com Schwerin-Krosigk, até então ministro das Finanças, que aceitou entrar para o Gabinete liderado por Hitler, desde que "ele pudesse trabalhar de modo pragmático".[88] Neurath e Eltz-Rübenach assumiram o mesmo compromisso.

No final da noite de 28 de janeiro, quando Papen informou Hindenburg sobre suas negociações, este se mostrou satisfeito com "a moderação demonstrada por Hitler" e igualmente impressionado com o fato de que a maioria dos ministros conservadores por ele apreciados, que já serviram nos Gabinetes Papen e Schleicher, também gostaria de fazer parte do novo governo. Hindenburg pretendia ocupar o Ministério da Defesa do Reich, que até então estivera nas mãos de Schleicher, com um homem de sua confiança. A escolha recaiu sobre o *Generalleutnant* Werner von Blomberg, o comandante do Distrito Militar na Prússia Oriental, que na época estava em Genebra, na Conferência para o Desarmamento, como membro da delegação alemã.[89] Na manhã seguinte, Oskar von Hindenburg recebeu a incumbência de ligar para Blomberg, solicitando que viesse para Berlim. Embora com isso o caminho para o Gabinete Hitler estivesse aberto, persistiam dúvidas no NSDAP quanto à possibilidade de o presidente do Reich não poder mudar de ideia novamente: "O velho é imprevisível. Não se iludam!", advertiu Goebbels.[90]

Porém, em 29 de janeiro a decisão final estava tomada. Pela manhã, os líderes das negociações concordaram com a composição do Gabinete. Papen concordou com a proposta de Hitler de colocar Frick para o cargo do Ministério de Interior. Hitler, por sua vez, teve que aceitar "com um ressentimento evidente" o pedido do presidente do Reich de conceder a Papen, e não a ele, o cargo de Comissário do Reich para a Prússia. Para compensar essa perda, Göring seria nomeado para ministro do Interior prussiano e representante do Comissário do Reich. Com isso, Göring obteve o acesso à polícia prussiana, algo que Hugenberg pretendia evitar. Uma nova condição apresentada por Hitler foi o pedido de novas eleições e uma lei de empoderamento a ser adotada – uma ideia que ele já havia trazido à baila nas negociações com Hindenburg em novembro de 1932.[91] É certo que para tal ainda era necessário o consentimento dos parceiros do DNVP, bem como (e principalmente) do presidente do Reich.

À tarde, em uma reunião com Hugenberg, Seldte e Duesterberg, Papen tentou superar as últimas reservas do DNVP e da liderança do *Stahlhelm* contra o Gabinete Hitler. Ele prometeu a Hugenberg não apenas o cargo de ministro da Economia, mas também o de ministro da Agricultura do Reich e da Prússia – um superministério, cuja liderança era tão sedutora para o presidente do DNVP que ele aprovou a solução que Papen obtivera em negociações com Hitler. Seldte, que estava previsto para ocupar o cargo de ministro do Trabalho, declarou que estava pronto para entrar na composição do novo governo. Apenas Duesterberg, que poucos meses antes havia sido violentamente atacado pelos nacional-socialistas por ter um avô judeu[92], advertiu "sobre a dinâmica da natureza hitleriana e seu movimento fanático das multidões". Hugenberg minimizou suas preocupações: como os conservadores dominavam no Gabinete, o perigo de abuso de poder pelos nacional-socialistas estava neutralizado. "Nós enquadramos Hitler." Duesterberg profetizou que ele, Hugenberg, em "alguma noite seria obrigado a fugir trajando uma cueca pelos jardins ministeriais antes de ser preso."[93] Mas somente poucos dos *Deutschnationalen* viam o futuro com tanta clarividência. As pessoas reconheciam o risco de um pacto com Hitler, mas acreditavam que o risco poderia ser limitado no sentido do conceito de "domesticação". "Se formos obrigados a nos associar a Hitler, precisamos domá-lo", escreveu Reinhold Quaatz em 29 de janeiro em seu diário.[94] Em breve, a certeza de que isso seria possível se transformaria em uma grande falácia.

O que Hugenberg não contara foi que Hitler insistira em novas eleições – uma exigência que o presidente do DNVP dificilmente poderia aceitar; mas ele previa que, nesse caso, o NSDAP ganharia votos às custas do DNVP, o que dificultaria o "enquadramento" de Hitler. Também frente à Göring, que Papen informou no período da tarde, ele deu a impressão de que tudo o que o presidente do Reich comunicaria a seguir aos ansiosos que o aguardavam no Hotel Kaiserhof "era perfeito". "Ainda não nos atrevemos a acreditar. Papen está sendo honesto? Quem sabe?", Goebbels continuava cético.[95] Em Berlim, corriam boatos de que, no final, Hindenburg daria preferência a um "Gabinete de Luta" Papen-Hugenberg sem a participação do NSDAP e que as Forças Armadas não ficariam de braços cruzados. Na tarde de 29 de janeiro, o general Kurt von Hammerstein participou de um encontro secreto com Hitler na mansão da família Bechstein. Durante o encontro, o chefe das Forças Armadas perguntou ao líder do NSDAP "se ele acreditava que no palácio do presidente do Reich estava havendo uma negociação séria sobre uma (a sua) transferência de governo ou se era uma negociação apenas aparente". Se a segunda alternativa fosse a correta, a direção do exército tentaria usar de suas influências a favor de um governo Hitler, enquanto os militares ainda partiam da premissa de que Schleicher voltaria a assumir o cargo de ministro da Defesa do Reich. Hitler enganou seu interlocutor, dizendo que nada estava decidido até então. E prometeu informar Hammerstein "assim que ele conseguisse ver tudo claramente".[96]

À noite, Schleicher e Hammerstein enviaram Werner von Alvensleben, seu homem de ligação, até o apartamento de Goebbels, onde também estavam Hitler e Göring. Sua missão era informar-se sobre as negociações do Gabinete. Mas o emissário deu um passo além, proclamando arbitrariamente: "Se o grupo reunido na Wilhelmstrasse apenas finge manter negociações com eles, o ministro de Defesa do Reich e o chefe do exército deveriam alarmar a guarnição de Potsdam e expulsar aquela bagunça toda da Wilhelmstrasse."[97] Essa manifestação impensada foi interpretada pelas figuras importantes do NS ali presentes como um sinal certo de que Hindenburg pretendia estabelecer um Gabinete Papen-Hugenberg e que a Defesa do Reich tentaria um contragolpe. E também todos acreditavam que a guarnição Potsdam pretendia depor o presidente do Reich e prender seu filho. "Logo, um golpe de Estado. Ameaça. O assunto é sério ou é uma infantilidade?", assim comentou Goebbels a mensagem de Alvensleben. "Logo orientarei Hitler e Göring, que estão esperando na sala ao lado. Göring imediatamente orientou Meißner e Papen [...] Refletimos bastante. Hitler encontra-se metido em uma grande empreitada."[98] O presidente do NSDAP levou o boato muito a sério e deu ordens ao líder da SA em Berlim, o conde Helldorf, a colocar em alerta a SA de Berlim. Além disso, o major da polícia Walter Wecke (mais tarde comandante do regimento "Hermann Göring), que era tido como confiável, recebeu a ordem de "preparar-se para uma ocupação repentina da Wilhelmstrasse por seis batalhões de polícia".[99]

Embora logo tenha ficado claro que os boatos sobre um golpe não tinham fundamento, eles certamente fomentaram a evolução dos fatos. Papen sentiu-se reforçado na crença de que não havia mais tempo a perder. No final da noite de 29 de janeiro, ele apresentou a Hindenburg a lista completa do Gabinete. Conforme acordado, os nacional-socialistas estavam representados em apenas três cargos: Hitler como chanceler, Frick como ministro do Interior e Göring como ministro do Reich sem área de atividade definida, ministro do Interior para a Prússia e comissário do Reich para o Transporte Aéreo. Três ministros apartidários já faziam parte dos Gabinetes Papen e Schleicher: Neurath (Exterior), Schwerin von Krosigk (Finanças), Eltz-Rübenach (Correio e Transportes). Blomberg (Defesa do Reich), Hugenberg (Economia e Agricultura) e Seldte (Trabalho), eram novos. Apenas o cargo de ministro da Justiça ainda não tinha sido preenchido. Papen pretendia fazer Hindenburg acreditar que ainda estavam sendo feitas negociações com o centro sobre uma participação no governo e, por esse motivo, um ministério precisava ser mantido vago. (Em seguida, o ministério seria preenchido por Franz Gürtner, que já exercera o cargo sob Papen e Schleicher.) A tomada de posse do Gabinete foi marcada para as onze horas do dia seguinte.[100]

O público não foi informado da decisão do presidente do Reich, de modo que as edições matinais dos jornais ainda tateavam no escuro. Ainda se acreditava que a nomeação de um Gabinete Papen-Hugenberg com exclusão dos nacional-socialistas seria a solução mais provável. O *Frankfurter Zeitung* especulou que Hitler havia exigido mais uma vez condições irrealizáveis para se eximir da responsabilidade do governo.[101] Esta opinião era generalizada, também partilhada pelo ex-chanceler Schleicher. Na reunião de Gabinete de 16 de março, ele disse estar convencido "de que Hitler não queria assumir o poder".[102] No entanto, chegara o momento do maior triunfo do líder do NSDAP. Na noite de 29 para 30 de janeiro, Hitler ficou reunido com seus homens no apartamento de Goebbels até as cinco horas da manhã – ainda preocupado se algum evento imprevisto seria capaz de comprometer tudo.[103] No início da manhã, quando Blomberg desceu do trem na estação Anhalter, Oskar von Hindenburg já o aguardava, levando-o imediatamente para a Wilhelmstrasse, onde foi empossado como presidente do Reich pouco após as nove horas da manhã.

Nas primeiras horas da manhã de 30 de janeiro, Papen reuniu Seldte, Duesterberg e Schmidt-Hannover em seu apartamento na Wilhelmstrasse para informá-los sobre a iminente tomada de posse do Gabinete. Quando Duesterberg e Schmidt-Hannover manifestaram preocupações sobre a nomeação de Hitler, Papen exclamou "muito emocionado": "Se até as onze horas o novo governo não estiver formado, o exército intervirá. Existe a ameaça de uma ditadura militar sob Schleicher e Hammerstein". Hitler e Göring chegaram logo depois. Mais uma vez, o líder do partido provou ser um ator nato. Ele dirigiu-se apressado para Duesterberg, pegou sua mão e declarou com voz solene e lágrimas nos olhos: "Eu lamento os insultos pessoais que lhe foram infligidos por minha imprensa. Eu lhe asseguro com a minha palavra de honra que eu não provoquei aquilo".[104]

Por volta das 10h45, um quarto de hora antes da tomada de posse, o grupo partiu a pé até a Chancelaria do Reich, onde Hindenburg residia desde o verão de 1932, enquanto o palácio do presidente do Reich passava por reformas. Enquanto os demais ministros designados chegavam (com exceção de Eltz-Rübenach, que estava doente), Hitler, Papen e Hugenberg negociavam as últimas questões pendentes no escritório de Meissner. Só então Hitler e Papen contaram ao presidente do DNPV sobre a intenção de dissolver o parlamento e anunciar novas eleições. Hugenberg, surpreso, discordou veementemente: os resultados da eleição de novembro apresentaram adequadamente as relações de força entre os partidos; portanto, uma nova eleição era desnecessária. Seguiu-se uma discussão violenta. Hitler deu sua palavra de honra, sublinhada por um grande gesto, de que a composição do Gabinete não seria alterada independentemente do resultado da eleição. Mas Hugenberg permaneceu fiel à sua negativa mesmo quando Papen lhe pediu, suplicando, para não comprometer o acordo alcançado. Com isso, a formação do governo poderia vir a falhar mesmo nos últimos minutos. Nesse interim, o horário marcado para a tomada de posse já havia passado; Hindenburg ficou impaciente. Com seu relógio na mão, Meissner invadiu a sala: "São 11h15. Vocês não podem deixar o presidente do Reich esperando". E então, Duesterberg prosseguiu em seu relatório, "Hugenberg cedeu e Hitler ganhou. Orgulhoso, triunfante e vitorioso, Hitler caminhou encabeçando a fila indiana de seus 'ajudantes' escada acima, onde o velho senhor já aguardava o novo Gabinete".[105]

Hindenburg cumprimentou o grupo e expressou a sua satisfação sobre "a unificação da direita nacional". Então, Papen leu a lista ministerial. Após a cerimônia de

[FOTO 34] Finalmente: o "gabinete de concentração nacional", de 30 de janeiro de 1933. Da esquerda para a direita, sentados: Göring, Hitler e von Papen; na extrema direita, em pé: Alfred Hugenber, o chefe da *Deutschnationalen Volkspartei* (DNVP).

posse, Hitler fez um breve discurso, no qual ele pedia a confiança do presidente do Reich para si e para o novo governo.[106] A cerimônia acabou por volta do meio-dia. Mais tarde, Goebbels soube que "no final, Hindenburg ficara muito emocionado". "Está certo. Agora, precisamos conquistá-lo completamente."[107] Enquanto isso, o séquito de Hitler aguardava, atento, o término da empreitada. Quando o chanceler recém-nomeado finalmente voltou para o hotel, acompanhado dos aplausos da multidão, o alívio foi imenso. "Todos tínhamos lágrimas nos olhos. Apertamos a mão de Hitler. Ele mereceu. Júbilo geral", comentou o líder do *Gau* de Berlim, que não recebeu um cargo no Gabinete, mas sim a promessa de Hitler de recompensá-lo com um Ministério da Educação depois das eleições parlamentares. "Voltando imediatamente ao trabalho. O Parlamento vai ser dissolvido. Novas eleições em quatro semanas. Até lá, estou livre do cargo."[108] Em uma conclamação feita no mesmo dia, Hitler agradeceu os membros de seu partido pela "lealdade e devoção" que possibilitaram o "grande sucesso político". "A tarefa que nos aguarda é monstruosa. Nós precisamos e iremos resolvê-la."[109]

À noite, os nacional-socialistas comemoraram a nomeação de Hitler como chanceler do Reich com um desfile à luz de tochas que durou várias horas. "Esta noite, Berlim vive uma atmosfera de puro carnaval. Tropas da SA e SS passam pelas ruas; nas calçadas os expectadores se acotovelam. Dentro e ao redor do 'Kaiserhof' o carnaval fervilha", observou o conde Harry Kessler, que estava tão surpreso quanto a maioria de seus contemporâneos com a nomeação do chefe do NSDAP.[110] Hitler, que saudava as colunas que marchavam da janela iluminada de sua nova sede, estava eufórico. "Esse doutor é um bruxo", disse Hitler referindo-se à festa da vitória improvisada por Goebbels, "onde será que ele arrumou tantas tochas em tão curto espaço de tempo?"[111] A poucas janelas de distância estava Hindenburg, quase uma estátua congelada, recebendo as homenagens dos homens da SA. Os novos governantes imediatamente aproveitaram as possibilidades de transmissão por rádio. Göring e Goebbels proferiram discursos que foram transmitidos por todas as rádios alemãs, com exceção da rádio da Baviera. Göring comparou o estado de espírito com aquele reinante em agosto de 1914, quando "uma nação igualmente se pôs em marcha" e, portanto, entoou o mesmo tom patético da propaganda NS que estilizaria o dia 30 de janeiro como o "Dia do Levante Nacional".[112] A calma somente voltou a reinar por volta da meia-noite. Enquanto Hitler permaneceu na Chancelaria do Reich até o início da manhã entoando um de seus longos monólogos[113], Goebbels foi para Potsdam até a residência do príncipe August Wilhelm, onde a festa continuou por mais algumas horas. "Todos estão em êxtase. Fui para casa [...] e para a cama por volta das três horas. Caí como um morto. Eu não aguento mais", assim o chefe de propaganda encerrou o registro em seu diário.[114]

No dia 30 de janeiro de 1933, aconteceu o que praticamente ninguém achara possível no final de dezembro de 1932: Adolf Hitler, com apenas 43 anos de idade, foi nomeado chanceler do Estado mais poderoso da Europa Central. Até mesmo para seus confidentes mais íntimos, esse evento parecia "um conto de fadas".[115] "Estou sonhando ou estou acordado – é o que me pergunto!", escreveu Rudolf Heß na manhã seguinte para sua esposa. "Estou sentado no escritório do chanceler, na Chancelaria do Reich situado no Wilhelmsplatz. Funcionários ministeriais se aproximam silenciosamente, caminhando sobre tapetes macios, trazendo arquivos 'para o senhor chanceler do Reich' [...]." No dia anterior, ele ainda estava convencido de que, no final, "tudo estaria acabado". Até Hitler teria lhe dito que "algumas vezes, a vitória estava por um fio", por causa da "intransigência" de Hugenberg, "aquela velha megera do Gabinete".[116]

Para muitos partidários dos nacional-socialistas, a formação do Gabinete "de concentração nacional" sob a liderança de Hitler era quase um milagre. "Estamos nos sentido no alto e andamos de um lado para outro inebriados de felicidade, como em um lindo sonho inacreditável. Hitler é o chanceler do Reich! É verdade! Adeus, marxismo! Adeus, comunismo! Viva o Parlamento! Adeus, judeu! – Chegou a vez da Alemanha!", rejubilou-se Emerentia Krogmann, a esposa do comerciante hanseático Carl Vincent Krogmann.[117] Igualmente entusiasmada mostrou-se a cidadã hamburguesa Luise Solmitz, que no final de 1932 havia se afastado de Hitler, decepcionada: "E que Gabinete!!! Nós nem nos atrevíamos a sonhar com isso em julho. Hitler, Hugenberg, Seldte, Papen!!! Em cada um deles deponho uma grande esperança. Ímpeto nacional-socialista, razão nacional alemã, o *Stahlhelm* apolítico e o inesquecível Papen [...] Este é um 30 de janeiro memorável!"[118]

Os aliados mais conservadores de Hitler também ficaram satisfeitos. Papen respondeu a um amigo que o advertiu sobre os desejos de poder nutridos por Hitler: "Você está enganado, fomos nós que o engajamos em nossa causa".[119] E o vice-chanceler se opôs às alegações de Ewald von Kleist-Schmenzin, dizendo: "O que mais você quer? Hindenburg confia em mim. Em dois meses, Hitler estará acuado em um canto, chiando".[120] O desejo de poder de Hitler e sua determinação de livrar-se de seus cúmplices o mais rápido possível foi fatalmente subestimado. Que Hugenberg teria dito ao prefeito de Leipzig, Carl Goerdeler, um dia após a nomeação de Hitler, que tinha "feito a maior burrada de sua vida" ao aliar-se ao maior demagogo da História mundial é pouco provável.[121] O superministro achava que ele era o verdadeiro homem forte no Gabinete e, como Papen e os demais ministros conservadores, estava convencido de ser capaz de segurar as rédeas de Hitler, manobrando-o de acordo com suas próprias ideias. Uma carta de Ludendorff a Hindenburg do final de janeiro de 1933, na qual o antigo companheiro de Hitler teria acusado o presidente do Reich de "entregar a Alemanha ao maior demagogo de todos os tempos" provou ser uma lenda: "Eu posso lhes afirmar solenemente que esse homem afundará nosso Reich em um abismo e que ele levará nossa nação à miséria. Por esse seu ato, gerações vindouras ainda o amaldiçoarão em seu túmulo."[122] Por certo, estas palavras seriam proféticas se tivessem sido vociferadas. De fato, Ludendorff inicialmente havia sido cético em relação ao governo liderado por Hitler, mas depois da morte de Hindenburg, no início de agosto de 1934, houve uma reaproximação entre ele e Hitler. Em abril de 1937, os dois mantiveram uma conversa esclarecedora em Munique e, oficialmente, falava-se em uma "reconciliação". Para o "Führer", o antigo "herói de Tannenberg" era um fator de propaganda útil para o rearmamento acelerado da Wehrmacht. O enterro de Ludendorff em dezembro de 1937 foi encenado pelos nacional-socialistas como um pomposa cerimônia de Estado.[123]

Decerto, não só os apoiadores conservadores de Hitler como também seus adversários republicanos tendiam, inicialmente, a supor que o verdadeiro poder não estava nas mãos do "Führer" do NSDAP, mas que se concentrava em Papen e Hugenberg. Em 31 de janeiro, o conde Harry Kessler relatou uma conversa com o banqueiro e político Hugo Simon: "Ele vê Hitler como um prisioneiro de Hugenberg e Papen; 'o pobre garoto', que não é muito inteligente, está com as mãos e os pés atados, à mercê dos astutos e conspiradores Papen e Hugenberg". Kessler aparentemente concordava com esse julgamento, pois poucos dias depois ele profetizou uma vida curta para o novo governo, uma vez que "só a farsa e as intrigas de Papen" o mantêm coeso. "Hitler já deve ter percebido que foi vítima de um engodo. Seus pés e suas mãos estão atados a esse governo e ele não pode ir nem para a frente e nem para trás."[124] Inicialmente, o jornal *Vossische Zeitung* se deixou acalmar com a afirmação de que Hitler não conseguiu fazer valer a sua política do "tudo-ou-nada": "Ele não está se mudando para a Wilhelmstrasse como um ditador que só deixa valer a sua lei e sua vontade. Aquilo não é um Gabinete Hitler, e sim um governo Hitler/Papen/Hugenberg, os três contrários em muitos aspectos, mas certamente com um acordo comum: romper com tudo que existiu até hoje". Esse ponto de vista, no entanto, levou o jornal a publicar o comentário: "Uma experiência perigosa, que só pode ser observada com uma profunda preocupação e grande desconfiança".[125]

Entre os judeus alemães a preocupação também era grande, mas ao mesmo tempo aconselhou-se a evitar o pânico. Ludwig Holländer, o diretor da *Centralvereins deutscher Staatsburger jüdischen Glaubens* [Associação Central dos Cidadãos de Fé Judaica], escreveu em seu editorial de 2 de fevereiro: "Mesmo nos dias de hoje, os judeus alemães manterão a calma que lhes confere a consciência de sua ligação inseparável com tudo o que é realmente alemão".[126] O que o histórico Willy Cohn escreveu em 30 de janeiro em seu diário sobre a nomeação de Hitler para chanceler do Reich pode ser considerada uma reação típica de muitos judeus que se sentiam alemães: "Eu temo que isso signifique a Guerra Civil! Em breve a direita vencerá e, no final, vencerá o comunismo! E se houver uma revolução da esquerda, ela não será leve. Se Hitler respeitar a Constituição, ele estará liquidado entre seus homens. De um jeito ou de outro, tempo nublado para nós, judeus!". No dia seguinte, ele pôde constatar que os nacional-socialistas se comportavam "como os vencedores" nas ruas. Mesmo assim, Cohn manteve sua previsão: "Eles também não saberão lidar com a crise econômica e, em seguida, ocorrerá a grande virada para a esquerda!".[127]

O medo do comunismo ainda era maior do que o medo do nacional-socialismo – uma postura que Cohn corrigiria em breve.

Entre os representantes da esquerda também circulavam ideias equivocadas sobre o novo governo. "O *front* de Harzburg ressuscitou no Gabinete Hitler-Papen--Hugenberg", constataram os membros do conselho do SPD e a bancada parlamentar do SPD em uma comunicação de 30 de janeiro, na qual alertaram seus seguidores contra uma "abordagem indisciplinada". A luta deveria ser feita "com base na Constituição", para não dar ao governo nenhuma desculpa para violar a constituição.[128] O KPD convocou uma greve geral contra "a ditadura fascista de Hitler, Hugenberg e Papen", mas o apelo para formar uma frente de defesa comum não agradou aos sociais-democratas, que não haviam esquecido que pouco tempo atrás tinham sido difamados como "fascistas sociais" pelos comunistas.[129]

Mesmo a liderança dos sindicatos nem sequer cogitou quaisquer ações extra-parlamentares. "A ordem do dia é organização e não protesto", instou Theodor Leipart, o presidente do ADGB, em 31 de janeiro.[130] Para os representantes do movimento social-democrático dos trabalhadores, Hitler era prisioneiro das velhas elites do poder socialmente reacionárias, formadas por latifundiários do leste do rio Elba e por industriais da região da Renânia-Vestefália. Segundo eles, a direção e o conteúdo da política também não eram determinados pelo novo chanceler do Reich, e sim pelo vice-chanceler Papen e pelo "ditador da economia" Hugenberg. Segundo sua expectativa, o messias de Braunau logo perderia seu encanto. O que eles não reconheceram foi a reivindicação incondicional do poder de Hitler, bem como a dimensão do perigo que dele emanava. A maioria dos líderes políticos do SPD e dos sindicalistas cresceu no Império; muitos ainda tinham vivenciado a perseguição da social-democracia sob o governo de Bismarck. Eles contavam com um ressurgimento da repressão no estilo da lei socialista, mas não imaginavam que os nacional-socialistas planejavam a sério a destruição completa do movimento sindical dos trabalhadores.

Sebastian Haffner, em *Geschichte eines Deutschen* [História de um alemão], escrita no exílio inglês em 1939, lembra-se do "terror gélido" por ele percebido como primeira reação à notícia da nomeação de Hitler. "Durante um momento, eu senti quase fisicamente o sabor de sangue e sujeira ao redor de Hitler, e senti algo parecido com a aproximação ao mesmo tempo ameaçadora e repugnante de um animal assassino – uma garra suja e pontiaguda junto ao meu rosto." Na noite de 30 de janeiro, o jovem advogado do Tribunal de Berlim discutiu com seu pai, um educador prussiano liberal, as perspectivas do novo governo, chegando rapidamente a um consenso: o novo governo provavelmente iria causar algum malefício, mas dificilmente permaneceria no cargo por um longo período. "Um governo sombrio-reacionário como um todo, com Hitler como porta-voz. Tirando esse complemento, o governo não era muito diferente dos dois últimos que seguiram o governo de Brüning [...] Não, se analisarmos como um todo, este governo não era um motivo para alarme."[131] Essa observação é pertinente, uma vez que muitos alemães aparentemente reagiram com indiferença a esse evento. Durante 1932, o governo mudou três vezes e o povo já estava acostumado com isso. Nas reportagens que precediam a projeção dos filmes nos cinemas, a tomada de posse do novo Gabinete era a última notícia, logo depois dos grandes eventos desportivos.[132] Apenas alguns observadores mais atentos sentiam que o dia 30 de janeiro era um ponto de virada irreversível. Thea Sternheim, que soube da notícia através dos jornais vespertinos de Paris, escreveu em seu diário: "Hitler chanceler do Reich. Essa humilhação mental é a única que ainda faltava. Eu vou para casa. Vomitar".[133] E Klaus Mann comentou: "A notícia de que Hitler é o chanceler do Reich. Susto. Nunca pensei ser possível. (Terra das infinitas possibilidades...)".[134]

Para a maioria dos diplomatas estrangeiros, o dia 30 de janeiro não tinha um significado fundamental. Sefton Delmer soube, através de colegas na embaixada britânica, que Hitler "era um chanceler algemado": "Ele é o prisioneiro de Papen e Hindenburg".[135] O embaixador britânico Horace Rumbold posicionou-se a favor de uma atitude expectante frente ao novo governo. Ele também considerava Hitler como o parceiro mais fraco e Papen como o verdadeiro arquiteto da aliança: "Deve ser dito que o movimento Hitler foi adiado temporariamente, algo em grande parte devido à instrumentalidade do sr. von Papen". No entanto, Rumbold previu que em breve os conflitos entre os parceiros desiguais daquela aliança explodiriam, uma vez que os planos de Hitler não se conciliavam com o objetivo de Papen e Hugenberg, a restauração da monarquia. A permanência do ministro do Exterior, von Neurath, foi vista como positiva pelo embaixador. Isso parecia indicar que nada de importante mudaria na política externa da Alemanha.[136]

A formação do Gabinete Hitler-Papen-Hugenberg foi mantida em segredo até o fim, informou à França o embaixador francês François-Poncet na noite de 30 de janeiro. Ele estava mais preocupado com as possíveis consequências para a política externa: Não só para a Alemanha, mas também para toda a Europa, o novo governo encabeçado por Hitler, "era uma experiência ousada" ("*une expérience hasardeuse*"), uma vez que Hitler tentará reverter o Tratado de Versalhes. Mesmo assim, ele aconselhou seu governo a manter a calma e aguardar os acontecimentos. Na noite de 8 de fevereiro, quando o embaixador francês encontrou Hitler pela primeira vez em uma recepção do presidente do Reich para o corpo diplomático, François-Poncet ficou aliviado. Para ele, o novo chanceler do Reich pareceu um tanto "maçante e medíocre", uma espécie de miniatura de Mussolini, sem força e sem ideias próprias. Assim sendo, os assessores do presidente do Reich devem ter imaginado que seria relativamente fácil controlar Hitler, usando-o para seus próprios fins.[137]

Paul Dinichert, o embaixador da Suíça em Berlim, recebeu a notícia da formação do novo governo enquanto almoçava com "personalidades alemãs". "Nenhum dos presentes parecia ter pressentido qualquer coisa", disse o embaixador ao descrever a reação dos presentes em um relatório para Bern datado de 2 de fevereiro. "Meneios de cabeça, 'Quanto tempo isso vai durar?' 'Bem, poderia ser pior do que isso'. Era o que se ouvia." O diplomata suíço reconheceu claramente que a nomeação de Hitler como chanceler era o resultado de um "jogo de xadrez e quebra-cabeça político", no qual o "vigilante e sempre empreendedor sr. von Papen" comandara as ações, "apoiado na confiança excepcional do sr. von Hindenburg". Mas, assim como muitos outros comentaristas, ele equivocava-se ao caracterizar a nova configuração do poder do seguinte modo: "Hitler, o candidato de longa data à autocracia ilimitada, juntamente com dois de seus discípulos, está encravado ou preso – como queiram – entre os colegas Papen e Hugenberg".[138]

Na percepção contemporânea, o dia 30 de janeiro ainda não era uma data histórica mundial, tal qual ela se apresenta em retrospectiva. Essa data marca o início de um processo fatídico, que em curto prazo levou à supremacia do novo homem no cargo de chanceler, culminando nos monstruosos crimes de guerra que aniquilaram a Polônia e a União Soviética e no assassinato de judeus europeus. A ascensão de Hitler ao poder poderia ter sido interrompida? Esta pergunta sempre ocupou os historiadores desde então. Certamente, na história alemã, existiam tendências, em parte profundas, que favoreceram o sucesso do nacional-socialismo: por exemplo, o nacionalismo antiocidental, direcionado contra as "ideias de 1789", que se viu desafiado pela derrota militar imprevista na Primeira Guerra Mundial, bem como o Tratado de Paz de Versalhes, percebido como uma humilhação, e que se refugiou na lenda da "punhalada pelas costas" e na mentira da inocência da guerra, evitando assim a responsabilização alemã pelo desastre de 1918; o antissemitismo, que já estava presente na época do Império em todas as camadas sociais, com exceção dos trabalhadores sociais-democratas, e que se radicalizou durante a guerra, principalmente nos meses da revolução de 1918-1919; a influência de elites pré-democráticas, especialmente a militar, nobres proprietários rurais do leste do rio Elba, proprietários da indústria pesada e os representantes burocráticos e do sistema judiciário, cuja posição de poder também permanecera intocada na república democrática de Weimar; as deficiências estruturais da Constituição de Weimar, que dotou o presidente do Reich de amplas competências, como se fosse um "imperador substituto" e que, com o decreto de emergência artigo 48 ofereceu-lhe um instrumento que praticamente era um convite ao abuso nas mãos de um monarquista decidido, como Hindenburg durante a situação crítica em 1929-1930; e a falta de compromisso entre os partidos, que tinham uma parcela significativa de culpa na fraqueza crônica funcional da democracia parlamentar – até a quebra da grande coalizão em março de 1930, que antecedeu a fase dos gabinetes presidenciais.[139]

Mas, apesar de todos os problemas que resultaram principalmente das negligências ocorridas na fase de instituição da República em 1918-1919, em se afastar decididamente do Estado autoritário imperial, a transferência do poder para Hitler não era absolutamente compulsória. Sempre houve oportunidades para detê-lo em sua carreira vitoriosa. Sem dúvida, a oportunidade mais favorável aconteceu após o golpe fracassado de 1923. Se o agitador de Munique tivesse cumprido a pena total de cinco anos em Landsberg, seu recomeço político teria sido duvidoso.[140] "Um ponto de virada decisivo na crise nacional alemã" depois de 1930 – e, portanto, uma estação importante no caminho de Hitler para o poder – foi a demissão de Brüning no final de maio de 1932, feita por Hindenburg sem necessidade. Se Brüning tivesse permanecido no cargo, o golpe de Estado de Papen contra o "baluarte democrático" prussiano não teria acontecido; nesse caso, o novo parlamento teria sido eleito apenas no final do período legislativo, em setembro de 1934 – em um momento no qual a economia provavelmente já estaria recuperada e o apelo exercido pelos partidos extremistas já estaria arrefecido.[141] Em vez disso, com a eleição do parlamento em 31 de julho, na qual o NSDAP foi o partido mais forte, Hitler teve a oportunidade de fundamentar sua reivindicação de poder.

Mesmo depois do final de janeiro de 1933, ainda existiu a oportunidade de manter Hitler afastado do poder, caso Hindenburg não tivesse negado a Schleicher a ordem de dissolução, permitindo-lhe (como já tinha permitido anteriormente a Papen) transferir a data de novas eleições para o parlamento para um período superior a 60 dias; ou seja, caso ele tivesse ignorado o esperado voto de desconfiança do Parlamento, mantendo Schleicher no cargo. Essa solução teria levado a uma ditadura militar disfarçada; com isso, as chances de ganhar tempo até que a situação econômica estivesse visivelmente melhor eram grandes.[142] Parece duvidoso que, nestas circunstâncias, Hitler teria ousado mobilizar a SA para uma retaliação, envolvendo-a em um confronto armado com a defesa do Reich. O que importa é que Hindenburg se deixou convencer por Papen e seus assessores de que um Gabinete de "concentração nacional", no qual Hitler poderia ser "enquadrado" e "domado" pelo predomínio de ministros conservadores era a solução menos arriscada para a crise. Importante para o ato final do drama foi o fato de que os representantes dos proprietários rurais da região ao leste do rio Elba, graças a seu acesso privilegiado ao presidente do Reich, deram ênfase à pressão para transferir a chancelaria à Hitler. Agindo assim, ele e também a maioria dos conservadores da direita no Gabinete, bem como a camarilha em torno de Hindenburg, não reconheceram a disposição e capacidade do presidente do NSDAP de escapar de qualquer controle político, implementando sua reivindicação de poder absoluto. Na verdade, todos nutriam a ilusão de terem "contratado" Hitler, que lhes daria o desejado apoio das massas para sua política autoritária. "A história de Hitler é a história de sua subestimação", já dizia o historiador Veit Valentin logo após o fim da Segunda Guerra Mundial.[143]

Se a entrada de Hitler na chancelaria não foi o ponto inevitável da crise de Estado de Weimar, ela também não foi uma mera coincidência ou um "acidente de percurso", como muitos citaram e como afirmou enfaticamente Eberhard Jäckel.[144] Sem as condições sociais específicas e as condições políticas reinantes em Munique na época pós-guerra e pós-inflação, o ex-cabo Hitler continuaria sendo um solitário associal. Essas circunstâncias favoráveis lhe proporcionaram um solo fértil para seus *slogans* de ódio antissemitas e sua campanha difamatória contra os "criminosos de novembro" e contra a "Obrigação" de Versalhes. E sem os efeitos da crise econômica mundial, que atingiram a economia alemã de forma violenta, o NSDAP nunca teria se transformado em um movimento que atraía multidões. E, mais uma vez, o "Führer" do NSDP foi aquele que conseguiu formular melhor os anseios por um "salvador" que traria "ordem" ao caos, que criaria uma "comunidade nacional" em vez de brigas partidárias e lutas de classe, aquele que conferiria ao Reich uma nova grandeza, explorando tudo isso a seu favor.

Podemos acusar Hitler de muitas coisas, exceto de uma: ele jamais escondeu suas verdadeiras intenções. Em seu livro *Mein Kampf*, mas também em inúmeros discursos, Hitler sempre exprimiu com uma franqueza surpreendente o que faria assim que assumisse o poder: internamente, destruir o "sistema" de Weimar, cujas possibilidades ele tinha esgotado inescrupulosamente; erradicar completamente o "marxismo" (o que significava o SPD e o KPD) e "remover" os judeus da Alemanha, não importava como. Quanto à sua futura política externa, ele nunca deixou dúvidas de que, inicialmente, ele pretendia a revisão do Tratado de Versalhes, e que a meta a longo prazo seria a conquista do "espaço vital no leste", o que tornaria inevitável uma guerra contra a Polônia e a União Soviética. Aqueles que o levaram ao poder estavam irmanados no mesmo objetivo: impedir um retorno à democracia parlamentar, se livrar dos grilhões do Tratado de Versalhes o mais rápido possível, promover o rearmamento das Forças Armadas e restaurar o *status* da Alemanha como grande potência. Quanto aos demais objetivos e aspirações do novo chanceler do Reich, as pessoas provavelmente acreditavam que ele não as levaria tão a serio, ou que talvez pudessem exercer uma influência moderadora sobre ele. Essas considerações também se revelariam um erro grave. Hitler, desde o início, pensava em dimensões bem diferentes da de seus aliados conservadores e isso ficou claro em dezembro de 1941, quando a "guerra-relâmpago" contra a União Soviética fracassou antes de chegar a Moscou. Hitler, em retrospectiva ao ano de 1933, se expressou da seguinte forma: "A época da tomada do poder foi para mim um momento decisivo. Continuaremos a contagem de tempo da forma tradicional? Ou devemos usar a nova ordem mundial como o sinal para o início de uma nova contagem de tempo? Eu disse a mim mesmo: o ano de 1933 nada mais é senão a renovação de um estado milenar."[145]

13

HITLER EM PESSOA

Quem foi o homem que, em 30 de janeiro de 1933, com apenas 43 anos de idade, se estabeleceu na Chancelaria ocupada no passado pelo fundador do Reich, Otto von Bismarck, a quem tanto admirava? Essa pergunta é capciosa, pois por trás da figura pública de Hitler existe uma pessoa, um ser humano difícil de compreender. Mesmo entre seu séquito mais íntimo, muitas de suas facetas permaneceram um mistério. Otto Dietrich, chefe de imprensa de Hitler, comenta em suas memórias que ele era uma "personalidade obscura, esfíngica".[1] Ernst Hanfstaengl, que teve por muitos anos a oportunidade de observar de perto o líder do partido, reconheceu que nunca conseguiu "descobrir uma chave para as profundezas da essência dessa pessoa"; "O que ele realmente pensava e sentia permaneceu para mim, como sempre, um livro fechado com sete selos".[2] Albert Speer, que logo após 1933 foi promovido a arquiteto preferido do Führer, confessou já na sua primeira audiência, em junho e julho de 1945, no castelo Kransberg, em Taunus, que a pessoa de Hitler para ele sempre foi "um mistério cheio de contradições e extremos".[3] "Parece que havia algo nele que nunca poderemos compreender", observou o ex-embaixador francês em Berlim, André François-Ponce, em 1947.[4] E o secretário de Estado, Otto Meissner, que também servira lealmente Hitler como antes o fizeram Ebert e Hindenburg, registrou em suas memórias do ano de 1953: "O julgamento da essência desta pessoa rara [...] permanecerá para sempre controverso [...] Inclusive àqueles que o conheceram por anos e puderam observar sua evolução, é difícil apresentar uma opinião precisa sobre ele, pois era um lobo solitário que se fechava, desconfiado, e concedia somente a poucos – e mesmo para esses, apenas eventualmente – um vislumbre de sua intimidade".[5]

Os biógrafos até o momento fizeram da necessidade uma virtude, atribuindo à aparente insondabilidade da essência de Hitler um "vazio existencial além da política".[6] Porém, isso logo indica uma conclusão apressada, pois não se pode falar de uma separação estrita entre as esferas privada e política, como já foi descrito no capítulo sobre a relação de Hitler com as mulheres. De fato, numa análise mais apurada, fica patente que a suposta lacuna era parte de uma encenação de Hitler, que tinha como intuito velar o máximo possível as circunstâncias pessoais e se apresentar como um político que, idêntico ao seu papel de Führer, abdicou de todos os laços pessoais e precisava perseguir sozinho sua missão histórica. "Há muito" ele não tinha "vida privada", era do que ele sempre reclamava quando se tornou chanceler do Reich.[7] Quem não quiser ser enganado por essa autorrepresentação, precisa tentar olhar por trás da cortina que separa a imagem pública de Hitler e o papel atribuído a ele da pessoa real com suas capacidades e comportamentos idiossincráticos.

As dificuldades para se desvendar o "mistério de Hitler" residem principalmente nas contradições e contrastes surpreendentes que ele reunia em sua pessoa. Konrad Heiden, já em 1936, sua biografia de Hitler lançada durante o exílio em Zurique o descrevia como um "ser duplo". O "Hitler Pessoa", como um médium, deixava que o fenômeno emergisse de si, que surgisse um segundo Hitler, dotado de grande força de vontade. "Em repouso, este se esgueira de alguma forma para dentro do Hitler normal; nos momentos de irritação, ele aparece e o cobre com sua máscara de superioridade exuberante." É essa "fissão de personalidade" que torna um julgamento sobre Hitler tão complexo.[8]

Não são poucos os ex-companheiros de Hitler que confirmaram essa descoberta. Era o que dizia Otto Dietrich sobre a "natureza dupla secreta de sua essência". A discrepância interna nele era "ampliada com extravagância", transformava-se "na característica dominante de seu ser". Por um lado, Hitler dispunha de "capacidades e talentos intelectuais extraordinários", por outro lado, no entanto, principalmente com seu antissemitismo fanático, exibia "primitivismo e inflexibilidade intelectual" monstruosos. Em seu peito existiam "sentimentos honestos e crueldade gélida, amor às criaturas e dureza atroz, convivendo muito próximos uns dos outros".[9] Em retrospecto, Albert Speer também percebia as "estranhas e variadas facetas" de Hitler. Em maio de 1965, vinte anos após o fim do Terceiro Reich, ele comentou em sua cela de prisão em Spandau: "Eu poderia dizer que ele era cruel, injusto, inacessível, frio, destemperado, queixoso e ordinário, e de fato ele era tudo isso. Mas, ao mesmo tempo, era em quase tudo também exatamente o oposto. Podia ser um pai de família cuidadoso, um chefe tolerante, amável, centrado, orgulhoso e um entusiasta por tudo que era belo, grandioso".[10]

Uma imagem semelhante é dada por Hanfstaengl, quando invocava Hitler em suas lembranças: "Podia ser encantador e, pouco tempo depois, mudar de visão, o que deixava um senso de abismo assustador. Podia desenvolver grandes pensamentos e ser primitivo ao ponto da banalidade. Podia convencer milhões de pessoas de que apenas sua vontade férrea e sua força característica garantiriam a vitória e, ao mesmo tempo, até em seus dias de chanceler, permanecer um boêmio, cuja irresponsabilidade levava seus funcionários à loucura".[11] Essas vozes multiplicavam-se, e não se faria jus à sua significância caso supuséssemos que, por trás delas, havia apenas a intenção de justificar *a posteriori* o próprio fascínio momentâneo pela figura de Hitler.

Quem via Hitler de perto pela primeira vez, geralmente não ficava muito impressionado. Para o industrial Günther Quandt, num encontro em dezembro de 1931, ele pareceu "totalmente medíocre".[12] Sefton Delmer, jornalista britânico, acreditava ter diante de si "um homem totalmente comum"; ele lembrava um representante comercial, que havia sido suboficial no passado.[13] Para a repórter norte-americana Dorothy Thompson, Hitler era, como ouvíamos, o "exato protótipo do homem comum".[14] Inclusive William Shirer, o correspondente norte-americano da agência de notícias Universal News Service, ficou decepcionado quando viu Hitler na convenção do partido em Nuremberg, em setembro de 1934: "Seu rosto não mostrava nenhuma expressão especial – esperei muito por aquilo –, e por toda a minha vida não consegui entender que forças ocultas ele indubitavelmente despertava nas multidões histéricas, que o saudavam de forma tão frenética".[15]

A aparência de Hitler também era pouco cativante. "O rosto nada tinha de especial", recordava-se o conde Lutz Schwerin von Krosigk, que encontrou Hitler pela primeira vez durante o juramento de chanceler, em 30 de janeiro de 1933. "Suas feições não eram harmônicas, mas também não tinham aquela falta de regularidade que o espírito eivado de peculiaridades carrega. As mechas de cabelo caídas na testa e o bigode com apenas dois dedos lhe davam um jeito de comediante."[16] O pequeno bigode era um sinal marcante que saltava aos olhos. Já no início, Hanfstaengl insistiu para que Hitler tirasse o bigode, pois era "quase uma provocação aos caricaturistas". Porém, o agitador de Munique negou-se: "Meu bigode vai virar moda um dia, os senhores podem contar com isso".[17] Diante de Adelheid Klein, de Munique, com quem Hitler saiu nos anos de 1925 e 1926, ele dava outra explicação: "Imagine meu rosto sem bigode! [...] Eu tenho um nariz muito grande. Preciso disfarçar com o bigode!".[18] De fato, o nariz grande e largo deixava o rosto de Hitler desproporcional. Para Klaus Mann, em 1932, ele era visto como "o detalhe mais antipático e característico da fisionomia de Hitler".[19] Albert Speer, ao contrário, de repente percebe, somente nos últimos meses do Terceiro Reich, quando Hitler já perdia seu carisma, "como era horrendo, repulsivo e desproporcional o rosto de Hitler". "Como pode ser", ele se perguntou na prisão de Spandau, no final de novembro de 1946, "que eu tenha ignorado esse fato por tantos anos? Um mistério!"[20]

Como a característica mais extraordinária, quase todos os contemporâneos que tiveram contato com Hitler mencionaram os olhos. Para o historiador Karl Alexander von Müller, na primeira vez que viu o jovem Hitler na Universidade de Munique, no verão europeu de 1919, o que chamou atenção foram "os olhos grandes, azuis claros, reluzentes e fanaticamente frios".[21] Porém, para Lieselotte Schmidt, contratada por Winifred Wagner em julho de 1929 para ser sua assistente e preceptora de seus filhos, e que, como a dona da casa originária de Bayreuth, admirava fervorosamente Hitler, os olhos não emitiam frieza, mas sim bondade e gentileza: "Basta um olhar de seus olhos maravilhosamente belos e violetas para sentir todo seu caráter e bondade".[22] Otto Wagener, que começou a prestar serviços a Hitler no outono europeu de 1929 e que ainda em suas anotações feitas na detenção na Inglaterra, em 1946, se declarava um admirador, lembrava-se: "Desde o primeiro momento, o que me fascinou foram os olhos. Voltados para mim, eram claros e grandes, calmos e confiantes. Porém, o olhar não vinha apenas dos olhos, vinha de muito mais fundo, eu tinha a sensação de que vinha do infinito. Não se podia ler nada neles. Mas eles falavam, queriam falar".[23] Christa Schroeder, que desde 1933 trabalhou como secretária de Hitler, comenta de forma mais sóbria: "Eu achava os olhos de Hitler expressivos. Na maior parte das vezes, pareciam interessados, perscrutadores, e se animavam visivelmente durante os discursos".[24] "Olhos estranhos e belos", assim também o escritor Gerhart Hauptmann descreveu sua impressão sobre Hitler, a quem encontrou pela primeira vez na abertura da Câmara de Cultura do Reich, na Filarmônica, em novembro de 1933.[25]

A forma pela qual o olhar de Hitler era percebido, se era frio ou bondoso, impenetrável ou amigável e interessado, não dependia apenas da situação, mas também da postura do respectivo interlocutor. "A força dos olhos tão louvada pelos admiradores", observou o adversário de Hitler, Konrad Heiden, "age sobre observadores comuns como uma estocada ávida sem aquele brilho de graciosidade, que torna o olhar em primeiro lugar impositivo; um olhar que mais repele que fascina".[26] No entanto, os visitantes que observavam Hitler de forma crítica, como a filha do embaixador americano William Edward Dodd, que Hanfstaengl apresentou ao chanceler do Reich em 1933, no Hotel Kaiserhof, louvavam os olhos como "espantosos e inesquecíveis": "Pareciam ser azuis claros, eram intensos, envolventes e tinham uma força hipnótica".[27]

Além dos olhos, eram principalmente as mãos de Hitler que chamavam atenção. Eram "tão expressivas em seus movimentos que chegavam a rivalizar com os olhos", comentou com entusiasmo o ancião Houston Stewart Chamberlain, após o primeiro encontro com Hitler, em Bayreuth, em setembro de 1923.[28] "As mãos nervosas eram delicadas, quase femininas", observou Schwerin von Krosigk.[29] Quando o filósofo Karl Jaspers, em maio de 1933, expressou preocupação sobre se "uma pessoa tão ignorante como Hitler" poderia "governar a Alemanha", seu colega de Freiburg, Martin Heidegger, respondeu: "Educação é indiferente [...], veja que mãos maravilhosamente belas ele tem!".[30] O filósofo compartilhava essa admiração com vários contemporâneos, como, por exemplo, o diretor de produção radiofônica do Reich, Eugen Hadamovsky, que num artigo para a revista *Die neue Literatur* [A nova literatura], de dezembro de 1936, elogiava a "mão extremamente delicada" de Hitler como ferramenta de um "artista" e de um "grande desenhista".[31] Ainda na prisão britânica, o general da *Panzertruppe*, Ludwig Crüwell, comentou em outubro de 1942: "O mais notável eram suas mãos... mãos belas [...] Tinha mãos de um verdadeiro artista. Sempre olhei para as mãos".[32]

No entanto, Hitler impressionava principalmente por seus dons extraordinários de oratória. À primeira vista, sua aparência poderia dar a impressão de ordinária e normal, mas quando subia ao palanque, transformava-se num demagogo sem precedentes na história alemã. Nesse aspecto, estranhamente, tanto adversários como admiradores concordavam. Assim, em seu ensaio "Irmão Hitler" de março de

1939, Thomas Mann via em "sua eloquência indescritivelmente inferior, mas com impacto de massa", a condição decisiva para a "ascensão" de Hitler a "alturas inimagináveis".[33] Konrad Heiden falava de um "barômetro dos sentimentos das massas",[34] Otto Strasser de um "sismógrafo extremamente sensível das almas". Como "uma membrana suscetível", Hitler compreendeu como se tornar o porta-voz dos desejos e emoções mais secretos da massa.[35] "Ele sentia o que as multidões ansiavam e convertia em discursos inflamados. Apelava aos instintos adormecidos no subconsciente e apresentava algo para todos", observou Schwein von Krosigk.[36] O jornalista norte-americano Hubert R. Knickerbocker, que conheceu Hitler no final de 1931 na Casa Marrom como um político humilde, gentil, ficou pasmo quando o viu no comício do Circo Krone: "Era um pregador que falava diante de uma plateia, um Billy Sunday* da política alemã. Seus prosélitos seguiam com ele, riam com ele, sentiam com ele. Com ele, ridicularizaram os franceses. Com ele, calaram a República. As oito mil pessoas eram um instrumento com o qual Hitler tocou a sinfonia do fervor nacional".[37] Na correspondência entre orador e público, na troca de afetividades e neuroses, o norte-americano reconheceu corretamente o segredo do sucesso de Hitler.

Obviamente não eram apenas os prosélitos que o orador queria arrebatar com seus encantos. "Não veremos tão logo", escreveu Rudolf Hess, em novembro de 1924, na Fortaleza-Prisão de Landsberg, "um homem num comício que arranque aplausos tanto dos ferreiros mais esquerdistas quanto do conselho governamental de direita."[38] Aparentemente não era um exagero. Existem inúmeros relatos de contemporâneos que rejeitavam Hitler e seu partido e, mesmo assim, apenas com muito esforço conseguiam se opor à sua estratégia de dominação retórica e consequentemente acabavam sucumbindo a ela. Em suas lembranças da juventude, Golo Mann, filho de Thomas Mann, descreveu como foi sua participação, no outono europeu de 1928, como estudante de dezenove anos, em uma convenção de Hitler: "Precisei me defender da energia, do poder de convencimento do orador; o que um amigo que me levou até lá, de origem puramente judia, não conseguiu. 'Ele tem mesmo razão', ele sussurrou para mim. 'Ele tem mesmo razão.' Ouvi essa frase com frequência mais tarde, de espectadores que eu nunca esperaria".[39]

Com seu sugestivo dom de oratória, Hitler exercia um poder quase hipnótico sobre as massas. Além disso, dispunha de uma voz extraordinariamente forte, variável. "Quem conhece Hitler [...] apenas dos eventos dos anos tardios – já o ditador demagogo colérico e degenerado berrando ao microfone –, não faz ideia do instrumento sonoro e de infindáveis níveis que era sua voz natural, sem amplifica-

---

*   Billy Sunday (1862–1935), atleta norte-americano que se converteu ao cristianismo evangélico e transformou-se em ministro da Igreja Presbiteriana e pregador famoso e inflamado. (N.T.)

ção, dos primeiros anos de sua estreia política", Hanfstaengl observou.[40] Foi essa mesma voz que atraiu Baldur von Schirach aos dezoito anos, quando este ouviu o líder do NSDAP pela primeira vez em Weimar, em 1925: "Era uma voz totalmente diferente da dos oradores que eu tinha ouvido até então [...] A voz era profunda e rouca, ressonante como um violoncelo. Seu sotaque, que considerávamos o de um austríaco – na verdade era da Baixa Baviera –, soava aqui na Alemanha Central exótico e, exatamente por isso, atraía o ouvinte".[41]

No entanto, Hitler não era apenas um orador abençoado, mas também um ator extremamente talentoso. "Em um momento de distração, ele mesmo chegou a dizer certa vez que era o maior ator da Europa", lembrou-se Schwerin von Krosigk.[42] Claro que não passa de um autoengrandecimento desmedido, sendo que o mais tarde ditador, quanto mais o tempo passava, mais tendia às representações. Porém, transformou-se em um *virtuose* na capacidade de vestir máscaras diferentes segundo a necessidade e esgueirar-se em papéis alternados. "Era um confabulador adorável que beijava a mão das damas, um tio amigável que dava chocolate às crianças, um honesto homem do povo que apertava a mão calosa de camponeses e operários."[43] Nos salões dos Bechstein e dos Bruckmann ou nos chás da tarde na casa dos Schirach, em Weimar, desempenhava, ajustado ao contexto social, o papel do burguês de terno e gravata. Nas convenções de partido do NSDAP, aparecia de camisa parda e se mostrava como o protótipo do combatente, que não escondia seu desprezo pela sociedade burguesa.

Também em seus discursos, o *virtuose* da metamorfose ajustava-se às expectativas dos papéis. "Conseguia falar diante da convenção do Reich como um sábio estadista, diante de um círculo de industriais como um homem de visão ponderada, diante das mulheres como um homem bom e amoroso com as crianças, diante das grandes massas como um vulcão em erupção, diante dos camaradas do partido como mais confiável e corajoso, que exigia sacrifícios e prometia se sacrificar."[44] O embaixador francês François-Poncet, que teve a oportunidade de observar Hitler na convenção do partido de 1935, em Nuremberg, em suas várias aparições, ficou espantado com a "intuição maravilhosa" que ele demonstrava para com os sentimentos de seu público: "Para cada um ele encontrava frases, o tom que precisava. Alternava entre todos os registros: cáustico, patético, confiável e autoritário".[45] Robert Coulondre, que substituiu François-Poncet em novembro de 1938 como embaixador, ficou estupefato quando estendeu a Hitler em Berghof suas credenciais: "Eu esperava encontrar um *Jupiter Tonans* em seu castelo, e encontro um homem simples, suave, talvez até tímido em sua casa de campo; no rádio, tinha ouvido a voz rouca, berrante, imperiosa do Führer e conheci um Hitler com voz suave, calma, amigável e compreensiva. E agora, qual é o verdadeiro? Ou os dois são verdadeiros?".[46]

Claro, Hitler dispunha de um repertório de papéis que mudavam de acordo com a situação e a exigência, mas também se ateria, como chanceler do Reich, a fixações ideológicas que se consolidaram nele desde o início dos anos de 1920 até formarem uma "visão de mundo" fechada. Essa visão de mundo abarca, em primeira instância, seu antissemitismo fanático e de motivação racial, do qual ele derivava a necessidade de uma "retirada" dos judeus da Alemanha, e seu expansionismo agressivo que excedia a revisão do Tratado de Versalhes, cuja essência era a demanda para a conquista de um "espaço vital no Leste [europeu]".

Quando Hitler queria ganhar alguém para o seu lado, fazia com que seu charme sedutor agisse. Albert Krebs observou, no fim dos anos de 1920, como Hitler apressou-se para encontrar o conde Ernst von Reventlow, um membro proeminente do Partido da Liberdade do Povo Alemão que entrou em 1927 para o NSDAP, cuja mão ele envolveu com as suas e cumprimentou-o com "Meu caro conde!", emprestando à voz uma vibração aduladora. "Todos os presentes sabiam que os verdadeiros sentimentos de Hitler para com o conde nada tinham a ver com amor e simpatia."[47] Também frente às pessoas que ele detestava, Hitler conseguia fingir uma simpatia genuína. Assim, em outubro de 1931, ele soube conquistar de tal forma a segunda mulher de Guilherme II, a imperatriz Hermínia, que ela acabou comentando com entusiasmo sobre "como o senhor Hitler foi simpático": "Seu rosto bondoso e direto e seus bons olhos de expressão afável e sem falsidade" a teriam impressionado profundamente.[48] Para estupefação de Sefton Delmer, o líder do partido dirigia-se com "Vossa Alteza Imperial" ao príncipe Augusto Guilherme (apelidado de "Auwi"), que prestou grandes serviços antes de 1933 aos nacional-socialistas, pois ajudou a atrair a aristocracia para o movimento hitlerista.[49] Após a tomada do poder, contudo, Hitler deixou-o despencar rapidamente. Em uma carta a Rudolf Hess, de setembro de 1934, o príncipe reclamava que desde janeiro havia sido "totalmente obstruído pelo Führer" e era "mês a mês afastado" por seu *entourage*. Hitler não pensou em momento algum num restabelecimento da monarquia; ao contrário, ele sempre pontificava seu pleno desprezo pelos Hohenzollern.[50]

Quando lhe parecia adequado, Hitler conseguia verter lágrimas com naturalidade, por exemplo quando, em agosto de 1930, ele reassumiu a SA berlinense rebelde num encenação eficiente, ou quando, na tarde de 30 de janeiro de 1933, desculpou-se com Theodor Duesterberg pelo ataque à imprensa do partido.[51] Diziam que ele era um "mestre da camuflagem", e especialmente esse dom incomum da dissimulação torna tão difícil compreender Hitler na essência do seu ser.[52] "Excitação, indignação moral, simpatia, emoções tumultuadas, ingenuidade, compaixão, reverência, para tudo tinha uma forma. Quem não conhecia de outras observações o que Hitler pensava sobre direitos humanos e outros mandamentos mais elevados, poderia facilmente sucumbir a esse talento de ator", escreveu Ernst von Weizsäcker, secretário de Estado do departamento de Relações Exteriores de 1938 a 1943, em suas memórias lançadas em 1950.[53] Rememorando, Albert Speer também se via "muito inseguro quando e onde realmente era ele mesmo, sem nenhum histrionismo, sem consideração tática, sem vontade de se entregar à mentira".[54]

O repertório teatral de Hitler contava com a capacidade de imitar pessoas em seus gestos e no jeito de falar. Contribuía especialmente para diversão daqueles em seu entorno quando imitava o chefe da editora Eher, Max Amann, em seu falar bávaro rápido e com frequência repetitivo: "Via-se o próprio Amann, o modo como ele erguia seu ombro sem braço e gesticulava vigorosamente com a mão direita", relata Christa Schroeder.[55] Também caricaturava com maldade piadista Mathilde von Kemnitz, a segunda mulher de Ludendorff: "Hitler, por assim dizer, descascou as peles sacerdotal, filosófica, científica, erótica e outras da digna senhora, até sobrar apenas uma cebola maléfica, ácida".[56] Sobre uma visita a Goebbels, em dezembro de 1936, observou o ministro da propaganda: "O Führer é muito brincalhão, ataca vigários e príncipes de forma muito revigorante, e os imita em detalhes, como um verdadeiro ator".[57] Mas suas artes de imitação também não se limitavam aos políticos estrangeiros. Speer lembrava-se como ele, após a visita de Mussolini em setembro de 1937, parodiou as poses características do *Duce*: "o queixo estendido para a frente, a mão direita encaixada sempre nos quadris, a postura esticada. Para completar, sob as gargalhadas ininterruptas dos presentes, ele gritava algumas palavras italianas ou que soavam como italiano, como 'Giovinezza', 'Patria', 'Victoria', 'Maccaroni', 'Belleza', 'Belcanto' e 'Basta'. Era muito cômico".[58]

As imitações de Hitler não se limitavam a vozes e idiomas, mas também incluíam ruídos. Amava em especial enfatizar as histórias sobre suas experiências de guerra com a imitação de barulhos: "Enquanto tentava imitar com precisão um bombardeio na Batalha do Somme, ele utilizava todo um repertório gradual de barulhos de tiros, silvos e baques de canhões e morteiros franceses, ingleses e alemães separadamente ou em conjunto, sempre com o acompanhamento entusiasmado do 'tatatatatá' martelante das metralhadoras".[59]

Além de seu talento retórico e teatral, Hitler tinha um terceiro grande dom: uma memória estupenda.[60] Fritz Wiedermann, seu ex-superior no Regimento List, que Hitler nomeou seu assistente pessoal no início de 1934, ficou surpreso com a quantidade de detalhes que Hitler conseguia lembrar do ex-cabo da Primeira Guerra que ele próprio já havia esquecido há muito.[61] Surpreendente – e principalmente temido pelos militares – era a memória de Hitler para números, fosse para calibre, mecanismo e distância de tiro de um canhão ou tamanho, velocidade e blindagem de um navio de guerra.[62] O guia de navegação marítima, sempre à mão em seu criado-mudo, ele sabia de cor.[63] É evidente que ele era dotado de visão eidética, isto é, a capacidade de armazenar fotograficamente imagens perceptivas.[64] Da mesma forma, como testemunha Christa Schroeder com perplexidade, ele conseguia não só se lembrar exatamente do rosto das pessoas, mas também do momento e do lugar nos quais se encontraram. Não raro ela se perguntava "como um cérebro humano conseguia armazenar tantos dados e fatos".[65] A velocidade com a qual Hitler devorava livros e jornais também era uma expressão dessa arrebatadora capacidade de armazenagem da memória. "Ele percorria os olhos nas linhas, em três, quatro linhas ao mesmo tempo", surpreendia-se Otto Wagener. "Às vezes, parecia que tinha apenas dado uma olhada num parágrafo, num artigo inteiro, e depois ele sabia o que estava escrito."[66] Hitler não apenas conseguia citar de cor páginas e páginas de livros – por exemplo, os escritos de Clausewitz ou Schopenhauer – e recitar esses pensamentos como seus para impressionar quem estava à sua volta;[67] podia também reproduzir de memória peças musicais "de forma tonal em todos os motivos musicais, murmurando ou assobiando", como o prelúdio de *Os mestres cantores*, de Wagner.[68]

Hitler não tinha formação escolar completa, tampouco ensino superior, mas compensava essa mácula tentando manter-se atualizado com leituras assíduas daquilo que havia perdido nos anos que passaram. Era o típico autodidata, que se vangloriava diante dos acadêmicos de seu *entourage* com seus conhecimentos de leitor. No início dos anos de 1920, Rudolf Hess, seguidor e mais tarde secretário particular de Hitler, registrou que eles haviam "adquirido um conhecimento gigantesco", o que sempre o surpreendia. "Quando fala sobre a construção de estradas, sobre o automóvel como o meio de transporte do futuro, inclusive para o homem simples ir até a natureza – como na América –, sobre armamentos de navios de guerra [...], percebe-se em todos os momentos que ele se informou profundamente sobre aquelas coisas".[69] "De onde o homem tira tudo isso?", perguntava-se Otto Wagener, depois que Hitler o entreteve, numa conferência particular, com surpreendentes conhecimentos históricos e geográficos.[70] Goebbels também sempre se mostrava impressionado: "Ele lê muito e sabe muito. Uma cabeça universal".[71]

Obviamente, o conhecimento de Hitler era tão variado quanto falho e assistemático. Tudo o que não se adequava à sua visão de mundo predefinida, ele não aceitava inicialmente. "Ele não conhecia o conhecimento pelo conhecimento", observou o historiador Karl Alexander von Müller. "Cada parte do seu conhecimento tinha um propósito específico, era encharcado de intenções, e no centro de cada objetivo estava ele mesmo e sua força política."[72] A necessidade de aparecer com seu conhecimento superficial vindo de leitura e cuidadosamente armazenado nunca deixou o homem que abandonou a escola. Buscava incessantemente reconhecimento. Quando lhe davam tal reconhecimento, ele conseguia mostrar "a felicidade de um garotinho", como Hesse observou em julho de 1924, em Landsberg, após ter elogiado algumas passagens da obra que surgia, *Mein Kampf*. Quando um jornal de Bochum descreveu Hitler, em abril de 1927, como o "melhor orador da Alemanha", seu secretário particular o encontrou "com uma expressão reluzente": era "a primeira vez que um jornal sem ligações conosco percebe".[73] A autoconfiança que Hitler exibia como Führer carismático era extrema, e o complexo de inferioridade do antigo fracassado era muito arraigado. Isso fazia com que ele reagisse com melindre a todas as pessoas que dispusessem de um conhecimento técnico superior e o faziam senti-lo também.[74] Especialmente acentuada era sua rejeição a intelectuais, professores universitários e educadores. "A grande massa daqueles que se dizem 'cultos'", ele comentou no início dos anos 1930 a Otto Wagener, "é de gentinha superficialmente intelectual, incompetentes cultos e arrogantes que não têm consciência do ridículo de sua incompetência."[75] Certa vez, na mesa de almoço da chancelaria do Reich, ele anunciou com toda a seriedade que no futuro haveria "apenas *um* livro importante", que seria escrito quando "eu tiver me aposentado".[76] No entanto, quando o professor de psicologia clínica da Universidade de Bonn, Walther Poppelreuter, anunciou em julho de 1932 que desejava apresentar uma palestra com o tema "Psicologia política aplicada com base em *Mein Kampf*", Hitler ficou visivelmente lisonjeado. "Uma alegria", respondeu ele, "que um professor universitário pela primeira vez use meu livro como base para uma palestra no ensino superior."[77]

Como muitos autodidatas, Hitler também pensava saber e poder mais que cientistas e especialistas, e por isso os encarava com certa arrogância que era apenas o reverso de sua vergonha. Speer chamou-o de "gênio do diletantismo".[78] Apenas a contragosto confessava as lacunas em seu cânone de formação que, para serem eliminadas, dispenderia dele um esforço interessante também para sua carreira política. Assim, Hanfstaengl esforçou-se em vão para incentivar Hitler, após sua libertação da prisão de Landsberg, a aprender inglês. Embora ele mesmo tivesse se oferecido para dar aulas ao chefe duas tardes na semana, Hitler aferrou-se à sua recusa: "Minha língua é o alemão e ela me basta".[79] A tentativa de convencê-lo a viajar ao exterior para que ele pudesse conhecer o mundo de outro ponto de vista que não de sua perspectiva provinciana também fracassou. Hitler sempre encontrava novas desculpas: certa vez ele afirmou que não tinha tempo para tais empresas, outra vez que seus inimigos usariam sua ausência para derrubá-lo.[80] Isso explica como foi possível um político que não conhecia nada do mundo – exceto pelos quatro anos de guerra na Bélgica e na França –, chegar ao poder em 1933.

Como um arrivista, Hitler sempre tinha medo de não ser totalmente levado a sério ou de se mostrar ridículo. Em seus esforços para adequar-se às respectivas exigências sociais, ele ainda mostrava muitas inseguranças nos anos 1920. Segundo o testemunho da viúva de Scheubner-Richter, morto no Feldherrnhalle em 9 de novembro de 1923, Hitler parecia "sempre de certo modo taciturno"[81] nos círculos sociais. Quando Elsa Bruckmann serviu para ele pratos que não conhecia – como lagosta ou alcachofra –, teve de ouvir o seguinte: "Prezada senhora, faça a gentileza de me mostrar como se come isso".[82] Helene Bechstein, a outra amiga com instintos maternos, presenteou-o com um novo terno, camisas engomadas e botas engraxadas. "Como consequência", Hanfstaengl relata, "Hitler apareceu por um bom tempo durante o dia em botas engraxadas, até que tomei a liberdade de alertá-lo que aquele não era o calçado adequado para o dia a dia, e muito menos para um líder dos trabalhadores aparecer diante de seus seguidores necessitados".[83] A predileção acentuada de Hitler por calças de couro em estilo bávaro fazia um estranho contraste ao culto do Führer, que seus discípulos começaram a celebrar a partir de 1922 e 1923. Hess também ficou totalmente chocado em "de repente ver" Hitler, em julho de 1923, em Obersalzberg, "em calças curtas de couro, com os joelhos de fora e em mangas de camisa".[84] Ainda no final de 1926 e início de 1927, Hitler encomendou com o retratista Henrich Hoffmann uma série de quadros em calças curtas de couro e camisa parda.[85] Depois disso, parece ter desistido aos poucos da peça de roupa, pois não mais se adequava à sua autoproclamação como o futuro messias dos alemães. Contudo, manteve a rotina de ser fotografado por Hoffmann antes de decidir envergar um novo traje recém-comprado em público.[86] Ele nunca se apresentou em trajes de banho. Sem mencionar que não sabia nadar – e se recusava a aprender –, ele apontava como exemplo proibitivo a capa do *Berliner Illustrierten Zeitung*, de agosto de 1919, que mostrava o presidente do Reich, Friedrich Ebert, e o ministro da defesa do Reich, Gustav Noske, em trajes de banho na praia de Travemünde, no mar Báltico – uma foto que serviu de motivo conveniente para a imprensa de direita espalhar boatos maldosos sobre os representantes da república.[87]

Hitler negava-se a ter aulas de dança para se movimentar nos salões da sociedade da mesma forma que se recusou a aprender línguas estrangeiras. "Para um líder, a dança é uma atividade indigna", ele dizia, e o comentário sedutor de Hanfstaengl, de que seu grande exemplo, Frederico, o Grande, não abominava de

[FOTO 35] Hitler em calças curtas de couro e camisa parda – uma das fotos não publicadas de Henrich Hoffmann, do departamento de comunicação nazista, na primavera de 1927.

forma alguma o salão de dança, não pareceu dissuadir Hitler: "Todos esses eventos de baile são pura perda de tempo e, além disso, essas valsas são muito femininas para um homem".[88] Na recepção do presidente do Reich para o corpo diplomático, em 9 de fevereiro de 1933, todos perceberam como o novo chanceler do Reich se comportou de modo inseguro, quase envergonhado, em seus primeiros passos em terreno estranho. Bella Fromm, a repórter social do *Vossischen Zeitung*, anotou em seu diário: "Todos observavam Hitler. O ex-cabo, algo soturno e desengonçado, parecia se sentir bem desconfortável em seu papel. A cauda do fraque o atrapalhava. Muitas vezes levou a mão até a região onde ficava o cinturão do uniforme e sempre que não encontrava o apoio de mão costumeiro, tranquilizante e encorajador, seu descontentamento aumentava. Ele amassava o lenço, e via-se nele um nervosismo genuíno".[89]

"Acredito que minha vida será o maior romance da história mundial", Hitler escreveu no fim de setembro de 1934 para Adelheid Klein.[90] Aqui, provavelmente o ditador tinha Napoleão em mente, a quem se atribui a citação: "Que romance daria a minha vida". Como o imperador francês, o Führer alemão também aderiu à aura de arrivista. Mesmo que tivesse cada vez mais autoconfiança frente aos sucessos de política interna e externa, continuava a ficar muito nervoso em recepções oficiais. Como Christa Schroeder testemunhou, assolava-o "o medo de um *faux pas*".[91] Assim, cuidava de cada detalhe antes de os convidados chegarem, verificava a mesa

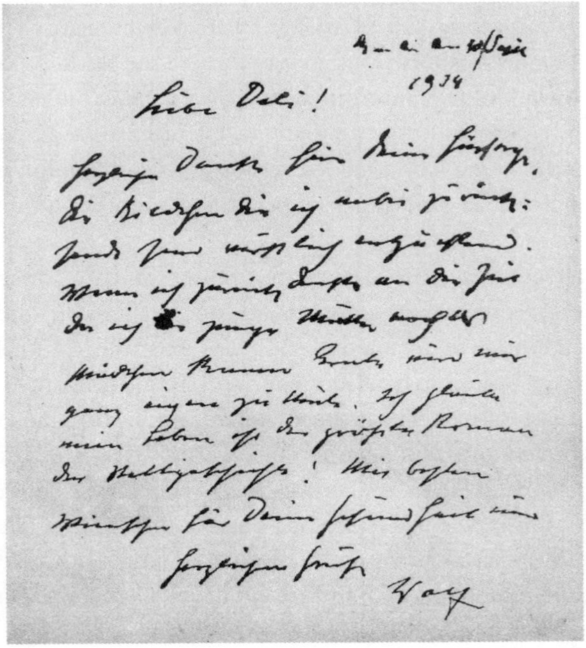

[FOTO 36] Carta de Hitler para Adelheid Klein, de 30 de setembro de 1934, com a seguinte observação: "Acredito que minha vida será o maior romance da história mundial!".

posta e controlava pessoalmente os arranjos de flores. Sentia-se mais à vontade nas recepções de artistas; aqui ele também se portava com a maior informalidade.[92]

Diante desse histórico, explica-se também a tendência acentuada, e percebida por vários de seus interlocutores, aos monólogos. Por trás dessa tendência escondia-se o esforço de encobrir a própria insegurança. Henrich Class, que Hitler cumprimentou com muita deferência em seu primeiro encontro em Berlim, na primavera de 1920, acabou castigando o herói local de Munique com uma hora de monólogo, de forma que o presidente da Liga Pangermânica "sentiu uma espécie de tontura".[93] Sefton Delmer, que entrevistou Hitler pela primeira vez em maio de 1931, descreveu como o mecanismo de desinibição discursiva funcionava: "Eu fazia uma pergunta, e sua resposta inflava-se até virar um discurso, enquanto novos pensamentos fluíam em seu cérebro fantasioso e incrivelmente alerta e perspicaz. E, antes que se pudesse refreá-lo, ele berrava, como se tivesse diante de si a plateia do Sportpalast e não um único repórter inglês".[94] O diplomata Ulrich von Hassell também presenciou um processo de transformação semelhante em uma visita a Hitler, em Munique, no início de fevereiro de 1932: Hitler teria mostrado "repetidamente rompantes apaixonados, nos quais entrava no tom de orador do povo, com os lábios trêmulos e um olhar estranhamente fixo".[95] Com frequência, bastava apenas uma palavra-chave para abrir as portas à compulsão oratória maníaca de Hitler. Entre os funcionários da Casa Marrom, esses momentos eram temidos, porque com eles qualquer tema de discussão presente na ordem do dia poderia ser esquecido.[96] Quem ousasse interromper o fluxo discursivo, atraía para si inevitavelmente a ira do líder partidário. "Hitler era um orador incansável: o discurso era parte integrante da sua essência", observou Otto Dietrich.[97] Para o *entourage* de Hitler, a necessidade inesgotável de discursar permanentemente era um fardo pesado. Eles precisavam aguentar os monólogos intermináveis, não podiam contestar, mas precisavam demonstrar interesse aquiescente e, em todos os casos, animar o orador, com interjeições rápidas, a mais divagações verborrágicas. Em geral, o egocêntrico ficava tão inebriado com as próprias palavras que nem notava o que esperava de seus ouvintes.

No entanto, em círculos pequenos, mais particulares, Hitler também conseguia mostrar uma outra face. Aqui ele se portava como um interlocutor amável, que não pontificava, mas contava histórias de forma divertida, por exemplo, de suas experiências de guerra – "seu tema preferido e inesgotável" –, do início do partido ou do golpe de novembro, em 1923.[98] Aparecia como um "pai de família" atencioso – "bem-humorado, alegre, receptivo a piadas inocentes dos outros".[99] Está registrado no diário de Joseph Goebbels como ele parecia encantador nesse papel: Hitler "é tocante como um pai. Gosto muito dele. De todos os homens, é de quem mais gosto. Tem um coração imenso", ele anotou em junho de 1929. E, em janeiro de 1931, enfatizou: "Com Hitler num almoço [...] Foi muito agradável. O chefe como pai de família. Ele é muito atencioso comigo".[100]

Sem dúvida, o *Gauleiter* de Berlim e mais tarde ministro da Propaganda era o colaborador com quem Hitler mantinha o contato mais íntimo e falava também de assuntos pessoais. Ainda assim, Goebbels se enganou quando pensou que Hitler lhe dava "total confiança" e lhe contava "tudo [o que tinha] no coração".[101] Pois, na verdade, não havia ninguém com quem Hitler de fato se abrisse totalmente. Karl Alexander von Müller percebeu, já no início dos anos 1920, "a camada de solidão profunda que existia ao redor dele e o separava duas vezes de qualquer pessoa do seu séquito". Nem mesmo o casal Bruckmann, apesar de toda a aparente confiança, teve acesso ao seu íntimo. "Enganaram-se sobre ele como todos os outros, talvez ainda mais, porque ele parecia abrir às vezes uma brecha para o casal."[102] Albert Speer também se lembrou nunca conhecer na vida uma pessoa "que tão dificilmente deixava transparecer seus sentimentos, e quando o fazia, voltava a se fechar de imediato". Claro que houve momentos, no decorrer de seu trabalho conjunto, nos quais o arquiteto pôde esperar "ficar mais próximo dele. Mas era sempre um engano. Se alguém recebesse com cautela seu tom mais cordial, logo ele erguia uma muralha intransponível como defesa".[103] Joachim von Ribbentrop, que seria ministro de Relações Exteriores de Hitler em fevereiro de 1938, também observou que o homem, venerado por milhões, no fundo era um solitário: "Da mesma forma que nunca me aproximei dele, nunca vi ninguém que tivesse se aproximado [...] Tinha em sua essência algo que o distanciava indescritivelmente".[104]

Essa necessidade de distanciamento não era bem uma expressão de competência social precária, mas originava-se do desejo de um homem convencido de sua predestinação de se cercar de uma aura de inatingibilidade. Grande confiança e intimidade eram totalmente repulsivas para Hitler. Havia apenas poucas pessoas de seu círculo mais próximo que podiam tratá-lo informalmente.[105] Nunca teve um amigo verdadeiro com quem pudesse se abrir. Otto Strasser acreditava ter percebido que Hitler temia "momentos de devoção involuntária e familiaridade espontânea". "Perder o controle, entregar-se, seria para ele a pior das humilhações"[106] – uma pista que também poderia lançar luz à sua complexa relação com as mulheres. Especialmente difícil de suportar para Hitler era o pensamento de que havia pessoas que soubessem do seu passado antes de 1914 e de seu desempenho na guerra. Era peculiar que, num encontro de veteranos do Regimento List nos anos 1920, ele não tivesse mais nenhum contato com os antigos camaradas e tivesse desaparecido rapidamente.[107]

Ele se sentia especialmente à vontade em meio aos companheiros dos antigos "tempos de guerra", com os quais se encontrava no Café Heck. Nesse círculo, ele conseguia trazer à tona seu lado vulgar e pequeno-burguês com desinibição, sem precisar temer a resistência de cenho franzido. "Horrível vê-lo debatendo politicagenzices [sic!] entre aqueles burgueses", observou Goebbels em março de 1931.[108] Depois da tomada de poder, claro, Hitler parou de participar desses encontros. O tom de camaradagem que os antigos colegas usavam com ele por costume de outras épocas não se adequava mais ao seu novo papel de chanceler do Reich. Então, começou a manter distância deles também.[109] A saudação *Mein Führer* tornou-se obrigatória também para os conhecidos dos "tempos de guerra", e apenas na noite de 8 de novembro, após a reunião tradicional na cervejaria Bürgerbräukeller, Hitler sentou-se com os "antigos combatentes" no Café Heck.[110]

Hitler também manteve distância de seus antigos apoiadores e apoiadoras após 1933. Essa foi a reclamação de Helene Bechstein, em 21 de abril de 1933, um dia após o aniversário dele, para seu "amado *Wolf*", de que desejaria lhe transmitir pessoalmente os desejos de felicidades e "como antes, apertar suas mãos", mas ela teria sido dispensada pelo ajudante de ordens Wilhelm Brückner com a observação de que "Não tem nenhum minuto livre".[111] Às vezes, Hitler pensava em sua antiga protetora com consideração – em dezembro de 1934, ele lhe concedeu a Insígnia Dourada do Partido e, em maio de 1936, após a morte do marido, congratulou-a pessoalmente por seu aniversário –, mas a antiga relação de confiança nunca se restabeleceu, ainda mais porque Helene Bechstein criticava sem rodeios determinadas manifestações do regime.[112] A ligação com os Bruckmanns, em Munique, permaneceu um pouco mais próxima. Hitler concedeu a eles não apenas a Insígnia Dourada do Partido, mas os presenteou com um carro.[113] No entanto, Elsa Bruckmann também precisou se conformar que seu protegido não a visitava mais com a frequência de antes. O Führer era "obviamente muito difícil de se alcançar", reclamou em uma carta, em março de 1934.[114]

Hitler era um homem "sem nenhuma ligação íntima com os outros", como Gregor Strasser comentou em conversa com Otto Wagener no início dos anos 1930 – e como seus biógrafos, de Konrad Heiden a Ian Kershaw, também conjecturaram.[115] Formulada de maneira tão apodítica, a afirmação não procede, pois havia vários círculos de contato particulares que serviam como uma espécie de família substituta para Hitler. Entre eles estavam os Hoffmann, cuja mansão sempre frequentava, inclusive após 1933. Quando o clima estava bom, podia acontecer de "o Führer e chanceler do Reich tirar seu casaco e se deitar no gramado em mangas de camisa", observou um de seus acompanhantes. "Com os Hoffmann, ele se sentia em casa; certa vez, ordenou que trouxessem um livro de Ludwig Thoma, escolheu uma peça e leu em voz alta".[116]

Hitler também era aceito como um membro da família na casa de Wagner, em Bayreuth. Speer percebia que Hitler ficava "mais relaxado que nunca" nesse círculo de pessoas. "Na família de Wagner, ele se sentia visivelmente protegido e livre da pressão de demonstrar poder".[117] Hitler mantinha uma relação familiar não apenas com a dona da casa, a quem já tratava informalmente desde 1926, mas também com os quatro filhos Wagner. Deixava-se fotografar por eles com prazer, levava-os em passeios no seu grande Mercedes Kompressor e à noite lhes contava histórias no quarto das crianças. "Era muito afetuoso com as crianças", lembrava-se Winifred Wagner, e Liselotte Schmidt relatou sobre uma visita informal de Hitler a Bayreuth, no início de maio de 1936: "Ele olha, maravilhado, das crianças para a mãe e vice-

-versa, e sabe que se existe algo nessa Terra como um lar, não poderá encontrar nenhum lugar mais belo que em Wahnfried e entre essas pessoas".[118]

Em Berlim, os contatos particulares de Hitler concentravam-se quase exclusivamente na família de Goebbels. Em dezembro de 1931, ele fora testemunha no casamento de Magda e Joseph Goebbels, e antes de 1933 ele passou muitas noites na casa deles em Berlim. Inclusive após a tomada do poder, ele passou várias horas livres na casa de verão de Goebbels, em Kladow am Wannsee e, mais tarde, na residência de verão em Schwanenwerder. Faziam juntos viagens de barco e, não raro, as visitas de Hitler estendiam-se até tarde da noite.[119]

O ditador participava intensamente da vida familiar do casal; visitou Magda Goebbels na maternidade depois de um de seus muitos partos, e festejavam juntos os aniversários. Hitler adorava brincar com as filhas deles; em especial, era "totalmente maluco" pela mais velha, Helga, e certa vez até mesmo comentou que, "se Helga fosse vinte anos mais velha e ele vinte anos mais jovem, ela seria a mulher certa para ele".[120] Em 19 de dezembro de 1936, no quinto aniversário de casamento de Goebbels, o amigo da família insistiu em entregar flores pessoalmente e desejar felicitações tarde da noite: "Ficamos muito emocionados e felizes. Ele se sente tão à vontade conosco", observou o ministro da Propaganda.[121] Quando Goebbels quis se separar, no outono de 1938, motivado por seu caso com a atriz tcheca Lida Baarova, Hitler vetou – inclusive por um motivo não totalmente altruísta: queria manter uma espécie de vínculo familiar com o lar dos Goebbels.[122]

[FOTO 37] Adolf Hitler posa para os netos de Richard Wagner, Wieland e Wolfgang, 1931.

Na escolha de seus funcionários, Hitler não se deixava levar pelos sentimentos, mas em primeiro lugar pelas considerações utilitárias. As condições mais importantes eram a lealdade, a discrição e a submissão incondicional à sua autoridade. Rudolf Hess, secretário particular de Hitler a partir de 1925, cumpria esses requisitos de forma ideal, pois antes de 1933 já desfrutava de grande popularidade com seu "chefe". Tinha autorização para acompanhar Hitler em suas viagens políticas e, quando em 20 de dezembro de 1927 ele se casou com a noiva de muitos anos, Ilse Pröhl, Hitler obviamente foi testemunha, ao lado do amigo de Hess de longa data, Karl Haushofer.[123] "Wolf é muito ligado a Hess, toda vez elogia muito o rapaz para mim", escreveu Winifred Wagner, em junho de 1928.[124] Desfrutava de um ponto positivo especial na seleção da futura elite de liderança quem, como o próprio Hitler, pudesse falar bem e às grandes massas. Esse também foi o motivo pelo qual o presidente do partido insistiu por tanto tempo no corrupto Hermann Esser, e Joseph Goebbels conseguiu fazer uma carreira rápida no NSDAP e se manter na preferência do mestre.[125] Peculiar é que Hitler se cercava preferencialmente de homens que, como ele, vinham de famílias desfavorecidas e não tinham uma edu-

[FOTO 38] A foto oficial com a qual foi anunciada a continuação do casamento de Joseph e Magda Goebbels, em outubro de 1938.

cação formal precisa para exibir. Se alguém tivesse uma "falha na trama", ou seja, um ponto obscuro na biografia, ele pouco se incomodava. Ao contrário: sabia que dessa forma conseguiria se relacionar mais facilmente com esse funcionário, bem como expulsá-lo de seu séquito com mais tranquilidade.[126]

Contudo, Hitler não gostava de se separar das pessoas com as quais se acostumava. Especialmente pelos "velhos combatentes" nutria um sentimento de confiança acentuado, e eram necessárias provações severas antes que decidisse despachar um deles.[127] Porém, tinha uma dificuldade imensa de reprimir alguém cara a cara. Preferia mesmo dar vazão à sua raiva na mesa do almoço ou do jantar, o que, como o especialista agrário e mais tarde ministro da agricultura e alimentação, Richard Walter Darré, se lembrava: "bastava para fazer chegar [o recado], através de vários canais, aos ouvidos do referido, que na maioria das vezes se prostrava".[128]

Hitler tinha um olhar aguçado para as fraquezas e os defeitos das pessoas que, no seu entendimento, poderiam servir a seus objetivos. Não raro reconhecia o caráter logo depois de pouco tempo de relação. Konrad Heiden dizia que era um "conhecedor e um pescador de pessoas poderoso".[129] E Albert Speer, ao se questionar por que tantos outros sucumbiam à "magia do tratamento" de Hitler, chegou à seguinte resposta: "Ele não jogava apenas com instrumentos de massa, mas também era um psicólogo magistral perante os indivíduos. Conhecia as esperanças e os temores mais secretos de qualquer um que estivesse à sua frente".[130] Assim, Hitler também possuia um faro infalível para detectar quando alguém se entregava a ele incondicionalmente ou se mantinha perante ele reservas secretas. Por estes últimos sentia uma antipatia instintiva. "Não gosto desse camarada", ele cuidava em dizer.[131] Sua desconfiança sempre alerta agitava-se de imediato quando alguém tentava se imiscuir em sua vida privada cuidadosamente protegida. Quem alguma vez o visse como fraco ou o deixasse desconcertado, já podia contar com sua sede de vingança.[132] Sua memória de elefante também armazenava esses casos. O arrivista, com toda a sua insegurança íntima, era vingativo.

Já antes de 1933, Hitler empregava o método de alocar as mesmas tarefas a diferentes funcionários, pressupondo que dessa forma o comportamento competitivo os incentivaria a trazer os melhores resultados. Ao mesmo tempo, também ligava esse método à esperança de que assim os funcionários se neutralizariam mutuamente e não poderiam oferecer riscos ao seu poderio. Pfeffer von Salomon denominou essa técnica de dominação diante de Otto Wagener como *divide et impera*", que o futuro ditador aumentaria e aperfeiçoaria.[133] Albert Speer comentou sobre um "sistema cuidadosamente equilibrado de inimizade mútua". Nenhum dos subalternos, mesmo aqueles com atribuições de alto escalão, poderia sequer imaginar "possuir um poder estabelecido".[134]

A esse estilo de liderança também se somava a tendência de Hitler de divulgar seus planos apenas a poucos escolhidos ou calar-se totalmente sobre eles. Mesmo Goebbels, que acreditava estar em boas relações com o "chefe", às vezes se irritava com o "silêncio" de Hitler "quanto às iguarias políticas [...] Todos aqui tateamos no escuro".[135] Mesmo Christa Shroeder testemunha o "domínio surpreendente" de Hitler quando se trata de "guardar segredos": "Ele tinha a convicção de que qualquer um apenas deveria saber o que fosse imprescindível para a execução de suas atribuições".[136] Compartilhar com seus funcionários apenas de forma extremamente dosada as informações do poder era um de seus meios preferidos de fazê-los atuar uns contra os outros e incentivar a concorrência por suas graças.

A autoestima instável de Hitler reagia de forma supersensível quando era contrariado, apesar de todo o extrovertido senso de predestinação. Mesmo que ainda antes de 1933, como relata Wagener, ele já tivesse a capacidade de ouvir com tranquilidade visões contrárias em particular e eventualmente também se corrigir, não suportava ser admoestado em grandes círculos. "Nesses casos, às vezes se enfurecia como um tigre que de repente se vê entre grades e tenta quebrá-las."[137] Quase todos os funcionários podiam relatar os ataques de fúria, como, por exemplo, aquele que Pfeffer von Salomon sentiu na pele em 1930: "Ele simplesmente gritou, berrou comigo, uma veia azul e grossa saltou na testa e os olhos pareciam sair do rosto. A voz tremia. Fiquei com medo de que algo acontecesse com ele".[138] O "momento do Hitler praguejador não era muito bonito e, provavelmente, nem muito impressionante para um círculo menor de presentes", observou Albert Krebs. "A baba literalmente escorria pelo canto da boca e pingava do queixo retraído." No entanto, ele se perguntava se a maioria desses acessos de fúria não eram apenas encenação, pois Hitler raramente perdia o controle por completo, mas permanecia "no contexto do papel autoimposto".[139] O que também valia para seus discursos, nos quais raramente se deixava arrebatar, mesmo com toda a intensificação extática, por declarações impensadas: "Seu temperamento corria solto com ele e se descarregava em cascatas de frases catapultadas. Na verdade, porém, ele se mantinha firme nas rédeas", observou Baldur von Schirach,[140] e o ministro das Finanças, Lutz Schwerin von Krosigk, fez um comentário semelhante: Hitler sempre se "deixava levar pela própria paixão", mas ao mesmo tempo a dirigia "de forma calculista": "Talvez fosse o dom mais surpreendente desse orador nato das massas, a mistura entre fogo e gelo".[141]

"Fogo e gelo" – com essa fórmula paradoxal Schwerin von Krosigk apresentou uma das características comportamentais mais notável de Hitler. Podia mostrar-se amável, cheio de carinho e simpatia no âmbito pessoal, ao passo que podia ser ao mesmo tempo frio, direto com quaisquer sentimentos humanos e deferências quando se tratava de cumprir com seus objetivos políticos. Aqui é possível que se veja também uma consequência da experiência violenta a que Hitler, como a maioria dos participantes da geração do *front*, foi exposto na Primeira Guerra Mundial. A criação para a tenacidade e a insensibilidade perante o sofrimento humano eram impressões marcantes fortalecidas ainda mais pelas disputas semelhantes à guerra civil do período pós-guerra. Mesmo que o cabo da Primeira Guerra não tenha participado dos combates em um dos *Freikorps*, ele iniciou sua carreira política no ambiente definido pela militância contrarrevolucionária das Ligas de Combate e pelas milícias civis de Munique. A violência estava desde o início entre os meios dos quais ele lançava mão contra seus oponentes políticos internos, e o fato de que ele não se intimidava ao arriscar a vida humana ficou bem comprovado no golpe de 8 e 9 de novembro. No entanto, sua entrada marcial na Bürgerbräukeller não pôde esconder o fato de que o papel do homem audacioso, que pessoalmente também não conhecia limites para empregar violência, não fazia parte de seu repertório preferido. Antes de tomar uma medida, entrava num estado de exceção psíquica que possibilitava deixar para trás todas as preocupações – um padrão de comportamento que se repetiria, como ainda se mostrará, na derrubada sangrenta do comando da SA no final de junho de 1934.

Na primavera de 1931, Hitler lançou mão de uma técnica peculiar para garantir a lealdade dos seus homens, quando fez cair a SA berlinense e as associações ligadas no contexto da Revolta de Stennes, no Sportpalast. Speer, que como membro do *Kraftfahrerkorps* do NSDAP participou da inspeção, teve aí sua primeira experiência pessoal com Hitler: "Ficamos em silêncio e em pé por horas e horas. Então, ele apareceu com um pequeno séquito [...] Mas, em vez de ir até ao púlpito, como todos esperavam, Hitler passou pelas fileiras de uniformizados; o silêncio era sepulcral. Então, começou a se aproximar das colunas. No imenso círculo ouviam-se apenas os passos. Durou horas. Finalmente ele chegou à minha fileira. Seus olhos estavam fixos sobre os homens alinhados, parecia querer comprometer cada um com seu olhar. Quando chegou a mim, tive a impressão de ter ficado com um par de olhos arregalados sobre o meu rosto por um tempo imensurável".[142] Eventualmente, Hitler praticava o ritual do olhar fixo também em pequenos círculos, quando sua intenção era pôr à prova a estabilidade de um funcionário. Por sua vez, Speer relata como Hitler certa vez, na mesa da casa de chá em Obersalzberg, começou a encará-lo, e ele precisou "reunir uma energia quase sobre-humana para não ceder ao ímpeto cada vez maior de desviar os olhos – até de repente Hitler fechar os olhos para se voltar pouco depois à sua vizinha".[143]

A capacidade de Hitler de exercer uma força sugestiva sobre outras pessoas e ligá-las a si por meio dessa força correspondia à sua tendência de provar algo a si mesmo. Por isso podia ser tão convincente para os outros, Schwerin von Krosigk registrou após 1945, porque, "arrebatado pela verve das próprias palavras e pensamentos" era preenchido pela "crença total na verdade do que dizia". Também personalidades inteligentes e determinadas sucumbiram ao impacto que emanava dos aparentes "arrebatamento e confiança". Quando se dirigiam ao Führer, totalmente decididos a contestá-lo em uma determinada questão, Hitler os "virava do avesso totalmente, em pouco tempo e sem muito esforço".[144] Se por um lado os *Gauleiter* queriam atuar em sua esfera de poder como régulos – perto de Hitler ficavam "pequenos e submissos": "Não tinham coragem de contestá-lo, pareciam entregar-se totalmente diante dele".[145]

No gabinete de Hitler na Casa Marrom havia um retrato de Frederico II, embora o senso de obrigação e a ética profissional do grande rei da Prússia fossem razoavelmente distantes dos de seu admirador austríaco. Não conhecia expediente regrado e pouco se atinha à pontualidade. Nas primeiras semanas na chancelaria, uma transformação parecia ter se iniciado. "O chefe entrou aqui com segurança tremenda. E a pontualidade!!! Sempre alguns minutos antes do horário!!! [...] Um novo tempo e uma nova condução do tempo começaram!", alegrou-se Rudolf Hess.[146] Contudo, logo Hitler voltou aos antigos costumes. Antes de 1933, Hanfstaengl precisava com frequência, quando marcava uma entrevista com um jornal estrangeiro, caçar por Munique para encontrar o líder do partido.[147] Com seu estilo de trabalho errático que ignorava todas as regras, Hitler testava duramente a paciência de seus funcionários. Baldur von Schirach lembrou que nunca o vira trabalhar na escrivaninha, nem em sua casa na Prinzregentenstrasse, tampouco na Casa Marrom: "Para ele, escrivaninhas eram artigo de decoração".[148] Sua escrivaninha também "vivia vazia" na central do partido, como observou Otto Wagener. Eventualmente, Hitler rabiscava com lápis preto e colorido enquanto falava com outra pessoa; mas mesmo ele nunca vira o chefe do partido escrever. "Ele esboçava falando. Ele refletia falando."[149] Cabia aos funcionários filtrar das linhas de pensamento faladas, não raro verborrágicas, a essência objetiva e convertê-las em instruções viáveis, o que nem sempre era simples. Era difícil trabalhar com Hitler, como concluiu seu leal assistente, Goebbels, em março de 1932. "Errático demais. Grandes planos, mas só realizáveis com dificuldade e resistência".[150]

Contudo, a imagem sempre disseminada na literatura de que Hitler, por conta de suas inclinações boêmias, era totalmente incapaz de executar trabalhos concentrados, não condiz com a verdade. Ele conseguia, quando necessário, dedicar-se com muita disciplina às suas tarefas políticas, por exemplo, quando precisava preparar um grande discurso no *Reichstag* ou na convenção do partido em Nuremberg. Para tanto, isolava-se por dias. "O desempenho no trabalho era, nesse momento, fenomenal. Ele trabalhava a noite inteira", relata o assistente Wiedermann.[151] Inclusive, quando chanceler do Reich, não incumbia a nenhum *ghostwriter* seus textos, mas os ditava a uma de suas secretárias. Christa Schroeder descreveu como ele chegava às obras: primeiramente, escrevia em pé, curvado sobre a mesa, algumas palavras-chave. Em seguida, começava a ditar com voz tranquila, mas logo acelerava mais e mais. "Sem pausas, uma frase seguia a outra, enquanto andava para lá e para cá no escritório. Às vezes, parava, pensativo por um momento, diante do retrato de Bismarck feito por Franz von Lenbach, quase se recompondo, para logo depois retomar a caminhada." Aos poucos, a voz aumentava até o volume máximo, Hitler gesticulava loucamente com as mãos, seu rosto avermelhava-se. "Às vezes eu tinha palpitações durante o ditado tal era o entusiasmo que Hitler me transmitia", reconheceu a secretária. Depois do ditado, Hitler sentava-se diante da mesa de trabalho e corrigia o manuscrito com caneta tinteiro, que podia ser escrito mais uma vez ou muitas vezes. Sempre quando terminava a redação de um discurso, agia como se fosse "liberado de um fardo", assim termina Christa Schroeder seu relato.[152]

Característico do comportamento de Hitler como político era a alternância entre fases de aparente indolência, nas quais ele, na realidade, refletia sobre seus planos – o que era irreconhecível para quem estava de fora – e períodos de atividade febril, quase atropelados.[153] Manteve o costume de postergar decisões difíceis. Às vezes, até mesmo Goebbels reclamava, em seu diário, do "procrastinador" e "postegador".[154] A tensão interna, sob a qual Hitler ficava nessas situações decisórias, expressava-se em seu roer de unhas.[155] Porém, quando chegava a uma conclusão, desenvolvia uma energia quase eruptiva, e daí nenhuma preocupação ou objeção de outrem conseguia dissuadi-lo de assumir altos riscos. Nesse momento, Hitler com frequência seguia aquilo que chamava de "intuição". Cuidava de apresentá-la aos seus funcionários diretamente: "Eu refleti sobre [a questão] durante a noite e cheguei à seguinte decisão [...]".[156] Hitler tinha um "faro", uma espécie de sexto sentido para acontecimentos e eventos vindouros, disse Speer em seu primeiro interrogatório, no verão de 1945,[157] e Goebbels também atestou o "fabuloso faro": "gênio do instinto político".[158] Seus admiradores preferiam ignorar que o político com um instinto supostamente infalível tivesse tantas vezes dificuldade em calcular o caminho até o poder, que, no fim, apenas alcançou seu objetivo porque outros lhe abriram a porta da chancelaria.

O estilo único de trabalho e tomada de decisão de Hitler correspondia à sua compreensão como artista, que acabou involuntariamente aplicado na política. Seu *entourage* assumiu prontamente essa autoimagem do artista-político. "Mas o senhor conhece Hitler", dizia Gregor Strasser a Otto Wagener. "É um artista. Suas ideias vêm, de alguma forma, do além. Não são concretas nem mesmo para ele. Ele as desenvolve na nossa frente. Ele nos fala delas."[159] Hitler "é mesmo um artista. Por isso todos os artistas gostam dele", anotou Goebbels no início de dezembro de 1932, após uma grande reunião noturna na Reichskanzlerplatz, na qual participaram, entre outros, as atrizes Leni Riefenstahl e Gretl Slezak.[160] Hitler sentia-se um "artista inibido"; "preferiria ter se tornado arquiteto a acabar político", declarou Albert Speer.[161]

Já na prisão de Landsberg, Hitler ocupou-se intensamente, como sabemos a partir das cartas de Rudolf Hess, com planos arquitetônicos. Entre outros, esboçou um "grande edifício nacional" em Berlim, com uma "cúpula com mais de cem metros", mais alto que a Basílica de São Pedro, em Roma.[162] Inclusive depois de sua libertação da prisão de Landsberg, ele continuou perseguindo seus planos. Em dezembro de 1928, Hess escreveu a seus pais: "Como arquiteto, já tem na cabeça a expansão de Berlim como a grande metrópole do novo reino alemão – em parte também feita em papel com maravilhosos esboços individuais [...] Sempre rimos – mas, claro, com um laivo sério –, quando ele caminha conosco por Berlim, que ele conhece como o bolso do colete, e derruba com um movimento de mão blocos residenciais antigos e feiosos para que os prédios disponíveis ou que logo existirão tenham mais espaço para um efeito melhor".[163] Desde o início, os projetos de construção de Hitler tiveram um traço de monumentalidade, ele era "louco pelo que era colossal".[164] Antes de 1933, nenhum de seus seguidores considerava possível que ele, como chanceler do Reich, se ocupasse da arquitetura apenas "para descanso e passatempo", como ele confessou numa carta particular de abril de 1934,[165] mas também colocaria de fato a mão na massa com seu arquiteto preferido, Albert Speer, para realizar seus planos megalomaníacos.

Como autodidata, Hitler esforçava-se para se manter atualizado com as novidades importantes da arquitetura, da história da arte e da construção. Sua governanta na Prinzregentenstrasse, Anni Winter, declarou em um interrogatório após 1945 que na biblioteca da residência dele havia, sobretudo, obras dessas áreas, e que ele se dedicava com especial fervor à sua leitura.[166] Os livros relacionavam Hitler a uma livraria especializada em literatura sobre arquitetura de Munique, a L. Werner. As faturas caras dos anos de 1931 a 1933, que foram anexadas aos autos, comprovam o cliente extraordinariamente bom que ele fora.[167]

Além da arquitetura, outra paixão de Hitler eram as artes plásticas, principalmente a pintura. Mas o que chama a atenção é que sua compreensão e seu gosto artístico quase não mudou desde seus anos em Viena. O pintor artístico e projetista fracassado, que se considerava um gênio injustiçado, sentia uma profunda aversão ao modernismo vanguardista, pois supunha haver por trás dele a influência subversiva do judaísmo. Seu ódio pela arte da República de Weimar, do "*Systemzeit*", sempre era expressado em ataques furiosos: "O que desde 1922 se vendia ao povo alemão como arte era, no campo da pintura, uma única mancha deturpada. Na derrocada rápida da arte no *Systemzeit*, era possível identificar inequivocamente como se abateu de forma desastrosa a influência dos judeus na área".[168] Em contraposição, o século XIX foi para Hitler um período de florescimento cultural, no qual os alemães teriam produzido "suas maiores contribuições artísticas".[169] Daí vinha também sua predileção pelos pintores dessa época, por exemplo, Adolph von Menzel, Anselm Feuerbach e Arnold Böcklin. No projeto para um "Museu Nacional Alemão", que ele esboçou em 1925, as salas principais foram pensadas para esses artistas.[170] Desde o fim dos anos 1920, Hitler começou a colecionar quadros, primeiramente para sua residência particular em Munique, depois de 1933 também para sua residência oficial, na Chancelaria do Reich, e sua residência nos Alpes, o Berghof. Era incansável, apoiado por Heinrich Hoffmann, na caça por novas aquisições.[171] Eram especialmente almejados quadros de Carl Spitzweg e Eduard von Grützner. Também após se tornar chanceler do Reich, podia acontecer de ele de repente pensar em ir até uma galeria – por exemplo, à Karl Haberstock, na Kurfürstenstrasse 59, no bairro berlinense de Tiergarten –, para comprar um quadro. Em maio de 1935, ele comprou *Kampf der Zentauren* [*Luta de centauros*], de Böcklin, e alegrou-se, segundo a observação de seu ministro da Propaganda, como "uma criança".[172]

Sua paixão por Richard Wagner e sua obra permaneceu inalterada desde os anos de Linz e Viena. "O Führer me fala sobre Richard Wagner, que ele adora profundamente e que é um homem sem precedentes", anotou Goebbels em julho de 1937.[173] Em 13 de fevereiro de 1933, quase duas semanas após a tomada do poder, Hitler participou como convidado de honra das festividades do aniversário de cinquenta anos da morte de Wagner, na sala de concertos Gewandhaus de Leipzig, e viajou até o início da guerra com uma grande comitiva para os Festivais de Bayreuth, que, como ele contava, "eram simplesmente seu único descanso".[174] Ele cuidava para que os festivais, com seus déficits crônicos, tivessem solidez financeira; ordenou que deveriam acontecer anualmente a partir de 1938, e tinha sempre uma palavra de peso em todas as questões de ocupação.[175] Além das óperas de Wagner, Hitler também adorava as operetas. Assim, viu muitas vezes *A viúva alegre* e *O morcego*, e gostava principalmente das apresentações de balé.[176]

Além disso, Hitler era um frequentador entusiasmado de cinema. Mesmo nos meses tensos antes do golpe de novembro de 1923, ele ia regularmente ao cinema na Sendlinger Torplatz. Assim, assistiu junto com Hanfstaengl ao filme mudo da UFA, *Fridericus Rex*. Aplaudiu especialmente a cena na qual o jovem Frederico precisou testemunhar a execução de seu amigo Katte: "Corte a cabeça de qualquer um que afronte a razão do Estado, mesmo que seja seu próprio filho!".[177] Com Rudolf Hess ele assistiu ao filme *Ben Hur*, em outubro de 1926.[178] E nem nos anos agitados antes da conquista do poder o entusiasta do cinema deixou de assistir às mais novas produções em Berlim ou outros lugares. No início de fevereiro de 1932, ele assistiu com Goebbels à primeira versão do filme *Mädchen in Uniform* [*Senhoritas de uniforme*], com Hertha Thiele (como a jovem Manuela) e Dorothea Wieck (como a senhorita de Bernburg) nos papéis principais. "Filme fabuloso, natural, adorável. Com recursos mínimos, efeitos máximos. Meninas encantadoras. Fiquei muito emocionado e tocado. Hitler também."[179] Pouco depois, os dois ficaram maravilhados com a atuação de Greta Garbo em *Yvonne*.[180] Claro, mesmo nos dias emocionantes antes de 30 de janeiro de 1933, tiraram um tempo, como já relatado, para assistir duas vezes ao filme de Trenker, *O rebelde*.[181] Hitler permaneceu fiel à paixão cinéfila mesmo na sua época de chanceler do Reich, porém não frequentava mais os cinemas, mas mandava exibir as fitas à noite, na Chancelaria do Reich, ou em sua casa em Obersalzberg.

O outro lado de suas predileções liga-se diretamente ao nome Mercedes-Benz. Hitler era um piloto apaixonado de carros. "Meu amor pertence ao automóvel. Realmente posso dizer que o carro me deu as horas mais belas de minha vida", ele confirmou em janeiro de 1942.[182] Conhecia todos os tipos de veículos, sabia, não apenas através do estudo em revistas especializadas, "tudo sobre válvulas, eixos de comando, suspensão de rodas e volantes, sobre dados de motores e características de direção".[183] Na prisão de Landsberg, Rudolf Hess registrou a admiração pela capacidade das indústrias Ford, em Detroit, que graças ao sistema Taylor produziam

8 mil automóveis por dia: "Nossa indústria precisaria apenas se esforçar e alcançar os mesmos resultados"[184] No entanto, a aquisição de um carro norte-americano não estava nos planos de Hitler; ele permaneceu fiel à empresa Daimler-Benz, que o recebeu, no início de sua carreira política, para a aquisição de seus primeiros automóveis. Jakob Werlin, diretor da filial da empresa em Munique, fazia parte do séquito do Führer. Em 1931, Hitler comprou o mais novo modelo de Mercedes – o Typ 770, oito cilindros, com 7,7 litros de capacidade cúbica – o maior e mais caro veículo de passeio da época. O corredor Rudolf Caracciola levou pessoalmente o carro para Munique.[185] Hitler teria gostado de ver todos os líderes do partido dirigindo carros Mercedes, contudo não conseguiu realizar essa pretensão.[186] No "ano decisivo" de 1932, a empresa de Untertürkheim intensificou seus contatos com os maiorais do nazismo. Não havia motivo, escreveu o diretor da Daimler-Benz AG, em maio, a Jakob Werlin, "para relaxar a atenção que dispensamos até agora ao senhor Hitler e aos seus amigos; ele poderá continuar [...] confiando em nós, como no passado."[187] De fato, Hitler pôde. Assim, o grupo ofereceu ao chanceler do Reich, em junho de 1933, um outro "Grande Mercedes" a um preço especial. Como contrapartida, esperava-se em Untertürkheim um tratamento preferencial quanto aos negócios automobilísticos que floresciam.[188]

O próprio Hitler não sabia dirigir; usava choferes, primeiro Emil Maurice, após sua libertação no início de 1928 Julius Schreck e, depois da morte deste, em maio de 1936, Erich Kempka.[189] Durante as viagens, Hitler sempre se sentava ao lado do chofer e estudava os mapas. Amava velocidade. Não era raro ultrapassar cem quilômetros por hora com o "grande Mercedes". Em uma visita a Berlim, no fim de junho de 1925, Hitler insistiu para testar a velocidade do carro no circuito de corrida de Avus: "Corremos de 120 a 134 quilômetros por hora em poucos minutos", relatou Rudolf Hess. Antes de 1933, observou Otto Dietrich, "ele não podia ver nenhum carro à frente do seu sem fazer o motorista alcançá-lo a toda velocidade e 'deixá-lo para trás'".[190] Contudo, depois que se tornou chanceler do Reich, Hitler decretou um limite de velocidade para seus motoristas e, como medida de segurança, um guarda-costas do *Begleitkommando* o acompanhava. No total, Hitler percorreu nos anos antes da "tomada de poder" centenas de milhares de quilômetros de rodovias, e não eram apenas para as reuniões que o tiravam de Munique, mas também uma agitação interna. "Levávamos uma verdadeira vida cigana", observou um de seus acompanhantes, em janeiro de 1929.[191] Hitler correu os 150 quilômetros entre Munique e Berchtesgaden em carro aberto; parava regularmente no hotel Lambach, a norte do lago Chiemsee. Acima de tudo, adorava fazer paradas de descanso com piqueniques ao longo da estrada com seu séquito. Ali, ficava totalmente tranquilo e deixava de lado o papel de Führer. "Piquenique sob os pinheiros. Quatro horas deitados na grama. Hitler [está] muito feliz. [Uma] pessoa entre as pessoas", anotou Goebbels sobre uma viagem para as Montanhas Fichtel, em julho de 1933.[192]

Quando estava de bom humor, podia, como confirma Hanfstaengl, ser "um companheiro de viagem extremamente divertido" e, entre outros, cantar passagens inteiras das operas de Wagner.[193] À noite, no hotel, em geral ficavam juntos por mais tempo. Não raro, Hitler entrava em divagações. "Então", assim lembrou-se Otto Wagener, "terminavam as conversas animadas das quais ele não mais participava [...] Os outros se despediam, e ele oferecia companhia a um ou outro. Daí ficavam quase sempre por mais algumas horas [...] e conversavam coisas que diziam respeito a Deus e ao mundo e ficavam bem longe do trabalho cotidiano e das questões do presente."[194]

Em sua vida pessoal, Hitler era "extremamente simples, quase austero", comentaram homens do seu entorno.[195] No entanto, essa era apenas uma meia verdade. A suposta frugalidade de Hitler era em boa parte encenada, a aparência enganosa de sua autorrepresentação de "homem simples do povo". A preferência por carros caros e rápidos, mas também a escolha do Palácio Barlow como sede do partido e sua grande residência na Prinzregentenstrasse não correspondiam de forma alguma à essa imagem. Em seus "Diários de Spandau", Albert Speer torceu o nariz para o "estilo pequeno-burguês" ao mobiliar a casa: "Mobília de carvalho ricamente esculpida e imensa do escritório, livros atrás de portas de vidro, almofadas bordadas com delicadas inscrições ou fortes lemas do partido. Em um canto do cômodo havia um busto de Richard Wagner, nas paredes, em molduras largas douradas, pinturas idílicas da Escola de Munique. Nada revela que o proprietário desta residência era o chanceler do Reich há três anos. Cheira a óleo cozido e lixo azedo".[196] No entanto, esse ambiente refletia antes um ambiente sólido de alta classe, como constatou Baldur von Schirach: "Assim poderia viver [ali] também um fabricante ou comerciante bem-sucedido ou um colecionador de arte experiente, mas antiquado".[197]

O fato de Hitler não fazer gastos grandes com o guarda roupa era bem calculado. "Quem está ao meu redor precisa estar muito elegante. Assim, minha simplicidade fica ainda mais aparente", ele comentou.[198] Preferia uniformes simples, que ele mandava fazer com Wilhelm Holters, na Wilhelmstrasse 49, em Berlim. Seus trajes civis, ao contrário, ele encomendava em Munique com Michael Werner, na Herzog Wilhelmstrasse 27.[199]

Hitler permitia apenas a contragosto que o alfaiate o medisse ou fizesse ajustes e, quando o fazia, o procedimento podia durar apenas poucos minutos.[200] Hitler não era muito afeito a medalhas. Carregava apenas a Cruz de Ferro de 1ª Classe e a Insígnia Dourada do partido, mas não via com maus olhos quando seu séquito se adornava com medalhas e honrarias de todos os tipos, pois com isso sua humildade encenada tinha um efeito ainda mais favorável.[201]

Hitler lidava de forma relativamente casual com questões financeiras. Aparentemente, não possuía uma conta bancária regular,[202] nem carregava carteira, tampouco um porta-moedas. O dinheiro de que precisava era entregue por um de seus assistentes, ou ele trazia solto no bolso do casacão. Suas contas particulares eram acertadas por Julius Schaub e Wilhelm Brückner.[203] Seu patrimônio, que aumentava continuamente com o alto número de vendas do livro *Mein Kampf*, era administrado por Max Amann. Ele conseguiu abdicar de seu salário de chanceler do Reich, fato que ele anunciou no início de fevereiro de 1933 com gestos grandiloquentes, e enfatizou novamente sua necessidade de alimentar junto à opinião pública a lenda da simplicidade austera de seu estilo de vida pessoal.[204] De fato, revogou essa abdicação um ano depois, em total sigilo. Após a morte de Hindenburg, ele também embolsava o salário do presidente do Reich e, além disso, uma compensação anual de despesas.[205]

Contribuía ainda mais para a lenda de um estilo de vida austero o fato de ele não comer carne, não fumar e apenas raramente ingerir bebidas alcoólicas. Otto Wagener e a governanta Anni Winter relataram que Hitler, após a morte de Geli Raubau, em setembro de 1931, decidiu se tornar vegetariano.[206] Na verdade, ele já havia começado a restringir o consumo de carne e álcool após sua liberação da

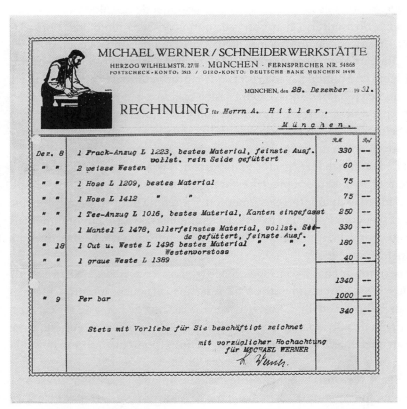

[FOTO 39] Fatura de 28 de dezembro de 1931, da alfaiataria Michael Werner, de Munique, para Adolf Hitler.

prisão de Landsberg. "Descobri que a carne e o álcool prejudicam o meu corpo. E estou decidido a empregar a força de vontade necessária para abdicar de ambos, por mais que eu goste", ele informou a Hanfstaengl.[207] Dessa resolução ele não se esquivou. No entanto, não implicava de maneira nenhuma com o fato de seu *entourage* não seguir por esse caminho, embora fizesse muitas observações irônicas sobre os "comedores de cadáver" quando os acompanhava. Durante o jantar que ele ofereceu em sua residência, no final de março de 1932, aos recém-casados Baldur von Schirach e Henriette Hoffman, Hitler olhou, "balançando a cabeça [...] para o imenso assado de cordeiro e murmurou: 'Ah, vocês, plantas carnívoras'. Ele mesmo comeu apenas espaguete com molho de tomate e uma maçã".[208] Sefton Delmer lembra que as refeições com Hitler durante a corrida eleitoral, em abril de 1932, eram "uma provação realmente desagradável", porque Hitler estendia "uma aura de isolamento" com sua dieta vegetariana e sua abstinência de álcool, que causavam "na mesa inteira um certo embaraço".[209]

Em contraste estranho com essa austeridade vinha a pulsão irrefreável de Hitler por bolos e doces. Hitler não se cansava de "bolos e doces vienenses com creme", o que Hanfstaengl percebeu logo no primeiro estágio de sua relação com o figurão de Munique.[210] E Baldur von Schirach ficou bastante impressionado quando, em 1928, pouco depois de ter sido nomeado *Reichsführer* da NS-Studentenbund, se reuniu com Hitler: "Durante o chá, não acreditei no que meus olhos viam quando ele encheu a xícara com tantos cubos de açúcar que quase não cabia chá lá dentro. E ele bebeu ruidosamente aquela mistura. Além disso, comeu três ou quatro pedaços de bolo com creme. Hitler percebeu meu olhar surpreso. Lançou um olhar crítico a si mesmo, sorriu com astúcia e disse: 'Na verdade, eu não devia comer tanto assim. Vou acabar ficando realmente gordo. Mas eu gosto tanto de doce.' E pediu mais um pedaço de bolo".[211] As consequências por devorar anos a fio grandes quantidades de doce logo surgiram: os dentes de Hitler ficaram num estado notavelmente precário, e ele precisou passar por um tratamento longo com o dentista berlinense Hugo Blaschke no final de 1933.[212]

O relato de Schirach mostra que Hitler ainda conseguia rir de si mesmo no fim dos anos 1920, o que mudou na medida em que o culto ao Führer assumia formas cada vez mais excessivas, e Hitler se identificava com o papel que seus discípulos e a propaganda lhe atribuíram. Albert Speer descreveu essa mudança com vivacidade: "Ele deixou as brincadeiras para os outros, ria alto e sem limites, às vezes chegava a literalmente se curvar de tanto rir; muitas vezes, esses estouros de diversão o levavam às lágrimas. Ele gostava de rir, mas basicamente às custas dos outros".[213] Portanto, seu riso na verdade nunca trazia algo de libertador, mas sempre um sabor de ironia e sarcasmo, o que combinava com o gesto de cobrir o rosto com uma das mãos.[214]

Hitler preocupava-se muito com a saúde, e o medo de doenças trouxe para ele inequívocos traços hipocondríacos. Temia não ficar muito velho e, com isso, não conseguir realizar seus planos. "'Quando eu não estiver mais aqui!', essa era uma de suas fórmulas comuns. Como é assustador pensar nisso", observou Goebbels já em fevereiro de 1927.[215] Quando, no final de 1928, Hitler sofria com fortes cólicas estomacais, ele acreditava ter câncer e que morreria cedo como sua mãe. Depois de ter se negado por muito tempo a procurar um médico, Elsa Bruckmann conseguiu finalmente dissuadi-lo a fazer um tratamento com o dr. Schweninger, filho do médico pessoal de Bismarck. Ele diagnosticou uma irritação crônica da mucosa estomacal e prescreveu uma dieta rígida.[216] O estado de saúde de Hitler melhorou, mas o medo de uma morte prematura nunca o abandonou.

Albert Krebs trouxe à luz uma cena peculiar: após um discurso de Hitler em Hamburgo, por ocasião da eleição presidencial do Reich, no início de 1932, ele encontrou, na manhã seguinte, no Hotel Atlantic, o presidente do partido com as costas curvadas, cansado e melancólico numa mesa, tomando sua sopa matinal. Falou longamente ao visitante sobre as vantagens da alimentação vegetariana e, nesse ínterim, revelou seu medo do câncer. "'Não tenho tempo a perder!', ele explicou diante do prato de sopa. 'Se tivesse tempo, não teria nem me candidatado [...] Mas não posso perder mais um ano sequer. Preciso chegar logo ao poder para poder me desincumbir dessa tarefa gigantesca no tempo que me resta. Preciso! Preciso!'" Nessa "mistura cada vez mais doentia de medo da morte e obsessão pela missão", Krebs reconheceu a chave para explicar a impaciência com a qual Hitler executava seus planos políticos. "Quem planeja demais, mas ao mesmo tempo teme estar morto em cinquenta anos, não pode andar a passos lentos e esperar até que o objetivo o encontre e seus frutos amadureçam."[217] Também após a tomada de poder por Hitler, uma de suas citações permaneceu: "Eu não vou viver muito mais".[218] Mesmo que tivesse, como um de seus médicos acompanhantes comprovou, uma saúde de ferro. Não causa surpresa alguma que, no decorrer dos anos, em face das exigências que se puseram a ele, tivesse mostrado alguns sinais de exaustão nervosa.[219]

Quase tão intenso quanto o terror de Hitler envolvendo doenças era seu medo de atentados. Assim, durante sua estada no Hotel Kaiserhof, em 1932, ele suspeitou que o pessoal da cozinha queria envenená-lo. Magda Goebbels precisava levar para ele todos os dias a comida vegetariana preparada em sua cozinha.[220] Seu intendente na Chancelaria do Reich, Arthur Kannenberg, sempre reclamava como era difícil cozinhar para o Führer. "O senhor não acreditaria como precisamos ser cuidadosos. Quando minha mulher prepara as refeições dele, ninguém pode se aproximar nem mesmo dez metros das panelas." Mesmo quando Hitler se hospedava em Bayreuth, cuidava, como Lieselotte Schmidt relatou, para que sempre houvesse um homem de seu *Begleitkommando* para que "não envenenássemos a comida".[221] Também por conta de sua figura robusta, Hitler fez de Wilhelm Brückner, no ano de 1930, seu assistente pessoal. Costumava dizer que precisava de "uma certa segurança [...] para que ninguém se aproxime de mim".[222] Além disso, Hitler tomava algumas medidas preventivas. Por exemplo, não apenas trancava cuidadosamente os quartos de hotel, como também seu quarto de dormir na Chancelaria do Reich. A partir de 1933, dois *Begleitkommandos* da polícia criminalística e do ss-"Leibstandarte Adolf Hitler" (uma espécie de grupo de guarda-costas da ss) ficaram responsáveis pela segurança do Führer 24 horas por dia.[223] Em suas viagens de automóvel, Hitler seguia sempre com uma pistola, assim como seu motorista, Julius Schreck.[224] Ainda assim, o presidente do partido e chanceler do Reich tinha consciência de que não existia segurança absoluta. No verão de 1936, declarou que temia "um dia, numa jornada a um salão de discurso, ser alvejado por um atirador de elite". "Para isso não há remédio. A melhor proteção é e continuará sendo o entusiasmo das multidões."[225]

Hitler preocupava-se muito com a higiene. Banhava-se diariamente, às vezes mais de uma vez ao dia, principalmente após seus discursos públicos, dos quais voltava "totalmente suado".[226] Fazia parte de sua programação matinal, já na residência na Thierschstrasse, e também nos anos seguintes, o treinamento com um dilatador para fortalecer os músculos do braço. Esses exercícios possibilitavam a permanência com o braço estendido por mais tempo nas paradas das colunas da sa sem precisar abaixá-lo. "Graças ao treinamento de anos, nenhum de seus *Unterführer* consegue imitá-lo tão rápido."[227] Tirando esses exercícios, não praticava nenhum esporte, mas participava com empolgação dos grandes eventos esportivos. Ao lado da corrida, também interessava-se pelo boxe. Logo após a tomada do poder, ele recebeu Max Schmeling, campeão alemão de levantamento de peso, na Chancelaria do Reich. Após a vitória de Schmechling sobre o boxeador afro-americano Joe Louis, em junho de 1936, ele pediu detalhes sobre a luta, e em 22 de junho de 1938, solicitou informações no Berghof, ainda tarde da noite, sobre o resultado da luta de revanche. A derrota por nocaute de Schmeling já no primeiro *round* atingiu como um choque o Führer nazista e seu ministro da Propaganda. "Uma derrota horrível. Nossos jornais apostaram muito na vitória. Agora todo o povo está deprimido", Goebbels registrou em seu diário.[228]

Também após 1933, Hitler manteve o ritmo de ir para cama tarde, não raro após a meia-noite, e também de se levantar tarde. Ele contava ao seu séquito que a longa vigília se devia aos costumes do "tempo de guerra": "Depois das reuniões, precisava me sentar com os mais velhos e, além disso, eu ficava tão estimulado com os meus discursos que não conseguia dormir antes do raiar do dia".[229] No entanto, havia um outro motivo: Hitler não conseguia ficar sozinho. "Era notável", Otto Dietrich relatou, "o quanto ele evitava essa situação. Para mim sempre parecia que ele temia os próprios diálogos interiores."[230] Inclusive Goebbels estava convencido disso: "Hitler precisa ter gente ao redor, do contrário ele acaba refletindo demais".[231] Aqui se apresenta, por sua vez, a estranha "natureza dupla" de Hitler, que não deixava quase ninguém se aproximar, mas ainda assim buscava a companhia de outras pessoas para não precisar lidar consigo mesmo. Tão arguto era seu olhar para os pontos fracos alheios, mas ele próprio não estava pronto para lidar com seus defeitos psíquicos.

Em junho de 1924, um grafólogo simpático aos nazistas fez um estudo dos manuscritos de Hitler. Em uma carta ao *Ortsgruppenleiter* de Göttingen, Ludolf Haase, ele comentou que, segundo o resultado, não apreciava nem um pouco "a assinatura do nosso amigo". Os traços de sua escrita pendendo para baixo instilava nele "preocupações graves". Ele apontava "sem dúvida para um caráter cujas energias ainda podem ser muito grandes, mas que irremediavelmente falhariam no último momento decisivo".[232] Apenas poucos meses após a nomeação de Hitler como chanceler do Reich, o filósofo conde Hermann von Keyserling fez um diagnóstico ainda mais pungente. Informou ao conde Harry Kessler que havia "estudado" Hitler "com exatidão". "Segundo sua caligrafia e fisionomia", ele seria "um indivíduo obviamente suicida. Alguém que busca a morte; e com isso incorpora um traço fundamental do povo alemão, que sempre foi apaixonado pela morte e cuja aventura fundamental recorrente é a *Aflição dos Nibelungos*.† " "Acredito", comentou Kessler, "que Keyserling enxergou esse ponto com profundidade e exatidão."[233] No entanto, não havia muitas pessoas na Alemanha que o viam dessa forma, pelo contrário: logo após 30 de janeiro de 1933, o novo homem na Chancelaria do Reich já gozava de uma aprovação sem precedentes.

---

†   Segunda parte do poema épico medieval "A canção dos Nibelungos". (N.T.)

14

A INSTAURAÇÃO DA DITADURA

"Agora, começaremos de verdade", Hitler disse ao cumprimentar, na noite de 5 de fevereiro de 1933, seis dias após sua entrada na Chancelaria do Reich, o líder da Juventude Hitlerista, Baldur von Schirach. "Temos o poder e vamos mantê-lo. Daqui nunca vamos sair."[1] Contudo, o recém-nomeado chanceler do Reich não possuía todo o poder, mas desde o início estava determinado a conquistá-lo. No entanto, em primeira instância, a constelação, sob a qual o presidente do Reich, Hindenburg, invocou o governo da "concentração nacional", obrigou-o a se manter reservado. Ele precisava considerar os parceiros da coalisão conservadora, que tinham clara prevalência no gabinete. Porém, diante de pessoas de confiança, ele não deixava restar dúvida de que encarava a aliança forjada em 29-30 de janeiro apenas como uma solução transitória – uma fase de transição no caminho até a dominação inescapável.

Raramente um projeto político é ultrapassado tão rapidamente pela realidade e revelado como ilusão quanto o conceito dos conservadores sobre a "domesticação" dos nazistas. Acreditava-se que "no gabinete, onde ele é fraco em representação pessoal, Hitler estaria sob controle", escreveu Theodor Heuss em 7 de fevereiro, mas ignorou "que essa conta possui itens muito questionáveis".[2] De fato, Papen, Hugenberg e seu séquito pensavam que estavam em segurança, tendo Hitler tão "cercado", que o controlariam em suas ambições de poder; estava claro que poderiam usá-lo (assim como seu movimento) para seus objetivos. Mas logo descobriram o quão profundamente enganados estavam. "Formamos uma imagem totalmente errônea das possibilidades de maioria em um governo presidencial", confessou o presidente do DNVP em maio de 1933, em uma conversa com o redator-chefe do jornal *Leipziger Neuesten Nachrichten*, Richard Breiting.[3] No que dizia respeito à astúcia tática de poderio, combinada com uma desonestidade notória, Hitler comprovou-se superior aos seus camaradas e adversários no gabinete. Dentro de poucas semanas, ele roubou a cena e garantiu, frente a Hindenburg, a posição preferencial, que Papen até então acreditava poder reivindicar. De repente, o vice-chanceler viu-se novamente no papel de aprendiz de feiticeiro que não dominava mais os espíritos que havia invocado.

Logo, as alterações drásticas tiraram o fôlego dos contemporâneos. "Quando a dupla Hitler-Papen chegou ao poder em 30 de janeiro", relatou o embaixador francês François-Poncet, no início de abril de 1933, "era garantido que, no governo, os membros do DNVP [...] fariam oposição a Hitler [...] Seis semanas depois, já era possível enxergar que todas as barragens que deveriam segurar o dilúvio do movimento de Hitler seriam varridas pela primeira onda."[4] Contudo, é preciso se libertar da ideia de que o processo arrebatador da conquista de poder teria se baseado num plano estratégico elaborado. O que mais tarde foi apresentado pela propaganda nacional-socialista como um ato dirigido e orientado pela intuição genial do Führer, na realidade foi uma consequência de decisões improvisadas, visto que a liderança do NSDAP não raramente reagia em situações imprevistas e se tornava tão virtuosa quanto inescrupulosa.[5] Medidas administrativas "de cima" e atividades violentas "de baixo" influenciavam-se alternadamente e promoviam a dinâmica do desenvolvimento.

Espantosa não foi apenas a velocidade, mas também a facilidade com que a reviravolta se concretizou. "Todas as forças contrárias desapareceram da face da Terra. Para mim, essa ruptura completa de um poder ainda existente, ou melhor, seu completo desaparecimento [...] é assustadora", observou Victor Klemperer, romanista de Dresden, já em março de 1933.[6] A resistência mal se moveu; em vez disso, mostrou-se quase em todas as instituições e grupos sociais um grau extremamente alto de disposição para se adaptar ao novo regime e lhe prestar apoio. A política de coordenação* não teria corrido de forma tão amena, nem poderia ter um sucesso tão arrebatador se não tivesse sido flanqueada por um desejo disseminado de auto-coordenação. Ninguém descreveu o processo de forma tão impressionante como o fez Sebastian Haffner, em seu livro *Geschichte eines Deutschen*, no exemplo do Tribunal Superior Prussiano de Berlim.[7] Assim, Hitler precisou de apenas dezoito meses para eliminar todos os concorrentes do poder e instituir sua ditadura como Führer.

Já na tarde de 30 de janeiro, Hitler convocou o gabinete para a primeira reunião. Com isso, deveria ser demonstrado que o novo governo estava pronto para atuar e agarrou decisivamente e desde o primeiro momento sua missão. A posição política inicial era clara: Hitler queria, como já havia exigido nas negociações com

---

*   A palavra "coordenação" (*Gleichschaltung*), bem como várias palavras usadas durante o regime nazista, tem uma conotação diferente da comum, conforme explica Marcos Guterman em sua tese de doutorado *A moral nazista: uma análise do processo que transformou crime em virtude na Alemanha de Hitler*: "Para compreender esse processo [de inversão moral], é preciso examinar de que maneira a sociedade alemã deixou-se envolver pela 'coordenação' (*Gleichschaltung*) de todas as instâncias da vida cotidiana, como se todos os circuitos elétricos da 'máquina social' pudessem ser acionados por uma única chave, a da ideologia nazista. Nenhum indivíduo, criança ou adulto, tinha existência reconhecida senão dentro de alguma organização nazista, para a qual esses indivíduos eram empurrados quer fosse pela crença sincera nas virtudes nazistas, quer pelo temor de parecer impatriótico, quer pelo medo de perder o 'trem da história', e quer pelo simples medo da violência física, que era imposta aos dissidentes do regime à luz do dia." (p. 14) (N.T.)

Papen, novas eleições para aprovar, com a maioria esperada no *Reichstag*, o Congresso alemão, uma lei plenipotenciária. Apenas poucas horas antes, a formação do governo teria sido quase destruída com a resistência de Hugenberg contra essa exigência. Por outro lado, Papen confirmara ao presidente do Reich na noite do dia 29 de janeiro que seriam conduzidas negociações com o *Zentrum* sobre uma possível participação no governo; por isso, a nomeação do ministro da Justiça foi primeiramente deixada em aberto para um representante do partido. Na primeira reunião do gabinete, os conflitos da manhã continuaram. Hugenberg era contra novas eleições, mas também contra uma incorporação do *Zentrum* ao governo, pois assim "a uniformidade do processo de tomada de decisão [seria] ameaçada". Em vez disso, ele defendia a proibição do KPD e a cassação de seus mandatos; com isso, seria assegurada a maioria no *Reichstag*.

No entanto, Hitler não achava oportuno um procedimento tão brutal contra os comunistas logo no início de seu mandato de chanceler. "Ele temia como consequência de uma eventual proibição do KPD pesadas batalhas políticas e até mesmo uma greve geral [...]", pontuou aos colegas de gabinete. Além disso, seria "simplesmente impossível proibir as 6 milhões de pessoas que apoiavam o KPD. Talvez se pudesse, após a dissolução do *Reichstag*, ganhar uma maioria para o atual governo do Reich nas novas eleições a serem realizadas em breve".[8] O chanceler do Reich também não concordava com uma ampliação da coalisão de direita com o centro; ainda assim, considerando a promessa feita a Hindenburg, anunciou que queria entrar em "contato" com representantes do partido. As conversas com o presidente Ludwig Kaas e o presidente da facção Ludwig Perlitus foram conduzidas desde o início sob a insígnia do fracasso.[9] Hitler exigiu um adiamento do parlamento por um ano; os líderes do *Zentrum* queriam acordar apenas um prazo mais curto – por exemplo, dois meses. Além disso, fariam uma possível cooperação dependendo da resposta por escrito de uma série de perguntas, que dariam informações confiáveis sobre as intenções do governo. Hitler assumiu essa exigência como pretexto para esclarecer no gabinete, ainda naquela tarde, que "mais negociações com o *Zentrum*" não teriam "nenhum objetivo, de forma que novas eleições seriam inevitáveis".

Para acalmar seus parceiros conservadores da aliança, Hitler uniu esse anúncio à confirmação de que o resultado da eleição não teria influência sobre a composição do gabinete. Dessa vez não foi Hugenberg, mas Papen que fez uma convocação com uma palavra de ordem radical: o vice-presidente exigiu que era preciso deixar claro imediatamente que se trataria da última eleição e que um retorno ao sistema parlamentarista estaria excluído "para sempre". Hitler recebeu a ocasião oportuna com satisfação: "A eleição iminente para o *Reichstag* deve ser a última nova eleição. A volta ao sistema parlamentar deve ser evitada incondicionalmente".[10] Com esse argumento, o chanceler do Reich conseguiu, apoiado por Papen e Meissner, convencer Hindenburg da necessidade da dissolução do *Reichstag*. O decreto correspondente, datado de 1º de fevereiro, fundamentou a decisão para a nova eleição, a fim de que o povo alemão recebesse a oportunidade de mostrar "sua posição quanto à nova formação do governo da coalisão nacional". Definiu-se 5 de março como a data da eleição. Hitler alcançara seu primeiro objetivo sem que encontrasse resistência séria no gabinete.[11]

Na noite de 1º de fevereiro, Hitler leu no rádio a declaração governamental que havia acordado antes com seus colegas de gabinete. Era a primeira vez que ele se dirigia pelo rádio ao povo alemão, e o orador experimentado, que dependia do contato direto com o público, deixou reconhecer nessa estreia todos os sinais do medo do palco. "Seu corpo inteiro tremia", observou Hjalmar Schacht.[12] Hitler uniu suas bem conhecidas acusações de seus discursos eleitorais do ano de 1932 contra o novembro de 1918 e a República de Weimar – "Catorze anos de marxismo arruinaram a Alemanha" – com uma evocação dos valores e tradições cristãos-conservadores nacionais. Descreveu como primeira tarefa do novo governo o triunfo sobre a luta de classes e o restabelecimento da "unidade espiritual e volicional do nosso povo". Assim, deviam ser protegidos "o cristianismo como base da nossa moral" e "a família como núcleo de nosso corpo popular e estatal"; e "a veneração perante nosso grande passado" precisava ser assumida como fundamento para a educação da juventude. O chanceler do Reich também se manifestou, de forma moderada, com relação à política externa: uma Alemanha que recuperasse sua igualdade perante os demais países defenderia "a manutenção e a consolidação da paz que o mundo precisa mais do que nunca". Hitler não se esqueceu de dirigir algumas bajulações ao "digníssimo senhor presidente do Reich" e terminou com um apelo que repetiria futuramente inúmeras vezes: "Agora, povo alemão, dê-nos o tempo de quatro anos e, então, nos julgue!".[13]

Quem ouvisse o pronunciamento governamental de Hitler poderia ficar com a impressão de que ele, como chefe responsável do governo, usaria tons mais moderados e faria restrições aos seus objetivos formulados antes de 1933. Essa impressão já se mostrou enganosa na noite de 3 de fevereiro, quando o chanceler do Reich prestou sua primeira visita oficial aos comandantes do Exército e da Marinha. A reunião, à qual o novo ministro de Defesa do Reich, Werner von Blomberg, foi convidado, aconteceu na residência oficial do chefe do Comando Supremo do Exército, Kurt von Hammerstein. No início, Hitler sentia-se visivelmente desconfortável entre os oficiais de alta patente, "fazia em todos os lugares mesuras tímidas e desajeitadas e permaneceu envergonhado", como observou um participante.[14] Apenas quando iniciou um discurso de duas horas após o jantar, ele perdeu a inibição. Não se percebia mais nada da temperança que ele exerceu dois dias antes em seu pronunciamento no rádio; em vez disso, mostrava aos generais reunidos uma franqueza surpreendente, a qual assumiu nos próximos anos.[15]

Como primeiro objetivo do seu governo, Hitler mencionou a "recuperação da força pol[ítica]". Para tanto, "toda a liderança do Estado" precisaria ser "utilizada". No tocante à política interna, isso significava uma "total inversão" das relações.

Tendências pacifistas não seriam mais toleradas. "Quem não se deixasse converter, precisaria se curvar. A extinção do marxismo com tronco e raiz."[16] A juventude e todo o povo precisariam se orientar pelo fato de "que apenas a luta pode nos salvar e, perante esse pensamento, tudo o mais há de recuar". Para fortalecer o "desejo de luta", seriam necessárias a "liderança autoritária mais estrita" e a "eliminação do câncer da democracia". Na parte sobre política externa de seu discurso, Hitler anunciou como primeira etapa do objetivo a "luta contra Versalhes". O alcance da igualdade militar e a ampliação da *Wehrmacht*, as forças armadas alemãs, seriam as condições mais importantes. "O serviço militar obrigatório precisa voltar." A fase do rearmamento militar seria a "mais perigosa", pois a França possivelmente poderia se decidir por uma guerra preventiva. Hitler deixou em suspenso o que aconteceria se a Alemanha tivesse recuperado a grande posição de poder. Mas indicou como perspectivas futuras duas opções, deixando bem claro aos oficiais qual era sua predileta: "Talvez a luta por novas possibilidades de exportação, talvez – o que seria muito melhor – a conquista de novos espaços vitais no Leste e sua germanização arbitrária".[17]

Com isso, Hitler afastou os véus e permitiu aos militares um vislumbre em seus planos de expansão e conquista de "espaço vital", os quais já havia registrado de forma axiomática em *Mein Kampf*. É possível duvidar que os generais reunidos tenham percebido que aqui já surgia a possibilidade de uma guerra de extermínio ideologicamente racista contra a União Soviética. Além disso, não se sabe se algum deles levantou alguma objeção ou no mínimo expressou preocupação. O que Hitler apresentou correspondia em grande parte com as noções de liderança de defesa do Reich: luta contra o "marxismo" e o pacifismo, revisão do Tratado de Versalhes, armamento forçado, reerguimento do reconhecimento mundial alemão – eles conseguiam se identificar com tudo isso. Estavam especialmente atraídos pela garantia dada por Hitler de que a *Wehrmacht* deveria permanecer como a única portadora de armas da nação e não seria usada para o combate dos adversários políticos internos. Essa seria muito mais uma questão das organizações nazistas, explicou Hitler – ou seja, principalmente da SA. Parece pouco plausível a afirmação do tenente-general Ludwig Beck, que fora nomeado chefe do Departamento de Tropas no outono de 1933, de que teria esquecido, logo depois da reunião, sobre o que Hitler havia falado. Pois justamente Beck estava entre os oficiais que saudaram sem reservas a troca de poder de 30 de janeiro como – nas palavras dele – "o primeiro grande raio de esperança desde 1918".[18] Mais correto seria o que o também presente comandante da Marinha, almirante Erich Raeder, declarou para os autos após a guerra: que especialmente o discurso inaugural de Hitler teve um efeito "extremamente tranquilizante sobre todos os ouvintes".[19]

A parceria fundada em 3 de fevereiro de 1933 entre Hitler e as lideranças das forças do Reich foi vantajosa para os dois lados: o chanceler do Reich pôde começar a oprimir violentamente a esquerda e encaminhar os fracos no sentido da cooperação, sem precisar temer a intervenção das forças armadas. Os militares, por sua vez, tinham uma garantia de manutenção de sua posição monopolista e podiam assumir com segurança que suas questões receberiam especialmente atenção sob o novo governo. "Para os próximos quatro a cinco anos", enfatizou Hitler no gabinete, "o princípio maior" deveria valer: "tudo pela *Wehrmacht*", pois o futuro da Alemanha dependia "única e exclusivamente da reconstrução da *Wehrmacht*".[20]

"Ataque contra o marxismo" – essa era a palavra de ordem central que Hitler apresentou para a corrida eleitoral iminente.[21] "Dessa vez se trata de concorrência ferrenha", anotou Goebbels, que discutiu com Hitler, em 3 de fevereiro, todos os detalhes da campanha.[22] Obviamente, a corrida eleitoral aconteceu desde o início sob condições das mais injustas – pois, em 4 de fevereiro, Hindenburg baixou um "decreto para proteção do povo alemão", que possibilitava a intervenção estatal na liberdade de imprensa e de reunião e, com isso, impunha limitações imensas no direito de ir e vir dos dois partidos de esquerda, o SPD e o KPD.[23] Além disso, o NS-DAP tinha agora um acesso direto à radiodifusão, que ainda permanecia bloqueada desde 1933. Goebbels e Hitler uniram-se em uma divisão de trabalho: "Hitler falava em todas as emissoras, eu fazia as reportagens sobre as transmissões".[24]

Em 10 de fevereiro, os nazistas abriram a corrida eleitoral com um pronunciamento no *Sportpalast* de Berlim. "Totalmente sozinho, sério e comedido, distribuindo cumprimentos amistosos, o Führer, o chanceler do Reich, Adolf Hitler, o Führer da jovem Alemanha, passou pelas massas! Um mês antes, ele ainda falava aqui no *Sportpalast* como o líder de uma oposição difamada, marginalizada e ridicularizada. Já se pode dizer: que reviravolta com a providência de Deus!" Com essas palavras panegíricas, Goebbels apresentou a entrada de Hitler.[25] Um dia depois, ele confiou ao seu diário, satisfeito consigo mesmo, que sua reportagem de 20 minutos havia sido "esplêndida", e ele não tivera "nenhum medo do palco".[26] Como quase sempre, Hitler começou com lentidão enfática, quase hesitante, para então aumentar o ritmo para um genuíno furor oratório. Surpreendentemente, o que dizia respeito ao programa concreto do governo permaneceu em pura abstração. Ele repetiu as acusações estereotipadas contra os "partidos da decadência", que teriam devastado a Alemanha nos catorze anos de mandato; fortaleceu sua intenção de "extirpar o marxismo e seus epifenômenos da Alemanha"; prometeu aplicar, no lugar da "democracia podre", o "valor da personalidade, a força criadora do indivíduo" e, por sua vez, se candidatou ao "período de quatro anos", dentro do qual deveria se consumar o "ressurgimento da nação alemã". O orador terminou com seu clímax preferido, com base no "Pai-nosso": ele "alimentava decididamente a convicção de que chegará a hora na qual os milhões, que hoje nos odeiam, nos apoiarão, e conosco aclamarão o Reich alemão da grandeza, do esplendor e da justiça, erguido em conjunto, conquistado dolorosamente e com grande esforço. Amém."[27]

Goebbels mostrou-se novamente entusiasmado: "Para finalizar, a grande emoção. 'Amém!' Isso tem força e funciona bem. Toda a Alemanha ficará em polvorosa".[28] No entanto, não apenas os entusiastas de Hitler, mas também pessoas críticas

– como o escritor de Leipzig, Erich Ebermayer, filho do ex-promotor público do Reich, Ludwig Ebermayer – ficaram impressionadas. "O homem cresce visivelmente com a missão que assumiu [...]", ele anotou depois de ter acompanhado o discurso no rádio. E acrescentou a seguinte observação: "Que instrumento da propaganda de massa é a radiodifusão de hoje! E como são poucos os adversários de Hitler que até agora souberam lidar com ela! Não havia rádio antes de 30 de janeiro? Não dá para entender!"[29]

Não apenas a transmissão fazia dos nacional-socialistas exploradores, como também procurava na inocência de Hindensburg uma utilidade para sua propaganda. Um de seus cartazes eleitorais mostra Hitler, um soldado desconhecido da Primeira Guerra Mundial, e o ex-marechal de campo pacificamente lado a lado. A legenda exibia: "O marechal e o anspeçada brigam entre si pela paz e pela igualdade". Outro cartaz mostrava as cabeças de Hitler e Hindenburg decapitadas, apelando ao eleitor: "O Reich nunca será destruído se estiver unido e em harmonia".[30] Os membros do DNVP firmaram com os *Stahlhelm* e outros grupos conservadores uma aliança eleitoral – a *Kampffront Schwarz-Weiß-Rot*. A pedido de Hugenberg, Papen se ofereceu como candidato principal para, como ele escreveu, "servir ao objetivo comum", ou seja, "lado a lado com o nazismo [...] convocar a cooperação de todas as forças que desejam renovar, sob o comando do marechal de campo von Hindenburg, o Reich alemão em crença, justiça e unidade".[31] A *Kampffront* também se esforçava para instrumentalizar o mito de Hindenburg para seus objetivos, aplicando principalmente a relação íntima do vice-chanceler com o presidente do Reich: "Se Hindenburg confia, a Alemanha pode confiar. Vote em seu nome de confiança, vice-chanceler Papen", constava em cartazes eleitorais com a fotografia de ambos.[32]

No resultado, Hitler e o NSDAP obviamente lucraram mais com a reputação cada vez mais alta do presidente do Reich como seu parceiro governamental conservador. E também eram eles que se beneficiaram em primeiro lugar com as doações que corriam em abundância. No início da corrida eleitoral, Goebbels reclamava de recursos financeiros escassos. Mas isso mudou em 20 de fevereiro. Nesse dia, Göring recebeu em sua residência oficial 27 industriais de destaque, entre eles o

[FOTO 40] Três poses típicas do orador Hitler, no Sportpalast de Berlim, em 10 de fevereiro 1933.

presidente da *Reichsverbandes der Deutschen Industrie*, Gustav Krupp von Bohlen und Halbach, que até então havia se mantido reservado perante Hitler; o diretor-geral da *Vereinigten Stahlwerke*, Albert Vögler; o membro da diretoria do Grupo IG Farben, Georg von Schnitzler; e o diretor-presidente da Hoesch, Fritz Springorum. Hitler, que falou por uma hora e meia, admitiu-se expressamente a favor da propriedade particular, negou todos os boatos sobre possíveis experimentos econômicos e enfatizou que "um salvamento do perigo comunista" seria "possível apenas através do NSDAP". Novas eleições foram convocadas para "permitir que o povo falasse novamente". De maneira tão nítida como raramente antes, ele deixou visível que a legalidade tão invocada não passava de uma fachada ilusória. "Ele não era afeito a medidas ilegais, mas também não deixaria que o retirassem do poder se o objetivo da maioria absoluta não fosse alcançado". Depois que Hitler foi embora, Göring explicou de forma direta que "os cofres do partido, da SA e da SS [estão] vazios" e que a economia precisaria fazer sacrifícios financeiros para a corrida eleitoral, "que será a última por um bom tempo". Depois que Göring também se retirou, Hjalmar tomou a palavra e apresentou a conta: 3 milhões de *Reichsmark* deveriam ser levantados, dos quais ¾ seriam alocados para o NSDAP e ¼ para a *Kampffront Schwarz--Weiß-Rot*.[33] Goebbels anotou, muito contente, em 21 de fevereiro: "Göring traz a feliz notícia de que 3 milhões estão disponíveis para a eleição. Maravilha! Já avisei todo o Dep[artamento] de Prop[aganda]. E uma hora depois, as máquinas começaram a rodar. Agora vamos colocar a disputa eleitoral para andar".[34]

Nesse meio tempo, Göring começou, na qualidade de Ministro do Interior prussiano temporário, a limpar a polícia e a administração prussiana daqueles oficiais com tendências republicanas que ainda estavam no cargo após o golpe prussiano de Papen, em 20 de julho de 1932. Catorze superintendentes de polícia nas grandes cidades prussianas, bem como inúmeros governadores de províncias da Prússia e presidentes de distritos administrativos foram aposentados em fevereiro de 1933. "Göring fez a arrumação [...]", anotou Goebbels, em 16 de fevereiro. "Agora nos acomodamos paulatinamente na administração".[35] Um dia depois, os departamentos de polícia prussianos foram instruídos a "apoiar a propaganda nacional com todas as forças", mas "enfrentar o impulso das organizações inimigas do Estado com os meios mais severos" e, "se necessário, fazer uso inclemente de armas de fogo". Sem dúvida, Göring acrescentou: "Policiais que fizerem uso de armas de fogo no exercício dessas obrigações serão protegidos por mim, não importando as consequências do uso dessas armas. Quem, ao contrário, falhar em suas obrigações por preocupações erradas, sofrerá as consequências criminais do serviço".[36] Essa "permissão para atirar" igualava-se a uma licença para matar, como o conde Harry Kessler justificadamente observou: "Todos nós, que não estamos no conhecido solo 'nacional', ou seja, não somos nazistas, somos a partir de agora foras-da-lei".[37]

Em 22 de fevereiro, Göring decretou também a formação de uma polícia auxiliar com os membros das "associações nacionais" (SA, SS e *Stahlheim*), supostamente para o combate "dos excessos cada vez maiores da esquerda radical, principalmente do lado comunista".[38] Com isso, os camisas pardas alcançaram a desejada oportunidade de acertar as contas com os odiados adversários da esquerda. Ataques em comícios, prisões violentas, abusos e assassinatos estavam na ordem do dia. A polícia assistia ao terror da SA, em grande parte, sem fazer nada. Os sociais-democratas também sofreram, mas os comunistas foram os mais atacados. A partir do início de fevereiro, ficou praticamente impossível para eles se reunirem a céu aberto; seus jornais foram proibidos quase sem exceção. Em 23 de fevereiro, a polícia conduziu uma batida de grande escala na Karl-Liebknecht-Haus, a central do KPD. Na ocasião, ela confiscou, como a imprensa e o rádio noticiaram no dia seguinte, muitas centenas de "materiais com conteúdo de alta traição", nas quais se convocavam supostamente uma revolução.[39] O medo diante de uma insurgência armada ameaçadora do KPD era sistematicamente estimulado. Nos círculos dos democratas e dos esquerdistas havia o boato de que os nacional-socialistas planejavam um "banho de sangue" e, para tanto, queriam simular um atentado a Hitler e culpar os adversários do regime: "Listas foram feitas, listas de proscrição, segundo as quais seriam cometidos assassinatos sistemáticos".[40] Nessa atmosfera sinistra, explodiu, na noite de 27 de fevereiro, a notícia do incêndio do prédio do *Reichstag*, em Berlim.

Sobre a questão da autoria do incêndio do *Reichstag*, inflamou-se uma controvérsia de décadas que dura até hoje. Como o acontecimento foi extremamente oportuno aos nazistas, logo surgiu a suspeita de que seriam eles mesmos os autores do incêndio. Ao contrário, a liderança do nazismo não hesitou um momento em responsabilizar o KPD, sem poder apresentar um vestígio de provas. Ainda se defende a tese apresentada em primeiro lugar por Fritz Tobias, no início dos anos 1960, de que o conselheiro comunista holandês Marinus van der Lubbe agiu por iniciativa própria, sem ter sido instigado ao ato pelos apoiadores.[41] Claro que não há uma certeza absoluta sobre o caso e talvez nunca haja. De qualquer forma, mais relevante que a controvérsia duradoura sobre o crime solo de van der Lubbe é o proveito que os nazistas tiraram do incêndio no *Reichstag*.

As primeiras reações do alto escalão nazista, na noite de 27 de fevereiro, apontam que também ele se surpreendeu com os acontecimentos. Naquela noite, Hitler estava novamente na casa dos Goebbels. Quando Hanfstaengl telefonou, por volta das 22h, para informar que o *Reichstag* estava em chamas, primeiro se considerou uma piada de mau gosto.[42] No entanto, logo a notícia se confirmou. Hitler e Goebbels correram para o local, onde Göring já estava e recebia todos que chegavam com um longo discurso que especificava o modelo interpretativo sobre a autoria, sem que uma investigação detalhada tivesse ocorrido: "Este é o início do levante comunista, agora eles atacarão! Não podemos perder nenhum minuto mais!"[43] Goebbels assumiu a versão sem pestanejar: "Fogo criminoso em trinta locais. Provocado pelos comunas. Göring já bem adiantado. Hitler está furioso".[44] De fato, ainda no local do incêndio, Hitler ficou num estado de agitação extrema. Rudolf Diels, um funcionário de Göring, que foi nomeado chefe do Departamento de Polícia Estatal Secreta (Gestapo, Geheime Slaatspolizei) em abril de 1933, lembrava-se claramente da cena mesmo depois de 1945: "Como se quisesse explodir, ele gritou de forma tão descontrolada como nunca o tinha visto fazer: 'Agora não vai ter mais piedade; quem ficar no nosso caminho, será massacrado [...] Todos os oficiais comunistas serão fuzilados onde forem encontrados. Os deputados comunistas precisam ser enforcados ainda hoje. Tudo que tiver ligação com os comunistas deve ser apreendido. A partir de agora também não haverá mais tolerância com sociais-democratas e *Reichsbanner*'".[†] Quando Diels relatou que, na sua opinião, o detido Marinus van der Lubbe era um "maluco", Hitler não quis sequer ouvir: "Essa é uma questão sofisticada e premeditada. Os criminosos pensarem em tudo muito bem; mas nem tanto, meus camaradas de partido, pois eles calcularam mal!".[45]

Inclusive perante Papen, que após um jantar com Hindenburg no clube de senhores também foi às pressas até o local, Hitler não se inibiu: "Esse é um sinal enviado por Deus, senhor vice-chanceler! Se esse incêndio, como eu acredito, for obra dos comunistas, precisamos dizimar essa peste assassina com mão de ferro!".[46] É difícil dizer se Hitler e seus paladinos realmente acreditavam na possibilidade de uma tentativa de insurgência comunista, de alguma forma se transformando em vítimas de sua propaganda. O que se tem certeza é que não ficaram de forma alguma tristes com o incêndio do prédio do parlamento, mas muito felizes, pois lhes oferecia apenas um pretexto para exterminar o KPD. Quando mais tarde naquela noite ainda estavam reunidos no hotel Kaiserhof, o ambiente era quase festivo: "Tudo brilha. Isso ainda nos faltava. Agora estamos todos contentes", alegrou-se Goebbels.[47] De forma semelhante reagiram também os aliados conservadores dos nazistas. Quando o ministro das Finanças, Schwerin von Krosigk, que naquela noite participava de um jantar na embaixada francesa, soube da notícia do incêndio do *Reichstag*, gritou, para o desconcerto dos convivas: "Graças a Deus!"[48]

Ainda na noite de 27 para 28 de fevereiro, os líderes do KPD e quase todos seus representantes no *Reichstag* foram presos, os escritórios do partido foram fechados e uma proibição por tempo indeterminado de todos os jornais comunistas foi decretada. Nos dias seguintes, as ações de detenção continuaram; em 3 de março, o presidente do KPD, Ernst Thälmann, também foi rastreado. Até o meio de março, só na Prússia, mais de 10 mil políticos adversários dos nazistas estavam em "prisão preventiva", entre eles também intelectuais de esquerda, como Carl von Ossietzky, Erich Mühsam e Egon Erwin Kisch.[49]

---

†   *Reichsbanner Schwarz-Rot-Gold*: milícia política defensora da República de Weimar, em atuação de 1924 a 1933, fundada com o intuito de defender a Alemanha da reação monárquica e do terror fascista. (N.T.)

A reunião do gabinete na tarde de 28 de fevereiro estava totalmente influenciada pelos acontecimentos da noite anterior. Hitler enfatizou que havia chegado "o momento psicologicamente certo" para "um enfrentamento impiedoso do KPD": "não faria sentido esperar ainda mais. O KPD deve estar em desespero. A luta contra eles não poderia ficar na dependência de considerações jurídicas". Göring fortaleceu novamente a versão oficial que as lideranças nazistas haviam combinado à noite: "que era impossível um único criminoso ter orquestrado o incêndio", ao contrário, os comunistas teriam "incitado o atentado". Do material apreendido na *Karl-Liebknecht-Haus* ficou definido que eles "formavam grupos terroristas", incendiavam prédios públicos, envenenavam os pratos servidos em cantinas públicas e queriam sequestrar "mulheres e filhos de ministros e outras personalidades do alto escalão".[50] Embora fosse fácil reconhecer que esse cenário assustador não passava de mera invenção, nenhum ministro conservador fez objeções. Já naquela tarde, o gabinete acordou a minuta de um "Decreto para proteção do povo e do Estado", que Frick, ministro do Interior, introduziu na manhã seguinte. No parágrafo 1, os direitos fundamentais mais importantes – a liberdade da pessoa, a liberdade de expressão, imprensa, associação e reunião, os sigilos postal e telefônico, bem como as inviolabilidades de residência e propriedade – foram "suspensos até segunda ordem". O parágrafo 2 autorizava o governo do Reich a "exercer 'momentaneamente' os poderes das autoridades máximas para o reestabelecimento da segurança e a ordem pública".[51] Com isso, abriram-se não apenas as portas para uma perseguição gigantesca de dissidentes políticos, mas também se deu ao governo, ao mesmo tempo, força para pressionar e coordenar estados rebeldes.

O decreto sobre o incêndio do *Reichstag*, de 28 de fevereiro, foi "a lei de exceção fundamental sobre a qual a ditadura nacional-socialista se apoiou em primeiro lugar até sua ruína".[52] Ernst Fraenkel descreveu-o justificadamente em seu livro *Der Doppelstaat* (inicialmente em 1941) como o "documento de constituição" genuíno do Terceiro Reich.[53] Hindenburg não se preocupou em assinar o decreto de emergência, que se tornou palatável para ele como "Decreto especial para combate a atos comunistas de violência", e contribuiu para que os pesos políticos se deslocassem do presidente do Reich para o governo do Reich.[54] Em um discurso em Frankfurt am Main, em 3 de março, ele deixou claro para Göring qual uso queria da nova liberdade de atuação: as medidas ordenadas por ele "não seriam molestadas através de qualquer preocupação jurídica". "Aqui não tenho nenhuma justiça a exercer, aqui tenho apenas que destruir e exterminar, nada mais!"[55] É possível que todos que mantinham um resto de pensamento constitucional tenham se assustado profundamente com esse linguajar e com a prática violenta correspondente. Menos Papen. Quando François-Poncet chamou sua atenção para a preocupação dos diplomatas estrangeiros sobre o terror cada vez maior dos nazistas, ele apaziguou: "Ah, bobagem, quando eles quebrarem a cara, tudo ficará bem!"[56]

Também nos círculos civis a ação brutal da SA contra os comunistas não enfrentou nenhuma rejeição. Ao contrário, o fantasma de uma "ameaça comunista", confirmado por anos de propaganda, fez com que as medidas draconianas empregadas contra eles parecessem justificadas. "A vassoura de ferro sobre os prussianos! Finalmente!", comemorou Luise Solmitz[57], e também para Elisabeth Gebensleben, mulher do chefe do planejamento municipal e vice-prefeito de Brunsvique, não havia dúvida: "Esse ataque implacável do governo nacional pode ter algo de estranho para muitos, mas é necessário arrumar e limpar tudo, as forças antinacionais precisam ser eliminadas, do contrário nenhum novo trabalho de construção será possível!"[58] Aparentemente, a opressão da esquerda, especialmente dos comunistas, não foi prejudicial à popularidade de Hitler; ao contrário, trouxe ainda mais simpatia para ele. Se Hitler continuasse nesse caminho, segundo um relatório de uma paróquia na Alta Baviera, ele "receberá a confiança de grande parte do povo alemão" nas eleições vindouras do *Reichstag*.[59]

O embaixador norte-americano em Berlim, Frederick Sackett, expressou sem rodeios, em 3 de março, que o pleito de 5 de março obviamente foi "uma farsa", pois os partidos de esquerda, "durante as últimas e decisivas semanas de corrida eleitoral, tiveram totalmente roubado seu direito garantido pela constituição de se dirigir a seus eleitores".[60] A desvantagem mostrou-se notável até mesmo no dia da eleição: "Diante do local de votação, apenas cartazes dos nazistas e dos *Schwarz-Weiß-Rot*, nenhum do *Staatspartei*, SPD ou KPD", registrou o conde Harry Kessler.[61] Ainda mais surpreendente foi o resultado da eleição: apesar do extraordinário comparecimento às urnas de 88,8%, o NSDAP claramente não conseguiu o objetivo da maioria absoluta. Ele chegou a 43,9% – comparados à eleição de novembro de 1932, um aumento de 10,8%; ou seja, dependia do apoio da *Kampffront Schwarz-Weiß-Rot* para conseguir a maioria, que não alcançou mais que 8% (menos do que o DNVP em novembro). O SPD chegou a 18,3% (diminuição de apenas 2,1%) e também o KPD alcançou 12,3% (diminuição de 4,6%), embora a maioria de seus candidatos tivesse sido nesse meio tempo detida. Juntos, os dois partidos de esquerda, apesar de todos os impedimentos, puderam reunir quase um terço de todos os votos. Também o *Zentrum* (11,2%) e o Bayerische Volkspartei (BVP) (2,7%) se mantiveram bem, diferentemente do *Staatspartei*, reduzido a facções (0,9%), e o Deutsche Volkspartei (DVP) (1,1%), que novamente perderam votos.[62] "Esplêndido povo alemão!", esse foi o comentário de Erich Ebermayer sobre o resultado da eleição. "O proletariado permaneceu inabalado no apoio à sua liderança, apesar de tudo. Os católicos permaneceram inabalados no apoio à sua Igreja. Ainda existem democratas fiéis! 48,2 por cento dos eleitores tiveram a coragem de votar contra Hitler ou ficar em casa. Para mim, esse dia foi vitorioso e tranquilizante."[63]

Porém, não havia motivo para tranquilidade. Pois o NSDAP conseguiu grandes vitórias nas áreas onde antes se saía mal – na Baviera católica e em Württemberg, mas também em uma grande cidade como Berlim – e conseguiu mobilizar também a maior parte dos não eleitores até então. "Vitória gloriosa! Principalmente no sul da Alemanha. Berlim, mais de um milhão. Números excelentes", anotou Goebbels, que, junto com Hitler, acompanhou na chancelaria do Reich os resultados detalhados das eleições. "Todos estamos inebriados. Cada vez mais novas surpresas. Hitler está muito emocionado. Estamos todos deliciados."[64] O embaixador norte-americano Sackett não negou que Hitler "conseguiu um triunfo sem precedentes": "A democracia na Alemanha sofreu um golpe do qual não se recuperará. A Alemanha foi submersa numa imensa onda nazista. O tão anunciado Terceiro Reich realmente aconteceu".[65]

Essa virada logo se fez perceptível em uma mudança de comportamento de Hitler no gabinete. Até então, ele considerava os parceiros conservadores da coalizão e até mesmo moderava as reuniões, nas quais lhes impunha suas vontades. "Ele quase não para no gabinete", observou Goebbels ainda em 2 de março.[66] Assim, ele não deixava perplexos os ministros apenas por seus conhecimentos da matéria, mas também pela capacidade "de extrair o principal de qualquer problema" e "resumir os resultados de uma longa discussão numa tacada".[67] No entanto, em 7 de março, na primeira reunião de gabinete após a eleição, ele se vangloriou: "Ele via os resultados de 5 de março como revolução. No fim, não haverá mais nenhum marxismo na Alemanha. Seria necessária uma lei plenipotenciária com maioria de dois terços. Ele, o chanceler do Reich, estava bem convencido de que o *Reichstag* aprovaria uma lei assim. Os deputados do KPD não apareceriam na abertura do *Reichstag*, pois estavam detidos". Papen deixou claro que Hitler não encontraria resistência séria entre os ministros quando expressou o agradecimento do gabinete ao chanceler do Reich, de forma quase subserviente, "pelo fantástico desempenho nas eleições".[68]

Em 11 de março, Hitler ordenou a criação de um "ministério do Reich para esclarecimento popular e propaganda". Com ele, cumpriu uma promessa que fizera a Goebbels após 30 de janeiro, mas ao mesmo tempo infringiu uma garantia expressa feita aos parceiros da coalizão de que a formação do gabinete não mudaria após a eleição. Exceto Hugenberg, que em primeira instância se irritou, todos os outros membros do gabinete receberam a quebra do acordo da coalizão sem oposição.[69] Em 13 de março, Hindenburg assinou o certificado de reconhecimento. "Que carreira! Ministro aos 35 anos. Não imaginava. Agradeço a Hitler. Ele é uma boa pessoa e um lutador corajoso", Goebbels comemorou sua promoção. Um dia depois, o novo ministro prestou juramente perante Hindenburg. O presidente do Reich fora "como um velho pai" para ele, anotou Goebbels em seguida. "Agradeço que tenha me aceitado, apesar da minha pouca idade. Ele ficou muito emocionado. Meissner apoia. Um sucesso completo."[70] Com o novo ministério, a liderança do nazismo criou um instrumento para influenciar e manipular a opinião pública nos seus termos. No processo gradual de tomada do poder, ele desempenharia um papel importante. Já em sua primeira coletiva de imprensa, em 16 de março, Goebbels deixou claro a que viera: "queremos insistir com as pessoas até que elas se rendam a nós".[71]

Logo depois da eleição para o *Reichstag*, Hitler preparou o próximo passo no caminho da monopolização do poder político: a coordenação dos Estados ainda não governados pelo nacional-socialismo. Assim, ele anunciou no gabinete que seria necessário "um ataque audacioso dos problemas estatais do *Reich*".[72] "Medidas drásticas!", exigiu também Goebbels. "Não podemos mais recuar agora. A Alemanha está em meio a uma revolução fria. Resistir é inútil."[73] Em Hamburgo, a coordenação já havia começado antes da eleição. Sob a invocação do decreto do incêndio do *Reichstag*, de 28 de fevereiro, Frick, ministro do Interior do *Reich*, forçou o senado ainda incumbente do Staatspartei, SPD e DVP a empreender medidas severas contra os comunistas. Embora o senador social-democrata Adolph Schönfelder, responsável pelas forças policiais, tenha atendido esse desejo e mandado prender 75 oficiais do KPD, o NSDAP local enviou seguidos alertas para Berlim e exigiu que o ministro do Interior cuidasse da ordem com o destacamento de um chefe de polícia temporário na cidade hanseática. Quando Frick por fim exigiu do Senado que proibisse o jornal local do SPD, *Hamburger Echo*, pois havia levantado dúvidas num artigo sobre a versão da autoria comunista do incêndio do *Reichstag*, não restou alternativa aos senadores do SPD, por motivos de amor-próprio, senão renunciar aos seus cargos no dia seguinte. Ainda assim, na eleição de 5 de março, o SPD se saiu surpreendentemente bem, alcançando 26,9% dos votos (uma redução frente à eleição de 6 de novembro de apenas 1,7%), o KPD alcançou 17,6% (uma perda de 4,3%). A parcela de votos total dos partidos de esquerda, com 44%, ainda ficou 6% acima do NSDAP, que chegou a 38,8%. Mesmo assim, os nazistas declararam ter conseguido uma ordem para converter o governo de Hamburgo para seus propósitos. Apenas uma hora depois do fechamento dos locais de votação, Frick ordenou a transferência da força policial para as mãos do SA-*Standartenführer* Alfred Richter. O Senado retalhado curvou-se. Em 8 de março, foi formado um novo Senado, composto por seis nazistas, dois membros do DNVP, dois *Stahlhelm*, um político do DVP e um do Staatspartei.[74]

Após o exemplo de Hamburgo, a coordenação também foi realizada nos outros Estados, onde a pressão da base partidária e as medidas pseudolícitas do governo se complementavam de forma eficiente. Além disso, teve início a ação, a pedido da NS-*Gauleitung*, de ocupação dos departamentos policiais por um nacional-socialista, acompanhada por marchas da SA e o hasteamento das bandeiras com suástica em edifícios públicos. Sob o pretexto da necessidade de se recuperar a "paz e a ordem", o ministério do Interior do Reich interviu e decretou a nomeação de "comissários do *Reich*". Dessa maneira, entre 6 e 8 de março, Bremen, Lübeck, Heßen, Baden, Württemberg, Saxônia e Schaumburg-Lippe foram alinhadas.[75]

Como último bastião, a Baviera rendeu-se em 9 de março. Ainda no início, o ministro-presidente bávaro oferecia resistência, quando o *Gauleiter* da Alta Baviera, Adolf Wagner, apoiado por Ernst Röhm e Heinrich Himmler, deu o ultimato para nomeação de Franz Ritter von Epp, ex-*Freikorpsführer*, como comissário geral estadual. Mas à noite, Frick nomeou o mesmo Epp como comissário do *Reich*, e não restou outra coisa ao ministro senão ceder. Ainda na noite de 9 para 10 de março, os líderes políticos do BVP foram presos e maltratados, tendo sido o que mais sofreu o ministro do Interior, Karl Stützel, que era particularmente odiado, pois tratou os nazistas com menos indulgência que seus predecessores. De acordo com o que o líder dos camponeses bávaros, Georg Heim, relatou ao presidente do Reich cheio de indignação, ele foi "arrancado da cama pelos partidários do sr. Epp, em mangas de camisa e com pés descalços, espancado até a morte e arrastado para a Casa Marrom [...] São situações que nunca presenciei em minha terra natal bávara sob o domínio do terror dos comunistas".[76] Hindenburg encaminhou a carta sem comentá-la a Hitler; o protestador nunca recebeu resposta. O comissário do Reich, Ritter von Epp, nomeou o *Gauleiter* Wagner como ministro do Interior interino e o ss-*Reichsführer* Himmler como líder da Administração Policial. Reinhard Heydrich, ex-oficial da Marinha com menos de 30 anos de idade, assumiu o Departamento VI, a Polícia Política. Para ambos, Himmler e Heydrich, a nova área de atuação serviu de trampolim para o domínio de todo o aparelho policial e de segurança do Terceiro Reich.[77]

Três dias após a reviravolta encenada, Hitler voou para Munique e expressou sua satisfação, pois "a Baviera (havia) se unido ao grande fronte da nação em despertar". Após uma parada triunfal pelas ruas de Munique, ele deixou uma imensa coroa de flores diante do *Feldherrnhalle*, em memória das vítimas do golpe de 9 de novembro de 1923, cuja faixa continha a inscrição: "E vocês ainda venceram!".[78] Em 16 de março, Held renunciou formalmente ao gabinete como último dos governos estaduais coordenados, e abriu caminho para um ministério quase exclusivamente ocupado por nazistas. No fim de março, uma "Lei provisória para coordenação dos Estados" prescreveu a nova formação dos parlamentos estatais segundo os votos obtidos na eleição do *Reichstag* de 5 de março de cada um dos partidos; os mandatos do KPD foram anulados. Uma semana depois, em 7 de abril, o governo do Reich decretou uma "Segunda lei de coordenação dos Estados com o Reich", que prescrevia a introdução dos "lugares-tenentes do Reich" e, com isso, a suspensão definitiva da soberania dos Estados.[79]

Essa lei ofereceu a Hitler a oportunidade de esclarecer também na Prússia as relações de poder segundo suas ideias. Ele mesmo assumiu os direitos de lugar-tenente do Reich, pois a antiga função de Papen como comissário do Reich para a Prússia se tornou obsoleta. Em 10 de abril, Göring foi nomeado ministro-presidente prussiano; duas semanas depois, Hitler lhe transferiu os direitos de lugar-tenente do Reich na Prússia. "Com a saída do senhor von Papen, a Prússia entra finalmente no controle dos nazistas, e os amigos do presidente do Reich precisarão futuramente, na busca por benefícios, se apresentar humildemente diante do capitão Göring ou um subordinado dos nacional-socialistas", assim descreveu o embaixador britânico Rumbold com relação à perda de influência política de Papen.[80] O vice-chanceler, que em 30 de janeiro ainda agia como domador confiante dos nazistas, dentro de poucas semanas foi cortado como figura política menor.

A esperança dos parceiros de Hitler no DNVP de que o terror da SA diminuiria após a eleição do *Reichstag* não se concretizou. Ao contrário, as ações violentas apenas cresceram. "O que eu chamava de terror até o domingo das eleições, em 5 de março, foi apenas um prelúdio suave", observou Victor Klemperer em 10 de março.[81] Em diversas cidades e comunidades, as tropas da SA ocuparam prefeituras e não pouparam seu desejo de vingança contra os representantes do "sistema" de Weimar. Escritórios e redações de jornal do SPD foram ocupados, o mobiliário destruído, os funcionários maltratados e arrastados para os porões e armazéns, onde eles e os comunistas já presos foram torturados impiedosamente pelos carrascos de Hitler. Rudolf Diels descreveu sem rodeios como eram esses infernos de tortura da primavera de 1933: "As vítimas que encontramos estavam quase mortas de fome. Ficaram por dias em pé dentro de armários estreitos para serem forçadas a prestar 'confissões'. Os 'interrogatórios' começavam e terminavam com espancamentos; além disso, uma dúzia de camaradas atacava as vítimas em intervalos de horas com varas de ferro, cassetetes de borracha e chicotes. Dentes arrancados e ossos partidos serviam de prova das torturas. Quando entramos, esses esqueletos vivos estavam caídos, enfileirados, com feridas purulentas sobre palhas apodrecidas. Não havia ninguém cujo corpo não carregasse da cabeça aos pés as marcas azuis, amarelas e esverdeadas de espancamentos desumanos. Muitos tinham os olhos inchados e sob as narinas grudavam-se crostas do sangue escorrido. Não havia mais gemidos nem reclamações, apenas a espera pelo fim ou por novas agressões [...] Hieronymus Bosch e Peter Breughel nunca viram tal horror".[82]

O terror selvagem da SA criou um clima de medo e intimidação. "É preciso sempre observar que tudo que pertence à oposição está totalmente desmoralizado. A anulação aberta do estado de direito e o sentimento geral de que não existe mais justiça fazem parecer um regime de terror", observou o conde Harry Kessler, em 8 de março.[83] "Correm especialmente rumores de que, na surdina, muitos excessos caóticos acontecem, pessoas são arrancadas de suas casas e espancadas em quartéis nazistas [...]", revelou Theodor Heuss, em carta de 14 de março. "Enquanto o governo nazista não detiver e punir exemplarmente alguns de seus detratores, temo que não haverá tranquilidade. Pois até agora essas pessoas podiam contar sempre com a cobertura do alto escalão."[84] Hitler admoestou seus seguidores, em um discurso de 10 de março, a não "comprometer a grande obra de ascensão nacional com ações isoladas", e dois dias depois exigiu, em pronunciamento radiofônico, uma "disciplina das mais estritas e cegas".[85] A vitória do NSDAP foi "tão grande, que não podemos nos vingar de forma mesquinha". No entanto, apesar de todos os discursos públicos vazios e ilusórios, Hitler não queria de forma alguma colocar rédeas na SA, o que ele deixou muito claro em uma longa carta de 11 de março a Papen – um documento-chave.

O vice-chanceler havia reclamado que o pessoal da SA havia molestado diplomatas estrangeiros e, com isso, provocou a ira do chanceler do Reich. Ele teve a impressão, assim escreveu, "que momentaneamente uma barragem de artilharia metódica acontecia com o objetivo de impedir a ascensão nacional e, em todo caso, no entanto, intimidar o movimento fundamental". Seu pessoal da SA teria comprovado até então uma "disciplina sem precedentes", e ele já temia o julgamento da história de que "nós, num momento histórico, talvez até mesmo decadente pela fraqueza e covardia de nosso mundo burguês, somos tratados com luvas de pelica e não com punho de ferro". Ele não permitiria que "ninguém o impedisse" em sua missão, "a destruição e erradicação do marxismo". E então seguiram as frases que revelam claramente que Hitler reservava apenas o desprezo e não estava disposto mais a tratar com deferência os camaradas conservadores, que o haviam elevado ao centro de comando do poder dois meses antes. "E se os membros do DNVP e outros cidadãos de repente ficaram receosos e acreditam que podem me escrever cartas abertas, digo que deveriam ter feito isso antes das eleições [...]", zombou ele. "Peço ao senhor, prezado vice-chanceler, com a maior ênfase possível, que não me traga mais no futuro (!) essas reclamações".[86]

Obviamente, a violência descontrolada "de baixo" cresceu com o passar do tempo até se tornar um problema para a liderança do nazismo, pois com isso sua pretensão de surgir como garantidora "da paz e da ordem", após as escaramuças anteriores a 1933 e semelhantes a uma guerra civil, ficava ameaçada. Por isso, ela lançou mão de esforços maiores para institucionalizar o terror contra os inimigos do regime. Em 20 de março, Himmler anunciou, em uma coletiva de imprensa em Munique, a construção de um campo de concentração em uma antiga fábrica de munições, próxima da pequena cidade de Dachau. Já em 22 de março, os primeiros presos foram levados para lá. Primeiramente, Dachau foi vigiado como campo de concentração estatal pela polícia bávara, mas em 11 de abril a SS assumiu o comando. O campo de concentração transformou-se no núcleo de um sistema de terror disseminado pelo Reich; serviu como uma espécie de laboratório para todas as formas de violência, que foram aprovadas pela administração da SS e assumidas nos anos seguintes por outros campos de concentração no Reich. Os meios de comunicação relataram extensivamente a existência do campo de concentração. Histórias sobre o que acontecia no campo se espalharam e serviram definitivamente ao regime pelo efeito desencorajador. "Querido Deus, me aflija com qualquer mal, mas não me deixe chegar a Dachau!", era uma oração sussurrada no Terceiro Reich.[87]

No entanto, o clima na primavera de 1933 não era apenas permeado pelo medo e pelo terror, mas antes por entusiasmo e alarde. "Havia júbilo, redenção, primavera, inebriamento no ar", registrou Luise Solmitz no dia da eleição.[88] Vários comentaram a sensação de vivenciar uma virada histórica. Muitos contemporâneos recordaram a euforia de agosto de 1914. Em seu *Geschichte eines Deutschen*, Sebastian Haffner reuniu uma típica observação do cotidiano: "Vi senhoras paradas com bolsas de compras e com olhos brilhantes, que assistiam a uma fila parda de militares marchando e cantando no compasso. 'Estão vendo, agora estão *vendo*, não é?', elas diziam, 'como as coisas avançam em todas as áreas'".[89] Enquanto muitos partidários da esquerda se recolhiam desmoralizados a alcovas discretas, aquela parte predominante do público civil, que até então se mantinha à margem, entregava-se aos nazistas que tremulavam bandeiras. "Agora são todos nazistas. Que nojo!", observou Goebbels, em 24 de fevereiro.[90] Já três meses após 30 de janeiro, juntaram-se aos 850 mil antigos membros do partido cerca de 2 milhões de novos membros, de forma que a direção do partido precisou impor uma interrupção temporária das filiações a partir de 1º de maio de 1933, pois a enxurrada de formulários de ingresso havia saído do controle.[91] Quem mantinha uma visão crítica, como o escritor Erich Ebermayer, de Leipzig, sentia "o tombo da burguesia como o mais vergonhoso de todo esse período".[92]

Para essas centenas de milhares de "caroneiros desavisados" cunhou-se o conceito dos *Märzgefallene* [as vítimas de março]. A maioria deles entrou no NSDAP não por convicção, mas porque o partido prometia algo para seu avanço profissional. O desejo de se alinhar ao vencedor uniu-se à vontade de tirar vantagens materiais da virada política, seja por meio de negociações vantajosas na agência de emprego, seja por meio da recompensa com um cargo no serviço público ou nas muitas organizações do partido. O NSDAP logo caiu na boca do povo e ficou conhecido pela sigla *Na, suchst Du auch'n Pöstchen* [Bem, pegue você também um carguinho].[93] Para fazer parecer autêntica a própria "conversão", era preciso realizar alguns ajustes de postura. Entre eles estava o uso ostensivo do símbolo do partido. Como percebeu a repórter do *Vossischen Zeitung*, Bella Fromm: "Aqueles entre os colegas que até agora traziam o símbolo do partido de forma discreta sob a lapela, agora deixam-na bem visível".[94] As pessoas também começaram a usar publicamente o cumprimento *Heil Hitler*. Segundo a observação de Sefton Delmer, quem usava o cumprimento eram exatamente as pessoas "que poucas semanas antes já davam Hitler por terminado, que rejeitavam 'esse palhaço' com um dar de ombros desrespeitoso".[95] Para o jornalista polonês conde Antonio Sobanski, que visitou Berlim em 1933, a visão recorrente dos transeuntes que de súbito erguiam o braço direito era muito estranha.[96] Em 13 de julho de 1933, o uso do "cumprimento alemão" foi transformado em dever para todos os servidores públicos através de um decreto de Frick.[97]

Como reconhecimento externo de apoio ao novo regime, também acontecia o hasteamento da bandeira da suástica. Em um decreto de 11 de março, Hindenburg prescreveu que, a partir daquela data, a bandeira da suástica deveria ser hasteada ao lado da bandeira preta, branca e vermelha do império: "Essas bandeiras unem o passado glorioso do reino alemão e o renascimento poderoso da nação alemã".[98] Com isso, a República de Weimar também foi enterrada no âmbito simbólico-político. Quem se rebelava contra a pressão da adaptação e não era discreto em sua rejeição do regime, não raro acabava sofrendo com o afastamento de amigos e parentes. "É como se houvesse uma camada de vácuo ao redor dos poucos que não se curvaram, reclamou Erich Ebermayer em seu diário. "Os meus amigos jovens são os que mais se declaram radicalmente a favor do nacional-socialismo [...] Não é possível sequer discutir com eles, pois têm *fé*. E contra a fé não há argumento razoável."[99] O jovem advogado Sebastian Haffner, de Berlim, também teve uma experiência semelhante: desde o início de março de 1933, a atmosfera no círculo de discussões da qual ele participava com outros colegas advogados em início de carreira tornou-se cada vez mais envenenada; alguns ingressaram no NSDAP; conversas abertas não eram mais possíveis; no fim de maio, o círculo de discussões se dissolveu.[100]

A abertura do *Reichstag* recém-eleito foi marcada para 21 de março, na Garnisonkirche, em Potsdam. O dia e o local do espetáculo, cuja direção foi assumida pelo recém-nomeado ministro da propaganda, Goebbels,[101] também foram escolhidos a dedo. O 21 de março não era apenas o início da primavera, correspondendo com a sensação de "desabrochar nacional", mas também a data em que Bismarck, em 1871, convocou a primeira sessão do *Reichstag* após a fundação do Império Alemão. Na cripta da Garnisonkirche jaziam o féretro do "rei-soldado", Frederico Guilherme I, e de seu filho, Frederico, o Grande. Portanto, nenhum lugar parecia mais adequado para um espetáculo da propaganda que deveria oficializar a ligação do prussianismo e do nacional-socialismo em um nível simbólico-político.[102] A cerimônia de Estado teve início pela manhã, com missas nas principais igrejas de ambas denominações, das quais, no entanto, Hitler e Goebbels não participaram. Em vez disso, depositaram coroas de flores nos túmulos de Horst Wessel e outros conhecidos "mártires do movimento",[103] no cemitério berlinense de Luisenstadt.‡

Por volta do meio-dia, Hindenburg e Hitler reuniram-se diante da Garnisonkirche. O presidente do Reich envergava o uniforme de marechal de campo do exército; Hitler trocou o uniforme marrom do partido pelo fraque preto e se sentia visivelmente desconfortável nele. Para muitos observadores, ele parecia "um novato tímido que um protetor poderoso apresenta a uma sociedade para a qual ele é um estranho".[104] Diante do camarote do imperador, no qual o local tradicional de Guilherme II permanecia vazio, o presidente do Reich cumprimentou o príncipe coroado com o bastão de marechal de campo erguido. Com isso, quis expressar sua ligação com a casa Hohenzoller – um gesto que encobria o fato de que a relação estava irreparavelmente prejudicada desde novembro de 1918, quando o marechal de campo supostamente deixou o imperador em apuros.[105] O discurso de abertura de Hindenburg manteve-se no familiar tom soldadesco: com a eleição de 5 de março, o povo alemão apoiou "com clara maioria" o governo convocado por ele e, portanto, haveria "fundamentação constitucional para seu trabalho", explicou ele, a legalidade fictícia que fortalecia Hitler. Ele admoestou os membros presentes do *Reichstag* – os deputados do SPD não compareceram, os do KPD estavam na prisão ou

‡   Antigo bairro berlinense, hoje dividido em Kreuzberg e Mitte. (N.T.)

desaparecidos – a dispensar as "buscas egoístas e as brigas partidárias" e apoiar o governo em sua "difícil obra para a glória de uma Alemanha unida, livre, orgulhosa".[106]

Hitler, que tomou a palavra depois de Hindenburg, começou inibido, com voz abafada, mas aos poucos ficou mais firme. Theodor Heuss, que participou do espetáculo como deputado do Deutschen Staatspartei, avaliou o discurso como "poderoso", ainda que "muito vago": "algumas boas formulações, mas sem uma definição concreta de objetivos".[107] Totalmente dentro do teor da proclamação de 1º de fevereiro, Hitler descreveu primeiramente o panorama sombrio da "ruína interna" que a Alemanha sofreu com a Revolução de 1918 para, em seguida, diante desse histórico, louvar "a grande obra do renascimento nacional" em cores muito mais brilhantes. No entanto, o núcleo do discurso foi uma ovação a Hindenburg, com quem Hitler falou diretamente várias vezes: ele não o elogiou apenas por sua "decisão magnânima" de confiar à "jovem Alemanha a condução do Reich" em 30 de janeiro de 1933, mas também concluiu a fala enfatizando seus serviços militares: "Para todos nós, sua vida espantosa é um símbolo do vigor imperturbável do nosso povo".[108] "Seu melhor discurso", segundo o leal escudeiro Goebbels. "No fim, tudo foi emocionante."[109] Não apenas o ministro da propaganda ficou profundamente impressionado como também o próprio Hindenburg. "O presidente do Reich mal pôde reprimir suas emoções, os seus olhos ficaram marejados", observou o prefeito de Hamburgo, Carl Vincent Krogmann, que compareceu como representante da cidade hanseática.[110] Após o discurso, Hindenburg foi até Hitler e eles se cumprimentaram com um aperto de mãos; o casamento da "velha" com a "nova" Alemanha, a mensagem central do dia, pareceu selada com esse gesto.

O "dia de Potsdam" deixou também na opinião pública uma ressonância extraordinariamente forte. "Ainda hoje estamos tocados com a experiência de ontem [...]", escreveu Elisabeth Gebensleben, de Braunschweig, que ouvira a transmissão de rádio como milhões de outros alemães, em carta para sua filha, que vivia na Holanda. "Um dia de júbilo como este em uma nação acontece raramente na história de um povo; um dia de entusiasmo nacionalista, de alegria exultante; é o dia em que tudo de melhor e mais sagrado que vive dentro do povo e que foi mantido em amarras apertadas por tantos anos é libertado e agora flui em júbilo ilimitado de profunda gratidão."[111] E mesmo nos círculos da população que até então haviam encarado de forma cética o "levante nacional", a encenação de Potsdam não passou em branco. Hitler, assim parecia, estava prestes a desabrochar de fanático líder partidário para um político com estatura de estadista, para um "chanceler do povo", que, em vez de polarizar, construía pontes sobre as diferenças e unia extremos. "Não dá para negar: ele acordou", Erich Ebermayer disse, mostrando-se encantado. "Do demagogo e líder partidário, do fanático provocador, parece se desenvolver o verdadeiro estadista, para surpresa de seus adversários." O que mais o impressionou também foi a reverência que Hitler fez diante do presidente do Reich, um gesto de falsa submissão: "O velho marechal de campo estendeu a mão ao seu segundo cabo da Guerra Mundial. O segundo cabo fez uma grande mesura sobre a mão do marechal de campo [...] Ninguém conseguiu escapar à comoção."[112]

Na relação pessoal entre Hindenburg e Hitler, o "dia de Potsdam" significou a "ruptura definitiva".[113] Na nomeação do gabinete da "concentração nacional", em 30 de janeiro, o presidente do Reich ainda mostrava reservas claras perante o novo chanceler do Reich, que se expressavam, entre outros, no fato de ele realizar conferências com o outro apenas na presença do vice-chanceler Papen. Por isso, Hitler esforçou-se muito nas primeiras semanas como chanceler para conseguir a confiança de Hindenburg com sua boa conduta. "É necessário conquistar o velho integralmente", ele comentou a Baldur von Schirach, em 5 de fevereiro. "Não podemos fazer nada agora que o contrarie."[114] Obviamente levou relativamente pouco tempo para o ator-estadista conseguir o afeto de Hindenburg e afastar Papen de sua posição de preferido. "Ele está se dando muito bem com o velho", relatou Goebbels em 17 de fevereiro.[115] O próprio Hitler contou, em maio de 1942, durante uma longa viagem de trem da Wolfschanze para Berlim, que seu relacionamento com Hindenburg já havia melhorado depois de oito a dez dias, que ele não precisava mais se reunir

[FOTO 41] Dia de Potsdam: o chanceler do Reich, Adolf Hitler, curva-se diante do presidente do *Reich*, Paul v. Hindenburg, 21 de março de 1933.

com o presidente do Reich com Papen como cão de guarda ao seu lado e que, depois de três semanas, o "velho" já mostrava até mesmo uma "devoção paternal".[116]

Aqui, provavelmente, Hitler exagerou – segundo as lembranças de Papen, ele começou a não mais ser chamado para as reuniões apenas a partir de abril[117] – mas é certo que o presidente do Reich, já em fevereiro, não escondia suas provas de afeição por seu chanceler e o protegia das críticas vindas de fora. Quando, em 17 de fevereiro, o presidente do BVP e ministro das finanças bávaro Fritz Schäffer alertou Hindenburg que Hitler provavelmente queria "tomar o poder com violência", e ao mesmo tempo reclamou que "pessoas decentes" como os sociais-democratas teriam sido "taxadas de marxistas frente à comunidade nacional alemã", recebeu o seguinte como reposta: "Ele, o senhor presidente do Reich, reconheceu no senhor Hitler – depois de uma hesitação inicial – um homem de desejos nacionalistas dos mais honrados e ficaria feliz que o líder desse grande movimento cooperasse com ele e com outros grupos de direita".[118] Hindenburg também se mostrou extremamente feliz com o resultado das eleições de 5 de março, e expressou perante Hitler sua satisfação de que "essa coisa toda de eleição" havia "terminado. A "agitação do Parlamento" para ele sempre fora "profundamente estranha e desagradável".[119]

A cerimônia organizada de forma tão efetiva por Goebbels na Garnisonkirche, em 21 de março, marcou um novo patamar da estima de Hindenburg por Hitler. "O velho ficou muito feliz com Potsdam", anotou o ministro da propaganda.[120] O prefeito de Hamburgo, Krogmann, mandou uma mensagem para o presidente do Reich três dias depois: havia conhecido Hitler "totalmente apenas depois de sua nomeação e o estimado muito". Era sabido que "tinha certas preocupações iniciais", pois o líder do NSDAP havia "exigido o poder exclusivo". Mas por fim reconhecia "os grandes dons e capacidades do senhor chanceler do Reich em caráter incondicional".[121] Hitler retirou de uma vez por todas o papel de favorito de Hindenburg do vice-chanceler Papen. Preparava-se agora, depois de reunir a aura de "herói de Tannenberg" de forma tão astuciosa, para o aumento da própria reputação política, também para sair da sombra do presidente do Reich ancião e assumir a "posição de ponta como um homem carismático por conta própria".[122]

Quem imaginou que Hitler, com sua reverência a Hindenburg, se punha sob égide e se distanciava de sua empresa pelo poder ilimitado, foi surpreendido dois dias depois, quando o Reichstag promulgou uma "Lei Plenipotenciária" em assembleia no Teatro Lírico Kroll, em Berlim. Com isso, Hitler não queria apenas dissolver o Reichstag, mas também "se tornar independente das amarras do presidente do Reich e do Decreto Emergencial [Artigo 48 da Constituição], o fundamento atual de seu domínio".[123] A "Lei de Suspensão da Aflição do Povo e do Estado", como se chamava oficialmente, foi discutida pela primeira vez em 15 de março, no gabinete. Nele, o ministro do Interior, Frick, enfatizou que o texto precisava ser redigido com amplidão suficiente para "que pudesse se diferenciar de qualquer disposição da Reichsverfassung [a Constituição do Reich]". Novamente, os ministros conservadores não levantaram nenhuma objeção. Apenas Hugenberg questionou "se estaria previsto nas leis um envolvimento do senhor presidente do Reich, que seria promulgado pelo governo do Reich com base na Lei Plenipotenciária". Não foi Hitler, mas o secretário de Estado Meissner, que desprezou a objeção com a observação de que um envolvimento do presidente do Reich "não seria necessário", pois este também "não o exigiria".[124]

Contudo, o artigo 76 da Constituição do Reich previa que, para a aprovação de uma lei que alterasse a Constituição, seriam necessários dois terços dos membros do *Reichstag* presentes e dois terços de votos favoráveis. Frick calculou no gabinete como essa maioria deveria ser alcançada: descontava-se dos 647 deputados votados os 81 mandatários do KPD, em seguida seriam necessários apenas 378 votos, em vez de 432. Juntamente com a *Kampffront Schwarz-Weiß-Rot*, o NSDAP conseguiu, em 5 de março, 340 cadeiras. Também dependiam do apoio do *Zentrum*. Para garantir a presença de dois terços dos mandatários, decidiu-se pouco antes da votação uma outra alteração da ordem do dia do *Reichstag*, que faria valer também "como presentes os membros não presentes sem justificativa". Por isso, Hitler também se interessava pela aprovação do *Zentrum*, porque significaria "um fortalecimento do prestígio perante os países estrangeiros", como ele explicou na reunião do gabinete de 20 de março, na qual a minuta da lei foi aprovada.[125] Ela deveria ter vigência de 4 anos (Art. 5) e conferia poderes ao governo do Reich para aprovar leis do Reich "exceto no processo previsto na Constituição do Reich" (Art. 1). As leis deveriam "diferir da Constituição do Reich" (Art. 2). O chanceler do Reich poderia promulgar leis no lugar do presidente do Reich e anunciá-las no *Gesetzblatt* [Diário Oficial] (Art. 3). E o Art. 4 conferia o direito de negociar contratos com Estados estrangeiros pelo governo do Reich.[126]

De qualquer forma, o *Reichstag* reuniu-se na tarde de 23 de março, sob condições nunca vistas antes na história parlamentar alemã. Os nacional-socialistas haviam preparado um cenário ameaçador. "A praça imensa diante do Teatro Lírico de Kroll estava coberta com uma multidão de preto", lembrou-se o deputado Wilhelm Hoegner, do SPD. "Cânticos nos receberam: 'Queremos a Lei Plenipotenciária!' Jovens com a suástica no peito nos encaravam com olhar insolente, bloqueavam nosso caminho, nos recebiam em corredores poloneses e gritavam xingamentos como 'porco do *Zentrum*', 'desgraça marxista' [...] Quando nós, social-democratas, tomamos nossos lugares na extrema esquerda, os homens da SA e da SS puseram-se frente às saídas e paredes atrás de nós, em semicírculo. Suas expressões não transmitiam nada de bom".[127] Na frente da tribuna, onde estavam sentados os membros do governo, pendia uma imensa bandeira da suástica, como se não fosse uma reunião dos representantes do povo, mas um evento do partido nacional-socialista. Dessa vez, Hitler também apareceu de camisa parda, depois de ter se apresentado, ainda dois dias antes em Potsdam, no papel de político sério com trajes civis.

Cumprimentado pela facção do NSDAP com *Heil* triplo, o chanceler do Reich fez um discurso de duas horas e meia, no qual ele primeiramente repetiu as conhecidas diatribes sobre a "deterioração da nação causada pelas falsas doutrinas marxistas" para em seguida esboçar, em rodopios muito genéricos, o programa de governo para a "construção de uma comunidade do povo" e "um saneamento moral radical do corpo popular". Na área econômica, Hitler fez promessas a todos: aos camponeses, a restituição da rentabilidade de suas empresas; à classe média, a salvação diante da concorrência superior; aos operários e funcionários, o fortalecimento do poder de compra; aos desempregados, a reintegração às linhas de produção; ao setor de exportação, uma consideração maior de seus interesses. No que dizia respeito à política externa, comportava-se com tranquilidade: a Alemanha não queria "nada além de direitos iguais à existência e à liberdade" e "viver em paz com o mundo". Apenas no fim, Hitler introduziu a Lei Plenipotenciária, cuja necessidade fundamentou com o fato de que o governo da "ascensão nacional" não poderia levar a cabo suas tarefas se precisasse "barganhar e solicitar a autorização do *Reichstag* caso a caso". No entanto, o governo apenas "lançaria mão da lei", assim ele buscou garantir, "quando fosse necessário para o cumprimento de medidas vitais". Nem a existência do *Reichstag*, tampouco a do *Reichsrat* seria "ameaçada" pela lei, a posição e os direitos do presidente do Reich permaneceriam "intocados", os Estados "não seriam eliminados" e os direitos da Igreja "não seriam diminuídos". A última observação dirigia-se ao *Zentrum*, cujo consentimento ainda não estava totalmente certo. À isca seguia uma ameaça clara: "Agora, meus senhores, desejam tomar a decisão sobre guerra ou paz".[128]

Após o discurso de Hitler, Göring interrompeu a assembleia por duas horas; as facções se reuniram para deliberar. Entre os social-democratas não pôde haver nenhuma discussão sobre rejeição: a prisão de um de seus membros mais proeminentes, o ex-ministro do Interior prussiano, Carl Severing, com violação de sua imunidade parlamentar bem diante da entrada do Teatro Lírico Kroll, os fez perceber o que ameaçava a todos.[129] Na facção do *Zentrum*, ao contrário, houve discussões acaloradas. A maioria sob a batuta do presidente Kaas votou a favor. Ela indicava que Hitler, em negociações anteriores, apresentou a perspectiva de uma garantia por escrito de que a Lei Plenipotenciária seria utilizada apenas sob determinadas precondições. A promessa era apenas uma manobra ludibriadora que Hitler conhecia como ninguém – a carta anunciada nunca seria enviada. Até o último minuto na reunião da facção na tarde de 23 de março, o ex-chanceler do *Reich*, Heinrich Brüning, que já havia chamado a Lei Plenipotenciária de "a coisa mais monstruosa que foi exigida de um Parlamento", tentou impedir a aprovação: "Prefiro cair agora com honra", declarou ele, do que estender a mão para uma política que "não permitiria, nem mesmo ao *Zentrum*, um sopro de vida sequer". Contudo, no fim das contas, ele se dobrou à disciplina da facção, como a minoria que o seguia.[130]

Após a reabertura da assembleia, pouco depois das 18h, o presidente do SPD, Otto Wels, tomou a palavra. Com base nas perseguições que os sociais-democratas teriam sofrido nos últimos tempos, assim ele percebia, ninguém poderia esperar que aprovassem a Lei Plenipotenciária: "Podem nos tirar a liberdade e a vida, a honra não". Foi uma apresentação corajosa em face à atmosfera homicida que dominava o salão. Pela última vez nos próximos doze anos, uma confissão pública dos fundamentos da democracia e do estado de direito foi apresentada pela tribuna do *Reichstag*: "Nenhuma Lei Plenipotenciária dará a eles poder para dizimar as ideias, que são eternas e indestrutíveis". Wels encerrou com um cumprimento aos "perseguidos e oprimidos": "Sua estabilidade e lealdade são admiráveis. Sua coragem de professar suas convicções, sua confiança inquebrantável garantem um futuro mais iluminado". A ata da assembleia registra aqui repetidamente "risos dos nacional-socialistas".[131]

Mal Wels terminou seu discurso e Hitler apressou-se a tomar o púlpito para massacrar o orador anterior: "Tardam, mas não falham. As belas teorias que o senhor, caro deputado, acabou de declarar aqui foram transmitidas à história mundial um pouco tarde demais". A réplica de Hitler parecia improvisada, e, como sempre, foi apresentada como exemplo de sua presença de espírito. No entanto, a verdade é que o redator-chefe da revista *Vorwärts*, Friedrich Stampfer, mandou distribuir o texto do discurso de Wels anteriormente como nota à imprensa, de forma que Hitler teve tempo suficiente para preparar sua resposta.[132] "Nunca ninguém viu alguém ser derrubado assim. Hitler em grande velocidade. E um sucesso bombástico", comemorou Goebbels.[133] De fato, o chanceler do Reich mostrou, no segundo discurso, seu rosto brutal, sedento por poder, que ele havia conseguido esconder cuidadosamente no espetáculo de Potsdam sob a máscara de estadista honrado. "Os senhores são lamuriosos, e não se dedicam aos tempos de hoje quando falam agora sobre perseguições", ele gritou para os social-democratas com desdém. E continuou até mesmo para expor que a propaganda de aprovação da Lei Plenipotenciária não passava de uma manobra calculada: "Apenas porque nós enxergamos a Alemanha, as aflições e as necessidades da vida nacional, apelamos nessa assembleia ao *Reichstag* alemão para nos autorizar a ter o que poderíamos ter tomado de qualquer forma". Para terminar, Hitler ainda se dirigiu novamente aos social-democratas: "Acredito que os senhores não apoiam esta lei porque, segundo sua mentalidade mais profunda, não compreendem a intenção que nos inspira [...] e posso apenas dizer: eu também não quero que os senhores a apoiem! A Alemanha deve ser livre, mas não pelas mãos dos senhores!". A ata registrou: "Gritos de *Heil* duradouros e apaixonados pelos nacional-socialistas e nas tribunas. Aplausos dos membros do DNVP".[134]

Com esse discurso, Hitler não poderia ter expressado de forma mais clara que, sob seu governo, todas as normas de divisão de poderes e do estado de direito seriam revogadas, e que a promessa da "legalidade" não passava de retórica enganosa. Contudo, os oradores do *Zentrum*, do BVP, do Deutschen Staatspartei, do DVP e do Serviço Popular Cristão [partido conservador] não se intimidaram em aprovar a Lei Plenipotenciária em nome de suas facções, "na esperança de uma evolução constitucional", como expressou Reinhold Maier, de Württemberg, membro do Staatspartei.[135] Na votação definitiva, 441 deputados votaram a favor, apenas a já dizimada facção do SPD, com 94 membros, votou contra. O "dia mais negro" na história do parlamentarismo alemão chegava ao fim.[136] No dia seguinte, no gabinete, Hugenberg expressou seu agradecimento a Hitler pelo "sucesso extraordinário". Além disso, elogiou a réplica ao discurso de Wels, que seria "percebida de forma geral como uma descompostura perfeita ao SPD".[137] No que dizia respeito à abolição definitiva da democracia parlamentar e à perseguição de seus últimos defensores, os social-democratas alemães, prevaleceu o entendimento consumado entre O NSDAP e O DNVP.

Com a Lei Plenipotenciária, chegou ao fim a primeira fase da "tomada de poder" nacional-socialista. O próximo passo era previsível, pois através da autodissolução do Parlamento como órgão legislativo, os partidos também perderam basicamente seu direito à existência. No entanto, o governo de Hitler não se fez apenas tendo sua independência do *Reichstag*, que logo em seguida se degradou até tornar-se um mero órgão de aclamação, mas ao mesmo tempo se livrando dos plenos poderes do decreto de emergência do presidente do Reich.[138] Isso significou o colapso definitivo do "conceito de domesticação", cujo marco divisório mais importante era a retirada do poder presidencial. De fato, Hitler não se consultava mais com seus aliados conservadores, mesmo que, primeiramente por motivos de aparência, ele os mantivesse no gabinete. "Agora somos os senhores", observa Goebbels, que na noite de 23 de março se reuniu com Hitler na Chancelaria do Reich e com ele ouviu novamente a resposta para Wels pelo rádio.[139] Embora a Lei Plenipotenciária, que entrou em vigor no dia 24 de março, tivesse validade de quatro anos, foi aumentada em três vezes e se manteve, até o fim do regime, como a base da legislação nazista.

Apenas uma semana depois, o governo de Hitler lança seu próximo ataque: em 1º de abril, ele invoca o primeiro boicote de lojas, advogados e médicos judaicos. Desde a tomada de poder de 30 de janeiro, as revoltas de antijudeus cresciam a olhos vistos. Nesse meio tempo, em muitas cidades e regiões, ataques violentos a judeus e atentados a lojas judaicas tomavam conta do cotidiano, que eram organizados, em geral, pela SA e por ativistas do partido locais.[140] Na Kurfürstendamm, [importante avenida berlinense], bandos fizeram uma caça a transeuntes judeus um dia depois das eleições do *Reichstag*, em março. "Muitos judeus foram espancados pelos camisas pardas até o sangue escorrer sobre a cabeça e o rosto", observou o correspondente do *Manchester Guardian* na Alemanha. "Muitos despencavam desmaiados e eram deixados na rua até serem erguidos por amigos ou transeuntes e levados para o hospital."[141] Relatos como esse chegaram à imprensa internacional e causaram indignação. Em 26 de março, 250 mil pessoas reuniram-se em Nova York e mais de um milhão em todo os Estados Unidos para protestar contra a discriminação e a perseguição dos judeus pelo governo hitlerista.[142]

Na propaganda nazista, mas também nos relatórios de diplomatas alemães, a crítica internacional foi descrita como uma "disseminação de atrocidades" judaica, contra a qual era necessário se defender.[143] Em um boicote a lojas, consultórios médicos e escritórios de advocacia judaicos em todo o Reich, não apenas os judeus alemães foram mantidos como reféns em virtude dos protestos no exterior, mas ao mesmo tempo ações "selvagens" da SA foram canalizadas e direcionadas a um objetivo conjunto. A decisão para o boicote provavelmente surgiu em um encontro de Hitler e Goebbels, em Obersalzberg, em 26 de março. "Escrevo uma convocação de boicote contra os judeus alemães. Com isso, sua boataria no exterior logo se extinguirá", anotou o ministro da Propaganda como resultado da reunião.[144] O planejamento e a organização foram deixados a cargo do "Comitê Central para Defesa contra Rumores de Atrocidades e Boicotes Judaicos", cuja presidência foi assumida pelo *Gauleiter* de Nuremberg e editor do terrível jornal difamatório antissemita *Der Stürmer*, Julius Streicher. A convocação da liderança do partido foi publicada em 28 de março no *Völkischer Beobachter*. Ele invocava todos os agrupamentos do partido a formar imediatamente comitês de ação para que pudessem dar "pronto" início ao boicote em 1º de abril e "avançar até o menor vilarejo de camponeses". O seguinte princípio básico foi apresentado: "Nenhum alemão decente continuará a comprar de um judeu ou deixará que ele ou seus empregados ofereçam seus produtos".[145]

Em 29 de março, Hitler deu instruções ao gabinete das medidas planejadas, sem deixar nenhuma dúvida de que ele mesmo motivou a convocação do boicote e apoiava totalmente a ação. "Ele estava convencido de que um boicote de 2 a 3 dias de duração convenceria o judaísmo de que a disseminação de atrocidades deveria prejudicar principalmente os próprios judeus."[146] Dois dias depois, alguns ministros mostraram preocupação: o ministro das Finanças, Schwerin von Krosigk, temia "quedas grandes na receita do imposto de valor agregado", e também o ministro dos Transportes, Eltz-Rübenach, chamou atenção para as consequências econômicas. Todas as passagens estrangeiras dos navios *Europa* e *Bremen* já haviam sido canceladas. Hitler reagiu com aparente flexibilidade: ele propôs postergar o início do boicote para 4 de abril, quando os governos dos Estados Unidos e da Grã-Bretanha "já teriam expedido declarações satisfatórias contra a disseminação de atrocidades". Do contrário, o boicote deveria, conforme planejado, acontecer no sábado, 1º de abril, no entanto deveria acontecer uma pausa até 4 de abril.[147] Embora os governos norte-americano e britânico tivessem confirmado na noite de 31 de março que desejavam enviar a declaração solicitada, era tarde demais para uma mudança de curso, pois a base mobilizada do partido já forçava o início dos ataques, e Hitler não podia voltar atrás sem perda de reputação, isso sem mencionar o fato de que o boicote correspondia totalmente a suas intenções. "Eu não sei se em duzentos ou trezentos anos meu nome ainda será lembrado honradamente na Alemanha [...]", ele disse na noite anterior ao boicote para o embaixador italiano Vittorio Cerutti, "mas tenho absoluta certeza de que em quinhentos ou seiscentos anos o nome de Hitler será exaltado como o daquele que erradicou de uma vez por todas a peste mundial do judaísmo."[148]

Na manhã de 1º de abril, em toda a Alemanha, guardas da SA pregaram cartazes diante de lojas, consultórios médicos e escritórios de advocacia judaicos e exigiram boicote por parte do público. "As lojas judaicas – havia muitas nas ruas da parte ocidental – ficavam abertas, diante das portas das lojas ficavam soldados da SA plantados. Nas vitrines, obscenidades eram riscadas, e os proprietários das lojas ficavam, em sua maioria, escondidos", lembrou-se Sebastian Haffner, que presenciou o boicote em Berlim.[149] Sobre as reações da população, os relatos divergiam. "Um murmúrio de desaprovação, oprimido, mas audível, corria pelo país", escreveu Haffner em retrospecto.[150] Rumbold, embaixador inglês, também acreditou perceber que o boicote "não era popular no país inteiro"; por outro lado, também não acontecia "nenhuma mudança de disposição em favor dos judeus".[151] Em muitas conversas dos contemporâneos, o assunto era os clientes ou pacientes, que nesse dia compraram conscientemente nas lojas judaicas ou procuraram seus médicos judeus para expressar sua lealdade. No entanto, tratava-se aqui de uma minoria corajosa; a maioria se mantinha claramente nos termos do regime: não comprava, se afastava e observava.[152]

Para muitos alemães judeus, a primeira ação antissemita organizada pelo governo em todo o Reich foi uma experiência brutal. "Eu sempre me senti alemão de verdade. E sempre imaginei que o século XX na Europa central era muito diferente do século XIV na Romênia. Que erro", reclamou Victor Klemperer em seu diário.[153] E, como para o romanista de Dresden, a segurança que outros judeus alemães sentiam dentro da nação de viver em uma sociedade civilizada, na qual o perigo de uma volta à barbárie parecia banido, foi derrubada com um golpe. Inclusive entre os alemães que repudiavam o regime, o boicote provocava vergonha e horror. O conde Harry Kessler, que nesse meio-tempo permanecia em Paris e havia decidido não mais voltar à Alemanha, observou em 1º de abril: "O abominável boicote aos judeus no Reich. Essa loucura criminosa destruiu tudo que havia sido recuperado de confiança e reputação para a Alemanha em catorze anos".[154]

Embora o boicote não tivesse sido retomado em 4 de abril, nas semanas e nos meses seguintes ações contra lojas judaicas aconteciam, instigadas por grupos locais da SA e do partido.[155] Enquanto isso, no governo de Hitler, teve início um método silencioso para forçar a expulsão dos judeus da sociedade alemã: em 7 de abril, foi promulgada a "Lei para Restauração do Serviço Público Profissional", que não apenas oferecia a possibilidade de despedir funcionários públicos politicamente suspeitos como também prescrevia obrigatoriamente que funcionários "sem ascendência ariana" fossem aposentados. Contudo, a partir de então, ficavam provisoriamente excluídos aqueles funcionários judeus que lutaram na frente de batalha ou cujos pais ou filhos haviam sido mortos na guerra.[156] Hindenburg exigiu a aplicação dessa exceção em uma carta para Hitler três dias antes: "Se tiveram valor para lutar e sangrar pela Alemanha, também deveriam ser vistos com dignidade para servir à pátria em sua profissão".[157] Isso não significava que Hindenburg queria dar voz ao seu descontentamento sobre as medidas discriminatórias. Quando o príncipe Carlos da Suécia, presidente da Cruz Vermelha sueca, defendeu os judeus na Alemanha no final de abril, o presidente do Reich rejeitou qualquer envolvimento com a observação de que a "revolução nacional" acontecia com "toda paz e ordem", o que deveria ser considerado ainda mais "quando anteriormente tanta injustiça foi causada pelo lado judeu e judeu-marxista ao movimento nacional-socialista, que agora alcança a vitória".[158] Sua intervenção em favor dos ex-soldados de fronteira de origem judaica não se originava de uma desaprovação da política antissemita do governo, mas sim de um sentimento de antiga lealdade perante aqueles que participaram da guerra.

É revelador como Hitler reagiu à carta de Hindenburg. Por um lado, justificou sua política, na qual indicava que era necessário se defender contra a "inundação de determinadas profissões pelo judaísmo", e que os judeus sempre foram "um corpo estranho que nunca cresceu totalmente com o povo alemão". Por outro lado, elogiou o presidente do Reich com palavras efusivas, que ele apoiava os ex-soldados judeus de "forma humanamente generosa" e prometeu "corresponder ao nobre sentimento da forma mais ampla possível". E então seguia uma frase que, resumidamente, revelava o habilidoso mestre dos disfarces que era Hitler: "Entendo suas motivações íntimas e, por acaso, sofro frequentemente com a crueldade do destino, que obriga uma pessoa a tomar decisões que, do ponto de vista humano, gostaria de evitar mil vezes."[159] Hitler ainda não conseguira demover o presidente do Reich e assim desempenhou perante ele o papel ao qual Hindenburg era mais receptivo: o de político cortês, humilde, apto a aprender, que cumpria de forma altruísta seu difícil dever e, apenas no interesse do povo alemão, não pelo próprio ímpeto, era obrigado a tomar medidas rígidas contra judeus e "marxistas".

A "Lei para Restauração do Serviço Público Profissional" de 7 de abril foi um divisor de águas, pois o governo rompeu pela primeira vez o princípio de igualdade jurídica dos judeus. Com isso, introduziu-se um processo que faria retroceder passo a passo a emancipação dos judeus na Alemanha, concluída em 1871. Outras leis discriminatórias foram criadas ainda em abril, como a lei sobre a permissão da prática jurídica e a lei contra a superlotação de escolas e faculdades alemãs.[160] Apenas poucos judeus alemães podiam já nessa época imaginar que o caminho aberto até aqui, segundo a insana fixação ideológica de Hitler, tinha como objetivo sua "retirada" completa da "comunidade nacional" alemã. Entre esses poucos estava Georg Solmssen, o porta-voz executivo do *Deutsche Bank*. "Eu temo", assim escreveu em 9 de abril ao presidente do conselho de administração, "que ainda estejamos no início de um acontecimento que é direcionado à destruição econômica e moral consciente, segundo planos bem-arquitetados, de todos os membros vivos da raça judia na Alemanha, de forma indiscriminada."[161]

Se havia uma força opositora que poderia parar a marcha dos nacional-socialistas pelas instituições na primavera de 1933, ou ao menos obstruí-la, eram – assim se podia imaginar – os sindicatos livres formados na Allgemeiner Deutscher Gewerkschaftsbund (ABGB). No entanto, no início de maio, eles também foram destruídos sem oferecer nenhuma resistência digna de nota – uma ocorrência sem precedentes que marca o pior momento na história do movimento sindical alemão.[162] Nos primeiros dois meses após a tomada do poder, Hitler ainda não sabia como deveria lidar com os sindicatos. Essa hesitação inicial tinha como base o respeito por uma organização que, com quase quatro milhões de membros, parecia representar um potencial considerável de resistência. No entanto, essa postura surpreendentemente hesitante da liderança do sindicato, que pairava entre a passividade e o servilismo, logo fortaleceu em Hitler a convicção de que não se devia esperar oposição desse lado.

Desde o fim de fevereiro, a liderança da ADGB começou a se afastar do SPD, partido com que havia sido intimamente ligada por décadas, e a se aproximar dos nazistas. Em 21 de março, o presidente da ADGB, Theodor Leipart, dirigiu-se diretamente a Hitler e pediu uma reunião. A carta, redigida em tom subserviente ("com protestos de elevada estima e devoção"), era uma declaração de princípios do conselho executivo federal da ADGB sobre o papel futuro dos sindicatos, na qual havia a excepcional confissão: "As tarefas sociais dos sindicatos devem ser cumpridas em consonância com o regime do Estado."[163] Em 9 de abril, o conselho executivo da ADGB ofereceu formalmente ao governo os "serviços" das organizações sindicais "ao novo Estado" e propôs a nomeação de um "comissário do Reich para os sindicatos".[164] O chanceler do Reich não se dignou a dar resposta a essa oferta, bem como à carta de Leipart de 21 de março.

À tentativa de bajulação da liderança sindical, a reação dos líderes nazistas foi uma mistura característica de cenoura e chicote. Por um lado, as sedes de sindicato passaram a servir aos abusos violentos da SA, em que funcionários eram presos e abusados em muitos locais. Leipart apelou em vão a Hindenburg, como o "protetor e garantidor dos direitos do povo estabelecidos na Constituição", com o pedido de "pôr fim à insegurança jurídica que ameaça em várias cidades alemãs a vida e a propriedade da classe trabalhadora alemã".[165] Um protesto desesperado, pois os direitos fundamentais constitucionais que a liderança sindical invocava haviam sido suspensos muito tempo antes por Hitler e seus aliados conservadores – e isso com endosso de Hindenburg.

Por outro lado, o governo de Hitler envidava esforços maiores para separar os trabalhadores de suas organizações e arrebanhá-los para a questão da "ascensão nacional". Em 24 de março, Goebbels propôs no gabinete declarar o dia 1º de maio, o tradicional dia da luta do movimento trabalhista, "Feriado Nacional do Trabalho", fazendo referência clara ao Dia de Potsdam, que acontecera pouco antes.[166] Isso serviu para celebrar a ligação simbólica entre prussianismo e nacional-socialismo, e a festa vindoura de 1º de maio oficializaria a união com a classe trabalhadora. Usurpação ideológica e coordenação terrorista eram as partes integrantes de um único e mesmo conceito. No início de abril, foi confiada ao "Comitê de Ação para Proteção do Trabalho Alemão", sob a presidência de Robert Ley, o chefe de organização do NSDAP, a missão de desenvolver um plano para dissolução dos sindicatos. Em 17 de abril, Hitler deu sinal verde, de Obersalzberg, para o ataque surpresa planejado. Goebbels novamente teve participação decisiva nessa decisão. O 1º de maio seria celebrado com "grandiosidade", ele anotou. "Em 2 de maio, ocuparemos as sedes dos sindicatos. 'Cooperação'. Alguns dias de barulho, então eles serão nossos."[167] Em 21 de abril, Ley informou aos *Gauleiter*: "Terça-feira, 2 de maio de 1933, às 10h, começa a ação de coordenação contra os sindicatos livres." Assim, deveriam proceder de forma "que o operário e o funcionário tenham a sensação de que essa ação não é dirigida a eles, mas a um sistema obsoleto e incongruente com os interesses da nação alemã". [168]

O presidente da ADGB ainda alimentava a ilusão de que poderia se acertar com o regime. Em meados de abril, elogiou a decisão de declarar feriado o 1º de maio e alinhou-se à nova interpretação da data: "O trabalhador alemão deve demonstrar consciência de classe no 1º de maio, deve ser um membro de boa reputação da comunidade nacional alemã".[169] Assim, os membros dos sindicatos e os nacional-socialistas marcharam juntos em 1º de maio sob o estandarte com a suástica. O comício principal aconteceu no campo de Tempelhof, antiga praça de parada imperial. Foi preparado por Goebbels em tons marciais e deveria ser, depois de Potsdam, a segunda obra-prima de sua propaganda.[170] Mais de um milhão de pessoas formaram doze blocos diante de um palanque gigantesco no meio de um mar de bandeiras e estandartes sob a luz forte dos holofotes. Em seu discurso, que novamente foi transmitido por todas as rádios, Hitler retornou ao simbolismo da tradição socialista de maio para dissolvê-la na ideologia da "comunidade nacional" e com isso desnudar seu sentido. Com habilidade, ele relacionou a retórica de conciliação social com um apelo lisonjeiro aos "Trabalhadores da Mente e do Corpo"[§] – uma fórmula que sugeria igualdade e que, como a própria encenação do espetáculo de massa, também não poderia passar em branco para muitos dos trabalhadores céticos.[171] "Ótimo frenesi entusiástico", observou Goebbels, totalmente enlevado com sua direção do

---

§   A expressão *"Arbeiter der Stirn und der Faust"* [lit. "trabalhadores de fronte e punho], cunhada por Hitler, apareceu pela primeira vez no jornal *Völkischer Beobachter*, de 5 de junho de 1921. "Os senhores devem aprender se respeitar mutuamente, dos trabalhadores da mente aos trabalhadores do corpo e vice-versa. Nenhum existiria sem o outro. Os dois formam um par, e esses dois devem se cristalizar em um novo ser humano – o ser humano do Reich alemão do futuro." [SCHMITZ-BERNING, Cornelia. *Vokabular des Nationalsozialismus*. Berlim: Walter de Gryter, 2007, p. 41] (N.T.)

evento, mas mesmo um observador crítico como François-Ponce não conseguiu se livrar do turbilhão de sugestionamento massificado. Ele percebeu o impacto da voz de Hitler, que soava "às vezes rouca, então de novo pungente e feroz", intensificada pelos "equipamentos teatrais", o jogo de luz e sombras, as bandeiras e uniformes e o ritmo imperioso da música. O embaixador francês acreditou sentir "uma aura de conciliação e unidade".[172]

Contudo, um dia depois, a realidade desmentiu essa impressão. As tropas da SA ocuparam as sedes de sindicatos e levaram os líderes sindicalistas, entre eles Leipart, para "prisão preventiva". "Ocorreu segundo os planos", comemorou Goebbels.[173] Fracassou a tentativa de salvar a própria organização através de uma política de ajuste proeminente até o limite da capitulação. Alguns dias depois, a *Deutsche Arbeitsfront* [Frente Trabalhista Alemã] foi fundada, com Robert Ley à frente – uma organização mastodôntica, que unia as associações coordenadas de operários e funcionários (mais tarde também a dos empresários) e se desenvolveria como o instrumento mais efetivo da integração da classe trabalhadora no Estado nazista.[174] Não havia mais uma representação independente dos interesses dos trabalhadores. A "Lei sobre Curadores do Trabalho", de 19 de maio, estabeleceu a regra compulsória estatal no lugar da autonomia tarifária vigente até então de empregados e empregadores – um princípio importante da constituição do estado social de Weimar foi eliminado com um golpe de pena.[175]

Goebbels revelou o que se seguiria à destruição dos sindicatos em uma nota de diário, de 3 de junho, com clareza brutal: "Todos os partidos devem ser aniquilados. Permaneceremos únicos."[176] Depois que o KPD foi suprimido de forma cruel, o próximo da lista foi o SPD. O regime respondeu à rejeição da facção do *Reichstag* à Lei Plenipotenciária com represálias intensificadas. A frustração e a resignação espalharam-se entre os membros; as saídas do partido acumulavam-se. Após a ação contra os sindicatos em 2 de maio, cresceu também na liderança da SPD a preocupação de uma interdição, que foi alimentada ainda mais quando Göring, em 10 de maio, mandou confiscar os bens do partido. Alguns membros da presidência, entre eles Friedrich Stampfer, estavam em viagem desde o início de maio na região da Bacia do Sarre, administrada pela Liga das Nações, para preparar uma eventual emigração necessária. Contudo, nessa questão, as opiniões divergiam: seria possível mudar a sede para o exterior para organizar de lá a luta contra o regime, ou deveriam utilizar as possibilidades legais ainda existentes no país para salvar o que talvez ainda pudesse ser salvo? Foram os defensores da última posição que forçaram a decisão de uma maioria da facção do *Reichstag*, que aprovou o "Discurso de Paz" (a ser tratado no próximo capítulo) de Hitler, em 17 de maio, no *Reichstag* – uma decisão que não apenas valorizava Hitler do ponto de vista da política externa, mas também lançava para a penumbra a rejeição da Lei Plenipotenciária *a posteriori*. Além disso, havia a disputa no alto escalão do partido. Os membros emigrados da presidência, a quem se juntava agora também Otto Wels, decidiram em 21 de maio, em Saarbrücken, migrar para Praga e reorganizar o partido em trabalho ilegal. No entanto, os companheiros que haviam permanecido em Berlim sob a liderança de Paul Löbes reivindicaram o direito de continuar a defender o partido inteiro. Sua esperança de se dirigir a Hitler com uma abordagem mais conciliadora revelou-se rápida e obviamente uma ilusão. Em 18 de junho, surgiu em Karlsbad a primeira edição do jornal *Neuer Vorwärts*, com um apelo da diretoria exilada, que continha uma declaração de guerra pungente ao governo de Hitler. Com isso, Frick, ministro do Interior, recebeu a possibilidade desejada de proibir qualquer atividade política do SPD, na qualidade de "partido inimigo do Estado e do povo", em um decreto aos governos dos *Länder*, de 21 de junho.[177] Seguiu-se uma onda de prisões de funcionários e mandatários do SPD no *Reichstag* e no *Landtag*. Durante a "semana sangrenta de Köpenick", no fim de junho de 1933, um esquadrão da SA atacou o bairro predominantemente habitado por social-democratas, prendeu mais de quinhentos homens, torturando-os de forma tão brutal que 91 deles morreram. Entre os assassinados estava também um membro da diretoria do partido SPD de Berlim, o ex-governador de Mecklenburg-Schwerin, Johannes Stelling. Sobre sua morte, corria o seguinte em um relato dos círculos dos exilados social-democratas: "Após abusos dos mais cruéis em uma situação de semiconsciência, ele foi tirado de um alojamento da SA e jogado na rua, onde foi preso novamente por membros da SA à paisana, jogado num carro, novamente transportado e torturado até a morte. Seu corpo, irreconhecível de tão mutilado, costurado dentro de um saco e amarrado a uma pedra, foi retirado do rio Dahme".[178] Esses crimes já podiam acontecer no verão de 1933 na Alemanha sem que houvesse uma voz de protesto entre as antigas elites do poder e na sociedade civil nacional – e nem entre os ministros conservadores no gabinete.

"S.P.D. dissolvido. Bravo! O Estado total não poderia esperar mais", Goebbels ficou exultante, ecoando a voz do patrão.[179] De fato, não havia mais nenhum impedimento dos partidos civis. No fim de junho e no início de julho, o *Deutsche Staatspartei* e o DVP dissolveram-se. A perda substancial de ambos os partidos liberais acelerou-se novamente após a eleição de 5 de março, tanto que seu desaparecimento mal foi sentido.[180] Já o DNVP, que já tinha um representante no gabinete como parceiro de coalisão, comportou-se de forma diferente. No fim de abril, Franz Seldte, ministro do Trabalho, anunciou sua entrada no NSDAP e ofereceu a Hitler a liderança dos *Stahlhelm*. (A associação de soldados de frente de batalha foi coordenada paulatinamente, a maioria dos membros foi transferida para a SA.)[181] No início de maio, o DNVP trocou seu nome para *Deutschnationale Front* [Frente Nacional Alemã] para documentar dessa forma que ele decidiu também, como os nacional-socialistas, abandonar o Estado partidário. Contudo, não puderam impedir que, de um lado, cada vez mais membros passassem para a NSDAP e, do outro lado, que suas instalações sofressem mais ainda com os ataques da SA e da SS. Em 17 de maio de 1933, Hugenberg e o líder interino da *Deutschnationale Front*, Friedrich von Winterfeld, protestaram para Hindenburg contra os esforços em todo o país de "reunir todo o poder na mão da NSDAP e deixar de lado todos os outros nacionalistas". O presidente do Reich respondeu que estava convencido de que o chanceler tinha as melhores intenções e trabalhava "no interesse da pátria e com coração puro, apenas visando à justiça". Infelizmente, seus oficiais "ainda se deixavam levar pelas emoções", mas isso se ajustaria com o tempo. O presidente do Reich apelou a Hugenberg e Winterfeld "para manter a unidade que determinamos em 30 de janeiro e selamos com nosso sangue, para que aquilo que agora foi alcançado não desmoronasse".[182]

Com sua queda, o presidente Hugenberg contribuiu para a derrocada inevitável do partido conservador, tão poderoso e confiante no passado. Em meados de junho, na Conferência da Economia Mundial, em Londres, sem discutir com outros membros da delegação alemã, ele apresentou um memorando no qual exigia a retirada das colônias alemãs da África e novas áreas de colonização para o "povo sem espaço" no Ocidente. O segundo tema do programa correspondia aos próprios planos de Hitler; no entanto, não se podia falar sobre eles para a opinião pública, e muito menos em uma conferência internacional, o que deu ao líder do NSDAP a possibilidade de retratar Hugenberg como representante irremediável da antiga política imperialista guilhermina e a si mesmo como moderado. A posição de Hugenberg no gabinete tornou-se insustentável; inclusive os colegas conservadores não moveram mais nenhum dedo por ele. Em 27 de junho, Hitler informou aos ministros que Hugenberg havia renunciado ao seu posto. Explicou que, pessoalmente, sentia muito pela decisão, esforçando-se para esconder sua satisfação pela queda do adversário. E considerava "melhor que o *Deutschnationale Volkspartei* desaparecesse".[183] Ainda no mesmo dia, o partido anunciou sua dissolução; em um "tratado de amizade" com o NSDAP, foi garantida a seus membros proteção diante de "qualquer ofensa e afronta".

Sem se manifestar, saía do palco político o homem que acreditava poder "controlar" Hitler como "ditador econômico", em conjunto com o vice-chanceler Papen. "Assim, eles receberam carta branca para sua traição vergonhosa do povo alemão. Papen ainda terá sua vez", profetizou o conde Harry Kessler.[184] Hugenburg mostrou-se tão insípido que transmitiu como seu "desejo de vida" imutável ao "prezado senhor Hitler", em uma carta de setembro de 1933, "que o trabalho iniciado em conjunto em 30 de janeiro pudesse conduzir a um feliz objetivo final". E, depois disso, quando Hitler se mostrou "agradavelmente tocado" pelo fato do conselheiro particular ter mantido para com ele "sua atitude de camaradagem" apesar de sua saída do gabinete, Hugenburg não deixou de garantir que Hitler, no primeiro aniversário da tomada de poder, "se ativesse a todos os pensamentos e objetivos que nos reuniu no passado".[185] Como sucessor do ministro da Economia, Hindenburg nomeou Kurt Schmitt, diretor geral da *Allianzversicherung* e membro do NSDAP, para suceder o ministro da Agricultura e Alimentação, Richard Walter Darré. Ao mesmo tempo, Hitler providenciou que o "representante do Führer", Rudolf Heß, pudesse participar de todas as reuniões do gabinete.[186] Com isso, os nacional-socialistas tinham agora a maioria no gabinete. "Já deixamos o pior para trás. A revolução toma seu rumo", anotou Goebbels, que também lucrou pessoalmente com a saída de Hugenberg, já que pôde ficar com sua residência oficial.[187]

Sob circunstâncias não menos vergonhosas se deu o fim dos partidos católicos. Também no *Zentrum* as saídas em massa combinadas com a repressão estatal de maio e junho fizeram com que a vontade de se pronunciar desaparecesse cada vez mais. A posição do partido tornou-se totalmente insustentável quando o Vaticano, em tratativas com o governo alemão sobre uma concordata, aprovou que futuramente fossem proibidas aos padres atividades político-partidárias, o que equivalia ao abandono do catolicismo político. A tentativa da liderança do *Zentrum* de conseguir a liquidação sob as mesmas condições do DNVP foi rejeitada pelos nacional-socialistas.[188] Assim, o partido decidiu, em 5 de julho, pela autodissolução. Um dia antes, também seu partido-irmão bávaro, o BVP, declarou-se dissolvido, diante da promessa de que os membros encarcerados seriam liberados.[189] Em 14 de julho, o governo do Reich promulgou a "Lei contra a Reconstrução dos Partidos", que proclamava o NSDAP o "único partido político da Alemanha" e condenava qualquer tentativa de manter ou formar um novo partido.[190] Assim estava selado o Estado unipartidário. A dominação dos nacional-socialistas, relatou o encarregado de negócios suíço em Berlim, seria "um fato com o qual simplesmente terá de se contar por muito tempo".[191]

Hitler precisou de apenas cinco meses para estabelecer seu poder. "Tudo o que existia na Alemanha além do partido nacional-socialista" foi "destruído, dispersado, dissolvido, desmembrado ou absorvido", este foi o balanço feito por François-Poncet no início de julho. Se considerarmos a situação política inicial de 1º de fevereiro e as condições sob as quais Hitler assumiu seu domínio, precisaremos reconhecer que ele "realizou com sucesso uma manobra-relâmpago".[192] De fato, as mudanças das relações políticas foram concluídas de forma tão veloz que muitos contemporâneos mal conseguiram acompanhar o passo. Era mesmo "um momento turbulento, que traz novidades todo dia", escreveu Theodor Heuss no fim de junho.[193] E Sebastian Haffner descreveu a situação dos "alemães não nazistas", no verão de 1933, como "a mais difícil na qual as pessoas podem se encontrar" – como um "estado de completa e inevitável opressão, juntamente com os efeitos colaterais do choque dos ataques surpresas externos": "Os nazistas nos têm nas mãos incondicionalmente. Todas as fortalezas caíram, qualquer resistência coletiva tornou-se impossível".[194] Victor Klemperer, que registrou o seguinte em seu diário, no dia 9 de julho, sentia o mesmo: "E agora essa tirania monstruosa aqui dentro, a demolição de todos os partidos, a ênfase diária: nós, nacional-socialistas, temos o poder único, esta é a *nossa* revolução, Hitler é o senhor absoluto".[195]

Pode-se mesmo chamar o que aconteceu entre fevereiro e julho de 1933 na Alemanha de revolução? Não apenas o esquadrão da liderança nacional-socialista, encabeçado por Hitler e Goebbels, reivindicava esse conceito com grande confiança, como também seus aliados conservadores. A "revolução nacional", cujo objetivo seria "libertar a Alemanha do grave perigo comunista e limpar [a] administração de elementos inferiores", realizou-se com "organização digna de nota", descreveu, por exemplo, no fim de março, o vice-chanceler Papen para a Câmara de Comércio Alemanha-Estados Unidos, em Nova York.[196] Um parente próximo de Hindenburg, tenente-general Karl von Fabeck, comentou em abril: "Ainda estamos no meio da revolução nacional, mas ela é vitoriosa de ponta a ponta".[197] Mas também para os críticos e céticos da conquista do poder nacional-socialista, a dinâmica avassaladora das mudanças parecia revolucionária. "Apenas agora [...] a revolução começou de verdade!", observou Erich Ebermayer, na noite de 28 de fevereiro, um dia após o incêndio do *Reichstag*.[198] Para o conde Harry Kessler, republicano convicto, tratava-se, ao contrário, de uma revolução contra a revolução: "A contrarrevolução avança a passos largos", observou ele no início de março.[199]

Ao contrário da percepção contemporânea dominante, os historiadores sempre mostraram certa reserva para descrever o processo de tomada de poder nacional-socialista como revolução, e por um bom motivo. Pois entende-se por revolução de forma geral uma reviravolta não apenas política, mas também fundamentalmente social, na qual se chega à substituição das elites. Característica da conquista do poder de 1933, porém, foi a união das elites sociais tradicionais ao exército, à grande indústria, à grande agropecuária e à área burocrática com o movimento de massa dos nazistas e seu líder, o "Führer". Além disso, desde a Revolução Norte-Americana, de 1776, e da Revolução Francesa, de 1789, revolução tinha uma conotação positiva, no sentido de uma evolução para mais liberdade, justiça e humanidade, o que não pode ser relacionado ao governo de Hitler em hipótese alguma; em vez disso, já nos primeiros meses de sua existência, apesar da insistência formal na "legalidade", mostrou de modo claro seu caráter profundamente desumano e radicalmente questionador de todos os princípios de democracia, Estado de direito e moral. "Essa revolução gaba-se do não derramamento de sangue, mas ao mesmo tempo é a mais cheia de ódio e sanguinária que já houve", constatou Thomas Mann, em 20 de abril de 1933, 44º aniversário de Hitler.[200] Também logo ficou claro para observadores alertas, como Sebastian Haffner, que se tratava de um rompimento profundo com a civilização, que extraía suas energias sociais do desejo de submeter o povo inteiro à reivindicação de poder dos nacional-socialistas e levar a cabo o extenso programa ideológico-racista de Hitler.[201] Em face da reivindicação do regime, orientada ao domínio total, Hans-Ulrich Wehler propôs nomear um novo tipo de virada político-social, uma "revolução totalitária" – conceito que parece possivelmente o mais adequado para englobar o caráter específico da transformação do sistema em 1933.[202]

O próprio Hitler reorganizou a *Sprachregelung* [estatuto linguístico] após a monopolização do poder político. A revolução, segundo seu anúncio para os lugares-

-tenentes do Reich, em Berlim, no dia 6 de julho, não poderia se tornar "um estado duradouro"; era necessário, naquele momento, "levar a corrente liberta da revolução para o leito seguro da evolução". Depois da conquista do "poder externo", a ênfase agora devia recair sobre "a criação do homem".[203] O ministro da Propaganda, Goebbels, ratificou essa ideia em um discurso de rádio em Königsberg: "Ficaremos satisfeitos apenas quando soubermos que o povo inteiro nos entende e reconhece em nós seus guardiões exclusivos". O que significava, ele disse, como sempre sem rodeios: "que na Alemanha há apenas uma opinião, um partido, uma convicção".[204]

Isso queria dizer nada menos que, naquele momento, a coordenação também deveria ser conduzida em todos os setores da vida cultural. No rádio, o meio mais importante da doutrinação político-ideológica, Goebbels já havia estabelecido uma reviravolta pessoal abrangente nos primeiros seis meses. Os jornais, contanto que não fossem proibidos, prestavam obediência pela pressão econômica e submetiam-se ao controle do regime. Apenas alguns grandes jornais liberais, como o *Frankfurter Zeitung*, contavam ainda com certa liberdade, que, no entanto, era restrita não apenas pelas instruções diárias à imprensa, mas também pela autocensura dos editores. Na música, no cinema, no teatro, nas artes plásticas e na literatura, o processo de coordenação estava associado ao afastamento dos judeus, que de forma especial representavam o modernismo odiado e foram difamados por Hitler já antes de 1933 como apoiadores das aspirações "culturais bolcheviques". Acima de tudo, os nacional-socialistas não encontraram dificuldades na "limpeza" das universidades, pois aqui a prontidão para a autocoordenação era especialmente grande. Na ação *"wider den deutschen Geist"* [contra o espírito alemão], a queima de livros que os estudantes, apoiados pelos órgãos universitários, realizaram na Opernplatz de Berlim e na maioria das outras cidades universitárias na noite de 10 de maio, encontrou sua expressão mais repulsiva. Um êxodo massificado justamente dos artistas, escritores, cientistas e jornalistas mais talentosos e produtivos teve início já no primeiro ano do regime nazista; a vida cultural e intelectual alemã nunca se recuperaria dessa flebotomia.[205] Com a instituição da Câmara de Cultura do Reich, que foi inaugurada em meados de novembro de 1933, com uma cerimônia na Filarmônica de Berlim e a presença de Hitler, a formação de toda a área cultural encontrou seu fim.[206] A afiliação nas sete câmaras individuais – cinema, música, teatro, imprensa, rádio, literatura, artes plásticas – era obrigatória para qualquer um que quisesse atuar profissionalmente nessas áreas.

O processo de coordenação também era bem abrangente – o sucesso do regime dependia especialmente disso, na medida em que conseguisse cumprir a promessa de rápida superação do desemprego em massa. Já em seu discurso de rádio, em 1º de fevereiro, Hitler anunciou um "ataque maciço e abrangente ao desemprego"; dentro de quatro anos, ele deveria estar "superado em definitivo".[207] E também para os governadores do Reich, ele declarou, em 6 de julho, a criação de empregos como "a tarefa decisiva": "Apenas quando cumprirmos essa tarefa, a História enxergará nossa grandeza."[208] Vários fatores vieram ao auxílio do governo de Hitler. No momento em que chegou ao poder, a recuperação econômica já havia se iniciado. Além disso, pôde lançar mão de medidas para criação de empregos que foram adotadas pouco antes pelos governos anteriores de Papen e Schleicher e que começavam então a surtir efeito.[209] No que dizia respeito ao combate ao desemprego, Hitler ficou notavelmente hesitante nas primeiras semanas até a eleição do Reich. Os motivos para tanto ele explicou numa reunião do gabinete, em 8 de fevereiro: "O governo do Reich precisaria trazer consigo 18-19 milhões em votos. Um programa econômico que consiga encontrar a aprovação de uma massa de eleitores dessa monta não existe no mundo inteiro".[210]

Apenas no fim de maio de 1933, o gabinete aprovou uma "Lei para Redução do Desemprego", batizada, segundo o criador, secretário de Estado no Ministério das Finanças do Reich, Fritz Reinhardt, de "Primeiro Programa Reinhardt". Ele disponibilizou um bilhão de *Reichsmark* para a criação de possibilidades de emprego adicionais – uma quantia que aumentou em 500 milhões através do "Segundo Programa Reinhardt", de setembro de 1933 –, que foram usados para trabalhos de reforma e reconstrução e ajudaram a estimular a economia de construção civil.[211] Além disso, o regime tomou outras medidas para desonerar o mercado de trabalho: assim, foi introduzido no contexto do Primeiro Programa Reinhardt um "empréstimo marital", que concedia a jovens casais um empréstimo sem juros de até 1.000 *Reichsmark* – no entanto, sob a condição de que a mulher renunciasse à sua ocupação no dia do matrimônio. Em paralelo, o regime desenvolveu uma campanha contra a assim chamada dupla remuneração para retirar as mulheres profissionalmente ativas do mercado de trabalho. Por fim, o governo exigiu trabalhos de emergência e a acomodação de desempregados urbanos na agricultura, a assim chamada *Landhilfe* [ajuda no campo], e ampliou o serviço voluntário, que havia sido introduzido nos últimos anos da República de Weimar. Todas essas medidas levaram a uma forte retração nos desempregados constantes da estatística oficial. Entre janeiro de 1933 e janeiro de 1934, o número caiu de 6 milhões para 3,8 milhões, ou seja, menos 2,2 milhões. Contudo, é necessário partir do princípio que esses números foram maquiados.[212] De qualquer forma, o regime parecia não ter prometido demais com seu anúncio de atacar decididamente o problema do desemprego, e essa impressão talvez tenha contribuído essencialmente para aumentar a aura do homem à frente dele.

Hitler não era um especialista em questões de política econômica, mas tinha conhecimento suficiente para perceber que apenas a retórica populista não adiantaria; era necessário criar incentivos que pudessem estimular uma recuperação econômica autossustentável. No contexto das medidas para estímulo da economia e da criação de novos postos de trabalho, a construção da *Autobahn* [autoestrada] teve um papel de importância menor do que mais tarde foi atribuído a ela pelo mito do "milagre econômico" nazista. Em seu discurso para inauguração da Feira Internacional de Automóveis de Berlim, em 11 de fevereiro, Hitler anunciou a "criação e a realização de um amplo plano de construção viária". "Assim como abriram caminhos para a carroça no passado, construíram os trilhos necessários para a ferrovia, o caminhão deve receber as estradas que eles precisam."²¹³ A ideia em si não era nova; desde meados dos anos 1920, uma "Associação para Preparação de Autoestradas da Cidade Hanseática de Frankfurt-Basel" (Hafraba) trabalhava em planos semelhantes. Mas, provavelmente, Hitler também lera um artigo do engenheiro de estradas de Munique, Fritz Todt, de dezembro de 1932, sobre "construção e administração viárias", no qual se enfatizava o "objetivo estratégico" da *Autobahn* e calculava-se a necessidade de construção de 5 mil a 6 mil quilômetros.²¹⁴ No fim de março e início de abril, o diretor-gerente da Hafraba apresentou duas palestras na Chancelaria do Reich sobre o projeto planejado. Hitler, amante dos automóveis, agarrou a ideia "com grande entusiasmo"; contudo, exigiu que arriscassem tudo, ou seja, que vislumbrassem não apenas um segmento, mas uma rede de *Autobahn* em todo o Reich: "Seria um grande ato se conseguíssemos concluir a rede sob nosso regime".²¹⁵ Em uma reunião com líderes industriais, em 29 de maio, Hitler fortaleceu sua intenção de apoiar a construção da *Autobahn* com todos os meios. É essencial que se ataque "o problema em sua totalidade". "O tráfego vindouro se estenderá sobre as grandes estradas."²¹⁶

[FOTO 42] "Batalha do trabalho": Hitler na primeira pazada no trecho de *Autobahn* de Darmstadt, 23 de setembro de 1933.

Em 27 de junho, entrou em vigor a "Lei sobre a Constituição da Empresa 'Reichsautobahn'"; três dias depois, Fritz Todt foi nomeado "inspetor geral da malha viária alemã". Em 23 de setembro, Hitler deu a "primeira pazada" de início dos trabalhos no trecho de construção Frankfurt-Darmstadt. Na "batalha do trabalho" [*Arbeitsschlacht*], assim sugeria a propaganda, o próprio Führer pôs a mão na massa.[217] Contudo, no início, o efeito da construção da *Autobahn* foi mínimo sobre o desemprego. Em 1933, não mais de mil operários foram necessários para o primeiro trecho e, um ano depois da nomeação de Todt, apenas 38 mil homens estavam empregados em toda a construção da *Autobahn*.[218] De qualquer forma, o número de novos carros autorizados em 1933, em comparação ao ano anterior, quase duplicou, e também o número de funcionários na indústria automobilística cresceu visivelmente. Frente aos Estados Unidos, o nível de motorização na Alemanha obviamente ainda era mínimo. Isso se devia, como Hitler criticou em uma reunião para financiamento da *Reichsautobahn*, em setembro de 1933, principalmente ao fato de que a indústria automobilística alemã não havia ajustado sua produção aos níveis de renda. "Ela ainda constrói carros muito pesados e está longe do objetivo de realização do tipo de carro na faixa de preço entre mil e 1.200 *Reichsmark*."[219] Assim, em 1934, nasceu a ideia de produzir um carro pequeno de valor razoável, um "*Volkswagen*" [carro popular], que também fosse acessível ao trabalhador comum.[220]

O impulso mais forte para a recuperação da conjuntura e a redução do desemprego vinha do rearmamento do Reich desde muito antes, assunto que Hitler havia abordado diretamente após sua nomeação a chanceler do Reich. Já no início de fevereiro de 1933, ele enfatizou diante de generais e no gabinete a prioridade absoluta do armamento. Por isso, "valores bilionários" deveriam ser despendidos, pois "o futuro da Alemanha dependeria única e exclusivamente do restabelecimento das forças armadas".[221] Hitler não via o então presidente do *Reichsbank*, Hans Luther, como alguém flexível o bastante para apoiar o armamento acelerado através de uma política monetária e creditícia expansiva. Por isso, como sucessor deste, Hitler nomeou, em meados de março de 1933, Hjalmar Schacht, que imediatamente foi recompensado pelos serviços valiosos que prestara aos nacional-socialistas antes de 1933.[222] O pacote de despesas que foi organizado para a área militar somava a quantia astronômica de 35 bilhões de *Reichsmark* – muitas vezes o valor para programas civis de criação de empregos – e seria disponibilizado em parcelas de 4,4 bilhões no decorrer de oito anos.[223] Para o financiamento, Schacht concebeu um sistema sofisticado de criação engenhosa de dinheiro. No verão de 1933, quatro grandes indústrias e fábricas armamentistas (Gutehoffnungshütte, Krupp, Rheinstahl e Siemens) fundaram uma empresa de fachada sob o nome de *Metallurgische Forschungsgesellschaft* (Mefo), que emitia títulos às fábricas armamentistas com objetivo de financiar os contratos de armamentos, que eram garantidos pelo Estado e descontados pelo *Reichsbank*. Os primeiros títulos da Mefo foram sacados já no outono de 1933; em grande estilo começaram os desembolsos, que correspondiam ao ritmo crescente da produção de armamentos, mas apenas em abril de 1934.[224] Com isso, a espiral de uma conjuntura armamentista foi colocada em marcha sem questionamentos, o que, a longo prazo, deveria levar a distorções econômicas graves.

"Nunca pare. Sempre adiante!", com essa fórmula concisa, Goebbels invocou, em novembro de 1933, a Lei do Comércio, sob a qual os nacional-socialistas tomaram o poder em 30 de janeiro.[225] Essa expressão correspondia ao mantra social-darwinista de Hitler, de que a luta duradoura deveria ser o elixir da vida de seu movimento. Além disso, o Führer, como todos os governantes carismáticos, enfrentava o problema de que seu domínio, que se devia a uma situação de crise extrema excepcional, poderia se desgastar com o passar do tempo e estar sujeito a um processo de "banalização".[226] Por isso, o ritmo da conquista do poder e da evolução do poder, segundo a situação, poderia ser ora desacelerado, ora acelerado; não podia estacionar. Assim, o chanceler do Reich avançou mais rápido em seu primeiro semestre de governo, os sucessos vieram com mais tranquilidade do que ele jamais esperaria, nem mesmo em seus sonhos mais delirantes; no entanto, ainda estava um pouco longe de uma ditadura do Führer inconteste. A Reichswehr [Forças Armadas da República de Weimar] e o presidente do Reich ainda deviam ser considerados fatores de poder autônomos, embora também suas posições houvessem se enfraquecido nesse período. Mas, acima de tudo, havia a SA, que avançava cada vez mais para se transformar em um problema para Hitler.

Após o encerramento da "tomada de poder", no verão de 1933, o exército pardo do partido viu seu principal objetivo de existência, ou seja, aterrorizar e eliminar os adversários políticos na qualidade de extensão do NSDAP, ser roubado. Consequentemente, Göring suspendeu, no início de agosto, o regulamento com o qual os camisas pardas foram nomeados policiais auxiliares. Seu ativismo violento não tinha objetivo político e, aos olhos do ditador, havia se tornado contraproducente. A decepção espalhou-se entre os homens da SA. Muitos esperavam que, com a tomada do poder, sua situação também melhoraria de imediato, e sentiram-se traídos pelos "barões do partido" e pela "reação" ligada a eles em torno dos frutos da vitória.[227] Também dentro da própria SA acentuaram-se as tensões entre os "antigos combatentes" e os novos membros, que, desde a primavera de 1933, especialmente após a interrupção de filiações ao partido, chegavam em hordas à organização paramilitar. Antes de 30 de janeiro, a SA ainda não contava com 500 mil membros; o número aumentou até o verão de 1934 – inclusive nas associações de defesa nacional associadas, principalmente nos *Stahlhelm* – para 4,5 milhões. Mal era possível integrar o fluxo enorme e o potencial de insatisfação cresceu.[228] O chamado para uma "segunda revolução" começou a circular.

Em junho de 1933, o chefe de equipe da SA, Ernst Röhm, resumiu essa disposição em um artigo escrito para a *Nationalsozialistische Monatshefte* [Revista Mensal Nacional-Socialista]. A "elevação nacional", explicou ele, havia percorrido até então "apenas um trecho da revolução alemã". A SA "não toleraria que a revolução alemã adormecesse ou fosse traída no meio do caminho por não combatentes". No fim, ameaçou abertamente os "espíritos conservadores": "Gostando eles ou não, continuaremos nossa luta. Se finalmente entenderem, com eles! Se não quiserem, sem eles! E se for necessário, contra eles!".[229] Com isso, o antigo problema estrutural na relação do NSDAP e da SA voltava a aflorar. Sem dúvida, Röhm deixou claro que não queria se deixar reduzir a um mero recebedor de ordens da liderança do partido, mas queria reivindicar para si e sua organização uma posição de poder independente no "Terceiro Reich". O ingresso em massa no exército do partido foi bastante conveniente para ele, com isso poderia enfatizar a demanda perante a *Reichswehr*, numericamente muito menor. Tinha em mente transformar a SA em uma espécie de milícia e questionar o monopólio armamentista da *Reichswehr*, talvez até mesmo, se possível, subordiná-la às próprias ambições militares. Esses planos não apenas alarmaram a liderança da *Reichswehr* como também Hitler, pois ameaçavam a aliança selada com os generais no início de fevereiro.

Ligada inseparavelmente ao conjunto de problemas da SA estava a questão da sucessão de Hindenburg. O presidente do Reich havia completado 86 anos no início de outubro de 1933; era necessário considerar seu falecimento em pouco tempo. Nesse caso, como Goebbels já havia resumido no final de março, em Obersalzberg, Hitler deveria assumir a sucessão. No entanto, o chanceler do Reich estava indeciso: "Ele não quer".[230] Em julho, ficou claro para o ministro da Propaganda, que se consultou com o secretário de Estado, Hans Heinrich Lammers, na Chancelaria do Reich: "Hitler não poderá suportar nenhum pr[esidente] do R[eich] acima dele e também não pode se transformar numa figura decorativa. Deve-se investir os dois cargos em uma pessoa". Hitler e Goebbels chegaram a um acordo sobre essa solução, a de reunir o cargo de presidente do Reich e de chanceler do Reich, em uma "discussão longa e fundamental", em 24 de agosto.[231] Dois dias depois, Hitler viajou para a Prússia Oriental para prestar uma visita a Hindenburg em Neudeck e, junto com ele, em 27 de agosto, realizar um grande comício no Memorial de Tannenberg. Ele sentia "como se fosse um presente misericordioso da providência", explicou o chanceler do Reich, que pudesse expressar seu agradecimento ao marechal de campo "no solo do campo de batalha mais glorioso da Grande Guerra, em nome de toda a nação alemã". Nessa oportunidade, Hitler não apenas presenteou Hindenburg com os domínios prussianos de Langenau e Forst Preussenwald, mas também ordenou a isenção de impostos da propriedade de Neudeck.[232]

Obviamente, Hitler podia apenas considerar suceder Hindenburg se soubesse que a *Reichswehr*, cujo supremo comandante era o presidente do Reich, estava ao seu lado. Até mesmo por esse motivo, ele precisava se preocupar em colocar Röhm e suas reivindicações no devido lugar. Como sempre, quando estava diante de decisões difíceis, Hitler ganhava tempo. Primeiramente, tentou domar Röhm através de uma combinação de ataques verbais e gestos incitadores. Por um lado, ele não deixou restar dúvida em seu discurso para os lugares-tenentes do Reich, em 6 de julho, que, "se necessário, afogaria em sangue" qualquer tentativa de uma "segunda revolução". Em 28 de setembro, ele repetiu a ameaça diante do mesmo círculo: "Ele sabe exatamente que existem muitas criaturas infelizes, cuja ambição não seria satisfeita. Obviamente, não poderia haver consideração por elas. Ele não

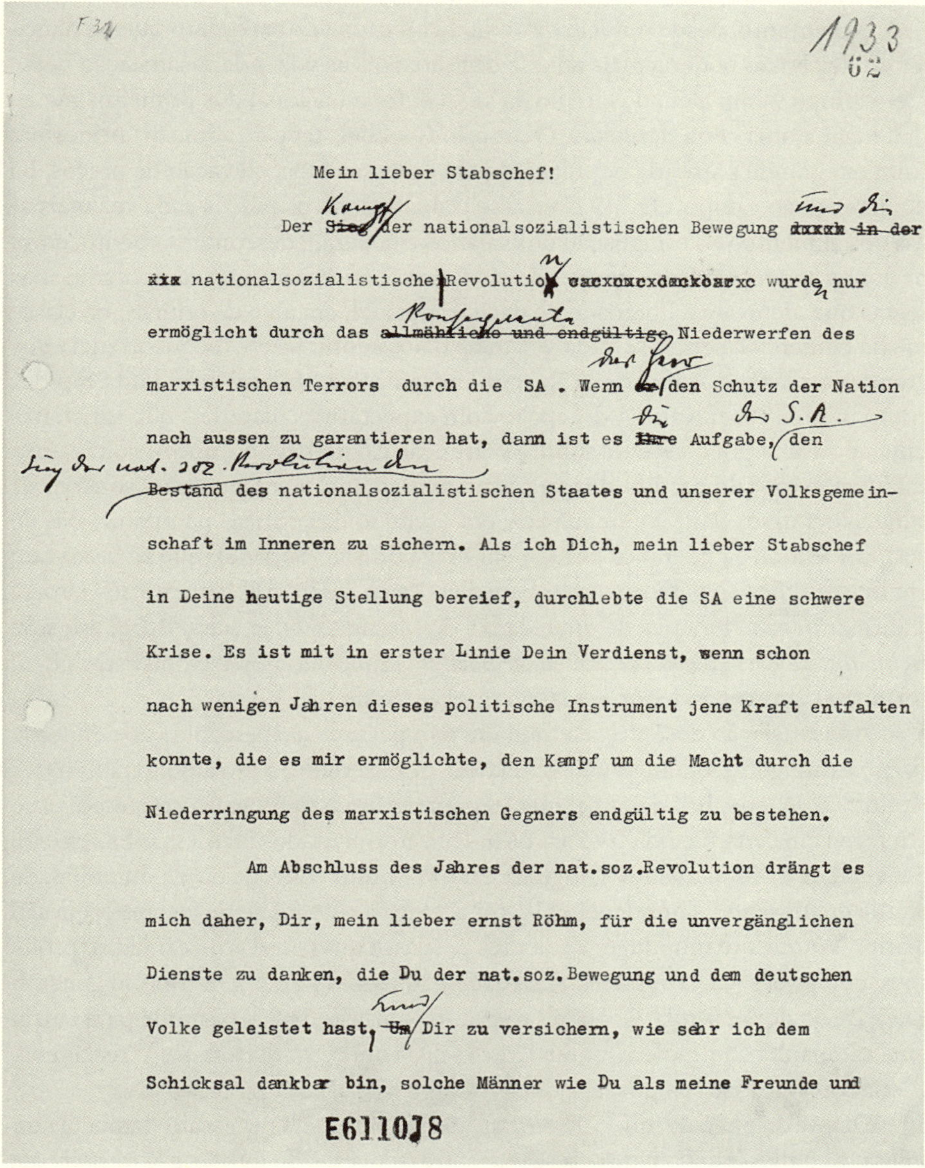
F 32

1933
62

Mein lieber Stabschef!

Der ~~Sieg~~ Kampf der nationalsozialistischen Bewegung ~~durch in der~~ und die
~~xix~~ nationalsozialistische Revolution ~~xxxxxxxxxxxxx~~ wurden nur
ermöglicht durch das ~~allmähliche und endgültige~~ Konsequente Niederwerfen des
marxistischen Terrors durch die SA. Wenn ~~es~~ das Heer den Schutz der Nation
nach aussen zu garantieren hat, dann ist es ~~ihre~~ die Aufgabe der S.A. den
Sieg der nat. soz. Revolution und den ~~Bestand~~ des nationalsozialistischen Staates und unserer Volksgemeinschaft im Inneren zu sichern. Als ich Dich, mein lieber Stabschef
in Deine heutige Stellung bereief, durchlebte die SA eine schwere
Krise. Es ist mit in erster Linie Dein Verdienst, wenn schon
nach wenigen Jahren dieses politische Instrument jene Kraft entfalten
konnte, die es mir ermöglichte, den Kampf um die Macht durch die
Niederringung des marxistischen Gegners endgültig zu bestehen.

Am Abschluss des Jahres der nat.soz.Revolution drängt es
mich daher, Dir, mein lieber ernst Röhm, für die unvergänglichen
Dienste zu danken, die Du der nat.soz.Bewegung und dem deutschen
Volke geleistet hast, ~~Um~~ und Dir zu versichern, wie sehr ich dem
Schicksal dankbar bin, solche Männer wie Du als meine Freunde und

E611018

[FOTO 43] Carta de agradecimento corrigida de próprio punho por Hitler ao chefe de equipe da SA, Ernst Röhm, na virada do ano de 1933 para 1934.

assistirá às atividades desse sujeito por muito mais tempo, mas intervirá de forma abrupta".[233] Por outro lado, trouxe Röhm para o gabinete como ministro do Reich, sem área de atuação definida – uma distinção que foi concedida também a Rudolf Heß –, e na virada do ano civil enviou uma carta ao seu "caro chefe de equipe", na qual agradeceu efusivamente pelos "serviços inesquecíveis" que ele havia "prestado ao movimento nacional-socialista e ao povo alemão".[234]

No entanto, desde o início de 1934, ficou cada vez mais claro que o chanceler do Reich não poderia mais adiar a decisão, pois as vozes da insatisfação nesse meio tempo foram além do círculo da SA. A euforia nacional dos primeiros meses deu lugar a uma certa desilusão. O próprio Goebbels teve de admitir: "Atmosfera ruim em grande parte [da população] pela pomposidade, elevação de preços, lei de herança no campo, etc.".[235] Na classe trabalhadora, os preços cada vez mais altos dos alimentos e a estagnação dos salários trouxeram descontentamento; entre os donos de propriedades rurais, a lei do Reich sobre herança no campo, com suas regras que afetavam a liberdade de decisão pessoal, era alvo de críticas; na classe média comercial, sentia-se cada vez mais o abandono frente à concorrência dos grandes armazéns. A recuperação econômica não caminhava com tanta rapidez como muitos esperavam. A decepção com expectativas materiais não satisfeitas unia-se ao amargor crescente sobre a corrupção e o nepotismo, que se voltava contra funcionários do partido, os quais usaram os ventos favoráveis para se servir de cargos lucrativos. Hitler, por sua vez, era excluído das críticas na maioria das vezes. Em relatos da liderança exilada em Praga do SPD (Sopade), que se baseavam em informações de pessoas de confiança no Reich, circulava, entre outros fatores, a afirmação característica de um cidadão de Munique: *Ja, ja, unser Adoifi war scho recht, aber de um ean uma, de san lauter Bazi!"*[236] [Sim, sim, nosso Adolf estava bem certo; mas aqueles ao redor, estes são uns vagabundos.]

A insatisfação desenfreada também não passava despercebida aos diplomatas no estrangeiro. Era inequívoco, relatou, por exemplo, o enviado dinamarquês, Herluf Zahle, em abril de 1934, que "o entusiasmo patente para com o governo arrefeceu em certa medida".[237] Para os judeus atormentados na Alemanha, esse foi um sinal de encorajamento. Ninguém estaria "muito convencido da durabilidade eterna do presente", confidenciou Victor Klemperer, no início de fevereiro, em seu diário. "Porque até um ranger de dentes perpassa quase todas as camadas, profissões, confissões."[238] Contudo, a ansiedade não passava de um murmúrio generalizado. De qualquer forma, Goebbels tomou-o com seriedade o bastante para lançar uma campanha contraofensiva em larga escala contra os "derrotistas", "reclamões" e "criadores de caso" em maio.[239]

Diante do pano de fundo de uma atmosfera turva, era necessário também considerar o conflito rapidamente crescente entre o governo do Reich e a *Reichswehr*, de um lado, e a SA, de outro. Em um discurso aos *Gauleiter*, em Berlim, em 2 de fevereiro de 1934, Hitler atacou novamente a liderança da SA sem dizer nomes. Apenas "malucos" poderiam afirmar "que a revolução não estaria terminada", e isso exclusivamente na intenção de "se colocar em determinada posição".[240] Um dia antes, Röhm enviou um memorando a Blomberg, no qual reclamava a tarefa da defesa nacional para a SA e dizia querer relegar à *Reichswehr* a função de um mero exército de formação.[241] A liderança da *Reichswehr* viu aí uma declaração aberta de guerra e trabalhou, por sua vez, em "diretrizes de cooperação com a SA", nas quais o papel do exército do partido foi reduzido à tarefa de formação pré-militar e à atuação conjunta na proteção de fronteiras. Para demonstrar absoluta lealdade perante a liderança nazista, Blomberg anunciou em uma conferência com o comandante-chefe, em 2 e 3 de fevereiro, a introdução dos parágrafos arianos na *Reichswehr* e a adoção da suástica como emblema oficial do exército.[242]

Hitler precisava decidir e o fez. Numa reunião entre o alto escalão da *Reichswehr* e as lideranças da SA e da SS, em 28 de fevereiro, ele rejeitou claramente os planos de Röhm. Uma milícia, como o chefe de equipe da SA propôs, "não seria adequada nem mesmo para a menor defesa nacional", quanto mais para uma guerra futura pelo *Lebensraum* [o espaço vital], como Hitler imaginou, por sua vez, como sua visão do objetivo. Por isso, ele estava decidido a "erguer um exército popular, formado na *Reichswehr*, rigorosamente treinado e equipado com as mais modernas armas", e exigiu da SA que obedecesse a suas instruções. Não poderia haver dúvida de que "a *Wehrmacht*" seria "a única a pegar em armas pela nação".[243] Röhm resignou-se aparentemente, mas à noite deu vazão à sua fúria sobre o "cabo ignorante". Ele não pensava em se ater ao acordado; Hitler era "infiel" e precisaria "tirar umas férias", caso ficasse indignado. Um dos participantes do círculo, o tenente-general da SA, Viktor Lutze, levou essa informação a Hitler, que respondeu com uma observação que dizia muito: "Precisamos deixar a questão amadurecer".[244]

Já em janeiro de 1934, Rudolf Diels fora incumbido, segundo suas próprias informações, de reunir provas incriminadoras contra os líderes da SA. Uma instrução semelhante também seguiu para o serviço de inteligência da *Reichswehr*.[245] Em 20 de abril, Göring nomeou Himmler – que nos meses anteriores havia assumido aos poucos o comando sobre a polícia política de quase todos os Estados – inspetor da *Geheime Staatspolizei* [Polícia Secreta do Estado – Gestapo] na Prússia; com ele, Heydrich foi transferido como chefe da Central da Polícia do Estado de Munique para Berlim. A cooperação entre a Gestapo e o Departamento de Defesa no Ministério de Defesa do Reich [*Reichswehrministerium*] intensificou-se; trocava-se informações mutuamente sobre a SA. O cerco em torno de Röhm e seus colaboradores fechava-se cada vez mais.[246]

Na luta pelo poder encampada agora com Röhm, Hitler não hesitou mais em tematizar a homossexualidade deste e usá-la como arma. Em meados de maio, conversou sobre o tema com Goebbels em uma conversa particular. No final, este anotou: "Ação sobre Röhm e sua política pessoal, Art. 175. Nojento".[247] Até então, Hitler sempre defendera o chefe de equipe da SA quando Röhm era atacado por suas inclinações homossexuais conhecidas por todos. Assim, ele enfatizou expressamente, num decreto do início de fevereiro de 1931, que a SA "não era uma instituição moralista para educação de moças ricas, mas sim uma associação de combatentes inclementes". A vida particular podia "ser alvo de considerações apenas quando realmente contrariasse os fundamentos da visão do mundo nacional-socialista".[248] Também, quando em março de 1932, em meio à corrida para a presidência do Reich, cartas comprometedoras do chefe da SA foram publicadas pelo jornal de esquerda liberal, *Welt am Montag*, e pelo jornal do SPD, *Münchener Post*, Hitler expediu uma declaração formal: "O tenente-general Röhm permanece sendo meu chefe de equipe agora e depois das eleições. Sobre esse fato, qualquer jornaleco imundo e odioso [...] em nada mudará".[249] Porém, na primavera e no início de verão de 1934, Hitler estava prestes a usar a homossexualidade de Röhm contra ele.

No início de junho, primeiramente houve a impressão de que a situação se acalmaria. Em uma conversa pessoal, Hitler retirou a promessa a Röhm de enviar a SA em férias por todo o mês de julho e ele mesmo sairia para um *resort* em Bad Wiessee, próximo ao Tengernsee. Goebbels registrou em seu diário que a conversa não havia levado a uma reconciliação, ao contrário, a desconfiança que Hitler nutria pelas intenções de Röhm continuava forte: "Ele não confia mais na liderança da S.A. Todos precisamos tomar cuidado. Não vamos nos tranquilizar".[250] Porém, Röhm também ficou apenas aparentemente tranquilizado. Hanfstaengl encontrou-o naqueles dias em uma noite social no quartel-general da SA, na Standartenstrasse, em Berlim, como ele, já bêbado, soltou "os xingamentos mais terríveis" contra a *Reichswehr*, que Hitler havia atraído para o seu lado.[251]

O estímulo decisivo para o agravamento dramático da situação, em junho de 1934, não se deu pelas atividades da SA, mas veio de Papen. Um grupo de jovens conservadores reuniu-se em torno do vice-chanceler – à frente deles seu redator de discursos, Edgar Julius Jung, o chefe do departamento de imprensa, Herbert von Bose e seu assistente pessoal, Fritz Günther von Tschirschky –, que reconheceu nas tensões dentro do movimento nazista uma chance de limitar os poderes de Hitler e levar o regime por caminhos moderados a uma restauração monarquista.[252] Os esforços oposicionistas do círculo de Papen não permaneceram ocultos para a liderança nazista. Já em abril, ela suspeitava que Papen queria se tornar sucessor de Hindenburg, que no fim de março havia adoecido com uma inflamação na bexiga e havia se recolhido para suas propriedades em Neudeck.[253] Também era uma pedra no sapato para Hitler e seu séquito que a residência oficial de Papen cada vez mais se transformasse em ponto de encontro de reclamações e acusações que se acumulavam sobre medidas arbitrárias. "Papen é o balcão de reclamações certo", indignou-se Goebbels, em 13 de junho.[254]

Quatro dias depois, o vice-chanceler fez um discurso na *Universität Marburg* que pôs a liderança do NSDAP em alerta máximo, pois Papen não havia apenas lançado críticas abertas ao culto à personalidade de Hitler – "Grandes homens não são feitos através de propaganda, mas crescem com seus atos"–, mas também expôs as práticas violentas e o radicalismo descontrolado do regime: "Condenável seria a crença em um povo com terror, que sempre seria a emanação de uma consciência maléfica [...] Nenhum povo pode se permitir a eterna insurreição de baixo, se quiser resistir à História. Em algum momento, o movimento precisa terminar, em algum momento é necessário que surja uma estrutura social, construída por uma magistratura ininfluenciável e por uma autoridade de Estado inconteste. Com a eterna dinâmica, não se pode moldar nada. A Alemanha não pode ser um trem desgovernado, que ninguém sabe quando vai parar." O governo, garantiu Papen aos seus espectadores, estaria "informado sobre tudo que poderia se espalhar sob o manto da revolução alemã em termos de egoísmo, falta de caráter, inverdades, falta de hombridade e insolência".[255]

O que Papen omitiu foi que tinha grande parcela de responsabilidade pela situação que atacava e que nenhuma vez foi vítima de Hitler nos meses em que esse poder se estabeleceu. Também naquele momento não queria de jeito nenhum arriscar um confronto. Logo após a palestra, mandou um telegrama a Hitler: "Na antiga cidade universitária de Marburg, defendi a continuação imperturbável e genuína de sua revolução e a consumação de suas palavras. Com devoção e lealdade,

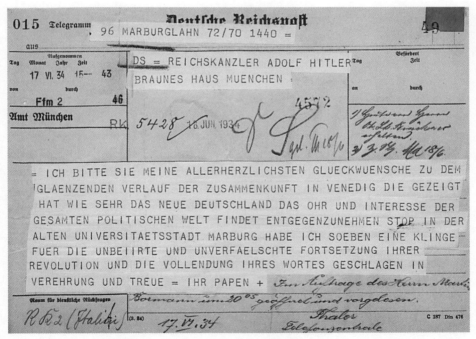

[FOTO 44] Telegrama de Franz v. Papen ao chanceler do Reich, Adolf Hitler, após o discurso de Marburg, 17 de junho 1934.

Papen."[256] É claro que a liderança dos nazistas não se deixou enganar. Goebbels espumou de raiva: "Papen fez um discurso ótimo para os reclamões e polemistas. Totalmente contra nós, apenas com algumas frases misturadas. Quem redigiu para ele? Onde está o canalha?"[257] Logo se descobriu quem havia escrito o discurso: Edgar Julius Jung, que foi preso em 26 de junho. Goebbels havia ordenado de pronto a proibição do discurso, mas ele foi lido na rádio *Reichssender Frankfurt* antes de a proibição ser instituída.[258] Além disso, os colaboradores de Papen haviam enviado um resumo para a imprensa; secretamente, a notícia se espalhou na velocidade de um rastilho de pólvora. "No momento, parece haver uma espécie de atmosfera conflituosa nas esferas superiores", escreveu Theodor Heuss, em 20 de junho. "Um discurso que Papen fez no domingo, em Marburg, não pode ser publicado [...]."[259] Os diplomatas em Berlim imaginaram qual significado teria o discurso de Papen. "O ambiente era pesado e opressivo, reinava uma atmosfera de tempestade se formando", recordava-se François-Poncet.[260]

Após a proibição de publicação de seu discurso, nada restou a Papen além de pedir a Hitler sua demissão. Ao chanceler do *Reich*, que, como Goebbels observou, estava "muito furioso" com a apresentação em Marburg e queria "repreender Papen"[261], uma renúncia nesse momento era inconveniente. Ele pediu a Papen que aguardasse até os dois terem conversado com Hindenburg sobre a situação. E o vice-chanceler aquiesceu, porque ele, como escrevera a Hitler, se sentia "como um soldado comprometido com sua obra". No entanto, protestou contra a prisão de Jung: "Se alguém tiver de ir para a cadeia pelo discurso de Marburg, estou à disposição a qualquer momento".[262] Na realidade, Hitler nem pensou em seguir com Papen para Neudeck. Antes, viajou sozinho em 21 de junho e pôde verificar, para sua tranquilidade, que Hindenburg ficou totalmente impassível com o discurso de Papen. Nunca antes "o velho foi tão amigável quanto na última visita", contou ele depois.[263] No entanto, Blomberg, ministro da *Reichswehr*, que também estava em Neudeck, urgiu novamente a Hitler para finalmente avançarem contra a SA.[264]

Entre 23 e 26 de junho, Hitler retirou-se para Obersalzberg, e ali a decisão final foi tomada. Com o próprio instinto de defesa do poder, Hitler entendeu que havia chegado o momento de cortar esse nó górdio da política interna com um golpe – contra a corja da liderança da SA por um lado e contra a "reação" de Papen de outro. Com toda a pressa, as equipes de Himmler e Heydrich prepararam uma mistura obscura de boatos, relatos falsos e ordens manipuladas que deveriam provar que era iminente uma revolta da SA. Ao mesmo tempo, foram compiladas listas de pessoas que deveriam ser presas e executadas. Em 25 de junho, Himmler convocou os líderes da SS em Berlim para informá-los sobre o golpe supostamente planejado de Röhm e os preparativos para uma contrainsurgência.[265] No mesmo dia, Rudolf Heß fez um discurso na rádio *Reichssender Köln*, na qual ameaçou: "Ai daquele que quebrar a confiança, na crença de poder erguer uma revolta contra a revolução. Pobres daqueles que pensam ser os escolhidos para poder ajudar o

Führer na revolução por meio de ações agitadoras inferiores".[266] Como Erich Ebermayer testemunha em seu diário, o discurso de Heß provocou "grande comoção e inquietude": "Qualquer um sabe que alguma coisa paira no ar".[267] Em 27 de junho, Hitler reuniu-se com Blomberg e o chefe do gabinete do Ministério do *Reichswehr*, Walter von Reichenau, para garantir o apoio da *Reichswehr* para o golpe planejado. Os comandos do distrito de defesa foram deixados em prontidão de alerta elevado, e, em 29 de junho, Blomberg publicou um artigo no *Völkischer Beobachter*, no qual fez uma declaração de lealdade ao regime nazista: "*Wehrmacht* e Estado se tornaram apenas um".[268]

Para dissimular normalidade e dar uma sensação de segurança à liderança da SA, Hitler seguiu na companhia de Göring e Lutze para Essen, em 28 de junho, para participar do casamento do *Gauleiter* Joseph Terboven. Sob a impressão da notícia de que Hindenburg queria conceder uma audiência a Papen em 30 de junho, ele determinou o cronograma para a ação planejada: "Já vi o suficiente. Vou instituir um exemplo", ele explicou segundo o registro de Lutze.[269] Na noite de 28 de junho, seguiram as instruções telefônicas para Röhm, ordenando uma reunião na manhã de 30 de junho com ele, o Führer, e todos os tenentes-generais, majores-generais e inspetores da SA em Bad Wiessee. Enquanto Göring voltou para Berlim de avião para tomar as medidas preparatórias lá, Hitler inspecionou, na manhã de 29 de junho, conforme previsto, um armazém do Serviço do Trabalho do Reich, em Buttenberg, Vestfália. No início do dia, ele já ligou para Goebbels e chamou-o para Bad Godesberg: "Começou", registrou o ministro da Propaganda. "Graças a Deus. Tudo é melhor do que essa espera terrível. Estou pronto".[270] Quando ele entrou à tarde no *Rheinhotel Dreesen*, soube para sua estupefação que o golpe iminente não se abateria apenas contra a "reação" de Papen, mas também "contra Röhm e seus rebeldes": "Com sangue. Devem saber que insurgência custa cabeças. Eu concordo. Se for para fazer, que seja sem clemência".[271]

Em Bad Godesberg, Hitler soube de notícias sobre uma inquietação crescente na SA, e todos os sinais confirmavam que, depois de ter se decidido de forma irreversível, entrou em um estado de exceção psíquica. É pouco provável que acreditasse realmente nas histórias falaciosas fabricadas sobre o ameaçador golpe da SA, mas para poder legitimar a ação para si mesmo e seus seguidores, agarrou avidamente – em um ato de autossugestão – todas as teorias da conspiração, inclusive as mais insensatas. Explicou a Goebbels que isso daria "provas de que Röhm conspirava com François-Poncet, Schleicher e Straßer".[272] Quando à noite se soube que homens amotinados da SA tinham vindo a Munique para concentrações de tropas, Hitler decidiu sem hesitação voar ainda naquela noite com seu séquito até a capital bávara. Por volta das quatro horas da manhã, o trimotor Ju 52 pousou no campo de Oberwiesen – lá, onde Hitler, onze anos antes, em 1º de maio, precisou bater em retirada vergonhosa perante as formações da polícia estadual bávara e da *Reichswehr*. Dessa vez, obviamente, ele não precisava temer nenhuma resistência desse lado. No aeródromo, Hitler foi recebido pelo *Gauleiter* Wagner, que o informou com brevidade sobre estágio dos acontecimentos. "Ele estava extraordinariamente agitado", observou o capitão de voo Baur, "brandia sem parar o chicote de couro de hipopótamo no ar e açoitou-se várias vezes com força no pé."[273]

Do aeródromo, seguiram a toda velocidade para o Ministério do Interior bávaro. De lá, ele mandou chamar os líderes da SA em Munique, August Schneidhuber e Wilhelm Schmid, e arrancou deles com as próprias mãos as insígnias do uniforme com as seguintes palavras: "Os senhores estão presos e serão fuzilados".[274] Sem esperar a chegada dos *ss-Leibstandarte Adolf Hitler* [guarda-costas Adolf Hitler da ss], sob o comando de Sepp Dietrich, Hitler mandou vir três carros e seguiram para Bad Wiessee. A maioria dos hóspedes da pensão Hanselbauer, na qual Röhm e seus homens haviam se aquartelado, ainda dormia quando o comboio de automóveis aproximou-se por volta das 6h30. Acompanhado por dois inspetores com pistolas destravadas, Hitler entrou de chicote em punho no quarto do chefe de equipe da SA: "Ele cuspiu as palavras: 'Röhm. Você está preso!' Sonado, Röhm ergueu os olhos do travesseiro sobre a cama: '*Heil*, meu Führer!' 'Você está preso!', berrou Hitler pela segunda vez, virou-se e saiu do quarto".[275] Um a um, os outros líderes da SA foram capturados, entre eles o superintendente da polícia de Breslávia, Edmund Heines, que foi encontrado com um homem jovem na cama – uma descoberta que a propaganda nacional-socialista deveria usar nos dias seguintes para fazer da pensão em Bad Wiesee um verdadeiro antro de devassidão homossexual.[276]

Os líderes presos da SA foram detidos no porão da pensão e mais tarde levados para a prisão de Munique-Stadelheim. O próprio Hitler e seu séquito seguiram de volta para Munique, onde ele mandou parar os carros que se aproximavam com os grandes da SA sendo transportados para a conferência com o Führer e ordenou que se juntassem ao comboio. Ao mesmo tempo, oficiais da polícia política supervisionavam todos os líderes da SA que chegavam à Estação Central de Munique e prendiam-nos se seu nome estivesse registrado nas listas. Eles também foram levados a Stadelheim.[277] Por volta do meio-dia, Hitler chegou à Casa Marrom e lá discursou diante de um número maior de líderes do partido e da SA. Ainda estava num estado de histeria e, quando começava a falar, assim observou um participante, formava-se "uma bolha de espuma na boca". Com uma voz que falhava pela agitação, acusou o bando de Röhm de "maior quebra de confiança de toda a história mundial". Ao mesmo tempo, anunciou a nomeação do denunciante Lutze como sucessor do chefe de equipe da SA. À tarde, deu ordens a Sepp Dietrich para liquidar seis dos homens da SA presos – entre eles Schneidhuber, Schmid e Heines, cujos nomes ele marcou com lápis verde em uma lista – com um comando da ss. Röhm ainda ficaria vivo; era óbvio que Hitler hesitava em mandar assassinar seu antigo companheiro de batalhas.[278]

Ainda na manhã de 30 de junho, Goebbels transmitiu a senha combinada, "Colibri", para Berlim, fazendo Göring pôr em marcha os comandos de execução. Os colaboradores de Papen, Herbert von Bose e Edgar Julius Jung, foram executados; o vice-chanceler saiu com vida, mas foi condenado à prisão domiciliar. Também foi assassinado o chefe da *Katholische Aktion* [Ação Católica] e chefe ministerial no Ministério do Transporte, Erich Klausener, que tinha ligações com o círculo de Papen. Foram vítimas da ação de execução Kurt von Schleicher, o último chanceler do Reich antes de Hitler, e sua mulher, em sua casa em Neubabelsberg, além do general Ferdinand von Bredow, funcionário de Schleicher, que foi capturado em sua residência em Berlim, na noite de 30 de junho, e morto um pouco mais tarde. Ao mesmo tempo, os carrascos nazistas aproveitaram a oportunidade para acertar antigas contas em todo o Reich: no porão da central da Gestapo, Gregor Straßer foi executado; no campo de concentração de Dachau, o ex-comissário geral do Estado bávaro, Gustav Ritter von Kahr, e o redator-chefe do jornal católico *Der gerade Weg* e adversário ferrenho de Hitler, Fritz Gerlich, encontraram a morte. Com um tiro na cabeça, Otto Ballerstedt, que pôs Hitler atrás das grades por algumas semanas no verão de 1922, foi encontrado perto de Dachau. O padre Bernhard Stempfle, um ex-companheiro de Hitler, também foi assassinado, provavelmente porque sabia demais do passado. Em sua atividade assassina, os comandos da ss não se preocupavam em comprovar a identidade do detido. Assim, Willi Schmid, crítico musical do jornal *Münchener Neueste Nachrichten*, foi vitimado por engano. São conhecidos os nomes de 90 pessoas que foram assassinadas; avalia-se que o número de executados seja quase o dobro.[279] Goebbels mostrou-se satisfeito: tudo correra "conforme programado". "Nenhum problema além daquele que também derrubou a senhora Schleicher. Pena, mas não é possível mudar."[280]

Na noite de 30 de junho, Hitler voltou para Berlim. Uma delegação encabeçada por Göring, Himmler e Frick recebeu-o no Campo de Tempelhof. "A visão que ele oferece é 'única'", uma testemunha ocular descreveu a aparição de Hitler. "Camisa parda, gravata preta, casaco de couro marrom escuro, botas militares pretas e altas, tudo escuro sobre escuro. Além disso, sem chapéu, um rosto pálido, tresnoitado, com barba por fazer e que parecia contraído e, ao mesmo tempo, inchado; nesse rosto, um par de olhos vazios, mal escondidos por mechas de cabelos que pendiam coladas na testa."[281] Após a desinibição assassina das 24 horas passadas, Hitler começou a retomar seu equilíbrio interno. Christa Schroeder, que o encontrou tarde da noite na Chancelaria do Reich, relata como ele se sentou "muito ofegante" ao lado dela: "Então, tomei um banho nesse meio tempo e agora me sinto renascido!"[282] No dia seguinte, um domingo, Hitler já voltava a assumir, em uma festa ao ar livre na Chancelaria do Reich, o papel do anfitrião charmoso e mostrava um humor jovial. Naquela tarde, ordenou que o comandante do campo de concentração de Dachau, Theodor Eicke, exigisse que Röhm, preso em Stadelheim, se suicidasse. Como ele não estava disposto, foi executado.[283] "Todas as revoluções devoram seus próprios filhos", o chefe de equipe da sa havia dito poucas horas antes a Hans Frank, que o visitava em sua cela.[284]

Em 1º de julho, os rumores mais frenéticos corriam Berlim; ninguém sabia ao certo o que havia acontecido. Por isso, o regime apressou-se em justificar a ação. À noite, Goebbels fez um pronunciamento na rádio, no qual falou de "um pequeno bando de sabotadores profissionais", que não teriam merecido clemência: "Agora a mesa foi limpa [...] hordas de pragas, hordas de corrupção, sintomas doentios de barbarização moral que se mostram na vida pública são incinerados até ficarem em carne viva". O ministro da Propaganda enfatizou a homossexualidade de Röhm e de seu círculo. Estariam a ponto de "levantar suspeitas de uma anormalidade sexual desonrosa e nojenta contra toda a liderança do partido".[285] Hitler também trouxe à baila no gabinete, em 3 de julho, primeiramente, a "idiossincrasia infeliz" de Röhm como explicação, não apenas pela "atribuição degradante das posições de liderança da SA", mas também por sua "luta conhecida contra a Wehrmacht". Somente depois chegou ao cerne do conflito: "A SA, segundo os desejos de Röhm, deveria se tornar um Estado dentro do Estado. Pouco tempo antes, ele teria jurado ao ex-chefe de equipe, em uma conversa de quatro horas, que deixaria suas atividades. Tudo foi em vão. Röhm havia feito todas as promessas desejadas, mas por trás de suas costas fizera exatamente o contrário". O chanceler do Reich não se fez de rogado em regalar os ministros com a história mentirosa de um golpe de Estado planejado por Röhm juntamente com Schleicher, Gregor Straßer e o embaixador francês. Com isso, o "fato de alta traição" fora "concretizado", e ele precisou agir imediatamente "para impedir uma catástrofe". Ele eliminou possíveis preocupações jurídicas com a observação de que se tratava de "uma rebelião militar", "na qual não poderia haver um processo semelhante a uma ação judicial". Mesmo que todas as execuções não tivessem sido ordenadas por ele, assumiu toda a responsabilidade por elas, pois assim teria "salvado a vida de inúmeros outros" e "estabilizado a autoridade do governo do Reich para todo o sempre".

Na sequência, Hitler apresentou ao gabinete a minuta de uma lei que posteriormente deveria legalizar a execução em massa: "As medidas tomadas em 30 de junho e 1º de julho para anulação de ataques de alta traição e traição do Estado são legais como defesa do Estado", explicou rapidamente o ministro da Justiça, Franz Gürtner, que com isso não criaria "uma nova legislação", mas confirmaria "simplesmente a legislação válida". E o ministro da *Reichswehr*, Blomberg, agradeceu a Hitler em nome de seus colegas ministros por "sua ação decidida e corajosa com qual defendeu o povo alemão de uma guerra civil".[286]

Ainda enquanto o gabinete se reunia, Papen, que pouco antes havia sido libertado de sua prisão domiciliar, apareceu. "Totalmente arrasado. Exoneração amarga. Todos esperamos sua renúncia", observou Goebbels.[287] Mas, embora dois de seus funcionários mais próximos tivessem sido assassinados, Papen não pensava em romper radicalmente com Hitler. Em uma reunião com o chanceler do *Reich*, na noite de 4 de julho, eles entraram em um acordo em que Papen manteria o cargo como vice-chanceler até setembro e depois seria útil no serviço diplomático. Porém,

Papen reclamou o tempo todo nos dias seguintes que sua situação era "totalmente insuportável", pois ele e seus funcionários não haviam sido reabilitados e as pastas de seu escritório haviam sido confiscadas. E, por sua vez, ele anunciou o desejo de viajar para Neudeck e pedir sua exoneração a Hindenburg. Contudo, sua ameaça não parecia tão séria, pois, quando Meissner, o secretário de Estado, lhe revelou que o presidente do Reich "precisaria muito de tranquilidade", ele se afastou de seus planos. E quando Hitler lhe informou em uma nova reunião, em 11 de julho, que "pretendia assumir toda a responsabilidade diante da opinião pública por tudo o que aconteceu além da supressão da revolta da SA", Papen o agradeceu com as palavras: "Permita que eu possa dizer como este seria um ato de grande hombridade e humanidade".[288] O vice-chanceler não poderia ter se rebaixado mais no quesito moral.

Hindenburg também não teve nenhum escrúpulo ao enviar um telegrama de felicitações a Hitler: "O senhor salvou o povo alemão de um grave perigo" –, embora tivesse uma relação familiar com um dos executados, Gustav Ritter von Kahr –, e o cumprimentara, ainda em outubro de 1933, com "desejos genuínos de feliz aniversário".[289] Na tarde de 3 de julho, Hitler viajou para Neudeck e deu uma explicação *tête-à-tête* de meia hora ao presidente do Reich sobre a suposta "revolta de Röhm". Novamente Hindenburg deu sua bênção ao crime de Estado: "Está certo, sem derramamento de sangue não é possível."[290] Ao retornar, Hitler relatou ao ministro da Propaganda: "Hindenburg foi soberbo. O velho tem classe".[291]

A insegurança inicial que as primeiras notícias sobre a ação de execução de 30 de junho desencadearam na população rapidamente deu lugar ao alívio geral. Os homens da SA, que foram tão bem recebidos na repressão da esquerda na primavera de 1933, perderam crédito há muito tempo perante os olhos de muitos cidadãos amantes da ordem por seu comportamento indisciplinado. Com frequência foi comemorado que esse fator de inquietação houvesse sido eliminado, embora os excessos sangrentos da SS tivessem sido aceitos com facilidade. Quando Goebbels declarou "Um entusiasmo sem limites corre pelo país", certamente foi um exagero.[292] Mas o fato de o prestígio de Hitler não ter sofrido nada, mas, pelo contrário, ter aumentado, é comprovado em muitos relatos. "O Führer ganhou imensamente as massas com sua ação enérgica, especialmente os opositores que ainda se opunham; as pessoas não apenas o admiram, ele é endeusado", foi, por exemplo, uma mensagem vinda de uma pequena cidade industrial da Alta Baviera.[293] Também foi peculiar o que Luise Solmitz registrou ainda sob a impressão dos acontecimentos: "É excepcional o que [Hitler] alcançou em valor pessoal, em força de decisão e autoridade".[294] Como para a maioria dos alemães, pouco a incomodou que se tratasse de um morticínio planejado e executado pelo Estado – uma prova clara de como o senso de justiça estava embotado já um ano e meio depois do domínio nazista.

Hitler evitou aparecer em público nos primeiros dias após 30 de junho, embora Goebbels o pressionasse em face dos ecos devastadores na imprensa internacional: "Estamos caindo em descrédito. Já passou da hora de o Führer falar", ele anotou em 7 de junho.[295] Um dia antes, Hitler voou para Berchtesgaden para descansar em Obersalzberg. Em 9 de julho, voltou a Berlim e anunciou querer dar uma declaração no *Reichstag*. Combinou com Goebbels os detalhes no dia seguinte.[296] Quando Hitler, na noite de 13 de julho, subiu ao púlpito do *Reichstag*, ele parecia tenso. Ele falou "pálido como um cadáver, com feições cansadas e uma voz mais rouca que antes", lembrou-se François-Poncet.[297] A atmosfera era tensa, pois treze deputados do *Reichstag* estavam entre os homens da SA executados. Na bancada do governo faltava Papen, que pediu para Hitler dispensá-lo da participação na assembleia.[298] Ao lado do púlpito e no salão, os homens da SS se postaram com capacetes de aço. Hitler repetiu em seu discurso de duas horas as histórias falaciosas de uma suposta conspiração de Röhm-Schleicher-Straßer, que ele já havia relatado no gabinete em 3 de julho, embora não se furtasse a indicar uma "certa predisposição conjunta" do bando de Röhm como motivo impulsionador para seus planos "de alta traição". Ele falou das "decisões mais amargas" de sua vida, pelas quais ele assumiria total responsabilidade "diante da História". "Rompe-se motins segundo as mesmas leis eternas. Se alguém me acusar por não termos levado a questão para sentenciamento em tribunais competentes, então posso apenas dizer: nessa hora eu era o responsável pelo destino da nação alemã e, com isso, o juiz supremo do povo alemão!"[299]

Coube ao proeminente especialista em direito constitucional Carl Schmitt emprestar consagração acadêmica à interpretação jurídica em um artigo no *Deutsche Juristen-Zeitung*: "O Führer protege a lei perante o pior abuso quando, no momento do perigo, impõe diretamente a força de sua condição de Führer como juiz supremo".[300] O discurso de Hitler no *Reichstag* não recebeu aprovação apenas do *Kronjurist* [jurista coroado] do "Terceiro Reich", mas também da população. Ele teve um impacto "publicamente libertador", segundo os relatos de opinião.[301] "Eu gostaria que vocês tivessem realmente podido *ouvir* essas palavras, não apenas ler", escreveu Elisabeth Gebensleben à filha. "Ficamos tão pequenos perante a estatura, a legitimidade e a franqueza de um homem assim."[302]

Assim, o Hitler verborrágico e inventivo pôde falar sobre os episódios anteriores de sua vida – continuou evitando de modo ferrenho a "Noite dos Longos Punhais", que trouxe à luz seu lado assassino. Era um tabu em que nem mesmo seus homens mais próximos e de confiança podiam tocar. Quando Heinrich Hoffmann tentou falar com ele sobre o tema, encerrou o assunto com um "aceno brusco de mão": "'Nem mais uma palavra sobre isso!', disse em um tom que não toleraria objeção."[303]

Em 30 de junho de 1934, finalmente se revelou a verdadeira natureza criminosa do regime nazista. No entanto, havia apenas poucos no país e no exterior que já reconheciam esse fato com a perspicácia necessária. "O abominável é que um povo europeu tenha se entregado a um bando de doentes mentais e criminosos e ainda o tolere", queixou-se Victor Klemperer em seu diário.[304] E Thomas Mann, que deixou a Alemanha em fevereiro de 1933 e encontrou seu primeiro exílio na Suíça, sentia a confirmação de todos os seus vaticínios sombrios: Quando "o imundo impostor e o charlatão assassino" parecer quase "venerável" diante de Robespierre – assim ele descreveu Hitler –; quando "o gângster da pior espécie" tiver um halo ao seu redor, "então, sem dúvida", declarou o vencedor do Prêmio Nobel de Literatura, "depois de pouco menos de um ano, o hitlerismo começará a revelar o que desde sempre víamos, reconhecíamos, sentíamos predominantemente sobre ele: a última instância em vileza, estupidez degenerada e ignomínia sangrenta; e então ficará claro que ele avançará de forma segura e infalível para se manter assim".[305] Um julgamento que não apenas acertou na mosca como demonstrou uma força prognóstica surpreendente.

Ao contrário, a liderança da *Reichswehr* se via no caminho da realização de seus desejos. O rival Röhm fora exterminado, a *Wehrmacht* havia sido confirmada expressamente como a única "portadora de armas da nação". O fato de a "limpeza" sangrenta também ter derrubado o ex-ministro da *Reichswehr* e outro general de alta patente não obnubilava nem um pouco a sensação de vitória. O ex-secretário de Estado na Chancelaria do Reich, Erwin Planck, implorou ao general Werner von Fritsch, sucessor de Hammerstein como chefe do exército, para se posicionar contra os métodos violentos do regime: "Se o senhor assistir sem fazer nada, mais cedo ou mais tarde sofrerá o mesmo destino".[306] Contudo, esses alertas foram jogados ao vento pelos líderes da *Reichswehr*. No pronunciamento do comandante-chefe de 5 de julho, Blomberg explicou que Hitler agiu no interesse da *Wehrmacht* e seria obrigação desta "lhe agradecer com ainda mais fidelidade e dedicação possível".[307] Com essa prostração, a *Reichswehr* enfraqueceu sua posição no Estado hitlerista, pois com isso se apresentou irrevogavelmente como cúmplice de uma política criminosa.

A verdadeira beneficiária da ação de execução não fora a *Reichswehr*, mas sim a ss. Em 20 de julho, Hitler ordenou que, em face dos "grandes serviços" que ela prestara "no contexto dos acontecimentos de 30 de junho", ela se separasse da sa e começasse a ser conduzida como organização independente. O *ss-Reichsführer* Himmler transformou-se em subordinado direto de Hitler.[308] Enquanto a ss aumentava continuamente seu poderio nos anos seguintes, começava a queda da sa, com Lutze na liderança, para se tornar uma organização veterana dos "antigos combatentes".[309]

No fim de julho, o estado de saúde de Hindenburg piorou drasticamente. Naquele momento, tinha apenas alguns dias de vida. Na manhã de 1º de agosto, Hitler foi a Neudeck, onde encontrou o moribundo ainda consciente. "Reconheceu-me com brevidade. Agradecimento e afeto expressos. E então fantasia com o *Kaiser*", relatou Hitler a Goebbels após sua volta.[310] Nas primeiras horas da manhã de 2 de agosto, Hindenburg faleceu. Sem esperar a morte, Hitler apresentou no gabinete, ainda na noite anterior, a "Lei sobre o Chefe de Estado do Reich Alemão", que regeria a sucessão a seu favor: em seguida, os cargos de presidente do Reich e de chanceler do Reich foram reunidos, e os poderes do primeiro foram transferidos ao "Führer e chanceler do Reich", como Hitler começou a se designar a partir daí. Embora fosse uma violação clara da disposição da Lei Plenipotenciária, em que os direitos do presidente do Reich deveriam permanecer intocados, o gabinete aprovou a nova lei. E ainda: Blomberg anunciou sua intenção, sem que Hitler exigisse, de mandar os soldados da *Wehrmacht* prestarem juramento ao novo comandante--chefe logo após a morte de Hindenburg.[311] Em 2 de agosto, eles precisaram repetir uma fórmula de juramento que os obrigava pessoalmente a Hitler: "Presto perante Deus esse juramento santo de que serei incondicionalmente obediente ao Führer do Reich alemão e do povo, Adolf Hitler, o comandante-chefe da *Wehrmacht*, e como soldado valente estarei pronto para sacrificar minha vida a qualquer momento por esse juramento".[312] Possivelmente, a liderança da *Reichswehr* tinha como intuito garantir com essa solicitude sua esfera de influência militar independente; com isso, porém, ela na verdade incentivou uma evolução que faria do exército uma ferramenta nas mãos de Hitler.

No dia 2 de agosto, no gabinete, Hitler assumiu o papel de enlutado ao lado do chefe de estado de forma tão convincente que, segundo testemunho de Goebbels, "todos ficaram muito emocionados".[313] O chanceler do *Reich* explicou que "perdera no falecido seu amigo paternal". Nunca se poderia esquecer "que sem o eternizado presidente do Reich [...], o atual governo do Reich não teria se concretizado". Em respeito ao "vulto do falecido", ninguém mais poderia, "dali por diante e para todo o sempre", carregar o título de presidente do Reich. Hitler anunciou a nova lei de chefia do Estado para votação popular em 19 de agosto.[314] Hindenburg havia expressado o desejo de ser enterrado ao lado de sua mulher, nas propriedades de Neudeck. No entanto, a liderança nazista ignorou esse último desejo e organizou, em 7 de agosto, um pomposo funeral de Estado dentro do Memorial de Tannenberg. Em seu discurso, Hitler conjurou novamente o mito do herói da Guerra Mundial que ele havia usado de forma tão impactante em prol de seus objetivos nos últimos meses. "Falecido marechal de campo, parta agora para Valhala!", ele clamou para Hindenburg.[315]

Ainda na noite do funeral, a notícia de que Hindenburg teria deixado um testamento político agitou Berlim. Temia-se que, na última disposição do presidente, pudesse haver uma bomba para a política interna.[316] Hitler incumbiu Papen de buscar o testamento em Neudeck. Em 14 de agosto, o documento foi aberto na Chancelaria do Reich: era composto de duas cartas – uma maior, o verdadeiro legado político de Hindenburg, e uma direcionada pessoalmente a Hitler, na qual o presidente do Reich defendia o retorno à monarquia, caso as condições de política interna assim permitissem. Essa carta Hitler manteve para si – até hoje não foi encontrada. Porém, o outro documento foi publicado em 15 de agosto, pois o conteúdo não apresentava nenhum perigo maior e até mesmo correspondia às intenções do Führer. Nele, Hindenburg expressava sua satisfação de que pôde, no ocaso da vida, presenciar "a hora do refortalecimento" da Alemanha: "Meu chanceler, Adolf Hitler, e seu movimento deram um passo decisivo de consequências históricas para o grande objetivo de reunir todas as diferenças de classe e situação em uma unidade interna". Ele se despediria na esperança de que o acontecido de 30 de janeiro "amadurecesse para o cumprimento e consumação da missão histórica do nosso povo".[317] Os nacional-socialistas não podiam desejar uma propaganda melhor que essa para as eleições de 19 de agosto. Ainda na noite anterior à eleição, o filho de Hindenburg, Oskar, fez um pronunciamento ao povo alemão e convocou a "aprovação da transferência do cargo de presidente do Reich, ocupado até então pelo meu pai, ao Führer e chanceler do Reich".[318]

Em 19 de agosto, segundo dados oficiais, 89,9% votaram "sim" (em uma participação eleitoral de 95,7%). Ainda assim, Goebbels mostrou-se surpreso: "Eu esperava mais".[319] No resultado, veio à luz claramente a desilusão de parte da população com as manifestações de corrupção entre os funcionários nazistas no governo. Como estava escrito em uma cédula de votação depositada em Potsdam: "Para Adolf Hitler, 'sim', mas mil vezes 'não' para os barões pardos".[320] Em seu exílio de Zurique, Thomas Mann ficou positivamente surpreso: "Cinco milhões de votos 'não' mais 2 milhões de abstenções sob as (condições) atuais são uma conquista nacional digna de nota".[321] Victor Klemperer também via assim, mas não conseguiu esconder também que uma maioria arrasadora havia votado em favor do "Führer e chanceler do *Reich*". "Hitler é um vencedor soberano, e um fim impossível de prever."[322]

Com a eleição popular de agosto de 1934, encerrou-se o processo de "tomada de poder". Em apenas poucos meses, Hitler conseguiu ludibriar seus aliados conservadores e exterminar ou neutralizar todas as forças opositoras políticas. Passo a passo, ele se fez Senhor do Reich e transformou a Alemanha em uma ditadura do Führer. "Um homem é investido com um poder que nenhum homem vivo atualmente possui [...]", relatou o embaixador dinamarquês de Berlim. "Agora ele é mais poderoso que qualquer soberano, mais poderoso que o presidente dos Estados Unidos, mais poderoso que Mussolini."[323] Depois de ter estabilizado com firmeza seu poderio absoluto dentro da Alemanha, Hitler agora poderia avançar para desequilibrar o sistema do Acordo de Versalhes.

15

REVISÃO DE VERSALHES

"É raro alguém declarar e registrar o que quer como eu tenho feito", reconheceu Hitler em seu discurso de 30 de janeiro de 1941, "e eu volto a registrar: abolição de Versalhes."[1] De fato, desde o início de sua carreira política, em meados do segundo semestre de 1919, o agitador sempre deixou claro que, após a tomada do poder, faria o possível para livrar-se das amarras do Tratado de Versalhes. Claro que a revisão do acordo pós-guerra de 1919-1920 de modo algum representava o objetivo último nas considerações de política externa de Hitler, mas apenas uma primeira etapa. Já havia ficado claro em seu discurso para os comandantes do Exército e da Marinha, em 3 de fevereiro de 1933, que, após sua nomeação a chanceler do Reich, não havia perdido de vista um dos pontos centrais de seu programa, a conquista do "espaço vital do Leste". Quando Hitler, no fim de janeiro de 1941, comemorava o oitavo aniversário da tomada de poder no Sportpalast, em Berlim, a guerra de dizimação racista-ideológica que projetava contra a União Soviética entrou no estágio da concretização; apenas pouco antes, em 18 de dezembro de 1940, ele assinou a diretriz nº 21 para a "Operação Barbarossa".

Nos primeiros anos de seu governo, no entanto, Hitler tomou cuidado para não deixar escapar palavra alguma sobre seus planos de expansão em larga escala. A situação precária da política externa do Reich obrigava-o a ter cautela em suas táticas, pois precisava contar que especialmente a França não aceitaria em silêncio o rearmamento alemão, mas o enfrentaria, se possível, com um ataque preventivo. A fase "entre o reconhecimento teórico da igualdade militar da Alemanha e a retomada de um certo nível de armamento" seria "a mais difícil e perigosa", explicou Hitler em uma reunião do comitê de criação de trabalho, em 9 de fevereiro de 1933, na qual enfatizava a "primazia absoluta" do rearmamento.[2] Goebbels admitiu com franqueza o quanto era grande o medo de uma guerra preventiva no início, em um pronunciamento sigiloso para representantes escolhidos da imprensa: "Em 1933, um premiê francês teria dito (e se eu fosse premiê francês, teria dito o mesmo): o homem que se tornou chanceler do *Reich* escreveu o livro *Mein Kampf*, e nele está escrito isso e aquilo. Não podemos tolerar esse homem ao nosso lado. Ou ele desaparece, ou atacamos. Isso seria totalmente lógico. Desistiram. Deixaram-nos tranquilos. Deixaram-nos passar pela zona de risco sem impedimento".[3]

Então, Hitler empenhou-se, na primeira fase crítica do rearmamento, em velar suas reais intenções e acalmar as outras potências com gestos conciliadores. Vez ou outra, afirmava que tudo o que importava era garantir para a Alemanha um lugar igualitário entre as nações e junto com elas servir à paz no mundo. Porém, em um pronunciamento reservado a representantes escolhidos da imprensa, em novembro de 1938, revelou que essas declarações estereotipadas de desejo de paz não passavam de uma estratégia bem-calculada: as circunstâncias nos anos anteriores o teriam obrigado a "falar quase apenas de paz". "Apenas com a ênfase contínua no desejo de paz alemão e nas intenções de paz foi possível conquistar pouco a pouco a liberdade para o povo alemão e lhe trazer os equipamentos que eram exigência necessária para o próximo passo."[4] Também na política externa, Hitler conseguia, com o máximo de sucesso, conduzir o jogo de apaziguamento e engodo que havia praticado na fase de "tomada de poder" perante seus aliados conservadores. E, como estes, a maioria dos diplomatas estrangeiros sucumbiram também ao erro no julgamento de Hitler, pois acreditaram que poderiam "domá-lo" em sua compulsão para a ação ao envolvê-lo em tratados internacionais. Simplesmente não se podia considerar o chanceler do *Reich* como autor de *Mein Kampf*, pois senão surgiria a obrigação "lógica" de "lançar mão da política de ataque preventivo", observou o novo embaixador britânico em Berlim, *sir* Eric Phipps, em novembro de 1933. Por outro lado, ninguém poderia se dar ao luxo de ignorar Hitler: "Por isso mesmo não seria mais aconselhável estabelecer uma ligação com essa pessoa terrivelmente dinâmica? Isto é, vincular por meio de um tratado que trouxesse sua assinatura orgulhosa e de livre espontânea vontade?"[5]

Apenas pouquíssimos observadores estrangeiros reconheceram, na época, que Hitler não se contentaria com a revisão do Tratado de Versalhes. Entre eles estava o cônsul-geral norte-americano em Berlim, George S. Messersmith, que expressou, já em maio de 1933, um alerta claro: o novo governo de Hitler deseja paz para os próximos anos no intuito de consolidar sua posição, mas não se poderia deixar de reconhecer que a "nova Alemanha", quando alcançasse esse objetivo, envidaria todos os esforços para "impor ao restante do mundo suas vontades" (*"will strive in every way to impose its will on the rest of the world"*).[6]

O fato de que o pessoal do Ministério das Relações Exteriores praticamente não havia mudado após 30 de janeiro contribuiu para que os políticos estrangeiros subestimassem Hitler de forma geral. Pelo desejo expresso de Hindenburg, o ministro de Relações Exteriores, Konstantin Freiherr von Neurath, permaneceu no cargo, e com ele também seu secretário de Estado, Bernhard von Bülow. Em seus cargos permaneceram também os principais diplomatas das mais importantes embaixadas do mundo. O único entre eles que renunciou ao cargo na primavera de 1933 foi o embaixador em Washington, Friedrich von Prittwitz und Gaffron.[7] Os diplomatas da Wilhelmstrasse* pareciam responsáveis pelo direcionamento da política externa, e eles garantiam não apenas um alto grau de continuidade no que tangia ao pessoal, mas também no nível de conteúdo, ou ao menos deixaram os outros países convencidos disso. Quando Herbert von Dirksen, embaixador alemão em Moscou, fez um relato no início de fevereiro de 1933 sobre a inquietação do governo soviético a respeito do novo governo de Hitler, Bülow respondeu: "Acredito que lá eles superestimam as consequências de política externa da troca de governo. Os nacional-socialistas responsáveis pelo governo obviamente são outras pessoas e farão uma política diferente da que anunciaram antes. Isso acontece sempre e com todos os partidos da mesma maneira [...] Tudo correrá aqui como em qualquer outro lugar".[8]

A esperança de uma "moderação" de Hitler e dos nacional-socialistas a cargo do governo revelou-se, obviamente, como ilusão na política interna, e se evidenciava também no campo da política externa como uma falácia perigosa, mesmo que, nesse caso, tenha demorado um pouco mais até que se mostrasse – pois nos primeiros meses de seu governo, a tomada de poder e sua consolidação no país permaneceram em primeiro plano para Hitler; na política externa, ele se manteve um passo atrás e deixou o campo aberto em ampla medida para os diplomatas de carreira da Wilhelmstrasse. Porém essa situação mudou depois que o poderio de Hitler foi estabelecido. Nesse momento, ele também assumiu as rédeas da liderança da política externa. Hitler ficou "totalmente tomado pela política externa", notou Goebbels em março de 1934.[9] Em todas as decisões importantes, ele especificava o direcionamento e, como na extinção da esquerda e na dominação dos aliados conservadores, apontou, nesse novo terreno, um caminho seguro para as fraquezas de seus inimigos, os quais também exploraria de forma tão habilidosa como inescrupulosa. Desse modo, foi preciso apenas três anos para que ele, numa série de golpes espetaculares, finalmente conseguisse eliminar de uma vez por todas o sistema do Tratado de Versalhes.

Por outro lado, várias circunstâncias vieram ao seu auxílio. Quando assumiu o governo, o Sistema de Versalhes já estava em vias de dissolução. Dessa forma, Papen pôde, na Conferência de Lausanne de junho de 1932, colher e alcançar os frutos da política externa de (Heinrich) Brüning, que liberavam a Alemanha de suas opressoras obrigações de reparação. Além disso, o governo Schleicher também registrou um sucesso espetacular de política externa com a Declaração das Cinco Potências, de 11 de dezembro de 1932, que conferiu fundamentalmente ao *Reich* alemão a igualdade na questão do armamento. As modalidades ainda precisariam ser decididas na Conferência para o Desarmamento que estava em curso em Genebra,

---

*   Wilhelmstrasse, rua da região central de Berlim, famosa por abrigar, entre outros, a Chancelaria do *Reich* e o Ministério das Relações Exteriores da Alemanha, onde se reuniam os diplomatas instalados no país. (N. T.)

mas já estava claro que a política externa alemã havia recuperado, na fase do gabinete presidencial, uma liberdade de ação maior do que tinha na era Stresemann.[10]

Essa evolução foi favorecida pelas implicações da Grande Depressão, que também deixava Inglaterra e França com grandes problemas econômicos e sociais, restringindo suas possibilidades de ação na área de política externa.[11] O agravante se dava ao fato de que, nos dois Estados democraticamente constituídos da Europa ocidental, após a experiência traumática da Primeira Guerra Mundial, eram percebidas fortes correntes pacifistas às quais qualquer pensamento sobre uma nova guerra na Europa parecia condenável e, por conseguinte, deixava pouca margem para uma política de rearmamento. Especialmente na Grã-Bretanha, era comum a opinião de que o Tratado de Paz de Versalhes estava sendo aplicado erroneamente e que a Alemanha teria a obrigação de reparação.[12] Além disso, Hitler beneficiou-se do temor perante o comunismo, que também grassava entre as elites civis políticas da Europa ocidental. Enquanto se apresentou como protagonista radical na luta contra a Rússia bolchevista, o Führer pôde esvaziar muitas reservas contra sua pessoa e o governo por ele liderado.

Finalmente, Hitler se valeu de poderosos ventos a favor também através do que se denominou "Crise da Democracia" na Europa no período entre-guerras. Com sua "Marcha sobre Roma", em outubro de 1922, e a instituição de um regime fascista, Mussolini de certa forma pôs os acontecimentos em movimento. Apenas dois dos Estados recém-fundados após 1918-1919 – a saber, Finlândia e Tchecoslováquia – puderam salvar seu sistema democrático pela crise da década pós-guerra; todos os outros – a República da Áustria, a Hungria, o Reino dos Sérvios, Croatas e Eslovenos (desde 1929, Reino da Iugoslávia), a Polônia, os Estados bálticos da Lituânia, a Letônia e a Estônia – passaram mais cedo ou mais tarde para regimes autoritários. Contudo, antes de 1918, Estados já existentes como Romênia, Bulgária, Grécia, Albânia, Portugal e Espanha estavam subjugados pelo processo da "transformação autoritária".[13] Em outras palavras, Hitler e os nacional-socialistas lucraram com uma tendência generalizada: aparentemente, a ditadura instituída por eles se encaixava nas correntes predominantes da época.

Em 7 de abril de 1933, o ministro de Relações Exteriores Von Neurath apresentou pela primeira vez ao gabinete as considerações fundamentais de sua responsabilidade sobre a política externa futura, que se baseavam em um memorando abrangente que o secretário de Estado Bülöw havia apresentado em março. O principal objetivo era a completa abolição do Tratado de Versalhes, e o memorando propunha um processo gradual. Em uma primeira fase, a Alemanha deveria se concentrar no rearmamento militar e na recuperação da força econômica; para tanto, era necessário se operar com cuidado para não provocar uma ofensiva preventiva dos países vizinhos, França e Polônia. Em uma segunda fase, então, deveriam se esforçar para alcançar "revisões territoriais de fronteira", nas quais o "principal objetivo" seria o de estabelecer "a reconfiguração das fronteiras orientais", ou seja, a reconquista da área cedida à Polônia em 1919. Como outros objetivos de revisão, Bülow mencionou as fronteiras de Schleswig do Norte, a recuperação do cantão de Eupen-Malmedy e, num momento posterior, de Alsácia-Lothringen, a reconquista das antigas colônias alemãs e, eventualmente, a conquista de novas colônias, bem como a anexação da Áustria. Um entendimento entre a Alemanha e a França seria "quase impossível num futuro próximo", também um entendimento com a Polônia "não seria possível, tampouco desejável"; por essa razão, "o apoio da Rússia" não podia ser descartado em primeira instância. Além disso, deveriam ser envidados esforços para estabelecer boas relações com a Inglaterra e "uma cooperação estreita" com a Itália, "em todos os aspectos, onde estejam disponíveis interesses conjuntos". Neurath concluiu com a declaração de que conflitos de política externa deveriam ser evitados "até que estejamos totalmente fortalecidos".[14] O programa de longo prazo, que os funcionários de alto escalão do Ministério de Relações Exteriores desenvolveram aqui, estava alinhado com política de soberania alemã e correspondia em parte – mesmo que, como logo se descobriria, longe de corresponder totalmente – com as concepções de Hitler.

O Ministério das Relações Exteriores, a *Reichswehr* e Hitler eram da opinião de que se deveria ocultar o rearmamento forçado do resto do mundo e, ao mesmo tempo, esconder do exterior as verdadeiras intenções da política alemã por meio de gestos demonstrativos de paz. A esse objetivo serviu o primeiro grande discurso de Hitler sobre política externa para o *Reichstag*, em 17 de maio de 1933. Nele, o Führer enfatizou a exigência pela igualdade da Alemanha, ao passo que também condenou qualquer pensamento de guerra ou violência: "Nenhuma nova guerra europeia teria condições de estabelecer melhorias às condições insatisfatórias. Ao contrário, nem na questão política, tampouco na econômica, o uso de qualquer violência poderia causar uma situação mais favorável na Europa do que a existente hoje [...] É o desejo mais profundo do governo nacional do Reich alemão impedir tal evolução não pacífica através de cooperação honesta e ativa". Hitler declarou que desejava respeitar os direitos nacionais de outros povos; o "conceito de germanização" seria estranho aos nacional-socialistas – uma confissão hipócrita quando nos lembramos que ele mesmo, no discurso para generais em 3 de fevereiro, falou sobre a "germanização brutal" das regiões a serem conquistadas no Leste. Dúbia também foi a prontidão anunciada sobre o desarmamento alemão no momento em que o rearmamento secreto estava em curso. Na afirmação de paz estava incorporada, de forma totalmente calculada, a ameaça oculta de que a Alemanha poderia abandonar a Conferência para o Desarmamento em Genebra e sair da Liga das Nações, caso continuassem a lhe negar a situação de igualdade.[15]

O "discurso de paz" de Hitler não perdeu seu impacto. No papel de político das relações externas aparentemente moderado e pronto para entendimentos, ele agia de forma tão convincente que a facção do SPD no *Reichstag*, já dizimada pela perseguição, aprovou a declaração do governo, conforme relatado. "Mesmo nosso inimigo mais irreconciliável, Adolf Hitler, pareceu tocado em um momento. Ele se levantou e nos aplaudiu", lembrou-se Wilhelm Hoegner.[16] Para Elisabeth Gebensleben, de Braunschweig, a admiração por Hitler depois desse discurso não tinha mais limites: "Este homem é tão sublime que pode ser o Führer *do mundo* [...] Volto agora a ter orgulho de ser alemã, total e *irrepreensivelmente* orgulhosa até!", escreveu à sua filha, que vivia em Utrecht, e esta contou numa carta de resposta que os jornais holandeses também se declaravam "muito favoráveis" ao discurso de Hitler; esse discurso teria "compensado muito do que a Alemanha havia perdido em simpatia no exterior nos últimos tempos".[17]

De fato, o eco no exterior também foi predominantemente positivo. "Ontem o mundo viu pela primeira vez o Hitler estadista", comentou o jornal *Times,* de Londres.[18] O conde Harry Kessler, que considerou o discurso "surpreendentemente moderado", observou em 18 de maio, em Paris, que a imprensa francesa ficou "um tanto embaraçada" pelo discurso de Hitler: "Ela precisa admitir que não havia nada de errado nele".[19] Thomas Mann, ao contrário, via a dissimulação com olhar perspicaz: "O discurso de Hitler no *Reichstag* foi um completo recuo pacifista. Ridículo", observou ele, curto e certeiro.[20]

Nas negociações de desarmamento de Genebra, retomadas em fevereiro de 1933, os interesses alemães e franceses colidiram imediatamente. O governo britânico tentou intermediar, mas hesitou com deferência às exigências de segurança francesas a conceder aos alemães a igualdade total no setor armamentista. Por isso, já em maio, Blomberg e Neurath estavam decididos a mandar a conferência às favas. Ao contrário, Hitler, que estava totalmente comprometido em promover a política da igualdade, e por isso não tinha nenhum interesse em complicações de política externa na época, governava de modo taticamente mais flexível. Ordenou que a delegação de negociação sob Rudolf Nadolny não se comportasse de forma adversa perante todas as propostas de mediação. Para ele, um rompimento real em Genebra também não era conveniente, e queria evitar qualquer impressão de que os alemães sabotariam as negociações. A culpa pelo fracasso deveria ser repassada à oposição. Como seu representante, Goebbels viajou em setembro para Genebra para participar como membro da delegação alemã na reunião anual da Liga das Nações. "Deprimente. Uma reunião de mortos. Parlamentarismo das nações", assim resumiu o ministro da Propaganda sua primeira impressão.[21] Quando o ministro das Relações Exteriores britânico, John Simon, apresentou em outubro um plano de desarmamento modificado, que previa um prazo de carência de quatro anos para os alemães, dentro do qual seus armamentos deveriam estar sujeitos ao controle internacional, ele ofereceu à delegação alemã a desculpa desejada para sair triunfal da Conferência de Genebra.[22]

Em 13 de outubro, o chanceler do Reich informou o gabinete sobre sua decisão de "dar fim à conferência de desarmamento" no dia seguinte e, ao mesmo tempo, anunciar a saída da Alemanha da Liga das Nações. O passo deveria ser confirmado com plebiscito em uma nova eleição do *Reichstag*, que acabara de ser eleito em 5 de março. O povo alemão teria, assim, a oportunidade de "se identificar por meio de uma votação popular com a política de paz do governo do Reich". Com isso se tira "do mundo a possibilidade de acusar a Alemanha de uma política agressiva". Diante de eventuais ameaças de sanções da Liga das Nações, é essencial "segurar os nervos e se manter fiel aos nossos princípios".[23]

Hitler, como Goebbels relatou em seu diário, lutou "seriamente consigo mesmo" antes de ter chegado à conclusão de que a saída da Liga das Nações não aconteceria sem risco.[24] O rearmamento ainda estava no início, o Reich não havia crescido o bastante para um confronto militar. Além disso, as sanções também poderiam atingir sensivelmente o processo de recuperação econômica. No mínimo, o perigo de isolamento da política externa ameaçava a Alemanha. "Essa resolução de saída da Liga das Nações, reconquistada com esforço de quinze anos, é de tremenda importância, ainda hoje impossível de prever", preocupava-se o escritor de Leipzig, Erich Ebermayer.[25] Também o conde Harry Kessler falou de "acontecimento de consequências mais sérias desde a ocupação do Ruhr", que poderia "em pouco tempo levar a um bloqueio da Alemanha [e] talvez à guerra".[26]

Na noite de 14 de outubro, Hitler dirigiu-se à opinião pública mundial em um pronunciamento de rádio. Pela primeira vez lançou mão daquele método de duas vias, que também deveria aplicar no futuro golpe surpresa à política externa, ou seja, por um lado criar *fait accompli* [fato consumado] sem consideração dos costumes diplomáticos e, por outro, amortecer os riscos associados a esse fato por meio de retórica nebulosa, gestos conciliadores e ofertas atraentes. "Um dia", ele clamou, "os vencedores e os perdedores precisam reencontrar o caminho na comunhão de entendimento e confiança mútuos." Esse apelo dirigia-se especialmente à França, que Hitler abordava como "nosso antigo, mas glorioso adversário": "Seria um acontecimento fenomenal para toda a humanidade se os dois povos pudessem banir de uma vez por todas a violência de sua vida em conjunto".[27] Goebbels mostrava-se impressionado com essa passagem do discurso: "Estendendo a mão para a França. Muito forte. Bem, ele sabe fazer isso como ninguém".[28] De fato, na arte da mentira e do engodo, nenhum político da Europa podia estar à altura de Hitler.

Já em 17 de outubro, Hitler deu um sinal de fim de perigo. "Passos ousados contra a Alemanha não sucederiam nem devem ser esperados [...] O momento crítico talvez tenha sido superado. A comoção provavelmente se assentará sozinha e em pouco tempo."[29] Goebbels também estava aliviado: "Eco mundial fabuloso. Melhor que imaginávamos. Logo os outros buscarão alternativas. Logo teremos novamente a dianteira. O golpe de Hitler foi ousado, mas certeiro".[30] Em 18 de outubro, o chanceler do Reich deu uma entrevista completa ao correspondente do *Daily Mail*, George Ward Price, na qual ele buscou dispersar as preocupações do governo e da opinião pública britânicos sobre a ação solitária de política externa. Enfatizou como ficaria feliz se "as duas nações aliadas", Alemanha e Grã-Bretanha, reencontrassem "a antiga amizade", pois isso fortaleceria seu desejo para "o entendimento sincero" também com a França e afastaria categoricamente qualquer pensamento "de iniciar uma guerra com a Polônia em virtude do corredor.* Hitler não descartava a hipótese de um retorno à Liga das Nações, contudo apenas sob a condição de que a Alemanha fosse "reconhecida como fator totalmente igualitário". No mais, ele prometeu que seu governo se ateria aos tratados: "O que assinamos, cumpriremos segundo nossas capacidades".[31]

Em 24 de outubro, Hitler inaugurou a campanha para a nova eleição do *Reichstag* e o plebiscito correlato sobre sua política externa com um discurso no Sportpalast, em Berlim. Com grande entusiasmo, anunciou que "preferiria morrer a qualquer momento" a assinar qualquer coisa que, segundo sua "mais sagrada convicção", não fosse benéfica ao povo alemão. "Se alguma vez eu cometer um erro ou se o povo alemão alguma vez acreditar que não pode apoiar meus atos, então podem me executar: eu resistirei com tranquilidade!".[32] Nos dias seguintes ele voou, como na época de corrida eleitoral mais intensa em 1932, de cidade para cidade – para Hannover, Colônia, Stuttgart, Frankfurt am Main, Weimar, Breslau, Elbing e Kiel. Na aproximação da cidade báltica, em 6 de novembro, o avião pilotado pelo capitão Hans Baur perdeu a orientação e quase não chegou ao aeródromo em Travemünde.[33]

Em 8-9 de novembro, Hitler interrompeu a excursão eleitoral para celebrar em Munique o décimo aniversário do *Putsch*, o golpe de novembro de 1923. Na noite de 8 de novembro, ele falou na cervejaria Bürgerbräu, no mesmo lugar onde, uma década antes, convocou a "revolução nacional". No tempo certo, ele declarou, não se agiu "levianamente", mas "por ordem de uma força maior". Foi graças à "sabedoria da providência" que a empresa não logrou êxito, pois "o momento para tanto ainda não estava maduro". Porém, na época, era "inato no movimento nacional-socialista" aquele "heroísmo" que o conduziu até a ascensão bem-sucedida do ano de 1933.[34] A reinterpretação mítica dos acontecimentos de 1932 culminou, ao meio-dia de 9 de novembro, com a marcha dos "antigos combatentes", que seguiu da cervejaria Bürgerbräu até o Feldhernhalle – um cerimonial que se repetiria ano após ano e se tornaria parte integrantes do calendário festivo nacional-socialista.

"Hitler parecia muito pálido", observou Goebbels no ato de Estado diante do Feldherrnhalle.[35] Nas semanas antes da votação, o chanceler do *Reich* exigiu de si o que também poderia ter esgotado um homem de saúde melhor que a dele. Já no dia seguinte às festividades de Munique, no meio-dia de 10 de novembro, ele se apresentou para os trabalhadores da fábrica da Siemens na Siemensstadt, em Berlim, assim como Goebbels quando, em março, assumiu a cobertura de rádio introdutória. Habilidoso, Hitler adaptou-se ao seu público, posando, segundo a lenda biográfica esculpida por ele mesmo, como um proletário de origem e disposição: "Na minha juventude, eu era trabalhador como vocês e ascendi pouco a pouco através da minha diligência, de meu aprendizado e, posso também dizer com certeza, da fome". Indicou os primeiros sucessos no combate ao desemprego e enfatizou novamente seu desejo de paz: "Não deveriam esperar que eu fosse tão insano a ponto de querer uma guerra".[36]

Obviamente, Hitler conseguiu marcar pontos no papel de líder trabalhista pacífico entre os operários da Siemens. De qualquer forma, seu ministro da Propaganda observou sobre a reação: "Júbilo fantástico! Apenas operários. Um ano antes, eles teriam nos matado a golpes. Chefe na melhor forma. Um sucesso tremendo. Mal consegue sair do galpão".[37] O comentário de Victor Klemperer, que acompanhou o discurso no rádio, é bem diverso: "Uma voz em grande parte rouca, falha, agitada, passagens no tom lamurioso do sectário pregador [...], desordenado, imoderado; mentindo a cada frase, mas eu quase acredito que mentiu inconscientemente. O homem é um entusiasta limitado. E não aprendeu nada".[38] Essa impressão também foi muito acertada – o fato de Hitler ser autodidata levou erroneamente até um contemporâneo tão inteligente como o romanista e intelectual de classe média de Dresden subestimar o arrivista. E esse erro foi cometido também pelo conde Harry Kessler, que em meados de outubro de 1933 anotou em seu diário que Hitler, "no fim das contas, não passava de um assistente de pintor histérico, semiletrado, que conquistou a posição por sua boca grande, que não é intelectualmente maduro".[39]

Em 12 de novembro, 45 milhões de alemães puderam se posicionar frente à seguinte questão: "Você, alemão, e você, alemã, aprovam essa política do seu governo e estão prontos para declará-la como expressão de sua opinião, de sua vontade, e professá-la solenemente?" Votaram "sim" 40,5 milhões de pessoas (95,1%) e 2,1 milhões (4,9%) votaram "não"; os votos restantes (0,75%) foram inválidos. Na lista de chapa única do NSDAP foram contabilizados 39,6 milhões (92,2%) de votos válidos e 3,4 milhões de votos inválidos.[40] Na liderança nazista, o resultado foi festejado como grande triunfo. "Hitler pousou a mão no meu ombro, emocionado", registrou Goebbels, que atribuía a si mesmo grande parcela do sucesso. "Missão cumprida. O povo alemão está unido. Agora podemos avançar para o mundo."[41] A aprovação foi muito mais extraordinária do que o esperado, mas a imagem de um "povo unido" sem dúvida pertence à propaganda. Victor Klemperer, que pela segunda vez votara "não" (Eva, sua mulher não judia, votou as duas vezes em branco), concluiu, por fim, o seguinte: "Foi quase um ato de coragem, pois todo mundo contava com a quebra do sigilo do voto".[42]

De fato, aconteceram inúmeras irregularidades na votação, de forma que o resultado pode ser considerado como verdadeiro reflexo da atmosfera predominante com ressalvas.[43] Por outro lado, é inequívoco que uma maioria avassaladora aprovou o governo de Hitler espontaneamente. Segundo a impressão do enviado suíço a Berlim, Paul Dinichert, a massa do povo alemão "respondeu 'sim' conscientemente" à pergunta apresentada, pois "acreditava estar defendendo realmente a "honra alemã", uma vez que não suportava o desarmamento desigual e nunca foi afeito à Liga das Nações; mas também porque [...] a maioria depositou em Hitler suas esperanças de tempos melhores, já que o enxergavam como o redentor que tiraria o povo da pobreza política, social e econômica".[44] Os correspondentes da diretoria exilada do partido social-democrata também não puderam negar que, entre os trabalhadores, a "atmosfera patriótica ultrapassou as marcas esperadas".[45] Hitler também ganhou prestígio nos ambientes que antes de 1933 se mostravam amplamente resistentes perante o nacional-socialismo – os católicos e os socialdemocratas.

No gabinete, Papen assumiu a tarefa de expressar o agradecimento do grupo de ministros conservadores com maneirismos quase bizantinos: eles estariam "ainda totalmente impressionados com o reconhecimento único e magnífico que uma nação poderia prestar ao seu Führer". Em apenas nove meses, Hitler alcançou a "genialidade de criar, a partir de um povo internamente destroçado, um Reich unido na esperança e na fé no futuro".[46] O que o vice-chanceler escondeu bem nessa oportunidade foi que ele mesmo, nesse período, perdera drasticamente em influência política e não representava mais nenhum contrapeso ao poderio do líder nazista. O fato de os ministros, após o louvor de Papen, terem se levantado de seus lugares para reverenciar o chanceler do Reich enfatizou, mais que todas as palavras, como Hitler foi totalmente aceito no gabinete. Na política externa, ele também assumia cada vez mais a direção.

Já em 26 de janeiro de 1934, seguiu o próximo golpe: o Reich alemão e a Polônia anunciaram o encerramento do pacto de não agressão, que vigorou por dez anos e obrigava ambas as partes a se entender pacificamente sobre todas as controvérsias. Esse golpe não foi tramado pelo Ministério de Relações Exteriores, mas pelo próprio Hitler. No início de maio de 1933, ele expressou o desejo ao embaixador polonês, Alfred Wysocki, de "que os dois países pudessem comprovar e negociar seus interesses conjuntos sem emoções".[47] A troca de ideias estabelecida se intensificou no outono de 1933. Em Genebra, no fim de setembro, Goebbels reuniu-se com o ministro de Relações Exteriores polonês, Jozef Beck: "Queremos nos afastar da França e nos aproximar de Berlim [...] Os fios continuam sendo tramados", resumiu assim sua impressão o ministro da Propaganda.[48] Em meados de novembro, Hitler recebeu o novo embaixador polonês, Jozef Lipski, para uma longa conversa. Com isso, foram iniciadas as tratativas oficiais entre Berlim e Varsóvia que resultariam no cancelamento do pacto de não agressão.[49]

O passo espetacular compreensivelmente chamou a atenção no país e no exterior, pois significava um rompimento com o alinhamento da política externa alemã até o momento, que nunca aceitara a cessão de território à Polônia imposta pelo Tratado de Versalhes, especialmente com a existência do corredor que separava o Reich da Prússia Oriental. Por esse motivo, Neurath, ministro de Relações Exteriores, havia fechado um acordo com o vizinho oriental na primavera de 1933. E exatamente a esse acordo Hitler parecia ter se dedicado. "Um milagre diplomático aconteceu! Alemanha e Polônia entraram em acordo!", escreveu Erich Ebermayer em seu diário.[50]

Não foi uma simpatia recém-descoberta com o regime autoritário do marechal Pilsudski que levou o chanceler do Reich alemão a alterar sua política externa. Ele calculou de forma muito sóbria as vantagens que poderia obter com o término do pacto de não agressão. Por um lado, oferecia segurança contra um possível ataque preventivo polaco-francês – um risco que ocasionalmente o governo alemão considerava com seriedade.[51] "Dez anos de paz, mesmo que entre as vítimas", assim delineou Hitler, em novembro de 1933, sua linha de política externa.[52] Por outro lado, o acordo com a Polônia lhe servia como um meio bem-vindo de comprovar com firmeza seu tão alardeado amor à paz. A prova de que esse ato não passou despercebido pelos diplomatas estrangeiros está, entre outros, na reação do embaixador britânico Phipps, que falou sobre "realização de um estadista".[53] Contudo, nenhum reconhecimento do direito territorial adquirido do Estado polonês estava associado à declarada renúncia à violência, ou seja, uma espécie de "Tratado de Locarno do Leste".[†] Para Hitler, tratava-se antes de conseguir liberdade de movimentação para o flanco oriental; com isso, não se excluía uma revisão futura das fronteiras existentes, mesmo que, naturalmente, não tivesse expressado nada sobre a questão. Ao contrário, em seu discurso ao *Reichstag* no primeiro aniversário da "tomada do poder", em 30 de janeiro de 1934, ele elogiou o acordo com a Polônia como um novo capítulo na história dos dois povos: "Alemães e poloneses devem aceitar mutuamente o fato de sua existência. Por isso, é conveniente moldar uma situação, que não se pôde erradicar durante mil anos e tampouco será erradicada por nós, de forma que dela se possa tirar o máximo de proveito para as duas nações".[54]

Com o pacto de não agressão teuto-polonês, Hitler não apenas rompeu uma pedra importante do sistema de segurança francês na Europa oriental, o "*cordon sanitaire*", mas também "reverteu de forma absoluta os 'fundamentos' da política alemã para com o Oriente": "Em vez de seguir como antes, junto à União Soviética, uma política antipolonesa, tratava-se agora de operar com a Polônia uma política antissoviética".[55] Mesmo que em 5 de maio de 1933 o acordo berlinense de 1926 com a Rússia tivesse sido renovado, Hitler deixou claro que, com a aproximação da Polônia, deveria ocorrer um abandono da União Soviética, e isso significava que futuramente a contradição ideológica com os governantes em Moscou também deveria determinar a negociação da política externa. "Cada vez mais, os momentos incômodos das relações com a Rússia estão ficando maiores que os frutíferos", ele declarou no fim de setembro de 1933 em seu gabinete. Apesar de ser contra romper essas relações, reconhecia que "objetivamente não seria possível mantê-las em longo prazo".[56] De fato, a relação piorou no decorrer dos anos de 1933 e 1934 a olhos

---

† Referência aos sete tratados negociados em 1925, em Locarno, Suíça, nos quais as potências da Europa ocidental visavam manter as fronteiras entre a Alemanha, Bélgica e França. (N.T.)

vistos. A cooperação mantida na época da República de Weimar entre a *Reichswehr* e o Exército Vermelho teve um fim abrupto. A política externa russa voltava-se com força para o Ocidente, especialmente para a França. Em setembro de 1934, a União Soviética entrou na Liga das Nações, depois de ter sido reconhecida diplomaticamente também pelos EUA em novembro de 1933.

Um ano após a tomada de poder, Hitler determinou a direção e o ritmo da política externa. Mesmo que os diplomatas do Ministério das Relações Exteriores pudessem ter muitas preocupações com os métodos escolhidos, serviam ao novo regime com lealdade. "Nosso povo *deve* apoiar a nova era, pois imagine o que viria depois dela se fracassasse!", expressou sua convicção, por exemplo, o ambicioso enviado Ernst von Weizsäcker. Para o "impulso ideal da revolução nacional", era necessário agora o "conhecimento especializado" dos diplomatas de carreira para impedir possíveis tendências indesejáveis.[57] Embora ela estivesse prontamente à disposição, Hitler alimentava uma porção considerável de desconfiança da elite diplomática na Wilhelmstrasse, na qual se expressava também o complexo de inferioridade do arrivista perante oficiais a serviço por longo tempo e, via de regra, sofisticados. Eles lhe pareciam pouco flexíveis, assolados por preocupações demais e presos à sua rotina burocrática. Por isso, logo começou a promover uma série de organizações concorrentes que pudessem operar a política externa por iniciativa própria e além da diplomacia tradicional. Entre elas estava o departamento de Política Externa do NSDAP, fundado em 1º de abril de 1933 por Alfred Rosenberg, ideólogo chefe do partido e conselheiro de relações exteriores de Hitler antes de 1933, além da Organização de Relações Exteriores do NSDAP a cargo de Ernst Wilhelm Bohle e, finalmente, a agência Ribbentrop, constituída desde 1934, que de certa forma funcionava como o braço direito de Hitler nas questões de política estrangeira.[58]

Embora Hitler lesse apenas a contragosto relatórios de diplomatas – a análise de documentos não era mesmo seu forte –, sua memória estupenda o ajudou a se familiarizar tanto com a matéria na área de política externa que ele conseguia chamar a atenção dos diplomatas com seu conhecimento detalhado. Ernst von Weizsäcker teve uma impressão positiva em seu primeiro encontro pessoal com o Führer na Chancelaria do Reich: "Hitler, muito sério e introvertido, sem dúvida, superava e muito os outros. É como se ele tivesse uma disposição metafísica, que o alerta antecipadamente".[59] Porém, Hitler também sabia impressionar enviados e políticos estrangeiros. Ao embaixador francês François-Poncet, a quem recebeu pela primeira vez no início de abril de 1933, ele se mostrou "totalmente gentil e de modo algum embaraçado, mas sim confortável, mesmo que fosse também reservado, quase frio". Hitler se expressou "com clareza e resolução" e passou "a impressão de total franqueza".[60] Anthony Eden, o comissário do desarmamento do governo britânico e, mais tarde, ministro de Relações Exteriores, ficou surpreso em sua primeira visita a Berlim, em fevereiro de 1934, ao encontrar em Hitler um interlocutor amável, "controlado e amigável", bem-preparado quanto à questão e receptivo a objeções. Não tinha "nada de prussiano" em si, mas parecia mais um "típico austríaco".[61] Também diante de Eden, o chanceler do Reich reforçou que o governo alemão não alimentava "nenhuma intenção agressiva"; estaria, antes, preparado para "reconhecer qualquer acordo europeu que possa ser considerado como fator de garantia para a manutenção da paz".[62]

Sobre a franqueza de tais afirmações, era possível levantar sérias dúvidas já em 1933-1934, pois o regime nacional-socialista assumiu desde o início um curso quanto às relações com a Áustria que atestava qualquer coisa, menos desejo de entendimento e moderação de política externa. Nascido na Áustria, Hitler já sonhava com uma "grande Alemanha" em seus anos em Viena e, na primeira página de *Mein Kampf*, exigia o retorno da Áustria alemã "para a grande Pátria germânica", pois "o mesmo sangue [...] pertence ao mesmo Estado".[63] Após 30 de janeiro de 1933, os nacional-socialistas austríacos viram uma oportunidade, exigiam com impaciência cada vez maior uma "anexação" e foram maciçamente apoiados nessa empreitada por seu partido-irmão, o NSDAP. No entanto, esse plano foi frustrado quando o governo do chanceler social-cristão Engelbert Dollfuß dissolveu o parlamento em março de 1933 e deu início à estruturação de um estado corporativista autoritário, logo designado "austrofascista", que, para afirmar sua independência, em vez de buscar apoio na Alemanha nacional-socialista, voltou-se à Itália fascista.

Com as crescentes atividades subversivas dos nazistas austríacos, o regime de Dollfuß proibiu, no início de maio de 1933, o uniforme pardo e, por fim, em 19 de junho, decretou a proibição do partido. Hitler respondeu com uma proibição efetiva de viagens: qualquer alemão que quisesse permanecer no país vizinho deveria futuramente pagar uma taxa de 1.000 *Reichsmark*, o que deveria atingir sensivelmente o turismo austríaco. "Essa medida", explicou o chanceler do *Reich* no gabinete, "provavelmente levará a um colapso do governo Dollfuß e a novas eleições. Essas novas eleições resultarão na coordenação interna da Áustria, sem que seja necessária uma anexação externa".[64] Porém, Hitler enganou-se. O governo austríaco, por sua vez, reagiu com a introdução da obrigatoriedade de vistos para pequenas viagens fronteiriças – uma medida que atingiu principalmente os nacional-socialistas que viajavam entre os países. Consequentemente, o comitê regional austríaco do NSDAP, sob a direção do inspetor regional nazista, Theodor Habicht, mobilizou-se e cobriu o país alpino com uma onda de ataques.[65]

No entanto, Mussolini, que acompanhava a política de anexação alemã com grande desconfiança, entrou em cena e anunciou-se protetor do regime de Dollfuß. Em uma declaração conjunta de 17 de fevereiro de 1934, Itália, França e Inglaterra comprometeram-se a proteger a independência e a integridade da Áustria. Um mês depois, Itália, Áustria e Hungria assinaram os Protocolos de Roma, que previam cooperação estreita, principalmente na área econômica. A custódia da Alemanha nacional-socialista sobre o país vizinho parecia rechaçada; abriu-se um abismo entre Berlim e Roma, uma parceria que Hitler tanto desejava.

Então, aconteceu o encontro entre Hitler e Mussolini, em 14 e 15 de junho de 1934, em Veneza – a primeira viagem ao exterior do chefe de Estado alemão —, desde o início sob auspícios desfavoráveis. Por aconselhamento de Neurath, o Führer envergou trajes civis; ao lado do *Duce*, que apareceu de uniforme, Hitler não fez boa figura; parecia, visivelmente inquieto e inseguro, "mais um subalterno que um parceiro", como se lembrou o fotógrafo Heinrich Hoffmann.[66] Provavelmente estava com os pensamentos voltados para o "golpe de libertação" iminente contra Röhm e a SA. As conversas políticas aconteceram a sós, pois Mussolini, em certa medida dominando o alemão, havia recusado um intérprete. Não se chegou a um entendimento sobre a controvérsia austríaca, e Mussolini enfim declarou à sua

[FOTO 45] Primeiro encontro de Hitler com Mussolini em Veneza, 14 de junho de 1934.

mulher, de forma pouco lisonjeira, que Hitler teria uma "essência belicosa" e não "tinha capacidade de se controlar". "É mais turrão que inteligente, e nossa conversa não levou a nenhum resultado positivo."[67]

Apenas seis semanas após o encontro em Veneza, a situação agravou-se drasticamente: em 25 de julho, os nacional-socialistas alemães revoltaram-se. Homens de uma divisão da ss em Viena invadiram o gabinete do chanceler na Ballhausplatz, executaram Dollfuß e tomaram a emissora da Österreichscher Runkfunk, a rádio austríaca. Contudo, toda a empreitada havia sido mal preparada e pôde ser debelada rapidamente pelo exército austríaco, com saldo de 200 mortos. O ministro da Justiça à época, Kurt von Schuschnigg, formou um novo governo e ordenou a prisão dos golpistas.[68]

No momento do golpe, Hitler estava em Bayreuth, no festival de Wagner, e não há dúvida de que ele não apenas sabia do acontecimento como também o aprovara. No domingo, 22 de julho, três dias antes do início do golpe, ele ordenou que o inspetor regional, Theodor Habicht, o chefe da sa austríaca, Hermann Reschny, bem como Franz Pfeffer von Salomon, o ex-chefe da sa, que nesse meio tempo ocupava um cargo na Equipe de Ligação do nsdap com o governo em Berlim, fossem para Bayreuth, e detalhou os detalhes da ação iminente. Antes disso, havia recebido o major-general Walter von Reichenau, chefe do departamento de defesa no *Reichswehrministerium*, o que sugere que também o alto escalão da *Reichswehr* estava a par. Goebbels anotou posteriormente: "Domingo: com Führer [...] Gen. v. Reichenau, então Pfeffer, Habicht, Reschny. Questão austríaca. Se logrará êxito? Estou muito cético".[69]

Em 25 de julho, o nervosismo irrompeu de repente no entorno de Hitler. Goebbels registrou o momento em seu diário: "Alerta da Áustria. Chancelaria e Ravag [rádio austríaca] ocupadas. Grande confusão. Tensão tremenda. Espera terrível. Continuo cético. Pfeffer todo otimista. Habicht também. Esperemos!"[70] À noite, enquanto era apresentada a ópera "Rheingold" no Teatro do Festival de Bayreuth, Hitler recebeu as primeiras notícias do fracasso do golpe. Friedelind Wagner observou: "Schaub e Brückner corriam alternadamente entre o camarote de Hitler e a antessala do nosso, onde havia um telefone; um deles pegava as notícias no aparelho, e o outro corria até Hitler e sussurrava em seu ouvido". Após a apresentação, Hitler saiu com os Wagner para jantar no restaurante do teatro e tomou caldo com almôndegas de fígado: "Preciso permanecer aqui por uma hora e deixar que me vejam [...] senão as pessoas poderiam acreditar que tive algo a ver com a questão".[71] De fato, Hitler e Goebbels tiveram muito trabalho para esconder e camuflar qualquer ligação com os conspiradores. As anotações de Goebbels revelam como eles se puseram a trabalhar freneticamente: "Notícias se atropelam: Ministério da Prop[aganda] trabalha bem. M[inistério] R[elações] E[xteriores] já está dormindo. Embaixador alemão em Viena chamado de volta. Cometeu uma burrice incrível. Interveio nos processos internos austríacos. Fronteiras fechadas. Quem ultrapassar, será preso. Nada mais é possível."[72]

Por volta das duas da manhã, Hitler ordenou que acordassem o vice-chanceler Papen em Berlim, completamente inocente, e informou com "voz totalmente agitada" que ele deveria partir para Viena como novo embaixador. A situação era "extremamente séria"; na lembrança de Papen, Hitler chegou a declarar: "Estamos diante de um segundo Sarajevo". Primeiramente, o vice-chanceler quis se resguardar, recordando ao chanceler de que não se poderia esperar que ele assumisse uma nova missão a serviço do governo depois dos acontecimentos de 30 de junho, e Hitler recorreu a uma combinação de apelo e lisonja: ele, Papen, seria "o único homem" que poderia "normalizar essa situação de impasse e perigo", e ele deveria ao menos fazer o favor para ele, Hitler, de viajar a Bayreuth para uma conversa ao vivo. Para tanto, ele já havia disponibilizado seu avião para o vice-chanceler.[73]

Talvez Papen tenha dramatizado em suas memórias a conversa telefônica noturna, porém, o que se garante é que ele chegou a Bayreuth no início da manhã de 26 de julho e foi imediatamente nomeado embaixador extraordinário em Viena. O embaixador na época fora destituído, assim como o inspetor regional Habicht, que foi convocado a Bayreuth e teve de ouvir as acusações mais severas. Alguns dias depois, a liderança regional austríaca do NSDAP foi dissolvida. Hitler ainda parecia, segundo impressão de Papen em 26 de se julho, estar num estado de histeria, e tinha motivos para tanto. Mussolini, depois de saber do assassinato de Dollfuß, enviou duas divisões para o passo do Brennero – um gesto de ameaça que desencadeou um verdadeiro pânico no séquito do Führer. Por um momento, Goebbels enxergou até mesmo "o risco de uma intervenção das grandes potências".[74]

Em Roma, não se deu muita fé à declaração do governo alemão, publicada ainda em 26 de julho, de que "nenhuma autoridade alemã" tinha "qualquer relação com o acontecido".[75] A imprensa italiana empreendeu ataques duros contra o Reich alemão; Goebbels, por sua vez, instruiu os jornais alemães a contra-atacar com a mesma intensidade. Eclodiu uma guerra de imprensa, que deveria se estender por meses. Mussolini deu expressão ao ambiente antialemão quando, em 6 de setembro, na Feira Internacional de Bari, clamou: "Trinta séculos de História permitem que olhemos com compaixão superior certas teorias d'além dos Alpes que serão defendidas pelos descendentes de um povo que, na época em que Roma já contava com César, Virgílio e Augusto, nem sequer conhecia a escrita para transmitir os testemunhos de sua vida".[76]

As relações teuto-italianas chegaram ao fundo do poço. "Fora Itália", constatou Goebbels em 30 de julho. "A antiga falta de confiança. O Führer está profundamente cheio disso [...] Rompeu em definitivo com Roma."[77] No mesmo dia, o secretário de Estado, Bülow, em conversa com o chefe do generalato, coronel-general Beck, explicou que ninguém acreditava que Hitler não estivesse envolvido nos acontecimentos de 25 de julho. O golpe havia sido "realizado com leviandade inacreditável". Bülow chamou de "sombria" a situação da política externa: "Agora tudo está em risco, especialmente todo o rearmamento [...] Todas as potências das quais ele depende estão contra nós. A França, que como sempre fica na retaguarda com sua ameaça, não precisará mover um dedo para estabelecer uma situação favorável".[78]

Para Hitler, o golpe fracassado e a reação internacional a ele significavam uma humilhação grave e o primeiro revés em seus esforços para uma correção essencial do tratado pós-guerra. A lição que tirou disso foi que ele, principalmente na questão da anexação, precisaria operar com mais cuidado e esperar um momento mais propício. Nesse meio tempo, continuaria a amainar a vigilância das potências europeias com declarações de paz e avançar secretamente com o rearmamento. "Ou seja, fechar o bico e continuar o armamento" e "Não podemos provocar agora. Seremos muito suaves e tranquilos" – com essas palavras, Goebbels delineou a precaução provisória tática de seu mestre, na segunda metade de 1934.[79] Na conferência dos lugares-tenentes do *Reich*, no início de novembro, Hitler explicou que a situação de política externa havia melhorado, em comparação com meados de 1934, mas ainda "não estaria totalmente livre de perigo": "O governo do Reich não poderia desenvolver nenhum interesse em um desdobramento bélico. Se precisarmos ainda de um período de paz de 10-12 anos, então a estruturação nacional-socialista será realizada sem descanso. Então, uma guerra contra a Alemanha também significará um risco muito grande para os adversários".[80] Em uma conversa em particular com seu ministro da Propaganda na noite de 26 de julho de 1934, quando já havia se recomposto da comoção das horas anteriores e a tensão se dissolveu num estado quase eufórico, ele revelou que os objetivos de longo prazo de sua política externa se estendiam além da revisão do Tratado de Versalhes: "Hitler fala do futuro. Tem uma manifestação profética. A Alemanha como soberana do mundo. Tarefa de um século".[81]

Com essa observação, Goebbels indica, sem estar aparentemente consciente, uma contradição das mais surpreendentes do político Hitler. Tanto seu senso de realidade era aguçado no que tangia às possibilidades de negociação dentro da política externa nos primeiros anos de seu governo como tendia muito a ignorar o princípio bismarckiano de que a política sempre deveria ser a arte do possível. Em seus encontros com o Führer, o embaixador alemão em Roma, Ulrich von Hassel, sempre ficava pasmo com a "coexistência direta e misteriosa de pensamentos claros e reais de um lado e combinações fantásticas e caóticas de outro".[82] Hitler era, segundo essa observação, realista e fantasioso ao mesmo tempo, e essa combinação incomum tornava difícil descobrir, tanto para admiradores como para adversários, o que exatamente ele tinha em mente.

Em janeiro de 1934, Hitler trouxe a si uma chance consertar a balbúrdia de julho de 1934 com a votação popular no Sarre. No Tratado de Versalhes, a região do Sarre foi posta sob tutela da Liga das Nações; depois de quinze anos, a população deveria decidir a qual país, Alemanha ou França, ela queria pertencer ou se o *status quo*, o mandato da Liga das Nações, deveria ser mantido. Entre os defensores e opositores de uma "volta ao Reich" irrompeu uma batalha ferrenha. Os opositores, principalmente os social-democratas e os comunistas, uniam-se sob o lema

"Derrubem Hitler no Sarre!"; os defensores de uma volta ao *Reich* formavam também um bloco único, a Deutsche Front, que se afiliara ao NSDAP e ao restante dos partidos civis do Sarre.[83] Eles apostavam na força de atração do lema nacional – e no fato de que a recuperação econômica na Alemanha havia feito avanços claros nesse meio tempo, enquanto a França apenas nesse momento sentia os efeitos da crise econômica. Assim, não poderia haver dúvida quanto ao sucesso da Deutsche Front. Mesmo assim, o tamanho de sua vitória foi uma surpresa: em 13 de janeiro, 90,8% dos eleitores votaram por uma reunificação com o Reich alemão, 8,8% votaram pela manutenção do *status quo* e apenas 0,4% defenderam uma anexação à França. Isso significava que também a maior parte do eleitorado de esquerda deve ter se juntado à facção do "volta ao Reich" – para a diretoria exilada do SPD, uma decepção amarga.[84] Também Klaus Mann, que alimentava grandes esperanças na votação do Sarre, mostrou-se desiludido: "É nossa pior derrota política desde janeiro de 1933. Prova de que as fórmulas da esquerda não são atraentes [...] Todas as esperanças foram postergadas para um momento totalmente imprevisível agora".[85]

A propaganda nazista converteu o resultado em um triunfo pessoal de Hitler. "90,5% a favor de Hitler. Emoção das mais profundas [...]", anotou Goebbels. "Telefonema do Führer. Está muito alegre, brincalhão [...] Aos poucos, saímos do dilema. Primeira grande vitória na política externa."[86] No gabinete, Hitler falou do "amor à pátria do povo de Sarre como maior reconhecimento": "O significado em termos de política externa desse acontecimento não pode ser desconsiderado de forma alguma".[87] Em 1º de março, dia em que o Sarre foi oficialmente entregue ao Reich, Hitler assumiu a pose de libertador em Saarbrücken e festejou na Praça da Prefeitura a reunificação consumada como "ato de igualdade corretiva", que melhoraria a relação com a França "de uma vez por todas": "Assim como nós queremos a paz, devemos esperar que também o grande povo vizinho a queira e esteja pronto para buscar essa paz conosco. Deve ser possível que dois grandes povos se deem as mãos para enfrentar, num trabalho conjunto, as dificuldades que ameaçam enterrar a Europa".[88] O entusiasmo do público que Goebbels registrou obviamente não foi encenado, mas autêntico: "O povo na praça está em êxtase. Como uma loucura. O *Heil* soa como uma oração. Uma província reconquistada".[89]

Nesse momento, Hitler preparava sua próxima jogada. "Está trabalhando intensamente nela", Goebbels concluiu em 22 de janeiro de 1935, após uma longa reunião com o Führer. "Ele está totalmente envolvido pela política estrangeira. E pelo rearmamento. Hoje são os principais problemas. Tomar o poder. Todo o resto se arranjará."[90] Desde sua nomeação como chanceler do Reich, Hitler declarou a expansão acelerada de Exército, Marinha e Aeronáutica a prioridade máxima e, após a saída da Conferência de Desarmamento de Genebra, em meados do segundo semestre de 1933, os esforços nessa área aceleraram-se novamente. Em meados do primeiro semestre de 1935, o rearmamento ilegal alemão havia chegado a um ponto que mal permitia ser ocultado. A questão apresentada era como se poderia divulgar à opinião pública e fazer com que parecesse legítimo sem esfregá-lo demais no nariz das potências ocidentais.

Em 3 de fevereiro, os governos da Inglaterra e da França condenaram as medidas unilaterais de rearmamento da Alemanha em seu comunicado, mas expressaram ao mesmo tempo seu desejo de entrar novamente em negociações sobre o acordo armamentista. Entre outros, propunham o fechamento de um Pacto de Locarno Oriental e uma convenção internacional contra ataques aéreos. Evasivo, o governo alemão respondeu em 15 de fevereiro; em vez de tratativas com as duas potências ocidentais, declarou-se pronto apenas para uma troca de opiniões bilateral com o governo britânico e convidou Simon, ministro de Relações Exteriores britânico, e Eden, que nesse meio tempo havia sido nomeado primeiro-ministro, para conversas em Berlim, em 7 de março.[91] Em 4 de março, três dias antes da visita programada, o governo britânico publicou um *white book*‡ no qual anunciava um fortalecimento de 50% da Royal Air Force, a aeronáutica inglesa, no período de cinco anos, em face do rearmamento secreto alemão. Essa medida desencadeou indignação em Berlim e fez com que Hitler desconvidasse os políticos ingleses, fingindo uma indisposição por conta de suas cordas vocais fragilizadas. No diário de Goebbels, a comédia de dissimulação constava da seguinte maneira: "Londres publica um *white book* maldoso sobre o rearmamento alemão, que terá como consequência o rearmamento inglês. Por isso, o Führer fica rouco e desmarca a visita inglesa".[92]

Em 10 de março, Göring deu uma entrevista ao correspondente George Ward Price, na qual ele admite pela primeira vez a existência de uma força aérea (*Luftwaffe*) alemã. "A diretriz de nossas ações", declarou, "não era a de criar uma força de ataque que ameaçasse outros povos, mas de constituir uma aeronáutica militar forte o suficiente para defender a Alemanha de ataques a qualquer momento". Perante o adido britânico da Aeronáutica, coronel Don, ele se gabou com um número de 1.500 aeronaves de batalha: na realidade, a *Luftwaffe* de Göring dispunha, em meados do primeiro semestre de 1935, de pouco mais de 800 naves.[93] Poucos dias depois, em 15 de março, o governo francês apresentou à câmara dos deputados um projeto de lei que previa um prolongamento do tempo de serviço militar para dois anos, que entregou a Hitler a desculpa desejada para pôr em prática o que havia decidido durante uma estada em Obersalzberg: a reintrodução da obrigatoriedade do serviço militar. Na tarde de 16 de março, ele anunciou essa decisão aos embaixadores da França, Grã-Bretanha, Itália e Polônia. "Sua voz não mostrava nenhum sinal de rouquidão", lembrou-se François-Poncet. "Ele está muito seguro e composto, imbuído pela seriedade do momento".[94]

‡   Relatório branco ou livro branco, documento oficial governamental com instruções sobre como lidar com problemas de cunho nacional ou internacional ou anunciar medidas parlamentares. (N.T.)

Em primeiro lugar, não havia consenso no governo e na *Reichswehr* sobre a questão da futura dimensão da Wehrmacht. Em um memorando de 6 de março de 1935, o chefe do departamento de tropas, Ludwig Beck, estimou a magnitude do exército de paz em 23 divisões, que após um prazo de três a quatro anos deveria ser aumentada para 36. O chefe do comando do exército, Werner von Fritsch, defendia um ritmo mais acelerado para o aumento das forças armadas.[95] Em 13 de março, Hitler enviou a Munique seu ajudante de ordens da Wehrmacht, coronel Friedrich Hoßbach, e informou sua intenção de "anunciar" nos dias seguintes "a reintrodução da obrigatoriedade do serviço militar e, ao mesmo tempo, definir legalmente a estrutura futura do exército". Questionado por Hitler, Hoßbach designou o número de 36 divisões "como a organização militar definitiva pretendida pela liderança do exército para o futuro". Isso significava um exército de paz de 550 mil homens, cinco vezes maior que a força militar definida no Tratado de Versalhes para a *Reichswehr*. Hitler aceitou o número de imediato, sem se aconselhar com o ministro da Guerra, Blomberg, ou o ministro de Relações Exteriores, Neurath. Blomberg ficou pasmo quando foi informado, em 15 de março, da decisão de Hitler. Ele temia que as potências estrangeiras não aceitassem o término unilateral das obrigações político-militares do Tratado de Versalhes, além de um fortalecimento militar tão gigantesco, e expressou suas preocupações em um pequeno círculo de ministros na noite de 15 de março com "pungência e fervor".[96]

Contudo, Hitler permaneceu impassível. Sozinho, ainda trabalhava na noite da proclamação "Ao povo alemão!", que seria divulgada em 16 de março, um domingo. A Alemanha, assim constava no documento inveridicamente, havia cumprido suas obrigações de desarmamento fidedignamente; as forças vitoriosas, ao contrário, teriam continuado a se armar e boicotaram todas as tentativas de se chegar a um acordo armamentista internacional. "Sob essas circunstâncias, o governo alemão se viu obrigado a tomar sozinho as medidas necessárias que pudessem garantir o fim da situação tanto indigna quanto, em última instância, ameaçadora da vulnerabilidade impotente de um grande povo e proteger o Reich." Na "Lei para Estruturação do Exército" não foi anunciada apenas a reintrodução da obrigatoriedade do serviço militar geral, mas também o aumento do número de divisões para 36.[97]

Blomberg, que ainda pela manhã havia tentado em vão dissuadir Hitler da decisão de 36 divisões,[98] desistiu nesse meio tempo de sua resistência. Na reunião do gabinete no início da tarde de 16 de março, o círculo de ministros mostrou-se unânime. Goebbels anotou: "Führer apresenta a situação. Grande seriedade. Em seguida, lê a exortação com lei. Profunda emoção em todos. Blomberg levanta-se e agradece ao Führer. Pela primeira vez um *Heil* para ele nesta sala. Versalhes é extinto com uma lei. Momento histórico [...] Somos novamente uma grande potência".[99]

O golpe de fim de semana de Hitler provocou mais aprovação que preocupação. "Em Berlim, as pessoas se acotovelam pelas edições especiais dos jornais", observou François-Poncet. "Grupos formam-se. As pessoas gritam 'Bravo!' 'Finalmente!'

[FOTO 46] Cerimônia de *"Heldengedenk"* em Berlim, 17 de março de 1935. Atrás da coroa, da esq. para dir.: almirante Erich Raeder, coronel-general Werner v. Fritsch, Hermann Göring, marechal-de-campo August v. Mackensen, Adolf Hitler e ministro da Guerra do Reich Werner v. Blomberg.

A multidão reúne-se diante da Chancelaria do *Reich* e ovaciona Hitler."[100] Finalmente, assim era a atmosfera disseminada: um político alemão ousou enfrentar as potências ocidentais. Em círculos civis nacionais, marcava-se o 16 de março como "dia que ansiávamos desde a humilhação de 1918", como Luise Solmitz escreveu em seu diário: "Nunca teríamos vivenciado um Versalhes, se sempre fosse negociado assim, sempre respondido dessa forma".[101] Também na classe trabalhadora, Hitler pôde registrar um aumento de prestígio. "Toda Munique foi para a rua", registrou o correspondente do Sopade. "É possível obrigar um povo a cantar, mas não se pode obrigar a cantar com tal entusiasmo." Hitler "ganhou prestígio extraordinário entre o povo" e era "amado por muitos".[102] Em 17 de março – o *Volkstrauertag* [Dia do luto popular], renomeado como *Heldengedenktag* [Dia de lembrança dos heróis] –, o regime festejou o rompimento aberto do Tratado de Versalhes com um ato solene na Ópera Estatal de Berlim. Com August von Mackensen ao seu lado, o último marechal ainda vivo do exército imperial, e seguido pelo generalato, Hitler marchou pela alameda Unter den Linden até o *Stadtschloss* [Palácio da Cidade] para passar a parada da tropa em revista.[103]

A questão decisiva era como as potências ocidentais reagiriam à provocação de Hitler. Para os observadores críticos do chefe de Estado alemão era claro: se elas não confrontassem Hitler energicamente nesse momento, então ele acreditaria "que poderia se permitir tudo e prescrever as leis da Europa". Já se havia "cedido demais para ele".[104] No entorno do ditador, considerava-se limitado o risco para a empreitada. "Jogo ousado", observou Goebbels, mas por outro lado estava muito seguro: "É preciso lidar com fatos consumados. Os outros não explicarão a guerra. E xingamentos: enfiar algodão nos ouvidos". Em 18 de março, ele acreditava que o "período crítico" já estava superado: "Estamos todos muito felizes. O Führer pode ficar orgulhoso. O pior já passou".[105] O correspondente norte-americano em Berlim, William L. Shirer, via a situação de forma semelhante: "Hitler agiu num estalo [...] obviamente sob a impressão de que o momento certo para agir e superar é agora – ou nunca —, e tudo dá a entender que ele já se livrou dos problemas".[106] De fato, as duas potências ocidentais e a Itália deixaram as coisas acontecerem sob protestos indiferentes. Reuniram-se em uma conferência na cidade italiana de Stresa, às margens do lago Maggiore, de 11 a 14 de abril para condenar o "término unilateral dos tratados" pelo Reich alemão e emitir uma declaração de garantia do *status quo* europeu. Nesses dias, Mussolini ameaçou sem rodeios: "Agora, todas as pontes para a Alemanha foram derrubadas. Se isso contribuirá para a paz na Europa, tanto melhor. Do contrário, vamos esmagá-la, pois agora estamos totalmente ao lado das potências ocidentais".[107] Porém, a frente de Stresa era, apesar de todas as palavras fortes, a mais frágil desde o início. Passos concretos para o caso de Hitler continuar sua política de rompimento de tratados não foram combinados; as três potências estavam longe de reagir, em caso de necessidade, com uma intervenção militar por vontade conjunta. Assim, Goebbels pôde registrar tranquilamente em seu diário: "Comunicado de Stresa. Velha ladainha. Condenação do rompimento alemão de tratado. Pode ser indiferente para nós, contanto que não nos ataquem. No mais, o rearmamento continua".[108]

No fundo, a Inglaterra já estava muito antes desviada da frente conjunta de defesa, pois, em sua nota de protesto de 18 de março, o governo britânico questionou, para estupefação gigantesca em Berlim, se a visita de Simon e Eden não poderia ser retomada. Agradecido, o governo alemão entendeu a deixa, e em 25 de março, apenas nove dias depois do rompimento flagrante da Alemanha com o Tratado de Versalhes, os dois políticos britânicos apareceram em Berlim. Nas conversas na Chancelaria do *Reich*, Paul Schmidt esteve pela primeira vez atuando como intérprete para Hitler, e graças às suas recordações temos uma descrição reveladora do curso das negociações e do comportamento do chanceler do Reich alemão.

Hitler recebeu seus convidados com amabilidade acentuada, visivelmente preocupado em criar uma atmosfera tranquila para as conversas. Paul Schmidt ficou surpreso em como ele, quando entrava no papel de parceiro diplomático de negociações, se desviava da imagem do "demagogo raivoso" que apresentava em muitas de suas aparições públicas. "Ele se expressava de forma clara e hábil; estava, obviamente, muito seguro em seus argumentos, bom de compreender e fácil de traduzir para o inglês. Aparentemente tinha tudo o que queria dizer na cabeça. Na mesa diante dele havia um bloco de papel em branco, que durante toda a tratativa permaneceu sem uso. Não tinha anotações consigo. Pude observá-lo com exatidão quando ele fazia pausas para buscar uma nova formulação, e por isso não precisei fazer nenhuma anotação. Tinha olhos azuis claros, os quais direcionava de modo firme e penetrante para seu interlocutor [...] Seu rosto ficava vívido quando chegava o momento de dizer este ou aquele ponto importante. Suas narinas tremiam levemente com agitação quando descrevia os perigos do bolchevismo para a Europa. Com a mão direita, enfatizava suas palavras com gestos enérgicos, repentinos. Ocasionalmente sua mão se fechava num punho [...] Eu o vi naquela manhã e durante todas as negociações com os ingleses como um homem que, com habilidade e inteligência, preservando as formalidades às quais eu estava acostumado nessas conversas políticas, defendia seu ponto de vista como se por anos não tivesse feito nada mais além de conduzir esse tipo de conversa."

A única particularidade no comportamento de Hitler que chamou a atenção de Schmidt era o tamanho de suas explicações. Também dessa vez ele não conseguiu reprimir sua tendência a monologar, e a reunião da manhã resumiu-se essencialmente em Hitler evocando, em abordagens sempre novas, a suposta ameaça da Rússia bolchevista. Ele evitou o questionamento de Eden sobre em que se apoiavam de fato os temores do Führer com a observação de que havia "iniciado sua carreira política no momento em que os bolchevistas fizeram seu primeiro ataque contra a Alemanha". À tarde, as conversas foram mais substanciais. Os britânicos sugeriram o fechamento de um "Pacto do Oriente", ao qual, além da Alemanha, deveriam constar a Polônia, a União Soviética, a Tchecoslováquia, a Finlândia, a Estônia, a Letônia e a Lituânia. A menção à Lituânia causou em Hitler uma reação imprevista: "Ele pareceu, de repente, ter se transformado em outra pessoa. Uma transformação intensa", relatou o intérprete, "que, mais tarde, presenciei nele com frequência. Quase sem transição aparente, ficava furioso. Sua voz assumia um tom rouco, os 'erres' se destacavam e o punho se fechava, enquanto seus olhos pareciam faiscar. 'Não participaremos em circunstância nenhuma de um pacto com um Estado que pisou na minoria alemã em Memel'. Tão surpreendente como a chegada da tempestade era também seu desaparecimento. De um segundo para o outro, Hitler transformou-se no negociador calmo e perfeito que era antes do *intermezzo* sobre a Lituânia". O incidente descrito é uma prova impressionante de como Hitler sabia trazer à tona conscientemente, também em tratativas diplomáticas, seu talento de ator. Praticamente com um estalar de dedos ele conseguia trocar de um papel para o outro.

Hitler não deixou restar dúvida aos ingleses de que preferiria acordos bilaterais a todos os tratados coletivos. Por esse motivo, mostrou-se reticente também quanto à proposta de um "Pacto do Danúbio", que poderia evitar uma anexação da Áustria pela Alemanha. Por outro lado, não rechaçou por completo uma volta da Alemanha à Liga das Nações, mas impôs como precondição o retorno das ex-colônias alemãs – uma exigência que Simon e Eden mal poderiam aprovar. À noite, o ministro das Relações Exteriores, Neurath, que acompanhava as tratativas em silêncio, realizou um jantar em homenagem aos convidados londrinos, do qual Hitler participou com todos os ministros, vários secretários de Estado e grandes nomes do partido.

As negociações do segundo dia concentraram-se na questão do armamento. Às alegações dos britânicos pela rescisão unilateral alemã do Tratado de Versalhes, Hitler respondeu com uma referência à batalha de Waterloo, em 1815: "Por acaso Wellington, quando Blücher foi ao seu auxílio, primeiramente consultou o Ministério de Relações Exteriores sobre se as forças prussianas também estavam em conformidade com os tratados vigentes?" Certamente era uma analogia histórica muito questionável, mas parece que deixou Simon e Eden um tanto atônitos. Questionado sobre a situação dos equipamentos aéreos alemães, Hitler respondeu, após uma breve hesitação: "Já alcançamos a paridade com a Grã-Bretanha". Paul Schmidt descreve o impacto dessas palavras: "Acredito ter reconhecido no rosto dos ingleses uma surpresa envergonhada e uma dúvida na correção dos dados hitlerianos".

Ao fim das tratativas, Hitler trouxe à baila a ideia de um acordo naval teuto-britânico. Concretamente, propôs que os equipamentos marítimos alemães devessem se limitar a 35% da força naval inglesa. Os britânicos não comentaram essa proposta, mas também não levantaram nenhuma objeção. Diante do comportamento constantemente amigável e relaxado dos dois diplomatas, o intérprete foi obrigado a se questionar "se Hitler não teria avançado com seus métodos de *fait accompli*, como teria sido possível com os métodos de negociação do Ministério de Relações Exteriores". O encerramento da visita ocorreu com um jantar na Chancelaria do

Reich, em 26 de março. "Às vezes, Hitler ficava um pouco tímido", observou Paul Schmidt, "sem, contudo, ser deselegante. Nos dias de tratativas, ele aparecia com casacão de uniforme marrom e a braçadeira da suástica no braço esquerdo, mas veio de fraque para esta ocasião, um traje que, de alguma forma, parece deixá-lo desconfortável."[109] Mesmo quando o arrivista ganhava sensivelmente autoconfiança, no palco social ele ainda se mostrava um tanto inseguro.

Hitler ficou satisfeito com o resultado do encontro, embora tivesse permanecido sem um resultado palpável. "Ele está muito contente [...]", observou Goebbels no início da tarde de 27 de março. "A visita inglesa o deixou ainda mais forte."[110] Ainda assim, nas semanas seguintes, a liderança nazista ainda não tinha certeza de que já estivesse fora da zona de perigo. No início de abril, o ministro da Propaganda achou que o chanceler do Reich estava "muito sério e pensativo": "A política externa o tortura". Em 5 de abril, após uma longa conversa com Hitler em um passeio pelos jardins da Chancelaria do Reich, Goebbels concluiu: "Ele não acredita em uma guerra. Se ela viesse, seria horrível. Não temos matéria-prima. Fazer de tudo para sair da crise. Além disso, ficar poderosamente armados. Não nos resta alternativa além de manter a calma [...] o Führer diz, se ao menos ninguém nos atacar. Mussolini poderia empreender uma imprudência. Por isso, ter cuidado e não se deixar provocar".[111] No fim de abril, após a ameaça da frente de Stresa ter se mostrado inócua, os humores mudaram: "As coisas começaram a clarear novamente", Goebbels observou com alegria em 5 de maio. "O Führer conseguirá. Sua semeadura amadurecerá ao seu tempo".[112]

Nesse momento, Hitler já havia decidido realizar um segundo grande "discurso de paz" sobre a política externa, no qual trabalhou intensivamente a partir de meados de maio; sempre discutia detalhes com Goebbels, e este estava convencido: "Será um sucesso estrondoso".[113] Na noite de 21 de maio, Hitler apresentou-se ao *Reichstag* em grande forma; seu discurso foi várias vezes interrompido por ovações frenéticas dos mais de 600 deputados nacional-socialistas. "O homem é mesmo um orador excelente", precisou admitir Wilhelm Shirer, que acompanhou o evento da tribuna junto com os diplomatas e correspondentes estrangeiros.[114] Hitler soou totalmente sincero quando afirmou: "A Alemanha nacional-socialista quer a paz a partir de convicções ideológicas das mais profundas". E quando garantiu novamente que não alimentava nenhuma intenção de "anexar ou cooptar" a Áustria, "apresentar exigências territoriais à França" após a resolução da questão do Sarre, mas sim cumpriria os deveres incluídos nos Pactos de Locarno, conquanto "as outras partes do pacto também estivessem dispostas a aderir a ele". Além disso, Hitler declarou sua total prontidão em participar de um "sistema de cooperação coletiva para garantia da paz europeia" e fechar pactos de não agressão com os Estados vizinhos europeus, como o feito com a Polônia. Por fim, repetiu a proposta que já havia apresentado a Simon e Eden – fechar um acordo naval bilateral que limitaria a Marinha alemã em 35% da força naval britânica: "O governo alemão tem a intenção sincera de envidar todos os esforços para iniciar e manter uma relação com o povo e o Estado britânicos que evite de uma vez por todas a repetição da única batalha até agora entre as duas nações".[115]

Klaus Hildebrand chamou a apresentação de 21 de maio de 1935 de "uma peça especialmente infame de engodo e mentira".[116] De fato, praticamente nenhum outro discurso de Hitler iludiu tanto o público alemão e estrangeiro quanto às suas verdadeiras intenções. Ele encontrou "um eco geral no povo", concordaram os relatos situacionais.[117] Mesmo um adversário decidido de Hitler como o conde Harry Kessler, que leu o discurso em Palma de Mallorca, ficou pela primeira vez extremamente impressionado: "Pode-se pensar o que quiser dele, mas esse discurso foi uma grande realização de estadista; talvez o maior e mais importante discurso que um estadista alemão já fez desde Bismarck".[118]

Os efeitos do discurso também se fizeram sentir em Londres. O governo britânico declarou-se pronto para discutir um acordo naval. Em 1º de junho, Joachim von Ribbentrop foi nomeado embaixador especial por Hitler e assumiu a liderança nas tratativas. Não foi decisiva para a nomeação apenas a experiência de Ribbentrop no exterior, mas também o fato de que prestava devoção canina a Hitler e fazia de tudo para agradar seu ídolo. "Ele prestava atenção fervorosa a cada palavra de H[itler], falava continuamente 'meu Führer' e falava da forma mais canhestra o que ele queria ouvir, o que este último parecia não perceber", observou o embaixador alemão em Roma, Ulrich von Hassell.[119] Goebbels, enciumado com qualquer rival na preferência de Hitler, também não ocultava sua antipatia: "Um falastrão arrogante. Não consigo entender o que Hitler aprecia nele".[120]

As negociações foram assumidas em 4 de junho. Logo no início, Ribbentrop quase causou um escândalo quando exigiu categoricamente o reconhecimento da posição alemã – 35% da força naval britânica. "Se o governo inglês não aceitar essa condição de imediato", declarou, "então não há objetivo em continuar essas tratativas". O ministro das Relações Exteriores britânico, visivelmente furioso, precisou chamar a atenção do alemão de que tal pronunciamento autoritário contrariava todas as convenções diplomáticas e deixou "com um cumprimento gélido" a reunião. Ainda assim, os britânicos não interromperam as negociações, mas aceitaram, após alguns dias de consideração, a exigência de Ribbentrop como fundamentação para outras conversas, que não aconteceram mais no *Foreign Office*, mas na histórica *Board Room*, a sala de reuniões do almirantado britânico.[121] Em 18 de junho, o acordo naval foi assinado: Hitler, a quem Ribbentrop informou por telefone, disse que aquele seria o "dia mais feliz de sua vida".[122] Aos seus olhos, o enviado especial havia cumprido sua parte na jornada diplomática, o que o qualificava para tarefas ainda maiores no serviço de relações exteriores. O ditador alemão acreditava que, com o acordo naval, havia dado um passo importante para o objetivo formulado ainda nos anos 1920 para a política externa: a união com a Inglaterra como base de um acordo político global. Enquanto o Reich alemão obtinha carta branca para sua política hegemônica no continente, a Inglaterra, ao contrário, teria reconhecimento de sua posição de liderança nos mares. "Sucesso gigantesco da política do Führer", assim Goebbels comentou a assinatura do acordo naval. "Início de uma boa relação com a Inglaterra – no fim, deve surgir uma aliança. Em cinco anos, no máximo".[123]

No entanto, o pensamento sobre uma aliança com a Alemanha de Hitler não passava pelo governo britânico. Em primeiro lugar, ele estava interessado em evitar uma corrida armamentista naval que arruinaria a economia, como nos tempos do Império alemão pré-1914. Em vez de um estágio anterior para uma aliança bilateral, enxergava o acordo naval como um passo na direção de uma vinculação contratual do Terceiro Reich a um sistema coletivo europeu de segurança. Contudo, o preço que estava disposto a pagar era muito alto: a solidariedade já frágil da frente de Stresa foi rompida. Hitler conseguiu vencer o isolamento estrangeiro do Reich e estava decidido a utilizar essa margem de negociação recém-adquirida. Em 18 de agosto de 1935, ele apresentou uma visão geral a seus confidentes sobre os planos de política externa: "Aliança eterna com a Inglaterra. Bom relacionamento com a Polônia. Colônias em perímetro limitado. Ao contrário, ampliação para o Leste. Os países bálticos nos pertencem. Dominar o mar Báltico. Conflitos entre Itália, Abissínia e Inglaterra; Japão e Rússia serão os próximos. Quer dizer, em alguns anos, talvez. Em seguida, chegará nosso grande momento histórico. Estaremos prontos. Perspectiva grandiosa".[124]

A guerra iminente de Itália contra a Abissínia deu início a esse *tour d'horizon* da política externa, que representava ao governo alemão uma nova e inesperada oportunidade. Desde muito, Mussolini já lançava olhares ávidos para o *Kaiserreich* ao norte da África, que entrou na Liga das Nações em 1927 e era governado pelo imperador Hailé Selassié I. A conquista do país seria uma vingança pela derrota que a Itália havia sofrido em 1896 em Adua frente aos etíopes; por outro lado, era parte de um projeto imperialista amplo que tornaria a Itália uma das principais potências colonialistas ao lado de Inglaterra e França e, de certa forma, levaria a uma recriação do Império Romano. Em janeiro de 1935, o *Duce* confrontou o primeiro-ministro francês Pierre Laval com a exigência de carta branca na Abissínia e, de fato, recebeu sinal verde para uma operação militar. Londres, ao contrário, alertou Mussolini várias vezes de que uma guerra contra um membro da Liga das Nações não passaria em branco sem sérias consequências. No entanto, não empreendeu nenhum esforço para evitar que as tropas italianas atravessassem o mar Mediterrâneo.[125] Em 3 de outubro, teve início o ataque à Abissínia sem uma declaração prévia de guerra. A operação evoluiu rapidamente até se tornar uma das guerras coloniais mais sangrentas da história recente. A aeronáutica italiana lançou ataques maciços contra a população civil, utilizou uma grande quantidade de bombas de fragmentação, incendiárias e de gás.[126] A Liga das Nações condenou a agressão italiana em 7 de outubro, mas não aplicou nenhuma sanção militar – apenas econômica.

Hitler reconheceu imediatamente quais vantagens ele poderia tirar da guerra de Mussolini na África – dividir a Itália e as potências ocidentais e, com isso, levar a frente de Stresa ao colapso. Oficialmente, declarou a neutralidade alemã no conflito, mas secretamente operava um sofisticado jogo duplo: por um lado, em meados de 1935, atendeu ao pedido de Hailé Selassié de apoiar com o fornecimento de armas[127]; por outro, ajudou Mussolini a evitar as sanções econômicas da Liga das Nações, ordenando a importação de matérias-primas e produtos importantes para a guerra da Itália. Sua intenção era "deixar a guerra da Abissínia consumir-se"[128] para levar Mussolini a uma situação coercitiva que pudesse provocar nele uma mudança de lado na política externa. "Europa novamente em movimento. Se formos inteligentes, seremos os vencedores", anotou Goebbels em meados de outubro.[129]

Já em maio, Mussolini enviou um sinal claro para Berlim: "A postura das potências europeias perante nós na questão abissínia será decisiva para nossa amizade ou inimizade com a Itália".[130] Em Berlim, registrou-se atentamente o sinal de reaproximação. "Mussolini parece enroscado na Abissínia. Recebeu Hassel amigavelmente. Busca novamente nossa amizade", observou Goebbels.[131] Em julho de 1935, o embaixador italiano Vittorio Cerutti, um diplomata crítico de Hitler, foi convocado a sair de Berlim e substituído por Bernardo Attolico, favorável aos alemães.[132] Quanto mais a guerra se estendia, mais clara era a distância que Mussolini tomava das potências ocidentais e com mais empenho declarava sua simpatia por Hitler: "Sempre fui seu amigo, mesmo antes de ele chegar ao poder".[133] Em Berlim, a situação também se movia na direção de um alinhamento aberto com a Itália fascista. "Conversa sobre Abissínia/Itália. Simpatia cada vez maior do lado de Mussolini", Goebbels reproduziu assim o conteúdo de uma conversa durante almoço na Chancelaria do Reich, em 5 de dezembro de 1935.[134]

Em janeiro de 1936, Mussolini fez um avanço decisivo: em uma conversa com o embaixador Hassel, ele propôs "melhorar em suas bases as relações teuto-italianas e resolver [a] única controvérsia – ou seja, o problema da Áustria". A Áustria deveria permanecer formalmente independente, mas o governo italiano não teria nada contra se ela se transformasse "praticamente em um satélite da Alemanha". Ao mesmo tempo, Mussolini declarou que considerava o acordo de Stresa "morto de uma vez por todas", ou seja, a Itália não se sentiria mais obrigada a prestar solidariedade a França e Inglaterra nos rompimentos de acordo alemães e não participaria de sanções contra o Reich alemão.[135] Essas declarações significavam um encorajamento direto para Hitler preparar seu próximo golpe surpresa de política externa: a ocupação da região das margens ocidentais do Reno, cuja situação como zona desmilitarizada fora definida no Tratado de Versalhes e reforçada no Pacto de Locarno de 1925.

Havia muito que o ditador acalentava o pensamento sobre uma operação ágil. Estaria pronto, assim anunciou ao seu entorno na mesa de almoço na Chancelaria do *Reich*, em 20 de janeiro de 1936, para "resolver a questão da zona renana [...] de uma vez por todas", mas "não agora, para não dar a oportunidade aos outros de se livrarem do conflito da Abissínia".[136] No entanto, um mês depois, Hitler já contemplava a decisão. Perante o embaixador Hassel, que o recebeu em sua residência particular em Munique, em 14 de fevereiro, ele se mostrou convencido de que "o momento psicológico" para a ocupação militar da Renânia "havia chegado". Originalmente, havia planejado apenas para meados do primeiro semestre de 1937, mas a situação internacional favorável o obrigava a agir. Naquele momento, a União Soviética estava "ansiosa apenas para que o Ocidente se acalmasse, a Inglaterra enfrentava fortes restrições pelo mau estado militar e por outros problemas. A França estava estraçalhada internamente". Ele não acreditava, garantia ele, "que responderiam a esse passo alemão com operações militares, mas talvez com sanções econômicas; contudo, nesse meio tempo, elas seriam impopulares entre o séquito que serve de bode expiatório para as grandes potências".[137] Hassel teve a impressão de que Hitler "estava decidido em mais de 50%". Contra esse fato, o próprio embaixador alimentava "dúvidas fortes se o resultado, ou seja, a mera aceleração de um acontecimento provável em um ou dois anos, compensava o risco", conforme confiou ao seu diário.[138]

Ele partilhou essas dúvidas com seu chefe ministerial, von Neurath, e também com militares de alta patente. A liderança do exército já havia descrito como necessária havia muito tempo a retirada da zona desmilitarizada, mas não poderia, como von Fritsch deu a entender ao chanceler do Reich em 12 de fevereiro, "de forma alguma assumir o risco de uma guerra por esse motivo".[139] No entanto, Hitler enfatizou, em outra conversa com Hassel, Neurath e Ribbentrop, na tarde de 19 de fevereiro na Chancelaria do Reich, que não se podia fazer "política duradoura com passividade" e que o ataque "também neste caso" seria "a melhor estratégia" – uma concepção na qual Ribbentrop o apoiou prontamente, enquanto Neurath e Hassel, ao que parece, apresentavam suas preocupações apenas com muito cuidado. Nessa oportunidade, Hitler deixou claro o motivo pelo qual considerava necessária a celeridade: em 11 de fevereiro, o governo francês enviou ao parlamento para ratificação o pacto de ajuda mútua com a União Soviética, já negociado um ano antes. Esse acordo, que também foi recebido pela opinião pública francesa com críticas ferrenhas, oferecia a Hitler uma desculpa ideal para a ação planejada. Ele acreditava, assim resumiu a anotação de Hassel, "ser necessário aproveitar a oportunidade do pacto russo". Para extinguir a oportunidade de a oposição "declarar nossa abordagem como ataque", ele queria apresentar junto com a ocupação da Renânia uma oferta ampla: a instituição de uma zona desmilitarizada nos dois lados da fronteira, a garantia da integridade territorial da Holanda e da Bélgica, complementada por um pacto aéreo das três potências e um pacto de não agressão teuto-francês.[140]

No entanto, a visão de Hitler de uma *ação planejada* apoiava-se não somente nas convicções de política externa, mas também nas de política interna. Segundo os relatórios situacionais do serviço de segurança, desde 1935 o moral voltou a declinar notavelmente. Na população, fez-se presente a desaprovação dos ataques contínuos dos nacional-socialistas a igrejas, mas principalmente da preferência unilateral pela economia armamentista às custas do consumo privado. As importações de alimentos foram reduzidas em favor da importação de matérias-primas, que tiveram como consequência uma redução do abastecimento. Hitler precisava de um sucesso espetacular na política externa para se desviar das dificuldades internas. Ele "sentia", assim supôs Neurath em conversa com Hassel, "a queda do moral do regime e buscava um *slogan* nacional para reinflamar as massas, provocar as eleições convencionais além do plebiscito ou um dos dois e, por fim, fazer um grande empréstimo interno".[141]

No entanto, como sempre, Hitler hesitou diante das difíceis decisões. "Ele está ponderando", observou Goebbels em 21 de fevereiro. "Deve remilitarizar a zona renana? Questão difícil [...] O Führer está n[ovamente] prestes a decidir. Ele pensa e remói e, de repente, age."[142] Também em 28 de fevereiro, um dia após a câmara francesa ter aceitado o pacto de ajuda mútua com a Rússia, Hitler "ainda" se mostrava "indeciso". Goebbels aconselhou-o a esperar, durante uma viagem de trem para Munique na noite de 28 para 29 de fevereiro, até que o senado francês tivesse aprovado o pacto e este estivesse ratificado em definitivo. "Mas, depois disso, agarrar a oportunidade com as duas mãos [...] é uma resolução iminente difícil e decisiva".[143]

Em 1º de março, Hitler tomou sua decisão. No horário de almoço, mandou buscar Goebbels em seu hotel de Munique e lhe apresentou novamente, e de forma detalhada, os motivos para sua escolha. "Agora está categoricamente decidido. Seu rosto emana paz e firmeza [...]", concluiu por fim o ministro da Propaganda. "Novamente um momento crítico, mas agora precisa ser resolvido. Ao valente pertence o mundo! Quem não ousa, também nada ganha."[144]

No dia seguinte, Hitler informou sua decisão à liderança da Wehrmacht. Como em março de 1935, o golpe deveria também acontecer num fim de semana. No sábado, 7 de março, o *Reichstag* seria convocado para uma reunião, na qual ele iria anunciar a remilitarização da Renânia. Em seguida, o *Reichstag* seria dissolvido e novas eleições anunciadas para 29 de março. As preparações ocorreriam sob o mais estrito sigilo para garantir o fator surpresa. Para não levantar suspeitas, os deputados seriam chamados para uma "cervejada" em Berlim na noite de sexta-feira. O transporte das tropas seria encoberto pela concentração da sa e da frente de Trabalho Alemã [*Deutsche Arbeitsfront*]. "Tudo deve acontecer rápido", Goebbels reproduziu a opinião dos presentes.[145]

Enquanto Hitler começava, em 4 de março, com o pronunciamento de seu discurso ao *Reichstag*, na Wilhelmstrasse se ergueram vozes de alerta, para irritação do ministro da Propaganda: "De todos os lados vêm agora os medrosos sob o disfarce de admoestadores [...] Principalmente no M[inistério das] R[elações] E[xteriores] estão se borrando de medo. São incapazes de tomar qualquer decisão corajosa".[146] De qualquer forma, a decisão de Hitler, uma vez tomada, não se influenciaria por objeção nenhuma. Na noite de 6 de março, informou inicialmente o gabinete: o pacto de ajuda mútua franco-soviético, ele explicou, representaria "um rompimento flagrante do Pacto de Locarno". "Por isso, ele decidiu retomar a zona desmilitarizada do Reno com tropas alemãs. Todas as preparações para tanto haviam sido tomadas; uma parte das tropas alemãs já estaria em marcha".[147] Sobre a reação do ministro, Goebbels concluiu: "Todos ficarão extremamente perplexos no início, mas não há mais volta".[148] Na manhã de 7 de março, as tropas alemãs entraram na Renânia desmilitarizada sob o júbilo da população. Por volta das dez horas, Neurath entregou aos representantes diplomáticos da França, Inglaterra, Itália e Bélgica um memorando, no qual, por um lado, a extinção do Pacto de Locarno era fundamentada com o pacto de ajuda mútua franco-soviético e, por outro, foram oferecidas negociações sobre a criação de uma zona desmilitarizada dos dois lados da fronteira ocidental, um pacto de não agressão com França e Bélgica pelo período de 25 anos e um acordo aeronáutico. Ao mesmo tempo, o governo alemão insinuou sua prontidão para voltar à Liga das Nações. Em suas memórias, François-Poncet caracterizou os métodos de Hitler de forma precisa: "Ele dá um tapa da cara do adversário e, ao mesmo tempo, lhe diz: 'Eu proponho a paz!'".[149]

Uma tensão febril pairava sobre o salão quando Hitler, ao meio-dia, se postou diante do microfone no Teatro Lírico Kroll, em Berlim. "O ministro da Guerra, general von Blomberg, estava sentado com os membros do gabinete ao lado esquerdo do palco, pálido como cera, e tamborilava os dedos nervosamente nos braços da cadeira", observou William Shirer.[150] O único tema da ordem do dia era a "aceitação de uma declaração do governo do *Reich*". Primeiramente, Hitler iniciou com críticas verborrágicas sobre as injustiças do Tratado de Versalhes e a igualdade desdenhosamente negada à Alemanha para apenas ao fim chegar à essência: que a França, através de um pacto de ajuda mútua, contrariou o espírito do Pacto de Locarno e, por isso, a Alemanha não se sentia mais obrigada a mantê-lo. Ele leu o memorando que Neurath havia acabado de entregar aos embaixadores dos Estados signatários e declarou sob aplausos vibrantes do salão: "No interesse do direito primordial de um povo à garantia de suas fronteiras e para defesa de suas possibilidades de defesas, o governo alemão restitui, no dia de hoje, a soberania total e ilimitada da zona desmilitarizada da Renânia".[151]

Os alemães invadiram a Renânia com não mais que 20 mil homens. Apenas 3 mil penetrariam mais fundo nas margens ocidentais do Reno. Tinham instrução estrita de recuar, caso encontrassem tropas francesas. No entanto, antes disso, o generalato francês bateu em retirada. Acreditava-se que não poderiam lidar com um enfrentamento militar com a Wehrmacht, mesmo que para tanto bastasse apenas uma divisão francesa para encerrar o jogo arriscado de Hitler. O Führer tinha plena ciência do risco e por isso esperou com nervosismo as primeiras reações. Após o testemunho fiel, ele descreveu mais tarde que "as 48 horas após a entrada na Renânia" foram as "mais eletrizadoras" de sua vida: "Se os franceses tivessem invadido a Renânia na época, precisaríamos ter batido em retirada sob xingamento e humilhação, pois as forças militares das quais dispúnhamos não teriam sequer conseguido apresentar uma resistência moderada".[152]

Enquanto isso, em seu exílio em Küsnacht, nas proximidades de Zurique, Thomas Mann enviou "preces urgentes" aos céus para "que o monstro finalmente tomasse uma lição que pudesse de uma vez por todas abafar a terrível impertinência de política externa de seus devotos alemães".[153] No entanto, a tática de Hitler de criar um *fait accompli* e, ao mesmo tempo, se mostrar disposto a negociações, provou-se bem-sucedida. Já na noite de 7 de março, era possível notar que, dessa vez, as potências ocidentais também se contentariam com protestos. "A França vai convocar o conselho da Liga das Nações. Muito bem! Ele não negociará. É a principal questão. Todo o resto não importa [...] Estamos numa maré de sorte. Que dia! [...] O Führer está radiante [...] Temos novamente a soberania sobre nossa terra", alegrou-se Goebbels.[154] No dia seguinte, o regime festejava como o *Heldengedenktag* do ano anterior, e William Shirer percebeu que "o rosto de Hitler, Göring, Blomberg e Fritsch [...] mantinham um único sorriso" enquanto tomavam seus lugares no camarote real da Ópera do Estado.[155]

Em 19 de março, o conselho da Liga das Nações, reunido em Londres, condenou o rompimento do pacto pelos alemães, mas essa condenação não teve consequências, especialmente porque Eden declarou, em seu discurso para o conselho, que a violação de direito não representava "ameaça nenhuma à paz", tampouco exigia uma "contra-investida", pois não comprometia a segurança da França.[156] Goebbels foi apenas lacônico em seu comentário: "Em Londres, digamos que fomos sentenciados por unanimidade. Era de se esperar. Decisivo será o que virá".[157] Na sequência, não aconteceu muito; abstiveram-se de um conflito diplomático, mas isso não mudou em nada o *fait accompli*. Novamente, Hitler havia ludibriado as potências ocidentais e saiu impune dessa situação. O fato de França e Inglaterra não terem punido a violação escancarada do pacto solapou a confiança que havia em sua prontidão para também defender de uma agressão, em caso de emergência, os pequenos países vizinhos da Alemanha, e significava ao mesmo tempo uma perda grave de reputação para a Liga das Nações.

Entre a população alemã, a entrada na Renânia primeiramente desencadeou preocupações com uma escalada bélica. No entanto, quando ficou claro que as potências ocidentais dessa vez não fariam nada além de apresentar protestos verbais, uma onda de euforia nacional correu o país, na qual se mesclava a admiração pela audácia de Hitler e o alívio pelo resultado feliz da operação. "Dizem que Hitler consegue simplesmente tudo, e muito da esperança ainda não enterrada de uma derrubada do regime por forças exteriores foi de novo profundamente frustrada", declararam, desiludidos, os correspondentes do Sopade.[158] Em todos os lugares onde o Führer aparecia durante a campanha "eleitoral", na segunda metade de março, era festejado pelas massas, de forma mais frenética no último comício em

Colônia, em 28 de março. O resultado oficial da "eleição" saiu um dia depois, com 98,8% para a "lista do Führer". Mesmo quando se considerava que também nessa eleição poderia haver manipulações, não se poderia negar a aprovação devastadora de Hitler e de sua política externa. "Triunfo sobre triunfo [...]", festejou Goebbels. "Não esperávamos isso nem mesmo em nossos sonhos mais ousados. Estamos todos estupefatos. O Führer está muito quieto, calado. Ele pousa apenas a mão nos meus ombros. Seus olhos estão marejados."[159]

Hitler apostou muito alto e ganhou novamente o jogo. Os diplomatas e militares, que alertaram sobre o risco, foram execrados como céticos covardes. No entorno do ditador, percebeu-se nesse momento uma mudança de aparência e comportamento. Mais do que nunca, como recordou Otto Dietrich, ele estava inclinado a considerar-se infalível, e começou a perceber as objeções e dúvidas como ataques à "soberania de sua vontade".[160] Martha Dodd, filha do embaixador norte-americano em Berlim, também sentiu a mudança: no lugar da "imagem modesta, da hesitação tímida em ocasiões sociais", agora havia a atitude de um "homem presunçoso, arrogante, com o peito inflado de convencimento, que se empertigava como se tivesse criado a terra sob seus pés e as pessoas ao seu redor".[161] O excesso de confiança crescente de Hitler em si mesmo era acompanhado por uma impaciência cada vez maior no que tangia à realização de seus planos de política externa. Se em 1933-1934 considerava no mínimo um tempo de paz de dez anos, durante o qual a Wehrmarcht deveria ter se armado de forma que estivesse preparada para lidar com um enfrentamento militar, naquele momento contava com prazos mais curtos.[162] Sua tendência a apostas altas e arriscadas foi novamente fortalecida pelo golpe bem-sucedido da Renânia; chegou até a acreditar que, dali em diante, tinha um pacto com a "providência". "Nem ameaças, tampouco avisos", ele anunciou em 14 de março de 1936, em Munique, "me afastarão do meu caminho. Sigo com segurança sonâmbula a trilha que a providência me apontou".[163] A popularidade de Hitler nesse meio tempo era tão gigantesca que a maioria dos alemães não estranhavam mais essa confiança exacerbada.

16

O CULTO AO FÜHRER E A COMUNIDADE DO POVO

"É um milagre de nosso tempo que vocês tenham me encontrado [...] entre tantos milhões! E que eu tenha encontrado vocês, essa é a sorte da Alemanha!" Com essas palavras, Hitler invocou, na convenção do partido em Nuremberg de 13 de setembro de 1936, a unidade entre "Führer" e "lealdade". Dois dias antes, também adotou tons pseudorreligiosos em um discurso para líderes políticos do nsdap: "No passado, vocês ouviram a voz de um homem, e ela tocou seu coração e os despertou, e vocês a obedeceram [...] Se nos encontramos aqui, então o milagre desse congraçamento se cumpre em nós. Nem todos vocês me veem, e eu não vejo todos vocês. Mas eu sinto vocês, e vocês me sentem".[1]

Com essa retórica messiânica, Hitler satisfazia as necessidades de seus seguidores, que olhavam para ele, o suposto salvador, com uma disposição para a fé sem precedentes. Mas muitas coisas indicavam que o próprio ditador se via no papel de "redentor" nacional e assumia como verdade o que buscava sugerir à sua plateia. Com isso, desaparecia cada vez mais de sua consciência que a ascensão não tinha nada a ver com um "milagre", mas com uma série singular de crises. E que, no fim, quando as rédeas do poder já estavam quase rompidas, ele conseguiu manter a Chancelaria do Reich com ajuda de um complô tenebroso nos bastidores.

A identificação sugestiva de "Führer" e "povo" teve seu efeito não apenas sobre os seguidores de Hitler, mas também sobre os perseguidores do regime. Naquele momento, eles haviam desistido de todas as esperanças numa mudança de relações, como observou Victor Klemperer, em março de 1937. Hitler era "mesmo o escolhido de seu povo": "Aos poucos, chego a acreditar realmente que seu regime pode se manter ainda por décadas".[2] Por outro lado, havia vozes nos círculos opositores que alertavam estarem sendo enganados pelas encenações do regime: a "impossibilidade de livre discurso" e o medo de denúncias faziam com "que, para observadores medianos, os seguidores do regime parecessem grande demais, mas, principalmente, fechados demais".[3] Em outras palavras, qual era o tamanho real da aceitação de Hitler? Qual a extensão do consenso entre o regime e a população? É realmente possível dizer que os primeiros anos do Terceiro Reich foram um daqueles raros momentos históricos, "nos quais o governo e a opinião popular estavam em consonância incondicional", como Hans-Ulrich Wehler comentou?[4]

Já na fase de sua ascensão meteórica, Hitler alimentou a imagem do Führer carismático, que seus seguidores fiéis, principalmente Rudolf Heß e Joseph Goebbels, lhe haviam atribuído. Ele prometia superar a crise que no passado o fez ascender, restabelecer depois de anos de guerra civil latente a ordem interna, constituir uma "comunidade do povo" além da luta partidária e das oposições de classes e levar a Alemanha a uma nova magnitude nacional. Assim, ele se tornou a esperança para milhões de pessoas decepcionadas com a república e amarguradas com a "ditadura" de Versalhes. Hitler sabia bem que não podia decepcionar as esperanças direcionadas a ele; não queria perder a aura de salvador. Assim, fazia de tudo para fortalecer a convicção de que o novo gabinete, diferente de seus predecessores, cuidaria dos problemas urgentes, principalmente do desemprego em massa. Sob o lema da "elevação nacional", foi criado um espírito de otimismo e colocada em marcha uma dinâmica social que despertou a impressão de que "sob esse regime, as coisas na Alemanha avançarão".[5]

Os primeiros sinais de uma recuperação econômica, em meados de 1933, pareciam confirmar essa observação. Eram creditados à energia incansável de Hitler voltada à "batalha do trabalho", e o fato de ele, ao mesmo tempo, ter oprimido brutalmente a esquerda e ter-lhe atribuído reconhecimento adicional nos círculos burgueses. "O pensamento e o sentimento da maioria dos alemães são dominados por Hitler; sua fama sobe até as estrelas; ele é o redentor de um mundo alemão malvado, triste", observou Luise Solmitz poucos dias antes da eleição do *Reichstag*, em 5 de março. Uma conhecida, que até então havia se comportado de forma hostil perante o nacional-socialismo, respondeu à pergunta sobre em qual partido queria votar: "Hitler, claro! [...] Deve-se apoiar sua causa agora com todos os meios!".[6] Após a eleição legítima em termos, em que Hitler obteve um sucesso notável, mesmo que não tivesse alcançado a almejada maioria absoluta, seu prestígio aumentou consideravelmente. Elisabeth Gebensleben, de Braunschweig, falava em uma carta à sua filha sobre um "gigantesco entusiasmo nacional na Alemanha": "Nem o imperador [foi] tão festejado como Hitler é amado, venerado e admirado". Após o comício em 1º de maio de 1933, que acontecia pela primeira vez como feriado nacional, ela se perguntou como Hitler havia conseguido "unir de tal forma um povo que estava lacerado e miserável". E apenas poucos dias depois, ela comemorou: "Que povo pode ostentar um homem que sequer possa se comparar a ele?".[7] Em novembro de 1933, o embaixador suíço em Berlim, Paul Dinichert, concluiu: "Sem dúvida, a confiança dita ilimitada no Führer estendeu-se nos últimos meses para círculos maiores do povo. Em todos os lugares, em todas as camadas da população, é possível encontrar pessoas totalmente leais, que o olham com profunda adoração".[8]

O culto em torno de Hitler assumiu dimensões imprevistas já no primeiro semestre de seu governo. Muitas cidades e comunidades lhe ofereceram a cidadania honorária.[9] Ruas e praças foram renomeadas com seu nome – em Hamburgo, por exemplo, a praça Rathausmarkt, desde abril de 1933, recebeu o nome de Adolf-Hitler-Platz. A intenção era ocupar simbolicamente o espaço público e extinguir da memória os representantes das tradições democráticas na Alemanha.[10] Malotes com correspondência de fãs chegavam diariamente na Chancelaria do Reich, de forma que a Chancelaria Privada do Führer, dirigida por Albert Bormann, irmão de Martin Bormann, precisou contratar mais quatro funcionários. Em incontáveis poemas, pessoas simples expressavam sua adoração por Hitler. "Ó, Führer! Ferramenta de Deus/para mudar nosso destino:/Avança, com ousadia!/Atrás de ti vem a frente/ unida como se talhada em pedra/homem a homem!" foi, por exemplo, o poema de um homem de Schöneich, na cercania de Böblingen, em março de 1933, que ao mesmo tempo agradecia ao "estimado senhor chanceler do Reich" pelo "deleite", que ele "pôde sentir nos estudos de seu livro, *Mein Kampf*".[11] Ao mesmo tempo, a Chancelaria do Reich foi inundada com pedidos de apadrinhamento de crianças recém-nascidas por Hitler. O chefe de ajudância de ordens, Wilhelm Brückner, precisou tomar medidas emergenciais: "Por mais que o Führer se alegre com a admiração e a lealdade que são expressas pelos pedidos de apadrinhamento", informou ele a um solicitante, "considerando o grande número de pedidos, ele não tem condições de atender a todos. Por isso, decidiu assumir o apadrinhamento apenas em exceções muito especiais, ou seja, quando se tratar de, no mínimo, o sétimo filho ou, alternativamente, da nona criança viva".[12] O culto ao Führer crescia de forma descontrolada, e logo germinaram flores grotescas: quando o vilarejo de Sutzken, na Prússia Oriental, solicitou a mudança de nome para "*Hitlerhöhe*" [Mirante de Hitler]; quando um companheiro de partido de Düsseldorf quis chamar a filha de "Hitlerine" (a que o cartório sugeriu, como alternativa, "Adolfine"); quando "carvalhos de Hitler" foram plantados, "tortas de Hitler" assadas, "rosas de Hitler" criadas; quando a Associação do Reich de Criadores de Cães Alemães solicitou a cunhagem de uma medalha com a imagem "de nosso venerado Führer, que também é criador e amante dos cães de raça"; quando a curadoria da Escola Superior de Silvicultura de Eberswalde lhe ofereceu "o título de doutor em silvicultura" em reconhecimento por sua dedicação "pela cultura do solo nacional, o fortalecimento do campesinato, a promoção do cultivo de árvores e da economia madeireira" – uma honraria que Hitler obviamente recusou por "uma questão de princípios".[13] Desenvolveu-se um comércio vívido de imagens do Führer; o rosto de Hitler enfeitava canecas de cerveja, azulejos de porcelana, cinzeiros, jogos de carta, canetas-tinteiro e outros objetos cotidianos. Os mais queridos eram os cartões de colecionador das caixinhas de cigarro. O lucro com o *kitsch* e os objetos devocionais logo saíram do controle, de modo que o governo se viu obrigado, já em abril de 1933, a anunciar medidas contra o uso comercial da imagem de Hitler.[14]

Por mais que esses excessos de adoração quase religiosa possam parecer ridículos para nós hoje, devem ser levados a sério como expressão de um vínculo intenso e libidinoso de grande parte do povo alemão com Hitler. O culto ao Führer não era de forma alguma o mero produto de uma manipulação refinada, mas teve a colaboração automática de "compatriotas" na exaltação (e, ao mesmo tempo, na desrealização) da imagem de Hitler que projetavam suas esperanças e anseios na figura do Führer. A encenação propagandística do mito hitleriano e a disposição das massas para aceitar e submeter-se dependiam uma da outra e fortaleciam-se mutuamente.

Por acaso, o entusiasmo por Hitler alcançou o primeiro ápice em seu aniversário de 44 anos, em 20 de abril de 1933. "Numa consonância de corações considerada quase impossível poucas semanas antes, a população reconheceu Adolf Hitler como líder [Führer] da nova Alemanha", escreveu o jornal *Münchener Neuesten Nachrichten*. Se lêssemos as inúmeras felicitações que continham as pastas da "Chancelaria do Führer", teríamos a forte impressão de que essa frase não era exagerada. Goebbels expressava obviamente o que muitos pensavam quando festejou Hitler em seu artigo de felicitação como um "homem de estatura gigantesca", que exercia em todos que tinham contato com ele um "encanto misterioso". E que havia permanecido o mesmo em todas as vicissitudes de sua trajetória, "uma pessoa comum entre as pessoas comuns". "Quanto mais o conhecemos, mais aprendemos a valorizá-lo e amá-lo e mais incondicionalmente nos dispomos a ingressar em sua grande causa."[15] Nesses panegíricos, refletia-se a mudança da percepção pública de Hitler: ele não era mais apenas o líder do partido que polarizava, mas uma figura de integração que personificava a unidade nacional, um *Volkskanzler* ["chanceler do povo"], que estava acima de todas as contendas. Victor Klemperer, que acompanhava a língua do Terceiro Reich cuidadosamente, anotou: "Para incluir ao lado de *Schutzhaft* [prisão preventiva] em meu léxico: o *Volkskanzler*".[16]

No grande salão da Chancelaria do Reich, no qual Bismarck liderou o congresso berlinense em 1878, empilhavam-se presentes de aniversário para Hitler. O ajudante de ordens Fritz Wiedemann sentia-se em "um grande armazém": "Havia de tudo, desde pinturas a óleo valiosas, que algum industrial lhe havia mandado, até um par de meias de lã, ao gosto de uma velha senhora [...] No geral, era um amontoado de poucas coisas realmente boas e muitas bem fora de moda; sendo valiosas ou não, permanecia a impressão tocante de adoração e amor que as massas populares mostravam por esse homem".[17]

A adoração popular de Hitler era sentida em todos os lugares no cotidiano do Terceiro *Reich*. Nos cinemas havia aplausos tonitruantes quando o jornal cinematográfico mostrava as imagens do Führer, como o jornalista polonês conde Antoni Sobanski presenciou, estupefato, em meados de 1933.[18] A saudação *Heil Hitler* tornou-se natural, e de forma alguma seu uso era ditado por pura obrigação de participar, mas sim pela frequente expressão de uma convicção íntima. A médica Annemarie Köhler, de Pirna, conhecida de Victor Klemperer – que confiou a ela seus diários –, relatou em abril de 1933 que "as enfermeiras e os cuidadores de seu hospital" agiam "como que fanatizados": "Sentam-se ao redor do alto-falante. Quando a Horst-Wessel-Lied [o hino do NSDAP] toca [...], eles se levantam e erguem o braço para a saudação nazista".[19] Em muitas famílias nacional-socialistas, o soerguimento do braço transformou-se num ritual natural, o que constava numa carta de Mannheim, de março de 1933, ao "honrado Führer":

> Nossa pequena Rita gosta muito de saudar o Führer com um *Heil Hitler*! Por isso, permita-nos enviar ao senhor uma foto na qual ela ergue a mãozinha para a saudação alemã. Está com dez meses de idade e é a mais nova de cinco irmãos. Se alguém lhe mostra uma foto do tio Hitler, ela logo faz o *Heil*.[20]

As fotos de Hitler pendiam não apenas em cômodos particulares e escritórios, mas também eram visíveis em espaços públicos. Na época do plebiscito realizado pelo regime, a onipresença era devastadora. "Hitler em todos os quadros de anúncio, Hitler em todas as vitrines, sim, Hitler até mesmo em todas as janelas que se veem em qualquer lugar. Em cada bonde, nas janelas dos vagões de trem, nas janelas dos carros – Hitler observa de todas as janelas", trazia uma reportagem sobre o referendo nacional de 19 de agosto de 1934.[21] Muitos alemães seguiam até a Chancelaria do Reich para conseguir uma foto do "amado Führer" com um autógrafo. Quando Heinrich Himmler enviou aos seus pais, em agosto de 1934, uma fotografia de Hi-

[FOTO 47] O Berghof de Hitler, em Obersalzberg, transformou-se em destino de peregrinação para milhares de seguidores.

tler com uma dedicatória pessoal, a casa de Himmler em Munique entrou em júbilo. A "a[mada] mãezinha" ficou "totalmente em êxtase", relatou Gebhard Himmler, professor da escola secundária, ao filho.[22]

Obersalzberg tornou-se um local de peregrinação. Milhares de peregrinos rumavam para o domicílio de Hitler para ter uma visão do homem-maravilha. "A região ao redor da Casa Wachenfeld sempre fica cercada por adoradores e adoradoras", informou o presidente distrital da Alta Baviera, em agosto de 1934. "Mesmo em passeios por lugares ermos, o senhor chanceler do Reich é perseguido por hordas de adoradores e curiosos inoportunos."[23] Para o ajudante de ordens Wiedemann, havia "algo de religioso" manifestado nas procissões: "Eles caminhavam em silêncio com uma expressão na qual se percebia que era para eles um dos grandes momentos da vida".[24]

Nos primeiros anos de seu governo, onde quer que Hitler parasse, era festejado como um astro pop. Os diários de Joseph Goebbels oferecem uma profusão de provas. "Em todos os lugares, ovações a ele [...] O despertar grandioso do povo!", anotou ele, em 18 de abril de 1933 após uma viagem de carro junto com Hitler de Berchtesgaden para Munique.[25] Em suas memórias, Albert Speer registrou impressões muito semelhantes: "Dois homens da escolta seguiam diante do carro, em cada lado outros três, enquanto o carro avançava pela multidão amontoada na velocidade de uma caminhada. Eu me sentava, como na maioria das vezes, no banco dobrável bem atrás de Hitler, e nunca esquecerei essa força de exultação, esse frenesi estampado em tantos rostos".[26] Sem dúvida: essas cenas de júbilo não eram organizadas, mas demonstrações espontâneas de uma confiança quase devotada no homem a quem eram atribuídas as características de alguém que curava com a fé.

Revelador para esses componentes pseudorreligiosos da veneração ao Führer também é um episódio que Fritz Wiedemann registra assim: durante uma visita de Hitler a Hamburgo, a multidão afastou a escolta, e um homem conseguiu tocar a mão de Hitler. "Então ele começou a dançar como um louco, e gritava sem parar: 'Toquei a mão dele! Toquei a mão dele!' Se o homem tivesse declarado que antes era coxo e agora podia caminhar, não teria me surpreendido, e a multidão certamente teria acreditado".[27]

William Shirer presenciou estados de êxtase semelhantes durante a convenção do partido em Nuremberg, em setembro de 1934, quando Hitler apareceu por alguns momentos na sacada do hotel para muitas milhares de pessoas, entre elas, principalmente, mulheres: "Olhavam para ele como se fosse o Messias, seu rosto transformado como se mal fossem seres humanos".[28]

O culto excessivo ao redor de sua pessoa e as contínuas ovações que eram prestadas a ele não poderiam passar despercebidos à autoimagem de Hitler. "Apenas um alemão foi festejado dessa forma até agora: Lutero!", ele gritou ao seu séquito, triunfante, em meados do segundo semestre de 1934, quando seu comboio em viagem de Weimar para Nuremberg conseguiu, com esforço, abrir caminho através das massas entusiasmadas.[29] Era notório que o ditador adorava ser o centro de uma apreciação pública única. O comportamento deselegante que demonstrava no início de seu governo em ocasiões oficiais deu lugar a uma aparência cada vez mais segura. Seu senso de missão crescia à medida que se via levado por uma onda de aprovação excepcional. Logo ficou dependente do frenesi das ovações da população como de uma droga; elas o fortaleciam na certeza de ter sido escolhido pela "providência" e de precisar cumprir uma missão histórica.

A euforia hitleriana não se limitava aos círculos de classe média; também capturou em níveis cada vez maiores o proletariado. Nesse caso, foram decisivos os sucessos do regime no combate ao desemprego. Chamaram o que se consumou nos anos após 1933 de "milagre econômico", e o número de desempregados na Alemanha realmente caiu muito mais rapidamente que em outros países industrializados. Em 1936, graças principalmente à conjuntura acelerada de rearmamento, alcançou-se praticamente o pleno emprego. Contudo, a rápida recuperação econômica foi paga com um enorme endividamento do Estado, cujos custos ficaram visíveis apenas mais tarde.[30] Para os trabalhadores, entretanto, importava mesmo que, após os anos traumáticos da Depressão, uma sensação de segurança social voltasse à tona. Assim, os informantes dos social-democratas da Renânia-Vestefália relataram, em março de 1935, "que hoje, tanto as pessoas que estavam ao nosso lado na esquerda como os comunistas, depois que foram empregados em uma empresa armamentista, chegam ao ponto de defender o sistema, dizendo: 'Para mim tanto faz como e por quê, eu consegui trabalho; os outros não conseguiram isso'".[31] De muitos trabalhadores, inclusive daqueles que antes estavam no SPD e no *Reichsbanner* – segundo outro relatório de fevereiro de 1936 à diretoria exilada do SPD –, agora se podia ouvir: "Vocês sempre fizeram discursos socialistas, mas agora os nazistas nos deram trabalho [...] Para mim tanto faz se eu monto granadas ou construo rodovias, quero trabalhar. Por que vocês não levaram a sério a criação de emprego?".[32]

Colaborava também para a popularidade de Hitler entre os trabalhadores o fato de ele quase nunca ter perdido uma oportunidade de tomar posição contra o desdém da sociedade frente ao trabalho braçal. "Honrem o trabalho e respeitem os trabalhadores!", ele vozeou no comício central de Primeiro de Maio, no Campo de Tempelhof, em 1933. Trabalhadores das mãos e da mente nunca poderiam trabalhar uns contra os outros. "Por isso exterminamos qualquer significado obscuro que tão facilmente aflige os indivíduos e permite que se olhe com arrogância para os camaradas que 'apenas' ficam diante do torno, das máquinas ou atrás do arado."[33] Com a valorização do trabalho braçal, assim prenunciava a mensagem, o prestígio social dos trabalhadores deveria ser elevado e os preconceitos sociais persistentes abolidos. O fato de o próprio Hitler gostar de posar no papel de "trabalhador" era parte dos esforços de cortejar os trabalhadores e ganhá-los para o regime.

Os informantes do Sopade não podiam negar que essa estratégia logrou êxito. Também "grande parte do proletariado" havia "sucumbido ao endeusamento acrítico de Hitler", conforme constatou um relatório de junho/julho de 1934. Infelizmente, os trabalhadores "ainda estavam fortemente possuídos pelo hitlerismo", dizia o relato decepcionante em fevereiro de 1935, e três meses depois o comentário era "que as camadas populares, antes indiferentes, hoje são os seguidores mais submissos do sistema e os mais fervorosos no culto hitlerista".[34] Nesse ponto, essas observações podem vindicar credibilidade, pois não vieram de seguidores convictos, mas de adversários do regime. Assim, não se pode simplesmente ignorar como puro desejo quando Goebbels registra repetidamente em seu diário que os trabalhadores são os apoiadores "mais fiéis" do regime.[35] A decapitação sangrenta da liderança da SA no final de junho de 1934 não abalou a popularidade de Hitler nos círculos proletários, pelo contrário: por sua ação "enérgica", amealhou também aqui muita aprovação. Um pensamento muito disseminado era que "Hitler é mesmo um camarada que vai até as últimas consequências".[36]

O nível gigantesco de popularidade do qual Hitler gozava obviamente não se estendia a seu partido. Como o Führer cada vez mais afastado da esfera cotidiana era sacrossanto, toda a crítica em determinados excessos do regime concentrava-se nos cargos subordinados a ele. Esse mecanismo mostrou-se especialmente claro na primeira metade de 1934, quando a atmosfera piorou. "No geral, pode-se verificar", relatou um homem de confiança do Sopade em Berlim, "que Adolf Hitler é excluído da crítica; as pessoas têm boa vontade para com ele e dizem que ele não podia fazer nada pela má administração de seus subordinados". "Para Adolf Hitler, sim, mas mil vezes não para os barões pardos!", ouvia-se em muitos lugares.[37] Hitler parecia contrastar positivamente de muitos funcionários de alto escalão do partido, que exibiam com pretensão seu poder recém-adquirido e eram suscetíveis à corrupção. Frente a esse cenário, o Führer apresentava-se como o "homem simples do povo", que era modesto no âmbito pessoal e sofria a serviço da nação. Seria "talvez o único estadista do mundo que não tinha conta bancária", ele declarou no fim de março de 1936 diante de trabalhadores da Krupp-Werke, em Essen. "Não tenho ações, não tenho nenhuma participação em qualquer empresa. Não recebo dividendos."[38] Pouquíssimos percebiam que o estilo de vida publicamente louvado de Hitler nada tinha a ver com a realidade. Assim, o mito do Führer também atendia a uma função compensatória; ele atenuava a insatisfação sobre os problemas e abusos no Terceiro Reich, que eram atribuídos unicamente à má conduta dos "subalternos". Se o próprio Hitler estivesse a par dessa má conduta, conforme a crença disseminada, sem dúvida ele tomaria providências.[39] "Se o Führer soubesse disso" – já era uma expressão corrente nas fases iniciais do regime.[40]

Hitler tinha total confiança do abismo crescente entre sua elevada estima e a imagem negativa do alto escalão do NSDAP. Em um discurso diante de líderes políticos na convenção do partido de 1935, em Nuremberg, ele polemizou contra todos aqueles "que gostariam separar o Führer e seus seguidores [...], que gostariam de dizer: 'o Führer, sim!, mas o partido, ele é necessário?'" A essa pergunta ele poderia responder apenas: "Para mim, os senhores são os oficiais políticos da nação alemã, ligados a mim para o bem e para o mal".[41] No entanto, essas afirmações não mudavam nada no fato de que os níveis de popularidade de Hitler ficavam claramente sobre os daqueles do partido – sim, em certo sentido às custas deles, pois enquanto atribuíam a ele as conquistas do regime, toda a raiva era descarregada sobre os "rapazes de Hitler", os representantes locais do partido.

Ao lado da inesperadamente rápida eliminação do desemprego em massa, foram principalmente os sucessos espetaculares de política externa que fundamentaram o prestígio de Hitler. O referendo do Sarre, em janeiro de 1935, e a reintrodução da obrigatoriedade de serviço militar universal dois meses depois provocaram entusiasmo que ia além do círculos dos nacional-socialistas. A visão de que "Hitler é mesmo um camarada que não tem misericórdia, que tem entono e faz o que considera necessário e correto" era partilhada por muitos trabalhadores.[42] A propaganda do partido assumia esse estado de espírito e o fortalecia. Por ocasião de seu aniversário de 46 anos, em 20 de abril de 1935, o chefe de imprensa Otto Dietrich festejava Hitler como o "maior Führer da nação", que com "poder de decisão incomparável" garantiu a soberania militar da Alemanha. E Goebbels completou: "O povo todo o ama, porque se sente protegido em suas mãos, como uma criança nos braços da mãe [...] Como nós, que estamos próximos, reunidos ao redor dele, também diz nessa hora o último homem no vilarejo mais distante: 'O que ele era é o que ele é e sempre será: nosso Hitler!'".[43]

Porém, em meados do segundo semestre de 1935, houve um retorno do descontentamento com a redução no abastecimento e os aumentos de preço, e dessa vez a imagem de Hitler também sofreu. Ao menos é o que um relatório vindo da Saxônia descrevia: "O culto hitlerista não é mais inquebrantável em sua força. Dúvidas corroem o mito de Hitler". E Praga também recebeu o seguinte recado da Vestefália: "Sua estrela começa a empalidecer".[44] Wiedemann, que alertou Hitler sobre a inquietação na população, recebeu dele uma reprimenda severa: "O humor do povo não está ruim, está bom. Sei disso melhor que ninguém [...] Recuso-me a tolerar esse tipo de coisa no futuro!".[45] Todavia, na realidade, o ditador, que possuía um sensório refinado para oscilações de atmosfera, ficou mesmo alarmado. A ocupação da Renânia desmilitarizada em março de 1936 também serviu, como já mencionado, ao objetivo de desviar as atenções das dificuldades políticas internas. O audacioso golpe de fim de semana desencadeou, após as preocupações iniciais sobre uma resposta militar das potências ocidentais terem se provado infundadas, uma nova onda de entusiasmo por Hitler, haja vista o resultado arrebatador do plebiscito de 29 de março de 1936. "Hitler sempre age como personalidade, o homem sempre é visto com admiração, atribui-se a ele o desempenho tremendo da organização de poder nacional-socialista", relataram os homens de confiança do Sopade.[46]

"É o ídolo de todos nós", anotou Goebbels, no início de outubro de 1936, em seu diário, depois de Hitler ter sido festejado novamente de forma triunfal numa festa de celebração da colheita em Bückeberg.[47] Naquele momento, o mito do Führer estava bem estabelecido. Ele representava a ligação mais forte entre o regime e a população. E os diretores do culto de Hitler faziam de tudo para celebrar novamente a idolatria da suposta figura iluminada. O *Feierjahr* [ano festivo] nacional-socialista, que emulava o calendário de festas da Igreja católica, oferecia muitas oportunidades para tanto. Começava com o 30 de janeiro, o aniversário da tomada do poder. Em 24 de fevereiro, o Führer comemorava no círculo da velha guarda, na Hofbräuhaus de Munique, o anúncio do programa do partido, em 1920. Em seguida vinha o *Heldengedenktag*, em 16 de março (antigo *Volkstrauertag*), com uma cerimônia no Teatro Lírico Kroll e parada militar na sequência. O dia 20 de abril era todo dedicado ao "aniversário do Führer". Primeiro de maio, o Dia Nacional do Trabalho, era celebrado como festa da "comunidade do povo". Seguiam o Dia das Mães, no segundo domingo de maio; a Festa do Solstício, em 21 de junho; a Festa de Celebração da Colheita; o Dia em Honra do Campesinato, em Bückeberg, nas proximidades de Hameln, no início de outubro. O ciclo de festividades terminava em 9 de novembro, com a marcha em memória dos "antigos combatentes" do Bürgerbräukeller até o Feldhernnhalle e em tributo aos "mortos do movimento".[48]

De qualquer forma, o ponto alto do ano-calendário dos nacional-socialistas eram as convenções do partido em Nuremberg, no início de setembro. Centenas de milhares de oficiais, membros da SA e da SS, os homens do Serviço de Trabalho [*Arbeitsdienst*], jovens hitleristas e garotas da Associação de Garotas Alemãs [BDM – *Bundes Deutscher Mädel*] reuniam-se anualmente na antiga cidade imperial, às margens do rio Pegnitz, para a assembleia geral do partido. Obviamente, as reuniões dispendiosas pouco tinham a ver com uma convenção de partido no sentido tradicional. Não serviam para discussão de temas controversos – não poderiam acontecer em um partido liderado por um Führer infalível de forma alguma! –, mas sim à autoapresentação do regime e, principalmente, do primeiro homem à sua frente. Já para os contemporâneos, as encenações de Nuremberg eram a "manifestação da exibição do brilho e da força do Terceiro Reich".[49] Aqui eram envidados todos os esforços para ostentar a capacidade de mobilização, a dinâmica e a união do movimento.

Já em 1927 e 1929, os nacional-socialistas haviam transferido suas convenções do partido para Nuremberg, e os pais fundadores da cidade mostraram-se receptivos aos seus esforços. Para Hitler, era significativo que aquele local lhe oferecesse a oportunidade de entrar em cena diante de palcos românticos da Idade Média como um renovador do antigo mito do Reich. Nos anos da conquista do poder, entre 1930 e 1932, as convenções do partido foram interrompidas; a decisão de retomar a tradição quebrada após a tomada do poder veio relativamente tarde. "Convenção do partido em Nuremberg decidida. Será muito grande", observou Goebbels no final de julho de 1933.[50] Em face do curto tempo de preparação, muitas coisas pareceram improvisadas durante o evento de quatro dias. O chefe de equipe da SA,

Ernst Röhm, ocupou um lugar importante ao lado de Hitler e conduziu-o também durante a cerimônia em honra aos mortos em Luitpoldhein no mesmo nível. Um ano depois, após a liquidação de Röhm e seus apaniguados, a situação mudou. A SA perdeu seu papel até então dominante; ao lado do Serviço de Trabalho, pela primeira vez a *Reichswehr* também participava da convenção do partido. Assim, a posição garantida por Hitler de única "portadora de armas da nação" foi fortalecida.[51]

Com a convenção do partido de 1934, o espetáculo chegou à sua forma permanente, mesmo que nos anos seguintes algumas correções tivessem sido feitas. O número de dias foi aumentado de quatro para sete e, para cada dia, definido um programa totalmente específico. A direção da convenção do partido ficava "aos poucos tão bem ensaiada que corria como um plano de mobilização", relatou Rudolf Heß sobre o espetáculo de 1937.[52] O início era estabelecido com a chegada de Hitler na cidade – fosse em trem especial ou de avião – e o percurso até o hotel, o Deutscher Hof. William Shirer, que observou a convenção do partido de 1934, ficou pouco impressionado no início: "Segurava atabalhoadamente o chapéu com a mão esquerda, enquanto ficava em pé em carro aberto e respondia ao júbilo embriagado de boas-vindas com a saudação nazista um tanto enfraquecida do braço direito".[53] À tarde, acontecia a tradicional recepção pelo prefeito Willy Liebel no grande salão da prefeitura. Em 1938, ele recebeu um memorando especial de que as insígnias e as joias do Reich, que haviam sido trazidas de Viena para Nuremberg após a "anexação" da Áustria, estavam sendo exibidas em uma capela.[54] Uma apresentação da ópera de Richard Wagner, *Os mestres cantores de Nuremberg*, na maioria das vezes dirigida por Wilhelm Furtwängler, diretor da Filarmônica de Berlim, encerrava o primeiro dia. "Uma ocupação fantástica e uma apresentação grandiosa", observou Goebbels sobre a apresentação, em setembro de 1938. "Furtwängler é um gênio musical. Fico sentado bem atrás dele e posso observá-lo bem. Personalidade grandiosa. O Führer também fica entusiasmado o tempo todo".[55]

Na manhã do segundo dia, Hitler passava em revista, da sacada de seus aposentos, sempre cercados de curiosos, a marcha de bandeiras da Juventude Hitlerista. Em seguida, a convenção do partido era aberta no Luitpoldhalle. Sob o clangor da Marcha de Badenweiler, Hitler fazia a entrada com seu séquito. "O salão está decorado com cortinas brancas de seda, os lugares dos convidados de honra, do corpo diplomático, da orquestra e do coro trazem o vermelho profundo. Dominando a sala inteira, uma suástica gigantesca cercada por folhas de carvalho douradas sobre um fundo preto."[56] Acompanhado pela música de Wagner, centenas de estandartes – os "símbolos do movimento" – diante de todas as *Blutfahnen* [bandeiras sangrentas] do *putsch* fracassado de novembro, entravam no salão. De toda a cerimônia, William Shirer lembrou-se "do misticismo e do afã religioso de uma missa de Páscoa ou Natal em uma grande catedral gótica". Após o discurso de abertura de Rudolf Heß, que ano a ano buscava superar-se nos panegíricos a Hitler, e da subsequente "homenagem fúnebre" aos "mártires do movimento", Adolf Wagner, o

Gauleiter de Munique-Alta Baviera, lia a "proclamação do Führer". "Sua voz e jeito de discursar assemelhavam-se tanto aos de Hitler que alguns correspondentes, ao ouvir no rádio em seus hotéis, pensavam que era o próprio", observou Shirer.[57] À noite, acontecia na Ópera de Nuremberg a "Conferência Cultural", iniciada por Alfred Rosenberg e encerrada com um discurso de Hitler. A partir de 1937, por ocasião desse evento, era conferido um "Prêmio Nacional para Arte e Ciência", que a liderança nazista instituiu como resposta à condecoração desagradável de Carl von Ossietzky, preso havia três anos no campo de concentração de Esterwegen, com o Prêmio Nobel da Paz.[58]

O terceiro dia começava com a marcha dos homens do Serviço de Trabalho no Campo Zeppelin. "Cinquenta mil deles, os primeiros mil com torso nu, ficavam à luz do sol da manhã, que se refletia sobre as pás reluzentes, e deixavam os espectadores alemães repentinamente entusiasmados quando, sem aviso prévio, saíam em marcha em passo de ganso perfeito", observou Shirer e completou com a seguinte reflexão: "O passo de ganso sempre me pareceu a expressão mais estranha do ser humano em sua forma mais indigna e estúpida, mas naquela manhã presenciei pela primeira vez qual acorde íntimo ele faz soar na alma estranha do povo alemão".[59] O ponto alto do evento era um diálogo em coro, que terminava com a promessa: "A obra de nossas mãos será realizada,/pois cada batida de pá de terra escavada/ será uma oração para a Alemanha".[60] Após o discurso do líder do Serviço de Trabalho do Reich, Konstantin Hierl e de Hitler, as colunas marchavam pela cidade e passavam pelo Deutscher Hof. Exigia-se resistência não apenas de Hitler, mas de seu séquito. "Quatro horas de marcha. Sol brilhante, forte. Quase insuportável", reclamou Goebbels certa vez.[61]

Com a introdução de um "dia de comunhão" adicional no ano de 1937, o ritmo das marchas diárias e das passadas em revista diminuiu. No Campo Zeppelin, moças e rapazes divertiam os espectadores com danças e exercícios esportivos. À noite, os líderes políticos passavam diante do Deutscher Hof com um procissão de tochas. "Visto da sacada do Führer. Uma apresentação maravilhosa, colorida. Todos os distritos com os antigos *Gauleiter* na frente", entusiasmava-se o ministro da Propaganda.[62]

O quinto dia iniciava com as assembleias especiais do congresso do partido. A atração principal era a marcha dos líderes políticos no Campo Zeppelin, que a partir de 1936 acontecia à noite. Como consequência, a direção tramou algo diferente, por sugestão de Albert Speer: no momento em que a chegada de Hitler fosse anunciada, 130 canhões de luz, que foram instalados ao redor do Campo Zeppelin, lançariam seus fachos de seis a oito quilômetros no céu noturno. "E agora, com um lampejo, os holofotes cortam os muros do céu preto da noite, os fachos de luz erguem-se azuis ao alto, convergem, unem-se e formam sobre as pessoas uma catedral de luz fluida", assim descreveu o espetáculo a reportagem oficial sobre a convenção do partido.[63]

Em suas memórias, Speer considerou a "catedral de luz" sua criação espacial mais bela e, de fato, a encenação refinada deixou a impressão mais duradora, inclusive nos observadores estrangeiros. O embaixador britânico Nevile Hendersen, por exemplo, sentiu-se transportado para "dentro de uma catedral de gelo".[64] Sob clangores de fanfarras, Hitler caminhou, acompanhado pelo diretor de organização do Reich, Robert Ley, pelo amplo corredor central até o "palco do Führer". Iluminado de forma mágica, parecia um altar superdimensionado, sobre o qual o sacerdote máximo do movimento celebrava sua missa. A superelevação de Hitler a figura salvadora carismática, a um Messias iluminado, em lugar algum se tornava tão manifesta como na liturgia desse "momento de consagração" noturno. "Acreditamos em um Deus no céu, que nos criou, que nos guia e protege, e que nos enviou o senhor, meu Führer, para libertar a Alemanha. É nisso que acreditamos, meu Führer!", exclamou Ley para ele em 1936.[65]

O sexto era reservado para a Juventude Hitlerista. Mais de 50 mil moças e rapazes reuniam-se pela manhã na pista de atletismo do antigo estágio para homenagear o Führer. "Mal o comando 'Descansar!' era proferido, um furacão de muitas dezenas de milhares de vozes soavam. Agora podem todos anunciar com sua alegria

[FOTO 48] Durante a convenção do partido, em setembro de 1936, Albert Speer apresentou pela primeira vez, no Campo Zeppelin, uma "catedral de luz".

o que sentem. É como se o ar tremesse", constava da reportagem oficial de 1938.[66] Três anos antes, Hitler havia anunciado no mesmo lugar como ele concebia a imagem ideal de um jovem alemão: "Rápido como um galgo, resistente como couro e duro como aço da Krupp".[67] O líder da Juventude do Reich, Baldur von Schirach, proferiu a jura ao Führer no lugar dos jovens e, após um discurso curto de Hitler, Rudolf Heß assumiu o juramento dos candidatos ao partido. A cerimônia terminava com Hitler, junto a Schirach e Heß, percorrendo as fileiras para cruzar o estádio em carro aberto e receber as ovações das arquibancadas.

Na manhã do sétimo dia, as colunas da SA e da SS apresentavam-se para a revista no amplo espaço da Luitpoldarena. "*Heil*, meus homens!", Hitler cumprimentava assim os presentes. "*Heil*, meu Führer!", ecoavam de volta mais de 100 mil gargantas.[68] No ano de 1934, essa reunião foi uma ocasião problemática, pois o "caso Röhm" havia acontecido apenas poucos meses antes. "Havia um movimento visível no estádio, e eu percebi que os soldados da SS servindo como guarda-costas de Hitler fizeram uma formação bem próxima diante dele e protegeram-no da massa de camisas pardas", registrou Shirer em seu diário.[69] Nos anos seguintes, a relação tranquilizou-se, e a cerimônia na Luitpoldarena, assim como as demais, corria segundo o ritual definido. Acompanhado por canções fúnebres, Hitler avançava – atrás dele, em distância apropriada, o chefe de equipe da SA Lutze e o *Reichsführer* Himmler – pela "via do Führer" até o túmulo honorário, onde permanecia calado por muito tempo diante da *Blutfahne* – uma imagem que simbolizava, como nenhuma outra, a posição excepcional de solidão do carismático em meio ao seu "séquito" disposto em fileira. Em seguida, Hitler voltava pelo mesmo caminho até sua tribuna, acompanhado pelos portadores da *Blutfahne*. Após um discurso no qual elogiava a SA e a SS como "a melhor tropa de batalha política do povo alemão", [70] e após o entoar conjunto do hino nacional, ele consagrava os novos estandartes das formações do partido, tocando-os com a *Blutfahne*. "Uma cerimônia quase religiosa em tradição fixa, imutável", comentou Goebbels.[71] Seguia novamente uma marcha de horas na Adolf-Hitler-Platz, que Hitler, dessa vez em pé no automóvel, passava em revista.

O oitavo e último dia era dominado pelas apresentações da Wehrmacht. Começava com uma "grande alvorada" e concertos ao ar livre nas três grandes praças de Nuremberg. À tarde, as forças armadas demonstravam, no Campo Zeppelin, diante das arquibancadas lotadas e dos olhos dos diplomatas e enviados militares estrangeiros, a situação armamentista alcançada nesse meio tempo. "Uma imagem grandiosa de nossa Wehrmacht. Todas as partes das tropas mostram a que vieram. Excelentes esquadrões aéreos [...] Tanques, artilharia, cavalaria [...] Maravilhoso e entusiasmante de se ver", observou Goebbels muito satisfeito com a apresentação em 1936.[72] Mais tarde, a encenação militar aconteceria em um gigantesco campo de marte construído especialmente para a ocasião no fim do terreno da convenção do partido; como em outros planos de construção monumentais de Nuremberg – um novo salão de congressos e um estádio alemão –, os trabalhos não chegaram ao fim antes da guerra. A convenção do partido chegava ao fim à noite com um discurso programático de Hitler. Por volta da meia-noite, o grupo musical militar e a banda marcial da Wehrmacht encerravam os festejos com um "grande toque de recolher".

Hitler sempre estava no ponto central das convenções do partido em Nuremberg. Era o protagonista – mestre de cerimônia e sacerdote máximo reunidos em uma pessoa. A coreografia sofisticada era totalmente direcionada a ele. Durante os sete ou oito dias, ele ficava em total conforto, tomava a palavra de quinze a vinte vezes, às vezes até quatro vezes num dia. Podia vivenciar ali sua necessidade oratória monomaníaca como em nenhum outro lugar. Passava a semana da convenção num humor enlevado, como numa embriaguez, e ao final dela experienciava uma estranha sensação de vazio. Para ele, o dia seguinte sempre tinha "algo tão triste, como quando os enfeites são retirados da árvore de Natal", ele reconheceu ainda em janeiro de 1942, três anos após a última convenção do partido.[73] Pois o evento planejado para setembro de 1939 sob o lema "Convenção da Paz" foi cancelado no fim de agosto diante do ataque iminente à Polônia.

Por outro lado, Nuremberg também significava um grande esforço físico. "Sempre mais difícil", ele se lembrava, era "ficar em pé por muitas horas nas marchas" – com os joelhos esticados e o braço estendido. "Algumas vezes tive até mesmo tontura."[74] Goebbels encontrava-o ao final "totalmente esgotado" no sofá do quarto de hotel. "Ele entregou os pontos agora. Precisa de um descanso."[75] No ano de 1936 – quando o esforço de Hitler em virtude da pequena "convenção da memória do partido" de Weimar, em julho, e dos Jogos Olímpicos, em agosto, foi especialmente grande demais –, seus correligionários forçaram para que ele cancelasse a convenção do partido em Nuremberg e depararam-se com uma recusa firme.[76]

Após cada convenção do partido, Hitler reunia seus paladinos e fazia uma inspeção. Distribuía elogios e reprimendas e fazia sugestões para o que lhe parecia válido melhorar. Porém, na sequência bem-ensaiada ele não queria mudar mais nada. O "formato", assim ele expressou perante Albert Speer em um *debriefing* da convenção do partido em 1938, precisaria permanecer como "rito imutável", ao menos enquanto ele vivesse: "Ninguém poderá tocar nele mais tarde. Tenho medo do afã de reformas daqueles que vierem depois de mim. Talvez nenhum Führer do Reich contará com o efeito que causo, mas essa estrutura o apoiará e lhe conferirá autoridade".[77] Também aqui, Hitler era dominado pelo terror de uma morte breve e da não sobrevivência de sua obra depois de sua partida. A canonização do ritual deveria conferir a seus sucessores em potencial o carisma empregado e perpetuar o Terceiro Reich.

Os efeitos da encenação massificada de Nuremberg não impactavam apenas os alemães, mas também os participantes estrangeiros. O embaixador francês François-Poncet, que testemunhou a apresentação no ano de 1937, recordou o seguinte: "Mas é surpreendente e indescritível a atmosfera de entusiasmo generalizado na qual a antiga cidade mergulhou, essa embriaguez única que arrebatou centenas de milhares de homens e mulheres, a excitação romântica, o êxtase místico, uma espécie de loucura santa à qual eles sucumbiram. Durante oito dias, Nuremberg [...] é uma cidade que fica sob um encanto, quase uma cidade de fanáticos."[78] Ninguém que não tivesse testemunhado as convenções do partido em Nuremberg e a atmosfera dominante ali, observou também o embaixador inglês Henderson em retrospecto, poderia "se vangloriar de ter conhecido totalmente o movimento nazista na Alemanha".[79]

Mesmo um observador tão cético quanto William Shirer, no final da convenção do partido de 1934, fez o seguinte resumo: "É preciso vivenciar tal coisa para entender a fascinação que Hitler exerce sobre o povo, sentir a dinâmica que ele desencadeia no movimento, e a força direta, disciplinada, que os alemães possuem".[80] A força que a fascinação cenográfica de Nuremberg exercia sobre os jornalistas, dos quais se esperava, na verdade, uma distância crítica, é aclarada por uma reportagem do *The New York Times* do último dia da convenção do partido em 1937: quando se encerrou a transmissão de rádio do discurso de Hitler, que os repórteres de todo o mundo acompanharam no hotel, "todos os presentes no saguão levantaram-se como a um comando, estenderam o braço para a saudação hitlerista e cantaram em uníssono entusiasmado o hino nacional inteiro e, em seguida, a Horst-Wessel--Lied".[81] Não foram apenas os alemães, mas também muitos estrangeiros que se deixaram envolver pela bela aparência do Terceiro Reich e, com isso, perderam de vista os lados funestos da ditadura.

Desde o início, a liderança nacional-socialista estava preocupada em fazer com que o maior número possível de pessoas participasse do espetáculo de massa em Nuremberg. Para isso, lançava-se mão principalmente das transmissões de rádio. No entanto, estas tinham a desvantagem de se limitar principalmente à reprodução dos discursos e transmitiam pouco da atmosfera reinante. Assim, já em 1935, falava-se em um certo efeito entediante entre os ouvintes. "A cobertura detalhada no rádio e no jornal nunca atingiu realmente as massas na semana da convenção do partido. O povo ficava indiferente", constava de uma reportagem da Renânia.[82] Portanto, o pensamento sugeria também que se utilizasse o filme como multiplicador.

O NSDAP mandou rodar filmes das convenções do partido de 1927 e 1929. Contudo, tratava-se aqui de filmes mudos artisticamente modestos, pensados apenas para uma clientela própria e que, além disso, não tiveram nenhuma divulgação. Neles, Hitler ainda não aparecia como uma figura absolutamente dominante,[83] o que mudaria após a tomada do poder. Para a "convenção da vitória", como era o lema para 1933, pensava-se em encomendar uma obra que fosse de uma qualidade muito diferente e oferecesse a um público de cinema mais amplo a possibilidade de "vivenciar". Era chegada a hora de Leni Riefenstahl.

Já em meados de 1932, a jovem e talentosa atriz teve os primeiros contatos com Hitler, cuja atenção foi atraída por seu papel principal no filme *A luz azul*. Em meados do segundo semestre do mesmo ano, já era convidada benquista na casa dos Goebbels, onde às vezes encontrava Hitler. Poderia, assim, contar com boas oportunidades para sua carreira caso os nacional-socialistas subissem ao poder.[84] De fato, Goebbels lhe estendeu a mão em maio de 1933 para uma cooperação: "Tarde com Leni Riefenstahl. Ela conta de seus planos. Faço a proposta de um filme sobre Hitler. Ela fica entusiasmada." Em junho, os dois conversam sobre mais detalhes. "Ela é a única de todas as estrelas que nos compreende", observou o ministro da Propaganda logo em seguida. Em agosto, a questão estava resolvida: de um almoço na Chancelaria do Reich participou também Leni Riefenstahl – uma importante prova de apreço de Hitler. "Ela vai rodar nosso filme da convenção", comemorou Goebbels.[85] O anúncio oficial ocorreu ao final do mês, apenas poucos dias antes do início do evento em Nuremberg. "Por vontade especial do Führer", noticiou a revista *Film-Kurier*, a "senhorita" Riefenstahl havia sido incumbida da direção artística do filme da convenção do partido.[86]

O fato de uma recém-chegada e, além disso, alguém de fora do partido ter sido incumbida do projeto foi um grande incômodo aos nacionais-socialistas já tarimbados no departamento de cinema do ministério da Propaganda, principalmente para seu chefe, Arnold Raether. Diversas intrigas foram espalhadas e animosidades atiçadas para questionar a elegibilidade de Leni. No entanto, enquanto Leni Riefenstahl gozasse da estima de Hitler, não precisaria temer os ataques de seus adversários. E, após o primeiro filme da convenção do partido, que receberia o título *Vitória da fé*, inclusive os céticos no entorno do ditador se convenceram da capacidade da diretora.[87]

Riefenstahl contratou, por iniciativa própria, três operadores de câmera talentosos: Sepp Allgeier, Franz Weihwayer e Walter Frentz – este último, enquanto operador de câmera preferido de Hitler durante a Segunda Guerra, desempenharia ainda um papel importante.[88] A jovem, que dirigia com muita confiança sua equipe durante os trabalhos de filmagem de quatro dias, causou espécie em Nuremberg por motivos óbvios. Após a convenção do partido, ela se retirou para efetuar a montagem do filme. Goebbels, a quem consultava, estava confiante: "Logo ela conseguirá".[89]

A contribuição original de Riefenstahl consistia principalmente em aliviar a sequência fixa, levemente monótona dos discursos e marchas através de uma composição rítmica fluida e, assim, torná-la mais interessante para os espectadores. Sem se preocupar com uma cronologia, ela montou o evento da conferência em uma seleção sugestiva de imagens. Além disso, rechaçou os comentários falados, o que é estranho para um documentário. Trouxe somente o áudio original do orador e o ruído da multidão aclamadora e acrescentou uma trilha sonora de fundo composta por Herbert Windt, uma mistura de música de Wagner, melodias populares e música militar oscilante.[90]

Contudo, *Vitória da fé* ainda não era perfeito, o que se devia, por um lado, ao fato de a diretora ainda ser uma novata, e, por outro, que ela precisava também recorrer a material do jornal cinematográfico. A maioria das cenas era de comicidade involuntária, por exemplo, quando Göring passou diante da limusine de Hitler, assim que este quis lhe dar a mão, ou quando Baldur von Schirach derrubou o quepe do uniforme de Hitler do púlpito com o traseiro.[91] Ainda assim, o ditador não contestou nada em uma apresentação para um pequeno círculo no final de novembro de 1933. "Fabulosa sinfonia da SA", registrou Goebbels. "Riefenstahl fez bem. Ela está muito aflita com o trabalho. Hitler tocado. Será um sucesso tremendo."[92] A estreia, organizada como uma cerimônia de Estado, aconteceu em 1º de dezembro, no UFA Palast am Zoo. Ao lado de Hitler, Goebbels, Röhm e Heß também participaram representantes proeminentes do governo, o vice-chanceler Papen, o ministro de Relações Exteriores do Reich, Neurath, o ministro do Interior, Frick, e o ministro da *Reichswehr*, Blomberg. "Quando o último acorde soou", noticiou a revista *Lichtspielbühne*, "o público levantou-se, visivelmente tocado, para expressar sua solidariedade ao Führer e seu movimento pelo canto em uníssono da canção de proteção e defesa nacional-socialista. Então, não houve aplauso, mas sim o silêncio reverente, para apenas depois irromper-se o entusiasmo em aplauso retumbante."[93] Nos dias que seguiram, o séquito de Hitler precisou assistir várias vezes ao filme, e para Goebbels já estava ficando um pouco demais: "Noite em casa. Führer [...] com filme da convenção do partido. Logo ficarei farto disso."[94]

Vitória da fé também foi entusiasticamente festejado na imprensa como "documento contemporâneo de valor inestimável", como "oratório fílmico" e "*Sinfonia Eroica* da convenção do partido". "O Führer tomou a Alemanha [...] toda a nação pode ouvi-lo pelo milagre desse filme", assim soava o tambor propagandista.[95] Os grupos locais do NSDAP foram instruídos a cancelar todos os outros eventos no dia do lançamento da "fantástica obra cinematográfica" para que os companheiros de partido e a população pudessem participar do acontecimento no maior número possível. Com a ajuda de caminhões de cinema móvel, o filme também foi exibido em cidades interioranas onde não havia cinemas. Cerca de 20 milhões de alemães devem tê-lo visto.[96]

Todavia, meio ano depois, o filme foi retirado de circulação, pois em muitas passagens o chefe de equipe da SA, Ernst Röhm, ainda era visto ao lado de Hitler. Após 30 de junho de 1934, sua projeção na tela grande já não era mais desejada. As cópias do filme, provavelmente por ordem de Hitler, foram destruídas. As cópias foram consideradas desaparecidas após 1945; apenas nos anos de 1980 uma versão completa foi descoberta no Arquivo Cinematográfico Estatal da DDR.[97] Um segundo filme da convenção de partido era necessário, e novamente Leni Riefenstahl deveria rodá-lo. No fim de agosto de 1934, ela fechou um contrato de distribuição com a UFA, na qualidade de "comissária especial da liderança do NSDAP".[98] Uma semana antes do início do "Congresso da Unidade e Força", ela viajou até Nuremberg para assumir os preparativos para *Triunfo da vontade* – título dado por Hitler para o filme.

Dessa vez, as despesas com finanças, pessoal e tecnologia foram incomparáveis. À disposição da diretora havia, além de um orçamento de 300 mil *Reichsmark*, uma equipe de 170 funcionários, entre eles dezoito operadores de câmeras. No terreno da convenção do partido, foram construídas em pontos expostos "torres de gravação" equipadas com câmeras, aparelhos de sonorização e holofotes. Em um mastro de 28 metros na arena Luitpold foi instalado um elevador, do qual se podia capturar perspectivas totalmente novas do gigantesco campo de parada com uma câmera portátil. Ao redor da tribuna do orador foram instalados trilhos para os carrinhos de câmera, que possibilitavam filmar Hitler a partir de distâncias desconhecidas até agora e sob diversos ângulos de visão. No final, foram gravados 130 mil metros de material, em um trabalho de cinco meses nos laboratórios cinematográficos Geyer, em Berlim-Neukölln; Leni reduziu o material a cerca de 3 mil metros – que resultou num filme de 114 minutos.[99]

Como em *Vitória da fé*, a diretora novamente não fez uso de uma narração e não se orientou pela cronologia da convenção; também reduziu o evento de sete dias em três dias e meio.[100] Diferente do primeiro filme da convenção do partido, Hitler

[FOTO 49] A diretora Leni Riefenstahl durante a filmagem de *Triunfo da vontade*, sobre a convenção do partido em setembro de 1934.

foi o protagonista máximo. Toda a dramaturgia foi projetada segundo a expectativa da audiência: "Queremos ver nosso Führer!". Os créditos de abertura já preparavam sua aparição: "Em 5 de setembro de 1934/Vinte anos após a eclosão da Guerra Mundial/Dezesseis anos após o início do sofrimento alemão/Dezenove meses após o começo do renascimento alemão/Adolf Hitler parte novamente para Nuremberg para conduzir a marcha de seus seguidores". Na cena inicial, o Führer paira com seu avião, como um redentor descendo do céu, durante o pouso em Nuremberg. Leni Riefenstahl montou o trajeto do aeroporto até o hotel como paralelo secularizado da partida de Jesus Cristo para Jerusalém: em pé, no Mercedes aberto, Hitler recebeu as homenagens do público. Uma câmera instalada no carro o filmava por trás, na contraluz dos raios de sol incidentes, deixando a cabeça envolta por um halo santo. Se o ritual da convenção do partido era, de qualquer forma, orientado para a superelevação de Hitler, o filme de Riefenstahl, quase uma encenação dentro da encenação, fornecia uma duplicação do efeito, no qual ela operava de forma muito consciente a sacralização da imagem do Führer. Para tanto, ela montou as imagens segundo um processo sofisticado de corte e contracorte, que mostrava Hitler em grande parte do tempo numa visão de baixo para cima, seus seguidores em júbilo, ao contrário, de cima para baixo. "Führer" e "seguidores" – o grande carismático divino e a massa devota que o admirava – eram ligados por uma unidade mística.[101]

Em novembro de 1934, Goebbels assistiu às primeiras provas do filme: "Tarde com Leni Riefenstahl, tomadas fantásticas do filme da convenção. A Leni vai conseguir algo especial. Quem dera fosse um homem!". E cinco meses depois, quando o trabalho estava terminado, ele não se mostrou menos entusiasmado: "Um filme grandioso. Apenas na última parte um pouco tedioso. No mais, tocado com a apresentação. Obra prima de Leni".[102] *Triunfo da vontade* teve sua estreia em 28 de março de 1935, quase duas semanas após a reintrodução da obrigatoriedade militar universal. Para o "acontecimento cinematográfico do ano", Speer mandou aumentar a fachada do UFA Palast e adornar com gigantescas bandeiras da suástica; sobre a entrada principal, foi instalada uma águia imperial de bronze com oito metros de altura, iluminada por holofotes na noite da estreia. Novamente desfilaram eminências do partido e do Estado, e após a apresentação apaixonadamente celebrada, Hitler entregou à diretora um grande buquê de lilases.[103] Na imprensa coordenada, surgiram críticas panegíricas. "A maior obra fílmica a que já assistimos", foi a manchete do *Völkische Beobachter*.[104] Já nas primeiras semanas, os cinemas anunciaram público recorde; *Triunfo da vontade* foi o filme mais visto do ano. Em 25 de junho de 1935, Leni Riefenstahl recebeu das mãos de Goebbels o Prêmio Nacional de Cinema. Em sua louvação, o ministro da Propaganda celebrou a obra como "a grande visão fílmica do Führer, que emerge pela primeira vez com um vigor nunca visto antes".[105]

Ao que concerne o valor benéfico para o regime, *Triunfo da vontade* era absolutamente um filme sobre Hitler. "Aqui ele foi mostrado de uma vez por todas como ele queria ser visto."[106] Também em outros meios o culto ao Führer foi alimentado, por exemplo nos populares fotolivros de Heinrich Hoffmann – *Jugend um Hitler* [*Juventude ao redor de Hitler*] (1935), *Hitler in seinen Bergen* [*Hitler em suas montanhas*] (1935), *Hitler abseits vom Alltag* [*Hitler além do cotidiano*] (1937) –, que buscavam aproximar o público do ditador, mostrando-o como um amante da natureza, cuidadosa figura paterna do país e amigo das crianças.[107] No entanto, a imagem mais duradoura de Hitler e de seu relacionamento com os alemães foi firmado pelo segundo filme de Leni Riefenstahl sobre a convenção do partido, o que não acontecia apenas na Alemanha, mas também no exterior, onde *Triunfo da vontade* também foi lançado e indicado a prêmios cinematográficos. Na Segunda Guerra Mundial, trechos dele seriam usados nos países anglo-saxões em filmes educacionais antinazistas.[108]

"Um povo – um Reich – um Führer": Quem assistia à obra prima de Riefenstahl era tomado pela impressão de que não era uma fórmula vazia de Propaganda, mas sim a experiência vivida no Terceiro Reich. Mas como era de fato? A tão alardeada "comunidade do povo" correspondia à realidade social ou era apenas uma aparência enganosa, um construto distante da realidade? Antes de 1933, a promessa de superar as contradições entre partidos e classes fora o lema eleitoral de mais forte apelo, que contribuiu essencialmente para a atração de Hitler e de seu movimento nacional-socialista.[109] Ele serviu ao anseio por uma ordem política e social estável, possivelmente harmoniosa, que era vista como o fundamento indispensável para o esperado reerguimento nacional da Alemanha. Após a "tomada do poder", Hitler relacionava perfeitamente em seus discursos o princípio propagado. Conforme enfatizou em seu primeiro pronunciamento de rádio como chanceler do Reich, em 1º de fevereiro de 1933, o novo governo queria "levar nosso povo, além de posições e classes, novamente à consciência de sua unidade popular e política e às obrigações decorrentes dessa consciência". A introdução da prestação de serviços compulsórios, que ele anunciou em uma entrevista com o representante da Associated Press em Berlim, Louis P. Lochner, no fim de fevereiro, serviria ao objetivo de uma "superação dos contrastes de classe". "Que camponeses, burgueses e operários sejam de novo um povo alemão", ele exigiu na Garnisonkirche de Potsdam, em 21 de março. E dois dias depois, por ocasião da introdução da Lei Plenipotenciária, ele invocou "a criação de uma verdadeira comunidade do povo, que se erguerá para além dos interesses e antagonismos de posições e classes", como único caminho de retirar a Alemanha da crise. "As milhões de pessoas que são separadas em profissões – mantidas distantes por classes culturais, que, tomadas pelo orgulho profissional e loucura de classes, não conseguem mais se entender –, precisam reencontrar o caminho que leva umas às outras!", proclamou em 1º de maio de 1933, no Campo de Tempelhof, em Berlim.[110]

Como muitas coisas na programática de Hitler, também o conceito de "comunidade do povo" era mantido conscientemente difuso e, com isso, aberto a interpretações. O escritor Hanns Johst, que em uma conversa com Hitler, no final de janeiro de 1934, quis saber exatamente o que era, recebeu uma resposta igualmente nebulosa: "Comunidade do povo: isso significa comunidade de todo trabalho efetivo; significa a unidade de todos os interesses da vida; significa a superação da burguesia privada e da massa sindicalizada e mecânica; significa a igualdade incondicional de destino individual e nação, de indivíduo e povo."[111] Sem dúvida, a sociedade idealizada deveria ser formada segundo critérios racistas, ou seja, apenas com "compatriotas" que fossem de "sangue alemão", como já exigia o primeiro ponto do Programa Partidário do NSDAP de 1920. Para os alemães judeus, mas ainda mais para outros grupos estigmatizados como "inferiores" do ponto de vista racial, não havia lugar na "comunidade do povo" nacional-socialista. E também estava claro que a promessa de suspender a luta de classes não significava que Hitler repudiaria a existência de conflitos de interesses econômicos e a necessidade de sua representação. Contudo, isso deveria permanecer subjugado à primazia da política.[112]

Desde o início, os nacional-socialistas buscaram especialmente o proletariado, que não apenas representava o maior grupo economicamente ativo, mas também o que se mostrava menos suscetível antes de 1933 às promessas de sua propaganda, ainda mais porque era organizado no SPD ou no KPD. Sem eles ou contra eles, disso Hitler sabia bem, era impossível realizar a "comunidade do povo". O "trabalhador alemão", enfatizou ele no Sportpalast, em Berlim, em 10 de fevereiro de 1933, não poderia mais ser "um estranho" no Reich alemão; era necessário "escancarar os portões" para que "ele se integre à comunidade do povo alemão como um sustentáculo da nação alemã".[113] Para esse fim, o regime perseguia a estratégia dupla de sedução e violência: destruição dos partidos trabalhistas e organizações sindicais por um lado, ofertas de integração atraentes de outro. Em seu discurso para fundação da Frente de Trabalho Alemã (DAF), que ocupou o lugar dos sindicatos dissolvidos, Hitler descreveu-a em 10 de maio de 1933 como uma "intermediária honrada", que "intercede por qualquer dos lados", ou seja, queria cuidar da conciliação de interesses entre empresários e trabalhadores.[114]

No entanto, a "Lei para Organização do Trabalho Nacional", promulgada em janeiro de 1934, significava um claro favorecimento para o empregador: ela transferiu o princípio de Führer [líder] também para o nível fabril. À frente da "comunidade fabril" estaria, a partir daquela data, o *Betriebs* Führer, o líder da empresa, e os trabalhadores seriam seus "seguidores".[115] Contudo, foi oferecida uma série de compensações para equiparação da perda de participação do operariado e acordos coletivos. Assim, o departamento de "Beleza do Trabalho" da DAF buscou uma melhoria das relações nas fábricas: foram instaladas cantinas fabris, espaços esportivos e piscinas ao ar livre, tomaram-se medidas para redução de ruído e melhorias do ar, bem como medidas higiênicas; organizou-se áreas verdes ao redor das fábricas – tudo com a intenção de dar aos trabalhadores uma sensação de "dignidade no trabalho". "A realidade das relações de produção capitalistas não foi alterada", resumiu com precisão Peter Reichel, "foi apenas interpretada e encenada de maneira diversa. Sua percepção deveria ser alterada por meio do véu da bela aparência."[116] O ser não deveria determinar a consciência, como pregava a doutrina marxista, mas, ao contrário, a consciência o ser.

Ainda mais importante e atraente em longo prazo era outra área da DAF, a comunidade nazista "*Kraft durch Freude*" [Força pela Alegria], que foi fundada em novembro de 1933 aos moldes da fascista "*Opera Nazionale Dopolavoro*". Seu objetivo era assumir também as atividades recreativas dos trabalhadores para fortalecer tanto sua motivação quanto sua disposição de integração. Em pouco tempo, essa comunidade se desenvolveu até se transformar numa organização gigantesca com mais de 7 mil membros contratados e 135 mil voluntários. "A KdF", explicou, em junho de 1938, Robert Ley, chefe da DAF, "é a forma mais rápida de o nacional-socialismo se fazer chegar até a grande massa".[117] As ofertas iam de ingressos a teatros e concertos, exposições, visitas a museus, cursos de tênis e equitação e programas de educação continuada até viagens de férias. Estas últimas, sem dúvida, exerciam grande atração. "Muitos acreditam que a '*Kraft durch Freude*' é apenas uma espécie de agência de viagens que concede grandes vantagens", concluiu um relatório de fevereiro de 1938.[118] Evidentemente, viajar pressupunha férias, e após 1933 os trabalhadores de fato gozavam de seis a doze dias de folga. Entre 1934 e 1938, em média, mais de um milhão de alemães faziam uma viagem padrão da KdF por ano; além disso, mais de 5 milhões de participantes empreendiam viagens curtas de um a dois dias e em finais de semana.[119]

Especialmente desejadas eram as viagens marítimas ao exterior para as quais a KdF dispunha de uma frota de cruzeiros própria, entre eles os recém-construídos *Wilhelm Gustloff* e *Robert Ley*. Diferentes dos vapores de passageiro da época, os viajantes não eram mais divididos em diferentes classes de cabines. Era "terrível" e "inconcebível", observou Hitler, em um de seus monólogos no quartel-general, como no passado a diferença nas relações de vida ficavam tão aparentes "em nossos grandes vapores de viagem, nas acomodações de passageiros de terceira, segunda e primeira classe": "Esta é uma esfera de atuação principal da DAF".[120] Na sociedade sem classes a bordo, as pessoas de diferentes camadas sociais deveriam conviver harmonicamente, e os sucessos exemplares da integração dos trabalhadores na "comunidade do povo" deveriam ser vividos. "Na direção do sol – trabalhadores alemães viajam para Madeira", anunciava um folheto de viagem de grande circulação,[121] e Goebbels entusiasmava-se: "Isso também é maravilhoso. Os trabalhadores, que deixaram sua cidade natal, viajam por mar e terra e alegram-se quando voltam à Alemanha".[122]

Obviamente, a aspiração e a realidade chocaram-se. Os viajantes nos navios da KdF não ofereciam um perfil representativo da sociedade alemã; em sua maioria eram membros da classe média, funcionários da iniciativa privada e funcionários públicos autônomos, além de haver uma grande desproporção de funcionários do partido, enquanto os operários permaneciam claramente em minoria,[123] pois os custos de viagens de navio para a ilha da Madeira ultrapassavam as possibilidades financeiras da maioria dos orçamentos dos operários. Em relatos de informantes confiáveis dos social-democratas vindos do Reich, criticava-se sempre que viagens ao exterior seriam reservadas principalmente para os "barões", mas eram proibitivas para quem recebia rendimentos médios.[124] Por outro lado, também se comentou a aceitação crescente da oferta recreativa, entre elas, especialmente, as viagens de férias e fim de semana dentro da Alemanha. "'Se conseguirmos tão barato, pode-se também erguer as mãos para o céu!' Assim falam muitos operários e participam."[125] De Berlim viera a notícia, em fevereiro de 1938, de que a KdF havia se tornado "muito popular". "Os eventos vêm de encontro à ânsia do homem de poucas posses, que também deseja viajar e participar das benesses dos "grandes". É uma especulação habilidosa das inclinações pequeno-burguesas dos operários não politizados".[126] Os informantes do Sopade também não podiam ignorar que os social-democratas experientes ficaram igualmente impressionados, e mesmo assim poucos tinham ilusões sobre os efeitos sociais: "A KdF no mínimo desvia, contribui para a ofuscação do cérebro, age de forma propagandista para o regime".[127]

Os planejadores da KdF tinham total consciência de que, ao contrário dos anúncios, muitos desejos de viagem ainda permaneciam irrealizados. Para aliviar nesse quesito, eles contemplavam a construção de grandes complexos de férias e casas de recreação. O empreendimento prestigioso era o "KdF-Seebad Prora", na ilha de Rügen, cuja construção teve início em maio de 1936.[128] Os blocos de apartamentos de seis andares se estenderiam por 4,5 quilômetros e ofereceriam espaço para 20 mil turistas. Uma estadia de uma semana não deveria custar mais que vinte *Reichsmark*, ou seja, um valor acessível também para trabalhadores com renda menor. Hitler entusiasmava-se com "o maior hotel de repouso à beira-mar da Terra".[129] E nos relatórios do Sopade constava o seguinte em abril de 1939: "É uma das mais impactantes construções propagandísticas do Terceiro Reich".[130] No entanto, as instalações não foram concluídas; com o início da Segunda Guerra Mundial, os trabalhos tiveram que ser interrompidos.

Os primórdios do turismo de massa organizado no Terceiro Reich eram parte de um projeto maior. Representavam a visão objetiva de uma sociedade de consumo e lazer nacional-socialista. A "comunidade do povo" racialmente homogênea deveria honrar o desejo de Hitler através de um alto nível de consumo.[131] Contudo, como já relatado nos primeiros anos de seu governo, a prioridade clara concentrava-se no rearmamento; o consumo privado devia ficar um passo atrás. Essa política correspondia ao desenvolvimento salarial e de renda, que se movimentava de forma geral em escala muito tímida. Então, o salário real dos trabalhadores subiu entre 1933 e 1939 na Alemanha apenas levemente, e principalmente por meio do aumento do tempo de trabalho.[132] Diante desse pano de fundo, não se pode dizer que o regime nazista se tratava de uma "ditadura da complacência", que servia em princípio os interesses dos socialmente fracos – como Götz Aly afirmou em seu livro *O Estado popular de Hitler*.[133]

Naquele momento, a sociedade de consumo massificado permaneceu uma promessa, uma perspectiva de possibilidades vindouras. No entanto, uma série de "produtos do povo", que deveriam ser disponibilizados como bens de consumo de tecnologia moderna, ofereciam uma prévia dessas possibilidades. Entre eles estava principalmente o *"Volksempfänger"* [Receptor de Rádio do Povo], que foi apresentado ao público sob a classificação Ve 301 (o número remetia à tomada do poder de 30 de janeiro) na Feira de Radiodifusão de Berlim, em agosto de 1933, na presença de Hitler. A padronização e a grande produção em série possibilitaram um preço espetacularmente baixo de 76 *Reichsmark*, que também poderiam ser levados aos lares de baixa renda em pagamentos parcelados. Um outro modelo surgiu em 1939, o *"Deutsche Kleinempfänger"* [Pequeno Receptor de Rádio Alemão] (DKe), que custava apenas 35 *Reichsmark*.[134] Apesar de o objetivo proclamado ter falhado – "Radiotransmissão em todas as casas alemãs!" –, o número de proprietários de rádio subiu de 4,5 milhões em 1933 para mais de 11 milhões até 1939; portanto, 57 por cento de todos os lares possuíam um aparelho de rádio.[135] Com a radiodifusão, os nacional-socialistas dispunham do instrumento mais importante de influência das massas. Goebbels tinha consciência de que uma propaganda política insistente demais, como o regime a operou em sua fase inicial, com o tempo pareceria aterrorizante. Por isso, já em setembro de 1933, ele exigiu mais programas de entretenimento: "Os programas precisam ser mais atraentes. Reduzir à medida mínima a política do partido".[136]

O modo como Hitler aderiu à televisão, cujo desenvolvimento foi impulsionado após 1933, não foi registrado nem mesmo por ele. No entanto, como era um fã de inovações técnicas, talvez também tivesse se interessado por ela. "Sou, digo isso abertamente, um louco por tecnologia", comentou em fevereiro de 1942. "Ele sempre está à frente; ele é aquele que chega com novidades tecnológicas espantosas."[137] Sobre a televisão, mantinha Goebbels informado dos últimos avanços, e o ministro logo reconheceu as possibilidades do novo meio de comunicação. Ele sempre anotava em seu diário que a televisão tinha um "grande futuro" e que estavam "diante de inovações revolucionárias".[138] Em 1935, foram montadas em Berlim as primeiras "salas de televisão". Contudo, a tecnologia ainda não estava madura, e o prazer televisivo mantinha-se limitado. O aparelho de televisão ainda estava muito distante de um produto de massa como o *Volksempfänger*, mesmo que o jornal *Westdeutsche Beobachter* tivesse profetizado em um relatório preliminar para a Feira de Radiodifusão de 1938 que "logo será tão popular e natural como a recepção de rádio comum".[139]

Os nacional-socialistas tiveram menos êxito que na área de receptores de rádio com outro "produto popular" – o Volkswagen. Para Hitler, um aficionado por carros, a motorização em massa era um desejo do coração. Na Feira Internacional de Automóveis, no início de março de 1934, ele explicou como a indústria de rádio conseguiu fabricar um "receptor popular" barato, então a indústria automobilística precisaria fazer sua parte "para fabricar um automóvel que lhe abrirá inevitavelmente uma faixa de milhões de novos compradores".[140] Hitler ainda não usava a palavra *"Volkswagen"* [carro do povo], mas o jornal *Leipzige Neuesten Nachrichten* entendeu corretamente sua mensagem, quando ele abriu com a frase: "Criem o carro do povo [*Volkswagen*] alemão!".[141] O preço de compra para o novo produto não deveria ser superior a mil *Reichsmark* – um valor que a maioria dos fabricantes de automóveis não considerava viável, pois era baixo demais. O construtor de carros Ferdinand Porsche, que Hitler estimava e sempre apoiava contra a resistência da indústria automobilística, foi incumbido da construção. Ele exigiu o carro de seus representantes em fevereiro de 1936 na Feira Internacional de Automóveis, e o veículo precisaria se tornar "de objeto de luxo para poucos a objeto de uso comum para todos". Ele levaria a cabo o projeto *"Volkswagen* com firmeza impiedosa", e não duvidava que a "genialidade" de Porsche conseguiria "levar os custos de criação, fabricação e manutenção deste automóvel a uma relação aceitável para a renda da grande massa de nosso povo".[142]

Em face das reservas contínuas da Associação Alemã da Indústria Automobilística, Hitler concordou com a transferência do projeto para a DAF de Ley. No final de maio de 1937, foi fundada uma "Sociedade para Preparação do *Volkswagen* Alemão" (Gezuvor). No início do segundo semestre, chegou-se à decisão de construir a fábrica do *Volkswagen*, nas proximidades de Fallersleben.[143] No lançamento da pedra fundamental, em 26 de maio de 1938, Hitler dirigiu-se novamente aos críticos, que haviam afirmado que não seria possível a produção de um veículo por um preço adequado a uma parcela mais ampla da população. "Eu odeio a palavra 'impossível'; desde sempre tem sido o sinal dos covardes, que não ousam transformar em realidade grandes decisões." Hitler anunciou que o novo automóvel deveria se chamar "KdF-Wagen", e comentou que ao lado da "maior fábrica automobilística alemã" surgiria uma "cidade operária alemã modelo".[144]

O eco foi extraordinário. Para muitos alemães, o anúncio do carro do povo significava "uma grande e feliz surpresa", informou o relatório do Sopade, de abril de 1939: "Surgiu uma verdadeira psicose da KdF. Por muito tempo na Alemanha, em todas as camadas da população, o Kdf-Wagen foi o principal tema de conversas". Todos os problemas urgentes na política interna e externa foram deixados de lado. "O político que promete a todas as pessoas seu automóvel é, quando a massa tem fé em suas promessas, o homem das massas. No que tange ao KdF-Wagen, o povo alemão acredita nos anúncios de Hitler."[145] Para a produção do automóvel, a KdF criou um sistema de poupança – com a parcela mínima de cinco *Reichsmark* por semana (para um preço final de 990 *Rechsmark*). Até o final de 1939, 270 mil poupadores fizeram uso dessa possibilidade; 340 mil até o final da guerra. Porém, o proletariado ainda era fortemente sub-representado, com apenas cinco por cento. Eles não receberam seu carro, pois durante a guerra, na fábrica do *Volkswagen*, foram produzidos principalmente carros militares utilitários para as necessidades da Wehrmacht.[146]

A contradição entre propaganda e realidade mostrava-se ainda mais clara em outra área da política social, que servia quase como modelo de perfeição da "comunidade do povo" funcional para os nacional-socialistas: a *Winterhilfswerk des Deutschen Volkes* [Campanha de Inverno de Ajuda ao Povo Alemão]. Em meados de 1933, Hitler anunciou a intenção de criar um programa de ajuda para os necessitados. A ideia em si não era nova. Já na fase final da República de Weimar, as associações de serviço social independentes haviam iniciado uma "ajuda de inverno" para os pobres; no entanto, os sucessos foram modestos.[147] O regime nazista pôs a mão na massa com uma verve bem diferente. Sob o lema "Lutando contra a fome e o frio", desejava-se demonstrar que havia seriedade no *slogan* "O bem comum precede o interesse próprio". O responsável pela organização era Erich Hilgenfeldt, o "administrador do Reich" do Serviço Social Popular Nacional-Socialista (NSV), a maior organização de massa depois da DAF. Em 13 de setembro de 1933, Hitler e Goebbels inauguraram a primeira *Winterhilfswerk* com serenidade. "Com essa ação", o chanceler do Reich explicou, "desejamos apresentar a prova de que essa comunidade do povo não é um conceito vazio, mas algo realmente vivo". Rompeu-se com a "solidariedade marxista internacional" para substituí-la pela "solidariedade nacional do povo alemão".[148]

"Nossa ação contra a fome e o frio foi poderosa", alegrou-se Goebbels.[149] O apelo rendeu imediatamente doações de 358 milhões de *Reichsmark*, e esse resultado cresceu ano após ano – até 680 milhões de *Reichsmark* no inverno de 1939-1940. A propaganda superou-se em superlativos. Em seu discurso para a *Winterhilfswerk* de 1937, Hitler a descreveu como "a maior obra social de todos os tempos".[150] Membros de quase todas as organizações nazistas participavam como ajudantes voluntários, passavam com bolsinhas de coleta de rua em rua e de casa em casa, vendendo insígnias e broches. A cada primeiro domingo de dezembro, no "Dia da Solidariedade Nacional", representantes proeminentes do regime também participavam. Para Goebbels, que fazia coleta na frente do Hotel Adlon, todas as vezes eram "festas populares". "Indescritível. Dez mil. Um júbilo e uma agitação imensa. Quase sou esmagado. Precisei fugir para dentro do hotel duas vezes. Esses maravilhosos berlinenses! E eles doam. Os mais pobres com mais fervor. Meus olhos marejavam o tempo todo [...] À noite, relato para o Führer [...] uma grande vitória. Enchi 42 sacolinhas."[151]

Todo primeiro domingo entre outubro e março, os alemães eram impelidos a consumir um "cozido". O dinheiro poupado deveria se reverter em benefício da *Winterhilfswerk*. Hitler empreendia todos os esforços para tornar palatável aos "compatriotas" essa abnegação: "E quando o outro disser novamente: 'Nesse domingo de cozido eu gostaria de doar alguma coisa, porém meu estômago, de qualquer forma, está com dificuldades; eu não entendo, eu também doei dez fênigues'. Não, meu caro amigo, fizemos tudo isso intencionalmente. Será útil exatamente para você, que não entende quando nós ao menos uma vez fazemos com que você se integre ao seu povo, aos milhões de seus compatriotas que ficariam felizes se tivessem apenas durante o inverno o prato de cozido, que você talvez consuma uma vez no mês".[152] O grupo de almoço da Chancelaria do Reich também recebia apenas uma terrina com sopa aos domingos, e solicitava-se aos membros deste círculo que também fizessem uma doação adicional. "Depois disso, o número de convidados reduziu-se a apenas dois ou três", lembrou-se Speer, "o que levou Hitler a soltar algumas palavras sarcásticas sobre a abnegação de seus funcionários."[153]

A *Winterhilfswerk* corria sob o símbolo do "voluntariado", mas não era bem assim. Os trabalhadores precisavam aquiescer que as doações eram imediatamente descontadas de seu salário – ao menos dez por cento do imposto de renda a partir de 1935. Quem se negasse a atender ao pedido para doação poderia contar com sanções, como um fazendeiro na Francônia, que declarou não ter sobrado nada para a *Winterhilfswerk* e recebeu uma reprimenda severa em uma carta da liderança local do NSDAP de novembro de 1935, pois ele "não" estava "disposto a se sentir um elo da comunidade do povo alemão". Claramente uma ameaça, caso ele não mudasse seu comportamento, de "mandá-lo para o lugar em geral reservado para os inimigos do Estado e detratores do povo".[154] O apelo contínuo à abnegação e a importunação pelos coletores acabaram trazendo, em longo prazo, descontentamento e indignação. As coletas na rua e domésticas haviam assumido o "caráter de assaltos de estrada organizados", comentou o relatório do Sopade já em dezembro de 1935, e em janeiro de 1938 trazia que a doação havia "se tornado praticamente uma entrega compulsória, da qual ninguém pode se livrar".[155] Correram boatos de que os valores doados nem sempre chegavam ao seu destino. O acrônimo WhW para *Winterhilfswerk* transformou-se, na boca do povo, em "*Wir hungern weiter*" ["Continuamos famintos"] ou *Waffenhilfswerk* ["Serviço de Ajuda Armamentista"].[156] De fato, a suspeita de que a *Winterhilfswerk* contribuía para financiar os planos bélicos de Hitler não era infundada, pois, dessa forma, o regime nazista conseguia reduzir seus gastos em políticas sociais e reverter o dinheiro para o rearmamento. O "socialismo de fato", como Hitler e seus papagaios vendiam a *Winterhilfswerk*, não podia e nem pode receber tal nome.

Isso diz respeito também a outra promessa de Hitler: a abertura de oportunidades de crescimento dentro da "comunidade do povo" a qualquer alemão, independentemente de sua origem social, para que no final os melhores e mais talentosos pudessem alcançar posições de liderança. A tarefa central do governo, explicou ele em seu discurso de encerramento da convenção do partido em 1934, precisava ser a de criar condições para que "as cabeças mais capazes, sem considerar origem, título, situação e posses, recebem a justa preferência".[157] Contudo, no entendimento de Hitler, "igualdade de oportunidade" – ele mesmo nunca proferiu essas palavras – não significava "igualitarismo". Ele concordava com os americanos, como revelou em uma entrevista com Louis P. Lochner, quando eles "não queriam igualar a todos", mas respeitavam o "princípio da escadaria": "Era preciso apenas dar a cada um a possibilidade de galgar os degraus".[158] No início de 1937, durante um passeio vespertino em Obersalzberg, Hitler discutiu como imaginava a sociedade nacional-socialista do futuro com o ministro da Propaganda Goebbels. No final, ele observou: "Deve depender de cada um a ascensão. Sem ligar a exames, mas a desempenhos [...] Abolir a perturbação das provas em todos os lugares. Formar uma hierarquia do desempenho. Organizá-la de forma estrita. Mas também se concentrar no bem-estar. Socialismo significa: caminho livre para o competente".[159]

"Caminho livre para o competente" – Hitler também falou várias vezes sobre essa exigência em seus monólogos no quartel-general do Führer durante a guerra. Seria decisivo cuidar para que "todas as portas ficassem abertas para qualquer pessoa talentosa". Além disso, também precisavam ser eliminadas as dificuldades "que inserimos em excesso em certificados, em papéis": "Eu mesmo, no meu movimento, pude ter experiências fantásticas nas posições mais altas. Tive os maiores oficiais do Estado, que são os trabalhadores do campo e hoje provam ser os melhores". O único parâmetro de julgamento, também para uma promoção no exército, seria a "competência". "Eu observo quando uma pessoa tem o necessário para se destacar, e não se vem dos círculos proletários; não impeço que os descendentes da minha antiga geração de soldados provem novamente seu valor".[160]

A retórica igualitária de Hitler era uma e a realidade social no Terceiro Reich outra, pois havia várias oportunidades de ascensão também para aqueles que pertenciam a camadas até então socialmente em desvantagem. Apenas o NSDAP e as organizações ligadas a ele, com seus aparatos gigantescos ou a Wehrmacht com rápida expansão pela reintrodução da obrigatoriedade do serviço militar, ofereciam muitos postos novos e bem pagos. A promessa de que futuramente o desempenho deveria compensar em vez da origem e da posição social surtia um maior efeito de atração exatamente sobre aqueles da geração mais jovem, cujas perspectivas profissionais antes de 1933 eram sombrias. A possibilidade de avançar rápido, especialmente para jovens acadêmicos, até mesmo de ascender em posições de liderança, estimulou a motivação e desencadeou energia sociais consideráveis. Especialmente essa mobilidade de ascensão formava o "apelo de modernidade" do nacional-socialismo.[161]

Porém, nada disso mudava a estrutura fundamental da sociedade. Hitler não era o revolucionário social em que Rainer Zitelmann desejou transformá-lo.[162] As barreiras de classe e esfera social ficaram permeáveis, mas mesmo assim não estavam suspensas. Não se podia falar em igualdade de oportunidades no Estado popular nazista; a realidade também permanecia muito aquém dos anúncios confiantes. Contudo, a propaganda era notavelmente bem-sucedida em sugerir uma "sensação de igualdade social", e apenas esse efeito bastava para firmar a posição de Hitler como redentor messiânico e fortalecer as ligações afetivas ao seu regime.[163]

A "comunidade do povo" de Hitler não era, assim poderíamos resumi-la, uma simples quimera, tampouco apenas uma fachada ilusória, mas também não podia ser vista como uma realidade social no sentido de que ela atacaria as relações existentes de propriedade e posse. Sua força mobilizadora concentrava-se "no fervor

[...], não no estabelecimento de um *status quo* social".[164] Ele descrevia a imagem futura de uma sociedade formada, que não objetivava a igualdade de todos, mas, ao contrário, deveria se constituir de uma nova e extrema desigualdade, resultante do programa racista-biológico. A marginalização dos chamados "elementos estranhos à comunidade" deveria estar associada à integração dos "compatriotas".

Entre os "elementos estranhos à comunidade" não estavam apenas inimigos políticos do regime e os alemães judeus, mas, no fundo, todos aqueles que não correspondessem ao modelo ideológico-político dos nacional-socialistas: deficientes físicos e mentais, "associais", alcoólatras, homossexuais, ciganos. Esses grupos deveriam ser submetidos a um "tratamento especial" higienista, contanto que se provassem "incapazes de melhora". Já no segundo volume de *Mein Kampf*, Hitler apontou como tarefa prioritária do "Estado popular" cuidar de uma "manutenção da pureza" racial, sob o princípio de "que apenas quem for saudável terá filhos". Para esse fim, ele se serviria dos "meios médicos auxiliares mais modernos" para "declarar estéril e também praticamente esterilizar o que de alguma forma esteja obviamente doente e hereditariamente prejudicado [...]". Isso precisaria estar associado "ao fomento consciente e metódico da fecundidade dos portadores mais saudáveis da nação".[165] Em seus discursos antes de 1933, Hitler voltava sempre a essas exigências, como invocou, na convenção do partido em Nuremberg em 1929, o exemplo de Esparta, do "Estado racial mais preciso da história", que havia "executado sistematicamente as leis raciais", enquanto na política social e de saúde da República de Weimar se praticava exatamente o contrário, ou seja, levado ao "estupor moderno de humanidade" para "proteger os fracos às custas dos mais saudáveis": "Assim criamos os fracos aos poucos e matamos os fortes". A "reorganização do corpo do povo" seria "a grande missão do nacional-socialismo".[166]

Esse programa era tudo, menos original. Hitler agarrava-se a ideias que desde os anos 1890 disseminava-se internacionalmente com o avanço da eugenia.[167] Após a flebotomia da Primeira Guerra Mundial, ela teve um poderoso ressurgimento entre médicos, psiquiatras, cientistas, mas também entre políticos, até mesmo os socialistas. A ideia de que os "melhores cairiam" enquanto os "inferiores" sobreviveriam e seriam alimentados pelo Estado social dominava a discussão eugênica da República de Weimar. Em 1920, o advogado criminalista Karl Binding e o psiquiatra Alfred Hoche publicaram um panfleto sob o título programático "A liberação da destruição da vida indigna de continuar", na qual os alemães eram instados a seguir o exemplo dos espartanos, que matavam seus recém-nascidos doentes e os idosos: "Perante os intelectualmente mortos, vivos ou falecidos, a compaixão é a última emoção adequada; onde não há paixão, também não há compaixão".[168]

Em julho de 1932, o Conselho de Saúde Regional Prussiano sugeriu um projeto de lei que deveria liberar o caminho para uma esterilização voluntária de quem tivesse uma doença hereditária. No mesmo ano, também os representantes dos médicos exigiam a introdução da esterilização eugênica para, por um lado, reagir a uma "piora do genótipo alemão" e, por outro, "desonerar os caixas públicos".[169] Após a tomada do poder dos nacional-socialistas, os apoiadores de uma política racial eugênica receberam sinal verde. Em 14 de julho de 1933, o gabinete promulgou uma "Lei para a Prevenção de Descendência Hereditariamente Doente", que pela primeira vez declarou autorizada a esterilização obrigatória por motivos de higienização racial. No entanto, o vice-chanceler Papen defendia abandonar as medidas coercitivas e, em vez disso, estabelecer o voluntariado dos afetados, mas Hitler rejeitou a objeção com frieza: as intervenções previstas por lei não "seriam apenas pequenas, mas também moralmente incontestáveis se partirmos do princípio de que pessoas com herança genética doente procriariam em medida exacerbada, enquanto, por outro lado, milhões de crianças saudáveis não nasceriam".[170] Considerando as negociações de concordata que ainda corriam com o Vaticano, a lei foi publicada apenas onze dias depois e entrou em vigor 1º de janeiro de 1934. Em seu discurso no *Reichstag*, no primeiro aniversário da tomada do poder, Hitler falou sobre "medidas verdadeiramente revolucionárias", que seriam tomadas contra a "horda daqueles que nasceram da predisposição hereditária para o lado negativo da vida do povo [alemão]".[171]

Após a lei de 14 de julho de 1933, poderia "ser infertilizado (esterilizado) por meio de intervenção cirúrgica" aqueles de quem "se esperasse, com grande probabilidade segundo a experiência da ciência médica, que sua prole sofreria de severos defeitos genéticos físicos e mentais". Eram consideradas doenças genéticas, no sentido da lei, demência congênita, esquizofrenia, insanidade maníaco-depressiva, epilepsia, dança-de-são-vito, cegueira e surdez hereditárias, grave má-formação física e, finalmente, alcoolismo. O pedido de esterilização poderia ser feito pelos próprios afetados ou por seus representantes legais, pelos oficiais de saúde pública ou pelos diretores de institutos médicos. A decisão sobre cada caso cabia aos recém-instaurados tribunais de saúde hereditária, que eram compostos por um juiz e dois médicos.[172] A introdução da lei era acompanhada por uma campanha em nível nacional, que anunciava a esterilização compulsória como "um ato de amor ao próximo e bem-estar".[173] Em quase noventa por cento dos casos, os tribunais aprovavam os pedidos. Até o início da guerra, entre 290 mil a 300 mil pessoas foram esterilizadas, sendo que metade das vítimas foram diagnosticadas como "demência congênita" – um conceito com espectro muito amplo.[174] Com a esterilização compulsória, o regime nazista dispunha de um instrumento que estendia o programa de higienização racial a todos os grupos marginais possíveis e impunha sanções às mais diversas formas de comportamento socialmente desviante. Hans-Ulrich Wehler descreveu corretamente o processo introduzido como "teste piloto para ação de eutanásia" após 1939, "que extrai a consequência mais extrema da terapia do 'corpo popular' com sua 'erradicação' mortal".[175]

Principalmente a minoria judia não fazia parte da "comunidade do povo" nacional-socialista. Também no que tangia à sua eliminação social e de direitos, Hitler deu início decisivo com o boicote ordenado às lojas judias no fim de março e as leis discriminatórias subsequentes em abril.[176] Contudo, logo em seguida a liderança nazista exerceu primeiramente uma certa restrição. Hitler explanou os motivos em uma conferência de lugares-tenentes do Reich no fim de setembro de 1933: "Para ele, o chanceler do Reich, seria preferível se tivéssemos chegado paulatinamente a um enrijecimento ao tratar os judeus, criando, em primeiro lugar, uma lei civil do Estado e, em seguida, a partir dela, cuidando dos judeus aos poucos com cada vez mais severidade. Contudo, o boicote incitado pelos judeus (sic!) resultou em contra-ataques imediatos e dos mais duros. No exterior, reclamava-se principalmente do tratamento jurídico de judeus como cidadãos de segunda categoria [...] Como os judeus no exterior exerciam parcialmente grande influência, era necessário, porém, que não se entregasse a eles nenhum material de propaganda que depusesse contra a Alemanha".[177] Porém, não eram apenas as preocupações de política externa que fizeram com que Hitler desistisse em primeira instância de outras leis antissemitas. Depois que anunciou, em julho de 1933, o fim da fase revolucionária da tomada do poder, ele ficou ansioso para conter as atividades descontroladas de violência da SA. A primeira onda antissemita do Terceiro Reich esvaziou-se na segunda metade de 1933.[178]

Em segredo, obviamente, a expulsão dos judeus da economia, da sociedade e da cultura continuou. No interior, nas cidades pequenas e vilarejos, o boicote de lojas judaicas e a violência cotidiana contra judeus não pararam de forma alguma, mas avançaram sem diminuição. Cartazes e placas com a inscrição "Judeus aqui não são desejados" e "Acesso proibido a judeus" pendiam em inúmeras entradas de estabelecimentos ou em estalagens. Ataques a sinagogas, profanação de cemitérios e quebra de vitrines de lojas e residências judaicas estavam na ordem do dia. "Toda a população judaica que ainda não fugiu vive num interminável pânico", constava de um relato sobre o Gunzenhausen, na Francônia, na qual houve, em março de 1934, um verdadeiro pogrom.[179]

As ações antissemitas ofereciam aos ativistas radicais do partido no interior, como enfatizou Michael Wildt, uma arena ideal para estender de forma mais intensa os limites racistas dentro da sociedade local, isolar os vizinhos judeus e, ao mesmo tempo, estigmatizar os "compatriotas" que continuavam a comprar em lojas judaicas ou manter contato com judeus.[180] Por isso, as forças policiais locais sempre ficavam na difícil situação de, por um lado, precisar aplicar o monopólio estatal do uso da força e, por outro, tornarem-se odiados pelos líderes de gangues antissemitas bem conhecidos deles. Com frequência eles chegavam, quando muito, tarde demais, e em geral não levavam os agressores, mas sim suas vítimas. "Por medo do partido, as delegacias de polícia locais não tomam medidas duras o bastante contra os ataques, como aconteceram especialmente antes do Natal", relatou o departamento estatal de polícia do distrito administrativo de Kassel, em dezembro de 1934.[181]

Em meados do primeiro semestre de 1934, os excessos contra os judeus intensificaram-se. Além das ações de boicote, os grupos nazistas locais abriram um segundo campo de batalha com a campanha contra os chamados "profanadores da raça". Homens judeus e mulheres não judias que eram suspeitos de manter um relacionamento amoroso eram arrastados pelas ruas em "procissões da vergonha" e desprezados publicamente.[182] Em todos os lugares do Terceiro Reich eram montados "*Stürmer-Kästen*" [Murais do *Stürmer*] bem visíveis, nos quais sempre se penduravam as edições mais novas do jornal difamatório antissemita com reportagens totalmente sensacionalistas sobre supostos casos de "profanação da raça". Com frequência, os nomes e endereços dos "compatriotas" que continuavam a comprar em lojas judaicas também eram publicados. "As '*Stürmer-Kästen*' sempre estavam cercadas de gente", constava de um relato da Prússia Oriental à Associação Central de Cidadãos Alemães de Fé Judaica. "O periódico e as imagens exercem no público uma influência forte, de forma que a antiga clientela, totalmente aterrorizada, não ousava mais entrar nas lojas."[183] A pressão social para romper as relações comerciais e sociais com os vizinhos judeus era agravada continuamente, e apenas poucos alemães reuniam coragem para resistir. Por sua vez, muitos judeus tentavam se comportar da forma mais discreta possível e evitavam o sair em público. "Não dá prazer nenhum ir à rua", observou Willy Cohn, professor do ensino secundário aposentado compulsoriamente. "Artigos repulsivos do *Stürmer* em todos os lugares.

[FOTO 50] "Procissão da Vergonha" em Gelsenkirchen, agosto de 1935.

A gente se surpreende que, estando o povo tão atiçado, não aconteça muito mais do que já acontece."[184]

A segunda onda antissemita que varreu o país nos primeiros meses do ano de 1935 não foi causada por uma ordem de cima, mas há indícios de que era totalmente desejável para a liderança nazista, e também para o próprio Hitler. pois ela abria uma válvula de escape para a insatisfação disseminada na base do partido, principalmente entre os homens da SA, frustrados desde o "caso Röhm". Além disso, após o sucesso do plebiscito do Sarre, em janeiro, e da tranquila reintrodução do serviço militar obrigatório universal, as considerações de política externa ficaram provisoriamente nos bastidores. Peculiar foi que, em abril, Hitler não correspondeu ao pedido apresentado a ele por diferentes partes de proibir a instalação de placas de "Proibida a entrada de judeus", considerando a impressão ruim aos visitantes estrangeiros, mas, antes, fortaleceu expressamente que ele não teria "nenhuma objeção a essas placas".[185] Não sem um bom motivo os ativistas radicais do partido estavam convictos de que agiam totalmente de acordo com os interesses de Hitler, mesmo quando este não podia reconhecer oficialmente as revoltas. Em "agências subordinadas do partido" era disseminada a opinião, relatou o governador de Wiesbaden, de "que o Führer era, até certo ponto, um duas-caras. Certas ordens, especialmente no que se tratava da questão judaica, precisavam estar de acordo com o exterior. Ao contrário, o desejo verdadeiro do Führer, a partir de sua visão do mundo, era conhecido por todos os nacional-socialistas autênticos, e esse desejo deveria ser realizado."[186] A Gestapo do distrito administrativo de Münster alertou, em maio de 1935, que em círculos amplos do movimento, especialmente na SA, imperava a visão de que havia chegado o momento de "atacar o problema judaico de baixo para cima"; então o governo "seguiria".[187]

A imprensa nazista atiçou com vigor o ambiente antissemita, e principalmente Goebbels ocupava-se do papel do provocador. "Questão dos judeus. Fazer mais", anotou ele em maio de 1935. Durante um passeio com sua mulher, Magda, pelo Kurfürstendamm, ele percebeu, para sua ira, que judeus berlinenses ainda apareciam em público: "Novamente uma verdadeira turba de judeus. Isso precisa ser arrumado logo".[188] No jornal *Der Angriff* ele incitava: "Muitos acreditam que não veríamos como hoje, em todas as ruas, o judaísmo tentando se disseminar novamente. O judeu deve se adaptar gentilmente às leis da hospitalidade e não agir como se fosse um de nós".[189]

Porém, já em meados de 1935, era possível perceber que a violência antissemita, uma vez libertada das amarras, desenvolveu uma dinâmica própria e escapou ao controle através de instâncias do partido. Em Munique, todas as lojas judaicas no centro foram atacadas. Ativistas nazistas e homens da SS à paisana atormentavam clientes e funcionários e obrigavam os proprietários a fechar suas lojas. Transeuntes que expressavam sua indignação sobre a ação eram maltratados; ocasionalmente, policiais também eram atacados. "Essas situações são insuportáveis", protestou o advogado judeu Leopold Weinmann, que foi testemunha ocular dos incidentes, em uma carta ao Ministério do Interior. "É impossível ter paciência quando em uma cidade cultural e com tantos estrangeiros como Munique cenas de faroeste ocorrem com periodicidade sistemática e pontual".[190]

Em meados de julho, aconteceram também em Berlim ataques antissemitas graves. O ponto de partida foi um cinema localizado no Kurfürstendamm, no qual aconteceram protestos de espectadores judeus contra o filme sueco antissemita *Petterson und Brendel*. Goebbels, que estava em férias no balneário báltico de Heiligendamm e teve longas conversas com Hitler durante três dias, de 12 a 14 de julho, anotou: "Telegrama de Berlim: judeus se manifestam contra um filme antissemita. Agora a decisão é do Führer [...] Isso também é realmente estúpido. Logo fará barulho".[191] Na noite de 15 de julho, seguidores do regime reuniram-se diante do cinema no Kurfürstendamm, para, como o *Der Angriff* noticiou no dia seguinte, "expressar seu descontentamento sobre o comportamento desafiador dos espectadores judeus no cinema".[192] Em seguida, os manifestantes seguiram para os cafés e restaurantes próximos e espancaram clientes e transeuntes judeus. "Na rua ressoava em repetições ininterruptas o grito: 'Os judeus são nossa desgraça!'", observou o correspondente do jornal suíço *Neue Zürcher Zeitung*. "Várias lojas judaicas foram demolidas. Em terror e pânico, algumas figuras difíceis de reconhecer fugiram sob a luz dos lampiões da rua sobre a alameda [...] Os vendedores do *Stürmer* apareceram com grandes fardos do jornaleco antissemita e fizeram boas vendas. A polícia aos poucos cuidou de dispersar as massas e restabelecer o tráfego normal. À meia-noite e meia o tumulto já havia terminado."[193]

Os excessos repetiram-se em muitas cidades e regiões do Reich, acompanhados por uma perturbadora campanha antissemita. "A caça aos judeus tornou-se extremamente desmedida, muito pior que o primeiro boicote. Há inícios de pogrom em alguns lugares, e acreditamos que seremos os próximos assassinados", registrou Victor Klemperer no início de agosto de 1935 em seu diário.[194] Em face da tendência imprevisível à queda das barreiras do potencial de violência, a liderança nazista recebeu a oportunidade de puxar novamente os freios de controle. "Era imperativo" que houvesse "instruções claras dos departamentos oficiais centrais sobre o que é ou não permitido no contexto da onda de propaganda antijudeus", exigia o departamento estatal de polícia do distrito de Colônia em junho de 1935. Do contrário, os oficiais de polícia, que precisariam arcar "no fim das contas com todo o peso da responsabilidade", não poderiam contar em suas intervenções com o apoio necessário.[195]

Em 4 de agosto, o ministro do Interior Frick anunciou, na convenção dos *Gauleiter*, em Essen, medidas legais abrangentes na "questão judaica", e se pôs expressamente contrário ao terror nas ruas imposto pelos seguidores radicais do partido.[196] Cinco dias depois, Hitler mandou informar a todos os escritórios do partido, através de seu representante Heß, que os atos individuais de violência contra judeus seriam proibidos a partir de então.[197] Essas instruções cumpriram sua função nesse meio tempo, o que ajudou a preparar o terreno para um enrijecimento da legislação antissemita. Nesse sentido, o chefe do Serviço de Segurança (SD) da SS, Reinhard Heydrich, também se manifestou logo após as revoltas berlinenses: "A parcela do povo alemão concentrada na questão judaica acredita que as sigilosas medidas tomadas até o momento contra os judeus não podem ser vistas como suficientes e exige de forma geral um procedimento mais severo".[198] Um memorando do Serviço de Segurança do *Judenreferat* de 17 de agosto enfatizou esse ponto de vista: "uma solução da questão judaica por meio de atos terroristas" seria "julgada por todas as instâncias competentes"; em vez disso, era necessário promulgar "leis efetivas, que mostrem ao povo que a questão judaica será decidida de cima para baixo".[199]

Compartilhavam desse desejo os "especialistas em judeus" da Gestapo e do Serviço de Segurança, como Hjalmar Schacht, que Hitler havia encarregado, em 1934, além de sua função de presidente do *Reichsbank*, do cargo de ministro da Economia do Reich. Já em maio de 1935, Schacht reclamou em um memorando a Hitler sobre o "combate descoordenado contra alguns judeus fora dos limites da lei, até mesmo contras as prescrições expressas do governo" e sobre as consequências negativas das ações de boicote no comércio exterior alemão.[200] Em um discurso em Königsberg, em 18 de agosto, que foi transmitido pela Deutschlandsender, ele se dirigiu de modo excepcional diretamente contra os antissemitas brigões no NSDAP: seriam "pessoas que, na calada da noite, sujam heroicamente as vitrines que expõem como traidor do povo todo alemão que compra em uma loja judaica".[201] O fato de essa crítica às revoltas antijudaicas não ter significado uma rejeição fundamental à política antissemita dos nacional-socialistas mostrou-se dois dias depois em uma reunião de chefia, à qual Schacht convidou um círculo de alto escalão – entre eles, o ministro do Interior, Frick; o ministro da Justiça, Gürtner; o ministro das Finanças, Schwerin von Krosigk; o ministro da Educação, Rust; o ministro das Finanças prussiano, Popitz; e o chefe do SD, Heydrich – a comparecer no Ministério da Economia Alemã.

Com grande resolução, Schacht exigiu que "a situação até agora anárquica e as ações ilegais" tivessem um fim, pois elas tornavam impossível "a solução da questão econômica que lhe cabia". Ao mesmo tempo, contudo, ele registrou sua "posição pessoal" de que "os fundamentos do programa nacional-socialista seriam totalmente corretos e precisavam ser executados a qualquer custo". Literalmente, declarou: "Vivi trinta anos com os judeus e durante trinta anos tirei dinheiro deles, mas não o contrário. Porém, os métodos atuais são insuportáveis. É necessário que entre na bagunça reinante um sistema, e se esse sistema não for executado de forma prática, todo o resto precisará cessar". Frick endossou as explicações: a "questão judaica" não poderia ser revolvida através de "ações isoladas aloucadas", mas apenas por "caminhos lentos, mas seguros e totalmente lícitos" – até que, segundo o programa do partido, "o corpo estranho judeu" fosse "de uma vez por todas extirpado do povo alemão". Ele anunciou que estavam sendo preparadas leis que "visavam conter o prevalecimento da influência judaica". Entre elas estava uma "lei racial", que, como Gürtner explicou, deveria proibir o matrimônio entre judeus e "arianos". Heydrich, que tomou a palavra ao fim, concordava com os outros oradores que o estado até agora insatisfatório apenas seria sanado por meio de "medidas legislativas do Estado", cujo objetivo de exterminar por completo a influência dos judeus se aproximasse passo a passo segundo instruções do Führer".[202]

Em uma carta aos participantes da reunião de chefia, Heydrich apresentou novamente, de forma detalhada, suas sugestões para a "solução da questão judaica". Nelas, ele exigia que os judeus fossem categorizados sob as "leis relativas a estrangeiros" para "separá-los da comunidade do povo alemão" e, além disso, retirar sua liberdade de ir e vir para "evitar um influxo maior de judeus nas grandes cidades". Ademais, deveriam proibir o "casamento inter-racial", penalizar o ato sexual extraconjugal entre alemães e judeus como "profanação da raça", não empregar mais nenhum judeu em cargo público e vetar a eles o comércio imobiliário. Todas essas medidas devem, como se diz no fim, "nutrir de forma efetiva o estímulo para a emigração".[203] Pelo mesmo motivo, o chefe do SD tratou da emigração compulsória dos judeus ainda em meados dos anos 1930. "Ao contrário, o genocídio sistemático", resume seu biógrafo Robert Gerwarth", ainda não estava no terreno do imaginável, mesmo para Heydrich e seus 'mentores' inimigos dos judeus dentro do SD",[204] o que, obviamente, também valia para Hitler. "Retirada" dos judeus da "comunidade do povo" alemão – esse projeto que se mantinha em perspectiva – ainda não significava para ele, apesar das fantasias assassinas já expressadas no início de *Mein Kampf*, a destruição física, mas sim sua discriminação lícita, o isolamento social e a expropriação econômica graduais até levá-los a um ponto no qual não restaria alternativa além de permanecer em total isolamento sob condições de penúria no país ou, o que era desejado, seguir o caminho da emigração.

Até o fim de agosto de 1935, cristalizou-se entre a liderança nazista os ministérios do Reich competentes, bem como um consenso mais amplo entre a Gestapo e o SD sobre como se procederia na "questão judaica". Nesse sentido, a promulgação das leis raciais na convenção do partido em Nuremberg, em meados de setembro, não foi uma surpresa.[205] Contudo, foi surpreendente a maneira como Hitler encenou essa decisão – totalmente de acordo com seu golpe de política externa, como uma manobra surpresa. Originalmente, o *Reichstag*, que pela primeira (e única) vez foi convocado para Nuremberg em 15 de setembro, deveria aprovar uma lei que determinasse a suástica como única bandeira do Reich. (A bandeira hasteada ao lado até aquele momento, a preta-branca-vermelha do tempo do império, desapareceria por completo.) O pano de fundo foi um incidente em Nova York, onde trabalhadores portuários rasgaram a bandeira da suástica no navio *Bremen*; o magistrado norte-americano responsável ordenou a soltura dos trabalhadores presos e atacou a política do Terceiro Reich. Hitler e Goebbels ficaram indignados: "Nossa resposta:

o *Reichstag* reúne-se em Nuremberg e declara a bandeira da suástica a única bandeira nacional. O Führer acertou em cheio", anotou o ministro da Propaganda.[206]

Porém, na noite de 13 de setembro, o quarto dia da convenção do partido, Hitler decidiu que, além da "lei da bandeira do Reich", também deveria ser aprovada na assembleia do *Reichstag* a "lei racial", que Frick e Gürtner já haviam anunciado em reunião de 20 de agosto. Goebbels registrou em seu diário: "Conversa (!) à noite no hotel. Discutir com o Führer as novas leis."[207] Os motivos para a decisão repentina não são muito claros. Provavelmente, Hitler considerou, após muita pressão ter se acumulado de baixo para cima nos meses anteriores, o momento adequado para satisfazer aos companheiros radicais do partido através de uma medida administrativa demonstrativa e aplacar sua pulsão para ações violentas. Essa atitude correspondia à sua tendência já comprovada de postergar muito uma decisão para, em seguida, tomá-la às pressas, sem considerar eventuais preocupações contrárias. Os trabalhos para a lei planejada já estavam, como ele sabia, bem avançados, e a convenção do partido oferecia, aos seus olhos, o fórum adequado para não apenas forçar os representantes da burocracia ministerial a chegarem rápido a uma formulação definitiva, mas também fazer com que o anúncio fosse aclamado da forma mais efetiva possível.

Ainda tarde da noite de 13 de setembro, o assessor ministerial Bernhard Lösener, *Judenreferent* [assessor nas questões judaicas] do Ministério do Interior, foi convocado por telefone, juntamente com seu colega do departamento central, o assessor ministerial Franz Albrecht Medicus, a voar na manhã seguinte para Nuremberg. Ali, foram informados pelos secretários de Estado Hans Pfundtner e Wilhelm Stuckart que Hitler lhes incumbira, no dia anterior, da formulação da "Lei Judaica", que regularia, nos lares judeus, "a proibição de casamentos entre judeus e arianos, [a] proibição de atos sexuais extramatrimoniais entre eles e a contratação de empregadas arianas".[208] No decorrer do dia, os funcionários ministeriais desenvolveram diversas versões, que Frick apresentou a Hitler, mas que sempre registrava novos desejos de alteração. Tratava-se principalmente da seguinte questão: em que medida a lei deveria valer apenas para "judeus plenos"; deveria ser executada também contra judeus "mestiços"? No fim das contas, por volta da meia-noite, Hitler exigiu que preparassem para ele até a próxima manhã quatro minutas, que deveriam passar de uma versão A mais severa até duas versões B e C intermediárias e uma versão D mais branda. Para o "refinamento da legislação", ele também exigiu uma "lei de cidadania do Reich", que deveriam apresentar-lhe ainda à noite. Em seu relato do ano de 1950, Lösener ainda se mostrava indignado com "o novo temperamento de Hitler", que o condenou junto ao seu colega a conseguir o projeto de lei sob muita pressão, "no fim das forças físicas e intelectuais".[209] Porém, de fato, não se tratava de uma inspiração espontânea do Führer; a nova "lei de cidadania do Reich" já estava havia muitos meses em discussão, e aqui também os trabalhos prévios se estenderam até o amadurecimento da decisão. Naquele momento, sugeria-se que ela fosse introduzida junto com a "lei racial". Uma anotação no diário de Goebbels sobre uma conversa com Hitler na noite de 14 para 15 de setembro enfatiza essa correlação: "Frick e Heß continuam ali. Conversam sobre as leis. A nova lei de cidadania do Estado que tira os direitos civis dos judeus [...], a lei judaica, abrange a proibição de casamento judeu com alemães, além de uma série de outros enrijecimentos. Ainda estamos aprimorando. Mas vai funcionar bem".[210]

Apenas durante a assembleia do *Reichstag*, na noite de 15 de setembro, os funcionários ministeriais souberam que Hitler se decidiu pela versão branda D, mas riscou o adendo decisivo – "Essa lei é válida apenas para judeus plenos" – de próprio punho. Porém, no anúncio oficial da lei divulgado pela agência alemã de notícias, o adendo foi mantido, possivelmente por considerar também o exterior.[211] A "Lei de Proteção do Sangue e da Honra Alemães" proibia o matrimônio e o sexo extraconjugal "entre judeus e cidadãos alemães ou de sangue de mesma origem". Além disso, era vedado aos judeus a contratação de empregadas não judias com menos de 45 anos e "o hasteamento da bandeira nacional e do Reich e o uso das cores do Reich". A "lei de cidadania do Reich" determinava: "cidadão do Reich diz respeito apenas ao cidadão alemão ou de sangue de origem semelhante, que comprove por seu comportamento estar disposto e ser adequado para servir fielmente o povo alemão e o Reich". Apenas a esses "cidadãos do Reich" deveriam "ser concedidos plenos direitos políticos segundo os limites das leis". Judeus alemães, ao contrário, seriam considerados apenas meros "cidadãos" que pertenciam à "Associação de Proteção do Reich alemão" e estavam "especialmente obrigados a ele".[212]

Em um discurso breve para seus funcionários mais próximos no salão da Associação Cultural de Nuremberg, no qual solicitou a aprovação das leis pelos deputados do Reich, Hitler deixou de lado a hesitação tática exercida até aquele momento e mostrou-se como era: um antissemita fanático, que estava decidido a concretizar o programa político-racial do nacional-socialismo a qualquer custo. Ele atacou incisivamente os judeus no país e no exterior, que em todos os lugares "surgiam" como "causadores de revolta e desintegração dos povos". De forma demagógica, declarou as vítimas dos excessos antissemitas no Reich alemão suas causadoras. Em inúmeros lugares, pessoas haviam "reclamado com o maior fervor sobre os procedimentos provocadores de alguns membros desse povo". Se esse comportamento não tivesse levado a "reações defensivas da população indignada", permaneceria "apenas o caminho de uma regulação legislativa do problema". O governo deixou-se levar pela ideia da "possibilidade de, por meio de uma solução única e secular, conseguir criar uma margem na qual fosse possível ao povo alemão encontrar uma relação suportável com o povo judeu". Se, contudo, essa esperança não se concretizasse, Hitler ameaçou, então o problema "levaria à solução final do Partido Nacional-Socialista".[213] Em outras palavras, os ativistas radicais do partido receberiam novamente sinal verde para agravar a pressão antissemita "de baixo para cima".

Para a opinião pública, o anúncio de Hitler de querer construir "uma relação suportável com o povo judeu" com as Leis de Nuremberg não passava de um blefe. Em seu diário, Goebbels não deixou restar menor dúvida sobre em que desembocariam as deliberações de 15 de setembro: forçar a segregação dos judeus pela maioria da população e encorajar a continuação das perseguições. "Esse dia foi de importância secular. O judaísmo sofreu um forte golpe. Fomos os primeiros em muitos séculos a ter a coragem de atacar esse problema."[214] Dez dias após o *Reichstag* aprovar as leis por unanimidade, Walter Groß, o chefe do departamento político-racial do NSDAP, relatou aos *Gauamtsleiter* de sua organização que interpretação das Leis de Nuremberg Hitler lhe dera: "toda a política racial" do Terceiro Reich teria "como objetivo último [...] uma eliminação de todos os judeus no sentido de extirpação de um corpo estranho".[215]

"Quando se acompanha o movimento nacional-socialista com cuidado, pode-se ver esse tipo de coisa; aqui elas são coerentes", Willy Cohn comentou sobre a aprovação das Leis de Nuremberg.[216] Victor Klemperer, que era casado com uma alemã não judia, limitou-se ao comentário amargo: "O nojo faz adoecer".[217] Na imprensa nazista, as leis foram recebidas com entusiasmo, como fez o *Westdeutscher Beobachter*, em 16 de setembro, com a manchete: "Admitimos a pureza da raça!", e o redator-chefe do jornal observou em um comentário cínico que a "raça judia" poderia "se considerar feliz por contar com a generosidade de um Adolf Hitler. Qualquer outro povo declararia proscritos seus corruptores, mas a Alemanha aplica, no lugar da lei de exceção, a proteção estatal e a ordem lícita".[218]

As reações na população alemã às Leis de Nuremberg obviamente foram percebidas de forma bem distinta. Nos relatórios da Gestapo, falava-se principalmente que elas foram recebidas com aprovação e satisfação, pois assim "finalmente" foram "criadas relações claras" e "encerradas" as "ações individuais infelizes" dos meses anteriores.[219] Por outro lado, das regiões com forte participação católica, como, por exemplo, no distrito de Aachen, foi informado que as novas leis não teriam encontrado "aclamação unânime".[220] Nos relatórios do Sopade constava até mesmo que elas enfrentaram "forte rejeição da população" e teriam sido "avaliadas não como sinal da força do movimento nacional-socialista, mas sim como prova de suas fraquezas".[221] Todavia, os informantes do Sopade não poderiam negar que a propaganda antissemita ininterrupta também havia deixado seus rastros nos círculos proletários. "De forma bastante geral, pode-se verificar", resumia um relatório de janeiro de 1936, "que de fato os nacional-socialistas tiveram êxito em aprofundar o abismo entre o povo e os judeus. Hoje, a sensação de que os judeus são outra raça é generalizada".[222]

Como Hitler refutou a limitação das Leis de Nuremberg a "judeus plenos", surgiu na formulação das disposições explicativas o problema sobre quais alemães de origem judaica estariam sob o efeito das leis. Uma contenda longa e acalorada sobre o assunto eclodiu entre o Ministério do Interior de um lado e os representantes do NSDAP de outro. Enquanto, segundo as ideias de Stuckardt e Lösener, deveria ser considerado "judeu" apenas quem tivesse mais de dois avós "não arianos", os representantes do partido, como o "médico-chefe nazista", Gerhard Wagner, queriam estender o círculo dos atingidos até os "um-quarto judeus" (pessoas com apenas um avô ou avó judeu).[223] Hitler evitou comprometer-se prematuramente. "A questão judaica ainda não está decidida. Debatemos muito, mas o Führer ainda está indeciso", observou Goebbels em 1º de outubro.[224] Assim, a discussão estendeu-se por todo o mês de outubro e concentrava-se sempre na situação dos "meio-judeus" (pessoas com dois avós judeus). Hitler cancelou rapidamente uma reunião de chefia programada para 5 de novembro, na qual se deveria decidir a situação.[225] No entanto, outra postergação não era mais possível. "O Führer vai decidir agora", anotou Goebbels em 7 de novembro. "Um acordo é impossível, mesmo que seja solução necessária e absolutamente satisfatória."[226]

Em 14 de novembro, a "primeira emenda à lei de cidadania do Reich" encerrou o cabo-de-guerra. Na questão da definição, o Ministério do Interior pôde prevalecer em essência: "Será judeu quem descender de no mínimo três avós judeus racialmente plenos". No que tangia aos "meio-judeus", apenas seriam considerados judeus se pertencessem à comunidade religiosa judaica ou estivessem casados com um cônjuge judeu.[227] Goebbels comentou o resultado: "Uma concessão, mas a melhor possível. Um quarto de judeu conosco. Meio-judeus apenas em exceções. Em nome de Deus, para que se faça a paz. Lançar na imprensa de forma hábil e inconspícua. Não fazer muito alarde no entorno".[228] A hesitação do ministro da Propaganda era compreensível, pois a emenda desvelou todo o absurdo da tentativa de classificar a população segundo critérios racistas. Depois disso, era designado "mestiço judeu quem descende de um ou dois avôs judeus plenos". Mas como apenas a característica determinante da raça não era compreensível juridicamente, recorria-se ao pertencimento religioso. "Como judeu pleno vale simplesmente um avô ou avó, se ele ou ela pertencia à comunidade religiosa judaica". O absurdo grotesco da legislação racial nazista mal poderia ter sido manifestado mais claramente.[229]

Mesmo depois da promulgação das Leis de Nuremberg, as lutas diárias contra os judeus continuaram. No entanto, a liderança nazista, visando os Jogos Olímpicos vindouros, preocupava-se em não deixar que as revoltas "com inspiração nos pogroms" de meados de 1935 se repetissem. Poucos dias antes do início da Olimpíada de Inverno, em Garmisch-Partenkirchen, Heß, representando Hitler, foi ordenado que se retirassem as "placas com conteúdo extremista" para "evitar uma impressão ruim para visitantes estrangeiros".[230] Em 27 de janeiro de 1936, a imprensa foi instruída a não fazer reportagens sobre as "escaramuças violentas com judeus": "Mesmo nas seções locais, esse tipo de coisa deve ser evitada a todo custo para não fornecer material contra a Olimpíada de Inverno à propaganda estrangeira ainda no último minuto".[231]

Quando, em 4 de fevereiro, dois dias antes da abertura dos jogos de inverno, o líder local do NSDAP na Suíça, Wilhelm Gustloff, foi alvejado e morto em Davos por um estudante de medicina judeu, a liderança nazista reagiu com reservas. Porém, o reflexo espontâneo de Goebbels foi: "Vai custar caro aos judeus. Tomaremos medidas maiores contra isso".[232] Hitler, porém, freou seu ministro da Propaganda. Diferente de novembro de 1938, o regime não usou o atentado para uma mobilização da "ira do povo" contra a minoria judaica.[233] No enterro de Gustloff, em Schwerin, em 12 de fevereiro, Hitler direcionou ataques severos contra o judaísmo. Por trás do assassinato de Davos, ele via a "mão dominadora", "a força cheia de ódio de nosso inimigo judeu": "Entendemos a declaração de guerra, e vamos aceitá-la!".[234]

A decisão do Comitê Olímpico Internacional (COI), que definiu Berlim como anfitriã dos Jogos Olímpicos de 1936, foi tomada em maio de 1931. Contudo, já um ano depois, após o NSDAP ter ascendido como o partido mais forte, os oficiais esportivos começaram a se preocupar. Através de um mediador, o presidente do COI, o belga Henri de Baillet-Latour, questionou a Casa Marrom sobre como os nacional-socialistas se portariam, no caso de sua tomada de poder, durante a realização dos jogos. Hitler respondeu que via a Olimpíada "com grande interesse".[235] Em 16 de março de 1933, o novo chanceler do Reich recebeu o presidente do Comitê Olímpico Nacional (NOK) alemão, Theodor Lewald, para uma audiência e prometeu "promover" os preparativos dos jogos "em todos os sentidos".[236] Hitler declinou da presidência oferecida a ele no comitê honorário do NOK, mas, após a morte de Hindenburg, em novembro de 1934, assumiu o apoio ao evento.[237] Nesse meio tempo, o COI também havia decidido pela realização dos jogos de inverno em Garmisch-Partenkirchen.

Desde o início, Hitler reconheceu as oportunidades relacionadas à realização dos jogos: eles ofereciam uma possibilidade única de apresentar ao mundo a imagem de uma Alemanha refortalecida, mas pacífica e cosmopolita. Nesse sentido, ele se sabia em consonância com Goebbels. Em seu ministério, foi criado, em janeiro de 1934, um "Comitê de Propaganda para os Jogos Olímpicos", que coordenaria as imensas ações publicitárias no país e no exterior. "A Olimpíada de 1936 será muito grande. Vamos fazer muito barulho!", prometeu o ministro.[238] Para deixar os jogos o mais prestigiosos possível, o regime não economizou nem esforços, tampouco custos. Em 5 de outubro de 1933, Hitler visitou pela primeira vez o terreno do que mais tarde seria o "Estádio Esportivo do Reich", na área ocidental de Berlim, para ter uma ideia das condições locais e da situação dos preparativos. Nessa oportunidade, ele deixou de lado sumariamente os planos dos funcionários do departamento esportivo de uma reforma do Estádio Alemão [*Deutsches Stadion*] já existente. Em vez disso, seria construído um estádio novo, moderno, com uma capacidade de 100 mil espectadores. Era uma "tarefa do Reich", explicou o chanceler, segundo uma anotação de Lewald. "Quando se é anfitrião do mundo inteiro, é preciso construir algo belo e grandioso [...]; aqui, alguns milhões a mais não significam quase nada."[239] O areal gigantesco seria transformado na maior instalação esportiva do mundo – com muitas outras áreas de competição, além de um palco ao ar livre, a *Haus des Deutschen Sports* [Casa do Esporte Alemão] e uma praça de parada. O arquiteto Werner March foi incumbido do planejamento geral, que já havia elaborado os projetos para a candidatura da Olimpíada.[240]

Hitler participou ativamente do avanço dos trabalhos de construção, fazia sugestões de alterações e às vezes até expressava sua irritação sobre a construção do estádio, com o qual nunca ficou satisfeito.[241] No entanto, o fato de ele, como Speer relata em suas "memórias", ter ficado furioso com os projetos de March, e de, por isso, ter ameaçado "cancelar os Jogos Olímpicos", é uma das inúmeras lendas de Speer, que seu biógrafo, Joachim Fest, assumiu prontamente como verdade.[242] Obviamente, Speer, que em 1933-1934 estava apenas no início de sua carreira como arquiteto preferido de Hitler, estava decepcionado por outro ter sido incumbido da construção das instalações olímpicas.

O perigo ameaçava os Jogos Olímpicos de outro lado também: um movimento de boicote internacional que se formou logo após a "tomada do poder". Principalmente nos EUA, os primeiros excessos antissemitas do regime nazista causaram indignação. "Os Jogos Olímpicos de 1936 provavelmente serão cancelados por causa da campanha da Alemanha contra os judeus", o *The New York Times* trouxe como matéria de capa em abril de 1933.[243] Avery Brundage, presidente do Comitê Olímpico Norte-Americano (COA) falava da possibilidade de transferir os Jogos Olímpicos para Roma ou Tóquio ou simplesmente cancelá-los. Apenas quando o lado alemão declarou que as regras olímpicas seriam mantidas e os alemães de origem judaica não seriam excluídos, o COI se mostrou satisfeito. O NOK nomeou, em junho de 1934, 21 esportistas judeus para os campos de treinamento olímpicos, mas no fim apenas dois atletas, que segundo os critérios dos nacional-socialistas eram "meio-judeus", foram aceitos como álibi na equipe olímpica: Rudi Ball, jogador de hóquei no gelo atuante na Itália, e Helene Mayer, esgrimista, que havia ganhado a medalha de ouro para a Alemanha em 1928 e vivia desde 1932 na Califórnia. (Ela conquistaria uma medalha de prata em Berlim.)[244]

Um cancelamento dos jogos ou apenas um boicote de uma das grandes nações esportivas, como os Estados Unidos, teria significado uma perda sensível de prestígio para o regime, então Hitler se esforçou para não abastecer ainda mais os críticos.[245] Nesse empenho, foi auxiliado continuamente por Theodor Lewald, que, embora ele mesmo tivesse sido atacado na imprensa nazista por suas origens judaicas, fez de tudo para acalmar a opinião pública estrangeira e os colegas no COI sobre as intenções dos nacional-socialistas. Quando Avery Brundage viajou para a Alemanha em meados de 1934 para observar a situação dos esportistas judeus, os anfitriões foram hábeis em ludibriá-lo com todo tipo de promessa verbal. Após seu retorno aos EUA, ele apoiou a participação nos Jogos Olímpicos de inverno sem reservas.[246] Porém, após os excessos antissemitas de meados de 1935 e as Leis de

Nuremberg em setembro, a discussão reacendeu-se nos EUA. Na maior associação esportiva norte-americana, a *Amateur Athletic Union* (AAU), os defensores do boicote eram maioria. A participação nos jogos, assim fez saber o presidente da AAU, Jeremiah Mahoney Lewald, em outubro de 1935, significaria "um reconhecimento tácito de tudo aquilo que simboliza a suástica".[247] Contudo, na reunião do AAU, no início de dezembro, prevaleceram os seguidores de Brundage, mesmo que fossem bem poucos. Os oficiais esportivos alemães e os líderes representantes do regime podiam respirar aliviados.[248]

Apenas dois meses depois, em 6 de fevereiro de 1936, Hitler abriu os Jogos Olímpicos de inverno no Estádio de Garmisch-Partenkirchen diante de 60 mil espectadores e mais de mil esportistas de 28 países. "Júbilo interminável do público", observou Goebbels. "Quase todas as nações passam em marcha pelo Führer com a saudação hitlerista."[249] No entanto, o ministro da Propaganda e a maioria dos espectadores e comentaristas enganaram-se: eles confundiram a tradicional saudação olímpica, na qual o braço direito também é levantado, com a "saudação alemã".[250] De forma geral, a liderança nazista pôde ficar satisfeita com o evento de dez dias, no qual principalmente a princesa do gelo norueguesa e campeã olímpica Sonja Henie conquistou o coração dos espectadores: o teste para Berlim havia sido bem-sucedido; a organização foi aprovada e não houve nenhum incidente desagradável. Os nacional-socialistas conseguiram realizar "um evento de propaganda grandioso", resumiu William Shirer. "Eles impressionaram muito a maioria dos visitantes estrangeiros com a execução nobre e tranquila dos jogos e por sua imagem amigável, que nós, que viemos de Berlim, obviamente sentimos como hipócrita."[251]

Após o prelúdio de Garmisch-Partenkirchen, a ocupação da Renânia em 7 de março, que desmentia de forma tão manifesta as afirmações de paz de Hitler, não poderia mais ameaçar os jogos em Berlim. Ao contrário – a reação hesitante das potências ocidentais frente a nova quebra de tratado enfraqueceu a posição dos defensores do boicote. Mesmo na França, que se via especialmente desafiada pelo ato de Hitler, não considerava seriamente um cancelamento. O novo governo da Frente Popular, sob a batuta do primeiro-ministro socialista Léon Blum, concedeu os meios financeiros para a equipe olímpica francesa. A política de pacificação também comemorou triunfos no movimento olímpico.

Para receber as delegações, a capital do Reich enfeitou-se. "Berlim transformou-se em uma autêntica cidade festiva. Mas ainda há muito a fazer", observou Goebbels em 24 de julho, uma semana antes do início dos jogos. Em 30 de julho, ele se mostrou satisfeito após uma jornada de inspeção: "Agora Berlim está pronta. Reluz em roupagens das mais brilhantes".[252] Em todos lugares, em praças públicas, prédios e residências particulares, saltavam as bandeiras e símbolos do regime. Placas que proibiam a entrada de judeus foram retiradas, inscrições discriminatórias em bancos pintadas.[253] O jornal *Der Stürmer* não foi comercializado nas bancas durante as duas semanas de jogos. O jornal *Der Angriff* admoestou seus leitores a receber os visitantes estrangeiros com a maior cortesia: "Precisamos ser mais charmosos que os parisienses, mais tranquilos que os vienenses, mais vívidos que os romanos, mais cosmopolitas que os londrinos, mais práticos que os nova-iorquinos".[254] Um guia olímpico da cidade apresentava Berlim como uma metrópole mundial vibrante, mas não omitia também a indicação da Wilhelmstrasse como "sede de um governo nacional enérgico": "Ela abriga o gabinete de trabalho do homem que todo visitante de Berlim mais deseja ver: Adolf Hitler".[255]

Em 1º de agosto, dia da abertura da XI Olimpíada, choveu fraco em Berlim, mas a "febre festiva" não foi prejudicada.[256] Por volta das 13h, o chanceler do Reich recebeu os membros do COI e do NOK, agradeceu por seu trabalho e declarou que o Reich alemão assumiu "com gosto e alegria" a organização das competições de uma forma que "satisfaça a grande ideia e as tradições dos Jogos Olímpicos";[257] essa declaração entrava em um contraste raro com o fato de Hitler, após ter percorrido à tarde os quinze quilômetros até o campo esportivo do Reich em carro aberto, passou em revista uma guarda de honra do exército, marinha e aeronáutica e, em seguida, acompanhado pelo ministro da Guerra von Blomberg, homenageou os soldados mortos da Primeira Guerra Mundial no Langemarckhalle. Apenas depois

[FOTO 51] Adolf Hitler adentra o Estádio Olímpico em Berlim na companhia do Comitê Internacional e Nacional, em 1º de agosto de 1936.

disso ele entrou no Estádio Olímpico por volta das 16h, à frente da delegação do
COI e do NOK e seguiu, cumprimentado freneticamente por 80 mil espectadores,
até a "tribuna do Führer". A forte sequência do cerimonial foi interrompida por um
breve momento, quando uma garotinha – tratava-se da filha de cinco anos de Carl
Diem, o secretário-geral do NOK – correu até Hitler, fez uma reverência e entregou-
-lhe um buquê de flores. Era claro que a cena não fora planejada, mas ela agradou
Hitler, que gostava de se deixar fotografar com crianças.[258]

Em seguida, teve início a marcha das 49 nações participantes (apenas a Rússia Soviética declinou, e a Espanha também não estava representada em virtude da
guerra civil). A equipe francesa foi a que mais causou entusiasmo quando passou
com o braço erguido pela "tribuna do Führer", o que o público, por sua vez, entendeu erroneamente como saudação a Hitler. Os ingleses, ao contrário, não mostraram a saudação e foram recebidos com muita frieza, o que para Goebbels foi "um
tanto vergonhoso".[259] Quando todas as equipes se reuniram na margem exterior
da pista do Estádio Olímpico, Hitler declarou os jogos abertos. A bandeira olímpica foi estendida; milhares de pombos voaram para o céu, que nesse meio tempo
havia clareado; canhões dispararam tiros de saudação. O hino olímpico composto especialmente para os jogos por Richard Strauss ressoou. O último corredor
com a tocha entrou no estádio e acendeu a pira olímpica. Rudolf Ismayr, campeão
olímpico em levantamento de peso em Los Angeles, em 1932, prestou o juramento olímpico, porém não segurava a bandeira com cinco anéis, mas a bandeira da
suástica – impossível celebrar de forma mais clara a mistura de rituais olímpicos
com elementos nacional-socialistas.[260]

A cerimônia de abertura foi feita sob medida para Hitler. Fanfarras anunciavam
sua aparição; seu caminho até a tribuna de honra era acompanhada por música da
Huldigungsmarsch [marcha de tributo] de Richard Wagner. Os atletas estrangeiros
não se furtaram à empolgação que recebia Hitler no estádio. Era possível acreditar
que "Deus havia descido dos céus", uma esportista britânica observou.[261] À noite,
os berlinenses haviam preparado ovações tonitruantes ao seu Führer na Wilhelmstrasse. "Com frequência na sacada", Goebbels anotou. "A multidão aclama. É uma
emoção profunda. Meninas são erguidas e choram diante do Führer. Um dia belo,
grandioso. Uma vitória da causa alemã."[262]

Durante as competições, Hitler foi quase todos os dias ao estádio, onde ele
demonstrava um comportamento que irritava muito a todos que podiam observá-lo
de perto. Não se conseguia sentir muito do espírito esportivo do primeiro homem
do Terceiro Reich. Se os atletas alemães eram vencidos, suas feições obscureciam-
-se. "Porém, se um atleta alemão vencia", relata Martha Dodd, "sua empolgação
não tinha limites, e ele pulava do assento com alegria desenfreada, infantil."[263] A
anedota sempre presente era que ele se negou a dar a mão no Estádio ao espetacular corredor afro-americano Jesse Owens, que se transformou na estrela dos jogos
com quatro medalhas de ouro; contudo, foi apenas uma lenda. Depois que Hitler,

no primeiro dia de competições, congratulou os medalhistas finlandeses e alemães em sua tribuna, ele foi alertado pelo presidente do COI, Baillet-Latour, que esse gesto não correspondia ao protocolo olímpico. Depois disso, o chanceler do Reich renunciou a expressar publicamente suas congratulações aos medalhistas.[264] Porém, o fato de os êxitos do negro norte-americano terem desagradado imensamente Hitler e os líderes nacional-socialistas, pois confrontava de forma retumbante sua doutrina de superioridade da "raça ariana", foi comprovado várias vezes. Por exemplo, Goebbels anotou sobre as competições em 4 de agosto: "Nós, alemães, conquistamos uma medalha de ouro, os americanos três, delas duas por um preto. É uma vergonha. A humanidade branca devia se envergonhar. O que isso vale lá embaixo, naquele país sem cultura?".[265] Quando Baldur von Schirach sugeriu que o chanceler do Reich, recebesse Jesse Owens porque isso impressionaria extraordinariamente os estrangeiros, a proposta causou um ataque de fúria no ditador: "O senhor acredita que eu vou me deixar fotografar enquanto aperto a mão de um preto?", berrou Hitler para ele.[266]

Hans Frank também lembrou-se de que Hitler, nos dias da Olimpíada, participou com "interesse apaixonado" e "sempre ficava na mais elevada tensão sobre quem conquistaria qual medalha".[267] No final, a equipe alemã ficou em primeiro lugar no pódio das nações, com 33 medalhas de ouro, 26 de prata e trinta de bronze, vencendo os norte-americanos – um triunfo que Goebbels elogiou como "resultado da ambição reavivada": "Esta Olimpíada é um avanço grandioso [...] É possível voltar a ter orgulho da Alemanha [...] A primeira nação nos esportes. É glorioso."[268]

No entanto, os alemães impressionaram não apenas pelos sucessos esportivos, mas também – como antes em Garmisch-Partenkirche – por uma organização perfeita e uma programação relacionada que exigiu aos visitantes estrangeiros o lado cor-de-rosa do regime. Para o intérprete Paul Schmidt, o espetáculo de dezesseis dias pareceu, em retrospectiva, "uma apoteose para Hitler e o Terceiro Reich". Em muitas conversas com estrangeiros, ele sempre pôde concluir que Hitler "quase sem exceção era observado com o máximo interesse, para não dizer com grande admiração".[269] O embaixador François-Poncet fez uma observação semelhante: "O poder de atração que emanava dele ultrapassava também as fronteiras de seu país. Reis, príncipes, convidados famosos vinham até a capital, menos talvez para participar das competições esportivas vindouras do que para encontrar esse homem tão predestinado, que parece manter nas mãos o destino do continente".[270]

Os sátrapas de Hitler buscavam superar-se mutuamente com banquetes e recepções para os notáveis internacionais. Ribbentrop, nomeado há pouco embaixador em Londres, convidou mais de seiscentos convivas para um jantar em 11 de agosto, em sua mansão em Dahlem. Três dias depois, Göring realizou uma grande festa ao ar livre nos terrenos do novo ministério da Aeronáutica, e o encerramento supremo coube a Goebbels em 15 de agosto, um ano antes do final da Olimpíada, com uma noite italiana na ilha do Pavão, no rio Havel, com mais de 2.700 convidados: "Fogos de artifício fantásticos. E uma vida como nunca. Iluminação feérica [...] Baile de salão. Uma imagem exemplar [...] A festa mais bela que já realizamos".[271]

Os Jogos Olímpicos de 1936 foram também um evento midiático. Mais de 1.800 jornalistas estavam registrados, 41 empresas de radiodifusão de todo o mundo enviaram seus repórteres; havia células de comunicação no estádio à disposição. As agências nacionais e internacionais eram abastecidas com fotos de 125 fotógrafos alemães. Pela primeira vez havia também transmissões ao vivo de um grande evento esportivo na televisão. Elas foram transmitidas pela emissora "Paul Nipkow"; 160 mil espectadores podiam acompanhar as competições em "salões televisivos" em Berlim, Potsdam e Leipzig, ainda que a qualidade das transmissões sempre ficasse muito a desejar.[272]

Leni Riefenstahl deixou a impressão mais duradoura com seu documentário olímpico, com o qual fora incumbida em agosto de 1935. Novamente a diretora estrela de Hitler trouxe uma série de inovações. Assim, ela providenciou balões cativos equipados com câmeras de mão para poder mostrar o estádio do alto. No próprio estádio foram cavados fossos para filmar os competidores com a máxima proximidade e em perspectivas incomuns. As tomadas de Riefenstahl obviamente não ofereciam apenas uma visão estetizante dos corpos perfeitos, bem treinados e predominantemente masculinos, mas eram ao mesmo tempo uma homenagem à "nova" Alemanha, que era apresentada como sucessora da Grécia Antiga. Hitler era mostrado em diversas sequências como um amante genuíno dos esportes, que vibrava com os atletas alemães e se alegrava com seus êxitos; suas reações não esportivas, que tinham um efeito repulsivo para a maioria dos observadores, obviamente foram descartadas. O filme em duas partes – *Fest der Völker [Festa do povo]* e *Fest der Schönheit [Festa da beleza]* – teve sua pré-estreia apenas no 49º aniversário de Hitler, em 20 de abril de 1938, no UFA Palast, e ele foi, como os filmes anteriores das convenções do partido, de valor inestimável para os nacional-socialistas, pois fazia desaparecer a realidade do Terceiro Reich por trás da aparência belamente encenada dos esportes pacíficos. "Somos arrebatados pela força, pela profundidade e pela beleza deste sucesso [...] uma verdadeiro feito de Leni Riefenstahl", entusiasmou-se Goebbels.[273]

Sem dúvida, os Jogos Olímpicos foram um imenso sucesso de propaganda para o regime nazista e mais um ganho de prestígio para Hitler. A maioria dos jornalistas e visitantes estrangeiros deixou-se cegar pela atmosfera amistosa e pela organização impecável. William Shirer concluiu que os nacional-socialistas conseguiram apresentar "uma fachada muito boa".[274] Após o fim dos jogos, o regime voltou rapidamente à normalidade, e isso significa a retomada da perseguição desabrida aos judeus. Entre os ativistas radicais no partido e a SA, já circulava antes a sentença: "Quando a Olimpíada tiver acabado, dos judeus faremos caldo!".[275] Victor Klemperer, que enxergara o caráter ludibriador dos jogos como a maioria dos contemporâneos, profetizou "uma explosão" em virtude da vindoura Convenção do NSDAP; eles "descontariam" o desejo de agressão reprimido "primeiro nos judeus".[276] De fato, os líderes nazistas excederam-se em suas diatribes cheias de ódio antissemita na convenção do partido, em setembro de 1936. Em seus discursos inicial e final, Hitler invocou novamente o "perigo mundial" judaico-bolchevique. Uma "central internacional judaica" operava "a partir de Moscou, através de emissoras de rádio e por milhares de canais financeiros e de agitação, a revolução deste continente".[277] Por trás da atitude do estadista e "chanceler do povo" emergia o demagogo caótico da cervejaria em Munique do início dos anos 1920. "A 'Convenção da Honra' incitava a perseguição de judeus em paroxismos e mentiras insanas que ultrapassavam qualquer fantasia", escreveu Klemperer com apreensão em seu diário. "Sempre se imagina que em algum lugar dentro da Alemanha deveriam se erguer vozes de vergonha e medo, que um protesto deveria vir do estrangeiro [...] – nada!" Em vez disso: "Admiração pelo Terceiro Reich, por sua cultura, medo trêmulo de seu exército e de suas ameaças".[278]

17

ESTILO DE GOVERNO E ARQUITETURA MONUMENTAL

"Como o senhor se sente como chanceler do Reich?", perguntou Sefton Delmer ao recém-nomeado chefe do governo, em fevereiro de 1933, e recebeu uma resposta surpreendente: "Sabe de uma coisa, senhor Delmer? [...] Fiz uma grande descoberta. Nesse negócio do governo, não fazemos nada. Absolutamente nada. Os outros nos dão tudo [...] Nós simplesmente colocamos nosso nome na folha que deixam na nossa frente e pronto".[1] Se Hitler realmente disse isso que o jornalista britânico transmitiu em suas memórias, tratava-se de uma das poses dissimuladas típicas dele, pois, nos primeiros anos de seu governo, o novo homem mostrou-se muito esforçado em exercer seu cargo de chanceler do Reich de forma conscienciosa e diligente.

Pontualmente às dez da manhã, ele aparecia em seu gabinete, conversava com os funcionários mais importantes e obrigava-se a ler os prontuários.[2] Preparava-se cuidadosamente também para as reuniões do gabinete, de forma que pudesse impressionar os ministros conservadores com seu conhecimento de informações detalhadas.[3] Como Hitler não detinha nenhuma experiência administrativa, dependia no início de seu mandato do apoio da burocracia ministerial. Teria oferecido ao assessor ministerial no Ministério do Interior do Reich, Hans Heinrich Lammers, na noite de 29 de janeiro, o posto de secretário de Estado na Chancelaria do Reich com as seguintes palavras: ele era "político e não conhecia essas coisas de administração". Ele não queria cuidar especialmente disso, "mas também não queria se atrapalhar". Por isso, precisava de um "oficial que domin[ass]e o terreno".[4]

No entanto, quanto mais inacessível Hitler se sentia em sua posição de poder e menos consideração tivesse por Hindenburg e os aliados conservadores, mais se agitava nele a necessidade de fugir às obrigações rotineiras de seu cargo. Mais tarde, ele explicava com frequência ao seu séquito, com prazer visível, como haviam tentado no início "acostumá-lo a um método de trabalho", e ele ficava tão sobrecarregado "com exame de prontuários e o tratamento de questões atuais" que restava "pouco tempo para a reflexão tranquila sobre problemas maiores".[5] "Mas, nas primeiras semanas, apresentaram para mim todo tipo de pequeneza para decidir", Speer reproduzia a declaração de Hitler na mesa de almoço. "Todo dia encontro uma pilha de prontuários na minha mesa, e eu podia trabalhar o quanto quisesse, ela nunca diminuía. Até que cortei essa perturbação radicalmente!"[6]

Quando Hindenburg se retirou por motivos de saúde às suas propriedades na Prússia oriental, a disciplina de trabalho que Hitler se impôs diminuiu sensivelmente. Desde então, não se podia mais falar sobre desempenho regular de cargo. No início, deixou claro a Fritz Wiedemann, em sua entrevista de emprego alguns dias antes do Natal de 1933, que sentia "grande respeito" pelos oficiais ministeriais, mas nesse meio tempo acabou reconhecendo que "todos ali eram iguais".[7]

Em um prazo notavelmente curto, Hitler aprendeu como podia se servir do aparato burocrático para seus objetivos sem que sua presença constante fosse necessária na Chancelaria do Reich. Então abriu espaço para poder perseguir seus interesses pessoais e propensões. A agitação que o levava durante a "época de batalha" de uma aparição a outra na corrida eleitoral voltou a emergir, e se expressava em um incontrolável desejo de viajar. "Não consigo imaginar nada mais terrível que ficar sentado dia sim, outro também no gabinete, debruçado sobre as pastas etc. etc. e passar minha vida dessa forma", um de seus criados ouviu-o dizer durante uma viagem de carro. "Eu tenho um medo latente da velhice, quando não poderei mais viajar quando quiser."[8] Um de seus destinos preferidos era Munique. Speer, que desde o fim de 1933 e do início de 1934 fazia parte de seu séquito mais próximo, observou como Hitler, durante os dias na capital bávara, voltava ao papel de boêmio: "A maior parte do tempo passava vagabundeando e flanando em canteiros de obra, ateliês, cafés e restaurantes".[9]

No primeiro ano de seu governo, quando estava em Berlim, Hitler vivia na residência oficial do secretário de Estado, no quarto andar do prédio anexo da Chancelaria do Reich (Wilhelmstrasse 78), que foi inaugurado em 1930. No início, ele não pôde se mudar para a antiga Chancelaria do Reich, o antigo palácio do príncipe Radziwill, na Wilhelmstrasse 77, no qual residiram não apenas Bismarck e seus sucessores no *Kaiserreich*, mas também os chanceleres do Reich da República de Weimar, pois, em virtude da reforma do palácio do presidente do Reich, iniciada em julho de 1932, estava sendo temporariamente usada por Hindenburg como residência oficial.[10] Após sua mudança, Hitler contatou, em meados do primeiro semestre de 1933, seu arquiteto de Munique, Paul Ludwig Troost, que ele já havia contratado para a reforma do Palácio Barlow, na Königsplatz, em Munique, e o incumbiu de modernizar inteiramente sua futura residência oficial e renovar todo o mobiliário. Troost faleceu repentinamente em 21 de janeiro de 1934: "Perda irreparável. Führer totalmente desolado. Ninguém poderá ocupar o lugar dele", observou Goebbels.[11]

No entanto, o novo arquiteto preferido já estava pronto. Chamava-se Albert Speer e tinha 28 anos. Filho de um arquiteto de Mannheim, crescera em um ambiente de classe média alta, estudou arquitetura, seguindo os passos do pai, em Karlsruhe, Munique e Berlim, e ingressou no NSDAP em março de 1931, após uma visita de uma comitiva de Hitler ao parque Hasenheide, em Neukölln, Berlim. Logo em seguida, conheceu Karl Hanke, chefe organizador da região de Berlim, que lhe conseguiu os primeiros trabalhos, entre eles a reforma da nova sede regional, na

Voßstrasse. Comprovou seu talento de improvisação e seu tato para produções teatrais quando esboçou o palco cercado de gigantescas bandeiras da suástica para o comício noturno no campo de Tempelhof, em 1º de maio de 1933.[12] Chamou a atenção de Hitler depois de ter conseguido, em meados de 1933, reformar em tempo recorde a residência oficial que Goebbels tomou de Hugenberg. Então, o chanceler do Reich pediu que supervisionasse os trabalhos de reforma na Wilhelmstrasse 77. Hitler visitava quase diariamente o canteiro de obras para supervisionar o avanço dos trabalhos. Pedia pressa, pois a pequena residência do secretário de Estado no sótão do anexo era totalmente inadequada para fins representativos. Como dizia, não podia "convidar ninguém" para visitá-lo ali.[13] Em maio de 1934, a reforma foi concluída, e Hitler pôde finalmente se mudar.

No térreo ficavam as salas de recepção: um grande salão de entrada, no qual as recepções oficiais aconteciam; um salão menor para o jardim lateral, o qual levava até o "salão de música", que à noite também era utilizado para apresentações de filmes; e à direita, a chamada Sala Bismarck (*Bismarckzimmer*), ou sala de fumantes, na qual os convivas de Hitler se reuniam antes do almoço e do jantar. A partir dela chegava-se à sala de jantar, que se conectava ao jardim de inverno com uma longa janela frontal para o jardim lateral. Os aposentos privados de Hitler ficavam no primeiro andar. Eram compostos por uma sala de estar com biblioteca, um escritório e dormitório com banheiro. Sobre a cama de ferro simples havia um retrato da mãe de Hitler. Ao lado da suíte do chanceler do Reich foi instalado mais tarde um quarto de hóspedes para Eva Braun, que antes de 1939 era utilizado raramente. Ao lado viviam os criados. Diante da "residência do Führer" estava instalada a chamada escadaria, que servia de antessala para as secretárias de Hitler. Dali, um corredor seguia até a ala do prédio, onde ficavam os escritórios dos ajudantes de ordens, do chefe de imprensa do Reich, Otto Dietrich, e do comandante da guarda pessoal de Hitler, o ss-*Obergruppenführer* Sepp Dietrich.[14]

Quatro ajudantes de ordem pessoais ficavam à disposição de Hitler: o ajudante-chefe Wilhelm Brückner, que conduziu o Regimento da sa de Munique em 8 e 9 de novembro de 1923 e, em agosto de 1930, se pôs a serviço de Hitler; Julius Schaub, que também participou do golpe e acompanhava Hitler como uma sombra desde 1925; o capitão aposentado Fritz Wiedemann, chefe de Hitler no Regimento List, em 1916-1917, e que no início de 1934 assumiu seu posto na Chancelaria do Reich; e, por fim, Albert Bormann, irmão mais novo do *Reichsleiter* [líder nacional], Martin Bormann, que conduzia a "Chancelaria Privada Adolf Hitler". Três ajudantes de ordem militar cuidavam, primeiramente, da ligação com o alto escalão das forças de batalha: o coronel Friedrich Hoßbach para o exército (desde 1934), o capitão-tenente Karl Jesko von Puttkamer para a marinha (desde 1935) e o capitão Nicolas von Below (desde 1937). No lugar de Hoßbach, Rudolf Schmundt, major no comando geral, foi nomeado no fim de janeiro de 1938 "ajudante de ordens da *Wehrmacht* para o Führer e chanceler do Reich"; em março de 1938, o capitão Gerhard Engel entrou como quarto ajudante de ordens. Para a equipe pessoal de Hitler também havia três secretárias: Johanna Wolf (desde 1929), Christa Schroeder (desde 1933) e Gerda Daranowski (desde 1937). Além delas, havia dois criados, o guarda-marinha, Karl Krause (desde 1934), e o técnico em construção civil e componente do *Leibstandarte* ss Adolf Hitler, Heinz Linge (desde 1935), os dois preparados para suas tarefas na Escola Superior de Hotelaria de Munique-Pasing antes de sua entrada no serviço. Responsáveis pela administração da "residência do Führer" estavam o mordomo Arthur Kannenberg e sua mulher, Freda; pela segurança em viagem, a equipe de motoristas, a "*Chaffeureska*", o capitão da aeronáutica, Hans Baur, e Julius Schreck, motorista em serviço havia muitos anos; depois de sua morte, em 1936, Erich Kempka.[15]

Como o criado Linge testemunhou, Hitler era "difícil de prever"[16] no tratamento a seus funcionários. Ele podia mostrar seu lado amável, perguntar com aparente interesse pelo bem-estar pessoal alheio e passar particularmente muitas horas conversando com as secretárias na escadaria. Raramente se esquecia de presentear os participantes de sua equipe e, além deles, amigos e conhecidos dos "tempos de batalha" em aniversários, no Natal e na virada do ano.[17] Quando alguém ficava doente, não hesitava em enviar flores ou até mesmo prestar uma visita. Segundo o diário de Josef Goebbels, a morte de Schreck, seu motorista de longa data, em maio de 1936, afetou Hitler profundamente: "Führer muito deprimido. Foi o que mais o abalou. Ficou o dia inteiro em casa".[18]

Contudo, por trás dos gestos de suposta cautela, não se escondia de forma alguma uma simpatia pessoal sincera. A relação de Hitler com seus funcionários era determinada de forma geral por um cálculo frio de propósito e utilidade. A cordialidade cativante podia se transformar imediatamente em frieza repelente. O ajudante de ordens Hoßbach descreveu que, sempre quando acreditava ver em Hitler "traços de aproximação humana real", no dia seguinte presenciava uma virada em seu comportamento: "Dava para achar que estávamos diante de uma pessoa estranha ou totalmente mudada".[19] Karl Krause também lembrou-se, pouco depois da guerra, que com o passar dos anos ficava cada vez difícil entabular uma conversa pessoal com Hitler: "Ele ficava como que incomunicável. Erguia-se ao redor dele um alto muro de isolamento".[20]

O método de trabalho errático de Hitler representava um grande fardo para os membros de sua equipe. Não havia horários regulados de expediente. Ajudantes de ordens e secretárias precisavam estar à disposição do "chefe", como eles o chamavam entre si, praticamente 24 horas por dia. Os criados também tinham de sofrer com sua notória impaciência. Assim, todas as vezes era um desafio atar a gravata para fraque ou *smoking* em Hitler: "Precisava acontecer muito rápido, em 25 segundos. Depois desse tempo, ela precisava se assentar, ou ele ficava impaciente e jogava o peso de uma perna para a outra".[21]

Hitler gostava de cercar-se de pessoas que eram fiéis a ele e com cuja lealdade irrestrita ele poderia contar. Por isso, apenas a contragosto trocava o pessoal no seu entorno. Porém, quando se cansava de um de seus funcionários, bastava às vezes um incidente menor para dispensá-lo ou excluí-lo. Assim aconteceu, por exemplo, com Fritz Wiedemann, que, em janeiro de 1939, foi despachado para o cargo de cônsul-geral em São Francisco.[22] De forma especialmente vil, Ernst Hanfstaengl, homem de confiança de longa data e chefe de imprensa internacional, viu-se afastado depois de ter caído em desgraça perante o Führer.[23]

Apesar da inclinação de Hitler por uma vida e um método de trabalho desregrados, nos anos antes de 1939 havia uma rotina normal na Chancelaria do Reich. Pela manhã, antes de Hitler se levantar, o criado precisava deixar em um tamborete especialmente colocado diante da porta dos aposentos os jornais e as notas de imprensa do dia. O despertar acontecia depois de um procedimento estranho: o criado apertava três vezes o botão de uma campainha; Hitler dava o contrassinal, no qual ele apertava, por sua vez, três vezes o botão que ficava em seu criado-mudo. Apenas depois disso o criado podia bater na porta do quarto e informar o horário. Na maneira em que Hitler respondia, Krause já conseguia reconhecer qual o humor de seu senhor. Enquanto o criado preparava o café da manhã – duas xícaras de leite integral quente, até dez rosquinhas Leibniz e meio tablete de chocolate meio amargo em pedacinhos –, Hitler banhava-se, barbeava-se e se vestia. Tomava o desjejum em pé, repassando às pressas as últimas notas da *Deutsches Nachrichten--Büro* (DNB). Nessa oportunidade, discutia com o criado o cardápio e escolhia um entre três pratos vegetarianos que seria preparado para ele.[24]

Após o café da manhã, Hitler recorria ao seu gabinete oficial no anexo da Chancelaria do Reich, que Speer havia transferido da frente do prédio para os fundos, virado para o jardim, pois Hitler se sentia incomodado pela multidão reunida diariamente na Wilhelmstrasse, que anunciava em coro que desejava ver o Führer. Claro que ordenou a Speer que instalasse uma sacada na parte dianteira em 1935, na qual ele podia se exibir eventualmente aos seus admiradores. "A janela não me favorece", ele comentou com seu arquiteto, "não sou visto de todos os ângulos. No fim das contas, também não consigo me curvar para fora."[25] Ainda a caminho de seus aposentos privados até o prédio do gabinete, ele falava com os ajudantes de ordens, que já esperavam com urgência as disposições de recepção para o dia. Nesse momento, ele determinava quem desejava ver ou qual compromisso deveria ser recusado ou postergado. Era pouco provável que fizesse "tudo segundo sua opinião pessoal, seu humor e sua respectiva posição pessoal", como um de seus funcionários relatava,[26] pois fazia parte de sua capacidade mais notável de ator esconder suas antipatias relacionadas aos visitantes por trás de gestos de suposta cortesia. Ao chegar em seu gabinete, Hitler recebia de Otto Dietrich um panorama do que havia saído na imprensa pela manhã, e Lammers, o secretário de Estado na Chancelaria do Reich, fazia uma apresentação sobre os assuntos correntes. O secretário de Estado Meissner, após Hitler ter unido os cargos de presidente do Reich, chanceler do Reich e Führer, também era chamado eventualmente para apresentar um relatório, bem como o chefe de imprensa do governo do Reich, o secretário de Estado Walther Funk, braço direito de Goebbels no Ministério da Propaganda. Seguiam discussões com ministros, diplomatas e outras personalidades mais ou menos importantes.[27]

As reuniões duravam em sua maioria até catorze horas, senão mais, de forma que os convidados para o almoço precisavam contar com certa espera. "Hitler era soberanamente não confiável quanto ao horário de sua aparição", lembrou-se Speer. "O almoço estava marcado, por exemplo, às duas horas, mas levava até as três, ou até mais tarde, para Hitler chegar [...] Sua entrada era informal como a de um homem comum. Ele cumprimentava os convivas com um aperto de mão; as pessoas ficavam ao redor dele em um círculo: ele expressava sua opinião sobre esse ou aquele problema do dia; para alguns preferidos perguntava, no tom mais convencional possível, como estava a "senhora sua esposa"; recebia os resumos de notícias do chefe de imprensa, sentava-se um pouco afastado em uma poltrona e começava a ler".[28] Assim, os convidados ficavam ao redor dele com estômago roncando por quinze a vinte minutos até o criado anunciar: "Está servido".[29] Seguia-se Hitler até a sala de jantar – um salão grande e quadrado com uma mesa redonda no centro para quinze pessoas. Nos cantos ficavam outras quatro mesas, nas quais

[FOTO 52] A sala de jantar da antiga Chancelaria do Reich, 1934.

de quatro a seis pessoas podiam se sentar. Hitler sentava-se sempre de costas para a janela lateral e de frente para uma grande pintura que ficava sobre o bufê – uma obra do retratista social de Munique, Friedrich August von Kaulbach, que representava o *Triunfo da música*.[30]

Ainda antes de entrar na sala de jantar, Hitler determinava os convivas que se sentariam do seu lado direito e esquerdo – uma decisão esperada com suspense todas as vezes, pois a proximidade com o Führer também indicava a posição dos nomes dessa forma destacados na escala de prestígio. "Todos os paladinos ficavam rapidamente na ponta dos pés e inflavam-se o máximo possível para que os olhos do Führer, se possível, recaíssem sobre eles. Era visível como Hitler gostava dessa situação e a desfrutava a seu tempo. "Sim", ele dizia, "então, quero à minha direita" – uma pausa –, "por favor, dr. Goebbels; à minha esquerda, sr. von Ribbentrop; em seguida, à direita, por favor, general X; e, à direita, *Gauleiter* Y."[31] O restante dos convidados sentava-se como convinha, os ajudantes de ordens e as personalidades menos importantes, na maioria das vezes, sentavam-se nas mesas laterais. A távola redonda mudava em sua formação. Amiúde eram convidados os *Gauleiter* e *Reichsleiter* do NSDAP, que tinham algum assunto em Berlim, além de ministros, embaixadores, representantes do setor econômico. Quase diariamente estavam lá Goebbels; com frequência, Speer e Otto Dietrich; mais raramente, Göring, Heß ou Himmler. Mesmo que eventualmente mulheres fossem convidadas, como Magda Goebbels ou Leni Riefenstahl, quase sempre se tratava de uma reunião puramente masculina. A comida era simples: sempre havia uma sopa de entrada, carne com batatas e legumes como prato principal e, por fim, uma sobremesa. Hitler comia seu prato vegetariano e bebia água Fachinger. Qualquer dos convivas poderia acompanhá-lo, se quisesse, mas quase nenhum sentia essa vontade.[32]

Às vezes, Hitler chamava sua mesa de almoço de "*Restaurant zum Fröhlichen Reichskanzler*" ["Restaurante do Chanceler Feliz"].[33] Mas não era bem uma alegria informal, e sim os domínios da ansiedade. "As pessoas nessa mesa não se sentiam livres", observou Otto Dietrich. "Na atmosfera que Hitler disseminava, personalidades falantes transformavam-se em ouvintes lacônicos [...] Ficavam enredados e não se soltavam, enquanto Hitler falava e as prendia no encanto de seus gestos e palavras testados milhares de vezes."[34] Como Hitler também trazia acontecimentos atuais à conversa durante a refeição, oferecia-se aos presentes "a grande possibilidade de receber informações", sem que elas fossem "muito soltas no ar", como Speer comentou em 1945.[35] Quando o Führer não palestrava, rapidamente se instalava um silêncio constrangedor. Era o momento no qual Goebbels dava um passo à frente. Ele assumia o papel de mestre de cerimônias e era visto com gosto pelo dono da casa como um elemento estimulante. Sabia como ninguém como entreter a távola redonda com piadas e anedotas e, ao mesmo tempo, rebaixar os concorrentes na estima do ditador através de provocações aparentemente inócuas. Não raro também satirizava um conviva da mesa e se entregava com ele a uma escaramuça verbal, que Hitler acompanhava com gosto e apenas interrompia quando havia uma ameaça de briga mais séria.[36]

Após a refeição, que durava entre meia e uma hora, Hitler chamava alguns convivas para seguir com ele até o jardim de inverno para continuar a conversa. Para os dignitários do Terceiro Reich era o momento mais propício para apresentar suas questões e obter uma decisão em seu favor. Speer também gostava de aproveitar a oportunidade para apresentar seus planos de construção. As conversas duravam em geral até o fim da tarde. Quando o tempo estava agradável, Hitler adorava passear com seus interlocutores pelo jardim da Chancelaria do Reich. Para tanto, sempre tinha algumas nozes no bolso com as quais alimentava os esquilos domesticados.[37] Nos primeiros tempos de seu governo, Hitler gostava de se reunir com um pequeno séquito para o chá no Hotel Kaiserhof, onde sempre havia uma mesa de canto reservada para ele. No entanto, logo deu fim nesse costume, pois o boato de sua presença rapidamente se espalhava e todas as vezes atraía uma multidão, principalmente de admiradoras mais velhas.[38]

O jantar era servido, em geral, às vinte horas, do qual participava apenas um pequeno círculo, entre eles, além de Goebbels e Speer, com frequência também Heinrich Hoffmann e o capitão da aeronáutica, Baur. Os lugares na mesa principal nem sempre ficavam totalmente ocupados, de forma que os ajudantes de ordens rapidamente precisavam chamar pessoas da cena artística, principalmente atrizes. Diferentemente da mesa do almoço, as conversas no jantar não giravam em torno de temas políticos atuais, mas sobre assuntos cotidianos. "Hitler gostava de receber informações sobre as apresentações teatrais; as crônicas de escândalos sociais também o interessavam; o piloto contava sobre aviões, Hoffmann contribuía com anedotas da cena artística de Munique [...], mas, na maioria das vezes, Hitler repetia histórias de sua vida e falava sobre sua carreira."[39] Ainda durante a refeição, o criado apresentava uma lista na qual havia de quatro a seis filmes nacionais e estrangeiros. Hitler escolhia as duas fitas que deveriam ser exibidas à noite.[40]

Então, o grupo seguia após o jantar para o "salão de música", onde os ordenanças já haviam preparado tudo para a sessão de filmes. "Sentávamos em poltronas confortáveis; Hitler desabotoava o casacão, estendia as pernas. A luz diminuía lentamente, enquanto, ao mesmo tempo [...], os funcionários da casa e membros do comando de proteção hitlerista entravam por uma porta traseira."[41] Hitler preferia filmes de entretenimento. Quando seus atores e atrizes preferidos atuavam – Emil Jannings, Heinz Rühmann, Henny Porten, Lil Dagover, Olga Tschechowa, Zarah Leander ou Jenny Jugo –, então as fitas precisavam ser exibidas antes de serem lançadas nos cinemas. Se o filme não estivesse do seu gosto, então ele expressava seu descontentamento: "Tirem! Que bobagem! Próximo!"[42] Mesmo quando Goebbels eventualmente reclamava em seu diário sobre o ritual monótono e o tempo perdido com ele, era importante saber a opinião de Hitler para, quando possível, poder intervir antes da estreia e pedir alterações.[43]

Após as exibições dos filmes, o grupo seguia para a sala de fumantes. Enquanto a maioria dos convivas se esforçava para esconder sua exaustão, Hitler parecia sempre extraordinariamente lépido; seu espírito parecia despertar apenas nesse momento. Os convidados sentavam-se ao lado da lareira, bebidas e torradas com patês eram servidas e conversava-se sobre banalidades. Eram os momentos nos quais o ditador ficava mais à vontade. Os ajudantes de ordens temiam quando a conversa ia até altas horas com os temas preferidos de Hitler – suas experiências na guerra e no "tempo de batalhas". Às vezes, a reunião poderia se arrastar até duas ou três da manhã. Depois que os convivas tinham autorização para finalmente se despedir, Hitler ainda conversava com os ajudantes sobre a lista de convidados do dia seguinte. Seu mordomo Krause lhe apresentava as últimas notícias da DNB e preparava um chá de valeriana (com uma pequena dose de conhaque) para a noite. A bebida era para ajudá-lo a dormir mais rápido.[44]

Em muitas noites, Hitler também se recolhia mais cedo aos seus aposentos para se dedicar à leitura de jornais e revistas. "O folhear de páginas estava entre suas ocupações preferidas", seu mordomo relatava. Para relaxar, também gostava de ler as edições mais antigas. Assim ordenou, em dezembro de 1933, que Julius Schaub providenciasse os anuários do jornal *Berliner Illustrierten Zeitung* de 1914 a 1932. A direção da editora Ullstein atendeu imediatamente ao pedido e desejou que o chanceler do Reich pudesse, em sua "vida repleta pelo trabalho mais exaustivo, encontrar algumas horas ociosas para folhear essa crônica ilustrada da história alemã tão cheia de vicissitudes dos anos 1920".[45]

Não apenas no cotidiano, mas também na divisão de tarefas semanais, formou-se nos primeiros anos de seu governo certo padrão. Em quase todos os fins de semana, Hitler partia para Munique ou Obersalzberg. Em geral, ele viajava na noite de sexta-feira e voltava apenas na segunda, o que resultava em um achatamento dos compromissos na Chancelaria do Reich nos quatro dias entre terça e sexta-feira.[46] Para as viagens, uma frota de três Ju 52, supervisionada pelo piloto-chefe Baur, ficava à disposição de Hitler. Além disso, em meados de 1935, entraram na frota dois quadrimotores Condor, o que diminuía o tempo de voo de Berlim a Munique a uma hora e 35 minutos. Quando Hitler utilizava o trem, um vagão especial da *Reichsbahn* era engatado ao trem D-Zug Berlim-Munique. A partir de setembro de 1937, contudo, era reservado um trem especial inteiro com dez a doze vagões. O "vagão do Führer" era composto de um salão revestido de mogno, no qual Hitler se reunia com sua equipe mais próxima, um compartimento-dormitório com banheiro e compartimentos para ajudantes de ordem e mordomo. Durante as manobras da *Wehrmacht*, o trem especial lhe servia de "quartel-general". Onde ele descesse, havia um comboio de automóveis pronto para ele.[47]

Para viagens mais curtas, Hitler ainda preferia o automóvel. Ele mesmo determinava o destino da viagem e, com frequência, deixava seu séquito sem sabê-lo até o último momento. Às vezes, contudo, ele também não estava tão certo e decidia para onde ir apenas com um jogo de cara-e-coroa. "Essa decisão, quando tomada, tornava-se imutável para ele, e sempre se atinha a ela", Otto Dietrich comentou e completou que seria "a única concessão que Hitler fazia à superstição".[48] No entanto, mesmo quando o destino era determinado, Hitler podia de repente ter a ideia de desviar da rota prevista. Porém, era constante sua tendência de seguir para os mesmos hotéis – em Weimar, no histórico Hotel Elephant am Markt; na estância climática bávara de Berneck, no Bube's Hotel Pension; em Nuremberg, no Hotel Deutscher Hof; em Augsburg, no famoso hotel Drei Mohren, da família Fugger; em Frankfurt, no Hospiz Baseler Hof; em Stuttgart, no Hospiz Viktoria, onde, como certa vez ele ironizou, sempre havia uma Bíblia no criado-mudo; em Hamburgo, no aristocrático Hotel Atlantic an der Aslter; em visitas na região dos rios Reno e Ruhr, no Rheinhotel Dreesen, em Bad Godesberg; mais tarde, em Viena, nos aposentos principescos do Hotel Imperial.[49] Ao Mercedes preto do Führer, que vinha na ponta do comboio, seguia-se na viagem uma caravana com os carros da SS-*Leibwache*, da polícia criminalística, dos ajudantes de ordens com médico acompanhante, mordomo e uma secretária, além de um carro de bagagens no final.[50]

Cheio de inquietação interna, Hitler buscava sempre uma oportunidade para trocar o lugar de estadia. "Havia anos nos quais ele não ficava mais de três a quatro dias em um local ou cuidava para permanecer em uma de suas residências", lembrou-se um membro do séquito, "e por isso quase se podia prever quando ele anunciaria aos seus acompanhantes, em um repente, a ordem de partir e se mudar."[51] A mudança constante de local trazia aos criados grande problemas, já que, a cada dia de viagem, quinze a vinte malas precisavam ser feitas a toda velocidade, pois para Hitler a partida nunca era rápida o suficiente.[52]

Também durante as viagens, os despachos do governo não paravam. Se Hitler ficasse em Munique, as reuniões urgentes aconteciam em sua residência particular, na Prinzregentenstrasse, ou na Casa Marrom. Se estivesse em outra cidade, notícias e solicitações em curso eram levadas a ele, que fornecia respostas e resoluções imediatas. Nessa forma curiosamente "'itinerante' e dificilmente palpável" de sistema político, Otto Dietrich vislumbrou uma peculiaridade do estilo de governo de Hitler.[53]

Mesmo quando trabalhava na Chancelaria do Reich, Hitler evitava, se possível, registrar suas ordens por escrito. Na maioria das vezes, ele as dava oralmente e de passagem. Em geral, refletia muito bem em suas decisões, mas às vezes havia inspirações de momento, e aos funcionários restava a tarefa impensável de traduzir as observações vagamente lançadas em instruções práticas e encaminhar aos departamentos responsáveis. Era difícil não haver mal-entendidos e instruções equivocadas nessa forma de governo oral.[54] Por outro lado, abria-se dessa maneira margens de manobra consideráveis para atores ao redor dele mostrarem sua influência. Também nesse caso Goebbels mostrava certa maestria. Na mesa de almoço, observou Dietrich, "ele lançava palavras-chave da conversa para Hitler, incorporava suas tendências, impulsionava-as e explorava oportunidades para provocar decisões nas diversas áreas a seu favor".[55] Não eram apenas os grandes do partido que lançavam mão desse método, mas também os ministros e secretários de Estado, para os quais ficava cada vez mais difícil ter qualquer acesso ao ditador. Quando tinham sorte, agarravam a oportunidade com as duas mãos para apresentar seus problemas a Hitler em conversas particulares e sutilmente extraíam promessas que depois podiam ser declaradas como "vontades do Führer". A "arte dos ministérios", enfatizou Ernst von Weizsäcker, secretário de Estado do departamento de Relações Exteriores desde 1938, em suas lembranças, consistia em "utilizar as boas horas ou minutos, quando Hitler, às vezes, através de uma palavra jogada, tomava uma decisão, que fazia seu caminho como 'ordem do Führer'".[56]

O estilo de governo personalizado e não burocrático de Hitler também encorajava as fileiras subordinadas a se apresentar por iniciativa própria para cumprir as supostas "vontades do Führer". Todos sabiam, assim declarou Werner Willikens, secretário de Estado do Ministério da Agricultura prussiano, diante de representantes das secretarias da agricultura dos estados, em fevereiro de 1934, em Berlim, que "o Führer muito dificilmente" poderia "ordenar tudo o que pretendia realizar de imediato ou *a posteriori*". Por isso, seria "o dever de cada um tentar antecipá-lo em favor do Führer".[57]

"Antecipar o Führer" – Ian Kershaw via justificadamente nessa solução uma chave para a compreensão da mecânica específica do sistema de governo nazista. Quem quisesse lograr êxito nesse sistema não poderia esperar a instrução de cima, mas precisava agir de forma autônoma, quase antecipada às "vontades do Führer", para ajudar com os preparativos e o impulso inicial daquilo que parecia estar em harmonia com as intenções de Hitler. Isso não explica apenas a dinâmica contínua do regime, mas também sua tendência à radicalização, pois, na concorrência pela preferência do ditador, os bajuladores rivalizavam, superando-se com desafios e medidas radicais.[58] E também os funcionários pequenos e médios do NSDAP – os vigilantes de quarteirão, os líderes de célula, os líderes locais até os líderes distritais – estavam convencidos a "antecipar o Führer", quando atormentavam os judeus e denunciavam as supostas "pragas do povo". Não eram apenas os executores ansiosos dos postulados ideológicos de Hitler, mas promoviam também a política racista.

Após a coordenação de partidos e associações, a união dos cargos de presidente do Reich e chanceler do Reich, bem como o compromisso voluntário da *Reichswehr* diante do novo comandante supremo concentraram em Hitler uma plenitude de poderes como nenhum governante alemão jamais tivera antes. "Subordinado a ninguém e irremovível, sua posição é superficialmente comparável apenas com a posição das cabeças coroadas na monarquia absoluta dos tempos passados", constava de um relatório do Sopade de julho/agosto de 1934.[59] Diferentemente da Itália fascista, onde o *Duce* precisava tolerar o rei a seu lado; na Alemanha nacional-socialista, não havia mais nenhuma instituição da qual poderia se desenvolver uma força opositora à autocracia de Hitler.[60] Com o golpe duplo de 30 de junho de 1934, o ditador desativou tanto a SA, como fonte permanente de inquietação dentro do próprio movimento, quanto também se livrou de seus críticos e antagonistas no campo dos conservadores. Apenas nesse momento o "Estado do Führer" foi estabelecido com firmeza, e nele a autoridade carismática de Hitler sem dúvida era o mais importante recurso de domínio. Os plebiscitos, que ele conduziu respectivamente segundo mudanças de direção importantes nas políticas interna e externa, comprovaram sua gigantesca popularidade. Sem ele como "fulcro de todo o sistema nacional-socialista"[61], sem o mito do Führer como ponte integradora, mal se poderia explicar a força de aderência surpreendente do regime. "Fundamental para o nacional-socialismo e seu sistema de governo", Karl Dietrich Bracher julgou "que, desde o início até o último fim, ele se manteve e caiu com este homem".[62] Sob seu governo, nenhuma decisão poderia ser tomada que não emanasse da "vontade do Führer" e com ela fosse sancionada.

Ainda assim, a noção de um sistema de governo comandado com firmeza, centralizador, no qual o Führer decidia tudo sozinho, não correspondia à realidade do Terceiro Reich. Contradizia a repulsa pronunciada de Hitler a processos burocráticos e seu estilo de governo errático-impulsivo. Exigia de seus funcionários que o desobrigassem amplamente de tarefas rotineiras desagradáveis. "O melhor homem para mim é aquele que me incomoda o mínimo, tomando para si 95 entre cem decisões", ele declarou seu método de governo em outubro de 1941, no quartel-general do Führer. "Obviamente, sempre há casos em que cabe a mim resolver em última instância."[63] Em outras palavras: apenas em decisões fundamentais, não nas questões de rotina consideradas secundárias, Hitler não deixava restar dúvida sobre sua primazia decisória e fazia uso decidido de sua função de coordenação. Mas como ele não estava preparado, tampouco disposto a fixar inequivocamente as fronteiras entre órgãos da administração estatal e as organizações do partido, as estruturas burocráticas tradicionais e o processo regulatório administrativo estavam sujeitos a um processo de desintegração interna. Hitler transferiu sua técnica já comprovada como líder no partido em obliterar competências e designar cargos em duplicidade paulatinamente ao Estado, após 1933, para dessa forma fomentar as rivalidades e firmar sua própria posição de poder.[64] A consequência aparentemente paradoxal foi, com o governo monocrático do Führer, uma poliarquia de cargos e áreas de responsabilidade que lutavam entre si por poder e influência.[65] Acontecia, por exemplo, na área da política externa, na qual, como já mencionado, além da *Wilhelmstrasse* – departamento de Relações Exteriores tradicional –, outras três organizações não governamentais atuavam: o departamento de Política Externa do NSDAP, a Organização de Relações Exteriores do partido e a Agência Ribbentrop.[66] Isso também ocorria na política de imprensa do regime, na qual o presidente da Câmara de Imprensa do Reich e chefe da *Eher Verlag*, Max Amann, se digladiava com o chefe de imprensa do NSDAP, Otto Dietrich, e o ministro da Propaganda, Josef Goebbels.[67]

O princípio do governo de gabinete logo se tornou vítima do sistema de coexistência desregulada do absolutismo do Führer e de uma pluralidade de centros de poder rivais. Em fevereiro e março de 1933, o gabinete se reuniu 31 vezes, ou seja, em média a cada dois dias. Após a promulgação da Lei Plenipotenciária, que tornava o chanceler do Reich independente do direito ao decreto emergencial do presidente do Reich, reduziu-se sensivelmente o interesse de Hitler em reuniões regulares com ministros. Entre junho e dezembro de 1933, o gabinete reuniu-se mais umas vinte vezes; no ano de 1934, dezenove vezes ao todo; doze vezes em 1935; quatro em 1936; e seis vezes em 1937. Em 5 de fevereiro de 1938 aconteceu a última reunião em definitivo.[68]

Com a frequência cada vez menor, o estilo das reuniões também mudou: "Em um primeiro momento, ainda se discutia com fervor; mais tarde, os monólogos de Hitler foram tomando um espaço cada vez maior", lembrou Schwerin von Krosigk.[69] O gabinete aos poucos foi rebaixado para órgão executivo da "vontade do Führer"; em outubro de 1934, os ministros também precisaram prestar juramento a Hitler. Por ocasião do quarto aniversário da convocação do "gabinete da concentração nacional", em 30 de janeiro de 1937, Hitler dispôs a admissão dos ministros no NSDAP – ao menos daqueles que ainda não eram membros –, e lhes entregou ao mesmo tempo a insígnia dourada do partido. Apenas Eltz-Rübenach declinou da distinção, apontando para o caminho de inimizade que o regime tomava para com a Igreja, o que causou espanto do círculo do gabinete: "Todos ficamos como que paralisados. Por essa ninguém esperava", observou Goebbels. "Göring, Blomberg e Neurath agradeceram ao Führer de coração [...] Mas o clima ficou péssimo".[70] Eltz-Rübenach precisou entrar com seu pedido de renúncia no mesmo dia. Seu ministério foi dividido: Julius Dorpmüller assumiu como ministro de Transporte do Reich e Wilhelm Ohnesorge, como ministro dos Correios do Reich.

Desde o início do segundo semestre de 1933, estabeleceu-se uma nova prática legislativa, que deveria tornar as discussões em gabinete supérfluas. Antes de um projeto de lei ser encaminhado para a Chancelaria do Reich, os ministros responsáveis precisavam esclarecer as questões controversas entre si. O secretário de Estado, Hans Heinrich Lammers, em seguida, repassava o projeto aos membros do governo, com a solicitação de apresentar suas objeções até um prazo determinado. Apenas quando o processo circular escrito estivesse encerrado, Lammers apresentava o projeto ao chanceler para assinatura. Hitler podia aceitar ou rejeitar a lei – ele mostrava pouco interesse nos preparativos em si.[71] Com a perda de importância do gabinete, houve um crescimento do poder de Lammers. Em seu novo papel como intermediário entre os ministros e Hitler, ele conseguiu uma posição-chave. Como já sabia com antecedência sobre os planos legislativos, pôde tempestivamente assumir o processo de votação e, no fim, através de uma espécie de contrato, influenciar também as decisões de Hitler. O ditador apreciava o trabalho do oficial, nomeando-o ministro do Reich em novembro de 1937 e, com isso, o pôs em pé de igualdade com os outros ministros de gabinete. Nos últimos anos do regime, Lammers perderia a luta pelo poder para Martin Bormann, o líder da Chancelaria do partido e "secretário do Führer", que coordenava o acesso privilegiado ao governante no quartel-general do Führer.[72]

A dissolução das formas tradicionais de tratativas governamentais foi forçada pela tendência de Hitler de incumbir representantes especiais de tarefas determinadas e consideradas prioritárias, os quais geralmente não eram subordinados nem ao partido, tampouco à administração estatal, mas diretamente responsáveis perante ele e apoiavam-se na confiança pessoal que lhes atribuía. Hitler mantinha-se à parte das rivalidades e conflitos de competência inevitavelmente originados dessa tendência entre os representantes especiais recém-nomeados de um lado e os ministérios e órgãos do partido de outro. Como darwinista social, era conduzido pela ideia de que no fim os mais fortes (e com isso melhores) se sobressairiam. Ao mesmo tempo, tinha a convicção de que, dessa forma, as barreiras limitantes da rotina burocrática podiam ser ultrapassadas e impulsos poderiam ser criados para uma concorrência acirrada, que levaria a uma mobilização efetiva de todos os recursos. Por fim, aqui também entrava em jogo o cálculo maquiavélico, segundo o modelo comprovado do *divide et impera* de jogar forças rivais umas contra as outras para proteger a própria posição de poder contra concorrentes em potencial.[73]

O primeiro em uma série de representantes especiais foi o engenheiro Fritz Todt, que Hitler nomeou, em 30 de junho de 1933, "inspetor geral da malha viária alemã", com a incumbência de rapidamente ampliar a rede rodoviária. O ministro responsável, Eltz-Rübenach, precisou renunciar ao até então conhecido Departamento K (*Kraftfahrt und Landstrassenwesen* – Transportes e Vias), de sua área de responsabilidade, em favor de Todt; esse departamento seria elevado por Hitler ao nível de um "órgão superior do Reich", com ligação direta com o Führer. Um empreendimento tão gigantesco, como a criação das rodovias, respondeu assim o chanceler do Reich às preocupações do ministro no gabinete, em 24 de novembro de 1933, "exigiria também uma nova instituição. Se as rodovias do Reich serão concluídas, a nova instituição precisa ser incorporada ao Ministério de Transporte do Reich".[74] Como o enérgico Todt cumpria sua tarefa obviamente à satisfação do ditador, ele foi nomeado, em dezembro de 1938, também como "agente geral para controle da construção civil". Das empresas de construção e dos operários dirigidos por ele surgiu a "Organização Todt", que teve entre seus primeiros projetos a construção das fortificações a oeste, a chamada "Westwalls". Como única agência especial do Estado nazista, ela pôde levar o nome de seu líder.[75]

Outro exemplo da dissolução das áreas de responsabilidade dos departamentos clássicos e sua transferência para pessoas de confiança de Hitler foi o desenvolvimento do Serviço de Trabalho. Já o governo Brüning introduziu, em meados de 1931, um Serviço de Trabalho Voluntário, cuja direção foi confiada a um comissário do Reich em julho de 1932, que o governo convocou por sugestão do ministro do Trabalho. Após a nomeação de Hitler como chanceler do Reich, o novo ministro do Trabalho do Reich, o líder dos *Stahlhelm*, Franz Seldte, exigiu o posto de comissário do Reich. No entanto, Hitler apostou em seu designado, o ex-coronel-general Konstantin Hierl, a quem transferiu, no início de maio de 1933, a direção do Serviço de Trabalho no cargo de secretário de Estado do Ministério do Trabalho. Por fim, o chanceler do Reich pôs um fim aos atritos de longa data entre o ministro do Trabalho e o "líder do trabalho do Reich", como Hierl se denominou a partir de novembro de 1933, nomeando Hierl no lugar de Seldte como comissário do Reich para o Serviço de Trabalho no início de julho de 1934. Formalmente, Frick, ministro do Interior do Reich, foi rebaixado, mas, na prática, com apoio de Hitler, ele era chefe de um órgão especial, que se tornou uma organização gigantesca após a introdução da obrigatoriedade do trabalho voluntário em junho de 1935, na qual centenas de milhares de homens e mulheres jovens entre 18 e 25 anos precisavam prestar "serviços voluntários ao povo alemão" por um semestre.[76]

Paralelamente a Hierl, Baldur von Schirach, que Hitler nomeou líder da Juventude do Reich Alemão em junho de 1933, conduzia o plano de ampliar seu departamento para "órgão superior do Reich" e transformar a juventude hitlerista em juventude do Estado, que abarcaria todos os jovens entre 10 e 18 anos e os organizaria segundo a visão de mundo do nacional-socialismo. No final de 1935, Hitler aprovou fundamentalmente esses esforços. Em meados do primeiro semestre de 1936, o secretário de Estado, Lammers, repassou o projeto da "Lei da Juventude do Reich" aos departamentos competentes, mas aqui enfrentou resistências. O ministro da Educação Bernhard Rust protestou contra a intenção de "separar a liderança da juventude totalmente da unidade da educação juvenil já obrigatória no Reich". O ministro das Finanças, Schwerin von Krosigk, também se mostrou contra "a criação de um novo aparelho custoso e destacado da administração geral", e, por sua vez, o ministro do Interior, Frick, esclareceu: "A instituição de uma nova administração especial do Reich incomoda a unidade orgânica necessária da estrutura do Estado e da administração".[77] Claramente surpreso com a recusa vigorosa, Hitler decidiu postergar primeiramente o projeto de lei. Apenas em outubro, Schirach pôde rediscutir o projeto com o ditador e garantir novamente sua aprovação. Em 1º de dezembro de 1936, o gabinete aprovou a "Lei sobre a Juventude Hitlerista" (JH), que elevava a JH à organização estatal obrigatória. Antes disso, Hitler exigiu enfaticamente que o ministro da Educação deixasse de lado suas preocupações e não as trouxesse à baila no gabinete. Schirach, apoiado por Hitler, conquistou a autoridade. O parágrafo 3 da lei determinava que era atribuída a ele e à sua liderança da JH "a posição de um órgão superior do Reich com sede em Berlim" e seriam "diretamente subordinados ao Führer e chanceler do Reich".[78]

O que se demonstrava de forma mais clara e bem-sucedida era a "fusão de funções do partido e do Estado em uma organização especial com acesso direto a Hitler" no desenvolvimento do complexo de poder da SS.[79] A partir de seu trampolim bávaro, o *Reichsführer*-SS, Heinrich Himmler, e o chefe do Serviço de Segurança (SD,

Sicherheitdienst) Reinhard Heydrich, conseguiram aos poucos, entre o outono de 1933 e e o início de 1934, assumir a Polícia Política em quase todos os estados alemães. Na Prússia, contudo, seu impulso expansionista encontrou primeiramente a resistência do governador e ministro do Interior, Hermann Göring. Contudo, em abril de 1934, chegou-se a um acordo: Himmler foi nomeado "inspetor do departamento da *Geheime Stautspolizei* na Prússia"; na sua esteira, Heydrich foi promovido a chefe do departamento da *Geheime Stautspolizei* (Gestapo). Embora Himmler formalmente se subordinasse a Göring, o controle sobre toda a Polícia Política ficava praticamente nas mãos do líder da ss. A Prinz-Albrecht-Strasse 8, onde a Gestapo instalou sua central, logo se transformaria em sinônimo do sistema de terror nacional-socialista.[80]

A derrubada sangrenta da liderança da sa, no verão de 1934, significou para Himmler e Heydrich mais um sucesso estratégico. A ss exigia sua total independência organizacional da sa; o sd foi reconhecido como único serviço de notícias do movimento nazista. Ao mesmo tempo, o controle ilimitado sobre todos os campos de concentração passou para a ss. Theodor Eicke, até então comandante do campo de Dachau, foi nomeado "inspetor do campo de concentração e líder das ss-*Wachverbände*" [organizações de vigilância dos campos de concentração], diretamente subordinado ao *Reichsführer*-ss. O "Sistema Dachau" tornou-se o modelo copiado em todo o Reich. A liderança da ss refutava regularmente as reclamações do ministro da Justiça Gürtner sobre a arbitrariedade da prisão preventiva e o número elevado de mortes nos campos de concentração fazendo referência à vontade de Hitler.[81]

No entanto, a ambição de Himmler pelo poder não foi aplacada de forma alguma com essa nomeação. Em seguida, esforçou-se para assumir a polícia toda e fundi-la com a ss. Em uma conversa com Hitler, em 18 de outubro de 1935, obteve a aprovação categórica do ditador para tanto. Porém, levou ainda nove meses até que o plano pudesse ser realizado, pois o ministro do Interior, Frick, envidou todos os esforços contra uma separação das competências policiais da administração interna; por sua vez, esforçou-se ainda mais pela reintegração da Polícia Política na polícia geral e pela subordinação dos campos de concentração à supervisão do Estado. No entanto, foi demonstrado que, na luta pelo poder dos sátrapas, mantinha a prevalência, no fim das contas, aquele que podia reclamar para si uma "incumbência do Führer". Himmler alcançou um dos primeiros sucessos parciais com a lei prussiana sobre a Gestapo, de 10 de fevereiro de 1936, que confirmava a independência da Polícia Política como instituição especial autônoma. O avanço decisivo aconteceu em 17 de junho, quando Hitler nomeou Himmler "*Reichsführer*-ss e chefe da Polícia Alemã no Ministério do Interior do Reich". Frick exigiu o complemento "no Ministério do Interior do Reich", mas a intenção de controlar Himmler dessa forma mostrou-se ilusória. Nominalmente, ele se subordinava àquele que mantinha o cargo de secretário de Estado do Ministério do Interior, Frick, mas na verdade, na qualidade de *Reichsführer*-ss, respondia apenas a Hitler e podia, a qualquer momento, ter acesso ao Führer, passando por cima do ministro do Interior.[82]

Com o decreto de Hitler de 17 de junho de 1936, foi lançada a "pedra fundamental de um aparato de repressão política novo", que de forma alguma se sujeitaria a limitações jurídicas, ou seja, agia em um estado de exceção permanente.[83] A consequência organizacional direta foi a restruturação da polícia em dois departamentos principais, segundo o modelo da ss: a Polícia da Ordem (regimento policial) e a *Schutzpolizei* [polícia de proteção], sob o ss-*Obergruppenführer*, Kurt Daluege, e a Polícia de Segurança (Gestapo e Polícia Criminalística), sob o chefe do sD, Heydrich. O que Himmler e seus colaboradores vislumbravam era o conceito abrangente de uma "*Staatsschutzkorps*" [corporação de proteção do Estado], que deveria agir preventivamente contra todos os supostos perigos para "o povo e a raça": "uma instituição", segundo Werner Best, vice de Heydrich no departamento da Gestapo, que já em meados de 1936 delineava as atribuições da Polícia Política no "Estado popular do Führer", "que vigia cuidadosamente a saúde política do corpo popular alemão, reconhece qualquer sintoma de doença tempestivamente e determina os germes destruidores – tenham surgido eles por decomposição espontânea ou inoculadas por envenenamento premeditado por um agente externo – e os elimina com todos os meios adequados".[84]

A partir de tais premissas de uma prevenção geral racista e higienista, a polícia sempre poderia estender a perseguição de judeus, comunistas e socialistas aos novos supostos "inimigos do Estado" e "pragas do povo": maçons, sacerdotes politizados, testemunhas de Jeová, ciganos, homossexuais, prostitutas, "associais", "desocupados", "criminosos habituais". Contudo, a ideia que prevalecia de uma polícia secreta onipotente e onipresente do "Terceiro Reich" foi corrigida nesse meio tempo por pesquisas. Sem o trabalho de campo dos cidadãos, sem sua prontidão disposta a denunciar pessoas impopulares, a Gestapo não teria podido agir com tanta "eficiência".[85] Paralelamente à intensificação do terror, Himmler e Heydrich continuavam a impulsionar o processo de fusão da ss com a polícia, que teve sua conclusão em 27 de setembro de 1939, poucas semanas após o início da Segunda Guerra Mundial, com a fundação do Escritório Central de Segurança do Reich (rsha, *Reichssicherheitshauptamt*), no qual a Polícia de Segurança e a sD foram unidos em uma superagência, que seria a executora principal da política de dizimação nacional-socialista.[86]

No que dizia respeito ao acúmulo de cargos e à ampliação de competências, Hermann Göring, o "primeiro paladino do Führer", como ele gostava de se denominar, foi um campeão manifesto. Além de sua posição de governador prussiano e ministro do Interior, foi nomeado, no início de maio de 1933, ministro da Aeronáutica do Reich. Precisou renunciar ao Ministério do Interior prussiano em favor de Frick, mas foi recompensado já em julho com o recém-criado Gabinete de Silvicultura do Reich como chefe do órgão, que Göring presidia como mestre florestal e mestre caçador do Reich.[87] Por mais que Hitler gostasse de eventualmente zombar da loucura por uniformes e da pomposidade do governador prussiano, ele levava seu peso político em alta conta. Em um decreto secreto de dezembro de 1934, ele definiu Göring como seu sucessor: "Imediatamente após minha morte, ele deve receber o juramento dos membros do governo do Reich, da *Wehrmacht* do Reich alemão, bem como das formações da SA e da SS".[88]

O instrumento de poder pessoal mais importante na mão do segundo homem do Estado nazista era a recém-fundada *Luftwaffe*, cujo comando supremo ele assumiu com a patente de coronel, no início de março de 1935, e cuja ampliação como terceira parte da *Wehrmacht*, ao lado do exército e da marinha, ele promoveu energicamente. A partir dessa posição, buscou ampliar cada vez mais sua influência também em todas as decisões de política econômica e armamentista – e assim entrou necessariamente em conflito com o ministro da Economia do Reich, Hjalmar Schacht, que a Lei de Defesa do Reich de maio de 1935 nomeou como "representante-chefe da economia de guerra".[89]

Como especialista inequívoco em questões econômicas e arquiteto do financiamento armamentista, Schacht gozou, nos primeiros anos de regime, da estima especial de Hitler. No entanto, isso começou a mudar quando o ministro da Economia do Reich e presidente do *Reichsbank* chamou a atenção de forma enfática para as consequências devastadoras do ritmo armamentista acelerado para a economia alemã. De fato, os problemas já não eram ignoráveis em 1934-1935: em face das reservas de divisas limitadas, o Reich tinha cada vez menos condição de financiar tanto a matéria-prima necessária para os armamentos como a importação de alimentos necessários para o sustento da população. Ele seria "por anos antes e após a tomada de poder o defensor declarado de um forte rearmamento", informou Schacht, em dezembro de 1935, ao ministro da Guerra von Blomberg, mas precisava "advertir obrigatoriamente sobre os limites econômicos que envolvem essa política".[90] Especialmente o ministro da Agricultura e Alimentação, Richard Walter Darré, mantinha um conflito duradouro com Schacht, em virtude da atribuição de divisas. A decisão de Hitler era exigida, mas como sempre ele deixava as coisas caminharem; além disso, sua atenção em meados de 1936 estava voltada totalmente ao golpe de política externa planejado e até então arriscadíssimo, a entrada da *Wehrmacht* na Renânia desmilitarizada. Contudo, em 4 de abril de 1936, ele nomeou Göring, em um decreto formulado como questão sigilosa do Reich, comissário do Reich para assuntos de matérias-primas e divisas.[91]

Schacht primeiramente recebeu bem a nomeação, pois supôs que Göring o livraria dos ataques do partido, o que rapidamente se comprovou um erro capital, pois Göring não se satisfez de forma alguma assumindo o papel de árbitro das questões de divisas. Como comandante supremo da *Luftwaffe*, ele mesmo tinha um interesse vital no rearmamento acelerado, e assim utilizou a nova "incumbência do Führer" para exigir controle sobre toda a economia armamentista. No início de maio de 1936, constituiu, sem informar o Ministério da Economia ou outras pastas, uma nova agência independente, com a designação "governador marechal-chefe da Força Aérea Göring – Equipe de Matéria-Prima e Divisas".[92] Hitler rejeitou com aspereza o requerimento de Schacht de limitar posteriormente a autoridade na política de divisas nas mãos de Göring. Ele não queria "mais se envolver nesses assuntos"; Schacht "poderia se entender com Göring, ele não queria mais ouvir falar daquelas questões".[93] Satisfeito, Goebbels, inimigo íntimo do irascível ministro da Economia, anotou: "As coisas não estão mais tão boas para Schacht. Ele não pertence mais aos nossos. O Führer está muito irritado com ele".[94] Schacht superestimou o apoio que tinha de Hitler, pois se considerava insubstituível; em uma luta pelo poder iniciada com Göring, ele poderia apenas perder.

Em uma reunião do conselho ministerial prussiano de 12 de maio de 1936, na qual a situação econômica completa e o financiamento do rearmamento foi discutido, as posições de Schacht e Göring colidiram frontalmente. Schacht enfatizou sua "lealdade imutável para com o Führer", mas alertou sobre o perigo de inflação, caso o ritmo do rearmamento não fosse diminuído e, pela primeira vez, ameaçou renunciar ao cargo. Göring, no entanto, ateve-se à prioridade do rearmamento e defendeu a resolução do problema com as divisas por meio da promoção de matérias-primas no país, bem como pela substituição de matérias-primas estrangeiras com a produção de "materiais substitutos": "Se tivermos uma guerra amanhã, precisamos nos ajudar com sucedâneos. Nesse caso, o dinheiro não terá importância. Se assim for, também precisaríamos estar prontos para criar condições nesse sentido em tempos de paz".[95] Desde o início estava claro por qual lado Hitler optaria nessa disputa de princípios político-econômicos, segundo suas premissas ideológicas e os objetivos políticos que delas derivavam. No fim de agosto de 1936, ele escreveu um memorando secreto extenso sobre o direcionamento futuro da política econômica, que basicamente compreendia a posição de Göring e terminava com uma exigência inequívoca: "i. O exército alemão precisa estar operacional em quatro anos. ii. A economia alemã precisa estar apta para a guerra em quatro anos".[96]

Em 4 de setembro, Göring lançou mão de uma reunião do conselho ministerial declarada como "questão sigilosa do Reich" para dar conhecimento aos ministros presentes, Schacht, Blomberg e Schwerin von Krosigk, do conteúdo do memorando de Hitler e interpretá-lo como "instrução geral" para a economia armamentista alemã, cuja execução estaria totalmente a seu cargo. "Através da genialidade do Führer, coisas aparentemente impossíveis no tempo mais curto se tornaram realidade", ele comentou contra o ceticismo de Schacht, e ao mesmo tempo não levantou nenhuma dúvida sobre como imaginava a implementação: "Todas as medidas precisam acontecer como se estivéssemos no estágio de ameaça de perigo de guerra".[97] Em 9 de setembro de 1936, Hitler anunciou, na convenção do partido em Nuremberg, o "novo programa de quatro anos" da economia, e em 18 de outubro nomeou Göring, também oficialmente, "responsável pelo Plano de Quatro Anos", que tinha autorização para expedir instruções a todos os órgãos do Reich e agências do partido.[98] Göring viu-se às margens de seus desejos. Apoiado pela ampla interpretação de uma "vontade do Führer", tinha alcançado uma posição de poder quase dominante na economia armamentista. Os "comissários especiais" que recrutou para os "grupos de trabalho" individuais de seu novo cargo dentro do partido e das forças militares, mas também da economia privada, entre eles Carl Krauch, membro da diretoria da I. G. Farben e especialista em produção de combustíveis sintéticos, podiam intervir profundamente nas competências centrais do Ministério da Economia. Ainda assim, Schacht permaneceu em seu posto, e Hitler também não pensou em mandá-lo às favas: "O Führer está muito cético quanto a Schacht. Mas não vai desonerá-lo. E por motivos de política externa", concluiu Goebbels em meados de novembro de 1936.[99]

Não foi apenas a reputação de Schacht no exterior que levou Hitler a mantê-lo. Claramente também tinha importância a consideração de não deixar Göring ter poderes demais. Por isso, não parecia ser tão indesejável para Hitler que Schacht se opusesse à arrogância de seu adversário com todos os meios. De qualquer forma, ele observava de modo impassível como a contenda sobre a autoridade entre o responsável pelo Plano dos Quatro Anos e o ministro da Economia ainda se estenderia por meses. No início de julho de 1937, Göring fechou um acordo formal com Schacht, que obrigava os dois lados a desincumbir-se de suas atribuições "na mais estreita cooperação".[100] Contudo, esse acordo provou não valer o papel no qual foi escrito, o que se demonstrou poucos dias depois, quando Göring anunciou a fundação das "*Reichswerke AG für Erzbergbau und Eisenhütten Hermann Göring*" [Fábricas do Reich para Mineração e Siderurgia Hermann Göring], em Salzgitter, sem informar seus planos antecipadamente ao Ministério da Economia do Reich. Para Schacht, aquela afronta foi a gota d'água. Em uma carta furiosa de 5 de agosto, ele escreveu a Göring que não poderia mais se responsabilizar pela atos independentes do outro. "Num Estado totalitário" seria "completamente impossível [...] conduzir uma política econômica partida ao meio".[101]

Em uma entrevista com Hitler em Obersalzberg, em 11 de agosto, Schacht reiterou seu pedido de renúncia, mas o ditador não queria deixá-lo sair. Ele pediu para que se entendesse com Göring e sugeriu que tirasse dois meses para reconsiderar. Apenas no final de novembro de 1937, Hitler aceitou a renúncia de Schacht como ministro da Economia, com Walther Funk, secretário de Estado de Goebbels, assumindo como sucessor. No entanto, ao mesmo tempo, Schacht se deixou persuadir para manter o cargo de presidente do *Reichsbank*. Ele exerceu essa função, embora praticamente privado de poderes, até 20 de janeiro de 1939, quando Hitler o dispensou com a observação: "O senhor não se encaixa na estrutura nacional-socialista".[102] O incidente concreto foi um memorando de Schacht de 7 de janeiro, no qual ele alertou novamente, em uma redação dramática, sobre o perigo de uma inflação: "O inchaço ilimitado dos gastos do Estado ultrapassa qualquer tentativa de se manter um orçamento ordenado, leva [...] as finanças do Estado à beira de um colapso e arruinará a partir daqui o banco central e a moeda".[103] Para Hitler, o funcionário preocupado havia se tornado incômodo, mas o ditador enfatizou que o rompimento não deveria parecer tão claro à opinião pública. Ele nomeou Schacht a ministro do Reich sem pasta, e este era tão inescrupuloso que exigiu os privilégios correlatos – uma indenização polpuda por despesas anuais e um automóvel oficial com motorista.

Os conflitos de competências que se arrastavam por anos entre Göring e Schacht são um exemplo clássico da técnica de domínio de Hitler de mais provocar rivalidades que amainá-las, manter as coisas em suspenso e evitar decisões claras da lado ou outro, enquanto sua autoridade de Führer não fosse diretamente afetada. Isso valia também para outro campo pleno de conflitos: a divisão de atribuições dentro da direção do NSDAP. Após a tomada do poder, Hitler retirou-se amplamente do trabalho cotidiano do partido. Por meio de uma disposição de 21 de abril de 1933, ele nomeou Rudolf Heß seu representante e investiu nele poderes "para decidir em todas as questões da direção do partido em meu nome".[104] Heß agradeceu a promoção para o cargo de confiança que adquiriu como secretário particular de Hitler nos anos antes de 1933. Ao mesmo tempo, o ditador estava seguro de que seu homem de confiança de tantos anos possuía pouca ambição pessoal pelo poder e não seria um concorrente perigoso.[105] Como "representante do Führer", Heß tinha uma posição elevada no círculo do restante da elite do partido; no entanto, Hitler evitou de forma muito consciente, no decreto quase simultâneo de 21 de abril, sujeitar também formalmente os *Reichsleiter* e os *Gauleiter* ao poder de instrução de seu representante. A consequência foi uma luta contínua do *Unterführer* pelas competências político-partidárias. A prevalência de Heß nessa selva de aspirações rivais dependia menos de sua natureza combativa que da capacidade robusta de realização e da esperteza tática de Martin Bormann. Filho de carteiro, nascido em 1900, ingressou depois de 1918 em uma milícia, passou um ano na cadeia em virtude de um assassinato executado em meados de 1923 e, depois disso, atuou na *Gauleitung* de Weimar, antes de assumir a "SA-*Versicherung*" [seguradora da SA] na Central do Partido de Munique, que, sob sua direção, foi ampliada para "*Hilfskasse der* NSDAP" [Caixa Previdenciária do NSDAP]. O acólito diligente de Hitler, pouco conhecido pelo público, foi nomeado, em julho de 1933, "chefe de equipe do representante do Führer" e recebeu, além disso, em outubro de 1933, o cargo de *Reichsleiter* do NSDAP.[106]

Heß e Bormann não tinham a ver apenas com os confiantes *Gauleiter*, que insistiam em sua independência e frequentemente podiam induzir decisões a seu favor através da ligação direta com Hitler. Principalmente Robert Ley, o líder de organização do NSDAP, que, como diretor do império DAF, dispunha de uma força de base forte, opunha-se à reivindicação de dominação interna do partido pelo representante do Führer. Com o olhar atento, Ley acompanhava a ampliação da equipe de Heß, que exigia cada vez mais responsabilidades, as quais, até então, ficavam dentro da área de competência do líder de organização. Na luta pelo poder incipiente entre Heß/Bormann e Ley, Hitler mostrava o típico padrão de reação:

pedia que os rivais se entendessem entre si e, apenas quando não se lograva êxito, mediava uma solução conciliadora, que, no entanto, não levava a uma limitação de competências praticável, mas, ao contrário, alimentava ainda mais as rivalidades.[107] Assim, além do departamento pessoal central do líder de organização do Reich, existia o departamento pessoal na equipe do representante do Führer, que intervinha com força cada vez maior no próprio recrutamento de cargos inferiores do partido.

No entanto, não apenas na área de política pessoal, mas quase em todos os outros campos da direção organizacional do Reich fora estabelecido, no decorrer dos anos, um cargo correspondente na equipe do representante do Führer e, com isso, a concorrência de competências praticamente se perpetuou. Ainda em junho de 1939, apenas poucas semanas antes do início da Segunda Guerra Mundial, Ley exigiu que se restabelecessem as competências claras na direção do partido, como existiam antes da estruturação da agência de Heß. Apenas assim se evitaria a "duplicação não fungível do trabalho organizacional e redundante, bem como pessoal e familiar.".[108] Bormann refutou a exigência rispidamente: "Sem dúvida que a área de competência do Führer é ilimitada. Mas também não há dúvida de que o representante do Führer o representa em todas as áreas do partido, de forma que também para essa área – enquanto o Führer se deixa representar – sua competência é fundamentalmente ilimitada. Por isso, qualquer limitação da competência do representante do Führer não é apenas desnecessária, mas também [...] impossível".[109] Novamente se demonstrou que, no fim das contas, na disputa pelo poder e influência tinha maior prevalência quem podia apelar às "vontades do Führer" e a uma atribuição derivada dela.

Ainda mais evidente que nas lutas do alto escalão do NSDAP, a repulsa de Hitler refletia-se contra as determinações definitivas no terreno controverso da distribuição de poderes executivos estatais e partidários. A "Lei para Garantia da Unidade de Partido e Estado", de 1º de dezembro de 1933, definia que o NSDAP, "após a vitória da revolução nacional-socialista [...]" seria "a portadora do pensamento estatal alemão e ligada de modo indissolúvel ao Estado".[110] Mas o que poderia se dizer de concreto permanecia obscuro, e Hitler também não contribuiu para esclarecer quando soltou a seguinte máxima na convenção do NSDAP de 1935: "O que pode ser resolvido em nível estatal será resolvido em nível estatal; o que o Estado não estiver apto a resolver mesmo segundo sua natureza será resolvido pelo movimento, pois o Estado é apenas uma das formas de organização da vida do povo".[111] A proximidade e os conflitos de *Ortsgruppenleiter*, *Kreisleiter*, *Gauleiter* e do representante do Führer como dignitários do partido de um lado e prefeitos, administradores distritais, presidentes distritais, governos estaduais e ministérios do Reich do outro criaram um estado de tensão permanente que causava grandes atritos. De fato, agentes e equipes especiais nomeados por Hitler conseguiram, em um volume nada modesto, usurpar as atribuições estatais. Por outro lado, por exemplo, Heß, como representante do Führer e ministro do Reich sem pasta (desde 1/12/1933) pôde ampliar sua influência sobre a legislação. Em 27 de julho de 1934, durante uma visita conjunta do ao Festival de Wagner, em Bayreuth, ele conseguiu a assinatura de Hitler em um decreto do Führer que lhe garantia direito de participação e controle nas propostas de lei de todos os ministérios. Em outro decreto do Führer, em setembro de 1935, os órgãos do Estado ficaram obrigados a apresentar, antes da nomeação e promoção de altos funcionários, seus dados pessoais ao representante do Führer.[112]

O fato de Hitler não ser afeito a uma demarcação clara entre as esferas do partido e do Estado – e também aqui tender a um turvamento das competências – ficava evidente na instituição dos lugares-tenente do Reich. A "Segunda Lei para Coordenação dos Estados com o Reich", de 7 de abril de 1933, determinou a instalação de lugares-tenentes em todos os estados alemães, com exceção da Prússia. Sua tarefa consistia em "cuidar do monitoramento das diretrizes da política estabelecidas pelo chanceler do Reich"; contudo, não podiam ser ao mesmo tempo membros do respectivo governo do estado. No decorrer de maio de 1933, Hindenburg promoveu, em quase todos os estados, por sugestão de Hitler, os *Gauleiter* a lugares-tenentes do Reich.[113] Com a "Lei sobre a Reconstrução do Reich", de 30 de janeiro de 1934, que transferia os direitos soberanos dos estados para o Reich, os lugares-tenentes se tornaram realmente supérfluos. No entanto, em vez de eliminá-los, eles foram subordinados, segundo o artigo 3 da lei, "à supervisão administrativa do ministro do Interior".[114] Os *Gauleiter*/lugares-tenente do Reich repeliram essa lei e exigiram para si o direito de invocar a decisão do "Führer" nas diferenças vindouras entre eles e os ministros do governo do Reich e/ou dos governos regionais. Mas isso contradizia, segundo a visão de Frick", "o pensamento de uma liderança central e unitária do Reich através do senhor chanceler do Reich e dos ministros que o acompanham", e ele solicitou a Hitler que exercesse sua autoridade perante os *Gauleiter*/lugares-tenentes do Reich. O chanceler deu total razão ao ministro do Interior na questão, mas queria, como Lammers informou a Frick em junho de 1934, fazer uma exceção "nas questões de importância política especial". Tal norma correspondia "à posição do Führer, segundo a noção do chanceler do Reich".[115] Com isso, o artigo 3 da Lei de Reconstrução foi praticamente anulado. Totalmente inclinado a sua política *divide et impera*, Hitler reservava-se o papel de instância arbitral decisiva.

Contudo, para trazer os lugares-tentente, cuja base de poder real era o departamento dos *Gauleiter*, para o seu controle, Frick planejou uma lei, no outono de 1934, que suspenderia o regulamento de incompatibilidade decretado em 7 de abril de 1933 e preveria uma união de pessoal contínua entre o departamento dos lugares-tenentes e o dos governadores nos estados. Em sua nova capacidade de "líderes do governo estadual", os lugares-tenentes do Reich deveriam se subordinar estritamente às instruções do ministro do Interior. Hitler aprovou a ideia fundamental, mas fez uma mudança característica, retirando a obrigação geral do novo regulamento. Na "Lei dos Lugares-tenentes", de 30 de janeiro de 1935, continua o seguinte sob o parágrafo 4: "O Führer e chanceler do Reich poderá delegar aos lugares-tenentes do Reich a liderança do governo estadual". A transformação da provisão de "deverá" para "poderá" deixa a Hitler a liberdade de proceder segundo sua conveniência. Embora tivesse transformado sem mais delongas lugares-tenentes do Reich em governadores em Hessen e na Saxônia, essa mesma medida foi recusada para os estados de Württemberg, Baden e Thüringen, mesmo que tivesse assinado os documentos correspondentes a pedido de Frick.[116]

O dualismo entre partido e Estado permaneceu impassível. Todas as tentativas que Frick fizera para reunir os estados por uma "reforma do Reich" abrangente e racionalizar a estrutura administrativa não avançaram. No fim das contas, fracassaram em virtude da relutância de Hitler diante de determinações definitivas. Assim, ele se opôs também ao plano do ministro do Interior de introduzir, no lugar da Lei Plenipotenciária, em vigor desde 31 de março de 1937, uma "Lei sobre a Legislação do Reich", que converteria o estado de exceção existente em um processo duradouro e juridicamente normatizado. Para ele, "havia dúvidas se no momento presente seria correto promulgar tal lei"; fundamentou, em 26 de janeiro de 1937, no gabinete seu voto para o prolongamento da Lei Plenipotenciária. "Apenas então, quando uma nova Lei Fundamental do Estado for alcançada, com uma formulação o mais breve possível, que deva ser aprendida pelas crianças já na escola, será adequado regulamentar novamente também o processo inteiro da legislação do Reich".[117] Nunca se chegaria a uma "Lei Fundamental do Estado" como essa, e o ditador também não pensava seriamente nela. Ainda em seus monólogos no quartel-general do Führer, ele zombava da tendência dos burocratas a restringir tudo a prescrições jurídicas. "A exceção é um conceito alheio a eles. Falta-lhes, por isso, a coragem para a grande responsabilidade." Nesse contexto, descrevia uma legislação unitária para todo o Reich como "uma obsessão". "Por que não uma prescrição para uma parte do Reich?" Para a liderança, dependia exclusivamente que ela "contivesse uma visão geral da atividade da administração e mantivesse as rédeas".[118] O estado de incerteza peculiar em todos os níveis e através de todas as instâncias do sistema de governo nazista não se originava da incapacidade dos regentes – era politicamente desejado por Hitler para garantir para si os maiores direitos de acesso e as margens de manobra mais amplas possíveis.

O afastamento do regime de vinculações normativas favorecia não apenas as tendências radicalizantes, mas também fomentava o abuso de poder, o nepotismo e a locupletação ilícita em uma medida até então desconhecida. Embora os nacional--socialistas, já nos primeiros anos após a tomada do poder, não se cansassem de apontar escandalosamente a suposta corruptibilidade dos políticos da República de Weimar, eles mesmos abriram as portas da corrupção em suas fileiras. Começou com o tratamento preferencial de "antigos companheiros de partido" merecedores na concessão de empregos. Especialmente no serviço público, os nacional-socialistas entravam em postos vagos graças à proteção política, embora com frequência não tivessem as qualificações necessárias. Mas também empresas de serviços públicos municipais – empresas de água e saneamento, gás e eletricidade, bem como órgãos de trânsito – e as antigas empresas sindicais ou sindicalizadas, como a *Volksfürsorge* [Previdência do Povo] ou a Sociedade de Atacado das Associações Alemãs de Consumo tornaram-se, como Frank Bajohr demonstrou, "verdadeiros cabides de emprego para os nacional-socialistas".[119]

A economia de sinecuras e privilégios floresceu principalmente no alto escalão do regime. "O nível e a dimensão da corrupção na camada dominante são inéditos", constatou Sebastian Haffner já em 1940, em vista dos anos de 1933 a 1938, período em que viveu no Terceiro Reich antes de partir para o exílio na Inglaterra.[120] Hitler também dava maus exemplos aos seus subordinados. Em outubro de 1934, um certo fiscal de imposto na Secretaria da Fazenda de Munique-Ost calculou, apenas para os anos de 1933 e 1934, impostos atrasados do chanceler do Reich no valor de 405.494,40 *Reichsmark*. Em seguida, o presidente da Secretaria de Finanças de Munique, Ludwig Mirre, foi chamado a Berlim, onde Fritz Reinhardt, secretário de Estado no Ministério de Finanças do Reich, informou que Hitler, por "sua posição constitucional, não" estaria "sujeito à cobrança de impostos". Em dezembro de 1934, Mirre instruiu o chefe responsável da Secretaria da Fazenda: "Todas as cobranças de imposto serão nulas a partir de agora, visto que têm como base uma obrigação do Führer. [...] assim, o Führer é isento de imposto!".[121] Graças a sua "cooperação administrativa", Mirre recebia 2 mil marcos mensalmente além de seu salário de servidor, e em abril de 1935 foi nomeado presidente do tribunal fiscal do Reich.

O ditador declarado isento de imposto dispunha de diversas fontes das quais podia se servir generosamente para dotar seus protegidos pessoais e seguidores merecedores com contribuições e auxílios ou financiar suas coleções de arte particulares. Além disso, contavam também os fundos de distribuição do chanceler do Reich e – após a morte de Hindenburg – do presidente do Reich, meios de que ele podia dispor livremente na qualidade de chefe de Estado. Além dos honorários da venda de *Mein Kampf*, que lhe traziam entre um e dois milhões de Reich*smark* ao ano, outra fonte rentável de dinheiro surgiu em 1937: Hitler recebia um percentual da venda de selos com sua imagem; as receitas somavam, ano após ano, valores milionários de dois dígitos. O ministro dos Correios, Ohnesorge, entregava pessoalmente o cheque no "aniversário do Führer".[122] Ainda era vantajoso o "Fundo 'Adolf Hitler' da Economia Alemã" – que foi introduzido em junho de 1933, por incentivo de Gustav Krupp von Bohlen und Halbach –, segundo o qual os empregadores deveriam fazer uma doação trimestral no valor de meio por cento de suas despesas laborais, que poderiam descontar do imposto. Os valores entravam em fundos privados sobre os quais Hitler, por sua vez, podia dispor à seu bel-prazer. Para administrar a conta de doações, ele nomeou Martin Bormann, que financiou uma parte dos custos de ampliação da "Casa Wachenfeld" para se tornar a residência oficial alpina, o "*Berghof*".[123]

Seguindo o exemplo de seu Führer, a maioria de seus paladinos evadia suas obrigações tributárias, adquiria propriedades luxuosas e constituía fundos especiais, instituições e caixas dois, que não estavam sujeitos ao controle financeiro público. Destacava-se especialmente Göring, o segundo homem após Hitler, com seu estilo de vida pomposo – que incluia, entre outras coisas, sua mansão rural feudal "Carinhall", em Schorfheide, ao norte de Berlim –, embora também outros dignitários do Terceiro Reich não ficassem atrás no que tangia ao abuso de cargo inescrupuloso para fins de enriquecimento ilícito. Goebbels, que no passado ficava entre os críticos mais ferrenhos da "economia dos barões" da República de Weimar, vivia ele mesmo em grande estilo em sua mansão na ilha do lago Wannsee, em Schwanenwerder, e em outro domicílio ao lado do lago Bogensee, em Lanke, distrito de Niderbarnim. Também Albert Speer, que já em suas "memórias" iniciadas na prisão em Spandau entoava a ladainha sobre o bando de líderes corruptos, era usufrutuário do sistema de privilégios, escondendo do fisco seu patrimônio crescente desde meados dos anos 1930 e tendo adquirido, além de uma casa grande e nova na Lichtensteinallee, em Berlim, uma propriedade em Oderbruch.[124]

E como o alto escalão do regime, também os grandes funcionários na hierarquia do partido, dos *Gauleiter* até os *Kreisgruppenleiter* [líderes regionais] e *Ortsgruppenleiter* [líderes locais], operavam com suas redes de contato. Esbanjamento de recursos públicos, peculato e prevaricação com dinheiro do partido, cobiça e caça de cargos desenfreadas eram a ordem do dia.[125] "Nenhum dedo se mexia" contra a corrupção institucionalizada, como concluiu em retrospecto o ajudante de ordens Fritz Wiedemann, pois nada sobre isso podia ser relatado na imprensa coordenada e Hitler "protegia seus antigos combatentes de todas as violações de regulamentos": "Assim, essa praga corroía de cima para baixo, pois o que era correto para os grandes, os pequenos também consideravam razoável."[126]

Com a corrupção florescente, a atividade de construção fervorosa era um dos sinais mais conspícuos do governo nacional-socialista. Desde o início, Hitler pensou em dimensões que deveriam ultrapassar tudo que já existia até o momento. A magnitude superdimensionada deveria "impressionar o povo, bem como intimidá-lo, e dessa forma garantir psicologicamente seu domínio e o de seus seguidores".[127] Além disso, deveria também servir de testemunho para as gerações futuras da posição de poder única do Terceiro Reich, que ele, o Führer, graças à sua genialidade, conquistou após um período de decadência e deu de presente ao povo alemão. As obras monumentais encomendadas por ele, anunciou Hitler na convenção do partido de 1937, em Nuremberg, não seriam pensadas "para o ano de 1940, nem para os anos 2000, mas devem durar, como as catedrais de nosso passado, por milhares de anos no futuro".[128] Era necessário "construir com grandiosidade", como apenas as possibilidades técnicas permitem, ele declarou em outra oportunidade, "e construir para a eternidade!"[129]

Essas visões megalomaníacas não se cristalizaram na maneira cruel de pensar de Hitler apenas após 1933; elas remontam às ideias que o prisioneiro encarcerado em Landsberg desenvolvera já no primeiro volume de *Mein Kampf*. Nele, Hitler fazia reclamações vívidas sobre o fato de "nossas grandes cidades de hoje [...] não" possuírem "nenhum monumento que domine a paisagem urbana" e que "possa ser visto como emblema da época". Ao contrário, apresentou o exemplo das cidades da Antiguidade e da Idade Média, que – fosse com a Acrópoles ou com as catedrais góticas – teriam erigido construções que "não pareciam feitas para o momento, mas para a eternidade, pois refletiam em si não a riqueza de um proprietário, mas a grandiosidade e a importância da comunidade".[130]

Na mesma época em que Hitler escreveu isso, reclamava com o colega de cela, Rudolf Heß, "como poucas construções monumentais entregamos às gerações futuras, exceto alguns arranha-céus de apartamentos etc." Não havia "nada que pertencesse à universalidade, nada que correspondesse às nossas catedrais": "Nesse aspecto, também seria preciso avançar na Alemanha". Nesse sentido, Hitler apresentou ao seu surpreso seguidor os esboços já mencionados de uma imensa estrutura abaulada, que serviria de salão de reunião para "grandes festividades nacionais". Mesmo que o mundo social "não mostrasse compreensão plena" para um empreendimento tão suntuoso "e os burgueses soltassem imprecações, a posteridade entenderia; – o homem não vive apenas de pão, [e] a nação também não".[131] Assim, o sentido político de missão de Hitler e sua paixão por construções monumentais estavam intimamente ligados. Também depois da prisão em Landsberg, ele continuou a perseguir seus projetos arquitetônicos fantasiosos. O "tribuno" sonhava, relatou Heß sobre uma visita em conjunto a Berlim, em julho de 1925, "em continuar a ampliar" a megalópole que idolatrava. Apenas uma "cidade que transcendia a tudo" poderia, assim resumiu ele as reflexões de Hitler em dezembro de 1928, "superar de uma vez por todas, como epicentro inequívoco, a inclinação ao estado independente e à fragmentação estatal alemã".[132]

Hitler deixou não apenas Heß, mas também Goebbels participar de seus devaneios. "Ele fala da imagem arquitetônica futura do país e é um arquiteto completo", observou seu admirador em julho de 1926. Nos anos seguintes, o Führer e seu mestre propagandista sempre se dedicavam às fantasias luxuriosas conjuntas sobre as construções colossais serem erigidas: "Hitler desenvolve planos fantásticos sobre a nova arquitetura. É um homem extraordinário", entusiasmou-se Goebbels em outubro de 1930 e, um ano depois, poucos dias antes do encontro da "oposição nacional" em Bad Harzburg, mostrou-se quase encantado: "O chefe desenvolverá planos de construção para Berlim. Fantasticamente genial. Para milhares de anos. Uma ideia talhada em pedra. É um artista por natureza".[133]

Também para opinião pública, desde o início Hitler não fazia segredo sobre sua intenção de alterar fundamentalmente a imagem das grandes cidades assim que chegasse ao poder. Não queria erigir no vindouro Terceiro Reich edifícios utilitários, como armazéns e edificações fabris, arranha-céus e hotéis, como declarou em um discurso na Löwenbräukeller de Munique, no início de abril de 1929, mas "documentos da arte e da cultura [...] que perdurariam por milhares de anos": "Vemos as cidades antigas à nossa frente, Acrópole, Parthenon, Coliseu, vemos as cidades da Idade Média com suas catedrais gigantescas e [...] sabemos que as pessoas precisam de um epicentro como este se não quiserem enfrentar a decadência".[134]

Hitler ligava esses planos, por mais imaturos que ainda pudessem ser naquele momento, diretamente à tomada do poder. Ainda na noite de 30 para 31 de janeiro de 1933, ele chegou a falar sobre seus planos arquitetônicos em um de seus monólogos infindáveis. Em primeiro lugar, anunciou ele, ordenaria a reconstrução da Chancelaria do Reich, que seria, em seu estado na época, um "local de recepção indigno".[135] Na "conferência do Führer" em Munique, no final de abril de 1933, declarou querer construir "documentos novos, inesquecíveis", que levariam o povo alemão "às fileiras dos grandes povos culturais da história mundial": "Não trabalhamos para o momento, mas para o veredito de milhares de anos".[136] E, em meados de 1934, quando Albert Speer apresentou a Hitler sua mulher em uma recepção noturna, o chanceler comentou em um tom festivo, nada jocoso: "Seu marido construirá prédios para mim como não existem mais há quatro mil anos".[137]

Muito se especulou sobre os motivos pelos quais Hitler recorreu exatamente a Speer. O próprio ditador, se acreditarmos na descrição de Speer, deu uma explicação aparentemente plausível: "Busquei um arquiteto a quem poderia confiar meus planos de construção. Precisava ser jovem, pois como o senhor sabe, esses planos são para o futuro. Precisava de um que também pudesse continuar com a autoridade concedida por mim depois da minha morte. Eu vi este homem no senhor".[138] Obviamente havia mais coisas em jogo: com seu olhar aguçado para os pontos fortes e fracos de outras pessoas, o ditador reconheceu em Speer não apenas o talento arquitetônico e organizacional, mas também a ambição ardente que se escondia por trás da aparência fria, sempre controlada. Além disso, Hitler talvez tenha visto no arquiteto emergente uma incorporação de tudo aquilo que ele havia sonhado em seus anos de juventude – uma espécie de *alter ego*, "mas desenvolvido sem esforço, com a segurança de suas boas origens".[139] De qualquer forma, mostrava mais simpatia para com ele do que com qualquer outro membro de sua corte, exceto Goebbels. Sempre se aventou que a afeição talvez ressoasse também um "elemento erótico", mas, como em quase todas as afirmações concernentes a tudo na vida sentimental de Hitler, faltam provas seguras.[140]

Speer, por sua vez, como reconheceu em seus "Diários de Spandau", sentia-se bem na presença de Hitler e "honestamente atraído por ele".[141] Apreciava estar nas graças daquele homem poderoso e encontrar nele um patrono generoso que, lhe abria possibilidades aparentemente ilimitadas em sua área de atuação antes de completar trinta anos. Constava do repertório padrão de suas histórias pós-1945 sobre seu papel como arquiteto preferido do Führer o fato de ele não ter tido escolha além de agarrar a chance divina oferecida a ele e, como Fausto, vender sua alma a Mefisto. Hitler não exercera sobre ele apenas "um poder sugestivo e coercitivo", mas também criava nele, através da grandiosidade da tarefa atribuída, uma "sensação inebriante" e "autoengrandecimentos gigantescos", que logo se tornaram necessários para ele, "como o viciado precisa da droga".[142] No entanto, Speer não era tão emocionalmente dependente, como descreveu mais tarde. Obviamente ficou muito suscetível aos projetos de construção megalomaníacos e não precisou ser convencido por Hitler do seu significado. A forma como era grande sua aprovação das ideias políticas e arquitetônicas do ditador e como, ao mesmo tempo, procedeu de forma calculista para manter sua simpatia de forma duradoura foi ilustrado por seu artigo *Die Bauten des Führer* [As construções do Führer], do ano de 1936, que poderia perfeitamente competir em adulação com os panegíricos de Goebbels: "Será um evento único na história do povo alemão que, na virada decisiva, seu Führer não apenas dará início à maior nova ordem ideológica e política de nossa história, mas, ao mesmo tempo, no que tange ao conhecimento técnico superior como arquiteto, criará as construções de pedra que servirão de testemunhos tanto da vontade política como do poder cultural de sua grande época por milhares de anos".[143]

O projeto-piloto da cooperação intensa que começou naquela época foi Nuremberg, o palco da convenção do partido. No início de 1934, Speer recebeu a missão de substituir a arquibancada de madeira provisória no Campo Zeppelin por uma arquibancada imensa de pedra. Hitler ficou tão encantado com os planos que confiou ao arquiteto, no outono de 1934, o planejamento completo dos terrenos da convenção do partido.[144] Ao lado dos já existente salões de reunião e praças de parada – a Luitpoldhalle, a Luitpoldarena, o Antigo Estádio e o Campo Zeppelin – deveria ser construída uma série de grandes edifícios: um pavilhão de convenções, o Estádio Alemão e o Campo de Marte. Poucos meses depois, Hitler pôde apresentar ao prefeito Liebel, de Nuremberg, os primeiros esboços. Foi fundada para a execução dos projetos, no final de março de 1935, uma Associação Especial dos Territórios da Convenção do Partido em Nuremberg", na qual Speer, sob a invocação da "vontade do Führer, pôde usar suas ideias sem muito esforço. Como data para o término do complexo inteiro era contemplada a 10ª convenção do partido após a "tomada do poder", ou seja, setembro de 1943.[145] Hitler sempre visitava Nuremberg e obtinha informações sobre o avanço dos trabalhos. Mas também na Chancelaria do Reich, em Berlim, ele se ocupava frequentemente com os esboços de Speer. "O Führer nos mostra os planos de Nuremberg [...]", anotou Goebbels em dezembro de 1935. "Realmente grandiosos. Monumentalidade excepcional! Speer fez bem."[146] Por outro lado, Hitler mostrava-se pouco interessado na questão do financiamento: "O Führer não quer falar de dinheiro. Construir, construir! Logo se paga. Frederico, o Grande, também não perguntou sobre dinheiro quando construiu o [palácio] Sanssouci".[147]

O plano de Speer reuniu as instalações existentes e as recém-projetadas em um complexo, cujo elemento de ligação era uma "Grande Via" com dois quilômetros de comprimento, pavimentada com placas de granito. Na sua extremidade sul seria montado o Campo de Marte, um espaço de parada gigantesco para a *Wehrmacht*, com 1.050 metros de largura e 600 metros de comprimento, cercado por arquibancadas para 160 mil espectadores e coroado por uma Deusa da Vitória, que superaria a Estátua da Liberdade de Nova York em catorze metros.[148] Para o pavilhão de convenções na parte norte, recorreu-se aos projetos de Ludwig Ruff, arquiteto de Nuremberg, que recebeu a aprovação de Hitler no início de junho de 1934. Era pensado como ponto central sagrado da convenção do partido e ofereceria lugar para 50 mil pessoas – "a construção fechada mais monumental desde a Antiguidade", entusiasmou-se Goebbels.[149] Ali, como declarou Hitler no lançamento da pedra fundamental, em 12 de setembro de 1935, deveria reunir-se uma vez ao ano "a elite do Reich nacional-socialista por séculos": "Porém, se o movimento alguma vez precisar se calar, esse testemunho ainda falará por mil anos. No meio de um bosque sagrado de carvalhos anciãos, as pessoas admirarão, em espanto reverente, esse primeiro gigante sob as construções do Terceiro Reich".[150]

O Estádio Alemão foi planejado para ser ainda maior em suas dimensões, uma construção em forma de ferradura, com capacidade para mais de 400 mil espectadores – a maior arena esportiva do mundo, frente à qual o Estádio Olímpico de Berlim pareceria pequeno. No lançamento da pedra fundamental, em 9 de setembro de

[FOTO 53] Adolf Hitler com o arquiteto Albert Speer e Ludwig Ruff diante dos projetos para o complexo da convenção do partido em Nuremberg

1937, Hitler parabenizou Speer diante do alto escalão do partido reunido: "É o maior dia da vida de vocês!"[151] Nesse momento deve ter ficado claro ao arquiteto-estrela quais objetivos políticos se conectavam com a arquitetura colossal na concepção de Hitler. Era uma antecipação à política de expansão externa incipiente na época, em cujo fim o Terceiro Reich não se estabeleceria apenas como força hegemônica europeia, mas desempenharia um papel de domínio mundial.[152] Quando Speer, em meados do primeiro semestre de 1937, chamou a atenção de seu cliente que o tamanho superdimensionado do campo esportivo não correspondia às normas olímpicas, Hitler teria respondido: "Não importa. Em 1940, os Jogos Olímpicos acontecerão em Tóquio pela última vez. Mas, depois disso, serão realizadas para todo o sempre na Alemanha, neste estádio. E a medida do estádio esportivo será determinada por nós".[153]

Nenhuma das obras gigantescas seria concluída. No início da Segunda Guerra Mundial, não se avançou além dos trabalhos de escavação do Estádio Alemão. Apenas poucas das 26 torres dos portais previstas feitas de travertino foram acabadas. E também o pavilhão da convenção ficou inacabado, embora ali os trabalhos tivessem avançado mais que os outros e continuado ainda por algum tempo.[154] Porém, mesmo se Hitler não tivesse desencadeado a guerra em 1939, o prazo definido para a inauguração do complexo não teria sido cumprido, pois o território do partido não era o único grande canteiro de obras. Munique, a "capital do movimento", também deveria ser transformada. Além de uma nova estação de trem central, foi planejada, entre outros, como emblema futuro da cidade, uma "coluna do movimento" gigantesca, desenhada por Hitler, que teria ultrapassado em muito as torres da *Frauenkirche*. Hitler não incumbiu Speer da execução em 1937, mas um arquiteto de Munique, Hermann Giesler – fiel à sua máxima de dividir responsabilidades e fomentar as batalhas de concorrência para estimular seus funcionários a ter o máximo de desempenho. Giesler recebeu também, em meados do segundo semestre de 1940, a incumbência da restauração de Linz, a "cidade natal do Führer". Ali deveriam ser construídas duas pontes representativas do Danúbio, um *Gauforum* [complexo da administração regional nazista] com dois grandes galpões, uma galeria de pintura e o retiro de aposentadoria de Hitler. Para Hamburgo, foi prevista a construção de uma ponte suspensa sobre o rio Elba que ofuscaria a ponte Golden Gate, em São Francisco. E programas de construção revolucionários para uma série de outras cidades também estavam em curso.[155]

No centro de todos os planejamentos, contudo, estava a capital do Reich. Berlim precisaria "ser elevada a um nível de cultura e planejamento urbano que possa concorrer com todas as capitais do mundo", declarou Hitler, em setembro de 1933, para uma delegação da administração municipal com o "comissário do Estado" e, mais tarde, o prefeito Julius Lippert à frente.[156] Para esse fim, ele prometeu dispor anualmente de 40 milhões de *Reichsmark* – um valor que aumentou, em julho de 1934, para 60 milhões. Como peça principal da restruturação, emergia nas reuniões dos meses seguintes a construção de um grande eixo norte-sul. Para tanto, seriam usados principalmente os terrenos do sistema de vias férreas das estações de Potsdam e Anhalter, que deveriam ser abandonadas em favor das duas estações centrais a serem erguidas nas extremidades norte e sul. Em março de 1934, Hitler apresentou às autoridades da cidade sua ideia preferida: nas proximidades da nova Estação Sul, ele desejava "um gigantesco arco do triunfo para o exército invicto da Guerra Mundial" e, no centro, próximo ao Portão de Brandemburgo, um "pavilhão de eventos com uma capacidade de 250 mil pessoas".[157] No entanto, os projetos não avançariam tanto, fosse porque a administração municipal berlinense, em face das intervenções radicais pretendidas na paisagem da cidade grande, tivesse ficado hesitante, fosse porque o próprio Hitler tivesse ficado indeciso sobre a quem deveria confiar a tarefa secular. Ele "ainda não" conhecia "o arquiteto certo", foi o que informou a Lippert no final de junho de 1935. "Eu não poderia dizer ainda se Speer seria adequado."[158]

No início de 1936, Hitler pareceu ter se decidido. Ele ainda precisava apresentar uma atribuição de construção, "a maior de todas", Speer comentou casualmente. Ou seja, ele quase não ficou surpreso quando Hitler, poucos meses depois, mandou chamá-lo e pediu para que assumisse o planejamento integral de restruturação da capital do Reich. Nessa oportunidade, o ditador entregou ao seu arquiteto, segundo as lembranças deste, dois esboços do arco do triunfo e do pavilhão abobadado com a observação: "Fiz esses desenhos dez anos atrás. Eu sempre os preservei, pois nunca duvidei que um dia seriam construídos. E agora queremos executá-los".[159] Speer, que já seguia as diretrizes de Hitler na ampliação do terreno da convenção do partido em Nuremberg, aceitou também suas sugestões para a construção do arco do triunfo berlinense. "Na casa do Führer. Vi com ele e Speer os planos de restruturação de Berlim", anotou Goebbels em meados de novembro de 1936. "Um complexo excelente. Planejado de forma imensa e monumental. Calculado para vinte anos. Com uma gigantesca via de norte a sul. Ali surgirão os novos prédios gloriosos. Com isso, elevaremos Berlim à cidade líder mundial. O Führer pensa com grandeza e ousadia. Está cem anos à frente."[160] Contudo, o que Goebbels atribuía unicamente a Hitler era em boa parte a obra de Speer; muitos elementos indicam que o novo preferido queria, ao lado de seu mestre arquiteto, poder satisfazer da melhor forma possível suas obsessões arquitetônicas, buscando aumentar ainda mais seu furor opressor e exagerado.[161]

Em 30 de janeiro de 1937, Hitler nomeou Speer o "Inspetor de Construção Geral para a Capital do Reich" (GBI, *Generalbauinspektor für die Reichschauptstadt*). Sua nova agência recebeu como sede a "Academia das Artes", na Pariser Platz, que tinha a vantagem de ser acessível para Hitler através dos jardins dos ministros, sem que ele fosse percebido pelo público.[162] Às vezes, aparecia com todos os convivas, mas era mais frequente passar sozinho após o almoço ou tarde da noite nas antigas salas de exposição da Academia, onde a cidade modelo tomava forma aos poucos. Ficava especialmente entusiasmado com o modelo construído do Eixo Norte-Sul na escala de 1:1000, que era dividido em partes e podia ser estendido sobre mesas com rodízios. Nunca, lembrava-se Speer, ele havia visto Hitler "tão vívido, tão espontâneo, tão relaxado" como nos momentos em que se curvavam juntos sobre os projetos e ficavam arrebatados com a dimensão colossal dos edifícios.[163] Obviamente, o pai de Speer, a quem o filho famoso, cheio de orgulho, um dia apresentou o modelo, reagiu com visível desconcerto: "Vocês ficaram completamente loucos!"[164]

De fato, os projetos ofuscavam tudo em sua megalomania. O Eixo Norte-Sul, a peça pomposa, teria 120 metros de largura e sete quilômetros de comprimento – significativamente mais largo e mais longo que a Champs Elysées, em Paris.[165] A estação central, em seu início a sul, previa quatro andares ligados com escadas rolantes e elevadores e deveria sobrepujar em muitas vezes a nova-iorquina *Grand Central Station*. Quem entrasse na praça diante da estação ficaria estupefato com a visão do gigantesco Arco do Triunfo, que, com seus 170 metros de largura, 119 metros de profundidade e 117 metros de altura, faria o *Arc de Triomphe* de Napoleão parecer um brinquedo.[166] Pela abertura de oitenta metros do "grande arco", o olhar do observador seria magicamente atraído pela cúpula que se ergueria a uma distância de cinco quilômetros do "Grande Pavilhão", que era a expressão mais significativa para o absurdo dos projetos. Ele deveria oferecer lugar para 150 a 180 mil espectadores; com uma altura de 226 metros e um diâmetro de 250 metros, o espaço interno seria sete vezes maior que a Catedral de São Pedro, em Roma. No aniversário de 48 anos de Hitler, em 20 de abril de 1937, Speer presenteou-o com um modelo do pavilhão abobadado. "Ficamos até duas da manhã diante dos projetos, imersos em fantasias", anotou Goebbels.[167]

Além do Arco do Triunfo e do pavilhão abobadado, a via gloriosa deveria ser cercada por uma fileira de outros prédios oficiais: entre eles um "pavilhão dos soldados" com uma cripta, na qual seriam abrigados os sarcófagos de líderes do exército alemães famosos do passado ou de campanhas futuras; um "gabinete do marechal do Reich" para Hermann Göring, cuja escadaria barroca, supostamente a maior do mundo, corresponderia à necessidade de luxo de seu futuro morador; mas, especialmente, um "palácio do Führer" para Hitler, uma construção semelhante a uma fortaleza, que seria equipada com janelas de correr a prova de balas e um portal de entrada de aço. "Porém, não se exclui a possibilidade de me ver ser obrigado a tomar medidas impopulares. Talvez haja então uma comoção. Nesse caso, é preciso haver precauções [...] O centro do Reich precisa poder ser defendido como uma fortaleza", Hitler teria instruído seu arquiteto – uma observação que deixa reconhecer quais medos secretos se escondiam por trás da megalomania e da autodeificação.[168] Deveriam acompanhar os padrões das edificações extraordinárias esculturas de monumentalidade heroica semelhante, esculpidas por Arno Breker, que conquistou a preferência de Hitler com sua obra *Zehnkämpfer* ["Dez combatentes"] para o campo esportivo do Reich, em 1936, e rapidamente conseguiu acesso ao círculo mais íntimo do poder.[169]

Sem dúvida, os planos megalomaníacos de Hitler para Berlim podem ser entendidos apenas quando os relacionamos com suas ambições hegemônicas de po-

[FOTO 54] O Eixo Norte-Sul em Berlim. À frente, a Estação Central e o Arco do Triunfo; ao fundo, o Grande Pavilhão (abobadado).

lítica externa. De certa forma, antecipam na prancheta o que seria realizado apenas através da expansão bélica. "O senhor entende por que faremos isso com tanta grandiosidade?", ele perguntou certo dia a Speer e deu ele mesmo a resposta. "Porque é a capital do Reich alemão."[170] E também perante Goebbels o ditador não escondia suas intenções. Na metade de março de 1937, poucas semanas após a nomeação de Speer como inspetor geral de construções, ele confiou seu plano ao ministro da Propaganda, em uma conversa noturna, de logo incorporar a Áustria e a Tchecoslováquia ao Reich: "Precisamos ter os dois para arredondar nosso território. E eles também conseguirão [...] Se seus cidadãos vierem para a Alemanha, serão totalmente arrebatados pelo tamanho e força do Reich [...] Por isso os planos de construção gigantescos do Führer. Ele não desistirá".[171] No início do verão de 1939, depois de Hitler ter encerrado a primeira etapa da expansão e preparado a próxima, ele apontou, novamente diante do modelo e imerso em pensamentos, para a águia imperial com o emblema nazista nas garras, que deveria encimar o edifício abaulado: "Isso aqui deve ser alterado. Aqui, a águia não deve mais ficar sobre a suástica, aqui ela vai dominar o globo terrestre!"[172] E Speer não ficou de forma alguma surpreso com esse ataque de grandeza imperial que surgiu nessa declaração, tampouco assustado, mas viu refletidas nele suas próprias intenções. Seria este mesmo "o sentido em si" de suas construções, ele reconheceu em conversa com a jornalista britânica Gitta Sereny, no final dos anos 1970: "Toda minha vontade estava voltada ao domínio que esse grande homem teria sobre a Terra".[173]

A nova Berlim deveria ser a capital de um futuro reino mundial – nisso o mestre construtor e o arquiteto-chefe estavam de acordo. Ainda em seus monólogos no quartel-general do Führer, Hitler sempre voltava aos devaneios luxuriosos comuns. Quem entrasse no "palácio do Führer" precisaria "ter a sensação de estar diante dos senhores do mundo". Como "capital mundial", que deveria ser rebatizada de "Germânia", Berlim seria comparada apenas a Babilônia ou a Roma: "O que é Londres, o que é Paris frente a isso?".[174] Obviamente era judicioso não apresentar esses planos ao público, pois Hitler ainda aparecia, até a segunda metade dos anos 1930, sob a máscara do político pacífico. O público foi informado sobre a dimensão monstruosa da restruturação de Berlim apenas de forma fragmentária. Speer informou a *Deutsch Nachrichtenbüro* (DNB) em janeiro de 1938, sobre a ideia fundamental, o Eixo Norte-Sul, que Hitler comunicou já em 1933-1934 aos políticos municipais, mas sobre as construções colossais planejadas ele falou apenas através de insinuações. E isso valia também para os artigos que os diferentes jornais lançaram em 1938-1939. A pedido de Hitler, Goebbels precisou readaptar seu discurso para o lançamento da pedra fundamental da Casa do Turismo, em junho de 1934: "Por precaução, ele não quer que eu comente demais sobre a monumentalidade de nossa restruturação de arquitetônica". [175]

Speer comprometeu-se a terminar todas as obras no ano de 1950. Hitler queria pressa. "O senhor precisa começar com tudo para terminar enquanto eu estiver vivo", pressionou ele durante um piquenique no início do segundo semestre de 1936. "Apenas quando eu mesmo tiver discursado e regido nelas, elas receberão a consagração que precisam para os meus sucessores."[176] Em junho de 1938, os trabalhos foram iniciados em doze pontos simultaneamente – para "o projeto de construção mais grandioso de todos os tempos", como Goebbels observou. Não foi coincidência que o ministro da Propaganda tivesse falado na mesma anotação do "objetivo: expulsão dos judeus de Berlim".[177] Afinal, para a construção do Eixo Norte-Sul, não bastavam os terrenos ferroviários das estações de Potsdam e de Anhalter; casas precisavam ser demolidas e ser criadas residências substitutas para os inquilinos. Speer registrou, em uma reunião com a administração municipal de Mitte, em setembro de 1938, o que ele imaginava: "liberar os prédios necessários através do despejo dos judeus". O inspetor geral de construção pediu que a proposta fosse "tratada com extremo sigilo", pois ele "primeiramente" queria "se informar da opinião do Führer".[178] Após *Kristallnacht*, em 9 de novembro de 1938, da qual ainda trataremos, Speer deu um passo significativo para seu objetivo. Em 26 de novembro, Göring decretou, na qualidade de responsável pelo Plano de Quatro Anos, que o GBI receberia um "direito de preferência de compra" após a "retirada dos judeus de residências, lojas e armazéns etc."[179] Speer conseguiu, apoiado pela "ordem do Führer", fazer frente a todas as reivindicações concorrentes.

[FOTO 55] Modelo de gesso do grande pavilhão (abobadado) planejado para "Germânia, a capital mundial".

Com o início da Segunda Guerra Mundial, primeiramente o trabalho em todos os canteiros de obra foi interrompido. No entanto, após a vitória sobre a França, Hitler ordenou em decreto, datado de 25 de junho de 1940, o seguinte: "Berlim precisa no tempo mais curto possível alcançar a expressão condizente a ela pela grandiosidade de nossa vitória como capital de um Reich novo e forte através de sua restruturação arquitetônica".[180] Com isso, o acesso de Speer às "casas judaicas" também voltou a ser assunto urgente. O que o arquiteto preferido de Hitler não queria lembrar após 1945 e o que escondeu de seu interlocutor confiável, Joachim Feste, os historiadores trouxeram à luz aos poucos a partir dos anos de 1980: a agência de Speer desempenhou um papel de protagonista na detenção dos judeus e sua deportação para os campos de concentração.[181]

Entre o fim do outono de 1940 e meados de 1941, Hitler ainda visitou várias vezes o modelo na Academia de Arte. "Sentia-se como ele ficava mais terno quanto mais dizia: muito bonito, muito bonito", anotou um funcionário de Speer sobre uma "visita do Führer" em março de 1941. "Agora todos precisam estar convencidos quando surgir a pergunta: após esses trabalhos, ainda existirão detratores que não concordam com a restruturação de Berlim? O sr. Speer diz que não." Ao olhar o pavilhão abobadado, Hitler dava tapas "de alegria na coxa", pois Speer o havia aumentado em alguns metros: "O Führer pergunta: qual a altura do pavilhão? Speer: mais de trezentos metros. É uma questão de honra que ele não fique menor. O Führer ri e diz que é a disposição correta, era preciso pensar assim. Trezentos metros, isso significa a altura de Obersalzberg a partir de Berchtesgaden".[182] Hitler sentia-se, naquele momento, enquanto preparava a campanha de dizimação projetada como *Blitzkrieg*, já um vencedor inequívoco. Mas, após alguns revezes militares inesperados a partir do outono e inverno 1941, a situação mudaria fundamentalmente. Até março de 1943, os trabalhos foram interrompidos nos canteiros de obra; como em Nuremberg, também em Berlim nenhuma construção monumental planejada foi realizada.

Por outro lado, ainda antes da guerra, outra construção foi concluída: a nova Chancelaria do Reich, na Voßstraße. Para tanto, Hitler definiu a atribuição, segundo a descrição de Speer, para o fim de janeiro de 1938: "Precisarei ter reuniões importantíssimas em breve. Por isso preciso de grandes corredores e salões, com os quais eu possa me impor aos potentados especialmente menores [...] Quanto tempo o senhor precisa? Planejamento, demolição, tudo junto? Um ano e meio ou dois seriam suficientes para mim. Consegue terminar até 10 de janeiro de 1939? Quero fazer a próxima recepção de diplomatas na nova chancelaria".[183] Essa descrição não corresponde totalmente à verdade, como muitas das "memórias" de Speer, pois na verdade Hitler já tinha em mente, em 1934, nas reuniões com representantes da cidade de Berlim, a construção de uma "residência" para sua representação pessoal. A partir de 1935, os terrenos na Voßstraße foram comprados e os prédios derrubados, entre eles também a *Gauhaus* [sede da administração distrital], que

Speer havia reconstruído em 1932. Até meados do ano de 1937, os projetos para a construção da nova Chancelaria do Reich estavam elaborados; em abril de 1938, os trabalhos começaram.[184]

Embora os trabalhos prévios importantes já tivessem sido realizados, a observância do prazo apertado representou um desafio especial ao talento de improvisação de Speer e ao talento da administração de canteiro de obras dos arquitetos Karl Piepenburg e Walter Kühnell. Quatro mil e quinhentos operários trabalhavam em dois turnos, 24 horas por dia. "E agora [...] não é mais o ritmo norte-americano; agora já temos o ritmo alemão", Hitler elogiou na festa da cumeeira, em 2 de agosto de 1938.[185] Em 7 de janeiro de 1939, Speer levou Hitler pelos cômodos quase prontos e, dois dias depois, após a entrega oficial, o ditador comemorou diante de 8 mil operários no *Sportpalast*, de Berlim, a nova Chancelaria do Reich como "a primeira obra do grande novo Reich alemão".[186]

A construção ocupava todo o lado norte da Voßstraße, com 422 metros de comprimento. Os visitantes chegavam primeiramente pelo portão principal, na Wilhelmplatz, ao "pátio principal" e de lá atravessavam um lance de escadas ladeado por duas esculturas em tamanho maior que o real até estarem dentro do prédio. Para chegar até a sala de recepção, precisavam atravessar uma sequência de apo-

[FOTO 56] O gabinete de trabalho de Hitler na nova Chancelaria do Reich, 1939.

sentos: um saguão, um salão de mosaicos, um salão redondo com cúpula e, por fim, a galeria de mármore, que, com 146 metros, tinha o dobro da sala de espelhos de Versalhes, a qual imitava. Hitler gostou do longo caminho que os estadistas estrangeiros precisariam percorrer no futuro. Assim, eles "teriam uma prova da força e da grandiosidade do Reich alemão".[187] O gabinete de trabalho de Hitler, cujas dimensões (27 metros de comprimento, 14,5 metros de largura, 9,7 metros de altura) também se assemelhavam as de uma sala do trono, era pensado para ser intimidante. Uma *intarsia* na madeira de sua imensa escrivaninha com a representação de uma espada semiretirada do porta-espada também o deixava entusiasmado: "Bom, bom [...] quando os diplomatas virem que estão sentados diante de mim nesta mesa, vão aprender o que é o medo".[188] Nem seis anos depois, a nova Chancelaria do Reich ficou em escombros; o sonho monstruoso de Hitler do grande reino ariano e da "capital mundial, Germânia", estourou como o balão de ar na paródia genial e clarividente de Hitler feita por Charles Chaplin, *O grande ditador*, do ano de 1940.

18

A CORTE DE BERGHOF

"Meio-dia em Obersalzberg", anotou Goebbels, em 17 de julho de 1936, poucos dias após a inauguração de Berghof. "O Führer nos recebe com grande alegria na escadaria. E nos mostra toda a casa nova com nossos quartos. Ficou linda. Quartos de hóspedes confortáveis. Um *hall* maravilhoso. Uma única casa de campo entre as montanhas. Aqui se pode descansar. O Führer está muito feliz. Aqui ele está em casa."[1] Ao alugar a casa Wachenfeld, em 1928, Hitler tinha se garantido com um direito de preempção. Em setembro de 1932, Margarete Winter, proprietária e viúva do empresário de Buxtehude, apresentou-lhe uma proposta de venda. Em junho de 1933, poucos meses após sua nomeação para chanceler do Reich, Hitler passou a propriedade e o inventário para seu nome. Albert Speer, que havia sido convidado para ir ao local pela primeira vez na primavera de 1934, não se mostrou muito impressionado: "Após Berchtesgaden, seguia-se uma rua íngreme e esburacada pela montanha, até a confortável casinha de madeira de Hitler em Obersalzberg nos esperar com seu telhado saliente e os cômodos modestos: uma sala de jantar, uma pequena sala de estar, três quartos. Os móveis eram do período *Vertiko*, de ufanismo da antiga Alemanha, em que os armários eram pequenos, com duas portas e gaveta na parte de cima, e davam à residência um ar de confortável pequena burguesia."[2]

Segundo lembra Speer, Hitler tomou a decisão de transformar a modesta casa de férias no representativo Berghof no verão de 1935. O próprio ditador desenhou os esboços. Após seus projetos, o arquiteto Alois Degano, de Gmund am Tegernsee, elaborou a planta. A casa Wachenfeld não foi demolida, mas integrada à nova construção no térreo e no primeiro andar através de aberturas nas paredes. Com uma empena de 17 metros de largura e 37 metros de comprimento, em comparação com o antigo domicílio, a nova construção tinha uma aparência maciça. As obras, que se iniciaram em março de 1936, foram realizadas a toque de caixa. Em 8 de julho, Berghof já podia ser inaugurada. Os atiradores dos *Berchtesgadener Weihnachtsschützen*[*] marcharam até suas posições e deram uma salva de tiros.[3] No financiamento

---

[*]   Literalmente, "tiros de Natal de Berchtesgaden". Trata-se de uma tradição da cidade bávara, em que alguns de seus habitantes dão salvas de tiros em ocasiões festivas, como Natal e Ano-novo, mas também em inaugurações, como ocorreu no caso de Berghof. (N.T.)

do projeto, Martin Bormann, chefe de equipe junto ao "representante do Führer", prestou serviços úteis a Hitler e, assim, conseguiu ter acesso à vida privada do ditador. Usou a nova posição de confiança para tornar-se imprescindível em Obersalzberg. Ainda durante as obras em Berghof, começou a comprar os terrenos em volta da propriedade de Hitler, lote por lote. Quem não quisesse ceder sua posse espontaneamente sofria forte pressão, além de ser ameaçado de desapropriação e envio para um campo de concentração. As antigas propriedades rurais foram demolidas e, em seu lugar, Bormann mandou construir novos edifícios: um complexo de casernas, no qual a companhia de guarda da ss era alojada; uma propriedade instalada como modelo de empresa rural; uma estufa, que tanto no verão quanto no inverno forneceria frutas e verduras frescas ao vegetariano Hitler; uma pequena casa de chá em Mooslahner Kopf, apenas algumas centenas de metros abaixo de Berghof, e, por fim, o projeto mais dispendioso de todos, uma segunda casa de chá, desta vez maior, no topo do Kehlstein, cerca de oitocentos metros acima de Berghof.[4]

Nos primeiros anos do Terceiro Reich, os seguidores de Hitler ainda podiam peregrinar livremente a Obersalzberg para observar seu admirado ídolo das proximidades. E o próprio Hitler fazia caminhadas com seus convidados nos arredores, por exemplo, até Hochlenzer, uma pequena estalagem de montanha, onde se podia sentar ao sol em bancos de madeira e tomar refrescos. Contudo, após 1936, Obersalzberg foi declarada "área de proteção do Führer" e hermeticamente bloqueada com cercas de arame. Só se podia entrar na área com uma identificação especial. Os acessos ao circuito interno eram rigorosamente vigiados pelos guardas da ss. Com isso, todo contato espontâneo de Hitler com o público foi impedido.[5]

Até os anos da guerra, Obersalzberg permaneceu um grande canteiro de obras. "As pequenas trilhas idílicas pelos campos se transformaram em vias largas e ruas asfaltadas. Onde até então juntas de bois eram tranquilamente puxadas pelo caminho, gigantescos caminhões de carga e escavadoras faziam barulho sem cessar. Dos pastos cobertos de flores fez-se um gigantesco depósito de entulho e das florestas, acampamento. A tranquilidade das montanhas foi rompida com os estrondos das explosões à dinamite."[6] Embora entre os amigos mais próximos Hitler brincasse com a sanha construtora de Bormann – não era à toa que tinha esse nome, uma vez que "perfurava"[7] todas as montanhas[†] –, na verdade, ele sabia apreciar a confiabilidade de seu diligente colaborador, que sempre estava pronto, como um caderno de anotações ambulante, para captar os desejos do Führer e satisfazê-los de imediato.

A promoção de Bormann à corte do ditador não permaneceu oculta ao *entourage*. Goebbels – que nesse aspecto era muito atento, pois ele próprio queria sempre desfrutar da afeição de Hitler – escreveu no final de outubro de 1936: "Com

---

[†]   Aqui o autor brinca com a semelhança entre o nome Bormann e o termo Bohrmann, que significa "o homem que perfura". (N.T.)

Bormann, o Führer diz estar satisfeito. Ele tem energia e circunspecção." E após outra visita a Obersalzberg, constatou: "Bormann trabalha aqui em cima com solidez e segurança. Ele está [bem] firme em sua posição."[8] Para se manter sempre próximo a Hitler, Bormann assumiu um antigo casarão em Obersalzberg. Em 1934, Hermann Göring já havia mandado erguer no local sua própria casa de campo, até que modesta para sua condição. Albert Speer não quis ficar para trás: no início do verão de 1937, alugou uma chácara, que reformou para transformar em residência para sua família, instalando ao lado um ateliê, no qual podia trabalhar em seus projetos arquitetônicos.[9]

A residência de Hitler nos Alpes abrangia trinta cômodos, distribuídos em três andares. O centro representativo era o grande *hall* com a principal atração, uma enorme janela panorâmica retrátil, que permitia ver a Untersberg, onde, segundo a lenda, o imperador Frederico Barbarossa dormia para um dia retornar. Diante da janela havia uma mesa de mármore de seis metros de comprimento, sobre a qual eram depositados documentos para Hitler assinar, e onde estendiam-se projetos dos arquitetos, bem como, na guerra, os mapas dos militares. Ao lado da mesa havia um globo de dimensão igualmente incomum, cujo significado simbólico, com a passagem do regime nacional-socialista para uma política agressiva de expansão, não podia passar despercebido ao observador. Dois conjuntos de assentos, um ao

[FOTO 57] A janela retrátil no grande *hall* de Berghof, em Obersalzberg.

redor de uma mesa redonda, perto da janela, e o outro nos fundos do salão, agrupados diante de uma grande lareira, completavam a decoração, da qual Gerdy Troost fora encarregada. Hitler tinha a viúva do arquiteto Paul Ludwig Troost em alta conta e visitava seu ateliê sempre que estava em Munique. Dela também vinham as duas tapeçarias *gobelins* no grande *hall*, que não apenas serviam para decorar as paredes, mas também tinham uma função prática para as sessões cinematográficas noturnas: uma cobria as pequenas aberturas das janelas que davam para a sala de projeção, e a outra, no lado oposto, a tela onde eram projetados os filmes.[10]

Hitler tinha um orgulho especial da coleção de pinturas de mestres italianos do século XVI e de pintores alemães do século XIX, que podia exibir aos convidados no grande *hall* – entre essas pinturas havia "Vênus e Amor", de Paris Bordone; "Paisagem com ruínas romanas", de Giovanni Paolo Pannini; o *tondo* com a Madonna, de Giuliano Bugiardini, "Eva com o filho Abel", do vienense e nazareno Edward von Steinle; "A arte a serviço da religião", de Moritz von Schwind. Contudo, seu quadro preferido era o retrato "Nanna", de Anselm Feuerbach, que tinha certa semelhança com Geli Raubal, sobrinha de Hitler: "A Nanna não é linda? Sempre sinto necessidade de olhar para ela. Aqui, sobre a lareira, ela ganhou um lugar maravilhoso. Sua mão tem uma luz, como se estivesse viva", uma de suas secretárias reproduziu seu entusiasmo arrebatado.[11] Naturalmente, também não podia faltar nessa coleção um grande busto de bronze de Richard Wagner, esculpido por Arno Breker. Ficava sobre uma imponente cômoda, na qual haviam sido instalados os alto-falantes para reproduzir o som dos filmes.

Separada do grande *hall* apenas por uma pesada cortina de veludo ficava a sala, decorada com móveis rústicos, da antiga casa Wachenfeld – o único cômodo que ainda lembrava o antigo idílio bucólico e irradiava certo conforto. Era ocupada predominantemente por uma grande lareira verde de cerâmica, cujos azulejos haviam sido modelados à mão por Sofie Stork, artesã de Munique e amiga do chefe-adjunto, Wilhelm Brückner. Especialmente nos meses de inverno, o banco colocado ao redor da lareira era um local apreciado para receber os convidados, pois no *hall* monumental sempre fazia muito frio. À direita da janela havia um grande armário com livros, que, entre outros, continha a enciclopédia *Meyers Lexikon*. Hitler gostava de consultar os volumes quando surgiam opiniões diferentes sobre determinado conteúdo e o Führer queria provar que novamente estava certo com sua fenomenal memória.[12]

Por um espaçoso vestíbulo chegava-se à sala de jantar, cujas paredes e cujo assoalho eram revestidos de zimbro com desenhos. Uma longa mesa de jantar oferecia lugar para 24 pessoas. Em sua extremidade, a largura da sala, com janelas que tinham quase a mesma altura da parede, estendia-se até uma sacada em meia-lua, onde os convidados tomavam café da manhã enquanto Hitler ainda dormia.[13] Os cômodos privados de Hitler – um escritório, um dormitório e um banheiro – encontravam-se no primeiro andar. Ao lado do seu quarto, separado apenas por um pequeno espaço com duas portas comunicantes, ficava o apartamento de Eva Braun, que consistia em um dormitório, uma pequena sala e um banheiro. "Por que a governanta de Berghof, que nos foi apresentada como Eva Braun, precisava dessa passagem especial para os aposentos de Hitler? Isso logo deu o que pensar", escreveu Rochus Misch, membro do *Begleitkommando* do Führer desde 1940, em suas memórias.[14]

Após ser nomeado chanceler do Reich, Hitler não rompeu relações com a jovem de Munique, com quem fizera amizade antes de 1933. Em suas visitas frequentes à capital da Baviera, encontrava-se com ela em seu apartamento na Prinzregentenplatz. Assim, em 6 de fevereiro de 1933, comemorou o aniversário de 21 anos de Eva Braun com ela e deu-lhe uma joia de presente.[15] Segundo relatou a governanta Anni Winter, ao ser interrogada em novembro de 1945, algumas vezes a amiga de Hitler "ainda era levada à noite para casa", mas às vezes também dormia na Prinzregentenstraße.[16] Em suas memórias, o piloto Hans Baur descreve como surpreendeu o casal, pouco antes do Natal de 1933, em um encontro no apartamento de Hitler. Eva Braun teria enrubescido, e Hitler também teria ficado "um pouco sem graça".[17] Aparentemente, o ditador se esforçava para esconder a existência de sua amante também dos membros de seu *entourage*. Essa suposição é corroborada pelo modo clandestino como Hitler mandava Eva Braun ir a Obersalzberg nos seus primeiros anos de chancelaria, quando tinha reuniões no local. Segundo relata Speer, algumas horas depois da chegada do comboio oficial, "vinha uma pequena Mercedes fechada com as duas secretárias, a senhorita Wolf e a senhorita Schroeder, que geralmente eram acompanhadas por uma moça simples de Munique. Era mais simpática e jovial do que bonita, e parecia modesta. Nada indicava que [Eva Braun] fosse a amante de um ditador."[18]

Conforme continua a relatar Speer, tanto maior era a surpresa quando Hitler e Eva Braun desapareciam "tarde da noite nos aposentos do andar de cima". Contudo, havia mais indícios de que, na época, o ditador ainda não deixasse sua amante passar a noite na casa Wachenfeld, mas a alojasse, tal como os outros convidados, nas pensões das proximidades,[19] pois quem administrava o domicílio em Obersalzberg era sua resoluta meia-irmã, Angela Raubal. As inúmeras faturas de mercadorias compradas e serviços prestados ao longo dos anos para a casa Wachenfeld comprovam que ela cuidava intensamente dos mínimos detalhes. Algumas lojas de Munique lucraram bastante com sua compulsão por compras, entre as quais sobretudo a Horn am Stachus, a grande loja de departamentos para vestuário, roupa de cama, mesa e banho e decoração, que fornecia toda sorte de objetos de mobiliário, desde colchas, toalhas de mesa e travesseiros a espreguiçadeiras. Só as despesas com a Horn nos meses de abril de 1933 a agosto de 1934 somaram quase 12 mil marcos.[20]

Angela Raubal sentia uma grande antipatia por Eva Braun, a qual procurava ignorar sempre que possível e, quando muito, tratava-a por "senhorita". Via na jovem de Munique "uma bonequinha vaidosa, que estendeu sorrateiramente suas redes para capturar seu irmão, tão ingênuo e inexperiente quando tinha de lidar com 'mulheres atrevidas'".[21] O escândalo se deu já na convenção do NSDAP, em setembro de 1934, e não, como se afirma na literatura em geral, um ano depois. Angela Raubal, Magda Goebbels e outras mulheres de eminentes nacional-socialistas não ficaram muito satisfeitas com o fato de Eva Braun também ter tomado lugar na tribuna de honra pela primeira vez. Acharam que a jovem se comportou de forma "muito chamativa", mas provavelmente foi a mera presença da namorada do *Führer* que as incomodou. As damas falaram mal dela e, após a convenção do partido, Angela Raubal relatou de imediato ao irmão os incidentes na tribuna, na esperança de que ele rompesse com Eva Braun. Em vez disso, Hitler teve um ataque de cólera, proibiu toda e qualquer intromissão em sua vida particular e exigiu que sua meia-irmã deixasse Obersalzberg no mesmo instante.[22]

As outras mulheres que também teriam feito observações depreciativas a respeito de Eva Braun, entre elas Henriette von Schirach, não puderam aparecer em Obersalzberg por um bom tempo. O *affaire* estremeceu temporariamente a relação entre Hitler e Goebbels, pois Magda Goebbels teria participado dos mexericos sobre Eva Braun. No meio de outubro de 1934, houve uma conversa entre a esposa do ministro da Propaganda e Hitler na Chancelaria do Reich. Goebbels anotou em seguida: "Como eu havia suposto: grande fofoca, encenada pela senhora v. Schirach. O Führer realmente causa pena. Agora quer isolar-se por completo. Esse falatório

[FOTO 58] Angela Raubal e sua filha Geli, em 1929, no dia em que esta completou 21 anos na casa Wachenfeld, em Obersalzberg.

ridículo das mulheres. Não têm o que fazer. Isso me deixa irritado. A senhora Raubal já foi mandada de volta para a Áustria. Nada de mulheres na Chancelaria. Eis o resultado."[23] Em abril de 1935, Goebbels encontrou-se com Angela Raubal em Frankfurt am Main: "Aos prantos, ela me contou a história ocorrida em Nuremberg [...] Pobre mulher! Consolei-a o melhor que pude."[24] Enquanto a relação entre Hitler e os Goebbels logo voltava ao normal, Angela Raubal permanecia banida da corte do Führer. Em meados de novembro de 1935, ela viajou para Berlim, mas não foi recebida pelo chanceler do Reich. Durante um café, queixou-se ao casal Goebbels de "todo o seu sofrimento". "É de dar pena", observou o ministro da Propaganda. "Seria bom se o Führer a aceitasse de volta. Ela já foi punida o suficiente."[25]

Em janeiro de 1936, Angela Raubal casou-se com o professor Martin Hammitzsch, diretor da Escola Nacional de Construção em Dresden. Ela estaria "imensamente feliz", segundo comunicou em uma carta de maio de 1936 a Rudolf Heß, especialmente depois que seu irmão foi a Dresden visitá-la; ela "conversou com ele depois de tanto tempo" e ele garantiu que "voltaria em breve para um café em nossa casa".[26] No entanto, não se podia falar de uma verdadeira conciliação. Hitler manteve suas reservas em relação à meia-irmã, que via apenas raramente.[27]

Com o afastamento de Angela Raubal da casa Wachenfeld, Hitler deixou bem claro a seu *entourage*: quem se intrometesse em sua vida particular e se manifestasse de maneira depreciativa em relação à sua amante teria de contar com o fato de que cairia em desgraça junto a ele, o que inevitavelmente implicaria a perda de poder e influência. Com isso, a posição de Eva Braun se consolidou de forma clara, e ela acabou se tornando "praticamente inatacável na estrutura do círculo interno".[28] Por outro lado, no que se referia ao relacionamento com sua amante, Hitler continuava com um jogo de esconde-esconde também perante seus colaboradores mais próximos. Quando estava em Berlim, desempenhava com tanta perfeição o papel do Führer abnegado, que se consumia a serviço da nação e renunciava a toda felicidade particular, que o próprio Goebbels caiu na armadilha: "Ele me falou de sua privada, solitária e sem alegria", anotou o ministro da Propaganda no final de janeiro de 1935. "Sem mulheres, sem amor, ainda preenchido pela lembrança de Geli. Fiquei profundamente tocado. Ele é tão bom."[29]

Como Hitler não deixava claro o caráter de sua relação com Eva Braun em seu círculo de amizades, para o historiador é difícil conseguir um quadro relativamente confiável a respeito, pois justamente neste caso a falta de documentos autênticos é bastante perceptível. Em sua última carta escrita no *bunker* da Chancelaria do Reich, em Berlim, no dia 23 de abril de 1945 – uma semana antes de suicidar-se junto com Hitler –, Eva Braun pediu à sua irmã Gretl que destruísse "toda sua correspondência particular e, sobretudo, os assuntos comerciais". Também deveria ser destruído "um envelope endereçado ao Führer, que se encontra no cofre do *bunker*". (Supõe-se que ela se referisse ao abrigo antiaéreo na mansão da Wasserburgerstraße 12, em Munique-Bogenhausen, que Hitler havia comprado em 1936 para Eva Braun.) "Por favor, não leia!", pediu à irmã, e continuou: "Peço que você coloque a correspondência do Führer e minhas cartas de resposta (livro de couro azul) em uma embalagem à prova d'água e, eventualmente, a enterre. Por favor, não as destrua!"[30] Heike Görtemaker, biógrafa de Eva Braun, supõe que Julius Schaub, que em 26 de abril de 1945 esteve em Berghof, tenha queimado a correspondência junto com outros documentos privados de Hitler, antes que Gretl Braun pudesse guardá-los em local seguro.[31] Contudo, isso levaria a crer que a correspondência tivesse, de fato, sido guardada em Obersalzberg, e não na Wasserburgerstraße 12. Porém, também é possível que Gretl não tenha satisfeito o desejo da irmã e tenha destruído todo o material. Seja como for, até hoje não foi encontrada nenhuma carta de Eva Braun a Hitler nem de Hitler para ela.

Tão mais significativo é o fragmento de 22 páginas de um diário de Eva Braun, que abrange o período de 6 de fevereiro a 28 de maio de 1935. Porém, a autenticidade dessas folhas, encontradas com filmes e álbuns de fotografia de Eva Braun pelos americanos após 1945 e levadas para os Arquivos Nacionais do governo, em Washington, não é assegurada. O jornalista americano Nerin E. Gun, que as publicou pela primeira vez em 1968, havia pedido anteriormente a Ilse Fucke-Michels, irmã mais velha de Eva Braun, que confirmasse a autenticidade.[32] Werner Maser, que em 1971 imprimiu as páginas do diário em uma edição fac-similar, também estava convencido de que eram autênticas.[33] Em contrapartida, em 2003, Anton Joachimsthaler esclareceu que uma simples comparação entre as caligrafias era suficiente para provar que se tratava de uma falsificação: "Conforme comprovaram inúmeros documentos produzidos entre seus 17 e 33 anos, Eva Braun tinha uma caligrafia latina obstinada, angulosa, inclinada para a esquerda, que não coincide nem um pouco com a caligrafia alemã (*Sütterlin*) fluente e orientada para a direita das 'folhas do diário'."[34] Essa objeção tem de ser levada em conta. Pelo menos enquanto não se descobrir nenhum documento de Eva Braun escrito em *Sütterlin*, restarão dúvidas. No entanto, Heike Görtemaker tende a responder positivamente à questão da autenticidade e tem um forte argumento para tanto: no que se refere às estadas de Hitler em Munique, as anotações de Eva Braun coincidem com os dados do diário de Goebbels; além disso, não apresentam nenhuma divergência em relação a outros documentos.[35]

Supondo-se que o fragmento do diário seja autêntico, o que ele declara a respeito do relacionamento entre Eva Braun e Hitler? Em primeiro lugar, reflete o ânimo oscilante de uma mulher jovem, que não se sente segura quanto aos sentimentos de seu amante muito mais velho do que ela. "Estou feliz por ter completado 23 anos", escreveu em 6 de fevereiro de 1935. "Quer dizer, se estou mesmo feliz, é outra história. No momento, com certeza não estou." Desta vez, Hitler havia ficado em Berlim e fez com que um ramalhete de flores e um telegrama de parabéns chegassem a ela através da esposa de Schaub, seu ajudante de ordens. Aparentemente, Eva Braun sentiu-se negligenciada e, ao mesmo tempo, procurou se animar: "Não se pode perder a esperança. Eu deveria ter aprendido logo a ter paciência."[36] Apenas doze dias depois, mostrou-se como que mudada. Hitler foi "inesperadamente" para Munique, e ambos tiveram uma "noite arrebatadora". Nessa ocasião, Hitler teria prometido à moça que a tiraria da loja de fotografia de Heinrich Hoffmann e lhe daria "uma casinha" de presente. "Estou tão infinitamente feliz por ele me amar tanto e rezo para que continue sempre assim."[37]

Em 2 de março, Eva Braun se encontrou de novo com Hitler na Prinzregentenstraße, onde, segundo suas anotações, "teria passado algumas horas maravilhosas até a meia-noite". Seu amante permitiu que, em seguida, ela se divertisse no baile de carnaval da cidade. Porém, Hitler não compareceu aos encontros nos dias seguintes, e ela esperou em vão por notícias dele: "Talvez ele quisesse ficar sozinho com o Dr. G(oebbels), que estava aqui, mas, nesse caso, poderia ter me avisado. Sinto-me como se estivesse pisando em brasas na loja do Hoffmann e penso que ele pode chegar a qualquer momento." À noite, Hitler partiu sem se despedir de Eva, e ela ficou quebrando a cabeça para tentar entender qual motivo lhe teria dado para que, de repente, ele a rejeitasse daquela forma.[38]

Aparentemente, era a inconstância da relação que a atormentava. "Antes nunca o tivesse visto. Estou desesperada", confiou em 11 de março a seu diário, e acrescentou: "Ele precisa de mim apenas para determinados objetivos; de outro modo, não é possível" – uma observação que ela mesma descreveu alguns dias mais tarde como "bobagem", em outra anotação.[39]

À queixa sobre o fato de não poder contar com Hitler mistura-se ocasionalmente a seguinte opinião: "Na verdade, é evidente que ele não tem nenhum grande interesse por mim neste momento, com tudo que anda acontecendo na política."[40] De fato, nessa época, Hitler estava totalmente ocupado com os próximos passos a serem dados em sua política externa. Em 16 de março, anunciou a reintrodução do serviço militar, e em 23 de março recebeu os políticos ingleses Simon e Eden para reuniões em Berlim. Não sobrou tempo para sua namorada em Munique. Somente no final de março Hitler a convidou para um jantar no hotel Vier Jahreszeiten, em Munique. Ao que parece, o evento se deu na companhia de outras pessoas, e Eva Braun teve de passar pela experiência de ser tratada por Hitler de modo bem diferente do que nos encontros íntimos na Prinzregentenstraße, ou seja, com muita formalidade, como se ambos se conhecessem apenas superficialmente. "Tive de ficar três horas sentada ao lado dele e não pude lhe dirigir nem uma palavra sequer. Na despedida, ele me entregou um envelope com dinheiro, como já havia feito uma vez." O tom comercial da entrega do dinheiro poderia ser um indício da pouca consideração que Hitler estava disposto a ter pelos sentimentos de sua companheira. Eva Braun ficou magoada: "Como teria sido bom se ele também tivesse escrito uma saudação ou uma palavra de carinho. Eu teria ficado muito contente."[41] Sua vaga condição de amante de Hitler, que, como tal, não estava autorizada a aparecer em público, não poderia ter sido apresentada de forma mais clara para ela.

Durante os meses de abril e maio de 1935, Hitler manteve-se longe de Munique. "O amor parece ter sido momentaneamente cancelado de sua programação", anotou Eva Braun no final de abril.[42] Sentiu-se atormentada por intenso ciúme quando a esposa de Hoffmann lhe revelou, sem o menor tato, que Hitler teria encontrado uma "substituta" para ela: "Chama-se Valquíria e como tal se parece, inclusive pelas pernas. Mas ele bem que gosta dessas dimensões."[43] Referia-se a Unity Valkyrie Mitford. Em outubro de 1934, a jovem nobre britânica foi a Munique estudar idiomas. Contudo, seu principal interesse era conhecer o ditador alemão, por quem nutria entusiasmada veneração. Em fevereiro de 1935, conseguiu chamar a atenção de Hitler em seu restaurante preferido, a Osteria Bavaria. A partir de então, passou a fazer parte do *entourage* e a acompanhar Hitler em suas viagens. Era vista em convenções do partido, bem como nos festivais de Bayreuth. Os ajudantes de ordem a apelidaram de "Unity Mitfahrt"[‡], pois queria sempre estar presente, em toda parte. Só o fato de a cerimônia de casamento de sua irmã Diana com o líder fascista inglês Oswald Mosley, em outubro de 1936, ter sido organizada por Goebbels, em sua casa berlinense, e de Hitler ter comparecido – "uma questão que deve permanecer em total segredo", conforme anotou o ministro da Propaganda – já elucida quão estreitas eram suas relações com as personalidades do regime nacional-socialista.[44]

Quanto à aparência física, Eva Braun e Unity Mitford eram muito diferentes: a muniquense era baixa, de constituição delicada e cabelos castanhos; a inglesa era forte, tinha quase 1,80 metro, cabelos louro-claros e olhos azuis. Portanto, realmente correspondia mais ao tipo feminino preferido por Hitler. No entanto, não eram seus atrativos físicos que interessavam ao ditador, que aproveitou a ligação para se informar sobre as opiniões da classe alta inglesa e, de sua parte, fazer com que as notícias chegassem à Inglaterra.[45] Não houve um relacionamento íntimo entre ambos.

Desse modo, Eva Braun não tinha nenhuma razão para sentir ciúme, e mesmo o boato de que Hitler teria tido um caso em Berlim com a bela baronesa Sigrid von Laffert, sobrinha de Victoria von Dirksen, dama de salão e promotora do nazismo, carecia de todo fundamento.[46] O fato de o Führer ter dado tão pouca atenção à sua amante em abril e maio tinha outras causas: não apenas passava por um forte desgaste político, mas também apresentava problemas de saúde. Já fazia meses que sofria de uma intensa rouquidão – consequência de anos exigindo demais da própria voz – e temia estar com câncer na laringe, como outrora ocorrera com Frederico III, imperador por 99 dias. Em 23 de maio, o diretor da clínica de otorrinolaringologia do hospital Charité, em Berlim, o professor Carl von Eicken, operou a laringe de Hitler na Chancelaria do Reich. O tumor retirado de uma corda vocal comprovou-se

---

‡   Em alemão, o verbo *mitfahren* significa ir junto, acompanhar. Portanto, nesse trocadilho, o apelido "Unity Mifahrt" pode ser traduzido por "Unity vai junto". (N.T.)

benigno. Contudo, o chanceler precisou poupar a voz por mais algumas semanas. Somente no final de junho de 1935 mostrou-se totalmente recuperado.[47]

Hitler parece não ter falado a Eva Braun nem uma única palavra sobre sua doença. Ela interpretou seu longo silêncio como prova de que tinha se afastado dela. "É este o amor louco que sente por mim, como várias vezes me assegurou, se faz três meses que não me dirige a palavra?", escreveu em 28 de maio. No mesmo dia, tomou pela segunda vez a decisão de tirar a própria vida, desta vez com uma superdose de tranquilizantes: "Decidi tomar 35 comprimidos; desta vez será 'morte certa'."[48] Mas se Eva Braun realmente quis se matar é mais incerto do que em sua primeira tentativa, em 1932. Na metade dos anos 1960, Ilse Fucke-Michels contou a Nerin E. Gun que, na noite de 28 para 29 de maio de 1935, sua irmã foi encontrada em "profunda inconsciência" em seu quarto, na residência dos pais, e disse ter-lhe prestado de imediato os primeiros socorros. Em seguida, chamou um médico, com cujo sigilo podia contar, e arrancou as folhas do diário que havia sido deixado aberto, as quais relatavam sobre o incidente, mas depois as devolveu à irmã, que as guardou com cuidado. Porém, essa é a única testemunha para o desenrolar desses acontecimentos, e ela própria revelou ao entrevistador ter suspeitado de que sua irmã houvesse "encenado um pouco" seu suicídio.[49]

Não se sabe se Hitler, que em 27 de maio voara para Munique para cuidar da voz,[50] ficou sabendo dos acontecimentos na casa da família Braun. Um indício de que tenha sido informado a respeito poderia ser o fato de que, no início de agosto de 1935, Eva Braun se mudou com Gretl, sua irmã mais nova, para um apartamento de dois quartos na Widenmayerstraße 42, alugado por Heinrich Hoffmann em nome de Hitler. Ficava a apenas cinco minutos do apartamento na Prinzregentenstraße. Ao que parece, com isso o ditador pretendia não apenas dar a entender o quanto era importante para ele continuar o relacionamento com sua namorada, mas também dar-lhe a possibilidade de escapar da rigorosa tutela do pai.[51] Somente pouco tempo depois Hoffmann comprou, novamente em nome de Hitler, a já mencionada casa na Wasserburgestraße 12 (atualmente Delpstraße), no bairro nobre de Bogenhausen, para onde Eva e Gretl se mudaram em março de 1936. No início de setembro de 1938, a propriedade foi passada para o nome de Eva Braun, "secretária particular em Munique".[52] Desse modo, Hitler cumpriu sua promessa, colocando à disposição da moça uma casa própria e arrumando para ela um cargo que lhe permitisse independência financeira, mesmo que formalmente ela continuasse a ser apresentada como colaboradora de Hoffmann.[53]

Por fora, o sobrado parecia bastante discreto, mas sua decoração interna, com móveis sofisticados, tapeçarias caras e quadros valiosos, correspondia plenamente à posição de Eva Braun como amante do homem mais poderoso na Europa.[54] Contudo, para evitar escândalos, Hitler a visitava apenas raramente na Wasserburgerstraße. Logo que chegava a seu apartamento em Munique, chamava sua governanta Anni Winter, que tinha não apenas de lhe contar os últimos rumores da cidade, mas também fazer o contato telefônico entre ele e Eva Braun. A amante do Führer entrava, então, em uma pequena Mercedes, que Hitler lhe dera de presente como mais um símbolo de *status*, e era conduzida à Prinzregentenstraße.[55] Se Hitler não estivesse em Munique, ela gostava de convidar amigos e celebrar com eles festas animadas.[56]

Em Obersalzberg, sua segunda residência, aos poucos Eva Braun foi incorporando o papel de dona da casa após a expulsão de Angela Raubal. No entanto, não tinha, ela própria, de cuidar da casa. Outros faziam esse trabalho por ela – inicialmente, Elsa Endres, que anteriormente trabalhara na Osteria Bavaria; a partir de 1936, o casal Herbert e Anne Döhring; e, durante a guerra, o casal Willi e Gretl Mittelstrasser. Em recepções especiais, o mordomo Arthur Kannenberg e sua esposa eram trazidos da Chancelaria do Reich para ajudar.[57]

O elevado *status* de que Eva Braun gozava em Berghof foi claramente realçado para todos os colaboradores em atividade no local pelo fato de seus aposentos ficarem ao lado dos de Hitler e terem um acesso separado a eles. Entretanto, tudo foi feito para que a existência da amante do Führer não saísse do círculo de pessoas de confiança e não chegasse ao público. Tanto os serviçais quanto os convidados eram forçados a um rigoroso silêncio. O lema era: "Não ver, não ouvir e não dizer nada", relatou o empregado doméstico Heinz Linge.[58] E à camareira Anna Mittlstrasser, prima do administrador, que começou a trabalhar em Berghof em maio de 1941, foi expressamente recomendado logo no início: "Tudo que você vier a saber, tudo que ver e ouvir aqui deverá ficar entre nós. Não poderá dizer nada sobre as coisas que acontecem aqui. Para ninguém. Nunca (...) Que fique bem claro. E menos ainda sobre o Führer e Eva Braun."[59]

Em janeiro de 1937, Reinhard Spitzy, desde 1936 secretário de Joachim von Ribbentrop, embaixador alemão em Londres, teve uma grande surpresa em sua primeira visita a Berghof: enquanto Hitler e Ribbentrop iam de um lado para outro no grande *hall*, mergulhados em sua conversa, de repente se abriu a pesada cortina que dava para a sala, e uma jovem exclamou que eles tinham de ir para a mesa de uma vez por todas, pois os convidados já não podiam esperar. Segundo seu próprio relato, Spitzy teria ficado "perturbado". "Quem ousaria falar naquele tom com o Führer? Quem era aquela mulher, de onde vinha?" Depois da refeição, o acompanhante de Ribbentrop pediu que Brückner, o chefe da ajudância de ordens, lhe esclarecesse a situação e recebeu como resposta: "Nosso Führer também tem direito a uma vida privada, e lhe aconselho a não contar a ninguém o que viu e ouviu nesse sentido (...) O melhor é que você esqueça, senão..." A ameaça era inequívoca, e ele teria se alistado "com obediência na conspiração do silêncio", reconheceu Spitzy em suas memórias.[60]

Além da ordem do silêncio, foi tomada uma série de medidas para manter o caso entre Hitler e Eva Braun às escondidas. Em recepções oficiais ou visitas de convidados estrangeiros, ela era obrigada a se retirar em seus aposentos, ou seja, se tornar invisível.[61] "Pelo visto," Hitler considerava sua amante "aceitável apenas até certo ponto", opinou Albert Speer.[62] Porém, com essa opinião, ele desconsiderava a motivação central do senhor de Berghof: manter sua vida privada longe dos olhos do público, a fim de preservar o mito do Führer solitário, que dia e noite se consome a serviço de seu povo. Por essa razão, Eva Braun não podia aparecer junto a Hitler em eventos públicos. Nos congressos do partido, ela viajava na comitiva de Heinrich Hoffmann e sua família ou com outros membros do *entourage* e nunca pernoitava no hotel de Hitler em Nuremberg.[63] Existe apenas uma única fotografia publicada na imprensa em que ela aparece junto com Hitler. Essa foto foi tirada em fevereiro de 1936, durante as Olimpíadas de inverno, em Garmisch-Partenkirche, e mostra Eva Braun na segunda fileira atrás do ditador. Contudo, não passaria pela cabeça de nenhum observador ingênuo que entre ela e Hitler pudesse haver uma relação mais próxima.[64] E nas viagens de Hitler ao exterior, tal como em sua visita oficial à Itália, em maio de 1938, ela nunca acompanhava a comitiva mais próxima, ao contrário das esposas dos políticos nacional-socialistas de alto escalão, e não participava de nenhuma cerimônia oficial.[65]

Apesar de todo o segredo, havia alguns boatos sobre a amante do Führer. O ajudante de ordens, Nicolaus von Below, que visitou Berghof pela primeira vez em novembro de 1937 e ali conheceu Eva Braun, lembrou-se de que, em uma visita posterior a von Blomberg, ministro da Guerra, a vida privada de Hitler foi o "tema da conversa". E o piloto Hans Baur também relatou que em Munique se comentava a respeito do "flerte" de Hitler com Eva Braun.[66] No outono de 1937, foi publicada em uma revista tcheca uma foto de Eva Braun tirada em Berchtesgaden e que trazia a seguinte legenda: "A *pompadour* de Hitler". Um amigo da família Braun comprara o periódico durante uma viagem a Viena e mostrou-o a Friedrich Braun, que teria feito severas críticas à filha. Pelo menos foi o que Nerin E. Gun ficou sabendo em suas pesquisas nos anos 1960.[67] Ao público alemão, a publicação tcheca passou despercebida. Apenas um pequeno grupo de pessoas do círculo mais próximo sabia do verdadeiro papel de Eva Braun. A maioria dos alemães desconheceu por completo a existência da amante de Hitler até o final da guerra.[68]

No entanto, mesmo no círculo de Hitler, o caráter de sua relação com Eva Braun permaneceu estranhamente impreciso. Oficialmente, como sua "secretária particular", ela fazia parte da equipe de Berghof, e, na presença dos outros, Hitler demonstrava em relação a ela uma "postura que denotava uma distância forçada".[69] Toda intimidade ou até troca de carinhos era evitada. Tal como os outros membros do círculo de Berghof, Eva Braun dirigia-se a Hitler com *Mein* Führer. Aos outros, ele se referia a ela como "senhorita Braun" ou "senhorita Eva", e apenas ocasionalmente a chamava de "desajeitada". Inicialmente parece que, diante de outras pessoas, se tratavam por senhor e senhora; somente mais tarde, o uso de "você" teria se tornado comum também na presença de membros da corte.[70] "Para alguém que não fizesse parte do meio, era difícil perceber que entre Hitler e Eva Braun existia uma relação especial", observou Nicolaus von Below.[71]

Não é de admirar que, após 1945, tenham se multiplicado as especulações sobre como seria a vida amorosa de ambos. Mesmo entre as pessoas que diziam ter conhecido bem Hitler, as opiniões a respeito eram bastante divergentes. O exemplo de Albert Speer, que se contradisse inúmeras vezes, esclarece da maneira mais convincente quão pouco se pode confiar nas testemunhas da época e quão prudentes são os historiadores quando demonstram certa desconfiança em relação às declarações dessas testemunhas. Em seu primeiro interrogatório no castelo de Kransberg, no verão de 1945, Speer declarou que Hitler sempre fora fiel a Eva Braun, a "mulher que ele amava": "Ela significava muito para ele, que dela falava com grande respeito e adoração".[72] Já em março de 1949, na prisão de Spandau, Speer ficou em dúvida se Hitler teria sido "capaz de ter sentimentos sinceros como amizade, gratidão e fidelidade" por Eva Braun.[73] Em suas memórias de 1969, escritas em parte na prisão e publicadas após sua libertação, em outubro de 1966, as dúvidas tinham se transformado em certeza. Nesse texto, ele descreve Hitler como um déspota sem sentimentos nem consideração, que, na presença de Eva Braun, se permitia fazer declarações como a seguinte: "Pessoas muito inteligentes deve-

[FOTO 59] Eva Braun e Adolf Hitler na casa de Kehlstein, em Obersalzberg, no outono de 1938.

riam arrumar uma mulher primitiva e tola."[74] Em suas conversas com Joachim Fest, que o auxiliou ativamente na publicação de suas memórias, Speer exprimiu que o relacionamento entre Hitler e Eva Braun "simplesmente deveria ser decifrado": ele a "'mantinha' exclusivamente para determinadas necessidades naturais" – "por assim dizer, para 'regular seu equilíbrio hormonal'".[75] Contudo, Speer não revelou como chegou a essa conclusão.

Se havia alguém no ambiente de Hitler que pudesse saber de suas relações sexuais com Eva Braun eram os funcionários de Berghof – o casal de administradores, os serviçais, a camareira. No entanto, quando interrogados mais tarde, eles tampouco forneceram dados muito diferentes. Segundo explicou o administrador Döhring, nem ele nem sua esposa, que "examinava minuciosamente as roupas a serem lavadas", teriam jamais constatado alguma coisa que pudesse sugerir algum contato íntimo entre Hitler e Eva Braun. O que havia entre ambos não era nem mesmo uma "verdadeira relação de amizade", "uma boa relação superficial".[76] Por outro lado, para o empregado Linge não havia dúvida de que Hitler amava Eva Braun e de que eram íntimos; chegou até a afirmar que certa vez os surpreendeu dando-se "um estreito abraço".[77] Gretl Mittelstrasser, esposa do sucessor de Döhring, partia obviamente do princípio de que Hitler e sua namorada dormiam juntos. Ela mesma contou à camareira Anna Mittlstrasser que teria ido buscar na farmácia medicamentos para que Eva Braun pudesse adiar seu ciclo menstrual quando o Führer estivesse em Berghof.[78]

De fato, alguns dados sugerem que, por trás da fachada de suposta inacessibilidade, Hitler mantinha um relacionamento amoroso com Eva Braun. No entanto, isso não pode ser afirmado com certeza, e os biógrafos deveriam evitar estimular a imaginação do leitor que pretender olhar pelo buraco da fechadura. "Diante desse aspecto extremamente pessoal do ser humano, o cronista também tem a obrigação de se deter e respeitar", já observara Otto Dietrich.[79]

Contudo, o fato de Eva Braun não ser apenas "uma peça de decoração" para Hitler nem ser usada por ele meramente "como escudo contra o assédio de todas as outras mulheres",[80] mas sim ter um lugar importante em sua vida pessoal, conta com uma prova irrefutável: no dia 2 de maio de 1938, poucos dias antes de sua visita oficial à Itália, Hitler redigiu um primeiro testamento manuscrito, talvez com a preocupação de que alguma coisa pudesse lhe acontecer na viagem. Nesse testamento, a "senhorita Eva Braun – Munique" foi a primeira nomeada. Caso ele viesse a falecer, ela deveria receber "mil marcos mensais durante toda a sua vida, ou seja, 12 mil marcos anuais". Somente em segundo e em terceiro lugar apareciam sua meia-irmã, Angela Raubal, e sua irmã, Paula, às quais caberia a mesma soma.[81]

Quem, afinal, pertencia à corte de Berghof e quem estava fora dela? O critério mais importante de aceitação não era o posto que alguém alcançava na hierarquia do nacional-socialismo, e sim a simpatia pessoal que Hitler lhe demonstrava. E, por sua vez, essa simpatia dependia do fato de a pessoa em questão se entender bem com Eva Braun e a aceitar na função que ela desempenhava em Berghof. Hier queria ter ali pessoas – tanto homens quanto mulheres – ao seu redor, em cuja presença se sentisse bem e pudesse relaxar. Por essa razão, à diferença da Chancelaria do Reich, em Berlim, o círculo de amizades em Obersalzberg tinha um caráter mais familiar, ao qual contribuía, sobretudo, a forte presença do elemento feminino.[82]

Esses critérios de seleção explicam por que Göring, embora possuísse uma propriedade em Obersalzberg, não pertencia ao círculo de Berghof. Aparecia em ocasiões oficiais, mas, na vida privada, Hitler evitava o contato com ele. Isso também valia para Himmler, que Hitler estimava como escrupuloso organizador de um aparato de terror e repressão que se expandia por todo o Reich, mas era motivo de chacota por parte do ditador, que entre poucos amigos ridicularizava seu culto aos germanos.[83] E valia igualmente para Ribbentrop, que Hitler nomeou ministro das Relações Exteriores do Reich, em fevereiro de 1938, mas que mantinha estritamente longe do ambiente privado de Berghof. Já o embaixador Walter Hewel, mediador de Ribbentrop, havia conquistado a simpatia de Hitler e era bem aceito na casa.[84]

Rudolf Heß ia a Berghof apenas a serviço. Depois de se tornar "representante do Führer" após a "conquista do poder", acabou perdendo a posição exclusiva de que gozara como secretário particular de Hitler antes de 1933. Foi superado por Martin Bormann, que, graças à sua incansável atividade na reforma de Obersalzberg e à discrição com que resolvia todos os problemas financeiros a ela relacionados, conquistou a simpatia do ditador. O fato de, além disso, ele se dedicar com especial atenção a Eva Braun deve ter reforçado ainda mais sua posição de confiança junto a Hitler, que, como bem reconheceu Otto Dietrich, "era extremamente sensível a esse respeito".[85] Bormann era a "sombra constante" de Hitler em Berghof, enquanto sua esposa Gerda, filha de Walter Buch, "juiz supremo do partido", e que vivia grávida, só podia aparecer como convidada quando seu marido dominador autorizasse.[86] Goebbels assumiu uma posição intermediária. Com sua mulher, Magda, era frequentemente convidado a Obersalzberg para visitas particulares; porém, à diferença de Berlim, ali não tomavam parte no *entourage* de sempre. Em suas visitas, que, na maioria das vezes, demoravam apenas poucos dias, ficavam na casa dos Bechsteins, que era um pouco afastada de Berghof e, a partir de 1935, foi utilizada como local de hospedagem para a elite nacional-socialista.[87]

Em contrapartida, Albert e Margarete Speer contavam entre os hóspedes preferidos, que passavam mais tempo no lugar. Já em 1933-1934, o arquiteto acompanhara Hitler a Obersalzberg e, depois de ter-lhe apresentado sua esposa, de quem Hitler parece ter gostado espontaneamente, ela também foi incluída no círculo de Berghof.[88] O estabelecimento dos Speers em Obersalzberg ocorreu por desejo expresso do ditador. Em ocasiões especiais, como no aniversário de Hitler, os filhos de Speer, devidamente arrumados, também eram levados e podiam entregar ramalhetes de flores ao Führer. Segundo se lembrou Speer, Hitler se esforçava com as crianças e até tentava "se ocupar delas de maneira paternal e amigável", mas, ao mesmo tempo, nunca teria encontrado a "forma correta e sem reservas" e, "após algumas palavras afáveis", logo se dirigia a outra pessoa.[89]

O casal Speer dedicava especial atenção a Eva Braun. Saíam para esquiar juntos, o que Hitler acompanhava com certa preocupação, pois temia acidentes. Acima de tudo, odiava a neve: "O elemento frio e inanimado era profundamente estranho à sua natureza. Quase sempre se mostrava irritado ao olhar a neve."[90] Em suas memórias, Speer descreveu a situação como se, "por certa compaixão", ele se ocupasse da "pobre mulher", "por quem Hitler tinha muita afeição". Porém, segundo Heike Görtemaker, há que se colocar um ponto de interrogação também depois dessa apresentação. Como Bormann, Speer entendera logo cedo o importante papel que Eva Braun desempenhava na vida de Adolf Hitler e sabia que, com o relacionamento amigável com ela, poderia estreitar laços com o Führer.[91]

Karl e Anni Brandt eram muito amigos do casal Speer. Nesse caso, foi a mulher a levar o marido para o círculo de Hitler. Nos anos 1920, Anni Rehborn foi uma esportista muito famosa. Vencera vários campeonatos alemães de natação nos 100 metros livres e nos 100 metros costas, sempre quebrando novos recordes. Encontrara Hitler pela primeira vez em 1927 ou 1928, e logo gostou dele. No início dos anos 1930, apresentou-lhe seu noivo, que, na época, era médico-assistente na clínica Bergmannsheil, em Bochum. Ambos se filiaram ao NSDAP e, em junho de 1933, Hitler convidou-os para ir a Obersalzberg.[92] O momento crucial e decisivo na vida do casal ocorreu em 15 de agosto de 1933. Nesse dia, Brückner, ajudante de ordens de Hitler, sofreu um acidente de automóvel em Reit im Winkel. Por acaso, o jovem cirurgião Karl Brandt encontrava-se no carro que estava atrás. Prestou os primeiros socorros, levou Brückner, que ficou gravemente ferido na cabeça, ao hospital mais próximo, em Traunstein, e assumiu a cirurgia.[93] Hitler ficou impressionado e convidou o médico para ser membro de sua equipe pessoal. Brandt teria de acompanhá-lo em suas futuras viagens e estar a postos para prestar socorro médico em caso de acidente ou ataque. Com essa nova posição, estava selada a admissão no círculo interno. Na cerimônia de casamento de Karl e Anni Brandt, em março de 1934, em Berlim, ao lado de Heinrich Hoffmann e Wilhelm Brückner também estavam presentes Hitler, Göring e Goebbels. Em julho de 1934, a convite de Hitler, o casal pôde participar pela primeira vez dos festivais de Wagner, em Bayreuth.[94]

Em Obersalzberg, os Brandts alugaram uma suíte na casa dos Bechsteins, para estarem sempre à disposição de Hitler. Com o casal Speer, compartilhavam a paixão pelo esporte e, desse modo, também estreitaram contato com Eva Braun, que os incluía em suas atividades conjuntas. Os percursos biográficos de Speer e Brandt se assemelhavam de maneira surpreendente: ambos ainda eram muito jovens – tinham cerca de trinta anos – e deviam sua carreira a Hitler em pessoa; ambos uniam uma aparência agradável a modos amigáveis e, nesse sentido, distinguiam-se claramente do tipo grosseiro do "velho combatente". Eram competentes em suas respectivas áreas, extremamente ambiciosos e mostravam-se prontos a pôr em prática, sem nenhum escrúpulo, as ideias de Hitler. Não foi por acaso que, no início da guerra, em 1939, o ditador tenha encarregado Karl Brandt do programa da "eutanásia".

Brandt não era o único médico na corte de Hitler. Na primavera de 1936, Hanskarl von Hasselbach, também membro do NSDAP desde 1932, foi contratado como segundo cirurgião. Já conhecia Karl Brandt da época da faculdade e, com ele, em novembro, trocou Bochum pelo Departamento de Cirurgia no Hospital Universitário de Berlim. Até o início da guerra, sempre esteve no *entourage* de Hitler, embora sua relação com o ditador fosse mais distante do que a de seu colega.[95]

Ao longo de 1936, surgiu outro médico: Theodor Morell, de 50 anos, que tinha consultório na Kurfürstendamm, em Berlim, perto da luterana *Gedächtniskirche*, e era procurado sobretudo por estrelas do cinema e do teatro. Entre seus pacientes também figurava Heinrich Hoffmann, que o recomendou a Hitler. Nos meses estressantes após a remilitarização da Renânia, o ditador sofreu de dores no estômago e eczemas nas pernas. Morell prescreveu, entre outras coisas, cápsulas de Mutaflor para a reconstituição da flora intestinal, e o tratamento deu certo. Aparentemente, o ex-médico de navio tinha habilidade psicológica para lidar com seu paciente hipocondríaco. Seja como for, a partir desse momento, Hitler passou a confiar cegamente nas capacidades médicas de Morell e exprimiu entre alguns amigos: "Ele salvou minha vida! Incrível como me ajudou!"[96] A partir de 1937, Morell e sua esposa, a atriz Johanna ("Hanni") Moller, eram figuras sempre presentes na corte de Berghof. Ambos perceberam que deviam agradar Eva Braun, pois ela lhes abriria o caminho para Obersalzberg.[97] Em relação a Hitler, Morell fazia-se de auxiliar altruísta, a quem só importava "manter o maior homem da Alemanha por um bom tempo sem preocupações físicas".[98] Na verdade, porém, ele não apenas queria ser reconhecido como também era excepcionalmente hábil nos negócios. De sua posição privilegiada como "médico pessoal do Führer", tirou vantagens materiais, por exemplo, com a lucrativa participação em empreendimentos farmacêuticos.

Na corte de Berghof, o corpulento recém-chegado, que vivia bajulando Hitler, não era bem visto. Sobretudo Karl Brandt não ficou nem um pouco entusiasmado com o aparecimento de um concorrente e o via como um charlatão convencido.[99] Contudo, enquanto Morell desfrutava dos favores ilimitados do ditador, sua posição permanecia intacta. Em dezembro de 1938, Hitler lhe concedeu o título de professor, como expressão de sua estima, e impôs aos membros de seu *entourage* que se consultassem com seu "médico pessoal" até nos menores achaques. Eva Braun também contava entre as pacientes de Morell, embora, após uma consulta, ela tenha se queixado de quão "repugnante" ele era, segundo consta das memórias de Speer.[100] Hitler teria notado o odor desagradável que Morell exalava, mas costumava responder às indiretas de seu séquito a respeito dizendo "que Morell estaria ali não para ser cheirado, e sim para mantê-lo saudável".[101]

Dos antigos companheiros de Munique, havia apenas um *habitué* em Berghof: Heinrich Hoffmann. Costumava ser acompanhado pela segunda mulher, Erna Gröbke, filha de um cantor de câmara de Schwerin, com a qual se casara em abril de 1934. Em Obersalzberg, Hoffmann era visto não apenas como "repórter fotográfico do Reich" e uma espécie de bobo da corte, mas também como o homem que Hitler consultava em questões de arte e que comprava os quadros para ele. Em junho de 1937, Hitler o encarregou da seleção dos quadros para a primeira "Grande Exposição de Arte Alemã", na Casa da Arte Alemã, em Munique, depois de ter deposto sumariamente os doze membros do júri, com o trabalho dos quais não estava satisfeito. Também nas exposições dos anos seguintes, Hoffmann, assistido por Gerdy Troost e Karl Kolb, diretor da Casa da Arte Alemã, pôde assumir a direção como encarregado pessoal do Führer. Em julho de 1938, também foi nomeado professor por Hitler.[102]

Hoffmann adorava fazer brincadeiras maldosas sobretudo com Theodor Morell e, sempre que possível, expô-lo à corte. Para o médico pessoal de Hitler, o fotógrafo era "o espírito malévolo do grupo".[103] No entanto, Hoffmann era benquisto por Hitler. Benevolente, o senhor de Berghof fechava os olhos para o apreço exagerado que seu antigo colega de luta tinha pela bebida. Só o fato de Hoffmann ser incumbido de regular as questões financeiras ligadas ao aluguel de um apartamento e, mais tarde, à compra de uma casa para Eva Braun já denotam quão grande era a confiança que Hitler nele depositava. Além disso, Hoffmann instalou para ela um pequeno laboratório fotográfico em Berghof, para que ali ela pudesse praticar seu passatempo. A amante do Führer tornou-se uma fotógrafa e cinegrafista entusiasmada. Com sua câmera Agfa-Movex, de 16 mm, fez inúmeros filmes de formato reduzido, cuja maior parte foi conservada e, junto com as fotos do câmera Walter Frentz, oferecem um olhar íntimo da vida em Obersalzberg. Ocasionalmente, Hoffmann também comprava fotos de sua ex-funcionária e, talvez também a pedido discreto de Hitler, pagava-lhe somas consideráveis.[104]

De certo modo, para compensar o fato de que ela não podia aparecer em ocasiões oficiais, Hitler permitia que Eva Braun escolhesse seus convidados em Obersalzberg, para os quais os quartos de hóspedes estavam sempre à disposição. Entre eles estavam sua irmã Gretl, que sempre a acompanhava e que a partir de 1932 passou a trabalhar como auxiliar de escritório para Heinrich Hoffmann; Herta Schneider (nascida Ostermeier), sua melhor e mais antiga amiga; Marianne (Marion) Schönmann (nascida Petzl), filha da cantora de ópera Maria Petzl, a cujas apresentações Hitler assistira ainda em seu período em Viena. "Em seu charme vivo e espirituoso, era uma típica vienense", assim Karl Brandt caracterizou Marion Schönmann em seu registro *Frauen um Hitler* [As mulheres ao redor de Hitler], de agosto de 1945, e isso talvez também esclareça por que o ditador dedicava especial atenção justamente a essa amiga de Eva Braun. Em seu casamento com um construtor de Munique, em agosto de 1937, Hitler e Eva Braun estavam entre o pequeno grupo de convidados.[105]

Na foto do casamento também se vê Sofie Stork, que permaneceu integrada à corte de Berghof mesmo depois de desfazer o noivado com Wilhelm Brückner, em 1936. Fizera amizade com Eva Braun logo depois de sua primeira visita à casa Wachenfeld e desenhava para ela, entre outras coisas, subtítulos para os filmes coloridos. Nas festas de fim de ano em Berghof, a "pequena Stork" ou "Charly", como era chamada, não podia faltar para animar o evento. Tinha uma relação de confiança com Fritz Wiedemann, ajudante de ordens de Hitler, e o próprio ditador estimava a talentosa decoradora, dando considerável apoio financeiro quando a loja de artigos de pesca de seu pai, na Residenzstraße 24, em Munique, entrou em dificuldades.[106]

Entre os convidados permanentes reuniam-se visitantes irregulares. Às vezes, Hoffmann levava os "velhos combatentes" e o amigo de longa data de Hitler, Hermann Esser, que foi ministro da Economia da Baviera de 1933 a 1935 e, em 1936, foi nomeado presidente do Comitê do Reich para o Turismo. Por sua vez, sua esposa era amiga de Eva Braun. Na companhia de Speer, ocasionalmente aparecia seu amigo Arno Breker e sua esposa Mimina, uma grega com respostas sempre prontas e com quem Hitler gostava de gracejar. De vez em quando também apareciam o tesoureiro Franz Xaver Schwarz e sua esposa, bem como Jacob Werlin, diretor da Daimler-Benz e igualmente um antigo conhecido de Hitler dos anos 1920.[107]

Por fim, para completar o quadro, à corte de Berghof pertenciam alguns membros da equipe pessoal de Hitler – o chefe de imprensa do Reich, Otto Dietrich; o chefe da *Leibstandarte* de Adolf Hitler, Sepp Dietrich; além dos ajudantes de ordens pessoais Brückner e Schaub. Embora as secretárias Johanna Wolf, Christa Schroeder e Gerda Daranowski participassem da vida social em Berghof, entre elas e os outros convidados *habitués* havia uma sutil linha divisória.[108] Entre os ajudantes de ordens militares, o coronel Nicolaus von Below, de 29 anos, gozava de especial simpatia de Hitler. Ele e sua atraente esposa, Maria, de dezenove anos, eram convidados queridos em Obersalzberg e mantinham com os Speers e os Brandts um contato estreito.[109]

Em retrospectiva, Albert Speer descreve a "rotina sempre igual" em Obersalzberg e "o mesmo grupo de sempre ao redor de Hitler" como "cansativo" e "monótono". Após alguns dias, teria se sentido "esgotado", ficando "apenas com a lembrança de um estranho vazio".[110] Contudo, vale perguntar por que Speer se esforçava com tanta persistência para estar sempre perto de Hitler se achava a estada em Berghof pura perda de tempo. "Como o senhor pode ter esquecido quão emocionante aquilo era para todos nós? E quantas vezes fomos felizes ali?", foi a crítica de Maria von Below a Speer, ao ter lido o capítulo "Obersalzberg" em suas memórias.[111] E Margarete Speer contou a Gitta Sereny que achava "fascinante" a vida na corte de Hitler. Ele teria sido "sempre muito galante com as mulheres, muito austríaco".[112] Nas memórias de seu marido, ela não reconhece as próprias lembranças do tempo que haviam passado juntos em Obersalzberg e o critica: "A vida não me deixou muita coisa! Mas você ainda estragou o que me restou."[113] Aparentemente, após 1945, as mulheres viam-se menos obrigadas a justificar-se e, por isso, tampouco sentiam a necessidade de reinterpretar posteriormente suas experiências vividas no mundo de Berghof.

Como na Chancelaria do Reich, os dias em Obersalzberg também obedeciam a determinado padrão. Pela manhã, na residência nos Alpes, reinava um silêncio quase espectral. Como Hitler ainda dormia, ia-se na ponta dos pés tomar o café da manhã. Os hóspedes não podiam tomar banho, já que o encanamento passava pela parede do quarto de Hitler, e o ditador poderia ser incomodado pelo barulho. Somente na área de serviços e no anexo onde residiam os ajudantes de ordens já havia movimento.[114]

Hitler costumava se levantar tarde. Até o início da guerra, vestia-se de civil. Após um rápido café da manhã, entre as onze e as catorze horas, seguiam-se reuniões no grande *hall*. Enquanto isso, os hóspedes passavam as horas, no terraço, em companhia familiar.[115] Na prisão de Spandau, Albert Speer evocou a cena: "No terraço ficávamos à vontade, enquanto as mulheres se deitavam nas espreguiçadeiras de vime com estofado rústico, quadriculado de vermelho escuro. Tomavam sol como se estivessem em um *spa*, pois Braun era moderna. Serviçais de *libré*, membros da ss, selecionados da *Leibstandarte* comandada por Sepp Dietrich, ofereciam bebidas com uma conduta quase familiar demais: champanhe, vermute com soda ou sucos de fruta. Em determinado momento, geralmente vinha o mordomo de Hitler anunciar que o Führer apareceria em dez minutos; após uma longa reunião, ele se retirava por alguns minutos no andar de cima. O almoço já tinha sido adiado em mais de uma hora [...] Com a notícia de que Hitler estava para chegar, o ruído da conversa se abafava, as risadas isoladas aqui e ali emudeciam. Eva Braun pegava a câmera de filmar na espreguiçadeira, acompanhada por Negus, um Scotch Terrier preto que recebera seu nome do imperador da Abissínia. Preparava-se para filmar a entrada do ditador."[116]

Quando o dono da casa aparecia, a atmosfera mudava de imediato. De repente, os presentes se mostravam tensos e se esforçavam visivelmente para transmitir uma boa impressão. Para proteger o rosto do sol, Hitler usava um chapéu de veludo; toda sua aparência tinha "algo de civil, quase fleumático".[117] Cumprimentava as mulheres, inclusive as secretárias, com beijo na mão; aos outros convidados estendia a mão e lhes perguntava gentilmente como estavam. Após cerca de meia hora, o serviçal anunciava que a mesa estava posta, e Hitler oferecia o braço a uma das mulheres que previamente havia determinado para ser sua vizinha à mesa. Era seguido por Eva Braun, que, a partir de 1938, era conduzida à mesa por Martin Bormann, o que ressaltava tanto sua posição como dona da casa quanto o poder recém-adquirido por Bormann na corte de Hitler. Os outros convidados se uniam a eles espontaneamente, em fileiras misturadas.[118]

O lugar à mesa também era determinado com exatidão. Hitler sempre se sentava ao meio do longo móvel, de frente para as janelas, entre a dama escolhida, à sua direita, e Eva Brau, sempre à sua esquerda. Ao lado dela, sentava-se Bormann. Diante de Hitler ficava o convidado de honra do momento e, na falta deste, uma mulher. Hitler dava importância aos arranjos de flores. A mesa era arrumada com porcelana Rosenthal e os talheres continham o monograma de Hitler. O serviço era feito pela ordenança da ss, que vestia calça preta e colete branco.[119] A mãe de Speer, que em 1939 fora convidada algumas vezes para Berghof, exprimiu posteriormente: "As cosas ali se dão ao estilo novo-rico. Só o serviço das refeições já é algo impossível e a decoração da mesa, pesada. Hitler foi extremamente simpático. Mas é um mundo de arrivistas."[120] Contudo, a comida era tão simples quanto na Chancelaria do Reich. Mesmo em visitas de Estado, nunca havia mais do que um prato com entrada e sobremesa, e os convidados aproveitavam as verduras frescas, vindas diariamente na estufa de Bormann.

Diferentemente dos almoços na Chancelaria do Reich, em Berlim, as conversas costumavam girar em torno de temas não políticos. Hitler mostrava-se um anfitrião atencioso com as convidadas. "Ele era muito afável, muito pessoal", lembrou-se Maria von Below. "Perguntava pelas crianças para mim, para Margret Speer e Anni Brandt; tinha [...] interesse em pequenas histórias sobre elas e reagia com uma risada ou com um aceno compreensivo de cabeça."[121] Galante vienense como era, nunca poupava elogios, contava suas travessuras na escola e os fatos engraçados do "período de luta". Também gostava de discorrer sobre os benefícios da alimentação vegetariana e seus pratos preferidos, como os bolinhos de pão com molho de azedinha, que sua mãe preparava para ele. E apenas raras vezes conseguia conter seu pendor para caçoar de colaboradores ausentes e imitá-los com gestos e falas. Ocasionalmente, também zombava de membros do grupo, que acabavam por se ver em uma situação delicada, pois não podiam pagar o Führer na mesma moeda. Nos primeiros anos, Eva Braun participou pouco das conversas em Berghof. Mais tarde, quando estava mais autoconfiante e segura de seu papel, podia acontecer de ela interromper seu amante em um de seus monólogos e avisá-lo da hora avançada.[122]

Em geral, o almoço durava uma hora. Depois que Hitler se levantava da mesa e se despedia de suas vizinhas beijando-lhes a mão, seguiam-se outras reuniões. Em seguida, o grupo aprontava-se para o passeio ritual até a pequena casa de chá, em Mooslahner Kopf, o único exercício ao ar livre ao qual o ditador se expunha.[123] Mesmo a passos lentos, a caminhada até lá levava apenas vinte minutos. Hitler punha um grande boné, vestia um casaco impermeável cáqui, que lhe caía mal, pegava uma bengala e a coleira do cachorro e seguia, com seu pastor alemão o acompanhando na frente. Chamava um dos convidados a seu lado, o que sempre era considerado uma especial demonstração de estima, e com ele conversava em particular sobre questões políticas confidenciais. O *entourage*, incluídos os ajudantes de ordens e as secretárias, seguiam em fila indiana. O final da procissão era formado pela guarda. Chegando à casa de chá, Hitler parava no platô panorâmico e elogiava, sempre com as mesmas palavras, a vista até Salzburgo.

A casa de chá era uma construção redonda, feita de pedras, e, além de uma cozinha e de aposentos para os guardas e a equipe, consistia em uma sala grande e circular, com poltronas confortáveis em torno de uma mesa redonda e seis grandes janelas, que permitiam uma visão panorâmica da paisagem. Hitler sentava-se em uma poltrona na frente da lareira; à sua esquerda, novamente se sentava Eva Braun. As ordenanças serviam café e ofereciam diversos tipos de tortas. Hitler preferia chá ou chocolate e gostava de comer bolo de maçã recém-saído do forno.[124] A conversa custava a deslanchar. Heinrich Hoffmann cuidava de animar o ambiente quando, incentivado por Hitler, contava piadas do conde Bobby[§]. Às vezes, o ditador adormecia em meio a seus próprios monólogos; os convidados fingiam que nada tinham percebido e continuavam a conversar em voz baixa. Por volta das dezoito horas, o grupo partia. Hitler era levado em um Volkswagen conversível de volta a Berghof; os outros faziam o caminho a pé. Até o jantar, Hitler recolhia-se em seus aposentos, enquanto os hóspedes aproveitavam o tempo livre para resolver assuntos pessoais.[125]

O jantar, que costumava se iniciar às 20h30, realizava-se de acordo com a mesma cerimônia do almoço. Contudo, as mulheres apareciam em trajes de gala e com maquiagem discreta. Volta e meia, Hitler, que não gostava de mulheres maquiadas,[126] criticava a "pintura de guerra", mas Eva Braun não se deixava intimidar. Por dentro da moda, a muniquense trocava de roupa várias vezes ao dia e à noite também sobressaía graças a elementos especiais. Após o jantar, Hitler ia para mais reuniões no grande hall. De um instante para outro, mudava de papel: sua postura se tensionava, e, em vez do anfitrião amável, passava a enfatizar o carismático Führer. Enquanto isso, os convidados se divertiam no porão, onde havia sido instalada uma pista de boliche, ou aguardavam na sala, ao redor da lareira de ladrilhos verdes, o final das reuniões. Eva Braun, que compartilhava com Hitler a paixão pelo cinema, era informada com antecedência sobre os novos filmes que o Ministério da Propaganda enviara e selecionava uma ou duas películas para a diversão noturna. Quando não chegava nenhuma nova programação, podia recorrer ao grande conjunto de filmes à disposição em Berghof, entre os quais trinta clássicos e dezoito desenhos do Mickey Mouse, que Goebbels dera de presente a Hitler no Natal de 1937. Tal como na Chancelaria do Reich, a equipe e o *Begleitkommando* estavam autorizados a assistir aos filmes no grande *hall*. As duas tapeçarias *gobelins* eram içadas. Hitler e Eva Braun se sentavam na primeira fileira, enquanto os outros espectadores se agrupavam atrás deles. No entanto, com o início da guerra, o ditador se ausentava desse ritual noturno, pois, como ele próprio exprimiu, não podia "ver nenhum filme" em um tempo em que "o povo alemão fazia tantos sacrifícios" e ele tinha "tantas decisões difíceis a tomar".[127]

"Vamos ficar mais um pouco sentados junto à lareira?", perguntou Hitler após o término do filme. Não era raro que a breve hora de conversa se transformasse em

---

§ Figura fictícia popular em piadas alemãs. (N.E.)

uma reunião mais longa, que se estendia até a meia-noite, durante a qual sobretudo o próprio Hitler tinha a palavra, mas às vezes também mergulhava em um silêncio meditativo e ficava atiçando o fogo na lareira. Era sentido quase como um alívio pelos convidados quando alguém sugeria ouvir mais um pouco de música. Em um armário na parte dianteira do *hall* havia uma grande coleção de discos e uma vitrola, manuseada por Bormann. O repertório era quase sempre o mesmo: as obras de Richard Wagner, especialmente a canção final de Isolda, *Liebestod* [Morte de amor], de Tristão e Isolda, que Hitler, conforme ele próprio dizia, "gostaria de ouvir no momento de sua morte"; as sinfonias de Bruckner e Beethoven; as operetas de Franz Léhar; as baladas de Richard Strauß e Hugo Wolf. Assim se passavam algumas horas e, segundo se lembrou Otto Dietrich, mais de uma vez Hitler perguntou "se algum dos presentes estaria cansado e desejaria se recolher": "Ouvi-lo e fazer-lhe companhia até ele achar que se podia dormir era o tributo que cobrava inexoravelmente de seus convidados."[128] Por fim, Hitler e Eva Braun cochichavam algumas palavras entre si, ela ia para seus aposentos, e, pouco depois, ele a seguia. Mal saíam, e a atmosfera se descontraía. Por um breve período reinava um clima espontâneo, até todos se recolherem e o silêncio se instalar em Berghof até o dia seguinte.

Raramente se davam festas em Obersalzberg. Em geral, Hitler passava o Natal sozinho em Munique. Na noite de Natal de 1927, para surpresa de seu criado Krause, ele chamou um táxi e passeou por três horas sem rumo pela cidade.[129] No dia seguinte, foi para Obersalzberg, onde costumava passar a virada de ano em companhia dos amigos habituais que frequentavam Berghof, e "não queria ser incomodado".[130] Contudo, no dia 31 de dezembro, houve tumulto. "A casa está lotada, com mais de 30 pessoas; estou tensa para ver como será", escreveu Gretl Braun, de Berghof, em 31 de dezembro de 1938, para o ajudante de ordens, Fritz Wiedeman, que, para desgosto de Sofie Stork e da irmã de Eva Braun, não pôde estar presente desta vez. "Os cabeleireiros são assediados pelas mulheres, e os homens estão ansiosos para vestir o fraque."[131] Depois da ceia, houve queima de fogos de artifício, preparados pelo mordomo Kannenberg, aos quais Hitler dava sempre grande importância, e, em seguida, o ditador dirigiu-se ao grande *hall* para receber os votos de feliz ano-novo dos convidados e de sua equipe. Foi uma das raras ocasiões em que infringiu a proibição, imposta por ele próprio, de consumo de álcool, bebericou com expressão contrariada uma taça de champanhe e brindou com os membros do *entourage* ao novo ano. Também participava da molibdomancia, assumia prontamente uma postura afetada para a recepção obrigatória do grupo e deixava seu autógrafo aos convidados nos cartões que marcavam seus lugares à mesa. "Geralmente, a festa continuava de maneira bastante divertida", contou Heinrich Hoffmann, "mas só depois que Hitler se despedia. Quase sempre se retirava logo após a meia-noite."[132] Se Eva Braun se mostrava mais reservada em Berghof na presença de Hitler, seu comportamento mudava repentinamente tão logo ele deixava o domicílio. "Ainda dava para ver a limusine descer a estrada sinuosa", lembrou-se um membro do *Be-*

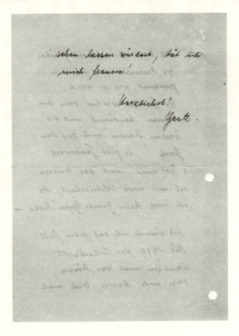

[FOTO 60] Carta de Gretl Braun ao ajudante de ordens, Fritz Wiedemann, enviada de Berghof em 31 de dezembro de 1938

gleitkommando, "e os primeiros preparativos para diversos entretenimentos eram iniciados. Praticamente deixava de ser governanta e mudava tudo. Depois ficava alegre e descontraída, quase infantil."[133]

Passada a guerra, quase todos os participantes do círculo de Berghof asseguraram que a política não tinha relevância em Obersalzberg e que era mantida fora das conversas. Conforme escreveu Karl Brandt, em agosto de 1945, ali Hitler "queria, na medida do possível, ter sua vida privada e cultivar seus relacionamentos e afinidades pessoais".[134] No entanto, a ele se opõe a observação de Otto Dietrich de que Hitler não tinha "capacidade de distinguir entre a vida profissional e a particular":

[FOTO 61] Foto do grupo no dia 31 de dezembro de 1938 no grande *hall* de Berghof. Convidados: 1ª fileira, da esquerda para a direita: Heinrich Hoffmann, Gretl Braun, Dr. Theo Morell, sra. Bouhler, Phillip Bouhler, Gerda Bormann, Adolf Hitler, Eva Braun, Martin Bormann e Anni Brandt.
2ª fileira, da esquerda para a direita: Christa Schroeder, Freda Kannenberg, Albert Speer, Margarete Speer, Hanni Morell, sra. Schmundt, Ilse Braun e Heinz Lorenz.
3ª fileira, da esquerda para a direita: Ernst Bahls, Gerda Daranowski, Albert Bormann, Jakob Werlin (Daimler-Benz), Sofie Stork, Fritz Schönmann, Rudolf Schmundt (oficial ajudante da *Wehrmacht* junto a Hitler), Marianne Schönmann, Dr. Karl Brandt e Arthur Kannenberg.

"Ele conduzia seus negócios em meio à sua vida privada e levava uma vida privada em meio a suas funções oficiais e ao exercício do seu cargo."[135] Com isso, Dietrich acaba chamando a atenção para um ponto crucial da existência de Hitler, que não tolerava uma divisão nítida entre a esfera privada e a política. Uma característica da vida em Obersalzberg era, antes, a mescla de ambas as esferas, o que já se exprimia simplesmente pelo fato de que os espaços em Berghof não eram separados em uma área privada e outra oficial.

Para Hitler, a residência nos Alpes não apenas era um local de distração e recreação como lhe servia de refúgio privado, distante da grande política. Diante de decisões políticas importantes, era para lá que se retirava. Ali se concentrava e refletia sobre seus próximos passos. "Quando vou para a montanha, não é apenas por causa da beleza da paisagem", contou em janeiro de 1942, no quartel-general Wolfsschanze. "Ali, a imaginação é mais estimulada, fico longe das pequenas coisas e então percebo: isto é melhor, isto é correto, isto leva ao êxito."[136] Em Berghof, não apenas amadureceram as decisões de Hitler, como também havia sido ali que, no final de agosto e início de setembro, ele escrevera seu discurso fundamental para a convenção do partido em Nuremberg. Em Berghof, ele recebia importantes políticos estrangeiros, como o ex-primeiro-ministro britânico, David Lloyd George, no começo de setembro de 1936. "Agradeçam a Deus por terem um Führer tão maravilhoso", teria dito o britânico após uma conversa de três horas.[137] O mesmo fizeram o duque e a duquesa de Windsor, que, no final de outubro de 1937, visitaram o ditador alemão em Berghof, e Hitler também se sentiu visivelmente lisonjeado por ter sido reverenciado pelo antigo rei britânico. Segundo se lembra o ajudante de ordens Wiedemann, "raras vezes ele vira o Führer tão jovial e animado quanto nessa visita".[138] No entanto, Obersalzberg também foi palco de encontros políticos dramáticos antes do novo golpe de política externa de Hitler. Ali, em 12 de fevereiro de 1938, poucas semanas antes da "anexação" da Áustria, Kurt Schuschnigg, chanceler deste país, foi submetido a uma pressão extorsiva; em 15 de setembro de 1938, no ápice da "crise dos Sudetos", Hitler convidou o primeiro-ministro britânico, Neville Chamberlain, para uma primeira visita – talvez também com a intenção de recebê-lo "em um ambiente que correspondia à predileção inglesa pela vida no campo".[139]

Desse modo, Berghof foi duas coisas: refúgio de Hitler e segunda central de poder do Terceiro Reich, além da Chancelaria, em Berlim. A essa dupla função correspondia a diretiva do início de 1936 de instalar um posto fora da Chancelaria do Reich, a noroeste de Berchtesgaden, apenas seis quilômetros distante de Obersalzberg. Em janeiro de 1937, comemorou-se a colocação do telhado. Cuidou-se para que os negócios do governo corressem sem impedimentos. Com a instalação de uma técnica moderna de comunicação e o aeroporto oficial Reichenhall-Berchtesgaden, a residência aparentemente isolada de Hitler tinha conexão com o mundo externo e era acessível a qualquer momento. Contudo, mesmo Lammers, chefe da

Chancelaria do Reich, chegou a ficar um dia inteiro sem conseguir falar com Hitler quando este se encontrava em Berghof.[140]

Justamente pelo fato de a política e a vida privada estarem entrelaçadas, não é pertinente a impressão de que temas políticos costumavam ficar fora das conversas no círculo privado da corte de Berghof. Goebbels, por exemplo, registrou em meados de julho de 1937, que, à mesa do almoço em Obersalzberg, teria havido "uma intensa discussão" sobre o papel da Inglaterra no mundo.[141] Sabe-se que Marion Schönemann, amiga de Eva Braun, não tinha papas na língua em relação a Hitler e criticou abertamente algumas medidas políticas após a anexação da Áustria.[142] A imagem de Eva Braun, pintada por Speer e outros membros da corte de Berghof, como uma amante totalmente apolítica e ingênua do Führer foi desmascarada por Heike Görtemaker como aquilo que realmente era: uma distorção consciente, a fim de poder reclamar para si mesma a ignorância a respeito do lado criminoso do domínio de Hitler.[143] Eva Braun não era absolutamente tola, como por muito tempo foi vista, e sim uma jovem moderna, que sabia muito bem no que estava se envolvendo ao se unir a Hitler e que, com as fotos que entregava a Hoffmann e os próprios filmes voltados ao mundo externo, ajudava a tramar o mito do Führer. Tanto ela quanto seus amigos em Berghof compartilhavam das convicções racistas e políticas de Hitler, e com certeza estavam informados sobre a exclusão e a perseguição aos judeus. O fato de que pouco ou nada se falasse a respeito não significa que na corte de Berghof não tivesse predominado uma conivência sobre o assunto. E o mesmo vale para a política antieclesiástica do regime, posta em cena por ninguém menos do que o próprio Hitler.

19

EM LUTA CONTRA AS IGREJAS

"A guerra terminará, e ainda verei a última missão da minha vida, que é resolver o problema das igrejas. Somente então a nação alemã estará totalmente assegurada. Não me ocupo de dogmas, mas também não tolero que um padre se ocupe de coisas terrenas. A mentira organizada deve ser rompida para que o Estado seja o senhor absoluto." Assim se exprimiu Hitler durante um almoço em seu quartel-general, em meados de dezembro de 1941, quando o fracasso da planejada *Blitzkrieg* contra a União Soviética já se delineava claramente. E acrescentou: "Em minha juventude, eu tinha o seguinte ponto de vista: dinamite! Hoje acho que não se pode agir precipitadamente. É preciso que a coisa apodreça como um membro gangrenoso. A Chancelaria precisaria chegar ao ponto de contar apenas com imbecis, diante dos quais houvesse apenas mulherezinhas velhas. A juventude saudável está conosco."[1]

Essa declaração não resultou do humor do momento; antes, era característica do comportamento hostil do ditador em relação ao cristianismo. As igrejas eram a única instituição no "Estado do Führer" que escapavam da pretensão à totalidade ideológica do nacional-socialismo. Submetê-las à sua vontade de domínio absoluto e condená-las a viver à sombra da sociedade eram o projeto de Hitler para o período após uma guerra vitoriosa. "A longo prazo, o nacional-socialismo e a Igreja não podem conviver."[2]

No entanto, ao mesmo tempo, ele sabia que esse objetivo não poderia ser atingido com força bruta; ao contrário, na relação com as igrejas cristãs cada vez mais influentes, era mais recomendável proceder com uma flexibilidade tática: "Não faz sentido arrumar mais dificuldades; quanto mais se proceder com inteligência, tanto melhor."[3] Em todo caso, o ditador queria evitar um ataque frontal à fé e à cultura cristã na Alemanha. Ainda tinha claramente diante dos olhos o fracasso de Bismarck no campo cultural contra os católicos. Considerava errôneo "precipitar-se agora em uma luta com a Igreja", declarou em outubro de 1941. "O melhor é deixar o cristianismo esmorecer aos poucos; uma extinção lenta também tem algo apaziguador em si: o dogma do cristianismo se despedaça diante da ciência."[4]

Essa divergência já havia determinado o comportamento de Hitler antes de 1933. Por um lado, o nacional-socialismo se articulava como uma religião secular, e o Führer se apresentava como o Messias enviado pelo "Todo-Poderoso", que salvaria o povo alemão de todo o mal. À sacralização de sua pessoa correspondia a estilização de seus seguidores em "discípulos", que se dedicavam a ele incondicionalmente e, se necessário, estariam prontos a arriscar a própria vida por ele. Hitler não se cansou de evocar o poder da fé, que supostamente podia mover montanhas, e quase nunca faltavam em seus discursos expressões em forma de oração e alusões ao ideário cristão.[5] Especialmente em suas mensagens de Natal, ele gostava de se referir a Jesus Cristo como modelo para si mesmo e seus companheiros de luta. Tal como Jesus teria, de chicote na mão, expulsado os comerciantes usurários do Templo, ele, Hitler, enxotaria da Alemanha o capital financeiro internacional dos judeus.[6]

Contudo, por outro lado, o demagogo postulava a neutralidade de seu movimento em questões religiosas e a equidistância de ambas as confissões. O item 24 do programa do partido estabelecia: "O partido, como tal, representa o ponto de vista de um cristianismo positivo, sem se vincular sectariamente a determinada confissão."[7] Segundo reivindicava em *Mein Kampf*, os partidos políticos não teriam "nada a ver com problemas religiosos [...]"; inversamente, "a religião" não pode ser "relacionada a excessos políticos do partido". A tarefa do movimento não seria "uma reforma religiosa, e sim uma reorganização política do nosso povo". Hitler era realista o suficiente para reconhecer que dificilmente chegaria ao poder sem o apoio dos eleitores com vínculo cristão. Para construir uma ponte até eles, designou as "duas confissões religiosas" como "suportes igualmente valiosos para a existência do nosso povo".[8]

Por isso, após o restabelecimento do NSDAP, em fevereiro de 1925, ele se voltou com veemência contra todas as tentativas de levar o conflito religioso para dentro do movimento. Ataques contra as comunidades religiosas e suas instituições foram expressamente proibidos. O *Gauleiter* da Turíngia, Arthur Dinter, que não obedeceu a essa proibição e propagou a instauração de uma religião étnica (*völkische Religion*), foi afastado de seu posto e expulso do NSDAP em 1928.[9] Por sua vez, Alfred Rosenberg viu-se obrigado a apresentar seu livro programático *Der Mythus des 20. Jahrhunderts* ["O mito do século XX"], publicado em 1930 – uma síntese das ideias neopagãs em curso no campo étnico (*völkisch*) –, como "uma confissão puramente pessoal", "que não carrega nenhum caráter oficial do partido.[10] O próprio Hitler dissociou-se repetidas vezes da obra e, pela última vez, em 1942, em seu quartel--general, afirmou que dela teria lido "apenas uma pequena parte".[11]

Após a transferência do poder, em 30 de janeiro de 1933, o chanceler do Reich recém-eleito apareceu com a roupagem do estadista cristão, para o qual nada era mais importante do que realizar, junto com as igrejas cristãs, o "renascimento nacional" da Alemanha. "Durante sua carreira, nunca Hitler evocou Deus com tanta frequência e de maneira tão fervorosa como nessas oito primeiras semanas; nunca empregou tantas expressões cristãs e se assegurou tanto de locais e atributos cristãos como nesse período", destacou com razão Klaus Scholder.[12] Já em sua primeira declaração de governo, em 1º de fevereiro de 1933, prometeu dar ao "cristianismo, como base de toda a nossa moral", a "sólida proteção" do "governo nacional".[13]

E, em seu discurso sobre a apresentação da Lei Plenipotenciária, em 23 de março de 1933, chegou a dar um passo além na direção das igrejas: o novo governo veria "nas duas confissões cristãs os principais fatores para a manutenção de nossa etnia (*Volkstum*)" e deixaria seus direitos intactos.[14] Essa declaração se dirigia principalmente ao centro católico, cuja aprovação era necessária para que Hitler tivesse a maioria de dois terços no *Reichstag*.

Antes de 1933, o ambiente católico se mostrara amplamente resistente em relação aos atrativos do movimento hitlerista. A partir de setembro de 1930, os bispos preveniram constantemente em suas pastorais contra as heterodoxias do nacional-socialismo. Ainda em agosto de 1932, quando Hitler já estava nos limiares do poder, a Conferência dos Bispos em Fulda corroborou o veredicto da ideologia nacional-socialista e declarou "ilícita" a filiação dos fiéis católicos ao NSDAP.[15] A eleição para o *Reichstag*, em 5 de março de 1933, confirmou a persistência inquebrantável do catolicismo político; em comparação com as eleições anteriores, o *Zentrum* e o BVP, partido bávaro aliado, perderam poucos votos. Hitler via como uma de suas missões mais urgentes na fase inicial de seu domínio romper a frente de defesa católica, praticamente fechada.[16] Obteve um primeiro êxito quando os bispos católicos recompensaram sua aparente disposição à reconciliação em 28 de março com uma declaração amigável: "Sem anular nossa condenação, presente em nossas disposições anteriores, de determinados equívocos relativos à religião e aos costumes, o episcopado acredita poder nutrir a confiança de que as interdições e advertências gerais prescritas já não precisam ser observadas como necessárias." A isso se acrescentou a admoestação para a "fidelidade à legítima autoridade e a um cumprimento consciencioso das obrigações civis".[17] Desse modo, cancelava-se o anátema contra o movimento nacional-socialista; também entre os fiéis católicos cresceu o entusiasmo por Hitler e pelo "despertar nacional" por ele introduzido. "Os portadores de batina são muito pequenos e se arrastam", alegrou-se Goebbels.[18]

Tendo crescido em um mundo de fé católica e sem nunca deixar a Igreja, Hitler conservou certo respeito pelo poder da instituição milenar. Segundo o modelo dos tratados lateranenses de Mussolini, de 1929, tentou um acordo de cúpula com o Vaticano, a fim de chegar a um *modus vivendi* com o clero católico e, ao mesmo tempo, minar o catolicismo político na Alemanha. As tradicionais classes de eleitores do Zentrum e do BVP só poderiam ser conquistadas "se a cúria desistisse de ambos os partidos", anunciou em 7 de março de 1933 no gabinete.[19] As negociações com o Vaticano, conduzidas pelo vice-chanceler Papen a partir de 10 de abril, a pedido de Hitler, com o secretário de Estado, o cardeal Eugenio Pacelli, ex-núncio papal na Alemanha, já puderam ser encerradas poucos meses depois. Em 8 de julho, o tratado sobre a concordata entre o governo nacional-socialista e a Santa Sé em Roma foi rubricado; em 20 de julho seguiu-se a cerimônia de assinatura e em 10 de setembro o tratado entrou em vigor.[20] Era proibido aos sacerdotes católicos qualquer atividade política futura – o que significava a verdadeira renúncia do *Zentrum* e do BVP, que também optaram imediatamente por sua dissolução. Como retribuição, o regime nacional-socialista garantiu a prática livre da religião, a proteção das organizações católicas laicas e a permanência das escolas confessionais e das aulas de religião.

A conclusão desse primeiro tratado internacional significou uma revalorização inequívoca do regime nacional-socialista e um triunfo pessoal para Hitler. Em uma reunião de gabinete, em 14 de julho de 1933, o chanceler do Reich explicou que o fato de o acordo com a cúria ter sido "alcançado com muito mais rapidez do que ele imaginava ainda em 30 de janeiro" era "um êxito tão indescritível que todas as ponderações críticas a respeito teriam de recuar". Com isso, haveria "uma oportunidade e seria criada uma esfera de confiança muito significativa na luta urgente contra o judaísmo internacional".[21] Dos círculos do clero católico chegaram à Chancelaria do Reich uma grande quantidade de testemunhos de gratidão. O cardeal muniquense Michael Faulhaber elogiou Hitler efusivamente. Em 24 de julho, escreveu: "O que os antigos parlamentos e partidos não fizeram em sessenta anos, sua visão de estadista realizou em seis meses do ponto de vista da história mundial. Para o prestígio da Alemanha no Ocidente e no Oriente e diante do mundo inteiro, esse acordo com o papado, maior poder moral da história mundial, significa um feito de incomensurável prosperidade." Contudo, Faulhaber não deixou de enfatizar que "o artigo da concordata não deve permanecer no papel" e que os postos subordinados não devem permanecer muito distantes "da grandeza estadista do Führer".[22]

Porém, justamente nessa esperança os bispos teriam se sentido enganados. Logo após a assinatura da concordata, acumularam-se as violações contra o espírito e a letra do tratado. Em muitos lugares os funcionários do partido e os agentes da polícia procederam contra associações católicas, houve proibições e tentativas de intimidação contra a imprensa católica, funcionários católicos foram demitidos, associações de jovens católicos foram dissolvidas e seu patrimônio, confiscado. Os protestos e as queixas foram apenas hesitantes, pois nem o secretário de Estado e cardeal Pacelli nem a cúpula do episcopado alemão queria pôr em risco o arranjo obtido com o regime nacional-socialista.[23] De todo modo, do primeiro Advento até o último dia do ano de 1933, o cardeal Faulhaber mostrou-se desiludido em seus sermões na igreja de St. Michael, em Munique. Protestou contra o desprezo do Antigo Testamento pelos nacional-socialistas e dissociou-se claramente de sua doutrina racista: "Nunca podemos nos esquecer: não nos salvamos com o sangue alemão. Salvamo-nos com o sangue de nosso Senhor crucificado."[24] Entre a liderança do nacional-socialismo, essas vozes não passaram despercebidas. "Os padrecos estão tramando contra nós. Cuidado!", anotou Goebbels no final de dezembro de 1933.[25]

Os dignitários católicos ficaram alarmados quando Alfred Rosenberg foi encarregado por Hitler, no final de janeiro de 1934, de "monitorar toda a instrução e a educação ideológica do partido e todas as associações a ele uniformizadas". O autor de *O mito do século XX* foi considerado uma personificação de todos os esforços anticlericais dentro do NSDAP. No início de fevereiro, o Vaticano colocou o livro no índice dos livros proibidos e, nas pastorais, por ocasião da Páscoa, em 1934, os fiéis foram exortados a opor-se decisivamente ao "neopaganismo".[26] O debate em torno das teses anticristãs de Rosenberg teve um efeito colateral indesejado para o clero: o interesse pelo livro cresceu bruscamente; depois do livro de Hitler, *Mein Kampf,* se tornar a obra mais difundida do nacional-socialismo. "O mito de Rosenberg é um grande negócio. As igrejas estão fazendo propaganda a favor", irritou-se Goebbels, ligado por uma arqui-inimizade ao editor do *Völkischer Beobachter.*[27]

Conforme já mencionado, na "Noite dos longos punhais", em 30 de junho de 1934, dois eminentes católicos também foram vitimados: Erich Klausener, diretor da Katholische Aktion, uma das mais importantes organizações católicas laicas, e Fritz Gerlich, editor do semanário católico *Der gerade Weg.* Em julho de 1932, o jornalista havia feito uma crítica aniquiladora ao movimento de Hitler em um artigo intitulado "O nacional-socialismo é uma peste!": "O nacional-socialismo [...] significa: hostilidade às nações vizinhas, ditadura interna, guerra civil, guerra entre povos. O nacional-socialismo significa mentira, ódio, fratricídio e miséria sem limites. Adolf Hitler preconiza o direito da mentira. Despertem, vocês que foram ludibriados por alguém possuído pela tirania!".[28] Por essas corajosas palavras, os esbirros de Hitler se vingaram. Os bispos católicos se protegeram com o silêncio. Com os líderes das igrejas protestantes e grande parte do público, partilharam o alívio pelo fato de Hitler ter aparentemente posto termo às forças radicais na SA.[29]

Com a Igreja protestante, Hitler parecia não ter problemas *a priori,* pois justamente nas regiões evangélicas da Alemanha o NSDAP havia conquistado fortes bastiões antes de 1933 e obtido seu maior sucesso na eleição. A receptividade do nacional-protestantismo para o programa étnico (*völkisches Programm*) mostrou-se bastante clara no Movimento de Fé teuto-cristão (*Glaubensbewegung Deutsche Christen*). Esse movimento se tornou público em junho de 1932 com a exigência de que a ordem da Igreja "se adaptasse às condições naturais dispostas por Deus em sua Criação e ainda hoje [...] reconhecíveis", condições essas "que encontramos na etnia (*Volkstum*) e na raça": "A partir desse reconhecimento, convocamos à luta por uma Igreja alemã verdadeira. À sua comunidade pertencem apenas cristãos verdadeiramente alemães. Entre eles está todo membro de sangue do povo alemão [...], mas não o judeu de batismo." No sentido de um "cristianismo positivo", os teuto-cristãos professaram "uma fé positiva em Cristo de acordo com a etnia, correspondendo ao espírito luterano alemão e à devoção heroica".[30] Nas eleições eclesiásticas prussianas, em novembro de 1932, os cristãos marrons, que ocasionalmente se autodenominavam "SA Jesu Christi", já obtiveram um terço de todos os assentos, e em algumas regiões da Prússia Oriental e da Pomerânia chegaram a cinquenta por cento.[31]

Portanto, tampouco é de surpreender que a maioria dos líderes das igrejas protestantes tenha sido enfática ao dar as boas-vindas à virada política ocorrida na primavera de 1933. Em sua mensagem de Páscoa, o alto consistório prussiano estava de acordo com todos os irmãos evangélicos de fé "na alegria com o despertar das forças mais profundas de nossa nação para a consciência patriótica, a autêntica comunidade do povo e a renovação religiosa".[32] Na facção protestante, eram poucos os que se deixavam ofuscar. Entre eles estava o historiador Friedrich Thimme, um dos três editores do documento *Die Große Politik der Europäischen Kabinette 1871-1914* [A grande política dos gabinetes europeus de 1871-1914], que já em uma carta de meados de fevereiro de 1933 exprimiu-se com notável lucidez a respeito da verdadeira natureza de Hitler e de seus seguidores: "Para mim, todos que acreditam em suas grandes promessas e até em suas convicções cristãs são uma porta. É possível reconhecê-los por seus frutos; e esses frutos significam justamente homicídio doloso, homicídio culposo, ações violentas de todo tipo, arrivismo." Ao mesmo tempo, Thimme criticou a postura da Igreja protestante em relação "ao ódio organizado, aos assassinatos e às perseguições" como "simplesmente vergonhosa".[33] "Como pode a bênção de Deus residir em um movimento que é um permanente tapa na cara dos mandamentos mais simples e claros do cristianismo?", perguntou em maio de 1933. A Igreja teria "a obrigação incondicional de fazer ecoar sempre sua voz de advertência e admoestação em relação a todas as injustiças cometidas pelas instâncias superiores".[34] Em novembro de 1933, escreveu ao historiador inglês George Peabody Gooch: "Não posso de modo algum aprovar que se eleve a suposta raça ariana à idolatria e que se excluam os judeus – entre os quais tenho muitos amigos de alto nível intelectual – de todos os cargos e títulos, tornando sua vida na Alemanha quase impossível."[35] Porém, uma voz como essa era exceção no protestantismo alemão. Ao contrário, eram típicos comentários como o de Otto Dibelius, superintendente geral do Kurmark, em um periódico da Igreja, a respeito do boicote aos judeus de 1º de abril de 1933, que se estendeu por todo o Reich: o governo do Reich teria declarado "que nos primeiros dias turbulentos da grande revolução também ocorreram abusos. Algo do gênero nunca poderá faltar, tampouco faltará nestes tempos [...]."[36]

O objetivo de Hitler era fundir as 28 igrejas evangélicas regionais em uma igreja do Reich rigidamente organizada, a fim de assim também conseguir um contrapeso em relação à Igreja católica. Ao mesmo tempo, apostou sobretudo no apoio dos teuto-cristãos. Em 25 de abril de 1933, nomeou Ludwig Müller, capelão militar de Königsberg que lhe era totalmente dedicado, seu "procurador para os assuntos da Igreja evangélica", com a especial missão de pôr rapidamente em prática os planos da Igreja do Reich.[37] Em 11 de julho, a nova constituição eclesiástica foi assinada pelos representantes autorizados das igrejas regionais e, em 14 de julho, aprovada no gabinete. Previa reunir todas as igrejas regionais em uma "única Igreja evangélica alemã", cujo topo seria ocupado por um bispo do Reich, a ser determinado em um sínodo nacional. As reeleições das corporações eclesiásticas foram marcadas para 23 de julho.[38]

Durante os preparativos para a eleição, os teuto-cristãos desfrutaram do apoio maciço do regime. Na véspera, em um discurso transmitido por todas as emissoras de rádio a partir de Bayreuth, Hitler defendeu claramente o movimento religioso. Nessas circunstâncias, não é de admirar que as eleições eclesiásticas evangélicas tenham terminado com um triunfo dos teuto-cristãos. Venceram com cerca de setenta por cento, ou seja, mais de dois terços dos votos.[39] Em seguida, a eleição de Ludwig Müller para bispo do Reich no "primeiro sínodo nacional", na cidade luterana de Wittenberg, em 27 de setembro de 1933, foi apenas uma formalidade. O "Reibi"*, como era chamado, via seus desejos serem realizados. "Sem dúvida, como bispo regional prussiano e bispo alemão do Reich, ele era a figura eclesiástico-política mais importante do protestantismo alemão."[40]

No entanto, ainda antes da reunião do sínodo nacional, um movimento opositor começou a se formar. O impulso decisivo partiu de Martin Niemöller, pastor em Dahlem – ex-comandante de submarino e soldado dos *Freikorps* – que, inicialmente, na primavera de 1933, ainda depositava muita esperança em Hitler e no novo regime, mas deles se afastou, desiludido. Em 21 de setembro de 1933, enviou a pastores em toda a Alemanha uma circular exortando-os a se unirem a uma "Liga Pastoral de Emergência". Os princípios acrescentados à circular continham a obrigação de exercer o ofício de pastor "exclusivamente no compromisso com as Sagradas Escrituras e as confissões da Reforma [deveriam ser tidas] como a verdadeira interpretação das Sagradas Escrituras", bem como uma clara posição contra o "emprego dos parágrafos arianos no âmbito da Igreja cristã". Até o final daquele ano, seis mil sacerdotes assinaram a declaração de compromisso. Com isso, Niemöller havia "lançado a primeira pedra em favor da oposição eclesiástica a Hitler".[41]

A Liga Pastoral de Emergência recebeu forte estímulo em consequência de uma reunião em massa dos teuto-cristãos no Palácio de Esportes de Berlim, em 13 de novembro de 1933, que terminou em um "fiasco sem igual".[42] Isso porque, sob o aplauso frenético dos vinte mil presentes, o berlinense Reinhold Krause, principal orador da noite e *Gauobmann*, exigiu nada menos do que o aperfeiçoamento da missão étnica (*völkische Sendung*) de Martinho Lutero em uma segunda Reforma alemã". Não houve dúvidas sobre como deveria ser a nova "Igreja popular alemã": era preciso criar espaço para toda a extensão de uma "vida divina adequada à etnia". O primeiro passo nesse sentido seria "a emancipação em relação a tudo que for alemão na liturgia e nas questões relativas à confissão", o que significava a "emancipação em relação ao Antigo Testamento com sua moral judaica de recompensa" e suas "histórias de comerciantes de gado e proxenetas". Em pleno entusiasmo, Krause também exigiu que o Novo Testamento fosse depurado de todos "os relatos visivelmente deturpados e supersticiosos" e que se recusasse "toda a teologia do bode expiatório e da inferioridade do rabino Paulo".[43] Essas ideias pouco diferem da religião étnica (*völkische Religion*) de Rosenberg. Grupos da Liga Pastoral de

---

* Abreviação de Reichsbischof, bispo do Reich. (N.T.)

Emergência logo protestaram intensamente, e mesmo entre as forças moderadas dos teuto-cristãos houve oposição. Müller, bispo do Reich, viu-se obrigado a afastar Krause de seus ofícios eclesiásticos e a interromper a execução do parágrafo ariano.[44]

Hitler reagiu às discussões ocorridas logo após a manifestação no Palácio de Esportes com extrema indignação. Interpretou o recuo do bispo do Reich como um sinal de fraqueza. Em uma recepção em 29 de novembro, deu-lhe a entender que não iria intervir no conflito eclesiástico e que o bispo teria de resolver sozinho suas dificuldades.[45] Com isso, iniciou-se o distanciamento de Hitler de seu ex-favorito, que a seus olhos mostrou-se cada vez mais inadequado para realizar o objetivo de uma Igreja evangélica unida e fiel ao regime. No início de dezembro de 1933, por ocasião de um almoço na Chancelaria do Reich, o ditador revelou onde residia sua verdadeira simpatia quando, de acordo com o registro de Goebbels, criticou "severamente as igrejas": "Agora ele também desmascarou os untuosos pastores e o bispo Müller. O mais decente é Krause, que pelo menos não esconde sua aversão ao embuste judaico do Antigo Testamento."[46]

Para se precaver contra seus críticos, Müller recorreu a medidas repressivas. No início de janeiro de 1934, emitiu um decreto relativo à restauração de circunstâncias ordenadas na Igreja Evangélica Alemã", que proibia toda discussão eclesiástico-política e manifestação no âmbito do serviço divino. Contudo, esse "decreto da mordaça" foi um recurso extremamente inadequado para calar os pastores da oposição. Acabou provocando, ao contrário, um novo e intenso protesto: consta que o bispo do Reich ameaçou com violência todos "que, por sua consciência e por suas paróquias, não fossem capazes de se calar a respeito do que estava acontecendo com a Igreja no momento".[47]

Ao contrário de sua intenção original de se manter fora do conflito interno da Igreja evangélica, Hitler declarou-se pronto a servir de intermediário entre os representantes dos teuto-cristãos e seus opositores. A recepção realizou-se ao meio-dia de 25 de janeiro de 1934 e correu de maneira bem diferente da imaginada pelos líderes opositores das igrejas, entre eles os bispos Theophil Wurm, August Marahrens e Hans Meiser – uma vez que, para surpresa geral, logo no começo Hitler passou a palavra a Göring, que leu a ata de uma conversa telefônica de Martin Niemöller, ocorrida de manhã e interceptada pela Gestapo. Nela, o pastor de Dahlem se manifestara com desrespeito sobre uma conversa de Hitler com Hindenburg, anterior ao encontro dos líderes das igrejas. Em vez de protestarem contra os métodos da polícia estatal, os bispos se deixaram intimidar por completo. Ainda em seus monólogos no quartel-general, Hitler se lembrou, tripudiando, que ao ouvirem a leitura do telefonema, "os enviados da Igreja evangélica se encolheram tanto de medo" que mal teria dado para percebê-los.[48]

Contudo, Niemöller manteve a compostura. Confirmou a Hitler que a conversa de fato tinha se dado daquele modo e tentou explicar-lhe que a luta da Liga Pastoral de Emergência pela verdadeira fé da Igreja não se dirigia contra o Terceiro

Reich, mas seria conduzida em benefício dele. Visivelmente irritado, o ditador respondeu: "Deixe que eu me preocupo com o Terceiro Reich e trate de se preocupar com a Igreja." Ao final, os líderes eclesiásticos tiveram de se comprometer com Hitler que, dali em diante, colaborariam fielmente com o bispo do Reich. Em uma declaração logo após a recepção pelo chanceler, reforçaram "sua fidelidade incondicional ao Terceiro Reich e a seu Führer" e condenaram "com veemência todas as intrigas da crítica ao Estado, ao povo e ao movimento".[49] Inicialmente, a posição de Ludwig Müller pareceu reconsolidada, ao passo que a Liga Pastoral de Emergência foi temporariamente enfraquecida com a declaração de submissão dos líderes eclesiásticos. Hitler não se esqueceu de que Niemöller fora o único a não se deixar intimidar por ele e passou a persegui-lo com ódio, bem como a seus aliados. No final de abril de 1934, em uma reunião com Himmler e Goebbels, convocou à "luta contra a Liga pastoral de Emergência". "Haverá uma caça às bruxas", anotou o ministro da Propaganda. Pobre escória de pastores. Seremos cristãos."[50]

Porém, nem mesmo a intensificação das represálias restituiu a paz na Igreja protestante. A tentativa do bispo do Reich de forçar a uniformização das igrejas regionais com a Igreja do Reich provocou resistência e levou à oposição interna de novas simpatias.[51] No final de maio de 1934, 139 delegados se reuniram para o primeiro "Sínodo Confessional da Igreja Evangélica Alemã", em Barmen. Chegou-se a um acordo sobre uma declaração, essencialmente elaborada pelo teólogo Karl Barth, cuja primeira e famosa tese marcava a mais rigorosa delimitação das posições dos teuto-cristãos: "Rejeitamos a falsa doutrina de que a Igreja pode e deve reconhecer, além desta única palavra de Deus, outros eventos e poderes, personagens e verdades como fontes de seu sermão e como revelação divina." Conforme notou Klaus Scholder, a Declaração de Barmen, de 31 de maio de 1934, foi "sem dúvida o acontecimento que mais se destacou na luta da Igreja": "Graças à sua linguagem clara, à sua fundamentação bíblica e a seu caráter inequivocamente confessional, ela não apenas alcançou teólogos e pastores, mas também agiu profundamente nas paróquias confessionais. Permaneceu o *cantus firmus* da Igreja confessional mesmo onde sua voz corria o risco de ser abafada por outras vozes."[52] O primeiro sínodo confessional foi seguido por um segundo, em outubro de 1934, no salão paroquial de Dahlem, e estabeleceu um "conselho" executivo, que futuramente coordenaria as questões da Igreja confessional, e exortou as "paróquias, os pastores e os conselhos paroquiais cristãos" de toda a Alemanha a não aceitarem mais nenhuma instrução da direção prévia da Igreja do Reich e de seus órgãos.[53]

No outono de 1934, ficou evidente que o bispo do Reich não havia conseguido apaziguar o conflito interno às igrejas evangélicas. No final de outubro, Hitler recusou-se inesperadamente a receber Ludwig Müller, reabilitou os bispos sulistas Wurm e Meiser, que Müller havia punido, e mandou-os a Berlim junto com o bispo Marahrens, de Hannover. Em 30 de outubro, em uma conversa de duas horas, revelou-lhes que já não tinha interesse nas questões da Igreja – uma indicação clara de que o bispo do Reich havia caído em desgraça.[54] Esperando que o reinado de Müller finalmente tivesse acabado, não obstante os bispos regionais ficaram decepcionados. Embora em seu círculo privado o ditador se exprimisse de forma extremamente desfavorável em relação às capacidades do "*Reibi*" – este não teria "nenhum senso tático, tampouco era uma pessoa de princípios; era mole por dentro e duro por fora, em vez do contrário"[55] –, não estava pronto para descartá-lo por completo. De sua parte, Müller recusou-se a deixar o cargo, apesar da inequívoca perda de poder. Na boca do povo, seu apelido passou de "*Reibi*" para "*Bleibi*"†.[56]

574   A luta eclesiástica entre fiéis católicos e protestantes desencadeou uma grande inquietação, que, no entanto, não podia ser confundida com uma rejeição tácita ao regime nem com uma oposição política evidente. Tudo indicava, antes, que as medidas e manobras anticlericais eram atribuíveis ao efeito de agitadores ideológicos como Alfred Rosenberg; a popularidade pessoal de Hitler permaneceu intacta. Também nesse caso, o mestre da dissimulação pretendia mostrar-se sempre como uma pessoa e um político com sentimentos religiosos e que estaria decidido a defender os valores do cristianismo contra fanáticos no próprio movimento. O fato de os líderes de ambas as igrejas sempre terem se declarado dispostos a dedicar respeito e lealdade ao Führer também teria contribuído para que a insatisfação da parte da população que era fiel à Igreja se dirigisse não ao homem que estava no comando, mas aos radicais regionais do partido.[57]

  Após o fracasso da tentativa de obrigar as Igrejas a uma uniformização interna sob o domínio do regime, a liderança do nacional-socialismo buscou um novo conceito. Em julho de 1935, Hitler incumbiu Hanns Kerrl, ex-ministro prussiano da Justiça, de cuidar das questões eclesiásticas, até então a cargo do Ministério do Interior e da Educação. Como dirigente do novo Ministério para Assuntos Eclesiásticos do Reich então instaurado, Kerrl recebeu plenos poderes para emitir disposições juridicamente vinculantes para toda a Igreja. Instaurou o Comitê Eclesiástico do Reich, bem como comitês eclesiásticos regionais, cuja tarefa seria fazer a mediação entre o Estado e a Igreja e apaziguar os conflitos internos à Igreja. Segundo declarou Kerrl no início de agosto de 1935 aos *Gauleiter* e lugares-tenentes do Reich reunidos, era necessário "levar em conta as forças das igrejas cristãs que aprovam o Estado e se mostram permeadas pelo nacional-socialismo e preservá-las em prol da vida eclesiástica".[58]

  Com a mudança de curso eclesiástico-político, Hitler perseguiu duas metas divergentes: por um lado, queria afastar as Igrejas o máximo possível da vida pública; por outro, pretendia de certo modo apaziguar os conflitos com elas ou, pelo menos, evitar um confronto aberto, a fim de não sobrecarregar ainda mais o ânimo da população, que havia piorado visivelmente no verão e no outono de 1935. "Ele

---

†   Trocadilho com o verbo *bleiben*, "aquele que fica". (N.T.)

percebe muito bem a perda de ânimo. Quer fazer as pazes com as Igrejas. Pelo menos por certo tempo", anotou Goebbels em 14 de agosto.[59] Porém, em uma pastoral lida nos púlpitos poucos dias depois, os bispos católicos reforçaram a pretensão da Igreja de exercer sua influência na esfera pública e condenaram com palavras ásperas a política repressiva do regime. Em um memorando a Hitler, enfatizaram sua "posição de aprovação do Estado", mas, ao mesmo tempo, manifestaram sua "grande preocupação" "diante dos ataques cada vez mais intensos contra o cristianismo e a Igreja".[60]

Hitler ficou furioso e, junto com Goebbels, refletiu sobre como deveria reagir. "O Führer vê a questão do catolicismo com preocupação", notou o ministro da Propaganda no início de setembro de 1935. "Teria chegado o momento de partir para a luta? Espero que não. Mais tarde seria melhor. Ainda [é preciso obter] primeiro alguns êxitos na política externa."[61] Em sua proclamação de 11 de setembro, que abriu a convenção do partido em Nuremberg, o ditador declarou que "não toleraria de modo algum que a politização das confissões continuasse ou recomeçasse por qualquer desvio". Seria conduzida uma luta decisiva "para manter nossa vida pública limpa daqueles sacerdotes que escolheram a profissão errada, que deveriam ser políticos, e não pastores".[62]

Em uma primeira onda de processos de divisas e moralidade, o regime voltou a pressionar a Igreja católica entre 1935 e 1936. Padres católicos e membros de ordens religiosas foram acusados de abuso sexual de crianças e jovens e de violarem as rigorosas regulações de divisas. Contudo, com a intensa participação da polícia estatal, por ordem de Hitler, os processos preparados a partir do final de 1935 foram temporariamente suspensos no final de julho de 1936 para serem levados ao Tribunal Regional de Coblença.[63] A razão para a mudança de opinião foi a eclosão da Guerra Civil Espanhola, que teria permitido vislumbrar um acordo de paz entre o regime e a Igreja católica, sinalizando uma "frente unitária antibolchevique". Embora os bispos tenham se posicionado claramente contra o bolchevismo em sua pastoral de 19 de agosto de 1936, ao mesmo tempo insistiram que, para a realização de um acordo nesses moldes, os "boicotes" à vida eclesiástica na Alemanha, que violavam a concordata, deveriam ser suspensos.[64]

No final de outubro de 1936, em uma conversa com Goebbels, Hitler reforçou sua intenção de "eventualmente fazer as pazes" com a Igreja católica, "pelo menos por enquanto. Para combater o bolchevismo. Quer conversar com Faulhaber."[65] No dia 4 de novembro, o ditador recebeu o cardeal em Obersalzberg. Ao longo da conversa de três horas, ele apresentou novamente o cenário de horror de uma ameaça bolchevique à Europa e exortou a Igreja católica a apoiá-lo em sua luta: "Ou o nacional-socialismo e a Igreja vencem juntos, ou ambos serão arruinados." O ditador prometeu passar "uma borracha no passado" e "esquecer todas as pequenas coisas que perturbam a colaboração pacífica [...]". Conforme enfatizou, esta seria "uma última tentativa" de se entender com a Igreja. Mais uma vez, a mistura de sedução e ameaça fez efeito. "O Führer domina mais as formas diplomáticas e sociais do que um soberano nato [...]", escreveu Faulhaber em seu relatório confidencial sobre a conversa. "Sem dúvida, o chanceler do Reich vive na fé em Deus. Reconhece o cristianismo como o arquiteto da cultura ocidental."[66]

Em seguida, Hitler contou a Goebbels que teria "passado uma boa descompostura" no cardeal. Faulhaber teria "se intimidado", "palavreado sobre dogmas ou coisa parecida". "Guerra ou reconciliação. Não existe nada além disso. A Igreja precisa declarar-se nossa partidária, e sem reservas."[67] No entanto, os católicos não queriam estender a mão para uma submissão incondicional como essa. Em sua pastoral relativa à festa de Natal de 1936, declararam-se prontos a apoiar o regime "na defesa histórica contra o bolchevismo"; porém, cobraram novamente os direitos assegurados na concordata. Hitler descarregou sua irritação com essa insubordinação à mesa do almoço em Obersalzberg, no início de janeiro de 1937, durante um longo "debate sobre religião": "Mais uma vez, os bispos católicos emitiram uma pastoral contra nós. Os deuses cegam antes quem querem punir", queixou-se, não deixando nenhuma dúvida de que todas as suas declarações públicas sobre a irrenunciabilidade das Igrejas cristãs não passavam de conversa fiada: "O Führer considera o cristianismo pronto para o declínio. Pode demorar, mas ele virá."[68]

Um escândalo no gabinete, em 30 de janeiro de 1937, fortaleceu Hitler em sua disposição para combater a Igreja católica. Conforme já ilustrado, Eltz-Rübenach, ministro dos Transportes e dos Correios, católico fervoroso, recusou a insígnia dourada do partido e a filiação ao NSDAP com a justificativa de que os nacional-socialistas "reprimiam as igrejas". O ditador e seu ministro da Propaganda reagiram, indignados: "Esses são os carolas. Acima da pátria, têm um mandamento superior: o da Igreja, a única salvadora."[69] Nos dias que se sucederam, Hitler continuou a se manifestar "intensamente contra as Igrejas": "Nada aprenderam nem irão aprender. É a instituição mais cruel que se pode imaginar. Impiedosa e injusta. Não se pode travar nenhum acordo com elas. Senão, o fracasso é certo."[70] Era preciso "dizer poucas e boas a esses padrecos", exigiu também Goebbels após outro sermão crítico de Faulhaber em Munique. "Eles têm de se curvar ao Estado. Do contrário, não haverá tranquilidade."[71]

No final de fevereiro de 1937, enquanto conversava com poucas pessoas sobre a questão da Igreja, Hitler destacou o ponto fundamental de sua filípica contra o cristianismo e as Igrejas cristãs. Goebbels registrou: "O Führer fala sobre o cristianismo e Cristo, que também era contra o domínio do mundo pelos judeus. Posteriormente, o judaísmo o crucificou. Mas Paulo falsificou sua doutrina e, com isso, minou a Roma antiga. O judeu no cristianismo. O mesmo fez Marx com a noção de comunidade alemã, com o socialismo. Isso não nos pode impedir de ser socialistas."[72] Jesus como ariano que correspondia ao ideal heroico do nacional-socialismo; Paulo como agente dos judeus que havia falsificado as doutrinas de Cristo e conduzido o cristianismo por um caminho sem salvação – não eram ideias absolutamente originais, mas apenas um recorte de conceitos que grassavam no ambiente de autores étnicos (*völkische Autoren*). Aparentemente, Hitler teria aprendido menos com o *Mito* de Rosenberg do que com a principal obra de Houston Stewart Chamberlain, *Os fundamentos do século XIX*.[73]

Contudo, a relação de Hitler com essas ideias era puramente instrumental: "Não [é] o partido [que deve se voltar] contra o cristianismo; nós é que devemos nos declarar os únicos cristãos verdadeiros. Mas [devemos] agir com toda a força do partido contra os sabotadores. O cristianismo é a palavra de ordem para a aniquilação dos padres, como o socialismo para a aniquilação dos caciques marxistas".[74] Mesmo que Hitler permitisse que seus seguidores celebrassem um culto quase religioso à sua pessoa e gostasse do papel de sumo sacerdote, sobretudo nas convenções do partido, sempre se recusou a aparecer como fundador de uma religião. Em 12 de março de 1937, discursou para os *Gauleiter* contra "novas formações religiosas" – para tanto, o movimento nacional-socialista ainda seria "jovem demais" – e, com isso, rejeitou claramente os planos de Rosenberg. Ainda queria evitar um rompimento aberto com a Igreja católica. "Na luta contra as igrejas, ele cita Schlieffen: 'Vitória de relevância e vitória ordinária.' Com razão, ele não quer uma [vitória] ordinária", comentou Goebbels. "É preciso agir como se o adversário nunca tivesse existido ou então matá-lo. Ora!".[75]

A encíclica papal *Com ardente preocupação* eclodiu em meio a essa situação de indecisão. O primeiro esboço foi escrito por Faulhaber; em seguida, redigido por Pacelli e aprovado pelo papa Pio XI. Mensageiros secretos levaram o documento à Alemanha, onde foi impresso e lido nos púlpitos em 21 de março de 1937, um Domingo de Ramos. A encíclica denunciava a "violência aberta e velada" contra a Igreja na Alemanha. As determinações da concordata estariam sendo continuamente violadas; "tão ilegal quanto humanamente indigna" seria a pressão a que os fiéis estariam sendo expostos. A missiva enfatizava com rigor a inconciliação entre os dogmas cristãos e a doutrina nacional-socialista: "Quem exclui a raça, ou o povo, ou a forma de governo, os portadores da autoridade do Estado ou outros valores fundamentais que configuram sociedade [...] dessa escala de valores terrena, transformando essa exclusão na máxima norma também dos valores religiosos e idolatrando-a em cultos, inverte e falsifica a ordem das coisas, criada e ordenada por Deus."[76]

Já na véspera da leitura, Heydrich comunica a Goebbels o teor da encíclica: "uma provocação no melhor sentido da palavra", anotou o ministro da Propaganda. Contudo, desaconselhou o chefe da Gestapo a pôr em prática uma reação severa. Melhor seria "fingir-se de morto e ignorar". "E, em seguida, pressão econômica em vez de prisões. O confisco e a proibição dos jornais eclesiásticos que trazem esse tipo de atrevimento. De resto: manter a calma e aguardar até chegar o momento de acabar com esses provocadores."[77] Porém, essa tática do silêncio já não era suficiente para Hitler. No início de abril de 1937, ligou para Goebbels de Obersalzberg: "Ele quer agir contra o Vaticano [...] Os padres não entenderam nossa condescendência nem nossa indulgência. Agora vão ter de conhecer nosso rigor, nossa dureza e nossa inflexibilidade."[78] Em 6 de abril, o ditador instruiu Gürtner, ministro da Justiça, a retomar os processos de moralidade que estavam parados desde julho do ano anterior, "adiando expressamente outras questões".[79] Os processos foram acompanhados por uma forte campanha anticatólica na imprensa, que Goebbels pôs em cena com o auxílio do Estado-Maior. "Vamos partir com tudo para cima deles. Meu gesto pôs um enorme concerto em movimento. Agora os padrecos não vão se sentir nem um pouco à vontade", anotou no final de abril.[80]

Hitler estava novamente satisfeito com o trabalho de seu ministro da Propaganda, que registrou, contente: "O Führer radicalizou a olhos vistos quanto à questão da Igreja." Já não teria "nenhuma misericórdia": "Esse bando de pederastas vai virar fumaça."[81] Em seu tradicional discurso de 1º de maio, o ditador atacou asperamente as igrejas: "Se tentarem, através de quaisquer medidas, textos, encíclicas etc., arrogarem-se direitos que cabem apenas ao Estado, nós as empurraremos de volta à atividade religiosa e pastoral que lhes é apropriada." E, aludindo aos processos retomados contra padres católicos, Hitler declarou: "Tampouco é de sua alçada criticar um Estado deste lado da moral quando têm motivos mais do que suficientes para se preocupar com sua moralidade própria."[82]

O ápice da campanha difamatória foi um discurso de Goebbels no *Deutschlandhalle*, em Berlim, em 28 de maio. Dias antes ele já havia discutido com Hitler o conteúdo em detalhes, e o Führer teria ditado as passagens decisivas, o que nunca fizera antes: "Muito forte e drástico. Eu não teria ido tão longe", confiou Goebbels ao seu diário.[83] O discurso foi transmitido por todas as rádios alemãs. Uma hora antes do início, o texto foi apresentado às redações dos jornais alemães, que foram instruídas a publicá-lo na manhã seguinte "como artigo de capa".[84] Goebbels usou e abusou de sua demagogia desenfreada. Falou de um "declínio moral generalizado, que nunca vira antes em toda a história cultural da humanidade com uma extensão tão assustadora e ultrajante como essa". Por todo o clero católico teria se espalhado uma "luxúria gregária", e toda a classe estaria acobertando essas "indecências". "Criminosos sexuais de batina" se entregariam a seus "prazeres repugnantes" em todos os lugares. Essa "peste sexual" teria de ser "completamente exterminada".[85] Após o discurso, que foi seguido da ovação de mais de 20 mil seguidores do partido, Goebbels apressou-se até a Chancelaria do Reich para encontrar o Führer: "Ele apertou minha mão. Tinha ouvido todo o discurso pelo rádio e, conforme me contou, não conseguiu ficar sentado um só minuto."[86]

Também nos dias após o evento de massa no *Deutschlandhalle*, entre os amigos mais próximos Hitler voltou a dar livre curso aos seus sentimentos de ódio: "O Führer está enfurecido com os padres."[87] Goebbels inflamava a campanha continuamente, enquanto a Gestapo tentava reprimir todas as vozes dissidentes na imprensa católica e mantinha os sermões dos religiosos católicos sob vigilância. "Na Alemanha, o fiel católico está sob direito de exceção", reclamou Konrad von

Preysing, bispo de Berlim. "Por sua fé, é obrigado a tolerar escárnio e ironia, falta de liberdade e dificuldade sem poder se defender, enquanto os inimigos da Igreja gozam de liberdade de expressão, de ataque e de escárnio."[88]

Contudo, para a liderança nacional-socialista, a conclusão dos processos causou uma grande decepção. Em muitos casos, houve absolvição ou apenas poucas punições. "Os tribunais falharam. Infligiram aos padres multas ridículas ou poucas prisões por crimes hediondos contra o Estado", indignou-se Goebbels no início de julho de 1937, e concluiu: "Isso precisa ir para um tribunal especial."[89] O ministro da Propaganda conseguiu convencer Hitler dessa ideia.[90] Porém, no final de julho, o ditador instruiu repentinamente o ministro da Justiça a interromper os processos, e, embora Goebbels insistisse várias vezes em uma retomada, a decisão foi mantida. Em dezembro de 1937, Hitler assegurou que só estava esperando uma oportunidade favorável "para retomar os processos dos padres". No entanto, "no que se refere à Igreja, neste momento ele quer sossego".[91] Supostamente, a nova mudança estava relacionada à transição do regime, ainda a ser delineada, da política de revisão para a de expansão. Na fase em que Hitler decidiu realizar seus planos abrangentes de política externa, não lhe pareceu adequado sobrecarregar ainda mais o relacionamento tenso com o Vaticano e o clero católico.[92]

Além disso, nesse meio-tempo ele deve ter percebido que o objetivo de submeter as igrejas ao domínio do regime não poderia ser alcançado a curto prazo, mas era uma empreitada de fôlego. Em 11 de maio de 1937, após uma reunião de gabinete com pessoas de sua confiança declarou o modo como procederia: "Temos de dobrar as igrejas e torná-las nossas servas. O celibato também precisa cair. Confiscado o patrimônio das igrejas, nenhum homem com menos de 24 anos irá estudar teologia. Assim, tiraremos deles as melhores gerações. As ordens precisam ser dissolvidas, e as igrejas têm de perder a autorização de funcionarem como instituições de ensino. Somente assim conseguiremos reduzi-las em algumas décadas. Depois, vão comer na nossa mão."[93]

Mesmo em relação à oposição na Igreja protestante, Hitler não queria deixar que se chegasse ao extremo. No final de 1936, percebeu-se que o experimento de Kerrl de apaziguar o conflito entre teuto-cristãos e igrejas confessionais havia fracassado. Em meados de janeiro de 1937, Hitler repreendeu o ministro para Assuntos Eclesiásticos em um almoço na Chancelaria do Reich, tomando "forte posição contra as Igrejas". O "primado do Estado" teria de vencê-las "de todo modo"; para tanto, a política de Kerrl seria "branda demais".[94] Em 12 de fevereiro, o Comitê Eclesiástico do Reich, o grêmio central que deveria ter restaurado a unidade na Igreja protestante, demitiu-se. Por conseguinte, sem consultar previamente seus colegas ministros, Kerrl promulgou um decreto com o qual pretendia submeter a Igreja a uma vigilância mais rigorosa por parte do Estado. Hitler ficou furioso com esse ato arbitrário e proibiu a publicação do decreto. Ao mesmo tempo, em 15 de fevereiro, convocou Kerrl, Frick, Heß, Himmler, Goebbels e o secretário de Estado

Stuckart para uma reunião sobre a questão da Igreja em Obersalzberg. Goebbels anotou: "O Führer quer anunciar uma linha clara. Kerrl cometeu um erro grave ao passar por cima de nós."[95]

O ministro da Propaganda viajou com Himmler e Stuckart no trem noturno. Assim, tiveram bastante tempo para conciliar suas posições. Os três concordaram que, com uma regulamentação estatal rigorosa, tal como previa o projeto de Kerrl, seriam criados "apenas mártires". Ao mesmo tempo, enfatizaram a diferença fundamental no que se referia à perspectiva de longo prazo: "Kerrl pretende conservar a Igreja, nós queremos liquidá-la."[96] A reunião em Obersalzberg durou sete horas inteiras, o que ressalta a importância que Hitler atribuía à questão. Ele se opôs fortemente às ideias de Kerrl, uma vez que poderiam resultar em um *summus episcopus*[‡] no papel de ministro para Assuntos Eclesiásticos e ser "impostas apenas pela força". Diante da esperada "grande guerra mundial", a Alemanha não poderia "fazer uso de uma guerra eclesiástica agora". Após um longo debate, Goebbels apresentou a sugestão que havia discutido anteriormente com Himmler e Stuckart: "Ou a separação entre Igreja e Estado – o que me parece cedo demais para ser feito –, ou a nova eleição de um sínodo constituinte, completa destituição do partido e do Estado nessa questão, eleições proporcionais absolutamente livres e, depois, verbas elevadas para os delegados sinodais. Em um ano, vão implorar ao Estado ajuda contra si mesmos." Segundo o registro de Goebbels, Hitler recebeu "com entusiasmo" a sugestão, que foi discutida em todos os detalhes e aprovada por todos os participantes da reunião, inclusive por Kerrl. "Um dia histórico. Um momento de transição no conflito com a Igreja", comemorou o ministro da Propaganda.[97]

O decreto de Hitler foi publicado ainda nas edições vespertinas dos jornais, e ele de fato tentou chamar a atenção. No texto, lia-se: "Depois do fracasso do Comitê Eclesiástico do Reich em unir os grupos eclesiásticos da Igreja Evangélica Alemã, a Igreja terá total liberdade para elaborar sozinha uma nova constituição e, por conseguinte, uma nova ordem, de acordo com a própria determinação dos membros da Igreja." O ministro para Assuntos Eclesiásticos do Reich foi autorizado "a preparar para este fim a eleição de um sínodo geral e a tomar as medidas necessárias".[98] No dia seguinte, Goebbels convocou uma entrevista coletiva em Berlim com o seguinte lema: "O passo do Führer rumo à paz na questão da Igreja".[99]

Contudo não passou de um anúncio presunçoso. Logo descobriu-se que as eleições eclesiásticas só criariam novas inquietações públicas em vez de estimular uma união entre as frações em conflito na Igreja protestante. Partes da Igreja confessional ameaçavam abertamente boicotar as eleições. No final de julho de 1937, os preparativos para as eleições foram interrompidos. Foi um dos raros casos em

---

‡   Expressão latina que significa "bispo supremo". Refere-se ao papel do imperador como líder das diversas igrejas protestantes da Prússia. O título deixou de existir em 1918. (N.E.)

que um decreto de Hitler desapareceu em silêncio.[100] Temporariamente, o ditador ponderou sobre a alternativa de forçar uma separação entre Estado e Igreja, no que também foi apoiado por Kerrl, que, como constatou Goebbels, realizou uma "incrível mudança de direção".[101] Porém, também esse plano logo seria deixado de lado. Em dezembro de 1937, a principal preocupação de Hitler foi registrada em ata: "Mas então o protestantismo será arruinado por completo. E já não teremos nenhum contrapeso contra o Vaticano."[102] As decisões fundamentais na questão da Igreja foram adiadas por influência dos intensos preparativos para a guerra. Kerrl foi expressamente "proibido de toda e qualquer inovação".[103] Contudo, essa nova mudança de direção não excluiu absolutamente a perseguição a eminentes representantes das Igrejas confessionais.

Em 1º de julho de 1937, Martin Niemöller foi preso por ordem de Hitler. Em seus sermões em Dahlem, condenou de maneira cada vez mais aberta a pretensão totalitária da "visão de mundo" nacional-socialista e não se intimidou em nomear os responsáveis pela perseguição à Igreja nem em ler listas com os nomes dos pastores afetados.[104] "O pastor Niemöller finalmente [foi] preso. Pequena nota na imprensa. E agora o julgamento, até ele já não saber quem é. Nunca mais será libertado."[105] Quanto a isso, o ministro da Propaganda estava de acordo com o Führer. Em dezembro de 1937, na viagem em trem especial rumo ao enterro de Ludendorff, em Munique, Hitler afirmou: Niemöller "não sai da prisão até sua ruína completa. A oposição contra o Estado não será tolerada."[106]

Contudo, o processo que iniciou em 7 de fevereiro de 1938 sem a participação do público transformou-se em uma derrota para o regime. Niemöller e a defesa deram destaque a seu passado nacionalista. O réu descreveu não apenas seus serviços como comandante de submarino na Primeira Guerra Mundial, mas também suas atividades como combatente das *Freikorps* após 1918 e sua antiga simpatia pelo movimento nacionalista. Uma série de testemunhas célebres apareceu para atestar sua atitude inteiramente patriótica. No final, foi condenado a sete meses de prisão e uma multa de dois mil marcos. Como já tinha cumprido oito meses de solitária em Moabit, a pena foi considerada cumprida.[107]

Goebbels, que acompanhara atentamente o processo em todas as suas fases com crescente ira, ficou furioso com o julgamento brando, que correspondeu a uma absolvição moral: "É o cúmulo. Darei à imprensa apenas um breve comunicado. Himmler será instruído pelo Führer a levar o rapaz imediatamente para Oranienburg." Enquanto os jornalistas estrangeiros ainda aguardavam diante do tribunal, Niemöller foi logo recebido pelos agentes da Gestapo em uma saída lateral e transportado para o campo de concentração de Sachsenhausen em Oranienburg. "Lá ele só poderá servir a Deus trabalhando e refletindo!", gritou o ministro da Propaganda atrás dele.[108] Um dia após a sentença, Hitler também se manifestou sobre o "caso Niemöller" durante um almoço na Chancelaria do Reich: o pastor estaria "em boas mãos no campo de concentração. Tão cedo, de lá não sai. Assim será a partir de agora com todos os inimigos do Estado. Quem achar que o bondoso Hitler é um fraco irá e terá de conhecer o duro Hitler."[109] De fato, Niemöller foi obrigado a viver até o final do Terceiro Reich como "preso pessoal" de Hitler, até 1941 no campo de concentração de Sachsenhausen e depois no de Dachau.

Descontado o espetacular processo de Niemöller, a tranquilidade que Hitler ordenara à linha de frente eclesiástica no final de 1937 perdurou por todo o ano de 1938 e na primeira metade de 1939. Como na política externa o ditador estava abrindo caminho rumo à guerra expansionista, não podia fazer uso de um conflito maciço com as Igrejas naquele momento. "O chefe sabe muito bem que a questão eclesiástica é muito delicada e que, no caso de uma guerra, eventualmente poderia influir de maneira bastante desfavorável dentro da nação", compartilhou a secretária Christa Schroeder com uma amiga em uma carta.[110] Portanto, o ajuste final de contas com as Igrejas deveria ser deixado para o período após uma guerra vencedora. O regime lidou de maneira diferente com a "questão judaica". Nesse caso, o ano de 1938 tornou-se um marco decisivo rumo à meta de "afastar" os judeus da Alemanha. Conforme observou Goebbels, quando Kerrl, ministro para Assuntos Eclesiásticos do Reich, mostrou-se novamente interessado em submeter a Igreja evangélica à supervisão obrigatória por parte do Estado, Hitler lhe deu "ordem para parar": "Primeiro vamos resolver a questão judaica".[111]

20

A RADICALIZAÇÃO DA "POLÍTICA JUDAICA"

Em 29 de abril de 1937, em Ordensburg Vogelsang, Hitler esclareceu aos líderes distritais do NSDAP seu procedimento contra os judeus: "A meta de toda a nossa política é clara para todos nós". "Para mim, trata-se de nunca dar um passo que talvez tenha de ser recuado mais tarde ou que possa nos prejudicar. Sabem, sempre me aproximo do limite extremo da ousadia, mas nunca o ultrapasso. É preciso ter sensibilidade para conseguir perceber: 'O que ainda posso fazer, o que não posso fazer?' Isso também [se encaixa] na luta contra o adversário." Nesse trecho, a gravação conservada desse discurso secreto registra grande júbilo e forte aplauso. Hitler continua: "Não quero desafiar de imediato e à força um adversário para a luta; não digo: 'Luta!' porque quero combater, mas digo: 'Quero aniquilá-lo! Agora, a inteligência irá me ajudar a encurralá-lo sem lhe dar nenhum golpe, e então você será apunhalado no coração.' É isso."[1] Ao pronunciar essas palavras, Hitler elevou a voz ao máximo volume e vociferou a última frase afirmativa, "É isso", de maneira tão explosiva como em um "espasmo orgíaco", colhendo a concordância delirante do seu auditório.[2]

No entanto, também nesse momento de aparente e total abnegação retórica, Hitler não perdeu de modo algum o controle sobre o que dizia. Antes, descreveu com precisão o método como procedera desde sua nomeação para chanceler do Reich. Assim como na política externa sempre alcançava o limite extremo do risco sem ultrapassá-lo, na política relacionada aos judeus também se aproximava, passo a passo, de soluções radicais. A um aceno seu, ora a perseguição era intensificada, como na primavera de 1935, ora, às suas ordens, era afrouxada, como nas Olimpíadas de 1936. Mesmo quando, justamente no campo da "política judaica", os paladinos competiam para "se opor ao Führer" e antecipar-se a ele com iniciativas próprias,[3] Hitler acabava sendo a instância decisiva a esse respeito, de quem tudo dependia. Manteve o tempo todo o controle em suas mãos e determinou a lei da ação. No entanto, com toda flexibilidade tática, nunca perdeu de vista a "meta" – a "aniquilação" dos judeus. Porém, "aniquilação" ainda não significava genocídio, mas mirava a expulsão. No final de novembro de 1937, após uma longa discussão com Hitler sobre a "questão judaica", Goebbels anotou: "Os judeus precisam sair da Alemanha, sim, de toda a Europa. Isso ainda vai levar certo tempo, mas vai acontecer, tem de acontecer. O Führer está firmemente decidido a fazê-lo."[4]

Depois que o conflito com as Igrejas ocupou o centro da política interna, na primeira metade de 1937, iniciou-se a fase radical da perseguição nacional-socialista aos judeus com o discurso final de Hitler na convenção do partido em Nuremberg, em 13 de setembro do mesmo ano. Nele, como já havia feito no ano anterior, o ditador evocou o "perigo mundial" do "bolchevismo judaico", mas desta vez uniu seus ataques a invectivas desenfreadas contra a "raça judaica", que ele estigmatizava como sendo "totalmente inferior". Segundo ele, como essa era uma raça incapaz de qualquer criação cultural, acabaria "eliminando as elevadas camadas intelectuais até então existentes dos outros povos" para conseguir instaurar seu domínio, que abrangia o mundo inteiro. Desse modo, "na atual Rússia soviética do proletariado, mais de 80% dos postos de comando eram ocupados por judeus". O fato de Stálin também ter se livrado de colaboradores judeus como Karl Radek no processo sensacionalista de 1936-1937 – o que Goebbels registrou com surpresa em seu diário[5] – parece não ter perturbado Hitler por muito tempo. Com expressões quase idênticas, repetiu o que já havia apresentado em seu discurso de base – "Por que somos antissemitas?" –, proferido em agosto de 1920 um exemplo patente da continuidade de seu ódio paranoico aos judeus. Portanto, tampouco foi por acaso se, nesse contexto, fez menção ao suposto golpe judaico ao poder na revolução alemã de 1918-1919: "Quem foram os líderes da República Soviética da Baviera? Quem foram os líderes de Espártaco? Quem foram os verdadeiros financiadores e líderes do nosso Partido Comunista? [...] Simplesmente os judeus!".[6]

A invectiva de Hitler fez efeito. Na Cidade Livre de Danzig, onde os nacional-socialistas realizaram a uniformização política sob a liderança de Albert Forster, houve graves atos de violência antissemita no final de outubro de 1937.[7] Ao mesmo tempo, em muitos outros lugares do Reich instaurou-se uma nova onda de boicote aos estabelecimentos comerciais judaicos com o objetivo de forçar os proprietários a renunciar às suas atividades e, desse modo, aumentar a pressão sobre a emigração. "A luta de aniquilação econômica contra os judeus na Alemanha é executada com todo o rigor [...]", constatou em 26 de outubro Willy Cohn, professor do ensino secundário em Breslau. "A obrigação de vender as lojas cresce a cada dia."[8] Com a destituição do ministro da Economia, Hjalmar Schacht, no final de novembro de 1937, caiu outro obstáculo que até então estava no caminho da crescente pilhagem econômica dos judeus.[9] Conforme observou o correspondente do jornal *Neue Zürcher Zeitung* em um artigo do final de janeiro de 1938, "a exclusão do elemento judeu de todos os ramos da economia [...] tem sido impulsionada com crescente intensidade há algum tempo". A política de "arianização" tira "dos judeus todos os meios de subsistência".[10] Dos cerca de 50 mil estabelecimentos comerciais judaicos que havia no Reich alemão antes da tomada do poder pelos nacional-socialistas, no verão de 1938 restaram apenas aproximadamente 9 mil, entre os quais 3.600 estavam em Berlim.[11]

Na maioria das vezes, quem teve de renunciar à própria empresa recebeu apenas uma fração do valor real. E quem optou pela emigração ainda foi obrigado a pagar taxas especiais, entre as quais um "imposto de evasão do Reich", de modo que não sobrava muito de seu antigo patrimônio e, por conseguinte, as condições para um recomeço econômico na emigração eram dificultadas. Em um texto de abril de 1938, endereçado à Câmara de Comércio e Indústria de Munique, um comerciante local, que se autonomeava nacional-socialista e admirador de Hitler, mostrou-se tão "enojado com as medidas brutais e [...] esse tipo de extorsão contra os judeus" que recusou toda atividade como conselheiro nas questões de "arianização". Enquanto "comerciante de longa data, íntegro e honesto", não poderia assistir "ao modo vergonhoso como muitos comerciantes, empresários e outros 'arianos' tentavam [...] acumular, se possível a preços irrisórios, as lojas, fábricas etc. dos judeus": "As pessoas parecem abutres que se precipitam com olhos avermelhados e línguas de fora sobre o cadáver judaico."[12] No entanto, vozes como esta eram grande exceção. De fato, muitos alemães não tiveram escrúpulos ao se aproveitarem da situação de emergência da minoria proscrita e perseguida para enriquecer à custa dos antigos proprietários judeus.

O saque vinha acompanhado de uma intensa campanha difamatória e antissemita. Em 8 de novembro de 1937, Julius Streicher e Joseph Goebbels inauguraram no Deutsches Museum, em Munique, a exposição "O eterno judeu", que, como sugere o próprio título, mostraria ao público "o efeito nocivo do judaísmo em todo o mundo". "Grandes cartazes amarelos chamam a atenção em todas as ruas, e por toda parte pode-se ver o rosto do eterno judeu", comunicou o relator do Sopade de Munique. A exposição não deixaria de causar seu efeito propagandístico no observador ignorante, uma vez que verdade e mentira "estavam acopladas de maneira tão refinada que a mentira acabava atuando como verdade".[13]

A trajetória exacerbada na "política judaica" desde o outono de 1937 estava diretamente relacionada à transição do regime nacional-socialista para a expansão da política externa, a qual será tratada nos capítulos seguintes. A consideração pelas reações no estrangeiro que, nos anos anteriores, sempre levou Hitler e seus seguidores a certa moderação, deixou de existir em grande medida. E, nesse meio-tempo, a posição econômica dos judeus na Alemanha foi minada de tal forma que sua exclusão da economia não causava temores em relação aos efeitos sobre a conjuntura.[14] Ao contrário, uma completa "arianização" do patrimônio judaico prometia aliviar a tensa situação orçamentária do Reich, na medida em que os valores extorquidos seriam empregados no financiamento de armamentos e nos preparativos para a guerra.

A "anexação" da Áustria, em março de 1938, promoveu uma clara radicalização na perseguição aos judeus. Dos 515 mil judeus que viviam na Alemanha em 1933, 152 mil emigraram até o final de 1937; 363 mil ainda permaneceram no país.[15] Então, de um só golpe, a eles se acrescentaram cerca de 190 mil judeus austríacos; com isso, os esforços das autoridades alemãs para acelerar a emigração da minoria judaica pareciam ter sido inicialmente retomados. De fato, a integração da Áustria desencadeou uma nova dinâmica no processo de "desjudaização", que teve seu ápice provisório no pogrom de 9-10 de novembro de 1938. Já nas primeiras horas após a entrada das tropas alemãs, houve nas ruas de Viena graves excessos contra a população judaica, que superaram tudo que havia acontecido a partir de 1933 no antigo Reich. "Naquela noite, houve grande confusão", lembrou-se o dramaturgo Carl Zuckmayer. "O inferno abriu seus portões e soltou seus espíritos mais baixos, abomináveis e impuros. A cidade assemelhava-se a um quadro de pesadelo de Hieronymus Bosch: lêmures e figuras quase demoníacas arrastavam-se das imundícies e de crateras pantanosas. O ar foi preenchido por guinchos continuamente estridentes, desordenados e histéricos."[16]

Durante dias, os nacional-socialistas austríacos e seus partidários deram livre curso a seu ódio represado contra os judeus vienenses. Aos olhos de um público curioso e maldoso, os judeus foram humilhados e maltratados de todas as formas concebíveis. "Com as mãos nuas, professores universitários tiveram de esfregar ruas; judeus devotos de barba branca foram arrastados ao templo e obrigados por rapazes aos berros a fazer genuflexões e a gritar em coro '*Heil Hitler!*'", assim descreveu o autor vienense Stefan Zweig em sua autobiografia os rituais da humilhação pública. "Pessoas inocentes eram caçadas como coelhos na rua e arrastadas para limpar as latrinas das casernas da sa; tudo que em muitas noites se excogitava como orgia do ódio sujo e doentio era desafogado à luz do dia."[17] O terror descontrolado tomou tamanha proporção que, em 17 de março, Heydrich ameaçou o *Gauleiter* Josef Bürckel – empossado comissário do Reich para a reunificação da Áustria com o império alemão – com a prisão de todos os nacional-socialistas que continuassem a participar dos ataques "indisciplinados".[18] No entanto, a onda de violência só começou a perder intensidade posteriormente. "Nas ruas de hoje, sob os gritos dos soldados da sa e as ridicularizações da multidão, grupos de judeus são obrigados a ficar de quatro para limpar os lemas de Schuschnigg pintados nas calçadas", observou William Shirer em 22 de março.[19] E Ubaldo Rochira, embaixador italiano em Viena, relatou ainda no final de abril sobre um novo aumento de ocorrências violentas. Assim, em uma grande rua do segundo distrito, "cerca de cem judeus foram obrigados a andar de quatro ou a se arrastar pelo chão". O embaixador mostrou-se surpreso com a virulência do antissemitismo que encontrou em todas as camadas da população vienense, desde os intelectuais até os simples operários.[20]

Em pânico, muitos judeus vienenses tentaram deixar o país, e o número de suicídios cresceu abruptamente.[21] Em brevíssimo tempo, as leis especiais antissemitas foram transferidas para a Ostmark*. Em poucos meses, a "arianização", que a partir de maio de 1938 passou para as mãos de um "departamento patrimonial" em Viena, também foi executada.[22] Para acelerar o processo da expulsão dos judeus austríacos,

---

*   Nome dado pelos nazistas à região anexada da Áustria. (N.E.)

em agosto foi instalada uma Central para a Emigração Judaica ("*Zentralstelle für jüdische Auswanderung*") no antigo Rothschild-Palais em Viena, de cuja direção foi encarregado Adolf Eichmann, tenente-coronel da ss e colaborador do *Judenreferat* no escritório central do Serviço de Segurança (seção II 112). O burocrata antissemita convicto e zeloso desenvolveu um procedimento eficiente para implementar a emigração forçada dos judeus, que possibilitaria despachar os requerentes no mesmo prédio em rápida sequência, de certo modo segundo o princípio da cadeia de montagem. Mandou confiscar o patrimônio dos ricos membros da comunidade judaica, a fim de financiar a emigração dos judeus mais pobres com esse recurso. Até maio de 1939, 100 mil judeus austríacos, ou seja, mais de cinquenta por cento deles, deixaram o país. O "modelo vienense" mostrou-se tão eficaz que se tornaria exemplo também para o "antigo Reich".[23]

"Desde a anexação da Áustria, o destino dos judeus alemães entrou em novo estágio", analisou o relatório do Sopade, em 1938. "Das experiências austríacas, os nacional-socialistas concluíram que um rápido avanço das perseguições aos judeus não poderia prejudicar o sistema e que o desencadeamento de todos os instintos antissemitas entre os partidários, bem como a tolerância ao pogrom aberto não acarretaria dificuldades financeiras nem uma considerável perda de prestígio no mundo. Guiado por essa ideia [...], o regime aplicou os métodos vienenses arbitrariamente também no antigo Reich."[24] A partir da primavera de 1938, houve uma sucessão de leis discriminatórias, e todas serviram apenas a uma finalidade: aniquilar a existência econômica dos judeus no "grande Reich alemão" e dificultar sua vida ao máximo. Desse modo, famílias judaicas perderam o direito de redução no imposto de renda pelo número de filhos (1º de fevereiro), proprietários judeus de pequenas empresas foram impedidos de participar de contratos públicos (1º de março), comunidades judaicas perderam seu estatuto de corporações de direito público (28 de março). Especialmente grave foi um decreto de 26 de abril, segundo o qual todos os judeus eram obrigados a declarar seu patrimônio até 30 de junho, desde que ultrapassasse 5 mil marcos. "O que se pretende com essa disposição?", perguntou-se Victor Klemperer, que preencheu o formulário em 29 de junho. "Estamos acostumados a viver nesse estado de privação de direitos e de espera apática por outras ações infames; isso quase já não nos aflige."[25]

Em 6 de julho, uma emenda ao regulamento das profissões proibia os judeus de exercer diversos ofícios, entre eles o de corretores de imóveis, agentes de matrimônios ou vendedores ambulantes. No final de julho, médicos judeus foram destituídos de suas funções; em setembro, advogados judeus foram privados de sua licença. Um decreto de 17 de agosto determinou que, a partir daquela data, homens e mulheres judeus só poderiam utilizar os prenomes registrados em uma lista anexada, ou então acrescentar a seus sobrenomes os prenomes "Israel" e "Sara". "Se essas listas fossem compiladas em outras circunstâncias, poderiam provar o estado de debilidade mental daqueles burocratas", notou Saul Friedländer a respeito dessa nova manobra.[26] As listas foram redigidas por Hans Globke, funcionário do Ministério do Interior e comentador das Leis Raciais de Nuremberg, que, como muitos outros, conseguiu continuar sua carreira após 1945 e, em outubro de 1949, chegaria a dirigente ministerial e, mais tarde, a secretário de Estado na Chancelaria sob Konrad Adenauer.[27]

Mais uma vez, medidas "vindas de cima" e ações violentas "vindas de baixo" atuaram em conjunto e aceleraram o processo da radicalização. Na primavera de 1938, após o pogrom vienense, em inúmeros lugares do antigo Reich ocorreram excessos antissemitas.[28] Em Berlim, como já em 1935, Goebbels tomou a iniciativa. No final de abril, deliberou com Wolf Heinrich, conde de Helldorf e presidente da polícia de Berlim, sobre uma intensificação da perseguição aos judeus: "Passaremos um pente-fino nos locais de encontro de judeus. Eles ficarão com uma piscina, alguns cinemas e restaurantes. De resto, terão acesso proibido. Tiraremos de Berlim o caráter de paraíso dos judeus. Lojas judaicas serão caracterizadas como tais. Em todo caso, agora procederemos de forma mais radical." Hitler declarou-se de acordo, mas pediu que só pusessem em prática as ações concretas após sua viagem à Itália, no início de maio de 1938.[29] Por ordem de Helldorf, a sede da polícia política em Berlim planejou em 17 de maio um "memorando sobre o tratamento dispensado aos judeus na capital do Reich em todas as áreas da vida pública", que previa uma profusão de medidas discriminatórias: desde a introdução de distintivos específicos para judeus, passando pela suspensão da obrigatoriedade escolar para crianças judias e pela marcação de estabelecimentos comerciais judaicos, até a instauração de compartimentos específicos para judeus nos trens.[30]

O *Judenreferat* no Serviço de Segurança comunicou sua ponderação de que não seria "adequado tratar a questão da regulamentação do problema judaico em Berlim independentemente daquela de toda a área do Reich".[31] Porém, Goebbels insistiu: a capital do Reich tinha prioridade. Em 24 de maio, conversou novamente com Helldorf sobre a "questão judaica em Berlim": "Queremos os judeus fora da economia, da vida cultural e, sobretudo, da vida pública. Em algum lugar isso tem de começar." Cinco dias depois, assegurou-se mais uma vez da concordância de Hitler, e em 30 de maio instruiu o presidente da polícia a "iniciar o programa berlinense antijudaico".[32] Em 31 de maio, a polícia de Berlim fez uma grande batida na Kurfürstendamm e prendeu trezentos judeus, cuja maioria foi solta já nos dias seguintes. Goebbels ficou indignado – "Protestei como nunca" – e, em um discurso para os oficiais da polícia de Berlim, proferido em 10 de junho, buscou defender sua linha radical: "Quero realmente incitar contra todo sentimentalismo. O lema não é a lei, e sim a manobra. Os judeus precisam sair de Berlim. A polícia irá me ajudar."[33]

A partir de 11 de junho, foram anunciadas ações antijudaicas na maioria dos distritos berlinenses. "A partir do final da tarde de sábado, podiam-se observar grupos de civis, geralmente compostos de dois ou três homens, pintando a palavra 'judeu' em grandes letras vermelhas, a estrela de Davi e caricaturas de judeus nas vitrines das lojas judaicas [...]", relatou Hugh R. Wilson, embaixador americano em Berlim. "Os pintores eram acompanhados por um grande grupo de curiosos, que, aparentemente, aproveitaram bastante o acontecimento." A ação representava uma tentativa de "marcar as lojas judaicas de forma organizada" e superou "em eficiência tudo que já havia acontecido desde o início de 1933".[34]

As agressões alcançaram seu ponto alto nos dias 20 e 21 de junho. A jornalista Bella Fromm, que poucas semanas mais tarde emigrou para os EUA, escreveu horrorizada em seu diário: "Toda a Kurfürstendamm estava cheia de pichações e cartazes [...] No bairro (atrás da Alexanderplatz), onde se encontram as pequenas lojas judaicas, a SA fez enorme estrago. Por toda parte viam-se ilustrações repugnantes e sanguinárias de judeus decapitados, enforcados e mutilados com inscrições atrozes. Vitrines foram quebradas, e o 'saque' das pequenas lojas pobres ficou espalhado nas calçadas e na sarjeta."[35] O relato do escritório central do Serviço de Segurança observou laconicamente: "A ação foi executada com a autorização das autoridades policiais locais de Berlim."[36] Mas a polícia berlinense não ficou ociosa; no âmbito de uma grande ação contra os chamados "associais", em meados de junho de 1938, prendeu cerca de 1.500 judeus, cuja maioria foi enviada para o campo de concentração Buchenwald, em Weimar. Goebbels mostrou-se satisfeito: "Agora Helldorf está procedendo de maneira radical na questão judaica. O partido o está ajudando. Muitas prisões [...] A polícia entendeu minhas instruções. Vamos limpar Berlim dos judeus. Não vou esmorecer."[37]

[FOTO 62] "Ação de junho": vitrines pintadas das lojas judaicas em Berlim, em junho de 1938.

No entanto, em 22 de junho, de Obersalzberg Hitler ordenou a interrupção imediata da ação. E Goebbels, que na mesma noite, por ocasião dos festejos do solstício no estádio olímpico, fez novo e áspero discurso antissemita,[38] teve de ceder. A razão para a instrução de Hitler é óbvia: a campanha antissemita em Berlim repercutira de forma extremamente negativa na imprensa estrangeira, e isso num momento em que as tensões internacionais se acirravam dia após dia devido à "crise dos Sudetos", deflagrada pelo regime nacional-socialista; por razões táticas, o ditador quis abafar temporariamente o ativismo na "política judaica".[39] Certamente o objetivo continuou inalterado, e a esse respeito Hitler e seu ministro da Propaganda se entenderam mais uma vez durante o Festival de Bayreuth, em 24 de julho de 1938: "O principal é que os judeus sejam pressionados a sair. Em dez anos, estarão longe da Alemanha. Mas, por enquanto, ainda queremos manter os ricos aqui como garantia."[40]

No final de julho, o presidente da polícia berlinense enviou a todos os departamentos "diretrizes para o tratamento de judeus e das questões judaicas", nas quais tirava conclusões sobre a ação de junho. O objetivo seria "levar os judeus à emigração, e não, por exemplo, cometer abusos sem planejamento nem perspectiva de sucesso".[41] Todos os agentes deveriam contribuir para "livrar Berlim o máximo possível dos judeus e, especialmente, do proletariado judeu". Um catálogo com 76 pontos apresentava em detalhes como poderiam atormentar a minoria proscrita em sua vida cotidiana, sem ultrapassar o âmbito das prescrições discriminatórias já existentes. "Helldorf me mandou uma apresentação das medidas tomadas contra os judeus em Berlim. Elas realmente são rigorosas e abrangentes. Desse modo, vamos expulsar os judeus de Berlim em tempo determinável", elogiou Goebbels o trabalho do presidente da polícia.[42]

Contudo, a política da expulsão forçada movia-se em uma contradição interna, uma vez que, ao fazer de tudo para tirar a base econômica de subsistência dos judeus, o regime nacional-socialista limitava as chances reais de emigração. "Enquanto os judeus se transformam rapidamente em uma comunidade proletária, que em breve dependerá das obras públicas de caridade, crescem as dificuldades para emigrar, sobretudo no que diz respeito ao aspecto financeiro", relatou Eduardo Labougle, embaixador argentino em Berlim, em agosto de 1938.[43] Também no escritório central do Serviço de Segurança sabia-se desse dilema: segundo um relatório referente aos meses de abril e maio de 1938, não se podia ignorar "que as possibilidades para a emigração diminuíram na mesma medida em que cresceu a pressão para ela". A exclusão crescente dos judeus da vida econômica provocou diminuição nas receitas das comunidades judaicas e organizações assistenciais, que até então forneciam grande parte dos recursos financeiros para a emigração dos judeus mais pobres.[44]

A isso se acrescentava o fato de que a receptividade nos países ocidentais não aumentava na mesma proporção que a perseguição aos judeus na Alemanha. Em uma conferência realizada em julho de 1938 por iniciativa do presidente americano

Franklin D. Roosevelt no balneário francês de Evian, nenhum dos 32 países partici-pantes se declarou disposto a aumentar consideravelmente as cotas de imigração. Desse modo, deram uma ocasião de ouro para a propaganda nacional-socialista. "Ninguém os quer", ironizou o jornal *Völkischer Beobachter*.[45] E, em seu discurso de encerramento no convenção do partido em Nuremberg, em 1938, Hitler zombou da suposta ambiguidade das democracias ocidentais, que, por um lado, deploravam "a crueldade desmedida" com a qual o Terceiro Reich tentava "se livrar dos seus elemen-tos judeus", mas, por outro, temiam os encargos que estariam vinculados à recepção de um grande número de imigrantes judeus: "Ajuda mesmo, nenhuma, só moral!".[46]

Para os especialistas no escritório central do Serviço de Segurança, a solução para o problema estava na emigração dos judeus para a Palestina. Porém, também nesse caso a liderança nacional-socialista via-se diante do dilema de que, ao incen-tivar as atividades sionistas, poderia contribuir para a criação de um novo centro do "judaísmo mundial", cujo suposto poder estava justamente querendo romper. Em junho de 1937, von Neurath, ministro das Relações Exteriores, havia instruído a embaixada alemã em Londres: "A formação de um Estado judaico ou de uma es-trutura estatal judaica sob mandato britânico não interessa à Alemanha."[47] Um ano depois, por ocasião da conferência em Evian, o ideólogo-chefe Alfred Rosenberg resumiu em um editorial do *Völkischer Beobachter*, sob o título "Para onde mandar os judeus?", a situação da discussão até o momento. Em primeiro lugar: "A Palestina está fora de cogitação como grande centro de emigração." Em segundo lugar: "Os Estados internacionais não se veem em condições de receber os judeus da Europa." Em terceiro lugar: "Portanto, é necessário buscar uma área fechada, ainda não ocu-pada pelos europeus."[48] Nesse contexto, pela primeira vez surgiu, na primavera de 1938, também nas reflexões de Hitler, o nome de uma ilha francesa da costa leste da África: Madagascar. Em 11 de abril, Goebbels anotou: "Longa discussão durante o café da manhã sobre a questão judaica. O Führer quer expulsar os judeus para longe da Alemanha. Para Madagascar ou lugar parecido. Certo! Está convencido de que também provêm de uma ex-colônia penal. É bem possível. Um povo der-rotado por Deus."[49]

Em si, a ideia não era nova. Já nos anos 1880, um dos ancestrais do antissemi-tismo étnico, o orientalista Paul de Lagarde, já havia defendido a transferência dos judeus para Madagascar, no âmbito da política alemã de conquista de territórios na Europa oriental, e a partir de 1920 essa "solução da questão judaica" foi cada vez mais propagada por antissemitas de todos os países. Assim, em junho de 1926, publicou-se na primeira página do *Völkischer Beobachter* um artigo do inglês Henry Hamilton Beamish, que exigia sem rodeios: "Onde fica o paraíso que permite a todos os judeus viver em paz e alegria, mantendo-se puros e seguindo seus ideais [...]? Em Madagascar." Esse apelo era difícil de superar em matéria de cinismo, pois tanto Beamish quanto os outros defensores de Madagascar como solução sabiam que as condições de vida na ilha eram tão hostis que boa parte dos judeus mandados para lá não resistiria. Já nos anos 1930, o jornal panfletário *Der Stürmer*, de Streicher, tematizou abertamente esse aspecto genocida. A edição de Ano-Novo de 1938 abriu com a manchete *"Madagaskar"* e uma caricatura que mostrava um judeu espremido contra um globo, com expressão desfigurada. A legenda da imagem dizia: "Ele vê o fim se aproximar."[50]

Hitler ainda não tinha se comprometido – sua observação "Madagascar ou algo assim", transmitida por Goebbels, prova que ele ainda considerava outras opções –, mas sem nenhuma dúvida mantinha seu plano de expulsar todos os judeus da Alemanha. Em meados de agosto de 1938, manifestou em um pequeno círculo de amigos que as leis de Nuremberg seriam, "na verdade, humanas demais". "Ele iria pensar em leis adicionais para restringir de tal forma a vida dos judeus na Alemanha que a massa da população judaica simplesmente não iria querer permanecer no país. Este seria o melhor caminho para se livrar deles."[51] Depois que o risco de um grande conflito europeu por causa da "questão dos Sudetos" pareceu momentaneamente afastado graças ao Acordo de Munique no final de setembro de 1938, as primeiras inquietações antissemitas se reacenderam. O medo da guerra, que predominara em grandes partes da população alemã no início do outono, descarregou-se em uma agressividade ainda maior contra a minoria judaica. Em inúmeros lugares, sobretudo no sul e no centro do país, sinagogas e instituições judaicas sofreram atentados. Os excessos teriam assumido "parcialmente o caráter de pogroms", comunicou o relatório do Serviço de Segurança em outubro de 1938. Muitos ativistas do partido estariam convencidos de que era chegado o "momento da liquidação definitiva da questão judaica".[52] Pressentindo o que estava por vir, Willy Cohn escreveu em seu diário no dia 4 de novembro: "Acho que o restante dos judeus na Alemanha ainda atravessará tempos muito difíceis."[53] Poucos dias depois, o pogrom que se estendeu por todo o Reich não chegou despreparado; nele culminaram atos violentos e antissemitas, que se radicalizaram cada vez mais ao longo de 1938. E, mais uma vez, foi Hitler a dar o sinal decisivo e livre curso ao ódio e à selvageria.

Em 7 de novembro de 1938, Herschel Grynspan, rapaz judeu de dezessete anos, de nacionalidade polonesa, mas crescido na Alemanha, atirou em Ernst vom Rath, secretário de legação na embaixada alemã em Paris, ferindo-o gravemente. O atentado foi um ato de vingança: no final de outubro, a polícia e a ss haviam reunido cerca de 17 mil dos judeus poloneses que viviam no Terceiro Reich e os levou para a fronteira com a Polônia. Entre os deportados, que tiveram de passar o dia sob condições deploráveis em terra de ninguém entre a Alemanha e a Polônia, estavam os pais e os irmãos de Grynspan. "Dói-me pensar em nossa tragédia [...]", confessou o executor do atentado em uma mensagem ao tio, em Paris. "Preciso me manifestar de alguma forma, para que o mundo inteiro ouça meu protesto."[54]

O ato desesperado de Herschel Grynspan deu à liderança nacional-socialista o pretexto desejado para armar um ataque coordenado aos judeus e ao patrimônio que ainda possuíam. Sobretudo Goebbels reconheceu de imediato a oportunidade que se lhe oferecia naquele momento de usar de especial dedicação para restaurar o relacionamento pessoal com o ditador, que havia ficado estremecido nos meses anteriores devido a seu caso amoroso com a atriz tcheca Lida Baarova.[55] Ainda na noite de 7 de novembro, o Ministério da Propaganda instruiu a imprensa a relatar o atentado "em grande estilo" e a ressaltar nos comentários que o fato "teria as mais graves consequências para os judeus na Alemanha".[56] Em 8 de novembro, o *Völkischer Beobachter* publicou sob o título "Os criminosos" um editorial que mal disfarçava a convocação para o pogrom: "Está claro que o povo alemão irá tirar suas conclusões desse novo crime. Não é possível que em nossas fronteiras cem mil judeus ainda dominem estradas provinciais inteiras, povoem locais de diversão e, como proprietários 'estrangeiros', embolsem o dinheiro de inquilinos alemães, enquanto seus companheiros de raça incitam a guerra contra a Alemanha no exterior e atiram em funcionários alemães."[57] Na manhã de 9 de novembro, as agências de notícias anunciaram que a morte de vom Rath era questão de horas. Em Berlim, a jovem jornalista Ruth Andreas-Friedrich registrou "uma angústia opressiva, como na iminência da irrupção de uma trovoada".[58]

Já nas noites de 7 para 8, e de 8 para 9 de novembro houve em Kassel e em inúmeras outras localidades de Kurhessen os primeiros tumultos antijudaicos como reação ao atentado. Esses tumultos foram organizados por funcionários locais do NSDAP, que acreditavam agir totalmente de acordo com a cúpula do regime se tomassem a iniciativa. Os principais alvos dos ataques foram as sinagogas. "Em Hessen, grandes manifestações antissemitas", anotou Goebbels. "As sinagogas estão sendo incendiadas. Espero que a ira do povo possa ser desencadeada agora!".[59] Para tanto, porém, era necessária uma inequívoca declaração da vontade de Hitler, e esta o ministro da Propaganda ainda não tinha. Em seu tradicional discurso na cervejaria Bürgerbräu, em Munique, na noite de 8 de novembro, aniversário do fracassado golpe de 1923, o ditador não mencionou o atentado em Paris. Esse silêncio incomum não significava que estava minimizando o ocorrido; ao contrário, era uma indicação infalível de que estava tramando alguma coisa.[60] Diferentemente do que se passou após o atentado a Wilhelm Gustloff, no início de fevereiro de 1936, quando ele proibiu excessos antissemitas em consideração aos Jogos Olímpicos de Inverno, desta vez estava decidido a atacar os judeus. Contudo, ainda queria aguardar até receber a comunicação da morte de vom Rath. Ainda na noite de 7 para 8 de novembro enviou seu médico pessoal, Karl Brandt, junto com o chefe do hospital cirúrgico em Munique, Georg Magnus, a Paris. Ambos examinaram o secretário da legação, gravemente ferido, e relataram em vários boletins seu estado crítico.[61]

Ernst vom Rath morreu na tarde de 9 de novembro, por volta das 16h30. Segundo testemunhou o ajudante de ordens Nicolaus von Below, a notícia de sua morte foi transmitida a Hitler por telefone, em seu apartamento na Prinzregentenstraße.[62] Portanto, o ditador teve tempo suficiente para saber exatamente qual seria seu próximo procedimento antes de seguir para a comemoração anual com os "velhos combatentes" no salão de festas da Altes Rathaus, a antiga prefeitura. O que ocorreu ali na noite de 9 de novembro foi um "ato calculado de logro teatral",[63] encenado conjuntamente por Hitler e Goebbels. Por volta das 21 horas, ainda durante o jantar, foi entregue a Hitler o telegrama com a notícia da morte do secretário da legação, sobre a qual ele já estava informado desde a tarde. Mais uma vez ele dava provas de suas habilidades de ator, fingindo estar surpreso e muito abalado aos olhos dos presentes e envolvendo o ministro da Propaganda, sentado ao seu lado, em uma conversa aparentemente agitada. Sobre seu conteúdo, o diário de Goebbels contém apenas algumas breves anotações, mas delas se depreende claramente que aquele era o momento decisivo em que o ditador dava sinal verde para o planejado pogrom: "Ele determina: deixar que as demonstrações continuem. Retirar a polícia. Os judeus devem sentir a ira da população. É o correto a ser feito. Dou imediatamente as respectivas instruções à polícia e ao partido."[64]

Logo após a conversa com Goebbels, Hitler deixa a reunião sem fazer o discurso habitual e volta para a Prinzregentenstrasse. Ao que parece, queria evitar ser diretamente associado aos acontecimentos que estavam por vir. Em seu lugar falou Goebbels. Embora suas ações não tenham sido transmitidas em texto, o efeito intencionado pode ser concluído a partir do relatório de investigação apresentado poucos meses depois pelo Supremo Tribunal do NSDAP, segundo o qual as instruções do dirigente de propaganda do Reich teriam sido "entendidas por todos os líderes partidários de que o partido não deveria aparecer ao público como o autor das demonstrações, mas que, na verdade, deveria organizá-las e executá-las".[65] O próprio Goebbels observou ao registrar seu discurso: "Ovação. Tudo é rapidamente transmitido por telefone. Agora o povo irá agir."[66] Assim havia sido dada a instrução enganosa: o pogrom deveria parecer uma explosão espontânea da "ira popular", mas os verdadeiros manipuladores, liderados por Hitler e Goebbels, deveriam permanecer na clandestinidade. Nesse sentido, os *Gauleiter* e os chefes de grupo da SA, reunidos em Munique, instruíram os escritórios subordinados em todo o Reich. A retransmissão das ordens até os comitês distritais e locais foi realizada sem complicações.

Entre os "velhos combatentes" que comemoravam na Bürgerbräu também se encontravam como convidados de honra 39 membros da tropa de choque Adolf Hitler, que, após ter sido proibida em 1924, continuava a existir como destacamento tradicional. Logo após o discurso instigante de Goebbels, percorreram as ruas de Munique com grande tumulto, destruíram uma série de lojas e incendiaram a sinagoga Ohel Jakob, na Herzog-Rudolf-Strasse. (A principal sinagoga nesta rua já havia sido derrubada em junho de 1938.) Goebbels, que com Adolf Wagner, *Gauleiter* de Munique e da Alta Baviera, se dirigira à central da circunscrição na Prannenstraße, pôde convencer-se das destruições com os próprios olhos. "Enquanto isso, a tropa de choque cumpre sua missão. Aliás, está fazendo um trabalho completo." Entre os criminosos também se encontrava o ajudante de ordens pessoal de Hitler, Julius Schaub. "Schaub está empolgado", observou Goebbels. "Seu passado na tropa de choque despertou."[67]

Ainda antes de tomar o tradicional juramento dos recrutas dos destacamentos da ss, Hitler combinou com Himmler que a ss não deveria participar do pogrom. Reinhard Heydrich ligou para Heinrich Müller, chefe da Gestapo em Berlim, e este, às 23h55, mandou um telex para todas as centrais da polícia política informando que, "em brevíssimo prazo, em toda a Alemanha ocorreriam ações contra os judeus, especialmente contra as sinagogas." As ações "não deveriam ser contidas", mas "saques e outros excessos do tipo deveriam ser impedidos". Além disso, a Gestapo deveria estar pronta para prender de 20 a 30 mil judeus no Reich.[68] Conforme se depreende

[FOTO 63] Espectadores assistindo ao incêndio da antiga sinagoga em Essen, em 9 de novembro de 1938.

do diário de Goebbels, essa exigência era diretamente atribuída a Hitler.[69] Em um telex urgente, enviado à 1h20 da madrugada, Heydrich especificou as instruções de Müller: deveriam "ser tomadas apenas medidas que não acarretassem riscos à vida e às propriedades dos alemães". Estabelecimentos comerciais e residências de judeus poderiam ser "apenas destruídos, mas não saqueados". Em todas as sinagogas e espaços comerciais, o material de arquivo deveria ser confiscado e entregue aos escritórios competentes do Serviço de Segurança. Por fim, a polícia e o Serviço de Segurança foram instruídos a "deter em todos os distritos tantos judeus – sobretudo os abastados – quantos coubessem nas celas das prisões": "Após a execução das detenções, há que se entrar imediatamente em contato com os campos de concentração competentes para a eles encaminhar os judeus com mais rapidez."[70]

Enquanto isso, o pogrom já tinha começado em amplas regiões do Reich. Por toda parte, homens da SA e ativistas do partido marchavam, geralmente como civis e armados com latas de gasolina, até a sinagoga mais próxima, destruíam o inventário e punham fogo. Conforme ordenado, os policiais locais nada fizeram, e os corpos de bombeiros limitaram-se a impedir que as chamas atingissem os edifícios vizinhos. Ao mesmo tempo, outras tropas se dirigiram a lojas judaicas, arremessaram as mercadorias na rua e quebraram as vitrines, de modo que, na manhã seguinte, as calçadas estavam cobertas de estilhaços – eis a razão para a expressão "Noite dos Cristais do Reich", cunhada pela linguagem popular berlinense e que minimiza os acontecimentos. Por sua vez, outros invadiram residências de famílias judaicas, destruíram a mobília e maltrataram os moradores. Desde a Idade Média não havia na Alemanha uma eclosão tão maciça de violência antissemita.[71]

Na manhã de 10 de novembro, Goebbels deliberou com Hitler sobre as próximas medidas: "Continuar ou interromper as investidas? Eis a questão." Concordaram que a "ação" deveria ser temporariamente encerrada. "Se continuarmos, haverá o perigo de o populacho aparecer", resumiu Goebbels o resultado das reflexões.[72] Por ordem de Hitler, planejou o texto de uma notificação "exortando rigorosamente" a população a 'não participar de quaisquer outras demonstrações e retaliações, independentemente do tipo, contra os judeus": "A resposta final ao atentado cometido em Paris será dada aos judeus pela legislação ou por decreto."[73] Ao meio-dia, Goebbels obteve a autorização de Hitler na Osteria Bavaria.[74] A notificação seria feita ainda naquela tarde por rádio e publicada na manhã seguinte na primeira página dos jornais. Paralelamente, o ministro da Propaganda havia instruído a imprensa a relatar o pogrom com o máximo de reserva, para que toda a extensão das destruições não ficasse visível. Por hora, não deveriam ser publicadas "manchetes na primeira página" – e nem imagens.[75] Na noite de 10 de novembro, em um discurso proferido para os representantes da imprensa no novo edifício do Führer, na Königsplatz, o próprio Hitler não mencionou uma palavra sequer sobre os acontecimentos da noite anterior. Embora tenha participado das exéquias de Ernst vom Rath, em 17 de novembro, em Düsseldorf, não tomou a palavra como fizera dois anos e meio antes, no enterro de Gustloff. Desse modo, ficaria mantida a impressão de que não tivera nenhuma relação com o pogrom.[76]

Segundo o relatório de 7 de dezembro de 1938, realizado pelo Departamento de Assuntos Judaicos do escritório central do Serviço de Segurança, o número de judeus mortos foi divulgado como 36; mais tarde, foi oficialmente corrigido para 91. Na verdade, era bem maior, contando com o número de suicídios cometidos naquela noite e os que morreram durante a prisão no campo de concentração ou por suas consequências. Mais de mil sinagogas e oratórios foram incendiados, e de 7 mil a 7.500 lojas judaicas foram depredadas e saqueadas. Os prejuízos causados pelos tumultos montaram a cerca de 50 milhões de *Reichsmark*.[77]

Piores do que as perdas materiais foram as humilhações e torturas a que os judeus em toda a Alemanha foram expostos naquela noite de terror. Tal como os judeus vienenses já haviam vivido em março e abril de 1938, passaram por uma "explosão de sadismo".[78] Eram obrigados a ajoelhar-se diante de sinagogas e cantar canções religiosas, a dançar, jogar-se ao chão e beijá-lo enquanto eram espancados e pisoteados pelos homens da SA. Em inúmeros locais, antes de serem transportados para os campos de concentração, homens judeus presos foram arrastados pelas ruas à luz do dia, acompanhados de imprecações e xingamentos por parte dos funcionários, guardas da SA e da SS e membros da Juventude Hitlerista. Geralmente, a cena aviltante era assistida por uma grande multidão. "Lado a lado, as pessoas em pé nos viam passar", lembra-se o proprietário judeu de um estabelecimento comercial em Hanau. "Quase ninguém fazia observações, poucos riam, no rosto de muitos era possível ler compaixão e indignação."[79]

No total, mais de 30 mil judeus foram presos e enviados para os campos de concentração de Dachau, Buchenwald e Sachsenhausen, onde eram entregues aos maus-tratos cruéis por parte dos guardas da SS. Já ao chegarem a seu destino, eram recebidos com uma saraivada de chutes e golpes, acossados até a extenuação pelo campo e obrigados a responder à chamada durante horas, em pleno frio de novembro, sem poder se mover. "Era uma cadeia sem fim de sofrimento físico e psíquico", testemunhou um dos desafortunados sobre as condições em Buchenwald. "Os primeiros dias eram os piores. Deixavam-nos sedentos. A água era pouca, não nos davam nenhuma. A boca ficava totalmente seca, a garganta ardia, a língua grudava literalmente no palato. No terceiro dia, quando distribuíram pão, eu não consegui engoli-lo, não tinha salivação. As noites eram terríveis. Histéricos sofriam ataques. Um gritava que queriam matá-lo, outro fazia uma espécie de oração. Um terceiro delirava sobre ondas elétricas. Nesse meio-tempo, gritos, choros, preces, imprecações, acessos de tosse, pó, sujeira, mau cheiro; era como estar no inferno."[80] Após algumas semanas, a maioria dos detentos foi solta; contudo, somente com a condição de que tentassem imediatamente emigrar da Alemanha. Além disso, tinham de assegurar que não contariam a ninguém sobre o que haviam vivido no campo. Mesmo assim, alguma coisa escapou. "As alusões temerosas e as narrativas fragmentadas sobre Buchenwald são horríveis; impera a lei do silêncio: é impossível escapar de lá uma segunda vez; de dez a vinte pessoas já morrem diariamente", comentou Victor Klemperer no início de dezembro de 1938.[81]

Para os judeus que ainda viviam na Alemanha, a noite de 9 para 10 de novembro de 1938 foi um choque. "Nenhum sofrimento, nenhuma privação, humilhação nem horror que antecederam esse momento podem ser comparados ao que aconteceu naquela noite", escreveu Hugo Moses, ex-funcionário do banco Oppenheim, em retrospectiva.[82] Subitamente, o pogrom mostrou aos judeus que eles já não tinham nenhum direito nem proteção. Podiam ser espancados, roubados e assassinados, sem que os guardiães da ordem interviessem e os criminosos temessem punições. Com isso, havia sido ultrapassada uma fronteira, e a Alemanha se despedira do círculo das nações civilizadas. "Se conseguirmos deixar o país com vida, nunca mais voltaremos", confiou a seu diário a médica berlinense Hertha Nathorff, uma semana após os terríveis acontecimentos.[83]

Embora a imprensa do partido não se cansasse de retratar a obra de destruição como expressão de uma indignação espontânea do povo, todos reconheciam que se tratava de uma ficção. Perante o "fato de que a ação fora organizada a partir de cima", a repetição constante da versão do Ministério da Propaganda parecia "ridícula", constatou o posto da polícia política de Bielefeld, no final de novembro de 1938.[84] O departamento de Assuntos Judaicos no escritório central do Serviço de Segurança também chegou à seguinte conclusão em um relatório referente a novembro: "De modo geral, os promotores das ações foram os dirigentes políticos, membros da SA e da SS e, em alguns casos, também da Juventude Hitlerista."[85] Sobretudo os observadores estrangeiros avaliaram a participação dos jovens como um mau sinal. Nela se podia ler a "decadência moral da geração jovem dos alemães", "que por ordem do Partido é capaz de toda sorte de transgressões e atos violentos", opinou o cônsul-geral da Polônia em Leipzig.[86] Em alguns lugares, cidadãos comuns também se uniram às tropas da SA, incitaram os criminosos e participaram dos atos violentos. No entanto, de modo geral, ocorreu o que observou o Serviço de Segurança: "A população civil participou muito pouco das ações."[87]

Mas o que a população alemã pensou sobre o pogrom de novembro? Até que ponto chegou sua concordância e sua rejeição? É difícil dar uma resposta clara a respeito, pois não havia um público livre em que as opiniões e posições pudessem ser articuladas abertamente. "Se fosse possível descobrir quem é a favor e quem é contra!", disse Ruth Andreas-Friedrich no dia seguinte sobre a multidão calada que observava os destroços ainda fumegantes da sinagoga na Fasanenstrasse, em Berlim.[88] Em 14 de novembro, o embaixador argentino em Berlim relatou sobre a atitude da população: "Não é possível concluir quais eram seus sentimentos sobre os acontecimentos, pois é publicamente sabido que o regime dominante não permite nem tolera nenhuma crítica a respeito do procedimento dos membros do partido e de seus encarregados."[89] Era arriscado manifestar horror publicamente, pois entre os defensores convictos do regime havia denunciantes suficientes que atuavam de muito bom grado como informantes da Gestapo.[90] Segundo notificou de Innsbruck o cônsul-geral da Itália, em 12 de novembro, a população se mostrava "profundamente indignada" com os acontecimentos da noite do pogrom, mas teria "muita cautela em exprimir sua opinião, pois, segundo dizem, três arianos já foram mandados pela Gestapo para o campo de concentração de Dachau durante a noite, pois expressaram abertamente sua desaprovação."[91]

Com base nas informações obtidas de todas as partes do Reich, os relatórios feitos pelo SPD no exílio sobre a Alemanha chegaram à convicção de que "as transgressões cometidas pela maioria do povo alemão seriam rigorosamente condenadas".[92] Em contrapartida, podia-se objetar que as investigações das pessoas de confiança do SPD estendiam-se sobretudo ao ambiente social que conheciam do passado e, portanto, refletiam apenas um recorte da sociedade alemã. No entanto, observadores estrangeiros, como o cônsul-geral americano em Stuttgart, Samuel W. Honacker, também chegaram a um resultado semelhante: a maioria da população – cerca de oitenta por cento –, não estaria de acordo com as ações violentas, e apenas vinte por cento teria manifestado sua satisfação.[93] E mesmo nos relatórios dos administradores distritais, dos prefeitos e dos escritórios da Gestapo mencionava-se que a "ação" de 9-10 de novembro "muitas vezes não foi compreendida" e, "de modo geral, teve uma repercussão desfavorável". Até mesmo alguns membros do partido a teriam rejeitado, mas seriam "extremamente cautelosos em suas críticas, pois temiam ser identificados como favoráveis aos judeus".[94]

Depois de tudo isso, pode-se dizer com alguma segurança que a maioria da população alemã reagiu com rejeição ao pogrom. No entanto, de modo geral, a rejeição não se exprimiu publicamente com empatia pelos concidadãos judeus, e sim na crítica à destruição de "patrimônios materiais". "De um lado, acumulam-se tubos de pasta de dente e latas; de outro, casas e vidros de janelas são destruídos", queixou-se, por exemplo, um membro do NSDAP de Duisburg.[95] É digno de nota o fato de que Hitler, o instigador de tudo, foi excluído de toda crítica. Diversos relatórios sobre a situação e o estado de espírito registraram manifestações como: "Certamente o Führer não quer isso."[96] A estratégia do ditador de aparecer sob a máscara do estadista que não tomou parte nos acontecimentos, que paira acima do povo e delega a responsabilidade a seus subordinados tinha funcionado à perfeição. "Subsistem uma fé infantil no Führer e a convicção de que ele nada teve a ver com o pogrom, mas ouvem-se críticas por parte de outros líderes do partido, especialmente Goebbels, Himmler, Goering e von Schirach", relatou o cônsul-geral britânico interino em 26 de novembro, de Munique.[97]

Provavelmente houve casos em que vizinhos e conhecidos demonstraram solidariedade aos perseguidos e os ajudaram. Porém, foram exceções. Em geral, a compaixão com as vítimas e a indignação com os criminosos só eram confidenciadas em comunicações particulares. Em 24 de novembro, Gerhard Ritter, historiador de Freiburg, escreveu à mãe que o que havia vivenciado nas últimas semanas fora "a coisa mais vergonhosa e horrível que há muitos anos não acontecia". Contudo, o erudito e conservador nacional-socialista ainda tinha esperança de que "os responsáveis por isso mudassem de atitude e refletissem".[98] Destituído por Hitler de seu cargo de embaixador em Roma no início do ano, Ulrich von Hassell ainda estaria "muito impressionado com as perseguições ignóbeis aos judeus" em 25 de novembro. Não restaria dúvida "de que se tratava de um ataque oficialmente organizado e desencadeado contra os judeus no mesmo horário noturno em toda a Alemanha – uma verdadeira vergonha!"[99] Assim como Ritter e von Hassell, obviamente muitos alemães sentiram vergonha do fato de que selvagerias como a de 9-10 de novembro pudessem ter ocorrido em uma "nação civilizada". Segundo relatou o cônsul suíço em Colônia, nos dias que se seguiram ao pogrom, ele teria conversado com inúmeras pessoas de todas as classes sociais. "'O que o senhor diz sobre esses terríveis acontecimentos?' E cada um acrescentava: 'É preciso ter vergonha de ser alemão!'".[100]

Contudo, essa reação de rejeição não devia preocupar a liderança do nacional-socialismo, pois permanecia em ambiente totalmente privado. Não se viam protestos públicos e acalorados em lugar nenhum, nem mesmo nas igrejas, das quais poderiam ser esperados.[101] Visto desse modo, Hitler e seus cúmplices podiam considerar a noite do pogrom um sucesso. Tinham conseguido desencadear uma ação violenta de proporções até então desconhecidas contra a minoria judaica sem deparar com resistência alguma de nenhum lado. Era um sinal claro de que a maioria dos alemães tinha aceitado a exclusão dos judeus da "comunidade do povo", ainda que pudesse ficar apreensiva com os métodos violentos da perseguição. "Os nacional-socialistas sabiam que podiam fazer tudo que quisessem contra os judeus e ninguém tentaria impedi-los", notou com pertinência o historiador inglês Richard Evans.[102]

No que dizia respeito ao outro tratamento dado à "questão judaica", já ao meio-dia de 10 de novembro, em uma conversa com Goebbels na Osteria Bavaria, Hitler indicou a direção a ser tomada: "Suas opiniões são totalmente radicais e agressivas [...]", observou Goebbels em seguida. "O Führer quer partir para medidas extremamente rigorosas contra os judeus. Terão de reorganizar suas lojas sozinhos. Os seguros não lhes pagarão nada. Depois, ele quer desapropriar aos poucos as lojas judaicas e dar aos proprietários papéis que poderemos invalidar a qualquer momento."[103] Em 11 de novembro, por telefone, Hitler instruiu Göring, que era encarregado do Plano de Quatro Anos, a convocar uma reunião para "centralizar os passos decisivos".[104]

A reunião ocorreu no dia seguinte, entre as 11h e as 14h30, no Ministério da Aeronáutica. Dela participaram mais de cem funcionários de alto escalão, ministros e secretários de Estado, entre eles o ministro do Interior Frick, seu secretário de Estado Wilhelm Stuckart e o "assessor nas questões raciais" no Ministério do Interior, Bernhard Lösener. Do Ministério das Relações Exteriores, o diretor do departamento político, Ernst Woermann, e o "assessor nas questões judaicas", Emil Schumburg. Além destes, Goebbels, ministro da Propaganda, Schwerin von Krosigk, ministro da Fazenda, Gürtner, ministro da Justiça, Funk, ministro da Economia, Rudolf Schmeer, seu diretor ministerial, além de diretor do departamento de Organização Econômica e Assuntos Judaicos e, como representantes do Serviço de Segurança e da polícia, Reinhard Heydrich, Kurt Daluege e Adolf Eichmann. Da Ostmark compareceram Hans Fischböck, ministro da Economia, do Trabalho e da Fazenda, e Josef Bürckel, comissário do Reich.

A extensa ata da reunião foi quase inteiramente preservada. Trata-se de um documento perturbador não apenas em razão da consequência impiedosa das decisões tomadas, mas também da linguagem totalmente desinibida e livre de todo escrúpulo moral usada pelos participantes. "Preferiria que vocês tivessem matado duzentos judeus a terem acabado com esses valores", esclareceu Göring depois que Eduard Hilgard, representante do setor de seguros convocado para a reunião, fez um balanço detalhado dos prejuízos causados. Junto a uma lista feita em julho pelo presidente da polícia de Berlim, Goebbels sugeriu todo um conjunto de medidas maliciosas, a fim de afastar os judeus "de toda vida pública", onde supostamente agiriam de modo "provocatório". Assim, seriam proibidos de visitar todos os eventos culturais; poderiam viajar apenas em compartimentos especiais nos trens; não poderiam frequentar termas nem resorts alemães, tampouco poderiam entrar em "florestas alemãs": "Hoje os judeus circulam em bando pela região da [floresta de] Grunewald", afirmou o ministro da Propaganda, ao que Göring sugeriu colocar à disposição deles "determinada parte da floresta". O inspetor-geral florestal, Friedrich Alpers, deveria "cuidar para que os diversos animais que se parecem muito com os judeus – como o alce, que tem um nariz encurvado – façam do local seu habitat". Heyderich, por sua vez, recomendou que enquanto permanecessem na Alemanha, os judeus portassem "determinado sinal" – sugestão essa, porém, que só seria realizada em setembro de 1941, com a introdução da "estrela amarela". Em vez disso, Göring defendeu que se construíssem guetos nas cidades, para que os judeus ficassem totalmente isolados da sociedade, o que Heydrich, de sua parte, rejeitou com a observação de que os guetos são "o eterno esconderijo de bandidos" e "não são totalmente controláveis pela polícia". No final da reunião, durante a qual não se ouviu uma única palavra sequer de desaprovação por parte dos ministros conservadores e dos funcionários ministeriais, Göring resumiu: "Vai dar certo. Tão cedo esses filhos da mãe não cometem um segundo assassinato. De resto, sou obrigado a constatar: eu é que não gostaria de ser judeu na Alemanha."[105]

Como resultado imediato da reunião, dos judeus foi cobrada, ainda no mesmo dia, uma contribuição no valor de um bilhão de *Reichsmark* como "reparação" pelo atentado em Paris. Além disso, a partir de 1º de janeiro de 1939, eles já não estariam autorizados a administrar lojas nem empresas de artesanato e, ao mesmo tempo, teriam de arcar sozinhos com todos os prejuízos causados aos estabelecimentos comerciais e às residências durante o pogrom. As indenizações por parte das seguradoras seriam confiscadas em benefício do Reich. "Em todo caso, agora será feita tábua rasa [...]", exultou Goebbels. "A opinião radical venceu."[106] Em um decreto regulamentar do Ministério da Fazenda do Reich, de 21 de novembro de 1938, todos os judeus foram obrigados a pagar vinte por cento do seu patrimônio, que haviam declarado na primavera, em quatro parcelas até agosto de 1939. Outro decreto, desta vez do Ministério da Economia do Reich, de 3 de dezembro, regulamentava a "arianização" compulsória das empresas judaicas ainda existentes através de um fiel depositário e determinava que títulos, joias e objetos de arte fossem obrigatoriamente guardados em depósito.[107] Assim, os nacional-socialistas tinham assegurado o acesso quase completo ao patrimônio judaico. Somente a "reparação" de um bilhão de *Reichsmark* elevou subitamente a receita do Reich em seis por cento e, portanto, significou um sensível alívio para a situação orçamentária extremamente tensa em consequência do rearmamento forçado.[108] Conforme ressaltou Göring em um discurso para os *Gauleiter*, os governadores de províncias prussianas e lugares-tenentes do Reich em 6 de dezembro, "o benefício de todas as arianizações" deveria competir "exclusiva e unicamente ao ministro da Fazenda e a mais ninguém em todo o Reich", pois somente assim seria possível "executar o programa de armamento do Führer".[109]

Seguiu-se mais uma onda de leis e decretos discriminatórios. Em 15 de novembro, o Ministério da Educação do Reich ordenou que todos os estudantes judeus que ainda frequentassem escolas alemãs fossem imediatamente expulsos, uma vez que, "após o infame assassinato em Paris", seria "intolerável para estudantes alemães sentar na mesma classe que um judeu".[110] Um decreto do Ministério do Interior do Reich, de 28 de novembro, autorizava os presidentes dos distritos administrativos a bloquear determinados distritos aos judeus e limitar seu acesso a locais públicos – um primeiro passo em direção à instauração dos guetos.[111] Em 3 de dezembro, por ordem de Heinrich Himmler, *Reichsführer* da ss e chefe da polícia alemã, os judeus foram privados da carteira de habilitação e, cinco dias depois, aos acadêmicos judeus foi vetado o acesso às bibliotecas universitárias. Ambas as proibições atingiram "de forma extremamente dura", por exemplo, o romanista de Dresden, Victor Klemperer. Até esse momento, ele e sua mulher ainda podiam passear de carro pelas redondezas de Dresden – "afinal, era um fragmento de liberdade e de vida". Após ter sido demitido de seu cargo como professor universitário, ainda podia usar a biblioteca para suas pesquisas, mas depois também essa possibilidade lhe foi tirada.[112]

"Assim será, com uma [restrição] após a outra. Não daremos trégua até conseguirmos nos livrar deles", constatou Goebbels, totalmente de acordo com Hitler nesse aspecto.[113] Em 20 de dezembro, um decreto do Instituto do Reich para o Trabalho determinava que se empregassem "logo todos os judeus desempregados e produtivos" em trabalhos forçados. Em 23 de fevereiro de 1939, o ministro do Transporte do Reich proibiu os judeus de utilizar os vagões-dormitório e os vagões-restaurante, e em 30 de abril a proteção aos inquilinos judeus foi amplamente restrita.[114]

Já na reunião de 12 de novembro de 1938, Heydrich havia sugerido que se procedesse na política à expulsão dos judeus de acordo com o modelo vienense, que em pouco tempo levou à "retirada" de 50 mil judeus.[115] Göring concordou e, em 24 de janeiro de 1939, instituiu em Berlim a Central para a Emigração Judaica. Sua direção foi assumida por Heydrich, que, desse modo, alçou-se a uma figura-chave na "política judaica" do Terceiro Reich.[116] Se, por um lado, as autoridades impunham a emigração, por outro, faziam de tudo para dificultá-la com toda sorte de formalidades e manobras: "Não apenas tínhamos de pagar pesadas taxas, mas o patrimônio que restava praticamente perdia todo seu valor [...]", lembrou-se o proprietário judeu de um estabelecimento comercial em Hanau, que emigrou em abril de 1939. "Era um corre-corre e uma dor de cabeça sem fim para obter todos os certificados necessários. Repartição de passaportes, polícia, controle alfandegário, controle de divisas, tesouro municipal, central de orientação para emigrantes, cartório de registro civil e outras repartições tinham de ser procuradas. A todas elas era necessário ir ao menos três vezes, mesmo que se tratasse do certificado mais simples."[117] Apesar de todos os obstáculos, entre 10 de novembro de 1938 e o início da guerra, no começo de setembro de 1939, 115 mil judeus alemães conseguiram emigrar; desde a "tomada do poder" pelos nacional-socialistas, cerca de 400 mil deixaram o "antigo Reich".[118]

Nesse meio-tempo, os que ficaram no país foram totalmente marginalizados e depauperados. "Já não havia vida judaica. Havia apenas uma multidão intimidada e caçada, à qual não era permitido celebrar nenhum culto religioso, que já não podia entrar em nenhum restaurante, lugar público, hospital nem local de diversão e cujos bens haviam sido roubados e destruídos", escreveu Fritz Goldberg, antigo dramaturgo em Berlim, que conseguiu emigrar ainda no verão de 1939, literalmente no último minuto.[119] A partir da virada de 1938 para 1939, a liderança nacional-socialista se alongou em obscuras alusões sobre o que aguardaria o "restante alquebrado"[120] dos que haviam permanecido no país. Segundo informou Göring na reunião de 12 de novembro de 1938, se o Reich se envolvesse, "em tempo determinável", em algum "conflito de política externa", teria de "acertar as contas com um grande número de judeus".[121] Em 24 de novembro, Hitler recebeu em Berghof Oswald Pirow, ministro sul-africano da Defesa e da Economia. Nessa ocasião, esclareceu que era sua "vontade inabalável" resolver o problema judaico "em breve". Tratava-se "não apenas de um problema alemão, mas também europeu". Com um misto de cinismo e ameaça, o ditador acrescentou: "O que o acha, senhor Pirow, que aconteceria na Alemanha se eu deixasse de proteger os judeus? O mundo não poderia sequer imaginar."[122]

Em seu discurso transmitido por rádio em 30 de janeiro de 1939 no *Reichstag*, em comemoração ao sexto aniversário da tomada do poder, Hitler ressaltou pela primeira vez publicamente sua decisão de "expulsar" os judeus. A Europa só poderia "ter paz depois que a questão judaica fosse resolvida". No mundo haveria "espaço de colonização" suficiente, esclareceu o ditador, aludindo à solução "Madagascar"; seria preciso "romper de uma vez por todas com a opinião de que o povo judeu é destinado por Deus a usufruir de um porcentual do corpo e do trabalho de outros povos". Se essas deliberações se moveram ainda no âmbito daquilo que Hitler várias vezes anunciara ao longo de 1938, na passagem seguinte ele foi além: durante a vida, teria sido "profeta muitas vezes" e "geralmente ridicularizado". Então, queria "novamente ser um profeta": "Se a comunidade judaica internacional dos banqueiros conseguisse precipitar os povos dentro e fora da Europa em outra guerra mundial, o resultado não seria a bolchevização da terra e, portanto, a vitória da comunidade judaica, mas sim a aniquilação da raça judaica na Europa."[123]

Esse discurso foi interpretado como prova de que, àquela altura, o ditador já tinha em vista a "solução final", que mais tarde se concretizaria como a aniquilação física dos judeus. No entanto, com sua ameaça, inicialmente Hitler visava sobretudo a aumentar a pressão: por um lado, sobre os judeus alemães, para acelerar sua emigração; por outro, sobre os governos ocidentais, para que afrouxassem sua política restritiva de imigração.[124] Nesse sentido, em 15 de novembro de 1938, Ernst von Weizsäcker, secretário de Estado no Ministério das Relações Exteriores, esclareceu em referência ao embaixador suíço em Paris que os judeus ainda residentes na Alemanha "deveriam ser expulsos incondicionalmente, pois não poderiam permanecer no país": "Se nenhum país estiver preparado, como ocorre até agora, para recebê-los, cedo ou tarde [os judeus] serão aniquilados."[125]

Contudo, o anúncio de aniquilação por parte de Hitler era motivado por intenções não apenas táticas. Estava, antes, inserido em outra perspectiva, concebida para o futuro. No inverno de 1938-1939, já era previsível que a agressiva política de expansão do regime nacional-socialista cedo ou tarde terminaria em um conflito militar na Europa. Para o caso de esse conflito se expandir, como em 1914-1918, em uma "guerra mundial", ou seja, incluindo os Estados Unidos, a culpa deveria ser atribuída à "comunidade judaica internacional dos banqueiros". E, sob essa premissa, a ameaça tenebrosa de Hitler de cumprir uma desforra possuía um núcleo real: se caíssem nas mãos dos esbirros de Himmler, os judeus que viviam na Europa teriam de contar com o pior, ou seja, seu assassinato.[126] Em sua declaração de 30 de janeiro de 1939, o ditador já se aproximava conceitualmente dessa solução extrema, e não foi por acaso que em 1941-1942, quando o genocídio já estava a todo vapor, ele voltou à sua antiga "profecia".

21

A CAMINHO DA GUERRA

"O tempo das chamadas surpresas" teria "terminado", declarou Hitler em um discurso no *Reichstag* pelo quarto aniversário da "tomada do poder", em 30 de janeiro de 1937. "Como Estado com direitos iguais, a Alemanha, ciente de sua missão europeia, irá colaborar com lealdade no futuro para resolver os problemas que movem a nós e outras nações."[1] O ditador teria tido todas as razões para conduzir sua política externa por águas mais tranquilas. Os êxitos que colhera nesse âmbito nos primeiros anos foram suficientemente impressionantes. Pouco a pouco, foi se livrando das amarras do sistema contratual de Versalhes e reconquistando a liberdade de ação para a política externa alemã. Com seu método de mostrar-se como um homem de paz e, ao mesmo tempo, gerar fatos consumados, volta e meia enganou e surpreendeu os poderes ocidentais. Protegido por uma constelação internacional extremamente favorável ao Terceiro Reich, conseguiu acelerar o armamento sem causar a temida intervenção dos Estados signatários do Tratado de Versalhes. Portanto, a zona de risco havia sido superada; a Alemanha dispunha novamente das forças armadas mais modernas e poderosas do continente europeu. "Hoje voltamos a ser uma potência mundial", anunciou Hitler na tradicional festa de comemoração da fundação do partido, em 20 de fevereiro de 1937, na cervejaria Hofbräuhaus.[2]

Contudo, o ditador não estava nem um pouco inclinado a se dar por satisfeito com o que já havia conseguido. Na primavera de 1937, ao contrário dos dois anos anteriores, renunciou a uma de suas espetaculares façanhas de final de semana em relação à política externa – "Já é abril e, até agora, nenhuma surpresa por parte de Hitler", constatou admirado o correspondente americano Willliam Shirer.[3] No entanto, por trás da cortina de fumaça de uma suposta moderação, começava a se traçar uma mudança fundamental: a transição da política de revisão para a de expansão. Desde o início, Hitler não deixara nenhuma dúvida no círculo interno de que, para ele, a ab-rogação do Tratado de Versalhes marcava apenas uma etapa de seu objetivo. O ponto de fuga de todos os seus planos, a saber, a conquista de "espaço vital no Leste", permanecia inalterado. No início de junho de 1936, após uma longa conversa com Hitler, Goebbels anotou a respeito da política externa: "O Führer vê aproximar-se o conflito no Extremo Oriente. O Japão irá derrubar a Rússia. E esse colosso irá balançar. Em seguida, chegará nossa grande hora. Então, temos de nos prover em terra por cem anos. Se tudo correr bem, conseguiremos, e o Führer ainda estará vivo."[4]

Obviamente, nenhuma dessas reflexões podia vazar. Enquanto aguardava, à espreita de novas possibilidades para se aproximar de seus objetivos de amplo alcance, Hitler sempre se apresentava ao público alemão e internacional sob a máscara do político pacífico. Característico desse fato foi o acordo de 11 de julho de 1936 entre o Império Alemão e a Áustria. Em sua parte pública, o governo alemão reconhecia "a plena soberania do Estado federal da Áustria e o princípio da não intervenção em assuntos internos". Em contrapartida, Viena prometia conduzir sua política levando em conta o fato "de que a Áustria tinha se declarado um Estado alemão". Na parte secreta do acordo, a República dos Alpes tinha de se declarar disposta a conceder uma generosa anistia política para nacional-socialistas austríacos presos e a convocar "representantes da até então chamada 'oposição nacional na Áustria' para colaborarem com a responsabilidade política".[5] Com essas concessões, Kurt von Schuschnigg, chanceler federal da Áustria, acreditava ter obtido uma garantia de autonomia do seu país. Hitler, por sua vez, via no acordo apenas uma alavanca para a conquista do poder interno da Áustria através dos nacional-socialistas. Naquele momento, suas ações de política externa não tolerariam "encargos com a Áustria", explicou a um grupo de partidários austríacos. "Ainda preciso de dois anos para conseguir fazer política. Enquanto isso, o partido tem de manter a disciplina na Áustria."[6]

Duas semanas após a assinatura do acordo austro-alemão, Hitler tomou uma decisão que entrava em flagrante contradição com sua retórica de paz. Em fevereiro de 1936, a Frente Popular conseguiu uma vitória apertada nas reeleições espanholas. Em 17 de julho, sob a condução do general Francisco Franco, os militares se rebelaram no protetorado espanhol do Marrocos contra o regime democraticamente legitimado. No entanto, faltavam meios de transporte para que os golpistas pudessem levar as tropas insurgentes ao continente. Nessa situação, Franco dirigiu-se a Hitler e a Mussolini pedindo apoio. Adolf Langenheim e Johannes Bernhardt, membros da organização internacional do NSDAP no Marrocos espanhol, ofereceram seus serviços como mediadores. Na noite de 24 de julho, acompanhados por um oficial espanhol, chegaram em Berlim. No Ministério das Relações Exteriores, foram despachados com frieza, mas Rudolf Heß, representante do Führer, reencaminhou-os a Hitler, que, como sempre nessa época, encontrava-se em Bayreuth por causa dos festivais.[7]

A notícia da revolta militar chegara a Bayreuth em 19 de julho. "Espero que derrubem os Vermelhos", foi o primeiro comentário de Goebbels.[8] Nos dias subsequentes, tentou-se obter um panorama da situação. Hitler pediu a Wolfgang Wagner, na época com dezesseis anos, que trouxesse seu atlas escolar para que ele pudesse ver onde se localizava Tetuán, capital do Marrocos espanhol.[9] Mensagens que chegavam aos poucos comunicavam que a situação dos militares insurgentes não era das melhores e que os republicanos controlavam a maior parte do país. Desse modo, em 25 de julho, o embaixador alemão em Madri advertiu a respeito de uma ameaça de guerra civil e das consequências que uma vitória dos republicanos traria consigo: do ponto de vista da política interna, ela asseguraria o "domínio marxista na Espanha por um longo período, com o risco de um regime soviético espanhol"; quanto à política externa, a Espanha se anexaria ideológica e politicamente ao bloco franco-russo".[10] Na noite de 25 de julho, depois de ter se extasiado com uma apresentação da ópera *Siegfried*, de Wagner, Hitler recebeu os emissários de Franco e, após uma conversa de várias horas, aceitou apoiá-los. Como primeira medida, seriam disponibilizados vinte aviões de carga do tipo Ju 52 e, para protegê-los, mais seis caças e canhões antiaéreos. Pela ponte aérea Tetuán-Sevilha, Franco conseguiu levar o exército espanhol da África, comandado por ele e que contava com cerca de 13.500 homens, até a Andaluzia.

Hitler tomou sua decisão sem antes consultar o Ministério das Relações Exteriores e contra as ponderações iniciais de Göring e Ribbentrop, que temiam complicações internacionais. Muito se especulou sobre seus motivos. Ao que parece, pontos de vista estratégicos e ideológicos estavam estreitamente ligados. Em junho de 1936, depois que também na França um governo de frente popular chegou ao poder sob o socialista Léo Blum, o ditador viu confirmadas suas contínuas advertências quanto ao "perigo bolchevique internacional". "Se a Espanha realmente se tornar comunista, a bolchevização da França, tendo em vista sua atual situação, é uma questão de pouco tempo, e a Alemanha também pode ser 'envolvida'", justificou sua decisão a Ribbentrop. "Pressionados entre o poderoso bloco soviético no Leste e um forte bloco comunista franco-espanhol no Oeste, mal conseguiremos agir caso Moscou queira proceder contra a Alemanha."[11] Por outro lado, se conseguissem ajudar Franco a vencer, haveria boas perspectivas de atrair a Espanha como aliada do Terceiro Reich e pressionar a França. Mais importante talvez fosse a expectativa de estreitar ainda mais as relações com a Itália fascista através de uma intervenção comum na Guerra Civil Espanhola. Especialmente para Göring, duas reflexões adicionais deveriam ser levadas em conta: por um lado, a ação na Espanha seria um teste de campo para sua *Luftwaffe* ainda jovem; por outro, como encarregado do Plano de Quatro Anos, estava interessado em poder servir-se de matérias-primas da Espanha, essenciais para a guerra, como minério de ferro e pirita.[12]

Para manter o risco de complicações na política externa o mais baixo possível, durante toda a Guerra Civil Espanhola Hitler buscou preservar a ficção da não intervenção. Inicialmente, no lado alemão, parecia que tinham partido de uma intervenção limitada do ponto de vista temporal e material. Em todo caso, Goebbels anotou certo dia após a decisão de Hitler: "Participamos um pouco dos fatos na Espanha. Aviões etc. – nada visível. Sabe-se lá qual a finalidade."[13] Porém, no decorrer das semanas seguintes, o engajamento militar se ampliou. Os alemães passaram a fornecer não apenas armas, munição e outros materiais bélicos. No final de outubro de 1936, uma unidade de combate da *Luftwaffe*, a futura Legião Condor, com um total de 6.500 homens, foi transferida para a Espanha sob o comando do general de brigada Hugo Sperrle. A essa unidade se deveu, entre outras coisas, o ataque à pequena cidade basca de Guernica, em 26 de abril de 1937, em que mais de 1.600 habitantes foram mortos e quase novecentos feridos. O governo alemão negou imediatamente qualquer participação; no entanto, as provas não deixavam dúvidas da autoria. Guernica tornou-se símbolo dos horrores da moderna guerra por bombardeio. Pablo Picasso exprimiu o que restou da cidade com sua famosa pintura, apresentada pela primeira vez no pavilhão espanhol na Exposição Internacional em Paris, em 1937.[14]

Apenas poucas semanas depois ocorreu outro incidente grave. Em 29 de maio, aviões dos republicanos espanhóis atacaram o navio blindado *Deutschland* no ancoradouro de Ibiza. Vinte e três marinheiros morreram e setenta ficaram feridos. Na noite seguinte, Hitler chamou Blomberg, Neurath, Raeder, Göring e Goebbels na Chancelaria do Reich. "Até as três da manhã com o Führer", registrou Goebbels em seu diário. "Ele caminha de um lado para o outro da sala, a passos lentos, espumando de raiva."[15] Em um primeiro momento, Hitler quis vingar-se mandando bombardear Valência, mas em seguida ordenou que o navio blindado *Admiral Scheer*, igualmente enviado ao Mediterrâneo, bombardeasse o porto de Almería. O ataque teve como resultado 21 mortos e inúmeros feridos; muitos edifícios foram destruídos. "O Führer está muito satisfeito com o resultado", observou Goebbels em 1º de junho e, dois dias depois, reforçou: "O Führer ainda está bastante contente por causa de Almería [...] A primeira demonstração de poder no novo Reich. Um sinal de advertência para todos os inimigos do Reich."[16] O governo alemão tomou o ataque ao navio *Deutschland* como pretexto para interromper sua colaboração com o Comitê de Não Intervenção reunido em Londres, colaboração esta que, de todo modo, era pura ilusão. Em 17 de junho, os marinheiros mortos do *Deutschland* foram sepultados com grande pompa na presença de Hitler em Wilhelmshaven.[17]

A Guerra Civil Espanhola estendeu-se mais do que a liderança nacional-socialista havia imaginado. Embora até 1936 as tropas nacionais espanholas tenham conquistado quase metade do país, as forças republicanas, reforçadas por voluntários de toda a Europa (as chamadas brigadas internacionais), opuseram forte resistência e conseguiram conter o avanço do adversário. "Na Espanha não se consegue avançar. O Führer já não acredita em uma Espanha fascista. Franco é um general e não tem nenhum movimento atrás de si. Para ele, basta chegar ao patamar de um Seeckt"*, anotou Goebbels em julho de 1937.[18] Se por um lado Hitler também se mostrava decepcionado com as capacidades militares de Franco, por outro, os combates que se protelavam na Espanha vinham bem a calhar, pois desviavam a

---

* Referência ao militar e estrategista alemão Hans von Seeckt (1866-1936), que pregava o abandono do exército pesado em prol de tropas profissionais. (N.T.)

atenção das potências para a periferia e aumentavam o espaço de manobra da política alemã na Europa Central.

A intervenção alemã na Espanha acelerou a aproximação da Itália, que já se havia iniciado com o apoio de Hitler à aventura de Mussolini na Abissínia. "O nível barométrico entre a Alemanha e a Itália continua a subir de maneira divertida; começo a me sentir como Polícrates", registrou Ulrich von Hassel, embaixador alemão em Roma, ao final de julho de 1936.[19] Ambas as potências conciliavam em reuniões secretas seu apoio militar a Franco. Ao mesmo tempo, com um contingente de 80 mil homens, a Itália se engajava com força ainda maior do que a Alemanha. "A colaboração dos dois aliados disfarçados é bastante estreita, embora nada fácil, justamente por causa do disfarce", constatou von Hassell.[20] Os contatos se intensificaram também em nível diplomático. Mussolini mostrou-se satisfeito com o acordo austro-alemão. Em setembro, Hans Frank, ministro do Reich, transmitiu ao *"Duce"* e a seu genro conde Ciano, o novo ministro das Relações Exteriores da Itália, o convite de Hitler para uma visita oficial à Alemanha.

Em 21 de outubro de 1936, Ciano chegou a Berlim com uma grande delegação. No segundo dia de sua visita, assinou na cidade um protocolo previamente preparado pelos diplomatas, em que ambas as partes se comprometiam a trabalhar juntas na luta contra o comunismo, a reconhecer em breve o regime de Franco e a conciliar seus interesses na região do Danúbio.[21] Em 24 de outubro, o ministro italiano das Relações Exteriores foi recebido por Hitler em Berghof. Segundo transmitira Ciano, o *"Duce"* teria "sempre nutrido a mais intensa simpatia por Hitler", ao que o ditador alemão, visivelmente lisonjeado, respondeu que Mussolini seria "o primeiro estadista do mundo com quem ninguém jamais, mesmo de longe, poderia se comparar". Na conversa de duas horas em seu gabinete de trabalho, no primeiro andar de Berghof, Hitler defendeu uma aliança ítalo-alemã, a fim de fazer a Inglaterra condescender ou de derrubá-la em conjunto. Em três ou quatro anos, no máximo em cinco, a Alemanha estaria pronta para a guerra. Entre os dois Estados não haveria nenhum conflito de interesses: o futuro da Itália estaria na região mediterrânica, enquanto a Alemanha teria o caminho livre para o Leste e a região do Mar Báltico.[22] Após o colóquio, Hitler conduziu seus convidados italianos para a gigantesca janela do grande *hall* com a grandiosa vista para a paisagem austríaca dos Alpes. "Daqui tenho de ver uma parte da minha pátria alemã, Salzburgo, com o binóculo!",[23] declarou.

Com essa declaração, Hitler dava indiretamente a entender que não havia de modo algum desistido de suas ambições em relação à sua "pátria", a Áustria. No entanto, isso não podia perturbar a satisfação de Mussolini com o decurso da primeira visita oficial italiana à Alemanha desde o assassinato de Dollfuß. Em 1º de novembro de 1936, em um discurso na Piazza del Duomo, em Milão, ele celebrou o acordo ítalo-alemão. "Essa linha Berlim-Roma não é uma parede divisória, mas, antes, um eixo em torno do qual podem mover-se todos aqueles Estados europeus que desejam o trabalho em conjunto e a paz",[24] anunciou. Assim se introduzia o conceito de "eixo" no vocabulário político. No entanto, o desejo de paz era a última coisa que unia os novos parceiros. Ao contrário, uniram-se no esforço de desestabilizar o *status quo* europeu. Contudo, com a consolidação da formação do bloco – de um lado, as democracias ocidentais; do outro, as potências ditatoriais do eixo –, Mussolini se tornaria cada vez mais dependente da Alemanha, que, do ponto de vista econômico e militar, era mais forte.

Em *Mein Kampf* e seu segundo volume, de 1928, Hitler já havia designado a aliança com a Itália como um objetivo desejável para sua política externa. Seu outro parceiro almejado era a Inglaterra. No entanto, desde a conclusão do Acordo Naval de junho de 1935, as relações entre a Alemanha e a Inglaterra não haviam avançado, embora Hitler tenha tentado despertar o interesse da frágil Britânia. Assim, no início de fevereiro de 1936, concedeu ao lorde Londonderry, ex-ministro britânico da aeronáutica, uma audiência de duas horas na Chancelaria do Reich e lhe revelou que gostaria de "viver em uma relação de estreita amizade com a Inglaterra". "Quantas vezes disse a mim mesmo durante a guerra mundial, como simples soldado, que se me visse diante de tropas inglesas seria uma loucura absoluta combater com armas essas pessoas que poderiam pertencer a nosso próprio povo." A despeito das diferenças, no que se referia, por exemplo, à questão da restituição das colônias alemãs, isso nunca se repetiria.[25] Lady Londonderry, que havia acompanhado o marido em sua viagem à Alemanha, agradeceu posteriormente a hospitalidade em uma entusiástica carta a Hitler: "Dizer que fiquei profundamente impressionada não é correto. Estou surpresa. O senhor e a Alemanha fazem-me lembrar da história da Criação na Bíblia."[26]

Contudo, esses depoimentos de veneração a Hitler nos círculos da aristocracia inglesa não podiam ser confundidos com a política oficial britânica, que, tal como antes, seguia seu princípio do *balance of power* e, em vez de ceder aos desejos alemães com acordos bilaterais, estava interessada em vincular o Terceiro Reich a um sistema de pactos coletivos. Segundo comunicou Fritz Hesse, adido de imprensa na embaixada alemã em Londres, em maio de 1936, seria errôneo "supor no continente que a Grã-Bretanha desistiria da política de segurança coletiva e da Liga das Nações".[27] Contudo, Hitler não abria mão da constelação de ambições relativas à política externa. A Joachim von Ribbentrop, que em agosto de 1936 foi a Londres para suceder o embaixador morto Leopold Hoesch, advertiu: "Ribbentrop, traga-me a aliança com a Inglaterra!"[28] Contudo, dificilmente haveria alguém menos adequado para cumprir essa ordem do "Führer" do que o diplomata amador, a quem os britânicos apelidaram de "von Brickendrop" (da expressão *to drop a brick*", ou seja, cometer uma gafe), logo depois que ele assumiu o cargo. Assim que chegou, no final de outubro de 1936, proferiu um discurso em que colocou as cartas na mesa de maneira nada diplomática: "Como seria [...] caso se concedesse à Alemanha carta branca no Leste? De todo modo, o bolchevismo é a peste mundial que precisa ser exterminada, e é na Rússia que estão os objetivos da Alemanha. Por uma carta branca no Leste, Hitler estaria disposto a fazer qualquer aliança com a Inglaterra."[29] Porém, nenhum governo britânico estaria disposto a dar carta branca a Hitler na Europa Oriental, o que necessariamente significaria a hegemonia inatacável do Império Alemão.

Já em novembro de 1936, Hitler mostrou-se decepcionado com a postura inglesa. "O Führer se queixa muito da Inglaterra, que quer e não quer. Seu governo não tem nenhum instinto", anotou Goebbels em seu diário.[30] Nesse aspecto, Hitler foi corroborado pelos relatórios de Ribbentrop, que já não escondia sua crescente aversão ao *establishment* inglês. A crise da realeza britânica, que terminou em dezembro de 1936, quando Eduardo VIII renunciou ao trono devido à intenção de se casar com a americana Wallis Simpson, que havia se divorciado duas vezes, acabou por favorecer os críticos da Inglaterra. A abdicação do monarca considerado germanófilo foi uma "grave perda" para Hitler, conforme ele sempre enfatizou: "Tenho certeza de que, graças a ele, poderiam ser travadas duradouras relações de amizade com a Inglaterra. Com ele, tudo teria sido diferente", manifestou a seu arquiteto Albert Speer.[31] A cordialidade com que recebeu o duque de Windsor e sua esposa em outubro de 1937 em Obersalzberg era expressão de sua especial estima. Contudo, desconhecendo o papel do rei no sistema político da Grã-Bretanha, o ditador incorria em um erro ao supor que Eduardo VIII de fato pudesse conduzir a política externa inglesa para outra direção.

Embora Hitler ainda não tivesse desistido de uma aliança com a Grã-Bretanha, começou a considerar outras alternativas. Nesse sentido, a política alemã passou a focar com mais intensidade a grande potência do Extremo Oriente que era o Japão. Em 25 de novembro de 1936, foi firmado em Berlim o Pacto *Antikomintern* entre a Alemanha e o Japão. Em sua parte publicada, ambos os poderes se comprometiam "a se informar reciprocamente sobre a atividade da Komintern (Internacional Comunista), a se consultar sobre as medidas de defesa necessárias e a executá-las em estreita colaboração". Outros Estados seriam convidados por ambas as potências para "tomar medidas de defesa no espírito desse acordo ou dele participar". Em um "acordo adicional e secreto", a Alemanha e o Japão asseguraram neutralidade amigável no caso de "um ataque não provocado por parte da União Soviética ou de uma ameaça de ataque não provocado". Além disso, "sem a concordância mútua" nenhum dos parceiros poderia concluir contratos políticos com Moscou "que não correspondessem ao espírito desse acordo".[32] Sobretudo Ribbentrop, com o consentimento de Hitler, fez campanha em favor da realização do Pacto *Antikomintern,* passando conscientemente por cima do Ministério das Relações Exteriores, que por tradição valorizava boas relações com a China.[33] No final de outubro de 1936, foi a Berghof buscar a autorização de Hitler. Goebbels, que estava novamente em Obersalzberg a convite do "Führer", escreveu: "Ele está assinando um contrato com o Japão. Aliança contra o bolchevismo. Daqui a três semanas, quando for publicado, toda a situação irá mudar. Nosso trigo começa a amadurecer."[34] Porém, um efeito tão revolucionário como esperava o ministro da Propaganda estava fora de questão. Não se chegaria a uma cooperação mais estreita entre Berlim e Tóquio. A nova união era apenas "uma tímida aliança – um beijo nas bochechas entre dois irmãos internacionais muito desiguais, que só se sentiam impelidos a uma ação solidária em escassa extensão".[35]

Durante todo o ano de 1937 pairou sobre a Europa Central uma tranquilidade ilusória. Hitler aproveitou a pausa para ter claro em mente quais seriam seus próximos passos na política externa. As anotações do seu ministro da Propaganda revelam como aos poucos ele foi se aproximando de soluções radicais paralelamente à intensificação da "política judaica" dentro do país. No final de janeiro de 1937, durante um levantamento sobre política externa à mesa de almoço na Chancelaria do Reich, manifestou sua esperança de "ter mais seis anos" até o combate decisivo. Porém, segundo restringiu logo em seguida, não queria "perder uma oportunidade muito favorável se ela aparecesse".[36] Um mês depois, repetiu que esperava "um grande conflito mundial em cinco ou seis anos", mas desta vez ligava esse anúncio com a perspectiva mais ampla de uma inversão fundamental das relações de poder na Europa, do modo como haviam se desenvolvido a partir do final da Guerra dos Trinta Anos, em 1648: "Em quinze anos, liquidou a Paz de Vestfália. Está desenvolvendo perspectivas grandiosas para o futuro. A Alemanha vencerá em uma guerra iminente ou deixará de viver." Vitória ou declínio – esta era a máxima com que as elites guilherminas conduziram a Alemanha para a Primeira Guerra Mundial, e a essa absurda lógica de ação também se entregaram os cabos que participaram da guerra e posteriormente se tornaram os homens mais importantes da Europa. Goebbels, seu admirador cego, mostrava-se mais uma vez "muito feliz": "Como sempre, suas perspectivas são grandiosas e geniais. Ele vê a história com o olhar profético de um visionário."[37]

Como mencionado, os planos abrangentes de política externa estavam intrinsecamente relacionados a seus monumentais projetos de construção em Berlim, que tomaram forma na primavera de 1937, após a nomeação de Albert Speer para inspetor geral de construção na capital do Reich. Em meados de março, quando se extasiou em uma conversa noturna com Goebbels ao imaginar a "Germania", futura capital internacional, designou os dois objetos aos quais seus desejos de expansão deveriam inicialmente se dirigir: "Fala da Áustria e da Tchecoslováquia. Precisamos de ambas para arredondar nossa área. E vamos consegui-las."[38] Hitler ainda deixou em aberto a data em que pensava incorporar os dois países, mas não fazia nenhum mistério quanto ao fato de que o momento se aproximava em razão da condição de seu armamento. "O Führer está realizando novamente todo o milagre do armamento", observou Goebbels em 10 de abril. "Agora estamos quase seguros também no Ocidente [...] Ele fez um milagre com um jogo incrivelmente arriscado. Na época, os militares não entenderam. Tanto maior é esse milagre!"[39] No início de agosto de 1937, depois que o Japão iniciou a guerra contra a China, Hitler defendeu claramente o parceiro no Pacto *Antikomintern*: "Do ponto de vista militar, a China é totalmente insuficiente. Vai apanhar do Japão. É bom que isso aconteça para que o Japão fique livre para agir contra Moscou." De um só fôlego, o ditador voltou a falar de suas próprias ambições: "O Führer quer fazer tábua rasa na Áustria [...] Ele vai com tudo. Este não é um Estado. Seu povo nos pertence e virá para nós [...] A Tchecoslováquia tampouco é um Estado. Um dia será derrubada."[40]

No decorrer de 1937, enquanto as próximas metas de sua política de expansão se cristalizavam de forma cada vez mais clara, Hitler se distanciava de seu desejo de um arranjo político internacional com a Grã-Bretanha. Em sua visita a Berlim no início de maio de 1937, Lorde Philipp Lothian, ex-secretário particular de Lloyd George e futuro embaixador britânico nos Estados Unidos, pôde sentir nitidamente uma atmosfera alterada. Segundo relatou, Hitler e Göring queixaram-se de que "a Grã-Bretanha estaria impedindo a Alemanha de obter o que julgavam ser justo, bem como sua legítima posição no mundo". O governo alemão se perguntava: "Por que a Inglaterra não promove uma política britânica em vez de uma política antialemã?"[41] Aparentemente, na percepção egocêntrica de Hitler, promover uma política britânica significava adaptar-se às ideias alemãs de distribuição de poder no mundo. Também em relação ao novo governo de Neville Chamberlain, que no final de maio de 1937 afastou o conservador Stanley Baldwin, seu amigo de partido, não se nutriam grandes expectativas em Berlim. Embora Nevile Henderson, novo embaixador britânico, parecesse mais aberto aos desejos alemães do que seu antecessor Eric Phipps,[42] nada mudava na orientação fundamental da política britânica em relação à Alemanha. A concepção de "apaziguamento" de Chamberlain apostava em ganhar tempo para recuperar o atraso em armamentos em relação ao Terceiro Reich. Enquanto fosse possível, ele queria preservar a paz na Europa tranquilizando o ditador alemão com concessões e, ao mesmo tempo, refreando seus agressivos esforços expansionistas. Para Chamberlain, estava fora de cogitação dar-lhe carta branca para estender-se rumo à Europa Oriental.[43] Contudo, deve ter se enganado quanto à disposição de Hitler de chegar a um equilíbrio razoável de interesses e observar compromissos contratuais.

No início de julho de 1937, embora Hitler tenha expressado que "em Londres tudo permanece indefinido", na realidade, a essa altura ele já tinha desistido de sua ideia favorita de uma aliança entre Alemanha e Inglaterra. Durante um almoço na Chancelaria do Reich, manifestou-se de maneira extremamente depreciativa sobre a "posição da Inglaterra no mundo". "Ele a vê muito enfraquecida. O império está em repouso, para não dizer em retrocesso", resumiu Goebbels o monólogo de Hitler. Razão ainda maior para o ditador apostar no eixo Berlim-Roma a partir do verão de 1937. "Agora está depositando sua confiança em Mussolini. Talvez um pouco demais. Não esqueceu a Inglaterra", advertiu o ministro da Propaganda, a quem a mudança de rota pareceu demasiado repentina.[44] Com Mussolini, os intensos avanços alemães encontraram aprovação. Nos primeiros dias de junho de 1937, por ocasião de uma visita do ministro da Guerra Werner von Blomberg, o *"Duce"* comunicou que no outono gostaria de fazer uma visita oficial à Alemanha.[45] Em 4 de setembro, o departamento de Relações Públicas do Ministério das Relações Exteriores anunciou a notícia. "A iminente visita de Mussolini causou a maior sensação no mundo inteiro. Com razão! É mesmo um acontecimento de grande alcance", notou o ministro da Propaganda, que nas duas semanas seguintes ocupou-se inteiramente dos preparativos da visita.[46]

No dia 25 de setembro, por volta das dez horas, o trem especial de Mussolini entrou na estação principal de Munique. Hitler o aguardava com uma grande comitiva uniformizada, em meio da qual Goebbels sentia-se "totalmente nu".[47] O chanceler do Reich foi logo apertando suas duas mãos para cumprimentá-lo e, em seguida, conduziu-o ao seu local de hospedagem no Prinz-Carl-Palais. Pouco depois, recebeu-o em seu apartamento particular, que ficava nas imediações, para uma conversa de uma hora. O intérprete Paul Schmidt, que não precisou traduzir, pois Mussolini, como já havia feito em Veneza, conversou em alemão com Hitler, teve a oportunidade de observar e comparar ambos os ditadores: "Ligeiramente curvado, Hitler estava sentado à mesa. Quando falava com mais agitação, de sua testa meio alta pendia uma madeixa, tão cara aos caricaturistas, que de repente conferia à sua aparência algo desordenado e boêmio [...] Efeito totalmente diferente causava Mussolini, sentado à sua frente. Com as costas retas, o corpo rijo, oscilando levemente os quadris quando falava, e sua cabeça de César, parecia o arquétipo de um antigo romano, com a testa imponente e o queixo largo, anguloso, enérgico, com uma protrusão um tanto forçada, embaixo da grande boca [...] Também aqui em Munique fiquei impressionado com o modo conciso e claro como Mussolini formula seus pensamentos. Não falou nem uma única palavra a mais, e tudo o que disse poderia ter sido imediatamente impresso. Interessante foi também a diferença na risada dos dois homens. A risada de Hitler tinha sempre um sabor de ironia e sarcasmo. Denotava traços de decepções passadas e ambições reprimidas. Mussolini, por sua vez, conseguiu rir com gosto e despreocupadamente. Era uma risada libertadora, que mostrava que esse homem tinha senso de humor."[48]

Mussolini nomeou Hitler "cabo honorário da milícia fascista". Em sua visita à tarde, Hitler retribuiu condecorando Mussolini com a Grã-Cruz da Ordem da Águia Alemã e com a insígnia dourada do partido. Também fez questão de levar o *"Duce"* pessoalmente à exposição na Casa da Arte Alemã.[49] No entanto, para o ditador alemão tratava-se sobretudo de impressionar o visitante da Itália com a potência militar do seu regime, obtida naquele meio-tempo. À noite, embarcaram em seus trens especiais para irem até Mecklenburg, acompanhar as manobras da *Wehrmacht*. No dia seguinte, fizeram uma visita às indústrias Krupp. "Viagem triunfante e sem igual, passando por Essen", anotou Goebbels. "Milhares de pessoas nas ruas. Mussolini está bastante impressionado. Um júbilo e um entusiasmo como nunca."[50]

No entanto, tudo isso ficou à sombra da recepção que os berlinenses prepararam para o convidado do Estado, na tarde de 27 de setembro. A administração já havia concebido algo especial para a entrada na capital do Reich: antes de Spandau, o trem de Hitler apareceu ao lado do de Mussolini; ambos viajaram emparelhados por alguns quilômetros, até que pouco antes da estação Heerstrasse o trem de Hitler acelerou abruptamente, para que o ditador alemão pudesse ser o primeiro a chegar à estação e saudar seu colega de ofício com grandes gestos na plataforma – "exatamente como na fábula da competição entre a lebre e o porco-espinho".[51] O centro da cidade – o Portão de Brandemburgo, a Pariser Platz e a Wilhelmstrasse – havia sido transformado pelo cenógrafo Benno von Arendt em um gigantesco cenário teatral

[FOTO 64] Visita oficial de Mussolini a Berlim, 27 de setembro de 1937.

"com portas monumentais, fasces, águias enormes, cruzes gamadas, mastros e bandeiras nas cores italiana e alemã, drapejadas, enroladas ou artisticamente enlaçadas".[52]

À noite, Hitler deu um jantar de gala na Chancelaria do Reich em homenagem a Mussolini. Ao brindar, celebrou o *Duce* como "o genial criador da Itália fascista, o fundador de um novo império". Mussolini, de sua parte, saudou em Hitler "o combatente que restituiu ao povo alemão a consciência de sua grandeza".[53] Em 28 de setembro, Mussolini visitou o arsenal em Berlim, bem como o túmulo de Frederico, o Grande, e a Igreja da Guarnição, em Potsdam. Em seguida, houve uma refeição na casa de Göring, em Schorfheide. O ponto alto da visita foi um comício no Estádio Olímpico e no Maifeld adjacente, que reuniu centenas de milhares de berlinenses. Após uma saudação feita por Goebbels, Hitler tomou a palavra e exaltou a comunhão inquebrantável entre a Itália fascista e a Alemanha nacional-socialista. Mussolini respondeu em alemão, mas devido a seu forte sotaque não foi muito bem compreendido.[54] Ainda enquanto falava, ocorreu uma forte trovoada, seguida de uma chuva diluviana sobre o Estádio Olímpico; para François Poncet, "um prenúncio da chuva de sangue que logo se abateria sobre a Europa".[55] No entanto, o embaixador francês só pôde atribuir esse significado ao acontecimento em retrospectiva. A piada berlinense toma o fato de maneira menos dramática: "Como poderia o céu não dar um banho na multidão, se todos gritavam '*Dusche, Dusche*'†?"[56]

Na manhã de 29 de setembro, último dia da visita de Estado, Hitler fez com que todas as tropas do exército desfilassem novamente. Mussolini ficou tão encantado com o passo de ganso que, após retornar a seu país, também o introduziu no exército italiano como *passo romano*.[57] À tarde, Hitler despediu-se de sua visita oficial na estação Lehrte. "Tudo está muito sério e melancólico", descreveu Goebbels a cena teatral. "Esses dois homens pertencem um ao outro. O trem saiu da estação, e Mussolini acenou por um bom tempo."[58] À noite, para sua amiga Winifred Wagner, Hitler mostrou-se "muito feliz com o desenrolar da visita".[59] Quando Hans Frank, que havia acompanhado Mussolini em seu retorno, comunicou à noite por telefone que o trem especial do *Duce* já tinha transposto a fronteira em Kiefersfelden, Hitler ficou aliviado e, totalmente contra seu hábito, anunciou que tomaria uma taça de champanhe, "pois tudo tinha corrido maravilhosamente bem".[60] Mussolini também havia ficado muito satisfeito com o resultado de sua viagem e, entusiasmado, disse à mulher: "A organização é fantástica, e o povo alemão é excepcional. Com esses trunfos, Hitler pode ousar tudo."[61]

No entanto, o resultado político e concreto da visita foi modesto. Durante os cinco dias, Hitler e Mussolini quase não tiveram oportunidade de conversar sobre assuntos sérios. No que se referia à questão da Áustria, o italiano saiu pela tangen-

---

†   Em alemão, a pronúncia de "*Duce*" coincide com a palavra "Dusche", que significa "ducha". (N.T.)

te.[62] Assim, no final das contas, restou apenas a promessa de uma colaboração mais estreita no futuro. Em 6 de novembro de 1937, a Itália aderiu ao Pacto *Antikomintern;* poucas semanas depois, anunciou sua saída da Liga das Nações. O fato mais importante foi que Hitler e Mussolini, ao contrário do que ocorrera em 1934, em Veneza, estavam pessoalmente mais próximos. "Desta vez, graças a Deus também se sentem humanos", observou Goebbels.[63] Apesar de algumas decepções, mesmo nos anos posteriores o "Führer" sempre manteve pelo "*Duce*" uma simpatia muito grande. Ainda em seus monólogos no quartel-general, considerou-o um "homem de extensão secular, um fenômeno histórico". "Quanta coisa não fez na Itália!" E certa vez, ele, que raramente demonstrava seus sentimentos, confessou: "Pessoalmente, gosto muito desse fenômeno enérgico!"[64]

Já na fase de sua ascensão ao poder, Hitler sempre manifestou o temor de que, segundo todas as previsões, morreria cedo. A impaciência com que perseguia seus objetivos tinha suas raízes nesse temor. No outono de 1937, na fase de transição da política de revisão para a de expansão, a sensação de já não poder perder tempo transformou-se em obsessão. Assim, no final de outubro, em um discurso sigiloso para os diretores de propaganda do partido, declarou que "era bem provável que não vivesse por muito tempo", pois "em sua família as pessoas não chegavam a envelhecer". Eis por que seria "necessário resolver o mais rápido possível os problemas pendentes (espaço vital!), para que isso acontecesse ainda enquanto estivesse vivo". Essa declaração vinculava Hitler à referência de excepcionalidade da sua autoridade carismática de Führer: somente ele teria condições de resolver a questão de espaço, "gerações posteriores já não o conseguirão".[65]

O medo do tempo que inquietava Hitler também o levou a divulgar seus planos de política externa às lideranças políticas e militares do regime, tal como os havia desenvolvido nos meses anteriores em constante intercâmbio de ideias com Goebbels. Para a tarde de 5 de novembro de 1937, às 16h15, convocou uma reunião na Chancelaria do Reich, da qual participaram, além do ministro Blomberg, da Guerra, e dos comandantes em chefe dos três setores da *Wehrmacht*, Fritsch, Raeder e Göring, o ministro Neurath, das Relações Exteriores, e Hoßbach, ajudante de ordens da *Wehrmacht*. A este devemos a única ata do encontro altamente sigiloso, que serviria de documento decisivo na acusação de "conspiração contra a paz" no processo de Nuremberg contra os principais criminosos de guerra.[66] A razão imediata da reunião era um conflito entre Exército, Marinha e Aeronáutica pela distribuição do escasso contingente de matéria-prima. Sobretudo o almirante Raeder censurou Göring por ele se aproveitar descaradamente de sua posição de encarregado do Plano de Quatro Anos para promover a Aeronáutica à custa da Marinha. Em concordância com o chefe da Marinha, Blomberg decidiu recuperar a decisão de Hitler nesse conflito que há tanto tempo estava latente.[67]

No entanto, como sempre em casos de rivalidade entre departamentos e de rixas entre competências de seus paladinos, o ditador evitou tomar decisões. Em vez disso, aproveitou a oportunidade para "expor aos senhores presentes suas ideias fundamentais sobre as possibilidades e necessidades de desenvolvimento de nossa situação referente à política externa" em um monólogo de mais de duas horas. Indicou expressamente que suas declarações deveriam "ser vistas como seu legado testamentário, caso ele viesse a falecer".[68] A isso Hitler associou o que já havia revelado aos militares na conversa de 3 de fevereiro de 1933 como perspectiva central de futuro: os 85 milhões de alemães, com seu "núcleo racial bem fechado em si mesmo", teriam "direito a um espaço vital maior". Por isso, a "solução para a falta de espaço" seria a missão central da política alemã. Após ter rejeitado diversas alternativas para a política de expansão, Hitler resumiu: para garantir a alimentação do povo alemão, seria preciso "buscar o espaço necessário apenas na Europa, mas não partindo de concepções liberalistas e capitalistas na exploração de colônias [...] Também seria mais adequado buscar regiões com matérias-primas em conexão direta com o Reich na Europa, e não além-mar". Ao mesmo tempo, o ditador não deixou dúvidas a seus ouvintes de que "toda expansão só pode acontecer rompendo-se a resistência e correndo-se riscos".

Em substância, para os militares, essas declarações sobre a necessidade de "ganhar um espaço vital maior" nada tinham de novo. Embora até então supostamente não tivessem levado seu grau de obrigação muito a sério, tiveram de obedecer quando Hitler, na segunda parte de seu monólogo, falou da constelação europeia de poderes, tal como se apresentava no outono de 1937. Pela primeira vez se tocava no assunto de que a Alemanha teria de "contar com os arqui-inimigos Inglaterra e França, para os quais um forte colosso alemão no meio da Europa seria uma pedra no sapato". Para Hitler, essa seria a razão para ter fracassado em seus esforços de chegar a um entendimento com a Grã-Bretanha. Como já havia feito em suas conversas com Goebbels, mostrou-se pouco respeitoso perante os potenciais adversários: o império inglês estaria podre por dentro e, "a longo prazo, não se manteria do ponto de vista do poder político". Também a França, em razão de suas "dificuldades políticas internas", estaria enfraquecida. Contudo, segundo esclareceu, o "caminho da força" que pensava em tomar "nunca era isento de riscos". Nesse contexto, referiu-se às campanhas de Frederico, o Grande, e às guerras de unificação de Bismarck, que também teriam apresentado um "risco inédito".

Portanto, tal como comprova a referência aos modelos históricos, Hitler estava pronto para arriscar tudo. Com a questão decisiva do "'quando' e 'como'", passou para a parte final de sua exposição. O ditador esboçou três cenários: como último momento possível para o ataque, nomeou o período de 1943 a 1945 ("caso 1") – já que, após esse período, era "de esperar apenas uma mudança desfavorável a nós", considerando que os outros poderes alcançariam a Alemanha em termos de armamento. Como argumento adicional, Hitler apresentou "o envelhecimento do movimento e de seu líder", aludindo mais uma vez à possibilidade de sua morte. Se ainda estivesse vivo, seria uma "decisão irrevogável resolver a questão da expansão alemã até, no mais tardar, 1943-1945". A necessidade de agir logo poderia surgir se as tensões sociais na França "evoluíssem para uma crise de política interna" ("caso 2"), ou se a França se envolvesse em uma guerra com outro Estado, de modo "que não pudesse 'agir' contra a Alemanha" ("caso 3"). Nos três casos, a primeira meta deveria ser "derrotar a Tchecoslováquia e, ao mesmo tempo, a Áustria, a fim de impedir uma ameaça pelos flancos no caso de um eventual avanço para o Oeste". Com isso, o ditador havia mostrado suas cartas e nomeado os dois objetivos imediatos da expansão alemã, em torno dos quais seus pensamentos circulavam incessantemente desde a primavera de 1937. Para evitar possíveis objeções por parte dos militares, esclareceu que "muito provavelmente" a Inglaterra – mas também a França – já teria tacitamente "dado a Tchecoslováquia por perdida e estaria conformada [...] com o fato de que essa questão um dia seria resolvida pela Alemanha". No entanto, se a Inglaterra não participasse de uma guerra contra a Alemanha, a França recuaria.

Hitler argumentava não apenas com reflexões estratégicas, mas também com reflexões militares e políticas: em caso de guerra, uma anexação da Tchecoslováquia e da Áustria liberaria as forças armadas "para outros objetivos" e ainda possibilitaria a formação de mais doze divisões. Ao discutir o engajamento alemão na Guerra Civil Espanhola, o ditador esclareceu que não desejava uma vitória rápida de Franco; para a Alemanha, seria mais interessante se a Guerra Civil continuasse e, com ela, as tensões no Mediterrâneo se acirrassem. Desse modo, poderia surgir um conflito entre a Itália, de um lado, e a França e a Inglaterra, de outro. Se essa situação ("caso 3") ocorresse – Hitler considerou o ano de 1938 uma data possível –, a Alemanha teria de aproveitá-la com determinação "para concluir as questões tcheca e austríaca". Ao mesmo tempo, como já fizera antes com suas façanhas de final de semana, o ditador apostava no fator surpresa: o ataque à Tchecoslováquia teria de "ocorrer 'repentinamente'".

Na discussão de duas horas que se seguiu e que foi transmitida de maneira bastante sucinta no "manuscrito" de Hoßbach, os generais levantaram dúvidas, embora em princípio nada tivessem contra uma anexação da Áustria e da Tchecoslováquia. Tomados pela ideia de grande potência, segundo a tradição guilhermina, eles também viam na hegemonia alemã na Europa Central um objetivo desejável, sem que já tivessem adotado o conceito de "espaço vital" elaborado por Hitler e motivado pela ideologia racial. Porém, o que os inquietava era o risco de que, devido à impaciência de Hitler, pudesse surgir precocemente um novo conflito europeu que necessariamente se estenderia a uma segunda guerra mundial. Assim, Fritsch e Blomberg defenderam juntos a ideia de que "a Inglaterra e a França não deveriam aparecer como nossos adversários". Mesmo no caso de um conflito com a Itália, Fritsch alegava que a França ainda teria condições de concentrar forças na fronteira ocidental com a Alemanha. Blomberg chamou a atenção não apenas para a falta de ampliação da Linha Siegfried alemã, como também para "o poderio das fortificações tchecas", que complicariam "ao máximo" um ataque alemão. Por fim, o ministro Neurath, das Relações Exteriores, objetou dizendo "que um conflito entre Itália, Inglaterra e França não estaria a uma proximidade tão concreta como o Führer parecia supor".

Pela ata de Hoßbach não é possível deduzir como Hitler reagiu às objeções. Aparentemente, limitou-se à nova garantia "de que estava convencido da não participação da Inglaterra e, portanto, não acreditava em uma ação bélica por parte da França". Justamente contra esse prognóstico otimista dirigia-se a principal crítica dos militares. No entanto, mesmo com todo o ceticismo, Blomberg estava longe de opor-se aos desejos de Hitler. Com o "1º adendo" à "Instrução de 24 de junho de 1937 para a preparação unitária da guerra pela *Wehrmacht*", no início de dezembro, ele tirou as conclusões do raciocínio de Hitler, manifestado um mês antes. O adendo dizia: "Se a Alemanha estiver totalmente pronta para a guerra em todas as áreas, terá condições militares de atacar a Tchecoslováquia e, com isso, também terá êxito na solução de seu problema de espaço e conduzirá a um fim vitorioso, caso uma ou outra potência nos ataque."[69] Todavia, Blomberg se enganava ao achar que, com a incorporação da Tchecoslováquia, o "problema de espaço da Alemanha" estaria resolvido considerando que, para Hitler, ele apenas representava um pré-estágio para a almejada guerra pelo espaço vital no Leste.

Apesar da complacência de Blomberg, Hitler sentiu que sua disponibilidade de correr todos os riscos deparava com certas restrições em partes da liderança da *Wehrmacht*. Em sua primeira reação às declarações de Hitler, o alarmado general do exército von Fritsch comunicou que renunciaria às suas planejadas férias de várias semanas no Egito, mas Hitler o dissuadiu, justificando "que a possibilidade do conflito ainda não era tão iminente". Não se pode dizer que a relação entre o chanceler do Reich e o comandante em chefe do exército tenha sofrido "uma ruptura definitiva e fatal" em 5 de novembro[70], mas esfriou visivelmente. Hitler também ficou claramente decepcionado com a postura de Neurath, que mais uma vez o fazia lembrar-se das hesitações dos diplomatas em março de 1936 contra a invasão da Renânia desmilitarizada. Em meados de janeiro de 1938, conforme afirmou mais tarde perante o Tribunal de Nuremberg, o ministro das Relações Exteriores teria advertido Hitler de que "sua política acabaria levando à guerra mundial". Porém, "muitos dos seus planos [...] poderiam ser resolvidos de maneira pacífica; contudo, mais lenta". O ditador teria então respondido que "já não tinha tempo".[71] Seja como for, Hitler tinha de contar com o fato de que seus planos de guerra não encontrariam entre os representantes dos generais e da diplomacia o apoio incondicional a que achava ter direito. O que poderia ser mais evidente para ele do que a ideia de treinar os últimos pilares remanescentes dos seus aliados conservadores, depois de ter se livrado de Schacht como ministro da Economia? Uma casualidade deu a Hitler a oportunidade de efetuar uma grande reorganização diplomática tanto na liderança da *Wehrmacht* quanto naquela do Ministério das Relações Exteriores.

O começo foi um escândalo matrimonial. Em setembro de 1937, von Blomberg, ministro da Guerra, conheceu Margarethe Gruhn em um passeio no Tiergarten. O já sexagenário general marechal de campo, viúvo havia oito anos, apaixonou-se pela mulher 35 anos mais jovem. Porém, como ela era de origem simples, para que pudesse desposá-la, Blomberg precisava do aval de Hitler. Por ocasião do sepultamento de Ludendorff, em 22 de dezembro de 1937, em Munique, expôs seu pedido ao comandante supremo da *Wehrmacht*. Apresentou sua futura esposa como "estenógrafa" e "moça do povo". Hitler e Göring dispuseram-se a servir de testemunhas. Afinal, segundo asseguraram, os nacional-socialistas tinham surgido para combater o orgulho de classe e romper com os preconceitos sociais.[72] A cerimônia civil ocorreu em 12 de janeiro de 1938, para um grupo bastante restrito. Além de Hitler e Göring, apenas os cinco filhos do primeiro casamento de Blomberg e a mãe da noiva estavam presentes. Nem mesmo Fritsch e Raeder, comandantes-chefe do Exército e da Marinha, foram convidados. Logo após a cerimônia, o casal partiu em lua de mel. Nos jornais publicou-se apenas uma breve notícia: "O ministro da Guerra do Reich, general marechal de campo von Blomberg, casou-se na quarta--feira, 12 de janeiro, com a senhorita Gruhn. O Führer e o general do exército Göring foram testemunhas."[73]

Logo após o matrimônio, surgiram boatos sobre a vida pregressa da mulher de Blomberg. Entre as prostitutas se dizia: "Que bom que uma de nós também pode chegar lá." De fato, alguns anos antes, Margarethe Gruhn estivera sob a mira da polícia de costumes de Berlim. No Natal de 1931, havia posado para fotos pornográficas e, no ano seguinte, fora oficialmente registrada como prostituta. Em dezembro de 1934, um cliente a denunciara por ela supostamente ter roubado seu relógio de ouro. Obviamente, Helldorff, presidente da polícia de Berlim, acabou tomando conhecimento da história extremamente embaraçosa. Em 21 de janeiro, apresentou ao general Wilhelm Keitel, chefe do departamento da *Wehrmacht* no Ministério da Guerra do Reich, a comprometedora ficha de registro civil de Margarethe Gruhn, junto com sua foto de identificação, feita pela polícia. Todavia, como Keitel ainda não conhecia a companheira de Blomberg, pediu a Helldorf que se dirigisse a Göring, que, como testemunha do casamento, podia confirmar inequivocamente a identidade da mulher. "Que catástrofe!", teria exclamado o primeiro paladino de Hitler.[74]

Na noite de 24 de janeiro, quando Hitler voltou a Berlim depois de ter passado três dias em Munique, Göring o interceptou já no *hall* de entrada da chancelaria do Reich. Imediatamente, foram para a sala particular, onde Göring apresentou ao "Führer" todo o "dossiê Gruhn", incluindo as fotos pornográficas. Hitler ficou visivelmente chocado, não porque as imagens indecentes afetassem seu lado pudico,[75] e sim porque logo percebeu que, se o escândalo viesse a público, seu prestígio pessoal sofreria um sensível golpe. Afinal, ele havia sido testemunha no matrimônio, e o temor de se tornar motivo de chacota tanto dentro quanto fora do país não era absolutamente infundado. Durante dois dias, o ditador se isolou por completo, conduziu todas as conversas em suas salas privadas e não apareceu, como de costume, para as refeições. "Esse comportamento confere algo de sinistro à atmosfera na chancelaria do Reich", lembrou-se o ajudante de ordens von Below. "Como não sabiam o que realmente estava acontecendo, todos os presentes ficaram com uma sensação de angústia, preocupação e medo."[76]

Todos os membros do *entourage* que conviveram com Hitler nesses dias testemunharam que, desta vez, ele não estava encenando, mas se sentia de fato profundamente afetado. Segundo revelou a Wiedemann, além do temor de perder o prestígio, sentia-se traído em sua confiança pelo ministro da Guerra, que ele tanto estimava. "Andava de um lado para outro da sala, deprimido, as mãos atrás das costas, e murmurava várias vezes, abanando a cabeça: 'Se um marechal de campo alemão se casa com uma puta, então tudo é possível neste mundo!'."[77] Goebbels, que apareceu na chancelaria do Reich ao meio-dia de 25 de janeiro, tentou em vão animar Hitler: "Atmosfera tensa. Situação desagradável em torno de Blomberg. Ainda não foi esclarecida. O Führer está muito sério e quase triste."[78] Pela manhã, Hitler havia conversado a sós com o ajudante de ordens Hoßbach sobre o caso: Blomberg o teria colocado "em uma situação extremamente embaraçosa", enganando-o sobre o passado de sua esposa. Por mais que lhe doesse "ter de perder um colaborador tão fiel", Blomberg teria se tornado "insustentável" como ministro da Guerra.[79]

Cumprindo o desejo de Hitler e com o "dossiê Gruhn" em mãos, Göring foi ter com Blomberg no Ministério da Guerra, a fim de convencê-lo a anular seu casamento. Tal como lhe foi sugerido, somente assim se evitaria um escândalo público. Contudo, para surpresa de Göring e Hitler, o ministro da Guerra não aceitou a proposta: amava sua mulher mais do que tudo, justificou a Keitel sua postura. O fato de Göring ter lhe dito que sua permanência no cargo não seria possível, independentemente de ele se separar ou não da mulher, deve ter facilitado sua decisão. Na manhã de 27 de janeiro, Hitler recebeu o marechal de campo, que já se apresentou como civil, para uma audiência de despedida. Para que a demissão chamasse o mínimo possível de atenção, Blomberg e sua mulher teriam de deixar Berlim no dia seguinte para uma longa temporada no exterior. Para tanto, o ditador lhe pagou 50 mil marcos em divisas.[80]

No entanto, o caso ainda não estava encerrado, pois inesperadamente surgiu um segundo e grave contratempo, que entrou para os livros de história como "caso Fritsch". Na noite em que fez 49 anos, em 20 de abril de 1938, ao conversar de maneira surpreendentemente aberta com Engel, ajudante de ordens do exército, sobre os bastidores dos acontecimentos de janeiro e fevereiro, o ditador assegurou: "Diga-se de passagem, a questão de Fritsch nunca teria ocorrido se o ministro da Guerra não lhe tivesse pregado uma peça como essa." Graças a isso, sua "confiança nos generais havia sofrido um duro golpe".[81] Aparentemente, essa descrição corresponde à verdade e contradiz a tese difundida por muito tempo pelos pesquisadores (e corrigida somente pela investigação aprofundada de Karl-Heinz Janßen e Fritz Tobias) de que o comandante em chefe e general do exército Werner Freiherr von Fritsch teria sido vítima de uma intriga cuidadosamente planejada.[82] Assim como a *mésalliance* de Blomberg havia sido totalmente inesperada para Hitler, ele também não contava se livrar o mais rápido possível de seu adversário de 5 de novembro de 1937. Contudo, com a astúcia que lhe era própria, aproveitaria a ocasião para tirar vantagens da situação imprevista. Com razão, François-Poncet observou que o duplo caso Blomberg-Fritsch continha material suficiente para todos aqueles "que se interessam pelos papéis da imponderabilidade na história".[83]

Na noite de 24 de janeiro, quando Hitler ainda se mostrava visivelmente abalado com os relatos de Göring sobre a esposa de Blomberg e meditava sobre como deveria reagir ao caso, lembrou-se repentinamente de um evento já ocorrido no verão de 1936. Na época, Himmler lhe apresentara um dossiê policial em que Fritsch era suspeito de ter tido um relacionamento homossexual no final de 1933 e ter sido chantageado por um garoto de programa chamado Otto Schmidt. Indignado, Hitler refutou uma investigação do caso e ordenou que se destruísse o dossiê. Porém, depois que sua desconfiança fora despertada pelo comportamento de Blomberg, sobreveio-lhe a suspeita de que talvez pudesse haver algum fundo de verdade nesse caso. De todo modo, queria ter certeza antes de possivelmente nomear Fritsch como oficial da mais alta patente do exército para suceder Blomberg. Assim, ordenou que os dossiês de investigação fossem reconstruídos pela Gestapo, o que não foi muito difícil, pois, contrariando a instrução de Hitler, Heydrich havia conservado a parte mais importante do material em um cofre. Já na noite de 25 de janeiro o dossiê policial sobre Fritsch estava sobre a mesa de Hitler.[84]

Na manhã de 25 de janeiro, quando Hitler contou a Hoßbach, ajudante de ordens da *Wehrmacht*, sobre o caso Blomberg, também lhe falou das acusações contra Fritsch, sob a condição do mais rigoroso sigilo: "O general do exército também teria de ser exonerado, pois sobre ele pesava a acusação de ser homossexual. Prova disso era o material que tinha em mãos, e fazia anos."[85] Hoßbach ficou horrorizado. Para ele, a única explicação era que Hitler estava buscando um pretexto para se ver livre do comandante em chefe do exército, que tinha se tornado incômodo. Convencido da inocência de Fritsch, pediu para interrogar pessoalmente o general. Hitler o proibiu expressamente. No entanto, o ajudante violou essa ordem ao se dirigir tarde da noite de 25 de janeiro ao apartamento de serviço de Fritsch, na Bendlerstraße, e colocá-lo a par das acusações de Hitler. "Tudo mentira", foi o comentário de Fritsch.[86] Na manhã do dia seguinte, Hoßbach comunicou a Hitler sua desobediência. Aparentemente, o ditador recebeu a notícia "com total tranquilidade" e, segundo a impressão de Hoßbach, até se mostrou aliviado quando este lhe descreveu a reação do general de exército na noite anterior: "Nesse caso, está tudo certo, e Fritsch poderia se tornar ministro."[87]

No entanto, mais uma vez Hitler se mostrava um verdadeiro ator. Na realidade, tinha ficado indignado com a desobediência do ajudante de ordens, e não demonstrá-lo deve ter lhe custado muito autocontrole. Um alívio por parte do ditador estava fora de questão; ao contrário: em 26 de janeiro, na chancelaria do Reich, reinava uma verdadeira atmosfera de catástrofe. "A mais grave crise do regime desde o caso Röhm", anotou Goebbels. "Estou completamente esgotado. O Führer parece um cadáver. É dele que sinto mais pena. Não consigo entender o comportamento de Blomberg [...] E agora também Fritsch cai no § 175.‡ Deu sua palavra de que não era verdade. Mas quem ainda consegue acreditar nisso?"[88]

Tanto Hoßbach quanto Fritsch presumiram que se tratava de uma sórdida intriga contra a liderança da *Wehrmacht*. Duvidavam da existência das mencionadas testemunhas de acusação e, por isso, insistiram em uma acareação. Após alguma hesitação, Hitler concordou. Quando Fritsch chegou à noite à chancelaria do Reich – para não chamar a atenção, fora à paisana –, Hoßbach o recebeu com a informação de que as testemunhas de acusação já tinham chegado. De fato, dias antes, quatro agentes da Gestapo tinham ido buscar o chantagista Otto Schmidt, detido no presídio de Börgermoor, em Emsland, para levá-lo a Berlim. "Faço questão de ver o filho da mãe!" Com essas palavras, Fritsch irrompeu na sala da biblioteca, no primeiro andar, onde a conversa com Hitler seria acompanhada por Göring.[89]

O ditador foi logo ao ponto: segundo declarou, queria ouvir a verdade. Se Fritsch admitisse a homossexualidade, teria de fazer uma longa viagem, como Blomberg; do contrário, nada lhe aconteceria. O general do exército reiterou sua inocência, mas em seguida cometeu um erro decisivo: desde que fora informado por Hoßbach sobre a acusação contra ele, não parou de pensar no que poderia tê-la desencadeado. Lembrou-se então de que em 1933-1934, por ocasião das obras assistenciais de inverno, havia pagado um almoço para um rapaz desempregado da Juventude Hitlerista, e foram fazer a refeição no apartamento privado do general. Fritsch apresentou a Hitler a história desse inofensivo relacionamento de maneira pormenorizada, despertando ainda mais sua desconfiança. O general foi autorizado a ver o dossiê policial e, enquanto o lia, Otto Schmidt foi conduzido à sala. Ao exclamar "Sim, é ele!", o chantagista afirmou ter reconhecido Fritsch, que, por sua vez, afirmou diversas vezes nunca ter visto a testemunha e deu a Hitler sua palavra de honra. Contudo, ocorreu o inconcebível: o chefe de Estado alemão deu mais crédito à declaração de um ladrão de galinhas do que às garantias do oficial alemão da mais alta patente. No dia seguinte, Fritsch teve de ser interrogado pela Gestapo. Deixou a chancelaria do Reich "extremamente indignado com o tratamento que lhe fora dispensado" e ainda na noite de 26 de janeiro enviou a Hitler um texto em que comunicava oficialmente estar doente: "Até o restabelecimento da minha honra atingida, não me será possível cumprir nenhuma obrigação oficial."[90]

O interrogatório ocorreu na manhã de 27 de janeiro, no quartel-general da Gestapo. Pela segunda vez, Fritsch teve de submeter-se à acareação. Apesar do in-

---

‡   De 1871 a 1994, o parágrafo 175 do Código Penal alemão criminalizava a homossexualidade masculina. (N.T.)

tenso exame cruzado, o chantagista manteve suas acusações, enquanto o general do exército também as contestou energicamente. Ao final, restou uma declaração contra outra. "Vai se saber quem está falando a verdade e quem não!", constatou Goebbels. "Em todo caso, a situação é insustentável. Continuarão a investigar. Porém, mesmo depois disso, também Fritsch terá de partir."[91] Hitler, que segundo a observação do ministro da Propaganda "ficara totalmente pálido e desconsolado", cancelou seu tradicional discurso no *Reichstag*, em 30 de janeiro, bem como a reunião de gabinete que havia sido marcada. Em 28 de janeiro, Hoßbach foi demitido de maneira rude. Hitler não o perdoou por ele ter desobedecido à sua ordem.[92]

Como as investigações da Gestapo não trouxeram nenhum esclarecimento, Hitler encarregou Gürtner, ministro da Justiça do Reich, de produzir um parecer jurídico sobre o "caso Fritsch". "Uma situação complicada", considerou Goebbels, pois, independentemente do resultado do parecer, "o estrago já foi feito".[93] No final de janeiro, o parecer redigido por Hans von Dohnanyi, assessor pessoal de Gürtner e alto conselheiro do Estado, estava pronto. Para Fritsch, o resultado foi devastador, pois se concluiu que as acusações feitas contra ele "não poderiam, até então, ser refutadas". A história em si totalmente inócua com o rapaz da Juventude Hitlerista foi avaliada como "fator incriminatório". Contudo, "uma decisão sobre culpado ou inocente" teria de permanecer uma "questão da sentença judicial". De todo modo, Gürtner pôde exigir que se estabelecesse um processo regular perante o Tribunal de Guerra do Reich.[94] No entanto, Hitler estava definitivamente convencido da culpa do general do exército: "Fritsch quase desmascarado por ter incorrido no § 175", declarou em 31 de janeiro. "Embora o caso seja de três anos atrás, o Führer acredita firmemente que aconteceu. Fritsch nega, mas essa gente sempre faz isso. Já não pode ser mantido."[95] Em 3 de fevereiro, Fritsch foi intimado a apresentar sua demissão de imediato. Depois de tudo que o comandante em chefe do exército passara nos dias anteriores com Hitler, cumpriu a intimação com prazer: "Colaborar com este homem é impossível para mim."[96]

Mas quem seriam os sucessores de Blomberg e Fritsch? Sobretudo o insaciável Göring, que já havia abarcado um grande número de cargos e competências, também quis pôr a mão no Ministério da Guerra. Mas Hitler rejeitou rispidamente: "Nem da Aeronáutica ele entende alguma coisa [...]", exprimiu ao ajudante de ordens Wiedemann. "Até eu entendo mais do assunto!"[97] Em sua audiência de despedida, na manhã de 27 de janeiro, quando indagado sobre um possível sucessor, Blomberg sugeriu espontaneamente que o próprio Hitler deveria assumir a liderança da *Wehrmacht*. Na mesma data, ao meio-dia, também Goebbels apresentou essa ideia a Hitler, mas foi além do marechal de campo ao propor a renúncia ao Ministério da Guerra e a criação de um Ministério da Aeronáutica, além dos já existentes para o Exército e a Marinha. "Seria a solução mais lógica."[98] Hitler logo acolheu a proposta e ainda em 27 de janeiro teve com o general Keitel as primeiras conversas sobre a futura estrutura organizacional da *Wehrmacht*.

Nas palavras de Goebbels, a questão mais delicada que o caso Blomberg-Fritsch levantava era a seguinte: "Como contar ao povo?"[99] Fora alguns boatos, quase nada tinha chegado ao público, e mesmo os correspondentes estrangeiros, geralmente atentos a tudo, ainda não tinham tomado conhecimento de nada a respeito dos bastidores escandalosos de ambos os casos. Nos dias críticos, o ditador transmitiu tudo menos a imagem de um "Führer" enérgico e decidido. "De tudo que vi e ouvi", lembrou-se Nicolaus von Below, "deduzi que Hitler não sabia o que fazer. Pareceu-me indeciso e mandou vir um assessor depois do outro para se consultar"[100] – outro indício claro de que a queda dos generais não havia sido preparada antecipadamente. Diante da indecisão de Hitler, Goebbels foi ficando impaciente: "Não dá para continuar assim. Alguma coisa tem de acontecer. O Führer quer resolver toda a história nesta semana. Já não é sem tempo. Isso está acabando com todos nós."[101]

Em 31 de janeiro, após muito refletir, Hitler chegou a uma decisão: a saída de Blomberg e Fritsch deveria ser como que envolvida em uma abrangente mudança de equipe na cúpula da *Wehrmacht* e do Ministério das Relações Exteriores, a fim de impedir toda sorte de especulação sobre suas verdadeiras causas. "Para disfarçar toda a questão, deve ser feita uma grande reorganização diplomática", anotou Goebbels após uma conversa de duas horas no escritório privado de Hitler na chancelaria do Reich. Para o ditador, essa solução oferecia duas vantagens ao mesmo tempo: por um lado, ele podia reordenar o quadro da equipe no exército e na diplomacia a seu bel-prazer; por outro, podia dar ao público uma justificativa aparentemente esclarecedora para o desligamento dos dois militares de alta patente. "Espero que os reais motivos desapareçam em meio a essa grande leva", comentou o ministro da Propaganda. Para surpresa de Goebbels, depois que se livrou da pressão por uma decisão, o ditador se mostrou "como que mudado" à mesa do almoço: "Fala e conversa como se nada tivesse acontecido."[102] Contudo, Hitler ainda precisou de alguns dias para ponderar bem todas as mudanças e esclarecer os detalhes nas conversas com seus assessores. Na noite de 4 de fevereiro, os ouvintes foram exortados a permanecer junto de seus aparelhos radiofônicos, pois havia um importante informe a ser transmitido. Uma hora antes da meia-noite, o longo comunicado do governo do Reich foi lido, informando as iminentes alterações na equipe. A maioria dos alemães só soube da notícia no dia seguinte, pelos jornais, que em parte foram publicados com folhas extras. O lema central era: "A mais intensa concentração de todas as forças nas mãos do Führer."[103]

Conforme discutido, o próprio Hitler assumiu pessoalmente o comando supremo da *Wehrmacht*. O Ministério da Guerra foi dissolvido; em seu lugar, instaurou-se o alto-comando da *Wehrmacht*, liderado pelo general Keitel, que na hierarquia ocupava uma posição imediatamente abaixo de Hitler. Para o sucessor de Fritsch como comandante em chefe do exército foi convocado o general de artilharia Walter von Brauchitsch. Obrigado a recuar suas ambições, Göring teve de se contentar com o título de general marechal de campo. Além disso, doze generais, a maioria de mais idade, foram aposentados; inúmeros comandantes foram transferidos. No Ministério das Relações Exteriores, Neurath teve de ceder seu posto de ministro para Ribbentrop, embaixador em Londres, que Hitler nomeou sem levar em conta o conselho de Goebbels, que o considerava "um zero à esquerda", tendo dito isso "de maneira totalmente aberta e franca ao Führer".[104] Como prêmio de consolação, Neurath recebeu a direção do "Conselho do Gabinete Secreto", um grêmio criado para aconselhar Hitler, mas que nunca se reuniu. Alguns importantes cargos de embaixadores foram reocupados. Assim, Hassell (Roma), Dirksen (Tóquio) e Papen (Viena) foram exonerados. Ernst von Weizsäcker, que desde abril de 1937 comandava o departamento político, algumas semanas depois ocupou o posto de secretário de Estado no Ministério das Relações Exteriores, antes pertencente a Hans Georg von Mackensen, genro de Neurath, que foi para Roma como embaixador. Por fim, foi oficialmente anunciada a nomeação de Walther Funks para ministro da Economia no lugar de Hjalmar Schacht, que deixara o cargo em novembro de 1937.[105]

O cálculo da liderança do nacional-socialismo deu certo. "A imprensa estrangeira desmancha-se em suposições exageradas. Porém, de modo geral, tateia no escuro. Tomara que continue assim. Em todo caso, o golpe parece ter dado certo", constatou Goebbels.[106] No início da tarde de 5 de fevereiro, Hitler reuniu os generais, a fim de esclarecer-lhes as razões de suas medidas. Recapitulou o desenrolar de ambos os casos, descreveu em detalhes os dossiês policiais e leu em voz alta o parecer aniquilador do Ministério da Justiça do Reich. Os militares ficaram "como que atordoados" com as revelações; nenhum deles fez objeções às exposições do comandante em chefe.[107] Por volta das oito da noite, o gabinete do Reich se reuniu pela última vez. Hitler falou por uma hora, de acordo com as anotações de Goebbels, "às vezes com a voz embargada". Se sua comoção era autêntica ou, como costumava acontecer, apenas fingida, é difícil saber nesse caso. Reconheceu extensivamente os méritos de Blomberg e Fritsch na estruturação da *Wehrmacht*; para Neurath encontrou até "palavras para os maiores elogios e quase admiração" e pediu aos ministros sigilo sobre o drama ocorrido nos bastidores: "Graças a Deus, o povo não sabe de nada nem acreditaria no que aconteceu. Por isso, máxima discrição. Todos nós temos de tomar por base o comunicado oficial e acabar com os boatos."[108] Ainda na mesma noite, Hitler deixou Berlim para ir se recuperar das agitações das últimas duas semanas em Obersalzberg.

Como já havia ocorrido no "golpe de Röhm", três anos e meio antes, Hitler conseguira se livrar de uma só vez de uma situação crítica e dela sair fortalecido, sem precisar derramar sangue. Nesse sentido, não sem razão chamou-se esse 4 de fevereiro de "30 de junho seco".[109] Se na época em que se aliou às forças armadas do Reich Hitler conseguiu domar a insatisfeita SA, que atuava como um exército do partido, desta vez, ao assumir o comando supremo, subjugou a *Wehrmacht*. O chefe do okw,§ Wilhelm Keitel, era totalmente devotado a Hitler. E com a nomeação de Ribbentrop para ministro das Relações Exteriores, a posição mais importante nesse ministério também era ocupada por um partidário confiável. Desse modo, no plano da política de pessoal, haviam sido escolhidos os moderados, com vistas à transição para um curso agressivo na política externa.

Em 10 de março de 1938, sob a presidência de Hermann Göring, iniciou-se o debate judicial do caso Fritsch no Tribunal de Guerra do Reich. Terminou já em 18 de março com a completa absolvição do acusado. Ele havia sido vítima de um equívoco com certo Frisch, capitão de cavalaria reformado, que imediatamente confessou ter sido chantageado pelas testemunhas de acusação. Indagado por Göring, Schmidt finalmente admitiu: "Sim, senhor, eu menti!"[110] Hitler demorou a reagir. Somente em 30 de março enviou uma carta manuscrita a Fritsch. "Do fundo do coração", dissimulou, confirmando o julgamento: "Pois a terrível acusação que pesou contra o senhor foi tão grande quanto o sofrimento que as ideias desencadeadas por ela causaram em mim."[111] Depois que Fritsch recuperou sua honra, Hitler envolveu-se em silêncio. Somente três meses mais tarde, em uma reunião com os generais em Barth bei Stralsund, em 13 de junho, é que admitiu pela primeira vez seu comportamento equivocado, mas refutou uma reabilitação pública do general do exército, referindo-se à crise cada vez mais grave dos Sudetos. Como forma de reparação, Fritsch foi nomeado chefe do regimento de artilharia, que outrora havia comandado. Durante a campanha na Polônia, morreu em Varsóvia, em 22 de setembro de 1939.[112] Blomberg, por sua vez, não foi readmitido no exército. Sobreviveu à guerra com sua esposa em Bad Wiessee, foi capturado pelos americanos e morreu, ignorado por seus colegas oficiais, na prisão em Nuremberg, em março de 1946.[113]

Ainda enquanto se ocupava da solução para a crise Blomberg-Fritsch, Hitler direcionou o olhar para seu próximo estratagema na política externa. "O Führer quer desviar o foco da *Wehrmacht* e manter a Europa em suspense [...]", anotou o coronel Alfred Jodl, colaborador próximo de Keitel, em 31 de janeiro. "Schuschnigg não ficará nada animado; ao contrário, irá tremer."[114] O acordo de julho de 1936 não havia conduzido à esperada união da República dos Alpes ao Terceiro Reich. Por isso, o chanceler Schuschnigg sempre protelou sua concordância em convocar membros da "oposição nacional" para a responsabilidade política. Desse modo, deu aos nacional-socialistas austríacos o ensejo para que insistissem de maneira cada vez mais impaciente em uma participação no poder e na unificação da Áustria com a Alemanha. Esses esforços encontraram em Hermann Göring um enérgico incentivador. O encarregado de Hitler para o Plano de Quatro Anos dirigiu seu olhar ambicioso sobretudo para as ricas jazidas austríacas de minério de ferro. Segundo sua estimativa, uma anexação com o país vizinho poderia aliviar a situação

§   *Oberkommando der Wehrmacht*: Alto-Comando das Forças Armadas. (N.T.)

de matérias-primas e divisas no Reich e ainda lançar uma ponte para a expansão alemã rumo ao Sudeste europeu.[115]

Em uma visita a Roma, em janeiro de 1937, Göring mencionou a questão da anexação em uma conversa com Mussolini; porém, conforme relatou ao embaixador Hassell, "deparou-se com uma considerável frieza".[116] Em abril, repetiu a tentativa, desta vez declarando de maneira totalmente franca "que a anexação ocorreria, necessariamente. Esse resultando não pode demorar". Segundo o relato do intérprete Schmidt, a essas palavras o "*Duce*" balançou "energicamente a cabeça".[117] Aparentemente, a política italiana não estava pronta para dar à Alemanha carta branca na questão da Áustria. Mesmo durante uma visita de Estado no final de setembro de 1937, Mussolini, como vimos, fechou-se em copas a esse respeito. Embora Hitler tenha pedido expressamente a seu paladino que se contivesse perante o convidado oficial, Göring insistiu em mostrar a Mussolini, em sua visita a Schorfheide, em 28 de setembro, um mapa da Europa em que a Áustria já aparecia como território alemão. Mussolini não mostrou nenhuma reação, o que Göring entendeu erroneamente como consentimento. Em uma visita de Guido Schmidt, secretário de Estado no Ministério das Relações Exteriores da Áustria, a Carinhall em novembro, Göring mostrou-lhe o mesmo mapa.[118] A essa altura, em Viena já não se podia ter nenhuma dúvida das intenções da política alemã. Para Schuschnigg e seu governo, tratava-se sobretudo de ganhar tempo através de manobras táticas.

Como sabemos das conversas com Goebbels, desde a primavera de 1937 Hitler também estava decidido a resolver a "questão da Áustria" na primeira oportunidade. Sob o pseudônimo de "Operação Otto", a partir de julho de 1937 o Estado-Maior tomou medidas para uma intervenção militar. Em 19 de novembro, por ocasião da visita em Berghof do primeiro conde de Halifax, da Grã-Bretanha – guardião do selo privado e futuro sucessor do ministro Eden das Relações Exteriores –, Hitler declarou "que uma ligação mais estreita entre a Áustria e o Reich iria acontecer impreterivelmente". Halifax respondeu que o governo inglês não seria intransigente em relação às questões controversas desde que não se usasse de violência. O ditador alemão reagiu de forma visivelmente exasperada à recusa persistente da Grã-Bretanha em lhe dar carta branca no continente. "Que diferença entre este Hitler enfurecido, irritado e colérico para aquele chanceler tranquilo e exemplar do Reich alemão, que há dois anos se sentou diante de Simon e Eden", observou o intérprete Paul Schmidt. "Já por seu modo impositivo de falar, um observador imparcial consegue perceber a mudança dos tempos. O Hitler de 1937 já não avançava cuidadosamente como o de 1935. Parecia estar bastante seguro de sua força e da fraqueza dos outros."[119] Um dia depois, Hitler contou em Munique que Halifax era um "sujeito frio" e "resistente como couro". A conversa durou quatro horas, mas não deu em nada".[120] De todo modo, saiu com a impressão de que em Londres não se oporiam a uma solução pacífica para o problema da Áustria.

No início de 1938, a situação política interna na Áustria se agravou. Ao revistarem o apartamento de um nacional-socialista austríaco, as autoridades encontraram planos que anunciavam uma solução violenta para a questão da anexação na primavera. Através de provocações e atos de sabotagem, as tensões deveriam se intensificar até o ponto de ebulição, dando à *Wehrmacht* o pretexto para a intervenção.[121] Em 6 de fevereiro, Franz von Papen, que dois dias antes havia sido exonerado do cargo de embaixador em Viena, foi a Berghof para sua audiência de despedida. Encontrou Hitler "distraído, quase exausto". Somente quando Papen lhe comunicou que o chanceler Schuschnigg havia manifestado o desejo de um colóquio particular com o "Führer" é que os traços de Hitler teriam ganhado vida. Rapidamente, reconheceu a oportunidade que lhe era oferecida. Pediu a Papen que voltasse a assumir temporariamente o cargo de embaixador em Viena e marcasse uma reunião com Schuschnigg: "Ficaria muito feliz de vê-lo aqui para conversar abertamente com ele sobre tudo."[122]

O encontro foi marcado para 12 de fevereiro. *A priori*, Hitler certamente não tinha em mente nenhum intercâmbio de ideias, e sim uma pérfida manobra de chantagem. Para armar os bastidores de intimidação, mandou vir logo três militares de alta patente a Obersalzberg: além de Keitel, novo chefe do okw, os generais Walter von Reichenau e Hugo Sperrle, primeiro comandante da Legião Condor.[123] Schuschnigg, acompanhado apenas pelo secretário de Estado Guido Schmidt e por um ajudante de ordens, foi recebido de manhã por Papen na fronteira austro-alemã, em Salzburgo, e conduzido à residência de Hitler nos Alpes. O ditador cumprimentou os convidados "com muita cortesia" aos pés da escadaria e logo levou o chanceler para uma conversa particular em seu escritório, no primeiro andar.[124] As portas mal haviam se fechado atrás deles, e Hitler começou a usar das regras comprovadas de sua retórica agressiva para colocar seu interlocutor entre a cruz e a espada. Em suas recordações, publicadas em 1946 sob o título "*Ein Requiem in Rot-Weiß-Rot*" ["Um réquiem em vermelho-branco-vermelho"], o chanceler reconstruiu de memória o monólogo enfurecido de seu anfitrião, que ele só conseguiu interromper com eventuais réplicas.[125]

Hitler logo descartou a garantia a Schuschnigg de que seu governo levaria "muito a sério" o acordo de julho de 1936 e de que estaria interessado em "eliminar as dificuldades e equívocos ainda existentes". Iniciou suas críticas dizendo que a Áustria não praticava uma "política alemã". Acima de tudo, que sua história era "uma traição ininterrupta contra o povo": "Mas esse absurdo histórico há de encontrar um fim há muito esperado. E uma coisa lhe digo, sr. Schuschnigg: estou firmemente decidido a pôr um término nisso tudo." Hitler referia-se à sua "missão histórica", que lhe fora determinada pelo "destino" e da qual estava "solidamente" convencido. "Minha missão me foi predestinada; percorri o caminho mais difícil a ser trilhado por um alemão e realizei na história alemã o máximo que um alemão já foi determinado a fazer." O ditador ameaçou abertamente seu interlocutor com uma intervenção militar: "O senhor não está pensando que conseguirá me deter mesmo que por apenas meia hora, está? Quem sabe – talvez eu passe por Viena à noite como uma tempestade de primavera! E então o senhor verá o que é bom!" Segundo afirmou Hitler, ele já havia "esclarecido" essa questão com a Itália, e Inglaterra e França não "mexeriam uma palha em favor da Áustria". Após duas horas, o primeiro colóquio terminou com um ultimato: "Ou chegamos a uma solução, ou as coisas vão acontecer [...] – só tenho tempo até hoje à tarde. Se estou lhe dizendo isso, é bom me levar ao pé da letra. Não estou blefando."

À mesa do almoço, na sala de jantar de Berghof, mudando abruptamente de comportamento, Hitler assumiu o papel de anfitrião atencioso. Contou a Schuschnigg, sentado bem à sua frente, sobre sua adoração por automóveis e seus projetos de construção. Assim, teria mandado construir em Hamburgo não apenas "a maior ponte do mundo", mas também "novos prédios de escritórios como imponentes arranha-céus": "Quando pisarem em solo alemão, os americanos verão que na Alemanha se constroem coisas mais belas e maiores do que nos Estados Unidos."[126] Por volta das catorze horas, Hitler se retirou. Foi solicitado aos convidados que aguardassem a continuação da conversa – um recurso do qual o dono da casa adorava se apropriar para cansar seus interlocutores. Somente após uma hora de espera, o recém-nomeado ministro Ribbentrop, das Relações Exteriores, apareceu acompanhado por Papen e apresentou um projeto de duas páginas, escritas à máquina, contendo as exigências alemãs: livre ação para os partidários de Hitler na Áustria; nomeação do nacional-socialista Arthur Seyß-Inquart para ministro do Interior; anistia para todos os nacional-socialistas presos ou anulação das medidas disciplinares a que foram condenados; e, por fim, estreita coordenação da política externa, econômica e militar da Áustria com a do Reich alemão.[127] Schuschnigg e Schmidt ficaram horrorizados, pois, contra todas as garantias dadas por Papen, a soberania do seu país estava sendo questionada. Para ambos, foi difícil aceitar sobretudo a exigência de nomear Seyß-Inquart para ministro do Interior e, por conseguinte, transferir-lhe a autoridade sobre as forças policiais.

No segundo colóquio com Hitler, Schuschnigg chamou atenção para o fato de que, segundo a constituição, somente o presidente austríaco poderia nomear ministros e declarar uma anistia. Portanto, ele não poderia dar uma resposta conclusiva. Em seguida, Hitler abriu a porta bruscamente e gritou: "General Keitel! [...] Que ele venha aqui imediatamente!" Enquanto Schuschnigg teve de esperar do lado de fora, Keitel quis saber o que seu "Führer" queria dele. "Absolutamente nada", respondeu Hitler sorrindo, "só queria que ficasse aqui em cima."[128] A sórdida encenação deveria convencer o austríaco de que levariam a sério a ameaça de uma intervenção militar. E, de fato, acabou fazendo efeito. Depois que Papen fez algumas alterações sem importância no projeto, Schuschnigg assinou o acordo e obrigou-se a providenciar sua realização dentro de três dias. Agradecendo, recusou um convite de Hitler para jantar. No retorno a Salzburgo, Papen interrompeu o pesado silêncio: "Pois é, o Führer pode ser assim; agora o senhor mesmo viu. Mas, da próxima vez que vier, terá uma conversa muito mais fácil. O Führer é capaz de ser bastante encantador."[129] Durante o jantar, Hitler divertiu seus convidados ao contar como havia "derrotado" o chanceler austríaco.[130] E em 15 de fevereiro, quando Schuschnigg adotou as exigências alemãs dentro do prazo estipulado e reformulou o governo, contou novamente a Goebbels o que havia ocorrido três dias antes em Berghof: "Ele pressionou muito Schuschnigg. Ameaçou com canhões. Nem Paris nem Londres iriam ajudá-lo. Foi então que Schuschnigg se curvou. Personalidade fraca. Um terço de Brüning."¶[131]

Schuschnigg atrelava-se à esperança de ter conservado pelo menos um resquício de independência do Estado. Para Hitler, ao contrário, o acordo de Berchtesgaden anunciava a última fase de sua política de anexação. Em 16 de fevereiro, Seiß-Inquart, recém-nomeado ministro do Interior da Áustria, foi convocado a Berlim para receber as instruções do Führer. "Agora é tudo ou nada", anotou Goebbels. "Todos os meios são justificáveis."[132] Em 20 de fevereiro, Hitler retomou na Krolloper, diante dos deputados do *Reichstag*, o discurso que originalmente queria ter feito em 30 de janeiro. Pela primeira vez, também foi transmitido na rádio austríaca. Havia especial expectativa sobre o que ele iria dizer a respeito do tema "Áustria". Novamente ele se serviu de uma dupla estratégia de atração e ameaça. Por um lado, lamentou o destino de dez milhões de alemães que supostamente eram oprimidos na Áustria e na Tchecoslováquia: "A longo prazo, é intolerável para uma potência mundial consciente de si mesma saber que ao seu lado há compatriotas que, por simpatia ou ligação com todo o povo, têm seu destino e sua visão de mundo continuamente submetidos ao maior sofrimento." Por outro lado, agradeceu a Schuschnigg "pela grande compreensão e pela cordial disponibilidade" com que se empenhou em encontrar um caminho comum para resolver o problema. Portanto, a brutal ação opressora de 12 de fevereiro foi apresentada como uma evolução orgânica do acordo de julho de 1936, até como uma "contribuição para a paz na Europa", e supostamente apenas a minoria das pessoas que ouviam essa transmissão de rádio podia imaginar quão descaradamente o Führer mentia ao público.[133]

Em contrapartida, aos defensores dos nacional-socialistas austríacos, Hitler discursou em 26 de fevereiro sem rodeios. O acordo de Berchtesgaden era "tão amplo que, ao ser completamente executado, a questão da Áustria seria automaticamente resolvida": "Uma solução violenta não é desejável para o acordo e, se possível, deve ser evitada, pois, para nós, a cada ano diminui a ameaça da política externa e aumenta o poder militar."[134] Por conseguinte, o ditador ainda não contava com uma anexação iminente da Áustria. Entretanto, tudo ocorreu muito mais rápido do que

¶   Referência a Heinrich Brüning, último chanceler alemão da República de Weimar a governar em sistema democrático. (N.T.)

o esperado. Em 9 de março, Schuschnigg anunciou em Innsbruck sua intenção de realizar um plebiscito com o lema "Por uma Áustria livre e alemã, independente e social, cristã e unida!"[135] De certo modo, com esse surpreendente passo, quis derrotar Hitler com as próprias armas, e ainda em 12 de fevereiro declarou que, em caso de plebiscito, a maioria dos austríacos optaria claramente por ele.[136] No entanto, o chanceler austríaco cometeu um grande erro ao instaurar o plebiscito em tão pouco tempo, levantando a suspeita de manipulação da eleição. Principalmente a informação de que somente eleitores acima de 24 anos estariam autorizados a votar seria encarada por Hitler como provocação – pois também na Áustria os nacional-socialistas encontravam seu apoio mais forte na geração mais jovem. Sem querer, com sua decisão Schuschnigg acabou acelerando justamente o que queria evitar. "A bomba da decisão popular estava fadada a explodir em sua mão", notou o conde Ciano.[137]

Em Berlim, a notícia vinda de Viena deixou todos atônitos. Inicialmente, Hitler não sabia como reagir. Ordenou a Wilhelm Keppler, seu encarregado para as questões da Áustria, que voasse até a capital para buscar maiores informações. Na noite de 9 de março, Goebbels, que estava recebendo os redatores-chefes alemães, foi chamado na chancelaria do Reich para encontrar Hitler. Lá já encontrou Göring, que nos meses anteriores desempenhara um papel propulsor na questão da anexação. "Schuschnigg está planejando uma brincadeira de muito mau gosto. Quer nos enganar", ficou sabendo o ministro da Propaganda. Hitler e seus dois assessores ainda não sabiam que resposta dar. Duas possibilidades foram discutidas: exortar os nacional-socialistas austríacos a não participarem do plebiscito, o que os faria cair na farsa, ou optar pela intervenção militar, sob a eficaz alegação propagandística de que Schuschnigg teria quebrado o acordo de Berchtesgaden. Na noite de 9 para 10 de março, a balança pendeu em favor da ação militar. Goebbels registrou o dramático processo da tomada de decisão: "Até as cinco da manhã trocando ideias sozinho com o Führer. Ele acha que é chegada a hora. Só quer refletir mais uma noite a respeito. A Itália e a Inglaterra nada farão. Talvez a França [reaja], mas provavelmente não. O risco não é tão grande quanto no caso da ocupação da Renânia [...] Já desenvolvemos planos detalhados para a ação. Se necessário, ela será breve e drástica. O Führer está bastante entusiasmado. Um maravilhoso espírito de luta."[138]

Segundo a análise feita pelo conde Harry Kessler, em abril de 1936, após a ocupação da Renânia, o segredo do sucesso de Hitler estaria na "compreensão intuitiva e rápida das situações, das quais tira conclusões igualmente rápidas e supreendentes."[139] Justamente de acordo com esse padrão também se realizou anexação da Áustria. Após uma hesitação inicial, Hitler reconheceu que Schuschnigg tinha lhe dado uma oportunidade única que ele não podia deixar passar. Em 10 de março, decretou a instrução para a "Operação Otto": "Caso outros recursos não conduzissem ao objetivo", pretendia-se "entrar na Áustria com forças armadas". Nesse sentido, era preciso considerar "que toda a operação se daria sem o uso da violência, em forma de uma invasão pacífica, recebida pela população".[140] Pela manhã, Goebbels encontrou Hitler debruçado sobre mapas: "Ele está refletindo [...] Março não é brincadeira. Mas sempre foi um mês de sorte para o Führer." Por volta da meia-noite, o ministro da Propaganda foi chamado pela segunda vez na chancelaria do Reich: "A sorte está lançada: invasão no sábado (12 de março). Avançar logo até Viena. [...] O próprio Führer vai para a Áustria. Göring e eu devemos permanecer em Berlim. Em oito dias a Áustria será nossa."[141]

Na manhã de 11 de março uma intensa agitação predominava na chancelaria do Reich. Aos poucos, os chefes políticos e militares do Terceiro Reich reuniram-se com seu séquito. Às oito da manhã, cedo demais para os padrões, Hitler já estava sentado com Goebbels; juntos ditaram o texto dos panfletos que seriam lançados sobre a Áustria: "Linguagem que incita incrivelmente a sublevação. Mas isso é divertido."[142] Em seguida, o ditador buscou uma garantia diplomática para a ação iminente. Assim, enviou a Roma o príncipe Philipp von Hessen, genro do rei italiano, como mensageiro especial com uma mensagem pessoal a Mussolini, na qual justificava a invasão da Áustria como um "ato de legítima defesa nacional": "O senhor também, Excelência, não poderia agir de outra forma se o destino dos italianos estivesse em jogo."[143] Reinhard Spitzy, colaborador de Ribbentrop, foi encarregado de voar imediatamente para Londres a fim de obter informações sobre a suposta posição inglesa com o ministro alemão das Relações Exteriores que ali se encontrava.[144] Por volta das dez horas foi dado o primeiro ultimato ao governo austríaco. Estabelecia um prazo até as dezessete horas e exigia o adiamento do plebiscito, a demissão de Schuschnigg e a nomeação de Seyß-Inquart como seu sucessor. No início da tarde, por volta das 14h45, Schuschnigg afirmou que adiaria o plebiscito, mas se recusou a cumprir a exigência de demissão.[145]

Nessa fase crítica, Göring tomou a iniciativa. Ainda antes do Tribunal de Nuremberg, vangloriou-se, não sem razão, de que teria sido "menos o Führer" do que ele próprio a "estabelecer o ritmo nessa questão" e "até mesmo a passar por cima da hesitação do Führer para fazer com que as coisas evoluíssem".[146] Conversou ininterruptamente ao telefone com Seyß-Inquart, Keppler – encarregado dos assuntos da Áustria – e os representantes na embaixada em Viena, passando-lhes instruções. "A maioria dessas conversas telefônicas ocorria na presença de uma audiência maior",[147] admirou-se ainda posteriormente o ajudante de ordens Below. Às 15h45, Seyß-Inquart comunicou que Schuschnigg tinha ido ao encontro do presidente Wilhelm Miklas para entregar-lhe sua demissão. Em seguida, foi enviado outro ultimato a Viena: até as 19h30, o novo gabinete teria de ser formado sob a liderança de Seyß-Inquart. Porém, Miklas ainda se recusava a nomear Seyß-Inquart e insistiu na recusa mesmo quando o tenente-general Muff, adido militar alemão na embaixada em Viena, por instrução de Göring lhe transmitiu a notícia de que, se ele não cedesse, tropas alemãs já instaladas na fronteira invadiriam a Áustria.

Por volta das vinte horas, Schuschnigg dirigiu-se mais uma vez aos austríacos por rádio e ilustrou as razões de sua saída: estava cedendo à força; o exército havia sido instruído a recuar sem resistência no caso de uma invasão pela *Wehrmacht*. Pouco depois, Seyß-Inquart foi ao microfone e declarou que continuaria em exercício como ministro do Interior responsável pela segurança. Embora os nacional-socialistas austríacos já estivessem se preparando para tomar o poder em todo o país, às 20h45 Hitler comunicou à *Wehrmacht* que deixasse a invasão para o dia seguinte. Pouco depois, Göring ditou a Keppler por telefone o texto de um telegrama a ser enviado por Seyß-Inquart a Berlim: continha o pedido do "governo provisório da Áustria" ao governo alemão de "restabelecer a paz e a ordem na Áustria", apoiando e, por conseguinte, enviando tropas "o mais rápido possível". Como Seyß-Inquart se opôs, o próprio Keppler enviou o simulado pedido de ajuda a Berlim. "Com isso, temos uma legitimação", comentou Goebbels.[148] Tarde da noite, de Roma, o príncipe Philipp von Hessen mandou o comunicado tranquilizador de que Mussolini tinha "recebido a questão de modo muito amigável". "Então, por favor, diga a Mussolini que não vou esquecer sua amizade [...] Nunca, nunca, nunca, aconteça o que acontecer", respondeu o chefe de Estado alemão, visivelmente aliviado.[149] O relato de Ribbentropp, trazido de Londres pelo emissário Spitzy, também não deixou dúvida de que os britânicos não reagiriam.[150] À meia-noite, quando o presidente Miklas abriu mão de sua resistência e nomeou Seyß-Inquart chanceler, isso já não tinha nenhuma influência sobre o desenrolar dos acontecimentos.

Em 12 de março, às 5h30 da manhã, as tropas alemãs invadiram a Áustria. Não depararam com resistência em nenhum lugar; ao contrário, os soldados foram recebidos com júbilo. Ao meio-dia, Goebbels leu no rádio uma proclamação do "Führer" na qual a intervenção militar justificava-se pelo suposto rompimento do acordo de Berchtesgaden. "Mesmo tendo sido chamada pelo novo governo nacional-socialista em Viena", a *Wehrmacht* "seria a garantia de que finalmente seria oferecida ao povo austríaco, em brevíssimo prazo, a possibilidade de determinar seu futuro e, com ele, seu próprio destino através de um verdadeiro plebiscito".[151] De manhã, Hitler voou para Munique. No aeroporto Oberwiesenfeld já era aguardado pelo comboio de Mercedes. Por volta das dezesseis horas, passaram por Braunau, local de nascimento de Hitler e fronteira entre a Alemanha e a Áustria. Levaram quase quatro horas para percorrer os 120 quilômetros de viagem até Linz, pois o comboio de automóveis só conseguia abrir caminho com dificuldade por entre a multidão entusiasmada. Já estava escuro quando Hitler chegou a Linz. Entre as poucas pessoas que observavam sua chegada com sentimentos mistos estava o médico Eduard Bloch, de 66 anos. "O rapaz fraco que eu tantas vezes tratara e que não via há trinta anos estava em pé no carro [...]", lembrou-se em uma entrevista dada em 1941, durante seu exílio em Nova York. "Sorria, acenava, cumprimentava as pessoas que enchiam as ruas com a saudação hitlerista. Depois, por um momento, olhou para a minha janela. Fiquei em dúvida se me viu, mas deve ter tido um instante de reflexão. Aquela era a casa do nobre judeu que havia diagnosticado o câncer fatal de sua mãe [...] Foi um breve instante."[152]

Do terraço da prefeitura, Hitler fez um breve discurso, sempre interrompido por ovações, em que invocou "o destino" que "outrora o chamou nesta cidade para comandar o Reich", a fim de lhe dar a missão de restituir sua "cara pátria ao Império Alemão".[153] Em seguida, foi para o Hotel Weinziger, junto ao Danúbio. Até tarde da noite, as pessoas continuaram diante do hotel; Hitler tinha sempre de aparecer, até que seu comando de escolta pediu para que finalmente se fizesse silêncio.[154] Originalmente, Hitler não tinha pensado em realizar a anexação da Áustria de imediato. Porém, impressionado com a viagem triunfal, decidiu, ainda na noite de 13 de março, que não se contentaria com "meias medidas", mas entraria logo de cabeça na questão. O secretário de Estado Stuckart foi chamado em Linz para elaborar as correspondentes regulamentações legais. Enquanto os juristas ainda burilavam os projetos, Hitler foi a Leonding e deixou um ramalhete de flores no túmulo de seus pais. À noite, assinou a "Lei sobre a Reunificação da Áustria com o Império Alemão". O primeiro artigo era bastante conciso: "A Áustria é um país do Império Alemão." No segundo artigo, "um plebiscito livre e secreto para homens e mulheres austríacos acima de vinte anos" foi marcado para 10 de abril.[155]

Na manhã de 14 de março, Hitler partiu para Viena – cidade que, 25 anos antes, ele deixara como "pintor" totalmente desconhecido, que duvidava de si mesmo e de seu futuro. Ali também era esperado com uma ruidosa recepção. Os sinos de todas as igrejas tocaram quando entrou à tarde na capital austríaca vindo de Schönbrunn. Enquanto permaneceu em Viena, Hitler ficou "radiante", segundo transmitiu seu ajudante de ordens,[156] e é fácil imaginar a satisfação que deve ter sentido. Diante do Hotel Imperial na rua circular em que desceu, ocorreram as mesmas cenas de entusiasmo histérico, como anteriormente em Linz.[157] Na manhã do dia seguinte, na Heldenplatz, diante do Palácio Imperial de Hofburg de Viena, reuniram-se centenas de milhares de pessoas para um "anúncio de libertação". Da sacada do Hofburg, Hitler comunicou, como disse, "a maior realização" de sua vida: "Como Führer e chanceler da nação e do Império Alemão, comunico perante a história a entrada de minha pátria no Império Alemão."[158] No delírio da unificação, o ódio e a violência que, ao mesmo tempo, eram desencadeados contra os cidadãos judeus de Viena, quase desapareceram. Este era o reverso obscuro da anexação, que já lançava uma sombra sobre tudo que estava por vir.

Antes que Hitler passasse em revista a marcha das tropas de uma tribuna de honra diante do monumento aos soldados mortos em combate na Heldenplatz, visitou no cemitério central de Viena o túmulo de sua sobrinha Geli Raubal, que se havia suicidado em setembro de 1931. Segundo relatou Nicolaus von Below, fora totalmente sozinho e se demorara um bom tempo junto ao túmulo.[159] Após o desfile das tropas, Hitler recebeu no Hotel Imperial o cardeal Theodor Innitzer, arcebispo de Viena. O ditador fez uma profunda reverência – um gesto bem calculado, que nada declarava a respeito do que realmente pensava. O cardeal cumprimentou-o e assegurou ao "Führer" que os católicos austríacos colaborariam ativamente com a "integração com a Alemanha".¹⁶⁰ Por volta das dezessete horas, Hitler voltou de avião para Munique e, no dia seguinte, os berlinenses também lhe prepararam uma recepção triunfal, que, conforme notou o ministro da Propaganda, sempre pronto a usar superlativos, "deixava na sombra tudo que já havia sido realizado até então". "Fileiras infindáveis de pessoas [...] E um júbilo de quase estourar os tímpanos. Durante horas, ficava-se com o barulho no ouvido. Uma cidade que canta e exulta!"¹⁶¹

Com o recente triunfo na política externa, Hitler viu-se no auge de sua popularidade. A admiração por ele passava por todas as camadas sociais. As ondas de entusiasmo eram especialmente elevadas na casa Wagner. "Que único e excepcional é o ato de nosso Führer e que privilégio poder vivenciar isso", exaltou Liselotte Schmidt, assistente de Winifred Wagner. Para a família Wagner, o Führer era "mais do que um estadista [...] – o realizador de uma vontade superior, um gênio a quem finalmente todos tinham de se curvar".¹⁶² Para Ernst von Weizsäcker, secretário de Estado designado para o Ministério das Relações Exteriores e que em 14 de março viajou com Ribbentrop para Viena, esse dia pareceu "o mais notável desde 18 de janeiro de 1871", quando o Império Alemão fora fundado. Mostrou-se especialmente impressionado com o "dom de Hitler para aproveitar uma oportu-

[FOTO 65] Hitler fala da sacada do Palácio Imperial de Hofburg, em Viena, para a população reunida na Heldenplatz, 15 de março de 1938.

nidade".[163] Gerhard Ritter, historiador e defensor do movimento nacional alemão, que em geral mantinha distância do regime nacional-socialista, teve exatamente a mesma sensação: "Admiro integralmente a maestria do ator que colocou tudo em cena. Na verdade, pela primeira vez integralmente!", escreveu em uma carta a seu irmão, em abril de 1938.[164]

Também para Luise Solmitz, professora de Hamburgo, a unificação da Áustria com a Alemanha foi o cumprimento de seu "antigo sonho alemão", realizado "por um homem que nada teme e não conhece meios-termos, obstáculos nem dificuldades". Foi o que anotou em seu diário, embora estivesse entre os estigmatizados do regime, pois era casada com um judeu. "Em primeiro lugar, é preciso considerar que nós próprios somos excluídos da comunidade do povo como se fôssemos ladrões ou pessoas indignas."[165] Semelhante sentimento ambivalente era compartilhado por Willy Cohn, professor de escola secundária em Breslau, que experimentava diariamente na pele as múltiplas discriminações as quais os judeus estavam expostos na Alemanha: "Não há como escapar da impressão desse monumental acontecimento", observou em 13 de março e, um dia depois, reforçou: "É admirável a energia com que tudo isso é executado! [...] Talvez neste momento nós judeus alemães não devêssemos compartilhar desse sentimento de elevação nacional, mas acabamos por fazê-lo."[166] Em contrapartida, Victor Klemperer, seu companheiro de infortúnio em Dresden, foi um dos poucos que não se deixou contagiar pelo entusiasmo da unificação: "O enorme ato de violência da anexação da Áustria, o enorme crescimento de poder externa e internamente, o medo trêmulo e sem defesa da Inglaterra e da França etc. Não veremos o fim do Terceiro Reich."[167] Thomas Mann, que em março se encontrava nos Estados Unidos para uma palestra, também permaneceu totalmente imperturbado pelo alvoroço nacional: "O monstro fala hoje em Viena; não o fará sem 'destreza' e [sem] tentar tranquilizar [o povo]." Contudo, o escritor se enganou quanto à reação das potências ocidentais: "Porém, pelo menos a apatia na Europa não é tão sem esperança quanto parece. As consequências do golpe repugnante são incalculáveis; o choque é forte; a lição, eficaz."[168] De fato, os governos inglês e francês deram-se por satisfeitos com protestos verbais.

Segundo o relato de informantes da Sopade, inicialmente predominou em amplos grupos da população o medo de uma nova guerra. Assim, por exemplo, na manhã de 12 de março, em Munique, pessoas em pânico saíram às compras para se abastecerem de provisões. "Formaram-se filas diante das lojas. Padarias tiveram de fechar mais cedo porque venderam toda sua mercadoria."[169] Quando ficou claro que as potências ocidentais não interviriam, e as transmissões radiofônicas descreveram a entusiasta recepção de Hitler em Linz e Viena, o estado de espírito mudou: "De repente, por toda parte notou-se intenso entusiasmo e alegria com esse êxito; o júbilo quase já não conhecia limites", é o que se lê, por exemplo, em um relato proveniente da Saxônia. "Mesmo grupos que até então viam Hitler com frieza ou rejeição, reconheceram, extasiados, que Hitler era um grande e inteligente estadista, que alçaria a Alemanha da derrota de 1918 à grandeza e ao prestígio."[170] Já entre os antigos e convictos social-democratas, que permaneceram insensíveis à propaganda nacionalista, predominaram o desconsolo e a resignação: "Hitler consegue tudo, é capaz de fazer o que quer porque todos se submetem. O logro na política interna também se confirma na externa, pois nela Hitler também encontrou seus Hugenbergs", é como um observador descreve o estado de espírito no antigo ambiente do SPD no Palatinado.[171]

Dias depois de seu golpe, até então bem-sucedido, Hitler ainda se mostrava eufórico. Na noite de 18 de março, relatou na Krolloper os acontecimentos que haviam conduzido à anexação. Ao final, declarou o *Reichstag* dissolvido e, ao mesmo tempo, anunciou a eleição ligada ao plebiscito da "nova representação da Grande Alemanha" para 10 de abril.[172] Poucos dias depois, foi a Bayreuth para uma visita particular. "Das duas às seis ele ficou aqui sozinho comigo, totalmente à vontade. Foi muito bom, pois comigo ele consegue tocar em assuntos íntimos e bastante pessoais, que são de extrema importância para ele em Braunau e Linz", exultou Winifred Wagner em uma carta a uma amiga. O amigo íntimo contou com todos os detalhes como "tudo" tinha acontecido "tão rápido" e de maneira "tão surpreendente" para ele. Winifred ficou feliz em ver seu vigor e seu aspecto realmente bom": "Faz bem a alegria com o sucesso."[173]

Em 25 de março, Hitler iniciou a campanha eleitoral em Königsberg. Mal podia imaginar que seria a última de sua vida. Mais uma vez, cumpriu um programa cansativo. Depois de Königsberg, discursou em Leipzig, Berlim, Hamburgo, Colônia, Frankfurt am Main, Stuttgart e Munique. De 3 a 9 de abril, continuou a campanha nas cidades austríacas: de Graz passou por Klagenfurt, Innsbruck, Salzburgo, Linz e chegou a Viena, a última estação. Ao final, estava esgotado, e sua voz, exigida ao extremo, novamente rouca. Morell, seu médico pessoal, teve de entrar em ação.[174] Hitler contou com oitenta por cento de aprovação na Áustria. Ficou ainda mais surpreso ao saber do resultado do plebiscito na noite de 10 de abril: 99,75% havia votado pela anexação – mais ainda do que no Antigo Reich (99,08%). "Grande dia festivo para a nação. A Alemanha conquistou um país inteiro com o voto", comentou Goebbels.[175] Com certeza, nem todos que votaram "sim" eram defensores convictos de Hitler; por oportunismo ou por medo, muitos teriam marcado um "x" no local desejado – "ninguém acredita no voto secreto e todos morrem de medo", observou Victor Klemperer.[176] Contudo, tampouco se pode ignorar que o prestígio do ditador havia se fortalecido de modo significativo. A base consensual de seu domínio, presumivelmente, nunca fora maior do que na primavera de 1938.

A posição econômica e militar do Reich também se havia fortalecido. Finalmente as jazidas austríacas de minério de ferro podiam ser exploradas para a economia armamentista alemã. Às margens de Linz foi erguido um gigantesco conglomerado para a produção de aço, as *Reichswerke* Hermann Göring. Os alemães tomaram posse de provisões de ouro e divisas no valor de 1,4 bilhões de *Reichsmark*, e o exército de desempregados na Áustria, que contava com mão de obra qualificada, proporcionou um sensível alívio no tenso mercado de trabalho do Reich. Com a incorporação do exército austríaco, repentinamente a *Wehrmacht* ganhou um reforço de 1.600 oficiais e cerca de 60 mil soldados. Ao mesmo tempo, a situação estratégica também melhorou, pois a partir de então podiam pressionar a Tchecoslováquia.[177]

Se apenas dois meses antes Hitler tivera dificuldade para sair do caso Blomberg-Fritsch sem perder prestígio, naquele momento nadava em uma onda de reconhecimento público. Mais uma vez, tinha conseguido aplacar uma situação crítica da política interna com um golpe na política externa. E mais uma vez seu instinto aparentemente infalível lhe mostrara o momento certo para agir. Desde a invasão da Áustria, ele passou quatro semanas ininterruptas impressionado com a multidão exultante, que o celebrava como um deus. Não é de admirar que tenha ficado deslumbrado com a própria grandeza e começado a perder terreno. Em seus discursos, referia-se com frequência cada vez maior ao "destino" que o havia escolhido como instrumento. A consciência de sua missão, que já havia ganhado um forte impulso com sua cartada bem-sucedida na ocupação da Renânia, em 1936, adquiriu traços cada vez mais híbridos. Como admite em suas lembranças, na primavera de 1938 Nicolaus von Below também estava entre os que "se entusiasmaram sem limites"; todavia, nos faz refletir quando relata que, também em grupos pequenos, Hitler falava constantemente da missão histórica que ainda tinha de cumprir. "Além dele", não haveria "ninguém, nem agora nem no futuro próximo [...], capaz de resolver as tarefas impostas ao povo alemão".[178] Não havia dúvida sobre qual seria essa sua próxima tarefa.

"De modo geral, acreditava-se que a Tchecoslováquia seria a próxima da fila", comunicaram os correspondentes do SPD à diretoria exilada em Praga.[179] De fato, poucos dias após a anexação da Áustria, Hitler já mirava seu novo alvo na política expansionista. "Primeiro vem a Tchecoslováquia [...] E rigorosamente na próxima oportunidade", disse a Goebbels na noite de 19 de março.[180] Em 28 de março, o ditador recebeu em Berlim Konrad Henlein, líder do Partido Alemão dos Sudetos, e comunicou-lhe sua decisão de "não demorar muito" para resolver a questão da Tchecoslováquia. Também estabeleceu a estratégia para alcançar esse objetivo: os alemães dos Sudetos deveriam "sempre exigir muito, sem nunca se darem por satisfeitos".[181]

Junto com os eslovacos, os húngaros e os poloneses, os três milhões e meio de alemães dos Sudetos formavam a maior minoria nacional na República da Tchecoslováquia, que foi um dos poucos Estados fundados após a Primeira Guerra Mundial a conseguir manter sua constituição democrática mesmo atravessando as dificuldades do pós-guerra e a crise econômica mundial. Embora gozassem de direitos civis integrais, em muitos aspectos os alemães dos Sudetos sentiam-se prejudicados. Foram especialmente afetados pelo desemprego em consequência da Grande Depressão. Exigindo melhorias econômicas e autonomia regional, o protesto reuniu-se na *Sudetendeutsche Heimatfront* [Frente Patriótica dos Alemães dos Sudetos], fundada por Konrad Henlein em 1933 e renomeada *Sudetendeutsche Partei* em 1935. Nas eleições de maio de 1935, tornou-se o partido mais forte em todo o país. As forças que desejavam uma anexação rápida com o Império Alemão ganharam terreno a olhos vistos. Em 19 de novembro de 1937, Henlein escreveu a Hitler que "um entendimento entre alemães e tchecos [...] era praticamente impossível e uma solução da questão sobre os alemães dos Sudetos só era concebível vinda do Reich".[182] Após a anexação da Áustria, o lema *"Heim ins Reich"* ["De volta ao Reich"] tornou-se ainda mais popular entre os alemães dos Sudetos, e Hitler o utilizou como carga explosiva para se aproximar de seu objetivo de desintegrar a Tchecoslováquia. Ao mesmo tempo, também manifestou seu antigo ódio aos tchecos, que ele já cultivara nos anos passados em Viena. Ao conversar com Goebbels, caracterizou-os como "atrevidos, desonestos, devotos e servis".[183]

Em 21 de abril, discutiu com o general Keitel os preparativos referentes ao Estado-Maior para uma concentração de tropas contra a Tchecoslováquia, o chamado *Fall Grün* [Caso Verde]. Não obstante, excluiu um "ataque estratégico imprevisto, sem nenhuma motivação". Ao contrário, a ação militar deveria ser precedida "por um período de desentendimentos diplomáticos", "que se agravem aos poucos e levem à guerra". Contudo, uma "ação repentina com base em um contratempo" também poderia ser necessária.[184] O programa adotado pelo Partido Alemão dos Sudetos em 24 de abril, em Karlsbad, já deixava claro como esses contratempos poderiam ser encenados. Nele, o partido exigia, entre outras coisas, o reconhecimento da minoria étnica dos alemães dos Sudetos como "personalidade jurídica", bem como sua autonomia ilimitada, uma reparação dos danos econômicos sofridos após 1918 e a "total liberdade para apoiar a etnia alemã e a visão de mundo alemã", ou seja, o nacional-socialismo.[185] De acordo com a instrução de Hitler, Henlein fizera exigências máximas, que dificilmente poderiam ser atendidas pelo governo tcheco. Com essa manobra, que de repente agravava as tensões, a guerra de nervos pelo destino da Tchecoslováquia estava iniciada.

Antes que Hitler continuasse a intensificar a crise, foi à Itália retribuir a visita de Mussolini. Na tarde de 2 de maio, três trens especiais aguardavam na estação Anhalter para transportar o grupo de viajantes – cerca de quinhentas pessoas, entre as quais metade do governo do Reich, funcionários de alto escalão do partido, generais, diplomatas e jornalistas. A comitiva também contava com as esposas das personalidades do nacional-socialismo. Eva Braun só embarcou em Munique, quase sem ser percebida, e viajou separada da delegação oficial, junto com os membros que pertenciam ao grupo de Berghof, os casais Brandt e Morell, bem como a esposa de Dreesen, proprietário de um hotel em Godesberg. Não se sabe se durante a visita oficial de sete dias chegou a se encontrar com Hitler.[186] Na noite de 3 de maio, os trens especiais entraram em Roma. O rei italiano Vítor Emanuel III, Mussolini e Ciano, ministro das Relações Exteriores, apareceram para saudá-los. Os italianos se esforçaram para superar a pompa do último outono, por ocasião da visita de Mussolini à Alemanha. Diante da estação aguardavam coches com quatro cavalos cada, que transportariam os convidados sob o júbilo de vários milhares de romanos pela cidade solenemente decorada e iluminada até suas residências.[187]

Hitler não pôde entrar na Cidade Eterna ao lado de Mussolini, mas teve de embarcar no coche real – pois, como chefe de Estado italiano, Vítor Emanuel era o anfitrião oficial. Por isso, o ditador alemão e seu *entourage* mais próximo foram alojados no Palácio do Quirinal, residência do rei italiano na colina de mesmo nome, enquanto a maior parte da comitiva deveria se contentar com o Grand Hotel, que de todo modo era o primeiro hotel no local. À parte do restante da comitiva, Eva Braun hospedou-se no Hotel Excelsior.[188] Hitler não ficou muito feliz com o fato de ter sido o rei baixinho, e não o *"Duce"* a seguir o protocolo e desempenhar o papel principal. E já desde o primeiro dia ficou irritado com o rígido cerimonial da corte. Os nobres não disfarçaram que o consideravam um novo-rico, tratando-o com certa arrogância altiva e tocando, assim, em seu ponto mais sensível, ou seja, seu complexo de inferioridade. "Esse bando de palacianos bajuladores! São de matar! Dão nojo. E nos tratam como novos-ricos! Revoltante e provocador", disse o furioso Goebbels, fazendo coro com seu senhor.[189]

Hitler reagiu com irritação crescente ao tratamento que considerou desdenhar de sua pessoa e preterir indignamente Mussolini. Já no banquete oficial, dado por Vítor Emanuel III na noite de 4 de maio, teve dificuldade para manter a compostura. Colocaram-no à esquerda da rainha. "Durante todo o banquete, ambos não trocaram nem uma palavra sequer", notou o ajudante de ordens Wiedemann.[190] Contudo, em seguida manifestou: "É horrível o modo como esse grande homem que é o *Duce* é tratado por essa sociedade real. Vocês viram que à mesa do rei ele foi colocado bem ao fundo, depois da princesa mais jovem?"[191] Naturalmente, os italianos também quiseram impressionar seus convidados alemães com os próprios avanços no setor de armamentos. Em 5 de maio, Hitler, Mussolini, o rei italiano e o príncipe herdeiro foram a Nápoles e, a bordo do navio de guerra Cavour, assistiram a uma manobra naval. Especial impressão causou o exercício de cem submarinos, que mergulhavam ao mesmo tempo e, como por um comando secreto, pouco depois emergiam com a mesma precisão.[192]

No entanto, a irritação de Hitler não passou, e à noite explodiu como uma bomba contra Ribbentrop e o chefe do cerimonial no Ministério das Relações Exteriores, Vicco von Bülow-Schwante. O que desencadeou seu ataque de fúria foi um incidente sem importância: após a apresentação solene da ópera "Aída", para a qual Hitler vestira o indesejado fraque, ainda assistiria ao desfile das tropas junto com o rei. Obviamente, queria estar de uniforme para o evento. Para a troca de trajes, a programação, minuciosamente planejada, havia calculado vinte minutos. Porém, de repente apareceu o ajudante de ordens do rei, dizendo que estavam atrasados e tinham de sair imediatamente. Assim, ao lado do orgulhoso rei em uniforme de gala, Hitler teve de passar em revista à frente da companhia com as abas da casaca ao vento. "Uma imagem extremamente cômica", relatou Fritz Wiedemann, "o Führer e chanceler do Reich alemão parecia um *maître d'hôtel* ensandecido, tanto mais quando se percebeu que ele estava ciente do caráter ridículo da cena."[193] Internamente, Hitler fervia de raiva, e na volta para Roma fez a Ribbentrop as mais severas críticas. Este, por sua vez, nada melhor tinha a fazer senão exonerar de imediato o chefe do cerimonial.

Na manhã de 6 de maio, durante um desfile militar em Roma, em que as tropas italianas mostraram o "passo romano" a exemplo do passo de ganso alemão, Hitler teve novo motivo para a irritação. Na tribuna haviam sido colocadas cadeiras apenas para os membros da casa real e o convidado oficial alemão. Mussolini teve de ficar em pé. "Isso me revoltou de tal forma que quase fiz um escândalo público", contou Hitler em seguida à sua secretária Christa Schroeder.[194] À tarde, o príncipe Colonna, governante de Roma, deu uma recepção no Capitólio, onde várias centenas de convidados se reuniram. A corte compareceu em peso. A Hitler coube a desagradável missão de abrir a dança *polonaise* pela fileira de convidados, de braço dado com a rainha. Alguns se ajoelharam, outros pegaram a barra da saia da rainha para beijá-la. "Quando Hitler percebeu isso, ficou vermelho. Com formalidade, puxou a rainha para frente, para com ela atravessar o mais rápido possível o longo corredor. Ao vê-lo, achamos que fosse ter uma síncope", observou o piloto Baur.[195] À noite, o ditador se queixou de que o haviam "fitado como se ele fosse um animal estranho". Simplesmente não conseguia se habituar a essas "cerimônias de cortesãos bajuladores".[196]

A forte reação de Hitler lembra um pouco seu comportamento nos salões de Munique, no início dos anos 1920, quando a fina sociedade também observou admirada o emergente agitador de cervejarias como um ser exótico, e ele disfarçou sua insegurança no ambiente que lhe era estranho com posturas excêntricas. Porém, quanto a seu comportamento social, alguma coisa ele aprendeu desde sua nomeação para chanceler do Reich. A timidez inicial em recepções ou colóquios com diplomatas de carreira tinha desaparecido. Sua autoconfiança cresceu com os êxitos. No entanto, a corte de Roma o incomodava não apenas porque ele sentia a antipatia velada que nutriam contra ele, mas também porque não sabia direito como proceder naquele ambiente em que lhe faltava o natural repertório de comportamento para superar com grandeza situações inabituais para ele. Em uma época em que sua popularidade no próprio país alcançara níveis impensáveis e ele era idolatrado como nenhum outro político alemão jamais fora antes ou depois dele, sua aparição na Itália mostrou que ainda vivia com o temor de ser ridicularizado. A imagem que fazia de si mesmo e que beirava a megalomania era apenas a fachada forçada de seu profundo complexo de inferioridade.

A irritação de Hitler só se desfez quando Mussolini conseguiu lhe dedicar toda a sua atenção sem a presença incômoda do rei e da corte. Juntos, visitaram a grande exposição sobre Augusto, em Roma, e na noite de 7 de maio o *"Duce"* deu no Palazzo Venezia um jantar de gala em sua homenagem. Mais uma vez, em suas conversas à mesa trocaram garantias de apreço mútuo e amizade indissolúvel entre ambos os povos. Hitler também esclareceu que via "a fronteira alpina erguida entre ambos pela natureza como eternamente intocável", ou seja, que não tinha nenhuma intenção de reclamar a posse do Tirol Meridional.[197] Para concluir a viagem à Itália, em 9 de maio os ditadores foram a Florença, onde se hospedaram no Palazzo Pitti e, entre outras coisas, visitaram a Galleria degli Uffizi. Ainda em seus monólogos no quartel-general, Hitler arrebatou-se com o "encanto" das cidades de Roma e Florença e com as paisagens da Toscana e da Úmbria: "Só gostaria de poder vagar pela Itália como pintor desconhecido!"[198] Por volta da meia-noite, Mussolini conduziu Hitler à estação e despediu-se dele com as seguintes palavras: "Agora, nenhum poder é capaz de nos separar."[199]

Em uma circular para as embaixadas no exterior, Ribbentrop avaliou a visita de Hitler à Itália como um grande sucesso. O eixo Berlim-Roma tinha se mostrado um "componente solidamente confiável de nossa política mais ampla", e a relação de amizade entre Hitler e Mussolini "tinha se aprofundado ainda mais".[200] Embora pouco se tenha conversado seriamente sobre política devido à intensa programação, pelas manifestações de seu parceiro italiano o lado alemão julgou que a Itália não oporia nenhum entrave ao avanço da Alemanha contra a Tchecoslováquia. "Mussolini não está interessado em nossas intenções rumo à Tchecoslováquia. Ele quer estar preparado para assistir ao que vamos fazer por lá", era a certeza do secretário de Estado von Weizsäcker.[201]

Hitler guardou um profundo desprezo pela sociedade romana e pela nobreza italiana: "Nunca vi tanta degeneração, tanta gente dada a 'papagaíce' e tantas mulheres extravagantes em um só lugar [...]", manifestou a um pequeno grupo na chancelaria do Reich. "Passou pelo pior calvário de sua vida quando teve de dançar a *polonaise* nos salões do Capitólio", ao lado da "idiota" da rainha, "essa ladra de carneiros,** vinda de Montenegro". "Algumas mulheres teriam se precipitado sobre ele, quase machucando seus olhos com seus óculos. Tudo teria de ser feito para apoiar o *Duce* na luta contra essa sociedade corrupta."[202] Hitler sempre manifestava sua satisfação por nunca ter dado ouvidos àqueles que quiseram "convencê--lo" a restaurar a monarquia na Alemanha. Chegava até a elogiar expressamente os "antigos e íntegros sociais-democratas", porque em 1918 haviam acabado com a "assombração da monarquia", e sugeriu aumentar suas pensões.[203]

Após o retorno da Itália, Hitler ficou apenas um dia em Berlim. Em 11 de maio, voou para Munique para retirar-se em Obersalzberg nas duas semanas seguintes.[204] Nesse meio-tempo, a propaganda inflamou os ânimos contra os tchecos. As ten-

---

** A rainha da Itália, Helena de Montenegro, era filha de Nicolau I, rei de Montenegro, apelidado de "ladrão de carneiros" por Guilherme II. (N.T.)

sões nas áreas habitadas pelos alemães dos Sudetos aumentaram. Preocupado com os boatos sobre as concentrações de tropas alemãs na fronteira, em 20 de maio o governo tcheco ordenou uma mobilização parcial de suas forças armadas. Por conseguinte, o governo francês intensificou seu compromisso de apoiar a Tchecoslováquia no caso de um ataque alemão, e o governo inglês também endereçou uma enfática advertência ao governo alemão, afirmando que nesse caso não ficaria de fora. Em Berlim, sentiu-se a necessidade de apaziguar os ânimos, garantindo que não havia nenhuma intenção de atacar o país vizinho.[205]

No entanto, a "crise de final de semana" de 20 e 21 de maio não trouxe realmente um alívio. Quando em Londres e em Paris os governantes se convenceram de que a Alemanha de fato não tinha nenhum ataque em mente e de que o governo tcheco havia dramatizado a situação desnecessariamente, os ânimos se voltaram contra Praga. Por sua vez, Hitler ficou furioso com o fato de a imprensa estrangeira falar de um suposto recuo e uma derrota diplomática da Alemanha. Em vez de motivá-lo a proceder de maneira mais cautelosa, a crise de maio apenas intensificou seus planos agressivos. Em 26 de maio, voltou para Berlim. Goebbels, que o encontrou na manhã de 28 de maio, anotou: "Está refletindo sobre uma decisão. Às vezes isso demora. Mas se estiver tranquilo, ele a tomará."[206] À tarde, o ditador já havia tomado sua decisão. Diante dos líderes da *Wehrmacht* e do Ministério das Relações Exteriores, anunciou no jardim de inverno da chancelaria do Reich: "É minha vontade inexorável fazer com que a Tchecoslováquia desapareça do mapa." A despeito de todas as ameaças, não se podia contar com uma intervenção das potências ocidentais. A Inglaterra levaria tempo para se armar. Sem a Inglaterra, a França nada faria, e a Itália não tinha interesse em agir. Portanto, as possibilidades de delimitar o conflito eram favoráveis.[207]

Na nova versão da instrução para o *Fall Grün*, de 30 de maio, a diretiva de Hitler foi imediatamente incluída: "É minha decisão inalterável que a Tchecoslováquia seja desmembrada por uma ação militar em tempo determinável. Aguardar e produzir o momento adequado é tarefa da liderança política." A *Wehrmacht* recebeu ordens para iniciar "imediatamente" os preparativos; até 1º de outubro estes deveriam estar prontos.[208] Conforme constava em uma instrução complementar de 18 de junho, a partir desse momento Hitler quis "aproveitar toda ocasião favorável para a realização desse objetivo".[209]

Na reunião de 28 de maio, os militares não fizeram nenhuma objeção. O chefe do Estado-Maior Ludwig Beck, também presente, permaneceu calado. Conforme testemunhado pelo ajudante de ordens Below, ficou sentado "durante toda a reunião com o rosto petrificado".[210] Porém, em uma série de memorandos ao comandante em chefe do exército, o general von Brauchitsch, Beck manifestou sua preocupação em maio e em junho. Não obstante, tal como a maioria dos líderes militares, aprovou uma política expansionista de grande potência. Avaliou positivamente a incorporação da Áustria e, em princípio, não demonstrou nenhuma objeção à dissolução da Tchecoslováquia. O que o inquietava era o modo como Hitler queria proceder, que, segundo temia, poderia causar uma intervenção das potências ocidentais. Além disso, não considerava a Alemanha equipada o suficiente para enfrentar uma guerra que, inevitavelmente, seria mais longa.[211]

Hitler, que ficou sabendo da preocupação de Beck através de Brauchitsch, manifestou-se com total desdém a respeito do chefe do Estado-Maior, que, segundo suas palavras, era "um oficial ainda movido pelas ideias do exército de cem mil homens, para quem o reboque fica mais alto do que a trincheira". Pessoalmente, nada tinha contra o oficial, "mas pessoas que não pensassem como ele não poderiam ser úteis; por isso, os dias de Beck também estavam contados".[212] No entanto, na liderança do exército e mesmo entre os próprios colaboradores, Beck possuía pouco apoio. Um jogo de guerra organizado pelo Estado-Maior para a segunda metade de junho revelou que uma campanha contra a Tchecoslováquia duraria apenas poucos dias, e, por isso, as forças para a Frente Ocidental poderiam ser liberadas mais rapidamente do que Beck havia imaginado. Em pouco tempo, o chefe do Estado--Maior viu-se cada vez mais no papel de uma "Cassandra sem poder de persuasão".[213]

Em outro memorando maior, de 15 e 16 de julho, Beck fez uma última tentativa desesperada de trazer Brauchitsch para seu lado. Com toda segurança, constatou: "Não existe a perspectiva de desmembrar a Tchecoslováquia com uma ação militar em tempo determinável sem convocar de imediato a França e a Inglaterra." Desse modo, o conflito se tornaria "automaticamente uma guerra europeia ou uma guerra mundial", que "muito provavelmente terminaria com uma catástrofe não apenas militar, mas também generalizada para a Alemanha". O chefe do Estado-Maior pediu a Brauchitsch que induzisse Hitler a postergar uma "solução violenta da questão tcheca até as condições militares se alterarem radicalmente".[214] Em uma conferência com Brauchitsch, em 16 de julho, Beck deu um passo além: evocou uma demissão coletiva dos generais para forçar Hitler a desistir de sua política aventureira de guerra. "Sua obediência de soldados tem limites quando seu conhecimento, sua consciência e sua responsabilidade proíbem a execução de uma ordem [...] Tempos extraordinários exigem ações extraordinárias."[215] Contudo, tanto Brauchitsch quanto a maioria dos generais não tendia absolutamente a um procedimento tão inabitual como esse para um oficial prussiano. Foi o que se revelou em uma reunião dos militares de cúpula, em 4 de agosto, em que, embora boa parte dos participantes tenha se manifestado com críticas aos planos de guerra de Hitler, nenhum deles sequer mencionou a possibilidade de uma resistência conjunta.[216]

Hitler foi informado a respeito do encontro e ordenou que Brauchitsch comparecesse imediatamente em Berghof. Mesmo estando convencido de que entre os militares ainda havia muitos céticos – "Obviamente, nossos militares em Berlim estão de novo se borrando de medo", ralhou no final de julho, em Bayreuth[217] –, passou um sermão no comandante em chefe do exército, e isso em um tom de voz tão alto que as pessoas reunidas no terraço embaixo do escritório de Hitler preferiram se recolher aos cômodos. Em seu longo tempo de serviço junto a Hitler, "esta foi a única vez em que o viu falar tão alto com um general durante uma conversa", lembrou-se Nicolaus von Below.[218]

Em 10 de agosto, Hitler convocou em Berghof os chefes dos Estados-Maiores das forças armadas e de grupos do exército previstos para o caso de mobilização, sobretudo os generais mais jovens. Para muitos, era a primeira vez que encontravam pessoalmente seu comandante em chefe. Hitler apresentou-se a eles de forma totalmente diferente do que antes, a Brauchitsch: antes da refeição, conversou com eles com espontaneidade, "manifestou opiniões moderadas e ponderadas, em tom tranquilo, aceitou objeções – em suma, não bancou o ditador ensandecido, e sim o homem com quem se podia conversar."[219] À tarde, em um discurso de várias horas, Hitler tentou convencer os oficiais de seus planos de ataque, mas em uma discussão posterior, além de concordâncias, acabou se deparando com ceticismo. Nos dias seguintes, descarregou sua decepção em uma "longa e crítica ladainha sobre a tibieza e a indolência dos generais do exército".[220]

Quando Brauchitsch lhe falou a respeito do memorando de Beck, de 15 e 16 de julho, o ditador viu se confirmar a suposição de que por trás das resistências estaria sobretudo o chefe do Estado-Maior. Sobre a reação de Hitler, Engel, ajudante de ordens do exército, anotou em seu diário: "Estavam sabotando sua política; em vez de o Estado-Maior ficar feliz por poder trabalhar em seu ideário mais peculiar, rejeita toda ideia de guerra [...] É chegado o momento de o chefe do Estado-Maior desaparecer [...] É uma vergonha o que hoje está sentado na cadeira de Moltke. Este precisou ser domado por Bismarck, e agora tenta-se o contrário."[221] Em 15 de agosto, em Jüterbog, depois que Hitler se voltou asperamente contra as ideias de Beck em um longo discurso aos generais comandantes, sem que Brauchitsch se levantasse para uma defesa, o chefe do Estado-Maior entregou sua carta de demissão em 18 de agosto. Hitler a aceitou três dias depois, mas exigiu que a demissão devido à tensa situação na política externa não fosse publicamente divulgada de início. Em 1º de setembro, Franz Halder, *Oberquartiermeister* no Estado-Maior e general de artilharia, foi nomeado sucessor de Beck.[222]

No início de agosto de 1938, o governo britânico enviou o lorde Walter Runciman para Praga com a missão de servir de intermediário entre o governo tcheco e o Partido Alemão dos Sudetos. "Toda essa missão é muito suspeita", reconheceu William Shirer. Henlein não teve autonomia para negociar, uma vez que estava "totalmente sob as ordens de Hitler".[223] Embora Praga fizesse uma concessão após a outra sob a pressão dos britânicos e, por fim, tivesse até mesmo se disposto a aceitar todos os pontos do Programa de Karlsbad, os representantes dos alemães dos Sudetos sempre encontravam um pretexto para ampliar suas exigências. Hitler não estava interessado em um acordo pacífico. Já no início de junho, exortou Goebbels a intensificar a propaganda contra os tchecos: "Temos sempre de reiterar as provocações e as tentativas de golpe. Não dar trégua."[224] Durante todo o verão, os jornais publicaram incessantemente relatos sobre supostas "atrocidades" dos tchecos contra os alemães dos Sudetos, inflamando, assim, as tensões.

Em meados de julho, o ajudante de ordens Fritz Wiedemann viajou em missão não oficial para Londres. Hitler o instruíra anteriormente sobre o que deveria comunicar a Halifax, ministro inglês das Relações Exteriores: a Inglaterra estaria demonstrando pouca compreensão pela Alemanha; "as necessidades vitais dos alemães" deveriam ser reconhecidas de uma vez por todas. Ele, o Führer, estaria "cada vez mais exasperado" com o comportamento do governo britânico em relação à "crise de final de semana" e "indignado" com o relatório crítico feito pela imprensa londrina a seu respeito. A mensagem principal tinha sido formulada com inequívoca clareza: "A questão dos alemães dos Sudetos tem de ser resolvida de uma maneira ou de outra. Se os tchecos não cederem, uma hora o problema será resolvido com a força." Lorde Halifax recebeu Wiedemann no dia 18 de julho em sua residência particular. Ao perguntar "se seria possível receber da Alemanha uma declaração de que o país não tinha intenção de aplicar medidas arbitrárias contra a Tchecoslováquia", Wiedemann respondeu de acordo com a instrução que recebera: "O senhor não receberá essa declaração." Assim, a missão não aliviou nem um pouco as tensões, embora no final o ministro britânico das Relações Exteriores tenha manifestado seu desejo de um dia poder cumprimentar o "Führer" lado a lado com o rei inglês no Palácio de Buckingham.[225]

Como todos os anos, ao final de julho Hitler foi para os festivais de Bayreuth. Porém, desta vez estava mais concentrado no conflito militar iminente. Por conseguinte, mandou apresentar os modelos mais recentes de *bunker* para a Linha Siegfried e ele mesmo fez os projetos de como queria a construção.[226] À mesa do almoço na casa de Siegfried, comentou: "Quero finalmente poder dormir em paz, por isso encomendei a construção de fortificações que impedirão o inimigo de invadir pelo Ocidente. O povo alemão também poderá voltar a dormir bem." Ao que Hanns Kerrl, ministro para Assuntos Eclesiásticos, não se intimidou em responder: "*Mein* Führer, enquanto o senhor viver, o povo alemão sempre dormirá em paz."[227] Em 31 de julho, Hitler interrompeu a permanência em Bayreuth por um dia, a fim de assistir ao torneio esportivo e de ginástica em Breslau. Os alemães dos Sudetos passaram marchando pela tribuna e exclamando *"Heim ins Reich!"*. Goebbels anotou: "As pessoas gritam de júbilo e choram. O Führer está profundamente comovido. Quando chegar a hora, isso ainda vai virar um ataque."[228]

Hitler ainda não tinha estabelecido uma data para a ofensiva. "O Führer está refletindo sobre a questão de Praga. Já a resolveu mentalmente e está dividindo as novas circunscrições", relatou o ministro da Propaganda em 10 de agosto.[229] Aparentemente, nesse momento o ditador ainda contava com prazos mais longos, pois oito dias depois Goebbels resumiu as reflexões de Hitler sobre as "fortificações ocidentais" com as seguintes palavras: "Estarão prontas até a chegada das geadas. E então não poderemos ser atacados pelo Ocidente. A França já não poderá fazer nada.

[FOTO 66] Hitler recebido com júbilo no torneio esportivo e de ginástica em Breslau, 31 de julho de 1938.

Com isso, a solução do problema da Europa central irá amadurecer. Em todo caso, poderemos agir livremente."[230] De 27 a 29 de agosto, acompanhado por Keitel e Jodl, Hitler fez uma visita à fronteira ocidental. No vagão que fazia as vezes de sala no trem especial, parado em Aachen, o general Wilhelm Adam, comandante em chefe do segundo grupo do exército, comunicou-lhe que no máximo até o final de outubro um terço das instalações do *bunker* poderiam estar concluídas. Quando Adam também não se calou ao exprimir que as potências ocidentais não assistiriam passivamente a um ataque à Tchecoslováquia, Hitler teve um acesso de fúria: "Não temos tempo para ficar ouvindo esse tipo de coisa. O senhor não compreende! [...] Os ingleses não contam reservas em seu exército; os franceses estão diante das maiores dificuldades na política interna. Vão evitar entrar em conflito conosco." Adam respondeu friamente que, nesse caso, poderia poupar-se de mais explicações e sugeriu que seguissem para o canteiro de obras. E, como costumava acontecer quando alguém o enfrentava com destemor, Hitler controlou-se de imediato e a inspeção continuou.[231]

Também às pessoas que lhe eram mais próximas o ditador se mostrou otimista. "Não acredita que Londres irá intervir, e está firmemente decidido a entrar em ação. Sabe o que quer e parte diretamente rumo a seu objetivo [...]", escreveu Goebbels, que no final de agosto viajou por alguns dias para Obersalzberg. "À menor provocação, quer resolver a questão tcheca [...] Toda essa situação tem de se desenrolar o mais rápido possível. Sempre se corre um grande risco quando se quer tirar uma grande vantagem."[232] No entanto, de modo algum Hitler agiu com tanta determinação na crise dos Sudetos como Goebbels registrou em seu diário, aparentemente visando a uma posterior publicação. Ao contrário, constantemente oscilou entre uma resolução fria e uma protelação hesitante. Assim, no final de agosto, recusou-se a receber em Berghof Herbert von Dirksen, embaixador alemão em Londres, que queria lhe transmitir uma mensagem de Chamberlain.[233] A Konrad Henlein, que foi ter com ele no dia 2 de setembro, não deixou nenhuma dúvida de que estava pensando em uma solução militar, mas ainda se mostrou indeciso quanto à data. Concordaram em continuar "cozinhando" os tchecos, na esperança de que, "com o tempo, acabassem cedendo".[234] No entanto, com sua decisão de princípio, tomada no final de maio, de desmembrar a Tchecoslováquia "em tempo determinável", o próprio Hitler via-se obrigado a agir. Um dia após a visita de Henlein, chamou Brauchitsch e Keitel para uma reunião em Berghof, na qual marcaram o dia 1º de outubro como data para o ataque.[235]

Nesse meio-tempo, cresceu na população alemã o medo de uma nova guerra, um medo que assumiu dimensões bem maiores do que antes da anexação da Áustria. Ao contrário da situação na primavera, quando a tensão se desfizera após poucos dias de entusiasmo desenfreado, a crise dos Sudetos arrastou-se por meses. A provocação cada vez mais flagrante aos tchecos teve um efeito totalmente indesejado para o regime: em vez de despertar simpatia pelos alemães dos Sudetos, supostamente reprimidos, fez crescer o temor de que, desta vez, haveria derramamento de sangue. Nas notificações das autoridades nacional-socialistas, falava-se de uma verdadeira "psicose de guerra", e semelhantes eram os relatos dos informantes sociais-democratas: "Teme-se que venha a guerra e que a Alemanha seja arruinada. Em nenhum lugar se sente entusiasmo com a guerra [...] Nenhum operário (e apenas poucos nas camadas populares restantes) considera a região dos Sudetos tão importante que a Alemanha precise conquistá-la a qualquer preço. Se vier a guerra, ela será extremamente impopular na Alemanha."[236]

A convenção do partido, realizada de 5 a 12 de setembro e intitulada "Grande Alemanha", também foi totalmente influenciada pela crise dos Sudetos. No final da tarde de 9 de novembro, após o apelo dos dirigentes políticos, realizou-se no Hotel Deutscher Hof, onde Hitler estava hospedado, uma reunião sobre o plano da operação *Fall Grün*, para a qual Brauchitsch e Halder haviam sido convocados em Nuremberg. O ditador já havia proposto anteriormente que se promovesse uma rápida decisão com o avanço de fortes unidades de tanques de guerra, que ganhariam terreno no interior da Tchecoslováquia, mas teve a desagradável surpresa de ver que sua ideia não foi seguida pelo Estado-Maior. Criticou secamente a "dissipação das forças" e, ao final, exigiu com transparência "uma alteração do plano de invasão" no sentido desejado por ele. Brauchitsch e Halder cederam e tentaram acalmar o enfurecido comandante em chefe, declarando lealdade. No entanto, em seguida Hitler queixou-se "do medo e da covardia no exército". Teria preferido confiar suas forças armadas aos *Gauleiter*. "Neles há crença, mas não nos generais do exército."[237]

O discurso de encerramento a ser feito por Hitler em 12 de setembro era esperado com especial ansiedade. Como sempre, iniciou com uma retrospectiva ao "tempo de batalha", a fim de finalmente dedicar-se a seu tema principal: o destino supostamente "insuportável" da minoria alemã dos Sudetos na Tchecoslováquia. À declaração de que o Império Alemão "já não aceitaria a repressão e a perseguição desses três milhões e meio de alemães" seguiu-se a ameaça às democracias ocidentais: se elas recusassem aos alemães dos Sudetos o direito à autonomia, sofreriam "graves consequências". Hitler também advertiu Edouard Benesch, presidente da Tchecoslováquia: "Os alemães na Tchecoslováquia não estão indefesos nem abandonados."[238] Goebbels viu seu mestre "no auge de seu triunfo retórico"; já William Shirer observou que "nunca ouvira Hitler falar com tanto ódio nem vira seus ouvintes tão próximos de um manicômio".[239] A repercussão não tardou. Nas áreas habitadas por alemães dos Sudetos, sobreveio uma onda de demonstrações e conflitos, o que fez com que o governo de Praga decretasse lei marcial. "Portanto, as coisas estão evoluindo como queríamos", mostrou-se satisfeito o ministro da Propaganda.[240]

No entanto, em 14 de setembro ocorreu algo com que a liderança do nacional-socialismo não contava: o primeiro-ministro britânico, Chamberlain, pediu para conversar com Hitler. Queria fazer uma tentativa em conjunto para encontrar uma saída pacífica para a crise. O ditador não podia recusar a oferta se não quisesse aparecer para o público alemão e internacional como um belicista. Assim, convidou

Chamberlain para ir a Berghof já no dia seguinte. Na manhã de 15 de setembro, o primeiro-ministro de quase setenta anos entrou pela primeira vez em um avião. Estava acompanhado de um assessor próximo, *Sir* Horace Wilson, e de William Strang, diretor do departamento responsável pela Europa central no Foreign Office. No aeródromo de Oberwiesenfeld, em Munique, a delegação britânica foi recebida por Ribbentrop; com um trem especial, seguiram para Berchtesgaden. Provavelmente não por acaso, durante toda a viagem passaram ao lado dos trilhos que transportavam as tropas e compunham os bastidores marciais da luta iniciada pelo governo inglês em favor da paz.[241]

Pouco depois das dezessete horas, Chamberlain chegou a Berghof. Hitler o recebeu na escadaria. Após os cumprimentos, tomaram chá no grande *hall*, onde o primeiro-ministro, para quebrar o gelo da tensa atmosfera, conduziu a conversa para os quadros, dos quais Hitler, que era um amante das artes, tinha tanto orgulho.[242] A pedido de Chamberlain, a conversa subsequente ocorreu apenas entre ambos no escritório de Hitler. Como já ocorrido no encontro com Schuschnigg, em fevereiro, também desta vez Ribbentrop teve de se contentar em ficar na antessala. Assim, o intérprete Schmidt foi a única testemunha do colóquio extremamente dramático de três horas. Hitler começou em tom tranquilo, mas intensificou cada vez mais as acusações contra o governo de Praga. Quando Chamberlain declarou que seria transigente com todas as queixas dos alemães, exceto em caso de uso da violência, Hitler exaltou-se: "Violência? Quem falou em violência? O sr. Benesch está aplicando essa violência contra meus conterrâneos nos Sudetos [...] Não vou tolerar isso por muito tempo [...] De um modo ou de outro, vou resolver essa questão por iniciativa própria, o mais rápido possível." Com perfeito autocontrole, o primeiro-ministro respondeu em tom áspero que se Hitler estivesse mesmo decidido a agir contra a Tchecoslováquia de qualquer forma, não precisaria tê-lo feito ir a Berchtesgaden. "Nesse caso, é melhor que eu parta imediatamente. Ao que parece, já não faz sentido [estar aqui]."

O intérprete teve a impressão de que, com isso, havia-se chegado ao ponto crítico e que a questão "guerra ou paz" estava por um fio. Porém, para sua surpresa, Hitler mudou repentinamente seu papel: de potentado exaltado e imprevisível transformou-se, de um momento para outro, em um parceiro de negociações que argumentava de maneira razoável e ponderada: "Se o senhor puder reconhecer o princípio do direito de autodeterminação dos povos para tratar a questão dos Sudetos", disse, aparentemente disposto a um acordo, "então ainda podemos conversar sobre como esse princípio pode ser aplicado na prática." Chamberlain respondeu que primeiro teria de consultar seu gabinete e sugeriu que voltassem a se encontrar posteriormente. Ao se despedirem, Hitler garantiu que, naquele ínterim, nenhuma medida militar seria tomada contra a Tchecoslováquia.[243]

Mal Chamberlain partiu, Hitler informou Ribbentrop e Weizsäcker sobre o resultado da conversa. "Bateu palmas como após um deleite extremamente bem-sucedido", lembrou-se o secretário de Estado no Ministério das Relações Exteriores.

"Teve a sensação de ter colocado o lacônico civil contra a parede."[244] O reconhecimento do direito de autodeterminação implicava a disponibilidade de Chamberlain de defender a cessão das regiões alemãs dos Sudetos para a Alemanha. Hitler acreditava que, se os tchecos recusassem, o caminho estaria livre para a invasão militar. Porém, se, contra todas as expectativas, aceitassem, então a princípio poderia se contentar com esse êxito e, posteriormente, por exemplo na próxima primavera, iniciar a dissolução definitiva da Tchecoslováquia.[245]

Enquanto isso, a situação nas regiões alemãs dos Sudetos continuava a se agravar. No dia da visita de Chamberlain, Henlein fez um apelo, no qual declarava "definitivamente impossível" uma ulterior permanência dos alemães dos Sudetos no Estado tcheco em razão do "desejo implacável de aniquilação", demonstrado por Praga: "Queremos voltar para o Reich!"[246] Dois dias depois, por ordem de Berlim fundou-se um *Freikorps* dos alemães dos Sudetos, cuja missão seria, sobretudo, incitar novas perturbações e provocações. Ao mesmo tempo, Goebbels intensificou ainda mais a campanha na imprensa contra o suposto "terror tcheco": "Os ânimos têm de atingir o ponto de ebulição."[247] Os preparativos militares para o ataque também continuaram a ser feitos conforme planejado. Segundo declarou Hitler em Obersalzberg ao apressado ministro da Propaganda, o importante era manter a calma: "Já ganhamos metade da guerra."[248]

Conforme escrevera a sua irmã após seu retorno, Chamberlain não ficara nem um pouco impressionado com a aparência de Hitler, que poderia passar "totalmente despercebido". "Você nunca o reconheceria em meio a uma multidão." Por outro lado, havia ficado com a impressão de que "se tratava de um homem em cuja palavra era possível confiar"[249] – um engano que acabaria reconhecendo em breve. Depois que seu gabinete lhe deu cobertura, entendeu-se com o governo francês sobre o alinhamento comum em relação a Praga. Em 19 de setembro, os embaixadores da França e da Inglaterra entregaram ao presidente Benesch notas diplomáticas de idêntico teor, nas quais se exigia a cessão das áreas com mais de cinquenta por cento de população alemã em troca de uma garantia das novas fronteiras nacionais. Inicialmente, o governo de Praga recusou, mas em 21 de setembro curvou-se à pressão.

Para o segundo encontro com Chamberlain em Bad Godesberg, Hitler comprometeu-se a negociar o máximo possível: "O Führer quer apresentar a Chamberlain exigências muito claras: a linha de demarcação será traçada por nós, com a máxima extensão possível. Retirada imediata dos tchecos dessas áreas. Entrada da *Wehrmacht*. Tudo dentro de oito dias. Antes disso não estaremos prontos para invadir. Se os adversários contestarem a validade de nossa linha, [faremos um] plebiscito em toda a região. Terá de ser realizado até o Natal [...] Se Chamberlain pedir um prazo para mais negociações, o Führer já não se sentirá comprometido com nenhum acordo e terá liberdade de ação."[250]

No dia 22 de setembro, ao meio-dia, o primeiro-ministro chegou de avião a Colônia e foi hospedado com sua delegação no Hotel Petersberg, acima de Königswinter. No Hotel Dreesen, do outro lado do rio Reno, Hitler o recebeu à tarde para uma primeira reunião. Desta vez, o britânico levara seu próprio intérprete, Ivone Kirkpatrick, a fim de evitar algum mal-entendido sobre o conteúdo das conversas.[251] Chamberlain partiu com confiança para as negociações. Tinha obtido o consentimento tanto da França quanto da Tchecoslováquia para a cessão das áreas alemãs dos Sudetos e, assim, cumprido a principal exigência de Hitler. Com razão, esperava que, com essa base, pudessem chegar rapidamente a um entendimento. Sua surpresa foi ainda mais desagradável quando Hitler lhe revelou que, "após a evolução dos últimos dias", já não poderia aceitar essa solução. "Com um sobressalto, Chamberlain endireitou-se em sua cadeira", descreveu o intérprete Schmidt sua reação. "Irritado com a recusa e o não reconhecimento de seus esforços, o sangue subiu-lhe à face." Hitler apresentou então o mapa com a linha de demarcação traçada por ele e exigiu que a ocupação das áreas a serem cedidas "ocorresse de imediato". Chamberlain objetou que esta era "uma exigência totalmente nova", que extrapolava em muito o acordo feito em Berchtesgaden. Sem deixar-se impressionar, Hitler declarou que a repressão exercida pelos tchecos contra os alemães dos Sudetos não tolerava outro adiamento. Também rejeitou a proposta de uma garantia internacional da independência tcheca, observando que, antes de tudo, as exigências territoriais da Polônia e da Hungria à Tchecoslováquia também teriam de ser satisfeitas. Desse modo, a primeira rodada de negociações terminou com o britânico bastante contrariado.[252]

Dias depois, Chamberlain não participou da continuação das conversas, conforme combinado. Em vez disso, escreveu uma carta em que rejeitava as novas exigências de Hitler por serem incompatíveis com os princípios anteriormente acordados. Se as tropas alemãs invadissem de imediato os Sudetos, ao governo de Praga nada mais restaria a não ser ordenar às suas forças armadas que resistissem. A carta explodiu "como uma bomba" no Hotel Dreesen.[253] A inquietação cresceu na delegação alemã. William Shirer, que teve oportunidade de observar Hitler de perto no jardim do hotel, notou suas "enormes olheiras" e uma "contração nervosa" em seu ombro direito. Viu o homem "à beira de um ataque de nervos".[254] Em sua carta de resposta, que seu intérprete transmitiu a Chamberlain, na tarde de 23 de setembro o ditador insistia em suas exigências. Com isso, as negociações pareciam ter voltado à estaca zero. "Toda a situação é extremamente tensa", anotou Goebbels.[255] Porém, mais uma vez, Chamberlain mostrou boa vontade. Ofereceu-se para servir de "intermediário" entre Berlim e Praga, mas pediu que as novas propostas alemãs fossem resumidas em forma de memorando. Para recebê-lo e ouvir a declaração de Hitler, voltaria a atravessar o Reno até a outra margem.[256]

Por volta das 23 horas, as negociações continuaram com um grupo maior. Do lado alemão, também participaram Ribbentrop, Weizsäcker e o diretor do departamento jurídico no Ministério das Relações Exteriores, Friedrich Gaus; do lado britânico, Horace Wilson e o embaixador Henderson. O intérprete Schmidt traduziu palavra por palavra do memorando produzido naquele meio-tempo, revelando que Hitler não tinha cedido nas questões principais. Exigia que a evacuação das áreas alemãs dos Sudetos, marcadas no mapa, fosse iniciada na manhã de 26 de setembro e concluída no dia 28 do mesmo mês. Neste dia, o território evacuado deveria ser entregue à Alemanha. Portanto, ao governo tcheco restaria um prazo de quatro dias. "Isto é um ultimato [...]", exclamou Chamberlain. "Com grande decepção e profundo pesar, sou obrigado a constatar, chanceler do Reich, que o senhor não teve a menor consideração por meus esforços para alcançar a paz."[257] Mais uma vez, a interrupção das negociações parecia iminente.

Nesse momento, um ajudante de ordens de Hitler trouxe a notícia de que Benesch havia ordenado a mobilização geral na Tchecoslováquia. "Reinou um silêncio de morte no ambiente. Teria sido possível ouvir um alfinete cair no chão", lembrou-se o intérprete alemão. Como se um toque de timbale o tivesse trazido à consciência, Hitler mostrou-se repentinamente conciliador. Em voz baixa, renovou seu compromisso de que, durante as negociações, não se tomaria nenhuma medida militar na Tchecoslováquia e declarou-se pronto a adiar o prazo de evacuação em dois dias, ou seja, para 1º de outubro. De próprio punho, inseriu a nova data no esboço e fez algumas correções para atenuar a aspereza da linguagem. De sua parte, Chamberlain manteve sua promessa de reencaminhar o memorando alemão para o governo tcheco. Assim, nas primeiras horas da manhã de 24 de setembro, despediram-se em atmosfera amigável. Hitler voltou a demonstrar repentinamente seu lado agradável, com aparente sinceridade agradeceu a Chamberlain seus esforços pela paz e garantiu que "a solução da questão dos Sudetos era o último grande problema que ainda lhe restava para resolver".[258]

Na tarde de 25 de setembro, durante um longo passeio no jardim da Chancelaria do Reich, Hitler revelou a Goebbels como interpretar tais asseverações: "Ele não acredita que Benesch irá ceder", resumiu o ministro da Propaganda. "Mas, nesse caso, receberá uma terrível punição. Em 27 e 28 de setembro, nossas tropas estarão prontas para invadir [...] Mas primeiro virá nossa mobilização. Ela avançará com tanta rapidez que o mundo verá um milagre ocorrer." Portanto, Hitler não tinha absolutamente abdicado de sua intenção original de desmembrar a Tchecoslováquia através de uma rápida campanha militar. "A solução radical é a melhor. Do contrário, nunca vamos nos ver livre dessa questão."[259]

De fato, em uma mensagem pessoal a Hitler, transmitida na tarde de 26 de setembro por Horace Wilson, Chamberlain comunicou que o governo de Praga havia rejeitado o memorando alemão como "totalmente inaceitável". Embora a notícia não tenha causado nenhuma surpresa a Hitler e talvez fosse até bem-vinda depois de suas confidências do dia anterior, ele reagiu com extrema irritação. Levantou-se de um salto e gritou: "Não faz nenhum sentido continuar a negociar", foi até a porta, como se quisesse se afastar, e precisou se esforçar para ouvir a mensagem até o fim. Mas depois, segundo o intérprete Schmidt, "ficou furioso e gritou tão alto como eu nunca o vira antes nem depois de uma reunião diplomática". Mais uma vez, Horace Wilson admoestou o chanceler do Reich a ter moderação e, por conseguinte, nele desencadeou novos acessos de ira.[260]

Ao que tudo indicava, a irritação de Hitler não era dissimulada. Como no dia anterior ao *Putsch* em Munique, em 8-9 de novembro de 1923, e antes do golpe sangrento contra a liderança da SA, em 30 de junho de 1934, deixou-se levar por um estado psíquico excepcional, uma vez que a crise dos Sudetos conduzia inevitavelmente a uma decisão. Nessas condições, na noite de 26 de setembro fez um discurso no Palácio de Esportes de Berlim, que encerrou "gritando e berrando tanto" como nunca havia feito antes.[261] Hitler começou com um panorama de seus supostos esforços para fomentar "na prática a política de paz" na Europa. Mencionou o Pacto de Não Agressão entre a Alemanha e a Polônia, o Acordo Naval com a Inglaterra, a renúncia à Alsácia-Lorena, a amizade com a Itália e a anexação pacífica da Áustria. "E agora estamos diante do último problema que precisa ser resolvido e será resolvido! Esta é a última exigência territorial que tenho a fazer à Europa, mas é uma exigência da qual não abro mão e que, se Deus quiser, irei cumprir." O ditador desfez-se em brutais invectivas contra o presidente tcheco Benesch, criticando-o por conduzir uma "guerra de extermínio" contra a minoria alemã e, por fim, declarou que "era chegado o momento de falar sem rodeios". Tinha feito uma proposta a Benesch com seu memorando de 23 de setembro: "Agora, a decisão está em suas mãos! Guerra ou paz! Ou aceitará essa proposta e finalmente dará aos alemães a sua paz, ou vamos pessoalmente buscá-la! [...] Estamos decididos! Cabe agora ao senhor Benesch escolher!"[262]

William Shirer, que estava sentado na galeria logo acima de Hitler, observou: "Durante todo o seu discurso, seu ombro se contraía para cima, enquanto abaixo do joelho sua perna esquerda balançava para frente." Segundo o repórter americano, pela primeira vez vira o ditador "perder totalmente o autocontrole". Em seguida, quando Goebbels prestou juramento de fidelidade ao "Führer" e declarou que "novembro de 1918" nunca iria se repetir, Hitler se levantou "com uma chama de fanatismo nos olhos [...], cerrou o punho direito e bateu-o com força sobre a mesa. Em seguida, gritou a plenos pulmões: 'Sim!', depois afundou, esgotado, em sua cadeira."[263]

Na manhã de 27 de setembro, Hitler ainda se encontrava em uma excitação que oscilava entre a euforia e a histeria. Por volta do meio-dia, Horace Wilson apareceu com uma segunda carta de Chamberlain, na qual este oferecia uma garantia por parte da Inglaterra para a execução do compromisso de evacuação na Tchecoslováquia, se em troca a Alemanha recusasse a usar de violência. Hitler não aceitou a proposta, mas insistiu categoricamente na adoção do memorando até 28 de setembro, às catorze horas. Do contrário, a *Wehrmacht* entraria na região dos Sudetos no dia 1º de outubro. Várias vezes repetiu, com "R" vibrante, que "arrasaria os tchecos". Em seguida, Wilson declarou, com voz firme, que era encarregado de transmitir outra mensagem do primeiro-ministro britânico: "Se a França se envolver ativamente nas hostilidades contra a Alemanha em razão de seus compromissos contratuais, o Reino Unido se veria obrigado a apoiar a França." Aparentemente insensível ao significado desse comunicado, Hitler respondeu, furioso: "Se a França e a Inglaterra quiserem atacar, que o façam. Para mim, é totalmente indiferente. Estou preparado para todas as eventualidades."[264] Com isso, a conversa estava encerrada. No início da tarde, Wilson voltou para Londres.

No entanto, a advertência de Chamberlain não deixara Hitler tão "indiferente" quanto ele pretendia. Ainda nos dias após o encontro em Bad Godesberg, supôs que os ingleses estivessem apenas "blefando".[265] Nesse momento já não restavam dúvidas de que um ataque alemão à Tchecoslováquia significaria um caso de guerra para a Inglaterra e a França. Diante dessa alternativa, Hitler ficou inseguro com suas resoluções, embora tenha tentado esconder sua insegurança ao seu *entourage*. Em conversa com Goebbels ao meio-dia de 27 de setembro, representou com tanta convicção o papel do estadista com nervos de aço – que seguia sua missão política com a segurança de um sonâmbulo –, que mais uma vez seu adorador ficou completamente deslumbrado ou, pelo menos, assim se mostrou em seu diário: "Sua mão não treme nem por um instante. Um grande gênio entre nós [...] É necessário devotar-lhe profunda credibilidade."[266]

Um incidente ocorrido no final da tarde de 27 de setembro, no centro de Berlim, causou certa impressão em Hitler. A caminho da fronteira tcheca, uma divisão motorizada passou pela Wilhelmstrasse. Aparentemente, deveria demonstrar a prontidão militar das forças armadas. Mas os pedestres reagiram de maneira totalmente diferente da multidão exaltada na noite anterior, no Palácio de Esportes. Correram para a estação de metrô para não terem de assistir ao espetáculo. E as poucas centenas de pessoas que se reuniram na Wilhelmstrasse permaneceram em absoluto silêncio. Quando Hitler apareceu rapidamente na sacada da Chancelaria do Reich, não ecoaram gritos de júbilo, e ele acabou por se retirar.[267] Não havia nenhuma dúvida de que a maioria da população não estava entusiasmada com uma possível guerra. Pela primeira vez, levantavam-se fortes dúvidas a respeito da habilidade de Hitler como estadista. Em muitos relatos falou-se de uma crise de confiança entre o povo e o "Führer".[268] Isso não passou despercebido ao ministro da Propaganda. Alguns dias depois, ele confessou que o desfile da divisão tinha contribuído "para deixar claro como o povo estava se sentindo. E ele era contra a guerra."[269]

À noite, Hitler mostrou-se visivelmente desiludido. Parecia pensar de novo em uma solução diplomática que lhe desse o triunfo da incorporação das áreas alemãs dos Sudetos, sem nenhum risco, e prorrogasse o verdadeiro objetivo, que era o desmembramento da Tchecoslováquia, para um futuro próximo. Em todo caso, enviou uma carta a Chamberlain, escrita em tom conciliatório. Ao final, escreveu que deixaria a critério do primeiro-ministro considerar apropriado continuar seus esforços para "chamar" o governo de Praga "à razão no último momento".[270] Contudo, não havia nenhuma certeza de que Chamberlain se disporia mais uma vez a servir de intermediário. E para o caso mais provável de que o fio da conversa não fosse retomado, Hitler manteve em aberto a opção militar. Por volta da meia-noite, disse a Weizsächer que "queria aniquilar a Tchecoslováquia". "A paz só poderá ser preservada por um milagre", confidenciou o secretário de Estado em uma carta.[271]

O dia 28 de setembro foi "crítico de primeira ordem".[272] Sobre todas as capitais europeias pairou pela manhã uma tensão quase insuportável. Afinal, faltavam apenas poucas horas para vencer o prazo estabelecido por Hitler, e nada parecia poder deter a evolução que conduzia à guerra. Na Chancelaria do Reich, de manhã cedo já reinava uma intensa atividade – como em 11 de março, por ocasião da anexação da Áustria. Por toda parte havia ministros, generais e altos funcionários do partido, sentados e em pé, com seus respectivos assessores. "Extremamente irritado e nervoso", Hitler dirigia-se ora para um, ora para outro grupo e discursava. "Naquela manhã, houve muitos pequenos discursos, no estilo do proferido no Palácio de Esportes", lembrou-se o intérprete Schmidt.[273]

Pouco após as onze horas, Hitler recebeu o embaixador francês, que era um dos poucos diplomatas estrangeiros estimados pelo chanceler do Reich e por cujo julgamento ele demonstrava alguma consideração. François-Poncet preveniu-o enfaticamente a respeito da ilusão de conseguir limitar um conflito com a Tchecoslováquia: "Se este país atacar, o senhor estará incendiando a Europa inteira [...] Mas por que quer correr esse risco se poderia obter o cumprimento das exigências mais essenciais sem guerra?" Pela reação de Hitler, o intérprete presente acreditou ver "que, aos poucos, a balança pendia em favor da paz". Ao contrário do modo como havia se comportado de manhã, o ditador já não se exaltou, mas ouviu com paciência os argumentos de François-Poncet.[274]

No entanto, quem providenciou a mudança decisiva foi Mussolini. Por volta das 11h40, o embaixador italiano Attolico apareceu totalmente sem fôlego na Chancelaria do Reich e anunciou que trazia uma mensagem urgente do *Duce*. Hitler foi chamado enquanto conversava com François-Poncet. Attolico comunicou que, através de seu embaixador em Roma, o governo inglês havia pedido intermediação ao governo italiano. Mussolini declarou-se pronto a pedir ao governo alemão para adiar a mobilização em 24 horas. Após rápida reflexão, Hitler respondeu que aceitaria a proposta do *Duce*. O risco imediato de guerra havia sido afastado duas horas antes de expirar o prazo do ultimato alemão.[275] Quando o embaixador britânico Henderson entrou na Chancelaria do Reich às 12h15, logo sentiu que a atmosfera havia mudado. Transmitiu a resposta de Chamberlain à carta de Hitler da véspera. Nela, o primeiro-ministro comunicava sua disposição para ir à Alemanha junto com os chefes dos governos da França e da Itália, a fim de encontrar a solução pacífica em uma reunião das quatro potências. Depois que Mussolini sinalizou sua concordância através de Attolico, Hitler deu sinal verde.[276] À tarde foram expedidos os convites para a reunião no dia seguinte, em Munique.

Na noite de 28 de setembro, Hitler viajou com o trem especial para a capital da Baviera. De lá foi para Kufstein, na manhã de 29 de setembro, onde embarcou no trem especial de Mussolini, a fim de acertar uma estratégia de negociação junto com o parceiro. Enquanto isso, Edouard Daladier, presidente do conselho francês, e o primeiro-ministro britânico chegaram de avião a Oberwiesenfeld e, no caminho para o hotel, foram calorosamente saudados pela população de Munique.[277] No início da tarde, a reunião teve início no *Führerbau* [edifício do Führer], na Königsplatz. Além dos quatro chefes de Estado, dela participaram Ribbentrop, Ciano, Harold Wilson e Alexis Léger, secretário de Estado no Ministério das Relações Exteriores da França. Mais tarde, a eles se juntaram Göring, Weizsäcker, os embaixadores da Inglaterra, da França e da Itália, bem como juristas especializados, ajudantes de ordem e secretárias. Hitler mostrou-se cortês e atencioso; contudo, era possível notar o quanto se sentia incomodado. Sua palidez era evidente, e seus movimentos, descontrolados. Como não dominava nenhuma língua estrangeira, nos intervalos da reunião, praticamente não saía do lado de Mussolini, com quem podia conversar em alemão, e parecia até mesmo ter fixação pelo italiano que se mostrava seguro de si: "Quando o *Duce* ria, ele também ria; se franzisse a testa, ele fazia o mesmo – uma cena de imitação que nunca mais esqueci", descreveu François-Poncet a estranha situação.[278]

Um após o outro, os quatro chefes de governo apresentaram seus pontos de vista. Todos, inclusive Hitler, enfatizaram seu desejo de chegar a uma resolução pacífica. "Predominava uma atmosfera de bom entendimento de todas as partes, interrompida apenas uma ou duas vezes por alguns ataques furiosos de Hitler a Benesch e à Tchecoslováquia e por alguns contra-argumentos bastante vivazes de Daladier."[279] Por fim, Mussolini expôs uma proposta escrita de negociação, que, no entanto, não havia sido preparada por ele, mas sim como uma espécie de trabalho coletivo no dia anterior realizado por Göring, Neurath e Weizsäcker, que, através do belicista Ribbentrop, fizeram com que o documento chegasse às mãos do embaixador italiano. Este, por sua vez, o retransmitiu de imediato a Roma.[280] O esboço, que combinava as exigências do memorando alemão com as propostas mais recentes dos governos britânico e francês, compôs o fundamento do Acordo de Munique, assinado pelos quatro chefes de governo nas primeiras horas da manhã de 30 de setembro. Esse pacto previa que a ocupação das áreas alemãs dos Sudetos começasse em 1º de outubro e se encerrasse por etapas até o dia dez do mesmo mês. Um comitê internacional, formado por representantes da Alemanha, da Inglaterra, da França, da Itália e da Tchecoslováquia, convocaria plebiscitos nas regiões disputadas e, em seguida, estabeleceria as fronteiras definitivas da Tchecoslováquia. Para os presos políticos alemães dos Sudetos, convencionou-se uma anistia. Em uma declaração adicional, Inglaterra e França se comprometiam a garantir a estabilidade do restante do Estado tchecoslovaco. Alemanha e Itália pretendiam aderir a essa garantia, tão logo a questão das minorias polonesa e húngara fosse resolvida.[281] Na mesma noite, Chamberlain e Daladier informaram o resultado aos dois representantes tchecos, que não haviam sido autorizados a participar das negociações. A William Shirer, Daladier causou a impressão de ser "um homem totalmente derrotado e abatido".[282] Para preservar a paz e ganhar fôlego, o governo francês, pressionado pelos ingleses, havia cumprido suas obrigações de aliança em relação à Tchecoslováquia. Já nos círculos do governo berlinense reinava o bom humor. "Portanto, em essência, conseguimos tudo que queríamos segundo o plano de menor dimensão. No momento, sob as circunstâncias predominantes, o plano de maior dimensão ainda não poderá ser realizado", comentou Goebbels o final da "mais grave crise bélica" do regime. "Todos nós caminhamos em um fino arame sobre um abismo vertiginoso. Agora voltamos a sentir a terra firme sob os pés. Esta também é uma sensação boa."[283]

Contudo, Hitler estava bem distante desse tipo de entusiasmo. "Pálido e de mau humor", foi a impressão que ele passou a Chamberlain na manhã de 30 de setembro no apartamento privado do ditador. Enquanto o primeiro-ministro se manifestava com bom humor sobre as perspectivas que o Acordo de Munique abriria para a relação entre Alemanha e Inglaterra, seu interlocutor permaneceu sentado, como que ausente, e, ao contrário do que costumava fazer, raras vezes proferiu alguma palavra. Ao final, Chamberlain tirou do bolso uma declaração esboçada por ele, na qual se falava do desejo de ambos os povos de "nunca mais travar uma guerra mútua" e resolver todas as disputas mediante consulta. Hitler assinou o documento sem contestar.[284] Segundo confidenciou um dia depois a Goebbels, "não quis negá-lo" a Chamberlain, mas não acreditava "seriamente na honestidade da contraparte".[285] Na realidade, Hitler nem sonhava em desistir de seus planos de guerra. A verdadeira razão para seu mau humor residia justamente no fato de que a "grande solução" – o desmembramento da Tchecoslováquia –, lhe havia sido vedada. Logo após a visita de Chamberlain, manifestou a seu ajudante militar de ordens que, "por enquanto", não pensava "absolutamente em um passo que pudesse ser perigoso do ponto de vista político". A princípio, "o que havia sido conquistado tinha de ser digerido". Porém, sua observação feita logo em seguida mostra que, além da Tchecoslováquia, já voltava seu olhar para a próxima meta de expansão: "No devido momento, tomaria a Polônia de assalto, e para tanto utilizaria os meios comprovados."[286] Diante desse pano de fundo, Hitler considerou o Acordo de Munique um contragolpe com uma distância temporal crescente, uma vez que este havia desorganizado seu cronograma.[287]

O humor de Hitler não melhorou muito quando soube que a população havia ovacionado Chamberlain em sua passagem em carro aberto por Munique. Pois nesse entusiasmo espontâneo pelo estadista estrangeiro também ecoava "um tom de crítica a Hitler", que havia conduzido o mundo à beira do abismo de uma grande guerra.[288] O alívio com o fato de que a guerra havia novamente sido afastada foi sentido por todos. No entanto, apenas os fiéis mais entusiastas de Hitler, como os Wagners, atribuíram esse fato ao gênio do "Führer". Segundo observou Winifred

Wagner, teria sido quase um "milagre" o fato de "Wolf nos ter dado de presente a paz em vez da guerra inevitável".[289] Bem diferentes eram os relatórios dos informantes da Sopade. Embora também nesse caso se falasse de um intenso sentimento de alegria e que mais uma vez a situação terminara bem, a esse discurso misturavam-se vozes que advertiam para o fato de que poderia se tratar não de uma "paz duradoura", e sim de um "cessar-fogo que duraria alguns meses, talvez até de um a dois anos". "Apesar do grande êxito obtido por Hitler, desta vez, mesmo nos círculos dos partidários fanáticos do regime, o entusiasmo não foi tão grande quanto no caso da anexação da Áustria", noticiou-se de Saarpfalz.[290]

Para Hitler, o desejo de paz que se manifestara de maneira tão impressionante antes e depois de Munique significava uma grande decepção. "Não posso fazer uma guerra com esse povo", desabafou sua irritação.[291] Chegou a essa conclusão em um discurso a portas fechadas para representantes selecionados da imprensa em 10 de novembro de 1938: sua retórica de anos sobre a paz teria conduzido à convicção errônea de que o regime queria preservá-la "a qualquer preço". Por isso, era "necessário reorientar psicologicamente o povo alemão e, aos poucos, esclarecer-lhe que há coisas que, quando não podem ser impostas com recursos pacíficos, devem ser impostas à força".[292]

O Acordo de Munique significava um duro golpe também para os adversários de Hitler. Tinham esperança de que as potências ocidentais finalmente se decidiriam a opor resistência à política de agressão de Hitler e mais uma vez viram que estavam enganados. Segundo constataram os correspondentes da Sopade, o pacto "abalou a oposição a Hitler em seu âmago e em sua crença na vitória final do direito e da reconstituição da boa-fé no mundo".[293] Isso valia não apenas para a resistência dos sociais-democratas e comunistas, mas também para os círculos nacional-conservadores que, impressionados com o iminente perigo de guerra, se uniram em atividades conspiratórias. Contudo, até hoje a imagem dessa "conspiração de setembro", tal como é nomeada pela literatura, é imprecisa. Grande parte do que sabemos a respeito baseia-se em declarações de pessoas que atuaram no pós-guerra e, portanto, só pode ser utilizado com muita cautela. Aparentemente, tratou-se apenas de uma rede isolada de personalidades e grupos que perseguiam interesses e conceitos muito distintos.[294] Havia homens em altos cargos militares e estatais, como o general e chefe do Estado-Maior do exército, Franz Halder, e o secretário de Estado no Ministério das Relações Exteriores, Ernst von Weizsäcker, cujas atividades visavam não a derrubar Hitler, mas a evitar uma grande guerra europeia, que, segundo acreditavam, terminaria apenas em uma catástrofe para a Alemanha.[295] E havia um grupo em torno do tenente-coronel Hans Oster, no Departamento de Defesa do OKW, e do conselheiro de governo no Ministério do Interior do Reich, Hans Gisevius, que queriam utilizar a crise dos Sudetos para conduzir a uma mudança de regime. Só se pode especular até que ponto esses planos de golpe de Estado de fato prosperaram e se, na pior das hipóteses, tinham alguma chance de êxito. De todo modo, foram frustrados quando Hitler aceitou a proposta de intermediação feita por Mussolini ao meio-dia de 28 de setembro.[296]

Em seu círculo interno, Hitler não deixou nenhuma dúvida de que a cessão das áreas alemãs dos Sudetos representava apenas uma solução temporária. Na noite de 2 de outubro, somente três dias após a assinatura do Acordo de Munique, conversou com Goebbels sobre a situação: "Sua decisão de aniquilar a Tchecoslováquia é inabalável."[297] De 3 a 4 e de 6 a 7 de outubro, Hitler fez duas viagens aos Sudetos e foi levado para ver as fortificações tchecas que se haviam entregado à *Wehrmacht* sem nenhuma resistência. Em 9 de outubro, durante um discurso intensamente aclamado em Saarbrücken, retomou o tom agressivo contra a Inglaterra. Embora tenha confirmado que Chamberlain se dispusera sinceramente a um entendimento, acrescentou que a situação logo mudaria se chegassem ao poder políticos como Winston Churchill, cujo objetivo manifesto era "iniciar uma nova guerra mundial de imediato". Acima de tudo, a Grã-Bretanha teria, de uma vez por todas, de "deixar de lado certos caprichos da época de Versalhes". "Não toleramos mais essa tutela de governanta!" Essa observação não foi a única a demonstrar o quanto o Acordo de Munique estava atravessado em sua garganta – pois, ao mesmo tempo, Hitler criticou indiretamente a inclinação que os alemães tinham revelado pela paz: entre nós, "também houve covardes" que não entenderam que uma "dura decisão tinha de ser tomada".[298] Entre outros, o ditador tinha em mente seu ajudante de ordens, Fritz Wiedemann. Segundo comunicou a Goebbels, teria de demiti-lo, pois, "durante a crise, ele não se mostrou confiável nem soube manter a calma": "E esse tipo de pessoa não lhe servia em caso de emergência."[299] Como mencionado, em janeiro de 1939 Wiedemann foi mandado para São Francisco como cônsul-geral. De Ascona, Hjalmar Schacht, que havia sido demitido por Hitler na mesma época, tentou consolar o colega punido: ele teria a "grande sorte [...] de poder ver as coisas de fora por um tempo". "Aparentemente, graças à dinâmica do 'movimento', as coisas estão evoluindo cada vez mais rápido. Tenha cuidado com o que diz. Aqui se presta atenção em cada palavra."[300]

Em 14 de outubro, o editor Hugo Bruckmann comemorou seus 75 anos. Hitler fez questão de entregar pessoalmente ao antigo incentivador um grande ramalhete de flores e reanimar as lembranças por mais de uma hora e meia. "Ele foi 'humano' e simpático", contaram os Bruckmanns a Ulrich Hassell, ex-embaixador em Roma. "Mas tudo que disse indicava claramente que não havia superado a intervenção das potências e preferia ter feito sua guerra. Mostrou-se furioso sobretudo com a Inglaterra – eis a razão para o discurso incompreensivelmente rude em Saarbrücken."[301] Essas manifestações se multiplicaram nas semanas após o Acordo de Munique e mostraram que o ditador já se preparava para suas próximas aventuras na política externa. Kurt Schmitt, ex-ministro da Economia do Reich, também estava convencido de que Hitler "só faria uma breve pausa". "Ele não consegue ficar sem planejar uma nova manobra."[302] Nunca o repouso – essa era a lei com que se apresentavam o movimento nacional-socialista e seu carismático Führer, e que conferiu sua dinâmica irresistível ao processo da conquista e da ampliação do poder. Mesmo após os magníficos êxitos de 1938 na política externa, Hitler não considerou nem por um instante inserir um intervalo mais longo e dar-se por satisfeito com as conquistas obtidas, tal como Bismarck fizera após 1871 com sua política de saturação. Sempre precisava de novos triunfos para aplacar os acessos de insatisfação da população e impedir a queda de seu prestígio. Por isso, sempre estava pronto para correr riscos cada vez maiores. O medo de já não ter muito tempo de vida pela frente conferiu a seu ativismo expansionista características adicionais de uma impaciência urgente. Por isso, de certo modo, ele instigou tanto quanto foi instigado. Em 21 de outubro, foi emitida à *Wehrmacht* uma nova instrução para a "aniquilação do restante da Tchecoslováquia". "Já em tempos de paz" os preparativos deveriam considerar "de tal maneira o ataque que fosse tirada da própria Tchecoslováquia toda possibilidade de resistência planejada". O objetivo seria "a rápida ocupação" do país e o cerco da Eslováquia".[303]

Em novembro e dezembro de 1938, a política externa caiu temporariamente para o segundo plano. Durante esses meses, a liderança do nacional-socialismo ocupou-se sobretudo do pogrom de 8 e 9 de novembro contra os judeus, que se expandiu por todo o Reich, e de suas consequências. No final de novembro, a notícia de que Berlim e Paris tinham chegado a um acordo causou certo delírio. A iniciativa para tanto partiu de Georges Bonnet, ministro das Relações Exteriores da França, que após a reunião em Munique considerou importante encontrar um equilíbrio com o vizinho cada vez mais ameaçador. Em 6 de dezembro, Ribbentrop e Bonnet assinaram em Paris uma declaração franco-alemã, em que ambas as partes se comprometiam a cultivar "relações pacíficas e de boa vizinhança" e a reconhecer suas fronteiras como definitivas. Justamente pela não obrigatoriedade de suas formulações, a validade do acordo não era maior do que a declaração de 30 de setembro entre Alemanha e Inglaterra.[304]

No início de fevereiro de 1939, após seu discurso no *Reichstag* pelo sexto aniversário da tomada do poder, Hitler foi a Obersalzberg para, segundo declarou, refletir sobre suas próximas medidas na política externa. "Talvez tenha novamente chegado a hora da Tchecoslováquia. Pois esse problema só foi resolvido pela metade", conjecturou Goebbels.[305] Em 10 de fevereiro, o ditador voltou a Berlim para falar aos comandantes das tropas do exército na Krolloper. Esse discurso, não destinado ao público, é um documento excepcional, pois nele Hitler informa seus planos futuros com uma franqueza que lhe era inabitual. Inicialmente, criticou sem rodeios o fato de que alguns "círculos da *Wehrmacht*" teriam demonstrado "se não ceticismo, então expectativa" em relação a seu arriscado jogo na crise dos Sudetos. Por essa razão, julgou necessário informar o corpo de oficiais a respeito dos "motivos internos" que o conduziram à sua ação. Hitler afirmou que todos os passos da política externa após 1933 seguiam não inspirações espontâneas, e sim um plano estabelecido desde o início. Ao mesmo tempo, não deixou nenhuma dúvida de que o triunfo de 1938 não significava o término de suas ambições, mas apenas um "passo para um longo caminho que nos foi traçado, meus senhores, e cuja inevitabilidade quero lhes esclarecer brevemente agora".

E então Hitler revelou ao grande círculo de oficiais o que, em essência, já havia apresentado à cúpula militar em 3 de fevereiro de 1933 e em 5 de novembro de 1937: como o "povo mais forte não apenas da Europa, mas também [...] praticamente do mundo", os 85 milhões de alemães, que pertenciam a uma "raça altamente civilizada", tinham direito a um "espaço vital" maior como base para "a preservação do nível de vida". "Pretendo resolver a questão alemã, ou seja, o problema alemão de espaço", declarou inequivocamente. "Saibam que, enquanto eu viver, [...] essa ideia irá dominar toda a minha existência." Nesse sentido, "nunca recuaria diante do pior". Dos comandantes esperava que o apoiassem "com confiança". "A próxima batalha será pura guerra ideológica, ou seja, certamente uma guerra entre povos e raças", disse Hitler, preparando seus ouvintes para o que estava por vir, sem mencionar ainda a União Soviética como principal objetivo do ataque.[306] Aparentemente, o discurso teve uma repercussão dividida: "uma parte ficou entusiasmada; outra, muito cética", segundo a impressão do ajudante de ordens Engel.[307]

No entanto, inicialmente, Hitler pensava em recuperar o que lhe havia escapado no outono de 1938. Para preparar a incorporação do "restante da Tchecoslováquia", procedeu de duas maneiras: por um lado, usou de todos os pretextos para prorrogar a garantia dada em Munique a respeito da soberania tcheca; por outro, encorajou as ambições separatistas dos eslovacos, para assim promover o processo interno de desintegração do Estado desmembrado. Depois que as negociações entre Praga e Bratislava sobre a autonomia eslovaca fracassaram, o novo presidente tcheco, Emil Hácha, destituiu Josef Tiso, sacerdote católico pró-Alemanha, do governo da Eslováquia e enviou tropas ao local. "Isso é um trampolim", alegrou-se Goebbels. "Agora vamos poder resolver por completo a questão que, em outubro, só conseguimos resolver pela metade." Ao meio-dia de 10 de março, Hitler chamou Goebbels, Ribbentrop e Keitel na Chancelaria do Reich. "Resolução: na quarta-feira, 15 de março, invadir e arrasar toda a estrutura hermafrodita da Tchecoslováquia [...] O Führer está exultante. Essa partida está ganha."[308] No dia 12 de março, a *Wehrmacht* recebeu a ordem de operação. "E no povo reina a mais profunda paz. Ninguém sabe nem suspeita de alguma coisa", anotou o ministro da Propaganda.[309]

Na tarde de 13 de março, a pedido do governo alemão, Tiso foi a Berlim. Hitler informou-o a respeito da ocupação iminente da parte tcheca do país e exortou-o a proclamar imediatamente a independência da Eslováquia. Do contrário – ameaçou –, deixaria a Eslováquia a seu próprio destino, ou seja, daria carta branca para que as tropas húngaras concentradas na fronteira eslovaca invadissem.[310] Em 14 de março, o parlamento em Bratislava proclamou a autonomia da Eslováquia. Às doze horas do mesmo dia, quando Hitler já tratava com Goebbels o estatuto para "a Boêmia e Morávia, protetorado do Reich", chegou a notícia de que o presidente tcheco havia pedido um colóquio com o chanceler alemão do Reich. Hitler concordou, mas notificou a liderança da *Wehrmacht* que, em todo caso, o prazo ordenado para o ataque seria mantido.[311] À noite, Hácha chegou à estação Anhalter acompanhado do ministro tcheco das Relações Exteriores, Frantisek Chvalkovsky. A companhia de honra que marchou para sua recepção foi pura fachada. Hitler não pretendia envolver-se em negociações sérias. Queria a capitulação completa; por isso, empregou a tática do desgaste, que já havia praticado de modo semelhante com Schuschnigg. Deixou os convidados esperando por um bom tempo no Hotel Adlon e, com toda tranquilidade, assistiu a um filme na Chancelaria do Reich.[312]

Somente após a meia-noite é que Hácha e Chvalkovsky foram conduzidos pelos longos corredores e pelas salas intimidadoras da Nova Chancelaria do Reich até o gigantesco escritório de Hitler, fracamente iluminado apenas por algumas luminárias de chão.[313] Para aumentar a pressão sobre os tchecos, o ditador reuniu um grupo consideravelmente grande ao seu redor – além de Göring, Keitel e Ribbentrop, os secretários de Estado Weizsäcker e Meissner, bem como o chefe de imprensa Dietrich, o intérprete Schmidt e Hewel como secretário.[314] O que se seguiu foi um golpe político de gângsteres, feito de ameaças e chantagens, como ainda não se vira na história mais recente da diplomacia. Hácha esperava conseguir salvar ao menos uma parte da independência tcheca, mas logo no início Hitler disse com brutal clareza que já não havia margem para nenhum tipo de negociação. Mais uma vez, desfiou toda a ladainha dos supostos delitos tchecos, afirmou que o "espírito de Benesch" ainda vivia sob o novo regime e, por fim, anunciou sua intenção de erguer um protetorado alemão no restante da Tchecoslováquia. Às seis horas, a *Wehrmacht* iria invadir. Hácha poderia prestar um "último bom serviço" a seu povo se ordenasse por telefone ao ministro da Guerra que nenhuma resistência às tropas alemãs fosse incentivada. "Hácha e Chvalkovsky permaneceram como que petrificados em suas poltronas", lembrou-se o intérprete Schmidt.[315] Enquanto uma tentativa de contato com Praga era realizada, Göring ameaçou bombardear a cidade caso a exigência alemã não fosse atendida. Aparentemente, isso foi demais para o presidente tcheco, que se sentiu mal. Morell, médico pessoal de Hitler, foi chamado e aplicou uma injeção no homem quase desfalecido.[316]

Hácha recuperou-se a ponto de poder ir com seu ministro das Relações Exteriores para uma sala separada e, por telefone, transmitir a Praga as instruções exigidas. Por volta das quatro horas, ambos assinaram uma declaração preparada por Hitler, na qual o presidente tcheco confiava "o destino do seu povo e do seu país às mãos do Führer do Império Alemão": "O Führer aceitou essa declaração e exprimiu sua decisão dizendo que colocará o povo tcheco sob a proteção do Império Alemão e assegurará seu desenvolvimento autônomo, de acordo com sua peculiaridade."[317] Nenhum dos alemães presentes, nem mesmo o secretário de Estado Weizsäcker, pronunciou uma palavra sequer de objeção ao tratamento ultrajante, dispensado à delegação tcheca, e que contrariava todas as práticas diplomáticas e humanas. Ao contrário: ainda em suas lembranças, publicadas em 1950, Weizsäcker teve a petulância de recriminar Hácha por ele ter, com sua assinatura, contribuído para um "início pseudojurídico para a marcha de Hitler em Praga".[318] Com seu "Führer", o alto diplomata partilhava os preconceitos racistas contra os tchecos: "Nunca são agradáveis. Fora das fronteiras do Reich, [são] um problema; dentro delas, um aborrecimento", observou um dia após a "memorável negociação noturna, que o Führer conduziu recorrendo a todos os meios", tal como minimizou a inescrupulosa manobra chantagista.[319]

O próprio ditador mostrou-se "extremamente feliz" e dominado pelo "maior golpe de mestre político de todos os tempos".[320] "Bom, meninas, agora me deem um beijo aqui e aqui!", pediu, oferecendo as bochechas para suas secretárias Christa Schroeder e Gerda Daranowski, que perseveraram a noite inteira em um pequeno gabinete ao lado do escritório de Hitler. "Este é o dia mais bonito da minha vida [...] Vou entrar para a história como o maior alemão de todos os tempos."[321] Ao amanhecer, as tropas alemãs atravessaram a fronteira tcheca; já por volta das nove horas, as primeiras unidades chegaram à Praga. Desta vez, não foram recebidas

[FOTO 67] O presidente tcheco Emil Hácha (segundo à esquerda) com Hitler no escritório da Nova Chancelaria do *Reich*, 15 de março de 1939. (Foto: Heinrich Hoffmann)

com júbilo, mas apenas com silêncio e raiva contida. Por volta do meio-dia, Hitler embarcou em seu trem especial e foi até Ceska Lipa. Os outros cem quilômetros até Praga, ele percorreu em sua limusine Mercedes de três eixos. Sob forte nevasca e quase sem ser percebido pela população, chegou à noite à sede da presidência, no bairro Hradcany. Nada havia sido preparado para recebê-lo. Os ajudantes de ordens foram encarregados de comprar presunto, linguiça branca e cerveja Pilsen no hotel Deutsches Haus.[322]

Ainda à noite, assistido pelo ministro do Interior Frick e pelo secretário de Estado Stuckart, Hitler ditou o decreto sobre a criação do "protetorado do Reich Boêmia e Morávia". Aos tchecos foi prometida certa autonomia.[323] Para primeiro "chefe do protetorado do Reich", Hitler nomeou von Neurath, ex-ministro das Relações Exteriores, que, como membro das antigas elites conservadoras, era visto como relativamente moderado e, por isso, adequado para camuflar a submissão dos tchecos sob o domínio alemão na ocupação.[324] Ao mesmo tempo, a pedido de Tiso, a Eslováquia foi colocada sob a proteção do "Grande Império Alemão"; tropas alemãs entraram em Bratislava. Já na tarde de 16 de março, Hitler deixou Praga e, passando por Brünn, Viena e Linz, voltou para Berlim em 19 de março. Mais uma vez, Goebbels tivera êxito em mobilizar milhares de pessoas que aclamaram o "Führer" no trajeto da estação Görtlizer para a Wilhemstrasse. "Deixamos para trás uma semana que, de todas as surpresas que já vivemos, talvez tenha trazido a maior de todas", registrou Rudolf Buttmann. Graças à "grandiosa arte de governar" de Hitler, um "enorme poder" tinha sido alcançado e, "mais uma vez, sem derramamento de sangue". "Ele tem sorte, sempre!", exclamou-lhe um conhecido na rua.[325]

Mas essas manifestações de absoluta crença no Führer não correspondiam de modo algum, ao ânimo geral da população, pois a incorporação do Estado tcheco desmembrado era tudo, menos popular. Muitas pessoas ainda se lembravam da promessa de Hitler, feita em seu discurso no Palácio de Esportes, em 28 de setembro, de que com os Sudetos estaria cumprida sua "última exigência territorial", e se perguntavam: "Será que isso foi necessário?"[326] Com base nos relatórios de seus informantes do Reich, a Sopade, que se apressou em mudar sua sede de Praga para Paris, falou de uma "preocupação" generalizada "de que, com sua mais recente 'vitória', a Alemanha estaria novamente dando um passo em direção ao grande conflito bélico e, por conseguinte, a mais uma derrota".[327]

Para os planos de guerra de Hitler, a aniquilação do "restante da Tchecoslováquia" não devia ser subestimada. O Império Alemão tomaria posse não apenas de grandes indústrias armamentistas, como as fábricas Skoda, em Pilsen e Praga, e as fábricas de armas em Brünn, mas também de uma boa quantidade de aparatos de guerra, com os quais vinte divisões poderiam ser equipadas. Além dos recursos industriais, a economia armamentista alemã também poderia utilizar as cobiçadas matérias-primas do país, como cobre, níquel, chumbo, alumínio, zinco e estanho. A porta para a invasão econômica da região do Danúbio e dos Bálcãs estava escancarada, e a situação de estratégia militar também tinha melhorado em relação à ambicionada conquista de mais "espaço vital no Leste".[328]

Na noite de 15 de março, o ditador não tinha dúvidas: "Em catorze dias, ninguém mais falará a respeito."[329] Mas desta vez ele se enganou profundamente. Em Londres, a intervenção de Hitler em Praga provocou uma desagradável surpresa. O governo britânico reconheceu que o chefe de Estado alemão havia trapaceado e que suas garantias não valiam o papel em que haviam sido dadas. Desse modo, a política de apaziguamento, baseada na ideia de que se poderia vincular Hitler a tratados e controlá-lo através de concessões, tinha perdido todo fundamento. O embaixador Henderson foi removido de Berlim por tempo indeterminado,[330] e em um discurso em Birmingham, em 17 de março, Chamberlain anunciou uma mudança na postura britânica em relação à Alemanha: recriminou Hitler por ele ter violado de maneira grosseira o princípio do direito de autodeterminação, no qual sempre se tinha baseado, e concluiu com a pergunta retórica: não seria este um passo para "querer dominar o mundo através da violência"?[331]

Na liderança do nacional-socialismo, os protestos de Londres, aos quais se uniu o governo parisiense, não foram levados a sério. "Isso é só gritaria histérica *post festum*, que não nos impressiona nem um pouco", zombou Goebbels.[332] Hitler acreditava poder aproveitar a situação para revidar sem demora. No dia 20 de março, com um ultimato, Ribbentrop exigiu de Joseph Urbsys, ministro das Relações Exteriores da Lituânia e que ainda se encontrava em Berlim, a imediata restituição do Território de Memel, que em 1919 havia sido submetido à administração francesa e, em 1923, anexado pela Lituânia. Já em 22 de março, o conselho de ministros do país sinalizou seu consentimento, e à tarde Hitler embarcou no navio blindado "Deutschland" em Swinoujscie. Por volta da meia-noite, Ribbentrop comunicou a assinatura do "tratado sobre a reunificação do Território de Memel com o Reich". Na manhã de 23 de março, ainda a bordo do encouraçado, Hitler promulgou uma lei correspondente. "Linge! Você está vivendo em uma grande época. Aliás, vamos resolver essas pequenas coisas agora",[333] disse a seu serviçal. Às catorze horas, desembarcou no porto de Memel e, do terraço de um teatro no centro da cidade, fez um breve discurso, no qual saudava os "antigos compatriotas alemães" como "os mais novos cidadãos de nosso Grande Império Alemão".[334] Deixou Memel à noite, e ao meio-dia de 24 de março já estava de volta a Berlim.

A incorporação do território de Memel foi o último êxito da política externa de Hitler sem derramamento de sangue. Na noite de 21 para 22 de março, enquanto aguardava na Chancelaria do Reich a decisão do governo lituano, teve com Goebbels mais uma longa conversa sobre sua "futura política externa": "Agora ele quer um pouco de tranquilidade para reconquistar a confiança."[335] Se o ditador realmente se exprimiu nesse sentido, ele logo se entregou a uma dupla ilusão – uma vez que, como vimos, por um lado não cogitava uma pausa de trégua, fosse por coerções imanentes ao sistema, fosse por razões pessoais. Já na noite de 24 de março, Goebbels encontrou-o meditando "sobre a solução para a questão Danzig": "Ele quer tentar pressionar um pouco a Polônia e espera que ela reaja."[336] Portanto, o próximo objeto de sua agressividade desenfreada já havia sido identificado. Por outro lado, Hitler se enganava ao pensar que poderia reconquistar a confiança das potências ocidentais, pois havia perdido definitivamente esse capital ao quebrar o Acordo de Munique. Para todos estava visível que havia deixado cair a máscara do político revisionista e pacifista e que por trás dela aparecia a natureza violenta de seu regime, que, no fundo, visava à expansão ilimitada. Segundo esclareceu Halifax, ministro britânico das Relações Exteriores na reunião de gabinete de 18 de março, o "verdadeiro problema" seria "a tentativa da Alemanha [...] de obter o domínio mundial. Oferecer resistência a isso seria do interesse de todos os Estados."[337] Em 31 de março, os governos britânico e francês deram uma declaração de garantia para a independência do Estado polonês. Assim se esboçou a constelação que poucos meses depois conduziria à Segunda Guerra Mundial.

Se com o pogrom de novembro, no outono de 1938, Hitler já tinha rompido com todas as normas civilizatórias, com a intervenção em Praga também ultrapassou uma linha vermelha na política externa. Com razão, Ulrich von Hassell reconheceu nesse ato o "primeiro caso de franca arrogância, de ultrapassagem de todos os limites e, ao mesmo tempo, de toda decência".[338] Já não havia como voltar atrás. Em 15 de março, o ditador julgou-se no auge da sua trajetória sem precedentes, mas, na realidade, sua derrocada já havia sido iniciada, o caminho para o declínio já estava tomado. Segundo formulou François-Poncet com perspicácia, "com esse dia, seu destino estava selado".[339]

***

No entanto, foram necessários alguns olhares aguçados para reconhecer nos até então êxitos de Hitler os germes da catástrofe futura.[340] Em 20 de abril de 1939, quando o ditador comemorava seus cinquenta anos, as sombras da Nêmesis ainda pareciam distantes. Mais uma vez, Goebbels envidou todos os esforços para levar o culto ao Führer ao topo. "Os cinquenta anos do criador da Grande Alemanha. Dois dias de jornais em edições de luxo e especiais, apoteose extrema", comentou Victor Klemperer.[341] O ministro da Propaganda já havia iniciado os preparativos no verão de 1938. Contudo, no início de dezembro Hitler manifestou incidentalmente que não queria "nenhuma comemoração especial": "Portanto, parar tudo!", disse Goebbels, adotando a diretiva do Führer.[342] Porém, não parecia levá-la mesmo a sério, pois a extensa programação das solenidades, preparada sob sua responsabilidade desde janeiro de 1939 e, por fim, também aprovada por Hitler excedeu todos os aniversários anteriores do Führer. Alguns dias antes do evento, Goebbels registrou: "Muito trabalho com o aniversário do Führer. Desta vez, a comemoração será grandiosa."[343]

À imprensa foram encaminhadas instruções detalhadas de como deveria dignificar o homem no topo. Os redatores foram advertidos a não escrever "sobre sua infância, sua família nem sobre sua vida privada", uma vez que "sobre esses três temas foram difundidos muitos absurdos no passado". Em contrapartida, podia-se "relatar sobre a mudança política, a trajetória política de Adolf Hitler etc. com riqueza de detalhes". Acima de tudo, os jornais deveriam providenciar "edições especiais bastante bonitas e ricas em conteúdo".[344] A destacada importância atribuída ao aniversário de cinquenta anos como auge cerimonial do ano festivo foi ressaltada com o fato de Frick, ministro do Interior do Reich, declarar repentinamente o dia 20 de abril de 1939 "feriado nacional". Assim, pessoas de todos os cantos do país poderiam participar em grande número das comemorações.

A parte oficial da programação foi aberta com um discurso de Goebbels, transmitido às 18h30 por todas as emissoras de rádio. Em suas costumeiras expressões bajuladoras, elogiou Hitler como "homem de importância histórica", que o povo alemão "seguiria com disposição e obediência" em todas as suas iniciativas. "Como por milagre", ele havia "conduzido a uma solução fundamental uma questão da Europa central a qual acreditava-se ser insolúvel". O cínico ministro da Propaganda

[FOTO 68] Em nome da liderança reunida, Hermann Göring parabeniza o chanceler do Reich Adolf Hitler por seu aniversário de cinquenta anos, 20 de abril de 1939.

chamou de "paz na realidade prática" o estado que Hitler provocara contra a Tchecoslováquia com seu ato de violência.[345] Às dezenove horas, a liderança reunida do NSDAP – 1.600 pessoas – parabenizou o aniversariante no salão de mosaicos da Nova Chancelaria do Reich. Rudolf Heß reiterou a garantia de fidelidade incondicional de vassalo, inclusive para o caso de "os instigadores do mundo irem às últimas consequências", e entregou ao admirador de Frederico, o Grande, cinquenta cartas originais do rei da Prússia.[346] Foi apenas um dos muitos presentes dispostos sobre as longas mesas na Chancelaria do Reich – no mesmo salão em que, em 1878, foi reunido o Congresso de Berlim, sob a direção de Bismarck. Entre os presentes havia muita coisa *kitsch*, mas também muitos objetos de valor, sobretudo obras de arte de pintores apreciados por Hitler, como Franz von Defregger e Carl Theodor von Piloty. Quem superou todos os convivas foi o ministro da Economia e presidente do Banco do Reich, Walther Funk, que fez a alegria do amante das artes com a obra "Vênus ao espelho", de Ticiano.[347]

O principal espetáculo da véspera foi a inauguração do Eixo Leste-Oeste, primeiro grande trecho da nova artéria de tráfego, concluída ao longo da reestruturação da capital do Reich. Junto com seu arquiteto Speer, Hitler percorreu os sete quilômetros da via em carro aberto. O apelo de Goebbels para que se formassem fileiras foi seguido por centenas de milhares de berlinenses. "Um júbilo sem igual. A avenida brilha como em um conto de fadas. E uma atmosfera como nunca vista. O Führer está radiante de alegria", entusiasmou-se o ministro da Propaganda com sua própria encenação.[348] Às 22h, logo depois do grande concerto militar da *Wehrmacht*, seguiu-se pela Wilhelmstrasse a marcha iluminada da "velha guarda", respectivamente cinquenta de todas as circunscrições. Da sacada da Chancelaria do Reich, o "Führer" saudou as colunas marrons.

Por volta da meia-noite, Hitler recebeu os parabéns e os presentes de seus amigos mais próximos. Mostrou-se especialmente encantado com o modelo de quatro metros do gigantesco arco do triunfo, que Speer havia mandado instalar no salão da Pariser Platz. "Por um bom tempo e visivelmente comovido, ele observou no modelo um sonho de juventude que havia tomado forma", lembrou-se o arquiteto. "Profundamente impressionado, deu-me a mão sem dizer palavra e depois, eufórico, elogiou a seus convidados a importância dessa construção para a futura história do Reich."[349] Quase por compulsão, Hitler ainda visitou o modelo várias vezes durante a noite, totalmente ensimesmado em sua visão fantástica da futura "Germânia, capital do mundo".

A programação continuou na manhã seguinte com uma serenata executada pela banda da ss-*Leibstandarte* no jardim da Chancelaria do Reich. O monsenhor Cesare Orsenigo, decano do corpo diplomático e núncio papal, abriu a fila de congratulantes oficiais. Foi seguido por Neurath, responsável pelo protetorado Boêmia e Morávia, com o presidente tcheco Hácha a reboque, o primeiro-ministro eslovaco Tiso, os membros do regime do Reich e a cúpula da *Wehrmacht*. A recepção de

[FOTO 69] Parada militar no novo Eixo Leste-Oeste em Berlim pelo aniversário de cinquenta anos de Adolf Hitler, 20 de abril de 1939.

Albert Froster, *Gauleiter* de Danzig – que entregou a Hitler a carta de cidadão honorário da Cidade Livre de Danzig "como sinal de ligação de sangue" com o povo alemão – teve uma importância simbólica a não ser subestimada em relação aos planos iminentes do ditador.[350]

Às onze horas iniciou-se no Eixo Leste-Oeste a parada da *Wehrmacht*. Demorou mais de quatro horas e deveria ser uma demonstração da força militar do Reich alcançada naquele meio-tempo. Todas as formações da *Wehrmacht* participaram; foram apresentadas as armas mais modernas, sobretudo tanques de guerra e artilharia pesada. Diante da Escola Técnica Superior, construiu-se uma tribuna, de onde Hitler assistiu à parada sob um baldaquino, com trono e estandarte do Führer. "Sempre me admiro, pois não sei de onde ele tira sua força", escreveu a secretária Christa Schroeder para uma amiga. "Pois ficar quatro horas em pé, cumprimentando, é um esforço e tanto. Só de assistir já ficamos exaustos."[351]

Por ordem de Hitler, Ribbentrop havia convidado cerca de 150 personalidades estrangeiras, a fim de impressioná-las com a exibição do poderio militar. Na tribuna de honra não estavam presentes os embaixadores da Inglaterra e da França, que após o rompimento do Acordo de Munique foram chamados de volta a seus países. (Desde o pogrom contra os judeus, em novembro de 1938, os Estados Unidos já não eram representados por um embaixador.) Depois do desfile, Hitler recebeu os convidados estrangeiros para um chá na Nova Chancelaria, ao qual também foram convidados os ministros do Reich, os dirigentes do NSDAP e os generais.[352]

O jornal semanal do período de 16 a 23 de abril, produzido pela UFA[††] e veiculado nos cinemas, foi todo dedicado ao aniversário de cinquenta anos de Hitler. Doze cinegrafistas gravaram mais de 10 mil metros de filme, depois editados para os 546 metros de comprimento do jornal semanal. A maior parte dele foi tomada pelo desfile das tropas, que o locutor apresentou como "o maior desfile militar do Terceiro Reich". Sem dúvida, essa ênfase serviu para armar psicologicamente a população, tal como Hitler havia reivindicado em seu discurso secreto de 10 de novembro de 1938. Por isso, já não se apresentou apenas no papel do estadista infalível, e sim na pose marcial do comandante que apresentava ao mundo espantado a atemorizante força combativa de sua máquina de guerra.[353]

Goebbels ficou muito satisfeito com o decorrer dos dois dias de festa: "O Führer é festejado pelo povo como nunca antes um ser humano o foi."[354] Já os informantes da Sopade chegaram a um julgamento diferenciado: quem observou a despesa gasta para se comemorar esse aniversário poderia facilmente achar que a popularidade de Hitler continua crescendo. "Mas quem realmente conhece o povo sabe que, se não tudo, muito daquilo é mera aparência." Aos leitores dos jornais submetidos ao partido mal se conseguiu esconder que "a estrela da política exter-

††   Na época, Universum Film AG. (N.T.)

na de Hitler estava apagada" e "o sistema conduz a uma Segunda Guerra Mundial, que já parece perdida desde o começo". "Acima de todo o luxo das bandeiras e do barulho da festa", resumiram os correspondentes, "repousa a pressão paralisante do medo da guerra." Contudo, segundo acrescentaram, isso não significava que "na Alemanha a crença no Führer esteja acabada"; ao contrário, ela "ainda está viva em amplas camadas do povo".[355] A popularidade de Hitler também se baseava especialmente em seu prestígio de, por fim, conseguir manter a paz mesmo com todas as suas manobras arriscadas. No começo de setembro de 1939, quando ele desencadeou a guerra mundial que, após as "vitórias-relâmpago" iniciais, a partir do inverno de 1941-1942 se encaminhou visivelmente para uma catástrofe militar, também o mito do Führer estaria exposto a uma decadência a princípio lenta, mas depois cada vez mais veloz.

NOTAS

675

Capítulo 1. O jovem Hitler

1. Adolf Hitler: *Monologe im Führerhauptquartier 1941-1944. Die Aufzeichnungen Heinrich Heims.* Publicado por Werner Jochmann, Hamburgo, 1980, p. 357 (em 21 de agosto de 1942).

2. Cf. Dirk Bavendamm: *Der junge Hitler. Korrektur einer Biographie 1889-1914*, Graz, 2009, p. 54.

3. Cf. Anna Maria Sigmund: *Diktator, Dämon, Demagoge. Fragen und Antworten zu Adolf Hitler*, Munique, 2006, p. 125 e seguintes. (na p. 124, o fac-símile do protocolo de legalização de 16 de outubro de 1876); Guido Knopp: *Geheimnisse des »Dritten Reiches«*, Munique, 2011, p. 25-29. O fac-símile do registro no livro de batizados inicialmente em Franz Jetzinger: *Hitlers Jugend. Phantasien, Lügen und Wahrheit*, Viena, 1956, p. 16.

4. Verificar, para elucidação dos possíveis motivos, Ian Kershaw: *Hitler*, vol. I: 1880-1936, Stuttgart, 1998, p. 32-36.

5. Especialmente Werner Maser: *Adolf Hitler. Legende – Mythos – Wirklichkeit*, 12ª edição, Munique/Esslingen, 1989, p. 36. Com ele concorda Wolfgang Zdral: *Die Hitlers. Die unbekannte Familie des Führers*, Frankfurt am Main/Nova York, 2005, p. 19 e seguintes.

6. Bayerischer Kurier nº 72, em 12 de março de 1932; BA Berlin-Lichterfelde, NS 26/13. A edição extra da *Wiener Sonn- und Montagszeitung* com a manchete: *"Hitler heißt Schücklgruber"* ["O nome de Hitler é Schücklgruber"] in BA Berlin-Lichterfelde, NS 26/17.

7. Hans Frank: *Im Angesicht des Galgens. Deutung Hitlers und seiner Zeit auf Grund eigener Erlebnisse und Erkenntnisse*, Munique/Gräfelfing, 1953, p. 330 e seguintes. Verificar, em relação ao histórico do boato sobre um avô judeu de Hitler, Brigitte Hamann: *Hitlers Wien. Lehrjahre eines Diktators*, Munique/Zurique, 1996, p. 69-72; Knopp: *Geheimnisse des »Dritten Reiches«*, p. 18-20. Sobre a "Árvore genealógica do *Führer*" cf. ibid., p. 16-18.

8. Verificar Maser: *Adolf Hitler*, p. 27-30.

9. August Kubizek: *Adolf Hitler. Mein Jugendfreund*, Graz/Gotinga, 1953, p. 59.

10. Depoimento do *Zollobersekretärs*: *"Hebestreit in Braunau"*, em 21 de junho de 1940; BA Berlin-Lichterfelde, NS 26/17a.

11. Veja as certidões de nascimento e óbito de Franziska Hitler in BA Berlin-Lichterfelde, NS 26/17a. Praticamente nada se sabe sobre a infância e a juventude de Klara Pölzl. Cf. Bavendamm: *Der junge Hitler*, p. 78 e seguintes.

12   O pedido de dispensa, impresso em Zdral: *Die Hitlers*, p. 24 e seguintes.

13   Fac-símile da certidão de batismo e nascimento em Kubizek: *Adolf Hitler*, p. 49.

14   Cf. Anton Joachimsthaler: *Korrektur einer Biographie. Adolf Hitler 1908-1920*, Munique, 1989, p. 31; Christa Schroeder: *Er war mein Chef. Aus dem Nachlaß der Sekretärin von Adolf Hitler*. Publicado por Anton Joachimsthaler, 3ª ed., Munique/Viena, 1985, p. 213 e seguintes; Olaf Rose (editor): Julius Schaub. In *Hitlers Schatten*, Stegen, 2005, p. 337 e seguintes.

15   Verificar, sobre as fontes conflitantes, Bavendamm: *Der junge Hitler*, p. 21-24; Ludolf Herbst: *Hitlers charisma. Die Erfindung eines deutschen Messias*, Frankfurt am Main, 2010, p. 64 e seguintes; Othmar Plöckinger: *Frühe biographische Texte zu Hitler*. Para a avaliação dos textos autobiográficos em *Mein Kampf*: *Vierteljahrshefte für Zeitgeschichte*, nº 58 (2010), p. 93-114.

16   Adolf Hitler: *Mein Kampf*. Vol. 1: *Eine Abrechnung*, 7ª edição, Munique, 1933, p. 1.

17   Cf. Marlies Steinert: *Hitler*, Munique, 1994, p. 24; Hitler: *Mein Kampf*, p. 135: "O alemão que eu falava na época da juventude era o dialeto da Baixa Baviera; fui incapaz de esquecê-lo, assim como fui incapaz de aprender o dialeto vienense."

18   Verificar, por exemplo, *Monologe*, p. 26 (de 27 e 28 de setembro de 1941), p. 171 (de 3 e 4 de janeiro de 1942).

19   Cf. Jetzinger: *Hitlers Jugend*, p. 63 e seguintes, 122-124.

20   Cf. Zdral: *Die Hitlers*, p. 30 e seguintes.

21   Citação em Kershaw: *Hitler*, vol. 1, p. 43. Hitler contou a seu amigo Kubizek que as brigas com seu pai "muitas vezes acabavam em surras" que este lhe aplicava. (Kubizek: *Adolf Hitler*, p. 55). Cf. também Albert Speer: *Erinnerungen*, Frankfurt am Main/Berlim, 1993, p. 138. Na presença de sua secretária, Christa Schroeder, Hitler se gabou dizendo que certa vez levou 32 pancadas sem ter emitido um único gemido de dor. (*Er war mein Chef*, p. 63). Cf. também Bavendamm: *Der junge Hitler*, p. 114 e seguintes.

22   Cf. Bradley F. Smith: *Adolf Hitler. His Family, Childhood and Youth*, Stanford, 1967, p. 43-45. Em agosto de 1942, Hitler relatou que "seu velho pai havia sido um grande apicultor". E que ele, Hitler, "levou tantas picadas" que "quase morreu". *Monologe*, p. 324 (em 3 de agosto de 1942).

23   Cf. Frank: *Im Angesicht des Galgens*, p. 332. Segundo o livro, Hitler teria dito: "Esta foi a maior vergonha que já senti. Oh, Frank, eu sei o quão diabólico o álcool pode ser! O álcool – juntamente com meu pai – foi o maior inimigo da minha juventude." Dúvidas fundamentadas sobre essa versão em Jetzinger: *Hitlers Jugend*, p. 93 e seguintes. Bavendamm: *Der junge Hitler*, p. 101.

24   *Die Tagebücher von Joseph Goebbels*. Sob os cuidados dos Arquivos Estatais do Instituto de História Contemporânea da Rússia. Publicado por Elke Fröhlich. Parte I: *Aufzeichnungen 1923-1941*, Munique, 1998-2006, vol. 2/II, p. 336 (em 9 de agosto de 1932). Ver também ibid., p. 199 (em 20 de janeiro de 1932): "Hitler faz um relato comovente sobre a sua juventude. Ele fala sobre seu pai rigoroso e sua mãe bondosa."

25 Citação segundo Hamann: *Hitlers Wien*, p. 16; Cf. Smith: *Adolf Hitler*, p. 51. Sobre o meio-irmão, Alois Hitler, e seu filho, William Patrick Knopp. verificar: *Geheimnisse des »Dritten Reiches«*, p. 31-38, 55-70.

26 Kubizek: *Adolf Hitler*, p. 53.

27 Entre outros, Alice Miller: *Am Anfang war Erziehung*, Frankfurt am Main, 1980; em seguida, Christa Mulack: *Klara Hitler. Muttersein im Patriarchat*, Rüsselsheim, 2005, p. 51. Sobre a crítica das interpretações psicoanalíticas, Cf. Wolfgang Michalka: *Hitler im Spiegel der Psycho-Historie, Zu neueren interdisziplinären Deutungsversuchen der Hitler--Forschung* em: Francia, vol. 8 (1980), p. 595-611; Gerhard Schreiber: *Hitler. Interpretationen 1923-1983. Ergebnisse, Methoden und Probleme der Forschung*, Darmstadt, 1984, p. 316-327; Kershaw: *Hitler*, vol. I, p. 761, nota 63.

28 Otto Wagener: *Hitler aus nächster Nähe. Aufzeichnungen eines Vertrauten 1929-1932*. Publicado por Henry A. Turner, Frankfurt am Main/Berlim/Viena, 1978, p. 425.

29 Goebbels: *Tagebücher*, parte I, vol. 5, p. 390 (em 22 de julho de 1938).

30 Hitler: *Mein Kampf*, p 6. Cf. *Monologe*, p. 375 (de 29 de agosto de 1942): "Passei muito tempo ao ar livre durante o meu tempo de escola". Em uma carta datada de 16 de outubro de 1923, em Graz, dirigida a Fritz Seidl, um amigo de infância de anos anteriores, Hitler menciona "aquele tempo incrível de molecagens que nós fazíamos juntamente com outros do grupo". BA Berlin-Lichterfelde, NS 26/14; reproduzido em *Hitler. Sämtliche Aufzeichnungen 1905-1924*. Publicado por Eberhard Jäckel, juntamente com Axel Kuhn, Stuttgart, 1980, nº 585, p. 1038. Cf. Goebbels: *Tagebücher*, parte I, vol. 6, p. 49 (de 19 de agosto de 1938): "Ele contou sobre seus anos de juventude passados em Leonding e Lambach. Ali, ele viveu uma época feliz".

31 BA Berlin-Lichterfelde, NS 26/17a.

32 *Monologe*, p. 281 (de 17 de fevereiro de 1942). Cf. Goebbels: *Tagebücher*, parte I, vol. 3/II, p. 299 (de 20 de dezembro de 1936): "Conversamos sobre Karl May e sua vida aventureira. O *Führer* o adora e gosta de ler seus livros".

33 Albert Speer: Spandauer *Tagebücher. Mit einem Vorwort von Joachim Fest*, Munique, 2002, p. 523 (de 5 de maio de 1960). Cf. a leitura de Karl May em Smith: *Adolf Hitler*, p. 66 e seguintes; Hamann: *Hitlers Wien*, p. 21, 544-548; Bavendamm: *Der junge Hitler*, p. 359-376.

34 Hitler: *Mein Kampf*, p. 3. Cf. Otto Dietrich: *12 Jahre mit Hitler*, Munique, 1955, p. 166: "Hitler conta que, mesmo quando criança, foi um garoto selvagem e difícil de controlar".

35 De acordo com Joachim Fest: *Hitler. Eine Biographie*, Frankfurt am Main/Berlim/Viena, 1973, p. 37. De acordo com o registro no livro da escola, Hitler frequentou a escola pública de Leonding de 27 de fevereiro de 1899 até ser transferido para a escola secundária, em Linz, no dia 17 de setembro de 1900; BA Berlin-Lichterfelde, NS 26/65.

36 Reproduzido em Jetzinger: *Hitlers Jugend*, p. 105 e seguintes. Em uma carta endereçada a um antigo colega, Theodor Gissinger, datada de 28 de abril de 1935, Huemer conta o que deu origem ao parecer: Após o golpe de novembro de 1923, Angela Rauball lhe entregou um texto escrito pelo advogado Lorenz Roder, constituído por Hitler para o

processo, com o pedido de fornecer "uma imagem adequada" do aluno Hitler, "em oposição a determinados boatos emitidos por uma imprensa hostil". BA Koblenz, N 1128/30.

37 Hitler: *Mein Kampf*, p. 6.

38 Cf. Smith: *Adolf Hitler*, p. 69 e seguintes; Bavendamm: *Der junge Hitler*, p. 133.

39 Hitler: *Mein Kampf*, p. 7.

40 Ibid., p. 16. *Die Todesanzeige Klara Hitlers* em BA Berlin-Lichterfelde, NS 26/17.

41 Cf. Jetzinger: *Hitlers Jugend*, p. 124-129; Smith: *Der junge Hitler*, p. 94.

42 Transcrições do Dr. Leopold Zaumer, de Weitra, em 16 e 23 de outubro de 1938, sobre os depoimentos de Marie Koppensteiner e Johann Schmidt, os dois filhos de Theresia Schmidt, nascida Pölzl; BA Berlin-Lichterfelde, NS 26/17a. Em abril de 1938, o município de Weitra ofereceu a Hitler o título de cidadão honorário, informando que em Spital, um lugarejo situado a somente quatro quilômetros, "ainda se encontravam as casas da família Hitler e Pölzl". "Nesse lugar ainda moram alguns parentes próximos do *Führer* e chanceler do *Reich*, e foi ali que o *Führer* passou parte de sua juventude." BA Berlin-Lichterfelde, NS 51/80.

43 Goebbels: *Tagebücher*, parte I, Bd. 5, p. 331 (em 3 de junho de 1938).

44 "*Unser Führer Adolf Hitler als Student in Steyr von seinem einstigen Lehrer Gregor Goldbacher Prof. i.r.*"; BA Berlin-Lichterfelde, NS 26/17a.

45 *Monologe*, p. 170 (em 8 e 9 de janeiro de 1942). Cf. Ibid., p. 376 (em 29 de agosto de 1942): "Pelo menos metade de meus professores não eram muito certos da cabeça". Cf. também Henry Picker: *Hitlers Tischgespräche im Führerhauptquartier*, 3ª edição, nova, ampliada e completamente revisada, Stuttgart, 1976, p. 217 (de 12 de abril de 1942): "As lembranças que ele tinha de seus professores eram predominantemente desagradáveis." Cf. Gustav Keller: *Der Schüler Adolf Hitler. Die Geschichte eines lebenslangen Amoklaufs*, Münster, 2010, p. 110. O autor, um psicólogo escolar, vê no fracasso escolar de Hitler "o desencadeador decisivo de um desenvolvimento mental aberrante", que levou a um "complexo de inferioridade, o qual Hitler compensou com uma necessidade imensa de autoafirmação e ambição de poder". A tese subsequente do "comportamento violento com suicídio final" é, na verdade, uma derivação simplista. (Citações p. 3, 118, 121).

46 Hitler: *Mein Kampf*, p.12. Sobre L. Poetsch, Cf. Bavendamm: *Der junge Hitler*, p. 136-141. Em uma carta datada de 20 de junho de 1929, Poetsch chamou a atenção de Hitler para o fato de que seu nome não era Ludwig (como estava escrito nas três primeiras edições de *Mein Kampf*) e sim Leopold: "Não leve a mal este comunicado sincero de seu velho professor, que se lembra com prazer de seu aluno [...]". Hitler lhe agradeceu efusivamente em 2 de julho de 1929 pela retificação: "[Suas palavras] fizeram-me lembrar dos anos de juventude e das horas passadas com um professor a quem tanto devo, que me deu parte da base para o caminho que estou trilhando." Hitler: *Reden Schriften Anordnungen. Februar 1925 bis Januar 1933*. Vol. III, parte 2: março de 1929 a dezembro de 1929. Publicado e comentado por Klaus A. Lankheit. Munique/New Providence/Londres/Paris, 1994, Doc. 46, p. 279, not. 2.

47 Cf. Evan Burr Bukey: *Patenstadt des Führers. Eine Politik- und Sozialgeschichte von Linz 1908-1945*, Frankfurt am Main/Nova York, 1993, p. 16.

48 Hitler: *Mein Kampf*, p. 16.

49 Cf. Kubizek: *Adolf Hitler*, p. 23; Hamann: *Hitlers Wien*, p. 40 e seguintes.

50 Kubizek data o início da amizade no dia de "Todos os Santos do ano de 1904" (p. 20). Jetzinger, por sua vez (*Hitlers Jugend*, p. 137, 141) fornece provas de que ambos somente se conheceram no outono de 1905.

51 Cf. Hamann: *Hitlers Wien*, p. 77-83; baseado nisso, Kershaw: *Hitler*, vol. 1, p. 51 e seguintes. O jornalista Renato Attilo Bleibtreu, que no final dos anos trinta pesquisou *in loco* o material sobre a juventude de Hitler a pedido do Arquivo Central do NSDAP de Munique, também procurou August Kubizek, que fora obrigado a largar sua carreira musical e se tornou secretário municipal em Eferding, em Linz. "Se Kubitscheck [sic] escrever suas lembranças do *Führer* da mesma forma que ele as conta, este relatório certamente será uma das peças mais importantes do Arquivo Central", anotou Bleibtreu a seguir. BA Berlin-Lichterfelde, NS 26/17a. Sobre Renato Bleibtreu, Cf. Brigitte Hamann: *Hitlers Edeljude. Das Leben des Armenarztes Eduard Bloch*, Munique/Zurique, 2008, p. 339-349.

52 Kubizek: *Adolf Hitler*, p. 34 e seguintes.

53 Cf. Claudia Schmölders: *Hitlers Gesicht. Eine physiognomische Biographie*, Munique, 2000, p. 7, 9, 62 e seguintes, 104, 182.

54 Kubizek: *Adolf Hitler*, p. 26.

55 Ibid., p. 27.

56 Hitler: *Mein Kampf*, p. 15. Durante uma visita a Linz, em abril de 1943, Hitler guiou seu séquito pelo Teatro Estadual: "Visivelmente emocionado, ele nos mostrou o lugar barato na galeria superior, de onde havia assistido Lohengrin, Rienzi e outras óperas [...]" Speer: *Spandauer Tagebücher*, p. 259 (em 14 de janeiro de 1951).

57 Thomas Mann: *Versuch über das Theater*, em: Essays I: 1883-1914, Frankfurt am Main, 2002, p. 139.

58 Kubizek: *Adolf Hitler*, p. 101.

59 Citação em Jetzinger: *Hitlers Jugend*, p. 132.

60 Cf. *»Rienzi«-Episode Kubizek: Adolf Hitler*, p. 133-142 (Citação p. 140 e seguintes, 142). Albert Speer transmitiu o enunciado de Hitler sobre a *Overture Rienzi*, no verão de 1938: "No Teatro de Linz, durante a execução dessa música sublime, eu, quando jovem, tive a inspiração divina de que também seria capaz de unificar o *Reich* alemão, fortalecendo-o." (*Spandauer Tagebücher*, p. 136, em 7 de fevereiro de 1948). Sobre o encontro entre Kubizek e Hitler, em 3 de agosto de 1939, em Bayreuth, Cf. Brigitte Hamann: *Winifred Wagner oder Hitlers Bayreuth*, Munique/Zurique, 2002, p. 390-392. Bavendamm (*Der junge Hitler*, p. 282) assume sem críticas o relato de Kubizek: Com a epifânia Rienzi, Hitler já havia interiorizado a ideia de uma "missão" política, semelhante a Jochen Köhler (*Wagners Hitler. Der Prophet und sein Vollstrecker*, Munique, 1997, p. 35), que fala de uma "iniciação mística".

61 Kubizek: *Adolf Hitler*, p. 117.

62 Conferir o episódio "Stefanie" em Kubizek: *Adolf Hitler*, p. 76-89: sobre isso, Jetzinger escreve de forma crítica em: *Hitlers Jugend*, p. 142-148; Anton Joachimsthaler: *Hitlers Liste. Ein Dokument persönlicher Beziehungen*, Munique, 2003, p. 48-52. Cf. Goebbels: *Tagebücher*, parte I, volume 2/III, p. 81 (em 13 de dezembro de 1932): "Hitler conta sobre seu grande amor da juventude. É emocionante como ele adora as mulheres". Ibid., vol. 5, p. 331 (em 3 de junho de 1938): "O Führer conta sobre sua infância e seu primeiro amor, em Linz". Lothar Machtan vê, na descrição de Kubizek, somente uma manobra para desviar a atenção da natureza homossexual de sua amizade com Hitler (*Hitlers Geheimnis. Das Doppelleben eines Diktators*, Berlim, 2001, p. 47-57). Na verdade, ele nos fica devendo uma prova de sua tese. Certamente, não podemos descartar o fato de que aquela "aliança juvenil", como Kubizek (p. 103) caracteriza sua relação com Hitler, tinha uma conotação homoerótica. Sobre as "alianças" tecidas entre homens na virada do século, Cf. Claudia Bruns: *Politik des Eros. Der Männerbund in Wissenschaft, Politik und Jugendkultur (1880-1934)*, Colônia/Weimar/Viena, 2008.

63 Hitler: *Mein Kampf*, p. 18.

64 Fac-símile em Kubizek: *Adolf Hitler*, p. 192. Sobre os quatro cartões, ibid., p. 146-149; Jetzinger: *Hitlers Jugend*, p. 151-155. Reproduzido em *Hitler: Sämtliche Aufzeichnungen*, nº 3-6, p. 44 e seguintes. Em meados dos anos setenta, Paula Kubizek relata que os cartões e as cartas de Hitler ainda estavam em seu poder e que ela os havia legado aos filhos de seu marido: "Não quero que sejam vendidos, eles devem permanecer na família". Paula Kubitschek [sic] para Henriette von Schirach, 10 de novembro de 1976; BayhStA Munique, Nl H. v. Schirach 3.

65 Kubizek: *Adolf Hitler*, p. 145.

66 Hamann: *Hitlers Edeljude*, p. 81.

67 Cf. excerto do livro de cirurgias do hospital de 1907 e a anotação do médico, *Hofrat* Dr. Karl Urban, de 16 de novembro de 1938; BA Berlin-Lichterfelde, NS 26/65 e NS 26/17a.

68 Hamann: *Hitlers Wien*, p. 52.

69 Hitler: *Mein Kampf*, p. 18 e seguintes.

70 Ibid., p. 19.

71 Kubizek: *Adolf Hitler*, p. 166 ; Hamann: *Hitlers Wien*, p. 54.

72 Eduard Bloch: *»Erinnerungen an den Führer und dessen verewigte Mutter«* (novembro de 1938); BA Berlin-Lichterfelde, NS 26/65. Cf. também Eduard Bloch para Renato Bleibtreu, 8 de novembro de 1938; ibid.

73 De acordo com Kershaw: *Hitler*, vol. 1, p. 42, 56.

74 De acordo com a tese de Rudolph Binion: "[...] que vocês me tenham encontrado." *Hitler und die Deutschen*, Stuttgart 1978, p. 38.

75 Hamann: *Hitlers Edeljude*, p. 69. Em 1907/1908, Hitler enviou a Bloch uma saudação de Ano-novo, assinada como "seu sempre grato Adolf Hitler". Cf. o relatório de Bleibtreu sobre a questão Dr. Bloch; BA Berlin-Lichterfelde, NS 26/17a.

76 Hamann: *Hitlers Edeljude*, p. 261.

77 Kubizek: *Adolf Hitler*, p. 176.

78 Vgl. Hamann: *Hitlers Wien*, p. 58, 85. A tese do "homem muito rico" em Maser: *Adolf Hitler*, p. 83.

79 Hamann: *Hitlers Wien*, p. 59-62. A troca de correspondências foi encontrada em 1941 no legado de Johanna Motloch, sendo confiscada pela Gestapo. Em outubro de 1942, Martin Bormann forneceu a Hitler uma cópia das cartas e relatou sua reação a Heinrich Himmler: "Ao lembrar-se de fatos que ele já conhecia, o *Führer* ficou muito emocionado". Ibid., p. 590, nota 193.

80 *Hitlers Tischgespräche*, p. 276 (em 10 de maio de 1942); Cf. também *Monologe*, p. 120 (em 15 e 16 de janeiro de 1942).

81 Cf. Hamann: *Hitlers Edeljude*, p. 94.

82 Cf. Zdral: *Die Hitlers*, p. 52, 203-206.

83 Hamann: *Hitlers Wien*, p. 63; *Hitler: Sämtliche Aufzeichnungen*, nº 9, p. 47.

Capítulo 2. Os anos em Viena

1 Hitler: *Mein Kampf*, p. 137.

2 Stefan Zweig: *Die Welt von Gestern. Erinnerungen eines Europäers*, Stuttgart-Hamburgo, sem menção ao ano de publicação, p. 27.

3 Cf. Carl E. Schorske: *Wien. Geist und Gesellschaft im Fin de siècle*, Munique, 1994.

4 Cf. Hamann: *Hitlers Wien*, p. 135-150.

5 Hitler: *Mein Kampf*, p. 22 e seguinte; Cf. Kubizek: *Adolf Hitler*, p. 202.

6 Cf. Hamman: *Hitlers Wien*, p. 398, 439.

7 Cf. Ibid., 467-469.

8 Cf. Julia Schmid: *Kampf um das Deutschtum. Radikaler Nationalismus in Österreich und dem Deutschen Reich 1890-1914*, Frankfurt am Main/Nova York, 2009.

9 Citação segundo Franz Herre: *Jahrhundertwende 1900. Untergangsstimmung und Fortschrittsglauben*, Stuttgart, 1998, p. 190.

10 Hitler: *Mein Kampf*, p. 20.

11 Kubizek: *Adolf Hitler*, p. 224 e seguinte.

12 Cf. Ibid., p. 226 e seguinte.

13 Hitler: *Mein Kampf*, p. 36 e seguinte; cf. *Hitlers Tischgespräche*, p. 133 (em 13 de março de 1942): "Eu sempre lia um livro começando pelo final, para então ler alguns trechos do meio e, somente após ter uma impressão positiva sobre o livro, o lia por inteiro. Sobre os hábitos de leitura de Hitler, cf. Timothy W.Ryback: *Hitlers Bücher. Seine Bibliothek – sein Denken*, Colônia, 2010, p. 172 e seguinte.

14 *Monologe*, p. 380 (em 1 de setembro de 1942).

15 Kubizek: *Adolf Hitler*, p. 232; Cf. *Monologe*, p. 224 (em 24 e 25 de janeiro de 1942): "Como apreciei todas as apresentações de peças de Wagner após a virada do século! Nós, seus entusiastas, éramos chamados de wagnerianos."

16 Cf. Kubizek: *Adolf Hitler*, p. 229, 234; Hamann: *Hitlers Wien*, p. 91-95; Bavendamm: Der junge Hitler, p. 333-336.

17   Fundamental para o tema, Birgit Schwarz: *Geniewahn: Hitler und die Kunst*, Viena/Colônia/Weimar, 2009, p. 21 e seguintes. (Cap.: *"Hitlers Lieblingsmaler"*).

18   Heinrich Hoffmann: *Hitler wie ich ihn sah. Aufzeichnungen seines Leibfotografen*, Munique/Berlim, 1974, p. 29. Cf. *"Niederschrift über eine Unterredung mit Heinrich Hoffmann"* em 5 de dezembro de 1953: Para Hitler, "o desejo mais ardente tinha sido possuir, um dia, uma obra de Grützner". IfZ München, zs 71. Ferner Hamann: *Hitlers Wien*, p. 103; Albert Speer: *Erinnerungen. Mit einem essay von Jochen Thies*, Frankfurt am Main/Berlim, 1993, p. 56 e seguintes.

19   *Hitlers Tischgespräche*, p. 146 (em 27 de março de 1942). Cf. Wagener: *Hitler aus nächster Nähe*, p. 461: "Tal coisa nada tem a ver com a pintura, e sim com excrementos mentais de cérebros doentios [...]."

20   Cf. Schwarz: *Geniewahn*, p. 82 e seguinte.

21   Kubizek: Adolf Hitler, p. 206 e seguinte Sobre a Ringstraße, Cf. Philipp Blom: *Der taumelnde Kontinent. Europa 1900-1914*, Munique, 2008, p. 71.

22   Cf. Kubizek: *Adolf Hitler*, p. 197; Fest: *Hitler*, p. 53.

23   Cf. Kubizek: *Adolf Hitler*, p. 239-249; Hamann: *Hitlers Wien*, p. 96-98. Sobre as aulas de piano, cf. Josef Prewratsky-Wendt: *Meine Erinnerungen an meinen Klavierschüler Adolf Hitler!*, em 17 de novembro de 1938; ba Berlin-Lichterfelde, ns 26/65. O professor de piano, que também deu aulas para Kubizek, descreveu Hitler como um "jovem simpático, quase tímido, [...] sério e calmo, de estatura mediana".

24   Thomas Mann: *An die gesittete Welt. Politische Schriften und Reden im Exil*, Frankfurt am Main 1986, p. 256.

25   Kubizek: Adolf Hitler, p. 199 e seguinte.

26   Hitler: *Mein Kampf*, p. 83.

27   Kubizek: Adolf Hitler, p. 290 e seguinte.

28   Cf. Hitler: *Mein Kampf*, p 10. Sobre a Associação da Escola Alemã [Deutschen Schulverein], cf. Schmid: *Kampf um das Deutschtum*, p. 30 e seguintes.

29   Hitler: *Mein Kampf*, p. 106. Cf. também *Monologe*, p. 379 (em 1º de setembro de 1942): "Eu não me rendi à magia de Viena, pois eu era muito consciente de minhas convicções alemãs". Bavendamm ressalta essa imagem no sentido de uma missão nacional alemã desde o início: O jovem Hitler sempre manteve seu foco em um objetivo principal: "um grande reino alemão, e ele em uma posição de liderança". (*Der junge Hitler*, p. 218).

30   Hitler: *Mein Kampf*, p. 107.

31   Cf. Hamann: *Hitlers Wien*, p. 337, 349, 362.

32   Hitler: *Mein Kampf*, p. 128.

33   Ibid., p. 109.

34   *Monologe*, p. 153 (em 17 de dezembro de 1941).

35   Cf. Hamann: *Hitlers Wien*, p. 429.

36   *Monologe*, p. 153 (em 17 de dezembro de 1941). Sobre K. Luegers *städtischer Revolution*, cf. John W. Boyer: *Karl Lueger (1844-1910). Christlichsoziale Politik als Beruf. Eine Biographie*, Viena/Colônia/Weimar, 2010, p. 181 e seguintes.

37   Cf. Hitler: *Mein Kampf*, p. 132 e seguinte.

38   Cf. Kubizek: Adolf Hitler, p. 208-216.

39   Ibid., p. 296 e seguinte.

40   Hitler: *Mein Kampf*, p. 43.

41   Kubizek: *Adolf Hitler*, p. 296.

42   Cartas de Hitler para Kubizek, 21 de julho e 17 de agosto de 1908, em Kubizek: *Adolf Hitler*, p. 308 e seguinte, 310 e seguinte; reproduzido também em Hitler: *Sämtliche Aufzeichnungen*, nº 13, 14, p. 49-51.

43   Kubizek: *Adolf Hitler*, p. 312.

44   Cf. Jetzinger: *Hitlers Jugend*, p. 218; Hamann: *Hitlers Wien*, p. 196.

45   *Hitlers Tischgespräche*, p. 276 (de 10 de maio de 1942).

46   Cf. Smith: *Adolf Hitler*, p. 112 e seguinte, Hamann: *Hitlers Wien*, p. 196. Em junho de 1938, Hitler contou a Goebbels como "partiu de casa aos dezessete anos de idade, deixando de dar notícias até o ano de 1922. Goebbels: *Tagebücher*, parte I, vol. 5, p. 331 (de 3 de junho de 1938).

47   *Monologe*, p. 317 (de 11 a 12 de março de 1942).

48   Hitler: *Mein Kampf*, p. 40-42.

49   Para uma crítica sobre a "lenda do operário da construção civil", cf. Hamann: *Hitlers Wien*, p. 206-211.

50   Cf. *Kopien der Meldezettel* em BA Berlin-Lichterfelde, NS 26/17a. Sobre as mudanças nas informações ocupacionais de Hitler, cf. Joachimsthaler: *Korrektur*, p. 32.

51   Carta de Hitler à Administração de Linz, 21 de janeiro de 1914; Jetzinger: *Hitlers Jugend*, p. 262-264 (citação p. 263); reproduzida também em Hitler: *Sämtliche Aufzeichnungen*, nº 19, p. 53-55.

52   Kershaw: *Hitler*, vol. 1, p. 88. Após a anexação da Áustria em 1938, os jornais vienenses apresentaram um apartamento situado na Simon-Denk-Str. 11, no qual Hitler supostamente residiu em 1909. Cf. Hamann: *Hitlers Wien*, p. 206-208. No entanto, não existe nenhuma prova que confirme esse endereço, exceto uma fotografia encontrada no arquivo de fotos da Biblioteca Nacional da Áustria, com a anotação: "A casa em Viena 9, na Simon-Denk-Gasse 11, na qual Hitler morou durante o período de 16 de setembro a novembro de 1909, como sublocador". Sigmund (*Diktator, Dämon, Demagoge*, p. 157 e seguinte.) vê essa informação como um *missing link* referente à estadia de Hitler no outono de 1909, sem levar em consideração as objeções de Hamann.

53   Cf. Kubizek: *Adolf Hitler*, p. 186, 203.

54   Reinhold Hanisch: *Meine Begegnung mit Hitler* (1939); BA Berlin-Lichterfelde, NS 26/64 (os erros ortográficos não foram corrigidos); reproduzido em Joachimsthaler: *Korrektur*, p. 49 e seguinte (Citação p. 49). Uma versão mais longa, em três partes, publicada somente em inglês, intitulada *I was Hitler's Buddy* foi publicada na revista *New Republic*, de 5 de dezembro, 18 de abril de 1939, p. 239-242, 270-272, 297-300. Sobre a credibilidade dessa fonte, cf. Hamann: *Hitlers Wien*, p. 264-271.

55 Joachimsthaler: *Korrektur*, p. 49. Ao ser perguntado sobre o que realmente estava esperando, Hitler teria respondido: "Nem eu mesmo sei." Hanisch comentou: "Eu nunca vi alguém se entregar assim à desgraça." Hanisch: *I was Hitler's Buddy*, p. 240.

56 Cf. Smith: *Adolf Hitler*, p. 132; Hamann: *Hitlers Wien*, p. 227.

57 Cf. Hamann: *Hitlers Wien*, p. 229-234; Hertha Hurnaus entre outros (publicado por): Haus Meldemannstraße. Viena, 2003 (prefácio de Brigitte Hamann), p. 5-7.

58 Hitler: *Mein Kampf*, p. 35; cf. também *Monologe*, p. 316 (em 10 e 11 de março de 1942): "Durante a minha juventude, fui um excêntrico solitário, alguém que não precisava de companhia."

59 Kubizek: *Adolf Hitler*, p. 275.

60 De acordo com a tese de Machtan: *Hitlers Geheimnis*. Em contrapartida, cf. Hamann: *Hitlers Wien*, p. 515.

61 Cf. Kubizek: *Adolf Hitler*, p. 286: "Ele temia a infecção, como me disse reiteradas vezes."

62 Citação segundo Hamann: *Hitlers Wien*, p. 523.

63 Ver também Kershaw: *Hitler*, vol. 1, p. 79.

64 Cf. Joachim Radkau: *Das Zeitalter der Nervosität. Deutschland zwischen Bismarck und Hitler*, Munique/Viena, 1998.

65 Hanisch: *I was Hitler's Buddy*, p. 299.

66 Cf. os dois fac-símiles dos *Meldezettel für Unterpartei* in Hurnaus: Haus Meldemannstraße, p. 6 e seguinte.

67 Protocolo do depoimento de Hitler, 5 de agosto de 1910; inicialmente reproduzido em Jetzinger: *Hitlers Jugend*, p. 224. Mais tarde, Hanisch negou a acusação de apropriação indébita, afirmando que seguiu o conselho de Hitler, vendendo o quadro por doze coroas para a primeira pessoa que deu um lance, repassando seis coroas para Hitler. Anotação não datada de Reinhold Hanisch in BA Berlin-Lichterfelde, NS 26/64.

68 Cf. Hamann: *Hitlers Wien*, p. 249 e seguinte, 507-510.

69 Carta do Bezirksamt Linz, 4 de maio de 1911; reproduzida em Jetzinger: *Hitlers Jugend*, p. 226.

70 Karl Honisch: *Wie ich im Jahre 1913 Adolf Hitler kennenlernte*; BA Berlin-Lichterfelde, NS 26/17a; reproduzido em Joachimsthaler: *Korrektur*, p. 51-58. Honisch enviou esse relatório em 31 de maio de 1939 ao Arquivo Principal do NSDAP com a observação: "Atendendo a pedidos, escrevi tudo o mais detalhadamente possível; o fato de ter esquecido algo é compreensível, pois já se passaram 26 anos desde então." BA Berlin-Lichterfelde, NS 26/17a.

71 Joachimsthaler: *Korrektur*, p. 54 (o erro de leitura do Joachimsthaler foi corrigido).

72 Ibid., p. 55.

73 Ibid., p. 56.

74 Ibid., p. 56 e seguinte.

75 Cf. Kubizek: *Adolf Hitler*, p. 113: "Que eu me lembre, Hitler já chegou a Viena como um antissemita assumido." Com uma análise crítica sobre o tema: Hamann: *Hitlers Wien*, p. 82.

76   Hitler: *Mein Kampf*, p. 69. Cf. também a carta de Hitler a um "médico" desconhecido, 29 de novembro de 1921: "Oriundo de uma família burguesa cosmopolita, transformei-me em um antissemita um ano após ser submetido à mais dura realidade." Hitler: *Sämtliche Aufzeichnungen*, nº 325, p. 525; veja também o depoimento de Hitler prestado ao *Volksgericht* de Munique, em 26 de fevereiro de 1924: "Vim para Viena como cidadão do mundo e saí dela como um completo antissemita, como um inimigo mortal de toda a ideologia marxista." *Der Hitler-Prozeß 1924*. Publicado e comentado por Lothar Gruchmann e Reinhold Weber com a colaboração de Otto Gritschneder, parte I, Munique 1997, p. 20. Também em Hitler: *Reden Schriften Anordnungen*, vol. III, 2, Doc. 62, p. 341 (de 3 de agosto de 1929): "Eu mesmo, aos dezoito anos de idade, reconheci o perigo representado pelos judeus e lia tudo o que encontrava sobre essa questão.

77   Fest: *Hitler*, p. 64. Segundo Alan Bullock: *Hitler. Eine Studie über Tyrannei*. Vol. 1: *Der Weg zur Macht*, Frankfurt am Main, 1964, p. 32, as raízes do antissemitismo de Hitler se originaram da "inveja sexual torturante". Sebastian Haffner afirma que Hitler carregava consigo o antissemitismo "desde sempre, como se fosse uma corcunda congênita" (Nota sobre Hitler, *Hitler*, 21ª edição, Munique, 1978, p. 15).

78   Cf. Hamann: *Hitlers Wien*, p. 239-242, 426-503. Embora as teses de Hamann sejam em parte qualificadoras, cf. depois Kershaw: *Hitler*, vol. 1, p. 97-105. Considerações críticas sobre o assunto, Ralf Georg Reuth: *Hitlers Judenhass. Klischee und Wirklichkeit*, Munique/Zurique, 2009, p. 21-30. A tentativa de Reuth de apresentar o jovem Hitler como um "amigo de infância" é enganosa (p. 28). Antes de Brigitte Hamann, John Toland já havia questionado a afirmação de Hitler de que ele se transformara em um antissemita em Viena: "É provável que ele tenha desenvolvido esses conceitos mais tarde, e que naquela época seu preconceito contra os judeus correspondesse à média do preconceito dos vienenses". John Toland: *Adolf Hitler*, vol. 1: 1889-1938, Bergisch-Gladbach, 1981, p. 71.

79   Sobre isso, ainda enfático, Peter G. J. Pulzer: *Die Entstehung des politischen Antisemitismus in Deutschland und Österreich 1867 bis 1914*, Gütersloh, 1964. Nova edição com um relatório de pesquisa, Gotinga, 2004.

80   Hamann: *Hitlers Wien*, p. 404 e seguinte; cf. antissemitismo de Lueger, Boyer: *Karl Lueger*, p. 89 e seguintes.

81   Sobre Guido List und Lanz von Liebenfels, cf. Hamann: *Hitlers Wien*, p. 293-319.

82   Wilfried Daim: *Der Mann, der Hitler die Ideen gab*. Jörg Lanz von Liebenfels. Nova edição, alterada, Viena, 1994.

83   Citação segundo Hamann: *Hitlers Wien*, p. 499.

84   Hanisch: *I was Hitler's Buddy*, p. 271. Cf. também Franz Jetzinger: *Meine Erlebnisse mit Hitler-Dokumenten*. Anotação de 12 de julho de 1953: "Praticamente não existem pistas sobre seu antissemitismo durante o tempo em que viveu em Linz e Viena." IfZ München, zs 325.

85   Hamann: *Hitlers Wien*, p. 498.

86   Cf. resumidamente ibid., p. 239-241.

87 Konrad Heiden: *Adolf Hitler. Das Zeitalter der Verantwortungslosigkeit. Eine Biographie*, Zurique, 1936, p. 28.

88 Gravação da proprietária do "Café Kubata", Marie Wohlrabe, de 11 de junho de 1949, e depoimento da funcionária responsável pelo caixa, Maria Fellinger, 17 de junho de 1940; BA Berlin-Lichterfelde, NS 26/17a. Análise crítica de Kershaw: *Hitler*, vol. I, p. 775, nota 187.

89 Cf. Hamann: *Hitlers Wien*, p. 568.

90 Sobre a biografia de Rudolf Häuslers, cf. ibid., p. 566-568; Machtan: *Hitlers Geheimnis*, p. 67 e seguintes.

91 Fac-símile da folha de registro em Joachimsthaler: *Korrektur*, p. 17.

92 Hitler: *Mein Kampf*, p. 138.

93 Cf. David Clay Large: *Hitlers München. Aufstieg und Fall der Hauptstadt der Bewegung*, Munique, 1998, p. 9 e seguintes.

94 Cf. Schwarz: *Geniewahn*, p. 70 e seguinte.

95 Hitler: *Mein Kampf*, p. 139.

96 Erich Mühsam: *Unpolitische Erinnerungen. Mit einem Nachwort von Hubert van den Berg*, Hamburgo, 1999, p. 89.

97 *Monologe*, p. 115 (em 29 de outubro de 1941). Sobre a empresa Heilmann & Littmann, cf. Schwarz: *Geniewahn*, p. 76 e seguinte.

98 Relatório de Hans Schirmer, reproduzido em Joachimsthaler: *Korrektur*, p. 84 e seguinte; ibid., p. 85-89, outros relatórios de compradores de fotos do arquivo central da NSDAP.

99 Sobre "o não alistamento de Hitler", cf. apresentação e documentos em Jetzinger: *Hitlers Jugend*, p. 253-265.

100 Inicialmente reproduzido ibid., p. 262-264 (e também na p. 273, o fac-símile da carta); também em Hitler: *Sämtliche Aufzeichnungen*, nº 20, p. 53-55. Sobre a tentativa da SS para se apoderar do arquivo militar de Hitler após a "anexação" da Áustria, cf. também Franz Jetzinger: *Meine Erlebnisse mit Hitler-Dokumenten*. Registro de 12 de julho de 1953; IfZ München, zs 325.

101 Jetzinger: *Hitlers Jugend*, p. 265.

102 Citação segundo Joachimsthaler: *Korrektur*, p. 78 e seguinte.

Capítulo 3. A experiência crucial da guerra

1 Hitler: *Mein Kampf*, p. 179. Cf. a declaração de Hitler, de 14 de abril de 1926: "Durante praticamente seis anos, usei o uniforme marrom. Para mim, esses seis anos sempre serão o período mais rico e agitado da minha peregrinação terrena, mas também os mais memoráveis." Hitler: *Reden Schriften Anordnungen Februar 1925 bis Januar 1933*, vol. I: *Die Wiedergründung der NSDAP Februar 1925 – Juni 1926*. Editado e comentado por Clemens Vollnhals, Munique/Londres/Nova Iorque/Paris, 1992, Doc. 123, p. 383.

2 Isso também é enfatizado por Kershaw: *Hitler*, vol. 1, p. 109. A antítese de Thomas Weber de que a Primeira Guerra Mundial não "deu origem" a Hitler, mas fez com que ele

voltasse "ainda mais aberto e moldável" do *front* não nos convence. (Thomas Weber: *Hitlers erster Krieg. Der Gefreite Hitler im Weltkrieg. Mythos und Wahrheit*, Berlim, 2011, p. 337, 466). Após sua transferência disciplinar como cônsul-geral para São Francisco, em janeiro de 1939, o ajudante de ordens Fritz Wiedemann anotou resumidamente suas memórias em 25 de fevereiro de 1939, durante a viagem no navio "Hamburg". O que Hitler lhe disse durante a entrevista inicial para assumir o cargo, no Natal de 1933, Wiedemann resumiu assim: "Enfatizar a experiência da guerra e da revolução para seu próprio desenvolvimento. 'Caso contrário, eu poderia ter me tornado um grande arquiteto'." BA Koblenz, N 1720/4.

3   Hitler: *Mein Kampf*, p. 174.

4   Kurt Riezler: *Tagebücher, Aufsätze und Dokumente*. Publicação e introdução de Karl Dietrich Erdmann, Gotinga, 1972, p. 183 (de 7 de julho de 1914). Sobre a política de risco do governo alemão na crise de julho de 1914, cf. Volker Ullrich: *Die nervöse Großmacht. Aufstieg und Untergang des deutschen Kaiserreichs 1871-1918*, Frankfurt am Main, 1997, p. 250-263.

5   Hitler: *Mein Kampf*, p. 176. Mais tarde, falando sobre o início da guerra em 1914, Hitler diria: "O mais devastador para o governo alemão não é o fato de não desejar a guerra, e sim de ter sido manobrado para a guerra contra a sua vontade." Hitler: *Reden Schriften Anordnungen. Februar 1925 bis Januar 1933*, vol. II: *Vom Weimarer Parteitag bis zur Reichstagswahl Juli 1926 – Mai 1928, Teil 1: Juli 1926 – Juli 1927*. Publicado e comentado por Bärbel Dusik, Munique/Londres/Nova York/Paris, 1992, Doc. 104, p. 256 (de 17 de abril de 1927).

6   Inicialmente impresso por Egmont Zechlin: Bethmann Hollweg, "*Kriegsrisiko und SPD*", em: *Der Monat*, cad. 208 (1966), p. 32.

7   Cf. *Das Hitler-Bild. Die Erinnerungen des Fotografen Heinrich Hoffmann*. Gravado a partir do legado de Joe J. Heydecker, St. Pölten, Salzburg, 2008, p. 49. Aqui, trata-se do relançamento de uma série publicada na *Münchner Illustrierten*, baseada em gravações em fita.

8   Citação segundo Joachimsthaler: *Korrektur*, p. 101.

9   Em 1927, quando Hitler viu, por acaso, a fotografia na casa de Hoffmann, teria dito: "Eu também estava nessa multidão!" Hoffmann fez várias ampliações da fotografia e, realmente, encontrou Hitler. "A fotografia ficou famosa do dia para a noite. Praticamente todos os jornais alemães e estrangeiros a publicaram. Foram feitas milhares e milhares de cópias, para dar conta da demanda" Heydecker: *Hoffmann – Erinnerungen*, p. 50. Cf. Hoffmann: *Hitler wie ich ihn sah*, p. 32 e seguinte Atualmente, a autenticidade da foto é contestada. Cf. Sven Felix Kellerhof: "*Berühmtes Hitler-Foto möglicherweise gefälscht*" em: *Die Welt*, de 14 de outubro de 2010. Sobre o laboratório fotográfico de Hoffmann, Cf. Rudolf Herz: *Hoffmann & Hitler. Fotografie als Medium des Führer-Mythos*, Munique, 1994, p. 26 e seguintes; Heike B. Görtemaker: *Eva Braun. Leben mit Hitler*, Munique, 2010, p. 14 e seguintes.

10 Hitler: *Mein Kampf*, p. 177.

11 Zweig: *Die Welt von Gestern*, p. 254.

12 Erich Mühsam: *Tagebücher 1910-1924*. Publicado com um epílogo de Chris Hirte, Munique, 1994, p. 101, 109 (de 3 e 4, 11 de agosto de 1914).

13 Citação segundo Bernd Ulrich/Benjamin Ziemann (ed.): *Frontalltag im ersten Weltkrieg. Wahn und Wirklichkeit*, Frankfurt am Main, 1994, p. 31. Cf. também Benjamin Ziemann: *Front und Heimat. Ländliche Kriegserfahrungen in Bayern 1914-1923*, Essen, 1997, p. 41 e seguintes.

14 Richard J. Evans (ed.): *Kneipengespräche im Kaiserreich. Die Stimmungsberichte der Hamburger Politischen Polizei 1892-1914*, Reinbekbei Hamburgo, 1989, p. 415 (de 24 a 29 de julho de 1917).

15 Thomas Mann: *"Gedanken im Kriege"*, em: *Essays II. 1914-1916*. Publicado e com revisão crítica de texto por Hermann Kurzke, Frankfurt am Main, 2002, p. 32.

16 Hitler: *Mein Kampf*, p. 177.

17 Cf. ibid., p. 179.

18 Cf. as explicações detalhadas em Joachimsthaler: *Korrektur*, p. 102-109, que se basearam nas pesquisas de autoridades bávaras em 1924.

19 Cf. ibid., p. 113.

20 Cf. ibid. p. 114; Weber: *Hitlers Erster Krieg*, p. 35 e seguinte; Fritz Wiedemann: *Der Mann, der Feldherr werden wollte. Erlebnisse und Erfahrungen des Vorgesetzten Hitlers im 1. Weltkrieg und seines späteren persönlichen Adjutanten*, Velbert e Kettwig, 1964, p. 18.

21 Hitler para A. Popp, 20 de outubro de 1914; Hitler: *Sämtliche Aufzeichnungen*, nº 24, p. 59.

22 Hitler: *Mein Kampf*, p. 180.

23 Hitler para A. Popp, 20 de outubro de 1914; Hitler: *Sämtliche Aufzeichnungen*, nº 24, p. 59.

24 Ibid., nº 25, p. 59.

25 *Monologe*, p. 407 e seguinte (de 23 de março de 1944). Cf. Goebbels: *Tagebücher*, parte I, vol. 5, p. 253 (de 10 de abril de 1938): "O *Führer* conta como a canção militar *Die Wacht am Rhein* o emocionou durante a guerra, quando atravessou o Reno de navio pela primeira vez".

26 Hitler para J. Popp, 3 de dezembro de 1914; Hitler: *Sämtliche Aufzeichnungen*, nº 26, p. 60.

27 Verificar, fundalmentalmente, John Horne e Alan Kramer: *Deutsche Kriegsgreuel 1914. Die umstrittene Wahrheit*, Hamburg, 2004, p. 65-72.

28 Cf. Joachimsthaler: *Korrektur*, p. 120.

29 Hitler para E. Hepp, 5 de fevereiro de 1915; Hitler: *Sämtliche Aufzeichnungen*, nº 30, p. 64-69.

30 Os dados citados por Hitler se aproximam dos números da história oficial do regimento. A força de combate consistiu, portanto, de apenas 750 sub-oficiais e soldados, bem como quatro oficiais, ou seja, dos 3 mil soldados que originalmente faziam parte do regimento, setenta por cento haviam morrido ou sido feridos em combate. Cf. Fridolin Solleder (ed.): *Vier Jahre Westfront. Geschichte des Regiment List R.I.R 16*, Munique, 1932, p. 60. Cf. Weber: *Hitlers erster Krieg*, p. 71.

31 Hitler: *Mein Kampf*, p. 130 e seguinte Cf. também em carta de Rudolf Heß para Ilse Pröhl, de 29 de junho de 1924: "Ontem o político nos contou de modo tão fascinante

e vívido sobre aqueles dias em 1914, que me deixou emocionado." BA Bern, Nl Heß, J1. 211-1989/148, 33.

32 R. Heß para I. Pröhl, 29 de junho de 1924: Rudolf Heß: Briefe 1908-1933. Ed. von Wolf Rüdiger Heß, Munique/Viena, 1987, p. 342.

33 Hitler para J. Popp, 26 de janeiro de 1915; Hitler: *Sämtliche Aufzeichnungen*, nº 29, p. 63.

34 Cf. Wiedemann: *Der Mann*, p. 24; Balthasar Brandmayer: *Zwei Meldegänger*, Bruckmühl, 1932, p. 48.

35 Hitler para J. Popp, 3 de dezembro de 1914; Hitler: *Sämtliche Aufzeichnungen*, nº 26, p. 60.

36 O ocorrido é contado na carta de Hitler para E. Hepp, 22 de janeiro de 1915; ibid., nº 27, p. 68.

37 Hitler para J. Popp, 3 de dezembro de 1914; ibid., nº 26, p. 61.

38 Hitler para J. Popp, 26 de janeiro de 1915; ibid., nº 29, p. 63 e seguinte.

39 Hitler para E. Hepp, 5 de fevereiro de 1915; ibid., nº 30, p. 68 e seguinte.

40 Citação segundo Michael Jürgs: *Der kleine Frieden im Großen Krieg. Westfront 1914: Als Deutsche, Franzosen und Briten gemeinsam Weihnachten feierten*, Munique, 2003, p. 43.

41 Ibid. p. 87. Cf. Weber: *Hitlers ester Krieg*, p. 86.

42 Depoimento do mensageiro do R.I.R. 16, Heinrich Lugauer, de 5 de fevereiro de 1940; BA Berlin Lichterfelde, NS 26/47. Cf. Weber: *Hitlers erster Krieg*, p. 88 e seguinte.

43 *Monologe*, p. 46 (de 24 para 25 de julho de 1941). Cf. ibid., p. 71 (de 25/26 de setembro de 1941): "Estou imensamente feliz por ter vivenciado a guerra dessa maneira". Goebbels: *Tagebücher*, parte I, vol. 2 /I, p. 203 (de 21 de julho de 1930): "O chefe conta sobre a guerra. Esse é seu tema predileto e inesgotável."

44 Hitler: *Reden Schriften Anordnungen*, vol. III, 3, Doc. 116, p. 430 (de 16 de setembro de 1930). Cf. Wagener: *Hitler aus nächster Nähe*, p. 142: Depois de ler uma obra sobre a batalha de Somme, Hitler finalmente entendeu por que "até mesmo um cabo foi capaz de ficar enfiado em um buraco de lama". Ver também Heß: *Briefe*, p. 263 (de agosto de 1920): "Durante a guerra, Hitler esteve no *front* do começo até o último dia, servindo como um homem simples."

45 Cf. Weber: *Hitlers erster Krieg*, p. 136-138, 375. Imediatamente, Hitler deu entrada em uma queixa por difamação contra o *Echo der Woche*. Em 9 de março de 1932, no dia da proclamação do julgamento, o Tribunal Regional de Hamburgo proibiu o réu de "apresentar os serviços militares de batalha prestados por Hitler como se esse tivesse tentado desviar de seu dever de soldado. Texto do julgamento em BA Berlin-Lichterfelde, NS 26/17a.

46 Ferdinand Widmann para A. Hitler, 9 de março de 1932; BA Berlin-Lichterfelde, NS 26/18.

47 Depoimento de Heinrich Lugauers, de 5 de fevereiro de 1940; BA Berlin-Lichterfelde, NS 26/47. Outros depoimentos de Wilhelm Hansen, Hans Raab, Hans Bauer ibid. – Em março de 1933, o jornal *Berner Tageblatt* publicou um artigo escrito por um "jovem acadêmico alemão": "*Adolf Hitler im Felde*", onde se lia, entre outras coisas: "Ele sempre esteve pronto para servir. Muitas vezes, presenciei os mensageiros não entrando em um acordo sobre de quem era a vez quando a secretaria do regimento chamava [...]

Nessas horas, Hitler saía de fininho para entregar a mensagem. Berner Tageblatt, nº 139, de 23 de março de 1933; BA Berlin Lichterfelde, R 43 II/959.

48 Testemunho de Friedrich Petz de 1922; citação segundo Joachimsthaler: *Korrektur*, p. 160 e seguinte Bastante semelhante à avaliação do major Anton von Tubeuf, comandante do regimento, em fevereiro de 1922 (ibid., p. 169) e do comandante substituto do regimento, Michael Freiherr von Godin, de julho de 1918 (ibid., p. 175 e seguinte.). O último comandante do regimento, Maximilian Baligand, dedicou a Hitler um exemplar da história do regimento: "Ao bravo mensageiro, ao ex-cabo Adolf Hitler, digno de todos os méritos, como lembrança e agradecimento por aquela época difícil, porém memorável". Ryback: *Hitlers Bücher*, p. 39.

49 Gravação de "*Courage*", de Wiedemann, com o adendo: "Em campo, ele demonstrou ser um mensageiro corajoso e especialmente confiável, que realmente mereceu a Cruz de Ferro, tendo sido indicado várias vezes antes de recebê-la." BA Koblenz, N 1720/4. Cf. também Wiedemann: *Der Mann*, p. 25, 85.

50 Cf. Weber: *Hitlers erster Krieg*, p. 389 e seguinte, 428-433, 456-458.

51 Ibid., p. 144, 466.

52 Stefan Ernstling: *Der phantastische Rebel. Alexander Moritz Frey oder Hitler schießt dramatisch in die Luft*, Zurique, 2007, p. 52.

53 Wiedemann: *Der Mann*, p. 26. Cf. depoimento de Fritz Wiedemanns, de 1º de julho de 1947; Robert M. W. Kempner: *Das Dritte Reich im Kreuzverhör. Aus den unveröffentlichten Vernehmungsprotokollen des Anklägers in den Nürnberger Prozessen*, Munique, 2005, p. 92 ("não tinha personalidade de líder").

54 Interrogatório de Max Amanns em Nürnberg, 5 de novembro de 1947; Joachimsthaler: *Korrektur*, p. 160.

55 Hitler: *Mein Kampf*, p. 181.

56 Heß: *Briefe*, p. 342 (de 29 de junho de 1924). Sobre o fenômeno do medo na Primeira Guerra Mundial, cf. Michl/Jan Plamper: "*Soldatische Angst im ersten Weltkrieg*", em: *Geschichte und Gesellschaft*, cad. 2, vol. 35 (2009), p. 209-248.

57 Hitler: *Mein Kampf*, p. 181.

58 *Monologe*, p. 75(de 27 e 28 de setembro a 9 de outubro de 1941).

59 Ibid., p. 296 (de 24 e 25 de fevereiro de 1942). Em um exemplar do livro de Ernst Jünger, *Feuer und Blut*, do ano de 1925, Hitler marcava a lápis os trechos nos quais eram descritas as vivências da guerra. Cf. Ryback: *Hitlers Bücher*, p. 113 e seguinte.

60 *Monologe*, p. 71 (de 25 e 26 de setembro de 1941).

61 Depoimento de Max Amanns em Nuremberg, 5 de novembro de 1947; Joachimsthaler: *Korrektur*, p. 158.

62 Brandmayer: *Zwei Meldegänger*, p. 103.

63 Cf. Maser: *Adolf Hitler*, p. 315, 598-628. Sobre isso, avaliação crítica de Joachimsthaler: *Korrektur*, p. 161-164; Knopp: *Geheimnisse des »Dritten Reiches«*, p. 268-276.

64 Cf. Machtan: *Hitlers Geheimnis*, p. 81 e seguintes. Machtan se apoia, basicamente, no testemunho posterior de Hans Mend, cavaleiro de ordenança no Regimento List, mas

que não tem qualquer credibilidade por ser um mentiroso notório e psicopata. Cf. Joachimsthaler: *Korrektur*, p. 143 e seguinte; Weber: *Hitlers erster Krieg*, p. 185-187.

65 Cf. Joachimsthaler: *Korrektur*, p. 144 e seguinte; Weber: *Hitlers Erster Krieg*, p. 422.

66 Cf. Weber: *Hitlers erster Krieg*. p. 188 e seguinte.

67 Exemplos em Joachimsthaler: *Korrektur*, p. 128, 160; Schmölders: *Hitlers Gesicht*, p. 11-13. Cf. também Fest: *Hitler*, p. 104; Weber: *Hitlers erster Krieg*, p. 187 f.

68 *Monologe*, p. 219 (de 22 e 23 de janeiro de 1942).

69 Hitler: *Mein Kampf*, p. 182.

70 Interrogatório de Max Amann, em Nuremberg, 5 de novembro de 1947; Joachimsthaler: *Korrektur*, p. 159.

71 Brandmayer: *Zwei Meldegänger*, p. 66-68.

72 Hitler para E. Hepp, 5 de fevereiro de 1915; Hitler. *Sämtliche Aufzeichnungen*, nº 30, p. 69.

73 *Monologe*, p. 411 (de 19 de maio de 1944). Cf. Dietrich: *12 Jahre mit Hitler*, p. 164. Frank: *Im Angesicht des Galgens*, p. 46: "As brochuras que continham *O mundo como vontade e representação* estavam na minha mochila completamente desgastadas." Sobre a leitura de Schoppenhauer, cf. Schwarz (Geniewahn, p. 51-53), que reforça que a ideia de Schopenhauer sobre a genialidade ia de encontro com a autoimagem de Hitler como artista. Ryback (*Hitlers Bücher*, p. 161), por sua vez, duvida que Hitler tenha realmente lido a obra de Schopenhauer durante a guerra. Os relatos dos antigos camaradas de regimento de Hitler confirmam que ele usava cada minuto livre para a leitura. Vide os depoimentos de Heinrich Lugauer, em 5 de fevereiro de 1940, e de Hans Bauer, em 15 de fevereiro de 1940; BA Berlin-Lichterfelde, NS 26/47.

74 Cf. John Keegan: *Das Antlitz des Krieges. Die Schlachten von Azincourt 1415, Waterloo 1815 und an der Somme 1916*, Frankfurt am Main/Nova York, 1991, p. 241 e seguintes; Gerhard Hirschfeld/Gerd Krumeich/Irina Renz (ed.): *Die Deutschen an der Somme 1914-1918. Krieg, Besatzung, Verbrannte Erde*, Essen, 2006, p. 79 e seguintes.

75 Citação segundo Hirschfeld entre outros.: *Die Deutschen an der Somme*, p. 147. Hitler também se referiu à batalha de Somme como sendo "mais um inferno do que uma guerra". *Mein Kampf*, p. 209.

76 Wiedemann: *Der Mann*, p. 29.

77 *Monologe*, p. 172 (de 3 e 4 de janeiro de 1942).

78 Hitler: *Mein Kampf*, p. 210.

79 Ibid., p. 210. Cf. o depoimento de Hitler no Tribunal Público de Munique, em 26 de fevereiro de 1924: "Enquanto no *front* até então havia reinado a obediência absoluta, nesse hospital ela tinha praticamente desaparecido." *Der Hitler Prozeß 1924*, parte I, p. 21. Sobre as "automutilações", cf. Ulrich/Ziemann (ed): *Frontalltag*, p. 151-153.

80 Hitler: *Mein Kampf*, p. 211.

81 Relatórios do presidente da Polícia de Berlim sobre o humor e a situação da população berlinense 1914-1918. Adaptado por Ingo Materna e Hans-Joachim Schreckenbach, com a colaboração de Bärbel Holtz, Weimar, 1987, nº 175, p. 156. Sobre o panorama de fundo, cf. Volker Ullrich: *Kriegsalltag. Zur inneren Revolutionierung der wilhelminischen*

Gesellschaft, em: Wolfgang Michalka (ed.): *Der erste Weltkrieg. Wirkung – Wahrnehmung – Analyse*, Munique e Zurique, 1994, p. 603-621.

82 Hitler: *Mein Kampf*, p. 211.

83 Citação segundo Ziemann: *Front und Heimat*, p. 274.

84 W. Rathenau para W. Schwaner, 4 de agosto de 1916; Walther Rathenau: *Briefe*, volume 2: 1914-1922. Publicado por Alexander Jaser, Clemens Picht e Ernst Schulin, Düsseldorf, 2006, p. 1552.

85 Citação segundo Volker Ullrich: »Drückeberger«. *Die Judenzählung im ersten Weltkrieg*, em: Julius H. Schoeps/Joachim Schlör (ed.): *Antisemitismus. Vorurteile und Mythen*, Munique/Zurique, 1995, p. 214.

86 Hitler: *Mein Kampf*, p. 211. Cf. o discurso de Hitler, de 29 de fevereiro de 1928: "Durante quatro anos, esses indivíduos conseguiram escapar do fronte". Hitler: *Reden Schriften Anordnungen*, vol. II,2, Doc. 237, S. 701 f.

87 Hitler: *Mein Kampf*, p. 211 f.

88 Cf. Toland: *Hitler*, vol. 1, p. 95 e seguinte. A suposição de Reuth de que Hitler não nutria sentimentos antissemitas quando servia como cabo na Primeira Guerra Mundial parece pouco plausível (*Hitlers Judenhass*, p. 35-43). Mas isso não significa, ainda, que ele nutria ódio pelos judeus. Weber (*Hitlers erster Krieg*, p. 237) também afirma que, no início de 1917, Hitler ainda não era um antissemita convicto e confesso.

89 Wiedemann: *Der Mann*, p. 33 e seguinte.

90 Hitler para K. Lanzhammer, 19 de dezembro de 1916; www.europeana1914-1918.eu. Fac-símile no *Süddeutsche Zeitung*, nº 102, em 3 de maio de 2012; Hitler para B. Brandmayer, 21 de dezembro de 1916; Hitler: *Sämtliche Aufzeichnungen*, nº 44, p. 78.

91 Wiedemann: *Der Mann*, p. 30. Em agosto de 1938, o prof. Max Unold entrou em contato com Wiedemann e escreveu: "Algum tempo atrás achei o caderninho de anotações em anexo e descobri que, em 1917, quando servia como oficial no batalhão de reserva em Munique, dividi meu quarto com ninguém menos do que o cabo Adolf Hitler. Segundo anotações de Unold, o batalhão esteve abrigado na escola municipal localizada na Luisenstraße, em fevereiro e março de 1917, M. Unold para F. Wiedemann, 18 de agosto de 1938; BA Koblenz, N 1720/8.

92 *Monologe*, p. 57 (em 8, 9, 10 e 11 de agosto de 1941).

93 Cf. a palavra-chave "tanque" (autor Gerhard P. Groß) na *Enzyklopädie erster Weltkrieg*. Publicado por Gerhard Hirschfeld/Gerd Krumeich/Irina Renz juntamente com Markus Pöhlmann, Paderborn, 2003, p. 917-919.

94 Hitler havia se preparado para isso com a leitura da obra de Osborn sobre "Berlim" (publicado como volume 43 da série »Berühmte Kunststätten« pela Leipziger Verlag e. A. Seemann), que Hitler havia comprado em Tournes, em novembro de 1915. Ryback: *Hitlers Bücher*, p. 32, 50 e seguinte.

95 Hitler para E. Schmidt, 6 de outubro de 1917; Hitler: *Sämtliche Aufzeichnungen*, nº 50, p. 82. Sobre as visitas de Hitler a Berlim em 1916-1918, cf. Thomas Friedrich: *Die*

missbrauchte Hauptstadt. Hitler und Berlin, Berlim, 2007, p. 11-27; Sven Felix Kellerhoff: *Hitlers Berlin. Geschichte einer Hassliebe*, Berlim/Brandemburgo, 2005, p. 17-20.

96   Hitler para M. Amann, 8,11 e 12 de outubro de 1917; Hitler: *Sämtliche Aufzeichnungen*, nº 51-53, p. 82 e seguinte.

97   Volker Ullrich: *Kriegsalltag. Hamburg im ersten Weltkrieg*, Colônia, 1982 (Cap. "*Was sich die Frauen vor den Lebensmittelgeschäften erzählten*", p. 85-92, citação p. 87).

98   Relatórios do presidente de Polícia de Berlim, nº 242, p. 213.

99   Ullrich: Kriegsalltag, p. 126. Como estudo de caso para a greve de janeiro de 1918, cf. ibid.: *Der Januarstreik 1918 in Hamburg, Kiel und Bremen. Eine vergleichende Studie zur Geschichte der Streikbewegungen im ersten Weltkrieg*, em: *Zeitschrift für Hamburgische Geschichte*, vol. 71, 1985, p. 45-74.

100   Citação segundo Bernd Ulrich: *Die Augenzeugen. Deutsche Feldpostbriefe in Kriegs- und Nachkriegszeit 1914-1933*, Essen, 1997, p. 74, nota 104; Ulrich/Ziemann (ed.): Front Alltag, p. 196.

101   Hitler: *Mein Kampf*, p. 213, 217.

102   Relatórios do presidente de Polícia de Berlim, nº 270, p. 240.

103   Cf. Joachimsthaler: *Korrektur*,p. 172; Weber: *Hitlers erster Krieg*, p. 279.

104   *Monologe*, p. 132, de 10 e 11 de novembro de 1941. Sobre a condecoração Cruz de Ferro I, cf. em Joachimsthaler: *Korrektur*, p. 173; Weber: *Hitlers erster Krieg*, p. 287. Em contrapartida, Othmar Plöckinger (*Unter Soldaten und Agitatoren. Hitlers prägende Jahre im deutschen Militär 1918-1920*, Paderborn, 2013, p. 16 e seguinte) não acredita que Gutmann tenha participado do processo de condecoração de Hitler pois na época da indicação para a Cruz de Ferro I, ele não fazia parte do regimento. Verificar, também, ibid. p. 18, o fac-símile da lista dos demais soldados do 16º Regimento de Reserva da Infantaria condecorados juntamente com Hitler.

105   Citação segundo Ulrich/Ziemann (ed.): *Frontalltag*, p. 204.

106   *Monologe*, p. 100 (de 21 e 22 de outubro de 1941). Cf. Weber: *Hitlers erster Krieg*, p. 290 e seguinte, 293.

107   Hitler: *Mein Kampf*, p. 221.

108   Cf. o resumo de Hans-Joachim Neumann/Henrik Eberle: *War Hitler krank? Ein abschließender Befund*, Bergisch-Gladbach, 2009, p. 42-48.

109   "*Hitler an einen unbekannten 'Herrn Doktor'*", 29 de novembro de 1921; Hitler: *Sämtliche Aufzeichnungen*, nº 325, p. 526. Fac-símile em Joachimsthaler: *Korrektur*, p. 92-94. Cf. também depoimento de Hitler no Tribunal de Munique I, 26 de fevereiro de 1924: "Inicialmente, eu estava completamente cego e achava que jamais voltaria a ver [...] Durante o tratamento, meu quadro melhorou de tal maneira que, ao receber alta do hospital , eu era capaz de ler pelo menos uma manchete em letras garrafais". *Der Hitler-Prozeß*, 1924, parte I, p. 19.

110   De acordo com a tese de Bernhard Horstmann: *Hitler in Pasewalk. Die Hypnose und ihre Folgen*, Düsseldorf, 2004 (citação p. 113).

111   Citação segundo Uwe Lohalm: *Völkischer Radikalismus. Die Geschichte des Deutschvölkischen Schutz- und Trutzbundes 1919-1923*, Hamburgo, 1970, p. 53.

112 Hitler: *Mein Kampf*, p. 221-225. Cf. também *Hitler vor dem Volksgericht München I*, 26 de fevereiro de 1924: "Na noite de 9 de novembro (1918) tive a certeza e tomei minha decisão: a grande dúvida da minha vida, se devia me dedicar à política ou continuar sendo um mestre de obras, chegou ao fim. Nessa noite, decidi: se voltasse a enxergar, me dedicaria à política." *Der Hitler-Prozeß*, 1924, parte I, p. 21.

113 Ernst Deuerlein: *Hitler. Eine politische Biographie*, Munique, 1969, p. 40.

Capítulo 4. O salto para a política

1 *Monologe*, p. 234 (em 25 e 26 de janeiro de 1942).

2 Cf. Joachimsthaler: *Korrektur*, p. 187; Plöckinger: *Unter Soldaten und Agitatoren*, p. 29.

3 Cf. Bernhard Grau: *Kurt Eisner 1867-1919. Eine Biographie*, Munique, 2001, p. 343 e seguintes.

4 Wilhelm Herzog: *Menschen, denen ich begegnete*, Berna e Munique, 1959, p. 67 e seguinte.

5 Cf. Grau: *Kurt Eisner*, p. 388 e seguintes.

6 Michael Epkenhans: "Nós, o povo alemão, não somos fáceis de derrotar [...]". Dos diários do capitão de fragata Bogislav von Selchow, 1918/1919, em: *Militärgeschichtliche Mitteilungen*, vol. 55, 1966, p. 202.

7 Citação segundo Joachimsthaler: *Korrektur*, p. 190. Em novembro de 1929, Hitler conta: "Eu nunca aceitei essa revolução." Hitler: *Reden Schriften Anordnungen*, vol. III, 2, Doc. 93, p. 436. Joachim Rieker não tem nada que comprove sua afirmação de que "Hitler, inicialmente, era favorável à revolução" (*Hitlers 9. November. Wie der erste Weltkrieg zum Holocaust führte*, Berlim, 2009, p. 49).

8 Hitler: *Mein Kampf*, p. 226.

9 Franz J. Bauer (revis.): *Die Regierung Eisner 1918-1919. Ministerratsprotokolle und Dokumente*, Düsseldorf, 1987, nº 40b, p. 246 (em 3 de janeiro de 1919). O *Münchener Neuesten Nachrichten* falava de uma pandemia da dança". Citação em Martinh. Geyer: *Verkehrte Welt. Revolution, Inflation und Moderne. München 1914-1924*, Gotinga, 1998, p. 72. Sobre a "mania da dança", cf. também em revolução de novembro, Volker Ullrich: *Die Revolution von 1918-1919*, Munique, 2009, p. 42 e seguinte.

10 Hitler: *Mein Kampf*, p. 226. Sobre a estadia em Traunstein e data do retorno a Munique, cf. Plöckinger: *Unter Soldaten und Agitatoren*, p. 34-36 (na p. 33, uma fotografia que mostra Hitler e Ernst Schmidt no Campo Traunsteing).

11 Cf. ibid., p. 37-41.

12 Citação segundo Friedrich Hitzer: *Anton Graf Arco. Das Attentat auf Kurt Eisner und die Schüsse im Landtag*, Munique, 1988, p. 391. Em janeiro de 1920, a sentença de morte proferida contra o assassino foi comutada em prisão perpétua em decorrência dos protestos públicos. Sobre as demonstrações dos estudantes de Munique a favor do assassino de Eisner, cf. R. Heß à mãe, Klara Heß, 18 de janeiro de 1920; Heß: *Briefe*, p. 245 e seguinte; BA Bern, Nl Heß, J1.211-1989/148, 25.

13 Citação segundo Michaela Karl: *Die Münchner Räterepublik. Porträts einer Revolution*, Düsseldorf, 2008, p. 108.

14 Ralf Höller: *Der Anfang, der ein Ende war. Die Revolution in Bayern 1918/19*, Berlim, 1999, p. 193.

15 Harry Graf Kessler: *Das Tagebuch*. Volume 7: 1919-1923. Publicado por Angela Reinthal com a colaboração de Janna Brechmacher und Christoph Hilse, Stuttgart, 2007, p. 222 (de 5 de abril de 1919).

16 Sobre *Freikorps,* cf. *Ritter von Epps die Broschüren- und Zeitungsausschnittsammlung* in BA Koblenz, N 1101/34. Por ocasião de sua saída do exército do *Reich*, em outubro de 1923, o primeiro ministro da Baviera, Eugen von Knilling, agradeceu ao general Epp por seu "corajoso empenho pela libertação de Munique das mãos do bolchevismo": "Seus méritos pertencem à História, escritos em uma página de glória, que se destaca dos últimos anos de escuridão." E. v. Knilling para Ritter von Epp, 31 de outubro de 1923; BA Koblenz, N 1101/43a.

17 Erich Mühsam: *Tagebücher 1910-1924*. Publicado por e com um epílogo de Chris Hirte, Munique, 1994, p. 191 (de 7 de maio de 1919).

18 Heiden: *Adolf Hitler. Das Zeitalter der Verantwortungslosigkeit*, p. 64. Ernst Toller relata em sua autobiografia publicada em 1933, *Eine Jugend in Deutschland*, que um companheiro de prisão lhe contara ter encontrado Hitler durante seu confinamento em um quartel de Munique: "Naquela época, Hitler declarou ser um social-democrata." Ernst Toller: *Prosa, Briefe, Dramen, Gedichte*, Reinbek, 1961, p. 165.

19 De acordo com Joachimsthaler: *Korrektur*, p. 204, que datou a eleição como em meados de fevereiro de 1919, Reuth faz uma avaliação semelhante (*Hitlers Judenhass*, p. 89): O "verdadeiro soldado Adolf Hitler" uniu-se aos social-democratas no final de fevereiro/ começo de março de 1919". Com razão, Plöckinger se distancia desta interpretação, que considera insustentável (*Unter Soldaten und Agitatoren*, p. 42-46) .

20 Bauer: *Die Regierung Eisner*, Introdução, p. LXI.

21 *Monologe*, p. 248 (de 1º de fevereiro de 1942).

22 Conforme Fest: *Hitler*, p. 123. Também Kershaw: *Hitler*, vol. I, p. 163, fala de um "puro oportunismo". Herbst: *Hitlers Charisma*, p. 96, caracteriza a postura de Hitler como "atentismo": "Aparentemente, Hitler manobrou habilmente durante aquela época politicamente difícil" (p. 99).

23 Cf. Ralf Georg Reuth: *Hitler. Eine Biographie*, Munique/Zurique 2003, p. 78 e seguinte; Weber: *Hitlers erster Krieg*, p. 332. Plöckinger, por sua vez, considera a participação de Hitler no cortejo fúnebre como "pouco provável" (*Unter Soldaten und Agitatoren*, p. 43).

24 Citação conforme Toland: *Adolf Hitler*, vol. 1, p. 110.

25 Cf. Joachimsthaler: *Korrektur*, p. 213 e seguinte; Plöckinger: *Unter Soldaten und Agitatoren*, p. 48 e seguinte Completamente errônea é a afirmação de Reuth ao dizer que Hitler se transformou em um "oficial da engrenagem da revolução comunista mundial" (*Hitlers Judenhass*, p. 94).

26 Hitler: *Mein Kampf*, p. 226. Plöckinger expressa dúvidas fundamentadas sobre essa versão: *Unter Soldaten und Agitatoren*, p. 57, 64 e seguinte.

27 Hitler: *Mein Kampf*, p. 227.

28 Citação em Joachimsthaler: *Korrektur*, p. 214. Cf. também o relatório elaborado pela comissão de inquérito sobre o caso Georg Dufter, datado de 4 de junho de 1919, em Plöckinger: *Unter Soldaten und Agitatoren*, p. 344 e seguinte.

29 Cf. Plöckinger: *Unter Soldaten und Agitatoren*, p. 100.

30 Joachimsthaler: *Korrektur*, p. 225.

31 Hellmuth Auerbach: *Hitlers politische Lehrjahre und die Münchner Gesellschaft 1919-1923*, em: *Vierteljahrshefte für Zeitgeschichte*, ano 25, 1977, p. 18.

32 Artigo anônimo (atribuído a Karl Mayr) escrito na revista americana *Current History*: "*I was Hitler's Boss. By a Former Officer of the Reichswehr*", vol. I, nº 3 de novembro de 1941, p. 193. Com avaliação crítica de Plöckinger: *Unter Soldaten und Agitatoren*, p. 102, nota 11.

33 Ernst Deuerlein: *Hitlers Eintritt in die Politik und die Reichswehr*, em: *Vierteljahrshefte für Zeitgeschichte*, ano 7, 1959, p. 179.

34 Cf. Plöckinger: *Unter Soldaten und Agitatoren*, p. 103 e seguinte, 108. Aqui, o autor corrige uma posição anteriormente defendida por ele. Cf. Othmar Plöckinger: *Adolf Hitler als Hörer an der Universität München im Jahr 1919*, sobre a relação entre o exército do *Reich* e a universidade, em: Elisabeth Kraus (ed.): *Die Universität München im Dritten Reich. Aufsätze*. Parte II, Munique, 2008, p. 13-47.

35 O programa do Curso 1 em Deuerlein: *Hitlers Eintritt*, doc. 2, p. 191 e seguinte Sobre o programa do Curso 3, cf. Plöckinger: *Unter Soldaten und Agitatoren*, p. 108-110.

36 *Tagebücher Gottfried Feders*, vol. 1 (de 6 de junho e 6 de julho de 1919); IfZ München, ED 874. Sobre as teses de Feder, cf. Reuth: *Hitlers Judenhass*, p. 158-161; Plöckinger: *Unter Soldaten und Agitatoren*, p. 263-265.

37 Hitler: *Mein Kampf*, p. 229.

38 Karl Alexander von Müller: *Mars und Venus. Erinnerungen 1914-1918*, Stuttgart, 1954, p. 338.

39 Ibid., p. 338 e seguinte Cf. também a anotação manuscrita de Karl Alexander von Müller, "*Berührungen mit der* NSDAP" sobre seus dois discursos, *Karl Mayr und seinen* "*sonderbaren Schützling*"; BayhStA München, Nl K. A. v. Müller 101.

40 Hitler: *Mein Kampf*, p. 243. Cf. a semelhança com Hitler: *Reden Schriften Anordnungen*, vol. IV, 1, publicado e comentado por Constantin Goschler, Munique, 1994, doc. 80, p. 250 (em 4 de abril de 1931).

41 Deuerlein: *Hitlers Eintritt*, doc. 4, p. 196 e seguinte; cf. Plöckinger: *Unter Soldaten und Agitatoren*, p. 113-119 (Ibid., p. 120, também o fac-símile da lista manuscrita dos participantes do comando de reconhecimento [*Aufklärungskommando*] de Walther Bendt).

42 Cf. Plöckinger: *Unter Soldaten und Agitatoren*, p.123 e seguinte.

43 Hitler: *Mein Kampf*, p. 235.

44 Conforme o maqueiro Lorenz Frank, 23 de agosto de 1919; Deuerlein: *Hitlers Eintritt*, doc. 9, p. 200. Outros comentaristas em Plöckinger: *Unter Soldaten und Agitatoren*, p. 128.

45 Relatório do primeiro-tenente Bendt, 21 de agosto de 1919; Deuerlein: *Hitlers Eintritt*, doc., p. 199.

46 Cf. Plöckinger: *Unter Soldaten und Agitatoren*, p. 194 e seguintes, 210 e seguintes.

47 Citações segundo Dirk Walter: *Antisemitische Kriminalität und Gewalt. Judenfeindschaft in der Weimarer Republik*, Bonn, 1999, p. 55.

48 Citações segundo Plöckinger: *Unter Soldaten und Agitatoren*, p. 330.

49 *Münchener Neueste Nachrichten*, de 14 de novembro de 1919; citação segundo Hans--Günter Richardi: *Hitler und seine Hintermänner. Neue Fakten zur Frühgeschichte der NSDAP*, Munique, 1991, p. 81.

50 Cf. texto sobre os panfletos antissemitas das corporações disponíveis em livrarias e bibliotecas Plöckinger: *Unter Soldaten und Agitatoren*, p. 218 e seguintes, 251 e seguintes.

51 Relatórios do tenente coronel, 21 de agosto de 1919; Deuerlein: *Hitlers Eintritt*, doc. 7, p. 199. Em junho de 1924, na fortaleza Landsberg, Hitler confessou que "somente conseguiu assumir a postura atual sobre a questão judaica após lutar consigo mesmo". Heß: *Briefe*, p. 334 e seguinte (de 11 de junho de 1924).

52 A. Gemlich para o capitão Mayr, 4 de setembro de 1919; Deuerlein: *Hitlers Eintritt*, doc. 10a, p. 201 e seguinte.

53 Hitler para A. Gemlich, 16 de setembro de 1919; Deuerlein: *Hitlers Eintritt*, doc. 12, p. 203-205; impresso também em: Hitler: *Sämtliche Aufzeichnungen*, nº 61, p. 88-90. Plöckinger afirma (*Unter Soldaten und Agitatoren*, p. 143) que, na carta, Hitler não assumiu quaisquer posicionamentos, mas apenas resumiu pontos de vista e ideias que cursavam comumente em círculos antissemitas. Para interpretação das "cartas de Gemlich", cf. também ibid., p. 332-338.

54 Cf. Walter: *Antisemitische Kriminalität*, p. 34 e seguinte.

55 Cf. Plöckinger: *Unter Soldaten und Agitatoren*, p. 257, 334 e seguinte.

56 Hitler para A. Gemlich, 16 de setembro de 1919; Deuerlein: *Hitlers Eintritt*, doc. 12, p. 204. Cf. também a contribuição de Hitler para a discussão em uma reunião da NSDAP, 6 de abril de 1920: "Nós não queremos ser antissemitas por sentimento, que dão origem a *pogroms* sentimentais, mas estamos imbuídos da decisão implacável de erradicar completamente o mal pela raiz (aplausos generalizados)." Hitler: *Sämtliche Aufzeichnungen*, nº 91, p. 119 e seguinte.

57 Capitão Mayr para A. Gemlich, 17 de setembro de 1919; Deuerlein: *Hitlers Eintritt*, doc. 11, p. 202 e seguinte Com base nessas afirmações, é ainda mais surpreendente que Karl Mayr tenha se aproximado do SPD em 1923 e, mais tarde, colaborado com a bandeira tricolor preta-vermelha-dourada". Cf. Plöckinger: *Frühe biographische Texte zu Hitler*, p. 99, nota 25.

58 Hitler: *Mein Kampf*, p. 236.

59 Cf. Plöckinger: *Unter Soldaten und Agitatoren*, p. 144, 147-151.

60 Cf. Auerbach: *Hitlers politische Lehrjahre*, p. 8 e seguinte; Werner Maser: *Die Frühgeschichte der NSDAP. Hitlers Weg bis 1924*, Frankfurt am Main/Bonn, 1965, p. 146-148; Reginald Phelps: *Before Hitler Came: Thule Society and Germanen Orden*, em: *Journal of Modern History*, vol. 35, 1963, p. 245-261; Hermann Gilbhard: *Die Thule-Gesellschaft. Vom okkulten Mummenschanz zum Hakenkreuz*, Munique, 1994.

61 Cf. Dirk Stegmann: *Zwischen Repression und Manipulation: Konservative Machteliten und Arbeiter- und Angestelltenbewegung 1910-1918. Ein Beitrag zur Vorgeschichte der* DAP/NSDAP, em: *Archiv für Sozialgeschichte*, vol. 12, 1972, p. 385 e seguintes; Maser: *Frühgeschichte*, p. 142-146.

62 De fevereiro a agosto de 1919, de 10 a 38 pessoas participaram das reuniões de associados do DAP. Cf. Anton Joachimsthaler: *Hitlers Weg begann in München 1913-1923*, Munique, 2000, p. 251.

63 Hitler: *Mein Kampf*, p. 237 e seguinte.

64 Cf. Plöckinger: *Unter Soldaten und Agitatoren*, p. 151 e seguinte.

65 Georg-Franz Willing: *Die Hitler-Bewegung. Der Ursprung 1919-1922*, Hamburgo/Berlim, 1962, p. 66. Sobre as diversas versões dessa expressão, cf. Kershaw: *Hitler*, vol. I, p. 799, nota 79.

66 Hitler: *Mein Kampf*, p. 241.

67 Conforme Fest: *Hitler*, p. 170. De acordo com Hans Georg Grassinger – um dos cofundadores do *Deutschsozialistische Partei* (DSP), que se originou da Sociedade Thule, e diretor do jornal *Münchener Beobachter* –, no outono de 1919, Hitler ofereceu sua colaboração laboral ao DSP e no jornal. No entanto, não foi aproveitado. Ata de uma entrevista com Hans Georg Grassinger, 19 de dezembro de 1951; IfZ München, ZS 50.

68 Hitler: *Mein Kampf*, p. 243. Em um artigo publicado no *Illustrierten Beobachter*, em 3 de agosto de 1929, Hitler relembra "os primeiros passos tímidos" do movimento. Hitler: *Reden Schriften Anordnungen*, vol. III, 2, doc. 62, p. 336-341 (citação p. 336).

69 Hitler: *Mein Kampf*, p. 244.

70 Cf. Plöckinger: *Unter Soldaten und Agitatoren*, p. 157.

71 Cf. o relatório do relator do DAP. Michael Lotter, para o arquivo central do NSDP, 17 de outubro de 1941; Joachimsthaler: *Hitlers Weg*, p. 257 (na p. 258 também se encontra o fac-símile da carteira de associado); além disso, A. Drexler, em uma carta não enviada para Hitler, datada de janeiro de 1940: Ernst Deuerlein (editor): *Der Aufstieg der* NSDAP *in Augen Zeugenberichten*, Munique, 2ª ed., 1976, p. 97 e seguinte.

72 Hitler: *Mein Kampf*, p. 390. Em dezembro de 1936, durante um almoço na chancelaria do *Reich*, Hitler conta sobre "as primeiras reuniões do partido", quando ele mesmo escrevia os panfletos em uma máquina de datilografia, distribuindo-os em seguida". Goebbels: *Tagebücher*, parte I, vol. 3/II, p. 274 e seguinte (em 3 de dezembro de 1936).

73 Hitler: *Mein Kampf*, p. 390. Sobre o anúnco no jornal *Münchener Beobachter*, cf. Plöckinger: *Unter Soldaten und Agitatoren*, p. 158 e seguinte.

74 Interrogatório de Max Amanns em Nuremberg, 5 de novembro de 1947; Joachimsthaler: *Hitlers Weg*, p. 264.

75 Relatório PND sobre a reunião do DAP de 13 de novembro de 1919; Hitler: *Sämtliche Aufzeichnungen*, nº 66a, p. 93. Ver também Deuerlein: *Hitlers Eintritt*, doc. 14, p. 205-207.

76 *Münchener Beobachter*, 19 de novembro de 1919; Hitler: *Sämtliche Aufzeichnungen*, nº 66b, p. 94.

77 Cf. Plöckinger: *Unter Soldaten und Agitatoren*, p. 160-163, 169.

78 Relatório sobre a reunião do DAP de 10 de dezembro de 1919; Deuerlein: *Hitlers Eintritt*, doc. 16, p. 209 e seguinte; Hitler: *Sämtliche Aufzeichnungen*, nº 69b, p. 98 e seguinte.

79 Relatório PND sobre a reunião do DAP de 16 de janeiro de 1919; Hitler: *Sämtliche Aufzeichnungen*, nº 73, p. 105.

80 Cf. o esboço do regulamento interno do DAP de dezembro de 1919; Hitler: *Sämtliche Aufzeichnungen*, nº 68, p. 95; fac-símile em Joachimsthaler: *Hitlers Weg*, p. 266.

81 Cópia do programa de 25 pontos, entre outros, em Deuerlein (ed.): *Der Aufstieg der NSDAP*, p. 108-112.

82 Relatório PND sobre a reunião do DAP de 24 de fevereiro de 1920; Hitler: *Sämtliche Aufzeichnungen*, nº 83a, p. 110.

83 Ibid.; Cf. também Plöckinger: *Unter Soldaten und Agitatoren*, p. 176.

84 Hitler: *Mein Kampf*, p. 406. Cf. o artigo de Hitler pelo 2º aniversário de fundação do movimento, de 24 de fevereiro de 1920, publicado no jornal *Völkischen Beobachter*: "[...] quando, finalmente, a reunião terminou por volta das dez e meia, tínhamos a impressão de que havia nascido um lobo, determinado a infiltrar-se na manada dos ludibriadores e enganadores do povo". Hitler: *Sämtliche Aufzeichnungen*, nº 363, p. 584.

85 *Münchener Neueste Nachrichten*, 25 de fevereiro de 1920; citação de Richardi, p. 116 e seguinte; *Völkischer Beobachter*, 28 de fevereiro de 1920; Hitler: *Sämtliche Aufzeichnungen*, nº 83b, p. 111.

86 Cf. o registro na caderneta de soldos do cabo Adolf Hitler; BayhStA, München, Nl Adolf Hitler.

Capítulo 5. O rei de Munique

1 *Monologe*, p. 209 (de 16 e 17 de janeiro de 1942); cf. ibid., p. 147 (de 30 de novembro de 1941): "Em retrospectiva, foi a época mais bonita da luta."

2 Ibid., p. 173 (de 3 e 4 de janeiro de 1942).

3 Ibid., p. 209 e seguinte (de 16 e 17 de janeiro de 1942).

4 Cf. Large: *Hitlers München*, p. 294; Andreas Heusler: *Das Braune Haus. Wie München zur "Hauptstadt der Bewegung" wurde*, Munique, 2008, p. 201 e seguinte.

5 Para o golpe Kapp e suas consequências, cf. Heinrich August Winkler: *Weimar 1918-1933. Die Geschichte der ersten deutschen Demokratie*, Munique, 1993, p. 122 e seguintes.

6 Cf. Walter: *Antisemitische Kriminalität*, p. 64 e seguinte.

7 Bogislav von Selchow para Forstrat Escherich, 24 de junho de 1922; BayhStA München, Nl Escherich 47. Sobre a organização "Consul" e os atentados por ela executados, cf. Martin Sabrow: *Der Rathenau-Mord. Rekonstruktion einer Verschwörung gegen die Republik von Weimar*, Munique, 1994.

8 Cf. Bruno Thoss: *Der Ludendorff-Kreis 1919-1923. München als Zentrum der mitteleuropäischen Gegenrevolution*, Munique, 1978.

9 Large: *Hitlers München*, p. 165.

10 *Der Hitler-Prozeß 1924*, parte 2, p. 447.

11 Hitler. *Mein Kampf*, p. 403.

12 *Hitlers Tischgespräche*, p. 160 (de 19 de março de 1942).

13 Citação segundo Maser: *Frühgeschichte*, p. 256.

14 Hitler: *Mein Kampf*, p. 560 e seguinte.

15 Cf. Reginald H. Phelps: *Hitler als Parteiredner im Jahre 1920*, em: Vierteljahrshefte für Zeitgeschichte, ano 11 (1963), p. 284. Cf. também R. Heß a Milly Kleinmann, 11 de abril de 1921: "Ele [Hitler] discursa regularmente para um pequeno grupo na seguda-feira à noite e a cada oito ou quinze dias para o público". BA Bern, Nl Heß, J1.211 – 1989/148, 27. Cartão postal de Hitler para a mulher do *Regierungsrat*, Dora Lauböck, Rosenheim, enviado de Viena, sem data (out. 1920): "Ontem discursei aqui pela primeira vez, com sucesso. Hoje é a vez de Leopoldstadt". IfZ München, ED 100/86.

16 Hitler: *Mein Kampf*, p. 544.

17 Hitler para G. Seifert, 27 de outubro de 1921; Hitler: *Sämtliche Aufzeichnungen*, nº 309, p. 509. Dados numéricos segundo Kurt Pätzold/Manfred Weißbecker: *Geschichte der NSDAP 1920-1945*, Colônia, 1998, p. 27, 54.

18 Cf. Ernst Hanfstaengl: *Zwischen Weißem und Braunem Haus. Erinnerungen eines politischen Außenseiters*, Munique, 1970, p. 86 e seguinte.

19 Conforme Toland: *Adolf Hitler*, vol. 1, p. 151.

20 Verificar, sobre a evolução típica de uma reunião, Hanfstaengl: *Zwischen Weißem und Braunem Haus*, p. 37-39; nota de Hanfstaengls "ad A. H., dez., 1922": "O final acaba em um lema de batalha, uma palavra-chave. A palavra como arma!".; BSB München, Nl Hanfstaengl Ana 405, Schachtel 25.

21 Conforme Steinert: *Hitler*, p. 125.

22 Hanfstaengl: *Zwischen Weißem und Braunem Haus*, p. 84.

23 Ibid. p. 85.

24 Ibid., p. 41. Cf. a anotação de Franz Pfeffer v. Salomons, de 19 de agosto de 1964: O segredo do efeito causado por Hitler era o fato de que ele expressava "aquilo que estava escondido, aquilo que fermentava e borbulhava e só precisava ser evocado". IfZ München, ZS 177. Josef Kopperschmidt também reconhece o "princípio da exclusão retórica", ou seja, a capacidade de Hitler de criar associações com esperanças e medos existentes, o critério mais importante para impressionar grandes multidões. Josef Kopperschmidt (ed.): *Hitler der Redner*, Munique, 2003, p. 18.

25 Frank: *Im Angesicht des Galgens*, p. 39 e seguinte Cf. Dieter Schenk: Hans Frank. Hitlers Kronjurist und Generalgouverneur, Frankfurt am Main, 2006, p. 48 e seguinte.

26 Heiden: *Hitler. Das Zeitalter der Verantwortungslosigkeit*, p. 100 e seguinte.

27 Hitler: *Sämtliche Aufzeichnungen*, nº 223, p. 367 (de 21 de abril de 1921). Em 9 de janeiro de 1922, Hitler encerrou um discurso em uma reunião do NSDAP com a frase: "Seja o que Deus quiser! Amém". Ibid., nº 341, p. 544.

28 Kurt Lüdecke: *I Knew Hitler. The Story of a Nazi Who Escaped the Blood Purge*, Londres 1938, p. 22 e seguinte Sobre Lüdecke, Cf. Machtan: *Hitlers Geheimnis*, p. 302 e seguintes.

29 Fest: *Hitler*, p. 217.

30 Karl Alexander von Müller: *Im Wandel einer Welt. Erinnerungen,* vol. 3: 1919-1932. Publicado por Otto Alexander von Müller, Munique, 1966, p. 144 e seguinte.

31 Cf. Deuerlein: *Eintritt*, p. 190; Herbst: *Hitlers Charisma*, p. 119.

32 Primeiros esboços da bandeira com suástica feitos pelo 1º tesoureiro, Rudolf Schüssler, em 1920/21, em BA Berlin-Lichterfelde, NS 26/2559. Cf. Karl-Heinz Weißmann: *Das Hakenkreuz. Symbol eines Jahrhunderts*, Schnellrode, 2006.

33 Cf. Tilman Allert: *Der deutsche Gruß. Geschichte einer unheilvollen Geste*, Berlim, 2005.

34 Cf. Auerbach: *Hitlers politische Lehrjahre*, p. 19. Sobre a agitação da NSDAP em sua fase inicial, cf. também as anotações de Rudolf Heß, sem data (agosto de 1920): "A cor vermelha foi escolhida com razão. Os operários que ainda não aderiram estão indignados com o uso abusivo de sua bela cor vermelha para fins, segundo eles, tão 'reacionários'". BA Bern, Nl Heß, J1.211 – 1989/148, 27.

35 Hitler: *Sämtliche Aufzeichnungen*, nº 16, p. 127 (de 24 de abril de 1920), nº 100, p. 131 (de 11 de maio de 1920), nº 91, p. 119 (de 6 de abril de 1920).

36 Ibid., nº 435, p. 752 (de 3 de dezembro de 1922).

37 Ibid., nº 185, p. 297 (de 17 de janeiro de 1921).

38 Ibid., nº 248, p. 411 (de 24 de maio de 1931). Cf. ibid. nº 377, p. 611 (de 12 de abril de 1922): "O mês de novembro de 1918 realmente não foi uma conquista, e sim o início de nossa derrota".

39 Ibid., nº 96, p. 128 (de 27 de abril de 1920), nº 120, p. 162 (de 15 de julho de 1920), nº 405, p. 692 (de 18 de setembro de 1922). Riecker (*Hitlers 9. November*, p. 97) vê no "desejo irreprimível" do agitador "de vingar e revogar a derrota na Primeira Guerra Mundial" a sua principal força motriz. No entanto, a tentativa de relacionar isso diretamente com o holocausto leva a um equívoco.

40 Hitler: *Sämtliche Aufzeichnungen*, nº 93, p. 124.

41 Cf. Boris Barth: *Dolchstoßlegende und Novemberrevolution*, em: Alexander Gallus (ed.): *Die vergessene Revolution*, Gotinga, 2010, p. 133.

42 Hitler: *Sämtliche Aufzeichnungen*, nº 147, p. 236 (de 22 de setembro de 1920). Para as citações mencionadas: ibid., nº 108, p. 143 (de 11 de junho de 1920), nº 126, p. 169 (de 1º de agosto de 1920), nº 141, p. 225 (de 5 de setembro de 1920). No final de 1919, Hitler criou um panfleto com o título polêmico "*Der Gewaltfrieden von Brest-Litowsk und der Friede der Versöhnung und Verständigung von Versailles?*" [O tratado de violência de Brest-Litovski e o tratado de reconciliação e compreensão de de Versalhes?] ibid., nº 72, p. 101-104). Este panfleto foi amplamente divulgado entre as tropas estacionadas em Munique. Cf. Plöckinger: *Unter Soldaten und Agitatoren*, p. 166 e seguinte.

43 Hitler: *Sämtliche Aufzeichnungen*, nº 249, p. 412 (de 26 de maio de 1921), nº 252, p. 417 (de 29 de maio de 1921), nº 315, p. 515 (de 11 de novembro de 1921).

44 Ibid., nº 224, p. 368 (de 24 de abril de 1921).

45 Ibid., nº 227, p. 374 (de 3 de maio de 1921).

46 Ibid., nº 368, p. 590 (de 1º de março de 1922). Cf. ibid., nº 383, p. 638 (de 5 de maio de 1922): "Porém, a maior fraude está sendo perpetrada por Rathenau, em Gênova, ao atirar os valores da Alemanha na goela insaciável da Entente."

47 Cf. Ibid., nº 103, p. 137 (de 31 de maio de 1920), nº 108, p. 144 (de 11 de junho de 1920), nº 197, p. 318 (de 13 de fevereiro de 1921).

48   Ibid., nº 252, p. 414 (de 29 de maio de 1921); nº 264, p. 444 (de 20 de julho de 1921).

49   Ibid., nº 138, p. 212 (de 25 de agosto de 1920).

50   Ibid., nº 141, p. 223 (de 5 de setembro de 1920). Cf. ibid., nº 147, p. 234 (de 22 de setembro de 1920), nº 205, p . 336 (de 6 de março de 1921), nº 412, p. 708 (de 25 de outubro de 1922).

51   Ibid., nº 139, p. 217 (de 25 de agosto de 1920).

52   Ibid., nº 129, p. 176 (de 7 de agosto de 1920).

53   Ibid., nº 160, p. 250, 254 (de 26 de outubro de 1920).

54   Ibid., nº 140, p. 220 (de 31 de agosto de 1920).

55   Ibid., nº 96, p. 127 (de 27 de abril de 1920), nº 203, p. 333 (de 6 de março de 1921).

56   Ibid., nº 101, p. 134 (de 19 de maio de 1920).

57   Ibid., nº 96, p. 127 (de 27 de abril de 1920), nº 187, p. 300 (de 27 de janeiro de 1921).

58   Ibid., nº 239, p. 394 (de 15 de maio de 1921).

59   Ibid., nº 305, p. 505 (de 21 de outubro de 1921), nº 405, p. 692 (de 18 de setembro de 1922).

60   O escritor Carl Zuckmayer, que compareceu a um evento de Hitler no outono de 1923, ficou impressionado com "o martelar constate e ensurdecedor das repetições, que eram feitas em um ritmo especial e contagiante": "Era uma técnica inteligente e adquirida, e tinha um efeito assustador, bárbaro e primitivo" (*Als wär's ein Stück von mir*, Frankfurt am Main, 1966, p. 384 e seguinte).

61   Hitler: *Mein Kampf*, p. 198.

62   Cf. Geyer: *Verkehrte Welt*, p. 96 e seguinte.

63   Cf. Steinert: *Hitler*, p. 125.

64   Verificar, ainda, fundamentado em Fritz Stern: *Kulturpessimismus als politische Gefahr. Eine Analyse nationaler Ideologie*, nova edição, Stuttgart, 2005; Kurt Sontheimer: *Antidemokratisches Denken in der Weimarer Republik. Die politischen Ideen des deutschen Nationalismus zwischen 1918 und 1933*, Munique, 1968 (edição de estudo).

65   Citação segundo Auerbach: *Hitlers politische Lehrjahre*, p. 26.

66   Cf. Reginald H. Phelps: *Hitlers "grundlegende" Rede über den Antisemitismus*, em: *Vierteljahrshefte für Zeitgeschichte*, ano 16 (1968), p. 390-420. (Texto do discurso: p. 400-420). Também publicado em Hitler: *Sämtliche Aufzeichnungen*, nº 136, p. 184-204.

67   Cf. as fontes de Phelps: *Hitlers "grundlegende" Rede*, p. 395-399. Em uma carta endereçada a Theodor Fritsch, datada de 28 de outubro de 1930, Hitler afirma que já havia estudado detalhadamente o *Handbuch der Judenfrage [Manual da Questão Judaica]* em Viena, quando jovem. Hitler: *Reden Schriften Anordnungen*, vol. IV,1, Doc. 32, p. 133.

68   Citação segundo Phelps: *Hitlers "grundlegende" Rede*, p. 400.

69   Hitler: *Sämtliche Aufzeichnungen*, nº 273, p. 452 (de 12 de agosto de 1921).

70   Ibid., nº 275, p. 458 (de 19 de agosto de 1921). Rudof Heß também relatou em outubro de 1923: "Além de falar do programa [...] também sempre falo sobre os 'Sábios de Sião' e sobre as provas de sua autenticidade." R. Heß para I. Pröhl, 14 de outubro de 1923; BA Bern, Nl Heß, J1.211-1989/148, 31.

71 Hitler: *Sämtliche Aufzeichnungen*, nº 171, p. 273 (de 3 de dezembro de 1920), nº 285, p. 471 (de 8 de setembro de 1921), nº 585 (de 23 de fevereiro de 1922), nº 223, p. 366 (de 21 de abril de 1921).

72 Heinrich Heim para Fritz von Trützschner, 12 de agosto de 1920; BA Berlin-Lichterfelde, NS26/18. Sobre isso, os funcionários do Arquivo Central do NSDAP escreveram uma nota nos autos em 3 de novembro de 1943: "A carta anexa, endereçada ao sr. von Trützschner, foi escrita em 1920 pelo *Ministerialrat* da época, Pg. Heim (chancelaria do partido), e voltou como correspondência ao remetente; a carta me foi entregue agora, ainda fechada, pelo Pg. Heim para o Arquivo do partido. A carta fornece uma caracterização extremamente interessante do *Führer* e seu posicionamento naquela época frente à questão judaica." Sobre a biografia de Heinrich Heim, cf. a introdução de Werner Jochmann em *Monologe*, p. 11 e seguinte, bem como a troca de correspondência entre R. Heß e H. Heim 1936/38, em BA Bern, Nl Heß. J1.211-1993/300, Caixa 7.

73 Karl Mayr para Wolfgang Kapp, 24 de setembro de 1920; Erwin Könnemann/Gerhard Schulze (editores): *Der Kapp-Lüttwitz-Ludendorff-Putsch. Dokumente*, Munique, 2002, p. 526. Em uma carta de 11 de dezembro de 1920, endereçada aos pangermânicos Heinrich Claß e Ernst Bang, o presidente de polícia de Munique, Ernst Pöhner, recomendou Hitler como "uma força organizatória e como um agitador de primeira linha", que se tornou conhecido como "o melhor orador do *Deutsche Orbeiterpartei* em toda a Baviera". Citação segundo Johannes Leicht: Heinrich Claß 1868-1953. *Die politische Biographie eines Alldeutschen*, Paderborn, 2012, p. 288.

74 Klaus Gietinger: *Der Konterrevolutionär Waldemar Pabst – eine deutsche Karriere*, Hamburgo, 2009, p. 220.

75 Hanfstaengl: *Zwischen Weißem und Braunem Haus*, p. 50. Cf. também a caracterização de Hitler: "uma testa imensa, olhos azuis, uma cabeça como a de um touro e uma voz de timbre maravilhosamente claro." Hitler: *Reden Schriften Anordnungen*, vol. III,2, Doc. 62, p. 342.

76 Margarete Plewnia: *Auf dem Weg zu Hitler. Der »völkische« Publizist Dietrich Eckart*, Berlim, 1970, p. 67.

77 Cópia do protocolo do interrogatório de 15 de novembro de 1923 em BA Berlin- Lichterfelde, NS26/2180. Cf. informações de Hermann Esser para Ralph Engelmann, 5 de março de 1970: "Eckart viu em Hitler o único homem capaz de fazer um grande movimento popular. Ele tinha certeza: Hitler é o orador que essas massas populares precisam". BayHStA München, Nl Esser.

78 Fest: *Hitler*, p. 196.

79 *Monologe*, p. 208 (de 16/17 de janeiro de 1942).

80 Verificar, sobre a compra do *Völkischer Beobachter*, o registro de Drexler de 1940; impresso em Deuerlein: *Aufstieg*, p. 128 e seguinte; *Protokoll einer Unterredung mit Hans Georg Grassinger*, de 19 de dezembro de 1951; IfZ München, ZS 50.

81 Hitler: *Sämtliche Aufzeichnungen*, nº 175, p. 277 e seguinte (de 18 de dezembro de 1920).

82 Ryback: *Hitlers Bücher*, p. 54.

83 Hitler: *Mein Kampf*, p. 781.

84 Schroeder: *Er war mein Chef*, p. 65. Cf. Goebbels: *Tagebücher*, parte I, vol. 4, p. 51 (de 15 de março de 1937): "O *Führer* [...] nos conta sobre Dietrich Eckart. Que cavalheiro!".

85 *Monologe*, p. 161 (de 28 e 29 de dezembro de 1941), p. 208 (de 16 e 17 de janeiro de 1942).

86 Cópia de uma entrevista com Mathilde Scheubner-Richter, de 9 de julho de 1952; IfZ Munique, zs 292. Cf. também Ernst Piper: *Alfred Rosenberg. Hitlers Chefideologe*, Munique, 2005, p. 57 e seguintes; Gerd Koenen: *Der Rußland-Komplex. Die Deutschen und der Osten 1900-1945*, Munique, 2005, p. 266-268.

87 Citações em ordem sequencial: Hitler: *Sämtliche Aufzeichnungen*, nº 106, p. 140 (de 6 de junho de 1920); nº 124, p. 166 (de 27 de julho de 1920); nº 197, p. 319 (de 13 de fevereiro de 1921), nº 272, p. 451 (de 4 de agosto de 1921), nº 352, p. 560 (de 30 de janeiro de 1922).

88 Heß: Briefe, p. 264 (de 14 de setembro de 1920), p. 267 (de 11 de abril de 1921). Após o primeiro encontro com o "político", ele se transformou em um seguidor incondicional, escreveu Rudolf Heß a Inge Pröhl, em 10 de julho de 1924, da fortaleza de Landsberg. BA Bern, Nl Heß, J1.211-1989/148, 33. Sobre a participação de Heß na derrota da república comunal, cf. sua carta endereçada a seus pais, 18 de maio de 1919; Heß: *Briefe*, p. 240-242; BA Bern, Nl. Heß; J1.211-1989/148, 21. Sobre o estreito relacionamento de Heß e Karl Haushofer, cf. suas cartas endereçadas aos pais de 19 de maio de 1921 e 8 de maio de 1923; BA Bern, Nl hHß, J1.211 – 1989/148, 27, 31.

89 *Unveröffentlichte Lebenserinnerungen Gustav Ritter von Kahrs*, p. 877; BayhStA München, Nl Kahr 51.

90 R. Heß para von Kahr, 17 de maio de 1921; Deuerlein: *Aufstieg*, p. 132-134 (citação p. 133).

91 Cf. Albrecht Tyrell: *Vom "Trommler" zum "Führer". Der Wandel von Hitlers Selbstverständnis zwischen 1919 und 1924 und die Entwicklung der NSDAP*, Munique, 1975, p. 72-89 (sobre o DSP), p. 95-109 (sobre as tentativas de fusão).

92 Hitler: *Sämtliche Aufzeichnungen*, nº 129, p. 173-179; nº 132, p. 181 (de 8 de agosto de 1920).

93 Tyrell: *Vom "Trommler" zum "Führer"*, p. 100.

94 Ibid., p. 99.

95 Citação conforme ibid., p. 109. Em uma conversa datada de 31 de outubro de 1951, Gerhard Rossbach descreveu sua primeira impressão de Hitler com as seguintes palavras: "Um civil patético, com uma gravata mal ajustada, que sempre chegava tarde. Um orador brilhante, com poder de persuasão." IfZ München, zs 128.

96 Cf. o resumo do conteúdo em Tyrell: *Vom "Trommler" zum "Führer"*, p. 111-116. Dickel defendia as ideias de reforma agrária de Otto Damaschke e fundou uma colônia para operários no meio de um pântano, que foi chamada de Dickelsmoor. Cf. Franz Maria Müller: *Wie Hitler Augsburg eroberte. Erlebnisbericht aus der Frühzeit der nationalsozialistischen Bewegung* (sem data, após 1945); IfZ München, MS 570.

97 Tyrell: *Vom "Trommler" zum "Führer"*, p. 119 e seguinte.

98 Ibid., p. 121 e seguinte.

99 Hitler: *Sämtliche Aufzeichnungen*, nº 338, p. 539 (de 5 de janeiro de 1922). Verificar, sobre o ressentimento de Hitler contra os letrados, Wagener: *Hitler aus nächster Nähe*, p. 57.

100 Cf. Kershaw: *Hitler*, vol. 1, p. 211.

101 Hitler: *Sämtliche Aufzeichnungen*, nº 262, p. 436-438 (Citação p. 438).

102 Citação segundo Tyrell: *Vom "Trommler" zum "Führer"*, p. 128. No entanto, o membro do comitê, Benedict Angermeier, saiu do partido em protesto contra a nomeação de Hitler para presidente do NSDAP. Depoimento dos filhos Paul e Kurt Angermeier, de 22 de janeiro de 1952; IfZ München, ZS 20.

103 Impresso em Deuerlein: *Aufstieg*, p. 138-140.

104 Citação segundo Maser: *Frühgeschichte*, p. 276.

105 Verificar, sobre a reunião dos membros de 29 de julho de 1921, Hitler: *Sämtliche Aufzeichnungen*, nº 269, p. 447-449, nº 270, p. 449 e seguinte Em 4 de agosto de 1921, o segundo presidente do NSDAP, Oskar Körner, relatou a Gustav Seifert (Hannover): "Todas as divergências existentes dentro do movimento, causadas por elementos externos, foram completamente sanadas." IfZ München, MA 736/141.

106 Verificar, sobre os estatutos do partido de 29 de julho de 1921, Tyrell: *Vom "Trommler" zum "Führer"*, p. 132-150.

107 Citação segundo Maser: *Frühgeschichte*, p. 280.

108 Citação segundo ibid., p. 281.

109 Cf. declaração juramentada de Emil Maurice, de 16 de março de 1946; IfZ München, ZS 270. Sobre a composição da SA, cf. Peter Longerich: *Die braunen Bataillone. Geschichte der SA*, Munique, 1989, p. 22-25. A conclamação para a fundação impressa em Deuerlein: *Aufstieg*, p. 144.

110 Sobre Röhm, cf. Longerich: *Die braunen Bataillone*, p. 15-22.

111 Hitler: *Sämtliche Aufzeichnungen*, nº 301, p. 499 (de 5 de outubro de 1921).

112 Sobre os ataques diários a judeus praticados em Munique, cf. Walter: *Antisemitische Kriminalität*, p. 97 e seguintes.

113 *Monologe*, p. 122 e seguintes (de 2 de novembro de 1941). Cf. ibid., p. 146 (de 30 de novembro de 1941): "Para mim só arruaceiros tinham serventia."

114 Cf. o relatório da reunião em Deuerlein: *Aufstieg*, p. 145 e seguinte.

115 Rudolf Heß para Klara e Fritz Heß, 7 de julho de 1922; Heß: *Briefe*, p. 291.

116 Deuerlein: *Aufstieg*, p. 147.

117 Hitler: *Mein Kampf*, p. 563-567 (citação p. 567). Ver também o relatório da reunião em Hitler: *Sämtliche Aufzeichnungen*, nº 316, p. 515-517 (de 12 de novembro de 1921).

118 Fest: *Hitler*, p. 211.

119 Citação segundo Lange: *Hitlers München*, p 188. Cf. também o relatório do cônsul-geral austríaco em Munique em Deuerlein: *Aufstieg*, p. 153 e seguinte.

120 Hitler: *Sämtliche Aufzeichnungen*, nº 399, p. 679 (de 16 de agosto de 1922). Outra grande reunião programada para 25 de agosto no Königsplatz foi proibida. Cf. *Tagebücher G. Feders*, vol. 4 (de 25 de agosto de 1923); IfZ München, ED 874.

121 Hitler: *Mein Kampf*, p. 615. Cf. também *Monologe*, p. 144 e seguinte (de 30 de novembro de 1941): "Assim que saímos, começamos a bater em todo mundo, e após dez minutos, a rua estava vazia."

122 Veja o apanhado geral em Maser: *Frühgeschichte*, p. 320 e seguinte.

123 Cf. também Auerbach: *Hitlers Lehrjahre*, p. 36; Pätzold/Weißbecker: *Geschichte der* NSDAP, p. 67; Deuerlein: *Aufstieg*, p. 157.

124 Cf. Michael H. Kater: *Zur Soziologie der frühen* NSDAP, em: Vierteljahrshefte für Zeitgeschichte, ano 19 (1971), p. 124-159 (aqui p. 139).

125 Cf. Heusler: *Das Braune Haus*, p. 120.

126 Hitler: *Sämtliche Aufzeichnungen*, nº 116, p. 156 (de 3 de julho de 1920). Cf. também *Tischgespräche*, p. 204 (de 8 de abril de 1942): "Os primeiros anos do de luta foram concebidos para que os trabalhadores fossem conquistados pelo NSDAP".

127 Anotação de Rudolf Heß: "*Der Nationalsozialismus in München*" (sem data, 1922); BA Berlin-Lichterfelde, NS 6/71.

128 Protocolo de perguntas feitas a Antonie Reichert, a filha do casal Reichert, de 20 de junho e 9 de setembro de 1952; IfZ München 287; Cf. Hanfstaengl: *Zwischen Weißem und Braunem Haus*, p. 53.

129 Cf. Toland: *Adolf Hitler*, vol. 1, p. 185 (baseado em lembranças de Helene Hanfstaengl).

130 Cf. Hanfstaengl: *Zwischen Weißem und Braunem Haus*, p. 42 e seguinte; David G. Maxwell: *Ernst Hanfstaengl – Des "Führers" Klavierspieler*, em: Ronald Smelser/Enrico Syring/Rainer Zitelmann (editores): *Die braune Elite II. 21 Eeitere biographische Skizzen*, Darmstadt, 1993, p. 137-149. A biografia de Peter Conradi: *Hitlers Klavierspieler. Ernst Hanfstaengl: Vertrauter Hitlers, Verbündeter Roosevelts*, Frankfurt am Main, 2007, nada mais é do que uma paráfrase das memórias de Hanfstaengl.

131 Hanfstaengl: *Zwischen Weißem und Braunem Haus*, p. 52.

132 Ibid., p. 52 e seguinte Sobre outros livros da biblioteca de Hitler na Thierschstraße, entre eles o livro *Deutsche Geschichte*, de Einhart (o pseudônimo do pangermânico Heinrich Claß), cf. Ryback: *Hitlers Bücher*, p. 76-79. Segundo uma declaração de Antonie Reichert, Hitler tinha "muita literatura relacionada à arquitetura, além de um gramofone e muitos discos de Richard Wagner"; IfZ München, ZS 287.

133 Hanfstaengl: *Zwischen Weißem und Braunem Haus*, p. 55.

134 Hitler: *Sämtliche Aufzeichnungen*, nº 188, p. 303 (de 27 de janeiro de 1921). Cf. também Heiden: *Hitler. Das Zeitalter der Verantwortungslosigkeit*, p. 109; Maser: *Frühgeschichte*, p. 282-284. Menos produtivo, Wulf C. Schwarzwäller: *Hitlers Geld. Vom armen Kunstmaler zum millionenschweren Führer*, Viena, 1998, p. 32 e seguinte.

135 Assim, o Banco Willi Bruss de Berlim-Wilmersdorf transferiu para Hitler uma "doação por simpatizar com seus esforços antissemitas" durante a inflação, em 12 de abril de 1923, no valor de 200 mil marcos [em papel moeda]. BA Koblenz, N 1128/7. O presidente do Alldeutscher Verband, Heinrich Claß, já havia doado 3 mil marcos em agosto de 1920, e continuou apoiando Hitler financeiramente. Cf. Leicht: *Heinrich Claß*, p. 286 e seguinte.

136 Carta manuscrita de Hermine Hoffmann para A. Hitler; BA Koblenz, N 1128/5. Em 11 de julho de 1938, Hitler a visitou em Solln, presenteando-a com flores e licor. *Tägliche Aufzeichnungen des SS-Untersturmführers Max Wünsche,* de 11 de julho de 1938; BA Berlin--Lichterfelde, NS 10/125. Cf. *Monologe,* p. 315 (de 10 e 11 de março de 1942): "Dentre as minhas amigas maternais, a sra. Hoffmann sempre foi de uma solicitude ímpar". Sobre o relacionamento entre Hitler e Hermine Hoffmann, cf. Martha Schad: "O olho era extremamente atraente". *Freundinnen und Verehrerinnen* em: Ulrike Leutheusser (ed.): *Hitler und die Frauen,* Munique, 2003, p. 30-32; Joachimsthaler: *Hitlers Liste,* p. 130-135.

137 Os cartões enviados por Hitler para Dora e Theodor Lauböck em BA Berlin-Lichter-felde, NS 26/1242, e IfZ München, ED 100/86. Impresso também em Hitler: *Sämtliche Aufzeichnungen,* nº 152, p. 244, nº 156, p. 246, nº 304, p. 503, nº 373, p. 598. A família Lauböck também mantinha um relacionamento privado com Paula, irmã de Hitler. Cf. o cartão sem data de Dora Lauböck para Hitler com a anotação manuscrita de Paula Hitler; BA Berlin-Lichterfelde, NS 26/1242. Sobre o natal de 1922, cf. a anotação no livro de hóspedes; IfZ München, ED 100/86; também em Joachimsthaler: *Hitlers Liste,* p. 219. Sobre a atividade exercida por Fritz Lauböck como secretário particular de Hitler, cf. suas anotações sobre entrada e saída de cartas de maio até o final de outubro de 1923; BA Koblenz, N 1128/29. Em 17 de abril de 1937, Fritz e Dora Lauböck doaram toda a correspondência e documentos ao arquivo central do NSDAP; BA Berlin-Lichterfelde, NS 26/1242.

138 Verificar, por exemplo, o aviso de cobrança do Münchner Buchgewerbehaus M. Müller & Sohn endereçado ao *Völkischer Beobacher,* Franz Eher, de 22 de maio de 1923. De acordo com o aviso, a conta registrava um saldo negativo de 73 milhões de marcos: o crédito pré-aprovado de 30 milhões de marcos havia sido ultrapassado em 43 milhões. O gerente administrativo do jornal, Josef Pickl, solicitou a a ajuda de Hitler no mesmo dia para obter uma quantia considerável de dinheiro para o pagamento das dívidas. BA Koblenz, N 1128/6 e N 1128/8.

139 Cf. Gottfried Grandel para A. Hitler, 27 de outubro de 1920 (sobre a situação financeira do *Völkischer Beobachter*); BA Koblenz, N 1128/2; Franz Maria Müller: *"Wie Hitler Augsburg eroberte"* (sem data, após 1945); IfZ München, MS 570.

140 Emil Gansser para Karl Burhenne, 8 de março de 1922, com relatório anexo sobre o movimento Hitler; BA Berlin-Lichterfelde, NS 26/1223.

141 Cf. o convite de E. Gansser de 26 de maio de 1922 para o discurso de Hitler; BA Berlin--Lichterfelde, NS 26/1223. Sobre o conteúdo do discurso de Hitler: *Sämtliche Aufzeichnungen* nº 387, p. 642 f. Verificar, também, o relatório de Wilhelm Weicher, baseado em memórias: *"Wie ich Adolf Hitler kennenlernte",* em: *Der Türmer* 36, abril de 1934: "Naquela época tumultuada apareceram muitos profetas; eu ouvi os discursos de todos, mas nenhum me tocou como Adolf Hitler". BA Berlin-Lichterfelde, NS 26/1223; anotação de Hanfstaengl sobre um telefonema com Emil Gansser na primavera de 1923; BSB München, Nl Hanfstaengl Ana 405, caixa 25. Sobre a apresentação de Hitler, Cf. Henry A. Turner: *Die Großunternehmer und der Aufstieg Hitlers,* Berlim, 1986, p. 68 e seguinte.

142 Cf. ibid., p. 70 e seguinte; sobre Richard Franck, cf. *Monologe*, p. 208 (de 6 e 17 de janeiro de 1942), p. 257 (de 3 de fevereiro de 1942).

143 Citação segundo Hamann: Winifred Wagner, p. 75. Sobre a viagem de Hitler para a Suíça no verão de 1923, cf. Raffael Scheck: *Swiss Funding for the Early Nazi Movement*, em: *The Journal of Modern History*, vol. 91, 1999, p. 793-813; Alexis Schwarzenbach: *Zur Lage in Deutschland*. O discurso de Hitler na Suíça de 30 de agosto de 1923, em: Traverse 2006/1, p. 178-189. Sobre a temporada suíça de Rudolf Heß na primavera de 1922, cf. suas cartas para Inge Pröhl, de 17 de março de e 4 de abril de 1922; BA Bern, Nl Heß, J1.211-1989/148, 29. Em outubro de 1922, Heß e Dietrich Eckart aceitaram um convite para visitar a propriedade rural da família Wille, em Zurique: R. Heß para I- Pröhl, 31 de outubro de 1922; ibid. Hitler somente contou a Heß sobre sua viagem durante o tempo passado por ambos na prisão em Landsberg: "Era um prazer ouvi-lo falar com entusiasmo de suas impressões sobre essa primeira viagem para fora da Alemanha e Áustria". R. Heß para I. Pröhl, 18 de maio de 1924; B ABern, Nl Heß, J1.211-1989/148, 33. O passaporte de Hitler, emitido em 13 de agosto de 1923, com anotação de entrada na Suíça em 26 de agosto de 1923; BayHStA München, Nl Adolf Hitler. Hermann Esser confirmou em seus comunicados a Ralph Engelmann, datados de 5 de março de 1970, que Emil Gansser fez os contatos na Suécia; BayHStA München, Nl Esser.

144 *Unveröffentlichte Erinnerungen Hanfstaengls*, p. 32; BSB München, Nl Hanfstaengl Ana 405, caixa 47. Cf. também Hanfstaengl: *Zwischen Weißem und Braunem Haus*, p. 99: "Como um fogo fátuo ele aparecia, ora aqui, ora ali, para então desaparecer no instante seguinte".

145 Gottfried Feder para o "querido senhor Hitler", 10 de agosto de 1923 (terminando com: "Com cordiais saudações e *Heil* em alta confiança"); IfZ München, ED 100/86.

146 Hanfstaengl: *Zwischen Weißem und Braunem Haus*, p. 44.

147 Large: *Hitlers München*, p. 201. Cf. Markus Schiefer: *Vom "Blauen Bock" in die Residenz – Christian Weber*, em: Marita Krauss (ed.): *Rechte Karrieren in München. Von der Weimarer Zeit bis in die Nachkriegsjahre*, Munique, 2010, p. 152-165 (principalmente p. 155 e seguinte).

148 Martin Broszat: *Der Staat Hitlers. Grundlegung und Entwicklung seiner inneren Verfassung*, Munique, 1969, p. 66. Cf. anotação de Hanfstaengl "*A.H. – Stammcafé Heck*"; BSB München, Nl Hanfstaengl Ana 405, caixa 26.

149 Hanfstaengl: *Zwischen Weißem und Braunem Haus*, p. 88.

150 Citação segundo Auerbach: *Hitlers politische Lehrjahre*, p. 35. Cf. protocolo de um interrogatório de Göring, 20 de julho de 1945: Hitler "deu as boas-vindas a Göring efusivamente, pois sempre quis ter um jovem oficial com a reputação nacional de Göring em seu movimento". IfZ München, ZS 428. Sobre a biografia de Göring, cf. Alfred Kube: *Pour le mérite und Hakenkreuz. Hermann Göring im Dritten Reich*, Munique, 1986, p. 4-8.

151 Cf. Hamann: *Winifred Wagner*, p. 73 e seguinte; Large: *Hitlers München*, p. 197; Hanfstaengl: *Zwischen Weißem und Braunem Haus*, p. 48 e seguinte; Schad: *Freundinnen und Verehrerinnen*, p. 38-43; Joachimsthaler: *Hitlers Liste*, p. 68-71.

152 Müller: *Im Wandel einer Welt*, p. 129. Cf. também as anotações de Karl Alexander von Müller "*Meine Beziehungen zur* NSDAP" (sem data, após 1945); BayhStA München, Nl K. A. v. Müller 7. Não somente Göring e Heß estavam entre os ouvintes do historiador de Munique entre 1922 e 1923, mas também Ernst Hanfstaengl.

153 Cf. Wolfgang Martynkewicz: *Salon Deutschland. Geist und Macht 1900-1945*, Berlim, 2009; Miriam Käfer: *Hitlers frühe Förderer aus dem Großbürgertum – das Verlegerehepaar Elsa und Hugo Bruckmann*, em: Krauss (ed.): *Rechte Karrieren in München*, p. 72-79. Sobre a orientação antissemita de Elsa Bruckmann, cf. sua carta a Karl Alexander von Müller, de 20 de março de 1929, na qual ela denegriu o "*Deutschen Kulturbund*", fundado como contraponto ao nacionalista "*Kampfbund für deutsche Kultur*", dizendo que ele estava "culturalmente 'enjudeuzado'". BayHStA München, Nl K. A. v. Müller 246.

154 Cf. Martynkewicz: *Salon Deutschland*, p. 382, 387, 408.

155 *Herbst 1941 im »Führerhauptquartier«*. Relatos de Werner Koeppen para o ministro Rosenberg, editado e comentado por Martin Vogt, Koblenz, 2002, p. 1 (de 6 de setembro de 1941). Cf. também o telegrama de condolências de Hitler para Elsa Bruckmann; BSB München, Bruckmanniana Suppl., caixa 4; citação em Käfer: *Frühe Förderer*, p. 74.

156 Fest: *Hitler*, p. 197.

157 Sua secretária, Christa Schroeder, conta a Hitler que às vezes ela tinha a impressão de que "ele, aparentemente, era apresentado ao público com um macaco no zoológico". Schroeder: *Er war mein Chef*, p. 69.

158 Hamann: *Winifred Wagner*, p. 83 e seguinte; cf. também *Monologe*, p. 224 (de 24 e 25 de janeiro de 1942): "Quando entrei em Wahnfried pela primeira vez, fiquei tão emocionado!".

159 Hamann: *Winifred Wagner*, p. 85.

160 H. St. Chamberlain para Hitler, Bayreuth, 7 de outubro de 1923; a carta ditada com a assinatura de Chamberlain em BA Koblenz, N 1128/16. Cf. Hamann: *Winifred Wagner*, p. 82. Chamberlain faleceu em 9 de janeiro de 1927. Hitler esteve presente no enterro em 12 de janeiro de 1927, em Coburgo: "O político, saudando solenemente com a cartola, uma visão incomum". O pedido de Winifred Wagner para que discursasse durante a deposição da coroa fúnebre foi negado por Hitler. R. Heß para I. Pröhl, 14 de janeiro de 1927; BA Bern, Nl.Heß, J1.211-1989/148, 39.

161 Heß: *Briefe*, p. 275 (de 3 de julho de 1921).

162 Hanfstaengl: *Zwischen Weißem und Braunem Haus*, p. 36, 86 e seguinte.

163 Conforme Machtan: *Hitlers Geheimnis*, p. 146. Cf. Albert Krebs: *Tendenzen und Gestalten der* NSDAP. Lembranças do período inicial do partido, Stuttgart, 1959, que ressalta a capacidade de Hitler "de adaptar-se a diferentes pessoas e grupos" (p. 133).

164 *Tischgespräche*, p. 181 (de 3 de abril de 1942). Cf. também *Monologe*, p. 204 e seguinte (de 16 e 17 de janeiro de 1942): "Não existia nenhuma fotografia minha. Quem não me conhecia, não sabia da minha aparência".

165 Cf. Herz: *Hoffmann & Hitler*, p. 92 e seguinte (cf. também, no mesmo volume, na p. 93, uma reprodução da página do *Simplicissimus*); Schmölders: *Hitlers Gesicht*, p. 46-48, 54.

166 Cf. sobre o ocorrido Hanfstaengl: *Zwischen Weißem und Braunem Haus*, p. 74 e seguinte; Herz: *Hoffmann & Hitler*, p. 93 e seguinte; a interpretação de Pahl em Friedrich: *Die missbrauchte Hauptstadt*, p. 61.

167 Citação segundo ibid., p. 62. Cf. também Heydecker: *Hoffmann-Erinnerungen*, p. 27-36 ("Minha luta para fazer a primeira fotografia de Hitler.").

168 Para a biografia de Heinrich Hoffmann cf. Herz: *Hoffmann & Hitler*, p. 26-34; Görtemaker: *Eva Braun*, p. 15 e seguinte; Hoffmann: *Hitler wie ich ihn sah*, p. 7-17 (introdução de Henriette Hoffmann).

169 Kessler: *Das Tagebuch,* vol. 7, p. 564 (de 29 de outubro de 1922). Sobre a lendária "Marcha sobre Roma", cf. Hans Woller: *Geschichte Italiens im 20. Jahrhundert*. Munique, 2010, p. 92 e seguinte.

170 Hitler: *Sämtliche Aufzeichnungen*, nº 419, p. 726; nº 422. p. 728. Cf. também *Monologe*, p. 43 (de 21 e 22 de julho de 1941): "A marcha sobre Roma em 1922 foi um ponto de virada na História. O simples fato de ser possível nos deu um grande impulso."

171 Citação segundo Maser: *Frühgeschichte*, p. 356. Cf. Herbst: *Hitlers Charisma*, p. 144. Em 18 de setembro de 1923, o "Berliner Dienst" fez uma comparação entre Hitler e Mussolini afirmando que "o Mussolini alemão não é uma cópia independente do Mussolini italiano". BA Koblenz, N 1128/12.

172 Cf. Herbst: *Hitlers Charisma*, p. 139; Auerbach: *Hitlers politische Lehrjahre*, p. 24; Kershaw: *Hitler*, vol. 1, p. 233.

173 R. Heß para K. A. v. Müller, 23 de fevereiro de 1923; BayHStA München, Nl K. A. v. Müller 19/1. Com essa carta, Heß convidava para um discurso de Hitler para os estudantes em 26.2, no Löwenbräukeller. O manuscrito do trabalho para o concurso, que, segundo as próprias palavras de Heß, foi "escrito somente poucas horas antes do término do prazo de entrega", está impresso em Bruno Hipler: *Hitlers Lehrmeister. Karl Haushofer als Vater der NS-Ideologie*, St. Ottilien, 1996, p. 221-226 (citações p. 222, 225). Cf. também o relato de Heß sobre uma apresentação de Hitler no circo Krone, no qual Heß salienta "sua cabeça dura e inflexível de ditador". *"Der Nationalsozialismus in München"* (sem data, 1922); BA Berlin-Lichterfelde, NS 6/71.

174 Citação segundo Plewnia: *Auf dem Weg zu Hitler*, p. 90.

175 Este e outros telegramas e cartas de felicitações para Hitler em BA Koblenz, N 1128/7. Mesmo entre o público burguês que frequentava o Hofgarten de Munique, Hanfstaengl observou "certa admiração agressiva por tudo que ocorria ao sul dos Alpes, pelo brio do movimento fascista, por Mussolini e pela nova Itália", registrando opiniões tais como: "Sim, sim, precisamos de alguém assim no poder – um homem da *Renaissance*, um político do poder, um homem sem bloqueios." Registrado em *»Der Ruf nach dem Borgia Typ«*; BSB München, Nl Hanfstaengl Ana 405, caixa 25.

176 Cf. sobre o conceito de Max Weber sobre domínio carismático a discussão em Herbst: *Hitler Charisma*, p. 11-57.

177 Cf. ibid., principalmente p. 137 ff.

178 Cf. Hans-Ulrich Wehler: *Deutsche Gesellschaftsgeschichte*, vol. IV, Munique, 2003, p. 559-561. Sobre o início do culto ao *Führer*, cf. também Ian Kershaw: *Der Hitler Mythos. Führerkult und Volksmeinung*, Stuttgart, 2ª ed., 1999, p. 37 e seguintes.

179 Max Maurenbrecher: *Adolf Hitler*, em: *Deutsche Zeitung*, de 10 de novembro de 1923; impresso em Joachim Petzold: *Claß und Hitler*. Sobre a promoção do movimento nazista pelo *Alldeutschen Verband* e sua influência sobre a ideologia nazista: *Jahrbuch für Geschichte 21*, 1980, p. 284 e seguinte Verificar, ainda, André Schlüter: *Moeller van den Bruck. Leben und Werk*, Colônia/Weimar/Viena, 2010, p. 299, refer. 80. No dia 29 de maio de 1922, em seu discurso perante o Nationalen Klub 1919, em Berlim, Hitler ressaltou que "se via somente como o tocador de tambor do movimento de libertação nacional" (Hitler: *Sämtliche Aufzeichnungen*, nº 387, p. 643).

180 Hitler: *Sämtliche Aufzeichnungen*, nº 436, p. 754 (de 4 de dezembro de 1922).

181 Herz: *Hoffmann & Hitler*, p. 99 e seguinte (ali, p. 98 e seguinte, ver também as três primeiras fotografias). Cf. também Hans Hubert Hoffmann: *Der Hitler-Putsch. Krisenjahre deutscher Geschichte 1920-1924*, Munique, 1961, p. 74, que afirma que Hitler "já assumira um papel messiânico" antes de 9 de novembro de 1923.

182 Deuerlein: *Aufstieg*, p. 139.

183 Hanfstaengl: *Zwischen Weißem und Braunem Haus*, p. 63; Richard Wagner: Lohengrin. Editado por Egon Voss, Stuttgart, 2001, p. 21. Cf. anotação de Hanfstaengl: "Era impossível descobrir algo sobre sua vida pregressa – seu nascimento, aparentemente, ocorreu com o início da Guerra Mundial de 1914, a qual ele sempre dizia ter marcado o início de sua vida". BSB München, Nl Hanfstaengl Ana 405, caixa 25.

184 Hitler para um "senhor doutor" desconhecido, 29 de novembro de 1921; original com correções manuscritas feitas por Hitler em BA Koblenz, N 1128/24; impresso em Hitler: *Sämtliche Aufzeichnungen*, nº 325, p. 525-527. Cf. Plöckinger: *Frühe biographische Texte zu Hitler*, p. 95 e seguinte.

185 *Kölnische Zeitung*, nº 780, de 8 de novembro de 1922: "*Ein Atend bei Adolf Hitler*"; BA Berlin-Lichterfelde, NS 26/1223.

186 Müller: *Im Wandel einer Welt*, p. 145.

187 Margarete Vollerthun para Hitler, 27 de fevereiro de 1923; BA Koblenz, N 1128/5.

188 Detlev Clemens: *Herr Hitler in Germany. Wahrnehmungen und Deutungen des Nationalsozialismus in Großbritannien 1920 bis 1939*, Gotinga – Zurique, 1996, p. 46 e seguinte, 54, 60. Sobre a visão americana, cf. Sander A. Diamond: *Herr Hitler. Amerikas Diplomaten, Washington und der Untergang Weimars*, Düsseldorf, 1985, p. 53 e seguinte; *Bericht des Militärattachés an der US-Botschaft*, Truman Smith, de 25 de novembro de 1922; cópia em BSB München, Nl Hanfstaengl Ana 405, caixa 25.

189 Camarada de Guerra Wackerl, Munique, para A. Hitler, 19 de abril de 1923; BA Koblenz, N 1128/7.

Capítulo 6. Golpe e processo

1   *Monologe*, p. 171 (de 3 e 4 de janeiro de 1942).

2   Citação segundo Large: *Hitlers München*, p. 242. Cf. também o "necrológio" sobre o NSDAP no *Frankfurter Zeitung*, de 10 de novembro de 1923, em Philipp W. Fabry: *Mutmaßungen über Hitler. Urteile von Zeitgenossen*, Königstein/Ts, 1979, p. 25. "Se passar vergonha matasse, Hitler estaria liquidado", escreveu o *Vossische Zeitung* sobre o oitavo aniversário do *Bierkeller-Putsches* [Golpe da Cervejaria], em 9 de novembro de 1931; BA Berlin-Lichterfelde, NS 26/87.

3   Cf. Herbst: *Hitlers Charisma*, p. 212 e seguinte Também Sabine Behrenbeck: *Der Kult um die Toten Helden. Nationalsozialistische Mythen, Riten und Symbole 1923 bis 1945*, Vierow bei Greifswald, 1996, p. 299 e seguintes.

4   G. Escherich para Herrn Elvers, 28 de março de 1923; BayHStA München, Nl Escherich 47. Sobre o contexto, cf. Winkler: *Weimar*, p. 188 e seguintes.

5   Hitler: *Sämtliche Aufzeichnungen*, nº 456, p. 781, 783, 784. Cf. ibid., nº 460, p. 792; nº 463, p. 800 e seguinte.

6   Sebastian Haffner: *Geschichte eines Deutschen. Die Erinnerungen 1914-1933*, Stuttgart/Munique, 2000, p. 61. Cf. também Geyer: *Verkehrte Welt*, p. 382 e seguintes.

7   Cf. Ulrich Linse: *Barfüßige Propheten. Erlöser der zwanziger Jahre*, Berlim, 1983.

8   Ernst Deuerlein (editor): *Der Hitler-Putsch. Bayerische Dokumente zum 8./9. November 1923*, Stuttgart ,1962, doc. 3, p. 164 (de 8 de setembro de 1923).

9   Gravação de Rudolf Heß "*Die Partei über den Parteien*", do início de 1923; BA Bern, Nl Heß, J1.211-1989/148, 31. Transcrição de uma entrevista com Maria Endres, de 11 de dezembro de 1951; IfZ München, ZS 33. Verificar, sobre os dados numéricos Pätzold/Weißbecker: *Geschichte der* NSDAP, p. 72. O número de associados crescia paralelamente à edição do *Völkischer Beobachter*. De 13 mil em janeiro de 1923, o número subiu para 24 mil até julho de 1923. Cf. as estatísticas das edições, apresentadas por Lauböck, em BA Koblenz, N 1128/19.

10   Kessler: *Tagebuch*, vol. 7, p. 570 (de 9 de novembro de 1922).

11   Citação segundo Large: *Hitlers München*, p. 209 e seguinte.

12   Citação segundo Deuerlein: *Aufstieg*, p. 160 e seguinte.

13   Transcrição do advogado presente e membro do NSDAP Dr.Richard Dingeldey sobre a conversa entre Nortz e Hitler, 29 de janeiro de 1923; BA Berlin Lichterfelde, NS 26/385. Também ministro do Interior, Dr. Schweyer, para a chefia da polícia Munique, 24 de janeiro de 1923; ibid.

14   Relatório do chefe de polícia ao promotor no Tribunal de Munique I sobre Adolf Hitler, 9 de fevereiro de 1923; BA Berlin-Lichterfelde, NS 26/385. Sobre a conversação Hitler-Kahr, cf. as memórias inéditas de Gustav Ritter von Kahr, p. 1174; BayHStA München, Nl Kahr 51. A seguir, Hitler declarou: "Eu não sou tão estúpido a ponto de estragar todo o trabalho que tive até agora com uma tentativa de golpe. Dou-lhe a minha palavra de que nem mesmo penso em um golpe".

15 Karl Alexander von Müller ouviu o discurso no Löwenbräukeller e, na mesma noite, fez algumas anotações. Notas estenográficas e datilografadas. Cópia em BayHStA München, Nl. K. A. v. Müller 19/1. Cf. também Müller: *Im Wandel einer Welt*, p. 145 e seguinte; também os relatórios de reuniões em Hitler: *Sämtliche Aufzeichnungen*, nº 467-478, p. 805-818. Pôster vermelho convocando para as doze reuniões, em BA Koblenz, N 1128/28.

16 Wolfgang Benz: *Politik in Bayern 1913-1933. Berichte des württembergischen Gesandten Karl Moser von Filseck*, Stuttgart, 1971, p. 120 e seguinte Cf. também *Vorwärts* nº 46 de 28 de janeiro de 1923: *"Hitler diktiert – Schweyer pariert"* e *Frankfurter Zeitung*, nº 80, de 31 de janeiro de 1923: *"Der Held Hitler"*; BA Berlin-Lichterfelde, NS 26/386.

17 *Der Hitler-Prozeß*, parte II, p. 738.

18 *Denkschrift über Zweck und Aufgaben der Arbeitsgemeinschaft Vaterländischer Kampfverbände* (com correções manuscritas feitas por Hitler), 19 de abril de 1923; BA Koblenz, N 1128/4. Impresso em Hitler: *Sämtliche Aufzeichnungen*, nº 515, p. 902-905 (citação p. 905). Sobre o anterior, cf. Longerich: *Die braunen Bataillone*, p. 33 e seguinte.

19 *Josef Karl Fischer an Forstrat Escherich*, 15 de abril de 1923; BayHStA München, Nl Escherich 47.

20 Citações, em ordem sequencial: *Buchhandlung Hans Goltz an Hitler*, 2 de maio de 1923; BA Koblenz, N 1128/8; *Dr. med. Paula Wack an Hitler*, 29 de abril de 1923; BA Koblenz, N 1128/7; *"Ein treuer Anhänger" an Hitler*, 4 de novembro de 1923; BA Koblenz, N 1128/14. Sobre os ataques no outono de 1923, cf. Walter: *Antisemitische Kriminalität*, p. 115-119.

21 Hitler: *Sämtliche Aufzeichnungen*, nº 520, p. 913 (de 26 de abril de 1923); nº 522, p. 917 (de 30 de abril de 1923). Cf. a ordem dos *Kampfverbände* para o dia 10 de maio, em 30 de abril de 1923, em que se lê, entre outros assuntos: "As armas do exército serão levadas como reserva para serem usadas na defesa em situações graves". BA Berlin-Lichterfelde, NS 26/104. Em 8 de maio de 1923, Rudolf Heß escreveu a seus pais: "O fato de que, de repente, dispúnhamos de armas impressionou muita gente". BA Bern, Nl Heß, J1.211-1989/148, 31.

22 Deuerlein: *Aufstieg*, p. 170-173 (citação p. 171). Cf. também a visão geral da chefia de polícia de Munique (*Kommando der Landespolizei*) sobre os acontecimentos de 30 de abril e de 1º de maio de 1923, assim como o chefe de polícia Nortz para o promotor Dresse sobre os acontecimentos de 1º de maio de 1923, 23 de maio de 1923; BA Berlin-Lichterfelde, NS 26/104.

23 *Monologe*, p. 250 (de 1º de fevereiro de 1942). Gustav von Kahr menciona em suas memórias (p. 1183), que Hitler, "em virtude da humilhação sofrida, recolheu-se e ficou modesto" – "mas somente durante um tempo". BayHStA München, Nl Kahr 51.

24 Hitler: *Sämtliche Aufzeichnungen*, nº 523, p. 918 (de 1º de maio de 1923).

25 *Tagebuch Escherichs*, de 22 de fevereiro e 1º de maio de 1923; BayHStA München, Nl Escherich 10. *"Escherich und der Nationalsozialismus". Interview mit der Allgäuer Zeitung*, de 10 de maio de 1923; BA Koblenz, N 1128/3. Em uma carta furiosa a Escherrich, Göring, em nome do NSDAP, protestou contra o termo *"desperados"* (ibid.).

26 Citação segundo Large: *Hitlers München*, p. 220.

27 Lothar Gruchmann: *Hitlers Denkschrift an die bayerische Justiz vom 16. Mai 1923. Ein verloren geglaubtes Dokument*, em: *Vierteljahrshefte für Zeitgeschichte*, ano 39, 1991, p. 305-328 (*Hitlers Denkschrift*, p. 323-328). Sobre a nomeação de Gürtner como ministro da Justiça, cf. BA Koblenz, N 1530/20.

28 *Monologe*, p. 204 (de 16 e 17 de janeiro de 1942); Cf. ibid. p. 207: "Sim, tenho profundas ligações com essa montanha". Sobre a permanência de Hitler no Obersalzberg, em 1923, cf. o protocolo da chefia de polícia de Munique sobre o interrogatório de Dietrich Eckart, de 15 de novembro de 1923; BA Berlin-Lichterfelde, NS 26/2180: Ulrich Chaussy: *Nachbar Hitler. Führerkult und heimatzerstörung am Obersalzberg*, 6ª edição revista e ampliada, Berlim, 2007, p. 27 e seguintes.

29 Heß: *Briefe*, p. 299 (de 15 de julho de 1923).

30 Fest: *Hitler*, p. 247.

31 Heß: *Briefe*, p. 299 (de 15 de julho de 1923). Cf. também a carta de Hitler a Walter Riehl, o líder dos nacional-socialistas de Viena, de 5 de julho de 1923, onde se fala em "duas a três interrupções semanais", "durante as quais eu faço meus discursos". Hitler, *Sämtliche Aufzeichnungen*, nº 543, p. 943. Em contrapartida, em uma carta a Hitler, datada de 28 de agosto de 1923, Emil Maurice expressa sua preocupação "de que algo não está em ordem [...], pois ultimamente você está calmo demais, o oposto de seu estilo de vida anterior". Citação segundo Anna Maria Sigmund: *Des Führers bester Freund. Adolf Hitler, seine Nichte Geli Raubal und der »Ehrenarier« Emil Maurice – eine Dreiecksbeziehung*, Munique, 2003, p. 47.

32 Haffner: *Geschichte eines Deutschen*, p. 63. Cf. também Eugeni Xammar: *Das Schlangenei. Berichte aus dem Deutschland der Inflationsjahre 1922-1924*, Berlim, 2007, p. 122 e seguinte (de 19 de outubro de 1923). Uma visão reveladora do rápido declínio da moeda e economia é fornecida pela retrospectiva dos meses de junho até outubro de 1923, no diário do agente florestal Escherich; BayHStA München, Nl Escherich 10.

33 Citação segundo Longerich: *Die braunen Bataillone*, p. 38; Harold J. Gordon: *Hitlerputsch 1923. Machtkampf in Bayern 1923-1924*, Frankfurt am Main, 1971, p. 219.

34 Cf. Winkler: *Weimar*, p. 202-210.

35 Deuerlein: *Der Hitler-Putsch*, nº 6, p. 170.

36 *Der Hitler-Prozeß*, parte I, p. 37, 266. Cf. Kahr: *Lebenserinnerungen*, p. 1009: Segundo ele, desde 1922 Ludendorff "concordava amplamente" com Hitler; BayHStA München, Nl Kahr 51. Segundo testemunho de Karl Kriebel, de 17 de junho de 1952, seu irmão muitas vezes fez o intermédio "entre Hitler e Ludendorff". IfZ München, ZS 256. Rudolf Heß relatou pela primeira vez sobre seu contato com Ludendorff em uma carta endereçada a seus pais, datada de 22 de setembro de 1920; BA Bern, Nl Heß, J1.211-1989/148, 25.

37 Citação segundo Gordon: *Hitlerputsch 1923*, p. 193 e seguinte Sobre a fundação do *Zur Gründung des Vaterländischen Kampfbundes* Cf. a carta de Hauptmann a. D. Weiss de 17 de setembro de 1923, BA Berlin-Lichterfelde, NS 26/3. Também *Tagebücher G. Feders*, vol. 5 (de 25 de setembro de 1923); IfZ München, ED 874.

38 *Der Hitler-Prozeß*, parte I, p. 190.

39 BA Koblenz, N 1128/2. As demais cartas citadas endereçadas a Hitler, e outras mais do outono de 1923, estão reunidas em BA Koblenz, N 1128/12, N 1128/13, N 1128/14, N 1128/15: BA Berlin-Lichterfelde, NS 26/1, NS 26/2, NS 26/2a, NS 26/3.

40 Hitler: *Sämtliche Aufzeichnungen*, nº 566, p. 1002, 1004.

41 Heß: *Briefe*, p. 303 e seguinte (de 16 de setembro de 1923). Cf. Rudolf Olden: Hitler, Amsterdã, 1935; reimpressão de Hildesheim, 1981, p. 88: "Mais cedo ou mais tarde chega a hora na qual o orador, dominado pela alma, explode em gritos, choro convulsivo, como se algo desconhecido e indefinível se apossasse dele."

42 Heß: *Briefe*, p. 304 (de 16 de setembro de 1923).

43 Hitler para Kahr, 27 de setembro de 1923; Hitler: *Sämtliche Aufzeichnungen*, nº 573, p. 1017.

44 Ibid., nº 581, p. 1028 e seguinte (de 7 de outubro de 1923); nº 583, p. 1932, 1034 (de 14 de outubro de 1923). Em uma conversa com o chefe de gabinete do príncipe-herdeiro da Baviera, Graf v. Soden, em 26 de setembro de 1923, Scheubner-Richter também declarou: "No *Kampfbund*, o sr. von Kahr não é bem-vindo, pois ele é o homem das meias medidas." Kahr: *Lebenserinnerungen*, S. 1252; BayHStA München, Nl Kahr 51.

45 Cf. Gordon: *Hitlerputsch 1923*, p. 206-209. Em seu diário, Franz Ritter von Epp ficou revoltado com "a condenação de Seeckt contra Lossow": "Tudo o que falta nesse governo para demonstrar coragem externamente, o governo acredita que deve demonstrar internamente contra seus compatriotas [...] Externamente, covarde e servil, internamente, brutal". *Politisches Tagebuch Ritter von Epps*, vol. 1 (de 20 de outubro de 1923); BA Koblenz, N 1101/22.

46 Cf. Kahr: *Lebenserinnerungen*, p. 1293 e seguintes. ("*Das Streben nach einem Direktorium im Reiche*"); BayHStA München, Nl Kahr 51. Sobre os planos do diretório no outono de 1923, cf. também Walter Mühlhausen: *Friedrich Ebert 1871-1925. Reichspräsident der Weimarer Republik*, Bonn, 2006, p. 681 e seguintes.

47 *Der Hitler-Prozeß*, parte III, p. 788.

48 Deuerlein: *Der Hitler-Putsch*, doc. 16, p. 186 e seguinte.

49 Hitler: *Sämtliche Aufzeichnungen*, nº 589, p. 1043 (de 23 de outubro de 1923); nº 592, p. 1049 e seguinte (de 30 de outubro de 1023). Cf. Rudolf Heß para Karl Haushofer, 6 de outubro de 1923: "A cura de tudo deve partir da Baviera; a Baviera, como o mais alemão dos Estados alemães". BA Koblenz, N 1122/15.

50 *Der Hitler-Prozeß*, parte IV, p. 1587. Cf. ibid., parte III, p. 1199: "O homem capaz de fazer algo tem o dever e a obrigação de fazê-lo".

51 Ibid., parte III, p. 659 (depoimento Seißer).

52 Citação segundo Gordon: *Hitlerputsch 1923*, p. 231.

53 Transcrição de Seißer sobre as discussões em Berlim, 3 de novembro de 1923; Deuerlein: *Der Hitler-Putsch*, doc. 79, p. 301-304 (citação p. 303). O agente florestal Escherich também anotou em 3 de novembro de 1923: "É consenso de que nos próximos dias será instalada uma ditadura nacional. Esperemos que isso seja possível por meios legais". BayHStA München, Nl Escherich 10. Em 11 de março de 1923, em Munique, por

instigação de Lossow, houve um encontro entre Hitler e Seeckt. A reunião terminou após Hitler, em um discurso de meia hora, ter divulgado seus planos para derrubar o governo de Berlim, com uma observação abrupta dita por Seeckt: "A partir de hoje, sr. Hitler, não temos mais nada a nos dizer." Transcrição do ajudante de Seeckt, *Oberst* Hans Harald von Selchow, de 15 de outubro de 1956; IfZ München, ZS 1900.

54 *Der Hitler Prozeß*, parte I, p. 78 (depoimento de Friedrich Weber do *"Bund Oberland"*); parte II, p. 772 (depoimento Lossow).

55 Ibid., parte I, p. 44. Cf. também a transcrição de Rudolf Heß, de 9 de abril de 1924: Hitler teve a "firme impressão" de que o triunvirato "sempre evitava dar o passo final", e "esse não seria dado se ele mesmo não agisse". Heß: *Briefe*, p. 318.

56 Fritz Lauböck para Otto Weber (Lübeck), 28 de setembro de 1923; BA Koblenz, N 1128/1. Sobre os boatos sobre a reintrodução da monarquia na Baviera, cf. Adolf Schmalix para Christian Weber, 20 de setembro de 1937; BA Berlin-Lichterfelde, NS 26/1267.

57 Hanfstaengl: *Zwischen Weißem und Braunem Haus*, p. 120.

58 *Der Hitler-Prozeß*, parte I, p. 212.

59 Assim, por exemplo, Heinrich Hoffmann e Dietrich Eckart não haviam sido informados. Ambos ficaram sabendo da "revolução nacional" ocorrida no Bürgerbräukeller somente na noite de 9 de novembro. Cf. *Manuskript Heinrich Hoffmanns für die Spruchkammerverhandlung* (janeiro de 1947), p. 10 e seguinte; IfZ München, MS 2049; interrogatório de Dietrich Eckarts, de 15 de novembro de 1923; BA Berlin-Lichterfelde, NS 26/2180.

60 *Der Hitler-Prozeß*, parte I, p. 114 (depoimento Pöhner).

61 Heß: *Briefe*, p. 310 (de 16 de novembro e 4 de dezembro de 1923). Nas semanas anteriores, Heß esteve na maior parte do tempo na casa de sua mãe, no Fichtelgebirge, para prosseguir com seus estudos da Economia. Atualmente, "seus ímpetos haviam se acalmado", escreveu Heß em meados de setembro de 1923 a um amigo, o professor Karl Haushofer. Ele sentia-se "muito bem, relaxando da correria lá fora". No início de outubro, Heß observou que ainda não pensava em voltar a Munique: "Estou aguardando um chamado." R. Heß para K. Haushofer, 13 de setembro e 6 de outubro de 1923; BA Koblenz, N 1122/15. Cf. também as cartas de R. Heß para I. Pröhl, de 27 de setembro, 1º e 24 de outubro de 1923; BA Bern, Nl Heß, J1.211-1989/148, 31. Segundo elas, Heß partiu somente "na última hora" para Munique, ou seja, no final de outubro.

62 Hanfstaengl: *Zwischen Weißem und Braunem Haus*, p. 129. Gottfried Feder recebeu a ordem de Hitler para comparecer ao Bürgerbräukeller às nove horas somente no final da tarde de 8 de novembro. Anotação *"November 1923"* em *Tagebücher G. Feders*, vol. 5; IfZ München, ED 874.

63 Hofmann: *Der Hitler-Putsch*, p. 160.

64 Heiden: *Adolf Hitler. Das Zeitalter der Verantwortungslosigkeit*, p. 156.

65 Cf. Heß: *Briefe*, p. 311 (de 16 de novembro e 4 de dezembro de 1923).

66 *Der Hitler-Prozeß*, parte I, p. 50.

67 Müller: *Im Wandel einer Welt*, p. 161. Cf. Kahr: *Lebenserinnerungen*, p. 1353; BayHStA München, Nl Kahr 51.

68 Acusação de 8 de janeiro de 1924; *Der Hitler-Prozeß*, parte I, p. 309.

69 Kahr: *Lebenserinnerungen*, p. 1354 e seguinte; BayHStA München, Nl Kahr 51; Cf. *Der Hitler-Prozeß*, parte II, p. 749 (depoimento Lossow).

70 Citações na sequência: *Der Hitler-Prozeß*, parte III, p. 795 (depoimento Kahr); parte I, p. 51 (depoimento Hitler), p. 310 (acusação); parte II, p. 750 (depoimento Lossow); parte I, p. 310 (acusação), p. 115 (depoimento Pöhner), p. 310 (acusação). Cf. Kahr: *Lebenserinnerungen*, p. 1355 e seguinte; BayHStA München, Nl Kahr 51.

71 Müller: *Im Wandel einer Welt*, p. 162.

72 Sobre a intervenção de Göring: *Der Hitler-Prozeß*, parte II, p. 597, 620, 631, 634.

73 Müller: *Im Wandel einer Welt*, p. 162 e seguinte; *Der Hitler-Prozeß*, parte I, p. 311 (acusação).

74 Kahr: *Lebenserinnerungen*, p. 1345 e seguinte; BayHStA München, Nl Kahr 51. Na primavera de 1924, comentava-se que Ludendorff havia solicitado a presença do *Oberst* Max Bauer, seu velho confidente da época da guerra, em Munique, para o dia 8 de novembro de 1923. Bauer, no entanto, havia desmarcado o encontro e alertado Ludendorff sobre o ato planejado. Essa carta foi encontrada durante a diligência de busca e apreensão, mas não foi deliberadamente usada pela promotoria durante o processo. *Politisches Tagebuch Ritter von Epps*, vol. 1 (de 27 de abril de 1924); BA Koblenz, N 1101/22.

75 Citações na sequência: *Der Hitler-Prozeß*, parte I, p. 311 (acusação); parte III, p. 796 (depoimento Kahr); parte I, p. 53 (depoimento Hitler). Cf. Kahr: *Lebenserinnerungen*, p. 1357 e seguinte; BayHStA München, Nl Kahr 51.

76 Citações na sequência: *Der Hitler-Prozeß*, parte III, p. 797 (depoimento Kahr); Müller: *Im Wandel einer Welt*, p. 164; *Der Hitler-Prozeß*, parte I, p. 311 e seguintes (acusação); Müller: *Im Wandel einer Welt*, p. 164; *Der Hitler-Prozeß*, parte I, p. 312 (acusação). Cf. Kahr: *Lebenserinnerungen*, p. 1359 e seguinte; BayHStA München, Nl Kahr 51.

77 *Der Hitler-Prozeß*, parte I, p. 53.

78 Cf. Hofmann: *Der Hitler-Putsch*, p. 169; *Der Hitler-Putsch*, parte I, p. 279: Ele, Ludendorff, nem pôde acreditar que os senhores "não cumpririam com sua palavra." Segundo depoimento de Mathilde Scheubner-Richter, de 9 de julho de 1952, Ludendorff apareceu em sua casa dois dias após o golpe fracassado e chorava "copiosamente como uma criancinha": Cara senhora, esse é o fim da Alemanha caso os oficiais alemães não cumpram com uma palavra dada a um oficial alemão." IfZ München, ZS 292.

79 Cf. Peter Longerich: *Heinrich Himmler. Biographie*, Munique, 2008, p. 76 e seguinte.

80 *Der Hitler-Prozeß*, parte I, p. 756 (depoimento Lossow).

81 Ibid., p. 757; Cf. Kahr: *Lebenserinnerungen*, p. 1367 e seguinte; BayHStA München, Nl. Kahr 51.

82 Texto em Hitler: *Sämtliche Aufzeichnungen*, nº 597, p. 1056.

83 *Der Hitler-Prozeß*, parte I, p. 873 (depoimento Seißer).

84 *Der Hitler-Prozeß*, parte II, p. 662 e seguinte (depoimento do major aposentado Alexander Siry).

85 Cf. o relatório do jornalista espanhol Eugeni Xammar, que esteve presente no Bürgerbräukeller, em 8 de novembro: *"Der Putsch als Spektakel"* (*Das Schlangenei*, p. 134-138).

86 Para detalhes, Cf. Walter: *Antisemitische Gewalt*, p. 120-136; também a acusação contra quarenta membros do "*Stoßtrupp Hitler*" de 29 de abril de 1924, reproduzido em Hans Kallenbach: *Mit Adolf Hitler auf Festung Landsberg*, Munique, 1933, p. 16-29.

87 Clemens: *Herr Hitler in Germany*, p. 80.

88 Cf. Gordon: *Hitlerputsch 1923*, p. 241; Walter: *Antisemitische Gewalt*, p. 114. A viúva Elly von der Pfordten dirigiu-se a Karl Alexander von Müller, em 13 de novembro de 1923, com o seguinte pedido: "Caso o senhor possa informar detalhes sobre os últimos passos de meu marido através do engenheiro F[eder] lhe serei muito grata. Qualquer palavra é importante para mim". BayHStA München, Nl K. A. v. Müller 19/1.

89 Nota de Hanfstaengl; BSB München, Nl Hanfstaengl Ana 405, caixa 25; *Der Hitler--Prozeß*, parte III, p. 1203.

90 Anotação "*November 1923*". *Tagebücher G. Feders*, vol. 5; IfZ München, ED 874. A citação segundo Hofmann: *Der Hitlerputsch*, p. 194

91 *Der Hitler-Prozeß*, parte I, p. 282 (depoimento Ludendorff).

92 Cf. Ibid., p. 57 (depoimento Hitler): "Principalmente o sr. Ludendorff achava que deveríamos ir novamente para a cidade, mesmo que fosse a última tentativa, e tentar conquistar a opinião pública". Cf. a transcrição da discussão com Karl Kriebel, de 17 de junho de 1952; IfZ München, zs 258.

93 *Der Hitler-Prozeß*, parte I, p. 58. Cf. também ibid., p. 230 (depoimento Kriebel); parte II, p. 400 (depoimento Brückner). Sobre o papel de Rossbach e da escola de Infantaria, cf. protocolo da discussão com Gerhard Rossbach, de 31 de outubro de 1951; IfZ München, zs 128.

94 Cf. Hanfstaengl: *Zwischen Weißem und Braunem Haus*, p. 143. Texto em David Jablonski: *The Nazi Party in Dissolution. Hitler and the Verbotszeit 1923-1925*, Londres, 1989, p. 29. Pela manhã, o jornal *Die Münchener Neuesten Nachrichten* (nº 304, de 9 de novembro de 1923) ainda apresentou a manchete "*Einsetzung eines nationalen Direktoriums*". Por sua vez, o *Münchner Zeitung* (nº 304, de 3 de novembro de 1923) já publicara a manchete "*Hitlerputsch – Vergewaltigung Kahrs*" e também publicou o primeiro manifesto contrário de Kahr. Exemplares dos jornais em BayhStA München, Nl K. A. v. Müller 19/2.

95 Cf. o relatório do *Polizeioberleutnant* Frhr. von Godin, 10 de novembro de 1923; Deuerlein: *Der Hitler-Putsch*, doc. 97, p. 330 e seguinte.

96 Verificar, também para as citações a seguir, Anna Maria Sigmund: *Als Hitler auf der Flucht war*, em: *Süddeutsche Zeitung* sw 8./9 de novembro de 2008 (segundo as memórias inéditas de Helene Hanfstaengl).

97 Cf. o relatório de Hanfstaengl, dramatizado pelas memórias de sua esposa: *Zwischen Weißem und Braunem Haus*, p. 6.

98 Deuerlein: *Der Hitler-Putsch*, doc. 118, p. 372 (de 13 de novembro de 1923). Cf. também o relatório baseado na memória do guarda Georg Schmiedel, de Uffinger: "*Ich verhaftete Adolf Hitler!*" [Eu prendi Adolf Hitler!], em: *Weilheimer Tageblatt*, de 10 de dezembro de 1949; BSB

Müchen, Nl Hanfstaengl Ana 405, caixa 40; e também o relatório quinzenal da chefia de polícia de Weilheim, de 30 de novembro de 1923; BA Berlin-Lichterfelde, NS 26/66.

99 Verificar, sobre a chegada de Hitler à prisão, o relato do ex-funcionário da prisão, Franz Hemmrich: "*Die Festung Landsberg am Lech 1920-1945*". *Erinnerungen aufgezeichnet 1970*, p. 3 e seguinte: "Uma mecha de cabelo escuro caiu no rosto pálido e encovado pelas emoções e noites sem dormir, do qual um par de olhos duros fixavam o nada". IfZ München, ED 153; Otto Lurker: *Hitler hinter Festungsmauern. Ein Bild aus trüben Tagen*, Berlim, 1933, p. 4-6 (lá, também na p. 65, *Schutzhaftbefehl* [ordem de prisão], de 11 de novembro de 1923).

100 Cf. Gordon: *Der Hitlerputsch*, p. 416-423; sobre Heß, verificar: R. *Heß an seine Eltern*, 21 de dezembro de 1923, 2 de abril de 1924; BA Bern, Nl.Heß, J1.211-1989/148, 31, 33. Heß: *Briefe*, p. 322 (de 11 de maio de 1924); sobre Feder: *Promemoria 1923/24*, em *Tagebücher G. Feders*, vol. 6; IfZ München, eD 874.

101 Citação segundo Gordon: *Der Hitlerputsch*, p. 313.

102 Clemens: *Herr Hitler in Germany*, p. 80. Cf. Kahr: *Lebenserinnerungen*, p. 1376 e seguinte; BayHStA München, Nl Kahr 51. Durante uma conversa com Ritter von Epp, o primeiro-ministro Knilling referiu-se a Kahr como o "homem mais odiado em Munique". *Politisches Tagebuch Ritter von Epps*, vol. 1 (de 10 de novembro de 1923); BA Koblenz, N 1101/22.

103 K. A. v. Müller an Paul Nikolaus Cossmann, 13 de novembro de 1923; BayHStA München, Nl K. A. v. Müller 19/1. Sobre o rumo da reunião na Universidade de Munique, em 12 de novembro de 1923, cf. Deuerlein: *Der Hitler-Putsch*, doc. 113, p. 357 e seguinte; *Anton Schmalix an Christian Weber*, 20 de setembro de 1937; BA Berlin-Lichterfelde, NS 26/1267. Sobre o clima predominante entre os estudantes, ver também *Albrecht Haushofer an Rudolf Heß*, 29 de março de 1935; BA Koblenz, N 1122/957.

104 Cf. Winkler: *Weimar*, p. 241 e seguintes.

105 *Erinnerungen Franz Hemmrichs*, p. 13; IfZ München, ED 153. Cf. ibid., p. 9-15: De acordo com isso, Hitler havia iniciado sua greve de fome somente alguns dias após chegar à prisão, mantendo-a por dez dias.

106 Otto Gritschneder: *Bewährungsfrist für den Terroristen Adolf H. Der Hitler-Putsch und die bayerische Justiz*, Munique, 1990, p. 35. Cf. também o relatório de Ott no Bayernkurier, de 3 de novembro de 1973, impresso em: Maser: *Adolf Hitlers "Mein Kampf"*, p. 18-20. Anton Drexler também afirmou que, juntamente com o advogado Lorenz Roder, convenceu Hitler a terminar a greve de fome após treze dias. *Anton Drexler an Felix Danner*, 5 de janeiro de 1934; BA Berlin-Lichterfelde, NS 26/2012.

107 Heß: *Briefe*, p. 313 (de 16 de novembro/4 de dezembro de 1923).

108 Citação segundo Toland: *Adolf Hitler*, vol. 1, p. 253 (ver também na p. 239 o fac-símile da carta). Em 23 de novembro, o nacional-socialista da terra dos sudetos Hans Knirsch, um visitante da primeira hora, relatou: "Hoje, o braço ainda está inutilizável". Othmar Plöckinger: *Geschichte eines Buches: Adolf Hitlers "Mein Kampf" 1922-1945*, Munique, 2006, p. 32.

109 Cf. Hamann: *Winifred Wagner*, p. 86-100 (citações na sequência: p. 90, 91, 96 e seguinte, 97, 99, 94).

110 Relatório do II promotor Dr.Ehard, 14 de dezembro de 1923, sobre o interrogatório de Hitler no dia anterior; *Der Hitler-Prozeß*, parte I, p. 299-307 (Citações p. 299 e seguinte).

111 Ibid., p. 307.

112 Cf. os relatórios do *Münchener Neuesten Nachrichten*, nº 57, de 27 de fevereiro de 1924, e do *München-Augsburger Abendzeitung*, nº 87, de 27 de fevereiro de 1924; BA Berlin-Lichterfelde, NS 26/1928c e NS 26/1928d. Sobre o processo iminente, cf. Wilhelm Frick e sua irmã Emma, 12 de fevereiro de 1924: "O processo está dominando o interesse público. Assim, alguém se torna acidentalmente uma celebridade europeia". BA Koblenz, N 1241/7.

113 Hanfstaengl: *Zwischen Weißem und Braunem Haus*, p. 156.

114 *München-Augsburger Abendzeitung*, nº 57, de 27 de fevereiro de 1924; *Münchner Zeitung*, nº 56, de 26 de fevereiro de 1924; *Münchener Neueste Nachrichten*, nº 57, de 27 de fevereiro de 1924; BA Berlin-Lichterfelde NS 26/1928e, NS 26/1928b, NS 26/1928d.

115 Documento de acusação, 8 de janeiro de 1924; *Der Hitler-Prozeß*, parte I, p. 308-322 (citação p. 324).

116 Ibid., p. 60 e seguinte.

117 Kahr: *Lebenserinnerungen*, p. 1450; BayHStA München, Nl Kahr 51. A presente citação segundo Hitzer: *Anton Graf Arco*, p. 313. Sobre Neidhardt, cf. Bernhard Huber: *Georg Neidhardt – nur ein unpolitischer Richter?* em: Marita Krauss (editora): *Rechte Karrieren in München*, p. 95-111.

118 *Der Hitler-Prozeß*, parte II, p. 738 e seguinte Cf. *Politisches Tagebuch Ritter von Epps*, vol. 1 (de 12 de março de 1924): "Do processo: Lossow e Seißer dão um jeito na situação. Kahr falhou". BA Koblenz, N 1101/22.

119 Cf. *Der Hitler-Prozeß.*, p. III, p. 1034, 1088.

120 Citação segundo Deuerlein: *Aufstieg*, p. 205. Cf. também o relatório do *Bayerischer Kurier*: do ponto de vista de conteúdo, o processo parecia uma reunião de agitação nacionalista. Ibid., p. 228. O jornal do SPD, *Münchener Post* (nº 51, de 29 de fevereiro de 1924), dizia que o processo "cada vez mais se transformava em uma comédia". BA Berlin-Lichterfelde, NS 26/1928a.

121 *Der Hitler-Prozeß*, parte IV, p. 1591 e seguinte; Rudolf Heß registra que a peroração de Hitler "provavelmente foi um dos melhores e mais poderosos discursos feitos por ele". Heß: *Briefe*, p. 317 (de 2 de abril de 1924).

122 *Der Hitler-Prozeß*, parte IV, p. 1593.

123 Cf. o texto da sentença em Gritschneder: *Bewährungsfrist*, p. 67-94. Gottfried Feder mostrou estar "profundamente chocado" com a sentença. *Tagebücher G. Feders*, vol. 5 (de 1º de abril de 1924); IfZ München, ED 874.

124 Excerto de um relatório do *Münchener Neuesten Nachrichten* em *Der Hitler Prozeß*, Parte IV, p. 1597-1599 (citação p. 1599).

125 Citação segundo Large: *Hitlers München*, p. 248; cf. Clemens: *Herr Hitler in Germany*, p. 88.

126 *Die Weltbühne*, nº 15, ano 20 (10 de abril de 1924), p. 466 (reimpressão em 1978).

127 Gritschneder: *Bewährungsfrist*, p. 92.

128 Cf. Heusler: *Das Braune Haus*, p. 105.

129 Cf. com Kershaw: *Hitler*, vol. 1, p. 277 e seguintes, que cita que o "aparecimento de Hitler" somente começou com o período passado na prisão em Landsberg. Semelhante a Herbst: *Hitlers Charisma*, p. 178 e seguintes.

130 *Monologe*, p. 262 (de 3 e 4 de fevereiro de 1942). Cf. também, por exemplo, o discurso de Hitler em Weimar, 20 de outubro de 1926: "Ele não pretende repetir o mesmo passo dado em 1923." Hitler: *Reden Schriften Anordnungen*, vol. II,1, doc. 39, p. 79.

131 Sebastian Haffner: *Germany: Jekyll & Hyde. Deutschland von innen betrachtet*, Berlim, 1996, p. 21. Cf. também ibid.: *Anmerkungen zu Hitler*, p. 9. Conferir Fest: Hitler, p. 282, sobre uma "verdadeira constituição suicida".

132 Cf. Johannes Kunisch: *Friedrich der Große. Der König und seine Zeit*, Munique, 2004, p. 173, 209, 368, 373, 407.

133 Em um registro que serviu como estudo preliminar sobre o golpe de Hitler no terceiro volume de suas memórias, Karl Alexander von Müller citou que já naquela época havia "sinais premonitórios: a quebra da palavra dada a Kahr e Lossow; o risco selvagem do golpe, que poderia ter levado a um massacre; o alto risco da passeata pela cidade, que muitos pagaram com a vida, enquanto ele fugia." BayHStA München, Nl K. A. v. Müller 101.

134 *Der Hitler-Prozeß*, parte II, p. 738.

135 Somente em uma carta datada do final de fevereiro de 1942, Rudolf Heß questionou se não teria sido mais prudente "adiar a operação para não precipitá-la": "Porém, em retrospectiva, é fácil concluir: ainda havia tempo suficiente!" R. Heß an I. Pröhl, 28 de fevereiro de 1924; BA Bern, Nl Heß, J1.211-1989/148, 33.

Capítulo 7. A prisão de Landsberg – *Mein Kampf*

1 Frank: *Im Angesicht des Galgens*, p. 46 e seguinte.

2 Heiden: *Adolf Hitler. Das Zeitalter der Verantwortungslosigkeit*, p. 188.

3 Hitler: *Sämtliche Aufzeichnungen*, nº 636, p. 1232. Conferir Heß: *Briefe*, p. 317 (de 2 de abril de 1924): Nos seis meses de prisão que ainda lhe restavam, Hitler "tinha a possibilidade de continuar se aprofundando e estudar".

4 *Monologe*, p. 262 (de 3 e 4 de fevereiro de 1942).

5 Ibid., p. 49 (de 27 e 28 de julho de 1941). Conferir Heß: *Briefe*, p. 391 (de 8 de março de 1928): Hitler teria dito que seus inimigos tinham motivos para lamentar sua prisão. "Pois nesse lugar teria tempo suficiente para refletir e chegar a conclusões fundamentais".

6 *Monologe*, p. 262 (de 3 e 4 de fevereiro de 1942).

7 Heß: *Briefe*, p. 338 (de 18 de junho de 1924). Conferir também Rudolf Heß para Heinrich Heim, 16 de julho de 1924: Somente em Landsberg ele foi capaz de compreender "em sua totalidade" a "imensa importância" da personalidade de Hitler; BA Berlin-Lichterfelde, NS 6/71. Em um discurso proferido após ter sido libertado da prisão de Landsberg, em novembro de 1924: "Eu desejo que o senhor também compreenda que esse homem justifica a fé que depositamos nele, que ele é capaz de ser o líder em nosso caminho para o grande final – a grande Alemanha popular e livre." BA Berlin-Lichterfelde, NS 26/901.

8 Carl von Ossietzky: *Sämtliche Schriften*. Vol. II: 1922-1924. Publicado por Bärbel Boldt, Dirk Grathoff, Michael Sartorius, Reinbek bei Hamburg 1994, p. 335.

9 Hanfstaengl: *Zwischen Weißem und Braunem Haus*, p. 157. Conferir *Unveröffentlichte Erinnerungen Hanfstaengls*, p. 122: "Ali havia tantas coisas depositadas que seria possível abrir uma floricultura, quitanda e loja de vinhos". BSB München, Nl Hanfstaengl Ana 405, caixa 47.

10 Lurker: *Hitler hinter Festungsmauern*, p. 20. conferir *Erinnerungen Franz Hemmrichs*, p. 49 e seguinte; IfZ München, ED 153.

11 Deuerlein: *Aufstieg*, p. 232.

12 Lurker: *Hitler hinter Festungsmauern*, p. 57 e seguinte; sobre a lista de visitas de Piper, conferir: Rosenberg, p. 101; Plöckinger: *Geschichte eines Buches*, p. 33.

13 BA Berlin-Lichterfelde NS 10/123, com a nota manuscrita: "Ao *Führer*, de sua velha companheira de lutas, Elsa Bruckmann, 24 de setembro de 1934".

14 Conferir Lurker: *Hitler hinter Festungsmauern*, p. 18, 21; Kallenbach: *Mit Adolf Hitler auf Festung Landsberg*, p. 82. *Erinnerungen Franz Hemmrichs*, p. 32; IfZ München, ED 153. Sobre a predileção de Hitler pelo "*kurze Wichs*", o traje bávaro curto, conferir *Monologe*, p. 282 e seguinte (de 17 de fevereiro de 1942).

15 Heß: *Briefe*, p. 326 (de 18 de maio de 1924); conferir ibid., p. 323 e seguinte (de 16 de maio de 1924): "Ele está com uma ótima aparência devido à boa alimentação e à impossibilidade de correr de uma para outra reunião até tarde da noite, eternamente agitado".

16 Um esboço do "*Feldherrnhügel*" no primeiro andar com os cinco quartos, a sala de estar e o moderno banheiro em carta de Rudolf Heß para sua mãe, Klara Heß, de 16 de maio de 1924; BA Bern, Nl Heß, J1.211-1989/148, 33. Conferir a lista de prisioneiros em Landsberg em BA Berlin-Lichterfelde, NS 26/66; Kallenbach: *Mit Adolf Hitler auf Festung Landsberg*, p. 55 e seguinte; Lurker: *Hitler hinter Festungsmauern*, p. 32; *Erinnerungen Franz Hemmrichs*, p. 24, 26; IfZ München, ED153.

17 Kallenbach: *Mit Adolf Hitler auf Festung Landsberg*, p. 45.

18 Hanfstaengl: *Zwischen Weißem und Braunem Haus*, p. 157; conferir Kallenbach: *Mit Adolf Hitler auf Festung Landsberg*, p. 66 e seguinte Segundo *Erinnerungen Franz Hemmrichs*, p. 32, Hitler atuava como juiz de combate e oferecia prêmios para os vencedores na forma de livros e produtos derivados do tabaco; IfZ München, ED 153. Sobre as competições desportivas – salto em altura, salto a distância com ou sem impulso, arremesso de pedra, arremesso de pesos e corrida – conferir também a carta de Rudolf Heß a seu pai Fritz Heß; BA Bern, Nl Heß, J1.211-1989/148, 33.

19 Kallenbach: *Mit Adolf Hitler auf Festung Landsberg*, p. 77.

20 Ibid., p. 115-117; conferir também Lurker: *Hitler hinter Festungsmauern*, p. 55.

21 Hanfstaengl: *Zwischen Weißem und Braunem Haus*, p. 156; conferir Heß: *Briefe*, p. 323 (de 16 de maio de 1924): "O tratamento é excelente, e corresponde totalmente ao conceito de 'honroso'". Também *Monologe*, p. 113 (de 29 de outubro de 1941): "Nunca algum dos carcereiros nos tratou mal".

22 R. Heß para I. Pröhl, 2 de julho de 1924; BA Bern, Nl Heß, J1.211-1989/148, 33. Em outubro de 1933, Belleville entrou em contato com Rudlf Heß, pedindo-lhe que solicitasse a confirmação de Hitler de que "[Belleville] o tratou com respeito e camaradagem durante sua prisão, bem como durante o transporte do *Führer* de Uffing para Welheim e Landsberg". Um caluniador estava espalhando alegações falsas sobre seu comportamento na época. R. Belleville para R. Heß, 24 de outubro de 1933; BA Bern, Nl Heß, J1.211-1993/300, caixa 2.

23 Kallenbach: *Mit Adolf Hitler auf Festung Landsberg*, p. 117.

24 Conferir Plöckinger: *Geschichte eines Buches*, p. 26. Um exemplar do *Landsberger Ehrenbürger* com a legenda "Amtsblatt der nationalen Festungsgruppe Landsberg am Lech" em BA Berlin-Lichterfelde, NS 26/92. cf. também Lurker: *Hitler hinter Festungsmauern*, S. 35; Kallenbach: *Mit Adolf Hitler auf Festung Landsberg*, p. 113.

25 *Monologe*, p. 113 (de 29 de outubro de 1941).

26 Heß: *Briefe*, p. 344 (de 5 de julho de 1924).

27 Conferir Jablonsky: *The Nazi Party in Dissolution*, p. 28 e seguintes.

28 Conferir Piper: *Rosenberg*, p. 97.

29 Segundo Bullock: *Hitler*, vol. 1, p. 118. Contraposto por Kershaw: *Hitler*, vol. 1, p. 281 e seguinte, que cita, como motivo, a certeza de Hitler em contar com a lealdada de Rosenberg. Igualmente Piper: *Rosenberg*, p. 97 e seguinte.

30 Albrecht Tyrell: *Führer befiehl ... Selbstzeugnisse aus der »Kampfzeit« der NSDAP. Dokumentation und Analyse*, Düsseldorf, 1969, Doc. 22a, p. 72 e seguinte Conferir também *Parteileitung der NSDAP (Rolf Eidhalt) an die Ortsgruppe Straubing*, de 5 de dezembro de 1923: O movimento, caracterizado como "uma organização secreta" livra os grupos locais de "seguidores não engajados"; BA Berlin-Lichterfelde, NS 26/89.

31 Discurso de Hermann Fobke em Gotinga, em novembro de 1924; BA Berlin-Lichterfelde, NS 26/901. Conferir Heß: *Briefe*, p. 324 (de 16 de maio de 1924): "Claro, lá fora ele faz falta – sentimos falta de sua personalidade unificadora, sua autoridade, à qual se rendem até mesmo os vira-latas esganiçados". Também Wolfgang Horn: *Der Marsch zur Machtergreifung. Die NSDAP bis 1933*, Düsseldorf, 1980, p. 174.

32 Hanfstaengl: *Zwischen Weißem und Braunem Haus*, p. 159.

33 Conferir Jablonsky: *The Nazi Party in Dissolution*, p. 54; Tyrell: *Führer befiehl*, p. 68; Horn: *Der Marsch zur Machtergreifung*, p. 177 e seguinte.

34 Tyrell: *Führer befiehl*, doc. 31, p. 81-83 (citação p. 82). Conferir ibid., doc. 23, p. 73 e seguinte.

35 Conferir Geyer: *Verkehrte Welt*, p. 355 e seguinte, Jablonsky: *The Nazi Party in Dissolution*, p. 82 e seguinte; Horn: *Der Marsch zur Machtergreifung*, p. 178 e seguinte.

36 Conferir Horn: *Der Marsch zur Machtergreifung*, p. 163, 184; Piper: *Rosenberg*, p. 104 e seguinte.

37 Sobre o resultado da eleição do parlamento, conferir Tyrell: *Führer befiehl*, doc. nº 25, p. 76; sobre a coalizão eleitoral, ibid., doc. 24b, p. 75. Hitler mostrou-se "muito gentil e cordial" para com Gottfried Feder, que viajou para Landsberg, em 9 de maio, e parabenizou-o pela eleição. *Tagebücher G. Feders*, vol. 5 (de 9 de maio de 1924); IfZ München, ED 874.

38 Conferir Jablonsky: *The Nazi Party in Dissolution*, p. 86 e seguinte; Kershaw: *Hitler*, vol. 1, p. 285 e seguinte Em uma carta aberta ao "sr. von Graefe", datada de 17 de março de 1926, Hitler afirmava que, "desde o início, assumira uma posição clara" contra uma coalizão: "Durante os dias da minha prisão, a simples ideia de entregar esse meu antigo e maravilhoso movimento popular a uma panelinha parlamentar era pior do que a perda da minha própria liberdade". Hitler: *Reden Schriften Anordnungen*, vol. I, doc. 111, p. 343 e seguinte.

39 *Tagebücher G. Feders*, vol. 5 (de 24 de maio de 1924); IfZ München, ED 874. Texto da explicação, de 26 de maio de 1924, em Horn: *Der Marsch zur Machtergreifung*, p. 187.

40 Tyrell: *Führer befiehl*, doc. 27, p. 77 e seguinte.

41 Conferir o memorando de Jochen Haupt *"Über die organisatorischen Maßnahmen zur Fortsetzung der nationalsozialistischen Parteiarbeit in Norddeutschland"*; Werner Jochmann: *Nationalsozialismus und Revolution. Ursprung und Geschichte der* NSDAP *in Hamburg. 1922-1933. Dokumente*, Frankfurt am Main, 1963, doc. 16, p. 69-72.

42 Hitler: *Sämtliche Aufzeichnungen*, nº 636, p. 1232.

43 Rudolf Heß para Wilhelm Sievers, 11 de maio de 1925; reproduzido em Henrik Eberle (editor): *Briefe an Hitler. Ein Volk schreibt seinem Führer. Unbekannte Dokumente aus Moskauer Archiven – zum ersten Mal veröffentlicht*, Bergisch-Gladbach, 2007, p. 56 e seguinte Por sua vez, Hermann Fobke, ex-prisioneiro de Landsberg, afirmou aos seus ouvintes em Gotinga, em novembro de 1924, "que Hitler continua sendo o antiparlamentar decidido que sempre foi". BA Berlin-Lichterfelde, NS 26/901.

44 Jochmann: *Nationalsozialismus und Revolution*, doc. 20, p. 77 e seguinte (citação p. 78). Também em Hitler: *Sämtliche Aufzeichnungen*, nº 647, p. 1238 e seguinte Em 19 de junho, Gottfried Feder escreveu sobre sua visita em Landsberg: "Hitler está deprimido, quer afastar-se completamente do movimento, é obrigado a escrever para ganhar dinheiro". *Tagebücher G. Feders*, vol. 6 (de 19 de junho de 1924); IfZ München, ED 874. Em uma carta endereçada a Albert Stier, datada de 23 de junho de 1924, Hitler reforça sua decisão de deixar a liderança do movimento. Tyrell: *Führer befiehl*, doc. 28, p. 78; também em Hitler: *Sämtliche Aufzeichnungen*, nº 649, p. 1239 e seguinte.

45 Hermann Fobke para Ludolf Haase, 23 de junho de 1924; Jochmann: *Nationalsozialismus und Revolution*, doc. 26, p. 90-92 (citação p. 91). Conferir Rudolf Heß para Heinrich Heim, 16 de julho de 1924: Hitler não queria assumir a responsabilidade "por coisas que acontecem lá fora sem o seu conhecimento e, em parte, contra sua vontade". Por

outro lado, ele "estava convencido de que seria capaz de controlar a situação logo após ser libertado". BA Berlin-Lichterfelde, NS 6/71.

46 Citação segundo Deuerlein: *Aufstieg*, p. 235 e seguinte; conferir Emil Maurice para Adolf Schmalix, 19 de julho de 1924; BA Berlin-Lichterfelde, NS 26/1267; Jablonsky: *The Nazi Party in Dissolution*, p. 96-98.

47 Deuerlein: *Aufstieg*, p. 236.

48 Relatório confidencial de Adalbert Volck (advogado de Lüneburg) sobre a Conferência de Weimar, 20 de julho de 1924; Jochmann: *Nationalsozialismus und Revolution*, doc. 30, p. 98-102 (citação p. 101). Conferir Jablonsky: *The Nazi Party in Dissolution*, p. 103 e seguintes.

49 *Tagebücher G. Feders*, vol. 6 (de 14 de agosto de 1924); IfZ München, ED 874. Conferir Kershaw: *Hitler*, vol. 1, p. 290; Horn: *Der Marsch zur Machtergreifung*, p. 192; Piper: *Rosenberg*, p. 108 e seguinte.

50 Hermann Fobke para Adalbert Volck, 29 de julho de 1924; Jochmann: *Nationalsozialismus und Revolution*, doc. 33, p. 122-124 (citação p. 123); conferir ibid., doc. 37, p. 133; doc. 51, p. 165 ("*Standpunkt der striktesten Neutralität*").

51 Heß: *Briefe*, p. 349 (de 17 de agosto de 1924).

52 Conforme Hanfstaengl: *Zwischen Weißem und Braunem Haus*, p. 166. Conferir *Unveröffentlichte Erinnerungen Hanfstaengls*, p. 128: "Seu instinto político saudável lhe dizia que deixasse os diferentes grupos discutirem entre si, mantendo-se provisoriamente em segundo plano". BSB München, Nl Hanfstaengl Ana 405, caixa 47.

53 Conferir Bullock: *Hitler*, vol 1, p. 122 e seguinte; Fest: *Hitler*, p. 316.

54 *Der Hitler-Prozeß 1924*, parte I, p. 299. Conferir a carta de Hitler a Adolf Vogl, 10 de janeiro de 1924: "Estou descontando minha raiva escrevendo minha defesa, a qual espero que sobreviva à primeira parte do processo e a mim". Hitler: *Sämtliche Aufzeichnungen*, nº 604, p. 1060.

55 *Erinnerungen Franz Hemmrichs*, p. 35; IfZ München, DD 153.

56 Conferir Plöckinger: *Geschichte eines Buches*, p. 21 e seguinte.

57 Conferir Wolfgang Horn: Ein unbekannter Aufsatz Hitlers aus dem Frühjahr 1924, em: *Vierteljahrshefte für Zeitgeschichte*, ano 16 (1968), p. 280-294. Também Plöckinger: *Geschichte eines Buches*, p. 23-26.

58 Hitler: *Sämtliche Aufzeichnungen*, nº 636, p. 1232 e seguinte Uma informação semelhante foi dada por Hitler, em 12 de maio de 1924, a uma delegação de deputados nacional-socialistas de Salzburg: "No momento, ele está escrevendo um livro, [...] no qual acertará contas com todos aqueles que criticarem seus atos depois de 8 de novembro". Citação segundo Plöckinger: *Geschichte eines Buches*, p. 34.

59 Conferir Plöckinger: *Geschichte eines Buches*, p. 38, 42-48. Conferir Ryback: *Hitlers Bücher*, p. 94 e seguinte.

60 Conferir Plöckinger: *Geschichte eines Buches*, p. 49; fundamentado por Ryback: *Hitlers Bücher*, p. 96 e seguinte Sobre a parte autobiográfica de *Mein Kampf*, conferir Othmar Plöckinger: *Frühe biographische Texte zu Hitler*, p. 112 e seguinte Plöckinger prova que

Hitler limitava-se essencialmente a reproduzir detalhes já conhecidos de sua biografia, embelezados e transformados em lenda em círculos nacionalistas.

61 Heß: *Briefe*, p. 341 e seguinte (de 29 de junho de 1924). Conferir acima cap. 3, p. 71.

62 Heß: *Briefe*, p. 346 (de 23 de julho de 1923). A frase de introdução citada, que falta na edição de Rüdiger Heß, em BA Bern, NL Heß, J1.211-1989/148, 33.

63 Lurker: *Hitler hinter Festungsmauern*, p. 56. Conferir criticamente essa apresentação em Plöckinger: *Geschichte eines Buches*, p. 122. Também Florian Beierl/Othmar Plöckinger: *Neue Dokumente zu Hitlers Buch Mein Kampf*, em: *Vierteljahrshefte für Zeitgeschichte*, ano 57 (2009), p. 261-295 (aqui p. 273, 278 e seguinte).

64 Conferir as informações de Ilse Heß de 28 de dezembro de 1952 de 29 de junho de 1965 em Maser: *Adolf Hitlers* Mein Kampf, p. 29. Também Rose: *Julius Schaub*, p. 59. Sobre o modo de trabalho de Hitler, conferir Beierl/Plöckinger: *Neue Dokumente*, p. 276 e seguintes. Rudolf Heß, bem como o carcereiro Franz Emmerich atestam que Hitler fazia os primeiros esboços à mão. Plöckinger: *Geschichte eines Buches*, p. 153; *Erinnerungen Franz Hemmrichs*, p. 35 e seguintes; IfZ München, ED 153.

65 Heß: *Briefe*, p. 347 (de 24 de julho de 1924). Conferir também ibid. p. 349 (de 17 de agosto de 1924) "Meu dia a dia é assim: levanto [às] cinco horas e faço um xícara de chá para Hitler (que está escrevendo seu livro) e para mim".

66 Ibid., p. 347 (de 4 de agosto de 1924). Em sua carta a Heinrich Heim, datada de 16 de julho de 1924, Heß anunciou que o lançamento do livro de Hitler estava previsto para o outono. BA Berlin-Lichterfelde, NS 6/71.

67 Hermann Fobke ao nacional-socialista de Estetino Eduard Heinze, 23 de agosto de 1924; Plöckinger: *Geschichte eines Buches*, p. 55. Conferir também Hermann Fobke a Adalbert Volck, 29 de julho de 1924; Jochmann: *Nationalsozialismus und Revolution*, doc. 33, p. 124.

68 Parecer de Leybold de 15 de setembro de 1924; Deuerlein: *Aufstieg*, p. 238.

69 Conferir Sigmund: *Hitlers bester Freund*, p. 71; em contrapartida, Franz Hemmrich (*Erinnerungen*, p. 57) atestou que o manuscrito de *Mein Kampf* que se encontrava no departamento de censura foi entregue a Hitler; IfZ München, ED 153.

70 Hanfstaengl: *Zwischen Weißem und Braunem Haus*, p. 161 e seguinte.

71 Conferir Plöckinger: *Geschichte eines Buches*, p. 67 e seguintes.

72 Ibid., p. 76-78, 86-89.

73 Ibid., p. 68, 71 e seguinte, 85, 151. Um trabalho editorial conjunto feito pelo padre Bernhard Stempfle, o redator-chefe do *Miesbacher Anzeiger*, tão frequentemente citado, não foi comprovado, bem como a colaboração editorial de Ernst Hanfstaengl. Conferir Ibid., p. 129 e seguinte, 133-141. *Unveröffentlichte erinnerungen Hanfstaengls*, p. 141 e seguinte; BSB München, Ana 405, caixa 47. No início de maio de 1925, Stolzin-Cerny entregou a Gottfried Feder as páginas impressas de *Mein Kampf* que lhe diziam respeito. Seu comentário foi "totalmente maravilhoso". *Tagebücher G. Feders*, vol. 6 (de 5 de março de 1925); IfZ München, ED 74.

74 Conferir Plöckinger: *Geschichte eines Buches*, p. 120. Conferir também Martynkewicz: *Salon Deutschland*, p. 424 e seguinte (Carta de Elsa Bruckmann a seu marido, de 26 de setembro de 1926); *Monologe*, p. 206 (de 16 e 17 de janeiro de 1942).

75 Heß: *Briefe*, p. 370 (de 24 de outubro de 1926). Entre outras coisas, Heß passou a formular os cabeçalhos das páginas, uma vez que no primeiro volume Stolzing-Cerny fez "burradas homéricas". R. Heß para seu pai, Fritz Heß, 24 de outubro de 1926; BA Bern, Nl Heß, J1.211-1989/148, 37.

76 Heß: *Briefe*, p. 346 (de 23 de julho de 1924). Conferir ibid., p. 349 (de 17 de agosto de 1924): "Seu aparecimento será um grande golpe contra seus adversários".

77 Conferir os dados numéricos em Plöckinger: *Geschichte eines Buches*, p. 177-182.

78 R. Heß para seu pai, Fritz Heß, 19 de abril de 1933; BA Bern, Nl. Heß, J1.211-1989/148, 51. As longas correções da edição popular foram feitas por Rudolf e Ilse Heß. Conferir R. Heß para seus pais, 16 de abril de 1930; BA Bern, Nl Heß, J1.211-1989/148, 45. Sobre os dados a seguir, conferir Plöckinger: *Geschichte eines Buches*, p. 182-188, 407-413, 432-440.

79 Frank: *Im Angesicht des Galgens*, p. 46. Conferir também Wagener: *Hitler aus nächster Nähe*, p. 415.

80 Conferir Ryback: *Hitlers Bücher*, p. 108. Emil Maurice, por exemplo, recebeu o décimo exemplar da edição de luxo de 1925, limitada a quinhentos exemplares com a seguinte dedicatória: "Ao meu fiel e bravo escudeiro". Sigmund: *Des Führers bester Freund*, p. 72 e seguinte, (ali, p. 73, o fac-símile da dedicatória). Durante uma visita ao festival de Bayreuth em 1925, Hitler também entregou a Winifred Wagner um exemplar recém-impresso do primeiro volume com uma dedicatória manuscrita. Conferir Hamann: *Winifred Wagner*, p. 142.

81 Hitler: *Mein Kampf*, p. 231 e seguinte.

82 Sobre o estilo do livro, conferir a análise de Fest: *Hitler*, p. 291-293, na qual se percebe muito bem o desprezo do cidadão culto frente ao cidadão "semiculto". Também em Bullock: *Hitler*, volume 1, p. 118; Reuth: *Hitler*, p. 172. Rudolf Heß transmite o comentário de Hitler, em Landsberg: "Ninguém deveria escrever em alemão antes de ler Schopenhauer, com seu maravilhoso estilo claro". BA Bern, Nl Heß, J1.211-1989/148, 33. Porém, em *Mein Kampf* procuraremos em vão pelo "estilo claro".

83 Lurker: *Hitler hinter Festungsmauern*, p. 52; *Erinnerungen Franz Hemmrichs*, p. 28: A cela de Hitler dava cada vez mais "a impressão de ser o pequeno escritório de um erudito." IfZ München, ED 153. Em novembro de 1937, Rudolph Schüssler informou que trouxera o "material mais importante da época Sternecker", que Hitler necessitava como base para seu livro *Mein Kampf*, acondicionado em dois grandes pacotes. Ernst Schulte-Strathaus, responsável pelo arquivo central, ao gerente de pessoal Martin Bormann, 27 de novembro de 1937; BA Berlin-Lichterfelde, NS 10/55.

84 O. Straßer: *Hitler und ich*, p. 78. Conferir Ryback: *Hitlers Bücher*, p. 98 e seguinte As obras de Chamberlain foram enviadas à prisão pela família Bruckmann: conferir Martynkewicz: *Salon Deutschland*, p. 410. Sobre a recepção de Paul Lagarde por Hitler, cf. Ulrich

Sieg: *Ein Prophet nationaler Religion. Paul de Lagarde und die völkische Bewegung*, em: Friedrich Wilhelm Graf (editor): Intellektuellen-Götter, Munique, 2009, p. 1-19.

85   Conferir Ryback: *Hitlers Bücher*, p. 99-101 (citação p. 101). Sobre Ford conferir também Reuth: *Hitler*, p. 174 e seguinte.

86   Conferir Ryback: *Hitlers Bücher*, p. 126-149. As explanações de Hitler no Circo Krone em 6 de abril de 1927 também confirmam que ele leu a obra de Madison Grant. Hitler: *Reden Schriften Anordnungen*, vol. II,1, nº 99, p. 236.

87   Conferir Ryback: *Hitlers Bücher*, p. 172; Wagener: *Hitler aus nächster Nähe*, p. 149. Sobre a leitura seletiva de Hitler, conferir cap. 2, p. 45.

88   Conferir também a análise fundamental de Eberhard Jäckel: *Hitlers Weltanschauung. Entwurf einer Herrschaft. Erweiterte und überarbeitete Neuausgabe*, Stuttgart, 1981. E também Barbara Zehnpfennig: *Hitlers* Mein Kampf, *eine Interpretation*, 2ª ed., Munique, 2002, em uma tentativa de tornar o texto compreensível "por si só" (p. 32).

89   Hitler: *Mein Kampf*, p. 372.

90   Ibid., p. 312, 314, 316.

91   Citações na frequência ibid., p. 372, 317, 422.

92   Ibid., p. 317.

93   Hitler: *Sämtliche Aufzeichnungen*, nº 654, p. 1242.

94   Hitler: *Mein Kampf*, p. 69 e seguinte.

95   Saul Friedländer: *Das Dritte Reich und die Juden. Die Jahre der Verfolgung 1933-1939*, Munique, 1998, p. 87 e seguintes, especialmente p. 104, 113 e seguinte.

96   Conferir a composição em Jäckel: *Hitlers Weltanschauung*, p. 69.

97   Hitler: *Mein Kampf*, p. 772. Conferir o discurso de Hitler no Circo Krone, 13 de abril de 1927; Hitler: *Reden Schriften Anordnungen*, vol II,1, doc. 104, p. 259 e seguinte.

98   Conferir Heß: *Briefe*, p. 345 (de 10 de julho de 1924). Hipler: *Hitlers Lehrmeister*, p. 159, 207, exagera ao extremo ao dizer que Haushofer foi o "pai intelectual" da ideologia nacional-socialista e "inspirador" do livro *Mein Kampf*. Sobre a crítica, conferir Plöckinger: *Geschichte eines Buches*, p. 144 e seguinte Conferir também Karl Lange: *Der Terminus "Lebensraum" in Hitlers "Mein Kampf"*, em: *Vierteljahrshefte für Zeitgeschichte*, ano 13 (1965), p. 426-437.

99   Conferir Axel Kuhn: *Hitlers außenpolitisches Programm*, Stuttgart, 1970, p. 115. Em Landsberg, Hitler também leu *Dai Nihon*, o livro de Haushofer sobre o Japão, de 1913, no qual foi ilustrada a necessidade da luta dos povos pela existência, baseada no exemplo do Japão. Conferir Heß: *Briefe*, p. 328 (de 19 de maio de 1924). Sobre o conteúdo do livro, conferir Hipler: *Hitlers Lehrmeister*, p. 29 e seguintes.

100   Hitler: *Mein Kampf*, p. 154.

101   Ibid., p. 739, 742.

102   Ibid., p. 743.

103   Victor Klemperer: *LTI. Notizbuch eines Philologen*, 24ª ed., completamente revisada. Editada e comentada por Elke Fröhlich, Stuttgart, 2010, p. 34. Conferir também Riecker, *Hitlers 9. November*, p. 87: "Existem poucos políticos que descrevem tão abertamente

suas convicções políticas antes de assumir o poder e, ao mesmo tempo, permitem um vislumbre tão sincero de sua vida emocional como Adolf Hitler".

104 Conferir Karl Lange: *Hitlers unbeachtete Maximen. Mein Kampf und die Öffentlichkeit*, Stuttgart, 1968, p. 30, p. 144-147.

105 O. Straßer: *Hitler und ich*, p. 79 e seguinte.

106 Plöckinger: *Geschichte eines Buches*, p. 362. De modo crítico também Michael Wildt: *Geschichte des Nationalsozialismus*, Gotinga, 2008, p. 37.

107 Citação segundo Plöckinger: *Geschichte eines Buches*, p. 225-227.

108 Hellmut von Gerlach: *Duell Hitler-Schleicher* em: *Die Weltbühne*, nº 24 de 14 de junho de 1932, p. 875 (reimpresso em 1978). Conferir Plöckinger: *Geschichte eines Buches*, p. 228-240.

109 Conferir Plöckinger: *Geschichte eines Buches*, p. 405 e seguinte, 424-429, 443 e seguinte.

110 Conferir Heß: *Briefe*, p. 351 (de 20 de agosto de 1924): "Ele aguarda ansiosamente por sua libertação no dia 1º de outubro".

111 Hitler: *Sämtliche Aufzeichnungen*, nº 26, p. 1270. Sobre a relação Hitler-Werlin conferir Eberhard Reuß: *Hitlers Rennschlachten. Die Silberpfeile unterm Hakenkreuz*, Berlim, 2006, p. 40-45. E também *Monologe*, p. 259 (de 3/4 de fevereiro de 1942): "O compressor da Mercedes foi a primeira coisa que comprei após sair da prisão em 20 de dezembro de 1924".

112 *Erinnerungen Franz Hemmrichs*, p. 37; IfZ München, ED 153.

113 Deuerlein: *Aufstieg*, p. 238 e seguinte.

114 Gritschneder: *Bewährungsfrist*, p. 101 e seguinte.

115 Ibid., p. 103-107, 114-118. No final de setembro de 1924, Gürtner, o ministro da Justiça, também entrou com uma queixa contra um "livramento condicional" de Hitler e Kriebel, fundamentando sua queixa através da afirmação de que ambos eram suspeitos de "manter a ligação com as organizações que haviam sido dissolvidas." BayHStA München, Nl Held 727.

116 Hermann Fobke para Ludolf Haase, 2 de outubro de 1924; Jochmann: *Nationalsozialismus und Revolution*, doc. 48, p. 157.

117 Conferir Alfons Probst (MdL) para o ministro-presidente Held, 22 de setembro de 1924, sobre o comunicado do *Ministerialrat* Josef Pultar, secretário do presidente do conselho nacional austríaco de Viena, de 16 de setembro de 1924; BayHStA München, Nl Held 731. Relatório do *Regensburger Anzeiger*, nº 259, de 7 de novembro de 1924: A nacionalidade de Hitler (com uma nota manuscrita do filho de Held); ibid., NL Held 730. Conferir também Deuerlein: *Aufstieg*, p. 239 e seguinte; Donald Cameron Watt: *Die bayerischen Bemühungen um Ausweisung Hitlers 1924*, em: *Vierteljahrshefte für Zeitgeschichte*, ano 6 (1958), p. 270-280.

118 Hitler: *Sämtliche Aufzeichnungen*, nº 664, p. 1246 e seguinte (de 16 de outubro de 1924). Conferir Heß: *Briefe*, p. 353 (de 14 de outubro de 1924): A Áustria "cassou a cidadania do político [...] Que alegria!"

119 Conferir Plöckinger: *Geschichte eines Buches*, p. 74 e seguinte; Jetzinger: *Hitlers Jugend*, p. 279 e seguinte (também p. 272 o fac-símile da petição de Hitler de 7 de abril de 1925).

120 Conferir Gritschneder: *Bewährungsfrist*, p. 119-130. O telegrama da promotoria Munique I para a direção da prisão Landsberg, datado de 20 de dezembro de 1924, em BA Berlin-Lichterfelde, NS 26/67.

121 *Tagebücher G. Feders*, vol. 6 (de 8 de dezembro de 1924): *"Schwere Niederlage" der Nationalsozialisten*; IfZ München, ED 874.

122 Maria Hof ao ministro-presidente Held, 16 de dezembro de 1924; BayHStA München, Nl Held 729.

123 *Monologe*, p. 260 (de 3 e 4 de fevereiro de 1942). Em 18 de novembro de 1938, Hitler visitou a fortaleza Landsberg e ordenou que seu ajudante Brückner presenteasse os dois carcereiros que ele conhecia pessoalmente. *Tägl. Aufzeichnungen Max Wünsches*, de 18 de novembro de 1938; BA Berlin-Lichterfelde, NS 10/125.

124 Heß: *Briefe*, p. 359 (de 20 de dezembro de 1924). Conferir *Tagebuch Rudolf Buttmanns*, de 20 de dezembro de 1924: O diretor Leybold Straßer, levando em conta o pedido de Hitler de não promover "festividades de despedida", não as levou em consideração. BayHStA München, Nl Buttmann 82. Conferir R. Heß para I. Pröhl, 11 de dezembro de 1924: "Ele [Hitler] pode começar tudo novamente. Não é à toa que às vezes ele preferiria jogar tudo para o alto". BA Bern, Nl Heß, J1.211-1989/148, 33.

125 Conferir as anotações do diário de Rudolf Buttmann sobre uma conversa na casa Bechstein, em 19 de junho de 1925, durante a qual Hitler manifestou "sua decepção com Ludendorff desde a noite de 8-9 de novembro de 1923, quando deixou os três escaparem". BayHStA München, Nl Buttmann 82.

126 Heß: *Briefe*, p. 357 (de 11 de dezembro de 1924).

127 Conferir Hoffmann: *Hitler wie ich ihn sah*, p. 41 e seguinte; Heydecker: Hoffmann-Erinnerungen, p. 61 e seguinte; Herz: Hoffmann & Hitler, p. 95.

128 *Monologe*, p. 260 (de 3 e 4 de fevereiro de 1942).

129 Martynkewicz: *Salon Deutschland*, p. 409-411.

130 Hanfstaengl: *Zwischen Weißem und Braunem Haus*, p. 163 e seguinte Conferir também narrativa da noite de Natal nas memórias inéditas de Hanfstaengl, p. 128 e seguinte; BSB München, Nl Hanfstaengl Ana 405, caixa 47.

131 *1. Rundbrief an die Ortsgruppenführer und Vertrauensmänner in Bayern des D. V. B.*, 31 de dezembro de 1924; BA Berlin-Lichterfelde, NS 26/88.

132 Emil Hamm para Hermann Fobke, 11 de janeiro de 1925; Plöckinger: *Geschichte eines Buches*, p. 65.

133 BayHStA München, Nl Held 730. Conferir Adalbert Volck para Hermann Fobke, 15 de janeiro de 1925: "Antes do final de ano, Hitler precisava fazer alguma declaração. E então manifestam-se os vacilantes, os provocadores". BA Berlin-Lichterfelde, NS 26/899.

Capítulo 8. O "Führer" à espreita

1 Hanfstaengl: *Zwischen Weißem und Braunem Haus*, p. 167. Nas memórias inéditas de Hanfstaengl (p. 125) estava escrito originalmente: "Na próxima vez, não cairei da corda bamba". BSB München, Nl Hanfstaengl Ana 405, caixa 47.

2   Hitler: *Reden Schriften Anordnungen*, vol. 1, doc. 50, p. 99 (de 12 de junho de 1925).

3   Ibid., doc. 51, p. 102 (de 14 de junho de 1925). Conferir Ibid., doc. 54, p. 105 (de 5 de julho de 1925), doc. 55, p. 116 (de 8 de julho de 1925): "Por isso, esta cidade é terreno sagrado para mim e também para o movimento".

4   Conferir Peter Longerich: *Deutschland 1918-1933. Die Weimarer Republik*, Hannover, 1995, p. 160 e seguintes; 231 e seguintes; Winkler: *Weimar*, p. 306 e seguintes.

5   Sobre isso, conferir Peter Gay: *Die Republik der Außenseiter. Geist und Kultur der Weimarer Zeit 1918-1933*. Nova edição, Frankfurt am Main, 2004; Ursula Büttner: *Weimar. Die überforderte Republik 1918-1933*, Stuttgart, 2008, p. 298 e seguintes; Peter Hoeres: *Die Kultur von Weimar. Durchbruch der Moderne*, Berlim-Brandenburgo, 2008, p. 84 e seguintes.

6   Haffner: *Geschichte eines Deutschen*, p. 72; conferir Jürgen Peter Schmied: *Sebastian Haffner. Eine Biographie*, Munique, 2010, p. 30.

7   *Bayerischer Anzeiger* nº 16, de 21 de janeiro de 1925; BayHStA München, Nl Held 730.

8   Heß: *Briefe*, p. 364 (de 2 de março de 1925). Conferir *Tagebücher G. Feders*, vol. 7 (de 13 de março de 1925): "Hitler em Berlim [...] Cheio de esperanças e força". IfZ Munique, ED 874. Em 30 de dezembro de 1925, Rudolf Heß foi libertado da prisão de Landsberg e conseguiu um emprego de meio período na *Deutschen Akademie* por intermédio de Karl Haushofer. No entanto, o "cargo de confiançaa" oferecido por Hitler lhe pareceu mais tentador, uma vez que o pagamento era melhor. R .Heß an Klara Heß, 11 de janeiro de 1925; BA Bern, Nl Heß, J1.211-1989/148, 35, Heß: *Briefe*, p. 366 (de 24 de abril de 1925).

9   O. Straßer: *Hitler und ich*, p. 82. A citação anterior: *Bayerischer Anzeiger*, nº 6, de 9 de janeiro de 1925; BayHStA München, Nl.Held 730. Conforme relatado por Gregor Straßer na reunião da fração bávara do Völkischer Block em 12 de janeiro, Pöhner permitiu o encontro de Hitler e Held. *Tagebuch R. Buttmanns* de 12 de janeiro de 1925; BayHStA München, Nl Buttmann 82

10   Hitler: *Reden Schriften Anordnungen*, vol. I, doc. 1 e 2, p. 1-6 (citação p. 5). Hitler enviou a Gregor Straßer com antecedência uma cópia da conclamação com uma observação: "Somente a partir de hoje ele voltou a ser uma figura política." *Tagebuch R. Buttmanns*, de 26 de fevereiro de 1925; BayHStA München, Nl Buttmann 82.

11   Hitler: *Reden Schriften Anordnungen*, vol. I, doc. 4, p. 7-9 (citação p. 9).

12   Ibid., doc. 6, p. 14-28 (citações na sequência p. 20, 21, 27). Gottfried Feder caracterizou o discurso de Hitler como uma "mistura genial da mais pura demagogia [...] e do mais puro amor pela pátria". *Tagebücher G. Feders*, vol. 7 (de 27 de fevereiro de 1925); IfZ München, eD 874.

13   Heß: *Briefe*, p. 363 (de 2 de março de 1925); conferir *Tagebuch R. Buttmanns*, de 27 de fevereiro de 1925; BayHStA München, Nl Buttmann 82; Hamann: *Winifred Wagner*, p. 134 e seguinte.

14   Conferir Mathias Rösch: *Die Münchner NSDAP 1925-1933. Eine Untersuchung zur inneren Struktur der NSDAP in der Weimarer Republik*, Munique, 2002, p. 170-174. Sobre a

fundação da fração NS na convenção bávara, conferir *Tagebuchaufzeichnungen Rudolf Buttmanns* de 22, 24 e 27 de setembro de 1925; BayHStA München, Nl Buttmann 83. Sobre o papel desempenhado por Buttmann, conferir também Susanne Wanninger: *Dr. Rudolf Buttmann – Parteimitglied n° 4 und Generaldirektor der Münchner Staatsbibliothek*, em: Krauss (editor): *Rechte Karrieren in München, p. 80-94. – Die Landesverbände der Nationalsozialistischen Arbeitsgemeinschaft in Norddeutschland unterstellten sich Ende Februar 1925 der neugegründeten* NSDAP. Veja a circular de Ludolf Haases de 28 de fevereiro de 1925; BA Berlin-Lichterfelde, NS 26/899.

15 Hitler: *Reden Schriften Anordnungen*, vol. I, doc. 6, p. 20.

16 Müller: *Im Wandel einer Welt*, p. 301. Conferir Martynkewicz: *Salon Deutschland*, p. 412-414; Käfer: Hitlers frühe Förderer, p. 63.

17 *Tagebuch R. Buttmanns*, de 5 de fevereiro de 1925; BayHStA München, Nl Buttmann 82. Frente aos líderes distritais do *Völkischer Block*, Ludendorff declarou, em 25 de janeiro de 1925, que os esforços de Hitler visavam "à criação de um partido dos trabalhadores, ou seja, um partido de lutas de classes. E ele não participaria dessa 'sujeira'". *Tagebuch R. Buttmanns*, de 26 de janeiro de 1925; ibid.

18 Hitler: *Reden Schriften Anordnungen*, doc. 14-16, p. 40-47; doc. 19-39, p. 52-72 (citação p. 59).

19 Ibid., doc. 40, p. 73 (de 4 de abril de 1925).

20 Hanfstaengl: *Zwischen Weißem und Braunem Haus*, p. 180. Após a publicação das memórias inéditas de Hanfstaengl, Hitler teria dito com satisfação: "Finalmente nos livramos dele." BSB München, Nl Hanfstaengl Ana 405, caixa 47. Conferir entrevista com Hermann Esser, de 13 de março de 1964, vol. I: "É claro que Hitler ficou muito contente. Para ele, o caso estava encerrado". BayHStA München, Nl Esser.

21 *Tagebuch Escherich, Rückblick April 1925*; BayHStA München, Nl Escherich 12.

22 Hitler: *Reden Schriften Anordnungen*, vol. I, doc. 42, p. 76 e seguinte (de 28 de abril de 1925). Conferir também R. Heß a seus pais, 24 de abril de 1925: "Para o tribuno, muitas resistências cairão, e isso pode até ser decisivo". BA Bern, Nl Heß, J1.211-1989/148, 35.

23 Conferir Bettina Amm: *Die Ludendorff-Bewegung. Vom nationalsozialistischen Kampfbund zur völkischen Weltanschauungssekte*, Hamburgo, 2006.

24 Hitler: *Reden Schriften Anordnungen*, vol. I, doc. 4, p. 9. A seguir, ver Longerich: *Die braunen Bataillone*, p. 45-52; escrito sobre a discussão com Franz Pfeffer von Salomon, de 20 de fevereiro de 1953; IfZ München, ZS 177.

25 *Tagebuch R. Buttmanns*, de 21 de fevereiro de 1925; BayHStA München, Nl Buttmann 82. A seguir, conferir Udo Kissenkoetter: *Gregor Straßer und die* NSDAP, Stuttgart, 1978, p. 16-22; o mesmo: Gregor Straßer, em: Ronald Smelser/Rainer Zitelmann (editor): *Die Braune Elite. 22 biographische Skizzen*, Darmstadt, 1989, p. 273 e seguintes.

26 Gregor Straßer a Joseph Goebbels, 11 de novembro de 1925; Tyrell: *Führer befiehl*, doc. 46, p. 115.

27 Ibid., doc. 50a, p. 121.

28 Conferir Hinrich Lohse: *Der Fall Straßer*. Memorando sem data (por volta de 1952); IfZ München, ZS265. Dados segundo Kershaw: *Hitler*, vol. I, p. 348.

29 Citação segundo Ralf Georg Reuth: *Goebbels*, Munique/Zurique, 1990, p. 76 e seguinte; conferir também Peter Longerich: *Joseph Goebbels*, Munique, 2010, p. 21 e seguintes. Conferir Goebbels: *Tagebücher*, parte I, vol. 1 /I, p. 108 (de 20 de março de 1924): "Hitler é um idealista. Leio seus discursos e me deixo entusiasmar por eles, permito que me levem às estrelas".

30 Goebbels: *Tagebücher*, parte I, Bd. 1 /I, p. 353 (de 11 de setembro de 1925).

31 Ibid., p. 344 (de 21 de agosto de 1925).

32 Segundo o relatório de Hermann Fobke sobre a fundação da *Arbeitsgemeinschaft Nord- -West*, 11 de setembro de 1925; Jochmann: *Nationalsozialismus und Revolution*, doc. 66, p. 207-211 (citação p. 209).

33 Ibid., doc 67, p. 213. Conferir também Gerhard Schildt: *Die Arbeitsgemeinschaft Nord- -West. Untersuchungen zur Geschichte der* NSDAP *1925/26*, Diss. Freiburg, 1964, p. 105-114.

34 Goebbels: *Tagebücher*, parte I, vol. 1 /I, p. 365 (de 14 de outubro de 1925). Sobre a conveção dos *Gauführer* em Weimar em 12 de julho de 1925, conferir Ibid., p. 326 (de 14 de julho de 1925); *Tagebücher G. Feders*, vol. 7 (de 12 de julho de 1925); IfZ München, ED 874.

35 Goebbels: *Tagebücher*, parte I, vol. 1/I, p. 375 (de 6 de novembro de 1925): Em 20 de novembro de 1925, Hitler e Goebbels encontraram-se novamente em um evento em Plauen. Mais uma vez, Goebbels anotou: "Ele me cumprimenta como se fosse um velho amigo. Ele me paparica. Como eu o amo! Que homem!". Ibid., p. 379 (de 23 de novembro de 1925).

36 Excerto de um esboço do programa de Straßer em Tyrell: *Führer befiehl*, doc. 49a, p. 119; reproduzido na íntegra em Reinhard Kühnl: *Zur Programmatik der nationalsozialistischen Linken: Das Straßer-Programm von 1925/26*, em: *Vierteljahrshefte für Zeitgeschichte*, ano 14 (1966), p. 317-333.

37 Conferir Tyrell: *Führer befiehl*, doc. 48, p. 117-119.

38 Conferir Schildt: *Arbeitsgemeinschaft*, p. 140-153. O fato de que Feder apareceu de surpresa, como descreve Goebbels em seu diário (parte I, vol. 1/I, de 25 de janeiro de 1926), não procede, pois Feder anunciou sua chegada em uma carta para Goebbels, datada de 23 de dezembro de 1926. Conferir Longerich: *Goebbels*, p. 79.

39 *Monologe*, p. 259 (de 3 e 4 de fevereiro de 1942). Conferir ibid., p. 307 (de 28 de fevereiro e 1° de março de 1942). Também Hamann: *Winifred Wagner*, p. 138-142; Elsa Bruckmann a Hitler, Bayreuth, 26 de julho de 1925; cópia em BA Koblenz, N 1128/30. Em uma reunião do NSDAP em Bayreuth, em 29 de julho de 1925, Hitler declarou: "Desde a sua juventude, ele sempre desejou participar do festival de Wagner em Bayreuth. Agora, esse desejou tornou-se realidade". Hitler: *Reden Schriften Anordnungen*, vol. I, doc. 58, p. 139.

40 Conferir as anotações do diário de Rudolf Buttmann, que visitou Hitler três vezes em setembro de 1925, em Berchtesgaden. Em 25 de setembro, Alfred Rosenberg, redator-

-chefe do *Völkischer Beobachter*, reclamou que não sabia do paradeiro de Hitler há um mês e meio: Cartas importantes continuam sem resposta". Na noite de 26 de setembro, Hitler foi para Nuremberg para participar do *Deutscher Tag*, que seria realizado em Fürht no dia seguinte. Depois disso, aparentemente retornou a Munique. Buttmann fez a primeira reunião com Hitler no escritório do partido em Munique em 14 de outubro. Em 18 de setembro, Hitler declarou que permaneceria em Munique até abril, "para fazer um trabalho administrativo". *Tagebuch R. Buttmanns*, de 4, 11, 18, 25, 26 e 27 de setembro, 14 de outubro e 18 de dezembro de 1925; BayHStA München, Nl Buttmann 83.

41   Hitler: *Reden Schriften Anordnungen*, vol. I, doc. 74, p. 175.

42   Conferir Gregor Straßer a Joseph Goebbels, 8 de janeiro de 1926, comunicando que Feder recebera o esboço do programa e que "pretende atiçar Hitler". Jochmann: *Nationalsozialismus und Revolution*, doc. 71, p. 220. Após a segunda convenção em Hannover, Feder avisou Hitler e Heß, em 30 de janeiro de 1926, sobre o "atentado de Str[aßer]". Hitler concordou com a "crítica destrutiva" de Feder ao esboço programático de Straßer. *Tagebücher G. Feders*, vol. 8 (de 30 de janeiro de 1926); IfZ München, ED 874. Conferir também R. Buttmann para sua esposa, 11 de fevereiro de 1926: "Straßer tem um esboço do programa, [...] que parecer ser horrível". BayHStA München, Nl Buttmann 63,2.

43   Goebbels: *Tagebücher*, parte I, vol. 1/II, p. 52 (de 6 de fevereiro de 1926).

44   Ibid., p. 53 (de 11 de fevereiro de 1926).

45   Hitler: *Reden Schriften Anordnungen*, vol. I, doc. 101, p. 294-296 (de 14 de fevereiro de 1926); Hinrich Lohse: *Der Fall Straßer*. Memorando sem data (por volta de 1952); IfZ München, zs 265. R. Buttmann, que participou a contragosto da convenção de Bamberg, retornando a Munique à noite, juntamente com Straßer e Esser, anotou que Hitler se posicionou, principalmente, "contra o apoio de Straßer à história de desapropriação do príncipe, bem como contra suas ideias fantasiosas sobre política externa", *Tagebuch R. Buttmanns*, de 14 de fevereiro de 1926; BayHStA München, Nl Buttmann 83: R. Buttmann para sua esposa, 11 de fevereiro de 1926; ibid., Nl Buttmann 63,2. Sobre a convenção de Bamberg, conferir Schildt: *Arbeitsgemeinschaft*, p. 155-165.

46   Goebbels: *Tagebücher*, parte I, vol. 1/II, p. 55 (de 15 de fevereiro de 1926).

47   Ibid., p. 55 (de 15 de fevereiro de 1926). *G. Feders Tagebücher*, vol. 8 (de 14 de fevereiro de 1926) : "Hitler criticou durante cada uma de suas frases". IfZ München, ED 874.

48   BA Berlin-Lichterfelde, NS 26/900; conferir também Jochmann: *Nationalsozialismus und Revolution*, doc. 74, p. 225 (de 5 de março de 1926).

49   Conferir Fest: *Hitler*, p. 342.

50   Hitler: *Reden Schriften Anordnungen*, vol. II,1, doc. 29, p. 64. Conferir Kissenkoetter: *Gregor Straßer und die NSDAP*, p. 31.

51   Entrevista com Hermann Esser, de 16 de março de 1964, vol. I; BayHStA München, Nl Esser.

52   Conferir também as citações a seguir e Goebbels: *Tagebücher*, parte I, vol. 1/II, p. 71-73 (de 13 de abril de 1926).

53   Ibid., p. 76 (de 19 de abril de 1926).

54   Ibid., p. 96 (de 16 de junho de 1926).

55   Ibid., p. 111 e seguinte (de 23 e 24 de julho de 1926). Em dezembro de 1926, Hitler presenteu Goebbels com o "primeiro exemplar" do segundo volume de *Mein Kampf*. Goebbels leu o livro durante sua viagem de volta à Berlim "com grande expectativa": "O verdadeiro Hitler, como ele é de verdade! Às vezes, tenho vontade de gritar de tanta alegria". Ibid., p. 159 (de 12 de dezembro de 1926).

56   Ibid., p. 89 (de 24 de maio de 1926): "Em público, ele me elogia a não mais poder". Sobre a Assembleia Geral de 22 de maio de 1926, conferir Hitler: *Reden Schriften Anordnungen*, vol. I, doc. 143-146, p. 428-465 (citações na sequência: p. 437, 461, 464, 441, 444).

57   Goebbels: *Tagebücher*, parte I, vol. 1/II, p. 103 (de 6 de julho de 1926). Sobre a convenção do partido em Weimar, em 3 e 4 de julho de 1926, conferir Hitler: *Reden Schriften Anordnungen*, vol. II/1, doc. 3-7, p. 4-25; *Tagebücher G. Feders*, vol. 8 (de 3 e 4 de julho de 1926); IfZ München, ED 874. Segundo Rudolf Buttmann, em Weimar foi apresentada pela primeira vez "a nova saudação". *Tagebuch R. Buttmanns*, de 4 de julho de 1926; BayHStA Müchen, Nl Buttmann 83. Também Volker Mauers Berger: *Hitler in Weimar. Der Fall einer deutschen Kulturstadt*, Berlim, 1999, B. 222-228.

58   Citação segundo Horn: *Der Marsch zur Machtergreifung*, p. 276.

59   Dados numéricos segundo Deuerlein: *Aufstieg*, p. 254, 291; Kershaw: *Hitler*, vol. I, p. 846, Nota 250; Herbst: *Hitlers Charisma*, p. 224.

60   Rösch: *Die Münchner* NSDAP, p. 213, 529. conferir Heusler: *Das Braune Haus*, p. 110, 123. A afirmação de Hitler em uma reunião do NSDAP, em 13 de abril de 1926, de que o "partido apresentou um grande e contínuo crescimento do número de associados" aparentemente não era verdadeira. Hitler: *Reden Schriften Anordnungen*, vol. I, doc. 123, p. 375.

61   Conferir Rösch: *Die Münchner* NSDAP, p. 206 e seguinte, 210 e seguinte, 530.

62   R. Buttmann para sua esposa, 3 de fevereiro de 1927; BayHStA München, Nl Buttmann 63,2. Conferir Goebbels: *Tagebücher*, parte I, vol. I/II, p. 179 (de 5 de fevereiro de 1927): "Dizem que Hitler está com raiva de mim. Então, vamos em frente".

63   Sobre os resultados das eleições, conferir Jürgen Falter/Thomas Lindenberger/Siegfried Schumann: *Wahlen und Abstimmungen in der Weimarer Republik Materialien zum Wahlverhalten 1919-1931*, Munique, 1986, p. 98, 108, 111.

64   Heß: *Briefe*, p. 375 (de 23 de janeiro de 1927). Conferir R. Heß an I. Pröhl, 23 de janeiro de 1927: "[...] o tribuno está convencido de que esse será o grande ano. Hoje, ele estava radiante novamente: 'Heß, você verá, eu não me engano!!'". BA Bern, Nl Heß, J1.211-1989/148, 39. Em novembro de 1925, Hitler declarou perceber "uma acentuada recuperação do movimento no ano 26". *Tagebuch R. Buttmanns*, de 14 de novembro de 1925; BayHStA München, Nl Buttmann 83.

65   Citação segundo Large: *Hitlers München*, p. 274.

66   Theodor Heuss: *Politik. Ein Nachschlagewerk für Theorie und Praxis*, Halberstadt, 1927, p. 138; citação segundo Rösch: *Die Münchner* NSDAP, p. 533.

67   Clemens: *Herr Hitler in Germany*, p. 118.

68 Deuerlein: *Aufstieg*, p. 269-279 (citação p. 270, 271, 272). Sobre a "longa espera" por Hitler, conferir *Tagebuch R. Buttmanns*, de 9 de março de 1925; BayHStA München, Nl Buttmann 83. Em 11 de março de 1927, o *Völkischer Beobachter* publicou um relatório relativamente curto sobre a reunião (Hitler: *Reden Schriften Anordnungen*, vol. II/ 1, doc. 884, p. 179-181), porque a taquígrafa perdeu suas anotações. Conferir Heiden: *Hitler. Das Zeitalter der Verantwortungslosigkeit*, p. 226.

69 Sobre os números, conferir Hitler: *Reden Schriften Anordnungen*, vol. II,1, doc. 94, 96, 99, p. 221, 227, 235. A citação ibid., p. 235, nota 3.

70 Ibid., vol. I, doc. 94, 121, p. 252, 371 (de 16 de dezembro de 1925 e 11 de abril de 1926).

71 Ibid., doc. 128, p. 397 (de 17 de abril de 1926).

72 Ibid., doc. 48, 94, p. 87, 250.

73 Ibid., vol. II, 1, doc. 104, p. 265 (de 13 de abril de 1927); ibid., vol. II, 2, doc. 258, p. 779, 789 (de 17 de abril de 1928).

74 Ibid., vol I, doc. 112, p. 354 (de 18 de março de 1926); vol. II, 2, doc. 199, p. 560 (de 27 de novembro de 1927), doc. 224, p. 654 (de 26 de janeiro de 1928); vol. III, 1, p. 21 (de 13 de julho de 1928): "Veja a situação da nossa cultura: danças de negros, *jimmy*, bandas de jazz, cubismo patético, dadaísmo, uma literatura mixuruca, um teatro patético, cinema miserável, em todos os lugares se vê a destruição da cultura".

75 Ibid., vol. I, doc. 61, p. 145 (de 15 de agosto de 1925).

76 Ibid., vol. I, doc. 26, p. 57 (de 25 de março de 1925), doc. 145, p. 475 (de 22 de maio de 1926); vol. II,1, doc. 152, p. 395 (de 26 de junho de 1927). Sobre o antissemitismo vulgar que Goebbels começou a propagar na revista semanal *Der Angriff* a partir de julho de 1927, conferir Longerich: *Goebbels*, p. 102-104. A campanha de difamação era dirigida principalmente contra o vice-presidente de polícia de Berlim, Dr. Bernhard Weiß, cuja imagem era denegrida como "Isidor Weiß". Conferir Dietz Bering: *Kampf um Namen. Bernhard Weiß gegen Joseph Goebbels*, Stuttgart, 1991, p. 241 e seguintes.

77 Hitler: *Reden Schriften Anordnungen*, vol. II,1, doc. 146, p. 369 (de 13 de junho de 1927); vol. II,2, doc. 235, p. 674 (de 24 de fevereiro de 1928).

78 Ibid., vol. I, doc. 103, p. 297-330 (citações p. 298, 315, 318, 319 e seguinte, 325). Conferir Werner Jochmann: *Im Kampf um die Macht. Hitlers Rede vor dem Hamburger Nationalklub von 1919*, Frankfurt am Main, 1960; Manfred Asendorf: *Hamburger Nationalklub, Keppler--Kreis, Arbeitsstelle Schacht und der Aufstieg Hitlers* em: 1999. *Zeitschrift für Sozialgeschichte des 19. und 20. Jahrhunderts*, ano 2 (1987), p. 106-150, principalmente p. 107-113; e também Kershaw: *Hitler*, vol. I, p. 367-369. Também durante uma apresentação para industriais da região do Reno, realizada no hotel Düsseldorfer Hof, em Königswinter, em 1º de dezembro de 1926, Hitler evitou quaisquer comentários antissemitas e "fez um discurso moderado e muito entediante". Registr. Wilhelm Breuckers, de 22 de outubro de 1956; IfZ München, zs 1193.

79 Hitler: *Reden Schriften Anordnungen*, vol. II,1, doc. 80, p. 158 (de 20 de fevereiro de 1927). Para as citações anteriores ibid., doc. 94, p. 225 (de 30 de março de 1927); doc. 62, p. 111 (de 1º de janeiro de 1927).

80 Ibid., vol. I, doc. 57, p. 136 (de 15 de julho de 1925), doc. 78, p. 202 (de 8 de outubro de 1925), doc. 147, p. 466 (de 30 de maio de 1926).

81 Ibid., vol. II,2, doc. 168, p. 495 (de 21 de agosto de 1927).

82 Ibid., vol. I, doc. 94, p. 240 (de 16 de dezembro de 1925); vol. II,1, doc. 7, p. 19 e seguinte (de 4 de julho de 1926).

83 Ibid., vol. II,1, doc. 83, p. 167 (de 6 de março de 1927); doc. 102, p. 247 (de 9 de abril de 1927).

84 Ibid., vol. II,2, doc. 197, p. 559 (de 24 de novembro de 1927); doc. 230, p. 662 (de 1º de fevereiro de 1928).

85 Ibid., vol. I, doc. 136, p. 418 (de 22 de abril de 1926); doc. 94, p. 261 (de 16 de dezembro de 1925).

86 Tyrell: *Führer befiehl*, p. 168-173 (citação p. 173).

87 Goebbels: *Tagebücher*, parte I, vol. 1 /III, p. 103 (de 16 de outubro de 1928).

88 Hitler: *Reden Schriften Anordnungen*, vol. I, doc. 78, p. 203, p. 199 (de 28 de outubro de 1925).

89 Hanfstaengl: *Zwischen Weißem und Braunem Haus*, p. 190.

90 Hitler: *Reden Schriften Anordnungen*, vol. I, doc. 92, p. 237 (de 12 de dezembro de 1925); vol. II,1, doc. 59, p. 106 (de 18 de dezembro de 1926). Conferir vol. III,1, doc. 65, p. 350 (de 11 de dezembro de 1928): "Queremos executar esta luta exatamente como o 'príncipe da paz' nos ensinou". Em 5 de dezembro de 1926, durante um discurso proferido em uma reunião da ss em Munique, Hitler declarou que "com suas ações políticas, os nacional-socialistas defendem os princípios pelos quais Cristo nasceu, foi perseguido e pregado na cruz pelos judeus." Ibid., vol. IV,1, doc. 38, p. 149.

91 Ibid., vol. I, doc. 18, p. 51 (de 22 de maio de 1925); vol. II,2, doc. 190, p. 544 (de 9 de novembro de 1927), doc. 278, p. 844 (de 19 de maio de 1928).

92 Ibid., vol. I, doc. 129, p. 398 (de 7 de abril de 1926); vol. II,1, doc. 140, p. 341 (de 3 de junho de 1927). Sobre o nacional-socialismo como religião política, conferir Michael Burleigh: *Die Zeit des Nationalsozialismus. eine Gesamtdarstelung*, Frankfurt am Main, 2000, p. 140-144; Herbst: *Hitlers Charisma*, p. 196-198, 207. Sobre a interpretação do cristianismo por Hitler, conferir também Michael Rissman: *Hitlers Gott. Vorsehungsglaube und Sendungsbewusstsein eines deutschen Diktators*, Zurique/Munique 2001, p. 29-33.

93 Hitler: *Reden Schriften Anordnungen*, vol. I, doc. 1, p. 3 (de 26 de fevereiro de 1925).

94 Ibid., vol. II,2, doc. 183, p. 515 (de 30 de setembro de 1927).

95 Tyrell: *Führer befiehl*, doc. 78d, p. 203-205 (citações p. 204). Também em Hitler: *Reden Schriften Anordnungen*, vol. III,1, doc. 4, p. 23-26.

96 Heß: *Briefe*, p. 386 (de 20 de novembro de 1927).

97 Tyrell; *Führer befiehl*, nº 65, p. 169, 171. Conferir também Hitler: *Reden Schriften Anordnungen*, vol. II,1, doc. 159, p. 414 e seguintes.

98 Ibid., vol. I, doc. 159, p. 482 (de 24 de junho de 1926). Sobre o "caso Woltereck", conferir Rösch: *Die Münchner* NSDAP, p. 206.

99   Hitler: *Reden Schriften Anordnungen*, vol. II, 1, doc. 130, p. 321. Sobre a rebelião da SA de Munique, conferir Rösch: *Die Münchner NSDAP*, p. 157-165.

100 Heß: *Briefe*, p. 375 (de 23 de janeiro de 1927). Conferir Wagener: *Hitler aus nächster Nähe*, p. 44; Tyrell: *Führer befiehl*, p. 148.

101 Segundo Hanfstaengl: *Zwischen Weißem und Braunem Haus*, p. 182.

102 Herz: Hoffmann & Hitler, p.162-169 (citação p. 163). Conferir Schmölders: *Hitlers Gesicht*, p. 106.

103 Tyrell: *Führer befiehl*, doc. 57b, p. 156 (de 3 de julho de 1926). Em uma carta à noiva de Hitler, Ilse Pröhl, de 16 de novembro de 1927, Goebbels relatou um encontro com Hitler em Nuremberg no dia anterior: "Que homem fantástico. Sou capaz de invejá-la por estar sempre perto dele. Nós todos podemos nos orgulhar dele". BA Bern, Nl Heß, J1.211-1993/300, caixa 5. Conferir Goebbels: *Tagebücher*, parte I , vol. 1/II, p. 291 (de 16 de novembro de 1927): "Ele é tão claro em suas visões". Sobre a encenação do culto de Goebbels em relação ao *Führer*, conferir Friedrich: *Die mißbrauchte Hauptstadt*, p. 200-204.

104 Heß: *Briefe*, p. 386 (de 20 de novembro de 1927).

105 Hitler: *Reden Schriften Anordnungen*, vol. II, 2, doc. 166, p. 485-487 (citação p. 486).

106 Relatório do comissário do *Reich* para supervisão de ordem pública sobre a convenção do partido do NSDAP em Nuremberg, de 19 a 21 de agosto de 1927; Deuerlein: *Aufstieg*, p. 279-285 (citação p. 280). Conferir *Tagebücher G. Feders*, vol. 9 (de 21 de agosto de 1927): "Desfile de toda a tropa da SA. Deve ter sido um momento fantástico para Hitler". IfZ München, ED 874. Semelhante a Goebbels: *Tagebücher*, parte I, vol. 1/II, p. 258 (de 22 de agosto de 1927). O programa da convenção do partido em BA Berlin-Lichterfelde, NS 26/390.

107 Daniel Siemens: *Horst Wessel. Tod und Verklärung eines Nationalsozialisten*, Berlim, 2009, p. 72.

108 Tyrell: *Führer befiehl*, doc. 68d, p. 185.

109 Hitler: *Reden Schriften Anordnungen*, vol. II, 2, doc. 181, p. 514, doc. 216, p. 595, doc. 264, p. 794.

110 R. Heß a seus pais, 9 de junho de 1925; BA Bern, Nl Heß, J1.211-1989/148, 35. Conferir Hitler: *Reden Schriften Anordnungen*, vol. I, doc. 52, p. 103. conferir Ibid., doc. 135, p. 416 (de 22 de abril de 1926).

111 Ibid., vol. II, 2, doc. 11/12, p. 583 (de 2 de janeiro de 1928). Sobre a reforma do partido proposta por Straßer, conferir Kissenkoetter: *Gregor Straßer und die NSDAP*, p. 34-40.

112 Sobre as organizações preliminares, conferir Herbst: *Hitlers Charisma*, p. 244 e seguinte; Rösch: *Die Münchner NSDAP*, p. 133-137. Sobre o Kampfbund Kultur, conferir Martynkewicz: *Salon Deutschland*, p. 439 e seguintes.

113 Sobre o conceito de "*Kriegsjugendgeneration*" [geração da juventude da guerra], conferir Ulrich Herbert: "*Generation der Sachlichkeit*". Sobre o movimento estudantil nacionalista no início dos anos vinte, Frank Bajohr/Werner Johe/Uwe Lohalm (editores): *Zivilisation und Barbarei. Die widersprüchlichen Potentiale der Moderne*, Hamburgo, 1991, p. 115-144.

114 Sobre Himmler e o desenvolvimento da ss, conferir Longerich: *Himmler*, p. 18-125.

115 Conferir Stefan Frech: *Wegbereiter Hitlers? Theodor Reismann-Grone. Ein völkischer Nationalist (1863-1949)*, Paderborn, 2009, p. 263-267, 285 e seguinte Sobre o discurso de Hitler de 18 de junho de 1926, Hitler: *Reden Schriften Anordnungen*, vol. I, doc. 157, p. 478-489 (citações p. 480). Conferir Goebbels: *Tagebücher*, parte I, vol. 1/II, p. 97 (de 19 de junho de 1926): "Ontem Hitler discursou para os industriais em Essen. Fantástico [...] Hitler domina todas as áreas".

116 Heß: *Briefe*, p. 380 (de 27 de abril de 1927). Conferir R. Heß para I. Pröhl, 29 de abril de 1927: "[...] tínhamos a impressão de estar no Circo Krone e não entre cientistas insolentes". BA Bern, Nl Heß, J1.211-1989/148, 39. Sobre o discurso de Hitler de 27 de abril de 1927, Hitler: *Reden Schriften Anordnungen*, vol. II,1, doc. 112, p. 285 e seguinte.

117 Ibid., vol. II,2, doc. 174, p. 501-509 (citações p. 508, 505). Conferir também Turner: *Großunternehmer*, p. 113-115; Martynkewicz: *Salon Deutschland*, p .435-437. Käfer: *Hitler frühe Förderer*, p. 64 e seguinte Mais tarde, Hitler afirmou que "já tinha pago quase todas as dívidas e deixado o partido financeiramente em ordem". Speer: *Spandauer Tagebücher*, p. 123 (de 20 de outubro de 1947). Conferir Goebbels: *Tagebücher*, parte I, vol. 3/II, p. 252 (de 15 de novembro de 1936).

118 Citação segundo Turner: *Großunternehmer*, p. 111. Em 29 de novembro de 1927, Reusch escreveu a seu filho Hermann sobre as ideias de Hitler: "Eu não posso dizer que encontrei ali muita perspicácia ou sabedoria". Christian Marx: *Paul Reusch und die Gutehoffnungshütte. Leitung eines deutschen Großunternehmens*, Gotinga, 2013, p. 321.

119 R. Heß a seus pais, 14 de dezembro de 1927; BA Bern, Nl Heß, J1.211-1989/148, 39.

120 Kirdorf a Hitler, 8 de agosto de 1929; citação segundo Dirk Stegmann: *Zum Verhältnis von Großindustrie und Nationalsozialismus 1930-1933* em: *Archiv für Sozialgeschichte*, vol. XIII (1973), p. 399-482 (citação p. 414). Em uma carta de felicitações pelo seu 87º aniversário, Hitler agradeceu mais uma vez por sua contribuição para o "ressurgimento de nosso povo e reino alemão". BA Berlin-Lichterfelde, NS 10/123. Hitler participou do enterro de Kirdorf, falecido em 13 de julho de 1938. Conferir *Tägl. Aufzeichnungen Max Wünsches* de 13, 14 e 16 de julho de 1938; BA Berlin-Lichterfelde, NS 10/125.

121 Hitler: *Reden Schriften Anordnungen*, vol. II, 2, doc. 209, p. 587. Conferir Goebbels: *Tagebücher*, parte I, vol. 1/II, p. 301 (de 12 de dezembro de 1927): "O chefe estava com ótimo humor. Em todos os lugares as coisas andavam bem".

122 *Tagebuch R. Buttmanns*, de 4 de janeiro de 1928; BayHStA München, Nl Buttmann 85.

123 Hitler: *Reden Schriften Anordnungen*, vol. II,2, doc. 272, p. 836 e seguinte (de 14 de maio de 1928).

124 Goebbels: *Tagebücher*, parte I, vol. 1/II, p. 368 (de 13 de maio de 1928).

125 Sobre os resultados da eleição do *Reichstag*, conferir Peter D. Stachura: *Der kritische Wendepunkt? Die NSDAP und die Reichstagswahlen vom 20 de maio de 1928* em: *Vierteljahrshefte für Zeitgeschichte*, ano 26 (1978), p. 66-99 (tabelas p. 84 e seguinte).

126 Hitler: *Reden Schriften Anordnungen*, vol. II,2, doc. 279, p. 847 (de 20 de maio de 1928). Conferir Heß: *Briefe*, p. 392 e seguinte (de 28 de junho de 1928): "O melhor, mais for-

te, mais combativo prevaleceu através da seleção natural, e sobrevive como o único partido nacionalista".

127 Deuerlein: *Aufstieg*, p. 293; Goebbels: *Tagebücher*, parte I,vol. 1/II, p. 373 (de 21 de maio de 1928).

128 Conferir Longerich: *Goebbels*, p. 111. Sobre o período da proibição de maio de 1927 a abril de 1928, conferir ibid., p. 104-109. Sobre o desenvolvimento do NSDAP em Berlim sob a chefia de Goebbels, conferir Andreas Wirsching: *Vom Weltkrieg zum Bürgerkrieg? Politischer Extremismus in Deutschland und Frankreich 1918-1933/39. Berlin und Paris im Vergleich*, Munique, 1999, p. 437-454; Friedrich: *Die mißbrauchte Hauptstadt*, p. 160 e seguintes.

129 *Tagebuch R. Buttmanns*, 4 e 10 de julho de 1928; BayHStA München, Nl Buttmann 85. Sobre os resultados eleitorais em Munique, conferir Rösch: *Die Münchner NSDAP*, p. 227, 534.

130 Citação segundo Richard J. Evans: *Das Dritte Reich*, vol. I: *Aufstieg*, Munique, 2004, p. 301; conferir Stachura: *Wendepunkt*, p. 93.

131 Hitler: *Reden Schriften Anordnungen*, vol. II,2, doc. 203, p. 570-582.

132 Ibid., vol. II,2, doc. 254, p. 771 e seguinte (de 13 de abril de 1928).

133 Hitler: *Monologe*, p. 206 e seguinte (de 16 e 17 de janeiro de 1942). Sobre a datação do contrato de locação, consultar Joachimsthaler: *Hitlers Liste*, p. 285, 288 e seguinte Chaussy: *Hitler Nachbar*, p. 46, supôs erroneamente a primavera de 1927. Elsa Bruckamm, Winifred Wagner e Helene Bechstein ajudaram a mobiliar a casa Wachenfeld. Conferir Joachimsthaler: *Hitlers Liste*, p. 124; Käfer: *Hitlers frühe Förderer*, p. 59. Helene Bechstein compartilhava da preferência de Hitler por Obersalzberg. Em 27 de julho de 1926, Helene escreveu a Rudolf Heß que estava feliz porque *"Wolf"* passaria alguns dias ali, relaxando: "Tomara que o dinheiro seja sufieciente para comprar uma casinha lá em cima. Eu ainda não desisti desse plano". BA Bern, Nl Heß, J1.211-1993/300, caixa 2. Em fevereiro de 1927, a família Bechstein comprou um imóvel localizado no Obersalzberg, que pertencia a um industrial de Führt. Conferir Joachimsthaler: *Hitlers Liste*, p. 87 e seguinte.

134 Hitler: *Reden Schriften Anordnungen*, vol. VI. Revisado por Katja Klee, Christian Hartmann e Klaus A. Lankheit, Munique, 2003, doc. 8, p. 325 e seguinte (de 17 de maio de 1926). Conferir Plöckinger: *Geschichte eines Buches*, p. 159 e seguinte; Ryback: *Hitlers Bücher*, p. 109-115. Heimo Schwilk: *Ernst Jünger. Ein Jahrhundertleben*, Munique/Zurique, 2007, p. 289.

135 Citação segundo Martynkewicz: *Salon Deutschland*, p. 425.

136 Gerhard L. Weinberg (editor): *Hitlers Zweites Buch. Ein Dokument aus dem Jahr 1928*, Stuttgart, 1961. Novamente publicado em: Hitler: *Reden Schriften Anordnungen*, vol. II A: *Außenpolitische Standortbestimmung nach der Reichstagswahl Juni-Juli 1928*. Introdução de Gerhard L. Weinberg. Editado e comentado por Gerhard L. Weinberg, Christian Hartmann e Klaus A. Lankheit, Munique, 1995.

137 Heß: *Briefe*, p. 392 (de 28 de junho de 1928). Conferir a carta de Winifred Wagner, de 24 de junho de 1928: "Wolf está em Berchtesgaden, escrevendo seu novo livro, que

ganharei como presente de aniversário. Heß, que já deu uma olhadinha no livro, acha que está ficando bom". Hamann: *Winifred Wagner*, p. 165 e seguinte.

138 Adolf Hitler: *Die Südtiroler Frage und das Deutsche Bündnisproblem*, Munique, 1926; reproduzido em Hitler: *Reden Schriften Anordnungen*, vol. I, doc. 100, p. 269-293.

139 Conferir a introdução de Gerhard L. Weinberg em Hitler: *Reden Schriften Anordnungen*, vol. II A, p. XVI e seguinte; Kershaw: *Hitler*, vol. I, p. 373.

140 Hitler: *Reden Schriften Anordnungen*, vol. II A, citações p. 10 e seguinte, 19, 60, 66, 119, 183.

141 Ibid., vol. II,1, doc. 2, p. 11-22. Conferir Goebbels: *Tagebücher*, parte I, vol. 1/III, p. 53 (de 14 de julho de 1928).

142 Conferir Plöckinger: *Geschichte eines Buches*, p. 163. Em julho de 1929, Goebbels anotou: "Ele está escrevendo um novo livro sobre política externa". Goebbels: *Tagebücher*, parte I, vol. 1/III, p. 281 (de 5 de julho de 1929).

143 Conferir a introdução de Gerhard L. Weinberg em Hitler: *Reden Schriften Anordnungen*, vol. II A, p. XXI e seguinte; Ryback: *Hitlers Bücher*, p. 123 e seguinte.

144 Speer: *Erinnerungen*, p. 100.

145 Hitler: *Reden Schriften Anordnungen*, vol. III,1, doc. 15, p. 52 e seguinte (de 2 de setembro de 1928).

146 Goebbels: *Tagebücher*, parte I, vol. 1/III, p. 75 (de 1º de setembro de 1928).

147 Tyrell: *Führer befiehl*, doc. 74, p. 196 (de 29 de março de 1926).

148 Ibid., doc. 82, p. 211-213 (citações p. 211, 212). Não se sabe se a carta foi enviada. Conferir Ibid., p. 211, nota 31.

149 Ibid., doc. 98, p. 254. Conferir respostas de Otto Erbersdobler em um questionário de A. Tyrell, julho de 1968; IfZ München, zs 1949.

150 Conferir Hitler: *Reden Schriften Anordnungen*, vol. I, doc. 50, p. 100: A "arte do *Führer*" reside no fato "aceitar as pessoas como elas são, colocando-as no lugar onde devem ficar".

151 Krebs: *Tendenzen und Gestalten*, p. 127 e seguinte Conferir afirmações semelhantes de Gregor Straßer em Wagener: *Hitler aus nächster Nähe*, p. 127 e seguinte.

152 Krebs: *Tendenzen und Gestalten*, p. 128 e seguinte.

153 Longerich: *Deutschland 1918-1933*, p. 254; Winkler: *Weimar*, p. 352.

154 Conferir Rudolf Heberle: *Landbevölkerung und Nationalsozialismus. Eine soziologische Untersuchung der politischen Willensbildung in Schleswig-Holstein 1918 bis 1932*, Stuttgart, 1963, p. 124 e seguintes, 156 e seguintes; Gerhard Stoltenberg: *Politische Strömungen im schleswig-holsteinischen Landvolk 1918-1933*, Düsseldorf, 1962, p. 110 e seguintes; Stephanie Merkenich: *Grüne Front gegen Weimar. Reichsland-Bund und agrarischer Lobbyismus 1918-1933*, Düsseldorf, 1998, p. 247 e seguintes.

155 Hitler: *Reden Schriften Anordnungen*, vol. III,2, doc. 14, p. 120 (de 23 de março de 1920). Conferir Ibid., doc. 3, p. 36 (de 6 de março de 1929): "Aquilo que pregamos durante anos agora está acontecendo".

156 Evans: *Das Dritte Reich*, vol. I, p. 302.

157 Conferir os resultados em Tyrell: *Führer befiehl*, p. 381.

158 Hitler: *Reden Schriften Anordnungen*, vol. III,1, doc. 52, p. 245-253 (de 20 de novembro de 1928).

159 Heß: *Briefe*, p. 393 (de 24 de outubro de 1928).

160 Deuerlein: *Aufstieg*, p. 299-301. Conferir também o relatório de viagem de Hitler, no qual ele afirma estar "feliz" ao ver como a "nossa ideia nacional-socialista tomou forma em tantas cabeças." Hitler: *Reden Schriften Anordnungen*, vol. III,2, doc. 9 e 10, p. 105-114 (citação p. 111).

161 Goebbels: *Tagebücher*, parte I, vol. 1/III, p. 247 (de 14 de maio de 1929).

162 *Tagebücher G. Feders*, vol. 11 (de 25 de junho de 1929): "Vitória eleitoral brilhante em Coburgo. 13 de 22 assentos"; IfZ München, DD 874. Sobre os resultados eleitorais, conferir Falter, entre outros: *Wahlen und Abstimmungen*, p. 98, 108, 111. Também Evans: *Das Dritte Reich*, vol I, p. 302.

163 Conclamação de Hitler para a convenção do partido de 1º de março de 1929 em Hitler: *Reden Schriften Anordnungen*, vol. III, 2, doc. 1, p. 3-7 (citação p. 5). Conferir também R. Heß a seus pais, 21 de maio de 1929: "Dessa vez, a coisa será muito grande". BA Bern, Nl Heß, J1.211-1989/148, 43.

164 Hitler: *Reden Schriften Anordnungen* vol. III, 2, doc. 67, p. 357-360 (citações p. 358, 359). Conferir também o relatório de Otto Wagener: *Hitler aus nächster Nähe*, p. 9-21; Goebbels: *Tagebücher*, parte I, vol. 1/III, p. 293-299 (de 1º a 6 de agosto de 1929). O programa da convenção do partido em BA Berlin-Lichterfelde, NS 26/391.

165 Conferir Longerich: *Die braunen Bataillone*, p. 94 e seguinte Segundo depoimento de Walter Stennes de 29 de julho de 1968, naquela época, a SA "era praticamente incontrolável". Ele encontrara Hitler "desesperado e pálido como giz". Somente a intervenção de Stennes e Pfeffer von Salomon impediu um desastre. IfZ München, ZS 1147.

166 De acordo com a declaração em juízo feita pelo príncipe Augusto Guilherme, em 16 de maio de 1947, sua admissão no NSDAP ocorreu em abril de 1930 e na SA em dezembro de 1931. IfZ München, ZS 1318. Conferir também Lothar Machtan: *Der Kaisersohn bei Hitler*, Hamburgo, 2006, p. 165-167, 171.

167 Goebbels: *Tagebücher*, parte I, vol. 1/III, p. 295 (de 3 de agosto de 1929).

168 Conferir Winkler: *Weimar*, p. 347 e seguinte; Longerich: *Deutschland 1918-1933*, p. 251 e seguinte.

169 Conferir Hitler: *Reden Schriften Anordnungen*, vol. III,2, doc. 50, p. 290-292 (de 9 de julho de 1929), doc. 55, p. 303 (de 25 de julho de 1929), doc. 56, p. 304 e seguinte (de 25 de julho de 1929). Também Klaus Wernecke (com a colaboração de Peter Heller): *Der vergessene Führer. Alfred Hugenberg. Pressemacht und Nationalsozialismus*, Hamburgo, 1982, p. 147 e seguintes. Sobre o império da mídia de Hugenberg, conferir Heidrun Holzbach: *Das »System Hugenberg«. Die Organisation bürgerlicher Sammlungspolitik vor dem Aufstieg der NSDAP*, Stuttgart, 1981, p. 259 e seguintes.

170 Goebbels: *Tagebücher*, parte I, vol. 1/III, p. 285 (de 12 de julho de 1929).

171 Ibid., p. 281 (de 5 de julho de 1929). Cf Longerich: Goebbels, p. 125-127.

172 Hitler: *Reden Schriften Anordnungen*, vol. III,2, doc. 88, p. 411-420.

173 Sobre os resultados das eleições, conferir Falter *et al.*: *Wahlen und Abstimmungen*, p. 90, 111.

174 Harry Graf Kessler: *Das Tagebuch*. Vol. 9: 1926-1937. Publicado por Sabine Gruber e Ulrich Ott, com a colaboração de Christoph Hilse e Nadin Weiss, Stuttgart, 2010, p. 264 (de 3 de outubro de 1929), 268 (de 7 de outubro de 1929). Conferir também Jonathan Wright: *Gustav Stresemann 1878-1929. Weimars größter Staatsmann*, Munique, 2006, p. 490.

175 Ilse Heß para Klara Heß, 14 de janeiro de 1931; BA Bern, Nl Heß, J1.211-1989/148, 47. Conferir Hanfstaengl: *Zwischen Weißem und Braunem Haus*, p. 231; Görtemaker: Eva Braun, p. 53. Sobre a ajuda de Hugo Bruckmann para alugar o apartamento, Joachims Thaler: *Hitlers Liste*, p. 112-115. Winifred Wagner, após uma visita em 10 de abril de 1930, relatou que Hitler ficou feliz "como uma criança" com o novo apartamento; Hamann: *Winifred Wagner*, p. 181. A família Reichert, com a qual Hitler morou na Thierschstraße, mudou-se para a Prinzregentenstraße, onde ocuparam um pequeno apartamento no segundo andar. Anni Winter, casada com Georg Winter, um antigo serviçal de Ritter von Epp, passou a ser a governanta de Hitler. No começo de dezembro de 1933, o locador do apartamento assegurou que não pretendia solicitar um aumento no aluguel e também não pretendia vender o apartamento (Hugo Schühle a Hitler, 1º de dezembro de 1933; BA Berlin-Lichterfelde, NS 10/123). Hitler comprou a casa em 1935 e também assumiu o pequeno apartamento da família Reichert após sua mudança. Com isso, todo o segundo andar passou a ser habitado por Hitler. Conferir *Protokoll einer Unterredung mit Anni Winter* (sem data, após 1945); IfZ München, ZS 194.

Capítulo 9. O prodígio da política alemã

1 Carta de Hitler a um alemão residente além-mar, 2 de fevereiro de 1930; *Fritz Dickmann: Die Regierungsbildung in Thüringen als Modell der Machtergreifung*. Uma carta de Hitler de 1930, em: *Vierteljahrshefte für Zeitgeschichte*, ano 14 (1966), p. 454-465 (citação p. 464). Também reproduzido em Hitler: *Reden Schriften Anordnungen*, vol. III, 3, doc. 11, p. 59-64.

2 Cf. Harold James: *Deutschland in der Weltwirtschaftskrise 1924–1936*, Stuttgart, 1988, p. 65 e seguintes.

3 Wehler: *Gesellschaftsgeschichte*, vol. IV, p. 259. Sobre dimensão do desemprego cf. Heinrich August Winkler: *Der Weg in die Katastrophe. Arbeiter und Arbeiterbewegung in der Weimarer Republik 1930 bis 1933*, Berlim/Bonn 1987, p. 23 e seguinte.

4 Cf. Wehler: *Gesellschaftsgeschichte*, vol. IV, p. 553-561, 571 e seguinte.

5 Cf. Ludwig Richter: *Die Deutsche Volkspartei 1918–1933*, Düsseldorf, 2002, p. 595 e seguintes.

6 Cf. Winkler: Weimar, p. 372; também o clássico estudo de Karl-Dietrich Bracher: *Die Auflösung der Weimarer Republik. Eine Studie zum Problem des Machtverfalls in der Demokratie*, Villingen, 1955, 3ª edição revista e ampliada, 1960, p. 296 e seguintes.

7   Cf. Wolfram Pyta: *Hindenburg. Herrschaft zwischen Hohenzollern und Hitler*, Munique 2007, p. 555-575.

8   Cf. Eberhard Kolb: *Die Weimarer Republik*, 2ª edição, Munique, 1988, p. 125 e seguinte.

9   Goebbels: *Tagebücher*, parte I, vol. 2,I, p. 120 (de 30 de março de 1930).

10   Ibid., p. 124 (de 4 de abril de 1930). Cf. Ibid., p. 131 (de 13 de abril de 1930).

11   Hitler: *Reden Schriften Anordnungen*, vol. III,3, doc. 31, p. 146 e seguinte.

12   Dickmann: *Regierungsbildung*, p. 461, 462. Sobre as jogadas de Hitler durante a formação do governo na Turíngia, cf. também Mauersberger: *Hitler in Weimar*, p. 237-255; Martin Broszat: *Die Machtergreifung. Der Aufstieg der* NSDAP *und die Zerstörung der Weimarer Republik*, Munique 1984, p. 103-107.

13   Cf. Mauersberger: *Hitler in Weimar*, p. 262-280 (citação p. 270). O resultado da eleição para Weimar, ibid., p. 242.

14   Hitler para Frick, 2 de abril de 1931; Hitler: *Reden Schriften Anordnungen*, vol. IV,1, doc. 78, p. 245 e seguinte.

15   Cf. Patrick Moreau: Otto Straßer – *Nationaler Sozialismus versus Nationalsozialismus*, em: Smelser/Zitelmann (editor): *Die braune Elite*, p. 286-298. Cf. também, com mais detalhes dos mesmos autores; *Nationalsozialismus von links. Die 'Kampfgemeinschaft Revolutionärer Nationalsozialisten' und 'Schwarze Front' Otto Straßers 1930-1935*, Stuttgart, 1985.

16   Goebbels: *Tagebücher*, parte I, vol. 2,I, p. 71 (de 24 de janeiro de 1930).

17   Ibid., p. 111 (de 16 de março de 1930). Cf. ibid., p. 119 (de 28 de março de 1930): "Eu não confio em mais nada do que ele diz. Ele não tem coragem de se opor a Straßer. Como agirá mais tarde, quando tiver que desempenhar o papel de ditador?"

18   Cf. Siemens: Horst Wessel, p. 129 e seguintes. A citação em Goebbels: *Tagebücher*, parte I, vol. 2,I, p. 94 (de 23 de fevereiro de 1930).

19   Goebbels: *Tagebücher*, parte I, vol. 2,I, p. 144 (de 28 de abril de 1930).

20   O. Straßer: *Hitler und ich*, p. 129-147 (citações p. 137, 138, 144). O relatório baseia-se em registros feitos por Otto Straßer imediatamente após a conversa. Uma declaração semelhante de Hitler foi transmitida por Albert Krebs: "Socialismo? Como assim socialismo! Quando as pessoas têm o que comer e se divertem, isso é socialismo." *Tendenzen und Gestalten*, p. 143.

21   Goebbels: *Tagebücher*, parte I, vol. 2,I, p. 162 (de 22 de maio de 1930).

22   Cf. Falter entre outras: *Wahlen und Abstimmungen*, p. 108.

23   Hitler: *Reden Schriften Anordnungen*, vol. III ,3, doc. 67, p. 249 e seguinte (de 30 de junho de 1930).

24   Goebbels: *Tagebücher*, parte I, vol 2,I, p. 188 (de 1º de julho de 1930).

25   Gregor Straßer a Rudolf Jung, 22 de julho de 1930; Tyrell: *Führer befiehl*, doc. 136, p. 332 e seguinte; Cf. Hinrich com Lohse: *Der Fall Straßer*. Memorando sem data (aprox. 1952); IfZ München, ZS265; Moreau: Otto Straßer, p. 290 e seguintes.

26   Cf. Bracher: *Auflösung*, p. 335-340; Winkler: *Weimar*, p. 378-381; Kolb: *Die Weimarer Republik*, p. 126.

27 Cf. Gerhard Paul: *Aufstand der Bilder. Die NS-Propaganda vor 1933*, Bonn 1990, p. 90-92 (citações p. 91, 92).

28 Goebbels: *Tagebücher*, parte I, vol. 2,I, p. 236 (de 11 de setembro de 1930).

29 Citações na sequência: Hitler: *Reden Schriften Anordnungen*, vol. III, 3, doc. 87, p. 325, 329 (de 12 de agosto de 1930); doc. 81, p. 295 e seguinte (de 3 de agosto de 1930); doc. 76, p. 280 (de 18 de julho de 1930); doc. 90, p. 357 (de 18 de agosto de 1930); doc. 86, p. 322 (de 10 de agosto de 1930); doc. 110, p. 410 (de 10 de setembro de 1930); doc. 90, p. 359 (de 18 de agosto de 1930).

30 Cf., por exemplo, Wehler: *Gesellschaftsgeschichte*, vol. IV, p. 569; Kershaw: *Hitler*, vol. I, p. 418; Reuth: *Hitler*, p. 228; Fest: *Hitler*, p. 459; Toland: *Hitler*, vol. 1, p. 326.

31 Citações na sequência: Hitler: *Reden Schriften Anordnungen*, vol. III, 3, doc. 76, p. 277, 279 (de 18 de julho de 1930); doc. 77, p. 285, 289 (de 24 de julho de 1930); doc. 82, p. 299 (de 5 de agosto de 1930); doc. 86, p. 316 (de 10 de agosto de 1930); doc. 108, p. 391 (de 8 de setembro de 1930).

32 Citações na sequência: ibid., vol. III,3, doc. 87, p. 322 (de 12 de agosto de 1930); doc. 90, p. 345 (de 18 de agosto de 1930); doc. 86, p. 31 1 (de 10 de agosto de 1930); doc. 90, p. 351 (de 18 de agosto de 1930); doc. 92, p. 364 (de 21 de agosto de 1930).

33 Ibid., vol. III, 3, doc. 109, p. 394-407 (citação p. 407).

34 Ibid., vol. III, 3, doc. 107, p. 387, 388 (de 7 de setembro de 1930).

35 Heß: *Briefe*, p. 405 (de 10 de setembro de 1930); cf. Monologe, p. 170 (de 3. / 4. 1. 1942). Segundo Hanfstaengl: *Zwischen Weißem und Braunem Haus*, p. 207, Hitler disse antes da eleição: "Eu já ficaria satisfeito com 40".

36 Hitler: *Reden Schriften Anordnungen*, vol. III,3, doc. 116, p. 420 (de 16 de setembro de 1930).

37 Cf. Falter entre outros.: *Wahlen und Abstimmungen*, p. 71 e seguinte.

38 Cf. Jürgen Falter: *Hitlers Wähler*, Munique 1991, p. 98 e seguintes, principalmente p. 366 e seguintes. Resumindo, Wildt: *Geschichte des Nationalsozialismus*, p. 58-64; Winkler: *Weimar*, p. 389 e seguinte; Broszat: *Machtergreifung*, p. 113-117.

39 Goebbels: *Tagebücher*, parte I, vol. 2,I, p. 239 e seguinte (de 15 e 16 de setembro de 1930).

40 Kessler: *Das Tagebuch*, vol. 9, p. 375, 377 (de 15 de setembro de 1930).

41 Klemperer: *Tagebücher 1925-1932*, p. 659 (de 15 de setembro de 1930).

42 Thea Sternheim: *Tagebücher*. Editado e selecionado por Thomas Ehrsam e Regula Wyss, vol. 2: 1925-1936, Gotinga, 2002, p. 296 (de 15 de setembro de 1930), p. 298 (de 20 de setembro de 1930).

43 Bella Fromm: *Als Hitler mir die Hand küßte*, Berlim 1993, p. 35 (de 14 de outubro de 1930).

44 *Frankfurter Zeitung*, de 15 de setembro de 1930; citação segundo Deuerlein: *Aufstieg*, p. 318.

45 Carl von Ossietzky: *Vor Sonnenuntergang*, em: *Die Weltbühne*, ano 26, nº 38, de 16 de setembro de 1930, p. 425-427 (citação p. 326). Também ibid.: *Sämtliche Schriften*, vol.

V: 1929-1930, editado por Bärbel Boldt, Ute Maack, Günther Nickel, Reinbek, próx. a Hamburgo, 1994, p. 445-448.

46 Quietus: *Die Zukunft des Nationalsozialismus*, em: *Die Weltbühne*, ano 26, nº 39, de 23 de setembro de 1930, p. 477-480 (citação p. 477).

47 Kessler: *Das Tagebuch*, vol. 9, p. 377 (de 18 de setembro de 1930).

48 Citação segundo Deuerlein: *Aufstieg*, p. 320.

49 Julius Curtius: *Sechs Jahre Minister der deutschen Republik*, Heidelberg 1948, p. 170 e seguinte; cf. Andreas Rödder: *Stresemanns Erbe. Julius Curtius und die deutsche Außenpolitik 1929-1931*, Paderborn 1996, p. 96.

50 Clemens: *Herr Hitler in Germany*, p. 161 e seguinte (citação p. 162).

51 Ibid., p. 163-166 (citação p. 165, 166 e seguinte). Excerto do artigo Rothermere também em Deuerlein: *Aufstieg*, p. 322 e seguinte Cf., também, Brigitte Granzow: *A Mirror of Nazism. British Opinion and the Emergence of Hitler 1929-1933*, Londres, 1964, p. 101 e seguintes; Ian Kershaw: *Hitler Freunde in England. Lord Londonderry und der Weg in den Krieg*, Munique, 2005, p. 47.

52 Hitler: *Reden Schriften Anordnungen*, vol. III,3, do. 115, p. 419.

53 Pyta: *Hindenburg*, p. 589. Sobre a tática tolerante do SPD, cf. Winkler: Weimar, p. 394-396; Kolb: *Weimarer Republik*, p. 127; Bracher: *Auflösung*, p. 370 e seguinte.

54 Sobre a conversa entre Brüning-Hitler, em 5 de outubro de 1930, cf. Heinrich Brüning: *Memoiren 1918-1934*, Stuttgart, 1970, p. 192-196 (citações p. 194, 195, 196). Também Herbert Hömig: *Brüning. Kanzler in der Krise der Republik. Eine Weimarer Biographie*, Paderborn, 2000, p. 204-208; Gerhard Schulz: *Von Brüning zu Hitler. Der Wandel des politischen Systems in Deutschland 1930-1933*, Berlin/Nova York 1992, p. 179-182; Winkler: *Weimar*, p. 393 e seguinte *Zum Zustandekommen des Treffens Krebs: Tendenzen und Gestalten*, p. 141-143.

55 Goebbels: *Tagebücher*, parte I, vol. 2, I, p. 255 (de 6 de outubro de 1930).

56 Krebs: *Tendenzen und Gestalten*, p. 141: Hitler "somente conseguiu libertar-se do sentimento de inferioridade em relação a Brüning desenvolvendo uma complexo de ódio". Cf. também Kershaw: *Hitler*, vol. I, p. 429.

57 Heß: *Briefe*, p. 405 (de 24 de outubro de 1930).

58 Hanfstaengl: *Zwischen Weißem und Braunem Haus*, p. 209.

59 Hitler: *Reden Schriften Anordnungen*, vol. III,3, doc. 124, p. 452, nota 2. Sobre as entrevistas, cf. ibid., doc. 124, p. 452 e seguinte (*Daily Mail*, 25 de setembro de 1930); doc. 127, p. 461-468 (*Gazzetta del Popolo*, 29 de setembro de 1930); vol. IV, 1, doc. 1, p. 3 e seguinte (*Times*, 2 de outubro de 1930); doc. 2, p. 4-9 (*Hearst-Presse*, 4 de outubro de 1930).

60 Goebbels: *Tagebücher*, parte I, vol. 2,I, p. 264 (de 18 de outubro de 1930). As citações anteriores Thomas Mann: *Deutsche Ansprache. Ein Appell an die Vernunft*, Berlim, 1930; reproduzido em: *Gesammelte Werke in Einzelbänden. Von deutscher Republik*, Frankfurt/M. 1984, p. 294-314. cf. Thomas Mann: *Briefe III. 1924-1932*. Escolhido e editado por Thomas Sprecher, Hans R. Vaget e Cornelia Bernini, Frankfurt/M, 2011, p. 491 (de 29 de

outubro de 1930), e *Kommentarband*, p. 516-518. Também Klaus Harpprecht: *Thomas Mann. Eine Biographie*, Reinbek próx. a Hamburgo, 1995, p. 664-667; Winkler: *Weimar*, p. 391; Large: *Hitlers München*, p. 283.

61 Friedrich Meinecke: *Nationalsozialismus und Bürgertum* em: *Kölnische Zeitung*, de 21 de dezembro de 1930; citação segundo Sontheimer: *Antidemokratisches Denken*, p. 293 e seguinte.

62 Haffner: *Geschichte eines Deutschen*, p. 88 e seguinte.

63 Cf., além do estudo clássico de Sontheimer: *Antidemokratisches Denken, die knappe, zupackende Analyse von Wehler: Gesellschaftsgeschichte*, vol. IV, p. 486-493. Também Reinhard Mehring: *Carl Schmitt. Aufstieg und Fall. Eine Biographie*, Munique, 2009, p. 247 e seguintes; Schwilk: *Jünger*, p. 340 e seguintes; Schlüter: *Möller van den Bruck*, p. 287 e seguintes; Detlef Felken: *Oswald Spengler. Konservativer Denker zwischen Kaiserreich und Diktatur*, Munique 1988.

64 Bernd Sösemann (editor): *Theodor Wolff. Der Journalist. Berichte und Leitartikel*, Düsseldorf, 1993, p. 273 (de 14 de setembro de 1930).

65 Ossietzky: *Sämtliche Schriften*, vol. V, p. 435 e seguinte.

66 Ossietzky: *Brüning darf nicht bleiben*, em: Ibid., p. 450-454 (citação p. 453). Cf. também Hans-Erich Kaminski: *Die Rechte soll regieren* em: *Die Weltbühne*, ano 26, nº 39, de 23 de setembro de 1930, p. 470-473.

67 Ossietzky: *Sämtliche Schriften*, vol. V, p. 447, 453, 455. Semelhante a Kurt Tucholsky, que intitulou Hitler de "mongol vagabundo", "pintor de paredes" e "o homem com voz de bêbado". Fabry: *Mutmaßungen über Hitler*, p. 63. Sobre a subestimação de Hitler pelo semanário *Weltbühne*, cf. Alexander Gallus: *Heimat "Weltbühne". Eine Intellektuellengeschichte im 20. Jahrhundert*, Gotinga, 2012, p. 55.

68 Ernst Toller: *Reichskanzler Hitler* em: *Die Weltbühne*, ano 26, nº 41, p. 537-539 (de 7 de outubro de 1930). Cf. Richard Dove: *Ernst Toller. Ein Leben für Deutschland*, Gotinga, 1993, p. 179 e seguinte.

69 Hanfstaengl: *Zwischen Weißem und Braunem Haus*, p. 214; cf. Frank: *Im Angesicht des Galgens*, p. 84-86.

70 Hitler: *Reden Schriften Anordnungen*, vol. III,3, doc. 123, p. 434-457 (citações em sequência, p. 434, 439, 438 e seguinte, 440, 444, 445, 441).

71 Richard Scheringer: *Das große Los. Unter Soldaten, Bauern und Rebellen*, Hamburgo, 1959, p. 236; cf. Reuth: *Goebbels*, p. 176.

72 Versão completa do memorando em Robert W. Kempner (editor): *Der verpaßte Nazi-Stopp. Die NSDAP als staats- und republikfeindliche, hochverräterische Verbindung. Preußische Denkschrift von 1930*, Frankfurt am Main/Berlim/Viena 1983, p. 17-135 (citações p. 135, 117).

73 Citação segundo Schulz: *Von Brüning zu Hitler*, p. 160.

74 Cf. Johannes Hürter: *Wilhelm Groener. Reichswehrminister am Ende der Weimarer Republik (1928-1932)*, Munique, 1993, p. 270, 284-292; Schulz: *Von Brüning zu Hitler*, p. 157-160.

75 Goebbels: *Tagebücher*, parte I, vol. 2,I, p. 327 (de 18 de janeiro de 1931).

76   Kessler: *Das Tagebuch*, vol. 9, p. 385 (de 13 de outubro de 1930).

77   Cf. Walter: *Antisemitische Kriminalität und Gewalt*, p. 209-211; Friedrich: *Die mißbrauchte Hauptstadt*, p. 254-260. Em 14 de outubro de 1930, Thea Sternheim anotou: "Vândalos nacional-socialistas demoliram as vitrines de lojas pertencentes a judeus como um prelúdio do *Pogrom* cuidadosamente preparado por sua imprensa". *Tagebücher*, vol. 2, p. 299. Cf. Goebbels: *Tagebücher*, parte I, vol. 2 /I, p. 260 (de 14 de outubro de 1930).

78   Hitler: *Reden Schriften Anordnungen*, vol. IV,1, doc. 7, p. 19 (*International News Service*, 14 de outubro de 1930); cf. também ibid., doc. 8, p. 22 e seguinte (*Times*, 14 de outubro de 1930).

79   O protocolo da sessão parlamentar de 18 de outubro de 1930 foi reproduzido em Klaus Schönhoven/Jochen Vogel (editor): *Frühe Warnungen vor dem Nationalsozialismus. Ein historisches Lesebuch*, Bonn, 1998, p. 115-124 (citação p. 115).

80   Cf. Martin Döring: "Parlamentarischer Arm der Bewegung". *Die Nationalsozialisten im Reichstag der Weimarer Republik*, Düsseldorf, 2001, p. 271-276.

81   Goebbels: *Tagebücher*, parte I, vol. 2,I, p. 298, 301 (6 e 10 de dezembro de 1930). Cf. Reuth: *Goebbels*, p. 182 e seguinte; Longerich: *Goebbels*, p. 150 e seguinte; Friedrich: *Die mißbrauchte Hauptstadt*, p. 271-276. Thea Sternheim registrou a declaração de Alfred Flechtheim, um galerista e negociante de arte judeu: "Não devemos irritar as pessoas". Vamos suspender o filme!". E seu comentário foi: "Se os judeus forem covardes a esse ponto, o *Pogrom* acontecerá". *Tagebücher*, vol. 2, p. 311 f. (de 8 de dezembro de 1930).

82   Citação segundo Döring: *Parlamentarischer Arm*, p. 279.

83   Sobre o fenômeno da guerra civil latente na fase final da República de Weimar, cf. Dirk Blasius: *Weimars Ende. Bürgerkrieg und Politik 1930-1933*, Frankfurt am Main, 2008, p. 22 e seguintes; Wirsching: *Vom Weltkrieg zum Bürgerkrieg?*, p. 575 e seguintes.

84   Cf. Longerich: *Die braunen Bataillone*, p. 116 e seguintes.

85   De acordo com a carta de Hitler ao ministro do Interior Groener, 14 de novembro de 1931; Hitler: *Reden Schriften Anordungen*, vol. IV,2, doc. 71, p. 198-203 (citação p. 200). Cf. também cartas de Hitler a Brüning, 13 de dezembro de 1931, nas quais se comenta sobre a "mais pura defesa" contra o "terror dos assassinos comunistas". Ibid., doc. 94, p. 271.

86   Cf. Goebbels: *Tagebücher*, parte I, vol. 2,I, p. 230 (de 1 de setembro de 1930): "Às 2 h telegrama vindo de Berlim. A SA tomou e demoliu o escritório." Sobre a primeira revolta Stennes, cf. Longerich: *Die braunen Bataillone*, p. 102-104; Ibid.: *Goebbels*, p. 145-148; Wirsching: *Vom Weltkrieg zum Bürgerkrieg?*, p. 459 e seguinte.

87   Hitler: *Reden Schriften Anordnungen*, vol. III,3, doc. 100, p. 378 e seguinte (de 1º de setembro de 1930).

88   Goebbels: *Tagebücher*, parte I, vol. 2,I, p. 231 (de 3 de setembro de 1930).

89   Cf. Longerich: *Die braunen Bataillone*, p. 81 e seguintes, 115 e seguintes.

90   Hitler: *Reden Schriften Anordnungen*, vol. IV, 1, doc. 59, p. 200 e seguinte.

91   Goebbels: *Tagebücher*, parte I, vol. 2,I, p. 357 (de 4 de março de 1931). Cf. ibid., p. 373 (de 28 de março de 1931: "Na SA, a coisa está feia novamente. Stennes não dá sossego".

92 Hitler: *Reden Schriften Anordnungen*, vol. IV,1, doc. 67, p. 229 e seguinte (de 7 de março de 1931).

93 Goebbels: *Tagebücher*, parte I, vol. 2,I, p. 377 (de 2 de abril de 1931). As determinações de Hitler de 30 de março de 1931 em Hitler: *Reden Schriften Anordnungen*, vol. IV,1, doc. 72, p. 236 e seguinte.

94 Citação segundo Kershaw: *Hitler*, vol.I, p. 441.

95 Hitler: *Reden Schriften Anordnungen*, vol. IV,1, doc. 79, p. 246-248 (citação p. 247).

96 Ibid., doc. 80, p. 248-258 (citação p. 254, 255, 256, 258). Em uma carta furiosa para Julius Friedrich Lehmann, o editor dos pangermânicos, escrita em 13 de abril de 1931, Hitler queixou-se de um relatório do jornal *Deutsche Zeitung* no caso Stennes, dizendo que o jornal "se posicionou contra ele de maneira maliciosa". Nesse caso, nem mesmo a "imprensa judaica" se "comportou de maneira tão indecente" (Ibid., doc. 93, p. 290-292). Em 21 de abril de 1931, Heinrich Claß, o presidente da Liga Pangermânica, enviou a Hugenberg uma cópia da carta que (segundo ele) mostra "esse salvador da Alemanha no auge da megalomania, da falta de autocontrole, educação e da falta de juízo": "O que será feito de nós?" BA Koblenz, N 1231/36.

97 Goebbels: *Tagebücher*, parte I, vol. 2,I, p. 387 (de 17 de abril de 1930).

98 Deuerlein: *Aufstieg*, p. 345, 366. Também Heß: Briefe, p. 406 (de 24 de outubro de 1930).

99 Cf. Heusler: *Das Braune Haus*, p. 132-138; conclamação de Hitler de 26 de maio de 1930 em Hitler: *Reden Schriften Anordnungen*, vol. III,3, doc. 50, p. 207-209.

100 Timo Nüßlein: *Paul Ludwig Troost* (1878-1934), Viena/Colônia/Weimar, 2012, p. 69 e seguinte Sobre a relação Hitler-Troost, cf. ibid., p. 66-76.

101 Goebbels: *Tagebücher*, parte I, vol. 2,I, p. 202 (de 20 de julho de 1930), p. 280 (de 12 de novembro de 1930), p. 353 (de 26 de fevereiro de 1931). Em novembro de 1930, Goebbels comentou com Ilse Heß sobre sua satisfação com a proximidade da conclusão da obra. "Eu nem gosto de descer, pois no antigo prédio do partido não existe a menor possibilidade de trabalhar". J. Goebbels para I. Heß, 24 de novembro de 1930; BA Bern, Nl Heß, J.1.211 – 1993/300, caixa 5. Cf. Nüßlein: *Paul Ludwig Troost*, p. 103 f.; Heusler: *Das Braune Haus*, p. 142 e seguinte.

102 Hitler: *Reden Schriften Anordnungen*, vol. IV,1, doc. 61 (de 21 de fevereiro de 1931), p. 206-218 (citação p. 214).

103 Heß: *Briefe*, p. 408 e seguinte (de 10 de março de 1930). Sobre as reformas, cf. Nüßlein: *Paul Ludwig Troost*, p. 82-87; Heusler: *Das Braune Haus*, p. 146 e seguinte.

104 Frank: *Im Angesicht des Galgens*, p. 93 e seguinte; cf. também Heusler: *Das Braune Haus*, p. 159 e seguinte; entrevista de Hermann Esser, de 13 de março de 1964, vol. II: Todas as reuniões na Casa Marrom eram "praticamente convenções em pé"; BayHStA München, Nl Esser. Em julho de 1968, durante uma entrevista, Walter Stennes confirmou uma peculiaridade do caráter de Hitler "de planejar de modo que ninguém sabe para onde as coisas se encaminham e apenas ele sabe tudo sobre seus pontos de contato". Ifz München, ZS 1147. Sobre a decoração do escritório de Hitler, cf. Schwarz: *Geniewahn*, p. 118 e seguinte.

105 Goebbels: *Tagebücher*, parte I, vol. 2,I, p. 163 (de 24 de maio de 1930), p. 353 (de 26 de fevereiro de 1931). Cf. também Ibid., p. 202 (de 20 de julho de 1930): "Filisteus nojentos."; p. 371 (de 25 de março de 1931): "É horrível vê-lo entre esses ignorantes políticos falastrões."; p. 394 (de 28 de abril de 1931): "Esse ambiente de Hitler. Assustador!"; p. 153 (de 12 de maio de 1930): "Um ambiente totalmente primitivo."

106 Cf. Stefan Krings: *Hitlers Pressechef Otto Dietrich (1897-1952). Eine Biographie*, Gotinga, 2010, p. 103-105.

107 Conf. Heusler: *Das Braune Haus*, p. 156 e seguinte.

108 Erich Mühsam: *Jedem das Seine* em: *Die Welt am Montag*, de 1º de junho de 1931; reproduzido ibid.: *Ein Lesebuch. Sich fügen heißt lügen*. Editado por Marlies Fritzen, Gotinga, 2003, p. 244 e seguinte.

109 Cf. Hans Otto Eglau: *Fritz Thyssen. Hitlers Gönner und Geisel*, Berlim, 2003, p. 127 e seguinte.

110 Cf. Ibid., p. 87, 96, 105, 108, 117, 122-127; Turner: *Großunternehmer*, p. 177, 180, 184 e seguinte Em uma carta de 30 de dezembro de 1931, Thysssen comunicou a Hugenberg que ele "era amigo de Göring"; BA Koblenz, N 1231 / 39. Sobre o papel de Göring como encarregado de Hitler em Berlim, cf. o protocolo do inquérito 20 de julho de 1945: "O *Führer* me confiou este cargo porque eu era a única pessoa no partido com bons relacionamentos e capaz de representar o partido socialmente". Ifz München, ZS 428.

111 Cf. Christopher Kopper: *Hjalmar Schacht. Aufstieg und Fall von Hitlers mächtigstem Bankier*, Munique/Viena 2006, p. 173-177.

112 Fromm: *Als Hitler mir die Hand küßte*, p. 32 (de 12 de fevereiro de 1930).

113 Kopper: *Hjalmar Schacht*, p. 189.

114 Hjalmar Schacht: *76 Jahre meines Lebens*, Bad Wörishofen, 1953, p. 351. Cf. Kopper: *Hjalmar Schacht*, p. 188 e seguinte Sobre o papel de Stauß Turner: *Großunternehmer*, p. 174 e seguinte Já no final de setembro de 1930, Hitler conversou com Stauß na residência de Göring. Cf. Goebbels: *Tagebücher*, parte I, vol. 1 / II, p. 251 (de 30 de setembro de 1930).

115 Goebbels: *Tagebücher*, parte I, vol. 2,I, p. 319 (de 6 de janeiro de 1931).

116 Schacht: *76 Jahre*, p. 351. Sobre o encontro de 5 de janeiro de 1931, cf. também Kopper: *Hjalmar Schacht*, p. 189-191; Eglau: *Fritz Thyssen*, p. 120-122; Turner: *Großunternehmer*, p. 176.

117 Schacht: *76 Jahre*, p. 352.

118 Wagener: *Hitler aus nächster Nähe*, p. 398.

119 Goebbels: *Tagebücher*, parte I, vol. 2, I, p. 327 (de 18 de janeiro de 1931); Heß: *Briefe*, p. 405 e seguinte (de 24 de outubro de 1930).

120 Cf. por ex. Carl von Ossietzky: "No início, Adolf Hitler pode ter agido com uma obstinação honesta. Hoje, ele é apenas uma criatura da indústria". *Sämtliche Schriften*, vol. V, p. 435 (de 9 de setembro de 1930); Kurt Hiller em: *Weltbühne*, ano 26, nº 39, de 23 de setembro de 1930, p. 468: "O nacional-socialismo é pago pelos industriais, que,

seguindo o princípio 'dividir para reinar', dividiram o proletariado em exércitos inimigos".

121 Cf. Turner: *Großunternehmer*, p. 139-153.

122 Cf. Kolb: *Die Weimarer Republik*, p. 122.

123 Cf. Turner: *Großunternehmer*, p. 157, 164. Em uma reunião da fracção em junho de 1929, Göring contrapôs Feder: "O senhor mesmo sabe que sua política econômica não está vinculada ao partido." *Tagebücher G. Feders*, vol. 11 (de 4 de junho de 1929); Ifz München, ED 874.

124 Turner: *Großunternehmer*, p. 165.

125 Wagener: *Hitler aus nächster Nähe*, p. 443.

751

126 Cf. Turner: *Großunternehmer*, p. 160. A reunião foi intermediada pelo almirante Magnus Levetzow, o gestor político do Kaiser Guilherme II, que a partir de setembro de 1930 se tornou um seguidor do NSDAP. Cf. Gerhard Granier: *Magnus von Levetzow. Seeoffizier, Monarchist und Wegbereiter Hitlers. Lebensweg und ausgewählte Dokumente*, Boppard na Renânia 1982, p. 153 e seguinte.

127 Frech: *Wegbereiter Hitlers?*, p. 288.

128 Hitler: *Reden Schriften Anordnungen*, vol. III,3, doc. 36, p. 141-144 (citação p. 144). Cf. Turner: *Großunternehmer*, p. 10 e seguinte; Asendorf: *Hamburger Nationalklub*, p. 123-126.

129 Goebbels: *Tagebücher*, parte I, vol. 2,I, p. 366, 371 (de 17 e 25 de março de 1931). Citação de Reupke em Stegmann: *Zum Verhältnis von Großindustrie und Nationalsozialismus*, p. 419. Cf. também Turner: *Großunternehmer*, p. 168 e seguinte; Longerich: *Goebbels*, p. 154 e seguinte.

130 Cf. Wagener: *Hitler aus nächster Nähe*, p. 478-480; Turner: *Großunternehmer*, p. 172.

131 Cf. Stegmann: *Zum Verhältnis von Großindustrie und Nationalsozialismus*, p. 418 e seguinte; Turner: *Großunternehmer*, p. 178, 181 e seguinte.

132 Cf. Oven James Hale: *Adolf Hitler Taxpayer*, em: *American Historical Review*, 60 (1955), p. 830-842; Turner: *Großunternehmer*, p. 185 e seguinte.

133 Cf. Turner: *Großunternehmer*, p. 186 e seguinte; também *Hitlers Tischgespräche*, p. 423 (de 6 de julho de 1942); Hanfstaengl: *Zwischen Weißem und Braunem Haus*, p. 216.

134 Cf. Turner: *Großunternehmer*, p. 187 e seguinte; também a explicação de Hitler, de 7 de abril de 1932, em Hitler: *Reden Schriften Anordnungen*, vol. V,1, doc. 19, p. 36 e seguinte Sobre o novo quartel general de Hitler em Berlim, cf. Friedrich: *Die mißbrauchte Hauptstadt*, p. 291-294.

135 Winkler: *Weimar*, p. 421.

136 Thea Sternheim: *Tagebücher*, vol. 2, p. 362 (de 13 de julho de 1931). Cf. Goebbels: *Tagebücher*, parte I, vol. 2 / II, p. 57 (de 15 de julho de 1931): O Danatbank fecha seus guichês. Pânico nas Bolsas de Valores e na economia. Caos generalizado."

137 Cf. Falter entre outros: *Wahlen und Abstimmungen*, p. 100, 94, 95.

138 Goebbels: *Tagebücher*, parte I, vol. 2,I, p. 328 (de 18. 1. 1931), p. 407 (de 17 de maio de 1931).

139 Hitler: *Reden Schriften Anordnungen*, vol. IV,2, doc. 12, p. 39 e seguinte (de 21 de julho de 1931).

140 Ibid., doc. 20, p. 65-67 (citação p. 66). A citação anterior ibid., p. 67, nota 15.

141 Goebbels: *Tagebücher*, parte I, vol. 2, II, p. 73 e seguinte (de 10 de agosto de 1931).

142 Cf. Walter: *Antisemitische Kriminalität und Gewalt*, p. 211–221 (citações p. 213, 218); Wirsching: *Vom Weltkrieg zum Bürgerkrieg?*, p. 463 e seguinte; Friedrich: *Die missbrauchte Hauptstadt*, p. 319-325.

143 Hitler: *Reden Schriften Anordnungen*, vol. IV,2, doc. 31, p. 104-106 (citação p. 105 e seguinte) e relatório da sede da polícia de Munique sobre o discurso de Hitler, ibid., p. 106, nota 16.

144 Heß: *Briefe*, p. 414 (de 9 de setembro de 1931).

145 Astrid Pufendorf: *Die Plancks. Eine Familie zwischen Patriotismus und Widerstand,* Berlim, 2006, p. 252. Sobre os planos de Hindenburg no outono de 1931, cf. Pyta: *Hindenburg*, p. 629 e seguinte; também Brüning: *Memoiren*, p. 386: Em 13 de setembro de 1931, Hindenburg "disse, em linhas gerais, que eu preciso ir mais para a direita".

146 Goebbels: *Tagebücher*, parte I, vol. 2, II, p. 116 (de 5 de outubro de 1931). Cf. Longerich: *Goebbels*, p. 172.

147 Citação segundo Deuerlein: *Aufstieg*, p. 355. Cf. Thilo Vogelsang: *Reichswehr, Staat und* NSDAP. *Beiträge zur deutschen Geschichte 1930-1932*, Stuttgart 1962, p. 135-137. Também: *Die Deutschnationalen und die Zerstörung der Weimarer Republik. Aus dem Tagebuch von Reinhold Quaatz 1928-1933*, editado por Hermann Weiß e Paul Hoser, Munique, 1989, p. 157 (de 20 de outubro de 1931): "Schleicher definiu Hitler nitidamente como um visionário de caráter instável, apesar de imbuído de sentimentos patrióticos".

148 Brüning: *Memoiren*, p. 391. Cf. Hömig: *Brüning. Kanzler in der Krise*, p. 397 e seguinte.

149 Sobre a conversa entre Hindenburg e Hitler de 10 de outubro de 1931, cf. Pyta: *Hindenburg*, p. 634-637. Também *Monologe*, p. 211 (de 18 de janeiro de 1942): "Foi fácil achar um ponto de ligação com o soldado, mas encontrar esse ponto de ligação com a política foi um grande feito".

150 Brüning: *Memoiren*, p. 391; Ernst von Weizsäcker: *Erinnerungen*, Munique, 1950, p. 103; cf. Hömig: *Brüning. Kanzler in der Krise*, p. 398.

151 Pyta: *Hindenburg*, p. 1014, nota 43 e p. 634.

152 Goebbels: *Tagebücher*, parte I, vol. 2,II, p. 121 (de 12 de outubro de 1931). Hitler comentou com Magnus von Levetzow que "sua impressão geral sobre o 'velho'" não foi muito marcante, mas ele também não lhe parecia antipático". Granier: *Magnus von Levetzow*, p. 311 (de 14 de outubro de 1932). Entre os camaradas do partido, Hitler teria dito que Hindenburg era um "velho decrépito incapaz de mijar". Krebs: *Tendenzen und Gestalten*, p. 34.

153 Cf. Richter: *Deutsche Volkspartei*, p. 713 e seguintes; Reinhard Neebe: *Großindustrie, Staat und* NSDAP *1930-1933*; Gotinga, 1981, p. 99-110; Winkler: *Weimar*, p. 430 e seguinte.

154 Hitler: *Reden Schriften Anordnungen*, vol. IV,2, Doc. 46, p. 134-159 (citações p. 143, 152). Cf. também Hitler a Brüning, 13 de dezembro de 1931, Ibid., doc. 94, p. 264-292 (especialmente p. 287).

155 Cf. Schacht: *76 Jahre meines Lebens*, p. 367 e seguinte; Kopper: *Hjalmar Schacht*, p. 191-194.

156 Turner: *Großunternehmer*, p. 220. Cf. também Erich v. Gilsa a Paul Reusch, 13 de outubro de 1931: "Todos notaram que nenhum dos líderes industriais verdadeiramente importantes esteve presente". Schulz: *Von Brüning zu Hitler*, S. 559, nota do autor 825.

157 Goebbels: *Tagebücher*, parte I, vol. 2,II, p. 121 (de 12 de outubro de 1931).

158 Hitler a Franz Seldte, 2 de dezembro de 1931; Hitler: *Reden Schriften Anordnungen*, vol. IV,2, doc. 82, p. 226-231 (citação p. 228). Cf. Otto Schmidt-Hannover: *Umdenken oder Anarchie. Männer – Schicksale – Lehren*, Gotinga, 1959, p. 182: Em Bad Harzburg, Hitler parecia "um cruzamento entre uma *prima dona* e uma imitação de Napoleão, arrogante e distraído". Sobre a mais recente representação, cf. Larry Eugene Jones: *Nationalists, Nazis, and the Assault against Weimar: Revisiting the Harzburg Rally of October 1931*, em: *German Studies Review*, vol. 29 (2006), p. 483-494 (especialmente p. 488).

159 Hitler: *Reden Schriften Anordnungen*, doc. 43 e 44, p. 123-132 (citação p. 130). Cf. Goebbels: *Tagebücher*, parte I, vol. 2 / II, p. 122 (de 12 de outubro de 1931): Hitler estava "pálido de raiva" e "em péssima forma", mas ainda "estava muito acima dos demais".

160 *Vossische Zeitung* nº 509, de 28 de outubro de 1931; BA Berlin-Lichterfelde, NS 26/87. Em uma carta a Otto Schmidt-Hannover de 3 de janeiro de 1932, Hugenberg queixou-se sobre o "joguinho que os nacional-socialistas estavam fazendo desde o outono contra seus antigos aliados". BA Koblenz, N 1231 / 39.

161 Na presença de Victoria von Dirksen, uma senhora nobre que simpatizava com os nacional-socialistas, Hitler disse durante um viagem de carro para o casamento de Magda e Joseph Goebbel, em 19 de dezembro de 1931: "Ele deve chegar rapidamente ao poder, por isso tinha muita pressa e por esse motivo procurava aliados em todas as direções". "No momento certo, ele se entenderia com Hugenberg". Hans Brosius, o chefe de imprensa do DNVP, para Hugenberg (segundo informação da Sra. von Dirksen), 23 de dezembro de 1931; BA Koblenz, N 1231 / 192. Sobre o papel do Salão Dirksen como interface entre a antiga nobreza e o nacional-socialismo, cf. Stephan Malinowski: *Vom König zum Führer. Sozialer Niedergang und politische Radikalisierung im deutschen Adel zwischen Kaiserreich und NS-Staat*, Berlim, 2003, p. 554 e seguinte.

162 Hitler: *Reden Schriften Anordnungen*, vol. IV,2, doc. 48, p. 159-164 (citação p. 160).

163 Goebbels: *Tagebücher*, parte I, vol. 2, II, p. 128 (de 19 de outubro de 1931).

164 Deuerlein: *Aufstieg*, p. 361 e seguinte Sobre o caso Boxheimer cf. Ulrich Herbert: *Best. Biographische Studien über Radikalismus, Weltanschauung und Vernunft 1903-1989*, Bonn, 1996, p. 112-119. Também Bracher: *Auflösung*, p. 431-435; Schulz: *Von Brüning zu Hitler*, p. 604-608; Winkler: Weimar, p. 433 e seguinte.

165 Citação segundo Herbert: *Best*, p. 116.

166 Thea Sternheim: *Tagebücher*, vol. 2, p. 379 (de 27 de novembro de 1931).

167 Citação segundo Schulz: *Von Brüning zu Hitler*, p. 608.

168 Artigo no *Times*, de 5 de dezembro de 1931, sobre a coletiva de imprensa de Hitler; Hitler: *Reden Schriften Anordnungen*, vol. IV,2, doc. 83, p. 231–235. Cf. ibid., doc. 91, p.

256–259 (o artigo de Hitler originalmente elaborado como discurso de rádio para o público americano, de 11 de dezembro de 1931).

169 Hanfstaengl: *Zwischen Weißem und Braunem Haus*, p. 258. Cf. memórias inéditas de Hanfstaengl, p. 205: "Ele entrou e discursou de modo claro, brilhante e totalmente convincente". BSB München, Nl Hanfstaengl Ana 405, caixa 47.

170 H(ubert) R. Knickerbocker: *Deutschland so oder so?*, Berlim; 1932, p. 207 e seguinte Cf. também o relatório de Sefton Delmer, o correspondente do *Daily Express* em Berlim, sobre seu primeiro encontro com Hitler em maio de 1931. Sefton Delmer: *Die Deutschen und ich*, Hamburgo, 1963, p. 114-118, especialmente, p. 116.

171 Frederic M. Sackett a Henry L. Stimson, 7 de dezembro de 1931; citado em Hitler: *Reden Schriften Anordnungen*, vol. IV.2, doc. 85, p. 239, nota do autor 4.

172 Dorothy Thompson: *Kassandra spricht. Antifaschistische Publizistik 1932-1942*, Leipzig e Weimar, 1988, p. 41-43.

173 Klaus Mann: *Der Wendepunkt. Ein Lebensbericht*, Frankfurt am Main, 1963, p. 228 e seguinte Segundo recorda Mann, o encontro ocorreu "cerca de um ano antes da 'tomada do poder', ou seja, no início de 1932. Seu diário, no entanto, informa a data 14 de julho de 1932: "Na mesa ao lado: Adolf Hitler em péssima companhia. Sua inferioridade chama a atenção. Completamente desprovido de talento; a fascinação que ele exerce é a maior humilhação da História". Klaus Mann: *Tagebücher 1931 bis 1933*. Editado por Joachim Heimannsberg, Peter Laemmle e Winifred F. Schoeller, Munique, 1989, p. 64. Cf. Uwe Naumann (editor): "Até o final não haverá calma". Klaus Mann (1906-1949). *Bilder und Dokumente*, Reinbek próximo a Hamburgo, 1999, p. 132.

174 Theodor Heuss: *Hitlers Weg. Eine historisch-politische Studie über den Nationalsozialismus*, 6ª ed., Stuttgart/Berlim/Leipzig, 1932 (citações na sequência em: p. 103, 131, 105, 138, 148 e seguinte, 99, 100). Em outubro de 1931, Heuss enviou o manuscrito (exceto o capítulo final) à *Union Deutsche Verlagsgesellschaft*, em Stuttgart, e as revisões foram concluídas em 19 de dezembro. "Trata-se de um texto desprovido de polêmica, permeado de uma boa dose de ironia", escreveu Heuss, em 21 de dezembro de 1931, a seu amigo Friedrich Mück, em Heilbronn. Theodor Heuss, *Bürger der Weimarer Republik. Briefe 1918-1933*. Edit. e revis. por Michael Dorrmann, Munique, 2008, nº 186, p. 431-433, nº 193, p. 447-453 (citação p. 450 e seguinte). Também lá, p 451, fac-símile da folha de rosto da primeira edição – Goebbels anotou embaixo da data de 25 de janeiro de 1932: "Li a brochura de Theodor Heuß até tarde da noite: *Hitlers Weg*. Ele não é bobo. Sabe muito sobre nós. Mas se aproveita disso. De qualquer modo, uma crítica apresentável". Goebbels: *Tagebücher*, parte I, vol. 2 / II, p. 203. Cf. também Peter Merseburger: Theodor Heuss. *Der Bürger als Präsident. Biographie*, Munique, 2012, p. 279-285.

175 Klemperer: *Tagebücher 1925-1932*, p. 739 (de 25 de dezembro de 1931); Kessler: *Das Tagebuch*, vol. 9, p. 400 (de 31 de dezembro de 1931).

Capítulo 10. Hitler e as mulheres

1 Hamann: *Winifred Wagner*, p. 210.

2 Heiden: *Hitler. Das Zeitalter der Verantwortungslosigkeit*, p. 303.

3 Cf., resumindo Neumann/Eberle: *War Hitler krank?*, p. 52-60; também Heinz Linge: *Bis zum Untergang. Als Chef des Persönlichen Dienstes bei Hitler*. Edit. por Werner Maser, Munique, 1982, p. 94; Maser: *Adolf Hitler*, p. 323 e seguinte; Keller: *Der Schüler Adolf Hitler*, p. 25, que aceita a história do pênis mordido sem qualquer crítica. Sobre a narrativa de que, em 1916, Hitler perdeu um dos testículos devido a um ferimento; cf. também Weber: *Hitlers erster Krieg*, p. 208 e seguinte.

4 Hanfstaengl: *Zwischen Weißem und Braunem Haus*, p. 183 e seguinte Em suas memórias inéditas, Hanfstaengl cita que Hitler "era impotente no sentido médico da palavra" e que, sexualmente, vivia em uma "terra de ninguém" (p. 3). Ele não teve uma "vida sexual normal" (p. 42); BSB München, Nl Hanfstaengl Ana 405, caixa 47. Em uma entrevista de 28 de outubro de 1951, Hanfstaengl afirmou que a sexualidade de Hitler "era anormalmente pervertida" e inventou um relacionamento sexual entre Hitler e Rudolf Heß. Ifz München, zs 60.

5 Cf. Guido Knopp: *Hitler. Eine Bilanz*, Berlim, 1995, p. 140 e seguinte.

6 Machtan: *Hitlers Geheimnis*, p. 7. A tese da homossexualidade reprimida de Hitler também foi defendida por Koch-Hillebrecht: *Homo Hitler. Psychogramm eines Diktators*, Munique, 1999, p. 249, 406.

7 Lothar Machtan: *Was Hitlers Homosexualität bedeutet. Anmerkungen zu einer Tabugeschichte*, em: *Zeitschrift für Geschichtswissenschaft*, ano 51 (2003), p. 334-351 (citações p. 337, 336). Em contrapartida, cf. Heiden: *Hitler. Das Zeitalter der Verantwortungslosigkeit*, p. 353, que rejeitou "as alegações de uma homossexualidade de Hitler" como uma "mera associação, refutada por fatos palpáveis".

8 Schroeder: *Er war mein Chef*, p. 153, 152, 155. Cf. também Hanfstaengl: *Zwischen Weißem und Braunem Haus*, p. 61, que transmitiu a opinião de sua companheira: "Acredite em mim, ele é um sujeito neutro absoluto, mas não é um homem – apesar de sua languidez constante". Também Kessler: *Das Tagebuch*, vol. 9, p. 631 (de 28 de janeiro de 1935): "Hitler provavelmente não era hetero nem homossexual, e sim neutro, alguém que nada sente". (Como relatado pelo conde Hermann von Keyserling.)

9 Fest: *Hitler*, p. 448. Também Helm Stierlin: *Anziehung und Distanz. Hitler und die Frauen aus der Sicht des Psychotherapeuten*, em: Leutheusser: *Hitler und die Frauen*, p. 264, notou que "as energias sexuais e as necessidades eróticas bloqueadas no eu privado apresentam-se de modo muito mais impetuoso no eu público".

10 Segundo Guido Knopp: *Hitlers Frauen und Marlene*, Munique, 2001, p. 37.

11 Monologe, p. 230 e seguinte (de 25 e 26 de janeiro de 1941); também para a citação a seguir. Cf. Karl Wilhelm Krause: *10 Jahre Kammerdiener bei Hitler*, Hamburgo, 1949, p. 43: "Durante as viagens, ele frequentemente exclamava, maravilhado: Meu Deus, que moça linda (que mulher linda)".

12 Schroeder: *Er war mein Chef*, p. 152.

13 Cf. Hamann: *Hitler in Wien*, p. 517-519.

14 Radkau: *Das Zeitalter der Nervosität*, p. 147.

15 Cf. acima, p. 76. Segundo as memórias de Speer, todos percebiam que Hitler "jamais tocava em temas sexuais ou fazia piadas obscenas". A. Speer a J. Fest, 13 de setembro de 1969; BA Koblenz, N 1340 / 17.

16 Cf. Maser: *Adolf Hitler*, p. 315.

17 Deuerlein: *Aufstieg*, p. 139.

18 Heiden: *Hitler. Das Zeitalter der Verantwortungslosigkeit*, p. 355. Maria Enders, uma funcionária do escritório do NSDAP, também confirmou um relacionamento de Hitler com Jenny Haug durante uma conversa em 11 de dezembro de 1951; Ifz München, ZS 33.

19 Cf. Schad: *Freundinnen und Verehrerinnen*, p. 30-55; Joachimsthaler: *Hitlers Liste*, p. 63-135.

20 *Monologe*, p. 316 (de 10 e 11 de março de 1942).

21 Hamann: *Winifred Wagner*, p. 139; cf. Schad: *Freundinnen und Verehrerinnen*, p. 40. Em junho de 1938, Hitler enviou à "senhorita Bechstein" um telegrama de congratulações pelo seu aniversário. *Tägl. Aufzeichnungen*, Max Wünsche, de 23 de junho de 1938; BA Berlin-Lichterfelde, NS 10 / 125.

22 Hamann: *Winifred Wagner*, p. 148.

23 Deuerlein: *Aufstieg*, p. 238. O carcereiro Franz Hemmrich também lembrou (p. 44), "que Hitler mantinha um comportamento indiferente frente a mulheres e mocinhas": "Ele as tratava com cortesia e charme, mas não se insinuava com palavras e olhares." Ifz München, ED 153.

24 *Hitlers Tischgespräche*, p. 145 (de 27 de março de 1942). Em julho de 1924, em Landsberg, durante uma conversa sobre a "questão da mulher", Hitler declarou que "a mulher não deveria se meter na vida política. A política era coisa de homem, principalmente a política que ia às últimas consequências, ou seja, que eventualmente poderia levar a circunstâncias nas quais os homens dariam seu sangue. Heß: *Briefe*, p. 345 (de 10 de julho de 1924). Cf. *Tagebücher G. Feders*, vol. 11 (de 1 de novembro de 1929); Ifz München, ED 874.

25 *Monologe*, p. 315 e seguinte (de 10 e 11 de março de 1942); cf. Ibid., p. 310 (de 1 de março de 1942). Cf. também *Hitlers Tischgespräche*, p. 273 (de 8 de maio de 1942): O casamento – como o Hitler o vê é (...) um empreendimento no qual a luta profissional cabe ao homem e a ordem da casa e do castelo, onde se trava a luta da vida, cabe à mulher".

26 Heß: *Briefe*, p. 332 (de 8 de junho de 1924). Segundo o depoimento do juiz supremo do NSDAP, Walter Buch, de 1º de maio de 1947, Hitler declarou antes de 9 de novembro de 1923: "Eu não posso casar, minha esposa será a Alemanha". Ifz München, ZS 805. Aparentemente, Hitler raramente se encontrava com sua irmã Paula. Sua presença em Munique em fevereiro de 1923 foi testemunhada por Gottfried Feder: *Tagebücher*, vol. 5 (de 8 de fevereiro de 1923); Ifz München, ED 874.

27 *Tagebuch R. Buttmanns*, de 23 de dezembro de 1924; BayHStA München, Nl Buttmann 82; Hitler: *Reden Schriften Anordnungen*, vol.I, doc. 8, p. 32.

28 Schroeder: *Er war mein Chef*, p. 153.

29 Sigmund: *Des Führers bester Freund*, p. 94.

30   *Hitlers unbekannte Geliebte. Ein Bericht von Gunter Peis*, em: *Stern*, nº 24, de 13 de junho de 1959, p. 28-34.

31   Cf. Peis: *Hitlers unbekannte Geliebte*; baseado nisso, Anna Maria Sigmund: *Marie Reiter*, em: *Die Frauen der Nazis. Die drei Bestseller vollständig aktualisiert in einem Band*, Munique, 2005, p. 673-729; Schad: *Freundinnen und Verehrerinnen*, p. 69-79.

32   *Monologe*, p. 230 (de 25 a 26 de janeiro de 1942).

33   Ver acima p. 295 e seguinte.

34   Henriette von Schirach: *Frauen um Hitler*, Munique, 1983, p. 244 e seguinte.

35   Machtan: *Hitlers Geheimnis*, p. 180.

36   *Monologe*, p. 208 (de 16 a 17 de janeiro de 1942).

37   Sigmund: *Maria Reiter*, p. 694. Os cartões e cartas de Hitler foram reproduzidos em sua totalidade em Anna Maria Sigmund: *Die Frauen der Nazis*, vol. 3, Munique, 2002, p. 11 e seguintes; cf. Joachimsthaler: *Hitlers Liste*, p. 187-196. A autenticidade está comprovada. Um parecer grafológico pode ser encontrado no apêndice do relatório da revista *Stern*, de 13 de junho de 1959.

38   Sigmund: *Maria Reiter*, p. 698.

39   Heiden: *Hitler. Das Zeitalter der Verantwortungslosigkeit*, p. 357. Cf. Schroeder: *Er war mein Chef*, p. 156 ("a única mulher que ele amou"); Heydecker: *Hoffmann-Erinnerungen*, p. 77 ("o grande amor de Hitler"); Fest: *Hitler*, p. 447 ("seu único grande amor"); Kershaw: *Hitler*, vol. 1, p. 444 ("Pela primeira e única vez em sua vida, Hitler ficou emocionalmente dependente de uma mulher"); Ronald Hayman: *Hitler & Geli*, Londres 1997, p. 3 ("Geli foi a mulher crucial na vida de Hitler, mais importante que Eva Braun.").

40   Sobre detalhes biográficos, cf. Anna Maria Sigmund: *Geli Raubal*, em: *Die Frauen der Nazis*, vol. 1, Viena, 1998, p. 131 e seguintes: *Des Führers bester Freund*, p. 23 e seguintes.

41   *Erinnerungen Franz Hemmrichs*, p. 44; Ifz München, ED 153.

42   Citação segundo Sigmund: *Des Führers bester Freund*, p. 101.

43   Heß: *Briefe*, p. 385 (de 17 de setembro de 1927). Em um cartão postal enviado por Rudolf Heß a Ilse Pröhl, em 2 de setembro de 1927, da formação rochosa Bastei, na Saxônia, Hitler, Angela Raubal e Geli Raubal escreveram saudações pessoais. BA Bern, Nl Heß, J1.211–1989 / 148, 39. Cf. Goebbels: *Tagebücher*, parte I, vol. 1 / II, p. 258 (de 22 de agosto de 1927): "Conheci os parentes do chefe. A irmã e a sobrinha. Pessoas tão amáveis quanto ele."; p. 260 (de 24 de agosto de 1927): "Despedida do chefe e da doce Geli". Cf. Ibid. p. 267 (de 8 e 10 de setembro de 1927).

44   H. v. Schirach: *Frauen um Hitler*, p. 46. Sobre a aparência de Geli Raubal, cf. também Hayman: *Hitler & Geli*, p. 102-104; Baldur von Schirach: *Ich glaubte an Hitler*, Hamburgo 1967, p. 107.

45   Hoffman: *Hitler wie ich ihn sah*, p. 124; cf. H. v. Schirach: *Frauen um Hitler*, p. 50. Gottfried Feder testemunhou a presença da sobrinha de Hitler na "Osteria Bavaria" pela primeira vez em 10 de novembro de 1927; Tagebücher G. Feders, vol. 10; Ifz München, ED 874.

46   H. v. Schirach: *Frauen um Hitler*, p. 55-59 (citação p. 58).

47   Ibid., p. 61; cf. Sigmund: *Des Führers bester Freund*, p. 125 e seguinte.

48 Geli Raubal a Emil Maurice, 24 de dezembro de 1927; parcialmente reproduzido em Sigmund: *Geli Raubal*, em: *Die Frauen um Hitler*, vol. 1, p. 140 e seguinte (na p. 141 encontra-se o fac-símile da carta).

49 Cf. Sigmund: *Des Führers bester Freund*, p. 127-129 (na p. 128, encontra-se o fac-símile da carta de demissão assinada por Hitler, que informa a data da demissão como janeiro de 1928). Cf. também Ifz München, zs 290.

50 Nerin E. Gun: *Eva Braun-Hitler. Leben und Schicksal, Velbert und Kettwig 1968*, p. 24.

51 Citação segundo Sigmund: *Des Führers bester Freund*, p. 127.

52 H. v. Schirach: *Frauen um Hitler*, p. 51. Em 1929, Hanfstaengl observou Geli Raubal e Hitler durante uma visita de ambos ao Münchner Residenztheater. Ambos se comportaram como "um casal de namorados". Anotação de Hanfstaengl *"Geli u. A.H"*; bsb München, Nl Hanfstaengl Ana 405, caixa 26.

53 Cf. Goebbels: *Tagebücher*, parte I, vol. 1 / III, p. 52 (de 13 de julho de 1928); p. 54 (de 15 de julho de 1928)

54 Ibid., p. 123 (de 15 de novembro de 1928). Cf. Ibid., p. 124 (de 17 de novembro de 1928), p. 126 (de 19 de novembro de 1928). Em 21 de novembro de 1928 Rudolf Heß relatou a seus pais a apresentação de Hitler no Palácio dos Esportes: "Vocês não têm ideia do que foi essa reunião – 18.000 pessoas e o discurso do chefe foi cativante". ba Bern, Nl Heß, J1.211-1989 / 148, 41.

55 Cf. Sigmund: *Des Führers bester Freund*, p. 154, 159.

56 Goebbels: *Tagebücher*, parte I, vol. 1 / III, p. 295 (de 2 de agosto de 1929).

57 Gun: *Eva Braun-Hitler*, p. 24.

58 Hoffman: *Hitler wie ich ihn sah*, p. 124. Cf. também a entrevista com Hermann Esser, de 18 de março de 1964, vol. I: Não havia dúvidas de que Hitler "tinha uma ligação muito forte com ela, para não dizer que ele era apaixonado por ela". BayHStA München, Nl Esser.

59 Goebbels: *Tagebücher*, parte I, vol. 1 / III, p. 105 e seguinte (de 19 de outubro de 1928). Sobre os boatos, cf. também Schirach: *Ich glaubte an Hitler*, p. 105, Joachimsthaler: *Hitlers Liste*, p. 323.

60 Ralf Georg Reuth (edit.): *Joseph Goebbels Tagebücher*, vol. 1: 1924-1929, Munique/Zurique, 1992, p. 428 (de 22 de novembro de 1929). Cf. Goebbels: *Tagebücher*, parte I, vol. 2/I, p. 68 (de 20. 1. 1930): "Ele trabalha muito pouco (...) E as mulheres, essas mulheres".

61 Hanfstaengl: *Zwischen Weißem und Braunem Haus*, p. 233. Cf. *Unveröffentlichte Erinnerungen Hanfstaengl*, p. 198: Seu relacionamento com ela deu a Hitler "a primeira e única oportunidade em sua vida de extravasar sua libido masculina". bsb München, Nl Hanfstaengl Ana 405, caixa 47.

62 Schroeder: *Er war mein Chef*, p. 153. Henriette von Schirach tinha certeza de que "entre ambos nunca houve um relacionamento íntimo". Citação segundo Knopp: *Hitler. Eine Bilanz*, p. 144. Cf. Joachimsthaler: *Hitler Liste*, p. 327.

63 Transcrição de uma conversa de Adolf Vogl e sua esposa, datada de 2 de janeiro de 1952; Ifz München, zs 167; cf. Hanfstaengl: *Zwischen Weißem und Braunem Haus*, p. 235 e seguinte; Sigmund: *Des Führers bester Freund*, p. 144. Em outubro de 1923, o advoga-

do dr. Richard Dingeldey convidou Hitler para um jantar na Franz-Joseph-Str. 37, ao qual também "comparecerão nossos amigos em comum sr. e sra. Vogl" e o pesquisador de Wagner e diretor-geral de música, Alfred Lorenz. R. Dingeldey, ao "mui estimado e honrado sr. Hitler", 10 de outubro de 1923; BA Koblenz, N 1128 / 15.

64 Cf. Hamann: *Winifred Wagner*, p. 185; Sigmund: *Des Führers bester Freund*, p. 146; Goebbels: *Tagebücher*, parte I, vol. 2 /I, p. 202 (de 20 de julho de 1930).

65 Cf. Wagener: *Hitler aus nächster Nähe*, p. 98.

66 Cf., por ex., a fatura emitida pela empresa Rich & Söhne, Munique, para "um par de sapatos de couro de cobra" (no valor de 33 marcos), comprado por Geli Raubal, em 14 de julho de 1931. O diretor da empresa acrescentou à fatura a observação: "Prezado sr. Hitler! Conforme combinado, segue a fatura referente aos sapatos comprados por sua sobrinha e o saudamos com *Heil!*". BA Berlin-Lichterfelde, NS 26 / 2557.

67 Rose: *Julius Schaub*, p. 107.

68 Hoffman: *Hitler wie ich ihn sah*, p. 125 e seguinte (citação p. 126). Cf. também H. v. Schirach: *Frauen um Hitler*, p. 62-64.

69 H. v. Schirach: *Frauen um Hitler*, p. 64.

70 Rose: Julius Schaub, p. 108. Schaub cita a data como sendo o dia 18 de setembro, o que certamente está errado, pois Geli Raubal trancou-se em seu quarto naquela noite.

71 Cf. Gun: *Eva Braun-Hitler*, p. 21; Sigmund: *Des Führers bester Freund*, p. 170.

72 Heydecker: *Hoffmann-Erinnerungen*, p. 78. Cf. Hoffman: *Hitler wie ich ihn sah*, p. 128. Ainda na manhã de 19 de setembro, Heß também telefonou para Goebbels: "Geli se matou durante a noite. Um golpe terrível. Nem me atrevo a pesquisar os motivos. Como o chefe superará isso?". Goebbels: *Tagebücher*, parte I, vol. 2 / II, p. 103 (de 20 de setembro de 1931).

73 Sigmund: *Des Führers bester Freund*, p. 203-205 (na p. 204, um fac-símile da acusação por dirigir com excesso de velocidade).

74 Cf. Ibid., p. 174 e seguinte.

75 Ibid., p. 170 e seguinte Cf.: *Geli Raubal*, em: *Die Frauen der Nazis*, vol. 1, p. 149.

76 Os depoimentos de Georg Winter, Anni Winter, Maria Reichert e Anna Kirmair fazem parte do relatório final da direção de polícia de Munique, de 28 de setembro de 1931; reprod. em Sigmund: *Geli Raubal*, em: *Die Frauen der Nazis*, vol. 1, p. 148 e seguinte; cf. também: *Des Führers bester Freund*, p. 171-173.

77 Depoimento de Hitler de 19 de setembro de 1931; reprod. em Sigmund: *Des Führers bester Freund*, p. 175 e seguinte; Ibid.: *Geli Raubal*, em: *Die Frauen der Nazis*, vol. 1, p. 150, 154.

78 *Münchener Post*, nº 217, de 21 de setembro de 1931; outras manifestações da imprensa e também do jornal *Regensburger Echo*, nº 39, de 25 de setembro de 1931 ("*Die Tragödie in München Bogenhausen*"), *Freistaat*, nº 216, de 22 de setembro de 1931 ("*Ein Familiendrama um Hitler*"), *Fränkische Tagespost*, nº 258, de 21 de setembro de 1931 ("*Selbstmord in der Wohnung Hitlers*") in BA Berlin-Lichterfelde, NS 26 / 13.

79   Cf. Sigmund: *Des Führers bester Freund*, p. 179 e seguinte; e também: *Geli Raubal*, em: *Die Frauen der Nazis*, vol. I, p. 151.

80   Hitler: *Reden Schriften Anordnungen*, vol. IV,2, doc. 36, p. 109-111.

81   Sobre os boatos, cf. Sigmund: *Des Führers bester Freund*, p. 203; Gun: *Eva Braun-Hitler*, p. 27 e seguinte; Hanfstaengl: *Zwischen Weißem und Braunem Haus*, p. 242. – A história da gravidez de Geli deve-se à Bridget Hitler, a primeira esposa de seu meio-irmão Alois. (Cf. Michael Unger (ed.): *The Memoirs of Bridget Hitler*, Londres 1979, p. 70-77); a afirmação de que Hitler era o assassino foi disseminada por Otto Straßer, que a ouviu de seu irmão Paul, que, por sua vez, a teria ouvido de seu irmão Gregor, assassinado em 1934. (O. Straßer: *Hitler und ich*, p. 236-238).

82   Cf. Hamann: *Winifred Wagner*, p. 211; Entrevista com Hermann Esser, de 20 de março de 1964, vol. I; BayHStA München, Nl Esser; Sigmund: *Des Führers bester Freund*, p. 184 e seguinte Em uma entrevista de 22 de março de 1971, Leo Raubal também se referiu à morte de sua irmã como "um mistério; Ifz München, zs 2239. Adolf Vogl não acreditava que a morte de Geli Raubal tivesse sido um suicídio. Ifz München, zs 167.

83   H. v. Schirach: *Frauen um Hitler*, p. 67; cf. Gun: *Eva Hitler-Braun*, p. 21.

84   Cf. Hayman: *Hitler & Geli*, p. 145. Cf. também O. Straßer: *Hitler und ich*, p. 97, onde se fala apenas de "desejos extravagantes", que "a fantasia de um homem sadio dificilmente consideraria como reais"

85   Hanfstaengl: *Zwischen Weißem und Braunem Haus*, p. 233, 238. Cf. o relato muito semelhante nas memórias inéditas de Hanfstaengl, p. 189, 192; BSB München, Nl Hanfstaengl Ana 405, caixa 47.

86   Hanfstaengl: *Zwischen Weißem und Braunem Haus*, p. 234. Cf. Hayman: *Hitler & Geli*, p. 154, que também aqui segue Hanfstaengl de modo não crítico. Os nus artísticos reproduzidos por Anna Maria Sigmund, em 1998, afirmando que eram originais (Geli Raubal, em: *Die Frauen der Nazis*, vol. I, p. 144), eram falsificações feitas por Konrad Kujau. Em seu livro "*Des Führers bester Freund*", de 2003 (p. 208 e seguinte), a própria autora se corrigiu.

87   Segundo Gun: *Eva Braun-Hitler*, p. 28. Cf. Heydecker: *Hoffmann-Erinnerungen*, p. 79. – Gun e Hoffman se apoiam em uma história contada por Anni Winter: Antes de se trancar no quarto, Geli Raubal, ao arrumar o quarto de Hitler, encontrou uma carta de Eva Braun, na qual ela agradecia o convite para ir ao teatro. Geli tinha conhecimento de que há algum tempo Hitler se encontrava com a assistente de Heinrich Hoffmann. Aparentemente, Geli não a via como uma concorrente. Cf. também Rose: Julius Schaub, p. 103, que relata um encontro furtivo de ambos no *Oktoberfest* de 1930. Gunter Peis: *Die unbekannte Geliebte*, acredita que isso se deva ao "ciúme de Mimi Reiter", que diz ter passado uma noite com Hitler no verão de 1931 (ver acima p. 309). Mais recentemente, Peter Longerich: *Goebbels*, p. 170, insinuou que há uma relação entre o interesse de Hitler por Magda Goebbels (ver abaixo p. 319) e o suicídio de Geli.

88   Segundo depoimento de Emil Maurice, de 5 de junho de 1945; citação em Sigmund: *Des Führers bester Freund*, p. 186.

89 Hoffmann: *Hitler wie ich ihn sah*, p. 130–134; cf. o manuscrito de Hoffmann para o processo de desnazificação (janeiro de 1947), p. 14: Segundo Hoffmann, Hitler permaneceu trancado em seu quarto durante dez dias, o que, comprovadamente, não corresponde à realidade; Ifz München, MS 2049; Gun: *Eva Braun-Hitler*, p. 22; Dietrich: *12 Jahre mit Hitler*, p. 198 (segundo informação de Gregor Straßer); Frank: *Im Angesicht des Galgens*, p. 97 e seguinte (segundo informação de Rudolf Heß); Müller: *Im Wandel einer Welt*, p. 307: Hitler estava "profundamente abalado e, durante algumas horas, soluçou descontroladamente" (segundo informação de Elsa Bruckmann).

90 Fest: *Hitler*, p. 445; cf. também Kershaw: *Hitler*, vol. I, p. 446: "aparentemente à beira de uma ataque de nervos, ele falou em abandonar a política".

91 Hitler: *Reden Schriften Anordnungen*, vol. IV,2, doc. 37, p. 111-115. Cf. Goebbels: *Tagebücher*, parte I, vol. 2 / II, p. 107 (de 25 de setembro de 1931): "Ontem pela manhã: fui buscar o chefe. Ele está emagrecido e pálido como cera (...) Ele fala pouco. Nenhuma palavra sobre Geli."

92 Cf. Sigmund: *Des Führers bester Freund*, p. 193-195; Goebbels: *Tagebücher*, parte I, vol. 2,II, p. 211 (de 5 de fevereiro de 1932), p. 366 (de 19 de setembro de 1932); Hoffman: *Hitler wie ich ihn sah*, p. 133. Hitler confiou os cuidados com o túmulo ao Blumenhaus Karl A. Rolleder, uma floricultura de Viena. No entanto, Hitler não pagou as faturas para as plantas, coroas de flores, limpeza e manutenção da cripta, de modo que o proprietário da floricultura lhe enviou uma carta de cobrança, na qual se desculpava por "tomar a liberdade de cobrá-lo". Karl A. Rolleder a Hitler, 5 de novembro de 1931, 22 de fevereiro de 1932; BA Berlin-Lichterfelde, NS 26 / 2557.

93 Goebbels: *Tagebücher*, parte I, vol. 2,II, p. 135 (de 27 de outubro de 1931). Cf. ibid., p. 154 (de 22 de novembro de 1931): "O chefe conta: sobre as mulheres que amou. Fala da única que ele não consegue encontrar (...) De Geli, que ele perdeu e da qual sente falta até hoje. Ele está muito emocionado. Nós gostamos muito dele. Ele é muito altruísta". Sobre isso, cf. Görtemaker: *Eva Braun*, p. 54-56.

94 Wagener: *Hitler aus nächster Nähe*, p. 358. Cf. Hoffman: *Hitler wie ich ihn sah*, p. 117.

95 Heß: *Briefe*, p. 415 (de 9 de novembro de 1931).

96 Sobre isso, veja acima, p. 16 e, abaixo, p. 421 e seguinte Cf. também a crítica justificada de Görtemaker: *Eva Braun*, p. 10 e seguinte.

97 Segundo Fest: *Hitler*, p. 446.

98 H. v. Schirach: *Frauen um Hitler*, p. 73; manuscrito de Hoffmann para o processo de desnazificação (janeiro de 1947), p. 14: "Com a morte de sua sobrinha, uma parte de Hitler foi enterrada. Ele não era mais o mesmo". Ifz München, MS 2049; cf. Steinert: *Hitler*, p. 252; Kershaw: *Hitler*, vol. I, p. 444.

99 Goebbels: *Tagebücher*, parte I, vol. 2,II, p. 85 (de 26 de agosto de 1931); p. 91 (de 4 de setembro de 1931). Sobre o encontro Hitler– Martha Quandt no *Kaiserhof*, cf. Wagener: *Hitler aus nächster Nähe*, p. 376-378.

100 Goebbels: *Tagebücher*, parte I, vol. 2 / II, p. 98, 100 (de 14 e 16 de setembro de 1931).

101 Cf. Longerich: *Goebbels*, p. 169.

102 Goebbels: *Tagebücher*, parte I, vol. 2,II, p. 200 (de 20 de janeiro de 1932). Entre as mulheres que o casal Goebbels convidou para conhecerem Hitler estava a cantora e atriz Gretl Slezak, a filha do célebre tenor Leo Slezak, que Hitler admirara quando jovem no Stadttheater de Linz, no papel de Lohengrin. Cf. Goebbels: *Tagebücher*, parte I, vol. 2 / II, p. 247 (de 22 de março de 1932); p. 271 (de 30 de abril de 1932); vol. 2 / III, p. 63 (de 20 de novembro de 1932), p. 75 (de 6 de dezembro de 1932); também Schroeder: *Er war mein Chef*, p. 159-162; Sigmund: *Des Führers bester Freund*, p. 272 e seguinte; Joachimsthaler: *Hitlers Liste*, p. 489-496.

103 Leni Riefenstahl: *Memoiren*, Munique, 1987, p. 214. Sobre o encontro com Hitler em maio de 1932 cf. Ibid., p. 157-160. Cf. Jürgen Trimborn: *Riefenstahl. Eine deutsche Karriere*, Berlim, 2002, p. 129-133; Karin Wieland: *Dietrich & Riefenstahl. Der Traum von der neuen Frau*, Munique 2011, p. 176-178. No início de novembro de 1932, Leni Riefenstahl visitou Hitler no Hotel Kaiserhof. "Ela está entusiasmada conosco", anotou Goebbels: *Tagebücher*, parte I, vol. 2 / III, p. 50 (de 3 de novembro de 1932).

104 Sobre o tema a seguir, cf. Görtemaker: *Eva Braun*, p. 39-43; também Anna Maria Sigmund: *Eva Braun*, em: *Die Frauen der Nazis*, vol. 1, p. 159 e seguintes.

105 Hoffman: *Hitler wie ich ihn sah*, p. 135.

106 Gun: Eva Braun-Hitler, p. 46 e seguinte; sobre a representação de Gun, cf. criticamente Görtemaker: *Eva Braun*, p. 19-21.

107 Cf. Görtemaker: *Eva Braun*, p. 21-23; H. v. Schirach: *Frauen um Hitler*, p. 224; Gun: *Eva Braun-Hitler*, p. 49 e seguinte.

108 Schroeder: *Er war mein Chef*, p. 156. O tesoureiro do NSDAP, Franz Xaver Schwarz, ao depor em um inquérito, em 21 de julho de 1945, afirmou que a relação entre Hitler e Eva Braun tinha sido "puramente platônica"; Ifz München, ZS 1452.

109 H. v. Schirach: *Frauen um Hitler*, p. 226.

110 Cf. Gun: *Eva Braun-Hitler*, p. 55; Maser: *Adolf Hitler*, p. 322, que cita um comunicado de Anni Winter de 1969. Durante o tempo que passaram juntas em Augsburg em 1945, Anni Winter contou à Christa Schroeder sobre as visitais de fim de semana que Eva Braun passou a fazer seis meses após o suicídio de Geli Raubal: "Ela aparecia todos os sábados no apartamento da Prinzregentenplatz com uma malinha de mão". Schroeder: *Er war mein chef*, p. 234 e seguinte.

111 Görtemaker: *Eva Braun*, p. 52. Ao olhar as fotos da Conferência de Munique de 1938, que mostravam Chamberlain no apartamento de Hitler, Eva Braun teria dito a sua melhor amiga, Herta Ostermeier (ou Schneider, após seu casamento em 1936): "Se Chamberlain soubesse a história desse sofá (...).". Gun: *Eva Braun-Hitler*, p. 55.

112 Wagener: *Hitler aus nächster Nähe*, p. 99.

113 Richard Wagner: *Rienzi, der Letzte der Tribunen. Große tragische Oper in fünf Akten. Nach der Originalpartitur hrsg. von Egon Voss*, Stuttgart 2010, p. 59 e seguinte; cf. também a anotação de Hanfstaengl "Rienzi – A.H."; BSB München, Nl Hanfstaengl Ana 405, caixa 25.

114 Wagener: *Hitler aus nächster Nähe*, p. 358.

115 Gun: *Eva-Braun-Hitler*, p. 57. Cf. Wiedemann: *Der Mann*, p. 70.

116 Gun: *Eva Braun-Hitler*, p. 56. Cf. Görtemaker: *Eva Braun*, p. 59-62, que aborda a datação e que também se decidiu pelo início de novembro de 1932 como a data provável.

117 Hoffmann: *Hitler wie ich ihn sah*, p. 137; cf. o manuscrito de Hoffmann para o processo de desnazificação (janeiro de 1947), p. 22; Ifz München, MS 2049.

118 Schroeder: *Er war mein Chef*, p. 164; Joachimsthaler: *Hitlers Liste*, p. 441 e seguinte Quanto às perguntas pelos motivos, cf. Görtemaker: *Eva Braun*, p. 62 e seguinte.

119 Hanfstaengl: *Zwischen Weißem und Braunem Haus*, p. 287; cf. as memórias inéditas de Hanfstaengl, p. 236: "Hitler estava muito calmo (...) foi a última vez que o vi tão tranquilo". BSB München, Nl Hanfstaengl Ana 405, caixa 47.

Capítulo 11. O jogo pelo poder

1 Joseph Goebbels: *Vom Kaiserhof zur Reichskanzlei*, Munique, 1934, p. 20. Sobre as alterações posteriores do diário, cf. Longerich: Goebbels, pp. 199, 491 e seguinte (Nota 111).

2 Otto Dietrich: *Mit Hitler in die Macht. Persönliche Erlebnisse mit meinem Führer*, 2ª ed., Munique, 1934 (citações pp. 15, 36, 58, 80). Cf. Krings: *Hitlers Pressechef*, p. 267 e seguinte

3 Cf. Goebbels: *Tagebücher*, Parte I, vol. 2/II, p. 186 (de 1º de janeiro de 1932): "O novo ano precisa e vai trazer a decisão."

4 Leopold Schwarzschild: *Chronik eines Untergangs. Deutschland 1924-1939*. org. Andreas P. Wesemann, Viena, 2005, p. 232. Cf. Golo Mann: *Erinnerungen und Gedanken. Eine Jugend in Deutschland*, Frankfurt am Main, 1986, p. 442.

5 *Hitler: Reden Schriften Anordnungen*, vol. IV, 3, Doc. 1, p. 3-10 (citações p. 4, 5).

6 Ibid., Doc. 2, p. 11-13 (citação p. 12).

7 Hess: *Briefe*, p. 413 (de 3 de setembro de 1931).

8 Cf. *Hitler an Karl Haniel*, 25 de janeiro de 1932; *Hitler: Reden Schriften Anordnungen*, vol. IV, 3, Doc. 13, p. 69 e seguinte

9 Ibid., Doc. 15, pp. 74-110 (citações pp. 81, 88, 106, 109). Cf. *zu Hitlers Auftritt vor dem Düsseldorfer Industrie-Club* Turner: *Großunternehmer*, pp. 260-271; Gustav Luntowski: *Hitler und die Herren an der Ruhr. Wirtschaftsmacht und Staatsmacht im Dritten Reich*, Frankfurt am Main, 2000, p. 43-46; Industrie-Club e. V. Düsseldorf (org.): *Treffpunkt der Eliten. Die Geschichte des Industrie-Clubs Düsseldorf. Texte und wissenschaftliche Bearbeitung von Volker Ackermann*, Düsseldorf, 2006, pp. 128-139.

10 Dietrich: *Mit Hitler in die Macht*, pp. 46-49.

11 Cf. Turner: *Großunternehmer*, p. 268 e seguinte; Luntowski: *Hitler und die Herren an der Ruhr*, p. 46 e seguinte; Ackermann: *Treffpunkt der Eliten*, p. 127 e seguinte; Krings: *Hitlers Pressechef*, p. 148 e seguinte

12 Cf. Turner: *Großunternehmer*, p. 265.

13 Cf. Eglau: *Fritz Thyssen*, p. 134. Em uma carta a Hugenberg, de 20 de janeiro de 1932, remetida do Park Hotel Düsseldorf, Thyssen anunciou sua saída do DNVP. Em 28 de janeiro de 1932, Thyssen acrescentou: "nunca deixei dúvidas a Hugenberg de que eu

só poderia pertencer ao seu partido, contanto que este estivesse decidido a acompanhar Hitler." Bundesarchiv Koblenz, N 1231/39.

14 Dietrich: *12 Jahre mit Hitler*, p. 185 e seguinte Cf. Krings: *Hitlers Pressechef*, p. 149, nota 216, da parte não publicada das memórias: "Como notei, entravam valores relativamente insignificantes. Em anexo, um ou dois cheques no valor acima de uns mil marcos, mas de acordo com as expectativas de Hitler, esse resultado total era irrelevante, de modo que lhe dava oportunidade para fazer observações espontâneas de decepção."

15 Cf. Turner: *Großunternehmer*, p. 274 e seguinte; Eglau: *Fritz Thyssen*, p. 135.

16 Cf. Brüning: *Memoiren*, pp. 451, 500; Winkler: *Weimar*, p. 444; Pyta: *Hindenburg*, pp. 645-650.

17 De acordo com Hürter: *Wilhelm Groener*, p. 322 e seguinte No final de janeiro de 1932, após o fracasso das negociações, Groener definiu Hitler como "visionário e ídolo da burrice" que servia como "espantalho para as massas" e precisava "por todos os meios" ser mantido afastado de cargos governamentais. Ibid., 324.

18 Cf. Hitler a Brüning, 12, 15 e 25 de janeiro de 1932; *Hitler: Reden Schriften Anordnungen*, vol. IV, 3, Doc. 6, pp. 11-13; Doc. 8, pp. 34-44; Doc. 12, pp. 58-68. Rudolf Heß achou "simplesmente genial" como Hitler "virou a mesa" na questão da candidatura de Hindenburg. R. Heß a Klara Heß, 15 de janeiro de 1932; Bundesarchiv Bern, Nl Heß, J1.211-1989/148, 49. Em uma carta a Brüning, de 11 de janeiro de 1932, Hugenberg também recusara o apoio do DNVP para prorrogar o mandato de Hindenburg. Bundesarchiv Koblenz, N 1231/36.

19 Goebbels: *Tagebücher*, Parte I, vol. 2/II, p. 199 (de 20 de janeiro de 1932).

20 Ibid., p. 205 (de 28 de janeiro de 1932), p. 207 (de 30 de janeiro de 1932).

21 Ibid., p. 209 (de 3 de fevereiro de 1932).

22 Brüning: *Memoiren*, p. 519.

23 Hermann Pünder: *Politik in der Reichskanzlei. Aufzeichnungen aus den Jahren 1929-1932*. ed. Thilo Vogelsang, Stuttgart 1961, p. 144 (de 15 de fevereiro de 1932). Cf. Pyta: Hindenburg, pp. 658-663.

24 Goebbels: *Tagebücher*, Parte I, vol. 2/II, p. 225 (de 23 de fevereiro de 1932).

25 Cópia da minuta do contrato de trabalho entre o estado livre de Braunschweig e o escritor Adolf Hitler no Bundesarchiv Koblenz, N1128/27. Cf. a documentação de Rudolf Morsey sobre a naturalização de Hitler: *Hitler als Braunschweigischer Regierungsrat*, in: *Vierteljahrshefte für Zeitgeschichte*, Jg. 8 (1960), pp. 419-448; e Gunnhild Ruben: *"Bitte mich als Untermieter bei ihnen anzumelden!" Hitler und Braunschweig 1932-1935*, Norderstedt, 2004, pp. 42-52.

26 Morsey: *Hitler als Braunschweigischer Regierungsrat*, p. 442.

27 Goebbels: *Tagebücher*, Parte I, vol. 2/II, p. 228 (de 26 de fevereiro de 1932). Cf. também ibid., p. 230 (de 1º de março de 1932): "Ele tem que aparecer como 'conselheiro governamental'. Uau!" No casamento de Baldur von Schirachs com Henriette Hoffmann, em 31 de março de 1932, no qual Hitler e Röhm foram padrinhos, ele de fato assinou

como "conselheiro governamental". Notas de H. v. Schichrachs "*76 Jahre Leben in Deutschland* " (1989); BayhStA Munique, Nl H. v. Schirach 3.

28 Winkler: *Der Weg in die Katastrophe*, p. 512 e seguinte Sobre as discussões na direita acerca da candidatura, cf. Volker R. Berghahn: *Harzburger Front und die Kandidatur Hindenburgs für die Präsidentschaftswahlen 1932*, in: *Vierteljahrshefte für Zeitgeschichte*, Jg. 13 (1965), pp. 64-82.

29 Th. Sternheim: *Tagebücher*, vol. 2, p. 394 (de 16 de fevereiro de 1932).

30 Citação de acordo com Schönhoven/Vogel: *Frühe Warnungen*, p. 245 e seguinte.; cf. Döring: *Parlamentarischer Arm*, p. 322 e seguinte; Winkler: *Weimar*, p. 446.

31 Goebbels: *Tagebücher*, Parte I, vol. 2/II, p. 226 (de 24 de janeiro de 1932).

32 Ibid., p. 230 e seguinte (de 1º de março de 1932); cf. Paul: *Aufstand der Bilder*, p. 95 e seguinte.

33 *Hitler: Reden Schriften Anordnungen*, vol. IV, 3, Doc. 29, p. 138-144 (citação p. 142).

34 Goebbels: *Tagebücher*, Parte I, vol. 2/II, p. 229 (de 28 de fevereiro de 1932).

35 Citação de acordo com *Hitler: Reden Schriften Anordnungen*, vol. IV, 3, Doc. 32, p. 153, nota 1.

36 Citação *ibid.*, Doc. 34, p. 166, nota 1.

37 Hitler a Hindenburg, 28 de fevereiro de 1932; ibid., Doc. 30, p. 145-150 (citação p. 147).

38 Ibid., Doc. 39, p. 191; cf. *ibid.*, Doc. 29, p. 144; Doc. 32, p. 160 s., Doc. 35, p. 172; Doc. 36, p. 181; Doc. 41, p. 199; Doc. 43, p. 202; Doc. 45, p. 214. Para essa parte da estratégia de campanha eleitoral de Hitler, Pyta: *Hindenburg*, p. 671 e seguinte

39 *Hitler: Reden Schriften Anordnungen*, vol. IV, 3, Doc. 32, p. 157; cf. ibid., Doc. 34, p. 169; Doc. 36, p. 179; Doc. 39, p. 191; Doc. 41, p. 199; Doc. 43, p. 201; Doc. 45, p. 213.

40 Citação de acordo com Horn: *Der Marsch zur Machtergreifung*, p. 347, nota. 66; cf. Paul: *Aufstand der Bilder*, p. 97.

41 Goebbels: *Tagebücher*, Parte I, vol. 2/II, p. 235 (de 6 de março de 1932).

42 Ibid., p. 237 (de 9 de março de 1932). Cf. também ibid., p. 241 (de 13 de março de 1932): "Hitler ligou de Nuremberg. Todos estão seguros da vitória. Ele também." Wilhelm Frick já escrevera em 29 de fevereiro de 1932 a sua irmã Emma: "Precisamos reunir todas as forças para ganhar. Nossas chances são totalmente boas." Bundesarchiv Koblenz, N 1241/7.

43 *Hitler: Reden Schriften Anordnungen*, vol. IV, 3, Doc. 46, p. 219-222 (especialmente p. 219 e seguinte).

44 Cf. Falter *et al. Wahlen und Abstimmungen*, p. 46.

45 Cf. Horn: *Der Marsch zur Machtergreifung*, p. 349; Winkler: *Weimar*, p. 449.

46 Goebbels: *Tagebücher*, Parte I, vol. 2/II, p. 241 e seguinte (de 14 de março de 1932).

47 Hitler: *Reden Schriften Anordnungen*, vol. IV, 3, Doc. 47, pp. 223-225 (citações pp. 224, 225).

48 Dietrich: *Mit Hitler in die Macht*, p. 62 e seguinte

49 Hanfstaengl: *Zwischen Weißem und Braunem Haus*, p. 271.

50 *Hitler: Reden Schriften Anordnungen*, vol. IV, 3, Doc. 50, p. 239-245 (citações p. 239).

51 Cf. Wolfgang Stribrny: *Der Versuch einer Kandidatur des Kronprinzen Wilhelm bei der Reichspräsidentenwahl 1932*, in: *Geschichte in der Gegenwart. Festschrift für Kurt Kluxen*, Paderborn 1972, pp. 199-210; Willibald Gutsche: *Ein Kaiser im Exil. Der letzte deutsche Kaiser Wilhelm II. in Holland*, Marburg, 1991, p. 138-140. Sobre esse episódio também Pyta: Hindenburg, pp. 674-678; Granier: *Magnus von Levetzow*, p. 173 e seguinte.; Goebbels: *Tagebücher*, Parte I, vol. 2/II, p. 252 (de 31 de março de 1932), 253 (de 1º de abril de 1932). Heinrich Claß também, presidente da Liga Pangermânica solicitou os nacionalistas alemães a "votarem unanimemente em Adolf Hitler no segundo turno". Claß a Hugenberg, 19 de março de 1932; Bundesarchiv Koblenz, N 1231/36. Em uma longa carta a Hitler, de 20 de março de 1932, Hugenberg justifica sua decisão em não intervir no segundo turno, por um lado, em razão da falta de chances da candidatura de Hitler, por outro, devido às contínuas violações pelo NSDAP do acordo de cooperação, em Bad Harzburg. Bundesarchiv Koblenz, N 1231/37. Cf. também Hugenberg ao príncipe herdeiro Wilhelm, 27 de abril de 1932; Ibid.

52 *Hitler: Reden Schriften Anordnungen*, vol. IV, 3, Doc. 59, p. 258-261 (citação p. 258).

53 Goebbels: *Tagebücher*, Parte I, vol. 2/II, p. 243 (de 16 de março de 1932), p. 246 (de 21 de março de 1932).

54 Dietrich: *Mit Hitler in die Macht*, p. 70; cf. Krings: *Hitlers Pressechef*, p. 119. Rudolf Heß "para seu profundo desgosto" não pôde participar dos voos pela Alemanha, porque Hitler "queria que ele ficasse cuidando" da sede do partido em Munique. Ilse Heß a seus pais, 9 de maio de 1932; Bundesarchiv Bern, Nl Heß, J1.211-1989/148, 49.

55 Hitler: *Reden Schriften Anordnungen*, vol. V, 1, Doc. 7, p. 20 e seguinte; cf. Goebbels: *Tagebücher*, Parte I, vol. 2/II, p. 255 (de 5 de abril de 1932).

56 Análises pertinentes de Paul: *Aufstand der Bilder*, pp. 204-210 (citação p. 208).

57 Hamann: *Winifred Wagner*, p. 214. Cf. também Rudolf Heß a seus pais, 23 de agosto de 1928: "Ele tem uma grande aversão a viajar de avião [...] Tem a sensação de que pode lhe acontecer algo durante o voo." Bundesarchiv Bern, Nl Heß, J1.211-1989/148, 41; Heß: *Briefe*, p. 418 (de 4 de maio de 1932); *Monologe*, p. 191 e seguinte (de 9 e 10 de janeiro de 1942). De acordo com Hans Baur (*Ich flog Mächtige der Erde*, Kempten/Allgäu 1956, p. 81), a falta de "confiança [de Hitler] na aviação" devia-se à experiência de seu primeiro voo na época do Kapp-Putsch, quando o piloto teve de fazer um pouso de emergência.

58 Cf. Dietrich: *Mit Hitler in die Macht*, pp. 79-82.

59 Delmer: *Die Deutschen und ich*, pp. 146-148. Cf. *die unveröffentlichten Erinnerungen Hanfstaengls*, p. 212: "Hitler costumava sentar-se na poltrona da frente à direita ou esquerda e cochilava ou fazia de conta, olhava pela janela ou para seu mapa e normalmente ficava calado. Os outros tentavam ganhar sua atenção, mas ele se retirava, lendo um jornal ou fazendo apontamentos." Bayerische Staatsbibliothek, Munique, Nl Hanfstaengl Ana 405, Schachtel 47.

60 Cf. Delmer: *Die Deutschen und ich*, p. 151; cf. Hitler: *Reden Schriften Anordnungen*, vol. V, 1, p. 270, nota. 2: Também à margem de um comício em Gera, em 26 de julho de 1932, "a escolta de Hitler, em alguns lugares, foi para cima das multidões."

61 Ibid., Doc. 8, pp. 21-25 (citação p. 23).

62 Cf. As contas de 1º a 4 de setembro de 1931, 10 a 13 de setembro de 1931, 3 a 6 de dezembro de 1931, 10 a 13 de dezembro de 1931, 2 de março de 1932, 21 a 22 de março de 1932, 28 de abril a 2 de maio de 1932; Bundesarchiv Berlin-Lichterfelde, NS 26/2557. Sobre o artigo *"Welt am Montag"*, cf. *Hitler: Reden Schriften Anordnungen*, vol. V,1, Doc. 11, p. 27 e seguinte, nota 12.

63 Em seu discurso em Schwenningen, 9 de abril de 1932: ibid., Doc. 28, p. 47. Cf. ibid., Doc. 25, p. 42 e seguinte (de 8 de abril de 1932); Doc. 20, p. 38 (de 7 de abril de 1932). A declaração de Hitler de 7 de abril de 1932: ibid., Doc. 19, p. 36 e seguinte Cf. também a declaração sob juramento de Rudolf Heß, de 13 de abril de 1932; Bundesarchiv Berlin-Lichterfelde, NS 26/328; Goebbels: *Tagebücher*, Parte I., vol. 2/II, p. 253 (de 2 de abril de 1932): "Coisa desagradável do *Kaiserhof* com a conta de Hitler de 4 mil marcos. Claro que é falsificada. Vou dizer poucas e boas ao *Kaiserhof* que vai ficar com o rabo entre as pernas."

64 Falter *et al.*: *Wahlen und Abstimmungen*, p. 46; Winkler: *Weimar*, p. 453.

65 Th. Sternheim: *Tagebücher*, vol. 2, p. 399 (de 11 de abril de 1932).

66 Goebbels: *Tagebücher*, Parte I, vol. 2/II, p. 259 (de 10 de abril de 1932). Cf. também a convocação de Hitler, de 10 de abril de 1932, com a constatação de que uma "nova vitória fora alcançada". *Hitler: Reden Schriften Anordnungen*, vol. V, 1, Doc. 30, p. 49. Cf. também a entrevista de Hitler com Sefton Delmer, de 10 de abril de 1932: "'É uma grande vitória para nós', ele me disse com os olhos brilhando de encanto". Ibid., Doc. 33, p. 51.

67 Goebbels: *Tagebücher*, Parte I, vol. 2/II, p. 260 (de 12 de abril de 1932).

68 *Hitler: Reden Schriften Anordnungen*, vol. V, 1, Doc. 39, p. 62, nota. 2.

69 Ibid., Doc. 45, p. 75 (de 18 de abril de 1932); Doc. 57, p. 91 (de 22 de abril de 1932).

70 Falter *et. al.*: *Wahlen und Abstimmungen*, pp. 101, 91, 113, 94, 89. O arquiteto Troost anotou em seu diário, em 27 de abril de 1932: "Ele [Hitler] veio de bom humor e alegre pelo sucesso nas eleições do parlamento estadual." Nüßlein: *Paul Ludwig Troost*, p. 103.

71 Goebbels: *Tagebücher*, Parte I, vol. 2/II, p. 267 e seguinte (de 25 de abril de 1932).

72 Pyta: Hindenburg, p. 683.

73 Cf. Brüning: *Memoiren*, p. 541 e seguinte.; Pyta: *Hindenburg*, p. 687.

74 *Hitler: Reden Schriften Anordn*ungen, vol. IV, 3, Doc. 52, pp. 246-251; Doc. 53, pp. 251-253 (citação p. 252).

75 Cf. Hürter: *Wilhelm Groener*, pp. 339-345; Winkler: *Weimar*, p. 449 e seguinte, 454; Blasius: *Weimars Ende*, pp. 39-41.

76 Kessler: *Das Tagebuch*, vol. 9, p. 410 (de 16 de abril de 1932). O *Foreign Office* julgou de modo semelhante a recuada de Hitler: "O latido de Hitler é pior do que a mordida." Clemens: *Herr Hitler in Germany*, p. 223.

77 Longerich: *Die braunen Bataillone*, p. 154. Cf. Goebbels: *Tagebücher*, Parte I, vol. 2/II, p. 261 (de 15 de abril de 1932): "A proibição da SA é certa. Mas vamos trabalhar duro."

78   Hitler: *Reden Schriften Anordnungen*, vol. V,1 Doc. 36, pp. 54-56 (citação p. 56). Cf. a entrevista de Hitler com o *Evening Standard*, 18 de abril de 1932: "A proibição de tropas de assalto não pode durar para sempre; esta é apenas uma medida temporária". Ibid., Doc. 37, p. 57-59 (citação p. 57).

79   Cf. Hürter: *Wilhelm Groener*, p. 345 e seguinte.; Winkler: *Weimar*, p. 455; Pyta: *Hindenburg*, p. 688.

80   Cf. Pyta: *Hindenburg*, p. 688 e seguinte; Hürter: *Wilhelm Groener*, p. 344, 348; Broszat: *Die Machtergreifung*, p. 140. Sobre a "infidelidade" de Schleicher em relação a Groener, cf. Brüning: *Memoiren*, p. 547; Pünder: *Politik in der Reichskanzlei*, p. 118 (de 11 de abril de 1932), que denomina as intrigas de Schleicher uma "terrível quebra de confiança em relação a seu chefe Sua Excelência Groener".

81   Goebbels: *Tagebücher*, Parte I, vol. 2/II, p. 271 (de 29 de abril de 1932), p. 274 (de 5 de maio de 1932), p. 276 (de 9 de maio de 1932).

82   Ibid., p. 276 (de 9 de maio de 1932).

83   Cf. Brüning: *Memoiren*, p. 586; Pyta: *Hindenburg*, p. 694.

84   Theodor Heuss a Reinhold Meier, 14 de maio de 1932; Heuss: *Bürger der Weimarer Republik*, p. 465. Cf. Pünder: *Politik in der Reichskanzlei*, p. 120 (de 10 de maio de 1932); Brüning: *Memoiren*, p. 587.

85   Goebbels: *Tagebücher*, Parte I, vol. 2/II, p. 279 (de 12 de maio de 1932).

86   Cf. Hürter: *Wilhelm Groener*, p. 351.

87   Pünder: *Politik in der Reichskanzlei*, p. 123 (de 15 de maio de 1932).

88   Goebbels: *Tagebücher*, Parte I, vol. 2/II, pp. 281, 283, 284, 285.

89   Ibid., p. 288 (de 25 de maio de 1932).

90   Apontamentos de Meissner, de 14 de junho de 1932, Walther Hubatsch: *Hindenburg und der Staat. Aus den Papieren des Generalfeldmarschalls und Reichspräsidenten von 1878 bis 1934*, Gotinga, 1966, p. 327 e seguinte; conferir também *Otto Meissner: Staatssekretär unter Ebert, Hindenburg, Hitler*, Hamburgo, 1950, p. 223 e seguinte; Pyta: *Hindenburg*, p. 695; Winkler: *Weimar*, p. 467 e seguinte

91   Pünder: *Politik in der Reichskanzlei*, p. 126 (de 26 de maio de 1932). Cf. apontamentos de Meissner de 14 de junho de 1932; Hubatsch: *Hindenburg und der Staat*, p. 328.

92   Apontamentos de Meissner de 14 de junho de 1932; Hubatsch: *Hindenburg und der Staat*, p. 329. Cf. Pyta: *Hindenburg*, p. 696 e seguinte

93   Cf. Brüning: *Memoiren*, p. 601 e seguinte; *Meissner: Staatssekretär*, p. 226 e seguinte.

94   Pünder: *Politik in der Reichskanzlei*, p. 129 (de 29 de maio de 1932).

95   Goebbels: *Tagebücher*, Parte I, vol. 2/II, p. 293 (de 31 de maio de 1932).

96   Kessler: *Das Tagebuch*, vol. 9, p. 427 (de 30 de maio de 1932).

97   Winkler: *Weimar*, p. 472.

98   Cf. apontamentos de Meissner de 30 de maio de 1932, Vogelsang: *Reichswehr, Staat und NSDAP*, p. 458 e seguinte

99   Goebbels: *Tagebücher*, Parte I, vol. 2/II, p. 293 (de 30 de maio de 1932).

100   Falter *et al.*: *Wahlen und Abstimmungen*, p. 100, 98.

101 Goebbels: *Tagebücher*, Parte I, vol. 2/II, p. 297 (de 6 de junho de 1932). Cf. ibid., p. 308 (de 24 de junho de 1932): "Precisamos nos livrar do gabinete v. Papen. Livres e descomprometidos para a campanha eleitoral." Em um diálogo no final de junho de 1932 com o redator-chefe do *Rheinisch-Westfälischen Zeitung*, Eugen Mündler, expressou sua preocupação a Gregor Straßer, "os nazistas poderiam ser prejudicados com os erros do gabinete Papen, atrapalhando a campanha eleitoral." Mündler ao ministro da Justiça Franz Gürtner, 21 de junho de 1932; Bundesarchiv Koblenz, N 1530/22.

102 Assim registra Lutz Schwerin von Krosigk em uma carta de 12 de fevereiro de 1971; Bundesarchiv Koblenz, N 1276/23. Cf. Joachim Petzold: *Franz von Papen. Ein deutsches Verhängnis*, Munique/Berlim, 1995, p. 63: à pergunta de um jornalista em 30 de maio, "Quem o senhor fará se tornar chanceler do *Reich*, sr. general?", Schleicher teria respondido: "Tenho algo muito especial; o senhor se surpreenderá."

103 Cf. Winkler: *Weimar*, p. 479 e seguinte; Pyta: *Hindenburg*, pp. 706-708; Petzold: *Franz von Papen*, p. 66 e seguinte.

104 Franz von Papen: *Der Wahrheit eine Gasse*, München, 1952, p. 195. Sobre a datação, cf. Goebbels: *Tagebücher*, Parte I, vol. 2/II, p. 294 (de 1º de junho de 1932).

105 *Akten der Reichskanzlei. Weimarer Republik. Das Kabinett von Papen. 1. Juni bis 3. Dezember 1932*. vol. 1: *Juni bis September 1932*. org. Karl-Heinz Minuth, Boppard a.Rh. 1989, nº. 18, pp. 54 e 55, nota 10.

106 Kessler: *Das Tagebuch*, vol. 9, p. 446 (de 21 de junho de 1932), p. 461 e seguinte (de 12 de julho de 1932).

107 Ibid., p. 465 (de 18 de julho de 1932). Cf. Léon Schirmann: *Altonaer Blutsonntag 17. Juli 1932. Dichtungen und Wahrheit*, Hamburgo, 1994.

108 Papen a Kerrl, 6 de junho de 1932; *Das Kabinett von Papen*, vol. 1, nº 10, p. 22 e seguinte

109 Goebbels: *Tagebücher*, Parte I, vol. 2/II, p. 297 (de 6 de junho de 1932). Cf. ibid., p. 298 (de 7 de junho de 1932): "Ficamos na oposição até obtermos o poder total para agirmos de modo abrangente. Converso por telefone com Hitler, que é totalmente da minha opinião."

110 Reunião ministerial de 11 de julho de 1932; *Das Kabinett von Papen*, vol. 1, nº 57, p. 204-208 (citações pp. 205, 207).

111 Cf. Reunião ministerial de 16 de julho de 1932; ibid., nº 63, p. 240.

112 Apontamentos de Hirtsiefer e Severing, de 20 de julho de 1932; ibid., nº 69b, pp. 259-262 (citação p. 260).

113 Governo do Estado da Prússia ao chanceler do *Reich*, 20 de julho de 1932; ibid., nº 71, p. 263 e seguinte

114 Goebbels: *Tagebücher*, Parte I, vol. 2/II, p. 324 (de 21 de julho de 1932).

115 Cf. Peter Leßmann: *Die preußische Schutzpolizei in der Weimarer Republik. Streifendienst und Straßenkampf*, Düsseldorf, 1989, pp. 367-370.

116 Citação de acordo com Winkler: *Der Weg in die Katastrophe*, p. 671.

117 Goebbels: *Tagebücher*, Parte I, vol. 2/II, p. 324 (de 20 de julho de 1932).

118 Bracher: *Die Auflösung der Weimarer Republik*, p. 390.

119 Cf. Winkler: *Weimar*, p. 529 e seguinte

120 *Hitler: Reden Schriften Anordnungen*, vol. V, 1, Doc. 84, p. 156.

121 Paul: *Aufstand der Bilder*, p. 100 e seguinte

122 Texto em *Hitler: Reden Schriften Anordnungen*, vol. V, 1, Doc. 109, pp. 216-219. Sobre a distribuição, ibid., p. 216, nota 1.

123 Cf. ibid., Doc. 122, p. 241, nota 1; Dietrich: *Mit Hitler in die Macht*, p. 109 e seguinte; Baur: *Ich flog Mächtige der Erde*, p. 88.

124 *Hitler: Reden Schriften Anordnungen*, vol. V, 1, Doc. 126, p. 246, nota 1.

125 Ibid., Doc. 141, p. 268, nota 4.

126 Hanfstaengl: *Zwischen Braunem und Weißem Haus*, p. 266 e seguinte; *Unveröffentlichte Erinnerungen Hanfstaengls*, p. 216; Bayerische Staatsbibliothek, Munique, Nl Hanfstaengl Ana 405, caixa 47. Cf. também Dietrich: *Mit Hitler in die Macht*, p. 74 e seguinte: "Do carro para o avião, do avião para o carro, do carro para o hotel [...] Isso se repetia dia a dia."

127 *Hitler: Reden Schriften Anordnungen*, vol. V, 1, Doc. 148, p. 276; cf. ibid., Doc. 129, p. 49 (de 21 de julho de 1932, Gotinga): "Só posso dizer, certamente, é a meta da minha vida destruir e eliminar esses trinta partidos"; Doc. 151, p. 278 (de 28 de julho de 1932, Aachen); Doc. 158, p. 285 (de 29 de julho de 1932, Radolfzell); Doc. 159, p. 289 (de 30 de julho de 1932, Kempten).

128 Citações na ordem seguinte: ibid. Doc. 112, p. 224 e seguinte (de 15 de julho de 1932, Tilsit); Doc. 113, p.230 (15 de julho de 1932, Gumbinnen); Doc. 118, p. 234 (de 17 de julho de 1932, Königsberg); Doc. 121, p. 239 (de 19 de julho de 1932, Cottbus).

129 Ibid., Doc. 112, p. 227.

130 Ibid., Doc. 123, p. 244.

131 Ibid., Doc. 111, p. 222 (de 15 de julho de 1932).

132 Ibid., Doc. 163, p. 294 (de 31 de julho e 1º de agosto de 1932).

133 Quaatz: *Die Deutschnationalen und die Zerstörung der Weimarer Republik*, p. 199 (de 1º de agosto de 1932). Para os resultados de 31 de julho de 1932, cf. Falter *et al.*: *Wahlen und Abstimmungen*, pp. 41, 44.

134 Kessler: *Das Tagebuch*, vol. 9, p. 479 (de 31 de julho de 1932).

135 Goebbels: *Tagebücher*, Parte I, vol. 2/II, p. 330 (de 1º de agosto de 1932). Cf. ibid., p. 331 (de 2 de agosto de 1932): "Precisamos alcançar o poder. E governar, mostrar o que sabemos [...] Tolerar mata. Essa é também a opinião de Hitler."

136 Ibid., p. 332 (de 3 de agosto de 1932).

137 Ibid., p. 332 (de 4 de agosto de 1932).

138 Ibid., p. 333 (de 5 de agosto de 1932). Baldur von Schirach (*Ich glaubte an Hitler*, p. 136) transmitiu a expressão de Hitler: "Eu quero o poder total, agora ou nunca."

139 De acordo com um rascunho de carta de leitor de Schleicher para o *Vossische Zeitung* de 30 de janeiro de 1934; Thilo Vogelsang: *Zur Politik Schleichers gegenüber der* NSDAP *1932*, in: *Vierteljahrshefte für Zeitgeschichte*, Jg. 6 (1958), pp. 86-118 (citação p. 89).

140 Goebbels: *Tagebücher*, Parte I, vol. 2/II, p. 334 (de 7 de agosto de 1932).

141 Ibid., p. 337 (de 11 de agosto de 1932).

142 Kessler: *Das Tagebuch*, vol. 9, p. 488 (de 10 de agosto de 1932).

143 Ibid., p. 488 (de 11 de agosto de 1932).

144 Goebbels: *Tagebücher*, Parte I, vol. 2/II, p. 338 (de 12 de agosto de 1932).

145 Apontamentos de Meissner de 11 de agosto de 1932; Hubatsch: *Hindenburg und der Staat*, p. 335-338 (citação p. 336).

146 Citação de acordo com Pyta: Hindenburg, p. 717.

147 Reunião ministerial de 10 de agosto de 1932; *Das Kabinett von Papen*, vol. 1, nº 99, pp. 377-386 (citações pp. 379, 385 e seguinte).

148 Goebbels: *Tagebücher*, Parte I, vol. 2/II, p. 339 (de 13 de agosto de 1932).

149 Cf. Pünder: *Politik in der Reichskanzlei*, p. 139 (de 13 de agosto de 1932).

150 Sobre o decorrer do diálogo Papen, cf.: *Der Wahrheit eine Gasse*, p. 222 e seguinte (citações p. 223); Goebbels: *Tagebücher*,Parte I, vol. 2/II, p. 340: Schleicher e Papen teriam exortado Hitler "como um cavalo doente", "a contentar-se com uma vice-chancelaria. Então, querem nos usar. Fora de questão. Hitler recusa [...] Papen quer falar a Hindenburg." Além disso, Pünder: *Politik in der Reichskanzlei*, p. 139 (de 13 de agosto de 1932).

151 Goebbels: *Tagebücher*, Parte I, vol. 2/II, p. 340 (de 14 de agosto de 1932).

152 Apontamentos de Meissner, de 13 de agosto de 1932; primeiramente, em Vogelsang: *Reichswehr, NSDAP und Staat*, p. 479 e seguinte; também em Hubatsch: *Hindenburg und der Staat*, p. 338 e seguinte; *Das Kabinett von Papen*, vol. 1, nº 101, p. 391 e seguinte De acordo com Meissner, "Hitlers Aufstieg zur Macht und seine Regierungszeit 1932-1935" (sem data, após 1945), Hindenburg declarou após o diálogo que "agora ele teria uma opinião melhor sobre Hitler; não obstante ele ser inflamado e passional, é um homem patriota com grandes planos e as melhores intenções"; IfZ München, ZS 1726. Cf. também *Meissner: Staatssekretär*, pp. 239-241; Winkler: *Weimar*, p. 510 e seguinte; Pyta: *Hindenburg*, p. 719 e seguinte

153 Essa era também a opinião de Goebbels: *Tagebücher*, Parte I, vol. 2/II, p. 340 (de 14 de agosto de 1932): "Hitler foi atraído por Hindenburg".

154 Protocolo com as assinaturas de Hitler, Frick e Röhm sobre o diálogo de 13 de agosto de 1932; Bundesarchiv Berlin-Lichterfelde, NS 51/222; reproduzido em *Das Kabinett von Papen*, vol. 1, nº 102, pp. 393-396 (citação p. 395). Também em *Hitler: Reden Schriften Anordnungen*, vol. V, 1, Doc. 167, pp. 300-302.

155 O comunicado oficial reproduzido em *Das Kabinett von Papen*, vol. 1, Doc. 101, p. 392, nota 5.

156 Pünder: *Politik in der Reichskanzlei*, p. 141 (de 18 de agosto de 1932). Cf. Papen: *Der Wahrheit eine Gasse*, p. 224.

157 Protocolo de Hitler, Frick e Röhm de 13 de agosto de 1932; *Das Kabinett von Papen*, vol. 1, Doc. 102, p. 393 e seguinte

158 Bullock: Hitler, vol. 1, p. 223. Cf. Heiden: *Hitler. Das Zeitalter der Verantwortungslosigkeit*, p. 300: "Diante dos olhos de todo o povo alemão, Hitler subiu a escada para o poder; diante dos olhos do povo, ele foi por escada abaixo."

159. Hitler: *Reden Schriften Anordnungen*, vol. V,1, Doc. 180, pp.330-337 (citação p. 330 e seguinte). Cf. Reuth: *Hitler*, p. 274.

160   Goebbels: *Tagebücher*, Parte I, vol. 2/II, p. 341 (de 14 de agosto de 1932).

161   Hanfstaengl: *Zwischen Weißem und Braunem Haus*, p. 279.

162   *Hitler: Reden Schriften Anordnungen*, vol.V,1, Doc. 172, p. 313-315 (citação p. 314: "Ele estava chateado com a rejeição sofrida no últilmo sábado pelo presidente von Hindenburg."). Joachim von Ribbentrop foi para Obersalzberg em agosto de 1932 e encontrou Hitler "com um rancor violento em relação ao sr. von Papen e todo o governo berlinense". Joachim von Ribbentrop: *Zwischen London und Moskau. Erinnerungen und letzte Aufzeichnungen. Aus dem Nachlaß hrsg. Annelies von Ribbentrop*, Leoni am Starnberger See, 1961, p. 36.

163   *Hitler: Reden Schriften Anordnungen*, vol. V,1, Doc. 173, p. 173 e seguinte

164   Sobre a onda de terror do início de 1932, cf. Richard Bessel: *Political Violence and the Rise of Nazism. The Storm Troopers in eastern Germany 1925-1934*, New Haven, 1984, p. 87 e seguinte; Walter: *Antisemitische Gewalt und Kriminalität*, p. 237-240; Blasius: *Weimars Ende*, p. 84; Longerich: *Die braunen Bataillone*, p. 156 e seguinte

165   Kessler: *Das Tagebuch*, vol. 9, p. 480 (de 1º de agosto de 1932).

166   Reunião ministerial de 9 de agosto de 1932; *Das Kabinett von Papen*, vol. 1, nº 98, p. 374-377 (citação p. 374 e seguinte). Cf. Winkler: *Weimar*, p. 508; Blasius: *Weimars Ende*, p. 87.

167   Cf. a documentação de Paul Kluke: *Der Fall Potempa*, in: *Vierteljahrshefte für Zeitgeschichte*, Jg. 5 (1957), pp. 279-297; além disso, Richard Bessel: *The Potempa Murder*, in: Central European History, vol. 10 (1977), pp. 241-254.

168   *Hitler: Reden Schriften Anordnungen*, vol. V, 1, Doc. 174, p. 317. Cf. também a convocação de Hitler de 23 de agosto de 1932, ibid., Doc. 175, pp. 318-320; Goebbels: *Tagebücher*, Parte I, vol. 2/II, p. 346 (de 24 de agosto de 1932): "Grande onda violenta de protestos por causa das sentenças de morte. Hitler envia uma convocação [...] Ebulição em toda parte."

169   Citação Winkler: *Weimar*, p. 513 e seguinte; cf. Goebbels: *Tagebücher*, Parte I, vol. 2/II, p. 346: "Texto afiado: 'A culpa é dos judeus'. Ele vai acertar."

170   Citação de acordo com Reuth: Hitler, p. 273. Cf. também Heiden: *Hitler. Das Zeitalter der Verantwortungslosigkeit*, p. 300: "Um grito de revolta atravessa a esfera pública. Isso foi demasiado!"

171   Kessler: *Das Tagebuch*, vol. 9, p. 496 (de 28 de agosto de 1932).

172   Cf. Kluke: *Der Fall Potempa*, p. 285 e seguinte; Blasius: *Weimars Ende*, p. 95. Em um discurso no Circo Krone de Munique, em 9 de setembro de 1932, Hitler já havia anunciado a anistia dos assassinos de Potempa. *Hitler: Reden Schriften Anordnungen*, vol. V,1, Doc. 183, p. 347.

173   Schacht a Hitler, 29 de agosto de 1932; Heß: *Briefe*, p. 420 e seguinte

174   Goebbels: *Tagebücher*, Parte I, vol. 2/II, p. 348 (de 26 de agosto de 1932).

175   Brüning: *Memoiren*, p. 623. Sobre os contatos entre o Centro e o NSDAP, cf. também Herbert Hömig: Brüning. *Politiker ohne Auftrag. Zwischen Weimarer und Bonner Republik*, Paderborn, 2005, pp. 31-35.

176 Goebbels: *Tagebücher*, Parte I, vol. 2/II, p. 348 (de 26 de agosto de 1932).

177 Cf. Brüning: *Memoiren*, p. 624; Hömig: *Brüning. Politiker ohne Auftrag*, p. 34.

178 Hugenberg a Albert Vögler, 19 de agosto de 1932; Bundesarchiv Koblenz, N 1231/39. No final de agosto, corriam boatos no partido de Hugenberg de que já seria 'perfeito' um "gabinete Schleicher (chanceler)-Brüning-Straßer". Quaatz; *Die Deutschnationalen und die Zerstörung der Weimarer Republik*, p. 201 (de 27 de agosto de 1932).

179 Cf. Winkler: *Weimar*, p. 515 s.

180 Reunião ministerial de 10 de agosto de 1932; *Das Kabinett von Papen*, vol. 1, nº 99, p. 382. Cf. Eberhard Kolb/Wolfram Pyta: *Die Staatsnotstandsplanung unter den Regierungen Papen und Schleicher*, in: Heinrich August Winkler (ed.): *Die deutsche Staatskrise 1930-33*, Munique, 1992, pp. 155-181.

181 Apontamentos de Meissner de 30 de agosto de 1932; Hubatsch: *Hindenburg und der Staat*, pp. 339-343; também em *Das Kabinett von Papen*, vol. 1, nº 120, p. 474-479.

182 *Hitler: Reden Schriften Anordnungen*, vol. V,1, Doc. 176, p. 320-322 (citação p. 320).

183 Citação de acordo com Döring: *Parlamentarischer Arm*, p. 335 (também para a citação acima). Cf. Quaatz: *Die Deutschnationalen und die Zerstörung der Weimarer Republik*, p. 202 (de 30 de agosto de 1932): "Nazistas bem comportados para poderem apresentar a Hindenburg um '*Reichstag* capaz de trabalhar'. Nenhum socialista na presidência, o *Zentrum* vai com a direita!"

184 Goebbels: *Tagebücher*, Parte I, vol. 2/II, p. 354 (de 1º de setembro de 1932).

185 Ibid., p. 359 (de 9 de setembro de 1932), p. 361 (de 11 de setembro de 1932). Cf. Pyta: *Hindenburg*, p. 736.

186 Brüning: *Memoiren*, p. 625.

187 Hitler: *Reden Schriften Anordnungen*, vol. V,1, Doc. 178, p. 325-329 (citações p. 328 e seguinte). Cf. Goebbels: *Tagebücher*, Parte I, vol. 2/II, p. 355: "Sportpalast lotado: Hitler é quase devorado pelos aplausos. Ele fala como nunca. Um duro acerto de contas com Papen e os reacionários. Ondas de júbilo. Este discurso fará milagres."

188 Hitler: *Reden Schriften Anordnungen*, vol. V,1, Doc. 180, p. 330-337 (citações pp. 331, 335).

189 Ibid., Doc. 183, pp. 339-350 (citações p. 350). Cf. Goebbels: *Tagebücher*, Parte I, vol. 2/II, p. 358: "À noite, Circo Krone. Hitler fala duramente contra Papen. Ovações na casa lotada."

190 Papen: *Der Wahrheit eine Gasse*, p. 235; cf. sobre a sessão do *Reichstag* de 12 de setembro de 1932, Döring: *Parlamentarischer Arm*, p. 337-344; Winkler: *Weimar*, p. 522 e seguinte

191 Goebbels: *Tagebücher*, Parte I, vol. 2/II, p. 362 (de 13 de setembro de 1932). Cf. Pünder: *Politik in der Reichskanzlei*, p. 145 (de 13 de setembro de 1932): "Como único fato positivo é evidente a maioria esmagadora para o voto de desconfiança."

192 Kessler: *Das Tagebuch*, vol. 9, p. 502 (de 13 de setembro de 1932).

193 Cf. Reunião ministerial de 14 e 17 de setembro de 1932; *Das Kabinett von Papen*, vol. 2, nº 141, pp. 576-583, nº 146, p. 599.

194 Pünder: *Politik in der Reichskanzlei*, p. 149 (de 8 de outubro de 1932).

195 Goebbels: *Tagebücher*, Parte I, vol. 2/II, p. 372 (de 28 de setembro de 1932), p. 373 (de 29 de setembro de 1932).

196 Cf. Longerich: *Die Braunen Bataillone*, p. 159 e seguinte.; Horn: *Der Marsch zur Machtergreifung*, p. 357 e seguinte

197 Goebbels: *Tagebücher*, Parte I, vol. 2/III, p. 38 (de 16 de outubro de 1932).

198 Cf. Turner, *Großunternehmer*, p. 354-358.

199 Hitler: *Reden Schriften Anordnungen*, vol. V,1, Doc. 193 (de 24 de setembro de 1932), p. 362-365 (citação p. 363). Cf. também Goebbels: *Tagebücher*, Parte I, vol. 2/III, p. 30 (de 2 de outubro de 1932): "Hitler muito otimista, até demais."

200 Hitler: *Reden Schriften Anordnungen*, vol. V,2, Doc. 5, p. 13-15 (citação p. 15). Cf. também ibid., Doc. 4, p. 10 e seguinte (entrevista para o jornal italiano *il Trevere* de 4 de outubro de 1932): "E não temos pressa nem medo ou nervosismo, porque sabemos que o resultado das eleições de 6 de novembro será inevitavelmente favorável a nós."

201 Goebbels: *Tagebücher*, Parte I, vol. 2/II, p. 363 (de 14 de setembro de 1932).

202 Apontamentos de von Hassell sobre os diálogos com Hitler em Ulrich von Hassell: *Römische Tagebücher und Briefe 1932-1938*. ed. Ulrich Schlie, Munique, 2004, p. 217.

203 Paul: *Aufstand der Bilder*, p. 105.

204 *Hitler: Reden Schriften Anordnungen*, vol. V,2, Doc. 54, p. 146 (de 1º de novembro de 1932, Karlsruhe); Doc. 22, p. 77 (de 18 de outubro de 1932, Elbing).

205 Ibid., Doc. 56, p. 168 (de 3 de novembro de 1932, Hannover). Cf. ibid., Doc. 25, p. 85 (de 19 de outubro de 1932, Breslau): "A liderança em si é o que me seduz, ou seja, o poder de verdade, senão nada."

206 Ibid., Doc. 6, p. 16 (de 11 de outubro de 1932, Günzburg); Doc. 21, p. 73 (de 17 de outubro de 1932, Königsberg); Doc. 16, p. 61 (de 16 de outubro de 1932, Coburg).

207 Cf. Paul: *Aufstand der Bilder*, p. 106; Kershaw: *Hitler*, vol. I, p. 485.

208 Heiden: *Hitler. Das Zeitalter der Verantwortungslosigkeit*, p. 302. Kessler: *Das Tagebuch*, vol. 9, p. 513 (de 11 de outubro de 1932) registra declarações de simpatizantes do nazismo; através de seu comportamento, Hitler e os nacional-socialistas teriam mostrado "que faziam política de prestígio e colocavam o partido acima da nação."

209 Citações na ordem seguinte: *Hitler: Reden Schriften Anordnungen*, vol. V,2, Doc. 12, p. 77 (de 18 de outubro de 1932, Elbing); Doc. 10, p. 23 (de 13 de outubro de 1932, Nuremberg); Doc. 21, p. 75 (de 17 de outubro de 1932, Königsberg), Doc. 47, p. 133 (de 30 de outubro de 1932, Essen).

210 Goebbels: *Tagebücher*, Parte I, vol. 2/II, p. 370 (de 25 de setembro de 1932).

211 Ibid., vol. 2/III, p. 51 (de 5 de novembro de 1932). Sobre a greve de transportes em Berlim, cf. Winkler: *Der Weg in die Katastrophe*, pp. 765-773.

212 Excertos do diário da sra. Luise Solmitz, 4 de janeiro de 1932 – 5 de março de 1933; Jochmann: *Nationalsozialismus und Revolution*, p. 416 (de 6 de novembro de 1932).

213 Falter *et al.*: *Wahlen und Abstimmungen*, p. 41, 44.

214 Citações de acordo com Bernd Sösemann: *Das Ende der Weimarer Republik in der Kritik demokratischer Publizisten*, Berlin, 1976, p. 164.

215 Goebbels: *Tagebücher*, Parte I, vol. 2/III, p. 49 (de 1º de novembro de 1932), p. 53 (de 7 de novembro de 1932).

216 *Hitler: Reden Schriften Anordnungen*, vol. V,2, Doc. 61, p. 185 e seguinte (de 6 de novembro de 1932).

217 Cf. Goebbels: *Tagebücher*, Parte I, vol. 2/III, p. 54 (de 8 de novembro de 1932): "Ontem: no *Gau* clima péssimo"; p. 56 (de 11 de novembro de 1932): "clima ruim."

218 Ibid., p. 54 (de 9 de novembro de 1932).

219 Papen a Hitler, 13 de novembro de 1932; *Das Kabinett von Papen*, vol. 2, nº 214, p. 952, nota 2. Cf. Papen: *Der Wahrheit eine Gasse*, p. 240.

220 Goebbels: *Tagebücher*, Parte I, vol. 2/III, p. 57 (de 12 de novembro de 1932), p. 58 (de 13 de novembro de 1932).

221 Hitler a Papen, 16 de novembro de 1932, *Hitler: Reden Schriften Anordnungen*, vol. V,2, Doc. 65, pp. 188-193 (citação p. 190); também em *Das Kabinett von Papen*, vol. 2, nº 214, pp. 952-956. Cf. Goebbels: *Tagebücher*, Parte I, vol. 2/III, p. 61 (de 17 de novembro de 1932): "Em uma carta, Hitler desmarcou diálogos com Papen. Carta causa grande impressão."

222 Reunião ministerial de 17 de novembro de 1932; *Das Kabinett von Papen*, vol. 2, nº 215, pp. 956-960 (citações pp. 957, 960). Cf. Papen: *Der Wahrheit eine Gasse*, p. 241.

223 Kessler: *Das Tagebuch*, vol. 9, p. 529 (de 18 de novembro de 1932).

224 Winkler: *Der Weg in die Katastrophe*, p. 790.

225 Kessler: *Das Tagebuch*, vol. 9, p. 531 (de 19 de novembro de 1932).

226 Apontamentos de Meissner sobre a recepção de Hugenberg, 18 de novembro de 1932; *Das Kabinett von Papen*, vol. 2, nº 217, p. 973 e seguinte (citação p. 974).

227 Apontamentos de Meissner sobre a reunião de Hindenburg com Dingeldey, 18 de novembro de 1932; ibid., nº 219, p. 977-979 (citação p. 978).

228 Apontamentos de Meissner sobre reuniões com Kaas e Schäffer, 18. e 19 de novembro de 1932; ibid., nº 218, p. 975-977 (citação p. 976); nº 223, p. 987 e seguinte

229 Goebbels: *Tagebücher*, Parte I, vol. 2/III, p. 62 e seguinte (de 19 de novembro de 1932).

230 Apontamentos de Meissner sobre a reunião de Hindenburg e Hitler, 19 de novembro de 1932; Hubatsch: *Hindenburg und der Staat*, pp. 350-352; também em Das *Kabinett von Papen*, vol. 2, nº 222, pp. 984-986 (citações p. 984, notas 3, 985, 986). Sobre a ideia de lei de concessão de plenos poderes, cf. Pyta: Hindenburg, p. 754 e seguinte

231 Goebbels: *Tagebücher*, Parte I, vol. 2/III, p. 63 (de 20 de novembro de 1932), p. 64 (de 21 de novembro de 1932).

232 Apontamentos de Meissner sobre a reunião de Hindenburg com Hitler, 21 de novembro de 1932; Hubatsch: *Hindenburg und der Staat*, pp. 352-356; também em *Das Kabinett von Papen*, vol. 2, Doc. 224, pp. 988-992 (citações pp. 988, 990, 992). A carta de Hitler a Hindenburg de 21 de novembro de 1932 também em Hitler: *Reden Schriften Anordnungen*, vol. V, 2, Doc. 67, pp. 194-197.

233 cf. Hitler a Meissner, 21 de novembro de 1932; Hitler: *Reden Schriften Anordnungen*, vol. V,2, Doc. 68, p. 197-199; Meissner a Hitler, 22 de novembro de 1932; *Das Kabinett von Papen*, vol. 2, nº 225, p. 992, 994. Cf. Meissner: *Staatssekretär*, p. 248 e seguinte

234 Hitler a Meissner, 23 de novembro de 1932; *Hitler: Reden Schriften Anordnungen*, vol. V,2, Doc. 69, pp. 199-205 (citação p. 204): Meissner a Hitler, 24 de novembro de 1932; *Das Kabinett von Papen*, vol. 2, nº 227, pp. 998-1000 (citação p. 999).

235 Goebbels: *Tagebücher*, Parte I, vol. 2/III, p. 67 (de 25 de novembro de 1932), p. 68 (de 26 de novembro de 1932).

236 Texto da petição em Eberhard Czichon: *Wer verhalf Hitler zur Macht? Zum Anteil der deutschen Industrie an der Zerstörung der Weimarer Republik*, Colônia, 1967, p. 69 e seguinte

237 Hjalmar Schacht a Hitler, 12 de abril de 1932; Bundesarchiv Berlin-Lichterfelde, NS 51/46. Cf. sobre "Círculo Keppler" Turner: *Großunternehmer*, p. 293-301; Stegmann: *Zum Verhältnis von Großindustrie und Nationalsozialismus*, p. 426-428.

238 Sobre os assinantes da petição, cf. Turner: *Großunternehmer*, p. 365; Stegmann: *Zum Verhältnis von Großindustrie und Nationalsozialismus*, p. 434 e seguinte; Petzold: *Franz von Papen*, p. 119 e seguinte; Asendorf: *Hamburger Nationalklub*, p. 146.

239 Schacht a Hitler, 12 de novembro de 1932; Czichon: *Wer verhalf Hitler zur Macht?*, p. 64.

240 Vögler a Schröder, 21 de novembro de 1932; ibid., p. 72.

241 Reunião ministerial de 25 de novembro de 1932; *Das Kabinett von Papen*, vol. 2, nº 232, pp. 1013-1017 (citação p. 1014).

242 Apontamentos do diário do secretário de Estado emérito Hans Schäffer, de 26 de novembro de 1932; *Das Kabinett von Papen*, vol. 2, nº 234, p. 1025 s.

243 Cf. Winkler: *Weimar*, p. 547-553. Cf. Goebbels: *Tagebücher*, Parte I, vol. 2/III, p. 70 (de 29 de novembro de 1932): "Papen parece descartado. Schleicher novamente em primeiro plano [...] Busca uma maioria da tolerância. Conosco não terá nenhuma."

244 Ibid., Parte I, vol. 2/III, p. 70 (de 28 de novembro de 1932).

245 Entrevista de Hitler para o *Daily express*, 27 de novembro de 1932; *Hitler: Reden Schriften Anordnungen*, vol. V,2, Doc. 73, p. 213 e seguinte; Delmer: *Die Deutschen und ich*, p. 174.

246 Hitler: *Reden Schriften Anordnungen*, vol. V,2, Doc. 74, p. 214 e seguinte (de 30 de novembro de 1932); cf. Goebbels: *Tagebücher*, Parte I, vol. 2/III, p. 71 (de 1º de dezembro de 1932): "Convite de Meißner ao chefe para reunir-se com o velho [...] isto é, planeja-se um novo 13 de agosto. Decisão: Hitler não vai."

247 Apontamento de Meissner sobre reuniões com Hindenburg em 1º e 2 de dezembro de 1932; Hubatsch: *Hindenburg und der Staat*, p. 266 e seguinte; além disso, Papen: *Der Wahrheit eine Gasse*, p. 243-245. Sobre a concepção de "terceira via" de Schleicher, cf. Axel Schildt: *Militärdiktatur auf Massenbasis? Die Querfrontkonzeption der Reichswehrführung um General Schleicher am Ende der Weimarer Republik*, Frankfurt am Main/Nova York, 1981.

248 Papen: *Der Wahrheit eine Gasse*, p. 245.

249 Apontamentos do diário de Schwerin von Krosigk sobre a reunião ministerial de 2 de dezembro de 1932; *Das Kabinett von Papen*, vol. 2, nº 239b, pp. 1036-1038.

250 Papen: *Der Wahrheit eine Gasse*, p. 250.

251 Goebbels: *Tagebücher*, Parte I, vol. 2/III, p. 72 (de 2 de dezembro de 1932).

252 Cf. indicações de fontes críticas em Longerich: *Goebbels*, p. 201.

253 Cf. Goebbels: *Tagebücher*, Parte I, vol. 2/III, p. 75 (de 5 de dezembro de 1932): "Isso é um nojo"; p. 76 (de 7 de dezembro de 1932): "Na Turíngia, desde 31 de julho, perda de quase quarenta por cento".

254 Citação de acordo com Eberhard Kolb: *Die Weimarer Republik und das Problem der Kontinuität vom Kaiserreich zum »Dritten Reich«*, in: ders.: *Umbrüche deutscher Geschichte 1866/71-1918/19-1929/33. Ausgewählte Aufsätze*. ed. Dieter Langewiesche e Klaus Schönhoven, Munique, 1993, p. 367.

255 Relatório da direção da polícia de Munique, 30 de dezembro de 1932; citação de acordo com Henry A. Turner: *Hitler Weg zur Macht. Der Januar 1933*, Munique, 1996, p. 81. Sobre a crise do NSDAP. cf. Frank: *im Angesicht des Galgens*, p. 107; Rösch: *Die Münchner NSDAP*, pp. 370 e seguinte, 427 e seguinte, 431.

256 Goebbels: *Tagebücher*, Parte I, vol. 2/II, p. 310 (de 28 de junho de 1932), 355 (de 2 de setembro de 1932), 356 (de 4 de setembro de 1932).

257 August Heinrichsbauer a Gregor Straßer, 20 de setembro de 1932; Bundesarchiv Berlin-Lichterfelde, NS 51/222. Cf. também Eugen Mündler a Franz Gürtner, 21 de junho de 1932: Gregor Straßer gozaria da simpatia nos meios industriais, "porque ele é considerado um homem íntegro e honesto"; Bundesarchiv Koblenz, N 1530/22.

258 Goebbels: *Tagebücher*, Parte I, vol. 2/III, p. 55.

259 Ibid., p. 71 (de 1º de dezembro de 1932).

260 Cf. ibid., p. 75 (de 6 de dezembro de 1932).

261 *Hitler: Reden Schriften Anordnungen*, vol. V,2, Doc. 84, p. 247-249 (citações pp. 248, 249).

262 Goebbels: *Tagebücher*, Parte I, vol. 2/III, p. 75 (de 6 de dezembro de 1932).

263 Citação de acordo com Kissenkoetter: *Gregor Straßer und die NSDAP*, p. 203. A carta original da renúncia não foi preservada, somente a minuta escrita à mão, que foi encontrada no espólio do representante de Straßer, Paul Schulz. ibid., p. 172. Além disso, sobre a crise Straßer, cf. Peter Stachura: *Gregor Straßer and the rise of Nazism*, Londres, 1983, p. 103 e seguinte

264 Hinrich Lohse: *»Der Fall Straßer.« Denkschrift* (sem data, por volta de 1952); Instituto de História Contemporânea, Munique, ZS 265.

265 Ibid.; cf. Goebbels: *Tagebücher*, T.I. vol. 2/III, p.77 (de 9 de dezembro de 1932): "Inspetores com Hitler. Todos muito pressionados, mas nenhum com Straßer." De acordo com as memórias de Otto Wagener, Hitler encomendara antes um volume da peça de Shakespeare "Júlio César" e, com base no discurso de Marco Antônio, prepara-se para sua aparição em público. Nota de Martin Broszats sobre uma reunião com Otto Wagener, 5 de fevereiro de 1960; Instituto de História Contemporânea, Munique, ZS 1732.

266 Goebbels: *Tagebücher*, Parte I. vol. 2/III, p. 78 (de 9 de dezembro de 1932). Cf. também, nesse caso, a apresentação crível de Leni Riefenstahl, que procurou Hitler em 8 de dezembro de 1932, no Hotel Kaiserhof (*Memoiren*, p. 186). Sobre o artigo no *Tägliche Rundschau*, cf. Kissenkoetter: *Gregor Straßer und die NSDAP*, p. 73.

267 Pronunciamento de Hitler de 9 de dezembro de 1932; *Hitler: Reden Schriften Anordnungen*, vol. V,2, Doc. 86, p. 251.

268 Cf. Kissenkoetter: *Gregor Straßer und die* NSDAP, p. 177.

269 Cf. Goebbels: *Tagebücher*, Parte I, vol. 2/III, p. 78 (de 10 de dezembro de 1932): "Feder dá um passo desajeitado: pede férias em uma carta idiota, que, antes de ir para Hitler, aparece na imprensa. Isso é o cúmulo. Todos revoltados." Início de janeiro de 1933, Otto Engelbrecht, o *Kreis- und Ortsgruppenleiter* [principal dirigente de uma unidade organizacional do NSDAP responsável por um ou mais distritos de uma cidade] do NSDAP em Murnau, enviou um relatório à direção do partido sobre o diálogo que tivera em 30 de dezembro de 1932 com Gottfried Feder. Nela dizia, entre outras: "Ele e também Straßer já estavam há muito tempo certos de que o movimento já havia ultrapassado o ponto culminante. Por esse motivo, seria pouco inteligente não entrar para o governo." Bundsarchiv Berlin-Lichterfelde, NS 51/222.

270 Goebbels: *Tagebücher*, Parte I, vol. 2/III, p. 79 (de 10 de dezembro de 1932).

271 Ibid., p. 81 (de 13 de dezembro de 1932).

272 Ibid., p. 80 (de 11 de dezembro de 1932).

273 Hitler: *Reden Schriften Anordnungen*, vol. V,2, Doc. 89, p. 253-258 (citação p. 256).

274 Ibid., Doc. 92, p. 259-261 (citação p. 260).

275 Cf. Goebbels: *Tagebücher*, Parte I, vol. 2/III, p. 79 (de 11 de dezembro de 1932), p. 85 (de 17 de dezembro de 1932), p. 87 (de 22 de dezembro de 1932).

276 Ibid., p. 89 (de 24 de dezembro de 1932). Cf. ibid., p. 90 (de 25 de dezembro de 1932): "O mais importante é que o movimento se mantenha. Ele é nosso último consolo."

277 *Akten der Reichskanzlei. Weimarer Republik. Das Kabinett von Schleicher. 3. Dezember 1932 bis 20. Januar 1933*. Editado por Anton Golecki, Boppard a.Rh., 1986, nº 16, p. 57. Também Heinrich Claß declarou na sessão da comissão executiva da Liga Pangermânica de 10 e 11 de dezembro de 1932, em Berlim, que "no fundo, o papel do NSDAP tinha se esgotado, mesmo ele dispondo de milhões de filiados por muitos anos." Rainer Hering: *Konstruierte Nation. Der Alldeutsche Verband 1890-1939*, Hamburgo, 2003, p. 484 s.; cf. Leicht: Heinrich Claß, p. 387.

278 Citação de acordo com Kolb: *Umbrüche deutscher Geschichte*, p. 369.

279 Citação de acordo com Reuth: *Hitler*, p. 285.

280 Citação de acordo com Kolb: *Umbrüche deutscher Geschichte*, p. 368.

281 Thomas Mann: *Briefe III. 1924-1932*, p. 673 (de 22 de dezembro de 1932). Julgamentos semelhantes também do filho de Thomas Mann, Golo Mann; cf. Lahme: *Golo Mann*, p. 87.

282 Memorando de Malcolm Christie, de 19 de dezembro de 1932; Clemens: *Herr Hitler in Germany*, p. 246.

283 Citação de acordo com Fest: Hitler, p. 495. O conselheiro do Consulado Italiano em Berlim, Vincenzo Cionnardi, opinou diferentemente em uma anotação confiável de 12 de janeiro de 1933: "Da derrocada do partido, mais ou menos da aproximação do fim do movimento, isso é verdade, muito, e por muitos, comentada. No entanto, isso corresponde até agora mais às esperanças e expectativas dos outros partidos e de diversas camadas sociais, que temem a entrada de Hitler no poder, do que à realidade."

Frank Bajohr/Christoph Strupp (hrsg.): *Fremde Blicke auf das »Dritte Reich«. Berichte ausländischer Diplomaten über Herrschaft und Gesellschaft in Deutschland 1933-1945*, Gotinga 2011, p. 352.

284 Jochmann: *Nationalsozialismus und Revolution*, p. 419 e seguinte.

285 Heuss: *Bürger der Weimarer Republik*, p. 536 (de 29 de dezembro de 1932). Para a atitude de Bosch no fim de 1932, verificar Joachim Scholtyseck: *Robert Bosch und der literale Winderstand gegen Hitler 1933 bis 1945*, Munique, 1999, p. 113.

286 Carl von Ossietzky: *Wintermärchen*, "*Die Weltbühne*", de 3 de janeiro de 1933; o mesmo em: *Sämtleche Schriften*, vol. VI, p. 437-443 (citação p. 437, 440).

287 Deuerlein: Aufstieg, p. 411.

288 Citação de Turner: *Hitlers Weg zur Macht*, p. 46.

Capítulo 12. O fatídico janeiro de 1933

1 Brüning: *Memoiren*, p. 648. Albert Speer também relatou sobre repetidas "observações" feitas por Hitler no inverno 1933-1934, "sobre as situações difíceis pelas quais passou e como sempre foi capaz se superá-las". Speer: *Erinnerungen*, p. 54.

2 Hamann: *Winifred Wagner*, p. 229 e seguinte.

3 Cf. Goebbels: *Tagebücher*, parte I, vol. 2/III, p. 93 (de 30 de dezembro de 1932).

4 Ibid., p. 94 (de 31 de dezembro de 1932).

5 Hitler: *Reden Schriften Anordnungen*, vol. V,2, doc. 107, p. 297-311 (citações p. 298, 299, 310 e seguinte).

6 Schwarzschild: *Chronik eines Untergangs*, p. 243. Cf. Schwerin von Krosigk a Holm Eggers, 21 de agosto de 1974: A influência que "Papen exercia sobre o velho senhor naquela época era decisiva. De certa forma, ele garantia que as coisas correriam bem." BA Koblenz, N 1276/42.

7 Segundo Heiden: *Hitler. Das Zeitalter der Verantwortungslosigkeit*, p. 315.

8 Cf. Pyta: *Hindenburg*, p. 791. Sobre a interpretação mais antiga, cf. p. ex. Fest: *Hitler*, p. 502: Hindenburg estaria "cansado, confuso e apenas parcialmente capaz de ter a visão geral de tudo".

9 Bracher: *Die Auflösung der Weimarer Republik*, p. 691.

10 Keppler para Schroeder, 19 de dezembro de 1932; Czichon: *Wer verhalf Hitler zur Macht?*, p. 74-76 (citação p. 75). Sobre a realização do encontro, cf. também o protocolo do interrogatório de Kurt von Schröders, de 18 de junho de 1947; IfZ München, zs 557.

11 Heinrich Muth: *Das »Kölner Gespräch« am 4. Januar 1933*, em: *Geschichte in Wissenschaft und Unterricht*, ano 37 (1986), p. 463-480, 529-541 (citação p. 531).

12 Keppler para Schröder, 26 de dezembro de 1932; Czichon: *Wer verhalf Hitler zur Macht?*, p. 76 e seguinte Ferner Papen: *Der Wahrheit eine Gasse*, p. 254.

13 Sobre os motivos de Papen e Hitler, Cf. Turner: *Hitlers Weg*, p. 60-62.

14 Sobre as circunstâncias conspirativas do encontro, cf. Dietrich: *Mit Hitler in die Macht*, p. 169 e seguinte; Turner: *Hitlers Weg*, p. 56.

15 Sobre o curso e conteúdo da conversação, cf. *Eidesstattliche Erklärung K. von Schröders*, de 21 de julho ⋯ 47; Czichon: *Wer verhalf Hitler zur Macht?*, p. 77-79 (citação p. 78);

Papen: *Der Wahrheit eine Gasse*, p. 255 e seguinte; Turner: *Hitlers Weg*, p. 63 e seguinte; Petzold: *Franz von Papen*, p. 138-140. Quellenkritisch Muth: *Das "Kölner Gespräch"*, p. 533-536.

16   Keppler para Schröder, 6 de janeiro de 1933; Schacht para Schröder, 6 de janeiro de 1933; Czichon: *Wer verhalf Hitler zur Macht?*, p. 79 e seguinte.

17   Goebbels: *Tagebücher*, parte I, vol. 2/III, p. 103 (de 10 de janeiro de 1933).

18   Cf. Turner: *Hitlers Weg*, p. 66 e seguinte; também carta de Papen a Ferdinand von Bredow, de 31 de outubro de 1933; Irene Strenge: *Ferdinand von Bredow. Notizen vom 20. 2. 1933 bis 31. 12. 1933. Tägliche Aufzeichnungen vom 1. 1. 1934 bis 28 de junho de 1934*, Berlim, 2009, p. 175 (de 23 de outubro de 1933), nota 1.

19   Hitler: *Reden Schriften Anordnungen*, vol. V,2, doc. 116, p. 332, nota 1. Conferir também a nota 2: outros comentários da imprensa.

20   Ibid., doc. 116, p. 332.

21   Goebbels: *Tagebücher*, Parte I, vol. 2/III, p. 100 (de 7 de janeiro de 1933). Cf. ibid., p. 101 (de 8 de janeiro de 1933): "A imprensa ainda [tre]me com a conversa entre Hitler/Papen." Sobre a reportagem do *Tägliche Rundschau*, cf. Petzold: Franz von Papen, p. 140-142.

22   Citação segundo Turner: *Hitlers Weg*, p. 52.

23   Cf. Ibid., p. 71; Papen: *Der Wahrheit eine Gasse*, p. 255, 260 e seguinte Em uma conversa com o presidente do BVP, Schaffer, em 10 de janeiro de 1933, Schleicher ficou "muito chateado" sobre o encontro de Papen e Hitler, que "aparentemente tentou se aproximar do velho senhor, que absolutamente não gostava dele". *Schäffer-Tagebuch*, de 10 de janeiro de 1933; citação segundo Pufendorf: *Die Plancks*, p. 305.

24   Meissner: *Staatssekretär*, p. 261.

25   Cf. Pyta: *Hindenburg*, p. 780.

26   Goebbels: *Tagebücher*, parte I, vol. 2/III, p. 103 (de 10 de janeiro de 1933).

27   *Das Kabinett von Schleicher*, nº 25, p. 101-117 (citações p. 109, 106). Cf. Turner: *Großunternehmer*, p. 370 e seguinte; Winkler: *Weimar*, p. 562 e seguinte Em 21 de janeiro de 1931, Hugenberg informou Schleicher sobre nossas preocupações [...] especialmente em relação às principais tarefas econômicas do momento e de como evitar o risco de deslizar novamente para a atividade parlamentar regular". BA Koblenz, N 1231/38.

28   Cf. Turner: *Hitlers Weg*, p. 113 e seguinte; Winkler: *Weimar*, p. 558 e seguinte.

29   Cf. Meissner: *Staatssekretär*, p. 251 e seguinte; Winkler: *Weimar*, p. 569 e seguinte Em uma reunião de gabinete em 16 de janeiro de 1933, Schleicher externou que achava "duvidoso" que Straßer "arrastaria muitos consigo". *Das Kabinett von Schleicher*, nº 56, p. 233.

30   *Das Kabinett von Schleicher*, nº 50, p. 206-208; nº 51, p. 208-214. Cf. Papen: *Der Wahrheit eine Gasse*, p. 261 (de 12 de janeiro de 1933): "Dizem que as conclusões do Conselho Nacional (do *Reichslandbund*) sobre a recepção de ontem impressionou Hindenburg profundamente."

31   *Das Kabinett von Schleicher*, nº 51, p. 214, nota 16. Cf. Bernd Hoppe: *Von Schleicher zu Hitler. Dokumente zum Konflikt zwischen dem Reichslandbund und der Regierung Schleicher*

in den letzten Wochen der Weimarer Republik, em: *Vierteljahrshefte für Zeitgeschichte*, ano 45 (1997), p. 629-657; Merkenich: *Grüne Front gegen Weimar*, p. 316 e seguinte.

32 Goebbels: *Tagebücher*, parte I, vol. 2/III, p. 106 (de 15 de janeiro de 1933); ibid., *Vom Kaiserhof zur Reichskanzlei*, p. 241.

33 Cf. Turner: *Hitlers Weg*, p. 152 e seguinte; Pyta: *Hindenburg*, p. 770.

34 *Die Regierung von Schleicher*, nº 56, p. 234, nota 15; ibid., nº 25, p. 103.

35 Declaração da fracção parlamentar do DNVP, de 21 de janeiro de 1933 (com esboço manuscrito de Hugenberg), em BA Koblenz, N 1231/38. Já em meados de dezembro de 1932, o político nacional alemão e proprietário rural Ewald von Kleist-Schmenzin solicitou que se combatesse o governo sob o *slogan* "Abaixo Schleicher e a favor de um governo autoritário". Para ele, "o governo apenas se assemelhava a um gabinete presidencial": "Na verdade, Schleicher voltou a se tornar dependente de partidos e grupos, ajeitando sua política de acordo com suas resistências." BA Koblenz, N 1231/37.

36 Cf. Wolfgang Michalka: *Joachim von Ribbentrop – Vom Spirituosenhändler zum Außenminister*, em: Smelser/Zitelmann: *Die braune Elite*, p. 201-211. Sobre o encontro de 10 e 11 de janeiro de 1933, Ribbentrop: *Zwischen London und Moskau*, p. 36-38. Sobre a ida de Hitler à ópera, Hitler: *Reden Schriften Anordnungen*, vol. V,2, doc. 126, p. 346. Cf. também Goebbels: *Tagebücher*, parte I, vol. 2/III, p. 103 (de 11 de janeiro de 1933): "À noite, Hitler pretende conversar com Papen. Estou curioso." Em seu interrogatório em 11 de setembro de 1946, Ribbentrop testemunhou que Wilhelm Keppler lhe pedira para colocar sua casa em Dahlem à disposição para as conversações entre Papen e Hitler; IfZ München, ZS 1357.

37 Goebbels: *Tagebücher*, parte I, vol. 2/III, p. 105 (de 13 de janeiro de 1933); Ribbentrop: *Zwischen London und Moskau*, p. 38.

38 Citação segundo Jutta Ciolek-Kümper: *Wahlkampf in Lippe. Die Wahlkampfpropaganda der NSDAP zur Landtagswahl am 15. Januar 1933*, Munique, 1976, p. 153. Cf. também Hitlers *Tischgespräche*, p. 325 (de 21 de maio de 1942): "Em seguida, ele assumiu a campanha eleitoral em Lippe com uma energia muito especial e com o empenho máximo de sua própria pessoa."

39 Ciolek-Kümper: *Wahlkampf in Lippe*, p. 147.

40 Cf. ibid., p. 164 e seguinte.

41 Citações na sequência: Hitler: *Reden Schriften Anordnungen*, vol. V,2, doc. 114, p. 328 (de 4 de janeiro de 1933, Bösingfeld), doc. 125, p. 344 (de 9 de janeiro de 1933, Lage), doc. 127, p. 350 (de 11 de janeiro de 1933, Lemgo), doc. 120, p. 377 (de 6 de janeiro de 1933, Horn), doc. 117, p. 333 (de 5 de janeiro de 1933, Leopoldshöhe).

42 Goebbels: *Tagebücher*, parte I, vol. 2/II, p. 105 (de 13 de janeiro de 1933).

43 Dietrich: *Mit Hitler in die Macht*, p. 176. No 400º aniversário da fortaleza Grevenburg na virada de 1937-1938, Freiherr von Oeynhausen mandou colocar uma placa no pátio interno da fortaleza. Segundo escreveu a Hitler, a placa serviria para lembrar que o *Führer* lhe "dera a honra de residir" em Grevenburg, organizando e liderando a luta que culminou na vitória de 15 de janeiro em Lippe e na virada histórica do destino alemão em 30

de janeiro." von Oeynhausen a Hitler, 15 de dezembro de 1937, e a resposta aprovadora de Wiedemann a mando de Hitler, 27 de dezembro de 1937; BA Koblenz, N 1720 / 8.

44 Goebbels: *Tagebücher*, parte I, vol. 2/III, p. 105 (de 13 de janeiro de 1933). Cf. ibid., p. 98 (de 4 de janeiro de 1933), p. 99 (de 5 de janeiro de 1933), p. 105 e seguinte (de 14 de janeiro de 1933): "Tema Straßer. Ele está a ponto de nos delatar para Schleicher [...] Uma conspiração do cão."; p. 106 (de 15 de janeiro de 1933): "Straßer pretende entrar no Gabinete como vice-chanceler! Traidor!"

45 Cf. Deuerlein: *Aufstieg*, p. 415.

46 Citação segundo Ciolek-Kümper: *Wahlkampf in Lippe*, p. 273.

47 Citação segundo Turner: *Hitlers Weg*, p. 90.

48 Goebbels: *Tagebücher*, parte I, vol. 2/III, p. 107 (de 16 de janeiro de 1933).

49 Citação segundo Ciolek-Kümper: *Wahlkampf in Lippe*, p. 279 e seguinte.

50 Goebbels: *Tagebücher*, parte I, vol. 2/III, p. 108 (de 17 de janeiro de 1933). Segundo o relatório de outro participante, Hitler declarou: "A tomada do poder se avizinha, ninguém o impedirá de tomar o cargo de Bismarck." Hinrich Lohse: *»Der Fall Straßer«*. Memorando sem data (aprox. 1952); IfZ München, ZS 265.

51 Cf. Goebbels: *Tagebücher*, parte I, vol. 2/III, p. 112 (de 22 de janeiro de 1933), p. 115 (de 25 de janeiro de 1933).

52 Keppler para Schröder, 19 de janeiro de 1933; Muth: *Das "Kölner Gespräch"*, p. 538.

53 Hugenberg para Hitler, 28 de dezembro de 1932; BA Koblenz, N 1231/37. Cf. Larry Eugene Jones: *'The Greatest Stupidity of My Life': Alfred Hugenberg and the Formation of the Hitler Cabinet, January 1933*, em: *Journal of Contemporary History*, vol. 27 (1992), p. 63-87 (aqui p. 70).

54 Quaatz: *Die Deutschnationalen und die Zerstörung der Weimarer Republik*, p. 223 (de 17 de janeiro de 1933). Cf. também Goebbels: *Tagebücher*, parte I, vol. 2/III, p. 109 (de 18 de janeiro de 1933): Hitler "esteve com Hugenberg. Mas sem sucesso."

55 Ribbentrop: *Zwischen London und Moskau*, p. 39 (de 18 de janeiro de 1933).

56 Papen para Springorum, 20 de janeiro de 1933; Muth: *Das »Kölner Gespräch«*, p. 538. Em 7 de janeiro de 1933 Papen promoveu um encontro com Springorum, Krupp, Vögler e Reusch em Dortmund para uma troca de ideias. Não se sabe o que foi discutido em detalhes. Cf. Petzold: *Franz von Papen*, p. 144-146. Aparentemente, Papen deu a impressão de que Hitler já não aspirava à chancelaria e ficaria satisfeito com uma parceria secundária. Cf. Marx: *Paul Reusch*, p. 324 e seguinte.

57 Goebbels: *Tagebücher*, parte I, vol. 2/III, p. 109 e seguinte (de 19 de janeiro de 1933), p. 110 (de 20 de janeiro de 1933). Cf. Turner: *Hitlers Weg*, p. 106 e seguinte Sobre o filme *Der Rebell*, cf. Siegfried Kracauer: *Von Caligari zu Hitler. Eine Geschichte des deutschen Films* (Anotações, vol. 2, ed. de Karsten Witte), Frankfurt am Main, 1979, p. 275 e seguinte; 567-569.

58 Goebbels: *Tagebücher*, parte I, vol. 2/III, p. 112 (de 22 de janeiro de 1933).

59 Hitler: *Reden Schriften Anordnungen*, vol. V,2, doc. 143, p. 375, nota 2.

60 Ibid., p. 375-387 (citações p. 381, 375, 378, 387). Cf. Goebbels: *Tagebücher*, parte I, vol. 2/III, p. 111 (de 21 de janeiro de 1933): "Hitler chegou sob grande júbilo e discursa maravilhosamente [...] As ovações não cessam. Hitler é um grande homem."

61 Hitler: *Reden Schriften Anordnungen*, vol. V,2, doc. 145, p. 389 e seguinte Sobre o culto ao redor de Horst Wessel, cf. Siemens: *Horst Wessel*, p. 131 e seguintes.

62 Goebbels: *Tagebücher*, parte I, vol. 2/III, p. 113 (de 23 de janeiro de 1933).

63 Citação segundo Winkler: *Der Weg in die Katastrophe*, p. 838.

64 Cf. Ribbentrop: *Zwischen London und Moskau*, p. 39 (de 22 de janeiro de 1933); Turner: *Hitlers Weg*, p. 150.

65 Cf. Pyta: Hindenburg, p. 787; Turner: *Hitlers Weg*, p. 154 e seguinte A teoria da chantagem, entre outros em Fest: *Hitler*, p. 501. O próprio Hitler lembrou-se em maio de 1942, que, durante a conversa, ele "teria emitido sua opinião francamente sobre o desenvolvimento político e declarado abertamente que cada semana de espera seria uma semana perdida". *Hitlers Tischgespräche*, p. 325 (de 21 de maio de 1942).

66 Cf. Papen: *Der Wahrheit eine Gasse*, p. 265.

67 Goebbels: *Tagebücher*, parte I, vol. 2/III, p. 114 (de 25 de janeiro de 1933).

68 Cf. Ribbentrop: *Zwischen London und Moskau*, p. 39 (de 22 de janeiro de 1933).

69 Ibid., p. 39 (de 23 de janeiro de 1933).

70 Goebbels: *Tagebücher*, parte I, vol. 2/III, p. 114 (de 25 de janeiro de 1933).

71 Ribbentrop: *Zwischen London und Moskau*, p. 39 (de 24 de janeiro de 1933). Cf. Goebbels: *Tagebücher*, parte I, vol. 2/III, p. 116 e seguinte (de 26 de janeiro de 1933): "A frente Harzburg reaparece. Frick e Göring estão em negociações."

72 Quaatz: *Die Deutschnationalen und die Zerstörung der Weimarer Republik*, p. 224 (de 21 de janeiro de 1933).

73 Goebbels: *Tagebücher*, parte I, vol. 2/III, p. 112 (de 22 de janeiro de 1933).

74 Reunião ministerial de 16 de janeiro de 1933; *Das Kabinett von Schleicher*, nº 56, p. 230-238.

75 Cf. *Meissners über den empfang Schleichers bei Hindenburg am 23. 1. 1933*; Ibid., nº 65, p. 284 e seguinte.

76 Cf. Winkler: *Weimar*, p. 578, 581; Turner: *Hitlers Weg*, p. 136 e seguinte; Merkenich: *Grüne Front gegen Weimar*, p. 318.

77 Winkler: *Weimar*, p. 582.

78 Braun para Schleicher, 28 de janeiro de 1933; *Das Kabinett von Schleicher*, nº 73, p. 311 e seguinte.

79 Kaas para Schleicher, 26 de janeiro de 1933; Ibid., nº 70, p. 304 e seguinte.

80 Reunião ministerial de 28 de janeiro de 1933; Ibid., nº 71, p. 306-310.

81 Ibid., nº 77, p. 317. Cf. Goebbels: *Tagebücher*, parte I, vol. 2/III, 118 (de 29 de janeiro de 1933): "Mensagem: Schleicher acaba de renunciar. Esse já conseguimos eliminar! Mais rápido do que eu pensava [...] O velho praticamente o expulsou. A punição adequada para esse *Fouché*."

82 Kessler: *Das Tagebuch*, vol. 9, p. 535 (de 28 de janeiro de 1933).

83 Ribbentrop: *Zwischen London und Moskau*, p. 40 (de 27 de janeiro de 1933). Sobre a conversa entre Hitler e Hugenberg, em 27 de janeiro de 1933, cf. Turner: *Hitlers Weg*, p. 182 e seguinte; Jones: *Hugenberg and the Hitler Cabinett*, p. 73. Goebbels: *Tagebücher*, parte I, vol. 2/III, p. 117 (de 28 de janeiro de 1933): "Hitler conversou com Hugenberg. Ele está intransigente: Schmidt deve ser o secretário de Estado de Hitler. Brosius será seu chefe de imprensa, a *Schupo* de Berlim sob o comando da D[efesa] do R[eich]. Exigência descabida. Raiva mortal." Também Quaatz: *Die Deutschnationalen und die Zerstörung der Weimarer Republik*, p. 228 (de 28 de janeiro de 1933): "Hugenberg sugeriu a 'neutralização' da polícia, o que Hitler recusou com veemência." ; Schmidt-Hannover: *Umdenken oder Anarchie*, p. 332 e seguinte.

84 Goebbels: *Tagebücher*, parte I, vol. 2/III, p. 118 (de 29 de janeiro de 1933).

85 Sobre os boatos sobre a volta do Gabinete Papen, cf. Kessler: *Das Tagebuch*, vol. 9, p. 533 (de 25 de janeiro de 1933), p. 534 (de 27 de janeiro de 1933).

86 Ribbentrop: *Zwischen London und Moskau*, p. 41 (de 27 de janeiro de 1933).

87 Papen: *Der Wahrheit eine Gasse*, p. 269 e seguinte.

88 *Tagebuch Schwerin von Krosigks über die Vorgänge in Berlin zwischen 23. und 28. 1. 1933*; *Das Kabinett von Schleicher*, nº 77, p. 318.

89 Cf. Turner: *Hitlers Weg*, p. 189-191. Depois de Schmidt-Hannover (*Umdenken oder Anarchie*, p. 340), Blomber era "a carta certeira misturada ao baralho no último momento na luta pelo poder". Sobre a nomeação de Blomberg, cf. Kirstin A. Schäfer: *Werner von Blomberg. Hitlers erster Feldmarschall. Eine Biographie*, Paderborn, 2006, p. 97-100.

90 Goebbels: *Tagebücher*, parte I, vol. 2/III, p. 118 (de 29 de janeiro de 1933).

91 Cf. Papen: *Der Wahrheit eine Gasse*, p. 271 e seguinte; Ribbentrop: *Zwischen London und Moskau*, p. 42 (de 29 de janeiro de 1933); Turner: *Hitlers Weg*, p. 192 e seguinte.

92 Cf. as memórias inéditas de Theodor Duesterbergs, p. 173, 179; BA Koblenz, N 1377/47.

93 Theodor Duesterberg: *Der Stahlhelm und Hitler*, Wolfenbüttel e Hannover, 1949, p. 38 e seguinte Cf. também a anotação de Theodor Duesterberg "*Die Regierungsbildung am 30. Januar 1933*", de 27 de abril de 1946 (que informa erroneamente a data da reunião como 26 de janeiro). Segundo ele, Duesterberg declarou: "Se alguém vai para a cama com uma anaconda, não pode se queixar de acordar com as duas pernas quebradas. Chegará a hora, Sr. Conselheiro, na qual o senhor será obrigado a fugir à noite pelos jardins do ministério vestindo cuecas." IfZ München, ZS 1700. Com palavras semelhantes em *Duesterbergs Erinnerungen*, p. 188; BA Koblenz, N 1377/47.

94 Quaatz: *Die Deutschnationalen und die Zerstörung der Weimarer Republik*, p. 229 (de 29 de janeiro de 1933).

95 Goebbels: *Tagebücher*, parte I, vol. 2/III, p. 119 (de 30 de janeiro de 1933).

96 Relatório de Hammerstein, de 28 de janeiro de 1935; Bracher: *Die Auflösung der Weimarer Republik*, p. 733 e seguinte; Kunrat Freiherr von Hammerstein: *Spähtrupp*, Stuttgart 1963, p. 49 e seguinte Em contrapartida, Cf. Hans Magnus Enzensberger: *Hammerstein oder Der Eigensinn. Eine deutsche Geschichte*, Frankfurt am Main 2008, p. 101-107, que

dá a impressão de que Hammerstein não estava interessado em impedir a formação de um Gabinete Papen-Hugenberg, mas em manter Hitler afastado do poder.

97 Niederschrift Hammerstein, de 28 de janeiro de 1935; Bracher: *Die Auflösung der Weimarer Republik*, p. 734; Hammerstein: *Spähtrupp*, p. 55 e seguinte.

98 Goebbels: *Tagebücher*, parte I, vol. 2/III, p. 119 (de 30 de janeiro de 1933).

99 Hitlers *Tischgespräche*, p. 327 (de 21 de maio de 1942). Cf. Goebbels: *Tagebücher*, parte I, vol. 2/III, p. 119 (de 30 de janeiro de 1933): "Helldorf foi comunicado. Ele está tomando medidas com o major da polícia Wecke."

100 Cf. Turner: *Hitlers Weg*, p. 198-201; Meissner: *Staatssekretär*, p. 268 e seguinte.

101 Wieland Eschenhagen (edit.): *Die »Machtergreifung«. Tagebuch einer Wende nach Presseberichten vom 1. Januar bis 6. März 1933*, Darmstadt e Neuwied, 1982, p. 86 e seguinte.

102 *Das Kabinett von Schleicher*, nº 46, p. 232.

103 Cf. Goebbels: *Tagebücher*, parte I, vol. 2/III, p. 119 (de 30 de janeiro de 1933).

104 Duesterberg: *Der Stahlhelm und Hitler*, p. 40. Cf. Duesterberg: "*Die Regierungsbildung am 30. Januar 1933*"; IfZ München, ZS 1700; *Duesterberg-Erinnerungen*, p. 189, BA Koblenz, N 1377/47; Turner: *Hitlers Weg*, p. 205 e seguinte.

105 Duesterberg: *Der Stahlhelm und Hitler*, p. 40 e seguinte; Cf. Duesterberg: "*Die Regierungsbildung am 3. Januar 1933*"; IfZ München, ZS 1700; *Duesterberg-Erinnerungen*, p. 190 e seguinte; BA Koblenz, N 1377/47; também Papen: *Der Wahrheit eine Gasse*, p. 275 e seguinte; Meissner: *Staatssekretär*, p. 269 e seguinte; Turner: *Hitlers Weg*, p. 206 e seguinte.

106 Diário de Schwerin von Krosigk sobre os acontecimentos de 29 e 30 de janeiro de 1933; *Das Kabinett von Schleicher*, nº 79, p. 320-323 (citação p. 323).

107 Goebbels: *Tagebücher*, parte I, vol. 2/III, p. 120 (de 31 de janeiro de 1933).

108 Ibid., p. 120 (de 31 de janeiro de 1933). Sobre a recepção de Hitler no Hotel Kaiserhof Cf. também Hanfstaengl: *Zwischen Weißem und Braunem Haus*, p. 288; memórias inéditas de Hanfstaengl, p. 238: "'Agora estamos prontos', anunciou Hitler, eufórico. Nós o cercamos, e também os garçons e as camareiras, para apertar-lhe a mão"; BSB München, Nl Hanfstaengl Ana 405, caixa 47.

109 Hitler: *Reden Schriften Anordnungen*, vol. V,2, doc. 150, p. 296-298.

110 Kessler: *Das Tagebuch*, vol. 9, p. 537 (de 30 de janeiro de 1933). Cf. *Duesterberg-Erinnerungen*, p. 192: "Naquela noite amena de inverno reinava em quase toda Berlim um imenso frenesi de entusiasmo." BA Koblenz, N 1377/47.

111 Hoffmann: *Hitler wie ich ihn sah*, p. 49.

112 Citação segundo Machtan: *Der Kaisersohn*, p. 279. Cf. Geoffrey Verhey: *Der "Geist von 1914" und die Erfindung der Volksgemeinschaft*, Hamburgo, 2000, p. 362 e seguinte.

113 Cf. Frank: *Im Angesicht des Galgens*, p. 129.

114 Goebbels: *Tagebücher*, parte I, vol. 2/III, p. 121 (de 31 de janeiro de 1933).

115 Ibid., p. 120 (de 31 de janeiro de 1933). Cf. Frank: *Im Angesicht des Galgens*, p. 111: "Horas fantásticas, maravilhosas e inesquecíveis!"

116 Heß: *Briefe*, p. 424 e seguinte (de 31 de janeiro de 1933). Heß riscou o papel de carta timbrado onde se lê "O chanceler do *Reich*" e adicionou à mão "um dia após Adolf Hitler assumir o poder". BA Bern, Nl Heß, J1.211-1989/148, 51.

117 Diário de E. Krogmann, de 30 de janeiro de 1933; citação segundo Karl Heinz Roth: *Ökonomie und politische Macht: Die »Firma Hamburg« 1930-1945*, em: Angelika Ebbinghaus/Karsten Linne (edit.): *Kein abgeschlossenes Kapitel: Hamburg im "Dritten Reich"*, Hamburgo, 1997, p. 15. Anna Himmler, a mãe de Heinrich Himmler, também se mostrou "comovida e feliz", "que o teu desejo e o desejo de todos nós se cumpriu e que o teu *Führer* chegou à vitória há muito disputada". Anna Himmler para Heinrich Himmler, 31 de janeiro de 1933; BA Koblenz, N 1126/13.

118 Diário de L. Solmitz, de 30 de janeiro de 1933; Jochmann: *Nationalsozialismus und Revolution*, p. 73.

119 Lutz Graf Schwerin von Krosigk: *Es geschah in Deutschland. Menschenbilder unseres Jahrhunderts*, Tübingen e Stuttgart, 1951, p. 147.

120 Ewald von Kleist-Schmenzin: *Die letzte Möglichkeit. Zur Ernennung Hitlers zum Reichskanzler am 30. Januar 1933*, em: *Politische Studien*, ano 10, 1959, p. 92. Cf. Turner: *Hitlers Weg*, p. 196.

121 Citação Gerhard Ritter: *Carl Goerdeler und die deutsche Widerstandsbewegung*, Stuttgart, 1954, p. 65 e seguinte Cf. Jones: *Hugenberg and the Hitler Cabinet*, p. 63.

122 Citação segundo um parecer do Instituto de História Contemporânea de Munique de 1958, entre outros, em Deuerlein: *Der Aufstieg*, p. 418. Cf. com Fritz Tobias: *Ludendorff, Hindenburg, Hitler. Das Phantasieprodukt des Ludendorff-Briefes vom 30. Januar 1933*, em: Uwe Backes/Eckhard Jesse/Rainer Zitelmann: *Die Schatten der Vergangenheit. Impulse zur Historisierung des Nationalsozialismus*, Frankfurt am Main-Berlim, 1992, p. 319-343. Também Lothar Gruchmann: *Ludendorffs »prophetischer« Brief an Hindenburg vom Januar/ Februar 1933. Eine Legende*, em: Vierteljahrshefte für Zeitgeschichte, ano 47, 1999, p. 559-562. A carta de Ludendorff é citada, entre outros, em Kershaw; *Hitler*, vol. I, p. 522. As cartas de Ludendorff para Hindenburg de 25 de agosto e 18 de novembro de 1933, nas quais ele protesta contra as condições de ilegalidade, reprod. em Eberle (edit.): *Briefe an Hitler*, p. 189 e seguinte.

123 Cf. Manfred Nebelin: *Ludendorff. Diktator im ersten Weltkrieg*, Munique, 2011, p. 9 e seguinte, 17. Sobre as "pazes" entre Hitler e Ludendorff, cf. Goebbels: *Tagebücher*, parte I, vol. 4, p. 74, 82 (de 1º de abril e 6 de abril de 1937). Sobre a reação de Hitler à morte de Ludendorff, ibid., vol. 5, p. 64 (de 22 de dezembro de 1937). No início de 1941, Hitler ordenou que a casa onde Ludendorff nasceu, a fazenda Kruszewnia perto de Posen, fosse transformada em um memorial em decorrência dos "méritos imortais" do general. *Adjutant der Wehrmacht, Schmundt, an Lammers, 27. 1. 1941*; BA Berlin-Lichterfelde, R 43 II/985.

124 Kessler: *Das Tagebuch*, vol. 9, p. 538 (de 31 de janeiro de 1933), 539 (de 6 de fevereiro de 1933). Nesse sentido, o *Tägliche Rundschau*, de 31 de janeiro de 1933, cita: "Os ver-

dadeiros Harzburger prevaleceram e não Hitler." Citação segundo Petzold: *Franz von Papen*, p. 160.

125   *Vossische Zeitung*, de 30 de janeiro de 1933. Cit. segundo Dirk Blasius: 30 de janeiro de 1933. Dia da tomada do poder, em: Dirk Blasius/Wilfried Loth (edit.): *Tage deutscher Geschichte im 20. Jahrhundert*, Gotinga, 2006, p. 51. Cf. também *Berliner Tageblatt*, de 30 de janeiro de 1933; Eschenhagen: *Die »Machtergreifung«*, p. 96.

126   Citação segundo Friedländer: *Das Dritte Reich und die Juden*, vol. 1, p. 27. Cf. ibid. a declaração da diretoria da Associação Central de 30 de janeiro de 1933: "Especialmente hoje fica valendo a máxima: aguardar calmamente." Também Avraham Barkai: *Der Centralverein deutscher Staatsbürger jüdischen Glaubens 1893-1938*, Munique, 2002, p. 271 e seguinte.

127   Willy Cohn: *Kein Recht, nirgends. Tagebuch vom Untergang des Breslauer Judentums 1933-1941*. Ed. de Norbert Conrads, Köln/Weimar/Berlin, 2006, vol. 1, p. 6 e seguinte (de 30 e 31 de janeiro de 1933).

128   Josef e Ruth Becker (edit.): *Hitlers Machtergreifung. Dokumente vom Machtantritt Hitlers. 30. Januar 1933 bis zur Besiegelung des Einparteienstaats 14. 7. 1933*, Munique, 1983, p. 34. Cf. Winkler: *Der Weg in die Katastrophe*, p. 868.

129   Cf. Winkler: *Der Weg in die Katastrophe*, p. 868, 757-759.

130   Peter Jahn (revis.): *Die Gewerkschaften in der Endphase der Republik 1930-1933*, Köln, 1988, doc. 170, p. 831.

131   Haffner: *Geschichte eines Deutschen*, p. 105 e seguinte.

132   Cf. Turner: *Hitlers Weg*, p. 210.

133   Th. Sternheim: *Tagebücher*, vol. 2, p. 470 (de 30 de janeiro de 1933).

134   Kl. Mann: *Tagebücher 1931-1933*, p. 113 (de 30 de janeiro de 1933). O escritor Erich Ebermayer, de Leipzig, amigo de Klaus Mann, também ficou "atordoado" com a notícia da nomeação de Hitler: É como se uma sombra escura cobrisse a terra. Como se algo terrível, irrevogável e fatídico tivesse acontecido." Erich Ebermayer: *Denn heute gehört uns Deutschland ... Persönliches und politisches Tagebuch*, Hamburgo/Viena, 1959, p. 11 (de 30 de janeiro de 1933).

135   Delmer: *Die Deutschen und ich*, p. 178.

136   Clemens: *Herr Hitler in Germany*, p. 252-255 (citação p. 254).

137   Cf. Claus W. Schäfer: *André François-Poncet als Botschafter in Berlin (1931-1938)*, Munique, 2004, p. 163-168.

138   Paul Dinichert ao Conselho Federal Giuseppe Motta, 2 de fevereiro de 1933; Bajohr/Strupp (edit.): *Fremde Blicke auf das "Dritte Reich"*, p. 354 e seguinte.

139   Cf. as considerações de Heinrich August Winkler: *Mußte Weimar scheitern? Das Ende der Ersten Republik und die Kontinuität der deutschen Geschichte*, Munique, 1991.

140   Segundo as memórias de Fritz Wiedemann, em suas conversas à mesa nos anos 30, Hitler "repetidamente fazia piadas sobre o governo bávaro [...], que o enviara à fortaleza Landsberg por um tempo, libertando-o a seguir, em vez de liquidá-lo. Hitler

não deixava dúvidas de que teria agido de modo radical, sem falso sentimentalismo." Wiedemann: *Der Mann*, p. 55.

141   Cf. Heinrich August Winkler: *Die abwendbare Katastrophe. Warum Hitler am 30. Januar 1933 Reichskanzler wurde*, do mesmo autor em: *Auf ewig in Hitlers Schatten? Anmerkungen zur deutschen Geschichte*, Munique, 2007, p. 93-104 (aqui, p. 95).

142   Sobre a alternativa da ditadura militar sob Schleicher, cf. Turner: *Hitlers Weg*, p. 225 e seguintes. Em contrapartida, Wehler: *Deutsche Gesellschaftsgeschichte*, vol. IV, p. 587, para quem restou "apenas o regime NS para lidar com a crise de Estado".

143   Veit Valentin: *Geschichte der Deutschen*, Berlim, 1947; nova edição Colônia, 1991, p. 593.

144   Eberhard Jäckel: *Das deutsche Jahrhundert. Eine historische Bilanz*, Stuttgart, 1996, p. 151 e seguintes, com um posicionamento decidido contra Fritz Fischer: *Hitler war kein Betriebsunfall. Aufsätze*, Munique 1993, p. 174-181. Cf. a crítica fiada, porém certeira a Jäckel por Heinrich August Winkler: *Triumph des Zufalls?*, em: *Historische Zeitschrift*, vol. 268 (1999), p. 681-688.

145   *Monologe*, p. 155 (de 17 e 18 de dezembro de 1941).

Capítulo 13. Hitler em pessoa

1   Dietrich: *12 Jahre mit Hitler*, p. 15.

2   Hanfstaengl. *Zwischen Weißem und Braunem Haus*, p. 217. Cf. nota de Hanfstaengl *"ad A. H. – Charakterisierung"* [A. H. – Caracterização]: "É possível tornar precisa, de maneira aproximada, sua essência de forma indireta, ou seja, por comparações com outros contemporâneos." BSB München, Nl Hanfstaengl Ana 405, Caixa 25.

3   Albert Speer. *"Alles was ich weiß." Aus unbekannten Geheimdienstprotokollen vom Sommer 1945*. Org. Ulrich Schlie, Munique, 1999, p. 50.

4   André François-Poncet. *Als Botschafter in Berlin 1931-1938*. Mainz, 1947, p. 356.

5   Meissner. *Staatssekretär*, p. 615.

6   Segundo Kershaw: Hitler, v. I, p. 430. Cf. nesse contexto acima p. 16 e seguinte Também Dirk van Laak: *Adolf Hitler*, em: Möller, Frank (org.). *Charismatische Führer der deutschen Nation*, Munique, 2004, p. 157: Hitler "praticamente" não tinha "vida pessoal".

7   Hanfstaengl. *Zwischen Weißem und Braunem Haus*, p. 335.

8   Heiden. *Hitler. Das Zeitalter der Verantwortungslosigkeit*, p. 330, 331.

9   Dietrich. *12 Jahre mit Hitler*, p. 15, 24 e seguinte

10   Speer. *Erinnerungen*, p. 37; também em: *Spandauer Tagebücher*, p. 634 (de 4 de maio de 1965); cf. também o manuscrito corrigido das memórias de Speer (vol. 2), Cap. I: *"Hitlers Eigenschaften"* [Características de Hitler]: "Ele podia ser bondoso, mas ao mesmo tempo inclemente e injusto. Podia parecer fiel e honesto, mas, no mesmo momento, imoral. Aos seus iguais, com frequência parecia um bom pai de família e podia cometer crimes com ódio demoníaco." BA Koblenz, N 1340/384. – Para *"Mehrgesichtigkeit" Hitlers* [As muitas faces de Hitler], cf. também François-Poncet: *Als Botschafter in Berlin*, p. 356 e seguinte

11   Hanfstaengl. *Zwischen Weißem und Braunem Haus*, p. 218.

12 Joachim Scholtyseck. *Der Aufstieg der Quandts. Eine deutsche Unternehmerdynastie*, Munique, 2011, p. 265 e seguinte O banqueiro Eduard Heydt teve uma impressão semelhante. Perante Harry Graf Kessler, ele descreveu Hitler "como um homem 'cordial' – uma espécie de pequeno funcionário, que, de forma alguma, quando alguém fala com ele, deixa uma impressão forte". Kessler: *Das Tagebuch*, vol. 9, p. 399 (de 12 de dezembro de 1931).

13 Delmer. *Die Deutschen und ich*, p. 115.

14 Thompson. *Kassandra spricht*, p. 41. Cf. B. Fromm: *Als Hitler mir die Hand küßte*, p. 111 (de 30 de março de 1933): "Um homem de aparência comum, simples."

15 William S. Shirer. *Berliner Tagebuch. Aufzeichnungen 1934-41*. Trad. e org. Jürgen Schebera, Leipzig e Weimar, 1991, p. 23 (de 4 de setembro de 1934). Cf. François-Poncet: *Als Botschafter in Berlin*, p. 146, sobre uma recepção com Hitler, em 8 de abril de 1933: "Quando eu o vi de perto, tranquilamente, fiquei chocado [...] como suas feições são comuns e irrelevantes, embora eu me dissesse que aquela insignificância correspondia à massa que o festeja e se reconhece nele."

16 Schwerin von Krosigk: *Es geschah in Deutschland*, p. 193.

17 Hanfstaengl: *Zwischen Weißem und Braunem Haus*, p. 83. Cf. recordações não publicadas de Hanfstaengl, p. 63: "'Não se preocupe', disse ele, 'estou criando uma nova moda. No futuro, as pessoas vão me imitar'". BSB München, Nl Hanfstaengl Ana 405, Caixa 47. Também a mãe de Rudolf Hess questionou o bigode de Hitler. Hess prometeu ler a Hitler a carta de sua mãe: "Não vai servir para nada, claro! Ele é o maior cabeça dura que eu conheço!" R. Hess aos seus pais, 9 de setembro de 1925; BA Bern, Nl. Hess. J1.211-1989/148, 35.

18 Schroeder: *Er war mein Chef*, p. 72.

19 K. Mann: *Der Wendepunkt*, p. 228.

20 Speer: *Spandauer Tagebücher*, p. 40 (de 30 de novembro de 1946).

21 Müller: *Mars und Venus*, p. 338. Theodor Duesterberg falou em suas memórias não publicadas (p. 189) de "estranhos olhos de lobo". BA Koblenz, N 1377/47.

22 Hamann: *Winifred Wagner*, p. 209. Cf. carta de Erich Spickschen, *Kreisbauernführer* em Woydiethen, para sua mãe, sobre um encontro com Hitler em Goslar, 21 de outubro de 1934: "É uma pessoa maravilhosa. Quem vê uma vez aqueles olhos fantásticos também fica totalmente entregue a ele." Hans Joachim Schröder: *Alles Liebe & Heil Hitler. Wie falsche Hoffnungen entstehen. Eine Familiengeschichte*, Berlin, 2012, Doc. 05 de janeiro de 2021.

23 Wagener: *Hitler aus nächster Nähe*, p. 43; cf. também, p. 56 ("Seus olhos grandes e inescrutáveis."). A cozinheira de Obersalzberg, Therese Linke, também se lembrava, depois da guerra, de um "aperto de mão muito forte" de Hitler e seu "olhar fascinante": "Sempre parecia estranho." IfZ München, ZS 3135.

24 Schroeder: *Er war mein Chef*, p. 71.

25 Peter Sprengel: *Gerhart Hauptmann. Bürgerlichkeit und großer Traum. Eine Biographie*, Munique, 2012, p. 669.

26 Heiden: *Hitler. Das Zeitalter der Verantwortungslosigkeit*, p. 336.

27 Martha Dodd: *Nice to meet you, Mr. Hitler! Meine Jahre in Deutschland 1933 bis 1937*, Frankfurt am Main, 2005, p. 77.

28 H. St. Chamberlain a A. Hitler, 7 de outubro de 1923; BA Koblenz, N 1128/16.

29 Schwerin von Krosigk: *Es geschah in Deutschland*, p. 193. Cf. também Schwerin von Krosigk: *Niederschrift zur Persönlichkeit Hitlers* (aprox. 1945) sobre "a delicadeza e beleza de suas mãos, que eram certamente as mãos de um artista"; IfZ München, zs 145, vol. 5. Também Knickerbocker: *Deutschland so oder so?*, p. 207, que adorava "as mãos longas e os dedos fortes de artista" de Hitler.

30 Cit. de Rüdiger Safranski: *Ein Meister aus Deutschland. Heidegger und seine Zeit*, Munique/Viena, 1994, p. 274.

31 Cit. de Schmölders: *Hitlers Gesicht*, p. 60.

32 Sönke Neitzel: *Abgehört. Deutsche Generäle in britischer Gefangenschaft 1942-1945*, Berlim, 2005, Doc. 3, p. 92.

33 Thomas Mann: *Bruder Hitler*, op. cit. *An die gesittete Welt*, p. 255. Heinrich Class anotou em suas memórias não publicadas sobre a "eloquência histérica" de Hitler. Leicht: Heinrich Class, p. 288.

34 Heiden: *Hitler. Das Zeitalter der Verantwortungslosigkeit*, p. 331.

35 O. Straßer: *Hitler und ich*, p. 85. Cf. também Ernst Niekisch: *Hitler – Ein deutsches Verhängnis* (1931), op. cit.: *Politische Schriften*, Colônia/Berlim, 1965, p. 21 e seguintes, que descreveu Hitler como o "maior demagogo que a Alemanha produziu": "Um instinto básico levava-o até o ambiente adequado para ele – a reunião das massas". Veit Valentin (*Geschichte der Deutschen*, p. 594) resumiu: "Como demagogo, Adolf Hitler é o gênio alemão."

36 Schwerin von Krosigk: *Es geschah in Deutschland*, p. 194; cf. Schwerin von Krosigk para Fred L. Casmir, 11 de agosto de 1960: "Hitler sabia sentir o que movia as pessoas no seu íntimo e lhe dar uma expressão concisa. Assim, os ouvintes sentiam-se entendidos e tocados, fundiam-se com o orador numa comunidade." BA Koblenz, N 1276/40.

37 Knickerbocker: *Deutschland so oder so?*, p. 206.

38 Hess: *Briefe*, p. 355 (de 27 de novembro de 1924). Em um relato sobre o discurso de três horas de Hitler em Nuremberg, em 3 de dezembro de 1928, Rudolf Hess contou que o representante presente da polícia, um conselheiro do governo, deixou "todas as precauções" de lado, bateu palmas conosco e "para finalizar, com alegre empolgação", deu a mão para Julius Streicher, "declarando-se um tribuno". R. Hess a I. Hess, 4 de dezembro de 1928; BA Bern, Nl Hess, J1.211–1989/148, 41.

39 G. Mann: *Erinnerungen und Gedanken*, p. 382. Cf. Schwerin von Krosigk para Fred L. Casmir: Contra a "aura surpreendente" de Hitler precisariam "combater também aqueles que não queriam sucumbir à sua magia". BA Koblenz, N 1276/40. – Sobre o antagonismo de Golo Mann frente ao nazismo antes de 1933, cf. Tilman Lahme: *Golo Mann. Biographie*, Frankfurt am Main, 2009, p. 70-73.

40 Hanfstaengl: *Zwischen Weißem und Braunem Haus*, p. 36. Cf. Frank: *Im Angesicht des Galgens*, p. 39: "Este órgão às vezes soa rouco e se move em estranhos contrastes de volume.

Frases cada vez mais altas erguem-se de uma vez numa palavra ou, perto do fim, até um tom mais grandiloquente." No entanto, quando ainda falava sem microfone, Hitler precisava aumentar tanto o volume em grandes reuniões que sua voz literalmente desaparecia. Rudolf Hess, em carta a Inge Pröhl, comenta sobre um desses acontecimentos no Salão de Exposições de Essen, de 29 de abril de 1927; BA Bern, Nl heß, J1.211–1989/148, 39.

41 Schirach: *Ich glaubte an Hitler*, p. 20.

42 Schwerin von Krosigk: *Es geschah in Deutschland*, p. 220. Cf. memórias não publicadas de Hanfstaengls, p. 60: "Tinha dons evidentes de ator, além de olhos aguçados para o cômico." BSB München, Nl Hanfstaengl Ana 405, Caixa 47. Sobre as qualidades dramatúrgicas de Hitler, conf. também Heinz Schreckenberg: *Hitler. Motive und Methoden einer unwahrscheinlichen Karriere. Eine biographische Studie*, Frankfurt am Main, 2006, p. 100-107.

43 Krebs: *Tendenzen und Gestalten*, p. 133.

44 Schwerin von Krosigk a Fred L. Casmir, 11 de agosto de 1960; BA Koblenz, N 1276/40.

45 Bajohr/Strupp (org.): *Fremde Blicke auf das "Dritte Reich"*, p. 436. Sobre os diferentes papéis nos quais Hitler se apresentava como orador, cf. Gudrun Brockhaus: *Schauder und I. Faschismus als Erlebnisangebot*, Munique, 1999, p. 226.

46 Robert Coulondre: *Von Moskau nach Berlin. Erinnerungen des französischen Botschafters*, Berlim, 1950, p. 310. Coulondre perguntou-se após o discurso: "Que tipo de gente pode ser esse tal Hitler, um camarada infernal?" Idem., p. 311.

47 Krebs: *Tendenzen und Gestalten*, p. 133.

48 Levetzow a Donnersmarck, 20 de novembro de 1931; Granier: *Magnus von Levetzow*, p. 316. Hermínia lera já no início de 1927 o 2º volume de *Mein Kampf*. As observações teriam "interessado muito", ela escreveu a Elsa Bruckmann, em 10 de fevereiro de 1927; Käfer: *Hitlers frühe Förderer*, p. 61.

49 Delmer: *Die Deutschen und ich*, p. 117; cf. Dietrich: *12 Jahre mit Hitler*, p. 245; Machtan: *Der Kaisersohn bei Hitler*, p. 220 e seguintes, 309 e seguintes.

50 Príncipe Augusto Guilherme a R. Hess, 21 de setembro de 1934; BA Bern, Nl Hess, J1.211–1993/300, Caixa 1. Sobre o ódio de Hitler à monarquia dos Hohenzollerns, cf. p.ex. Goebbels: *Tagebücher*, Parte I, vol. 2/III, p. 181 (de 5 de maio de 1933), 331 (de 6 de dezembro de 1933). Após a visita de Hitler e Göring ao castelo do príncipe coroado, a princesa coroada teria dito que era "necessário abrir as janelas". Essa história chegou aos ouvidos de Hitler e aumentou ainda mais sua repulsa frente ao casal. Wiedemann: *Einzelerinnerungen*, San Francisco, 28 de março de 1939; BA Koblenz, N 1740/4.

51 Cf. Hanfstaengl: *Zwischen Weißem und Braunem Haus*, p. 226; Duesterberg-Erinnerungen, p. 189; BA Koblenz, N 1377/47.

52 Krebs: *Tendenzen und Gestalten*, p. 148, 135.

53 Weizsäcker: *Erinnerungen*, p. 199.

54 Speer: *Spandauer Tagebücher*, p. 634 (de 4 de maio de 1965).

55 Schroeder: *Er war mein Chef*, p. 67. Cf. Frank: *Im Angesicht des Galgens*, p. 95 ("Um mestre em imitar o jeito de falar alheio."). Após a morte de Hindenburg, Hitler também gostava de imitar sua voz grave. Cf. Eberle/Uhl (orgs): *Das Buch Hitler*, p. 49 e seguinte.

56   Krebs: *Tendenzen und Gestalten*, p. 129.

57   Goebbels: *Tagebücher*, Parte I, vol. 3/II, p. 300 (de 21 de dezembro de1936). Também no círculo dos Wagner, Hitler atuava como imitador de vozes com frequência. Cf. Hamann: *Winifred Wagner*, p. 313, 387.

58   Speer: *Spandauer Tagebücher*, p. 199 (de 3 de março de 1947).

59   Hanfstaengl: *Zwischen Weißem und Braunem Haus*, p. 165.

60   Hanskarl Hasselbach, um dos médicos acompanhantes de Hitler, disse após a guerra que Hitler dispunha de "uma memória fenomenal em todas as áreas", como "nunca conhecera em outras pessoas". IfZ München, zs 242. Cf. também Robert Ley *"Gedanken um den Führer"* (1945): "Adolf Hitler tinha o dom como nenhum outro para se concentrar, sua memória nunca o deixava na mão." BA Koblenz, N 1468/4.

61   Cf. Wiedemann: *Der Mann*, p. 78 e seguinte

62   Cf. Ensaio de Hanskarl von Hasselbachs: *"Hitlers Kenntnisse und geistige Fähigkeiten"* (27 de setembro de 1945); BA Koblenz, N 1128/33; Nicolaus von Below: *Als Hitlers Adjutant 1937-45*, Mainz, 1980, p. 150.

63   Cf. Hoffmann: *Hitler wie ich ihn sah*, p. 160; Krause: *10 Jahre Kammerdiener*, p. 46 e seguinte Hitler conseguiu o calendário marítimo de 1933 em outubro de 1932 com a Franz Eher Verlag. Ver fatura em BA Berlin-Lichterfelde, NS 26/2557.

64   Cf. também Koch-Hillebrecht: *Homo Hitler*, p. 93 e seguintes. ("Hitler como eidético").

65   Schroeder: *Er war mein Chef*, p. 76.

66   Wagener: *Hitler aus nächster Nähe*, p. 149.

67   Cf. Hanfstaengl: *Zwischen Weißem und Braunem Haus*, p. 45; Schroeder: *Er war mein Chef*, p. 76.

68   Dietrich: *12 Jahre mit Hitler*, p. 165. Cf. Hanfstaengl: *Zwischen Weißem und Braunem Haus*, p. 55.

69   Hess: *Briefe*, p. 267 (de 11 de abril de 1921), p. 324 (de 16 de maio de 1924).

70   Wagener: *Hitler aus nächster Nähe*, p. 80.

71   Goebbels: *Tagebücher*, Parte I, vol. 2/III, p. 55 (de 9 de novembro de 1932). Cf. ibid., vol. 2/II, p. 361 (de 11 de setembro de 1932), vol. 3/I, p. 386 (de 27 de fevereiro de 1936), vol. 3/II, p. 133 (de 17 de julho de 1936). Cf. também ensaio de Wilhelm Brückner de agosto de 1945: "A. H., uma mente genial, que absorveu desde a juventude um conhecimento fantástico em todos os campos." IfZ München, eD 100/43.

72   Müller: *Im Wandel einer Welt*, p. 302 e seguinte; Cf. também a anotação de K. A. v. Müller *"Begegnungen mit Hitler bei Bruckmanns"*: "Tinha um conhecimento imenso, mas reunido de forma total e arbitrariamente errática." BayhStA München, Nl K. A. v. Müller 101.

73   Hess: *Briefe*, p. 346 (de 23 de julho de 1924); R. Hess aos pais, 29 de abril de 1927; BA Bern, Nl Hess, J1.211–1989/148, 39.

74   Cf. Schwerin von Krosigk: *Niederschrift zur Persönlichkeit Hitlers* (aprox. 1945); IfZ München, zs 145, vol. 5; *Niederschrift über eine Unterredung mit Heinrich Hoffmann* de 5 de dezembro de 1953; IfZ München, zs 71.

75 Wagener: *Hitler aus nächster Nähe*, p. 57. Müller (*Im Wandel einer Welt*, p. 303) falava de uma "ira calibanesca contra a 'arrogância da formação acadêmica'". Perante Hans Frank, Hitler expressou toda a sua aversão contra "a afetação intelectual totalmente contraditória dos professores e bispos da universidade" (*Im Angesicht des Galgens*, p. 47).

76 Wiedemann: *Der Mann*, p. 194.

77 Hitler a W. Poppelreuter, 4 de julho de 1932; BA Berlin-Lichterfelde R 43II/959. Hitler não teve nenhuma preocupação quanto à reprodução dessa carta no livro de Poppelreuter *Hitler, der politische Psychologe* (1933). Lammers a W. Poppelreuter, 10 de novembro de 1933; ibid.

78 Speer: *Spandauer Tagebücher*, p. 523, de 3 de maio de 1960.

79 Hanfstaengl: *Zwischen Weißem und Braunem Haus*, p. 174, 176.

80 Cf. Wagener: *Hitler aus nächster Nähe*, p. 180-182; Hanfstaengl: *Zwischen Weißem und Braunem Haus*, p. 175 e seguinte Em 1928, Hitler recebeu um convite dos companheiros de partido na Argentina para uma viagem até a América do Sul no outono. "O que significaria uma motivação, como seu olhar se ampliaria", observou Rudolf Hess. "Mas infelizmente ele não consegue aguentar ficar seis semanas longe [...]." R. Hess para I. Hess, 8 de março de 1928; BA Bern, Nl Hess, J1.211–1989/148, 41.

81 Anotação sobre discurso com Mathilde Scheubner-Richter, de 9 de julho de 1952; IfZ München, ZS 292.

82 Schirach: *Ich glaubte an Hitler*, p. 31.

83 Hanfstaengl: *Zwischen Weißem und Braunem Haus*, p. 49. Cf. entrevista com Hermann Esser, de 16 de março de 1964, vol. I: Sapatos de couro envernizado pretos eram "uma das paixões" das quais Hitler "não se desvencilhava". BayhStA München, Nl Esser.

84 Hess: *Briefe*, p. 299 (de 15 de julho de 1923).

85 Cf. Herz: *Hoffmann & Hitler*, p. 104-106.

86 Cf. Hoffmann: *Hitler wie ich ihn sah*, p. 196 e seguinte

87 Cf. idem., p. 197; Linge: *Bis zum Untergang*, p. 67.

88 Hanfstaengl: *Zwischen Weißem und Braunem Haus*, p. 174. Cf. memórias não publicadas de Hanfstaengls, p. 143; BSB München, Nl Hanfstaengl Ana 405, caixa 47.

89 B. Fromm: *Als Hitler mir die Hand küßte*, p. 91 (de 10 de fevereiro de 1933). Cf. também Duesterberg-Erinnerungen, p. 197: "Por isso, esse novo chanceler do *Reich* me dá a impressão de um 'garçom aprendiz' em um fraque emprestado num local de segunda classe [...] Com esforço consegui esboçar um sorriso." BA Koblenz, N 1337/47. Também M. Dodd: *Nice to meet you, Mr. Hitler!*, p. 77, sobre o "estranho constrangimento" que Hitler mostrava quando se encontrava com o corpo diplomático.

90 Fac-símile da carta manuscrita *in* Joachimsthaler: *Hitlers Liste*, p. 362. Sobre a citação de Napoleão, cf. Volker Ullrich: *Napoleon, Reinbek bei Hamburg*, 2004, p. 144. Goebbels era também aqui a voz do seu senhor. Em 21 de fevereiro de 1936, depois de Hitler ter contado mais uma vez sobre o início do "movimento", ele anotou: "Sua vida é um verdadeiro romance de aventura". *Tagebücher*, Parte I, vol. 3/I, p. 383.

91 Schroeder: *Er war mein Chef*, p. 55; cf. também Krause: *10 Jahre Kammerdiener*, p. 29 e seguinte.; Linge: *Bis zum Untergang*, p. 107.

92 Cf. p.ex. Goebbels: *Tagebücher*, Parte I, vol. 3/II, p. 280 (de 6 de dezembro de 1936), vol. 4, p. 49 (de 13 de março de 1937), vol. 5, p. 374 (de 9 de julho de 1938).

93 Cit. segundo Leicht: *Heinrich Class*, p. 288.

94 Delmer: *Die Deutschen und ich*, p. 116.

95 Hassell: *Römische Tagebücher*, p. 216. Cf. Rudolf Diels: *Lucifer ante portas:... Es spricht der erste Chef der Gestapo*, Stuttgart, 1950, p. 57: "Mesmo quando falava com uma pessoa, falava como se diante de dez mil; até mesmo em ruminações ele se perdia no gestual do orador do povo."

96 Cf. Wagener: *Hitler aus nächster Nähe*, p. 72.

97 Dietrich: *12 Jahre mit Hitler*, p. 160; cf. Goebbels: *Tagebücher*, Parte I, vol. 2/III, p. 293 (de 17 de março de 1933): "Hitler tagarela. É quando se sente mais à vontade." Anotação de Blomberg: "Em conversas a dois ou três, falava sempre como num monólogo." Schäfer: *Werner von Blomberg*, p. 119 e seguinte

98 Goebbels: *Tagebücher*, Parte I, vol. 2/I, p. 203 (de 21 de julho de 1930), p. 285 (de 19 de novembro de 1930), vol. 2/II, p. 225 (de 13 de fevereiro de 1932), vol. 2/III, p. 221 (de 5 de julho de 1933), vol. 3/II, p. 188 (de 20 de junho de 1936), p. 318 (de 6 de janeiro de 1937): "Ontem à noite, o *Führer* contou muitas coisas ainda da guerra. Faz parte dele."

99 Schlie: *Albert Speer*, p. 51; cf. Speer: *Spandauer Tagebücher*, p. 21 (de 11 de outubro de 1946).

100 Goebbels: *Tagebücher*, Parte I, vol. 1/III, p. 272 (de 22 de junho de 1929), vol. 2/I, p. 325 (de 15 de janeiro de 1931). Cf. ibid., vol. 3/II, p. 151 (de 7 de agosto de 1936): "Quando falava apenas comigo, era como um pai para mim. Eu gosto tanto dele."

101 Idem., vol. 3/I, p. 181 (de 8 de fevereiro de 1935), vol. 3/II, p. 219 (de 21 de outubro de 1936).

102 Müller: *im Wandel einer Welt*, p. 304. Cf. também op. cit., p. 301: Hitler soprava uma "rajada de ar assustadoramente estranha, que o separava de todos os outros". Cf. também a afirmação de sua secretária, Johanna Wolf, de 1º de julho de 1947: "Eu não sabia que ele tinha amigos. Era muito reservado". Kempner: *Das Dritte Reich im Kreuzverhör*, p. 54.

103 Speer: *Erinnerungen*, p. 114.

104 Ribbentrop: *Zwischen London und Moskau*, p. 48, 45.

105 Segundo afirmação de Franz Xaver Schwarz, tesoureiro do NSDAP, Hitler tratava informalmente Streicher, Kriebel, Esser, Röhm e Christan Weber. Mais tarde, voltou a tratar formalmente Esser. ifZ München, zs 1452.

106 O. Straßer: *Hitler und ich*, p. 93.

107 Cf. Wiedemann: *Der Mann*, p. 55. Cf. sobre os encontros de veteranos também Weber: *Hitlers erster Krieg*, p. 345 e seguintes. Sobre um convite dos ex-participantes do regimento para participar da festa de Natal de 1934, Hitler parece não ter reagido. BA Berlin-Lichterfelde, NS 51/74. No entanto, fez doações generosas para que os 210 ex-

-integrantes, em julho de 1938, pudessem viajar para Bélgica e França até os túmulos dos camaradas mortos. Um álbum da viagem foi entregue a Hitler em seu aniversário de cinquenta anos. BA Koblenz, N 1720/7.

108 Goebbels: *Tagebücher*, Parte I, vol. 2/I, p. 371 (de 25 de março de 1931).

109 Cf. Speer: *Erinnerungen*, p. 57.

110 Below: *Als Hitlers Adjutant*, p. 35, 135.

111 Carta manuscrita de Helene Bechstein a Hitler, 21 de abril de 1933; BA Berlin-Lichter-felde, NS 10/123.

112 Assim ela reclama na carta de 21 de abril de 1933 sobre o tratamento ruim da líder da NS-Frauenschaft [Associação de Mulheres Nazistas], Elsbeth Zander, através de Robert Ley (ibid.). Cf. também Joachimsthaler: *Hitlers Liste*, p. 92 e seguinte Sobre a visita de aniversário de Hitler, cf. Helene Bechstein a R. Hess, 29 de maio de 1936: "Wolf" a "mimou demais". "Agora, onde estou sozinha, sinto como se qualquer atenção que recebo fosse duas vezes mais benéfica." BA Bern, Nl heß, J1.211–1993/300, caixa 2.

113 Cf. a carta de agradecimento efusiva de Hugo e Elsa Bruckmann, 4 de outubro de 1934; BA Berlin-Lichterfelde, NS 10/123.

114 Elsa Bruckmann a Georg Karo, 27 de março de 1934; BSB München, Bruckmanniana Suppl. Caixa 7; cit. segundo Käfer: Hitlers frühe Förderer, p. 70.

115 Wagener: *Hitler aus nächster Nähe*, p. 128. Cf. Heiden: Adolf Hitler. *Ein Mann gegen Europa*, p. 207 e seguinte ("Sua falta de amor e afinidade vinda do âmago"); Bullock: *Hitler*, vol. 1, p. 389 ("Um homem para quem [...] não havia nenhum laço"); Fest: Hitler, p. 714 ("Falta de relacionamento social"), 716 ("Falta de laços"); Kershaw: *Hitler*, vol. II, p. 72 ("apartado de todas as relações pessoais importantes").

116 Speer: *Erinnerungen*, p. 56. Cf. manuscrito de Heinrich Hoffmann para a audiência do tribunal de desnazificação (janeiro de 1947), p. 12; IfZ München, MS 2049; anotação sobre um discurso com Heinrich Hoffmann de 5 de dezembro de 1953; IfZ München, ZS 71; Görtemaker: Eva Braun, p. 24 e seguinte; cf. também Goebbels: *Tagebücher*, Parte I, vol. 3/I, p. 92 (de 12 de agosto de 1934): "À noite com Hoffmann, [o] *Führer* lê no grotesco dialeto de Munique. Muito cômico."; p. 378 (de 1 de fevereiro de 1936): "Com Hoffmann para o café. *Führer* muito jovial."

117 Speer: *Erinnerungen*, p. 164. Cf. Eva Rieger: *Friedelind Wagner. Die rebellische Enkelin Richard Wagners*, Munique/Zurique, 2012, p. 53; Below: *Als Hitlers Adjutant*, p. 25: "Com Winifred Wagner, ele se sentia em casa. Aproveitava a vida como homem comum. Com nenhuma outra família ele mantinha essa amizade profunda, na qual o tratamento informal utilizado de forma tão escassa por Hitler imperava".

118 Hamann: *Winifred Wagner*, p. 143, 314. Cf. ibid., p. 146, 209; Rieger: Friedelind Wagner, p. 53.

119 Cf. Dietrich: *12 Jahre mit Hitler*, p. 247; Longerich: Goebbels, p. 256, 359.

120 Goebbels: *Tagebücher*, Parte I, vol. 3/I, p. 106 (de 15 de setembro de 1934), vol. 3/II, p. 356 (de 2 de fevereiro de 1937). Cf. ibid., p. 135 (de 20 de julho de 1936): "Helga o amava como um filho".

121 Ibid., p. 299 (de 20 de dezembro de 1936).

122 Cf. sobre o caso Baarova Longerich: Goebbels, p. 389-393.

123 Cf., p. ex., os cartões postais de Rudolf Hess a Ilse Pröhl de Hamburgo (2 de março de 1926), Leipzig (4 de março de 1926), Essen (18 de junho de 1926), Osnabrück (19 de junho de 1926), Nuremberg (2 de agosto de 1926), Detmold (25 de novembro de 1926), Essen (26 e 27 de abril de 1927), Hildesheim (30 de abril de 1927), Leipzig (5 de setembro de 1927). Na maioria desses cartões, Hitler acrescentava um cumprimento a mão. BA Bern, Nl Hess, J.1.211–1989/148, 37, 39. Sobre o casamento, cf. Hess: *Briefe*, p. 389 e seguinte (de 14 de janeiro de 1928); Ilse Hess aos pais de Rudolf Hess, 15 de janeiro de 1928; BA Bern, Nl Hess, J.1.211–1989/148, 41. Um cartão de casamento impresso em BA Koblenz, N 1122/15.

124 Hamann: *Winifred Wagner*, p. 165.

125 Cf. Hanfstaengl: *Zwischen Weißem und Braunem Haus*, p. 83 e seguinte

126 Speer: *Erinnerungen*, p. 136. Cf. também a afirmação de Franz Pfeffer von Salomons, de 20 de fevereiro de 1953: Hitler teria posições de poder preferencialmente com homens "que tinham um ou outro ponto obscuro, com os quais ele poderia puxar o freio de emergência a qualquer momento se isso lhe parecesse necessário". IfZ München, ZS 177.

127 Cf. ensaio de Hanskarl Hasselbach "Hitlers Menschenkenntnis"; BA Koblenz, N 1128/33; ensaio de Wilhelm Brückner de agosto de 1945; ifZ München, eD 100/43.

128 Richard Walter Darré: *Aufzeichnungen 1945-1948*, p. 181; ifZ München, eD 110, vol. 1.

129 Heiden: *Hitler. Das Zeitalter der Verantwortungslosigkeit*, p. 210. Cf. ensaio de Hanskarl Hasselbach, *"Hitlers Menschenkenntnis"*, com a expressão do ditador: "Um breve momento já seria suficiente para lhe dizer que tipo de pessoa era e como poderia usá-la da melhor forma". BA Koblenz, N 1128/33.

130 Speer: *Spandauer Tagebücher*, p. 278 (de 14 de março de 1952); cf. Below: *Als Hitlers Adjutant*, p. 34.

131 Krebs: *Tendenzen und Gestalten*, p. 127; Cf. Wagener: *Hitler aus nächster Nähe*, p. 170; Schwerin von Krosigk: *Niederschrift zur Persönlichkeit Hitlers*; ifZ München, ZS 145, vol. 5.

132 Cf. Hanfstaengl: *Zwischen Weißem und Braunem Haus*, p. 63, 68.

133 Wagener: *Hitler aus nächster Nähe*, p. 75, 252.

134 Speer: Manuscrito corrigido de *"Erinnerungen"* (2ª versão), Cap. I; BA Koblenz, N 1340/384.

135 Goebbels: *Tagebücher*, Parte I, vol. 1/III, p. 208 (de 20 de março de 1929).

136 Schroeder: *Er war mein Chef*, p. 75. Cf. Hanfstaengl: *Zwischen Weißem und Braunem Haus*, p. 134: "Nem mesmo dez cavalos poderiam arrancar algo de Hitler se ele não quisesse falar".

137 Wagener: *Hitler aus nächster Nähe*, p. 168.

138 Ibid., p. 82.

139 Krebs: *Tendenzen und Gestalten*, p. 135. Cf. Speer: *Erinnerungen*, p. 111: "De forma geral, o autocontrole era uma característica notável de Hitler."

140 Schirach: *Ich glaubte an Hitler*, p. 49.

141 Schwerin von Krosigk a Fred L. Casmir, 11 de agosto de 1960; BA Koblenz, N 1276/40. Cf. também Hess: *Briefe*, p. 396 (de 18 de dezembro de 1928) sobre "esse crânio em chamas, que no entanto pode ser tão frio e calculista".

142 Speer: *Spandauer Tagebücher*, p. 133 (de 20 de dezembro de 1947).

143 Speer: *Erinnerungen*, p. 114. Sobre "as encaradas ameaçadoras" de Hitler, cf. também Koch-Hillebrecht: *Homo Hitler*, p. 324 e seguinte

144 Schwerin von Krosigk: *Niederschrift über die Persönlichkeit Hitlers*; IfZ München, zs 145, vol. 5. Sobre o efeito sugestionador de Hitler sobre Blomberg, cf. Schäfer: *Werner von Blomberg*, p. 115 e seguinte

145 Speer: Manuscrito corrigido de "*Erinnerungen*" (2ª versão), Cap. I; BA Koblenz, N 1340/384.

146 Hess: Briefe, p. 425 (de 31 de janeiro de 1933).

147 Hanfstaengl: *Zwischen Weißem und Braunem Haus*, p. 102, 223. Cf. memórias não publicadas de Hanfstaengl, p. 181: "Hitler nunca superou suas maneiras boêmias, muito menos sua incapacidade nata de manter um horário de trabalho diário e ordenado [...] ele chegava depois de aviso ou sem aviso e deixava os outros esperarem por muito tempo sem nenhuma cerimônia." BSB München, Nl Hanfstaengl Ana 405, caixa 47.

148 Schirach: *Ich glaubte an Hitler*, p. 53 e seguinte; cf. Frank: *Im Angesicht des Galgens*, p. 93 e seguinte., sobre a incapacidade de Hitler trabalhar sistematicamente; entrevista com Hermann Esser, de 13 de março de 1964, vol. II: "Hitler nunca se sentava à mesa, nem na Casa Marrom, em Munique, tampouco na Chancelaria do *Reich*." BayhStA München, Nl Esser.

149 Wagener: *Hitler aus nächster Nähe*, p. 266. Cf. nota de Hanfstaengl sobre o "medo de escrever de Hitler": "Quando escrevia, fazia no melhor dos casos longas notas em folhas soltas – e a lápis, e apenas em palavras-chave." BSB München, Nl Hanfstaengl Ana 405, caixa 25.

150 Goebbels: *Tagebücher*, Parte I, vol. 2/II, p. 247 (de 23 de março de 1932). Cf. também ibid., p. 245 (de 19 de março de 1932): "Hitler sempre tinha novos pensamentos. Mas com ele era impossível trabalhar de forma meticulosa".

151 Ensaio de Wiedemann "*Vorbereitung der Reden*"; BA Koblenz, N 1720/4.

152 Schroeder: *Er war mein Chef*, p. 78-81. Cf. afirmação de Johanna Wolf, de 1º de julho de 1947; Kempner: *Das Dritte Reich im Kreuzverhör*, p. 55; Krause: *Zehn Jahre Kammerdiener*, p. 42 e seguinte.; Linge: *Bis zum Untergang*, p. 111 e seguinte

153 Cf. Wiedemann: *Stichwortartige Aufzeichnungen*, 25 de fevereiro de 1939; BA Koblenz, N 1720; Friedrich Hossbach: *Zwischen Wehrmacht und Hitler 1934-1938*, 2ª ed. rev., Gotinga, 1965, p. 20: A vida e o método de trabalho de Hitler oscilava "entre um máximo de compulsão de atividade e produtividade e uma inação que beirava a apatia".

154 Goebbels: *Tagebücher*, Parte I, vol. 2/I, p. 186 (de 29 de junho de 1930). Cf. também ibid., vol. 2/II, p. 224 (de 22 de fevereiro de 1932).

155 Cf. Speer: *Spandauer Tagebücher*, p. 354 (de 8 de dezembro de 1953); Schirach: *Ich glaubte an Hitler*, p. 235.

156 Dietrich: *12 Jahre mit Hitler*, p. 28.

157 Schlie: Albert Speer, p. 40. Cf. Speer: Manuscrito corrigido de "*Erinnerungen*" (2ª versão), Cap. I: "Seu *entourage* falava com respeito sobre uma antena que possibilitava a ele conjecturar laços e relações especiais." BA Koblenz, N 1340/384.

158 Goebbels: *Tagebücher*, Parte I, vol. 2/II, p. 210 (de 3 de fevereiro de 1932). Cf. ibid., vol. 2/III, p. 160 (de 1º de abril de 1933): "Hitler tem o melhor instinto que já vi."

159 Wagener: *Hitler aus nächster Nähe*, p. 251.

160 Goebbels: *Tagebücher*, Parte I, vol. 2/III, p. 76 (de 7 de dezembro de 12. 1932). Cf. ibid., vol. 3/II, p. 257 (de 19 de novembro de 1936): "Tem carinho pelos artistas, pois ele mesmo é um."

161 Schlie: *Albert Speer*, p. 55. Cf. Ribbentrop: *Zwischen London und Moskau*, p. 46.

162 Hess: *Briefe*, p. 327 (de 18 de maio de 1924). Em junho de 1924, Hitler pediu a sua senhoria, a senhora Reichert, em uma folha manuscrita, que Rudolf Hess anexou a uma carta à sua noiva, entregar à "senhorita Pröhl" sua "*História da Arquitetura em 4 Tomos*, com encadernação azul". BA Bern, Nl Hess. J1.211–1989/148, 33.

163 Hess: *Briefe*, p. 395 e seguinte (de 18 de dezembro de 1928). Cf. também ibid., p. 369 (de 7 de fevereiro de 1925).

164 Schlie: *Albert Speer*, p. 166. Cf. ainda na sequência p. 660 e seguintes.

165 Hitler à condessa de Castellance, Ségur, 19 de abril de 1934; BA Berlin-Lichterfelde, NS 10/123.

166 Cf. *Protokoll einer Unterredung mit Anni Winter* (s/d); IfZ München, ZS 194.

167 Ver faturas em BA Berlin-Lichterfelde, NS 26/2557; NS 10/120. Cf. ensaio de Wiedemann "*Architektur*": Com livros sobre construção nas grandes cidades do mundo, os visitantes não poderiam "deixar [Hitler] mais feliz". BA Koblenz, N 1720/4.

168 *Tischgespräche*, p. 146 (de 27 de março de 1942). Cf. também Gerhard Engel: *Heeresadjutant bei Hitler 1938-1943*. Org. e comentado por Hildegard von Kotze, Stuttgart, 1974, p. 34 (de 20 de agosto de 1938), 48 (de 8 de abril de 1939).

169 *Monologe*, p. 400 (de 13 de junho de 1943); Cf. Schlie: Speer, p. 57.

170 Cf. Schwarz: Geniewahn, p. 103–105.

171 Cf. ibid., p. 105 e seguintes.

172 Goebbels: *Tagebücher*, Parte I, vol. 3/I, p. 233 (de 19 de maio de 1935); Cf. Engel: *Heeresadjutant bei Hitler*, p. 33 (de 28 de agosto de 1938).

173 Goebbels: *Tagebücher*, vol. 4, p. 235 (de 27 de julho de 1937). Albert também confirmava: Hitler considerava Wagner "o maior dos artistas que a Alemanha já produziu". A. Speer a J. Fest, 13 de setembro de 1969; BA Koblenz, N 1340/17.

174 Hans Severus Ziegler: *Adolf Hitler aus dem Erleben dargestellt*, Gotinga, 1964, p. 171. Cf. Hamann: *Winifred Wagner*, p. 231 e seguintes; Bernd Buchner: *Wagners Welt-Theater. Die Geschichte der Bayreuther Festspiele zwischen Kunst und Politik*, Darmstadt, 2013, p. 137 e seguintes.

175 Cf. Rieger: *Friedelind Wagner*, p. 89.

176 Cf. Goebbels: *Tagebücher*, Parte I, vol. 3/I, p. 357 (de 1º de janeiro de 1936), 386 (de 27 de fevereiro de 1936); vol. 5, p. 96 (de 14 de janeiro de 1938). Também ensaio de Wiedemann "Musik"; BA Koblenz, N 1720/4; Speer: *Erinnerungen*, p. 144 e seguinte

177 Hanfstaengl: *Zwischen Weißem und Braunem Haus*, p. 103 e seguinte; cf. memórias não publicadas de Hanfstaengl, p. 79: "Que exemplo clássico de disciplina. Quando um pai está pronto para condenar seu filho à morte. Grandes atos exigem medidas duras." BSB München, Nl Hanfstaengl Ana 405, caixa 47. Sobre o filme "*Fridericus Rex*", cf. Kracauer: *Von Caligari bis Hitler*, p. 124-126.

178 Hess: *Briefe*, p. 371 (de 24 de outubro de 1926).

179 Goebbels: *Tagebücher*, Parte I vol. 2/II, p. 210 (de 3 de fevereiro de 1932). Sobre "Senhoritas de Uniforme", cf. Kracauer: *Von Caligari bis Hitler*, p. 237-240.

180 Goebbels: *Tagebücher*, Parte I, vol. 2/II, p. 211 (de 4 de fevereiro de 1932).

181 Cf. acima, p. 399.

182 *Monologe*, p. 192 (de 9 e 10 de janeiro de 1942). Cf. também relatos de Werner Koeppen, p. 51 (de 3 de outubro de 1941): "O *Führer* considera o automóvel a invenção mais bela da humanidade, contanto que se use realmente para o seu prazer". Hitler era membro do Clube do Automóvel Alemão. Vide a carteira de membro de 1926/27 a 1930/31 em BayhStA München, Nl Adolf Hitler. Faturas de garagem, combustível, acessórios para automóvel, malas para carro e outros de 1931-1932 em BA Berlin-Lichterfelde, NS 26/2557.

183 Schirach: *Ich glaubte an Hitler*, p. 61; Cf. Rose: *Julius Schaub*, p. 69.

184 Hess: *Briefe*, p. 339 (de 16 de junho de 1924). Sobre a admiração de Hitler com a capacidade de produção da indústria automobilística norte-americana, Cf. Rainer Zitelmann: *Hitler. Selbstverständnis eines Revolutionärs*. 2ª ed. rev. ampl., Stuttgart, 1989, p. 352 e seguinte, 356 e seguinte

185 Cf. Reuss: *Hitlers Rennschlachten*, p. 45 e seguinte

186 Cf. o fac-símile de uma carta de Hitler ao diretor Wilhelm Kissel, de 13 de maio de 1932; Rose: *Julius Schaub*, p. 70-72.

187 Cit. segundo Reuß: *Hitlers Rennschlachten*, p. 51.

188 *Daimler-Benz AG an das Büro des Reichskanzlers*, 14 de junho de 1933; BA Berlin-Lichterfelde, NS 10/119. Cf. *Daimler-Benz Buch. Ein Rüstungskonzern* em "*Tausendjährigen Reich*". Org. pelo *Hamburger Stiftung für Sozialgeschichte des 20. Jahrhunderts* [Instituto de História Social do Século XX de Hamburgo], Nördlingen, 1987, p. 123 e seguintes.

189 Cf. Julius Schreck: "*Mit dem Führer auf reisen*". Contribuição para o álbum "Adolf Hitler", da empresa Reemtsma (1936); BA Berlin-Lichterfelde, NS 10/121; Rose: Julius Schaub, p. 69.

190 R. Hess aos seus pais, 7 de julho de 1925; BA Bern, Nl Hess, J1.211–1989/148, 35; Dietrich: *12 Jahre mit Hitler*, p. 190. Cf. R. Hess aos seus pais, 21 de setembro de 1935: Antes de 1933, Hitler não suportava "que um outro carro seguisse por muito tempo na sua frente ou mesmo que um carro o ultrapassasse". BA Bern, Nl heß, J1.211–1983/148, 55.

191 Goebbels: *Tagebücher*, Parte I, vol. 1/III, p. 175 (de 28 de janeiro de 1929).

192 Ibid., vol. 2/III, p. 236 (de 28 de julho de 1933). Cf. Dietrich: *12 Jahre mit Hitler*, p. 161, 208.

193 Hanfstaengl: *Zwischen Weißem und Braunem Haus*, p. 80; cf. memórias não publicadas de Hanfstaengl, p. 60; BSB München, Nl hanfstaengl Ana 405, Caixa 47.

194 Wagener: *Hitler aus nächster Nähe*, p. 100.

195 Segundo Meissner: *Staatssekretär*, p. 616. Cf. Speer: *Spandauer Tagebücher*, p. 158 (de 5 de maio de 1948): "Por fim, Hitler tinha ar de ascético no âmbito pessoal".; Frank: *Im Angesicht des Galgens*, p. 95: "Em todos os lugares, ele vivia com extrema simplicidade [...] Sua austeridade era genuína e não artificial."

196 Speer: *Spandauer Tagebücher*, p. 140 (de 15 de fevereiro de 1947).

197 Schirach: *Ich glaubte an Hitler*, p. 128.

198 Speer: *Erinnerungen*, p. 123.

199 Ver faturas de 1933/1934 em BA Berlin-Lichterfelde, NS 10/115 und NS 10/119.

200 Cf. Krause: *10 Jahre Kammerdiener*, p. 24.

201 Cf. *Monologe*, p. 99 (de 21 e 22 de outubro de 1941); Wiedemann: *Der Mann*, p. 134; Linge: *Bis zum Untergang*, p. 108.

202 Cf. nota de Wiedemanns de 25 de fevereiro de 1939: "Sou o único chefe de Estado que não tem conta bancária". BA Koblenz, N 1740/4.

203 Cf. processos em BA Berlin-Lichterfelde, NS 26/2557, NS 10/115, NS 10/116, NS 10/119, NS 10/120; Livro de anotações de Brückner de 1935, que contém anexado um cronograma detalhado de todas as atividades; BA Berlin-Lichterfelde, NS 26/1209. Também Dietrich: *12 Jahre mit Hitler*, p. 210; Schroeder: *Er war mein Chef*, p. 72; Rose: *Julius Schaub*, p. 135; Krause: *10 Jahre Kammerdiener*, p. 45.

204 Domarus: *Hitler*, vol. I,1, p. 200. Os honorários foram transferidos para um fundo em benefício dos parentes de soldados da SA e de policiais mortos. Cf. Schwerin von Krosigk ao secretário de Estado Lammers, 15 de março de 1933; BA Berlin-Lichterfelde, NS 10/115.

205 Cf. Knopp: *Geheimnisse des "Dritten Reiches"*, p. 177 e seguinte

206 Wagener: *Hitler aus nächster Nähe*, p. 358, 362; *Protokoll einer Unterredung mit Anni Winter* (s/d); IfZ München, ZS 194.

207 Hanfstaengl: *Zwischen Weißem und Braunem Haus*, p. 164. Cf. *Monologe*, p. 218 (de 22 de janeiro de 1942): Hitler contou aqui que, quando comia carne, "suava horrivelmente" em seus discursos e bebia seis garrafas d'água. "Quando me tornei vegetariano, precisava de apenas um gole d'água de vez em quando."

208 Schirach: *Ich glaubte an Hitler*, p. 129; Cf. Dietrich: *12 Jahre mit Hitler*, p. 219.

209 Delmer: *Die Deutschen und ich*, p. 152.

210 Hanfstaengl: *Zwischen Weißem und Braunem Haus*, p. 44.

211 Schirach: *Ich glaubte an Hitler*, p. 67.

212 Cf. Ulf Schmidt: *Hitlers Arzt Karl Brandt. Medizin und Macht im Dritten Reich*, Berlin, 2009, p. 137; Neumann/Eberle: *War Hitler krank?*, p. 110, 223 e seguinte

213 Speer: *Erinnerungen*, p. 138. Cf. Duesterberg: *Der Stahlhelm und Hitler*, p. 99: "Longe dele 'rir de si mesmo'." Cf. Goebbels: *Tagebücher*, Parte I, vol. 2/III, p. 236 (de 27 de julho de 1933): "Fiquei sentado com o *Führer* por bastante tempo. Rimos dos contratempos de Schaub. Até a bochecha doer."

214 Cf. *Tischgespräche*, p. 181 (de 3 de abril de 1942); Fest: *Hitler*, p. 709; Schmidt: *Statist auf diplomatischer Bühne*, p. 366.

215 Goebbels: *Tagebücher*, Parte I, vol. 1/II, S.189 (de 25 de fevereiro de 1927). Cf. também a carta de Hitler a Arthur Dinter, de 25 de julho de 1928: ele contava agora com 39 anos e teria "mesmo no melhor dos casos apenas mais vinte anos de vida", nos quais ele precisava cumprir as tarefas impostas por ele mesmo. Tyrell: *Führer befiehl*, nº 78d, p. 205.

216 Cf. Schirach: *Ich glaubte an Hitler*, p. 114 e seguinte Sobre a doença estomacal de Hitler, cf. Goebbels: *Tagebücher*, Parte I, vol. 1/III, S. 150 (de 23 de dezembro de 1928), p. 168 e seguinte (de 20 de janeiro de 1929).

217 Krebs: *Tendenzen und Gestalten*, p. 136 e seguinte; cf. também Richard Walter Darré: *Aufzeichnungen 1945-1948*, p. 34: Hitler era dominado pela "ideia fixa" de "que ele conseguiria fazer antes da morte tudo o que ele acreditava ter recebido do destino como missão. Então entrava numa espécie de agitação que naturalmente transmitia ao seu entorno e aos seus *Unterführer*". IfZ München, eD 110, vol. 1.

218 Speer: *Erinnerungen*, p. 120. Heinrich Hoffmann registra a declaração de Hitler: "Se existem pessoas que dizem que eu pressiono demais por um cumprimento veloz dos meus planos, posso apenas responder a elas que sinto como se não fosse atingir uma idade avançada. Isso me obriga a cumprir todos os meus planos sozinho, pois depois de mim ninguém mais poderá realizá-los". Heydecker: Hoffmann-Erinnerungen, p. 150 e seguinte.; Cf. Dietrich: *12 Jahre mit Hitler*, p. 140.

219 *Niederschrift über Unterredungen mit Hanskarl von Hasselbach 1951/1952*; IfZ München, zs 242. Cf. R. Hess aos pais, 19 de dezembro de 1933: "Tudo está extremamente bem com o *Führer*, apesar dos esforços sem precedentes [...]." BA Bern, Nl Hess, J1.211–1989/148, 51.

220 Cf. Rose: *Julius Schaub*, p. 112; Dietrich: *12 Jahre mit Hitler*, p. 218; Hanfstaengl: *Zwischen Weißem und Braunem Haus*, p. 284.

221 Hamann: *Winifred Wagner*, p. 325 e seguinte

222 Wagener: *Hitler aus nächster Nähe*, p. 199.

223 Cf. Wiedemann: *Der Mann*, p. 85; Krause: *10 Jahre Kammerdiener*, p. 38. Sobre as medidas de segurança para proteção de Hitler e da Chancelaria do *Reich*, cf. as prescrições de serviço em BA Berlin-Lichterfelde, R 43 II/1104a.

224 Krause: *10 Jahre Kammerdiener*, p. 40 e seguinte Sobre a arma de Schreck, cf. Carl Walther Waffenfabrik, Zella-Mehlis, an SS-Oberführer Schreck, 4 de dezembro de 1935; BA Berlin-Lichterfelde, NS 10/121.

225 Speer: *Spandauer Tagebücher*, p. 29 (de 1º de novembro de 1946).

226 Schroeder: *Er war mein Chef*, p. 73.

227 Speer: *Spandauer Tagebücher*, p. 140 (de 15 de fevereiro de 1947). Cf. Schroeder: *Er war mein Chef*, p. 73; Schirach: *Ich glaubte an Hitler*, p. 114 e seguinte.

228 Goebbels: *Tagebücher*, Parte I, vol. 5, p. 358 (de 24 de junho de 1938); registros diários de Max Wünsches de 22 de junho de 1938. No dia seguinte, o assistente Schaub telefonou para Schmeling e, em seguida, informou Hitler; BA Berlin-Lichterfelde, NS 10/125. O filme sobre luta de boxe foi proibido pelo Ministério da Propaganda, o que contou com a aprovação expressa de Hitler. Ubid. v. 14.7.1938. Sobre a recepção de Schmeling na Chancelaria do *Reich*, cf. Max Schmeling: *Erinnerungen*, Frankfurt am Main/Berlim/Viena, 1977, p. 262 e seguinte, 361–365.

229 Speer: *Erinnerungen*, p. 57.

230 Dietrich: *12 Jahre mit Hitler*, p. 151.

231 Goebbels: *Tagebücher*, Parte I, vol. 2/II, p. 251 (de 29 de março de 1932).

232 Cit. segundo Schmölders: *Hitlers Gesicht*, p. 61.

233 Kessler: *Das Tagebuch*, vol. 9, p. 601 (de 6 de julho de 1933).

Capítulo 14. A instauração da ditadura

1 Schirach. *Ich glaubte an Hitler*, p. 168.

2 Theodor Heuss para Peter Rassow, 7 de fevereiro de 1933; Theodor Heusp. *In der Defensive. Briefe 1933-1945*, org. e adapt. por Elke Seefried, Munique, 2009, p. 109 e seguinte.

3 Cit. segundo Becker: *Hitlers Machtergreifung*, p. 297. Poderia ter sido típico para a manutenção dos ministros conservadores no gabinete, o que Schwerin von Krosigk registrou em ata numa carta ao ex-chanceler do *Reich*, Hans Luther, de 16 de abril de1952: "Antes de ele chegar ao poder, vi o nacional-socialismo com deferência a seus objetivos ideais, com grandes reservas perante seus métodos e representantes rufiões e na esperança de que ele fosse 'desabrochar'." BA Koblenz N 1276/23. Sobre o processo de desilusão dos membros do DNVP, cf. Hermann Beck: *The Fateful Alliance. German conservatives and Nazis in 1933. The "Machtergreifung" in New Light*, Nova York/Oxford, 2008, p. 124 e seguintes, 133 e seguintes, 228 e seguintes.

4 Cit. segundo Becker: *Hitlers Machtergreifung*, p. 217.

5 Cf. Richard Walter Darré: *Aufzeichnungen 1945-1948*, p. 42: Nada seria "mais falso que acreditar que desde o início houvesse um plano intencional por trás de todo esse acontecimento no Terceiro *Reich*". Hitler agia muito mais como "um estrategista genial do momento". IfZ Munique, eD 110, vol. 1. Cf. também Hans-Ulrich Thamer: *Verführung und Gewalt. Deutschland 1933-1945*, Berlim, 1986, p. 232; Wehler: *Deutsche Gesellschaftsgeschichte*, vol. IV, p. 606.

6 Victor Klemperer: *Ich will Zeugnis ablegen bis zum letzten. Tagebücher 1933-1941*. Org. de Walter Nowojski com colab. de Hadwig Klemperer, Berlim, 1995, p. 9 (de 10 de março de 1933). No início de abril de 1933, em convesa sobre "a terrível situação na Alemanha", o editor franco-americano Jacques Schiffrin observou que não conseguia entender "que ninguém em lugar nenhum apresentava o mínimo de resistência". Harry Graf Kessler comentou: "Eu também não conseguiria explicar para ele". Kessler. *Das Tagebuch*, vol. 9, p. 555 (de 5 de abril de 1933).

7 Haffner: *Geschichte eines Deutschen*, p. 145-148, 152, 176-178.

8 *"Ministerbesprechung"* [Reunião com ministros], de 30 de janeiro de 1933; *Akten der Reichskanzlei. Die Regierung Hitler.* Parte I: 1933/1934, volume 1: 30 de janeiro a 31 de abril de 1933. Adapt. por Karl-Heinz Minuth, Boppard am Rhein, 1983, n.º 1, p. 1-4 (citação p. 2).

9 Cf. Rudolf Morsey: *"Hitlers Verhandlungen mit der Zentrumsführung am 31.1.1933"*, *in*: *Vierteljahrshefte für Zeitgeschichte*, Ano 9, 1961, p. 182-194.

10 *"Ministerbesprechung"* [Reunião com ministros], de 30 de janeiro de 1933; *Die Regierung Hitler.* Parte I, 1, n.º 2, p. 5-8 (citação p. 6).

11 *Auflösungsdekret Hindenburgs* [Decreto de dissolução de Hindenburg], 1.º de fevereiro de 1933; ibid., n.º 3, p. 10, Obp. 6. Renunciou-se a uma determinação por escrito da promessa de Hitler constando que, apesar do resultado da eleição, a formação do gabinete não mudaria em nada. Quando Schwerin von Krosigk fez alegações a Papen por isso, este respondeu que "não se poderia começar uma colaboração com um ato de desconfiança". Schwerin von Krosigk a Holm Eggers, 21 de agosto de 1974; BA Koblenz, N 1276/42.

12 Hjalmar Schacht. *Abrechnung mit Hitler*. Hamburgo, 1948, p. 31; cf. também Schacht: *76 Jahre meines Lebens*, p. 379: "Tive a impressão de que Hitler estava muito oprimido pelo peso da responsabilidade que lhe atribuíram".

13 *"Aufruf der Reichsregierung an das deutsche Volk"* [Convocação do Governo do *Reich* ao Povo Alemão], 1.º de fevereiro de 1933; Max Domarup. *Hitler. Reden und Proklamationen 1932-1945. Kommentiert von einem deutschen Zeitgenossen.* Munique, 1965, vol. I: *Triumph. Erster Halbband 1932-1934*, p. 191-194.

14 Cit. segundo Enzensberger: Hammerstein, p. 114.

15 O discurso de Hitler para os comandantes foi redigido em três versões: 1. *Aufzeichnung des Generalleutnants Curt Liebmann* [Notas do tentente-general Curt Liebmann]; 1ª impr. por Thilo Vogelsang: *"Neue Dokumente zur Geschichte der Reichswehr 1930-1933"*, em: *Vierteljahrshefte für Zeitgeschichte*, Ano 2 (1954), p. 397-439 (texto p. 434 e seguinte); 2. *Aufzeichnung des Generals Horst von Mellenthin* [Notas do general Horst von Mellenthin]; 1ª impr. em: Carl Dirks/Karl-Heinz Janßen: *Der Krieg der Generäle. Hitler als Werkzeug der Wehrmacht*, Berlim, 1999, p. 232-236; 3. Transcrição que provavelmente veio de uma das duas filhas de Hammerstein e chegou já em 14 de fevereiro via agência de notícias do KPD a Moscou; impr. por Andreas Wirsching: "É possível apenas germanizar o solo". *"Eine neue Quelle zu Rede Hitlers vor der Spitze der Reichswehr am 3.2.1933"*, em: *Vierteljahrshefte für Zeitgeschichte*, Ano 49 (2001), p. 517-550 (texto p. 545-548). A transcrição de Liebmann é o resumo mais concentrado, por isso as citações seguintes são excluídas.

16 Nas notas de Mellenthin consta o seguinte: "O marxismo deve ser extirpado com tronco e raiz." (Dirks/Janßen: *Der Krieg der Generäle*, p. 235), na transcrição da casa de Hammerstein: "A derrota do marxismo com todos os meios é nosso objetivo" (Wirsching: *Eine neue Quelle*, p. 547).

17 Na inscrição da Casa Hammerstein, a passagem correspondente era ainda mais áci-da: "Então, o exército será capaz de conduzir uma política externa ativa, e o objetivo da ampliação do espaço vital do povo alemão será alcançado com mãos armadas. O objetivo provavelmente seria o Leste. No entanto, uma germanização da população anexada e/ou conquistada não é possível. É possível germanizar apenas o solo. Será preciso deportar impiedosamente para a Polônia e para a França alguns milhões de pessoas após a guerra". (Wirsching. *Eine neue Quelle*, p. 547)

18 Klaus-Jürgen Müller: *Generaloberst Ludwig Beck. eine Biographie*, Paderborn, 2008, p. 101, 103.

19 Declaração de Raeder diante do tribunal militar de Nuremberg; publ. em Wirsching: *Eine neue Quelle*, p. 548 e seguinte (citação p. 549).

20 *Die Regierung Hitler*, Parte I /1, n° 17, p. 51 (de 8 de fevereiro de1933). Para o relaciona-mento entre Hitler e a liderança da *Reichswehr* na fase inicial do regime, cf. Klaus-Jürgen Müller: *Armee und Drittes Reich 1933-1939. Darstellung und Dokumente*, Paderborn, 1987, p. 51 e seguinte.

21 *Die Regierung Hitler*, Parte I, 1, n° 3, p. 9 (de 1° de fevereiro de 1933).

22 Goebbels: *Tagebücher*, Parte I, vol. 2/III, p. 122 (de 3 de fevereiro de 1933), p. 213 (de 4 de fevereiro de 1933).

23 Publ. Em Bernd Sösemann: *Propaganda. Medien und Öffentlichkeit in der NS-Diktatur*. Em coop. com Marius Lange, Stuttgart, 2011, vol. 1, n° 53, p. 95-99. Cf. *Die Regierung Hitler*, Parte I, 1, n° 9, p. 29 e seguinte (de 2 de fevereiro de 1933), n° 11, p. 34 e seguinte (de 3 de fevereiro de 1933).

24 Goebbels: *Tagebücher*, Parte I, vol. 2/III, p. 123 (de 4 de fevereiro de 1933). Cf. para corri-da eleitoral do *Reichstag* de fevereiro/março de 1933, Paul: *Aufstand der Bilder*, p. 111-113.

25 Cit. segundo Becker: *Hitlers Machtergreifung*, p. 57-60 (citação p. 59).

26 Goebbels: *Tagebücher*, Parte I, vol. 2/III, p. 126 (de 11 de fevereiro de 1933).

27 Domarus: *Hitler*, vol. I, 1, p. 203-208.

28 Goebbels: *Tagebücher*, Parte I, vol. 2/III, p. 127 (de 11 de fevereiro de 1933).

29 Ebermayer: *Denn heute gehört uns Deutschland*, p. 21 e seguinte (de 11 de fevereiro de 1933).

30 Jesko von Hoegen: *Der Held von Tannenberg. Genese und Funktion des Hindenburg-Mythos*, Colônia/Weimar/Viena, 2007, p. 378-380.

31 Papen a Hugenberg, 12 de fevereiro de 1933; BA Koblenz, N 1231/38. Para formação da *Kampffront Schwarz-Weiß-Rot*, cf. Beck: *The Fateful Alliance*, p. 93 e seguinte.

32 Hoegen: *Der Held von Tannenberg*, p. 382. Cf. Pyta: *Hindenburg*, p. 817.

33 O progresso da reunião segundo relatório do chefe do escritório berlinense da Gutehoff-nungshütte, Martin Blank, a Paul Reusch, 21 de fevereiro de 1933, publ. em Stegmann: *Zum Verhältnis von Großindustrie und Nationalsozialismus*, p. 477-480. Cf. também Fritz Springorum a Paul Reusch, 21 de fevereiro de 1933, Ibid., p. 480 e seguinte; também Turner: *Die Großunternehmer*, p. 393-395; Petzold: *Franz von Papen*, p. 170-173. Sobre a postura de Gustav Krupp, cf. Harold James: *Krupp. Deutsche Legende und globales*

Unternehmen, Munique, 2011, p. 196-199. Inflamou-se a discussão sobre o quociente de distribuição de 75:25, pois nem todos os doadores da *"Kampffront Schwarz-Weiß--Rot"* queriam doar um quarto da soma. Cf. Hugenberg a Schacht, 2 de março de 1933; Schacht a Hugenberg, 3 de março de 1933; BA Koblenz, N 1231/38.

34 Goebbels: *Tagebücher*, Parte I, vol. 2/III, p. 133 (de 21 de fevereiro de 1933).

35 Ibid., p. 130 (de 16 de fevereiro de 1933). Cf. Broszat: *Der Staat Hitlers*, p. 90-95.

36 Decreto circular de Göring, de 17 de fevereiro de 1933; Becker: *Hitlers Machtergreifung*, p. 74 e seguinte.

37 Kessler: *Das Tagebuch*, vol. 9, p. 542 (de 17 de fevereiro de 1933).

38 Broszat: *Der Staat Hitlers*, p. 95.

39 Cf. Winkler: *Der Weg in die Katastrophe*, p. 879; Fest: *Hitler*, p. 541. Sobre o terrorismo da SA contra a esquerda, cf. também Richard J. Evans: *Das Dritte Reich*, v. I, p. 425-429.

40 Kessler: *Das Tagebuch*, vol. 9, p. 544 (de 19 de fevereiro de 1933). Cf. ibid., p. 544 (de 20 de fevereiro de 1933), p. 545 (de 22 de fevereiro de 1933).

41 Cf. sobre controvérsia em torno do incêndio do *Reichstag* o mais recente: Sven Felix Kellerhoff: *Der Reichstagsbrand. Die Karriere eines Kriminalfalles*, Berlim, 2008. O autor decide-se, após sopesar todos os argumentos, pela tese de criminoso solo. Quando Schwerin von Krosigk perguntou a Göring sobre a responsabilidade pelo incêndio do *Reichstag* no Campo de Mondorf, em Luxemburgo, em meados de 1945, dizendo: "O senhor já pode me contar a verdade", Göring respondeu: "Ele ficaria orgulhoso se tivesse incendiado o *Reichstag*, mas infelizmente, infelizmente ele é totalmente inocente." Schwerin von Krosigk a Fritz Tobias, 27 de janeiro de 1970; BA Koblenz, N 1276/40; cf. declaração semelhante também em Schwerin von Krosigk a Heinrich Fraenkel, 20 de janeiro de 1975; ibid.

42 Cf. Hanfstaengl: *Zwischen Weißem und Braunem Haus*, p. 294 e seguinte; Goebbels: *Tagebücher*, Parte I., vol. 2/III, p. 137 (de 28 de fevereiro de 1933): "Então, Hanfstaengl telefona: o *Reichstag* está em chamas; grande fantasia. Mas é verdade."

43 Diels: *Lucifer ante portas*, p. 194. Papen ouviu de Göring: "Só pode ser um atentado dos comunistas contra nosso governo!" (Papen: *Der Wahrheit eine Gasse*, p. 302). Segundo Sefton Delmer (*Die Deutschen und ich*, p. 190), Göring declarou a Hitler: "Sem dúvida é obra dos comunistas, senhor Chanceler do *Reich*."

44 Goebbels: *Tagebücher*, Parte I, vol. 2/III, p. 137 (de 28 de fevereiro de 1933).

45 Diels: *Lucifer ante portas*, p. 194.

46 Delmer: *Die Deutschen und ich*, p. 191.

47 Goebbels: *Tagebücher*, Parte I, vol. 2/III, p. 137 (de 28 de fevereiro de 1933).

48 François-Poncet: *Als Botschafter in Berlin*, p. 95.

49 Cf. Thamer: *Verführung und Gewalt*, p. 254; Evans: *Das Dritte Reich*, v. I, p. 445 e seguinte.

50 *"Ministerbesprechung"* [Reunião com ministros], de 28 de fevereiro de 1933; *Die Regierung Hitler*, Parte I, 1, n.º 32, p. 128-131 (citação p. 128, 129).

51 Publ. em Becker: *Hitlers Machtergreifung*, p. 107 e seguinte; Sösemann: Propaganda, vol. 1, p. 105 e seguinte. Cf. a análise compreensiva de Thomas Raithel/Irene Strenge: *"Die*

Reichstagsbrandverordnung. Grundlegung der Diktatur mit den instrumenten des Weimarer Ausnahmezustands", em: *Vierteljahrshefte für Zeitgeschichte*, Ano 48, 2000, p. 413-460.

52 Segundo Karl-Dietrich Bracher/Wolfgang Sauer/Gerhard Schulz: *Die nationalsozialistische Machtergreifung. Studien zur errichtung des totalitären herrschaftssystems in Deutschland 1933/1934*, 2ª ed. rev., Colônia e Opladen, 1962, p. 82.

53 Ernst Fraenkel: *Der Doppelstaat. Recht und Justiz im "Dritten Reich"*, Frankfurt am Main/ Colônia, 1974, p. 26. Cf. Norbert Frei: *Der Führerstaat. Nationalsozialistische Herrschaft 1933 bis 1945*. Nova ed. ampl., Munique, 2001, p. 51.

54 Cf. Pyta: *Hindenburg*, p. 814.

55 Becker: *Hitlers Machtergreifung*, p. 117.

56 François-Poncet: *Als Botschafter in Berlin*, p. 21. Cf. também a declaração de Papen ao cardeal Michael Faulhaber, 1º de março de 1933: "No momento, os nacional-socialistas são muito rígidos, mas após as eleições vão se acalmar [...]" Becker: *Hitlers Machtergreifung*, p. 113 e seguinte.

57 Jochmann: *Nationalsozialismus und Revolution*, p. 425.

58 Hedda Kalshoven: *Ich denk so viel an euch. Ein deutsch-holländischer Briefwechsel 1920-1949*, Munique, 1995, p. 169 (de 10 de março de 1933).

59 Cit. segundo Kershaw: *Der Hitler-Mythos*, p. 71.

60 Becker: *Hitlers Machtergreifung*, p. 116 e seguinte.

61 Kessler: *Das Tagebuch*, vol. 9, p. 550 (de 5 de março de 1933).

62 Cf. Falter *et al.*: *Wahlen und Abstimmungen*, p. 41, 44.

63 Ebermayer: *Denn heute gehört uns Deutschland*, p. 35 (de 5 de março de 1933). Cf. Kessler: *Das Tagebuch*, vol. 9, p. 350 (de 6 de março de 1933): "Os social-democratas perderam, apesar da pressão sem precedentes e da paralisação total de sua propaganda, apenas cem mil votos, o KPD apenas um milhão; é surpreendente e admirável como prova da imperturbabilidade da Frente 'Marxista'".

64 Goebbels: *Tagebücher*, Parte I, vol. 2/III, p. 141 (de 6 de março de 1933).

65 Relato de Sackett ao ministro de Relações Exteriores, Hull, 9 de março de 1933; Becker: *Hitlers Machtergreifung*, p. 135.

66 Goebbels: *Tagebücher*, Parte I, vol. 2/III, p. 138 (de 2 de março de 1933). Cf. também anot. Schwerin von Krosigk para um programa da BBC sobre a história alemã 1918-1933 (1966): "Na primeira vez, Hitler parecia de fato um homem em quem se poderia confiar. Era muito educado; quando as coisas eram discutidas no gabinete, ele se mantinha no assunto; não se importava com objeções e não interferia no trabalho dos ministros." BA Koblenz, N 1276/37.

67 Lutz Schwerin von Krosigk: *Niederschrift zur Persönlichkeit Adolf Hitlers* (aprox. 1945); IfZ Munique, zs 145, vol. 5; cf. também Schwerin von Krosigk: *Es geschah in Deutschland*, p. 199.

68 *"Ministerbesprechung"* [Reunião com ministros], de 7 de março de 1933; *Die Regierung Hitler*, Parte I, 1, nº 44, p. 159-166 (citação p. 160, 161).

69 *"Ministerbesprechung"* [Reunião com ministros], de 11 de março de 1933; ibid., n° 56, p. 193-195.

70 Goebbels: *Tagebücher*, Parte I, vol. 2/III, p. 145 (de 12 de março de 1933), p. 147 (de 15 de março de 1933).

71 Cit. segundo Longerich: Goebbels, p. 218.

72 *"Ministerbesprechung"* [Reunião com ministros], de 7 de março de 1933; *Die Regierung Hitler*, Parte 1, n° 44, p. 160.

73 Goebbels: *Tagebücher*, Parte I, vol. 2/III, p. 142 (de 8 de março de 1933), p. 143 (de 9 de março de 1933).

74 Cf. Volker Ullrich: *"Wohlverhalten um jeden Preis. Die 'Machtergreifung' in Hamburg und die Politik der* SPD, em: Angelika Ebbinghaus/Karl-Heinz Roth (org.): *Grenzgänge. Heinrich Senfft zum 70. Geburtstag*, Lüneburg, 1999, p. 303-318; Ursula Büttner: *"Der Aufstieg der* NSDAP*"*, em: *Hamburg im "Dritten Reich"*. Org. do *Forschungsstelle für Zeitgeschichte* [Serviço de Pesquisa de História Contemporânea] em Hamburgo, Gotinga, 2005, p. 59-62.

75 Cf. Broszat: *Der Staat Hitlers*, p. 135-137; Thamer: *Verführung und Gewalt*, p. 260; Frei: *Der Führerstaat*, p. 55 e seguinte.

76 G. Heim a Hindenburg, 10 de março de 1933; *Die Regierung Hitler*, Parte I, 1, n° 54, p. 190 e seguinte. Para coordenação dos bávaros, cf. Falk Wiesemann: *Die Vorgeschichte der nationalsozialistischen Machtübernahme in Bayern 1932/1933*, Berlin, 1975.

77 Cf. Longerich: *Heinrich Himmler*, p. 159 e seguinte; Robert Gerwarth: *Reinhard Heydrich. Biographie*, Munique, 2011, p. 89 e seguinte.

78 Domarus: *Hitler*, vol. I, 1, p. 222; cf. Large: *Hitlers*, Munique, p. 303.

79 *Die Regierung Hitler*, Parte I, 1, n° 80, p. 276 (de 31 de março 1933), n° 93, p. 312 (de 7 de abril de 1933). Cf. Broszat: *Der Staat Hitlers*, p. 143 e seguinte.; Frei: *Der Führerstaat*, p. 57. Em carta ao ministro do Interior, Frick, de 29 de março de 1933, Hugenberg contestou que "a expulsão dos comunistas" seria utilizada para piorar a posição do DNVP nos parlamentos regionais. Ele tinha a impressão de "que, em medida cada vez maior, o acordo de que as novas eleições indesejadas por mim não teriam nenhuma depreciação da posição de um dos fatores colaborativos será deixado de lado". BA Koblenz, N 1231/36.

80 Rumbold ao ministro do Exterior Simon, 12 de abril de 1933; Becker: *Hitlers Machtergreifung*, p. 228. Cf. Broszat: *Der Staat Hitlers*, p. 145; Frei: *Der Führerstaat*, p. 58.

81 Klemperer: *Tagebücher 1933-1941*, p. 8 (de 10 de março de 1933).

82 Diels: *Lucifer ante portas*, p. 255. Cf. sobre o terrorismo da SA após 5 de março, Thamer: *Verführung und Gewalt*, p. 264-266; Longerich: *Die braunen Bataillone*, p. 168-171; Evans: *Das Dritte Reich*, vol. I, p. 452-454.

83 Kessler: *Das Tagebuch*, vol. 9, p. 552 (de 8 de março de 1933). Cf. Klemperer: *Tagebücher 1933-1941*, p. 9 (de 10 de março de 1933): "Ninguém mais ousa dizer nada, tudo é medo."

84 Heuss: *In der Defensive*, p. 118 e seguinte (de 14 de março de 1933).

85   Domarus: *Hitler*, vol. I, 1, p. 219, 221.

86   Hitler a Papen, 11 de março de 1933; *Die Regierung Hitler*, Parte I, 1, nº 58, p. 204-208. Nos primeiros dias após 30 de janeiro de 1933, Hitler e Papen encontraram-se ainda "com uma amabilidade quase impossível de não se perceber". Memórias de Duesterberg, p. 197; BA Koblenz, N 1377/47.

87   Cf. da nova literatura, Robert Sigel: *"Das KZ Dachau und die Konstituierung eines rechtsfreien Raumes als Ausgangspunkt des nationalsozialistischen Terrorsystems"*, em: Andreas Wirsching (org.): *Das Jahr 1933. Die nationalsozialistische Machtergreifung und die deutsche Gesellschaft*, Gotinga, 2009, p. 156-168; Ludwig Eiber: *"Gewalt im KZ Dachau. Vom Anfang eines Terrorsystems"*, in: ibid., p. 169-181. Também Wolfgang Benz/Barbara Diestel: *Der Ort des Terrors. Geschichte der nationalsozialistischen Konzentrationslager*, vol. II: Frühe Lager, Munique, 2005, p. 233-274.

88   Jochmann: *Nationalsozialismus und Revolution*, p. 431.

89   Haffner: *Geschichte eines Deutschen*, p. 225.

90   Goebbels: *Tagebücher*, Parte I, vol. 2/III, p. 134 (de 24 de fevereiro de 1933).

91   Cf. Armin Nolzen: *"Der 'Führer' und seine Partei"*, em: Dietmar Süß/Winfried Süß (org.): *Das "Dritte Reich". Eine Einführung*, Munique, 2008, p. 56 e seguinte; Evans: *Das Dritte Reich*, vol. I, p. 500 e seguinte.

92   Ebermayer: *Und heute gehört uns Deutschland*, p. 34 (de 5 de março de 1933). Cf. o relato do cônsul-geral norte-americano em Berlim, George S. Messersmith, 25 de abril de 1933: "Uma das características mais extraordinárias da situação para um observador objetivo é o fato de que pessoas de pensamento tão claro e realmente bem informadas parecem ter perdido o equilíbrio e aprovam ativamente as medidas e políticas que previamente condenavam por serem fundamentalmente perigosas e falaciosas". Bajohr/Strupp (org.): *Fremde Blicke auf das "Dritte Reich"*, p. 369 e seguinte (citação p. 370).

93   Goebbels: *Tagebücher*, Parte I, vol. 2/III, p. 223 (de 7 de julho de 1933). Cf. Frank Bajohr: *"Ämter, Pfründe, Korruption. Materielle Aspekte der nationalsozialistischen Machtergreifung"*, in: Wirsching (org.): *Das Jahr 1933*, p. 185-199.

94   B. Fromm: *Als Hitler mir die Hand küßte*, p. 131 (de 21 de maio de 1933).

95   Delmer: *Die Deutschen und ich*, p. 179.

96   Antoni Graf Sobanski: *Nachrichten aus Berlin 1933-1936*, Berlim, 2007, p. 31.

97   Cf. *Die Regierung Hitler*, Parte I, 1, nº 192, p. 658 (de 13 de julho de 1933).

98   Ibid., nº 56, p. 195, Obs. 10 (de 11 de março de 1933). Goebbels comentou: "Fantástico sucesso e prestígio!" *Tagebücher*, Parte I, vol. 2/III, p. 144 (de 12 de março de 1933).

99   Ebermayer: *Denn heute gehört uns Deutschland*, p. 75 (de 9 de maio de 1933). Cf. ibid., p. 86 (de 16 de maio de 1933): Quando em maio de 1933 os livros de Ebermayer foram proibidos, "tudo se afastou" dele "como se fosse um doente com peste": "É impressionante como as pessoas são covardes".

100   Cf. Haffner: *Geschichte eines Deutschen*, p. 197-204.

101 Cf. Goebbels: *Tagebücher*, Parte I, vol. 2/III, p. 148 (de 17 de março de 1933): "Plano para 21 de março discutido. Será grandioso"; p. 149 (de 18 de março de 1933): "Toda cerimônia de Potsdam pronta. Será grande e clássica."

102 Cf. sobre o seguinte Klaus Scheel: *Der Tag von Potsdam*, Berlim, 1993; Hoegen: *Der Held von Tannenberg*, p. 384-393; Pyta: *Hindenburg*, p. 820-824.

103 Cf. Goebbels: *Tagebücher*, Parte I, vol. 2/III, p. 152 (de 21 de março de 1933).

104 François-Poncet: *Als Botschafter in Berlin*, p. 108.

105 Cf. Pyta: *Hindenburg*, p. 822.

106 Publ. em Hubatsch: *Hindenburg und der Staat*, p. 374. Goebbels comentou: "O velho como um monumento de pedra. Ele leu sua mensagem. Curto e imperioso." *Tagebücher*, Parte I, de 2/III, p. 153 (de 23 de março de 1933).

107 Heuss: *In der Defensive*, p. 126 (de 22 de março de 1933).

108 Domarus: *Hitler*, vol. I, 1, p. 226-228.

109 Goebbels: *Tagebücher*, Parte I, vol. 2/III, p. 153 (de 23 de março de 1933).

110 Pyta: *Hindenburg*, p. 824. Também Brüning (*Memoiren*, p. 657) relatou que Hindenburg "tirou suas luvas marrons e limpou uma lágrima dos olhos".

111 Kalkhoven: *Ich denk so viel an euch*, p. 182 e seguinte (de 22 de março de 1933).

112 Ebermayer: *Und heute gehört uns Deutschland*, p. 46 e seguinte (de 21 de março de 1933). Cf. Duesterberg: *Erinnerungen*, p. 205: "De outra forma, pessoas de visão clara estavam como se tomadas pela embriaguez." BA Koblenz, N 1377/47.

113 Segundo Pyta: *Hindenburg*, p. 824. Cf. também Wolfram Pyta: "*Geteiltes Charisma. Hindenburg, Hitler und die deutsche Gesellschaft im Jahre 1933*", em: Wirsching (org.): *Das Jahr 1933*, p. 47-69 (aqui p. 54).

114 Schirach: *Ich glaubte an Hitler*, p. 168. Cf. também Frank: *Im Angesicht des Galgens*, p. 129, que traz a declaração de Hitler da noite de 30 de janeiro de 1933, "ele esperava ainda ganhar Hindenburg para o seu lado".

115 Goebbels: *Tagebücher*, Parte I, vol. 2/III, p. 131 (de 17 de fevereiro de 1933). Cf. Brüning: *Memoiren*, p. 650, sobre a notícia da casa de Hindenburg em meados de fevereiro de 1933, "do repúdio inicial de Hitler, surgiu uma simpatia incipiente por ele no presidente do *Reich*". Hindenburg escreveu à sua filha, em 12 de março de 1933: "Recuperação patriótica muito feliz; Deus nos mantenha a unidade". Pyta: *Hindenburg*, p. 808.

116 *Hitlers Tischgespräche* [Conversas de mesa com Hitler], p. 328 (de 21 de maio de 1942). Cf. para transformação da relação entre Hitler e Hindenburg também Dietrich: *12 Jahre*, p. 41; Hoßbach: *Zwischen Wehrmacht und Hitler*, p. 12; Schwerin von Krosigk: *Niederschrift zur Persönlichkeit Hitlers* (aprox. 1945): primeiramente, Hitler e Hindenburg se encontraram com "grande relutância", mas após um ano e meio de cooperação surgiu "uma relação de grande atenção e forte confiança". IfZ Munique, ZS 145, vol. 5.

117 Papen: *Der Wahrheit eine Gasse*, p. 295, 309.

118 Anot. Meissners sobre a recepção de Schäffers pelo presidente do *Reich*, 17 de fevereiro de 1933; *Die Regierung Hitler*, Parte I, 1, n° 23, p. 87-90 (citação p. 89). Meissner

enviou a anot. para Lammers, secretário de Estado na Chancelaria do *Reich*, com o acréscimo: "Devo [...] sublinhar que o senhor presidente do *Reich* defendeu o senhor chanceler do *Reich* com grande afeto e vivacidade contra certas afirmações do conselheiro do Estado Schäffer". Ibid., p. 87, Obs. 1. No entanto, em carta ao deputado Ritter von Lex, de 15 de março de 1933, Schäffer nega "de forma muito decidida e dá sua palavra", na audiência de 17 de fevereiro, de ter feito comentários depreciativos sobre Hitler, e lembra-se de que já em novembro de 1932 havia "dado uma opinião pessoal muito favorável sobre o atual chanceler do *Reich*". Ritter von Lex encaminhou a carta no mesmo dia a Hitler. BA Berlin-Lichterfelde, NS 10/123.

810

119 *Hitlers Tischgespräche* [Conversas de mesa com Hitler], p. 329 (de 21 de maio de 1942).

120 Goebbels: *Tagebücher*, Parte I, vol. 2/III, p. 153 (de 23 de março de 1933).

121 Pyta: *Hindenburg*, p. 825. Em carta manuscrita, de 30 de janeiro 1934, Hindenburg expressa a Hitler seu "reconhecimento sincero pelo trabalho dedicado e seu grande desempenho", da *Deutsches Nachrichtenbüro*, nº 207, de 30 de janeiro 1934; BA Berlin-Lichterfelde, R 43 II/959.

122 Pyta: *Geteiltes Charisma*, p. 61.

123 Segundo Thamer: *Verführung und Gewalt*, p. 272.

124 "*Ministerbesprechung*" [Reunião com ministros], de 15 de março de 1933; *Die Regierung Hitler*, Parte I, 1, nº 60, p. 212-217 (citação p. 214, 216).

125 "*Ministerbesprechung*" [Reunião com ministros], de 20 de março de 1933; ibid., nº 68, p. 238-240. Cf. Thamer: *Verführung und Gewalt*, p. 274 e seguinte; Frei: *Der Führerstaat*, p. 61 e seguinte.

126 Texto em Rudolf Morsey (org.): *Das "Ermächtigungsgesetz" vom 24. März 1933. Quellen zur Geschichte und interpretation des "Gesetzes zur Behebung der Not von Volk und Reich"*. Nova ed. rev. e ampl., Düsseldorf, 2010, nº 34, p. 70 e seguinte.

127 Wilhelm Hoegner: *Der schwierige Außenseiter. Erinnerungen eines Abgeordneten, Emigranten und Ministerpräsidenten*, Munique, 1959, p. 92.

128 Domarus: *Hitler*, vol. I, 1, p. 229-237; em trechos de Morsey: *Das "Ermächtigungsgesetz"*, nº 28, p. 50-56.

129 Cf. Carl Severing: *Mein Lebensweg*, vol. 2, Colônia, 1950, p. 384 e seguinte.

130 Morsey: *Das "Ermächtigungsgesetz"*, p. 43, 57, 82. Cf. Brüning: *Memoiren*, p. 656, 658 e seguinte; também Josef Becker: "*Zentrum und Ermächtigungsgesetz*", in: *Vierteljahrshefte für Zeitgeschichte*, Ano 9, 1961, p. 195-210.

131 Domarus: *Hitler*, vol. I, 1, p. 239-241; em trechos de Morsey: *Das "Ermächtigungsgesetz"*, nº 30, p. 58-60.

132 Cf. Friedrich Stampfer: *Erfahrungen und Erkenntnisse*, Colônia, 1957, p. 268; Fest: *Hitler*, p. 562; Winkler: *Der Weg in die Katastrophe*, p. 905.

133 Goebbels: *Tagebücher*, Parte I, vol. 2/III, p. 154 (de 25 de março de 1933).

134 Domarus: *Hitler*, vol. I, 1, p. 242-246; trecho de Morsey: *Das "Ermächtigungsgesetz"*, nº 30, p. 60-63.

135 Cf. Morsey: *Das "Ermächtigungsgesetz"*, nº 30, p. 63-66.

136 Segundo Frei: *Der Führerstaat*, p. 61.

137 "*Ministerbesprechung*" [Reunião com ministros], de 24 de março de 1933; *Die Regierung Hitler*, Parte I, 1, n° 72, p. 248.

138 Cf. Thamer: *Verführung und Gewalt*, p. 279-282; Broszat: *Der Staat Hitlers*, p. 117; Pyta: *Hindenburg*, p. 826.

139 Goebbels: *Tagebücher*, Parte I, vol. 2/III, p. 154 (de 25 de março de 1933). Cf. Schwerin von Krosigk a Lutz Böhme, 8 de maio de 1975: "A lei foi um passo, talvez o mais importante na via da legalidade, que levou da tomada do poder ao domínio único de *um* homem". BA Koblenz, N 1276/42.

140 Cf. Friedländer: *Das Dritte Reich und die Juden*, vol. 1, p. 30 e seguinte; Peter Longerich: *Politik der Vernichtung. Eine Gesamtdarstellung der nationalsozialistischen Judenverfolgung*, Munique/Zurique, 1998, p. 26-30; Michael Wildt: *Volksgemeinschaft als Selbstermächtigung. Gewalt gegen Juden in der deutschen Provinz 1919 bis 1939*, Hamburgo, 2007, p. 107 e seguintes, 115 e seguintes. Também os documentos em Otto Dov Kulka/Eberhard Jäckel (org.): *Die Juden in den geheimen Stimmungsberichten 1933-1945*, Düsseldorf, 2004, Doc. 1-6, p. 45-49.

141 Cit. segundo Wildt: *Volksgemeinschaft als Selbstermächtigung*, p. 108.

142 Cf. o artigo do *New York Times*, de 27 de março de 1933; publ. em: *Die Verfolgung und Ermordung der europäischen Juden durch das nationalsozialistische Deutschland 1933-1945*. Vol. 1: *Deutsches Reich 1933-1937*. Ampl. por Wolf Gruner, Munique, 2008, Doc. 14, p. 92-97.

143 Cf. Eckart Conze/Norbert Frei/Peter Hayes/Moshe Zimmermann: *Das Amt und die Vergangenheit. Deutsche Diplomaten im Dritten Reich und in der Bundesrepublik*, Munique, 2010, p. 25-29.

144 Goebbels: *Tagebücher*, Parte I., vol. 2/III, p. 156 (de 27 de março de 1933). Cf. Ibid., p. 157 (de 28 de março de 1933): "Ditei um chamado pungente contra a disseminação de atrocidades dos judeus. Já seu anúncio fará o bando se dobrar. Assim, é preciso controlá-los."

145 Publ. em *Die Verfolgung und Ermordung der europäischen Juden*, vol. 1, Doc. 17, p. 100-104 (citação p. 102 e seguinte).

146 "*Ministerbesprechung*" [Reunião com ministros], de 29 de março de 1933; *Die Regierung Hitler*. Parte I, 1, n° 78, p. 270 e seguinte.

147 "*Ministerbesprechung*" [Reunião com ministros], de 31 de março de 1933; ibid., n° 80, p. 276 e seguinte.

148 Cit. segundo Gianluca Falanga: *Mussolinis Vorposten in Hitlers Reich. Italiens Politik in Berlin 1933-1945*, Berlim, 2008, p. 27.

149 Haffner: *Die Geschichte eines Deutschen*, p. 154 e seguinte.

150 Ibid., p. 138.

151 Relato de Rumbold ao ministro de Rel. Exteriores Simon, 13 de abril de 1933; Becker: *Hitlers Machtergreifung*, p. 232. Cf. também o relato do cônsul-geral dos Estados Unidos, George S. Messersmith, de 3 de abril de 1933: "O boicote não era popular de forma geral entre o povo alemão, de acordo com as informações mais confiáveis que o

consulado-geral pode se fiar no momento [...] Isso não indica que o sentimento contra os judeus arrefeceu em qualquer sentido, mas simplesmente que a opinião pública não aprova uma medida que mesmo o homem comum percebe talvez ser destrutiva para a vida econômica interna e afetar seriamente o comércio exterior da Alemanha." Bajohr/Strupp (org.): *Fremde Blicke auf das "Dritte Reich"*, p. 364.

152 Cf. para resumo da reação do público, Hannah Ahlheim: *"Deutsche, kauft nicht bei Juden!" Antisemitischer Boykott in Deutschland 1924 bis 1935*, Gotinga, 2011, p. 254-262.

153 Klemperer: *Tagebücher 1933-1941*, p. 15 (de 30 de março de 1933). Cf. Cohn: *Kein recht, nirgends*, vol. 1, p. 25 (de 1º de abril de 1933): *"Finsteres Mittelalters"*; Kurt F. Rosenberg: *"Einer, der nicht mehr dazugehört". Tagebücher 1933-1937*. Org. de Beate Meyer e Björn Siegel, Gotinga, 2012, p. 89 (de 1º de maio de 1933): "Este é o povo de poetas e pensadores? Tínhamos orgulho de pertencer a ele, dar-lhe nossa força e nossa boa vontade".

154 Kessler: *Das Tagebuch*, vol. 9, p. 554 (de 1º de abril de 1933). Theodor Heuss descreveu, em carta de 1º de abril de 1933, o boicote nas ruas de Berlim como "simplesmente vergonhoso" (*In der Defensive*, p. 132).

155 Cf. Longerich: *Politik der Vernichtung*, p. 39-41; Wildt: *Volksgemeinschaft als Selbstermächtigung*, p. 158 e seguinte.

156 Texto em *Die Verfolgung und Ermordung der europäischen Juden*, vol. 1, Doc. 29, p. 130-134.

157 Hindenburg a Hitler, 4 de abril de 1932; Hubatsch: *Hindenburg und der Staat*, p. 375 e seguinte.

158 Hindenburg ao príncipe Carlos da Suécia, 26 de abril de 1933; *Die Regierung Hitler*, Parte I, 1, nº 109, p. 391. e seguinte; cf. *Hitlers Tischgespräche* [Conversas de mesa com Hitler], p. 330 (de 21 de maio de 1942).

159 Hitler a Hindenburg, 5 de abril de 1933; Hubatsch: *Hindenburg und der Staat*, p. 376-378.

160 Cf. Longerich: *Politik der Vernichtung*, p. 41-45; Friedländer: *Das Dritte Reich und die Juden*, vol. 1, p. 40-43.

161 Harold James: *"Die Deutsche Bank und die Diktatur 1933-1945"*, *in*: Lothar Gall *et al.*: *Die Deutsche Bank 1870-1995*, Munique, 1995, p. 337. Cf. Friedländer: *Das Dritte Reich und die Juden*, vol. 1, p. 46.

162 Cf. em sequência Volker Ullrich: *"Anpassung um jeden Preis? Die Kapitulation der deutschen Gewerkschaften 1932/1933"*, em: Inge Marßolek/Till Schelz-Brandenburg (org.): *Soziale Demokratie und sozialistische Theorie. Festschrift für Hans-Josef Steinberg zum 60. Geburtstag*, Bremen, 1995, p. 245-255.

163 Jahn: *Die Gewerkschaften in der Endphase der Weimarer Republik*, Doc. 189, p. 865-867.

164 Ibid., Doc. 197, p. 881 e seguinte.

165 Leipart a Hindenburg, 10 de março de 1933; *Die Regierung Hitler*, Parte I, 1, nº 53, p. 188 e seguinte. Sobre terror da SA contra os sindicatos, cf. Michael Schneider: *Unterm Hakenkreuz. Arbeiter und Arbeiterbewegung 1933 bis 1939*, Bonn, 1999, p. 61-65.

166 *"Ministerbesprechung"* [Reunião com ministros], de 24 de março de 1933; *Die Regierung Hitler*, Parte I, 1, n.º 72, p. 252. Cf. Goebbels: *Tagebücher*, Parte I, vol. 2/III, p. 155 (de 25 de março de 1933): "Forço o 1.º de maio como feriado nacional. Gabinete me põe a cargo da execução. Vou fazer algo muito grandioso." Em 7 de abril de 1933, o gabinete expede uma lei sobre o "Feriado Nacional do Trabalho". *Die Regierung Hitler*, n.º 93, p. 311 e seguinte.

167 Goebbels: *Tagebücher*, Parte I, vol. 2/III, p. 170 (de 18 de abril de 1933).

168 Jahn: *Die Gewerkschaften in der Endphase der Republik*, Doc. 206, p. 899 e seguinte.

169 Ibid., Doc. 204, p. 897.

170 Cf. Goebbels: *Tagebücher*, Parte I, vol. 2/III, p. 177 (de 30 de abril de 1933): "Tempel-lhof. Instalações gigantescas. Nunca houve igual. Será um evento de massa único." Cf. sobre festividades de maio de 1933, Peter Fritzsche: *Wie aus Deutschen Nazis wurden*, Zurique–Munique, 1999, p. 229 e seguinte.

171 Domarus: *Hitler*, vol. I, 1, p. 259-264.

172 Goebbels: *Tagebücher*, Parte I, vol. 2/III, p. 179 (de 2 de maio de 1933); François-Poncet: *Als Botschafter in Berlin*, p. 115 e seguinte.

173 Goebbels: *Tagebücher*, Parte I, vol. 2/III, p. 179 (de 3 de maio de 1933).

174 Cf. Ronald Smelser: *Robert Ley. Hitlers Mann an der "Arbeitsfront"*, Potsdam, 1989, p. 134 e seguinte.

175 Cf. Broszat: *Der Staat Hitlers*, p. 185-190; Frei: *Der Führerstaat*, p. 74.

176 Goebbels: *Tagebücher*, Parte I, vol. 2/III, p. 200 (de 3 de junho de 1933).

177 *Die Regierung Hitler*, Parte I, 1, n.º 165, p. 575-577. Cf. sobre o fim do SPD, Erich Matthias: *"Die Sozialdemokratische Partei Deutschlands"*, em: Ders/Rudolf Morsey (org.): *Das Ende der Parteien 1933*, Düsseldorf, 1960, p. 168-175, 180-187; Winkler: *Der Weg in die Katastrophe*, p. 915-918; 923-925, 929-949.

178 Cit. segundo Winkler: *Der Weg in die Katastrophe*, p. 947. Cf. sobre "Semana Sangrenta de Köpenick", Richard J. Evans: *Das Dritte Reich*, vol. II, 1: *Die Diktatur*, Munique, 2005, p. 28.

179 Goebbels: *Tagebücher*, Parte I, vol. 2/III, p. 213 (de 23 de junho de 1933).

180 Cf. sobre o fim do Staatspartei e DVP, Erich Matthias/Rudolf Morsey: *Die Deutsche Staatspartei*, em: ibid. *Das Ende der Parteien*, p. 65-72; Richter: *Die Deutsche Volkspartei*, p. 801-820.

181 Goebbels: *Tagebücher*, Parte I., vol. 2/III, p. 176 (de 28 de abril de 1933), p. 212 (de 22 de junho de 1933). Em 7 de novembro de 1935, Hitler declarou os *Stahlhelm*, ainda tidos como "associação tradicional", dissolvidos. Vide esboço da carta (com correções ma-nusc. de Hitler) em BA Berlin-Lichterfelde, NS 10/123. Cf. a nota sobre reunião entre Hitler e Seldte na Casa Wachenfeld, em 12 de agosto de 1935, rel. futuro dos *Stahlhelm*; BA Berlin-Lichterfelde, NS 10/30.

182 Nota sobre a reunião de Hindenburg com Hugenberg e Winterfeld, 17 de maio de 1933; BA Koblenz, N 1231/38. Cf. para os ataques às instalações do DNVP, Beck: *The Fateful Alliance*, p. 228-243.

183 *"Ministerbesprechung"* [Reunião com ministros], de 27 de junho de 1933; *Die Regierung Hitler*, Parte I, 1, n° 170, p. 601. Cf. sobre a renúncia de Hugenberg e a dissolução da Frente Nacional Alemã, Beck: *The Fateful Alliance*, p. 283-293.

184 Kessler: *Das Tagebuch*, vol. 9, p. 596 (de 28 de junho de 1933).

185 Hugenberg a Hitler, 13 de setembro de 1933; Hitler a Hugenberg, 24 de dezembro de 1933; Hugenberg a Hitler, 26 de janeiro de 1934; BA Koblenz, N 1231/37.

186 *Die Regierung Hitler*, Parte I, 1, n° 170, p. 601; n° 175, p. 609.

187 Goebbels: *Tagebücher*, Parte I, vol. 2/III, p. 217 (de 28 de junho de 1933), p. 218 (de 29 de junho de 1933).

188 Cf. Ibid., p. 219 (de 1° de julho de 1933): *"Zentrum* se dissolverá. Mas nas mesmas condições do DNVP, repudiado. Deve ser [!] encerrado." Sobre o fim do Partido *Zentrum*, cf. Rudolf Morsey: *"Die deutsche Zentrumspartei"*, em: Matthias/Morsey: *Das Ende der Parteien*, p. 377-404; Winfried Becker: *"Die Deutsche Zentrumspartei gegenüber dem Nationalsozialismus und dem Reichskonkordat 1930-1933"*, em: *Historisch-Politische Mitteilungen*, Ano 7, 2000, p. 1-37.

189 Cf. Martina Steber: *"'[...] que o partido não sofre apenas ameaças externas, mas também internas'. Die Bayerische Volkspartei im Jahr 1933"*, em: Wirsching (org.): *Das Jahr 1933*, p. 70-91.

190 *Kabinettssitzung* [Reunião de gabinete], de 14 de julho de 1933; *Die Regierung Hitler*, Parte I, 1, n° 193, p. 661 e seguinte – *Verbatim* em Sösemann: *Propaganda*, vol. 1, p. 133.

191 Conselheiro da missão diplomática, Hans Frölicher, ao conselheiro nacional, Giuseppe Motta, 7 de julho de 1933; Bajohr/Strupp (org.): *Fremde Blicke auf das "Dritte Reich"*, p. 382.

192 Relato de François-Poncet ao ministro das Rel. Exteriores, Paul Boncour, 4 de julho de 1933; Becker: *Hitlers Machtergreifung*, p. 365 e seguinte.

193 Heuss: *In der Defensive*, p. 163 (de 25 de junho de 1933). Cf. Rosenberg: *Tagebücher 1933-1937*, p. 97 (de 7 de maio de 1933): "Tudo está avançando, todos os eventos atropelam-se. Ninguém conhece o rosto do amanhã."

194 Haffner: *Geschichte eines Deutschen*, p. 186.

195 Klemperer: *Tagebücher 1933-1941*, p. 39 (de 9 de julho de 1933).

196 *Die Regierung Hitler*, Parte I, 1, n° 75, p. 260 e seguinte.

197 Cit. segundo Pyta, *Geteiltes Charisma*, p. 57.

198 Ebermayer: *Denn heute gehört uns Deutschland*, p. 33 (de 28 de fevereiro de 1933).

199 Kessler: *Das Tagebuch*, vol. 9, p. 551 (de 7 de março de 1933).

200 Thomas Mann: *Tagebücher 1933-1934*. Org. de Peter de Mendelssohn, Frankfurt am Main, 1977, p. 52 (de 20 de abril de 1933).

201 Cf. Haffner: *Geschichte eines Deutschen*, especialmente p. 139 e seguinte.

202 Wehler: *Deutsche Gesellschaftsgeschichte*, vol. IV, p. 601-603. Cf. também Horst Möller: *"Die nationalsozialistische Machtergreifung, Konterrevolution oder Revolution?"*, em: *Vierteljahrshefte für Zeitgeschichte*, Ano 31 (1983), p. 25-51. Também para Möller "a reivindicação total, que se tornou em muitas jornadas até a realidade de vida totalitária do Estado nazista [...]", aponta "para o caráter revolucionário" do regime (p. 50).

203 Domarus: *Hitler*, vol. I, 1, p. 286. Cf. também a nota sobre a conferência dos lugares-tenentes do *Reich*, de 6 de julho de 1933 (provavelmente com base nas notas do lugar-tenente Ritter von Epp), em *Die Regierung Hitler*, Parte I, 1, n° 180, p. 629-636: "A revolução não pode ser um estado permanente [...]; o desenvolvimento posterior deve acontecer como evolução." (p. 631). Também a ordem de Hitler sobre os poderes do lugar-tenente do *Reich*, Ritter von Epp, de 6 de julho de 1933; BA Koblenz, N 1101/95.

204 Becker: *Hitlers Machtergreifung*, p. 340.

205 Cf. a representação excelente de Evans: *Das Dritte Reich*, vol. 1, p. 513-554 ("*Hitlers Kulturrevolution*").

206 Cf. Goebbels: *Tagebücher*, Parte I, vol. 2/III, p. 316 (de 16 de novembro de 1933); Ebermayer: *Denn heute gehört uns Deutschland*, p. 203 e seguinte (de 16 de novembro de 1933); Evans: *Das Dritte Reich*, vol. 2/I, p. 170 e seguinte.

207 Domarus: *Hitler*, vol. I, 1, p. 193.

208 *Die Regierung Hitler*, Parte I, 1, n° 180, p. 632.

209 Cf. também em seguida Christoph Buchheim: "*Das NS-Regime und die Überwindung der Weltwirtschaftskrise in Deutschland*", em: *Vierteljahrshefte für Zeitgeschichte*, Ano 56, 2008, p. 381-414, aqui p. 383-389.

210 *Die Regierung Hitler*, Parte I, 1, n° 17, p. 55 (de 8 de fevereiro de 1933). Cf. sobre a hesitação político-econômica de Hitler nos primeiros meses como chanceler, Detlev Humann: "*Arbeitsschlacht*". *Arbeitsbeschaffung und Propaganda in der NS-Zeit 1933-1939*, Gotinga, 2011, p. 58 e seguinte.

211 Cf. Buchheim: *Das NS-Regime und die Überwindung der Weltwirtschaftskrise*, p. 390 e seguinte; Evans: *Das Dritte Reich*, vol. 2/I, p. 402; Humann: "*Arbeitsschlacht*", p. 75-78.

212 Cf. Buchheim: *Das NS-Regime und die Überwindung der Weltwirtschaftskrise*, p. 392-395; Evans: *Das Dritte Reich*, vol. 2/I, p. 402-407; Humann: "*Arbeitsschlacht*", p. 118 e seguinte, 152 e seguinte, 242 e seguinte, 366 e seguinte, 428 e seguinte. Sobre falsificação de estatísticas, Ibid., p. 624 e seguinte.

213 Domarus: *Hitler*, vol. I, 1, p. 208 e seguinte.

214 Cf. *Die Regierung Hitler*, Parte I, 1, p. XLIII (*Einleitung*); n° 92, p. 308, Obs. 7 (de 6 de abril de 1933). Também Adam Tooze: *Ökonomie der Zerstörung. Die Geschichte der Wirtschaft im Nationalsozialismus*, Munique, 2006, p. 69 e seguinte.

215 Relato do gerente-geral da Hafraba, Hof, sobre reunião com Hitler, 6 de abril de 1933; *Die Regierung Hitler*, Parte I, 1, n° 92, p. 306-311 (citação p. 308 e seguinte, 310).

216 Reunião com líderes industriais, 29 de maio de 1933; ibid., n° 147, p. 506-527 (citação p. 511).

217 Cf. Goebbels: *Tagebücher*, Parte I, vol. 2/III, p. 275 (de 24 de setembro de 1933). Sobre a propaganda da "*batalha do trabalho*", cf. Humann: "*Arbeitsschlacht*", p. 635 e seguinte.

218 Cf. Tooze: *Ökonomie der Zerstörung*, p. 70.

219 *Die Regierung Hitler*, Parte I, 2, n° 211, p. 741 (de 18 de setembro de 1933). Cf. Evans: *Das Dritte Reich*, vol. 2/I, p. 396 e seguinte.

220 Cf. também Hans Mommsen/Manfred Krieger: *Das Volkswagenwerk und seine Arbeiter im Dritten Reich*, Düsseldorf, 1996, p. 56 e seguinte.

221 *Die Regierung Hitler*, Parte I, 1, n.º 19, p. 62 (de 9 de fevereiro de 1933). Cf. acima p. 463.

222 Cf. Kopper: *Hjalmar Schacht*, p. 205-209. Em carta ao chefe de redação do *Zeit*, de 20 de julho de 1948, Theodor Duesterberg, antigo segundo líder nacional dos *Stahlhelm*, descreveu Schacht como, depois de Papen, "o principal responsável que ajudou Hitler a chegar ao poder enquanto Hindenburg estava vivo, no ano de 1933", e expressou sua incompreensão, pois "um jornal de calibre tão alto como o *Die Zeit* havia se lançado em defesa de Schacht. BA Koblenz, N 1377/27.

223 Tooze: *Ökonomie der Zerstörung*, p. 78 e seguinte.

224 Cf. Kopper: *Hjalmar Schacht*, p. 269 e seguinte; Tooze: *Ökonomie der Zerstörung*, p. 79, 87; Evans: *Das Dritte Reich*, vol. 2/I, p. 419.

225 Goebbels: *Tagebücher*, Parte I, vol. 2/III, p. 313 (de 13 de novembro de 1933). Cf. também as explicações de Hitler na 2ª reunião do Conselho Geral de Economia, 20 de setembro de 1933: "Pedra que rola não cria limo. Quem ficar parado, vai cair." *Die Regierung Hitler*, Parte I, 2, n.º 214, p. 810.

226 Cf. Wehler: *Deutsche Gesellschaftsgeschichte*, v. IV, p. 646 e seguinte.; Herbst: *Hitlers Charisma*, p. 22 e seguinte.; 259 e seguinte; van Laak: *Adolf Hitler, in*: Möller (org.): *Charismatische Führer*, p. 162 e seguinte.

227 Cf. Longerich: *Die braunen Bataillone*, p. 188-191.

228 Cf. Ibid., p. 183 e seguinte.

229 Becker: *Hitlers Machtergreifung*, p. 327-330 (citação p. 329). Cf. também a circular de Röhm, de 30 de maio de 1933, na qual foi apontado o perigo de "que a SA e a SS devessem ser utilizadas como mera tropa de propaganda". BA Berlin-Lichterfelde, NS 26/328.

230 Goebbels: *Tagebücher*, Parte I, vol. 2/III, p. 156 (de 27 de março de 1933).

231 Ibid., p. 230 (de 19 de julho de 1933), p. 252 e seguinte (de 25 de agosto de 1933).

232 Domarus: *Hitler*, vol. I, 1, p. 293 et seq. Cf. "*Zeitfolge für den Besuch des herrn Reichskanzlers und des herrn Preußischen Ministerpräsidenten in Neudeck und die Tannenbergfeier am 27. August 1933*" em BA Berlin-Lichterfelde R 43 II/971. Para a festa do monumento era obrigatório "casaco escuro e cartola ou chapéu escuro", para o jantar com Hindenburg, "fraque com ordens". Em 25 de abril de 1934, Hitler agradeceu a Hindenburg pelas felicitações e flores de aniversário e assegurou que estaria muito feliz "de poder contribuir, segundo minhas condições, sob o grande marechal de campo da Guerra Mundial, agora em tempos de paz, para a reconstrução do *Reich*". Esboço da carta (com correções manusc. de Hitler) e cópia em BA Berlin-Lichterfelde, NS 10/123.

233 *Die Regierung Hitler*. Parte I, 1, n.º 180, p. 631; Parte 1, 2, n.º 222, p. 868.

234 Esboço da carta (com correções manusc. de Hitler) em BA Berlin-Lichterfelde NS 10/123.

235 Goebbels: *Tagebücher*, Parte I, vol. 2/III, p. 309 (de 8 de novembro de 1933).

236 *Deutschland-Berichte der Sozialdemokratischen Partei Deutschlands (Sopade) 1934-1940*. Org. Klaus Behnken, Frankfurt am Main, 1980, vol. 1, 1º Ano (1934), p. 101; também p. 9-13, 99-103, outras comprovações para a mudança de perspectivas de meados de 1934. Cf. Frei: *Der Führerstaat*, p. 9-17; Thamer: *Verführung und Gewalt*, p. 327 et seq., Kershaw: *Der Hitler-Mythos*, p. 86 e seguinte.

237 Despacho de Herluf Zahle de 16 de abril de 1934; Bajohr/Strupp (org.): *Fremde Blicke auf das "Dritte Reich"*, p. 403. Cf. também o relato de John C. White, da embaixada dos Estados Unidos, 26 de abril de 1934, no qual se falava de "descontentamento cada vez maior com as condições atuais". Ibid., p. 403.

238 Klemperer: *Tagebücher 1933-1941*, p. 86 (de 7 de fevereiro de 1934). Cf. Strenge: *Ferdinand von Bredow*, p. 223 (de 26 de março de 1934): "Resmunga-se muito [...] há muita ansiedade no ar."; Ibid., p. 230 (de 25 de maio de 1934): "Em lugar nenhum alegria, em todo lugar ansiedade [...] Todos veem um final com terror."

239 Goebbels: *Tagebücher*, Parte I, vol. 3/I, p. 39 (de 24 de abril de 1934), p. 48 (de 13 de maio de 1934).

240 Longerich: *Die braunen Bataillone*, p. 203.

241 Cf. Ibid., p. 204.

242 Cf. Müller, *Armee und Drittes Reich*, p. 57, 64; Doc. 57, p. 192-195. Também Schäfer: *Werner von Blomberg*, p. 123 e seguinte, 136; Immo von Fallois: *Kalkül und Illusion. Der Machtkampf zwischen Reichswehr und SA während der Röhm-Krise 1934*, Berlim, 1994, p. 106-112.

243 Müller: *Armee und Drittes Reich*, Doc. 58, p. 195; Schäfer: *Werner von Blomberg*, p. 137.

244 Cf. Bracher/Sauer/Schulz: *Die nationalsozialistische Machtergreifung*, p. 944; Heinz Höhne: *Mordsache Röhm. Hitlers Durchbruch zur Alleinherrschaft 1933-1934*, Reinbek, 1984, p. 206. Hanfstaengl viu, na Standartenstraße, um "Röhm iracundo, trêmulo, bêbado", que soltava "xingamentos raivosos, que nunca tinha ouvido antes". Memórias não publicadas de Hanfstaengls, p. 306; BSB Munique, Nl Hanfstaengl, Ana 405, Caixa 47.

245 Cf. Diels: *Lucifer ante portas*, p. 379-382; Longerich: *Die braunen Bataillone*, p. 208; Fallois: *Kalkül und Illusion*, p. 125.

246 Cf. Longerich: *Heinrich Himmler*, p. 178, 181 e seguinte; Gerwarth: *Reinhard Heydrich*, p. 101 e seguinte, 104 e seguinte.

247 Goebbels: *Tagebücher*, Parte I, vol. 3/I, p. 49 (de 15 de maio de 1934).

248 *Hitler: Reden, Schriften, Anordnungen*, vol. IV, 1, Doc. 54, p. 183. Cf. Machtan: *Hitlers Geheimnis*, p. 208 e seguinte. Já em fevereiro de 1927, Hitler expressou apreensão "sobre o 175º no partido". *Tagebuch R. Buttmanns von 14.2.1927*; BayhStA Munique, Nl Buttmann 83.

249 *Hitler: Reden, Schriften, Anordnungen*, vol. V.1, Doc. 15, p. 32. Cf. Machtan: *Hitlers Geheimnis*, p. 217-228; Susanne zur Nieden: "*Aufstieg und Fall des virilen Männerhelden. Der Skandal um Ernst Röhm und seine Ermordung*", em: ibid. (org.): *Homosexualität und Staatsräson. Männlichkeit, Homophobie und Politik in Deutschland 1900-1945*, Frankfurt am Main, 2005. p. 147-175.

250 Goebbels: *Tagebücher*, Parte I, vol. 3/I, p. 57 (de 3 de junho de 1934).

251 Hanfstaengl: *Zwischen Weißem und Braunem Haus*, p. 340 e seguinte. Em carta sigilosa de 12 de junho de 1934, Hermann Höfle, ex-membro da Freikorps Epp e participante do *Putsch* de 1932, alertou Röhm das "maquinações" contra ele na *Reichswehr*. Röhm deveria demover Hitler, em um passo demonstrativo "na presença de todos os generais

e postos importantes do exército, a se colocar com toda a franqueza e dureza diante de sua SA". BA Berlin-Lichterfelde, NS 26/328.

252 Cf. Frei: *Der Führerstaat*, p. 25-27; Longerich: *Die braunen Bataillone*, p. 212; Thamer: *Verführung und Gewalt*, p. 326.

253 Cf. Goebbels: *Tagebücher*, Parte I, vol. 3/I, p. 51 (de 21 de abril de 1934): Papen "gostaria de ficar no lugar de Hindenburg quando o velho ancião morrer. Nem pensar". Sobre a doença de Hindenburg e sua retirada para Neudeck, cf. Pyta: *Hindenburg*, p. 836. No espólio de Neurath havia um bilhete com a observação manuscrita de Hindenburg de 12 de maio de 1934: "Por favor, chamar sr. von Neurath entre 5 e 6 ½ ou amanhã entre 12h e 12 ½." Neurath anotou: "O último chamado para conversa com Hindenburg." BA Koblenz, N 1310/96. Ainda em 12 de março de 1934, Rudolf Heß escreveu sobre um grande banquete na casa de Hindenburg: "O velho senhor está, como sempre, com um vigor surpreendente; até quase 12h, ele serviu de anfitrião." R. Heß a Fritz Heß, 12 de março de 1934; BA Bern, Nl Heß, J1.211-1989/148, 53.

254 Goebbels: *Tagebücher*, Parte I, vol. 3/I, p. 62 (de 16 de junho de 1934). Cf. Ibid., p. 60 (de 9 de junho de 1934) "O mais puro centro de reclamações 'repub(licano)'".

255 Petzold: *Franz von Papen*, p. 211-217 (citação p. 215 et seq.). O texto do discurso de Marburg também em Edmund Forsbach: *Edgar Jung. Ein konservativer Revolutionär*, Pfullingen, 1984, p. 154-174.

256 Original do telegrama em BA Berlin-Lichterfelde, R 43 II/971 (com complemento manuscrito da central telefônica na Casa Marrom: "A pedido do sr. Martin Bormann, aberto e lido às 20h05").

257 Goebbels: *Tagebücher*, Parte I, vol. 3/I, p. 65 (de 18 de junho de 1934).

258 Cf. Frei: *Der Führerstaat*, p. 28 e seguinte Herbert vol. Bose enviou em 17 de junho de 1934 três exemplares do discurso ao Ministério da Propaganda com o pedido de encaminhamento à imprensa; BA Berlin-Lichterfelde, NS 10/50.

259 Heuss: *In der Defensive*, p. 236 e seguinte (de 20 de junho de 1934).

260 François-Poncet: *Als Botschafter in Berlin*, p. 187. Cf. Strenge: *Ferdinand von Bredow*, p. 235 (de 24 de junho de 1934): "Todos perguntaram: o que Papen quer? Quem está por trás dele? Como Hitler o aguenta [...] existe algo indeterminado, indeterminável no ar." Para a situação de junho de 1934, cf. também Klemperer: *Tagebücher 1933-1941*, p. 116 (de 13 de junho de 1934): "Insegurança, agitação, segredos em toda parte. Espera-se dia após dia". M. Dodd: *Nice to meet you Mr. Hitler!*, p. 153: "Antes de 30 de junho a atmosfera estava tensa e como que carregada de eletricidade. Qualquer um sentia que havia algo no ar, mas ninguém sabia o quê".

261 Goebbels: *Tagebücher*, Parte I, vol. 3/I, p. 65 (de 18 de junho de 1934).

262 Papen a Hitler, 27 de junho de 1934; BA Lichterfelde, NS 10/50. Cf. Papen: *Der Wahrheit eine Gasse*, p. 349 e seguinte.

263 Hans-Günther Seraphim (org.): *Das politische Tagebuch Alfred Rosenbergs aus den Jahren 1934/1935 und 1939/1940*, Gotinga, 1956, p. 31. Cf. Pyta: *Hindenburg*, p. 845.

264 Cf. Höhne: *Mordsache Röhm*, p. 238.

265   Cf. Ibid., p. 239-243. Em 29 de junho, Himmler declarou na casa de Ribbentrop que "Röhm seria um 'homem morto'". Ribbentrop: *Zwischen London und Moskau*, p. 52.

266   Cit. segundo Longerich: *Die braunen Bataillone*, p. 212.

267   Ebermayer: *Denn heute gehört uns Deutschland*, p. 326 (de 27 de junho de 1934).

268   Frei: *Der Führerstaat*, p. 30; cf. sobre os preparativos da *Reichswehr* para o golpe contra a SA, Fallois: *Kalkül und Illusion*, p. 134-139.

269   Cit. segundo Höhne: *Mordsache Röhm*, p. 256.

270   Goebbels: *Tagebücher*, Parte I, vol. 3/I, p. 71 (de 29 de junho de 1934).

271   Ibid., p. 72 (de 1º de julho 1934). Cf. sobre o ambiente lúgubre na mesa de jantar no Hotel Dreesen, Baur: *Ich flog Mächtige der Erde*, p. 119.

272   Goebbels: *Tagebücher*, Parte I, vol. 3/I, p. 72 (de 1º de julho de 1934).

273   Baur: *Ich flog Mächtige der Erde*, p. 119. Segundo a lembrança de Wilhelm Brückner, os oficiais da *Reichswehr* informaram a Hitler no aeródromo sobre uma "concentração armada da SA de Munique" e descreveram a situação como "muito ameaçadora". Nota de Wilhelm Brückner de 28 de maio de 1949; ifZ Munique, eD 100/43.

274   Höhne: *Mordsache Röhm*, p. 267.

275   Relato do chofer de Hitler Erich Kempka; cit. segundo Evans: *Das Dritte Reich*, vol. 2 /I, p. 41 e seguinte; cf. também anotação sobre conversa com Erich Kempka, de 25 de março de 1952; ifZ Munique, zs 253.

276   Cf. Longerich: *Die braunen Bataillone*, p. 217; Frei: *Der Führerstaat*, p. 32. Cf. Goebbels: *Tagebücher*, Parte I, vol. 3/I, p. 72 (de 1º de julho de 1934): "Heines patético. Com um prostituto."

277   Cf. Höhne: *Mordsache Röhm*, p. 269.

278   Cf. Ibid., p. 271-274. Fac-símile da lista de Otto Gritschneder: "O *Führer* condenou o senhor à morte...". *Hitlers "Röhm-Putsch"-Morde vor Gericht*, Munique, 1993, p. 28. Cf. Frank: *Im Angesicht des Galgens*, p. 148-151. Após essa representação, a intervenção de Frank foi instruída a manter restrito o número de execuções em Stadelheim.

279   Cf. a lista dos assassinatos de Gritschneder: "*Der Führer*", p. 60-62. Sobre Fritz Gerlich cf. Rudolf Morsey (Rev.): *Fritz Gerlich ein Publizist gegen Hitler. Briefe und Akten 1930-1934*, Paderborn, 2010, p. 36-39. Sobre Ballerstedt, cf. as anot. de sua cunhada (s/d), em BayhStA Munique, Nl Ballerstedt. Sobre Bredow, cf. Strenge: *Ferdinand von Bredow*, p. 238.

280   Goebbels: *Tagebücher*, Parte I, vol. 3/I, p. 72 (de 1º de julho de 1934).

281   Hans Bernd Gisevius: *Adolf Hitler. Versuch einer Deutung*, Munique, 1963, p. 291.

282   Schroeder: *Er war mein Chef*, p. 51.

283   Cf. Gritschneder: "*Der Führer*", p. 32-36.

284   Frank: *Im Angesicht des Galgens*, p. 149.

285   Cit. segundo Machtan: *Hitlers Geheimnis*, p. 244 e seguinte. Cf. Goebbels: *Tagebücher*, Parte I, vol. 3/I, p. 73 (de 4 de julho de 1934).

286   "*Ministerbesprechung*" [Reunião com ministros], de 3 de julho de 1934; *Die Regierung Hitler*. Parte I, 2, nº 375, p. 1354-1358.

287 Goebbels: *Tagebücher*, Parte I, vol. 3/I, p. 74 (de 4 de julho de 1934).

288 Papen a Hitler, 10 de julho, 12 de julho de 1934; BA Berlin-Lichterfelde, NS 10/50. Cf. também Petzold: *Franz von Papen*, p. 226-229 (os outros documentos consultados do *Sonderarchiv Moskau, Fonds Papen*).

289 Domarus: *Hitler*, vol. I, 1, p. 405; Kahr: *Lebenserinnerungen*, p. 1091 e seguinte. (sobre a visita de Hindenburgs à casa de Kahr no final de agosto/início de setembro de 1920); BayhStA Munique, Nl Kahr 51; Telegrama de Hindenburg a Kahr, 23 de outubro de 1933; Ibid., Nl Kahr 16.

290 Segundo informação de Hitler ao prefeito de Hamburgo, Krogmann, 18 de agosto de 1934; Pyta: Hindenburg, p. 849. Segundo as memórias de Wilhelm Brückner, Hindenburg disse a Hitler: "Se alguém quer fazer história, precisa, às vezes, tomar medidas que inevitavelmente também causam derramamento de sangue". Anot. Wilhelm, Brückner de 28 de maio de 1949; IfZ Munique, eD 100/43. Semelhante ao motorista Erich Kempka, em audiência de 26 de setembro de 1945; IfZ Munique, zs 253; Hoßbach: *Zwischen Wehrmacht und Hitler*, p. 50.

291 Goebbels: *Tagebücher*, Parte I, vol. 3/I, p. 76 (de 6 de julho de 1934).

292 Ibid., p. 73 (de 4 de julho de 1934).

293 Cit. segundo Kershaw: *Der Hitler-Mythos*, p. 111. Outros documentos, idem p. 110-113. Também *Deutschland-Berichte der Sopade*, 1º Ano, 1934, p. 197-200. Opinião semelhante dos diplomatas estrangeiros. Cf. relatos do cônsul dos Estados Unidos Ralph C. Busser, de Leipzig, 19 de julho de 1934, e Charles M. Hathaway, de Munique, 20 de julho de 1934; Bajohr/Strupp (org.): *Fremde Blicke auf das "Dritte Reich"*, p. 412 e seguinte, 414 e seguinte.

294 *Tagebuch Luise Solmitz*, 30 de junho de 1934; cit. segundo Evans: *Das Dritte Reich*, vol. 2/I, p. 50.

295 Goebbels: *Tagebücher*, Parte I, vol. 3/I, p. 76 (de 7 de julho de 1934).

296 Cf. Ibid., p. 77 et seq. (de 11 de julho de 1934).

297 François-Poncet: *Als Botschafter in Berlin*, p. 190.

298 Papen a Hitler, 13 de julho de 1934; BA Berlin-Lichterfelde, NS 10/50. Após o discurso, Papen sentiu a "necessidade" de cumprimentar Hitler, como em janeiro de 1933, com um aperto de mão e agradecer por tudo o que o senhor, com a derrubada da segunda revolução pretendida e o anúncio dos princípios inalteráveis do estadista, deu de novo". Papen a Hitler, 14 de julho de 1934; ibid.

299 Domarus: *Hitler*, vol. I.1, p.410-424 (citação p. 415, 421, 424).

300 Cit. segundo Mehring: *Carl Schmitt*, p. 352.

301 Kershaw: *Der Hitler-Mythos*, p. 114 e seguinte; cf. *Deutschland-Berichte der Sopade*, 1º Ano, 1934, p. 201 e seguinte.

302 Kalkhoven: *Ich denk so viel an Euch*, p. 236 (de 14 de julho de 1934).

303 Hoffmann: *Hitler wie ich ihn sah*, p. 72. Cf. Rose: Julius Schaub, p. 140; Wilhelm Brückner à delegacia de Traunstein, 25 de junho de 1952: em sua presença, Hitler "não falou com mais ninguém sobre essa ação"; IfZ Munique, eD 100/43.

304 Klemperer: *Tagebücher 1933-1941*, p. 122 (de 14 de julho de 1934).

305 Th. Mann: *Tagebücher 1933-1945*, p. 458 (de 4 de julho de 1933), 462 (de 7 de julho de 1933), 463 (de 8 de julho de 1933). Cf. Th. Sternheim: *Tagebücher*, vol. 2, p. 589 (de 5 de julho de 1934): "Alemanha sistematicamente arruinada pelo sanguinário e pequeno--burguês Adolf Hitler. O alemão como horror do mundo e escória".

306 Cit. segundo Pufendorf: *Die Plancks*, p. 373.

307 Anot. de Liebmann, 5 de julho de 1934; Frei: *Der Führerstaat*, p. 39. Cf. também o decreto de Blomberg para a *Wehrmacht*, 1º de julho de 1934; Müller: *Armee und Drittes Reich*, p. 206 e seguinte. Também Schäfer: *Werner von Blomberg*, p. 141; Fallois: *Kalkül und Illusion*, p. 150-154.

308 Cf. Longerich: *Heinrich Himmler*, p. 184; Frei: *Der Führerstaat*, p. 40.

309 Cf. Longerich: *Die braunen Bataillone*, p. 220-224.

310 Goebbels: *Tagebücher*, vol. 3/I, p. 87 (de 2 de agosto de 1934).

311 "*Ministerbesprechung*" [Reunião com ministros], de 1º de agosto de 1934 (21h30); *Die Regierung Hitler*, Parte I, 2, nº 382, p. 1384 e seguinte.

312 Cit. segundo Fallois: *Kalkül und Illusion*, p. 162. Cf. Schäfer: *Werner von Blomberg*, p. 151-155.

313 Goebbels: *Tagebücher*, Parte I, vol. 3/I, p. 88 (de 4 de agosto de 1933). Cf. Schwerin von Krosigk: *Niederschrift zur Persönlichkeit Hitlers* (aprox. 1945): na reunião de gabinete foi expressado de maneira clara que a morte do "velho senhor tocou profundamente" Hitler. Ele falou "com emotividade visível" de sua última visita a Neudeck; IfZ Munique, zs 145, vol. 5. Oskar von Hindenburg agradeceu a Hitler em telegrama de 2 de agosto de 1934 pelas "palavras tão ternas" sobre a morte de seu pai; ba Berlin-Lichterfelde ns 10/123.

314 "*Ministerbesprechung*" [Reunião com ministros], de 2 de agosto de 1934; *Die Regierung Hitler*, Parte I, 2, nº 383, p. 1386-1388.

315 Domarus: *Hitler*, vol. I, 1, p. 438. Cf. Hoegen: *Der Held von Tannenberg*, p. 411-414.

316 Cf. Goebbels: *Tagebücher*, Parte I, vol. 3/I, p. 90 (de 8 de agosto de 1934): "Alarme por conta de um suposto testamento político do velho senhor, redigido por Papen? [...] Conclusão: testamento político diz respeito apenas ao *Führer* e ao governo."

317 Publ. em Hubatsch: *Hindenburg und der Staat*, p. 380-383 (citação p. 382 e seguinte). Cf. sobre história do testamento de Hindenburg, Pyta: *Hindenburg*, p. 864-867.

318 Hoegen: *Der Held von Tannenberg*, p. 420.

319 Goebbels: *Tagebücher*, Parte I, vol. 3/I, p. 95 (de 20 de agosto de 1934).

320 Cit. segundo Kershaw: *Der Hitler-Mythos*, p. 91. Sobre obrigatoriedade de voto e fraude eleitoral com relação à votação de 19 de agosto de 1934, cf. *Deutschland-Berichte der Sopade*, 1º Ano, 1934, p. 282-287, 347-349.

321 Th. Mann: *Tagebücher 1933-1934*, p. 510 (de 20 de agosto de 1934).

322 Klemperer: *Tagebücher 1933-1941*, p. 137 e seguinte (de 21 de agosto de 1934).

323 Despacho do embaixador dinamarquês Herluf Zahle, 4 de agosto de 1934; Bajohr/ Strupp (org.): *Fremde Blicke auf das "Dritte Reich"*, p. 417.

Capítulo 15. Revisão de Versalhes

1 Max Domarus: *Hitler. Reden und Proklamationen 1932-1945. Kommentiert von einem deutschen Zeitgenossen*, vol. II: *Untergang*, 2º vol.: *1941-1945*, Munique, 1965, p. 1659.

2 *Die Regierung Hitler*, Parte I, 1, nº 19, p. 62 e seguinte.

3 Declaração sigilosa de Goebbels, de 5 de abril de 1940, diante de represententes da imprensa alemã, cit. seg. Rainer F. Schmidt: *Die Außenpolitik des Dritten Reiches 1933-1939*, Stuttgart, 2002, p. 11.

4 Wilhelm Treue: *"Rede Hitlers vor der deutschen Presse"* (10 de novembro de 1938), em: *Vierteljahrshefte für Zeitgeschichte*, Ano 6, 1958, p. 182. Cf. Domarus: *Hitler*, vol. I, 2, p. 974.

5 Relato de Eric Phipps, de 21 de novembro de 1933; *Documents of British Foreign Policy 1919-1939 (DBFP)*, vol. 1-21, Londres, 1947-1984, série 2: 1929-1938, vol. 6, nº 60, p. 90 e seguinte, cit. Segundo Clemens: *Herr Hitler in Germany*, p. 350. Em artigo no *Daily Mail*, de 2 de novembro de 1933, o correspondente britânico George Ward Price apresentou a questão: "Podemos confiar em Hitler?", e respondeu positivamente: Hitler foi "sincero", quando declarou "direcionar o entusiasmo e a energia da juventude alemã para objetivos internos". *Wolff's Telegraphisches Büro*, nº 2765, de 2 de novembro de 1933; BA Berlin-Lichterfelde, R 43 II/959.

6 Relato de George S. Messersmith, de 9 de maio de 1933; Bajohr/Strupp (org.): *Fremde Blicke auf das "Dritte Reich"*, p. 372.

7 Cf. sobre continuidade da equipe no Ministério de Relações Exteriores, Conze *et al*: *Das Amt und die Vergangenheit*, p. 31-41.

8 *Akten der deutschen Auswärtigen Politik 1918-1945 (ADAP)*, Série C 1933-1937, vol. 1-6, Gotinga, 1971-1981, vol. 1/1, nº 10, p. 20 e seguinte. Cf. Klaus Hildebrand: *Das vergangene Reich. Deutsche Außenpolitik von Bismarck zu Hitler 1871-1945*, Stuttgart, 1995, p. 578, 580 e seguinte.

9 Goebbels: *Tagebücher*, Parte I, vol. 2/III, p. 386 (de 16 de março de 1934).

10 Cf. Hildebrand: *Das vergangene Reich*, p. 550-552, 556; também Schmidt: *Die Außenpolitik des Dritten Reiches*, p. 31, Thamer: *Verführung und Gewalt*, p. 312, 314.

11 Cf. também, em resumo, Heinrich August Winkler: *Geschichte des Westens*, vol. II: *Die Zeit der Weltkriege 1914-1945*, Munique, 2011, p. 577-602.

12 Cf. Schmidt: *Die Außenpolitik des Dritten Reiches*, p. 40-42: Bernd-Jürgen Wendt: *Großdeutschland. Außenpolitik und Kriegsvorbereitung des Hitler-Regimes*, Munique, 1987, p. 84.

13 Cf. também a representação excelente de Winkler: *Geschichte des Westens*, vol. II, p. 332-404.

14 Memorando de Bülow, de 13 de março de 1933, publ. e comentado em Günter Wollstein: *"Eine Denkschrift des Staatssekretärs Bernhard von Bülow vom März 1933. Wilhelminische Konzeption der Außenpolitik zu Beginn der nationalsozialistischen herrschaft"*, em: *Militärgeschichtliche Mitteilungen 1 (1973)*, p. 77-94. Resumo detalhado em Wendt: *Großdeutschland*, p. 72-79. Detalhes de Neurath em *Die Regierung Hitler*, Parte I, 1, nº 93, p. 313-318.

15 Domarus: *Hitler*, vol. I, 1, p. 270-279 (citação p. 273).

16 Wilhelm Hoegner: *Flucht vor Hitler. Erinnerungen an die Kapitulation der ersten deutschen Republik 1933*, Frankfurt am Main, 1982, p. 203. Cf. Goebbels: *Tagebücher*, Parte I, vol. 2/III, p. 188 (de 18 de maio de 1933): "Declaração de confiança aceita por toda a Casa incl. S.P.D. Depois pelo *Führer*. Tudo é alegria."

17 Kalkhoven: *Ich denk so viel an euch*, p. 201 e seguinte.

18 Cit. segundo Becker: *Hitlers Machtergreifung*, p. 309. As explanações do Chanceler do *Reich* estavam "inquestionavelmente imbuídas de temperança séria", relatou o embaixador dinamarquês em Berlim. Bajohr/Strupp (org.): *Fremde Blicke auf das "Dritte Reich"*, p. 376.

19 Kessler: *Das Tagebuch*, vol. 9, p. 569 e seguinte (de 17 e 18 de maio de 1933). Cf. ibid., p. 571 (de 20 de maio de 1933): "Sente-se como o discurso de Hitler é desagradável para os franceses. Toda sua posição diplomática é ameaçada por ele."

20 Th. Mann: *Tagebücher 1933-1934*, p. 88 (de 18 de maio de 1933).

21 Goebbels: *Tagebücher*, Parte I, vol. 2/III, p. 276 (de 25 de setembro de 1933).

22 Cf. sobre o tratado de desarmamento de Genebra, Hans-Adolf Jacobsen: *Nationalsozialistische Außenpolitik 1933-1939*, Frankfurt am Main/Berlin, 1968, p. 396–399; Schmidt: *Die Außenpolitik des Dritten Reiches*, p. 142–152; Wendt: *Großdeutschland*, p. 91-93.

23 "*Ministerbesprechung*" [Reunião com ministros], de 13 de outubro de 1933, *Die Regierung Hitler*, Parte I, 2, nº 230, p. 903-906 (citação p. 904, 905).

24 Goebbels: *Tagebücher*, Parte I, vol. 2/III, p. 290 (de 12 de outubro de 1933). Cf. ibid., p. 288: "Chefe telefona com as decisões mais difíceis." Cf. também R. Heß à sua tia, Emma Rothacker, em Zurique, 30 de outubro de 1933: "Para o *Führer*, a última grande decisão de política externa foi naturalmente muito difícil. Ele obrigou-se a tomá-la em muitas noites insones, pois não via mais outro caminho para nós." BA Berna. Nl Heß, J1.211-1993/300, Caixa 4.

25 Ebermayer: *Denn heute gehört uns Deutschland*, p. 184 (de 15 de outubro de 1933).

26 Kessler: *Das Tagebuch*, vol. 9, p. 608 (de 14 de outubro de 1933).

27 Domarus: *Hitler*, vol. I, 1, p. 308-314 (citação p. 309, 312).

28 Goebbels: *Tagebücher*, Parte I, vol. 2/III, p. 292 (de 16 de outubro de 1933).

29 "*Ministerbesprechung*" [Reunião com ministros], de 17 de outubro de 1933; *Die Regierung Hitler*, Parte I, 2, nº 231, p. 908.

30 Goebbels: *Tagebücher*, Parte I, vol. 2/III, p. 293 (de 17 de outubro de 1933).

31 Domarus: *Hitler*, vol. I, 1, p. 318-323 (citação p. 319, 321, 320, 322).

32 Ibid., p. 323 e seguinte Cf. Goebbels: *Tagebücher*, Parte I, vol. 2/III, p. 299 (de 25 de outubro de 1933): "Ele fala fabulosamente bem, principalmente no encerramento. Excelentes ovações. O povo agita-se. Um bom começo."

33 Cf. Baur: *Ich flog Mächtige dieser Erde*, p. 108-110.

34 Domarus: *Hitler*, vol. I, 1, p. 326.

35 Goebbels: *Tagebücher*, Parte I, vol. 2/III, p. 310 (de 9 de novembro de 1923).

36 Domarus: *Hitler*, vol. I, 1, p. 330.

37 Goebbels: *Tagebücher*, Parte I, vol. 2/III, p. 311 (de 11 de novembro de 1933).

38 Klemperer: *Tagebücher 1933-1941*, p. 67 e seguinte (de 11 de novembro de 1933).

39 Kessler: *Das Tagebuch*, vol. 9, p. 609 (de 15 de outubro de 1933).

40 Cf. Domarus: *Hitler*, vol. I, 1, p. 331.

41 Goebbels: *Tagebücher*, Parte I, vol. 2/III, p. 313 (de 13 de novembro de 1933).

42 Klemperer: *Tagebücher 1933-1941*, p. 68 (de 14 de novembro de 1933).

43 Cf. *Die Regierung Hitler*, Parte I, 2, nº 243, Obs. 1, p. 939 e seguinte. Também Frei: *Der Führerstaat*, p. 94.

44 Dinichert ao conselheiro nacional, Giuseppe Motta, 17 de novembro de 1933; Bajohr/Strupp (org.): *Fremde Blicke auf das "Dritte Reich"*, p. 391 e seguinte.

45 Bernd Stöver: *Volksgemeinschaft im Dritten Reich. Die Konsensbereitschaft der Deutschen aus der Sicht sozialistischer Exilberichte*, Düsseldorf, 1993, p. 178.

46 *Die Regierung Hitler*, Parte I, 2, nº 243, p. 339-341.

47 Comunicado oficial, de 3 de maio de 1933; ibid, Parte I, 1, nº 107, p. 382, Obs. 4.

48 Goebbels: *Tagebücher*, Parte I, vol. 2/III, p. 277 (de 27 de setembro de 1933).

49 Cf. Jacobsen: *Nationalsozialistische Außenpolitik*, p. 403-406; Gerhard L. Weinberg: *The Foreign Policy of Hitler's Germany*. vol. 1: *Diplomatic revolution in Europe 1933-1936*, Londres, 1970, p. 184-194.

50 Ebermayer: *Denn heute gehört uns Deutschland*, p. 248 (de 28 de janeiro de 1934). Cf. Strenge: *Ferdinand von Bredow*, p. 218 (de 28 de janeiro de 1934): "Movimento de xadrez habilidoso."

51 Cf. Reunião de gabinete, de 25 de abril de 1933; *Die Regierung Hitler*, Parte I, 1, nº 107, p. 381.

52 Goebbels: *Tagebücher*, Parte I, vol. 2/III, p. 317 (de 17 de novembro de 1933).

53 Phipps a Simon, 31 de janeiro de 1934; DBFP 1919-1939, Série 2, vol. 6, p. 365; cf. Schmidt: *Die Außenpolitik des Dritten Reiches*, p. 157.

54 Domarus: *Hitler*, vol. I, 1, p. 357.

55 Segundo Hildebrand: *Das vergangene Reich*, p. 586.

56 Reunião com chefe, de 26 de setembro de 1933; *Die Regierung Hitler*, Parte I/1, nº 218, p. 838. Cf. também anot. de Bülows, de 26 de setembro de 1933; ADAP, Série C, vol. 1, 2, nº 457, p. 839 e seguinte: "Um antagonismo ferrenho entre a Alemanha e a Rússia permanecerá naturalmente, mas ele não apoia o rompimento das relações teuto-russas por nossa parte ou dar aos russos motivos para esse rompimento."

57 *Die Weizsäcker-Papiere 1933-1950*. Org. Leonidas Hill, Frankfurt am Main/Berlim/Viena, 1974, p. 70, 76 (de 30 de março de 1933, fim de ago. 1933). Cf. Conze *et al.*: *Das Amt und die Vergangenheit*, p. 69 e seguinte.

58 Cf. Jacobsen: *Nationalsozialistische Außenpolitik*, p. 45 e seguintes, 90 e seguintes, 252 e seguintes; Schmidt: *Die Außenpolitik des Dritten Reiches*, p. 60, 65-70.

59 *Die Weizsäcker-Papiere 1933-1950*, p. 74 (de 6 de agosto de 1933).

60 François-Poncet: *Als Botschafter in Berlin*, p. 146. O rei Boris, da Bulgária, comentou após uma visita em Berlim, em maio de 1934: "Já vi outros grandes ditadores, mas ne-

nhum que fosse tão decente e honesto como Hitler!" Embaixada alemã em Sofia a von Neurath, ministro do Exterior do *Reich*, 24 de maio de 1934; BA Koblenz, N 1310/10.

61 Anthony Eden: *Angesichts der Diktatoren. Memoiren 1923-1938*, Colônia/Berlim, 1964, p. 88; R. R. James: Anthony Eden, Londres, 1988, p. 135; Cf. Schmidt: *Die Außenpolitik des Dritten Reiches*, p. 23.

62 Conversa de Hitler com lorde Eden, 20 de fevereiro de 1934; *Die Regierung Hitler*, Parte I, 2, n° 305, p. 1143-1149 (citação p. 1149). Cf. também a carta de Hitler ao lorde Rothermere, de 2 de março de 1934 (com correções manusc. de Hitler), na qual o chanceler do *Reich* expressa seu desejo de um "acordo honesto entre os povos europeus" e faz um convite para visitas à Alemanha. BA Berlin-Lichterfelde, NS 10/123. Rothermere, dono do tabloide *Daily Mail*, já havia se posicionado a favor do regime nazista em um artigo de capa, em julho de 1933. Em dezembro de 1934, ele foi um dos convidados de honra de um grande evento noturno na Chancelaria do *Reich*. Cf. Ian Kershaw: *Hitlers Freunde in England. Lord Londonderry und der Weg in den Krieg*, Munique, 2004, p. 81 e seguinte. Em carta de maio de 1935, após a reintrodução do serviço militar obrigatório, Hitler garantiu ao barão jornalístico sua "determinação sempre constante [...] de fazer uma contribuição histórica para o restabelecimento de uma relação boa e duradoura entre as duas nações germânicas" (ibd., p. 82). Claro que houve antes outra visita de Rothermere a Berlim, pois Wilhelm Brückner anotou em seu caderno de anotações, em 28 de abril de 1935: "Rothermere-chefe." BA Berlin-Lichterfelde, NS 26/1209. Para a visita de Rothermere no início de janeiro de 1937 a Obersalzberg, cf. Goebbels: *Tagebücher*, Parte I, vol. 3/II, p. 320 (de 8 de janeiro de 1937).

63 Hitler: *Mein Kampf*, p. 3.

64 "*Ministerbesprechung*" [Reunião com ministros], de 26 de maio de 1933; *Die Regierung Hitler*, Parte I, 1, n° 142, p. 493. Cf. Goebbels: *Tagebücher*, Parte I., vol. 2/III, p.194 (de 27 de maio de 1933): "Visto de mil marcos decidido. Vai acabar com Dollfuß".

65 Cf. Jacobsen: *Nationalsozialistische Außenpolitik*, p. 406-408; Hildebrand: *Das vergangene Reich*, p. 594; Schmidt: *Die Außenpolitik des Dritten Reiches*, p. 163. Sobre o "austrofascismo", cf. Ernst Hanisch: *Der lange Schatten des Staatep. Österreichische Gesellschaftsgeschichte im 20. Jahrhundert*, Viena, 1994, p. 310-315; Florian Wenninger/Lucille Dreidemy (org.) *Das Dollfuß/Schuschnigg-Regime 1933-1938. Vermessung eines Forschungsfeldes*, Viena/Colônia/Weimar, 2013.

66 Hoffmann: *Hitler wie ich ihn sah*, p. 61. Uma reunião de excertos de jornais sobre a visita de Hitler a Veneza com inúmeras fotos da imprensa em BA Koblenz, N 1310/56.

67 Walter Rauscher: *Hitler und Mussolini. Macht, Krieg und Terror*, Graz/Viena/Colônia, 2001, p. 213 e seguinte; cf. Falanga: *Mussolinis Vorposten in Hitlers Reich*, p. 46 e seguinte.

68 Cf. Kurt Bauer: *Elementar-Ereignis. Die österreichischen Nationalsozialisten und der Juli-Putsch 1934*, Viena, 2003.

69 Goebbels: *Tagebücher*, Parte I, vol. 3/I, p. 83 (de 24 de julho de 1934). Cf. Longerich: *Goebbels*, p. 270; Kurt Bauer: "*Hitler und der Juliputsch 1934 in Österreich. eine Fallstudie*

zur nationalsozialistischen Außenpolitik in der Frühphase des Regimes", em: *Vierteljahrshefte für Zeitgschichte*, Ano 59, 2011, p. 193-227 (rev. p. 208-213).

70 Goebbels: *Tagebücher*, Parte I, vol. 3/I, p. 84 (de 26 de julho de 1934).

71 Friedelind Wagner: *Nacht über Bayreuth*. 3ª ed., Colônia, 1997, p. 159 e seguinte; cf. Hamann: *Winifred Wagner*, p. 286.

72 Goebbels: *Tagebücher*, Parte I, vol. 3/I, p. 84 (de 26 de julho de 1934).

73 Papen: *Der Wahrheit eine Gasse*, p. 379 e seguinte.

74 Goebbels: *Tagebücher*, Parte I, vol. 3/I, p. 85 (de 28 de julho de 1934).

75 Rauscher: *Hitler und Mussolini*, p. 214.

76 Jens Petersen: *Hitler-Mussolini. Die Entstehung der Achse Berlin-Rom 1933-1936*, Tübingen, 1973, p. 370. Cf. Falanga: *Mussolinis Vorposten*, p. 50 e seguinte.

77 Goebbels: *Tagebücher*, Parte I, vol. 3/I, p. 86 (de 30 de julho de 1934).

78 Anot. tenente-general Becks sobre explicações de Bülow sobre situação de política externa, 30 de julho de 1934; publ. em Müller: *Armee und Drittes Reich*, p. 280 e seguinte; cf. também Müller: *Generaloberst Ludwig Beck*, p. 145 e seguinte.

79 Goebbels: *Tagebücher*, Parte I, vol. 3/I, p. 145 (de 30 de novembro de 1934), p. 164 (de 6 de janeiro de 1935).

80 *Die Regierung Hitler*, vol. II, 1, nº 33, p. 135 e seguinte (de 1º de novembro de 1934).

81 Goebbels: *Tagebücher*, Parte I, vol. 3/I, p. 85 (de 28 de julho de 1934).

82 Hassell: *Römische Tagebücher und Briefe*, p. 118 (de 17 de janeiro de 1936).

83 Cf. Patrick von zur Mühlen: *"Schlagt Hitler an der Saar!" Abstimmungskampf, Emigration und Widerstand im Saargebiet 1933-1945*, Bonn, 1979; Gerhard Paul: *"Deutsche Mutter – Heim zu Dir!" Warum es mißlang, Hitler an der Saar zu schlagen. Der Saarkampf 1933 bis 1945*, Colônia, 1984.

84 Cf. Stöver: *Volksgemeinschaft im Dritten Reich*, p. 179 e seguinte; *Deutschland-Berichte der Sopade*, 2º Ano (1935), p. 151.

85 K. Mann: *Tagebücher 1934 bis 1935*, p. 92 (de 15 de janeiro de 1935). Sobre a decepção de Golo Mann, cf. Lahme: *Golo Mann*, p. 114 e seguinte Harry Graf Kessler anotou: "Um resultado muito surpreendente e um grande triunfo para Hitler, cuja posição depois disso se fortalecerá muito nas políticas interna e externa". *Das Tagebuch*, vol. 9, p. 629 (de 15 de janeiro de 1935).

86 Goebbels: *Tagebücher*, Parte I, vol. 3/I, p. 168 (de 16 de janeiro de 1935).

87 *"Ministerbesprechung"* [Reunião com ministros], de 24 de janeiro de 1935; *Die Regierung Hitler*, vol. II, 1, nº 84, p. 322.

88 Domarus: *Hitler*, vol. I, 2, p. 484-488 (citação p. 485).

89 Goebbels: *Tagebücher*, Parte I, vol. 3/I, p. 193 (de 2 de março de 1935).

90 Ibid., p. 171 (de 22 de janeiro de 1935).

91 Cf. François-Poncet: *Als Botschafter in Berlin*, p. 228 e seguinte; Domarus: *Hitler*, vol. I, 2, p. 481 et seq.; Heinz Höhne: *Die Zeit der Illusionen. Hitler und die Anfänge des Dritten Reiches 1933-1936*, Düsseldorf/Viena/Nova York, 1991, p. 295 e seguinte.

92 Goebbels: *Tagebücher*, Parte I, vol. 3/I, p. 194 (de 6 de março de 1935). Cf. ibid., p. 197 (de 10 de março de 1935): "Os ingleses foram lenientes. Quitação do *white book*. Saúde, *Sir* John Simon!"

93 Cf. Höhne: *Zeit der Illusionen*, p. 298; Schmidt: *Die Außenpolitik des Dritten Reiches*, p. 169: Goebbels: *Tagebücher*, Parte I, vol. 3/I, p. 199 (de 14 de março de 1935): "Entrevista de Göring, Luftfahrt. Anúncio oficial de nosso armamento aéreo [...] Agora já foi, e que o céu não despenque."

94 François-Poncet: *Als Botschafter in Berlin*, p. 232.

95 Cf. Müller: *Generaloberst Ludwig Beck*, p. 202-205; Kershaw: *Hitler*, vol. I, p. 689.

96 Cf. Hoßbach: *Zwischen Wehrmacht und Hitler*, p. 81-83.

97 Domarus: *Hitler*, vol. I,2, p. 491-495 (citação p. 494).

98 Cf. Goebbels: *Tagebücher*, Parte I, vol. 3/I, p. 201 (de 18 de março de1935): "*Führer* luta com Blomberg pelo número de divisões. Ele se impõe: 36." Em agosto de 1942, Hitler lembrou: "Foi uma batalha que tive com o bom Fritsch ainda no dia da introdução do serviço militar obrigatório universal. Foram feitas 36 divisões!" (*Monologe*, p. 343 de 16 de agosto de 1942). Provavelmente Hitler confundiu aqui Fritsch com Blomberg.

99 Goebbels: *Tagebücher*, Parte I., vol. 3/I, p. 201 (de 18 de março de 1935). Cf. livro de anotações de Wilhelm Brückner, de 16 de março de 1935: "1h30 Reunião do gabinete. Anunciado serviço obrigatório universal." BA Berlin-Lichterfelde, NS 26/1209. Obviamente não existe uma ata da reunião de gabinete. Ao menos na edição "*Akten der Reichskanzlei. Die Regierung Hitler*", vol. II, 1, não há nenhuma.

100 François-Poncet: *Als Botschafter in Berlin*, p. 234.

101 Cit. segundo Evans: *Das Dritte Reich*, vol. 2/II, p. 760. Um mestre confeiteiro de Düsseldorf escreveu, em 15 de abril de 1935, a Hitler: "Esse momento causou exatamente em nós, velhos soldados do *front*, uma enorme alegria e tocou cada coração genuíno de soldados alemães." BA Berlin-Lichterfelde, NS 51/75.

102 *Deutschland-Berichte der Sopade*, 2º Ano, 1935, p. 279; cf. Kershaw: *Der Hitler-Mythos*, p. 93. Também relatório do cônsul-geral dos Estados Unidos em Stuttgart, Samuel W. Honacker, de 3 de maio de 1935: a reintrodução do serviço militar obrigatório universal seria "recebido entusiasticamente pela maioria esmagadora da população". Bajohr/Strupp (org.): *Fremde Blicke auf das "Dritte Reich"*, p. 426.

103 Cf. Fest: *Hitler*, p. 637; Kershaw: *Hitler*, vol. I, p. 639 e seguinte; Shirer: *Berliner Tagebuch*, p. 35 e seguinte (de 17 de março de 1935).

104 François-Poncet: *Als Botschafter in Berlin*, p. 235. Cf. também Thomas Mann: *Tagebücher 1935-1936*, p. 59 (de 17 de março de 1935): "O desafio é brutal. Mas é muito tarde, já deixaram acontecer coisas demais".

105 Goebbels: *Tagebücher*, Parte I, vol. 3/I, p. 200 (de 16 de março de 1935), p. 201/202 (de 18 de março de 1935), p. 202 (de 20 de março de 1935). "Acredito que conseguimos", comentou Hitler nesse dia a Alfred Rosenberg. Seraphim: *Das politische Tagebuch Rosenbergs*, p. 76.

106 Shirer: *Berliner Tagebuch*, p. 35 (de 16 de março de 1935). Cf. Klemperer: *Tagebücher 1933-1941*, p. 190 (de 23 de março de 1935): "Hitler proclamou o serviço militar obrigatório universal, o exterior ergue protestos fracos e engole o *fait accompli*. Resultado: o regimento de Hitler está mais estável que nunca".

107 Cit. segundo Petersen: *Hitler-Mussolini*, p. 400; cf. também Falanga: *Mussolinis Vorposten*, p. 57.

108 Goebbels: *Tagebücher*, Parte I, vol. 3/I, p. 218 (de 15 de abril de 1935). Cf. ibid., p. 219 (de 17 de abril de 1935): "Portanto, armamentos e bom humor para o jogo maldoso".

109 Todas as citações em Paul Schmidt: *Statist auf diplomatischer Bühne 1923-1945. Erlebnisse des Chefdolmetschers im Auswärtigen Amt mit den Staatsmännern Europas*, Bonn, 1950, p. 293-303. Para as tratativas em Berlim em 25 e 26 de março de 1935, cf. também Goebbels: *Tagebücher*, Parte I, vol. 3/I, p. 206-208 (de 26 e 28 de março de 1935). Da visão britânica de Eden: *Angesichts der Diktatoren*, p. 167-176. Diferentemente de meados de 1934, Eden teve "uma impressão extremamente desagradável de Hitler". Ele "surgiu decisivamente mais autoritário que no ano anterior e dessa vez esforçou-se menos para agradar". (p. 168). No gabinete, Hitler apresentou, em 29 de março de 1935, um relatório detalhado sobre a evolução das conversas. *Die Regierung Hitler*, vol. II/1, nº 132, p. 490.

110 Goebbels: *Tagebücher*, Parte I, vol. 3/I, p. 208 (de 28 de março de 1935).

111 Ibid., p. 211 (de 3 de abril de 1935), p. 212 (de 5 de abril de 1935).

112 Ibid., p. 226 (de 5 de maio de 1935).

113 Ibid., p. 235 (de 21 de maio de 1935). Cf. ibid., p. 227 (de 5 de maio de 1935), p. 229 (de 9 de maio de 1935), p. 230 (de 11 de maio de 1935), p. 231 (de 13 de maio de 1935), p. 232 (de 15 de maio de 1935), p. 233 (de 19 de maio de 1935).

114 Shirer: *Berliner Tagebuch*, p. 42 (de 21 de maio de 1935). Cf. Goebbels: *Tagebücher*, Parte I, vol. 3/I, p. 236 (de 23 de maio de 1935): "*Führer* em sua melhor forma".

115 Domarus: *Hitler*, vol. I, 2, p. 505-514 (citação p. 506, 507, 511, 512, 513).

116 Hildebrand: *Das vergangene Reich*, p. 599.

117 Kershaw: *Der Hitler-Mythos*, p. 156 e seguinte.

118 Kessler: *Das Tagebuch*, vol. 9, p. 640 (de 25 de maio de 1935). Cf. ibid., p. 640 (de 26 de maio de 1935): "De qualquer forma não" é possível "negar a coragem e o talento de liderança de Hitler".

119 Hassell: *Römische Tagebücher und Briefe*, p. 127.

120 Goebbels: *Tagebücher*, Parte I, vol. 2/III, p. 359 (de 20 de janeiro de 1934).

121 Cf. para as tratativas teuto-britânicas, Schmidt: *Statist*, p. 311-315 (citação p. 311, 312); também Ribbentrop: *Zwischen London und Moskau*, p. 61-63.

122 Ribbentrop: *Zwischen London und Moskau*, p. 64. Cf. também Goebbels: *Tagebücher*, Parte I, vol. 3/I, p. 249 (de 19 de junho de 1935): "*Führer* muito feliz. Grande sucesso para Ribbentrop e para nós todos."

123 Goebbels: *Tagebücher*, Parte I, vol. 3/I, p. 250 (de 21 de junho de 1935). Cf. ibid., p. 249 (de 19 de junho de 1935): "O objetivo aproxima-se: amizade com Inglaterra. Conti-

nuar trabalhando com força e sem cansar". Em 4 de fevereiro de 1936, Hitler recebeu na Chancelaria do *Reich* o ex-ministro da aeronáutica britânica, lorde Londonderry, e mostrou-se um bom anfitrião. "Era quase como um cortejo de Hitler pela recalcitrante Britânia", lembrou-se o intérprete Schmidt (*Statist*, p. 355). Para visita de Londonderrys a Berlim, cf. Kershaw: *Hitlers Freunde*, p. 163-172.

124 Goebbels: *Tagebücher*, Parte I, vol. 3/I, p. 279 (de 19 de agosto de 1935).

125 Cf. Petersen: *Hitler-Mussolini*, p. 377-379; Woller: *Geschichte Italiens*, p. 144 e seguinte; Winkler: *Geschichte des Westens*, vol. 2, p. 708-711.

126 Cf. Aram Mattioli: *Experimentierfeld der Gewalt. Der Abessinienkrieg und seine internationale Bedeutung 1935-1941*, Zurique, 2005; também idem: "*Entgrenzte Kriegsgewalt. Der italienische Giftgaseinsatz in Abessinien 1935-1936*", em: *Vierteljahrshefte für Zeitgeschichte*, Ano 51, 2003, p. 311-338.

127 Em 17 de julho de 1935, um enviado do *negus* [rei] etíope em Berlim apareceu e apresentou seu pedido sob o selo do mais extremo sigilo de "armar suas tropas para que elas pudessem oferecer a maior oposição possível aos italianos". Neurath sugeriu a Hitler que atendesse ao pedido do *negus* e disponibilizasse a ele três milhões de marcos para compra de armas. Bülow a Neurath, 18 de julho de 1935; Neurath a Hitler, 20 de julho de 1935; BA Koblenz, N 1310/10.

128 Segundo Marie-Luise Recker: *Die Außenpolitik des Dritten Reiches*, Munique, 1990, p. 12.

129 Goebbels: *Tagebücher*, Parte I, vol. 3/I, p. 313 (de 19 de outubro de 1935).

130 Cit. segundo Falanga: *Mussolinis Vorposten*, p. 62.

131 Goebbels: *Tagebücher*, Parte I, vol. 3/I, p. 232 (de 15 de maio de 1935).

132 Cf. Falanga: *Mussolinis Vorposten*, p. 62-64.

133 Esmonde M. Robertson: "*Hitler und die Sanktionen des Völkerbunds*", em: *Viertel Jahrshefte für Zeitgeschichte*, Ano 26, 1978, p. 237-264 (citação p. 254). Cf. Schmidt: *Die Außenpolitik des Dritten Reiches*, p. 189; Rauscher: *Hitler und Mussolini*, p. 234.

134 Goebbels: *Tagebücher*, Parte I, vol. 3/I, p. 341 (de 6 de dezembro de 1935).

135 Hassell ao Min. Rel. Ext., 6 de janeiro de 1936; Esmonde M. Robertson: "*Zur Wiederbesetzung des Rheinlands 1936*", em: *Vierteljahrshefte für Zeitgeschichte*, Ano 10, 1962, p. 178-205 (aqui p. 188-190). Cf. Petersen: *Hitler-Mussolini*, p. 466-471.

136 Goebbels: *Tagebücher*, Parte I, vol. 3/I, p. 366 (de 21 de janeiro de 1936). Já em meados de dezembro de 1935, o embaixador britânico Phipps anotou, após conversa com Hitler, que o chanceler do *Reich* provavelmente planejava remilitarizar a Renânia "assim que houvesse uma oportunidade favorável para tanto". Cit. segundo Kershaw: *Hitlers Freunde in England*, p. 165. Cf. a anot. Neurath sobre a conversa de 13 de dezembro de 1935; ADAP Série C, vol. 4,2, n° 462; também "*Ministerbesprechung*" [Reunião com ministros], de 13 de dezembro de 1935; *Die Regierung Hitler*, vol. II, 2, n° 281, p. 987; Goebbels: *Tagebücher*, Parte I, vol. 3/I, p. 347 (de 15 de dezembro de 1935).

137 Anot. Hassell, de 14 de fevereiro de 1936; publ. em Robertson: *Zur Wiederbesetzung des Rheinlands*, p. 192 e seguinte.

138 Hassell: *Römische Tagebücher und Briefe*, p. 126 (de 23 de março de 1936). Segundo anotação de Hassell, Hitler declarou no início da conversa: "Eu pedi para chamá-lo para falar com eles sobre uma decisão diante da qual estou e que, talvez, seja significativa para o futuro alemão como um todo!" (Ibid.).

139 Hoßbach: *Zwischen Wehrmacht und Hitler*, p. 84.

140 Anot. de Hassell sobre as conversas em Berlim, de 19 de fevereiro de 1936; publ. em Robertson: *Zur Wiederbesetzung des Rheinlands*, p. 194-196. Cf. Hassell: *Römische Tagebücher und Briefe*, p. 127 e seguinte (de 23 de fevereiro de 1936).

141 Hassell: *Römische Tagebücher und Briefe*, p. 127 (de 23 de fevereiro de 1936). Cf. Robertson: *Zur Wiederbesetzung des Rheinlands*, p. 203.

142 Goebbels: *Tagebücher*, Parte I, vol. 3/I, p. 383 (de 21 de fevereiro de 1936).

143 Ibid., p. 388 et seq. (de 29 de fevereiro de 1935).

144 Ibid., vol. 3/II, p. 30 (de 2 de março de 1936).

145 Ibid., p. 31 (de 4 de março de 1936). Segundo anotação de Goebbels, além dele, Blomberg, Fritsch, Raeder, Ribbentrop participaram da reunião.

146 Ibid., p. 33 (de 6 de março de 1936).

147 *Akten der Reichskanzlei. Die Regierung Hitler*, vol. III: 1936. Rev. Friedrich Hartmannsgruber, Munique, 2002, nº 39, p. 165.

148 Goebbels: *Tagebücher*, Parte I, vol. 3/II, p. 35 (de 8 de março de 1935).

149 François-Poncet: *Als Botschafter in Berlin*, p. 257. Memorando publ. em ADAP, Série C, vol. 5/1, Anexo a nº 3, p. 14-17. Cf. também Schäfer: *André François-Poncet als Botschafter in Berlin*, p. 255-258.

150 Shirer: *Berliner Tagebuch*, p. 56 (de 7 de março de 1936).

151 Domarus: *Hitler*, vol. I, 2, p. 583-597 (citação p. 594). Sobre reação dos deputados, cf. a descrição impressionante de Shirer: *Berliner Tagebuch*, p. 57 (de 7 de março de 1936): "Eles ergueram [...] suas mãos estendidas na saudação escravagista. Seu rosto marcado pela histeria, boquiaberto, e os gritos, seus olhos inflamados pelo fanatismo voltados ao novo Deus, o Messias." Thomas Mann, que ouviu o discurso no rádio, anotou: "Voz e fala horrível, mas esperto, mistura de honestidade lamuriante e perversão" (*Tagebücher 1935-1936*, p. 268, de 7 de março de 1936).

152 Schmidt: *Statist*, p. 320. Hans Frank registra uma declaração semelhante (*Im Angesicht des Galgens*, p. 211), com quem Hitler falou no trem especial de Colônia para Berlim no fim do mês: "Nunca passei por um medo assim como nesses dias da ação de Renânia. Se os franceses tivessem realmente feito a sério, para mim teria sido a maior derrota política [...] Estou feliz, meu Deus! Estou feliz que tudo correu tão tranquilamente!" Em janeiro de 1942, Hitler comentou: "Se houvesse outro no meu lugar em 13 [!] de março, teria perdido a cabeça! Apenas a minha obstinação e minha audácia nos ajudou (*Monologe*, p. 140, de 27 de janeiro de 1942). Sobre o nervosismo de Hitler nos dias após 7 de março, cf. Speer: *Erinnerungen*, p. 85 e seguinte; Hoßbach: *Zwischen Wehrmacht und Hitler*, p. 20.

153 Thomas Mann: *Tagebücher 1935-1936*, p. 272 (de 11 de março de 1936). Cf. também Lahme: *Golo Mann*, p. 107.

154 Goebbels: *Tagebücher*, Parte I, vol. 3/II, p. 36 (de 8 de março de 1936).

155 Shirer: *Berliner Tagebuch*, p. 59 (de 8 de março de 1936).

156 Cit. para Schmidt: *Die Außenpolitik des Dritten Reiches*, p. 201.

157 Goebbels: *Tagebücher*, Parte I, vol. 3/II, p. 46 (de 21 de março de 1936).

158 *Deutschland-Berichte der Sopade*, 3º Ano (1936), p. 460. Cf. Kershaw: *Der Hitler-Mythos*, p. 157-160.

159 Goebbels: *Tagebücher*, Parte I, vol. 3/II, p. 52 (de 31 de março de 1936). Uma visão detalhada sobre a viagem de reunião de Hitler em março de 1936 e o progresso das declarações em BA Berlin-Lichterfelde, NS 10/125.

160 Segundo Dietrich: *12 Jahre mit Hitler*, p. 45.

161 M. Dodd: *Nice to meet you, Mr. Hitler!*, p. 232.

162 Em uma reunião de chefes na Chancelaria do *Reich*, Hitler declarou em 26 de novembro de 1935: "Quanto tempo esse rearmamento durará, ele não poderá dizer, provavelmente seriam entre três a quatro anos". *Die Regierung Hitler*, vol. II, 2, nº 267, p. 948.

163 Domarus: *Hitler*, vol. I, 2, p. 606. Sobre a mudança da autoimagem de Hitler no ano de 1936, cf. Kershaw: *Hitler*, vol. I, p. 742-744; Thamer: *Verführung und Gewalt*, p. 540; Wendt: *Großdeutschland*, p. 105, 110; Evans: *Das Dritte Reich*, vol. II, 2, p. 771.

Capítulo 16. Culto do Führer e a Comunidade do Povo

1 Domarus: *Hitler*, vol. I, 2, p. 643, 641.

2 Klemperer: *Tagebücher 1933-1941*, p. 340 (de 27 de março de 1937); cf. ibid., p. 373 (de 17 de agosto de 1937): "E eu sempre acreditei que Hitler realmente incorpora a alma do povo alemão, que ele realmente significa "Alemanha" e que por isso ele se mantém e se manterá justificadamente".

3 *Deutschland-Berichte der Sopade*, 2º Ano, 1935, p. 653 (de 15 de junho de 1935).

4 Wehler: *Deutsche Gesellschaftsgeschichte*, vol. IV, p. 676. Em sua anotação "*Gedanken um den Führer*" [Pensamentos sobre o *Führer*] na prisão de Nuremberg, em 1945, Robert Ley concluiu: "Se alguma vez dissessem que povo e líder eram uma coisa só, assim eram Adolf Hitler e o povo alemão". BA Koblenz, N 1468/4.

5 De acordo com o anatomista de Leipzig Hermann Voss, cit. segundo Götz Aly: *Hitlers Volksstaat. Raub, Rassenkrieg und nationaler Sozialismus*, Frankfurt am Main, 2005, p. 49.

6 Jochmann: *Nationalsozialismus und Revolution*, p. 426 (de 28 de fevereiro de 1933), 427 (de 1º de março de 1933). Cf. também a carta dos pais de Heß a Rudolf e Ilse do início de maio de 1933: "Seu nome (o de Hitler) está na boca do povo como salvador da Alemanha e, portanto, de todo o mundo". BA Bern, Nl Heß, J1.211-1989/148, 51.

7 Kalshoven: *Ich denk so viel an euch*, p. 169 (de 10 de março de 1933), 197 (de 4 de maio de 1933), 199 (de 17 de maio de 1933). O banqueiro de Hamburgo, Cornelius von Berenberg-Goßler registrou em seu diário que também os hanseáticos, considerados austeros, "apaixonaram-se cegamente por Hitler". Cit. segundo Frank Bajohr: "*Die Zus-*

timmungsdiktatur. Grundzüge nationalsozialistischer Herrschaft in Hamburg", em: *Hamburg im "Dritten Reich"*, p. 108.

8   Paul Dinichert ao conselheiro nacional Giuseppe Motta, 17 de novembro de 1933; Bajohr/Strupp (org.): *Fremde Blicke auf das "Dritte Reich"*, p. 392. "A imprensa glorifica Hitler como Deus e seus profetas em um só", anotou Victor Klemperer: *Tagebücher 1933-1941*, p. 54 (de 6 de setembro de 1933).

9   Cf. *"Die Gemeinde Wackerberg bei Tölz"*, 10 de maio de 1933: Beatrice e Helmut Heiber (org.): *Die Rückseite des Hakenkreuzes. Absonderliches aus den Akten des Dritten Reiches*, Munique, 1993, p. 126; Quedlinburg, 20 de abril de 1933: Eberle (org.): *Briefe an Hitler. Ein Volk schreibt seinem Führer*, p. 264; *Der Thüringische Städteverband*, 18 de abril de 1933; *Die Stadt Werl*, 26 de abril de 1933; *Bremen*, 8 de maio de 1933: BA Berlin-Lichterfelde,R 43 II/959; Berlin e Munique: Goebbels: *Tagebücher*, Parte I, vol. 2/III, p. 315 (de 15 de novembro de 1933). Para outras cidadanias honorárias de Hitler entre 1935 e 1938, cf. BA Berlin-Lichterfelde, NS 51/79. Em um memorando de 22 de maio de 1933, a Chancelaria do *Führer* pediu compreensão, pois não poderia responder imediatamente "os pedidos e ofertas que chegavam diariamente para o *Führer* em grande número para cidadania honorária, documentos de cidadania etc." BA Berlin-Lichterfelde, NS 51/80.

10 Cf. Axel Schildt: *"Jenseits der Politik? Aspekte des Alltags"*, em: *Hamburg im "Dritten Reich"*, p. 250; Hans-Ulrich Thamer/Simone Erpel: *Hitler und die Deutschen. Volksgemeinschaft und Verbrechen. Katalog zur Ausstellung im Deutschen historischen Museum in Berlin*, Dresden, 2010, p. 210.

11 Eberle (org.): *Briefe an Hitler*, p. 129 e seguinte, cf. ibid., p. 130-132, 135, 163-165 para outros exemplos.

12 Ibid., p. 141 et seq.

13 Heiber (org.): *Die Rückseite des Hakenkreuzes*, p. 12, 119-126; reitor da Escola Superior de Silvicultura de Eberswalde a Hitler, 8 de abril de 1933, e resposta por Lammers, 27 de abril de 1933; BA Berlin-LichterfeldeR 43 II/959.

14 Cf. Thamer/Erpel: *Hitler und die Deutschen*, p. 208, 225.

15 Citação de "MNN" em Kershaw: *Der Hitler-Mythos*, p. 78. Cf. R. Heß an Fritz Heß, 19 de abril de 1933: "As pessoas ficam em fila de manhã à noite na Chancelaria do *Reich* para registrar nos livros disponíveis seus desejos de felicidade. O amor do povo e a adoração são inéditos." BA Bern, Nl Heß, J1.211-1989/148, 51. *Die Glückwunschschreiben zu Hitlers Geburtstag 1933*, in BA Berlin-Lichterfelde, NS 51/72. Semelhante em teor das cartas de felicitações de ano-novo 1934/35 em ibid., NS 51/73 e NS 51/74. O artigo de Goebbels, "Unser Hitler!" [Nosso Hitler!], em W. Parte B, n° 901, de 19 de abril de 1933; BA Berlin-LichterfeldeR 43 II/959.

16 Klemperer: *Tagebücher 1933-1941*, p. 37 (de 17 de junho de 1933). Cf. sobre mudança da imagem de Hitler Kershaw: *Der Hitler-Mythos*, p. 80; Herz: *Hoffmann & Hitler*, p. 202 e seguinte.

17 Wiedemann: *Der Mann*, p. 92 e seguinte; cf. Schroeder: *Er war mein Chef*, p. 92 e seguinte; Hoffmann: *Hitler wie ich ihn sah*, p. 198.

18 Sobanski: *Nachrichten aus Berlin 1933-1936*, p. 89. Cf. M. Dodd: *"Nice to meet you, Mr. Hitler!"*, p. 233.

19 Klemperer: *Tagebücher 1933-1941*, p. 21 (de 10 de abril de 1933).

20 Eberle (org.): *Briefe an Hitler*, p. 159 e seguinte.

21 *Deutschland-Berichte der Sopade*, 1º Ano, 1934, p. 275. Em um decreto de 25 de setembro de 1933, o ministro do Interior, Frick, ordenou que as salas do ministério podiam ter penduradas apenas imagens do *Führer*, que "em representação e elaboração artística não dessem motivo para preocupações". BA Berlin-Lichterfelde,R 43 II/959.

22 Gebhard Himmler a Heinrich Himmler, 30 de agosto de 1934, com complemento da mãe Anna Himmler: "Você não pode imaginar como ficamos felizes com a foto de nosso amado *Führer*". BA Koblenz, N 1126/13. Cf. a reação semelhante da mãe de Rudolf Heß pelo envio de uma foto "de nosso amado *Führer*" com a dedicatória manuscrita: "Ao sr. e à sra. Heß, os honrados pais do meu mais antigo e mais confiável colega combatente, com devoção afetuosa. Ad. Hitler": Klara Heß a R. Heß, 4 de janeiro de 1934; BA Bern, Nl heß, J1.211-1989/148, 53.

23 Kershaw: *Der Hitler-Mythos*, p. 82.

24 Wiedemann: *Der Mann*, p. 80; cf. Goebbels: *Tagebücher*, Parte I, vol. 2/III, p. 252: "As pessoas ficam lá, emocionadas por horas, e esperam".; vol. 3/I, p. 100 (de 2 de setembro de 1934): "Então as pessoas marcham lá embaixo e passam por ele. É tocante, que confiança!"; cf. ibid., vol. 4, p. 215, 217 (de 11 e 13 de julho de 1937).

25 Goebbels: *Tagebücher*, Parte I, vol. 2/III, p.170 (de 18 de abril de 1933); cf. ibid., p. 192 (de 23 de maio de 1933): Kiel; p. 232 (de 22 de julho de 1933): Festival de Bayreuth; p. 238 (de 31 de julho de 1933): Torneio de ginástica de Stuttgart; p. 259 (de 2 de setembro de 1933): convenção do partido em Nuremberg; vol. 3/I, p. 54 (de 28 de maio de 1934): Dresden; p. 94 (de 18 de agosto de 1934): Hamburgo.

26 Speer: *Erinnerungen*, p. 61. Cf. Dietrich: *12 Jahre mit Hitler*, p. 183, sobre as "cenas indescritíveis" nas viagens de Hitler em tempos de paz.

27 Wiedemann: *Der Mann*, p. 81. Cf. também a conclusão do advogado judeu de Hamburgo, Kurt F. Rosenberg, de "que não se pode avaliar bem o suficiente a necessidade religiosa do povo como mola propulsora do novo movimento na Alemanha". *Tagebücher 1933-1937*, p. 257 (de 16 de março de 1935).

28 Shirer: *Berliner Tagebuch*, p. 24 (de 4 de setembro de 1934). O momento em que o viam era para eles "o maior de sua vida até então", escreveram três irmãs de Halle para Hitler em seu 44º aniversário. Elas teriam sentido "como se tudo o que podia respirar gravitasse na direção dele, como se atraído por uma força magnética". BA Berlin-Lichterfelde, NS 51/72.

29 Speer: *Erinnerungen*, p. 79. Rudolf Heß testemunhou que, para Hitler, Lutero havia sido, ao lado de Frederico, o Grande, e de Richard Wagner, um dos "maiores alemães". "Os espíritos revolucionários, tenazes, intrépidos que se põem contra o mundo e se destacam são de sua espécie." R. Heß a Klara Heß, 23 de janeiro de 1927; BA Bern, Nl Heß, J1.211-1989/148, 39.

30 Cf. resumo de Wehler: *Deutsche Gesellschaftsgeschichte*, vol. IV, p. 709-711 ("Existiu um 'milagre econômico nazista'?").

31 *Deutschland-Berichte der Sopade*, 2º Ano, 1935, p. 283.

32 Ibid., 3º Ano, 1936, p. 157.

33 Domarus: *Hitler*, vol. I, 1, p. 260, 262. Cf. inúmeras outras evidências em Zitelmann: *Hitler. Selbstverständnis eines Revolutionärs*, p. 190-196.

34 *Deutschland-Berichte der Sopade*, 1º Ano, 1934, p. 197; 2º Ano, 1935, p. 24, 422.

35 Goebbels: *Tagebücher*, Parte I, vol. 3/I, p. 341 (de 6 de dezembro de 1935). Cf. Ibid., vol. 3/II, p. 40 (de 13 de março de 1936), 94 (de 30 de maio de 1936). Também Frank: *Im Angesicht des Galgens*, p. 198.

36 *Deutschland-Berichte der Sopade*, 1º Ano, 1934, p. 198, 200.

37 Ibid., 1º Ano, 1934, p. 10 e seguinte. No início de junho de 1934, a Gestapo informou Kassel: "Tão inabalável em todos os lugares é a confiança no *Führer*, tão mais forte, por outro lado, é a crítica aos órgãos inferiores e às relações especialmente regionais." Thomas Klein (org.): *Die Lageberichte der Geheimen Staatspolizei über die Provinz Hessen-Nassau*, Colônia/Viena, 1986, vol. 1, p. 102.

38 Domarus: *Hitler*, vol. I, 2, p. 613. Cf. Burleigh: *Die Zeit des Nationalsozialismus*, p. 288 e seguinte.

39 Cf. *Deutschland-Berichte der Sopade*, 2º Ano, 1935, p. 152.

40 Ibid., 2. Ano 1935, p. 758: "Expressões como [...]. 'se o *Führer* soubesse disso, não toleraria" estavam disseminadas." Outras evidências em Frank Bajohr: "*Ämter, Pfründe, Korruption*", em: Wirsching (org.): *Das Jahr 1933*, p. 196, 199, Obs. 52. Cf. sobre função compensatória do mito do *Führer*, principalmente Kershaw: *Der Hitler-Mythos*, p. 108, 121-130.

41 Domarus: *Hitler*, vol. I,2, p. 529.

42 *Deutschland-Berichte der Sopade*, 2º Ano, 1935, p. 277; cf. ibid., p. 410: "Não resta dúvida de que o contínuo soar da igualdade, de honra e da liberdade alemã influenciou até as fileiras do proletariado ex-marxista e causou comoção".

43 Kershaw: *Der Hitler-Mythos*, p. 94 e seguinte; cf. Goebbels: Tagebücher, Parte I, vol. 3/I, p. 37 (de 22 de abril de 1934): "O povo está todo, inteiro com Hitler. Nunca uma pessoa contou com tanta confiança como ele".

44 *Deutschland-Berichte der Sopade*, 2º Ano, 1935, p. 904, 1018.

45 Wiedemann: *Der Mann*, p. 90.

46 *Deutschland-Berichte der Sopade*, 3º Ano, 1936, p. 281.

47 Goebbels: *Tagebücher*, Parte I, vol. 3/II, p. 203 (de 5 de outubro de 1936).

48 Cf. Karlheinz Schmeer: *Die Regie des öffentlichen Lebens im Dritten Reich*, Munique, 1956, p. 68-116.

49 Hans-Ulrich Thamer: "*Faszination und Manipulation. Die Nürnberger Reichsparteitage der NSDAP*", em: Uwe Schultz (org.): *Das Fest. Eine Kulturgeschichte von der Antike bis zur Gegenwart*, Munique, 1988, p. 352-368 (citação p. 353).

50 Goebbels: *Tagebücher*, Parte I, vol. 2/III, p. 237 (de 29 de julho de 1933).

51 Cf. Markus Urban: *Die Konsensfabrik. Funktion und Wahrnehmung der NS-Reichsparteitage 1933-1941*, Gotinga, 2007, p. 61 e seguinte.

52 R. Heß a seus pais, 21 de setembro de 1937; BA Bern, Nl heß, J1.212-1989/148, 59. Cf. sobre o seguinte, Schmeer: *Die Regie*, p. 109-116; Thamer: *Faszination und Manipulation*, p. 360-363; Peter Reichel: *Der schöne Schein des Dritten Reiches. Faszination und Gewalt des Faschismus*, Munique, 1991, p. 126-134; Siegfried Zelnhefer: *Die Reichsparteitage der* NSDAP. *Geschichte, Struktur und Bedeutung der größten Propagandafeste im nationalsozialistischen Feierjahr*, Nuremberg, 2002, p. 91-113; idem.: "*Rituale und Bekenntnisse. Die Reichsparteitage der* NSDAP", em: Centrum Industriekultur Nürnberg (org.): *Kulissen der Gewalt. Das Reichsparteitagsgelände in Nürnberg*, Munique, 1992, p. 91-93. Yvonne Karow descreve em detalhes o decorrer da convenção do partido de 1938: *Deutsches Opfer. Kultische Selbstauslöschung auf den Reichsparteitagen der* NSDAP, Berlim, 1994, p. 209-281.

53 Shirer: *Berliner Tagebuch*, p. 23 (de 4 de setembro de 1934).

54 Cf. Goebbels: *Tagebücher*, Parte I, vol. 6, p. 74 (de 6 de setembro de 1938): "As insígnias do *Reich* foram transferidas para Nuremberg e ficarão aqui a partir de agora."

55 Ibid. Sobre o papel de Furtwängler no Terceiro *Reich*, cf. Fred K. Prieberg: *Kraftprobe. Wilhelm Furtwängler im Dritten Reich*, Wiesbaden, 1986; Eberhard Straub: *Die Furtwänglers. Geschichte einer deutschen Familie*, Munique, 2007.

56 Karow: *Deutsches Opfer*, p. 214.

57 Shirer: *Berliner Tagebuch*, p. 24 e seguinte (de 5 de setembro de 1934).

58 Cf. Urban: *Die Konsensfabrik*, p. 142-144.

59 Shirer: *Berliner Tagebuch*, p. 26 (de 6 de setembro de 1934).

60 Karow: *Deutsches Opfer*, p. 230.

61 Goebbels: *Tagebücher*, Parte I, vol. 3/I, p. 292 (de 13 de setembro de 1935).

62 Ibid., vol. 3/II, p. 180 (de 11 de setembro de 1936).

63 Karow: *Deutsches Opfer*, p. 248. Cf. Sobanski: *Nachrichten aus Berlin 1933-36*, p. 210 (sobre a convenção do partido de 1936): "O *Führer* chega, um milagre acontece. O dia clareia. De repente, estávamos sentados sob uma cúpula de luz com colunas azuis leitosas separadas por faixas da noite azul escura e, sobre nossa cabeça, juntavam-se numa clara safira".

64 Nevile Henderson: *Fehlschlag einer Mission. Berlin 1937 bis 1939*, Zürich, s/a (1940), p. 80; Speer: *Erinnerungen*, p. 71; Joachim Fest: *Speer. eine Biographie*, Berlim, 1999, p. 74-76. Cf. Goebbels: *Tagebücher*, Parte I, vol. 4 (de 11 de setembro de 1937): "À noite, grande concentração dos P.O. no Campo Zeppelin: um espetáculo incomparável. De beleza onírica, adornado por uma cúpula de luz infinita".

65 Cit. segundo Zelnhofer: *Rituale und Bekenntnisse*, p. 94.

66 Karow: *Deutsches Opfer*, p. 251.

67 Domarus: *Hitler*, vol. I, 2, p. 532.

68 Karow: *Deutsches Opfer*, p. 265.

69 Shirer: *Berliner Tagebuch*, p. 28 (de 9 de novembro de 1934).

70 Karow: *Deutsches Opfer*, p. 266.

71 Goebbels: *Tagebücher*, Parte I, vol. 4, p. 309 (de 13 de setembro de 1937). Segundo comunicação de Albert Speer, "toda a ideia da longa marcha do monumento até as arquibancadas" veio do próprio Hitler e foi definida por ele em todos os detalhes. A. Speer a J. Fest, 13 de setembro de 1969; BA Koblenz, N 1340/17.

72 Ibid., vol. 3/II, p. 183 (de 15 de setembro de 1936).

73 *Monologe*, p. 225 (de 24/25 de janeiro de 1942). Cf. também Unity Mitford (sobre ela, ver a seguir, p. 683) a sua irmã Diana, 19 de setembro de 1935: "Ele [Hitler] disse que se sentia terrivelmente vazio agora que tudo havia terminado, e que era deprimente partir de Nuremberg." Charlotte Mosley (ed.): *The Mitfords. Letters between Six Sisters*, London, 2007, p. 54.

74 *Monologe*, p. 225 (de 24/25 de janeiro de 1942).

75 Goebbels: *Tagebücher*, Parte I, vol. 3/II, p. 184 (de 15 de setembro de 1936).

76 Ibid., p. 151 (de 7 de agosto de 1936), 153 (de 9 de agosto de 1936): "*Führer* não se deixa dissuadir da convenção do partido. Oras, graças a Deus!"

77 Speer: *Spandauer Tagebücher*, p. 403 (de 28 de novembro de 1954). Sobre a necessidade de controle de Hitler no que tangia ao decorrer da convenção do partido, cf. também Urban: *Die Konsensfabrik*, p. 151-158.

78 François-Poncet: *Als Botschafter in Berlin*, p. 273. Cf. também o relato de François-Poncet da convenção do partido de 1935, 19 de setembro de 1935; Bajohr/Strupp (org.): *Fremde Blicke auf das "Dritte Reich"*, p. 436 e seguinte.

79 Henderson: *Fehlschlag einer Mission*, p. 78 e seguinte.

80 Shirer: *Berliner Tagebuch*, p. 28 (de 10 de setembro de 1934).

81 Hamilton T. Burden: *Die programmierte Nation. Die Nürnberger Reichsparteitage*, Gütersloh, 1967, p. 212. Cf. Fromm: *Als Hitler mir die Hand küßte*, p. 206 (de 11 de setembro de 1934): "Essa reunião de massa é um veneno forte, atordoante. Nem todos os estrangeiros estão em condições de manter os pensamentos claros nesse espetáculo de ostentação avassalador".

82 *Deutschland-Berichte der Sopade*, 2º Ano, 1935, p. 1019. Cf. sobre as transmissões radiofônicas da convenção do partido, Urban: *Die Konsensfabrik*, p. 189-208; Reichel: *Der schöne Schein des Dritten Reiches*, p. 135.

83 Cf. Peter Zimmermann: "*Die Parteitagsfilme der NSDAP und Leni Riefenstahl*", em: Peter Zimmermann/Kay Hoffmann (org.): *Geschichte des dokumentarischen Films in Deutschland, vol. 3: 'Drittes Reich' 1933-1945*, Stuttgart, 2005, p. 511-513; Urban: *Die Konsensfabrik*, p. 208-211.

84 Cf. Wieland: *Dietrich & Riefenstahl*, p. 176-183, 294-296. A autora corrige a representação totalmente defensora nas "Memórias" de Leni Riefenstahl.

85 Goebbels: *Tagebücher*, Parte I, vol. 2/III, p. 188 (de 17 de maio de 1933), 205 (de 12 de junho de 1933), 254 (de 27 de agosto de 1933).

86 Cit. segundo Wieland: *Dietrich & Riefenstahl*, p. 298.

87 Cf. Speer: *Erinnerungen*, p. 71; Trimborn: *Riefenstahl*, p. 178-181; Wieland: *Dietrich & Riefenstahl*, p. 298-300.

88 Cf. Wieland: *Dietrich & Riefenstahl*, p. 301 e seguinte; sobre Walter Frentz, cf. Hans Georg Hiller von Gaertringen (org.): *Das Auge des Dritten Reiches. Hitlers Kameramann und Fotograf Walter Frentz*, Berlin, s/a (2006), p. 69 e seguinte.

89 Goebbels: *Tagebücher*, Parte I, vol. 2/III, p. 265 (de 11 de setembro de 1933).

90 Cf. Mario Leis: *Leni Riefenstahl*, Reinbek bei Hamburg, 2009, p. 64 e seguinte; Trimborn: *Riefenstahl*, p. 189 e seguinte; Stephan Dolezel/Martin Loiperdinger: "*Adolf Hitler in Partei-tagsfilmen und Wochenschau*", em: Martin Loiperdinger/Rudolf Herz/Ulrich Pohlmann (org.): *Führerbilder. Hitler, Mussolini, Roosevelt, Stalin in Fotografie und Film*, Munique, 1995, p. 84.

91 Cf. Leis: *Leni Riefenstahl*, p. 65 e seguinte; Trimborn: *Riefenstahl*, p. 196.

92 Goebbels: *Tagebücher*, Parte I, vol. 2/III, p. 325 (de 29 de novembro de 1935).

93 Cit. segundo Wieland: *Dietrich & Riefenstahl*, p. 307. Cf. Goebbels: *Tagebücher*, Parte I, vol. 2/III, p. 328 (de 2 de dezembro de 1933): "Sob júbilo interminável, essa sinfonia de imagens chega ao fim".

94 Goebbels: *Tagebücher*, Parte I, vol. 2/III, p. 340 (de 19 de dezembro de 1933).

95 Rainer Rother: *Leni Riefenstahl. Die Verführung des Talents*, Berlin, 2000, p. 60; Zimmermann: *Die Parteitagsfilme der* NSDAP, p. 515.

96 Cf. Trimborn: *Riefenstahl*, p. 192; Urban: *Die Konsensfabrik*, p. 214.

97 Cf. Trimborn: *Riefenstahl*, p. 194 et seq.; Leis: *Leni Riefenstahl*, p. 67 e seguinte.

98 Cf. Martin Loiperdinger: *Der Parteitagsfilm "Triumph des Willens" von Leni Riefenstahl*, Opladen, 1987, p. 45.

99 Cf. Trimborn: *Riefenstahl*, p. 212, 215; Leis: *Leni Riefenstahl*, p. 70 e seguinte.

100 Cf. Loiperdinger: *Der Parteitagsfilm "Triumph des Willens"*, p. 61-64; Leis: *Leni Riefenstahl*, p. 72 e seguinte.

101 Cf. Loiperdinger: *Der Parteitagsfilm "Triumph des Willens"*, p. 68-72; Leis: *Leni Riefenstahl*, p. 74 e seguinte; Wieland: *Dietrich & Riefenstahl*, p. 319-321; Rother: *Leni Riefenstahl*, p. 75; Zimmermann: *Die Parteitagsfilme der* NSDAP, p. 519 e seguinte; Philipp Stasny: "*Vom Himmel hoch. Adolf Hitler und die 'Volksgemeinschaft' in 'Triumph des Willens'*, in: Thamer/Erpel: *Hitler und die Deutschen*, p. 86. Uma análise completa da cena de entrada e das conotações religiosas em Kristina Oberwinter: "*Bewegende Bilder". Repräsentation und Produktion von Emotionen in Leni Eiefenstahls "Triumph des Willens"*, Berlin, 2007, p. 35-49, 144-154.

102 Goebbels: *Tagebücher*, Parte I, vol. 2/III, p. 140 (de 22 de novembro de 1934), 206 (de 26 de março de 1935). Hitler assistiu às provas do filme aparentemente pela primeira vez em 5 de março de 1935. Wilhelm Brückner anotou sob essa data: "Leni Riefenstahl. Garota esperta! Filme." Caderno de notas de W. Brückners de 1935; BA Berlin-Lichterfelde NS 26/1206.

103 Cf. Trimborn: *Riefenstahl*, p. 221 e seguinte; Wieland: *Dietrich & Riefenstahl*, p. 324; Oberwinter: "*Bewegende Bilder*", p. 178. Segundo descrição de Leni Riefenstahl (*Memoiren*, p. 232), ela teve uma "fraqueza".

104 Fac-símile do artigo em Loiperdinger: *Der Parteitagsfilm "Triumph des Willens"*, p. 48.

105 Cit. segundo Oberwinter: *"Bewegende Bilder"*, p. 180. Leni Riefenstahl agradeceu a Hitler com um telegrama: "[...] essa grande distinção me dará forças pelo senhor, meu *Führer*, e para criar para o senhor sua nova grande obra." Cit. segundo Wieland: *Dietrich & Riefenstahl*, p. 325.

106 Segundo Erwin Leiser: *"Deutschland erwache!" Propaganda im Film des Dritten Reiches*, Reinbek bei Hamburgo, 1978, p. 30. Cf. Reichel: *Der schöne Schein des Dritten Reiches*, p. 138.

107 Cf. também Herz: *Hoffmann & Hitler*, p. 225-259.

108 Cf. Leis: *Leni Riefenstahl*, p. 76; Urban: *Die Konsensfabrik*, p. 219 e seguinte.

109 Cf. Hans-Ulrich Thamer: *"Nation als Volksgemeinschaft. Völkische Vorstellungen, Nationalsozialismus und Gemeinschaftsideologie"*, in: Jörg-Dieter Gauger/Klaus Weigelt (org.): *Soziales Denken in Deutschland zwischen Tradition und Innovation*, Bonn, 1990, p. 113; Thomas Rohkrämer: *Die fatale Attraktion des Nationalsozialismus. Über die Popularität eines Unrechtsregimes*, Paderborn, 2013, p. 178 e seguinte; cf. sobre preparativos das apresentações da "comunidade do povo" na República de Weimar, Michael Wildt: *"Die Ungleichheit des Volkes. "Volksgemeinschaft" in der politischen Kommunikation der Weimarer Republik"*, em: Frank Bajohr/Michael Wildt (org.) *Volksgemeinschaft. Neue Forschungen zur Gesellschaft des Nationalsozialismus*, Frankfurt am Main, 2009, p. 24-40.

110 Citação na sequência Domarus: *Hitler*, vol. I,1, p. 192, 212, 227, 231, 260.

111 Ibid., p. 350.

112 Cf. Thamer: *Nation als Volksgemeinschaft*, p. 123; Zitelmann: *Hitler. Selbstverständnis eines Revolutionärs*, p. 205 e seguinte, 208 e seguinte. Sobre a imprecisão da terminologia de Hitler, cf. também Norbert Frei: *"'Volksgemeinschaft'. Erfahrungsgeschichte und Lebenswirklichkeit der Hitler-Zeit"*, em: ibid: *1945 und wir. Das Dritte Reich im Bewusstsein der Deutschen*, Munique, 2005, p. 110-112.

113 Domarus: *Hitler*, vol. I,1, p. 206.

114 Ibid., p. 267.

115 Cf. Thamer: *Verführung und Gewalt*, p. 499; Evans: *Das Dritte Reich*, vol. II, 2, p. 558 e seguinte.

116 Reichel: *Der schöne Schein des Dritten Reiches*, p. 235. Cf. também Schneider: *Unterm Hakenkreuz*, p. 225-227.

117 Cit. *in Deutschland-Berichte der Sopade*, 6º Ano, 1939, p. 463. Cf. Evans: *Das Dritte Reich*, vol. II,2, p. 565.

118 *Deutschland-Berichte der Sopade*, 5º Ano, 1938, p. 158.

119 Números segundo Wolfgang König: *Volkswagen, Volksempfänger, Volksgemeinschaft. "Volksprodukte" im Dritten Reich: Vom Scheitern einer nationalsozialistischen Konsumgesellschaft*, Paderborn, 2004, p. 192, 194.

120 *Monologe*, p. 65 (de 22 a 23 de setembro de 1941).

121 Cit. segundo Schildt: *"Jenseits der Politik?"*, em: *Hamburg im "Dritten Reich"*, p. 284. Cf. Hasso Spode: *"'Der deutsche Arbeiter reist'. Massentourismus im Dritten Reich"*, in: Gerhard

Huck (org.): *Sozialgeschichte der Freizeit. Untersuchungen zum Wandel der Alltagskultur in Deutschland*, Wuppertal, 1980, p. 281-306.

122 Goebbels: *Tagebücher*, Parte I, vol. 3/II, p. 64 (de 19 de abril de 1936). Em seus monólogos no quartel-general do *Führer*, Hitler anunciou: "Todo trabalhador terá suas férias no futuro, alguns dias que pertencerão totalmente a ele, e uma até duas vezes na vida todos poderão fazer também sua viagem marítima." *Monologe*, p. 73 (de 27/28 de setembro de 1941).

123 Cf. König: *Volkswagen, Volksempfänger, Volksgemeinschaft*, p. 203-205; Thamer: *Verführung und Gewalt*, p. 501; Evans: *Das Dritte Reich*, vol. II,2, p. 571.

124 Cf. *Deutschland-Berichte der Sopade*, 2º Ano, 1935, p. 845 e seguinte; 3º Ano, 1936, p. 882 e seguinte, 884 e seguinte; 6º Ano, 1939, p. 474.

125 Ibid., 1º Ano, 1934, p. 523.

126 Ibid., 5º Ano, 1938, p. 172. Cf. ibid., 6º Ano, 1939, p. 478: Hitler "criou a instituição extraordinária das viagens de KdF", declaravam também os trabalhadores, que ainda não participaram de nenhuma viagem.

127 Ibid., 2º Ano, 1935, p. 1456.

128 Cf. Jürgen Rostock/Franz Zadnicek: *Paradiesruinen. Das KdF-Seebad der Zwanzigtausend auf Rügen*, Berlim, 1995; ademais König: *Volkswagen, Volksempfänger, Volksgemeinschaft*, p. 208-215; Evans: *Das Dritte Reich*, vol. II, 2, p. 569 e seguinte.

129 Cit. segundo König: *Volkswagen, Volksempfänger, Volksgemeinschaft*, p. 209. Já em julho de 1935, Hitler conversou com Goebbels sobre o plano de um "grande balneário de trabalhadores em uma ilha do mar do Norte": "Dez mil camas. Quinze milhões. Vamos conseguir. Nós dois somos fogo e gordura." Goebbels: *Tagebücher*, Parte I, vol. 3/I, p. 262 (de 15 de julho de 1935).

130 *Deutschland-Berichte der Sopade*, 6º Ano, 1939, p. 469.

131 Cf. König: *Volkswagen, Volksempfänger, Volksgemeinschaft*, p. 18 e seguinte; além disso, Hans-Werner Niemann: "'*Volksgemeinschaft' als Konsumgemeinschaft?*", em: Detlef Schmiechen-Ackermann (org.): '*Volksgemeinschaft': Mythos, wirkungsmächtige soziale Verheißung oder soziale realität im 'Dritten Reich'? Zwischenbilanz einer Kontroverse*, Paderborn, 2012, p. 87-109.

132 Cf. em detalhes Rüdiger Hachtmann: *Industriearbeit im "Dritten Reich". Untersuchungen zu den Lohn- und Arbeitsbedingungen in Deutschland 1933-1945*, Gotinga, 1989; idem: "*Lebenshaltungskosten und realeinkommen während des 'Dritten Reiches'*", em: *Vierteljahrsschrift für Sozial- und Wirtschaftsgeschichte*, vol. 75, 1988, p. 32-73; Tooze: *Ökonomie der Zerstörung*, p. 174 e seguinte.

133 Cf. Aly: *Hitlers Volksstaat*, p. 36 e seguinte, 49 e seguinte; sobre crítica, cf. Rüdiger Hachtmann: *Öffentlichkeitswirksame Knallfrösche. Anmerkungen zu Götz Alys 'Volksstaat'*", em: *Sozial.Geschichte. Zeitschrift für historische Analyse des 20. und 21. Jahrhunderts*. N.F., 20º Ano, 2005, p. 46-66.

134 Cf. König: *Volkswagen, Volksempfänger, Volksgemeinschaft*, p. 33 e seguinte.

135   Cf. ibid., p. 82 e seguinte; Tooze: *Ökonomie der Zerstörug*, p. 182, fala sobre um "verdadeiro produto da conjuntura dos anos 1930".

136   Goebbels: Tagebücher, Parte I, vol. 2/III, p. 264 (de 9 de setembro de 1933). Cf. ibid., vol. 3/II, p. 330 (de 16 de janeiro de 1937): "Menos peças de teatro e palestras, e mais música e entretenimento. Tendência geral: afrouxar!".

137   *Monologe*, p. 275 (de 9 de fevereiro de 1942).

138   Goebbels: *Tagebücher*, Parte I, vol. 2/III, p. 251 (de 23 de agosto de 1933), vol. 3/I, p. 155 (de 19 de dezembro de 1934), 181 (de 8 de fevereiro de 1935), 222 (de 25 de abril de 1935); vol. 6, p. 35 (de 6 de agosto de 1938).

139   Cit. segundo König: *Volkswagen, Volksempfänger, Volksgemeinschaft*, p. 103.

140   Domarus: *Hitler*, vol. I, 1, p. 370.

141   Mommsen/Grieger: *Das Volkswagenwerk*, p. 60.

142   Domarus: *Hitler*, vol. I,2, p. 577. Cf. Goebbels: *Tagebücher*, Parte I, vol. 3/I, p. 380 (de 17 de fevereiro de 1936): "*Führer* faz um discurso maravilhoso. Exigência do *Volkswagen*. Argumentação brilhante". Sobre F. Porsche e sua relação com Hitler, cf. Mommsen/Grieger: *Das Volkswagenwerk*, p. 71 e seguinte; Tooze: *Ökonomie der Zerstörung*, p. 186-188.

143   Cf. Mommsen/Grieger: *Das Volkswagenwerk*, p. 117 e seguinte, 133 e seguinte.

144   Domarus: *Hitler*, vol. I, 2, p. 867 e seguinte. Já em janeiro de 1937, Hitler falou com Goebbels sobre a construção de uma "fábrica gigantesca para os *Volkswagen*". "Também seg. cidade-modelo para um grande projeto. O *Führer* está cheio de entusiasmo." Goebbels: *Tagebücher*, Parte I, vol. 3/II, p. 327 (de 13 de janeiro de 1937).

145   *Deutschland-Berichte der Sopade*, 6º Ano, 1939, p. 488. Cf. ibid., p. 490.

146   Cf. Mommsen/Grieger: *Das Volkswagenwerk*, p. 189-201; König: *Volkswagen, Volksempfänger, Volksgemeinschaft*, p. 178-181; Tooze: *Ökonomie der Zerstörung*, p. 190 e seguinte.

147   Cf. Florian Tennstedt: "*Wohltat und Interesse. Das Winterhilfswerk des Deutschen Volkes: Die Weimarer Vorgeschichte und ihre Instrumentalisierung durch das NS-Regime*", in: *Geschichte und Gesellschaft*, 13º Ano (1987), p. 157-180.

148   Domarus: *Hitler*, vol. I, 1, p. 300 e seguinte.

149   Goebbels: *Tagebücher*, Parte I, vol. 2/III, p. 267 (de 14 de setembro de 1933).

150   Domarus: *Hitler*, vol. I, 2, p. 742.

151   Goebbels: *Tagebücher*, Parte I, vol. 3/I, p. 151 (de 10 de dezembro de 1934). Cf. ibid., p. 343 (de 9 de dezembro de 1935), vol. 3/II, p. 280 (de 7 de dezembro de 1936).

152   Domarus: *Hitler*, vol. I,2, p. 545.

153   Speer: *Erinnerungen*, p. 134.

154   Herwart Vorländer: *Die NSV. Darstellung und Dokumentation einer national sozialistischen Organisation*, Boppard am Rhein, 1988, p. 50 (impressão da carta ibid., p. 230).

155   *Deutschland-Berichte der Sopade*, 2º Ano, 1935, p. 1422, 5º Ano, 1938, p. 77.

156   Cf. Vorländer: *Die NSV*, p. 53.

157   Cit. segundo Zitelmann: *Hitler. Selbstverständnis eines Revolutionärs*, p. 132. Também p. 122 e seguinte. Inúmeros outros títulos de Hitler já na época antes de 1933.

158 Domarus: *Hitler*, V. I, 1, p. 373 (de 25 de março de 1934).

159 Goebbels: *Tagebücher*, Parte I, vol. 3/II, p. 318 (de 6 de janeiro de 1937).

160 Citação na sequência: *Monologe*, p. 72 (de 27/28 de setembro de 1941), 114 (de 29 de outubro de 1941), 120 (de 1 e 2 de novembro de 1941), 290 (de 22 de fevereiro de 1942).

161 Sobre o debate de muitos anos sobre modernidade e mobilidade ascendente no nacional-socialismo, que o livro de David Schoenbaum, *Die braune Revolution (eine Sozialgeschichte des Dritten Reiches*, Colônia, 1968) inflamou, cf. resumo em Wildt: *Geschichte des Nationalsozialismus*, p. 106-109. Também Wehler: *Deutsche Gesellschaftsgeschichte*, vol. IV, p. 686-688, 771-773.

162 Cf. Zitelmann: *Hitler. Selbstverständnis eines Revolutionärs*, p. 38, 489-496.

163 Frei: "*Volksgemeinschaft*", p. 114 e seguinte; cf. Rolf Pohl: "*Das Konstrukt 'Volksgemeinschaft' als Mittel zur erzeugung von Massenloyalität im Nationalsozialismus*", in: Schmiechen-Ackermann (org.) '*Volksgemeinschaft*', p. 69-84.

164 Segundo Bajohr/Wildt (org.): *Volksgemeinschaft*, p. 8. Crítica a ela, Hans Mommsen: *Der Mythos der Volksgemeinschaft*, em: idem: *Zur Geschichte Deutschlands im 20. Jahrhundert*, Munique, 2010, p. 162-174. Diferenças em Ian Kershaw: "'*Volksgemeinschaft'. Potenzial und Grenzen eines neuen Forschungskonzepts*", in: *Vierteljahrshefte für Zeitgeschichte*, Ano 59 (2011), p. 1-17.

165 Hitler: *Mein Kampf*, p. 444-448.

166 Hitler: *Reden, Schriften, Anordnungen*, vol. III, 2, Doc. 64, p. 348, 353 (de 4 de agosto de 1929).

167 Cf. Gisela Bock: *Zwangssterilisation im Nationalsozialismud. Studien zur Rassenpolitik und Frauenpolitik*, Opladen, 1986, p. 28-76.

168 Cit. segundo Burleigh: *Die Zeit des Nationalsozialismus*, p. 103. Cf. Wehler: *Deutsche Gesellschaftsgeschichte*, vol. IV, p. 664-669; Wildt: *Geschichte des Nationalsozialismus*, p. 110 e seguinte.

169 Bock: *Zwangssterilisation*, p. 80.

170 *Die Regierung Hitler*, Parte I, 1, n° 193, p. 664 e seguinte.

171 Domarus: *Hitler*, vol. I, 1, p. 355.

172 Cf. Bock: *Zwangssterilisation*, p. 88, 182 e seguinte.

173 Ibid., p. 90.

174 Ibid., p. 230-233. Cf. Evans: *Das Dritte Reich*, vol. II, 2, p. 616.

175 Wehler: *Deutsche Gesellschaftsgeschichte*, vol. IV, p. 671; cf. Longerich: *Politik der Vernichtung*, p. 60 e seguinte.

176 Cf. também acima, p. 489-493.

177 *Die Regierung Hitler*, Parte I, 2, n° 222, p. 865 e seguinte. Em circular aos *Gauleiter*, de 12 de setembro de 1933, Martin Bormann exigiu: "Mais medidas contra o judaísmo além do que já existe devem ser absolutamente interrompidas por motivos políticos." *Die Verfolgung und Ermordung der europäischen Juden*, vol. 1, Doc. 76, p. 242.

178 Cf. Longerich: *Politik der Vernichtung*, p. 46-50.

179 Kulka/Jäckel (org.): *Die Juden in den geheimen Stimmungsberichten 1933-1945*, n° 32, p. 75 (constam também inúmeros outros documentos). Cf. sobre violência antissemita

no interior em 1933/34, Wildt: *Volksgemeinschaft als Selbstermächtigung*, p. 138 et seq.; Ahlheim: *"Deutsche kauft nicht bei Juden!"*, p. 318 e seguinte.

180   Cf. Wildt: *Volksgemeinschaft als Selbstermächtigung*, esp. p. 144, 172.

181   Kulka/Jäckel (org.): *Die Juden in den geheimen Stimmungsberichten 1933-1945*, nº 60, p. 100 e seguinte.

182   Cf. Wildt: *Volksgemeinschaft als Selbstermächtigung*, p. 225 e seguinte; cf. Alexandra Przyrembel: *'Rassenschande', Reinheitsmythos und Vernichtungslegitimation im National-sozialismus*, Gotinga, 2003.

183   Cit. segundo Wildt: *Volksgemeinschaft als Selbstermächtigung*, p. 192; cf. também Ahlheim: *"Deutsche kauft nicht bei Juden!"*, p. 366 e seguinte.

184   Cohn: *Kein recht, nirgends*, vol. 1, p. 259 (de 12 de agosto de 1935); cf. Klemperer: *Tage-bücher 1933-1941*, p. 192 (de 17 de abril de 1935); Rosenberg: *Tagebücher 1933-1937*, p. 264 e seguinte (de 4 de março de 1935), 282 (de 23 de março de 1935).

185   Fritz Wiedemann a Martin Bormann, 30 de abril de 1935; IfZ Munique, eD 9.

186   Cit. segundo Wildt: *Volksgemeinschaft als Selbstermächtigung*, p. 272.

187   Kulka/Jäckel (org.): *Die Juden in den geheimen Stimmungsberichten 1933-1945*, nº 122, p. 138.

188   Goebbels: *Tagebücher*, Parte I, vol. 3/I, p. 229 (de 9 de maio de 1935), 234 (de 19 de maio de 1935).

189   O ataque de 1º de julho de 1935; cit. segundo Longerich: *Politik der Vernichtung*, p. 86. Cf. também discurso de Goebbels de 11 de maio de 1934: "Eles devem se comportar na Alemanha como cabe aos convidados." *Die Verfolgung und Ermordnung der europäischen Juden*, vol. 1, Doc. 117, p. 338.

190   L. Weinmann ao ministro do Interior do *Reich*, 26 de maio de 1935; *Die Verfolgung und Ermordung der europäischen Juden*, vol. 1, Doc. 168, p. 440 e seguinte; cf. também o relatório da direção policial de Munique, de 17 de maio de 1935; Kulka/Jäckel (org.): *Die Juden in den geheimen Stimmungsberichten 1933-1945*, nº 121, p. 137. Também Wildt: *Volksgemeinschaft als Selbstermächtigung*, p. 199 e seguinte; Longerich: *Politik der Ver-nichtung*, p. 84; Friedländer: *Das Dritte Reich und die Juden*, vol. 1, p. 154 e seguinte.

191   Goebbels: *Tagebücher*, Parte I, vol. 3/I, p. 262 (de 15 de julho de 1935).

192   Cit. segundo Longerich: *Politik der Vernichtung*, p. 87.

193   *Neue Zürcher Zeitung*, de 16 de julho de 1935; *Die Verfolgung und Ermordung der europäis-chen Juden*, vol. 1, Doc. 176, p. 452. Cf. Goebbels: *Tagebücher*, Parte I, vol. 3/I, p. 263 (de 19 de julho de 1935); "Desordem no Kurfürstendamm, judeus espancados. Imprensa ruge 'Pogrom'." Sobre as "revoltas do Kurfürstendamm", cf. Longerich: *Politik der Ver-nichtung*, p. 86 e seguinte; Ahlheim: *"Deutsche kauft nicht bei Juden!"*, p. 387 e seguinte.

194   Klemperer: *Tagebücher 1933-1941*, p. 212 (de 11 de agosto de 1935).

195   Kulka/Jäckel (org.): *Die Juden in den geheimen Stimmungsberichten 1933-1945*, nº 133, p. 143.

196   Cf. Longerich: *Politik der Vernichtug*, p. 95.

197   Cf. ibid., p. 94.

198   Heydrich a Lammers, 16 de julho de 1935; Cit. segundo Werner Jochmann: *"Die deuts-che Bevölkerung und die nationalsozialistische Judenpolitik bis zur Verkündung der Nürnber-*

ger Gesetze", em: idem: *Gesellschaftskrise und Judenfeindschaft in Deutschland 1870-1945*, Hamburgo, 1988, p. 246.

199   Publ. em Michael Wildt (org.): *Die Judenpolitik des SD 1935 bis 1939. Eine Dokumentation*, Munique, 1995, Doc. 2, p. 69 e seguinte.

200   Kopper: *Hjalmar Schacht*, p. 277 e seguinte.

201   Ibid., p. 279 e seguinte; cf. Goebbels: *Tagebücher*, Parte I, vol. 3/I, p. 280 (de 21 de agosto de 1935): "Schacht fez um discurso provocador *à la* Papen (em) Königsberg".

202   *"Ministerbesprechung"* [Reunião com ministros], de 20 de agosto de 1935 (segundo o relatório encontrado no *Sonderarchiv* [arquivo especial] de Moscou do Serviço Secreto de Polícia); *Die Verfolgung und Ermordung der europäischen Juden*, vol. 1, Doc. 189, p. 471-478.

203   Heydrich aos participantes da reunião de chefes no Ministério da Economia do *Reich*, 9 de setembro de 1935; Wildt: *Die Judenpolitik des SD 1935-1939*, Doc. 3, p. 70-73.

204   Gerwarth: *Reinhard Heydrich*, p. 121.

205   A visão de que as leis de Nuremberg seriam aprovadas com melhorias remontam ao relato memorial redigido em 1950 por Bernhard Lösener: *"Das Reichsministerium des Innern und die Judengesetzgebung"*, em: *Vierteljahrshefte für Zeitgeschichte*, Ano 9, 1961, p. 262-313. Fonte crítica detalhada nesse sentido em Cornelia Essner: *Die "Nürnberger Gesetze" oder die Verwaltung des Rassenwahns 1933-1945*, Paderborn, 2002, p. 113-134. Cf. também Wildt: *Volksgemeinschaft als Selbstermächtigung*, p. 263.

206   Goebbels: *Tagebücher*, Parte I, vol. 3/I, p. 290 (de 9 de setembro de 1935). Cf. sobre o incidente de Nova York, David Bankier: *Die öffentliche Meinung im Hitler-Staat. Die "endlösung" und die Deutschen*, Berlim, 1995, p. 65 e seguinte.

207   Goebbels: *Tagebücher*, Parte I, vol. 3/I, p. 293 (de 15 de setembro de 1935).

208   Lösener: *Das Reichsministerium des Innern und die Judengesetzgebung*, p. 273.

209   Ibid., p. 209.

210   Goebbels: *Tagebücher*, Parte I, vol. 3/I, p. 294 (de 15 de setembro de 1935).

211   Lösener: *Das Reichsministerium des Innern und die Judengesetzgebung*, p. 276. Cf. Friedländer: *Das Dritte Reich und die Juden*, vol. 1, p. 165.

212   Texto das leis em *Die Verfolgung und Ermordnung der europäischen Juden*, vol. 1, Doc. 198/199, p. 492-494.

213   Domarus: *Hitler*, vol. I,2, p. 536 et seq.

214   Goebbels: *Tagebücher*, Parte I, vol. 3/I, p. 294 (de 17 de setembro de 1935).

215   *Die Verfolgung und Ermordung der europäischen Juden*, vol. 1, Doc. 202, p. 502. Segundo a lembrança de Fritz Wiedemanns, Hitler declarou, após a convenção do partido em Nuremberg de 1935, como objetivo de sua "política judaica": "retirada de todos os empregos, gueto, prisão em um território onde eles possam estar conforme sua espécie, enquanto o povo alemão assiste como se parecem os animais selvagens". *Stichwortartige Aufzeichnungen Wiedemanns*, de 25 de fevereiro de 1939; BA Koblenz, N 1720/4.

216   Cohn: *Kein recht, nirgends*, vol. 1, p. 276 (de 14 de setembro de 1935).

217   Klemperer: *Tagebücher 1933-1941*, p. 219 (de 17 de setembro de 1935).

218 Cit. segundo Peter Longerich: *"Davon haben wir nichts gewußt!" Die Deutschen und die Judenverfolgung 1933-1945*, Munique, 2006, p. 93.

219 Segundo o relatório situacional de Berlim e Koblenz, de setembro de 1935; cit. segundo Otto Dov Kulka: *"Die Nürnberger Rassegesetze und die deutsche Bevölkerung im Lichte geheimer SS-Lage- und Stimmungsberichte"*, em: *Vierteljahrshefte für Zeitgeschichte*, Ano 32, 1984, p. 602.

220 Ibid., p. 603.

221 *Deutschland-Berichte der Sopade*, 2º Ano, 1935, p. 1019.

222 Ibid., 3º Ano, 1936, p. 27. Cf. ibid., p. 24: "É opinião geral que existe uma "questão judaica".

223 Cf. Lösener: *Das Reichsministerium des Innern und die Judengesetzgebung*, p. 279 e seguinte.

224 Goebbels: *Tagebücher*, Parte I, vol. 3/I, p. 301 (de 1º de outubro de 1935).

225 Cf. Uwe Dietrich Adam: *Judenpolitik im Dritten Reich*, Königstein/Tp., 1979, p.138-140.

226 Goebbels: *Tagebücher*, Parte I, vol. 3/I, p. 324 (de 7 de novembro de 1935).

227 Texto em *Die Verfolgung und Ermordung der europäischen Juden*, vol. 1, Doc. 210, p. 521-523. Mais tarde, Stuckart gabou-se de "ainda" ter "arrancado alguns dentes venenosos" das Leis de Nuremberg. Schwerin von Krosigk a Hans Mommsen, 2 de julho de 1968; BA Koblenz, N 1276/23.

228 Goebbels: *Tagebücher*, Parte I, vol. 3/I, p. 329 (de 15 de novembro de 1935). Sobre a "concessão inconspícua" de 14 de novembro de 1935, cf. Essner: *Die "Nürnberger Gesetze"*, p. 171-173.

229 Cf. Adam: *Judenpolitik*, p. 142; Longerich: *Politik der Vernichtung*, p. 113; Kershaw: *Hitler*, vol. I, p. 719 e seguinte.

230 Cit. segundo Friedländer: *Das Dritte Reich und die Juden*, vol. 1, p. 133.

231 Gabriele Toepser-Ziegert (rev.): *NS-Presseanweisungen der Vorkriegszeit. Edition und Dokumentation. 1936*, vol. 4, 1, Munique, *et al.* 1993, p. 85 (de 27 de janeiro de 1936).

232 Goebbels: *Tagebücher*, Parte I, vol. 3/I, p. 376 (de 6 de fevereiro de 1936).

233 Cf. relatório da polícia bávara de 1 de março de 1936: "O assassinato do líder regional nacional-socialista Gustloff, em Davos, pelo judeu de Frankfurt não levou a excessos contra os judeus". Kulka/Jäckel (org.): *Die Juden in den geheimen Stimmungsberichten 1933-1945*, nº 204, p. 192.

234 Domarus: *Hitler*, vol. I, 2, S 574 e seguinte; cf. Goebbels: *Tagebücher*, Parte I, vol. 3/I, p. 379 (de 14 de fevereiro de 1936): "O *Führer* faz um discurso radical e duro contra os judeus. Bom assim. Transmitido também por todas as emissoras".

235 Arnd Krüger: *Die Olympischen Spiele 1936 und die Weltmeinung. ihre außenpolitische Bedeutung unter besonderer Berücksichtigung der USA*, Berlim, 1972, p. 31.

236 Lewald a Lammers, 16 de março de 1933; *Akten der Regierung Hitler*, Parte I, 1, nº 66, p. 234, Obs. 3.

237 Hitler a Lewald, 13 de novembro de 1934; Fac-símile *in* Reinhard Rürup (org.): *1936. Die Olympischen Spiele und der Nationalsozialismus*, Berlim, 1996, p. 51.

238 Goebbels: *Tagebücher*, Parte I, vol. 2/III, p. 358 (de 16 de janeiro de 1934). Cf. R. Heß aos pais, 18 de dezembro de 1935: "os Jogos Olímpicos apresentarão a maior impacto para a nova Alemanha." BA Bern, Nl Heß, J1.211-1989/148, 55. Em carta ao seu pai Fritz Heß, de 8 de junho de 1936, Rudolf Heß chamou a Olimpíada de "o primeiro grande espetáculo do novo *Reich*". BA Bern, Nl Heß, J1.211-1989/148, 57. Sobre as atividades de propaganda no ano olímpico e seus efeitos, cf. Ewald Grothe: *"Die Olympischen Spiele von 1936 – Höhepunkt der NS-Propaganda?"*, em: *Geschichte in Wissenschaft und Unterricht*, Ano 59 (2008), p. 291-307.

239 Lewald ao secretário de Estado Pfundtner, 5 de outubro de 1933, com anotação anexada sobre a visita de Hitler; *Die Regierung Hitler*, Parte I, 2, nº 226, p. 893-895. Cf. Goebbels: *Tagebücher*, Parte I, vol. 2/III, p. 289 (de 11 de outubro de 1933): "Na reunião de chefia sobre a Olimpíada. Instalações novas, grandiosas. Chefe, como sempre, generoso. Por isso o amo." Também *Hitlers Tischgespräche* [Conversas de mesa com Hitler], p. 216 e seguinte (de 12 de abril de 1942).

240 Cf. sobre os detalhes Wolfgang Schäche/Norbert Szymanski: *Das Reichssportfeld. Architektur im Spannungsfeld von Sport und Macht*, Berlim/Brandemburgo, 2001, p. 76-103.

241 Cf. Goebbels: *Tagebücher*, Parte I, vol. 3/I, p. 130 (de 2 de novembro de 1934): "Ele [Hitler] reclama sobre a reconstrução do estádio, que, com razão, considera insatisfatória".

242 Speer: *Erinnerungen*, p. 94; Fest: *Speer*, p. 81 e seguinte; sem críticas também Ian Kershaw: *Hitler, V. II: 1936-1945*, Stuttgart, 2000, p. 36. Cf. sobre crítica à descrição de Speer, Schäche/Szymanski: *Das Reichssportfeld*, p. 78-80; Armin Fuhrer: *Hitlers Spiele. Olympia 1936 in Berlin*, Berlim/Brandemburgo, 2011, p. 26 e seguinte.

243 Cit. segundo Krüger: *Die Olympischen Spiele 1936*, p. 46 e seguinte.

244 Cf. Fuhrer: *Hitlers Spiele*, p. 44-48; Alexander Emmerich: *Olympia 1936. Trügerischer Glanz eines mörderischen Systems*, Colônia, 2011, p. 150.

245 Sobre os ataques de imprensa a Lewald cf. Lewald a Lammers, 3 de abril de 1933; *Die Regierung Hitler*, Parte I, 1, nº 84, p. 284-286.

246 Cf. Fuhrer: *Hitlers Spiele*, p. 47 et seq.; Emmerich: *Olympia 1936*, p. 53.

247 Cit. segundo Guy Walters: *Berlin Games. How Hitler Stole the Olympic Dream*, Londres, 2006, p. 53.

248 Cf. Krüger: *Die Olympischen Spiele 1936*, p. 163-166.

249 Goebbels: *Tagebücher*, Parte I, vol. 3/I, p. 377 (de 8 de fevereiro de 1936).

250 Cf. Krüger: *Die Olympischen Spiele 1936*, p. 170; Fuhrer: *Hitlers Spiele*, p. 65 e seguinte.

251 Shirer: *Berliner Tagebuch*, p. 51 (de fevereiro de 1936); cf. Goebbels: *Tagebücher*, Parte I, vol. 3/I, p. 381 (de 17 de fevereiro de 1936): "Todos exaltam nossa organização. Foi mesmo esplêndida".

252 Goebbels: *Tagebücher*, Parte I, vol. 3/II, p. 138 (de 24 de julho de 1936), 143 (de 30 de julho de 1936). Cf. Shirer: *Berliner Tagebuch*, p. 67 (de 27 de julho de 1936): "Os nazistas superam-se em seus esforços para despertar uma impressão favorável nos visitantes estrangeiros".

253 Cf. B. Fromm: *Als Hitler mir die Hand küßte*, p. 248 (de 23 de julho de 1936); Large: *Berlin*, p. 280.

254 Cit. segundo Richard Mandell: *Hitlers Olympiade. Berlin 1936*, Munique, 1980, p. 134.

255 Cit. segundo Large: *Berlin*, p. 280.

256 Goebbels: *Tagebücher*, Parte I, vol. 3/II, p. 146 (de 18 de fevereiro de 1936).

257 Domarus: *Hitler*, vol. I, 2, p. 632.

258 Cf. Schäche/Szymanski: *Das Reichssportfeld*, p. 107 e seguinte; Fuhrer: *Hitlers Spiele*, p. 92f.

259 Goebbels: *Tagebücher*, Parte I, vol. 3/II, p. 146 (de 2 de agosto de 1936). Cf. Fuhrer: *Hitlers Spiele*, p. 93 e seguinte; François-Poncet: *Als Botschafter in Berlin*, p. 269.

260 Cf. Fuhrer: *Hitlers Spiele*, p. 94 e seguinte; Emmerich: *Olympia 1936*, p. 132 e seguinte.

261 Cit. segundo Walters: *Berlin Games*, p. 187.

262 Goebbels: *Tagebücher*, Parte I, vol. 3/II, p. 146 (de 2 de agosto de 1936).

263 M. Dodd: *Nice to meet you, Mr. Hitler!*, p. 234. Cf. também François-Poncet: *Als Botschafter in Berlin*, p. 270; B. Fromm: *Als Hitler mir die Hand küßte*, p. 249 (de 15 de agosto de 1936).

264 Cf. Mandell: *Hitlers Olympiade*, p. 203 e seguinte; Large: *Berlin*, p. 281 et seq.; Kershaw: *Hitler*, vol. II, p. 37 e seguinte.

265 Goebbels: *Tagebücher*, Parte I, vol. 3/II, p. 149 (de 5 de agosto de 1936).

266 Schirach: *Ich glaubte an Hitler*, p. 218. Cf. Speer: *Erinnerungen*, p. 86.

267 Frank: *Im Angesicht des Galgens*, p. 250; cf. Wiedemann: *Der Mann*, p. 209.

268 Goebbels: *Tagebücher*, Parte I, vol. 3/II, p. 147 (de 3 de agosto de 1936), 161 (de 17 de agosto de 1936).

269 Schmidt: *Statist auf diplomatischer Bühne*, p. 330.

270 François-Poncet: *Als Botschafter in Berlin*, p. 267.

271 Goebbels: *Tagebücher*, Parte I, vol. 3/II, p. 160 e seguinte (de 16 de agosto de 1936); cf. ibid., p. 158 (de 14 de agosto de 1936); Ribbentrop: *Zwischen London und Moskau*, p. 94 e seguinte.

272 Cf. Rürup (org.): *1936. Die Olympischen Spiele und der Nationalsozialismus*, p. 169-177; Fuhrer: *Hitlers Spiele*, p. 133-139.

273 Goebbels: *Tagebücher*, Parte I, vol. 5, p. 267 (de 21 de agosto de 1938). Sobre o filme da Olimpíada, cf. Rother: Leni Riefenstahl, p. 87-101; Wieland: *Dietrich & Riefenstahl*, p. 329-346; Leis: Leni Riefenstahl, p. 78-86; Fuhrer: *Hitlers Spiele*, p. 127-133.

274 Shirer: *Berliner Tagebuch*, p. 68 (de 16 de agosto de 1936). Sobre eco no exterior, cf. também Krüger: *Die Olympischen Spiele 1936*, p. 206-215; Large: *Berlin*, p. 280 e seguinte.

275 Cit. segundo Krüger: *Die Olympischen Spiele 1936*, p. 229.

276 Klemperer: *Tagebücher 1933-1941*, p. 291 e seguinte.

277 Domarus: *Hitler*, vol. I, 2, p. 638, 645 e seguinte Cf. Friedländer: *Das Dritte Reich und die Juden*, vol. I, p. 201.

278 Klemperer: *Tagebücher 1933-1942*, p. 305 (de 14 de setembro de 1936). Cf. Cohn: *Kein recht, nirgends*, vol. 1, p. 353 (de 11 de setembro de 1936); Thomas Mann: *Tagebücher*

1937-1939, p. 38 (de 10 de março de 1937): "Por que, meu Deus, esse servilismo perante a calamidade pública?"

Capítulo 17. Estilo de governo e arquitetura monumental

1 Delmer: *Die Deutschen und ich*, p. 182.

2 Cf. Dietrich: *12 Jahre mit Hitler*, p. 39, 249.

3 Cf. Schwerin von Krosigk: *Es geschah in Deutschland*, p. 199.

4 Afirmação de Lammers no "Processo da Wilhelmstraße", em 3 de setembro de 1948; Cit. segundo Dieter Rebentisch: "*Hitlers Reichskanzlei zwischen Politik und Verwaltung*", em: idem/Karl Teppe (org.): *Verwaltung contra Menschenführung im Staat Hitlers*, Gotinga, 1986, p. 68. Cf. também declaração solene de Wilhelm Brückner, junho de 1954: Hitler queria um homem "que não fosse de antemão carregado com as intrigas do partido, mas que também tivesse a mostrar uma medida das mais elevadas em qualidades jurídicas para o cargo". IfZ Munique, eD 100/43.

5 Hoßbach: *Zwischen Wehrmacht und Hitler*, p. 43.

6 Speer: *Erinnerungen*, p. 48.

7 Wiedemann: *Der Mann*, p. 60 et seq.

8 Krause: *Zehn Jahre Kammerdiener*, p. 22. De uma "vida de viagens ininterruptas", Otto Dietrich falou no interrogatório de 26 de maio de 1947; LfZ Munique, zs 874. Cf. Dietrich: *12 Jahre mit Hitler*, p. 161. Sobre a "mania de viagens" de Hitler, cf. Fest: *Hitler*, p. 612, 737; Steinert: *Hitler*, p. 123.

9 Speer: *Erinnerungen*, p. 59. Cf. *Stichwortartige Aufzeichnungen Wiedemanns*, de 25 de fevereiro de 1939: "Quando vinha de Berlim para Munique, a primeira visita era ao ateliê de Troost, em seguida à residência, em seguida refeição na Osteria, depois no escritório da Secretaria do Interior Báv(aro)". BA Koblenz, N 1720/4. Sobre a rotina diária estereotipada de Hitler durante sua visita a Munique, cf. também anotações diárias de Max Wünsche, de 18 e 25 de junho e 2, 6 e 21 de julho de 1938; BA Berlin-Lichterfelde, NS 10/125; Dietrich: *12 Jahre mit Hitler*, p. 200-202.

10 Cf. Hans Wilderotter: *Alltag der Macht. Berlin Wilhelmstraße*, Berlim, 1998, p. 74.

11 Goebbels: *Tagebücher*, Parte I, vol. 2/III, p. 360 (de 22 de janeiro de 1934). Cf. Nüßlein: *Paul Ludwig Troost*, p. 67 e seguinte; sobre o funeral estatal de 24 de janeiro de 1934, ibid., p. 160 e seguinte. Ainda em setembro de 1941, Hitler descreveu Troost como "o maior arquiteto de nosso tempo". Relatos de Werner Koeppen, p. 1 (de 6 de setembro de 1941).

12 Cf. Fest: *Speer*, p. 21-50.

13 Speer: *Erinnerungen*, p. 43. Cf. Fest: *Speer*, p. 52.

14 Cf. Below: *Als Hitlers Adjutant*, p. 28; Krause: *Zehn Jahre Kammerdiener*, p. 34 e seguinte; Schroeder: *Er war mein Chef*, p. 59-61; Rochus Misch: *Der letzte Zeuge. "Ich war Hitlers Telefonist, Kurier und Leibwächter"*, Zurique e Munique, 2008, p. 73-77; Steinert: *Hitler*, p. 325 e seguinte.

15 Cf. anotações de Karl Brandt sobre Wihelm Brückner e Julius Schaub (20 de setembro de 1945); BA Koblenz, N 1128/33; Below: *Als Hitlers Adjutant*, p. 29 e seguinte, 71, 90;

Schroeder: *Er war mein Chef*, p. 37, 42, 44 e seguinte., 46, 53 e seguinte; Krause: *Zehn Jahre Kammerdiener*, p. 23-27; Linge: *Bis zum Untergang*, p. 24 e seguinte; Hanfstaengl: *Zwischen Weißem und Braunem Haus*, p. 309 e seguinte; Rose: *Julius Schaub*, p. 21, 51.

16 Linge: *Bis zum Untergang*, p. 59.

17 A lista de presentes para os anos de 1935/36 está publ. em Joachimsthaler: *Hitlers Liste*, p. 12-15. As cartas de agradecimento pelas flores de virada do ano de 1934 (*et al.* de Victoria von Dirksen, Margarete Frick, Cornelia Popitz) em BA Berlin-Lichterfelde, NS 10/123. Cf. sobre a alegria de presentear de Hitler, Schroeder: *Er war mein chef*, p. 55 e seguinte; Dietrich: *12 Jahre mit Hitler*, p. 197.

18 Goebbels: *Tagebücher*, Parte I, vol. 3/II, p.85 (de 17 de maio de 1936). Cf. ibid., p. 85 (de 18 de maio de 1936): "*Führer* às vezes muito ausente. Ele sofre muito." No enterro de Schreck, em Munique-Gräfelding, em 19 de maio de 1936, Hitler participou, e ele cuida da lápide. Cf. BA Berlin-Lichterfelde, NS 10/121. Cf. sobre enterro de Schreck também a nota de Hanfstaengls: "A. H. de boina como um gato de botas, ao redor dele o tumulto idiota dos *Gauleiter*, oficiais e demais tatus amarronzados. Desolador! Um punhado de gângsteres". BSB Munique, Nl Hanfstaengl Ana 405, Caixa 27.

19 Hoßbach: *Zwischen Wehrmacht und Hitler*, p. 22. Cf. Schwerin von Krosigk: *Niederschrift zur Persönlichkeit Hitlers* (aprox. 1945): "Essa gentileza estranhamente repentina podia ser desencadeada de um acesso de fúria ou de uma severidade que surgia de aparição apavorante"; IfZ Munique, ZS 145, vol. 5.

20 Krause: *Zehn Jahre Kammerdiener*, p. 61.

21 Ibid., p. 27. Sobre o acima mencionado, cf. Schroeder: *Er war mein Chef*, p. 60, 83.

22 Wiedemann: *Der Mann*, p. 235 e seguinte; cf. sobre isso abaixo p. 824 e seguinte.

23 O motivo concreto foi: Hanfstaengl observou à mesa que ele havia mostrado muita coragem e bravura como civil interno nos Estados Unidos durante a Primeira Guerra Mundial como os soldados no *front*. Hitler e Goebbels decidiram então lhe dar uma lição. Hanfstaengl recebeu uma ordem selada, que ele deveria abrir apenas após a decolagem de um avião preparado para ele. Ela continha a instrução de que deveria voar para a Espanha e ser deixado sobre a "região da Espanha vermelha" para trabalhar como agente para Franco. Desesperado, Hanfstaengl pediu para que o piloto voltasse, mas aparentemente ele continuou o voo impassível. Por fim, o avião não pousou na Espanha, mas em um aeródromo próximo a Leipzig, e Hanfstaengl precisou admitir que havia sido vítima de uma piada macabra. Imediatamente, ele seguiu para a Suíça e de lá para Londres. Ali, ele respondeu em cartas conformes, em 23 de junho de 1937, as inúmeras cartas de felicitações e telegramas pelo seu 50º aniversário, em 11 de fevereiro de 1937; BSB Munique, Nl. Hanfstaengl Ana 405, Caixa 46. Na liderança nazista, temia-se que ele poderia vazar informações do círculo interno do poder, e tentou-se em vão convencê-lo a voltar. Cf. declarações sob juramento de Julius Schaub e Wilhelm Brückner, de agosto de 1949; IfZ Munique, eD 100/43; Speer: *Erinnerungen*, p. 141; Hanfstaengl: *Zwischen Weißem und Braunem Haus*, p. 362 e seguinte; Machtan: *Hitlers Geheimnis*, p. 343 e seguinte. Também Goebbels: *Tagebücher*, Parte I, vol. 3/II,

p. 368 (de 11 de fevereiro de 1937), vol. 4, p. 47 (de 12 de março de 1937), 53 (de 16 de março de 1937), 59 (de 20 de março de 1937), 91 (de 13 de abril de 1937), 97 (de 16 de abril de 1937), vol. 5, p. 105 (de 19 de janeiro de 1938). Cf. também a troca de cartas de Hanfstaengls com Lammers, Julius Streicher e Wilhelm Brückner, em dezembro de 1937, sobre o livro de Kurt Lüdecke, *I Knew Hitler*, que foi lançado em novembro de 1937, pela Charles Scribner em Nova York. Hanfstaengl associou aqui sua exigência de reabilitação por Hitler, com a ameaça de revelar coisas, caso não fosse atendido, que poderiam "não ser especialmente agradáveis a certas autoridades". BA Berlin-Lichterfelde, R 43 II/889b. Uma carta de ameaça manuscrita a Hitler, de 12 de fevereiro de 1939, em fac-símile em Machtan: *Hitlers Geheimnis*, p. 351-353. Ainda em agosto de 1939, Martin Bormann ofereceu a Hanfstaengl "em nome do *Führer*" uma "posição adequada" na sua volta e assumir todas as "obrigações financeiras" decorrentes do exílio. No entanto, Hanfstaengl não concordou com essa oferta; ele exigia uma carta de Hitler, na qual ele deveria assumir a "responsabilidade última" pela injustiça que lhe haviam feito, ao que o ditador não queria admitir. Bormann a Hanfstaengl, 15 de agosto de 1939, e resposta de Hanfstaengl, de 18 de agosto de 1939; BSB Munique, Nl Hanfstaengl, Ana 405, Caixa 40.

24   Cf. Krause: *Zehn Jahre Kammerdiener*, p. 12-14.

25   Cf. Speer: *Erinnerungen*, p. 47; Wilderotter: *Alltag der Macht*, p. 72; Kellerhoff: *Hitlers Berlin*, p. 110.

26   Dietrich: *Zwölf Jahre mit Hitler*, p. 152.

27   Cf. Wiedemann: *Der Mann*, p. 68; Hanfstaengl: *Zwischen Weißem und Braunem Haus*, p. 311; Dietrich: *12 Jahre mit Hitler*, p. 152.

28   Speer: *Erinnerungen*, p. 132; cf. Schirach: *Ich glaubte an Hitler*, p. 237.

29   Krause: *Zehn Jahre Kammerdiener*, p. 15.

30   Cf. Schwarz: *Geniewahn*, p. 138 e seguinte (consta também uma reprodução do quadro).

31   Segundo a descrição do secretário particular de Ribbentrop, Reinhard Spitzy: *So haben wir das Reich verspielt. Bekenntnisse eines Illegalen*, 2ª ed. melhorada, Munique/Viena, 1987, p. 125. Cf. Wilderotter: *Alltag der Macht*, p. 124.

32   Cf. Speer: *Erinnerungen*, p. 133; Dietrich: *12 Jahre mit Hitler*, p. 252 e seguinte; Hanfstaengl: *Zwischen Weißem und Braunem Haus*, p. 311 e seguinte; Wiedemann: *Aufzeichnung "Tägliches Leben"*; BA Koblenz, N 1720/4.

33   Speer: *Erinnerungen*, p. 133; cf. Eberle (org.): *Das Buch Hitler*, p. 51.

34   Dietrich: *12 Jahre mit Hitler*, p. 253. Embaixador Ulrich von Hassell anotou, após um almoço na Chancelaria do *Reich*, em julho de 1936: "Todos ficavam presos às suas palavras e falavam o que ele queria ouvir". *Römische Tagebücher*, p. 144 (de 26 de julho de 1936). Cf. *Stichwortartige Aufzeichnungen Wiedemanns*, de 25 de fevereiro de 1939: "Conversa à mesa: foi quase exclusivamente conduzida pelo *F[ührer]*, os outros ouviam e concordavam; qualquer contestação, mesmo quando objetivamente fundamentada, era praticamente impossível". BA Koblenz, N 1720/4.

35   Schlie (org.): *Albert Speer*, p. 39.

36 Cf. Speer: *Erinnerungen*, p. 138; Dietrich: *12 Jahre mit Hitler*, p. 253 e seguinte; Hanfstaengl: *Zwischen Weißem und Braunem Haus*, p. 318; Linge: *Bis zum Untergang*, p. 105, 120 e seguinte; Hoffmann: *Hitler wie ich ihn sah*, p. 170 e seguinte. Também Longerich: *Goebbels*, p. 255; Wilderotter: *Alltag der Macht*, p. 124 e seguinte.

37 Cf. Speer: *Erinnerungen*, p. 142; Schlie (org.): *Albert Speer*, p. 39; Krause: *Zehn Jahre Kammerdiener*, p. 16; Schroeder: *Er war mein Chef*, p. 74; Wiedemann: *Der Mann*, p. 69 e seguinte; Baur: *Ich flog Mächtige der Erde*, p. 98 e seguinte; Dietrich: *12 Jahre mit Hitler*, p. 248.

38 Cf. Krause: *Zehn Jahre Kammerdiener*, p. 19; Wiedemann: *Der Mann*, p. 77; Hanfstaengl: *Zwischen Weißem und Braunem Haus*, p. 334 e seguinte.; Baur: *Ich flog Mächtige der Erde*, p. 128 e seguinte.

39 Speer: *Erinnerungen*, p. 143; cf. Below: *Als Hitlers Adjutant*, p. 33; Krause: *Zehn Jahre Kammerdiener*, p. 19.

40 Cf. Krause: *Zehn Jahre Kammerdiener*, p. 19.

41 Speer: *Erinnerungen*, p. 143; cf. Below: *Als Hitlers Adjutant*, p. 33.

42 Krause: *Zehn Jahre Kammerdiener*, p. 20. Cf. p. ex. também anotações diárias de Max Wünsche, de 19 de junho de 1938 (21h): "O *Führer* considerou o filme *Capriccio* especialmente ruim (porcaria na máxima potência)". BA Berlin-Lichterfelde, NS 10/125. Sobre atores e atrizes de cinema preferidos de Hitler, cf. Speer: *Erinnerungen*, p. 49.

43 Cf. p. ex. Goebbels: *Tagebücher*, Parte I, vol. 2/III, p. 332 (de 7 de dezembro de 1933), 377 (de 24 de fevereiro de 1934), 384 (de 9 de março de 1934); vol. 3/I, p. 35 (de 16 e 18 de abril de 1934); p. 50 (de 19 de maio de 1934). Anotações diária de Max Wünsche, de 16 de junho de 1938: "Todas as vezes se informa ao Ministério da Propaganda quando o *Führer* viu um filme, além da opinião do *Führer*". BA Berlin-Lichterfelde, NS 10/125. As respostas dos ajudantes de ordens do *Führer* com as opiniões de Hitler para 1938, em BA Berlin-Lichterfelde, NS 10/44. Sobre as listas de 1936 com os filmes que o Ministério de Propaganda do *Reich* enviava quase diariamente para Schaub ou Wiedemann, cf. BA Berlin-Lichterfelde, NS 10/42.

44 Krause: *10 Jahre Kammerdiener*, p. 21; cf. *Wiedemann: Aufzeichnung "Tägliches Leben"*; BA Koblenz N 1740/4; Wiedemann: *Der Mann*, p. 78.

45 Krause: *Zehn Jahre Kammerdiener*, p. 49; Dr. Eduard Stadtler a Hitler, 13 de dezembro de 1933; BA Berlin-Lichterfelde, NS 10/120.

46 Cf. Hoßbach: *Zwischen Wehrmacht und Hitler*, p. 17; Krause: *Zehn Jahre Kammerdiener*, p. 21.

47 Cf. Baur: *Ich flog Mächtige der Erde*, p. 124, 127 e seguinte; Krause: *Zehn Jahre Kammerdiener*, p. 22; Hoßbach: *Zwischen Wehrmacht und Hitler*, p. 18; Below: *Als Hitlers Adjutant*, p. 39 et seq.; Schroeder: *Er war mein Chef*, p. 89, 345 e seguinte; Wiedemann: *Der Mann*, p. 75 e seguinte.

48 Dietrich: *12 Jahre mit Hitler*, p. 162; cf. Anot. Fritz Wiedemanns (s/d): "É uma ilusão ridícula dizer que Hitler se deixava conduzir em suas decisões de alguma forma pela astrologia, horóscopo ou demais superstições. Ele detesta esse tipo de coisa". BA Koblenz, N 1720/4.

49   Cf. as contas dos hotéis Elephant, Dreesen, Deutscher Hof, Hospiz Baseler Hof, Hospiz Viktoria, Bube's Hotel Pension dos anos de 1931 e 1932, em BA Berlin-Lichterfelde, NS 26/2557. Também Dietrich: *12 Jahre mit Hitler*, p. 163, 177, 179, 180, 184, 191, 194.

50   Cf. ibid., p. 182 e seguinte; Krause: *Zehn Jahre Kammerdiener*, p. 22. Em circular aos órgãos superiores do *Reich* de 11 de março de 1936, o Ministério do *Reich* para Esclarecimento do Povo e da Propaganda instruiu que "não era permitido publicar nenhuma notícia na imprensa sobre viagens e participações do *Führer* em eventos". Anúncios deveriam acontecer apenas através do departamento de imprensa do governo do *Reich* e/ou pelo serviço de imprensa do NSDAP. BA Berlin-Lichterfelde,R 43 II/976e.

51   Dietrich: *12 Jahre mit Hitler*, p. 162.

52   Cf. Linge: *Bis zum Untergang*, p. 109; Krause: *Zehn Jahre Kammerdiener*, p. 29.

53   Dietrich: *12 Jahre mit Hitler*, p. 202.

54   Cf. ibid., p. 153, 251; Below: *Als Hitlers Adjutant*, p. 32 e seguinte; Steinert: *Hitler*, p. 326, 333; Kershaw: *Hitler*, V. II, p. 70 e seguinte Albert Speer falou em interrogatório de 1945 de uma "forma indeterminada de ordem". Schlie (org.): *Albert Speer*, p. 29.

55   Dietrich: *12 Jahre mit Hitler*, p. 253; cf. Frank: *Im Angesicht des Galgens*, p. 332 e seguinte.

56   Weizsäcker: *Erinnerungen*, p. 201 e seguinte; cf. *Stichwortartige Aufzeichnungen Wiedemanns* de 25 de fevereiro de 1939: "Receber decisões claras após uma apresentação longa o suficiente era muito difícil, quando não impossível". BA Koblenz, N 1720/4.

57   Cit. segundo Kershaw: *Hitler*, vol. I, p. 665.

58   Cf. ibid., p. 665-667. Richard Walter Darré falou em suas memórias de uma "Luta de todos contra todos", que manteria "as potências dinâmicas dos homens envolvidos em equilíbrio" e, com isso, também o domínio de Hitler estabilizado. Anotações 1945-1946, p. 58 e seguinte; IfZ Munique, eD 110, vol. 1.

59   *Deutschland-Berichte der Sopade*, 1º Ano, 1934, p. 356.

60   Cf. Hans Mommsen: "*Hitlers Stellung im nationalsozialistischen Herrschaftssystem*", em Gerhard Hirschfeld/Lothar Kettenacker (org.): *Der "Führerstaat": Mythos und Realität*, Stuttgart, 1981, p. 43-45.

61   Segundo Schon Haffner: *Germany: Jekyll & Hyde*, p. 36.

62   Karl Dietrich Bracher: *Zeitgeschichtliche Kontroversen. Um Faschismus, Totalitarismus, Demokratie*, Munique, 1976, p. 85.

63   *Monologe*, p. 82 (de 14 de outubro de 1941).

64   Cf. interrogatório de Otto Dietrich, de 20 de setembro de 1947; IfZ Munique, ZS 874; Dietrich: *12 Jahre mit Hitler*, p. 129: "Ele assumiu de forma coerente as ocupações duplas e distribuía missões de liderança sobrepostas sem qualquer limitação das áreas de responsabilidade".

65   Cf. Mommsen: *Hitlers Stellung*, p. 51; Thamer: *Verführung und Gewalt*, p. 340; resumo da discussão de pesquisas de longa data sobre a monocracia ou a policracia do sistema nazista, Wehler: *Deutsche Gesellschaftsgeschichte*, vol. IV, p. 623-626.

66   Cf. acima p. 541.

67   Cf. Krings: *Hitlers Pressechef*, p. 222 e seguinte.

68 Cf. também sobre o seguinte, Lothar Gruchmann: *"Die 'Reichsregierung' im Führerstaat. Stellung und Funktion des Kabinetts im nationalsozialistischen herrschaftssystem"*, em: Günter Doeker/Winfried Steffani (org.): *Klassenjustiz und Pluralismup. Festschrift für Ernst Fraenkel zum 75. Geburtstag*, Colônia, 1973, p. 187-223 (números p. 192). Também Broszat: *Der Staat Hitlers*, p. 350 e seguinte; *Akten der Reichskanzlei. Die Regierung Hitler*, vol. V: 1938. Rev. Friedrich Hartmannsgruber, Munique, 2008, p. XVI. Em novembro de 1938, Hitler declarou perante Lammers a intenção de convocar outra reunião de gabinete entre 10 e 15 de dezembro. Mas não resultou em nada. Lammers aos ministros do *Reich*, 26 de novembro de 1938; BA Berlin-Lichterfelde, NS 10/25.

69 Schwerin von Krosigk a Lennart Westberg, 24 de fevereiro de 1976; BA Koblenz, N 1276/36.

70 *"Ministerbesprechung"* [Reunião com ministros], de 30 de janeiro de 1937: *Akten der Reichskanzlei. Die Regierung Hitler*, vol. IV: 1937. Rev. Friedrich Hartmannsgruber, Munique, 2005, n° 23, p. 73 e seguinte; Goebbels: *Tagebücher*, Parte I, vol. 3/II, p. 353 (de 21 de janeiro de 1937).

71 Cf. Broszat: *Der Staat Hitlers*, p. 358 e seguinte; Ian Kershaw: *Hitlers Macht. Das Profil der NS-Herrschaft*. Munique, 1992, p. 148; Wilderotter: *Alltag der Macht*, p. 215 e seguinte.

72 Cf. Kershaw: *Hitlers Macht*, p. 149; Wilderotter: *Alltag der Macht*, p. 216-219; Wehler: *Deutsche Gesellschaftsgeschichte*, vol. IV, p. 633, 635.

73 Cf. Robert Ley: *"Gedanken um den Führer" (1945)*: "O *Führer* amava ter dois concorrentes para uma área. Ele estava convencido de que a questão seria apenas vantajosa". BA Koblenz, N 1468/4. Cf. também Albert Speer em interrogatório em 1945: "Tinha o antigo princípio da divisão do poder para dominar realizado à larga". Schlie (org.): *Albert Speer*, p. 34.

74 *Die Regierung Hitler*, Parte I /2, n° 254, p. 972; cf. Broszat: *Der Staat Hitlers*, p. 328-332.

75 Cf. sobre a Organização Todt Franz W. Seidler: *Die Organisation Todt. Bauen für Staat und Wehrmacht 1938-1945*, Bonn, 1998.

76 Cf. Humann: *"Arbeitsschlacht"*, p. 366-400; Broszat: *Der Staat Hitlers*, p. 332-334.

77 *Akten der Reichskanzlei. Die Regierung Hitler*, vol. III: 1936. Rev. Friedrich Hartmannsgruber, Munique, 2002, n° 72, p. 263; n° 87, p. 313; n° 97, p. 353 e seguinte.

78 Texto da lei, em Sösemann: *Propaganda*, vol. 1, n° 373, p. 445; também *Die Regierung Hitler*, vol. III, n° 194, p. 732; Broszat: *Der Staat Hitlers*, p. 334-336.

79 Broszat: *Der Staat Hitlers*, p. 336.

80 Cf. Longerich: *Heinrich Himmler*, p. 165-178; Gerwarth: *Reinhard Heydrich*, p. 95, 100-102.

81 Cf. Broszat: *Hitlers Staat*, p. 337-340; Kershaw: *Hitlers Macht*, p. 112 e seguinte; Frei: *Der Führerstaat*, p. 139.

82 Cf. Longerich: *Heinrich Himmler*, p. 207-209; Gerwarth: *Reinhard Heydrich*, p. 113; Broszat: *Der Staat Hitlers*, p. 341-343; Frei: *Der Führerstaat*, p. 139 e seguinte.

83 Segundo Gerwarth: *Reinhard Heydrich*, p. 113.

84 Cit. segundo Herbert: *Best*, p. 164. Sobre o acima mencionado, cf. Longerich: *Heinrich Himmler*, p. 213.

85 Cf. Robert Gellateley: *Die Gestapo und die deutsche Gesellschaft. Die Durchsetzung der Rassenpolitik 1933-1945*, Paderborn, 1993; idem: *"'Allwissend und allgegenwärtig?' Entstehung, Funktion und Wandel des Gestapo-Mythos*, em: Gerhard Paul/Klaus-Michael Mallmann (org.): *Die Gestapo Mythos und Realität*, Darmstadt, 2003, p. 44-70.

86 Cf. Michael Wildt; *Generation des Unbedingten. Das Führungskorps des Reichssicherheithauptamtes*, Hamburgo, 2002, p. 251 e seguinte; Carsten Dams/Michael Stolle: *Die Gestapo. Herrschaft und Terror im Dritten Reich*, Munique, 2008, p. 28-31.

87 Kube: *Pour le mérite und Hakenkreuz*, p. 27, 52, 66.

88 "Decreto do *Führer*" de 7 de dezembro de 1934; ibid., p. 72. Sobre crítica de Hitler ao estilo de vida de Göring, cf. Goebbels: *Tagebücher*, Parte I, vol. 2/III, p. 232 (de 22 de julho de 1933), 269 (de 16 de setembro de 1933), 294 (de 19 de outubro de 1933), 299 (de 25 de outubro de 1933). Também Below: *Als Hitlers Adjutant*, p. 59 e seguinte.

89 Cf. Kube: *Pour le mérite und Hakenkreuz*, p. 54 e seguinte, 138.

90 Schacht a Blomberg, 24 de dezembro de 1935; Cit. segundo Tooze: *Ökonomie der Zerstörung*, p. 250.

91 Cf. ibid., p. 251; Kube: *Pour le mérite und Hakenkreuz*, p. 140 e seguinte; Kopper: *Hjalmar Schacht*, p. 266 e seguinte., 306.

92 Cf. Kube: *Pour le mérite und Hakenkreuz*, p. 142 e seguinte; Kopper: *Hjalmar Schacht*, p. 308.

93 Segundo comunicado de Göring a Krogmann; Carl Vincent Krogmann: *Es ging um Deutschlands Zukunft 1932-1939. Erlebtes täglich diktiert von dem früheren regierenden Bürgermeister in Hamburg*, Leoni am Starnberger See, 1976, p. 272 e seguinte.

94 Goebbels: *Tagebücher*, Parte I, vol. 3/II, p. 74 (de 3 de fevereiro de 1936); cf. também ibid., p. 73 (de 2 de maio de 1936): "*Führer* expressa-se com muita rispidez contra Schacht. Agora será controlado." Sobre a altercação ruidosa entre Hitler e Schacht em 1936, relata também Speer: *Erinnerungen*, p. 111.

95 *Ministerratsbesprechung* [reunião do conselho ministerial] com Göring, 12 de maio de 1936; *Die Regierung Hitler*, vol. III, nº 89, p. 317-324 (citação p. 318, 320). Cf. também Göring na reunião do conselho ministerial de 27 de maio de 1936: "Todas as medidas devem ser analisadas a partir do ponto de vista de uma guerra certa". Ibid., nº 93, p. 339-344 (citação p. 340).

96 Wilhelm Treue: "*Hitlers Denkschrift zum Vierjahresplan 1936*", in: *Vierteljahrshefte für Zeitgeschichte*, Ano 3 (1955), p. 184-210 (citação p. 210).

97 *Ministerratssitzung* [reunião do conselho ministerial] com Göring, 4 de setembro de 1936; *Die Regierung Hitler*, vol. III, nº 138, p. 500-504 (citação p. 503, 504). Wiedemann transmite a frase de Göring no fim de 1936: "Meu *Führer*, se entendo as coisas corretamente, uma grande guerra nos próximos cinco anos é inevitável. O senhor está de acordo se eu subordinar todas as minhas medidas a esse ponto de vista." Wiedemann: "*Einzelerinnerungen*". *Aufz. San Francisco*, 28 de março de 1939; BA Koblenz, N 1720/4.

98 Cf. Kube: *Pour le mérite und Hakenkreuz*, p. 157 e seguinte; Tooze: *Ökonomie der Zerstörung*, p. 266.

99 Goebbels: *Tagebücher*, Parte I , vol. 3/II, p. 252 (de 15 de novembro de 1936). O fato de Hitler hesitar com a desoneração de Schacht causava indignação do ministro da Propaganda: "Acredito que o *Führer* não vai chegar a dispensá-lo. Então, é isso". Ibid., vol. 4, p. 58 (de 19 de março de 1937). Em seu aniversário de sessenta anos, em 22 de janeiro de 1937, Schacht recebeu de Hitler um quadro caro de Spitzweg de presente. Ele agradeceu no dia seguinte em um telegrama efusivo: "Sob os muitos sinais da simpatia que recebi no dia de hoje, para mim a expressão de sua confiança foi motivo de grande honra e alegria". BA Berlin-Lichterfelde, NS 10/34.

100 Kopper: *Hjalmar Schacht*, p. 323; cf. Kube: *Pour le mérite und Hakenkreuz*, p. 189.

101 *Die Regierung Hitler*, vol. IV, nº 124, p. 454, Obs. 6. Sobre a fundação da *Reichswerke Hermann Göring* cf. Tooze: *Ökonomie der Zerstörung*, p. 275-282.

102 Cf. sobre conversa de 20 de janeiro de 1939, Schacht: *76 Jahre meines Lebens*, p. 495 e seguinte; Ulrich von Hassell: *Vom anderen Deutschland. Aus den nachgelassenen Tagebüchern 1938-1944*, Frankfurt am Main, 1964, p. 41 e seguinte. (de 25 de janeiro de 1939). Também Goebbels: *Tagebücher*, Parte I, vol. 6, p. 233 (de 20 de janeiro de 1939); Kopper: *Hjalmar Schacht*, p. 315-318.

103 Pedido da diretoria do *Reichsbank* a Hitler, 7 de janeiro de 1939; cit. segundo Kopper: *Hjalmar Schacht*, p. 326 e seguinte.

104 BA Berlin-Lichterfelde, NS 6/71; cf. Domarus: *Hitler*, vol. I, 1, p. 257. Hitler quis convocar originalmente Rudolf Heß para secretário de Estado – como homem de ligação entre o governo e o movimento nazista –, mas Heß declinou com a observação de que não queria participar da "grande corrida por corpos admnistrativos e honrarias", mas liderar com um bom exemplo. R. Heß a Fritz Heß, 19 de abril de 1933; BA Bern, Nl Heß, J1.211-1989/148, 51. O intrigante Martin Bormann expressou, em um carta a Ilse Heß de 22 de abril de 1933, sua alegria pela nomeação de Heß: "O chefe sempre escolhe o correto!" Porém, ela não deveria contar ao marido, pois ele queria evitar qualquer "aparência de adulação". BA Bern, Nl heß, J1.121-1993/300, Caixa 2.

105 Cf. Peter Longerich: *Hitlers Stellvertreter. Führung der Partei und Kontrolle des Staatsapparats durch den Stab Heß und die Partei-Kanzlei Bormanns*, Munique et al., 1992, p. 8; Peter Diehl-Thiele: *Partei und Staat im Dritten Reich. Untersuchungen zum Verhältnis von* NSDAP *und allgemeiner Staatsverwaltung. Studienausgabe*, Munique, 1971, p. 208.

106 Cf. Longerich: *Hitlers Stellvertreter*, p. 10 e seguinte; Diehl-Thiele: *Partei und Staat im Dritten Reich*, p. 208 e seguinte Sobre biografia de Martin Bormann cf. Jochen von Lang: *Der Sekretär. Martin Bormann: Der Mann, der Hitler beherrschte*, 3ª ed. rev., Munique-Berlim 1987; Volker Koop: *Martin Bormann. Hitlers Vollstrecker*, Viena/Colônia/Weimar, 2012.

107 Sobre os conflitos de competência entre Heß/Bormann e Ley, cf. Longerich: *Der Stellvertreter des Führers*, p. 14-16; Diehl-Thiele: *Partei und Staat im Dritten Reich*, p. 209-212.

108 Ley a Heß, 20 de junho de 1939; cit. segundo Diehl-Thiele: *Staat und Partei im Dritten Reich*, p. 237 e seguinte.

109 Bormann a Ley, 17 de agosto de 1939; cit. segundo ibid., p. 240.

110 Texto da lei de 1º de dezembro de 1933 em Sösemann: *Propaganda* vol. I, nº 119, p. 167.

111 Cit. segundo Diehl-Thiele: *Partei und Staat im Dritten Reich*, p. 20.

112 Cf. Longerich: *Hitlers Stellvertreter*, p. 18-20; Diehl-Thiele: *Partei und Staat im Dritten Reich*, p. 231-234.

113 Cf. Diehl-Thiele: *Partei und Staat im Dritten Reich*, p. 42-44. Texto da lei de 7 de abril de 1933 em Sösemann: *Propaganda* vol. I, nº 74, p. 119.

114 Texto da lei de 30 de janeiro de 1934 em ibid., nº 138, p. 197. Cf. Diehl-Thiele: *Partei und Staat im Dritten Reich*, p. 61; Broszat: *Der Staat Hitlers*, p. 151.

115 Frick a Lammers, 4 de junho de 1934; Lammers a Frick, 27 de junho de 1934; Cit. segundo Diehl-Thiele: *Partei und Staat im Dritten Reich*, p. 69; cf. Broszat: *Der Staat Hitlers*, p. 152 e seguinte.

116 Cf. Diehl-Thiele: *Staat und Partei im Dritten Reich*, p. 70-73; Broszat: *Der Staat Hitlers*, p. 157. Texto da lei de 30 de janeiro de 1935 em Sösemann: *Propaganda* vol. I, nº 234, p. 297 e seguinte.

117 *Die Regierung Hitler*, vol. IV, nº 21, p. 68. Cf. Broszat: *Der Staat Hitlers*, p. 361.

118 *Monologe*, p. 50 (de 1/2 de agosto de 1941). Sobre aversão de Hitler a juristas, cf. p. ex. Goebbels: *Tagebücher*, Parte I, vol. 5, p. 59 (de 18 de dezembro de 1937): "A priori, juristas são idiotas".

119 Frank Bajohr: *Parvenüs und Profiteure. Korruption in der NS-Zeit*, Frankfurt am Main, 2001, p. 21-29 (citação p. 27). Cf. também idem: "Ämter, Pfründe, Korruption", em: Wirsching (org.): *Das Jahr 1933*, p. 191. Em carta a Hitler, de 4 de janeiro de 1935, um funcionário de Leipzig reclamou sobre a preferência pelos "velhos combatentes" na nomeação de cargos. Sem o livro do partido não seria possível encontrar trabalho em lugar algum. "Uma situação que foi condenada da forma mais rígida no passado pelos líderes do NSDAP (a economia vermelha do livro do partido)". BA Berlin-Lichterfelde, NS 51/73.

120 Haffner: *Germany: Jekyll & Hyde*, p. 43.

121 Knopp: *Geheimnisse des "Dritten Reiches"*, p. 146 e seguinte (consta também o fac-símile da cobrança de imposto de 20 de outubro de 1934). Cf. sobre a isenção de imposto de Hitler também Schwarzwäller: *Hitlers Geld*, p. 158-160.

122 Cf. Gerd R. Ueberschär/Winfried Vogel: *Dienen und Verdienen. Hitlers Geschenke an seine Eliten*, Frankfurt am Main, 1999, p. 39-52, 92; Speer: *Erinnerungen*, p. 100; Below: *Als Hitlers Adjutant*, p. 83.

123 Cf. Schwarzwäller: *Hitlers Geld*, p. 195-198; Knopp: *Geheimnise des "Dritten Reiches"*, p. 178 e seguinte; Speer: *Erinnerungen*, p. 100 e seguinte; Dietrich: *12 Jahre mit Hitler*, p. 211; Koop: *Martin Bormann*, p. 25, 34 e seguinte.

124 Cf. Bajohr: *Parvenüs und Profiteure*, p. 62-70; Speer: *Erinnerungen*, p. 231.

125 Cf. Hanfstaengl: *Zwischen Weißem und Braunem Haus*, p. 325: "Companheiros de partido que eu visitei por anos em seus humildes lares se estabeleceram já no verão seguinte (1933) em mansões luxuosas e deram o tom como influentes barões do partido".

126 Wiedemann: *Der Mann*, p. 196. Quando Wiedemann falou com Hitler, em meados de 1935, sobre as consequências desmoralizantes da corrupção disseminada, recebeu como resposta: "Ah, W[ie]d[emann], as pessoas sempre acreditam que eu poderia

agir totalmente por vontade própria, bem como eu queria. Mas eu sou apenas uma pessoa levada pelo destino e que, de alguma forma, é obrigada a agir". *Stichwortartige Aufzeichnungen Wiedemanns* de 25 de fevereiro de 1939; BA Koblenz, N 1720/4.

127 Speer: *Spandauer Tagebücher*, p. 202 (de 16 de março de 1949).

128 Domarus: *Hitler*, vol. I, 2, p. 719 (de 7 de setembro de 1937).

129 Discurso na Casa da Arte Alemã, em Munique, 10 de dezembro de 1938; ibid., p. 983. Cf. Wiedemann: *Der Mann*, p. 88.

130 Hitler: *Mein Kampf*, p. 290 e seguinte.

131 Heß: *Briefe*, p. 327 (de 18 de maio de 1924). Numa reunião à mesa com Scheubner-Richters, Hitler já havia se empolgado, antes do golpe de 1923, com seus planos de construção em Berlim, anotação sobre a conversa com Mathilde Scheubner-Richter de 9 de julho de 1952; IfZ Munique, ZS 292.

132 Heß: *Briefe*, p. 369 (de 7 de julho de 1925), p. 395 (de 18 de dezembro de 1928).

133 Goebbels: *Tagebücher*, Parte I, vol. 1/II, p. 113 (de 25 de julho de 1926); vol. 2/I, p. 256 (de 9 de outubro de 1930); vol. 2/II, p. 116 e seguinte (de 5 de outubro de 1931).

134 Hitler: *Reden, Schriften, Anordnungen*, vol. III,2, Doc. 21, p. 192 (de 9 de abril de 1929).

135 Frank: *Im Angesicht des Galgens*, p. 130.

136 Domarus: *Hitler*, vol. I,1, p. 257 (de 22 de abril de 1933).

137 Speer: *Erinnerungen*, p. 71; cf. também Speer: *Spandauer Tagebücher*, p. 135 (de 28 de dezembro de 1947) com o complemento: "Ele vai erigir construções para a eternidade". Em artigo do ministro da Propaganda, *Hitler als Baumeister* [Hitler como mestre construtor] para a revista *Time*, constava o seguinte: "O nacional-socialista quer estabelecer monumentos de pedra que sobreviverão a séculos, até mesmo a milênios". Helmuth v. Feldmann a F. Wiedemann, 31 de janeiro de 1938; com o artigo anexo; BA Koblenz, N 1720/6.

138 Speer: *Erinnerungen*, p. 44.

139 Segundo Fest: *Speer*, p. 63.

140 A tese da fundamentação erótica da relação Hitler-Speer, primeiramente em Alexander Mitscherlich: Hitler permaneceu um mistério para ele – O autoencantamento de Albert Speer, em: Adalbert Reif: *Albert Speer. Kontroversen um ein deutsches Phänomen*, Munique, 1978, p. 466 e seguinte; cf. também Fest: *Hitler*, p. 716; idem: *Speer*, p. 60; Sereny: *Albert Speer*, p. 169. Em carta a Hannah Arendt, de 5 de janeiro de 1971, Fest escreveu: "Certamente havia ali um forte elemento erótico em jogo". Hannah Arendt/ Joachim Fest: *Eichmann war von empörender Dummheit. Gespräche und Briefe*. (org.) Ursula Ludz e Thomas Wild, Munique-Zurique, 2011, p. 96.

141 Speer: *Spandauer Tagebücher*, p. 128 (de 10 de dezembro de 1947).

142 Ibid., p. 609 (de 19 de fevereiro de 1964). A comparação Fausto-Mefisto em Speer: *Erinnerungen*, p. 44. Em suas conversas com Fest, Speer explicou que havia ficado "completamente caído por Hitler". Joachim Fest: *Die unbeantwortbaren Fragen. Notizen über Gespräche mit Albert Speer zwischen 1966 und 1981*, Reinbek em Hamburgo, 2005, p. 30; cf. ibid., p. 196.

143 Albert Speer: *Die Bauten des Führers (1936)*; publ. em Heinrich Breloer, em coop. com Rainer Zimmer: *Die Akte Speer. Spuren eines Kriegsverbrechers*, Berlim, 2006, p. 41-48 (citação p. 41).

144 Speer: *Erinnerungen*, p. 67 et seq., 77.

145 Cf. Josef Henke: "*Die Reichsparteitage der* NSDAP *in Nürnberg 1933-1938. Planung, Organisation, Propaganda*", em: *Aus der Arbeit des Bundesarchives*. (org.) Heinz Boberach e Hans Booms, Boppard, 1977, p. 496; *Centrum Industriekultur* (org.): *Kulissen der Gewalt*, p. 41 e seguinte.

146 Goebbels: *Tagebücher*, Parte I, vol. 3/I, p. 350 (de 19 de dezembro de 1935). Sobre as visitas de Hitler a Nuremberg, cf. Dietrich: *12 Jahre mit Hitler*, p. 173 e seguinte; Henke: *Die Reichsparteitage*, p. 406 e seguinte; Centrum Industriekultur (org.): *Kulissen der Gewalt*, p. 45.

147 Goebbels: *Tagebücher*, Parte I, vol. 4, p. 305 (de 10 de setembro de 1937). Perante o ministro das Finanças, Schwerin von Krosigk, Hitler observou que seria sua "obrigação dar alertas, mas ele nunca deixaria seus planos fracassarem por falta de dinheiro". Schwerin von Krosigk a Lennart Westberg, 24 de fevereiro de 1976; BA Koblenz, N 1276/36.

148 Cf. Speer: *Erinnerungen*, p. 80 e seguinte; Fest: *Speer*, p. 83.

149 Goebbels: *Tagebücher*, Parte I, vol. 3/II, p. 280. Cf. Jost Dülffer/Jochen Thies/Josef Henke: *Hitlers Städte. Baupolitik im Dritten Reich. Eine Dokumentation*, Colônia/Viena, 1978, p. 223-228 (Anotação sobre a apresentação do projeto do professor Ruff sobre o pavilhão de congressos de Nuremberg ao *Führer* na Chancelaria do *Reich*, 1º de junho de 1934).

150 Domarus: *Hitler*, vol. I,2, p. 527; cf. Goebbels: *Tagebücher*, Parte I, vol. 3/I, p. 291 (de 13 de setembro de 1935).

151 Speer: *Erinnerungen*, p. 82.

152 Cf. nesse contexto Jochen Thies: *Architekt der Weltherrschaft. Die "Endziele" Hitlers*, Düsseldorf, 1976, especialmente p. 69, 103 e seguinte.

153 Speer: *Erinnerungen*, p. 84.

154 Cf. Centrum Industriekultur (org.); *Kulissen der Gewalt*, p. 44 e seguinte; Henke: *Die Reichsparteitage*, p. 403 e seguinte.

155 Cf. Dülffer/Thies/Henke: *Hitlers Städte*, p. 159 e seguintes, 191 e seguintes, 251 e seguintes; Michael Früchtel: *Der Architekt Hermann Giesler. Leben und Werk (1898-1987)*, Munique, 2008, p. 145 e seguintes, 284 e seguintes; Fest: *Speer*, p. 118 e seguinte; para Hamburgo, Goebbels: *Tagebücher*, Parte I, vol. 3/II, p. 322 (de 9 de janeiro de 1937).

156 Relatório sobre a reunião na Chancelaria do *Reich*, 19 de setembro de 1933; Dülffer/Thies/Henke: *Hitlers Städte*, p. 90-93 (citação p. 92).

157 Anotação sobre reunião na Chancelaria do *Reich*, 29 de março de 1934; ibid., p. 97-99 (citação p. 97, 99).

158 Anotação sobre reunião na Chancelaria do *Reich*, 28 de junho de 1935; ibid., p. 112-116 (citação p. 115). Sobre as reuniões de Hitler com a administração municipal de

Berlim 1933-1935, cf. Kellerhoff: *Hitlers Berlin*, p. 122-124; Friedrich: *Die missbrauchte Hauptstadt*, p. 458-460. 464-469, 475 e seguinte.

159   Speer: *Erinnerungen*, p. 87 e seguinte; cf. Fest: *Die unbeantwortbaren Fragen*, p. 31 e seguinte.

160   Goebbels: *Tagebücher*, Parte I, vol. 3/II, p. 253 (de 16 de novembro de 1936). Cf. em tom semelhante, ibid., p. 317 (de 5 de janeiro de 1937), 343 (de 25 de janeiro de 1937).

161   Assim, Hitler mostrou-se, segundo a lembrança de Speer, "quase chocado" com o projeto do "Grande Pavilhão" e levantou a preocupação sobre a capacidade de carga da cúpula. Quando Speer garantiu que as questões de estática seriam testadas e respondidas a contento, Hitler "concordou com entusiasmo". Fest: *Die unbeantwortbaren Fragen*, p. 79.

162   Cf. Speer: *Erinnerungen*, p. 90; Fest: *Speer*, p. 95. Sobre a nomeação de Speer, também Goebbels: *Tagebücher*, Parte I, vol. 3/II, p. 354 (de 31 de janeiro de 1937).

163   Speer: *Erinnerungen*, p. 147 e seguinte; cf. Sereny: *Albert Speer*, p. 169, 182-184 (lembranças de Willi Schelkes e Rudolf Wolters, dois dos funcionários de Speer).

164   Speer: *Erinnerungen*, p. 148; cf. idem: *Spandauer Tagebücher*, p. 551 (de 21 de janeiro de 1962); Sereny: *Albert Speer*, p. 191.

165   Cf. Speer: *Erinnerungen*, p. 89 e seguinte; Goebbels: *Tagebücher*, Parte I, vol. 4, p. 52 (de 15 de março de 1937): "Será uma via de dimensões das mais monumentais. Vai nos eternizar no concreto".

166   Cf. Speer: *Erinnerungen*, p. 149 et seq.

167   Goebbels: *Tagebücher*, Parte I, vol. 4, p. 104 (de 20 de abril de 1937). Cf. Speer, *Erinnerungen*, p. 167 e seguinte; *Monologe*, p. 101 (de 21 e 22 de outubro de 1941): "O grande pavilhão deve ser de tal forma que a igreja de São Pedro e a praça diante dela possam desaparecer".

168   Speer: *Erinnerungen*, p. 171-174 (citação p. 173); cf. idem: *Spandauer Tagebücher*, p. 167 (de 24 de outubro de 1948).

169   Cf. Jürgen Trimborn: *Arno Breker. Der Künstler und die Macht. Die Biographie*, Berlim, 2011, p. 144 e seguinte, 204 e seguinte.

170   Speer: *Erinnerungen*, p. 153.

171   Goebbels: *Tagebücher*, Parte I, vol. 4, p. 52 (de 15 de março de 1937).

172   Speer: *Erinnerungen*, p. 175; cf. idem: *Spandauer Tagebücher*, p. 247 (de 2 de novembro de 1950).

173   Sereny: *Albert Speer*, p. 221.

174   *Monologe*, p. 101 (de 21 e 22 de outubro de 1941), p. 318 (de 11 e 12 de março de 1942). Sobre rebatismo de Berlim para "Germânia": *Hitlers Tischgespräche* [Conversas de mesa com Hitler], p. 366 (de 8 de junho de 1942).

175   Goebbels: *Tagebücher*, Parte I, vol. 5, p. 345 (de 15 de junho de 1938). Cf. sobre o acima mencionado, *Deutsches Nachrichtenbüro*, n⁰ 124 de 27 de janeiro de 1938: O programa para restruturação de Berlim publ. *in* Dülffer/Thies/Henke: *Hitlers Städte*, p. 134-141; também o artigo na revista *Deutschen Bauzeitung*, de 2 de fevereiro de 1938, no jornal semanal *Koralle*, de 22 de maio de 1938, e na revista *Berliner Illustrierten*, de 15 de dezembro de 1938, cit. em Friedrich: *Die missbrauchte Hauptstadt*, p. 486-489.

176 Speer: *Spandauer Tagebücher*, p. 31 (de 1º de novembro de 1946). Cf. Schlie (org.): *Albert Speer*, p. 57: "Dizia que seu maior desejo na vida era ainda ver erguidas suas construções". A conclusão no ano de 1950 seria festejada com uma Exposição Mundial "em um terreno gigantesco às margens do rio Havel". Goebbels: *Tagebücher*, Parte I, vol. 4, p. 347 (de 7 de outubro de 1937).

177 Goebbels: *Tagebücher*, Parte I, vol. 5, p. 333 (de 4 de junho de 1938).

178 Anotação sobre reunião com GBi, 14 de setembro de 1938; publ. em Breloer: *Die Akte Speer*, p. 92-95 (citação p. 93, 94). Cf. Susanne Willems: *Der entsiedelte Jude. Albert Speers Wohnungsmarktpolitik für den Berliner Hauptstadtbau*, Berlim, 2000, p. 71 e seguinte.

179 Willems: *Der entsiedelte Jude*, p. 86 e seguinte.

180 Fac-símile do decreto de 15 de junho de 1940 em Breloer: *Die Akte Speer*, p. 100. Cf. Speer: *Erinnerungen*, p. 188, 192.

181 Cf. Schmidt: *Albert Speer*, p. 199-206; Willems: *Der entsiedelte Jude*, p. 158 e seguinte.; Breloer: *Die Akte Speer*, p. 199-206.

182 Willi Schelkes: ata da "visita do *Führer*" de 15 de março de 1941; publ. em Breloer: *Die Akte Speer*, p. 121-124 (citação p. 122, 123, 124).

183 Speer: *Erinnerungen*, p. 116.

184 Cf. Angela Schönberger: *Die Neue Reichskanzlei. Zum Zusammenhang von nationalsozialistischer ideologie und Architektur*, Berlim, 1981, p. 37-44; Dietmar Arnold: *Neue Reichskanzlei und "Führerbunker". Legende und Wirklichkeit*, Berlim, 2005, p. 62-67. Sobre demolição da *Gauhaus*, cf. Goebbels: *Tagebücher*, Parte I, vol. 5, p. 41 et seq. (de 8 de dezembro de 1937).

185 Discurso de Hitler sobre a festa da cumeeira da nova Chancelaria do *Reich*, 2 de agosto de 1935; Schönberger: *Die Neue Reichskanzlei*, p. 177-182 (citação p. 179 e seguinte).

186 Discurso de Hitler sobre a entrega da nova Chancelaria do *Reich*, 9 de janeiro de 1939; ibid., p. 183-186 (citação p. 186). Sobre a inauguração, cf. notícia da *Deutches Nachrichtenbüro*, nº 37, de 9 de janeiro de 1939; BA Berlin-Lichterfelde,R 43II/1054.

187 Speer: *Erinnerungen*, p. 117. Cf. sobre as salas da nova Chancelaria do *Reich* o folheto "*Der Erweiterungsbau der Reichskanzlei. Einweihung am 9. Januar 1939*", bem como a instrução de Otto Meissner, de 22 de fevereiro de 1939, relat. descrição das salas de representação do *Führer* na nova Chancelaria do *Reich*; BA Berlin-Lichterfelde,R 43 II/1054. Também Fest: *Speer*, p. 144-146; Wilderotter: *Alltag der Macht*, p. 310-312; Schönberger: *Die Neue Reichskanzlei*, p. 87-114; Arnold: *Neue Reichskanzlei*, p. 93-100. Sobre as esculturas de Breker, cf. Trimborn: *Arno Breker*, p. 222 e seguinte.

188 Speer: *Erinnerungen*, p. 128.

Capítulo 18. A corte de Berghof

1 Goebbels: *Tagebücher*, Parte I, vol. 3/II, p. 132 (17 de julho de 1936). Cf. ibid., p. 123 (4 de julho de 1936): "*Führer* feliz, pois Obersalzberg está pronta. A partir de 15 de julho estarei com a família em sua casa."

2   Speer: *Erinnerungen*, p. 59; cf. os documentos do tabelionato de Munique VI (26 de junho de 1933) para a compra da casa Wachenfeld e o texto de Max Amann a Julius Schaub, de 28 de maio de 1934; BA Berlin-Lichterfelde, NS 10/117. Ver também, Joachimsthaler: *Hitlers Liste*, p. 294; Chaussy: *Nachbar Hitler*, p. 44.

3   Cf. Speer: *Erinnerungen*, p. 99; Chaussy: *Nachbar Hitler*, p. 110 e seguinte, 137; Joachimsthaler: *Hitlers Liste*, p. 304. Ver também a fatura final do arquiteto Alois Degano, de 17 de julho de 1936; BA Berlin-Lichterfelde, NS 10/117.

4   Cf. particularmente Chaussy: *Nachbar Hitler*, p. 94-107, 121-130; Dietrich: *12 Jahre mit Hitler*, p. 211-214; Speer: *Erinnerungen*, p. 98; Lang: Der Sekretär, p. 102, 105 e seguinte; Koop: Martin Bormann, p. 27, 31, 33.

5   Manuscrito das memórias de Therese Linke, cozinheira em Obersalzberg, de 1933-1939 (s.d., após 1945); IfZ Munique, ZS 3135. Cf. Dietrich: *12 Jahre mit Hitler*, p. 212 e seguinte; Schroeder: *Er war mein Chef*, p. 175; Speer: *Erinnerungen*, p. 60 e seguinte, 98; Krause: *Zehn Jahre Kammerdiener*, p. 40; Görtemaker: *Eva Braun*, p. 147.

6   Dietrich: *12 Jahre mit Hitler*, p. 212.

7   Ibid., p. 211. Segundo o serviçal Heinz Linge, Hitler teria dito sobre Bormann: "Da noite para o dia, essa toupeira desloca montanhas inteiras." Linge: *Biz zum Untergang*, p. 44.

8   Goebbels: *Tagebücher*, Parte I, vol. 3/II, p. 222 (22 de outubro de 1936), 316 (5 de janeiro de 1937). Sobre a promoção de Bormann, cf. Robert Ley: *Gedanken um den Führer* (1945); BA Koblenz, N 1468/4; texto sobre um colóquio com Nicolaus von Below (7 de janeiro de 1952); IfZ Munique, ZS 7.

9   Cf. Horst Möller/Volker Dahm/Hartmut Mehringer (orgs.): *Die tödliche Utopie. Bilder, Texte, Dokumente. Daten zum Dritten Reich*, 3ª ed., Munique, 2001, p. 42, 68; Chaussy: *Nachbar Hitler*, p. 83 e seguinte; Sereny: *Albert Speer*, p. 146; Margarete Nissen: *Sind Sie die Tochter Speer?*, Munique, 2005, p. 16.

10   Cf. Speer: *Erinnerungen*, p. 99 e seguinte, 101 e seguinte, 103 e seguinte; Dietrich: *12 Jahre mit Hitler*, p. 223; Schroeder: *Er war mein Chef*, p. 176 e seguinte; Schlie (org.): *Albert Speer*, p. 237 e seguinte; Fest: *Hitler*, p. 713 e seguinte, 722. Sobre a biografia de Gerdy Troost e sua atividade no Terceiro *Reich*, cf. Nüßlein: Paul Ludwig Troost, p. 175-183.

11   Traudl Junge: *Bis zur letzten Stunde. Hitlers Sekretärin erzählt ihr Leben*. Munique, 2002, p. 91. Sobre as pinturas de Hitler no grande *hall*, cf. Schwarz: *Geniewahn*, p. 159-173.

12   Cf. Schroeder: *Er war mein Chef*, p. 177; Junge: *Bis zur letzten Stunde*, p. 67, 69 e seguinte; Heydecker: *Hoffmann-Erinnerungen*, p. 176; Joachimsthaler: *Hitlers Liste*, p. 501, 503.

13   Cf. Schroeder: *Er war mein Chef*, p. 178 e seguinte; Junge: *Bis zur letzten Stunde*, p. 67 e seguinte; Hoffmann: *Hitler wie ich ihn sah*, p. 159; Speer: *Erinnerungen*, p. 102.

14   Rochus Misch: *Der letzte Zeuge. Ich war Hitlers Telefonist, Kurier und Leibwächter*, Zurique e Munique, 2008, p. 96. Cf. também Anna Plaim e Kurt Kuch: *Bei Hitlers. Zimmermädchen Annas Erinnerungen*, Munique, 2005, p. 38 e seguinte; Joachimsthaler: *Hitlers Liste*, p. 458.

15   Cf. Gun: *Eva Braun – Hitler*, p. 82.

16   Apud Görtemaker: *Eva Braun*, p. 92.

17 Baur: *Ich flog Mächtige der Erde*, p. 113.

18 Speer: *Erinnerungen*, p. 59.

19 Ibid.; em contrapartida, cf. Gun: *Eva Braun – Hitler*, p. 85; Schroeder: *Er war mein Chef*, p. 172; Joachimsthaler: *Hitlers Liste*, p. 300, 442.

20 Cf. as faturas em BA Berlin-Lichterfelde, NS 26/2557 (para 1932), NS 10/115 e NS 10/120 (para 1933/1934).

21 Conforme Gun: *Eva Braun – Hitler*, p. 91 e seguinte; cf. Schroeder: *Er war mein Chef*, p. 164; Joachimsthaler: *Hitlers Liste*, p. 300, 442.

22 Cf. Schroeder, com data errada quanto à convenção do partido de 1935: *Er war mein Chef*, p. 165; Hanfstaengl: *Zwischen Weißem und Braunem Haus*, p. 165; Joachimsthaler: *Hitlers Liste*, p. 301 e seguinte, 456 e seguinte; Görtemaker: *Eva Braun*, p. 144 e seguinte; Knopp: *Geheimnisse des "Dritten Reiches"*, p. 313; Gun: *Eva Braun – Hitler*, p. 94, não se aprofunda nas razões do afastamento de Angela Raubal e ainda atribui erroneamente o fato ao ano de 1936.

23 Goebbels: *Tagebücher*, Parte I, vol. 3/I, p. 122 (19 de outubro de 1934). Em 28 de agosto de 1934, Joseph e Magda Goebbels estiveram em Obersalzberg com sua filha Helga e ali encontraram a sra. Raubal, que teria sido "muito gentil" com eles. Ibid., p. 99 (de 29 de agosto de 1934). Em meados de outubro de 1934, Goebbels se admirou por já não ser convidado por Hitler para jantar. "Tínhamos a sensação de que alguém havia falado mal de nós para ele. Ambos sofremos muito com isso." Ibid., p. 119 (15 de outubro de 1934).

24 Ibid., p. 216 e seguinte (13 de abril de 1935).

25 Ibid., p. 329 (15 de novembro de 1935).

26 Angela Hammitzsch para R. Heß, 22 de maio de 1936; BA Bern, Nl Heß, J1.211-1993/300, caixa 6. Rudolf Heß convidou a meia-irmã de Hitler para morar em sua casa quando ela fosse a Munique. R. Heß para A. Hammitzsch, 22 de junho de 1936, ibid. Sobre o casamento de Angela Raubal, cf. Schroeder: *Er war mein Chef*, p. 165; Joachimsthaler: *Hitlers Liste*, p. 303.

27 Cf. Goebbels: *Tagebücher*, Parte I, vol. 4, p. 59 (19 de março de 1937): "Conversei um bom tempo com a sra. Raubal. Ela está sofrendo muito com a reserva do *Führer*. No mais, está muito feliz com o marido." Em junho de 1937, Hitler e Goebbels encontraram-se em Dresden com Angela Hammitzsch e passaram uma "noite alegre e agradável". Ibid., p. 196 (25 de junho de 1937). Segundo as memórias de Therese Linke, Angela Raubal teria passado alguns dias com o marido em Obersalzberg, supostamente no final dos anos 1930; IfZ Munique, ZS 3135. A agenda de Max Wünsche registra em 7 de outubro de 1939 uma visita da senhora Hammitzsch. BA Berlin-Lichterfelde, NS 10/591.

28 Segundo Görtemaker: *Eva Braun*, p. 116; cf. Knopp: *Geheimnisse des "Dritten Reiches"*, p. 313 e seguinte.

29 Goebbels: *Tagebücher*, Parte I, vol. 3/I, p. 177 (31 de janeiro de 1935). Cf. ibid., p. 179 (4 de fevereiro de 1935): "Longo colóquio com o *Führer*. Pessoalmente. Ele fala de mulheres, casamento, amor e solidão. Ele gosta de conversar assim só comigo."

30 Apud Gun: *Eva Braun – Hitler*, p. 190 e seguinte.; fac-símile da carta ibid., entre p. 192 e 193. Sobre a existência do *bunker* na Wasserburgstraße 12, cf. ibid., p. 121.

31 Cf. Görtemaker: *Eva Braun*, p. 101 e seguinte.

32 Ilse Fucke-Michels a Nerin E. Gun, 8 de abril de 1967; fac-símile em Gun: *Eva Braun – Hitler*, p. 69.

33 Maser: *Adolf Hitler*, p. 332-375. Na introdução à publicação, Maser observa que o diário revela "mais sobre a relação de Hitler com as mulheres do que a maioria dos 'relatórios' e interpretações abrangentes de testemunhas 'internas' e biógrafos supostamente bem informados" (p. 331). Anna Maria Sigmund também vê no fragmento do diário um "panorama da psique de Eva Braun" (*Die Frauen der Nazis*, p. 170).

34 Joachimsthaler: *Hitlers Liste*, p. 444; cf. também no mesmo local, p. 447, o exame grafológico de Eva Braun. Além disso, a carta de Eva Braun a Ilse Heß, de Obersalzberg, 2 de janeiro de (1938); BA Bern. Nl Heß, J1.211-1993/300, caixa 2. Fac-símile em Görtemaker: *Eva Braun*, p. 90.

35 Cf. Görtemaker: *Eva Braun*, p. 313 e seguinte (notas 119-122, 125, 131). Os registros bastante concisos de Wilhelm Brückner em seu caderno de apontamentos, relativos ao ano de 1935, não indicam nenhuma contradição em relação aos dados de Eva Braun. Esse caderno, até agora não explorado pela pesquisa, encontra-se em BA Berlin-Lichterfelde, NS 26/1209.

36 Registro de 6 de fevereiro de 1935; Gun: *Eva Braun – Hitler*, p. 70 e seguinte; Maser: *Adolf Hitler*, p. 332-337.

37 Registro de 18 de fevereiro de 1935; Gun: *Eva Braun – Hitler*, p. 71, 74; Maser: *Adolf Hitler*, p. 340-345.

38 Registro de 4 de março de 1935; Gun: *Eva Braun – Hitler*, p. 74 e seguinte; Maser: *Adolf Hitler*, p. 344-351. Sobre a presença de Goebbels em Munique, cf. Goebbels: *Tagebücher*, Parte I, vol. 3/I, p. 193 e seguinte (4 de março de 1935).

39 Registro de 11 de março de 1935; Gun: *Eva Braun – Hitler*, p. 75 e seguinte; Maser: *Adolf Hitler*, p. 352-357.

40 Registro de 16 de março de 1935; Gun: *Eva Braun – Hitler*, p. 76; Maser: *Adolf Hitler*, p. 356 e seguinte

41 Registro de 1º de abril de 1935; Gun: *Eva Braun – Hitler*, p. 76; Maser: Adolf Hitler, p. 358 e seguinte Speer relata a Gitta Sereny que, em um jantar no hotel Vier Jahreszeiten, também viu Eva Braun "ficar muito ruborizada" "quando Hitler lhe entregou em silêncio um envelope ao passar". Mais tarde, ela teria contado a Speer que "no envelope havia dinheiro, e Hitler teria se comportado do mesmo modo em outras ocasiões públicas". Sereny: *Albert Speer*, p. 229. Em conversa com Joachim Fest, Speer data sua observação do ano de 1938. Fest: *Die unbeantwortbaren Fragen*, p. 84. Talvez se trate aqui de um lapso de memória, e Speer teria testemunhado o incidente, tal como Eva Braun o narra em seu "diário", em 1935.

42 Registro de 29 de abril de 1935; Gun: *Eva Braun – Hitler*, p. 76; Maser: *Adolf Hitler*, p. 360 e seguinte.

43   Registro de 10 de maio de 1935; Gun: *Eva Braun – Hitler*, p. 77; Maser: *Adolf Hitler*, p. 362 e seguinte.

44   Goebbels, *Tagebücher*, Parte I, vol. 3/II, p. 205 (6 de outubro de 1936); cf. ibid., p. 206 (7 de outubro de 1936): "*Führer* muito emocionado." Sobre Unity Mitford, cf. suas cartas à sua irmã Diana, de 1935 a 1939, que ela assina com "*Heil* Hitler", em Mosley: *The Mitfords*, p. 54-56, 63-65, 68 e seguinte, 75 e seguinte, 113, 116, 125-127, 128 e seguinte, 130-132, 137; ver também Joachimsthaler: *Hitlers Liste*, p. 507-540; Knopp: *Geheimnisse des "Dritten Reiches"*, p. 306-311.

45   Cf. Below: *Als Hitlers Adjutant*, p. 82. Em 3 de setembro de 1939, depois que a Inglaterra declarou guerra à Alemanha, Unity Mitford tentou suicídio em Munique, mas não em um banco do Englischer Garten como se acredita, e sim na Königstraße 15. Gravemente ferida com uma bala no cérebro, foi levada a um hospital. Hitler assumiu os custos do tratamento e visitou Unity Mitford, em 8 de novembro de 1939, no hospital. Em dezembro de 1939, foi transferida para uma clínica em Berna, e em janeiro de 1940 voltou para a Inglaterra. Morreu em 28 de maio de 1948, em consequência da tentativa de suicídio. Cf. Joachimsthaler: *Hitlers Liste*, p. 534-540; Knopp: *Geheimnisse des "Dritten Reiches"*, p. 311.

46   Cf. Görtemaker: *Eva Braun*, p. 109-111. Sigrid von Laffert também estava na lista daqueles que Hitler considerava com atenção. Em 20 de julho de 1934, ela agradeceu em uma carta manuscrita de Bad Doberan "a cestinha tão bem preparada com o maravilhoso conteúdo e suas palavras tão gentis": "Fiquei extremamente feliz." BA Berlin-Lichterfelde, NS 10/123. No caderno de apontamentos de Wilhelm Brückner, de 1938, sob a data de 18 de janeiro, encontra-se expressamente marcado o aniversário de Sigrid von Laffert. BA Berlin-Lichterfelde, NS 26/1209. Max Wünsche registrou, em 16 de junho de 1938, às 19h30: "Chá com a baronesa Laffert". BA Berlin-Lichterfelde, NS 10/125. Em julho de 1938, Hitler assumiu os custos da operação a que Sigrid Laffert teve de ser submetida. Cf. a troca de correspondências entre ela e Fritz Wiedemann em BA Koblenz, N 1720/7. A agenda de Max Wünsche registra, em 13 e 19 de dezembro de 1939, uma visita de Sigrid von Laffert a Hitler. BA Berlin-Lichterfelde, NS 10/591. Sigrid von Laffert casou-se em dezembro de 1940 com o diplomata Johann Bernhard von Welczek. A respeito de Victoria von Dirken e Sigrid von Laffert, cf.: Joachimsthaler: *Hitlers Liste*, p. 203-212; Martha Schad: *Sie liebten den Führer. Wie Frauen Hitler verehrten*, Munique, 2009, p. 55-77.

47   Em 23 de maio de 1937, Wilhelm Brückner anotou apenas: "Operação em Berlim."; BA Berlin-Lichterfelde, NS 26/1209. Sobre a cirurgia, cf. Neumann/Eberle: *War Hitler krank?*, p. 172 e seguinte; Schmidt: *Hitlers Arzt Karl Brandt*, p. 133 e seguinte; Görtemaker: Eva Braun, p. 111. Goebbels: *Tagebücher*, Parte I, vol. 3/I, p. 238 (27 de maio de 1935): Hitler "não consegue falar. Está fazendo tratamento. Escreve no papel para mim o que quer dizer."; p. 250 (21 de junho de 1935): "Está plenamente recuperado. Estávamos com medo de câncer na garganta. Mas foi só um tumor benigno. Graças a Deus, graças a Deus, graças a Deus!" – Como exigia demais da voz, já durante sua via-

gem eleitoral, em 1932, Hitler contratou o tenor de ópera Paul Stieber-Devrient, que o ajudaria a melhorar sua técnica respiratória. Cf. Werner Maser (org.): *Paul Devrient. Mein Schüler Adolf Hitler. Das Tagebuch seines Lehrers*, Munique, 2003.

48 Registro de 28 de maio de 1935; Gun: *Eva Braun – Hitler*, p. 77 e seguinte; Maser: *Adolf Hitler*, p. 368-375.

49 Cf. Gun: *Eva Braun – Hitler*, p. 78 e seguinte; Görtemaker: *Eva Braun*, p. 112.

50 Goebbels: *Tagebücher*, Parte I, p. 239 (29 de maio de 1935), 242 (de 5 de junho de 1935): "O *Führer* fica em Munique." Cf. também os registros de Wilhelm Brückner entre 27 de maio e 12 de junho de 1935; BA Berlin-Lichterfelde, NS 26/1209.

51 Cf. Görtemaker: *Eva Braun*, p. 112; Joachimsthaler: *Hitlers Liste*, p. 424-426. Em uma carta a Hitler, de 7 de setembro de 1935, Friedrich Braun se queixa de que a família estaria "desunida", "porque minhas duas filhas, Eva e Gretl, se mudaram para um apartamento disponibilizado pelo senhor, e eu, como chefe de família, fui apresentado ao fato consumado". Gun: *Eva Braun – Hitler*, p. 87 e seguinte.

52 Cf. Görtemaker: *Eva Braun*, p. 204 e seguinte; Joachimsthaler: *Hitlers Liste*, p. 459-462; Gun: *Eva Braun – Hitler*, p. 116 e seguinte.

53 Cf. Görtemaker: *Eva Braun*, p. 202; Hoffmann: *Hitler wie ich ihn sah*, p. 136.

54 Sobre a decoração da casa de Eva Braun, cf. Gun: *Eva Braun – Hitler*, p. 117-120; Sigmund: *Die Frauen der Nazis*, p. 172 e seguinte.

55 Cf. Below: *Als Hitlers Adjutant*, p. 81, 83; Eberle/Uhl (orgs.): *Das Buch Hitler*, p. 62 e seguinte; Joachimsthaler: *Hitlers Liste*, p. 473. Sobre o papel de Anni Winter, cf. também Schlie (org.): *Albert Speer*, p. 236.

56 Cf. a declaração de Anni Winter de 6 de março de 1948; *apud* Joachimsthaler: *Hitlers Liste*, p. 467 e seguinte; Gun: *Eva Braun – Hitler*, p. 119 e seguinte. Cita uma carta de Eva Braun, da primavera de 1937: "Passo quase o tempo todo junto com Liserl, Georg, Peppo, Toni e Röschen."

57 Cf. Schroeder: *Er war mein Chef*, p. 167; Joachimsthaler: *Hitlers Liste*, p. 302, 438; Görtemaker: *Eva Braun*, p. 194.

58 Linge: *Bis zum Untergang*, p. 74.

59 Plaim/Kuch: *Bei Hitlers*, p. 39.

60 Spitzy: *So haben wir das Reich verspielt*, p. 128.

61 Cf. a declaração de Julius Schaub, *apud* Joachimsthaler: *Hitlers Liste*, p. 468; Baur: *Ich flog Mächtige der Erde*, p. 114; Gun: *Eva Braun – Hitler*, p. 95, 130.

62 Speer: *Erinnerungen*, p. 106.

63 Sobre a convenção do partido em 1935, cf.: Görtemaker: *Eva Braun*, p. 113, 116; *Parteitag 1937*: ibid., p. 139, 320 (nota 38); *Parteitag 1938*: ibid., p. 177 e seguinte, 324 (nota 48).

64 Cf. ibid., p. 63.

65 Cf. ibid., p. 117, 123, 208-215.

66 Below: *Als Hitlers Adjutant*, p. 50 e seguinte; Baur: *Ich flog Mächtige der Erde*, p. 114. Os Bruckmanns também sabiam da existência da "namorada" de Hitler. Cf. Hassell: *Vom andern Deutschland*, p. 58 (22 de julho de 1939).

67   Cf. Gun: *Eva Braun – Hitler*, p. 122 e seguinte Konrad Heiden também menciona no segundo volume de sua biografia sobre Hitler (*Adolf Hitler. Ein Mann gegen Europa*, p. 191), publicado em 1937, "uma namorada em Munique, senhorita B., fotógrafa de profissão [...]".

68   Cf. Gun: *Eva Braun–Hitler*, p. 125; Joachimsthaler: *Hitlers Liste*, p. 418.

69   Conforme Speer: *Erinnerungen*, p. 59.

70   Cf. Joachimsthaler: *Hitlers Liste*, p. 416, 470 e seguinte; Linge: *Bis zum Untergang*, p. 65, 103; Speer: *Erinnerungen*, p. 114 e seguinte; Krause: *Zehn Jahre Kammerdiener*, p. 45; Gun: *Eva Braun – Hitler*, p. 129 e seguinte, 160; Plaum/Kuch: *Bei Hitlers*, p. 74 e seguinte.

71   Below: *Als Hitlers Adjutant*, p. 50.

72   Schlie (org.): *Albert Speer*, p. 59. Karl Brandt, médico que acompanhava Hitler, também escreveu em agosto de 1945, no presídio de Kransberg: "Hitler e sua Eva tinham uma profunda ligação emocional." Ibid., p. 228.

73   Speer: Spandauer *Tagebücher*, p. 198 (3 de março de 1949).

74   Speer: *Erinnerungen*, p. 106.

75   Fest: *Die unbeantwortbaren Fragen*, p. 59.

76   Declaração de Herbert Döhring, verão de 2001; *apud* Joachimsthaler: *Hitlers Liste*, p. 454.

77   Série de artigos de Heinz Linge na revista "Revue" (novembro de 1955 a março de 1956); aqui, n° 45 (novembro de 1955); reunidos em IfZ Munique, MS 396; cf. também Linge: *Bis zum Untergang*, p. 64 e seguinte, 68, 94.

78   Cf. Plaim/Kuch: *Bei Hitlers*, p. 75, 108; Knopp: die *Geheimnisse des "Dritten Reiches"*, p. 317. No interrogatório conduzido por Robert W. M. Kempner, em 12 de março de 1947, à pergunta se Hitler tinha amado Eva Braun, Julius Schaub esclareceu: "Ele gostava muito dela", e à nova pergunta: "Ele a amou?", Schaub respondeu: "Ele queria bem a ela." IfZ Munique, ZS 137.

79   Dietrich: *12 Jahre mit Hitler*, p. 231.

80   Conforme Hanfstaengl: *Zwischen Weißem und Braunem Haus*, p. 359; declaração de Christa Schroeder; *apud* Joachimsthaler: *Hitlers Liste*, p. 454 e seguinte.

81   Testamento pessoal de Hitler, de 2 de maio de 1938; cópia em BA Koblenz, N 1128/22; fac-símile em Gun: *Eva Braun – Hitler*, após p. 128. Sobre o medo de possíveis atentados durante a viagem à Itália, cf. também Rudolf Heß a Karl Haushofer, 20 de abril de 1938: "É preciso contar com a imutabilidade do destino e simplesmente esperar que ele continue precisando desse homem como ferramenta para a Grande Alemanha." BA Koblenz, N 1122/125.

82   Cf. Schlie (org.): *Albert Speer*, p. 59; Dietrich: *12 Jahre mit Hitler*, p. 216 e seguinte; Hoffmann: *Hitler wie ich ihn sah*, p. 159; Wiedemann: *Der Mann*, p. 79; Misch: *Der letzte Zeuge*, p. 101. Nos registros abreviados de Wiedemann, 25 de fevereiro de 1939: "Convidados, apenas bons conhecidos e amigos. Tipo de vida confortável no campo." BA Koblenz, N 1720/4. Hermann Esser também declarou mais tarde que em Berghof só ficavam hospedados os amigos que eram "aceitos por Eva Braun". Entrevista com Hermann Esser, 3 de abril de 1964; BayHStA Munique, Nl Esser.

83 Cf. Goebbels: *Tagebücher*, Parte I, vol. 3/I, p. 279 (21 de agosto de 1935): "disparates sobre cultos"; Speer: *Erinnerungen*, p. 108; Registros abreviados de Wiedemann, 25 de fevereiro de 1939: "Tinha pouca simpatia pelo culto do sangue e da terra de Darré e por aquele de Himmler aos antigos germanos, que de vez em quando ridicularizava." BA Koblenz, N 1720/4.

84 Cf. Speer: *Erinnerungen*, p. 111; Dietrich: *12 Jahre mit Hitler*, p. 217; Junge: *Bis zur letzten Stunde*, p. 77. Sobre o papel de Hewel, cf. Conze, entre outros: *Das Amt und die Vergangenheit*, p. 153 e seguinte; Enrico Syring: *Walter Hewel – Ribbentrops Mann beim "Führer"* in: Smelser/Syring/Zitelmann (orgs.): *Die braune Elite II*, p. 150-165.

85 Dietrich: *12 Jahre mit Hitler*, p. 216; cf. Görtemaker: *Eva Braun*, p. 142 e seguinte.

86 Cf. Schlie (org.): *Albert Speer*, p. 81, 231; Linge: *Bis zum Untergang*, p. 138. Sobre Gerda Bormann e seus filhos, cf. sua correspondência com Ilse Heß nos anos 1935 a 1940 em BA Bern, Nl Heß, J1.211-1993/300, caixa 2.

87 Cf., por exemplo, Goebbels: *Tagebücher*, Parte I, vol. 4, p. 214 (10 de julho de 1937): "Moramos na casa dos Bechtsteins e estamos muito bem acomodados." Cf. Joachimsthaler: *Hitlers Liste*, p. 99 e seguinte.

88 Cf. Speer: *Erinnerungen*, p. 105; Sereny: *Albert Speer*, p. 137 e seguinte; Görtemaker: *Eva Braun*, p. 127-132.

89 Speer: *Erinnerungen*, p. 107; cf. também idem: *Spandauer Tagebücher*, p. 208 (19 de junho de 1949). Em contrapartida, Schwerin von Krosigk constatou que, em relação às crianças, Hitler teria mostrado "seu lado mais humano e atraente". Seu rosto, "frequentemente contraído e como que coberto por uma máscara", se descontraía ao ver crianças e assumia a "expressão de verdadeira amabilidade e bondade". Schwerin von Krosigk: *Niederschrift über die Persönlichkeit Hitlers*; IfZ Munique, ZS 145, vol. 5. Cf. também Sereny: *Albert Speer*, p. 152; Nissen: *Sind Sie die Tochter Speer?*, p. 19.

90 Speer: *Spandauer Tagebücher*, p. 127 (18 de novembro de 1947); cf. id.: *Erinnerungen*, p. 107; Nissen: *Sind Sie die Tochter Speer?*, p. 35 (registro de Margarete Speer). Sobre a rejeição de Hitler à neve e a esquiar, cf. R. Heß a seus pais, 10 de maio de 1937: "O *Führer* fica de cabelo em pé só de pensar que alguém pode ir levianamente ao gelo e à neve depois que a primavera e o calor 'finalmente' chegaram." BA Bern, Nl Heß, J1.121-1989/148, 59.

91 Speer: *Erinnerungen*, p. 107; em contrapartida, Görtemaker: *Eva Braun*, p. 131 e seguinte Em Berghof, Speer era considerado "o verdadeiro homem de confiança de Eva Braun". Schlie (org.): *Albert Speer*, p. 221.

92 Cf. Schmidt: *Hitlers Arzt Karl Brandt*, p. 89-92; Neumann/Eberle: *War Hitler krank?*, p. 100 e seguinte; Schroeder: *Er war mein Chef*, p. 173; Görtemaker: *Eva Braun*, p. 132 e seguinte

93 Cf. Schmidt: *Hitlers Arzt Karl Brandt*, p. 93; Schroeder: *Er war mein Chef*, p. 174. Cf. Goebbels: *Tagebücher*, Parte I, vol. 2/III, p. 148 (17 de agosto de 1933): "Brückner sofreu um grave acidente de automóvel. Traumatismo craniano e ferimento no braço. Extraordinariamente sério. Hospital Traunstein. Liguei para o *Führer*. Ele ficou muito abalado."

94   Cf. Görtemaker: *Eva Braun*, p. 134; Goebbels: *Tagebücher*, Parte I, vol. 2/III, p. 386 (16 de março de 1934); Schmidt: *Hitlers Arzt Karl Brandt*, p. 95, data erroneamente o casamento no final de 1934.

95   Cf. resumo das reuniões com Hanskarl von Hasselbach, de 1951/52; IfZ Munique, ZS 242; ver também Neumann/Eberle: *War Hitler krank?*, p. 103 e seguinte

96   Speer: *Erinnerungen*, p. 119. Cf. Goebbels: *Tagebücher*, Parte I, vol. 5, p. 102 (17 de janeiro de 1938): "O doutor Morell o curou com um tratamento à base de bactérias. Fico muito feliz por isso." Sobre o papel de Morell, cf. ata de uma reunião com Anni Winter (s. d.): IfZ Munique, ZS 194; Ernst Günther Schenk: *Patient Hitler. Eine medizinische Biographie*, Düsseldorf, 1989, p. 163 e seguinte, 180; Neumann/Eberle: *War Hitler krank?*, p. 90-93; Schmidt: *Hitlers Arzt Karl Brandt*, p. 137-139.

97   Em uma carta do final de agosto de 1937, Eva Braun escreveu que "Morell deveria ser eternamente grato a mim por vir à montanha". Gun: *Eva Braun – Hitler*, p. 140. Cf. Görtemaker: *Eva Braun*, p. 177 e seguinte; Schlie (org.): *Albert Speer*, p. 231. Uma identificação especial para a senhora Morell, que a autorizava a entrar em Obersalzberg, foi emitida em 3 de janeiro de 1938; IfZ Munique, F 123. A presença da senhora Morell no almoço em Berghof foi atestada para os dias 26 de junho e 4 de julho de 1938. Anotações diárias de Max Wünsche; BA Berlin-Lichterfelde, NS 10/125.

98   Morell a Hitler, 2 de fevereiro de 1938; apud Heiber (org.): *Die Rückseite des Hakenkreuzes*, p. 50.

99   Ainda em um registro da prisão em setembro de 1945, Brandt "não compreendia" como Morel pôde manter a posição de "médico particular do *Führer*" por tanto tempo. Karl Brandt: *Theodor Morell* (19 de setembro de 1945); BA Koblenz, N 1128/33.

100 Speer: *Erinnerungen*, p. 120. Sobre o tratamento de Eva Braun por Morell, cf. também a carta de Ilse Heß a Carla Leitgen, 3 de fevereiro de 1938; apud Görtemaker: *Eva Braun*, p. 181.

101 Reuniões com Hanskarl von Hasselbach de 1951/52; IfZ Munique, ZS 242.

102 Cf. Sabine Brantl: *Haus der Kunst, München. Ein Ort und seine Geschichte im Nationalsozialismus*, Munique, 2007, p. 81-84; Goebbels: *Tagebücher*, Parte I, vol. 4, p. 170 e seguinte (6 de junho de 1937), 216 (12 de julho de 1937). Anotações diárias de Max Wünsche, de 20 de junho e 10 de julho de 1938; BA Berlin-Lichterfelde, NS 10/125. Ver também Görtemaker: *Eva Braun*, p. 26 e seguinte; Below: *Als Hitlers Adjutant*, p. 82 e seguinte.

103 Theodor Morell a Hanni Morell, 28 de maio de 1940; BA Koblenz, N 1348/6.

104 Cf. Görtemaker: *Eva Braun*, p. 202; Joachimsthaler: *Hitlers Liste*, p. 466 e seguinte; Gaertringen (org.): *Das Auge des Dritten Reiches*, p. 108-125.

105 Cf. Joachimsthaler: *Hitlers Liste*, p. 422 e seguinte, 458, 462, 472, 502, 507-515 (p. 515, foto do casamento em 7 de agosto de 1937); Görtemaker: *Eva Braun*, p. 70, 169 e seguinte; citação: Schlie (org.): *Albert Speer*, p. 229. Anotações diárias de Max Wünsche, 2 de julho de 1938 (19h): "Visita à sra. Marion Schönmann." BA Berlin-Lichterfelde NS 10/125.

106 Cf. a correspondência entre Sofie Stork e Fritz Wiedemann (1937-1939), em BA Koblenz, N 1720/8. Desde a festa de Ano-Novo de 1937-1938, o grupo de amigos se tratava por *"Fifty-Bruder"* [irmão Fifty] ou *"Fifty-Schwester"* [irmã Fifty]. A respeito de Sofie Stork,

cf. também Joachimsthaler: *Hitlers Liste*, p. 497-506; Görtemaker: *Eva Braun*, p. 168 e seguinte.

107   Cf. Görtemaker: *Eva Braun*, p. 182-189, 199; Dietrich: *12 Jahre mit Hitler*, p. 217; entrevista com Hermann Esser (3 de abril de 1964), vol. II; BayHStA Munique, Nl Esser; registros diários de Max Wünsche (22 de junho e 5 e 6 de julho de 1938); BA Berlin-Lichterfelde NS 10/125; Breker: *Im Strahlungsfeld der Ereignisse*, p. 183; Trimborn: *Arno Breker*, p. 212 e seguinte.

108   Cf. Sereny: *Albert Speer*, p. 231; Schlie (org.): *Albert Speer*, p. 231-233; Speer: *Erinnerungen*, p. 114; Schmidt: *Hitlers Arzt Karl Brandt*, p. 102 e seguinte.

109   Cf. Görtemaker: *Eva Braun*, p. 160 e seguinte; Schlie (org.): *Albert Speer*, p. 231; Below: *Als Hitlers Adjutant*, p. 96.

110   Speer: *Erinnerungen*, p. 102, 105, 107. Joachim Fest não fez nenhuma crítica a essa descrição. Cf. Fest: *Hitler*, p. 721; idem: *Speer*, p. 140 e seguinte Sobre a crítica à descrição de Speer, cf. Görtemaker: *Eva Braun*, p. 127, 129 e seguinte, 161.

111   Sereny: *Albert Speer*, p. 140.

112   Ibid., p. 230.

113   Fest: *Die unbeantwortbaren Fragen*, p. 171.

114   Cf. Gun: *Eva Braun – Hitler*, p. 105; Schroeder: *Er war mein Chef*, p. 95 e seguinte; Schirach: *Ich glaubte an Hitler*, p. 266; Junge: *Bis zur letzten Stunde*, p. 69, 72; Plaim/Kuch: *Bei Hitlers*, p. 47.

115   Cf. Speer: *Erinnerungen*, p. 102; Gun: *Eva Braun – Hitler*, p. 105 e seguinte; Dietrich: *12 Jahre mit Hitler*, p. 216; Below: *Als Hitlers Adjutant*, p. 97; Linge: *Bis zum Untergang*, p. 81; Wiedemann: *"Tägliches Leben"*; BA Koblenz, N 1720/4. Os dados sobre o horário estão nos registros diários de Max Wünsche, de 16 de junho a 20 de novembro de 1938; BA Berlin-Lichterfelde, NS 10/125.

116   Speer: Spandauer *Tagebücher*, p. 204 (13 de maio de 1949).

117   Ibid., p. 205.

118   Cf. Gun: *Eva Braun – Hitler*, p. 106 e seguinte; Schroeder: *Er war mein Chef*, p. 178; Junge: *Bis zur letzten Stunde*, p. 73, 75; Speer: *Erinnerungen*, p. 102; Eberle/Uhl (orgs.): *Das Buch Hitler*, p. 201; Nissen: *Sind Sie die Tochter Speer?*, p. 23 e seguinte (registro de Margarete Speer).

119   Cf. Dietrich: *12 Jahre mit Hitler*, p. 218; Schroeder: *Er war mein Chef*, p. 179; Speer: *Erinnerungen*, p. 102; Junge: *Bis zur letzten Stunde*, p. 75; Eberle/Uhl (orgs.): *Das Buch Hitler*, p. 202.

120   Speer: Spandauer *Tagebücher*, p. 206 (13 de maio de 1949).

121   Sereny: Albert Speer, p. 505. Cf. ibid., p. 186: as pessoas que se sentavam ao lado de Hitler à mesa "ficavam com a impressão de que ele realmente queria saber alguma coisa sobre elas – de que eram importantes para ele".

122   Cf. Gun: *Eva Braun – Hitler*, p. 108; Junge: *Bis zur letzten Stunde*, p. 77 e seguinte; Dietrich: *12 Jahre mit Hitler*, p. 220 e seguinte; Speer: *Erinnerungen*, p. 108; Fest: *Die unbeantwortbaren Fragen*, p. 64; Schroeder: *Er war mein Chef*, p. 181 e seguinte.

123 O primeiro passeio até a pequena casa de chá ocorreu em 9 de agosto de 1937. Cf. excertos dos cadernos de apontamentos do "secretário particular" de Hitler (supostamente Julius Schaub) sobre sua rotina nos anos 1934-1943; BA Berlin-Lichterfelde, NS 26/16.

124 Cf. Speer: *Erinnerungen*, p. 103; Schroeder: *Er war mein Chef*, p. 182-184; Junge: *Bis zur letzten Stunde*, p. 78-80; Gun: *Eva Braun – Hitler*, p. 109 e seguinte; Dietrich: *12 Jahre mit Hitler*, p. 222.

125 Cf. Heydecker: Hoffmann-*Erinnerungen*, p. 166 e seguinte; Speer: *Erinnerungen*, p. 103; Schroeder: *Er war mein Chef*, p. 184-186; Junge: *Bis zur letzten Stunde*, p. 81-83; Gun: *Eva Braun – Hitler*, p. 110, 112 e seguinte.

126 Cf. Goebbels: *Tagebücher*, Parte I, vol. 3/II, p. 102 (9 de junho de 1936): "Mais uma vez a sós com o *Führer* por um bom tempo. Ele não gosta de mulheres maquiadas. Tem Magda em alta conta pelo fato de ela ter permanecido uma mulher clara e simples."

127 Junge: *Bis zur letzten Stunde*, p. 81. Sobre o que já foi mencionado, cf. Gun: *Eva Braun – Hitler*, p. 114; Schroeder: *Er war mein Chef*, p. 186; Dietrich: *12 Jahre mit Hitler*, p. 228 e seguinte; Goebbels: *Tagebücher*, Parte I, vol. 5, p. 64 (22 de dezembro de 1937); Speer: *Erinnerungen*, p. 104 e seguinte.

128 Dietrich: *12 Jahre mit Hitler*, p. 230; sobre o que vem em seguida, cf. também Schroeder: *Er war mein Chef*, p. 188-190; Hoffmann: *Hitler wie ich ihn sah*, p. 161; Gun: *Eva Braun – Hitler*, p. 114 e seguinte; Junge: *Bis zur letzten Stunde*, p. 88-94; Speer: *Erinnerungen*, p. 104 e seguinte Nos meses de junho a novembro de 1938, na maioria das vezes, Hitler se despedia à meia-noite, mas ocasionalmente também à 1h30. Registros diários de Max Wünsche; BA Berlin-Lichterfelde, NS 10/125.

129 Krause: *10 Jahre Kammerdiener*, p. 53-55. Cf. também Riefenstahl: *Memoiren*, p. 250 (sobre a noite de Natal de 1935).

130 Martin Bormann a Wilhelm Brückner, 14 de dezembro de 1938; BA Berlin-Lichterfelde, NS 10/116.

131 Carta manuscrita de Gretl Braun a Fritz Wiedemann (forma de tratamento: "Amado 'parceiro Fifty'"), de 31 de dezembro de 1938; BA Koblenz, N 1720/6. Em sua resposta de 5 de janeiro de 1939 (forma de tratamento: "Querida irmã Fifty"), Wiedemann garantiu que "na noite de Ano-novo" pensou "vivamente no último *réveillon*" e "desejou também vivamente" rever Gretl Braun (ibid.).

132 Hoffmann: *Hitler wie ich ihn sah*, p. 119. Cf. Schroeder: *Er war mein Chef*, p. 175; Gun: *Eva Braun – Hitler*, p. 102-104 (descrição da comemoração do Ano-novo de 1938 em Obersalzberg por Ilse Braun). Sobre a "predileção especial" de Hitler "pelos fogos de artifício", cf. A. Speer a J. Fest, 13 de setembro de 1969; BA Koblenz, N 1340/17. Em uma anotação, Hanfstaengl fala de uma "predisposição piromaníaca" de Hitler; BSB Munique, Nl Hanfstaengl Ana 405, caixa 25.

133 Misch: *Der lezte Zeuge*, p. 111; cf. Knopp: *Geheimnisse des "Dritten Reiches"*, p. 317 e seguinte.

134 Schlie (org.): *Albert Speer*, p. 225.

135 Dietrich: *12 Jahre mit Hitler*, p. 150. Em seu registro *"76 Jahre Leben in Deutschland"* [76 anos de vida na Alemanha], H. de Schirach descreve Berghof como "palco da história"; BayHStA Munique, Nl H. de Schirach 3.

136 *Monologe*, p. 167 (2/3 de janeiro de 1942). Cf. registros abreviados de Wiedemann (25 de fevereiro de 1939): "Sem dúvida, O[ber]s[alz]berg era o local onde o *F[ührer]* estabeleceu as grandes linhas de sua política." BA Koblenz, N 1720/4.

137 Heydecker: Hoffmann-*Erinnerungen*, p. 85; Hoffmann: *Hitler wie ich ihn sah*, p. 58. À sua filha, que após a recepção o cumprimentou jocosamente na porta do hotel em Berchtesgaden com *"Heil Hitler!"*, Lloyd Georg respondeu com toda a seriedade: "Isso mesmo, *Heil* Hitler, é o que também digo, pois ele realmente é um grande homem." Schmidt: *Statist auf diplomatischer Bühne*, p. 340.

138 Wiedemann: *Der Mann*, p. 156; cf. Schroeder: *Er war mein Chef*, p. 192 e seguinte; Schmidt: *Statist auf diplomatischer Bühne*, p. 376; Hoffmann: *Hitler wie ich ihn sah*, p. 58 e seguinte.

139 Below: *Als Hitlers Adjutant*, p. 122.

140 Cf. Lammers a Wilhelm Brückner, Berchtesgaden, 21 e 25 de outubro de 1938: embora Lammers tenha indicado que tinha dois importantes projetos de lei para o chanceler do *Reich* assinar, só foi recebido no dia 31 de outubro; BA Berlin-Lichterfelde, R 43 II 886a. Cf. também Görtemaker: *Eva Braun*, p. 150-152, 154 e seguinte No final de novembro, Lammers pediu para marcar um novo horário: "Como neste verão e neste outono só consegui marcar reunião com o *Führer* raras vezes e de maneira sempre limitada para resolver questões das mais urgentes – a última vez foi em 31 de outubro deste ano –, estou com inúmeras pendências acumuladas que já não podem ser adiadas e para as quais precisarei, no mínimo, de uma hora." Lammers a Brückner, 22 de novembro de 1938; BA Berlin-Lichterfelde, NS 10/25.

141 Goebbels: *Tagebücher*, Parte I, vol. 4, p. 217 (13 de julho de 1937). cf. também ibid., vol. 3/II, p. 317 (5 de janeiro de 1937): *"Bei Tisch Debatten über Spanien."*

142 Cf. Görtemaker: *Eva Braun*, p. 170-172; Joachimsthaler: *Hitlers Liste*, p. 512 e seguinte (declarações de Nicolaus von Below e Herbert Döhring); Below: *Als Hitlers Adjutant*, p. 97.

143 Cf. Görtemaker: *Eva Braun*, p. 77, 173 e seguinte Sobre a imagem da Eva Braun "apolítica", cf. Speer: *Erinnerungen*, p. 107; Dietrich: *12 Jahre mit Hitler*, p. 235; Joachimsthaler: *Hitlers Liste*, p. 474 e seguinte (declaração de Herbert Döhring); Schroeder: *Er war mein Chef*, p. 166.

Capítulo 19. Em luta contra as igrejas

1 *Monologe*, p. 150 (13 de dezembro de 1941); cf. texto semelhante em *Tischgespräche*, p. 80 (13 de dezembro de 1941). "Com treze, catorze, quinze anos", ele "já não acreditava em nada", contou Hitler em janeiro de 1942. Dos seus colegas "nenhum acreditava mais na chamada comunhão; era apenas uma meia dúzia de alunos idiotas com boas notas". *Monologe*, p. 288 (20 e 21 de fevereiro de 1942). Na opinião de Schwerin von Krosigk, foi "o catolicismo muito carola" na Áustria que repeliu o jovem Hitler e o afas-

tou da confissão. Schwerin von Krosigk: *Niederschrift zur Persönlichkeit Hitlers* (aprox. 1945); IfZ Munique, zs 145, vol. 5. Cf. texto semelhante em Hanskarl von Hasselbach, "Hitlers Einstellung zum Christentum"; BA Koblenz, N 1128/33. A esse respeito, a tese defendida, sobretudo por Friedrich Heer (*Der Glaube des Adolf Hitler. Anatomie einer politischen Religiosität*, Munique, 1968, 2ª ed. 1998), de que a personalidade de Hitler foi marcada por "elementos especificamente católicos" de sua pátria parece pouco plausível.

2   *Monologe*, p. 40 (11 e 12 de julho de 1941).

3   Ibid., p. 108 (25 de outubro de 1941).

4   Ibid., p. 83 (14 de outubro de 1941).

5   Cf. Rissmann: *Hitlers Gott*, p. 30-33, 42-52.

6   Sobre a análise das mensagens de Natal de Hitler, cf. Friedrich Tomberg: *Das Christentum in Hitlers Weltanschauung*, Munique, 2012, p. 118-120, 124-126, 128-131.

7   Hofer: *Der Nationalsozialismus*, p. 30.

8   Hitler: *Mein Kampf*, p. 127, 379.

9   A esse respeito, cf. acima, p. 233, bem como Klaus Scholder: *Die Kirchen und das Dritte Reich*, vol. 1: *Vorgeschichte und Zeit der Illusion 1918-1934*, Frankfurt am Main/Berlim/Viena, 1977, p. 116-122. Otto Ebersdobler, *Gauleiter* na Baixa Baviera de 1929 a 1932, transmite o discurso de Hitler no "Caso Dinter": "Somos políticos, e não reformistas. Quem sentir que tem vocação [religiosa] e quiser segui-la, que o faça, mas não em nosso partido." IfZ Munique, zs 1949.

10   Piper: Alfred Rosenberg, p. 185; cf. também Schroeder: *Die Kirchen und das Dritte Reich*, vol. 1, p. 240.

11   *Tischgespräche*, p. 213 (11 de abril de 1942). Cf. ibid., p. 416 (4 de julho de 1942): "Sempre considerou errado o fato de que, na época, Rosenberg se envolveu em uma discussão com a Igreja."

12   Scholder: *Die Kirchen und das Dritte Reich*, vol. 1, p. 280; cf. Wehler: *Deutsche Gesellschaftsgeschichte*, vol. IV, p. 798: "Foi bem-sucedido ao estilizar-se em *homo religiosus* no cargo estatal mais elevado."

13   Domarus: *Hitler*, vol. I, 1, p. 192.

14   Ibid., p. 232 e seguinte

15   Cf. Michael Hesemann: *Hitlers Religion. Die fatale Heilslehre des Nationalsozialismus*, Munique, 2004, p. 363 e seguinte; John Cornwell: *Pius XII. Der Papst, der geschwiegen hat*, Munique, 1999, p. 139-141.

16   Cf. Scholder: *Die Kirchen und das Dritte Reich*, vol. 1, p. 300, 303.

17   *Apud* ibid., p. 320.

18   Goebbels: *Tagebücher*, Parte I, vol. 2/III, p. 197 (4 de junho de 1933).

19   *Akten der Regierung Hitler*, Parte I, 1, n° 44, p. 160.

20   Sobre as negociações, cf. Scholder: *Die Kirchen und das Dritte Reich*, vol. 1, p. 487-511; Cornwell: *Pius XII*, p. 175-187.

21   *Akten der Regierung Hitler*, Parte I, 1, n° 193, p. 683.

22 Apud Scholder: *Die Kirchen und das Dritte Reich*, vol. 1, p. 514.

23 Cf. Cornwell: *Pius XII*, p. 193-197; Evans: *Das Dritte Reich*, vol. 2/I, p. 289-291.

24 Scholder: *Die Kirchen und das Dritte Reich*, vol. 1, p. 660 e seguinte.

25 Goebbels: *Tagebücher*, Parte I, vol. 2/III, p. 346 (27 de dezembro de 1933).

26 Cf. Klaus Scholder: *Die Kirchen und das Dritte Reich*, vol. 2: *Das Jahr der Ernüchterung 1934. Barmen und Rom*, Berlim, 1985, p. 137 e seguinte.

27 Goebbels: *Tagebücher*, Parte I, vol. 3/II, p. 293 (16 de dezembro de 1936).

28 *Apud* Hesemann: *Hitlers Religion*, p. 370; cf. Morsey (ed.): *Fritz Gerlich*, p. 30.

29 Cf. John S. Conway: *Die nationalsozialistische Kirchenpolitik 1933-1945. Ihre Ziele, Widersprüche und Fehlschläge*, Munique, 1969, p. 114 e seguinte; Cornwell: *Pius XII*, p. 203; Scholder: *Die Kirchen und das Dritte Reich*, vol. 2, p. 253-259.

30 *Apud* Scholder: *Die Kirchen und das Dritte Reich*, vol. 1, p. 263. Sobre a predisposição do meio social protestante ao nacional-socialismo, cf. sobretudo o excelente estudo de Manfred Gailus: *Protestantismus und Nationalsozialismus. Studien zur nationalsozialistischen Durchdringung des protestantischen Sozialmilieus in Berlin*, Colônia/Weimar/Viena, 2001, p. 57 e seguintes.

31 Cf. Scholder: *Die Kirchen und das Dritte Reich*, vol. 1, p. 272 e seguinte.

32 *Apud ibid.*, p. 299. Por ocasião da adoção da Lei Plenipotenciária em 23 de março de 1933, Gustav Adolf Wilhelm Meyer, líder do Movimento de Fé Teuto-Cristão em Hessen-Nassau e Hessen-Darmstadt, exprimiu a Hitler "o profundo agradecimento perante Deus", "que até agora abençoou, de maneira tão visível e maravilhosa, sua luta pela Alemanha e a coroou com gloriosa vitória." BA Berlim-Lichterfelde, NS 51/45.

33 Annelise Thimme (org.): *Friedrich Thimme 1868-1938. Ein politischer Historiker, Publizist und Schriftsteller in seinen Briefen, Boppard am Rhein* 1994, p. 320 e seguinte (14 de fevereiro de 1933).

34 *Ibid.*, p. 333 (25 de maio de 1933).

35 *Ibid.*, p. 340 (4 de outubro de 1933).

36 *Apud* Ernst Klee: "Die SA Jesu Christi". *Die Kirche im Banne Hitlers*, Frankfurt am Main, 1989, p. 31.

37 Cf. Thomas Martin Schneider: *Reichsbischof Ludwig Müller. Eine Untersuchung zu Leben, Werk und Persönlichkeit, Göttingen*, 1993, p. 105 e seguinte

38 Cf. Gailus: *Protestantismus und Nationalsozialismus*, p. 115 e seguinte; Schneider: *Reichsbischof Ludwig Müller*, p. 146: Scholder: *Die Kirchen und das Dritte Reich*, vol. 1, p. 479-481.

39 Cf. Scholder: *Die Kirchen und das Dritte Reich*, vol. 1, p. 565-569. Para uma análise detalhada das eleições nas paróquias berlinenses, ver Gailus: *Protestantismus und Nationalsozialismus*, p. 117-122.

40 Segundo Schneider: *Reichsbischof Ludwig Müller*, p. 152.

41 James Bentley: *Martin Niemöller. Eine Biographie*, Munique, 1985, p. 93. Nesta obra também se encontram as citações anteriores. Sobre a postura de Niemöller na primeira metade de 1933, cf. *ibid.*, p. 60.

42   Kurt Meier: *Kreuz und Hakenkreuz. Die evangelische Kirche im Dritten Reich*, Munique, 1992, p. 49.

43   Scholder: *Die Kirchen und das Dritte Reich*, vol. 1, p. 703 e seguinte

44   Cf. Schneider: *Reichsbischof Ludwig Müller*, p. 164 e seguinte; Bentley: *Martin Niemöller*, p. 99 e seguinte.

45   Cf. Scholder: *Die Kirchen und das Dritte Reich*, vol. 1, p. 721, vol. 2, p. 14; Schneider: *Reichsbischof Ludwig Müller*, p. 168.

46   Goebbels: *Tagebücher*, Parte I, vol. 2/III, p. 332.

47   Bentley: *Martin Niemöller*, p. 105-107.

48   *Tischgespräche*, p. 204 (7 de abril de 1942); cf. Goebbels: *Tagebücher*, Parte I, vol. 3/II, p. 363 (28 de janeiro de 1934): Hitler "fustiga publicamente os padres, levando-os a se curvarem".

49   Sobre a recepção do chanceler em 25 de janeiro de 1934, cf. Scholder: *Die Kirchen und das Dritte Reich*, vol. 2, p. 59-64; Bentley: *Martin Niemöller*, p. 109-112; Meier: *Kreuz und Hakenkreuz*, p. 60 e seguinte; Schneider: *Reichsbischof Ludwig Müller*, p. 186, 191.

50   Goebbels: *Tagebücher*, Parte I, vol. 3/I, p. 40 (28 de abril de 1934).

51   Cf. Schneider: *Reichsbischof Ludwig Müller*, p. 191-193; Scholder: *Die Kirchen und das Dritte Reich*, vol. 2, p. 75 e seguintes, 159 e seguintes.

52   Scholder: *Die Kirchen und das Dritte Reich*, vol. 2, p. 190 (na p. 191 da mesma obra também se encontra a citação anterior).

53   Bentley: *Martin Niemöller*, p. 137 e seguinte; sobre o Sínodo de Dahlem, de 19 e 20 de outubro de 1934, cf. Scholder: *Die Kirchen und das Dritte Reich*, vol. 2, p. 339-347.

54   Cf. Bentley: *Martin Niemöller*, p. 138 e seguinte; sobre a recepção de 30 de outubro de 1934, cf. também Scholder: *Die Kirchen und das Dritte Reich*, vol. 2, p. 354 e seguinte; Gerhard Besier: *Die Kirchen und das Dritte Reich. Spaltungen und Abwehrkämpfe 1934-1937*, Berlim/Munique, 2001, p. 19-21. (A descrição de Besier é claramente inferior à de Scholder.)

55   Goebbels: *Tagebücher*, Parte I, vol. 3/I, p. 126 (25 de outubro de 1934).

56   Schneider: *Reichsbischof Ludwig Müller*, p. 215 e seguinte.

57   Cf. Kershaw: *Der Hitler-Mythos*, p. 132-149.

58   Conway: *Die nationalsozialistische Kirchenpolitik*, p. 149 e seguinte; sobre a instauração do Ministério para Assuntos Eclesiásticos do *Reich*, cf. Schneider: *Reichsbischof Ludwig Müller*, p. 218 e seguinte; Meier: *Kreuz und Hakenkreuz*, p. 129-133; Besier: *Die Kirchen und das Dritte Reich*, p. 287 e seguintes.

59   Goebbels: *Tagebücher*, Parte I, vol. 3/I, p. 278 (19 de agosto de 1935). Para o que vem em seguida, cf. também Hans Günter Hockerts: *Die Goebbels-Tagebücher 1932-1941. Eine neue Hauptquelle zur Erforschung der nationalsozialistischen Kirchenpolitik*, in: Dieter Albrecht/Hans Günter Hockerts/Paul Mikat/Rudolf Morsey (orgs.): *Politik und Konfession. Festschrift für Konrad Repken zum 60. Geburtstag*, Berlim, 1983, p. 359-392.

60   Besier: *Die Kirchen und das Dritte Reich*, p. 164 e seguinte; cf. Goebbels: *Tagebücher*, Parte I, vol. 3/I, p. 285 (31 de agosto de 1935): "Pastoral dos bispos católicos. Muito forte. Mas, no final, oração para o regime. Bom, eles rezam, nós agimos."

61 Goebbels: *Tagebücher*, Parte I, vol. 3/I, p. 288 (6 de setembro de 1935).

62 Domarus: Hitler, vol. I, 2, p. 525 e seguinte.

63 Cf. Hans Günter Hockerts: *Die Sittlichkeitsprozesse gegen katholische Ordensangehörige und Priester 1936/1937. Eine Studie zur nationalsozialistischen Herrschaftstechnik und zum Kirchenkampf*, Mainz, 1971, p. 63-66.

64 Ibid., p. 69; cf. Besier: *Die Kirchen und das Dritte Reich*, p. 715 e seguinte.

65 Goebbels: *Tagebücher*, Parte I, vol. 3/II, p. 219 (21 de outubro de 1936).

66 Ludwig Volk (org.): *Akten Kardinal Michael von Faulhaber 1917-1945*, vol. II: 1935-1945, Mogúncia 1978, p. 184-194. Sobre a conversa entre Hitler e Faulhaber em 4 de novembro de 1936, cf. Hockerts: *Die Sittlichkeitsprozesse*, p. 70 e seguinte; Besier: *Die Kirchen und das Dritte Reich*, p. 762-765.

67 Goebbels: *Tagebücher*, Parte I, vol. 3/II, p. 245 (10 de novembro de 1936), 252 (15 de novembro de 1936). Cf. ibid., p. 240 (6 de novembro de 1936): "Aos poucos, o Vaticano parece ter amolecido. Agora terá de decidir: [ficar] a favor ou contra nós. Paz ou guerra. Em todo caso, estamos prontos."

68 Ibid., p. 316 (5 de janeiro de 1937). Sobre a pastoral de Natal de 1936, cf. Besier: *Die Kirchen und das Dritte Reich*, p. 773 e seguinte.

69 Goebbels: *Tagebücher*, Parte I, vol. 3/II, p. 353 e seguinte (31 de janeiro de 1937).

70 Ibid., p. 365 (9 de fevereiro de 1937). Cf. também ibid., p. 362 (6 de fevereiro de 1937): "As igrejas acabaram com nossa moral e nossa postura. Sobretudo, transformaram a morte em enorme horror. A Antiguidade não conhecia isso."

71 Ibid., p. 379 (18 de fevereiro de 1937).

72 Ibid., p. 389 (23 de fevereiro de 1937). Cf. o registro de Hanskarl von Hasselbach, "*Hitlers Einstellung zur Religion*": "Como Galileu, Cristo teria sido de origem ariana e, sem contar seus valores éticos, ele também é admirável como líder genial do povo na luta contra o poder e os ataques dos desmoralizados fariseus"; BA Koblenz, N 1128/33.

73 Cf. Piper: Alfred Rosenberg, p. 189-191. Sobre a possível influência de uma leitura de Nietzsche sobre a imagem que Hitler fazia de São Paulo, cf. Tomberg: *Das Christentum in Hitlers Weltanschauung*, p. 14, 114, 152 e seguinte

74 Goebbels: *Tagebücher*, Parte I, vol. 3/II, p. 389 (23 de fevereiro de 1937).

75 Ibid., vol. 4, p. 49 (13 de março de 1937). Cf. ibid., p. 166 (3 de junho de 1937): "Ele agradece o papel dos reformistas religiosos." Cf. Schwerin von Krosigk: texto sobre a personalidade de Hitler (aprox. 1945): Hitler teria sempre se voltado contra os esforços dos círculos partidários para "fundar uma nova religião e colocá-lo no centro"; IfZ Munique, ZS 145, vol. 5.

76 Dieter Albrecht (ed.): *Der Notenwechsel zwischen dem Heiligen Stuhl und der Deutschen Reichsregierung*, vol. 1: *Von der Ratifizierung des Reichskonkordats bis zur Enzyklika "Mit brennender Sorge"*, Mainz, 1965, nº 7, p. 404-443. Sobre o surgimento da encíclica e a reação a ela, cf. Cornwell: *Pius XII*, p. 219-221; Besier: *Die Kirchen und das Dritte Reich*, p. 777 e seguinte

77 Goebbels: *Tagebücher*, Parte I, vol. 4, p. 62 (21 de março de 1937).

78 Ibid., p. 76 (2 de abril de 1937).

79 Hockerts: *Die Sittlichkeitsprozesse*, p. 73.

80 Goebbels: *Tagebücher*, Parte I, vol. 4, p. 116 (30 de abril de 1937). Cf. ibid., p. 78 (4 de abril de 1937), 83 (7 de abril de 1937), 90 (13 de abril de 1937), 115 (29 de abril de 1937).

81 Ibid., p. 86 (10 de abril de 1937), 118 (1º de maio de 1937).

82 Domarus: *Hitler*, vol. I, 2, p. 690. Cf. Goebbels: *Tagebücher*, Parte I, vol. 4, p. 120 (2 de maio de 1937): "O *Führer* sempre acerta no alvo [...] Com um forte ataque ao clero politizante, recebido com turbulenta alegria."

83 Goebbels: *Tagebücher*, Parte I, vol. 4, p. 155 (28 de maio de 1937). Cf. ibid., p. 151 (26 de maio de 1937).

84 Hockerts: *Die Sittlichkeitsprozesse*, p. 113.

85 Apud ibid., p. 114; Reuth: *Goebbels*, p. 361.

86 Goebbels: *Tagebücher*, Parte I, vol. 4., p. 157 (29 de maio de 1937).

87 Ibid., p. 164 (2 de junho de 1937).

88 *Apud* Hockerts: *Die Sittlichkeitsprozesse*, p. 125.

89 Goebbels: *Tagebücher*, Parte I, vol. 4, p. 209 (4 de julho de 1939). Cf. ibid., p. 229 (23 de setembro de 1937).

90 Cf. ibid., p. 237 (28 de julho de 1937): "O *Führer* quer instituir um tribunal especial para os processos dos padres. É a única coisa certa a se fazer!", p. 255 (7 de agosto de 1937): "Agora quer – finalmente, finalmente – instituir um tribunal especial."

91 Ibid., vol. 5, p. 66 (22 de dezembro de 1937).

92 Cf. Hockerts: *Die Sittlichkeitsprozesse*, p. 75-77.

93 Goebbels: *Tagebücher*, Parte I, vol. 4, p. 135 (12.15.1937).

94 Ibid., vol. 3/II, p. 328 (14 de janeiro de 1937).

95 Ibid., p. 375 (15 de fevereiro de 1937). Sobre o recuo do Comitê Eclesiástico do *Reich* e o decreto planejado por Kerrl, cf. Besier: *Die Kirchen und das Dritte Reich*, p. 631-640; Conway: *Die nationalsozialistische Kirchenpolitik*, p. 221 e seguinte.

96 Goebbels: *Tagebücher*, Parte I, vol. 3/II, p. 375 (15 de fevereiro de 1937).

97 Ibid., p. 376 (16 de fevereiro de 1937).

98 Impresso em Conway: *Die nazionalsozialistische Kirchenpolitik*, p. 222.

99 Goebbels: *Tagebücher*, Parte I, vol. 3/II, p. 376 (16 de fevereiro de 1937).

100 Cf. Meier: *Kreuz und Hakenkreuz*, p. 136.

101 Goebbels: *Tagebücher*, Parte I, vol. 4, p. 238 (29 de julho de 1937); cf. ibid., p. 191 (22 de junho de 1937).

102 Ibid., vol. 5, p. 39 (7 de dezembro de 1937).

103 Ibid., vol. 5, p. 66 (22 de dezembro de 1937).

104 Cf. Bentley: *Martin Niemöller*, p. 155-161; Gailus: *Protestantismus und Nationalsozialismus*, p. 306-308, 328-330.

105 Goebbels: *Tagebücher*, Parte I., vol. 4, p. 208 (3 de julho de 1937). Cf. ibid., p. 209 (4 de julho de 1937): "Mas agora temos o maldito e não vamos deixá-lo escapar."

106 Ibid., vol. 5, p. 65 (22 de dezembro de 1937). Cf. ibid., p. 109 (21 de janeiro de 1928): "Caso Niemöller: o *Führer* não quer que ele seja libertado nunca mais. Esta também é a única coisa certa a se fazer."

107 Cf. Bentley: *Martin Niemöller*, p. 171-173.

108 Goebbels: *Tagebücher*, Parte I, vol. 5, p. 185 (2 de março de 1938). Sobre a observação do Processo Niemöller por Goebbels, cf. ibid., p. 136 (5 de fevereiro de 1938), 142 (8 de fevereiro de 1938), 166 (20 de fevereiro de 1938), 172 (23 de fevereiro de 1938), 179 (27 de fevereiro de 1938).

109 Ibid., p. 187 (4 de março de 1938).

110 Christa Schroeder para Johanna Nusser em 21 de abril de 1939; IfZ Munique, ED 524; impresso em Schroeder: *Er war mein Chef*, p. 93-97 (citação, p. 96).

111 Goebbels: *Tagebücher*, Parte I, vol. 6, p. 215 (8 de dezembro de 1938).

Capítulo 20. A radicalização da "política judaica"

1 *Apud Die Verfolgung und Ermordung der europäischen Juden*, vol. 1, doc. 276, p. 658. O texto completo do discurso encontra-se em Hildegard von Kotze/Helmut Krausnick (orgs.): "*Es spricht der Führer*". *7 examplarische Hitler-Reden*, Gütersloh, 1966, p. 123-177.

2 Cf. Friedländer: *Das Dritte Reich und die Juden*, vol. 1, p. 206.

3 Cf. Kershaw: *Hitler*, vol. II, p. 82, 189 e seguinte.

4 Goebbels: *Tagebücher*, Parte I, vol. 4, p. 429 (30 de novembro de 1937).

5 Ibid., vol. 3/II, p. 343 (25 de janeiro de 1937), 344 e seguinte (26 de janeiro de 1937), 346 (27 de janeiro de 1937): "Na Rússia, o processo sensacionalista continua. Os judeus estão devorando uns aos outros." Sobre a prisão de Radek e seu processo, cf. Wolf-Dietrich Gutjahr: *Revolution muss sein. Karl Radek – die Biographie*. Colônia/Weimar/Viena, 2012, p. 850-875.

6 Domarus: *Hitler*, vol. I, 2, p. 727-732 (citações p. 728, 729 e seguinte). Excertos também em *Die Verfolgung und Ermordung der europäischen Juden*, vol. 1, doc. 295, p. 698-707.

7 Cf. Dieter Schenk: *Hitlers Mann in Danzig. Albert Forster und die NS-Verbrechen in Danzig-Westpreußen*, Bonn, 2000, p. 87; Goebbels: *Tagebücher*, Parte I, vol. 4, p. 376 (26 de outubro de 1937), 381 (29 de outubro de 1937).

8 Cohn: *Kein Recht, nirgends*, vol. 1, p. 483 (26 de outubro de 1937).

9 Cf. Friedländer: *Das Dritte Reich und die Juden*, vol. 1, p. 257; *Deutschland-Berichte der Sopade*, ano 5, 1938, p. 176.

10 *Die Verfolgung und Ermordung der europäischen Juden durch das nationalsozialistische Deutschland 1933-1945*, vol. 2: *Deutsches Reich 1938 – August 1939*. Editado por Susanne Heim, Munique, 2009, doc. 6, p. 91-93 (citações p. 91, 92). Sobre o movimento de boicote e o desligamento forçado dos judeus da economia, cf. Wildt: *Volksgemeinschaft als Selbstermächtigung*, p. 299 e seguinte; Longerich: *Politik der Vernichtung*, p. 118-129.

11 Cf. Avraham Barkei: *Vom Boykott zur "Entjudung". Der wirtschaftliche Existenzkampf der Juden im Dritten Reich 1933-1945*, Frankfurt am Main, 1988, p. 78-80; id.: "*Schicksalsjahr 1938*". *Kontinuität und Verschärfung der wirtschaftlichen Ausplünderung der deutschen*

Juden, em: Walter H. Pehle (org.): *Der Judenpogrom 1938. Von der "Reichskristallnacht" zum Völkermord*, Frankfurt am Main, 1988, p. 94-117 (aqui p. 96). Como excelente estudo de caso, cf. Frank Bajohr: *"Arisierung"* em *Hamburg. Die Verdrängung der jüdischen Unternehmer 1933-1945*, Hamburgo, 1997, p. 173 e seguintes.

12   *Apud* Barkai: *Vom Boykott zur "Entjudung"*, p. 142; id., *"Schicksalsjahr 1938"*, p. 107.

13   *Deutschland-Berichte der Sopade*, ano 5, 1938, p. 195 e seguinte; cf. ibid., ano 4, 1937, p. 1567. Ver também Goebbels: *Tagebücher*, Parte I, vol. 4, p. 398 (9 de novembro de 1938); Friedländer: *Das Dritte Reich und die Juden*, vol. I, p. 274 e seguinte; sobre a campanha antissemita na imprensa, cf. Longerich: *"Davon haben wir nichts gewusst!"*, p. 109 e seguinte.

14   Cf. Longerich: *Politik der Vernichtung*, p. 155.

15   A esse respeito, cf. os cálculos estatísticos do escritório central do Serviço de Segurança II 112, de 12 e 18 de novembro de 1937; Kulka/Jäckel (orgs.): *Die Juden in den geheimen NS-Stimmungsberichten 1933-1945*, docs. 288, 289, p. 245-247.

16   Zuckmayer: *Als wär's ein Stück von mir*, p. 71.

17   Zweig: *Die Welt von Gestern*, p. 469. Cf. também a descrição de Walter Grab: *Meine vier Leben. Gedächtniskünstler – Emigrant – Jakobinerforscher – Demokrat*, Colônia, 1999, p. 56-58. Ver também os relatos de David Schapira e Karl Sass sobre os maus-tratos dos judeus vienenses após a "anexação" da Áustria em *Die Verfolgung und Ermordung der europäischen Juden*, vol. 2, docs. 17/18, p. 113-123. Sobre os bastidores, cf. Gerhard Botz: *Nationalsozialismus in Wien. Machtübernahme, Herrschaftssicherung, Radikalisierung 1938/39*. Nova edição revista e ampliada, Viena, 2008, p. 126-136.

18   Cf. Gerwarth: *Reinhard Heydrich*, p. 154 e seguinte; Friedländer: *Das Dritte Reich und die Juden*, vol. 1, p. 263.

19   Shirer: *Berliner Tagebuch*, p. 109 (23 de março de 1938).

20   Relatório de Ubaldo Rochira, de 26 de abril de 1938; Bajohr/Strupp (orgs.): *Fremde Blicke auf das "Dritte Reich"*, p. 481 e seguinte.

21   Cf. Botz: *Nationalsozialismus in Wien*, p. 137-145. Cf. Goebbels: *Tagebücher*, Parte I, vol. 5, p. 255 (23 de março de 1938): "Muitos suicídios de judeus em Viena."

22   Cf. Botz: *Nationalsozialismus in Wien*, p. 313-324; Friedländer: *Das Dritte Reich und die Juden*, vol. 1, p. 263 e seguinte.

23   Cf. David Cesarani: *Adolf Eichmann. Bürokrat und Massenmörder. Biographie*, Berlim, 2002, p. 89-101; Botz: *Nationalsozialismus in Wien*, p. 332-342; Friedländer: *Das Dritte Reich und die Juden*, vol. 1, p. 265 e seguinte; Wildt: *Die Judenpolitik des SD 1935 bis 1938*, p. 52-54.

24   *Deutschland-Berichte der Sopade*, ano 5, 1938, p. 732 e seguinte Sobre o papel da Áustria "como câmara experimental para a perseguição aos judeus no *Reich*", cf. Hans Mommsen: *Auschwitz, 17.7.1942. Der Weg zur europäischen "Endlösung der Judenfrage"*, Munique, 2002, p. 76 e seguinte.

25   Klemperer: *Tagebücher 1933-1941*, p. 412 (29 de junho de 1938). Texto do decreto em *Die Verfolgung und Ermordung der europäischen Juden*, vol. 2, doc. 29, p. 139-141.

26 Friedländer: *Das Dritte Reich und die Juden*, vol. 1, p. 276. Texto do decreto em *Die Verfolgung und Ermordung der europäischen Juden*, vol. 2, doc. 84, p. 269 e seguinte. Victor Klemperer comentou: "Há cinco minutos li a lei sobre os nomes judaicos. Seria para rir se não fosse de perder o juízo." *Tagebücher 1933-1941*, p. 419 (24 de agosto de 1938).

27 Cf. Jürgen Bevers: *Der Mann hinter Adenauer. Hans Globkes Aufstieg vom NS-Juristen zur Grauen Eminenz der Bonner Republik*, Berlim, 2009, p. 28 e seguintes.

28 Cf. Wildt: *Volksgemeinschaft als Selbstermächtigung*, p. 303-306.

29 Goebbels: *Tagebücher*, Parte I, vol. 5, p. 269 (23 de abril de 1938).

30 O memorando foi publicado por Wolf Gruner: "A literatura não será capaz de...". "Denkschrift über die Behandlung der Juden in der Reichshauptstadt auf allen Gebieten des öffentlichen Lebens" [Memorando sobre o tratamento dos judeus na capital do *Reich* em todas as áreas da vida pública], de maio de 1938, in: *Jahrbuch für Antisemitismusforschung*, ano 4 (1995), p. 305-341. Cf. Wildt: *Die Judenpolitik des SD 1933-1938*, p. 55 e seguinte; Longerich: *Politik der Vernichtung*, p. 172 e seguinte.

31 Longerich: *Politik der Vernichtung*, p. 173.

32 Goebbels: *Tagebücher*, Parte I, vol. 5, p. 317 (25 de maio de 1938), 325 (30 de maio de 1938), 326 (31 de maio de 1938).

33 Ibid., p. 329 (2 de junho de 1938), 340 (11 de junho de 1938).

34 Relatório do embaixador dos Estados Unidos em Berlim ao ministro das Relações Exteriores, 22 de junho de 1938; *Die Verfolgung und Ermordung der europäischen Juden*, vol. 2, doc. 47, p. 176-179 (citações p. 177, 179). Cf. o relatório do embaixador italiano Bernardo Attolico, de 21 de junho de 1938; Bajohr/Strupp (orgs.): *Fremde Blicke auf das "Dritte Reich"*, p. 483 e seguinte.

35 B. Fromm: *Als Hitler mir die Hand küßte*, p. 294 (28 de junho de 1938). Cf. também *Deutschland-Berichte der Sopade*, ano 5, 1938, p. 755-761.

36 Relatório do escritório central do Serviço de Segurança II 112, de 1º de julho de 1938; Kulka/Jäckel (orgs.): *Die Juden in den geheimen NS-Stimmungsberichten 1933-1945*, nº 332, p. 278.

37 Goebbels: *Tagebücher*, Parte I, vol. 5, p. 351 (19 de junho de 1938). Cf. outros documentos em Christian Faludi (org.): *Die "Juni-Aktion" 1938. Eine Dokumentation zur Radikalisierung der Judenverfolgung*, Frankfurt am Main, 2013. Sobre a chamada ação "associal" que corria paralelamente: *Die Verfolgung und Ermordung der europäischen Juden*, vol. 2, doc. 39, p. 160 e seguinte; Longerich: *Politik der Vernichtung*, p. 175-177; Wildt: *Die Judenpolitik des SD 1933-1938*, p. 56.

38 Texto em *Die Verfolgung und Ermordung der europäischen Juden*, vol. 2, doc. 48, p. 180-182. Cf. Goebbels: *Tagebücher*, Parte I, vol. 5, p. 356 (22 e 23 de junho de 1938).

39 Longerich: *"Davon haben wir nichts gewusst!"*, p. 112-114; id.: *Joseph Goebbels*, p. 379.

40 Goebbels: *Tagebücher*, Parte I, vol. 5, p. 393 (25 de julho de 1938).

41 Publicado em *Die Verfolgung und Ermordung der europäischen Juden*, vol. 2, doc. 68, p. 234-243 (citação p. 234). Cf. Longerich: *Politik der Vernichtung*, p. 182 e seguinte.

42 Goebbels: *Tagebücher*, Parte I, vol. 5, p. 396 (27 de julho de 1938).

43 Eduardo Labougle para o ministro das Relações Exteriores José María Cantilo, 13 de agosto de 1938; Bajohr/Strupp (orgs.): *Fremde Blicke auf das "Dritte Reich"*, p. 488.

44 Relatório do escritório central do Serviço de Segurança II 112, de abril e maio de 1938; Wildt: *Die Judenpolitik des SD 1933-1938*, doc. 29, p. 186.

45 *Apud* Friedländer: *Das Dritte Reich und die Juden*, vol. 1, p. 270.

46 Domarus: Hitler, vol. I, 2, p. 899.

47 Apud Wildt: *Die Judenpolitik des SD 1933-1938*, p. 42. Cf. nas p. 40-45 a seção *"SD und Palästina"*.

48 *Apud* Longerich: *"Davon haben wir nichts gewusst!"*, p. 115.

49 Goebbels: *Tagebücher*, Parte I, vol. 5, p. 256 (11 de abril de 1938); cf. ibid., p. 269 e seguinte (23 de abril de 1938): "O *Führer* quer deportar todos eles. Tratar com a Polônia e a Romênia. Madagascar seria o ideal para eles." Segundo se lembrou o camareiro Karl Krause, o primeiro-ministro britânico Neville Chamberlain fez a seguinte pergunta durante sua visita a Berghof, em setembro de 1938: "Como o senhor chanceler do *Reich* pretende resolver a questão judaica?", ao que Hitler teria respondido: "O império internacional britânico possui ilhas suficientes! Libere uma! A ela poderiam ir todos os judeus do mundo [...]." Krause: *Zehn Jahre Kammerdiener*, p. 37.

50 Cf. Magnus Brechtken: *"Madagaskar für die Juden". Antisemitische Idee und politische Praxis 1885-1945*, Munique, 1997, p. 16 e seguinte, 34 e seguinte, 61 e seguinte.

51 Engel: *Heeresadjutant bei Hitler*, p. 31 (13 de agosto de 1938).

52 Kulka/Jäckel (orgs.): Die Juden in den geheimen NS-Stimmungsberichten 1933-1945, nº 353, p. 297; Longerich: *Politik der Vernichtung*, p. 193 e seguinte.

53 Cohn: *Kein Recht, nirgends*, vol. 2, p 533 (4 de novembro de 1938).

54 *Apud* Friedländer: *Das Dritte Reich und die Juden*, vol. 1, p. 290. Cf. Trude Maurer: *Abschiebung und Attentat. Die Ausweisung der polnischen Juden und der Vorwand für die "Kristallnacht"*, in: Pehle (org.): *Der Judenpogrom 1938*, p. 52-73; Hermann Graml: *Reichskristallnacht. Antisemitismus und Judenverfolgung im Dritten Reich*, Munique, 1988, p. 9-12. Quanto à suposição de que a ação teria tido um contexto homossexual (segundo Hans-Jürgen Döscher: *"Reichskristallnacht", Die Novemberpogrome 1938*, Frankfurt am Main/Berlin, 1988, p. 65 e seguinte, 154 e seguintes), faltam provas válidas.

55 A esse respeito, cf. Reuth: *Goebbels*, p. 348-351, 388-390; Longerich: *Joseph Goebbels*, p. 389-393.

56 Circular da DNB [*Deutsches Nachrichtenbüro* – Agência Alemã de Notícias], 7 de novembro de 1938; instrução dos nacional-socialistas à imprensa, vol. 6/III, nº 3176, p. 1050. Também publicado por Wolfgang Benz: *Der Novemberpogrom 1938*, in: id. (org.): *Die Juden in Deutschland 1933-1945. Leben unter nationalsozialistischer Herrschaft*, Munique, 1998, p. 506.

57 *Apud Die Verfolgung und Ermordung der europäischen Juden*, vol. 2, Introdução, p. 53. Cf. Benz: *Der Novemberpogrom 1938*, p. 505 e seguinte; outros comentários da imprensa em Longerich: *"Davon haben wir nichts gewusst!"*, p. 124 e seguinte.

58 Ruth Andreas-Friedrich: *Der Schattenmann. Tagebuchaufzeichnungen 1938-1945*, Frankfurt am Main 1983, p. 26 (9 de novembro de 1938).

59 Goebbels: *Tagebücher*, Parte I, vol. 6, p. 178 (9 de novembro de 1938). Sobre as trangressões em Hessen, ocorridas em 8-9 de novembro de 1938, cf. Wildt: *Volksgemeinschaft als Selbstermächtigung*, p. 320-324.

60 Cf. Friedländer: *Das Dritte Reich und die Juden*, vol. 1, p. 193.

61 Cf. Schmidt: *Hitlers Arzt Karl Brandt*, p. 165 e seguinte; Döscher: "*Reichskristallnacht*", p. 64; Goebbels: *Tagebücher*, Parte I, vol. 6, p. 179 (10 de novembro de 1938): "O estado [...] de Rath em Paris ainda é muito grave."

62 Below: *Als Hitlers Adjutant*, p. 136. O telegrama oficial de Brandt a Hitler com a notícia da morte chegou em Berlim às 18h20. Fac-símile em Döscher: "*Reichskristallnacht*", p. 74. Cf. Goebbels: *Tagebücher*, Parte I, vol. 6, p. 180 (10 de novembro de 1938): "À tarde será anunciada a morte do diplomata alemão vom Rath."

63 Segundo Evans: *Das Dritte Reich*, vol. 2/II, p. 703 e seguinte De uma "cuidadosa encenação" também fala Uwe Dietrich Adam: "*Wie spontan war der Pogrom?*", in: Pehle (org.): *Der Judenpogrom 1938*, p. 92. Cf. também Alan E. Steinweis: *Kristallnacht 1938. Ein deutscher Pogrom*, Stuttgart, 2011, p. 47-53.

64 Goebbels: *Tagebücher*, Parte I, vol. 6, p. 180 (10 de novembro de 1938).

65 Relatório do Supremo Tribunal do Partido a H. Göring, em 13 de fevereiro de 1939; processo contra os principais criminosos de guerra perante o Tribunal Militar Internacional em Nüremberg (IMT), 42 volumes, Nüremberg, 1947-49, vol. 32, doc. 3063-PS, p. 21. Cf. Benz: *Der Novemberpogrom 1938*, p. 510.

66 Goebbels: *Tagebücher*, Parte I, vol. 6, p. 180 (10 de novembro de 1938).

67 Ibid., p. 180 e seguinte (10 de novembro de 1938). Sobre o papel da "Stoßtrupp Hitler", cf. Angela Hermann: *Hitler und sein Stoßtrupp in der "Reichskristallnacht"*, em: *Vierteljahrshefte für Zeitgeschichte*, ano 56 (2008), p. 603-619, especialmente p. 611-617.

68 Texto em *Die Verfolgung und Ermordung der europäischen Juden*, vol. 2, doc. 125, p. 366 e seguinte; cf. Gerwarth: *Reinhard Heydrich*, p. 160.

69 Goebbels: *Tagebücher*, Parte I, vol. 6, p. 181 (10 de novembro de 1938): "O *Führer* ordenou que 2(5)-30.000 judeus sejam imediatamente detidos. Vai dar certo."

70 Texto em *Die Verfolgung und Ermordung der europäischen Juden*, vol. 2, doc. 126, p. 367 e seguinte; cf. Gerwarth: *Reinhard Heydrich*, p. 160.

71 Sobre a evolução do *Pogrom*, cf. Dieter Obst: "*Reichskristallnacht*". *Ursachen und Verlauf des antisemitischen Pogroms vom November 1938*, Frankfurt am Main 1991, p. 102 e seguintes; Graml: *Reichskristallnacht*, p. 22 e seguintes.

72 Goebbels: *Tagebücher*, Parte I, vol. 6, p. 181 e seguinte (10 e 11 de novembro de 1938).

73 *Apud* Obst: "*Reichskristallnacht*", p. 94.

74 Cf. Goebbels: *Tagebücher*, Parte I, vol. 6, p. 182 (11 de novembro de 1938): "Na Osteria relatei ao *Führer* [...] Com pequenas alterações, o *Führer* aprovou meu decreto sobre a interrupção das ações."

75 Apud Longerich: *"Davon haben wir nichts gewusst!"*, p. 125. Nas p. 126 e seguinte, relatos de jornais alemães. Outros comentários da imprensa em Benz: *Der Novemberpogrom 1938*, p. 515-519.

76 Domarus: *Hitler*, vol. I, 2, p. 973, 978. Às observações críticas de *Winifred Wagner*, Hitler respondeu: "Mas era preciso que acontecesse algo do gênero para que os judeus fossem finalmente retirados da Alemanha." Aos filhos de Wagner, Hitler negou ter tido alguma participação na noite do *Pogrom*. Hamann: *Winifred Wagner*, p. 380.

77 Relatório do escritório central do Serviço de Segurança II 112, 7 de dezembro de 1938; Kulka/Jäckel (orgs.): *Die Juden in den geheimen NS-Stimmungsberichten 1933-1945*, nº 356, p. 304-309; Longerich: *Politik der Vernichtung*, p. 203 e seguinte; Evans: *Das Dritte Reich*, vol. 2/II, p. 707 e seguinte, 714; Hermann: *Hitler und sein Stoßtrupp*, p. 608 e seguinte.

78 Segundo Friedländer: *Das Dritte Reich und die Juden*, vol. 1, p. 299.

79 Ute Gerhardt/Thomas Karlauf (orgs.): *Nie mehr zurück in dieses Land. Augenzeuge berichten über die Novemberpogrome 1938*, Berlim, 2009, p. 139. Sobre os rituais de humilhação, cf. detalhes em Obst: *"Reichskristallnacht"*, p. 279-307. Ver também Wildt: *Volksgemeinschaft als Selbstermächtigung*, p. 345 e seguinte; Longerich: *Politik der Vernichtung*, p. 203 e seguinte; Evans: *Das Dritte Reich*, vol. 2/II, p. 714. O presidente da Baixa Baviera e do Alto Palatinado relatou, em 8 de dezembro de 1938: "Na manhã de 10 de novembro, em Regensburg, os homens foram conduzidos pela cidade antes de serem transportados em um trem fechado. Tinham de carregar um grande cartaz com a inscrição 'êxodo dos judeus'." Kulka/Jäckel (orgs.): *Die Juden in den geheimen NS-Stimmungsberichten 1933-1945*, nº 377, p. 329.

80 Relato das memórias de Karl R. Schwab; Gerhardt/Karlauf (orgs.): *Nie mehr zurück in dieses Land*, p. 142. Cf. também ibid., p. 163-168, o relato das memórias de Karl Rosenthal, rabino da comunidade reformista de Berlim. Outros relatos em Ben Barkow/Raphael Gross/Michael Lenarz (orgs.): *Novemberpogrom 1938. Die Augenzeugenberichte der Wiener Library*, Londres/Frankfurt am Main, 2008, p. 485-654.

81 Klemperer: *Tagebücher 1933-1941*, p. 443 (6 de dezembro de 1938).

82 Gerhardt/Karlauf (orgs.): *Nie mehr zurück in dieses Land*, p. 37.

83 Ibid., p. 215. Sobre a experiência da violência e da inconsciência absolutas, cf. Wildt: *Volksgemeinschaft als Selbstermächtigung*, p. 347. Ver também Benz: *Der Novemberpogrom 1938*, p. 498 (*"Rückfall in die Barbarie"*).

84 Kulka/Jäckel (orgs.): *Die Juden in den geheimen NS-Stimmungsberichten 1933-1945*, nº 369, p. 324.

85 Ibid., nº 356, p. 304 e seguinte.

86 Feliks Chiczewski para a embaixada da Polônia em Berlim, 12 de novembro de 1938; Bajohr/Strupp (orgs.): *Fremde Blicke auf das "Dritte Reich"*, p. 503.

87 Kulka/Jäckel (orgs.): *Die Juden in den geheimen NS-Stimmungsberichten 1933-1945*, nº 356, p. 305.

88 Andreas-Friedrich: *Der Schattenmann*, p. 30 (10 de novembro de 1938).

89   Eduardo Labougle para o ministro das Relações Exteriores, José María Cantilo, 14 de novembro de 1938; Bajohr/Strupp (orgs.): *Fremde Blicke auf das "Dritte Reich"*, p. 514.

90   Cf. Dieter W. Röckenmaier: *Denunzianten. 47 Fallgeschichten aus den Akten der Gestapo in NS-Gau Mainfranken*, Würzburg, 1998. Ver também Eric A. Johnson: *Der nationalsozialistische Terror. Gestapo, Juden und gewöhnliche Deutsche*, Berlim, 2001, p. 110 e seguintes.

91   Guido Romano sobre a situação política, 12 de novembro de 1938; Bajohr/Strupp (orgs.): *Fremde Blicke auf das "Dritte Reich"*, p. 509.

92   *Deutschland-Berichte der Sopade*, ano 5, 1938, p. 1204. Sobre a relativização dessa declaração, cf. Longerich: *"Davon haben wir nichts gewusst!"*, p. 131.

93   Relato de Samuel Honacker, 12 de novembro de 1938; Bajohr/Strupp (orgs.): *Fremde Blicke auf das "Dritte Reich"*, p. 505.

94   Cf. os relatórios em Kulka/Jäckel (orgs.): *Die Juden in den geheimen NS-Stimmungsberichten 1933-1945*, nº 358, p. 316; nº 359, p. 318; nº 363, p. 319; nº 368, p. 322; nº 369, p. 323; nº 376, p. 328; nº 385, p. 333, nº 313, p. 337.

95   *Apud* Hans Mommsen/Dieter Obst: *"Die Reaktion der deutschen Bevölkerung auf die Verfolgung der Juden 1933-1943"*, em: Hans Mommsen/Susanne Willems (orgs.): *Herrschaftsalltag im Dritten Reich. Studien und Texte*, Düsseldorf, 1988, p. 392. Cf. Kulka/Jäckel (orgs.): *Die Juden in den geheimen NS-Stimmungsberichten 1933-1945*, nº 376, p. 329; nº 387, p. 334; nº 395, p. 338.

96   Kulka/Jäckel (orgs.): *Die Juden in den geheimen NS-Stimmungsberichten 1933-1945*, nº 380, p. 331.

97   Relato de Wolstan Weld-Forester, 24 de novembro de 1938; Bajohr/Strupp (orgs.): *Fremde Blicke auf das "Dritte Reich"*, p. 520.

98   *Apud* Christoph Cornelißen: *Gerhard Ritter. Geschichtswissenschaft und Politik im 20. Jahrhundert*, Düsseldorf, 2001, p. 244 e seguinte.

99   Hassell: *Vom andern Deutschland*, p. 26 (25 de novembro de 1938).

100   Franz-Rudolf von Weiss para o diplomata suíço em Berlim, Hans Fröhlicher, 12 e 13 de novembro de 1938; Bajohr/Strupp (orgs.): *Fremde Blicke auf das "Dritte Reich"*, p. 510. Cf. reações semelhantes em Benz: *Der Novemberpogrom 1938*, p. 527; Mommsen/Obst: *Die Reaktion der deutschen Bevölkerung*, p. 391; Gerhardt/Karlauf (orgs.): *Nie mehr zurück in dieses Land*, p. 90.

101   Sobre a posição das igrejas, cf. Friedländer: *Das Dritte Reich und die Juden*, vol. 1, p. 319 e seguinte.

102   Segundo Evans: *Das Dritte Reich*, vol. 2/II, p. 712. Cf. Frank Bajohr: *Vom antijudischen Konsens zum schlechten Gewissen. Die deutsche Gesellschaft und die Judenverfolgung 1933-1945*, em: id./Dieter Pohl: *Der Holocaust als offenes Geheimnis. Die Deutschen, die NS--Führung und die Alliierten*, Munique, 2006, p. 37-43.

103   Goebbels: *Tagebücher*, Parte I, vol. 6, p. 182 (11 de novembro de 1938).

104   Segundo Göring em conversa de 12 de novembro de 1938; *Die Verfolgung und Ermordung der europäischen Juden*, vol. 2, doc. 146, p. 408.

105 Ata da reunião de 12 de novembro de 1938 em ibid., p. 408-437 (citações na sequência p. 421, 415 e seguinte, 432 e seguinte, 435).

106 Goebbels: *Tagebücher*, Parte I, vol. 6, p. 185 (13 de novembro de 1938). Texto dos decretos em *Die Verfolgung und Ermordung der europäischen Juden*, vol. 2, docs. 142-144, p. 403-405.

107 Cf. Barkai: *"Schicksalsjahr 1938"*, p. 115 e seguinte.

108 Cf. Aly: *Hitlers Volksstaat*, p. 61.

109 Susanne Heim/Götz Aly: *"Staatliche Ordnung und "organische Lösung"*. Dirscurso de Hermann Göring "sobre a questão judaica" de 6 de dezembro de 1938, em: *Jahrbuch für Antisemitismusforschung*, ano 2 (1992), p. 378-404 (citação p. 392).

110 Texto do decreto em *Die Verfolgung und Ermordung der europäischen Juden*, vol. 2, doc. 152, p. 450 e seguinte.

111 Cf. Longerich: *Politik der Vernichtung*, p. 213 e seguinte; Friedländer: *Das Dritte Reich und die Juden*, vol. 1, p. 307.

112 Klemperer: *Tagebücher 1933-1941*, p. 442 (6 de dezembro de 1938), (31 de dezembro de 1938).

113 Goebbels: *Tagebücher*, Parte I, vol. 6, p. 209 (4 de dezembro de 1938).

114 Cf. Longerich: *Politik der Vernichtung*, p. 214. Texto da lei do *Reich* de 30 de abril de 1939 em *Die Verfolgung und Ermordung der europäischen Juden*, vol. 2, doc. 277, p. 743-746.

115 Ibid., doc. 146, p. 431.

116 Cf. Gerwarth: *Reinhard Heydrich*, p. 163. Ver também Gabriele Anderl: *Die "Zentralstellen für jüdische Auswanderung"* em *Wien, Berlin und Prag. Ein Vergleich*, em: *Tel Aviver Jahrbuch für deutsche Geschichte*, vol. 23 (1994), p. 275-299. Texto do mandado de Göring, de 24 de janeiro de 1939, em *Die Verfolgung und Ermordung der europäischen Juden*, vol. 2, doc. 243, p. 656 e seguinte.

117 Gerhardt/Karlauf (orgs.): *Nie mehr zurück in dieses Land*, p. 155. Cf. também Klemperer: *Tagebücher 1939-1941*, p. 464 (6 de março de 1939): "Todos buscam desesperadamente ir embora, mas está cada vez mais difícil."

118 Números conforme Evans: *Das Dritte Reich*, vol. 2/II, p. 725.

119 Gerhardt/Karlauf (orgs.): *Nie mehr zurück in dieses Land*, p. 311 e seguinte.

120 Segundo o título do capítulo em Friedländer: *Das Dritte Reich und die Juden*, vol. 1, p. 329.

121 *Die Verfolgung und Ermordung der europäischen Juden*, vol. 2, doc. 146, p. 436.

122 Anotação do conselheiro da legação W. Hewel sobre a conversa entre Hitler e o ministro Pirow, 24 de novembro de 1938; *Die Verfolgung und Ermordung der europäischen Juden*, vol. 2, doc. 172, p. 486-491 (citações p. 488). Sobre a visita de Pirow, cf. Brentken: *"Madagaskar für die Juden"*, p. 199-202.

123 Domarus: *Hitler*, vol. II, 1, p. 1047-1067 (citações p. 1057 e seguinte).

124 Cf. sobretudo Hans Mommsen: *Hitler's Reichstag Speech of 30 January 1939*, em: *History & Memory*, vol. 9 (1997), p. 147-161 (especialmente p. 148, 150 e seguinte).

125 Relatório do embaixador suíço em Paris, Walter Stücki, ao chefe do Departamento Federal de Política, Giuseppe Motta, 15 de novembro de 1938; *Die Verfolgung und Ermordung der europäischen Juden*, vol. 2, doc. 151, p. 447-450 (citação p. 449).

126 Sobre essa interpretação, cf. Friedländer: *Das Dritte Reich und die Juden*, vol. 1, p. 335-337; Evans: *Das Dritte Reich*, vol. 2/II, p. 731; Kershaw: Hitler, vol. II, p. 214. Ver também a inteligente análise de Philippe Burrin: *Warum die Deutschen? Antisemitismus, Nationalsozialismus, Genozid*. Berlim, 2004, p. 96-111.

Capítulo 21. A caminho da guerra

1 Domarus: *Hitler*, vol. I, 2, p. 668.

2 Ibid., p. 681.

3 Shirer: *Berliner Tagebuch*, p. 73 (8 de abril de 1937).

4 Goebbels: *Tagebücher*, Parte I, vol. 3/II, p. 102 (9 de junho de 1936).

5 Texto em *ADAP*, série C, vol. 5, 2, nº 446, p. 703-707.

6 *Apud* Norbert Schausberger: *Österreich und die nationalsozialistische Anschlußpolitik*, em: Manfred Funke (org.): *Hitler, Deutschland und die Mächte. Materialien zur Außenpolitik des Dritten Reiches*, Düsseldorf 1978, p. 740.

7 Cf. também Hans-Henning Abendroth: *Deutschlands Rolle im Spanischen Bürgerkrieg*, in: ibid., p. 471-488 (aqui p. 472-474); ver também Frank Schauff: *Der Spanische Bürgerkrieg*, Gotinga 2006, p. 67 e seguintes, 145 e seguintes.

8 Goebbels: *Tagebücher*, Parte I, vol. 3/II, p. 135 (20 de agosto de 1936).

9 Cf. Hamann: *Winifred Wagner*, p. 321.

10 *ADAP*, série D, vol. 3, nº 4, p. 8. Cf. Abendroth: *Deutschlands Rolle im Spanischen Bürgerkrieg*, p. 474 e seguinte.

11 Ribbentrop: *Zwischen London und Moskau*, p. 89. Hitler argumentou de modo semelhante na reunião de gabinete de 1º de dezembro de 1936; cf. Goebbels: *Tagebücher*, Parte I, vol. 3/II, p. 272 e seguinte (2 de dezembro de 1936).

12 Cf. Kube: *Pour le mérite und Hakenkreuz*, p. 165 e seguinte; sobre os motivos de Hitler, cf. Carlos Collado Seidel: *Der Spanische Bürgerkrieg. Geschichte eines europäischen Konflikts*, Munique, 2006, p. 91-95; Wendt: *Großdeutschland*, p. 111 e seguinte; Hildebrand: *Das vergangene Reich*, p. 628 e seguinte; Thamer: *Verführung und Gewalt*, p. 545-547.

13 Goebbels: *Tagebücher*, Parte I, vol. 3/II, p. 140 (27 de julho de 1936).

14 Cf. Hugh Thomas: *Der Spanische Bürgerkrieg*, Frankfurt am Main, 1964, p. 326-329; Evans: *Das Dritte Reich*, vol. 2/II, p. 774.

15 Goebbels: *Tagebücher*, Parte I, vol. 4, p. 160 (31 de maio de 1937). Cf. Shirer: *Berliner Tagebuch*, p. 75 (30 de maio de 1937): "Um informante conta que Hitler teria gritado o dia todo e que queria declarar guerra à Espanha. Exército e Marinha tentam detê-lo."

16 Goebbels: *Tagebücher*, Parte I, vol. 4, p. 162 (1º de junho de 1937), 165 (3 de junho de 1937).

17 Cf. ibid., p. 185 (18 de junho de 1937); Domarus: *Hitler*, vol, I, 2, p. 701.

18   Goebbels: *Tagebücher*, Parte I, vol. 4, p. 231 (24 de julho de 1937). Cf. ibid., p. 282 (26 de agosto de 1937): "Aos poucos, esse conflito espanhol está dando nos nervos." Ver também Eberle/Uhl (orgs.): *Das Buch Hitler*, p. 65, com a manifestação de Hitler: "No aspecto militar, Franco é totalmente incapaz. Um típico segundo-sargento, nada além disso."

19   Hassell: *Römische Tagebücher*, p. 144 (26 de julho de 1936).

20   Ibid., p. 164 (6 de dezembro de 1936).

21   *ADAP*, série C, vol. 5, 2, nº 624, p. 1056-1058.

22   Petersen: *Hitler – Mussolini*, p. 491.

23   *Apud* Rauscher: *Hitler und Mussolini*, p. 241; cf. Falanga: *Mussolinis Vorposten*, p. 80.

24   *Apud* Petersen: *Hitler – Mussolini*, p. 492.

25   Schmidt: *Statist auf diplomatischer Bühne*, p. 335 e seguinte; cf. Kershaw: *Hitlers Freunde in England*, p. 169-171.

26   Kershaw: *Hitlers Freunde in England*, p. 178.

27   Josef Henke: *England in Hitlers politischem Kalkül*, Boppard am Rhein, 1973, p. 63.

28   Ribbentrop: *Zwischen London und Moskau*, p. 93.

29   Apud Wolfgang Michalka: *Ribbentrop und die deustsche Weltpolitik 1933-1940. Außenpolitische Konzeptionen und Entscheidungsprozesse im Dritten Reich*, Munique ,1980, p. 121.

30   Goebbels: *Tagebücher*, Parte I, vol. 3/II, p. 249 (13 de novembro de 1936).

31   Speer: *Erinnerungen*, p. 86; cf. Wiedemann: *Der Mann*, p. 152; Ribbentrop: *Zwischen London und Moskau*, p. 104; Henke: *England in Hitlers politischem Kalkül*, p. 67; Goebbels: *Tagebücher*, Parte I, vol. 3/II, p. 278 (5 de dezembro de 1936): "O *Führer* está furioso com os falsos moralistas [...] O governo Baldwin se comporta muito mal."

32   Sobre o surgimento e o encerramento do Acordo, ver a obra fundamental de Theo Sommer: *Deutschland und Japan zwischen den Mächten 1935-1940. Vom Antikominternpakt zum Dreimächtepakt*, Tübingen, 1962, p. 23-56 (ver também p. 493-495 do texto e o acordo adicional e secreto do Acordo).

33   Cf. Michalka: *Ribbentrop und die Deutsche Weltpolitik*, p. 135.

34   Goebbels: *Tagebücher*, Parte I, vol. 3/II, p. 219 (21 de outubro de 1936).

35   Segundo Sommer: *Deutschland und Japan zwischen den Mächten*, p. 49.

36   Goebbels: *Tagebücher*, Parte I, vol. 3/II, p. 349 (28 de janeiro de 1937).

37   Ibid., p. 389 (23 de fevereiro de 1937).

38   Ibid., vol. 4, p. 52 (15 de março de 1937). Em maio de 1937, Hassell soube por Neurath, em Roma, que "Hitler, aparentemente, deu a Tchecoslováquia por perdida, ou seja, não almeja um entendimento efetivo, mas considera um desmembramento como final [...]". Hassell: *Römische Tagebücher*, p. 199 (6 de maio de 1937).

39   Goebbels: *Tagebücher*, Parte I, vol. 4, p. 87 (10 de abril de 1937).

40   Ibid., p. 247 (3 de agosto de 1937). No último dia da convenção do partido em Nüremberg, em 1937, Hitler observou a Goebbels: "A [questão da] Áustria [...] será resolvida com violência." Ibid., p. 312 (14 de setembro de 1937).

41   Henke: *England in Hitlers politischem Kalkül*, p. 81.

42 Cf. Goebbels: *Tagebücher*, Parte I, vol. 4, p. 154 (28 de maio de 1937).

43 Sobre o complexo total, cf. Robert Alexander Clarke Parker: *Chamberlain and Appeasement. British Policy and the Coming of the Second World War*, Londres 1993; ver também Schmidt: *Die Außenpolitik des Dritten Reiches 1933-1939*, p. 232-239.

44 Goebbels: *Tagebücher*, Parte I, vol. 4, p. 214 (10 de julho de 1937), 217 (13 de julho de 1937), 185 (18 de junho de 1937).

45 Cf. Falanga: *Mussolinis Vorposten*, p. 88.

46 Goebbels: *Tagebücher*, Parte I, vol. 4, p. 296 (5 de setembro de 1937). Cf. ibid., p. 315 (9 de setembro de 1937), 318 (19 de setembro de 1937), 321 (21 de setembro de 1937), 322 (22 de setembro de 1937), 324 (23 de setembro de 1937).

47 Ibid., p. 328 (26 de setembro de 1937).

48 Schmidt: *Statist auf diplomatischer Bühne*, p. 365 e seguinte; as caracterizações de Schmidt se apoiam na apresentação de François-Poncet: *Als Botschafter in Berlin*, p. 299 e seguinte.

49 Cf. Domarus: *Hitler*, vol. I, 2, p. 734.

50 Goebbels: *Tagebücher*, Parte I, vol. 4, p. 332 (28 de setembro de 1937). Cf. também Frank: *Im Angesicht des Galgens*, p. 269 e seguinte.

51 Schmidt: *Statist auf diplomatischer Bühne*, p. 367.

52 Ibid., p. 368.

53 Domarus: *Hitler*, vol. I, 2, p. 735.

54 Cf. Ibid., p. 737 e seguinte; Rauscher: *Hitler und Mussolini*, p. 248; Goebbels: *Tagebücher*, Parte I, vol. 4, p. 334: Mussolini "fala com ênfase entusiasmada [...] Às vezes, se excede. Mas isso não causa nenhum dano ao efeito."

55 François-Poncet: *Als Botschafter in Berlin*, p. 310. Ciano, ministro das Relações Exteriores, fez uma breve anotação sobre o comício: "Muita comoção e muita chuva." Galeazzo Ciano: *Tagebücher 1937/38*, Hamburgo, 1949, p. 19.

56 Frank: *Im Angesicht des Galgens*, p. 271; cf. Below: *Als Adjutant Hitlers*, p. 44.

57 Cf. Rauscher: *Hitler und Mussolini*, p. 245.

58 Goebbels: *Tagebücher*, Parte I, vol. 4, p. 335 e seguinte (30 de setembro de 1937).

59 Hamann: *Winifred Wagner*, p. 350. Cf. também Goebbels: *Tagebücher*, Parte I, vol. 4, p. 336 (30 de setembro de 1937): Hitler está "feliz que tudo tenha corrido bem".

60 Frank: *Im Angesicht des Galgens*, p. 273.

61 Rauscher: *Hitler und Mussolini*, p. 248.

62 Goebbels: *Tagebücher*, Parte I, vol. 4, p. 332 (28 de setembro de 1937): "Apenas a [questão da] Áustria ainda [está] em aberto. Ele sempre foge do assunto."

63 Ibid., p. 329 (26 de setembro de 1937); cf. Wiedemann: *Der Mann*, p. 133.

64 *Monologe*, p. 144 (20 de novembro de 1941), 246 (31 de janeiro de 1942). Cf. ibid., p. 44 (21 e 22 de julho de 1941). Registro de Wiedemann sobre a "posição da Itália": "M[ussolini] e H[itler] têm tantas ideias em comum e até mesmo uma carreira tão semelhante que entre eles se desenvolveu uma relação de forte amizade e confiança pessoal." BA Koblenz, N 1720/4.

65   Domarus: *Hitler*, vol. I, 2, p. 745.

66   Sobre a questão da autenticidade da ata de Hoßbach, cf. Walter Bussmann: *Zur Entstehung und Überlieferung der "Hoßbach-Niederschrift"*, em: *Vierteljahrshefte für Zeitgeschichte*, ano 16 (1968), p. 373-378; Jonathan Wright e Paul Stafford: *Hitler, Britain and the Hoßbach-Memorandum*, em: Militärgeschichtliche Mitteilungen 46 (1987/2), p. 77-123. Ver também os registros de Hoßbach sobre a origem histórica em Hoßbach: *Zwischen Wehrmacht und Hitler*, p. 189-192.

67   Sobre a história prévia da reunião de 5 de novembro de 1937, cf. Wendt: *Großdeutschland*, p. 11-14.

68   O texto de Hoßbach foi publicado em Hoßbach: *Zwischen Wehrmacht und Hitler*, p. 181-189; Domarus: *Hitler*, vol. I, 2, p. 748-745 (é citado posteriormente). Sobre a reprodução detalhada do conteúdo, cf. Wendt: *Großdeutschland*, p. 15-24.

69   Publicado em IMT, vol. 34, p. 745 e seguintes.

70   Segundo Wendt: *Großdeutschland*, p. 27. Em contrapartida, cf. também Karl Heinz Janßen/Fritz Tobias: *Der Sturz der Generäle. Hitler und die Blomberg-Fritsch-Krise 1938*, Munique, 1994, p. 18.

71   IMT, vol. 16, p. 640 e seguinte.

72   Cf. Janßen/Tobias: *Der Sturz der Generäle*, p. 24-31. A descrição corrige a tese mais antiga da pesquisa, segundo a qual o caso da crise Blomberg-Fritsch se tratava de um complô encenado por Himmler, Heydrich e Göring. A esse respeito, cf. Harold C. Deutsch: *Das Komplott oder die Entmachung der Generale. Blomberg- und Fritsch-Krise. Hitlers Weg zum Krieg*. Zurique, 1974. Sobre o caso Blomberg com Margarethe Gruhn, cf. também Schäfer: *Werner von Blomberg*, p. 175-177.

73   Cf. Janßen/Tobias: *Der Sturz der Generäle*, p. 38-42 (citação p. 41); Schäfer: *Werner von Blomberg*, p. 178 e seguinte.

74   Cf. Janßen/Tobias: *Der Sturz der Generäle*, p. 27 e seguinte, 43-50 (citação p. 45, 50); Schäfer: *Werner von Blomberg*, p. 180 e seguinte.

75   Segundo Janßen e Tobias: *Der Sturz der Generäle*, p. 51.

76   Below: *Als Adjutant Hitlers*, p. 63 e seguinte.

77   Wiedemann: *Der Mann*, p. 112; cf. Goebbels: *Tagebücher*, Parte I, vol. 5, p. 127 (1º de fevereiro de 1938): "O *Führer* [...] se queixa para mim de todo o seu sofrimento. Como todos os ideais humanos se romperam para ele. Blomberg se casa com uma puta, fica com ela e desiste do Estado [...] O *Führer* confiou cegamente nele. Foi um grande erro."

78   Goebbels: *Tagebücher*, Parte I, vol. 5, p. 115 (26 de janeiro de 1938).

79   Hoßbach: *Zwischen Wehrmacht und Hitler*, p. 107 e seguinte.

80   Cf. Janßen/Tobias: *Der Sturz der Generäle*, p. 53-55; Schäfer: *Werner von Blomberg*, p. 187 e seguinte.

81   Engel: *Heeresadjutant bei Hitler*, p. 20 e seguinte (26 de abril de 1938).

82   Cf. Janßen/Tobias: *Der Sturz der Generäle*, p. 84 e seguinte.

83   François-Poncet: *Als Botschafter in Berlin*, p. 291.

84   Cf. Janßen/Tobias: *Der Sturz der Generäle*, p. 86-97.

85 Hoßbach: *Zwischen Wehrmacht und Hitler*, p. 108.

86 Ibid., p. 108-110 (citação p. 110). Cf. Janßen/Tobias: *Der Sturz der Generäle*, p. 97-100.

87 Hoßbach: *Zwischen Wehrmacht und Hitler*, p. 110.

88 Goebbels: *Tagebücher*, Parte I, vol. 5, p. 117 e seguinte (27 de janeiro de 1938).

89 Hoßbach: *Zwischen Wehrmacht und Hitler*, p. 112; cf. Janßen/Tobias: *Der Sturz der Generäle*, p. 91, 104.

90 Horst Mühleisen: *Die Fritsch-Krise im Frühjahr 1938. Neue Dokumente aus dem Nachlaß des Generalobersten*, in: Militärgeschichtliche Mitteilungen 56 (1997/2), p. 471-508, doc. 1. A citação anterior encontra-se em Hoßbach: *Zwischen Wehrmacht und Hitler*, p. 112. Cf. Janßen/Tobias: *Der Sturz der Generäle*, p. 104-108.

91 Para a citação seguinte, ver Goebbels: *Tagebücher*, Parte I, vol. 5, p. 119 (28 de janeiro de 1938). Cf. Janßen/Tobias: *Der Sturz der Generäle*, p. 109-114.

92 Cf. Goebbels: *Tagebücher*, Parte I, vol. 5, p. 122 (29 de janeiro de 1938). Sobre a turbulenta audiência de demissão, cf. Hoßbach: *Zwischen Wehrmacht und Hitler*, p. 115-118.

93 Goebbels: *Tagebücher*, Parte I, vol. 5, p. 124.

94 Cf. Janßen/Tobias: *Der Sturz der Generäle*, p. 116-123.

95 Goebbels: *Tagebücher*, Parte I, vol. 5, p. 127 (1º de fevereiro de 1938).

96 Janßen/Tobias: *Der Sturz der Generäle*, p. 140.

97 Wiedemann: *Der Mann*, p. 113. Cf. Janßen/Tobias: *Der Sturz der Generäle*, p. 125 e seguinte.

98 Goebbels: *Tagebücher*, Parte I, vol. 5, p. 119 (28 de janeiro de 1938). Cf. Janßen/Tobias: *Der Sturz der Generäle*, p. 126 e seguinte.

99 Goebbels: *Tagebücher*, Parte I, vol. 5, p. 119 (28 de janeiro de 1938).

100 Below: *Als Hitlers Adjutant*, p. 75.

101 Goebbels: *Tagebücher*, Parte I, vol. 5, p. 125 (31 de janeiro de 1938).

102 Ibid., p. 127 (1º de fevereiro de 1938).

103 Janßen/Tobias: *Der Sturz der Generäle*, p. 149; Domarus: *Hitler*, vol. I, 2, p. 782.

104 Goebbels: *Tagebücher*, Parte I, vol. 5, p. 127 (1º de fevereiro de 1938).

105 Sobre a reorganização diplomática de 4 de fevereiro de 1938, cf. ibid., p. 137 (5 de fevereiro de 1938); Below: *Als Hitlers Adjutant*, p. 73 e seguinte; Dietrich: *12 Jahre mit Hitler*, p. 50 e seguinte; Janßen/Tobias: *Der Sturz der Generäle*, p. 150 e seguinte; Conze *et al*: *Das Amt*, p. 124-126. Hassell já havia sido dispensado por Neurath desde 18 de janeiro de 1938. Supunha uma intriga pessoal contra ele como razão para seu desligamento. Cf. correspondência de Hassell a Neurath, 24 de janeiro de 1938, e de Neurath a Lammers, 26 de janeiro de 1938; BA Berlin-Lichterfelde, R 43 II/889b.

106 Goebbels: *Tagebücher*, Parte I, vol. 5, p. 138 (6 de fevereiro de 1938).

107 Janßen/Tobias: *Der Sturz der Generäle*, p. 152 e seguinte; Below: *Als Hitlers Adjutant*, p. 79; Kershaw: *Hitler*, vol. II, p. 103.

108 Goebbels: *Tagebücher*, Parte I, vol. 5, p. 140 (6 de fevereiro de 1938). Cf. também o agradecimento por escrito de Hitler a Blomberg e Neurath em *Die Regierung Hitler*, vol. V, doc. 31, p. 110 e seguinte.

109 François-Poncet: *Als Botschafter in Berlin*, p. 295. No telegrama de 5 de fevereiro de 1938, François-Poncet já falava de *"une sorte de 30 juin sec"* [uma espécie de 30 de junho seco]; Schäfer: *André François-Poncet als Botschafter in Berlin*, p. 281.

110 Texto do advogado e conde Rüdiger von der Goltz sobre o processo (redigido em 1945/46); IfZ Munique, zs 49. Uma descrição detalhada dos debates judiciais encontra-se em Janßen/Tobias: *Der Sturz der Generäle*, p. 173-182.

111 Ibid., p. 183.

112 Cf. ibid., p. 237-239, 247-249.

113 Cf. ibid., p. 77-79; Schäfer: *Werner von Blomberg*, p. 199 e seguintes.

114 IMT, vol. 28, p. 362.

115 Cf. Schausberger: *Österreich und die nationalsozialistische Anschlußpolitik*, p. 470 e seguinte.

116 Hassell: *Römische Tagebücher*, p. 173 (15 de janeiro de 1937). Cf. Kube: *Pour le mérite und Hakenkreuz*, p. 225-227.

117 Schmidt: *Statist auf diplomatischer Bühne*, p. 347; cf. Kube: *Pour le mérite und Hakenkreuz*, p. 230.

118 Cf. Kube: *Pour le mérite und Hakenkreuz*, p. 236 e seguinte, 239.

119 Schmidt: *Statist auf diplomatischer Bühne*, p., 377 e seguinte.

120 Goebbels: *Tagebücher*, Parte I, vol. 4, p. 415 (21 de novembro de 1937).

121 Cf. Schausberger: *Österreich und die nationalsozialistische Anschlußpolitik*, p. 478 e seguinte.

122 Papen: *Der Wahrheit eine Gasse*, p. 460; cf. Petzold: *Franz von Papen*, p. 252.

123 Cf. Below: *Als Hitlers Adjutant*, p. 84.

124 Cf. Papen: *Der Wahrheit eine Gasse*, p. 467 e seguinte.

125 Sobre o que vem em seguida, cf. Kurt von Schuschnigg: *Ein Requiem in Rot-Weiß-Rot*, Zurique, 1946, p. 38-44.

126 Ibid., p. 45.

127 Cf. *ADAP*, série D, vol. 1, n° 295, p. 423 e seguinte; Schuschnigg: *Ein Requiem*, p. 46 e seguinte; Papen: *Der Wahrheit eine Gasse*, p. 470 e seguinte.

128 Papen: *Der Wahrheit eine Gasse*, p. 471; cf. IMT, vol. 10, p. 567 e seguinte; Schuschnigg: *Ein Requiem*, p. 49.

129 Schuschnigg: *Ein Requiem*, p. 51; cf. Papen: *Der Wahrheit eine Gasse*, p. 475.

130 Eberle/Uhl (orgs.): *Das Buch Hitler*, p. 72.

131 Goebbels: *Tagebücher*, Parte I, vol. 5, p. 159 (16 de fevereiro de 1938). Cf. ibid., p. 157 (16 de fevereiro de 1938): "Ele procedeu de modo muito rigoroso com Schuschnigg [...] Canhões sempre falam uma boa língua."

132 Ibid., p. 161 (17 de fevereiro de 1938).

133 Domarus: *Hitler*, vol. I, 2, p. 801-803. Cf. *Tagebücher*, Parte I, vol. 5, p. 168 (21 de fevereiro de 1938).

134 Memorando de Wilhelm Keppler, assessor de Hitler na Áustria, 28 de fevereiro de 1938; *ADAP*, série D, vol. 1, n° 328, p. 450; cf. Kube: *Pour le mérite und Hakenkreuz*, p. 243.

135 Schausberger: *Österreich und die nationalsozialistische Anschlußpolitik*, p. 752.

136 Cf. Schuschnigg: *Ein Requiem*, p. 41.

137 Ciano: *Tagebücher* 1937/38, p. 123 (10 de março de 1938).

138 Goebbels: *Tagebücher*, Parte I, vol. 5, p. 198 e seguinte (10 de março de 1938).

139 Kessler: *Das Tagebuch*, vol. 9, p. 663 (16 de abril de 1936); cf. também Heiden: *Adolf Hitler. Ein Mann gegen Europa*, p. 266: a "substância da política de Hitler" consistiria "na reação imediata às circunstâncias".

140 Domarus: *Hitler*, vol. I, 2, p. 808 e seguinte.

141 Goebbels: *Tagebücher*, Parte I, vol. 5, p. 200 e seguinte (11 de março de 1938).

142 Ibid., p. 202 (12 de março de 1938).

143 *ADAP*, série D, vol. 1, n° 352, p. 470.

144 Cf. Spitzy: *So haben wir das Reich verspielt*, p. 233-238.

145 Cf. Goebbels: *Tagebücher*, Parte I, vol. 5, p. 202 (12 de março de 1938); IMT, vol. 16, p. 360-362; Kershaw: *Hitler*, vol. II, p. 124.

146 IMT, vol. 9, p. 333.

147 Below: *Als Hitlers Adjutant*, p. 90.

148 Sobre o decorrer dos acontecimentos, cf. as atas das conversas telefônicas em Schuschnigg: *Ein Requiem*, p. 84-98; IMT, vol. 16, p. 167 e seguinte; Goebbels: *Tagebücher*, Parte I, vol. 5, p. 203 (12 de março de 1938); Schausberger: *Österreich und die nationalsozialistische Anschlußpolitik*, p. 754 e seguinte; Kershaw: *Hitler*, vol. II, p. 125 e seguinte

149 IMT, vol. 31, p. 368 e seguinte; Domarus: *Hitler*, vol. I, 2, p. 813. Cf. Ciano: *Tagebücher*, 1937/38, p. 124 (12 de março de 1938).

150 Cf. Spitzy: *So haben wir das Reich verspielt*, p. 238.

151 Domarus: *Hitler*, vol. I, 2, p. 816 e seguinte; cf. Goebbels: *Tagebücher*, Parte I, vol. 5, p. 205 (13 de março de 1938).

152 Hamann: *Hitlers Edeljude*, p. 259 e seguinte.

153 Domarus: *Hitler*, vol. I, 2, p. 817.

154 Cf. Schroeder: *Er war mein Chef*, p, 85.

155 Domarus: *Hitler*, vol. I, 2, p. 820 e seguinte; cf. Goebbels: *Tagebücher*, Parte I, vol. 5, p. 208: "Com isso, a anexação está praticamente cumprida. Um momento histórico. Alegria indescritível para todos nós."

156 Wiedemann: *Der Mann*, p. 123.

157 Cf. Below: *Als Hitlers Adjutant*, p. 93; Schirach: *Ich glaubte an Hitler*, p. 240 e seguinte; Schroeder: *Er war mein Chef*, p. 85; Hoffmann: *Hitler wie ich ihn sah*, p. 97.

158 Domarus: *Hitler*, vol. I, 2, p. 824.

159 Below: *Als Hitlers Adjutant*, p. 93.

160 Cf. Domarus: Hitler, vol. I, 2, p. 825; Engel: *Heeresadjutant bei Hitler*, p. 15 e seguinte (14 de março de 1938); Baur: *Ich flog Mächtige der Erde*, p. 165; Spitzy: *So haben wir das Reich verspielt*, p. 248; Schirach: *Ich glaubte an Hitler*, p. 241.

161 Goebbels: *Tagebücher*, Parte I, vol. 5, p. 212 (16 de março de 1938), 214 (17 de março de 1938). Cf. Below: *Als Hitlers Adjutant*, p. 94; Schroeder: *Er war mein Chef*, p. 86.

162 Hamann: *Winifred Wagner*, p. 354.

163 *Die Weizsäcker-Papiere 1933-1950*, p. 123 (13 e 15 de março de 1938).

164 Cornelißen: *Gerhard Ritter*, p. 244; para opinião semelhante, cf. a correspondência do historiador Friedrich Meinecke para Hajo Holborn, de 7 de abril de 1938; Friedrich Meinecke: *Werke*, vol. VI: Ausgewählter Briefwechsel, Stuttgart, 1962, p. 180.

165 Evans: *Das Dritte Reich*, vol. 2/II, p. 802 e seguinte.

166 Cohn: *Kein Recht, nirgends*, vol. 1, p. 523 e seguinte (13 de março de 1938).

167 Klemperer: *Tagebücher 1933-1941*, p. 399 (20 de março de 1938).

168 Thomas Mann: *Tagebücher 1937-1939*, p. 188 (13 de março de 1938).

169 *Deutschland-Berichte der Sopade*, ano 5, 1938, p. 258.

170 Ibid., p. 263 e seguinte.

171 Ibid., p. 262.

172 Domarus: *Hitler*, vol. I, 2, p. 826-832.

173 Hamann: *Winifred Wagner*, p. 355; cf. Rieger: *Friedelind Wagner*, p. 105.

174 Cf. Spitzy: *So haben wir das Reich verspielt*, p. 254; Goebbels: *Tagebücher*, Parte I, vol. 5, p. 252 (10 de abril de 1938).

175 Goebbels: *Tagebücher*, Parte I, vol. 5, p. 256 (11 de abril de 1938). Cf. ibid., p. 254 (10 de abril de 1938); Domarus: Hitler, vol. I, 2, p. 850. Mesmo depois de 1945, Nicolaus von Below, ajudante de ordens de Hitler, ainda estava convencido de que, "de fato, após a anexação da Áustria, não havia mais do que meio milhão de eleitores na Alemanha que eram 'contra'". (*Als Hitlers Adjutant*, p. 96). O historiador social Hans-Ulrich Wehler também compartilha desse julgamento: "Em eleições livres sob a vigilância da Liga das Nações, supõe-se que o resultado (de 99 por cento dos votos) não teria sido diferente" (*Deutsche Gesellschaftsgeschichte*, vol. IV, p. 622). Contudo, essa constatação devia ser um exagero.

176 Klemperer: *Tagebücher 1933-1941*, p. 403 (10 de abril de 1938).

177 Sobre as vantagens da anexação, cf. Wendt: *Großdeutschland*, p. 143 e seguinte; Thamer: *Verführung und Gewalt*, p. 579 e seguinte; Schmidt: *Die Außenpolitik des Dritten Reiches*, p. 255 e seguinte; Evans: *Das Dritte Reich*, vol. 2/II, p. 793 e seguinte; Tooze: *Ökonomie der Zerstörung*, p. 290-292.

178 Below: *Als Hitlers Adjutant*, p. 95 e seguinte.

179 *Deutschland-Berichte der Sopade*, ano 5, 1938, p. 268. Cf. também Shirer: *Berliner Tagebuch*, p. 111 (14 de abril de 1938).

180 Goebbels: *Tagebücher*, Parte I, vol. 5, p. 222 (20 de março de 1938). Cf. Speer: *Erinnerungen*, p. 123: "Logo após a anexação da Áustria, Hitler encomendou um mapa da Europa central e mostrou a seu grupo privado, que o ouvia com devoção, que a Tchecoslováquia não tinha saída."

181 Relato de Konrad Henlein sobre sua audiência com o *Führer*, em 28 de março de 1938; *ADAP*, série D, vol. 2, nº 107, p. 158. Cf. Goebbels: *Tagebücher*, Parte I, vol. 5, p. 236 (29 de março de 1938): "O *Führer* conversou com Henlein; [o] lema [é] exigir mais do que Praga pode dar. Assim, as coisas vão avançar."

182 Correspondência de Konrad Henlein para Neurath, de 19 de novembro de 1937, com relatório para Hitler sobre questões atuais da política alemã na República da Tchecoslováquia; *ADAP*, série D, vol. 2, nº 23, p. 40-51 (citação p. 41). Sobre o contexto, cf. Ralf Gebel: *"Heim ins Reich"*. *Konrad Henlein und der Reichsgau Sudetenland (1938-1945)*, Munique, 1999.

183 Goebbels: *Tagebücher*, Parte I, vol. 5, p. 328 (1º de junho de 1938).

184 Registro de Rudolf Schmundt, ajudante de ordens da *Wehrmacht*, 22 de abril de 1938; Resumo da conversa entre Hitler e Keitel, em 21 de abril de 1938; *ADAP*, série D, vol. 2, nº 133, p. 190.

185 Registro sobre as oito exigências de Henlein, anunciadas em Karlsbad, em 24 de abril de 1938; ibid., nº 135, p. 192.

186 Cf. Görtemaker: *Eva Braun*, p. 214 e seguinte. Ao contrário do que supôs Görtemaker, Magda Goebbels não foi junto. Nos dias em que seu marido esteve na Itália, ela deu à luz seu quinto filho, a menina Hedda. Cf. Goebbels: *Tagebücher*, Parte I, vol. 5, p. 289 (6 de maio de 1938).

187 Cf. a descrição da recepção em Schmidt: *Statist auf diplomatischer Bühne*, p. 385; Spitzy: *So haben wir das Reich verspielt*, p. 263; Frank: *Im Angesicht des Galgens*, p. 292 e seguinte.

188 Cf. Görtemaker: *Eva Braun*, p. 214 e seguinte.

189 Goebbels: *Tagebücher*, Parte I, vol. 5, p. 290 (6 de maio de 1938).

190 Wiedemann: *Der Mann*, p. 139. Cf. Goebbels: *Tagebücher*, Parte I, vol. 5, p. 288 (5 de maio de 1938): "Uma situação fria, morta, vazia."

191 Frank: *Im Angesicht des Galgens*, p. 296. Cf. Rose: *Julius Schaub*, p. 176; Schroeder: *Er war mein Chef*, p. 87.

192 Cf. Schmidt: *Statist auf diplomatischer Bühne*, p. 386; Below: *Als Hitlers Adjutant*, p. 98; Wiedemann: *Der Mann*, p. 140 s; Goebbels: *Tagebücher*, Parte I, vol. 5, p. 288 e seguinte (6 de maio de 1938).

193 Wiedemann: *Der Mann*, p. 142. Sobre o incidente, cf. também os registros de Wiedemann em suas *"Einzelerinnerungen"*, São Francisco, 28 de março de 1939; BA Koblenz, N 1720/4; Spitzy: *So haben wir das Reich verspielt*, p. 266 e seguinte; Rose: *Julius Schaub*, p. 177 e seguinte; Schmidt: *Statist auf diplomatischer Bühne*, p. 386.

194 Schroeder: *Er war mein Chef*, p. 87.

195 Baur: *Ich flog Mächtige dieser Erde*, p. 162.

196 Below: *Als Hitlers Adjutant*, p. 99; Baur: *Ich flog Mächtige dieser Erde*, p. 163. Cf. Goebbels: *Tagebücher*, Parte I, vol. 5, p. 292 (7 de maio de 1938): "O *Führer* está furioso com essa cambada da corte."

197 Domarus: *Hitler*, vol. I, 2, p. 859-861 (citação p. 861). Cf. Goebbels: *Tagebücher*, Parte I, vol. 5, p. 294 (8 de maio de 1938): "Conversas importantes à mesa. Mussolini declara-se abertamente do nosso lado. O *Führer* lhe garante solenemente a fronteira de Brenner."

198 *Monologe*, p. 44 (21 e 22 de julho de 1941).

199 Ciano: *Tagebücher 1937/38*, p. 159 (9 de maio de 1938). Cf. Goebbels: *Tagebücher*, Parte I, vol. 5, p. 297 (10 de maio de 1938): "Despedida muito calorosa entre ele e o *Duce*."

200 *ADAP*, série D, vol. 1, n.º 761, p. 899.

201 *Die Weizsäcker-Papiere 1933-1950*, p. 128 (13 de maio de 1938). Cf. Goebbels: *Tagebücher*, Parte I, vol. 5, p. 292 (7 de maio de 1938): "Na questão tcheca, Mussolini nos dá carta branca."

202 Engel: *Heeresadjutant bei Hitler*, p. 23 (22 de maio de 1938).

203 Speer: *Erinnerungen*, p. 124; Frank: *Im Angesicht des Galgens* p. 296 e seguinte Cf. *Monologe*, p. 248 (31 de janeiro de 1942): "Realmente não se pode agradecer o suficiente a Noske, Ebert e Scheidemann o fato de terem acabado com isso." Ver também o registro de Wiedemann "*Einstellung zu den Fürstenhäusern*"; BA Koblenz, N 1720/4.

204 Cf. Below: *Als Hitlers Adjutant*, p. 100; Goebbels: *Tagebücher*, Parte I, vol. 5, p. 302 (12 de maio de 1938), 320 (27 de maio de 1938).

205 Para mais detalhes, cf. Gerhard L. Weinberg: *The May Crisis*, 1938, in: *Journal of Modern History*, 29, 1957, p. 213-225.

206 Goebbels: *Tagebücher*, Parte I, vol. 5, p. 323 (29 de maio de 1938).

207 Sobre a reunião de 28 de maio de 1938, cf. Müller: *Generaloberst Ludwig Beck*, p. 321 e seguinte; Below: *Als Hitlers Adjutant*, p. 101 e seguinte; Wiedemann: *Der Mann*, p. 126-128; registro de Wiedemann "*Krise Frühjahr und Sommer 1938*": "Como data deu-se não antes do final de setembro, talvez somente em maio de 1939. Neurath me disse em seguida: 'Agora temos pelo menos um ano. Muita coisa pode acontecer'." BA Koblenz, N 1720/4.

208 *ADAP*, série D, vol. 2, n.º 221, p. 281-285 (citação p. 282).

209 Ibid., n.º 282, p. 377-380 (citação p. 377).

210 Below: *Als Hitlers Adjutant*, p. 102.

211 Cf. Müller: *Generaloberst Ludwig Beck*, p. 313 e seguinte, 324-332.

212 Engel: *Heeresadjutant bei Hitler*, p. 24 (maio de 1938); cf. ibid., p. 27 (18 de julho de 1938).

213 Cf. Müller: *Generaloberst Ludwig Beck*, p. 335-338 (citação p. 338).

214 Ibid., p. 339 e seguinte.

215 Ibid., p. 342 e seguinte.

216 Declaração solene do general de Exército Wilhelm Adam referente à reunião de 4 de agosto de 1938 (1947/48); IfZ Munique zs 6. Cf. também Cf. Müller: Generaloberst Ludwig Beck, p. 351-354.

217 Goebbels: *Tagebücher*, Parte I, vol. 5, p. 393 (25 de julho de 1938). Cf. Engel: *Heeresadjutant bei Hitler*, p. 29 (2 de agosto de 1938).

218 Below: *Als Hitlers Adjutant*, p. 112.

219 Wiedemann: *Der Mann*, p. 172.

220 Engel: *Heeresadjutant bei Hitler*, p. 32 (17 de agosto de 1938). Sobre a reunião de 10 de agosto de 1938, cf. texto do general Gustav Adolf von Weitersheim, de 13 de fevereiro de 1948; IfZ Munique, zs 1655. Ver também Below: *Als Hitlers Adjutant*, p. 112 e seguinte; Müller: *Generaloberst Ludwig Beck*, p. 355.

221 Engel: *Heeresadjutant bei Hitler*, p. 33 (20 de agosto de 1938).

222 Cf. Müller: *Generaloberst Ludwig Beck*, p. 356-358; Christian Hartmann: Halder. Generalstabschef Hitlers 1938-1942; 2ª ed. revista e ampliada, Paderborn, 2010, p. 62-64.

223 Shirer: *Berliner Tagebuch*, p. 118 (4 de agosto de 1938).

224 Goebbels: *Tagebücher*, Parte I, vol. 5, p. 331 (3 de junho de 1938).

225 Sobre a missão de Wiedemann, cf. as diretivas de 15 de julho de 1938, dadas por Hitler, e o memorando de Wiedemann para Ribbentrop sobre sua conversa com Halifax em 18 de julho de 1938; BA Koblenz, N 1720/3. Ainda no mesmo dia, Wiedemann voou para Berchtesgaden, a fim de passar as informações a Hitler, mas teve de constatar que ele tinha preferido passear duas horas com Unity Mitford. Para seu ajudante de ordens reservou apenas cinco minutos do seu tempo. Registro de Wiedemann "*Krise Frühjahr und Sommer 1938*"; BA Koblenz, N 1720/4. Cf. também Wiedemann: *Der Mann*, p. 159-167. Registros diários de Max Wünsche, 15 de julho de 1938; BA Berlin-Lichterfelde, NS 10/125.

226 Cf. Engel: *Heeresadjutant bei Hitler*, p. 28 (agosto de 1938).

227 Hamann: *Winifred Wagner*, p. 371.

228 Goebbels: *Tagebücher*, Parte I, vol. 6, p. 29 (1º de agosto de 1938). Cf. também a descrição de Unity Mitford na carta a Diana Mitford, de 4 de agosto de 1938; Mosley (ed.): *The Mitfords*, p. 130 e seguinte.

229 Goebbels: *Tagebücher*, Parte I, vol. 6, p. 39 (10 de agosto de 1938).

230 Ibid., p. 49 (19 de agosto de 1938). Cf. ibid., p. 52 (21 de agosto de 1938): "No momento, todo o seu pensamento está preenchido com questões militares."

231 Declaração solene do general do Exército, Wilhelm Adam, referente à reunião sobre a Linha Siegfried com Hitler, em 27 de agosto de 1938 (1947/48); IfZ Munique, ZS 6; cf. também Anton Hoch e Hermann Weiß: *Die Erinnerungen des Generalobersten Wilhelm Adam*, in Wolfgang Benz (org.): *Miscellania. Festschrift für Helmut Krausnick zum 75. Geburtstag*. Stuttgart 1980, p. 55.

232 Goebbels: *Tagebücher*, Parte I, vol. 6, p. 68 (1º e 2 de setembro de 1938).

233 Correspondência de Dirksen para Wiedemann, de 29 de agosto de 1938, e telegrama de Wiedemann para Dirksen, de 1º de setembro de 1938; BA Koblenz, N 1720/6. Cf. registros diários de Max Wünsche, de 31 de agosto de 1938: posteriormente, comunicou-se a Meissner "que o *Führer* não receberia o diplomata Dirksen (referente à informação de Chamberlain)", BA Berlin-Lichterfelde, NS 10/125.

234 Goebbels: *Tagebücher*, Parte I, vol. 6, p. 70 (3 de setembro de 1938). Cf. Helmut Groscurth: *Tagebücher eines Abwehroffiziers 1938-1940*. Org. por Helmut Krausnick e Harold C. Deutsch. Stuttgart, 1970, p. 111 e seguinte (4 de setembro de 1938).

235 Ata de Schmundt, 4 de setembro de 1938; IMT, vol. 25, p. 404-469; *ADAP*, série D, vol. 2, nº 424, p. 546 e seguinte.

236 *Deutschland-Berichte der Sopade*, ano 5, 1938, p. 915 e seguinte; cf. Kershaw: *Der Hitler-Mythos*, p. 164 e seguinte; Evans: *Das Dritte Reich*, vol. 2/II, p. 816 e seguinte.

237 Engel: *Heeresadjutant bei Hitler*, p. 36 e seguinte (8 e 10 de setembro de 1938). Cf. Below: *Als Hitlers Adjutant*, p. 120 e seguinte.

238 Domarus: Hitler, vol. I, 2, p. 897-906 (citações p. 901, 904, 905).

239 Goebbels: *Tagebücher*, Parte I, vol. 6, p. 88 (13 de setembro de 1938); Shirer: *Berliner Tagebuch*, p. 123 (12 de setembro de 1938).

240 Goebbels: *Tagebücher*, Parte I, vol. 6, p. 89 (14 de setembro de 1938).

241 Cf. Schmidt: *Statist auf diplomatischer Bühne*, p. 394 e seguinte.

242 Cf. Schwarz: *Geniewahn*, p. 171.

243 Schmidt: *Statist auf diplomatischer Bühne*, p. 395-398. Sobre o decorrer da visita de Chamberlain, cf. também os registros diários de Max Wünsche, de 15 de setembro de 1938: posteriormente, às 10h15, houve a decolagem de Chamberlain e, às 12h36, foi anunciado o pouso de seu avião em Munique. Às 16h05, o trem especial entrou em Berchtesgaden, e às 17h10, a delegação britânica chegou a Berghof. Às 17h30, iniciou-se a reunião particular de Hitler com Chamberlain. Às 20h10, o primeiro-ministro britânico se despediu. BA Berlin-Lichterfelde, NS 10/125.

244 Weizsäcker: *Erinnerungen*, p. 244.

245 Cf. *Die Weizsäcker-Papiere 1933-1950*, p. 143˙(? de setembro de 1938).

246 *ADAP*, série D, vol. 2, nº 490, p. 639 e seguinte.

247 Goebbels: *Tagebücher*, Parte I, vol. 6, p. 97 (18 de setembro de 1938).

248 Ibid., p. 99 (19 de setembro de 1938).

249 Carta de Chamberlain a sua irmã, Ida, de 19 de setembro de 1938; Kershaw: Hitler, vol. II, p. 165, 167.

250 Goebbels: *Tagebücher*, Parte I, vol. 6, p. 105 (22 de setembro de 1938); cf. ibid., p. 101 (20 de setembro de 1938), 103 (21 de setembro de 1938): "O *Führer* irá abrir o jogo para Chamberlain; depois, chega, basta!"

251 Cf. Henderson: *Fehlschlag einer Mission*, p. 174 e seguinte; Schmidt: *Statist auf diplomatischer Bühne*, p. 400.

252 Schmidt: *Statist auf diplomatischer Bühne*, p. 400 e seguinte; Bullock: *Hitler*, p. 491-493 (segundo registro de Kirkpatrick); Goebbels: *Tagebücher*, Parte I, vol. 6, p. 107 (23 de setembro de 1938).

253 Schmidt: *Statist auf diplomatischer Bühne*, p. 402. Aparentemente, a descrição de Goebbels de que, em sua carta, Chamberlain teria se declarado "de acordo com as exigências do *Führer* de modo geral", baseia-se em um equívoco proposital. *Tagebücher*, Parte I, vol. 6, p. 108 (24 de setembro de 1938).

254 Shirer, *Berliner Tagebuch*, p. 133 (22 de setembro de 1938).

255 Goebbels: *Tagebücher*, Parte I, vol. 6, p. 109 (24 de setembro de 1938).

256 Cf. Henderson: *Fehlschlag einer Mission*, p. 178; Schmidt: *Statist auf diplomatischer Bühne*, p. 404.

257 Schmidt: *Statist auf diplomatischer Bühne*, p. 404 e seguinte; cf. Goebbels: *Tagebücher*, Parte I, vol. 6, p. 109 e seguinte (24 de setembro de 1938); Weizsäcker: *Erinnerungen*, p. 185.

258 Schmidt: *Statist auf diplomatischer Bühne*, p. 405 e seguinte; cf. Bullock: *Hitler*, p. 495 (segundo as anotações de Kirkpatrick).

259 Goebbels: *Tagebücher*, Parte I, vol. 6, p. 113 (26 de setembro de 1938).

260 Schmidt: *Statist auf diplomatischer Bühne*, p. 407; cf. Henderson: *Fehlschlag einer Mission*, p. 181; Bullock: *Hitler*, p. 496 (segundo as anotações de Kirkpatrick).

261 Shirer: *Berliner Tagebuch*, p. 137 (26 de setembro de 1938); cf. Groscurth: *Tagebücher eines Abwehroffiziers*, p. 124 (26 de setembro de 1938): "À noite, discurso do *Führer*. Gritaria pavorosa e indigna."

262 Domarus: *Hitler*, vol. I, 2, p. 923-932 (citações p. 925, 927, 930, 932). Goebbels descreveu a invectiva de Hitler como "uma obra-prima psicológica". *Tagebücher*, Parte I, vol. 6, p. 166 (27 de setembro de 1938).

263 Shirer: *Berliner Tagebuch*, p. 137 e seguinte (26 de setembro de 1938).

264 Schmidt: *Statist auf diplomatischer Bühne*, p. 408 e seguinte; Henderson: *Fehlschlag einer Mission*, p. 182 e seguinte; Bullock: *Hitler*, p. 499 (segundo as anotações de Kirkpatrick).

265 Cf. Goebbels: *Tagebücher*, Parte I, vol. 6, p. 116 (27 de setembro de 1938): "Pergunta: estariam os ingleses blefando ou querem mesmo encarar? Resposta: estão blefando."

266 Ibid., p. 118 (28 de setembro de 1938).

267 Cf. Andreas-Friedrich: *Der Schattenmann*, p. 9-11 (27 de setembro de 1938); Shirer: *Berliner Tagebuch*, p. 138 e seguinte (27 de setembro de 1938); Henderson: *Fehlschlag einer Mission*, p. 183 e seguinte.

268 Cf. Kershaw: *Der Hitler-Mythos*, p. 167-170; Bajohr/Strupp (orgs.): *Fremde Blicke auf das "Dritte Reich"*, p. 491 e seguinte. Mesmo uma partidária convicta de Hitler, como Ilse Heß, se perguntou no final de setembro de 1938 "se, talvez, em um ou dois anos, os Sudetos não caíssem como uma fruta madura, sem que precisássemos fazer tanto esforço". Contudo, acrescentou: "O *Führer* há de saber." I. Heß para R. Heß, 28 de setembro de 1938; BA Bern, Nl Heß, J1.211-1989/148, 61.

269 Goebbels: *Tagebücher*, Parte I, vol. 6, p. 125 (2 de outubro de 1938). Segundo a recordação de Wiedemann, em 28 de setembro de 1938, Goebbels teria dito à mesa do almoço na Chancelaria do *Reich*: "*M[ein] F[ührer]*, ontem o senhor viu a d[ivisão] marchar por Berlim; se acha que o povo alemão está pronto para a guerra, está enganado." Anotações abreviadas de Wiedemann, 25 de fevereiro de 1939; BA Koblenz, N 1720/4.

270 Hitler para Chamberlain, 27 de setembro de 1938; publicado em Henderson: *Fehlschlag einer Mission*, p. 343-346 (citação p. 346). Cf. Bullock: *Hitler*, p. 501; Schmidt: *Statist auf diplomatischer Bühne*, p. 409 e seguinte.

271 *Die Weizsäcker-Papiere*, p. 170 (registro de outubro de 1939 com retrospectiva de 1938/39), p. 144 (27 de setembro de 1938).

272 Hassell: *Vom andern Deutschland*, p. 19 (29 de setembro de 1938); cf. Goebbels: *Tagebücher*, Parte I, vol. 6, p. 119 (29 de setembro de 1938): "Ontem: dia dramático."

273 Schmidt: *Statist auf diplomatischer Bühne*, p. 410. A citação precedente é de Wiedemann: *Der Mann*, p. 178.

274 Schmidt: *Statist auf diplomatischer Bühne*, p. 411; cf. François-Poncet: *Als Botschafter in Berlin*, p. 333; Schäfer: *André François-Poncet als Botschafter in Berlin*, p. 309 e seguinte.

275 Cf. Schmidt: *Statist auf diplomatischer Bühne*, p. 411 e seguinte; cf. Falanga: *Mussolinis Vorposten*, p. 107 e seguinte.

276 Cf. Henderson: *Fehlschlag einer Mission*, p. 187; Schmidt: *Statist auf diplomatischer Bühne*, p. 413; Falanga: *Mussolinis Vorposten*, p. 108.

277 Cf. Below: *Als Hitlers Adjutant*, p. 128. Henderson: *Fehlschlag einer Mission*, p. 189 e seguinte; François-Poncet: *Als Botschafter in Berlin*, p. 335.

278 François-Poncet: *Als Botschafter in Berlin*, p. 336 e seguinte. Segundo Weizsäcker, "toda a reunião foi muito desagradável para Hitler [...] De resto, nunca esteve *par inter pares!*" *Die Weizsäcker-Papiere 1933-1950*, p. 172 (registro de outubro de 1939).

279 Schmidt: *Statist auf diplomatischer Bühne*, p. 414.

280 Cf. *Die Weizsäcker-Papiere 1933-1950*, p. 171 e seguinte (registro de outubro de 1939); Weizsäcker: *Erinnerungen*, p. 188 e seguinte.

281 Texto do Acordo de Munique em Domarus: *Hitler*, vol. I, 2, p. 942 e seguinte.

282 Shirer: *Berliner Tagebuch*, p. 140 (30 de setembro de 1938). Golo Mann anotou em 1º de outubro de 1938 em seu diário: "Fim da França. Mas as boas pessoas ainda não sabem." Lahme: *Golo Mann*, p. 141.

283 Goebbels: *Tagebücher*, Parte I, vol. 6, p. 122 (30 de setembro e 1º de outubro de 1938).

284 Schmidt: *Statist auf diplomatischer Bühne*, p. 417; texto da declaração em Domarus: *Hitler*, vol. I, 2, p. 946.

285 Goebbels: *Tagebücher*, Parte I, vol. 6, p. 125 (2 de outubro de 1938).

286 Engel: *Heeresadjutant bei Hitler*, p. 40 (1º de outubro de 1938).

287 Cf. Below: *Als Hitlers Adjutant*, p. 138.

288 Schmidt: *Statist auf diplomatischer Bühne*, p. 417 e seguinte.

289 Hamann: *Winifred Wagner*, p. 377.

290 *Deutschland-Berichte der Sopade*, ano 5, 1938, p. 942, 943.

291 Erich Kordt: *Nicht aus den Akten ... Die Wilhelmstraße in Frieden und Krieg. Erlebnisse, Begegnungen und Eindrücke 1928-1945*, Stuttgart, 1950, p. 260.

292 Treue: *Rede Hitlers vor der deutschen Presse*, p. 182.

293 *Deutschland-Berichte der Sopade*, ano 5, 1938, p. 393 e seguinte; cf. Thomas Mann, *Tagebücher 1937-1939*, p. 303 (2 de outubro de 1938): "A melhor parte do mundo está profundamente desesperada."

294 Cf. a convincente apresentação de Müller, que corrige a pesquisa mais antiga: *Generaloberst Ludwig Beck*, p. 366-368.

295 Cf. Hartamnn: *Halder*, p. 101-115; Rainer A. Blasius: *Für Großdeutschland gegen den Krieg. Ernst von Weizsäcker in den Krisen um die Tschechoslowakei und Polen 1938/39*, Colônia/Viena, 1981, p. 45, 55 e seguinte.

296 Cf. Gerd R. Ueberschär: *Die Septemberverschwörung 1938 und Widerstandsbewegungen bis zum Kriegsbeginn*, em *id.: Für ein anderes Deutschland. Der deutsche Widerstand gegen den NS-Staat 1933-1945*, Frankfurt am Main, 2006, p. 37 e seguinte.

297 Goebbels: *Tagebücher*, Parte I, vol. 6, p. 127 (3 de outubro de 1939); cf. ibid., p. 139 (10 de outubro de 1938): "O *Führer* quer acabar com os tchecos, seja na paz, seja na guer-

ra." No mesmo momento, segundo o relato de Weizsäcker a Hassell, Hitler teria dito "que o problema tcheco teria de ser totalmente liquidado dentro de poucos meses". Hassell: *Vom andern Deutschland*, p. 21 (10 de outubro de 1938).

298 Domarus: *Hitler*, vol. I, 2, p. 954-956.

299 Goebbels: *Tagebücher*, Parte I, vol. 6, p. 158 (24 de outubro de 1938); cf. ibid., p. 234 (21 de janeiro de 1939): "Wiedemann vai como cônsul-geral para a Califórnia. Ele perdeu o controle em meio à crise."

300 Schacht para Wiedemann, 18 de março de 1939 (mandado do Hotel Monte Verita, em Ascona); BA Koblenz, N 1720/8. Cf. ibid. inúmeros outros textos que exprimem o pesar com o afastamento de Wiedemann do serviço de Hitler. Wiedemann partiu no dia 23 de fevereiro de 1939 no navio "Hamburgo", de Bremen para Nova York.

301 Hassell: *Vom andern Deutschland*, p. 23 e seguinte (15 de outubro de 1938).

302 Ibid., p. 24 (23 de outubro de 1938). Semelhante foi a avaliação de François-Poncet, segundo Schäfer: *André François-Poncet als Botschafter in Berlin*, p. 311.

303 *ADAP*, série D, vol. 4, n° 81, p. 90; também publicado em Domarus: *Hitler*, vol. I, 2, p. 960 e seguinte.

304 Texto da declaração em Domarus: *Hitler*, vol. I, 2, p. 982. Sobre a história prévia, cf. Michalka: *Ribbentrop und die Deutsche Weltpolitik*, p. 259-264; Hildebrand: *Das vergangene Reich*, p. 674 e seguinte.

305 Goebbels: *Tagebücher*, Parte I, vol. 6, p. 246 (1° de fevereiro de 1939).

306 Texto do discurso em Dülffer/Thies/Henke: *Hitlers Städte*, p. 289-313. Cf. também a reprodução do discurso de 10 de fevereiro de 1939 pelo general Hans Jordan (com base em anotações). Mais adiante, o trecho decisivo dizia: "O oficial pode ser não apenas 'soldado'. Atualmente, as guerras dos povos são 'guerras ideológicas'. Por isso, o combatente deve ser estar imbuído de sua ideologia." IfZ Munique, ED 57.

307 Engel: *Heeresadjutant bei Hitler*, p. 45 (18 de fevereiro de 1939).

308 Goebbels: *Tagebücher*, Parte I, vol. 6, p. 279 e seguinte (11 de março de 1939).

309 Ibid., p. 283 (13 de março de 1939).

310 Cf. registros do secretário de legação Hewel sobre a conversa entre Hitler e Tiso, em 13 de março de 1939. *ADAP*, série D, vol. 4, n° 202, p. 212-214; Goebbels: *Tagebücher*, Parte I, vol. 6, p. 285 (14 de março de 1939): Hitler teria "deixado claro" a Tiso que era "chegado o momento histórico da Eslováquia. Se nada fizerem, serão engolidos pelos húngaros."

311 Cf. Goebbels: *Tagebücher*, Parte I, vol. 6, p. 286 (15 de março de 1938); Below: *Als Hitlers Adjutant*, p. 151.

312 Cf. Below: *Als Hitlers Adjutant*, p. 152; Goebbels: *Tagebücher*, Parte I, vol. 6, p. 287 (15 de março de 1938): "O *Führer* vai deixá-los esperar até meia-noite e cansá-los aos poucos. Assim fizeram conosco em Versalhes."

313 Cf. Schmidt: *Statist auf diplomatischer Bühne*, p. 427, 429.

314 Cf. Below: *Als Hitlers Adjutant* p. 152.

315 Schmidt: *Statist auf diplomatischer Bühne*, p. 429 e seguinte; anotações de Hewel, conselheiro da legação, sobre a reunião de 15 de março de 1939; *ADAP*, série D, vol. 4, n° 228, p. 229-234.

316 Cf. Schmidt: *Statist auf diplomatischer Bühne*, p. 430 e seguinte; Speer: *Erinnerungen*, p. 130; Hoffmann: *Hitler wie ich ihn sah*, p. 98 e seguinte; Goebbels: *Tagebücher*, Parte I, vol. 6, p. 287 (15 de março de 1938): "As negociações são conduzidas com animosidade rude. Hacha desmaia."

317 *ADAP*, série D, vol. 4, n° 229, p. 235. Fac-símile em Thamer: *Verführung und Gewalt*, p. 603.

318 Weizsäcker: *Erinnerungen*, p. 218.

319 *Die Weizsäcker-Papiere 1933-1950*, p. 152 (16 de março de 1939). Cf. Conze *et al*: *Das Amt*, p. 135.

320 Goebbels: *Tagebücher*, Parte I, vol. 6, p. 287 (15 de março de 1938).

321 Schroeder: *Er war mein Chef*, p. 88.

322 Cf. ibid., p. 88 e seguinte; Eberle/Uhl (orgs.): *Das Buch Hitler*, p. 92; Below: *Als Hitlers Adjutant*, p. 153.

323 Texto em Domarus: *Hitler*, vol. II, 1, p. 1098-1100.

324 Cf. Conze et alii: *Das Amt*, p. 135.

325 Tagebuch R. Buttmann, 19 de março de 1939; BayHStA Munique, Nl Buttmann 89.

326 Below: *Als Hitlers Adjutant*, p. 156.

327 *Deutschland-Berichte der Sopade*, ano 6, 1939, p. 276. Cf. ibid., p. 278-286; Bajohr/Strupp (orgs.): *Fremde Blicke auf das "Dritte Reich"*, p. 528.

328 Cf. Wendt: *Großdeutschland*, p. 166 e seguinte; Schmidt: *Die Außenpolitik des Dritten Reiches*, p. 311 e seguinte; Kershaw: *Hitler*, vol. II, p. 226 e seguinte.

329 Erich Kordt: *Wahn und Wirklichkeit*, Stuttgart 1947, p. 144.

330 Cf. Henderson: *Fehlschlag einer Mission*, p. 246. Henderson voltou a Berlim somente em 25 de abril. Ibid., p. 254.

331 Domarus: *Hitler*, vol. II, 1, p. 1105.

332 Goebbels: *Tagebücher*, Parte I, vol. 6, p. 292 (19 de março de 1939). Cf. ibid., p. 293 (20 de março de 1939): "Com razão, o *Führer* não leva a sério os protestos em Paris e Londres. Não passa de alarme falso."

333 Eberle/Uhl (orgs.): *Das Buch Hitler*, p. 95. Texto do tratado e da lei sobre a reunificação do Território de Memel com o Império Alemão em Domarus: *Hitler*, vol. II, 1, p. 1110-1112.

334 Ibid., p. 1112 e seguinte.

335 Goebbels: *Tagebücher*, Parte I, vol. 6, p. 296 (23 de março de 1939). Cf. ibid., p. 285 (4 de março de 1939), 286 (15 de março de 1939): "Após o término feliz dessa ação, agora ele quer dar uma pausa mais longa."

336 Ibid., p. 300 (25 de março de 1939).

337 Kershaw: Hitler, vol. II, p. 237.

338 Hassell: *Vom andern Deutschland*, p. 46 (22 de março de 1939).

339 François-Poncet: *Als Botschafter in Berlin*, p. 342.

340 Cf. Haffner: *Anmerkungen zu Hitler*, p. 43 e seguinte.

341 Klemperer: *Tagebücher* 1933-1941, p. 469 (20 de abril de 1939).

342 Goebbels: *Tagebücher*, Parte I, vol. 5, p. 370 (6 de julho de 1938), 381 (15 de julho de 1938); vol. 6, p. 58 (26 de agosto de 1938), 208 (3 de dezembro de 1938).

343 Ibid., p. 318 (16 de abril de 1939). Sobre os preparativos do Ministério da Propaganda, cf. Peter Bucher: "*Hitlers 50. Geburtstag. Zur Quellenvielfalt im Bundesarchiv*", em: Heinz Boberach/Hans Booms (orgs.): *Aus der Arbeit des Bundesarchiv*, Boppard a. Rh. 1978, p. 432-434; Kurt Pätzold: *Hitlers fünfzigster Geburtstag am 20.4.1939*, in: Dietrich Eichholtz/Kurt Pätzold (orgs.): *Der Weg in den Krieg. Studien zur Geschichte der Vorkriegsjahre (1935/36 bis 1939)*, Colônia, 1989, p. 321-324.

344 Instrução à imprensa, de 3 de março de 1939; Hans Bohrmann (orgs.): *NS-Presseanweisungen der Vorkriegszeit. Edition und Dokumentation*, vol. 6, 1, Munique, 1999, p. 206; também publicado em Sösemann: *Propaganda*, vol. 1, n° 513, p. 548.

345 Citações em Bucher: *Hitlers 50. Geburtstag*, p. 434; Reuth: *Goebbels*, p. 410; Cf. Goebbels: *Tagebücher*, Parte I, vol. 6, p. 322 (20 de abril de 1939).

346 Domarus: *Hitler*, vol. II, 1, p. 1144; Pätzold: *Hitlers fünfzigster Geburtstag*, p. 327. Para outro exemplo de homenagens hínicas a Hitler, cf. os votos de Ritter von Epps, de 20 de abril de 1939; BA Koblenz, N 1101/95.

347 Cf. Schwarz: *Geniewahn*, p. 259. Sobre os presentes, cf. a lista detalhada em BA Berlin-Lichterfelde, NS 51/77. Ver também Schroeder: *Er war mein Chef*, p. 94; Below: *Als Hitlers Adjutant*, p. 160; Speer: *Erinnerungen*, p. 164; Eberle (org.): *Briefe an Hitler*, p. 307-310.

348 Goebbels: *Tagebücher*, Parte I, vol. 6, p. 322 (20 de abril de 1939). Cf. Longerich: Goebbels, p. 413 e seguinte; Speer: *Erinnerungen*, p. 163; Below: *Als Hitlers Adjutant*, p. 160.

349 Speer: *Erinnerungen*, p. 163; cf. Below: *Als Hitlers Adjutant*, p. 160 e seguinte; Fest: *Speer*, p. 154.

350 Domarus: *Hitler*, vol. II, 1, p. 1145; cf. Bucher: *Hitlers 50. Geburtstag*, p. 436; Schenk: *Hitlers Mann in Danzig*, p. 108.

351 Christa Schroeder para Johanna Nusser, 21 de abril de 1939; IfZ Munique, ED 524; publicado em Schroeder: *Er war mein Chef*, p. 94. Sobre o desfile das tropas, cf. Below: *Als Hitlers Adjutant*, p. 161; Bucher: *Hitlers 50. Geburtstag*, p. 430 e seguinte; Pätzold: *Hitlers fünfzigster Geburtstag*, p. 331-333.

352 Cf. Domarus: Hitler, vol. II, 1, p. 1146; Pätzold: *Hitlers fünfzigster Geburtstag*, p. 324 e seguinte; Bucher: *Hitlers 50. Geburtstag*, p. 437.

353 Cf. Fritz Terveen: "*Der Filmbericht über Hitlers 50. Geburtstag. Ein Beispiel nationalsozialistischer Selbstdarstellung und Propaganda*", em: *Vierteljahrshefte für Zeitgeschichte*, ano 7 (1959), p. 75-84 (especialmente p. 82); Bucher: *Hitlers 50. Geburtstag*, p. 442-445. Após o desfile, Hitler teria dito: "Senhores, hoje venci uma grande batalha [...] sem ter derramado nem uma gota sequer de sangue." Breker: *Im Strahlungsfeld der Ereignisse*, p. 136.

354 Goebbels: *Tagebücher*, Parte I, vol. 6, p. 323 (21 de abril de 1939).

355 *Deutschland-Berichte der Sopade*, ano 6, 1939, p. 450, 442.

REFERÊNCIAS

1. Fontes 901

1.1 Fontes inéditas

Bundesarchiv Berlin-Lichterfelde

– Arquivo NS 6 (Chancelaria do NSDAP) 71
– Arquivo NS 10 (Ajudante pessoal do Führer e chanceler do Reich) 25, 30, 34, 42, 44, 50, 55, 115, 116, 117, 119, 120, 121, 122, 123, 125, 591
– Arquivo NS 26 (Arquivo principal do NSDAP) 1, 2, 2a, 3, 11, 12, 13, 14, 16, 17, 17a, 18, 43a, 45, 47, 63, 64, 65, 66, 67, 78, 83, 87, 88, 89, 92, 100, 104, 114a, 126, 127, 328, 385, 386, 389, 390, 391, 593, 800, 897, 898, 899, 900, 901, 904, 1209, 1212, 1223, 1242, 1267,1928a, 1928b, 1928c, 1928d, 1242, 2012, 2180, 2228, 2050, 2504, 2557, 2559
– Arquivo NS 51 (Secretaria do Führer/Departamento Bouhler) 45, 46, 59, 60, 72, 73, 74, 75, 76, 77, 79, 80, 222
– Arquivo R 43 (Nova Chancelaria do Reich) II/886a, 888b, 889b, 957a, 959, 967e, 971, 974b, 985, 1052, 1054, 1104a

Bundesarchiv Koblenz

– N 1101 (Espólio Franz Ritter von Epp) 22, 34, 43a, 44, 45, 95
– N 1122 (Espólio Karl Haushofer) 15, 59, 125, 957
– N 1126 (Espólio Heinrich Himmler)13,17,18
– N 1128 (Espólio Adolf Hitler) 1, 2, 3, 4, 5, 6, 7, 8, 9, 10, 11, 12, 13, 14, 15, 16, 17, 19, 22, 24, 27, 28. 29, 30, 33
– N 1231 (Espólio Alfred Hugenberg) 7, 36, 37, 38, 39, 88, 89, 192
– N 1241 (Espólio Wilhelm Frick) 3, 4. 7
– N 1276 (Espólio conde Lutz Schwerin von Krosigk) 23, 36, 37, 40, 41, 42, 111, 112
– N 1310 (Espólio barão Konstantin v. Neurath) 10, 56, 66, 74, 96, 137
– N 1340 (Espólio Albert Speer) 17, 39, 49, 53, 54, 55, 88, 132, 133, 134, 384
– N 1348 (Espólio Theodor Morell) 6
– N 1377 (Espólio Theodor Duesterberg) 27, 47, 48

– N 1468 (Espólio Robert Ley) 4

– N 1530 (Espólio Franz Gürtner) 20, 22

– N 1720 (Espólio Fritz Wiedemann) 3, 4, 6. 7, 8

Instituto de História Contemporânea de Munique

Arquivo ED

– 9 (Auxiliares do Führer 1933-1938)

– 57 (Registros de Hans Jordans sobre Hitler – Rede v. 10. 2. 1939)

– 100 (Coleção David Irving), Bd. 43, 78, 86

– 110 (Registros de Richard Walter Darrés, 1945-1948), Bd. 1

– 153 (Memórias do carcereiro Franz Hemmrich)

– 524 (Correspondência entre Christa Schroeder e Johana Nüsser, 1939-1942)

– 874 (Diários de Gottfried Feders, 1919-1929, Bd. 1-11)

Arquivo MS

– 396 (Série de artigos de Heinz Linges na *Revue*, 1955-56)

– 570 (Franz Maria Müller: Hitler conquistou Augsburg)

– 2049 (Heinrich Hoffmann: Prestação de contas - 1947)

Arquivo F

– 123 Coleção Theodor Morell

Arquivo MA

– 736/141

Arquivo ZS

6 (Wilhelm Adam), 7 (Nicolaus von Below), 20 (Paul e Karl Angermeier), 29 (Adolf Dresler), 33 (Maria Enders), 49 (Rüdiger von der Goltz), 50 (Hans Georg Grassinger), 60 (Ernst Hanfstaengl), 71 (Heinrich Hoffmann), 128 (Gerhard Rossbach), 135 (Hjal- mar Schacht), 137 (Julius Schaub), 145 (Lutz Schwerin von Krosigk), 167 (Adolf Vogl), 177 (Franz Pfeffer von Salomon), 191 (Fritz Wiedemann), 194 (Anni Winter), 200 (Paul e Kurt Anger-meier), 222 (Gerhard Engel), 242 (Hanskarl von Hasselbach), 253 (Erich Kempka), 258 (Karl Kriebel), 265 (Hinrich Lohse), 270 (Emil Maurice), 287 (Antonie Reichert), 292 (Mathilde Scheubner-Richter), 325 (Franz Jetzinger), 353 (Heinrich Lammers), 428 (Hermann Göring), 557 (Kurt von Schröder), 638 (Hans Baur), 805 (Walter Buch), 874 (Otto Dietrich), 1030 (Hermann Esser), 1147 (Walther Stennes), 1193 (Wilhelm Breucker), 1318 (Prinz August Wilhelm), 1357 (Joachim von Ribbentrop), 1433 (Paul Otto Schmidt), 1452 (Franz Xaver Schwarz), 1495 (Franz Seldte), 1551 (Oskar von Hindenburg), 1655 (Gustav Adolf von Wertersheim), 1700 (Theodor Duesterberg), 1726 (Otto Meissner), 1732 (Otto Wagener), 1770 (Werner Küchenthal), 1900 (Hans Harald von

Selchow), 1949 (Otto Erbersdobler), 2209 (Hermann Buch), 2239 (Leo Raubal), 2240 (Christa Schoeder), 2250 (Max Wünsche), 2260 (Walter Frentz), 3135 (Therese Linke)

Arquivo Central da Baviera, em Munique

– Espólio Adolf Hitler
– Espólio Hermann Esser
– Espólio Henriette von Schirach 3,4
– Espólio Rudolf Buttmann 63,2, 63,3, 82, 83, 84, 85, 89
– Espólio Gustav Ritter von Kahr 16, 51
– Espólio Karl Alexander von Müller 7, 19/1, 19/2, 101, 246
– Espólio Heinrich Held 724,727,729,730,731
– Espólio Georg Escherich 10, 11, 12, 47
– Espólio Otto Ballerstedt

Biblioteca Estatal da Baviera, em Munique

– Espólio Ernst Hanfstaengl (Ana 405) Caixa 25, 26, 27, 40, 45, 46, 47

Arquivos Federais da Suíca, em Berna

Espólio Rudolf heß, Arquivo J1.211
– 1989/148 (Correspondência pessoal de Rudolf Heß) 21, 25, 27, 29, 31, 33, 35, 37, 39, 41, 43, 45, 47, 49, 51, 53, 55, 57, 59, 61, 63
– 1993/300 (Correspondência pessoal da Familie Heß) Caixa 1, 2, 3, 4, 5. 6, 7

1.2 Fontes impressas

Arquivos da Política Externa Alemã 1918-1945. Série C: 1933-1937, Volumes 1 ao 6, Gotinga, 1971-1981; Série D: 1938-1939, Volumes 1 ao 4, Baden-Baden, 1951-1959.
Arquivos da Chancelaria do Reich. República de Weimar. Gabinete Papen. 1º de junho a 3 de dezembro de 1932, Vol. 1: junho a setembro de 1932; Vol. 2: setembro a dezembro de 1932. Editado por Karl-Heinz Minuth, Boppard a.Rh., 1989.
Arquivos da Chancelaria do Reich. Gabinete Schleicher. 3 de dezembro de 1932 a 20de janeiro de 1933. Editado por Anton Golecki, Boppard a. Rh., 1986.
Arquivos da Chancelaria do Reich. Sob o governo Hitler. Partes I e II: 1933/34. Editado por Karl-Heinz Minuth, Boppard a. Rh., 1983.
Arquivos da Chancelaria do Reich. Sob o governo Hitler. Vol. II ao VI: 1934/35-1939. Editado por Friedrich Hartmannsgruber, Munique, 1999-2012.
Bajohr, Frank/Christoph Strupp (ed.). *Fremde Blicke auf das "Dritte Reich". Berichte ausländischer Diplomaten über herrschaft und Gesellschaft in Deutschland 1933-1945*. Gotinga, 2011.

Bauer, Franz J. Bauer (ed.). *Die regierung eisner 1918/19. Ministerratsprotokolle und Dokumente*. Düsseldorf 1987.

Becker, Josef e Ruth (ed.). *Hitlers Machtergreifung. Dokumente vom Machtantritt Hitlers. 30. Januar 1933 bis zur Besiegelung des einparteienstaats 14. 7. 1933*. Munique, 1983.

Benz, Wolfgang (ed.). *Politik in Bayern 1913-1933. Berichte des württembergischen Gesandten Carl Moser von Filseck*. Stuttgart, 1971.

Bohrmann, Hans (ed.). NS-*Presseanweisungen der Vorkriegszeit*, Volumes 1 a 6, Munique, 1984-1999.

Breloer, Heinrich (em colaboração com Rainer Zimmer). *Die Akte Speer. Spuren eines Kriegsverbrechers*. Berlim, 2006.

Der Hitler-Prozeß. Organizado e comentado por Lothar Gruchmann e Reinhold Weber em colaboração com Otto Gritschneder, 4 Volumes, Munique, 1997.

Der Notenwechsel zwischen dem heiligen Stuhl und der Deutschen reichsregierung, vol. 1: Von der ratifizierung des reichskonkordats bis zur enzyklika "Mit brennender Sorge". Editado por Dieter Albrecht. Mainz, 1965.

Der Prozess gegen die hauptkriegsverbrecher vor dem internationalen Militärtribunal in Nürnberg (iMT), 42 Volumes, Nuremberg, 1947-1949.

Deuerlein, Ernst (ed.). Der Aufstieg der NSDAP in Augenzeugenberichten, 2ª ed, Munique, 1976.

Deuerlein, Ernst (ed.). *Der Hitler-Putsch. Bayerische Dokumente zum 8./9. November 1923*, Stuttgart, 1962.

Deuerlein, Ernst. "Hitlers Eintritt in die Politik und die Reichswehr". In: *Vierteljahrshefte für Zeitgeschichte*, vol. 7 (1959), pp. 177-227

Deutschland-Berichte der Sozialdemokratischen Partei Deutschlands (Sopade) 1934-1940. Editado por Klaus Behnken, 7 volumes. Frankfurt, 1980

Die Verfolgung und Ermordung der europäischen Juden durch das nationalsozialistische Deutschland 1933-1945. Vol. 1: *Deutsches Reich 1933-1937*. Editado por Wolf Gruner. Munique, 2008; Vol. 2: *Deutsches Reich 1938-August 1939*. Editado por Susanne Heim. Munique, 2009.

Die Weizsäcker-Papiere 1933-1950. Editado por Leonidas Hill. Frankfurt/Berlim/Wien, 1974.

Domarus, Max. *Hitler. Reden und Proklamationen 1932-1945. Kommentiert von einem deutschen Zeitgenossen*, Vol. I: *Triumph. erster Halbband 1932-1934, zweiter Halbband: 1935-1938. Vol. II: Untergang. erster Halbband 1939-1940, zweiter halbband 1941-1945*, Munique, 1965.

Dülffer, Jost/Jochen Thies/Josef Henke. *Hitlers Städte. Baupolitik im Dritten reich. eine Dokumentation*, Colônia/Viena, 1978.

Eberle, Henrik (ed.). *Briefe an Hitler. Ein Volk schreibt seinem Führer. Unbekannte Dokumente aus Moskauer Archiven – zum ersten Mal veröffentlicht*. Bergisch Gladbach, 2007.

Eberle, Henrik/Mathias Uhl (ed.). *Das Buch Hitler. Geheimdossier des NKWD für Josef W. Stalin aufgrund der Verhörprotokolle des Persönlichen Adjutanten Hitlers, Otto Günsche, und des Kammerdieners heinz Linge, Moskau 1948/49*. Bergisch Gladbach, 2005.

Eschenhagen, Wieland (ed.). *Die "Machtergreifung". Tagebuch einer Wende nach Presseberichten vom 1. Januar bis 6. März 1933*. Darmstadt e Neuwied, 1982

Faludi, Christian (ed.). *Die "Juni-Aktion" 1938. Eine Dokumentation zur Radikalisierung der Judenverfolgung.* Frankfurt, 2013.

Heiber, Beatrice e Helmut (ed.). *Die Rückseite des Hakenkreuzes. Absonderliches aus den Akten des Dritten Reiches.* Munique, 1993.

Heim, Susanne/Götz Aly. "Staatliche Ordnung und 'organische Lösung'. Die rede her- mann Göring 'über die Judenfrage' vom 6. Dezember 1938". In: *Jahrbuch für Antisemitismusforschung*, vol. 2 (1992), pp. 378-404

Herbst 1941 im "Führerhauptquartier". Berichte Werner Koeppens an seinen Minister rosenberg. Editado e comentado por Martin Vogt. Koblenz 2002

Hitler, Adolf. *Mein Kampf,* Vol 1: *Eine Abrechnung*, Vol. 2: Die nationalsozialistische Bewegung, 7ª e 10ª ed.. Munique, 1933.

Hitler, Adolf. *Monologe im Führerhauptquartier 1941-1945. Die Aufzeichnungen Heinrich Heims.* Editado por Werner Jochmann. Hamburgo, 1980

Hitler: Reden Schriften Anordnungen. Februar 1925 bis Januar 1933. Editado por Münchner Institut für Zeitgeschichte, vol. 6 (de 13). Munique, 1992-2003.

Hitler: Sämtliche Aufzeichnungen 1905-1924. Editado por Eberhard Jäckel em colaboração com Axel Kuhn. Stuttgart, 1980.

Hitlers Tischgespräche im Führerhauptquartier. Editado por Henry Picker. 3ª ed. revisada e ampliada. Stuttgart, 1976.

Hubatsch, Walther. *Hindenburg und der Staat. Aus den Papieren des Generalfeldmarschalls und reichspräsidenten von 1878 bis 1934.* Gotinga, 1966

Jahn, Peter (ed.). *Die Gewerkschaften in der Endphase der Republik 1930-1933.* Colônia, 1988.

Jochmann, Werner. *Nationalsozialismus und revolution. Ursprung und Geschichte der* NSDAP *in Hamburg. 1922-1933. Dokumente.* Frankfurt, 1963.

Kempner, Robert M. W. (ed.). *Der verpaßte Nazi-Stopp. Die* NSDAP *als staats- und republikfeindliche hochverräterische Verbindung. Preußische Denkschrift von 1930.* Frankfurt/Berlin/Viena, 1983.

Kempner, Robert M. W. Das Dritte Reich im Kreuzverhör. Aus den unveröffentlichten Vernehmungsprotokollen des Anklägers in den Nürnberger Prozessen. Munique, 2005.

Kluke, Paul. "Der Fall Potempa". In: *Vierteljahrshefte für Zeitgeschichte*, Vol. 5 (1957), pp. 279-297

Könnemann, Erwin/Gerhard Schulze (ed.). *Der Kapp-Lüttwitz-Ludendorff-Putsch. Dokumente.* Munique, 2002.

Kulka, Otto Dov/Eberhard Jäckel (ed.). *Die Juden in den geheimen Stimmungsberichten 1933-1945,* Düsseldorf, 2004.

Morsey, Rudolf. "Hitler als Braunschweigischer Regierungsrat". In: *Vierteljahrshefte für Zeitgeschichte*, Vol. 8 (1960), pp. 419-448

Morsey, Rudolf. "Hitlers Verhandlungen mit der Zentrumsführung am 31. 1. 1933". In: *Vierteljahrshefte für Zeitgeschichte*, Vol. 9 (1961), pp. 182-194

Morsey, Rudolf (ed.). *Das "ermächtigungsgesetz" vom 24. März 1933. Quellen zur Geschichte und interpretation des "Gesetzes zur Behebung der Not von Volk und reich". Überarbeitete und ergänzte Neuaufl.* Düsseldorf, 2010.

Neitzel, Sönke. *Abgehört. Deutsche Generäle in Britischer Gefangenschaft 1942-1945*. Berlim, 2005.

Phelps, Reginald H. "Hitler als Parteiredner im Jahre 1920". In: *Vierteljahrshefte für Zeitgeschichte*, Vol. 11 (1963), pp. 274-330

Phelps, Reginald H. "Hitlers 'grundlegende' Rede über den Antisemitismus". In: *Vierteljahrshefte für Zeitgeschichte*, Vol. 16 (1968), pp. 390-420

Robertson, Esmonde M. "Zur Wiederbesetzung des rheinlands 1936". In: Vierteljahrshefte für Zeitgeschichte, Vol. 10 (1962), pp. 178-205

Rürup, Reinhard (ed.). *1936 – die Olympischen Spiele und der Nationalsozialismus*. Berlim, 1996.

Schönhoven, Klaus/Jochen Vogel (ed.). *Frühe Warnungen vor dem Nationalsozialismus. Ein historisches Lesebuch*. Bonn 1998.

Schwarzenbach, Alexis. "'Zur Lage in Deutschland'. Hitlers Zürcher Rede vom 18. August 1923". In: *Traverse 2006/1*, pp. 176-189

Sösemann, Bernd (ed.). *Theodor Wolff. Der Journalist. Berichte und Leitartikel*. Düsseldorf, 1993.

Sösemann, Bernd. *Propaganda. Medien und Öffentlichkeit in der NS-Diktatur. In Zusammenarbeit mit Marius Lange*, 2 Volumes, Stuttgart, 2011.

Tyrell, Albrecht. *Führer befiehl … Selbstzeugnisse aus der "Kampfzeit" der* NSDAP. *Dokumentation und Analyse*. Düsseldorf, 1969.

Ulrich, Bernd/Benjamin Ziemann (ed.). *Frontalltag im ersten Weltkrieg. Wahn und Wirklichkeit*, Frankfurt, 1994.

Volk, Ludwig (ed.). Akten Kardinal Michael von Faulhabers 1917-1945, vol. II: 1935-1945. Mainz, 1978

Wildt, Michael (ed.). *Die Judenpolitik des SD 1935 bis 1939. Eine Dokumentation*. Munique, 1995.

2. Diários, cartas e memórias

Andreas-Friedrich, Ruth. *Der Schattenmann. Tagebuchaufzeichnungen 1938-1945*. Frankfurt, 1998

Arendt, Hannah/Joachim Fest. *Eichmann war von empörender Dummheit. Gespräche und Briefe*. Editado por Ursula Ludz e Thomas Wild, München. Zurique, 2011.

Barkow, Ben/Raphael Gross/Michael Lenarz (ed.). *Novemberpogrom 1938. Die Augenzeugenberichte der Wiener Library*. Londres/Frankfurt, 2008.

Baur, Hans. *Ich flog Mächtige der Erde*. Kempten/Allgäu, 1956

Below, Nicolaus von. *Als Hitlers Adjutant 1937-1945*. Mainz, 1980.

Brandmayer, Balthasar. *Zwei Meldegänger*. Bruckmühl, 1932.

Breker, Arno. *Im Strahlungsfeld der Ereignisse. Leben und Wirken eines Künstlers. Porträts, Begegnungen, Schicksale*, Preußisch Oldendorf, 1972.

Brüning, Heinrich. *Memoiren 1918-1934*. Stuttgart, 1970.

Ciano, Galeazzo. *Tagebücher 1937/38*. Hamburgo, 1949.

Cohn, Willi. Kein Techt, nirgends. Tagebuch vom Untergang des Breslauer Judentums 1933-1941. Editado por Norbert Conrads, 2 volumes. Colônia/Weimar/Berlim, 2006.

Coulondre, Robert. *Von Moskau nach Berlin 1936-1939. Erinnerungen des französischen Botschafters*. Bonn, 1950.

Curtius, Julius. *Sechs Jahre Minister der deutschen Republik*. Heidelberg, 1948.

Das Hitler-Bild. Die Erinnerungen des Fotografen Heinrich Hoffmann. Aufgezeichnet und aus dem Nachlass von Joe J. Heydecker, St. Pölten/Salzburgo, 2008

Delmer, Sefton. *Die Deutschen und ich*. Hamburgo, 1963.

Die Deutschnationalen und die Zerstörung der Weimarer Republik. Aus dem Tagebuch von reinhold Quaatz 1928-1933. Editado por Hermann Weiß e Paul Hoser. Munique, 1989

Die Tagebücher von Joseph Goebbels. Im Auftrag des Instituts für Zeitgeschichte und mit Unterstützung des Staatlichen Archivdienstes Rußlands. Editado por Elke Fröhlich, vol. 1: Aufzeichnungen 1923-1941; vol. 9 (de 14). Munique, 1998-2006.

Diels, Rudolf. *Lucifer ante portas: ... es spricht der erste Chef der Gestapo*. Stuttgart, 1950

Dietrich, Otto. *Mit hitler in die Macht. Persönliche erlebnisse mit meinem Führer*, 2ª ed., Munique, 1934.

Dietrich, Otto. *12 Jahre mit Hitler*. Munique, 1955.

Dodd, Martha. *Nice to meet you, Mr. Hitler! Meine Jahre in Deutschland 1933 bis 1937*, Frankfurt, 2005.

Duesterberg, Theodor. *Der Stahlhelm und Hitler*. Wolfenbüttel e Hannover 1949

Ebermayer, Erich. *Denn heute gehört uns Deutschland ... Persönliches und politisches Tagebuch*, Hamburgo/Viena, 1959.

Eden, Anthony. *Angesichts der Diktatoren. Memoiren 1923-1938*, Colônia/Berlim, 1964

Engel, Gerhard. *Heeresadjutant bei Hitler 1938-1945*. Editado e comentado por Hildegard von Kotze. Stuttgart, 1974.

Epkenhans, Michael. "'Wir als deutsches Volk sind doch nicht klein zu kriegen ...'. Aus den Tagebüchern des Fregattenkapitäns Bogislav von Selchow 1918/19". In: *Militärgeschichtliche Mitteilungen*, Vol. 55 (1996), pp. 165-224

François-Poncet, André. *Als Botschafter in Berlin 1931-1938*. Mainz, 1947.

Frank, Hans. Im Angesicht des Galgens. *Deutung Hitlers und seiner Zeit auf Grund eigener Erlebnisse und Erkenntnisse*. Munique/Gräfelfing, 1953.

Fromm, Bella. *Als Hitler mir die hand Küßte*. Berlim, 1993.

Gerhardt, Ute/Thomas Karlauf (ed.). *Nie mehr zurück in dieses Land. Augenzeugen berichten über die Novemberpogrome 1938*. Berlim, 2009.

Goebbels, Joseph. *Vom Kaiserhof zur Reichskanzlei*. Munique, 1934.

Groscurth, Helmuth. *Tagebücher eines Abwehroffiziers 1938-1940*. Editado por Helmut Krausnick e Harold C. Deutsch. Stuttgart, 1970

Haffner, Sebastian. *Geschichte eines Deutschen. Die erinnerungen 1914-1933*, Stuttgart/Munique, 2000.

Hammerstein, Kunrat Freiherr von. *Spähtrupp*. Stuttgart, 1963.

Hanfstaengl. Ernst. *Zwischen Weißem und Braunem Haus. Erinnerungen eines politischen Außenseiters*. Munique, 1970.

Hanisch, Reinhold. "I was Hitler's Buddy". In: *New Republic* v. 5., 12 a 19 de abril de 1939, pp. 239-242, 270-272, 297-300

Hassell, Ulrich von. *Vom anderen Deutschland. Aus den nachgelassenen Tagebüchern 1938-1944*, Frankfurt, 1964.

Hassell, Ulrich von. *Römische Tagebücher und Briefe 1932-1938*. Editado por von Ulrich Schlie. Munique, 2004

Henderson, Nevile. *Fehlschlag einer Mission. Berlin 1937 bis 1939*. Zurique, 1940.

Heß, Rudolf. Briefe 1908-1933. Editado por Wolf Rüdiger Heß. Munique/Viena, 1987.

Heuss, Theodor. *Bürger der Weimarer Republik. Briefe 1918-1933*. Organizado por Michael Dorrmann. Munique, 2008.

Heuss, Theodor. In der Defensive. Briefe 1933-1945. Organizado por Elke Seefried. Munique, 2009.

"Hitlers unbekannte Geliebte. Ein Bericht von Gunter Peis". In: Stern nº 24, 13 de junho de 1959, pp. 28–34.

Hoch, Anton/Hermann Weiß. "Die erinnerungen des Generalobersten Wilhelm Adam". In: Wolfgang Benz (ed.): *Miscellania. Festschrift für helmut Krausnick zum 75. Geburtstag*, Stuttgart, 1980, pp. 32-62

Hoegner, Wilhelm. *Flucht vor Hitler. erinnerungen an die Kapitulation der ersten deutschen Republik 1933*. Frankfurt, 1982.

Hoffmann, Heinrich. *Hitler wie ich ihn sah. Aufzeichnungen seines Leibfotografen*. Munique/Berlim, 1974.

Hoßbach, Friedrich. *Zwischen Wehrmacht und Hitler 1934-1938*, 2ª ed. revisada. Gotinga, 1965.

Junge, Traudl. *Bis zur letzten Stunde. Hitlers Sekretärin erzählt ihr Leben*. Munique, 2002.

Kallenbach, Hans. *Mit Adolf Hitler auf Festung Landsberg*. Munique, 1933.

Kalshoven, Hedda. *Ich denk so viel an Euch. Ein deutsch-holländischer Briefwechsel 1920-1949*. Munique, 1995.

Kessler, Harry Graf. *Das Tagebuch*. Vol. 7: 1919-1923. Editado por Angela Reinthal com colaboração de Janna Brechmacher e Christoph Hilse; Vol. 8: 1923-1926. Editado por Angela Rheinthal, Günter Riederer e Jörg Schuster com colaboração de Johanna Brechmacher, Christoph Hilse e Nadin Weiss; Vol. 9: 1926-1937. Editado por Sabine Gruber e Ulrich Ott com colaboração de Christoph Hilse e Nadin Weis, Stuttgart, 2007, 2009, 2010.

Klemperer, Victor. *Leben sammeln, nicht fragen wozu und warum. Tagebücher 1918-1924; 1925-1932*. Editado por Walter Nowojski. Berlim, 1996

Klemperer, Victor. *Ich will Zeugnis ablegen bis zum letzten. Tagebücher 1933-1941*. Editado por Walter Nowojski com colaboração de Hadwig Klemperer. Berlim, 1995.

Kordt, Erich. *Nicht aus den Akten ... Die Wilhelmstraße in Frieden und Krieg. Erlebnisse, Begegnungen und Eindrücke 1928-1945*. Stuttgart, 1950.

Krause, Karl Wilhelm. *10 Jahre Kammerdiener bei Hitler*, Hamburgo, 1949.

Krebs, Albert. Tendenzen und Gestalten der NSDAP. Erinnerungen aus der Frühzeit der Partei. Stuttgart, 1959.

Krogmann, Carl Vincent. *Es ging um Deutschlands Zukunft 1932-1939. Erlebtes täglich diktiert von dem früheren Regierenden Bürgermeister in Hamburg.* Leoni/Starnberger, 1976

Kubizek, August. Adolf hitler. Mein Jugendfreund, Graz und Göttingen 1953 Linge, heinz: Bis zum Untergang. Als chef des Persönlichen Dienstes bei hitler. Editado por Werner Maser. Munique, 1982.

Lösener, Bernhard. "Das reichsministerium des Innern und die Judengesetzgebung". In: *Vierteljahrshefte für Zeitgeschichte*, vol. 9 (1961), pp. 262-313

Lüdecke, Kurt. *I Knew Hitler. The Story of a Nazi Who escaped the Blood Purge.* Londres, 1938

Lurker, Otto. *Hitler hinter Festungsmauern. Ein Bild aus trüben Tagen.* Berlim, 1933.

Mann, Golo. *Erinnerungen und Gedanken. Eine Jugend in Deutschland.* Frankfurt, 1986

Mann, Klaus. *Der Wendepunkt. ein Lebensbericht*, Frankfurt, 1963.

Mann, Klaus. *Tagebücher 1931 bis 1933. 1934 bis 1935.* Editado por Joachim Heimannsberg, Peter Laemmle e Wilfried F. Schoeller. Munique, 1989.

Mann, Thomas. *Briefe III. 1924-1932.* Organizado por Thomas Sprecher, Hans R. Vaget e Cornelia Bernini. Frankfurt, 2011.

Mann, Thomas. *Tagebücher 1933-1934. 1935-1936. 1937-1939.* Organizado por Peter de Mendelssohn. Frankfurt, 1977, 1978, 1980.

Maser, Werner (ed.). *Paul Devrient. Mein Schüler Adolf Hitler. Das Tagebuch seines Lehrers.* Munique, 2003.

Meissner, Otto. *Staatssekretär unter Ebert, Hindenburg, Hitler*, Hamburgo, 1950.

Misch, Rochus. *Der letzte Zeuge. "Ich war Hitlers Telefonist, Kurier und Leibwächter"*, Zurique/Munique, 2008.

Mosley, Charlotte (ed.): *The Mitfords. Letters Between Six Sisters*, Londres, 2007.

Mühsam, Erich. *Tagebücher 1910-1924.* Organização e posfácio de Chris Hirte. Munique, 1994.

Mühsam, Erich. *Unpolitische Erinnerungen.* Com posfácio de Hubert van den Berg, Hamburgo, 1999.

Müller, Karl Alexander von. *Mars und Venus. Erinnerungen 1914-1918.* Stuttgart, 1954.

Müller, Karl Alexander von. *Im Wandel einer Welt. Erinnerungen 1919-1932.* Editado por Otto Alexander von Müller. Munique, 1966.

Morsey, Rudolf (Bearbeiter). *Fritz Gerlich – ein Publizist gegen Hitler. Briefe und Akten 1930-1934.* Paderborn, 2010.

Nissen, Margarete. *Sind Sie die Tochter Speer?* Munique, 2005.

Papen, Franz. *Der Wahrheit eine Gasse.* Munique, 1952.

Plaim, Anna/Kurt Kuch. *Bei Hitlers. Zimmermädchen Annas Erinnerungen.* Munique, 2005

Pünder, Hermann. *Politik in der Reichskanzlei. Aufzeichnungen aus den Jahren 1929-1932.* Editado por Thilo Vogelsang. Stuttgart. 1961

Rathenau, Walther. *Briefe. Teilband 2: 1914-1922.* Editado por Alexander Jaser, Clemens Picht e Ernst Schulin. Düsseldorf, 2006.

Reuth, Ralf Georg (ed.). *Joseph Goebbels. Tagebücher 1924-1945 in fünf Bänden.* Munique/Zurique, 1992.

Ribbentrop, Joachim von. *Zwischen London und Moskau. Erinnerungen und letzte Aufzeichnungen*. Editado por Annelies von ribbentrop, Leoni/Starnberger, 1961

Riefenstahl, Leni. *Memoiren*. Munique, 1987.

Riezler, Kurt. *Tagebücher, Aufsätze und Dokumente*. Com edição e prefácio de Karl Dietrich Erdmann. Gotinga, 1972.

Rose, Olaf (ed.). *Julius Schaub. in Hitlers Schatten*. Stegen, 2005.

Rosenberg, Kurt F. *"Einer, der nicht mehr dazugehört". Tagebücher 1933-1937*. Editado por Beate Meyer e Björn Siegel. Gotinga, 2012.

Schacht, Hjalmar. *76 Jahre meines Lebens*. Bad Wörishofen, 1953

Scheringer, Richard. *Das große Los. Unter Soldaten, Bauern und Rebellen*. Hamburgo, 1959

Schirach, Baldur von. *Ich glaubte an Hitler*. Hamburgo, 1967.

Schirach, Henriette von. *Frauen um Hitler*. Munique, 1983.

Schmeling, Max. *Erinnerungen*, Frankfurt/Berlim/Viena, 1977

Schmidt, Paul. *Statist auf diplomatischer Bühne 1923-45. Erlebnisse des chefdolmetschers im Auswärtigen Amt mit den Staatsmännern Europas*. Bonn, 1950

Schmidt-Hannover, Otto. *Umdenken oder Anarchie. Männer – Schicksale – Lehren*. Gotinga, 1959.

Schroeder, Christa. Er war mein Chef. Aus dem Nachlaß der Sekretärin von Adolf Hitler. Editado por Anton Joachimsthaler, 3ª ed., Munique/Viena, 1985.

Schuschnigg, Kurt von. *Ein Requiem in Rot-Weiß-Rot*. Zurique, 1946.

Schwerin von Krosigk, Lutz Graf. *Es geschah in Deutschland. Menschenbilder unseres Jahrhunderts*. Tubinga/Stuttgart, 1951.

Seraphim, H-Günther (ed.). *Das politische Tagebuch Alfred rosenbergs aus den Jahren 1933/34 und 1939/40*. Gotinga, 1956.

Shirer, William L. *Berliner Tagebuch. Aufzeichnungen 1934-1941*. Traduzido e editado por Jürgen Schebera. Leipzig/Weimar, 1991

Sobanski, Antoni Graf. *Nachrichten aus Berlin 1933-1936*. Berlim, 2007.

Speer, Albert. *"Alles was ich weiß". Aus unbekannten Geheimdienstprotokollen vom Sommer 1945*. Editado por Ulrich Schlie. Munique, 1999.

Speer, Albert. *Erinnerungen. Mit einem essay von Jochen Thies*. Frankfurt/Berlim, 1993.

Speer, Albert. Spandauer Tagebücher. Prefácio de Joachim Fest. Munique, 2002.

Spitzy, Reinhard. So haben wir das reich verspielt. Bekenntnisse eines illegalen, 2ª ed. revisada. Munique/Viena, 1987

Stampfer, Friedrich. Erfahrungen und Erkenntnisse. Colônia, 1957.

Sternheim, Thea. *Tagebücher*. Organizado por Thomas Ehrsam e Regula Wyss, Vol. 2: 1925-1936. Gotinga, 2002.

Straßer, Otto. *Hitler und ich*. Constança, 1948.

Strenge, Irene. *Ferdinand von Bredow. Notizen vom 20. 2. 1933 bis 31. 12. 1933. Tägliche Aufzeichnungen vom 1. 1. 1934 bis 28. 6. 1934*. Berlim, 2009.

Thimme, Annelise (ed.). *Friedrich Thimme 1868-1938. Ein politischer Historiker, Publizist und Schriftsteller in seinen Briefen*. Boppard, 1994.

Unger, Michael (ed.). *The Memoirs of Bridget Hitler*, Londres, 1979

Wagener, Otto. *Hitler aus nächster Nähe. Aufzeichnungen eines Vertrauten 1929-1932. Editado por Henry A. Turner*. Frankfurt/Berlim/Viena, 1978.

Wagner, Friedelind. *Nacht über Bayreuth*, 3ª ed. Colônia, 1997.

Weizsäcker, Ernst. *Erinnerungen*. Munique, 1950.

Wiedemann, Fritz. *Der Mann, der Feldherr werden wollte. Erlebnisse und Erfahrungen des Vorgesetzten Hitlers im 1. Weltkrieg und seines späteren persönlichen Adjutanten*, Velbert/Kettwig, 1964.

Zuckmayer, Carl. *Als wär's ein Stück von mir*. Frankfurt, 1966.

Zweig, Stefan. *Die Welt von Gestern. Erinnerungen eines Europäers*. Stuttgart/Hamburgo

3. Obras científicas e contemporâneas

Adam, Uwe Dietrich. *Judenpolitik im Dritten Reich*, Königstein, 1979.

Ahlheim, Hannah. *"Deutsche, kauft nicht bei Juden!" Antisemitischer Boykott in Deutschland 1924 bis 1935*. Gotinga, 2011.

Allert, Tilman. *Der deutsche Gruß. Geschichte einer unheilvollen Geste*. Berlim, 2005.

Aly, Götz. Hitlers Volksstaat. Raub, Rassenkrieg und nationaler Sozialismus, Frankfurt, 2005.

Anderl, Gabriele. "Die 'Zentralstellen für jüdische Auswanderung' in Wien, Berlin und Prag. Ein Vergleich". In: *Tel Aviver Jahrbuch für deutsche Geschichte*, Vol. 23 (1994), pp. 279-299

Arnold, Dietmar. *Neue Reichskanzlei und "Führerbunker". Legende und Wirklichkeit*. BerliM, 2005.

Asendorf, Manfred. "Hamburger Nationalklub, Keppler-Kreis, Arbeitsstelle Schacht und der Aufstieg Hitlers". In: *1999. Zeitschrift für Sozialgeschichte des 19. und 20. Jahrhunderts*, Vol. 2 (1987), pp. 106-150

Auerbach, Helmuth. "Hitlers politische Lehrjahre und die Münchner Gesellschaft 1919-1923". In: *Vierteljahrshefte für Zeitgeschichte*, Vol. 25 (1977), pp. 1-45

Bajohr, Frank. *"Arisierung" in Hamburg. Die Verdrängung der jüdischen Unternehmer 1933-1945*, Hamburgo, 1997

Bajohr, Frank. Parvenüs e Profiteure. *Korruption in der NS-Zeit*. Frankfurt, 2001.

Bajohr, Frank/Michael Wildt (ed.). *Volksgemeinschaft. Neue Forschungen zur Gesellschaft des Nationalsozialismus*. Frankfurt, 2009.

Bankier, David. *Die öffentliche Meinung im Hitler-Staat. Die "Endlösung" und die Deutschen*, Berlin, 1995.

Barkai, Avraham. *Vom Boykott zur "Entjudung". Der wirtschaftliche Existenzkampf der Juden im Dritten Reich 1933-1945*. Frankfurt, 1988.

Barkai, Avraham. *Der Centralverein deutscher Staatsbürger jüdischen Glaubens 1893-1938*. Munique, 2002

Barth, Boris. "Dolchstoßlegende und Novemberrevolution". In: Alexander Gallus (ed.): *Die vergessene revolution*. Gotinga, 2010, pp. 117-139

Bauer, Kurt. *Elementar-Ereignis. Die österreichischen Nationalsozialisten und der Juliputsch 1934*. Viena, 2003.

Bauer, Kurt. "Hitler und der Juliputsch 1934 in Österreich. Eine Fallstudie zur national-sozialistischen Außenpolitik in der Frühphase des Regimes". In: *Vierteljahrshefte für Zeitgeschichte*, vol. 59 (2011), pp. 193-227

Bavaj, Riccardo. *Die Ambivalenz der Moderne im Nationalsozialismus. Eine Bilanz der Forschung*. Munique, 2003.

Bavendamm, Dirk. *Der junge Hitler. Korrektur einer Biographie 1889-1914*. Graz, 2009.

Beck, Hermann. *The Fateful Alliance. German Conservatives and Nazis in 1933. The "Machter-greifung" in New Light*. Nova York/Oxford, 2008.

Becker, Josef. "Zentrum und Ermächtigungsgesetz". In: *Vierteljahrshefte für Zeitgeschichte*, vol. 9 (1961), pp. 195-210

Behrenbeck, Sabine. *Der Kult um die toten Helden. Nationalsozialistische Mythen, Riten und Symbole 1923 bis 1945*. Greifswald, 1996.

Beierl, Florian/Othmar Plöckinger. "Neue Dokumente zu Hitlers Buch 'Mein Kampf'". In: *Vierteljahrshefte für Zeitgeschichte*, vol. 57 (2009), pp. 261-295

Bentley, James. *Martin Niemöller. Eine Biographie*. Munique, 1985.

Benz, Wolfgang (ed.). *Die Juden in Deutschland 1933–1945. Leben unter nationalsozialistischer Herrschaft*. Munique, 1998.

Benz, Wolfgang. *Die Protokolle der Weisen von Zion. Die Legende von der jüdischen Weltvers-chwörung*. Munique, 2007.

Benz, Wolfgang/Barbara Diestel. *Der Ort des Terrors. Geschichte der nationalsozialistischen Konzentrationslager*, vol. II: *Frühe Lager*. Munique, 2005.

Besier, Gerhard. *Die Kirchen und das Dritte reich. Spaltungen und Abwehrkämpfe 1934-1937*. Berlim/Munique, 2001

Berghahn, Volker R. *Der Stahlhelm. Bund der Frontsoldaten 1918-1935*. Düsseldorf, 1966

Berghahn, Volker R. "Harzburger Front und die Kandidatur hindenburgs für die Präsidents-chaftswahlen 1932". In: *Vierteljahrshefte für Zeitgeschichte*, vol. 13 (1965), pp. 64-82

Bering, Dietz. *Kampf um Namen. Bernhard Weiß gegen Joseph Goebbels*. Stuttgart, 1991.

Bessel, Richard. *Political Violence and the Rise of Nazism. The Strom Troopers in Eastern Germany 1925-1934*. New Haven, 1984.

Bessel, Richard. "The Potempa Murder". In: *Central European History*, 10 (1977), pp. 241–254

Binion, Rudolph: " ... daß ihr mich gefunden habt". Hitler und die Deutschen, Stuttgart, 1978.

Blasius, Dirk. *Weimars ende. Bürgerkrieg und Politik 1930-1933*. Frankfurt, 2008.

Blasius Rainer A. *Für Großdeutschland gegen den Krieg. Ernst von Weizsäcker in den Krisen um die Tschechoslowakei und Polen 1938/39*. Colônia/Viena, 1981.

Blom, Philipp. Der taumelnde Kontinent. Europa 1900-1914. Munique, 2008.

Bock, Gisela. *Zwangssterilisation im Nationalsozialismus. Studien zur rassenpolitik und Frauenpo-litik*, Opladen, 1986.

Botz, Gerhard. *Nationalsozialismus in Wien. Machtübernahme, Herrschaftssicherung, Radikali-sierung 1938/39. Überarbeitete und erweiterte Neuaufl*. Viena, 2008.

Boyer, John W. Karl Lueger (1844-1910). *Christlichsoziale Politik als Beruf. Eine Biographie*. Vie-na/Colônia/Weimar, 2010.

Bracher, Karl-Dietrich. Die Auflösung der Weimarer Republik. Eine Studie zum Problem des Machtverfalls in der Demokratie, 3ª ed. expandida e ampliada, Villingen, 1960.

Bracher, Karl-Dietrich. *Die deutsche Diktatur. Entstehung, Struktur, Folgen*, 7ª ed. Colônia, 1993.

Bracher, Karl-Dietrich/Wolfgang Sauer/Gerhard Schulz. *Die nationalsozialistische Machtergreifung. Studien zur errichtung des totalitären herrschaftssystems in Deutschland 1933/34*, 2ª ed. revisada, Colônia e Opladen, 1962.

Brantl, Sabine. *Haus der Kunst, München. ein Ort und seine Geschichte im Nationalsozialismus.* Munique, 2007.

Brechtken, Magnus. *"Madagaskar für die Juden". Antisemitische Idee und politische Praxis 1885-1945.* Munque, 1997

Breloer, Heinrich. *Speer und Er. Hitlers Architekt und Rüstungsminister.* Berlin, 2005.

Breloer, Heinrich. *Unterwegs zur Familie Speer. Begegnungen, Gespräche, Interviews.* Berlin, 2005.

Brockhaus, Gudrun. *Schauder und Idylle. Faschismus als Erlebnisangebot.* Munique, 1997.

Broszat, Martin. *Der Staat Hitlers. Grundlegung und Entwicklung seiner inneren Verfassung.* Munique, 1969.

Broszat, Martin. *Die Machtergreifung. Der Aufstieg der NSDAP und die Zerstörung der Weimarer Republik.* Munique, 1984.

Broszat, Martin. "Soziale Motivation und Führer-Bindung des Nationalsozialismus". In: *Vierteljahrshefte für Zeitgeschichte*, vol. 18 (1979), pp. 392-409

Bruns, Claudia. Politik des Eros. Der Männerbund in Wissenschaft, Politik und Jugendkultur (1880-1934), Colônia/Weimar/Viena, 2008.

Bucher, Peter. "Hitlers 50. Geburtstag". In: Heinz Boberach/Hans Booms (ed.): *Aus der Arbeit des Bundesarchivs.* Boppard, 1978, pp. 423-446

Buchheim, Christoph. "Das NS-Regime und die Überwindung der Weltwirtschaftskrise in Deutschland". In: *Vierteljahrshefte für Zeitgeschichte*, vol. 56 (2008), pp. 381-414.

Buchner, Bernd. *Wagners Welttheater. Die Geschichte der Bayreuther Festspiele zwischen Kunst und Politik.* Darmstadt, 2013

Büttner, Ursula. Weimar. *Die überforderte republik 1918-1933.* Stuttgart, 2008.

Bukey, Evan Burr. "Patenstadt des Führers". Eine Politik- und Sozialgeschichte von Linz 1908-1945, Frankfurt/Nova York, 1993

Bullock, Alan. Hitler. *Eine Studie über Tyrannei.* Vol. 1: *Der Weg zur Macht*, vol. 2: *Der Weg zum Untergang.* Frankfurt, 1964

Bullock, Alan. *Hitler und Stalin.* Parallele Leben. Munique, 1991.

Burden, Hamilton T. *Die programmierte Nation. Die Nürnberger reichsparteitage.* Gütersloh, 1967

Burleigh, Michael. *Die Zeit des Nationalsozialismus. Eine Gesamtdarstellung*, Frankfurt, 2000.

Burrin, Philippe. *Warum die Deutschen? Antisemitismus, Nationalsozialismus, Genozid.* Berlin, 2004.

Bussmann, Walter. "Zur Entstehung und Überlieferung der 'Hoßbach-Niederschrift'". In: Vierteljahrshefte für Zeitgeschichte, vol. 16 (1968), pp. 373-378

Centrum Industriekultur Nürnberg (ed.): *Kulissen der Gewalt. Das Reichsparteitagsgelände in Nürnberg.* Munique, 1992.

Cesarani, David. *Adolf Eichmann. Bürokrat und Massenmörder. Biographie*. Berlim, 2002.

Chaussy, Ulrich. *Nachbar Hitler. Führerkult und Heimatzerstörung am Obersalzberg*, 6ª ed. revisada e expandida. Berlim, 2007.

Ciolek-Kümper, Jutta. *Wahlkampf in Lippe. Die Wahlpropaganda der* NSDAP *zur Landtagswahl am 15. Januar 1933*. Munique, 1976.

Clemens, Detlev. *Herr Hitler in Germany. Wahrnehmungen und Deutungen des Nationalsozialismus in Großbritannien 1920 bis 1939*. Gotinga/Zurique, 1996.

Conradi, Peter. *Hitlers Klavierspieler. Ernst Hanfstaengl: Vertrauter Hitlers, Verbündeterroosevelts*. Frankfurt, 2007.

Conway, John S. *Die nationalsozialistische Kirchenpolitik 1933-1945. Ihre Ziele, Widersprüche und Fehlschläge*. Munique, 1969.

Conze, Eckart/Norbert Frei/Peter hayes/Moshe Zimmermann. *Das Amt und die Vergangenheit. Deutsche Diplomaten im Dritten Reich und in der Bundesrepublik*. Munique, 2010.

Cornelißen, Christoph. *Gerhard Ritter. Geschichtswissenschaft und Politik im 20. Jahrhundert*, Düsseldorf, 2001.

Cornwell, John. *Pius* XII. *Der Papst, der geschwiegen hat*. Munique, 1999.

Czichon, Eberhard. *Wer verhalf Hitler zur Macht? Zum Anteil der deutschen Industrie an der Zerstörung der Weimarer Republik*. Colônia, 1967.

Daim, Wilfried. *Der Mann, der Hitler die Ideen gab. Jörg Lanz von Liebenfels. Geänderte Neuaufl.* Viena, 1994.

Dams, Carsten/Michael Stolle. *Die Gestapo. Herrschaft und Terror im Dritten Reich*. Munique, 2008.

Deuerlein, Ernst. *Hitler. Eine politische Biographie*. Munique, 1969.

Diamond, Sander A. *Herr Hitler. Amerikas Diplomaten, Washington und der Untergang Weimars*. Düsseldorf, 1985.

Dickmann, Fritz. "Die Regierungsbildung in Thüringen als Modell der Machtergreifung. Ein Brief Hitlers aus dem Jahr 1930". In: *Vierteljahrshefte für Zeitgeschichte*, vol. 14 (1966), pp. 454-465.

Diehl-Thiele, Peter. *Partei und Staat im Dritten Reich. Untersuchungen zum Verhältnis von* NSDAP *und allgemeiner Staatsverwaltung*. Studienausgabe. Munique, 1971.

Dirks, Carl/Karl-Heinz Janßen. *Der Krieg der Generäle. Hitler als Werkzeug der Wehrmacht*. Berlim, 1999.

Döring, Martin. "Parlamentarischer Arm der Bewegung". *Die Nationalsozialisten im Reichstag der Weimarer Republik*. Düsseldorf, 2001.

Döscher, Hans-Jürgen. "Reichskristallnacht". Die Novemberpogrome 1938, Frankfurt/M.--Berlim, 1988.

Eglau, Hans Otto. *Fritz Thyssen. Hitlers Gönner und Geisel*, Berlim, 2003.

Emmerich, Alexander. *Olympia 1936. Trügerischer Glanz eines mörderischen Systems*, Colônia, 2011.

Ernstling, Stefan. *Der phantastische Rebell. Alexander Moritz Frey oder Hitler schießt dramatisch in die Luft*, Zurique, 2007.

Essner, Cornelia. Die "Nürnberger Gesetze" oder die Verwaltung des Rassenwahns 1933-1945. Paderborn, 2002.

Evans, Richard J. *Das Dritte Reich*, vol. 1: Aufstieg, vol. 2/i. u.II: Diktatur, vol. 3: Krieg, Munique, 2004, 2005, 2009.

Fabry, Philipp W. *Mutmaßungen über Hitler. Urteile von Zeitgenossen*, Königstein/Ts. 1979.

Falanga, Gianluca. *Mussolinis Vorposten in Hitlers reich. italiens Politik in Berlin 1933–1945*. Berlim, 2008.

Fallois, Immo von. *Kalkül und Illusion. Der Machtkampf zwischen Reichswehr und SA während der Röhm-Krise 1934*, Berlim, 1994.

Falter, Jürgen. *Hitlers Wähler*, Munique, 1991.

Falter, Jürgen/Thomas Lindenberger/Siegfried Schumann. *Wahlen und Abstimmungen in der Weimarer republik. Materialien zum Wahlverhalten 1919-1931*, Munique, 1986.

Felken, Detlef. *Oswald Spengler. Konservativer Denker zwischen Kaiserreich und Diktatur*. Munique, 1988.

Fest, Joachim. *Hitler. Eine Biographie*, Frankfurt/M./Berlim/Viena, 1973.

Fest, Joachim. *Speer. Eine Biographie*, Berlim, 1999.

Fest, Joachim. *Die unbeantwortbaren Fragen. Notizen über Gespräche mit Albert Speerzwischen 1966 und 1981*, Reinbek, 2005.

Fischer, Fritz. *Hitler war kein Betriebsunfall. Aufsätze*, Munique, 1993, pp. 174-181.

Forsbach, Edmund. *Edgar Jung. Ein konservativer Revolutionär*, Pfullingen, 1984.

Forschungsstelle für Zeitgeschichte in Hamburg (ed.). *Hamburg im "Dritten Reich"*, Gotinga, 2005.

Fraenkel, Ernst. Der Doppelstaat. Recht und Justiz im "Dritten reich". Frankfurt/M./Colônia, 1974.

Frech, Stefan. *Wegbereiter Hitlers? Theodor Reismann-Grone. ein völkischer Nationalist (1863-1949)*. Paderborn, 2009.

Frei, Norbert. Der Führerstaat. *Nationalsozialistische Herrschaft 1933 bis 1945. Erweiterte Neuausgabe*. Munique, 2001.

Frei, Norbert. *1945 und wir. Das Dritte reich im Bewusstsein der Deutschen*. Munique, 2005.

Friedländer, Saul. *Das Dritte Reich und die Juden. Die Jahre der Verfolgung 1933-1939*, Munique, 1998.

Friedrich, Thomas. *Die missbrauchte Hauptstadt. Hitler und Berlin*. Berlim, 2007.

Fritzsche, Peter. *Wie aus Deutschen Nazis wurden*. Zurique/Munique, 1999.

Früchtel, Michael. *Der Architekt Hermann Giesler. Leben und Werk (1898-1987)*, Munique, 2008.

Fuhrer, Armin. *Hitlers Spiele. Olympia 1936 in Berlin*. Berlim/Brandenburgo, 2011.

Funke, Manfred (ed.). *Hitler, Deutschland und die Mächte. Materialien zur Außenpolitik des Dritten Reiches*. Düsseldorf, 1978.

Gärtringen, Georg Hiller von (ed.). *Das Auge des Dritten Reiches. Hitlers Kameramann und Fotograf Walter Frentz*. Berlim, 2006.

Gailus, Manfred. *Protestantismus und Nationalsozialismus. Studien zur nationalsozialistischen Durchdringung des protestantischen Sozialmilieus in Berlin*. Colônia/Weimar/Viena, 2001.

Gallus, Alexander. *Heimat "Weltbühne". Eine Intellektuellengeschichte im 20. Jahrhundert.* Gotinga, 2012.

Gay, Peter. *Die republik der Außenseiter. Geist und Kultur der Weimarer Zeit 1918-1933. Neuausgabe.* Frankfurt/M, 2004.

Gebel, Ralf. *"Heim ins Reich". Konrad Henlein und der Reichsgau Sudetenland (1938-1945).* Munique, 1999.

Gellately, Robert. *Die Gestapo und die deutsche Gesellschaft. Die Durchsetzung der Rassenpolitik 1933-1945.* Paderborn, 1993.

Gellately, Robert. *Lenin, Stalin und Hitler. Drei Diktatoren, die Europa in den Abgrund führten.* Bergisch Gladbach, 2009.

Gerwarth, Robert. *Reinhard Heydrich. Biographie.* Munique, 2011.

Geyer, Martin H. *Verkehrte Welt. Revolution, Inflation und Moderne. München 1914-1924.* Gotinga, 1998.

Gietinger, Klaus. *Der Konterrevolutionär Waldemar Pabst – eine deutsche Karriere.* Hamburgo, 2009.

Gilbhard, Hermann. *Die Thule-Gesellschaft. Vom okkulten Mummenschanz zum Hakenkreuz.* Munique, 1994.

Görtemaker, Heike B. *Eva Braun. Leben mit Hitler.* Munique, 2010.

Gordon, Harold J. *Hitlerputsch 1923. Machtkampf in Bayern 1923-1924,* Frankfurt/M. 1971.

Graml, Hermann. *Reichskristallnacht. Antisemitismus und Judenverfolgung im Dritten Reich.* Munique, 1988.

Granier, Gerhard. *Magnus von Levetzow. Seeoffizier, Monarchist und Wegbereiter Hitlers. Lebensweg und ausgewählte Dokumente,* Boppard a. Rh., 1982.

Granzow, Brigitte. *A Mirror of Nazism. British Opinion and the emergence of Hitler 1929-1933.* Londres, 1964.

Grau, Bernhard. *Kurt Eisner 1867-1919. Eine Biographie.* Munique, 2001.

Gritschneder, Otto. *Bewährungsfrist für den Terroristen Adolf H. Der Hitler-Putsch und die bayerische Justiz.* Munique, 1990.

Gritschneder, Otto. *"Der Führer hat sie zum Tode verurteilt ... 'Hitlers' Röhm-Putsch" – Morde vor Gericht.* Munique, 1993.

Gross, Raphael. *Anständig geblieben. Nationalsozialistische Moral.* Frankfurt/M., 2010.

Grothe, Ewald. "Die Olympischen Spiele von 1936 – Höhepunkt der NS-Propaganda?". In: *Geschichte in Wissenschaft und Unterricht,* vol. 59 (2008), pp. 291-307.

Gruchmann, Lothar. "Die 'Reichsregierung' im Führerstaat. Stellung und Funktion des Kabinetts im nationalsozialistischen Herrschaftssystem". In: Günter Doeker/Winfried Steffani (ed.). *Klassenjustiz und Pluralismus. Festschrift für ernst Fraenkel zum 75. Geburtstag,* Colônia, 1973, pp. 187-223.

Gruchmann, Lothar. *Hitlers Denkschrift an die bayerische Justiz vom 16. Mai 1923. Ein verloren geglaubtes Dokument.* In: Vierteljahrshefte für Zeitgeschichte, vol. 39 (1991), pp. 305-328.

Gruchmann, Lothar. "Ludendorffs 'prophetischer' Brief an Hindenburg vom Januar/Februar 1933. Eine Legende". In: *Vierteljahrshefte für Zeitgeschichte,* vol. 47 (1999), pp. 559-562.

Gruner, Wolf. "'Lesen brauchen sie nicht können …'. Die 'Denkschrift über die Behandlung der Juden in der reichshauptstadt auf allen Gebieten des öffentlichen Lebens' vom Mai 1938. In: *Jahrbuch für Antisemitismusforschung*, vol. 4 (1995), pp. 305-341.

Gun, Nerin E. *Eva Braun-Hitler. Leben und Schicksal.* Velbert/Kettwig, 1968

Gutjahr, Wolf-Dietrich. *Revolution muss sein. Karl Radek – die Biographie.* Colônia/Weimar/Viena, 2012.

Gutsche, Willibald. *Ein Kaiser im Exil. Der letzte deutsche Kaiser Wilhelm II. in Holland*, Marburgo, 1991.

Hachtmann, Rüdiger. Industriearbeit im "Dritten reich", Untersuchungen zu den Lohnund Arbeitsbedingungen in Deutschland 1933-1945. Gotinga, 1989.

Hachtmann, Rüdiger." Öffentlichkeitswirksame Knallfrösche. Anmerkungen zu Götz Alys 'Volksstaat'". In: *Sozial. Geschichte. Zeitschrift für historische Analyse des 20. Und 21. Jahrhunderts. N. F.*, 20. vols. (2005), pp. 46-66.

Haffner, Sebastian. *Germany: Jekyll & Hyde. Deutschland von innen betrachtet.* Berlim, 1996.

Haffner, Sebastian. *Anmerkungen zu Hitler*, 21ª ed., Munique, 1978.

Haidinger, Martin/Günther Steinbach. *Unser Hitler. Die Österreicher und ihr Landsmann.* Salzburgo, 2009.

Hale, Oven James. "Adolf Hitler Taxpayer". In: *American Historical Review*, 60 (1955), pp. 830-842.

Hamann, Brigitte. Hitlers Wien. Lehrjahre eines Diktators. Munique/Zurique, 1996.

Hamann, Brigitte. *Hitlers Edeljude. Das Leben des Armenarztes Eduard Bloch.* Munique/Zurique, 2008.

Hamann, Brigitte. *Winifred Wagner oder Hitlers Bayreuth.* Munique/Zurique, 2002.

Harpprecht, Klaus. *Thomas Mann. eine Biographie.* Reinbek, 1995.

Hartmann, Christian. *Halder. Generalstabschef Hitlers 1938-1942*, 2ª ed. revisada e expandida. Paderborn, 2010.

Hayman, Ronald. *Hitler & Geli.* Londres, 1997.

Heberle, Rudolf. *Landbevölkerung und Nationalsozialismus. eine soziologische Untersuchung der politischen Willensbildung in Schleswig-holstein 1918-1932*, Stuttgart, 1963.

Heer, Friedrich. *Der Glaube des Adolf Hitler. Anatomie einer politischen Religiosität*, 2ª ed. Esslingen/Munique, 1998.

Heiden, Konrad. *Adolf Hitler. Das Zeitalter der Verantwortungslosigkeit. Eine Biographie.* Zurique, 1936.

Heiden, Konrad. *Adolf hitler. Ein Mann gegen Europa*, Zurique, 1937.

Henke, Josef. *England in Hitlers politischem Kalkül*, Boppard a. Rh., 1973.

Henke, Josef. "Die reichsparteitage der NSDAP in Nürnberg 1933-1938. Planung, Organisation, Propaganda". In: *Aus der Arbeit des Bundesarchivs. Hrsg. von Heinz Boberach und Hans Booms*, Boppard a. Rh. 1977, pp. 398-409

Hensel, Jürgen/Pia Nordblom (Hrsg.): Hermann Rauschning. Materialien und Beiträge zu einer politischen Biographie. Osnabrück, 2003.

Herbert, Ulrich: "'Generation der Sachlichkeit'. Die völkische Studentenbewegung der frühen zwanziger Jahre". In: Frank Bajohr/Werner Johe/Uwe Lohalm (Hrsg.). *Zivilisation und Barbarei. Die widersprüchlichen Potentiale der Moderne*. Hamburgo, 1991, pp. 115-141.

Herbert, Ulrich. *Best. Biographische Studien über Radikalismus, Weltanschauung und Vernunft 1903-1989*. Bonn, 1996.

Herbst, Ludolf. *Hitlers Charisma. Die Erfindung eines deutschen Messias*. Frankfurt/M., 2010.

Hering, Rainer. *Konstruierte Nation. Der Alldeutsche Verband 1890 bis 1939*. Hamburgo, 2003.

Hermann, Angela. *Der Weg in den Krieg 1938/39. Studien zu den Tagebüchern von Joseph Goebbels*. Munique, 2011.

Hermann, Angela. "Hitler und sein Stoßtrupp in der 'Reichskristallnacht'". In: *Viertel- jahrshefte für Zeitgeschichte*, vol. 56 (2008), pp. 603-619.

Herre, Franz. *Jahrhundertwende 1900. Untergangsstimmung und Fortschrittsglauben*. Stuttgart, 1998.

Herz, Rudolf. *Hoffmann & Hitler. Fotografie als Medium des Führer-Mythos*. Munique, 1994

Hesemann, Michael. *Hitlers Religion. Die fatale Heilslehre des Nationalsozialismus*. Munique, 2004.

Heusler, Andreas. *Das Braune haus. Wie München zur "hauptstadt der Bewegung" wurde*. Munique, 2008.

Heuss, Theodor. *Hitlers Weg. Eine historisch-politische Studie über den Nationalsozialismus*, 6ª ed., Stuttgart/Berlin/Leipzig, 1932.

Hildebrand, Klaus. *Das vergangene reich. Deutsche Außenpolitik von Bismarck zu hitler 1871-1945*. Stuttgart, 1995.

Hildebrand, Klaus. *Das Dritte Reich*, 6ª ed., Munique, 2003.

Hipler, Bruno. *Hitlers Lehrmeister. Karl Haushofer als Vater der NS-ideologie*. St. Ottilien, 1996.

Hirschfeld, Gerhard/Gerd Krumeich/Irina Renz/Markus Pöhlmann (ed.). *Enzyklopädie Erster Weltkrieg*. Paderborn, 2003.

Hirschfeld, Gerhard/Gerd Krumeich/Irina renz (ed.). *Die Deutschen an der Somme 1914-1918. Krieg, Besatzung, Verbrannte Erde*, Essen, 2006.

Hitzer, Friedrich. *Anton Graf Arco. Das Attentat auf Eisner und die Schüsse im Landtag*. Munique, 1988.

Hockerts, Hans Günter. *Die Sittlichkeitsprozesse gegen katholische Ordensangehörige und Priester 1936/37. Eine Studie zur nationalsozialistischen Herrschaftstechnik und zum Kirchenkampf*. Mainz, 1971.

Hockerts, Hans Günter. "Die Goebbels-Tagebücher 1932-1941. Eine neue Hauptquelle zur Erforschung der nationalsozialistischen Kirchenpolitik". In: Dieter Albrecht u. a. (ed.). *Politik und Konfession. Festschrift für Konrad repken zum 60. Geburtstag*. Berlim, 1983, pp. 359-392.

Hoegen, Jesko von. *Der Held von Tannenberg. Genese und Funktion des Hindenburg- Mythos*, Colônia/Weimar/Viena, 2007.

Höhne, Heinz. *Mordsache Röhm. Hitlers Durchbruch zur Alleinherrschaft 1933-1934*, Reinbek 1984.

Höhne, Heinz. *Die Zeit der Illusionen. Hitler und die Anfänge des Dritten Reiches 1933-1936*, Düsseldorf/Viena/Nova York, 1991.

Höller, Ralf. *Der Anfang, der ein Ende war. Die Revolution in Bayern 1918/19*. Berlin, 1999.

Hömig, Herbert. *Brüning. Kanzler in der Krise der Republik. eine Weimarer Biographie*. Paderborn, 2000.

Hömig, Herbert. Brüning. Politiker ohne Auftrag. Zwischen Weimarer und Bonner Republik. Paderborn, 2005.

Hoeres, Peter. Die Kultur von Weimar. Durchbruch der Moderne, Berlin/Brandenburgo, 2008.

Hofmann, Hanns Hubert. *Der Hitler-Putsch. Krisenjahre deutscher Geschichte 1920-1924*. Munique, 1961.

Holzbach, Heidrun. Das "System Hugenberg". Die Organisation bürgerlicher Sammlungspolitik vor dem Aufstieg der NSDAP, Stuttgart, 1981.

Hoppe, Bernd. Von Schleicher zu Hitler. Dokumente zum Konflikt zwischen dem Reichslandbund und der Regierung Schleicher in den letzten Wochen der Weimarer Republik. In: Vierteljahrshefte für Zeitgeschichte, vol. 45 (1997), pp. 629-657.

Horn, Wolfgang. *Der Marsch zur Machtergreifung. Die NSDAP bis 1933*. Düsseldorf, 1980.

Horn, Wolfgang. "Ein unbekannter Aufsatz Hitlers aus dem Frühjahr 1924". In: *Vierteljahrshefte für Zeitgeschichte*, vol. 16 (1968), pp. 280-294.

Horne, John/Alan Kramer. *Deutsche Kriegsgreuel 1914. Die umstrittene Wahrheit*. Hamburgo, 2004.

Horstmann, Bernhard. *Hitler in Pasewalk. Die hypnose und ihre Folgen*. Düsseldorf, 2004.

Hürter, Johannes. Wilhelm Groener. Reichswehrminister am Ende der Weimarer Republik (1928-1932). Munique, 1993.

Hüttenberger, Peter. *Die Gauleiter. Studie zum Wandel des Machtgefüges in der NSDAP*. Stuttgart, 1969.

Humann, Detlev. *"Arbeitsschlacht". Arbeitsbeschaffung und Propaganda in der NS-Zeit 1933–1939*. Gotinga, 2011.

Hurnaus, Hertha, et al. (ed.). *Haus Meldemannstraße*. Viena, 2003.

Industrie-Club e. V. Düsseldorf (ed.). *Treffpunkt der Eliten. Die Geschichte des Indus-trie-Clubs Düsseldorf. Texte und wissenschaftliche Bearbeitung von Volker Ackermann*. Düsseldorf, 2006.

Jablonski, David. *The Nazi Party in Dissolution. Hitler and the Verbotszeit 1923-1925*. Londres, 1989.

Jacobsen, Hans-Adolf. *Nationalsozialistische Außenpolitik 1933-1939*, Frankfurt/M./Berlim, 1968.

Jäckel, Eberhard. *Hitlers Weltanschauung. Entwurf einer Herrschaft. Erweiterte und überarbeitete Neuausgabe*. Stuttgart, 1981.

Jäckel, Eberhard. *Das deutsche Jahrhundert. Eine historische Bilanz*. Stuttgart, 1996.

James, Harold. "Die Deutsche Bank und die Diktatur 1933-1945". In: Lothar Gall et al. *Die Deutsche Bank 1870-1995*. Munique, 1995, pp. 315-408.

James, Harold. *Krupp. Deutsche Legende und Globales Unternehmen*. Munique, 2011.

Janßen, Karl Heinz/Fritz Tobias. *Der Sturz der Generäle. Hitler und die Blomberg-Fritsch-Krise 1938*. Munique, 1994.

Jetzinger, Franz. *Hitlers Jugend. Phantasien, Lügen und Wahrheit*. Viena, 1956.

Joachimsthaler, Anton. *Hitlers Liste. Ein Dokument persönlicher Beziehungen*, Munique, 2003.

Joachimsthaler, Anton. *Hitlers Weg begann in München 1913-1923*. Munique, 2000.

Joachimsthaler, Anton. *Korrektur einer Biographie. Adolf Hitler 1908-1920*. Munique, 1989.

Jochmann, Werner. *Im Kampf um die Macht. Hitlers Rede vor dem Hamburger Nationalklub von 1919*. Frankfurt/M., 1960.

Jochmann, Werner. *Gesellschaftskrise und Judenfeindschaft in Deutschland 1870-1945*. Hamburgo, 1988.

Johnson, Eric J. *Der nationalsozialistische Terror. Gestapo, Juden und gewöhnliche Deutsche*. Berlim, 2001.

Jones, Larry Eugene. "The Greatest Stupidity of My Life: Alfred Hugenberg and the Formation of the Hitler Cabinet, January 1933". In: *Journal of Contempory History*, vol. 27 (1992), pp. 63-87.

Jones, Larry Eugene. "Nationalists, Nazis and the Assault against Weimar: Revisiting the Harzburg Rally of October 1931". In: *German Studies Review*, vol. 29 (2006), pp. 483-494.

Käfer, Miriam. "Hitlers frühe Förderer aus dem Großbürgertum – das Verlegerehepaar Elsa und Hugo Bruckmann". In: M. Krauss (ed.). *Rechte Karrieren in München*, pp. 52-79.

Karl, Michaela. *Die Münchner Räterepublik. Porträts einer Revolution*. Düsseldorf, 2008.

Karow, Yvonne. *Deutsches Opfer. Kultische Selbstauslöschung auf den Eeichsparteitagen der NSDAP*. Berlim, 1994.

Kater, Michael H. Zur Soziologie der frühen NSDAP. In: *Vierteljahrshefte für Zeitgeschichte*, vol. 19 (1971), pp. 124-159.

Keller, Gustav. *Der Schüler Adolf Hitler. Die Geschichte eines lebenslangen Amoklaufs*. Münster, 2010.

Kellerhoff, Sven Felix. *Hitlers Berlin. Geschichte Einer Hassliebe*. Berlim/Brandenburgo, 2005.

Kellerhof, Sven Felix. *Der reichstagsbrand. Die Karriere eines Kriminalfalles*. Berlim, 2008.

Kershaw, Ian. *Der hitler-Mythos. Volksmeinung und Propaganda im Dritten Reich*. Stuttgart, 1980.

Kershaw, Ian. *Hitlers Macht. Das Profil der NS-Herrschaft*. Munique, 1992.

Kershaw, Ian. Hitler, vol. I: 1880-1936, vol. II: 1936–1945. Stuttgart, 1998/2000.

Kershaw, Ian. *Hitlers Freunde in England. Lord Londonderry und der Weg in den Krieg*, Munique, 2005.

Kershaw, Ian. "'Volksgemeinschaft'. Potential und Grenzen eines neuen Forschungskonzepts". In: *Vierteljahrshefte für Zeitgeschichte*, vol. 59 (2011), pp. 1-17.

Kettenacker, Lothar. "Hitler und die Kirchen. Eine Obsession mit Folgen". In: Günther Heydemann/Lothar Kettenacker (ed.). *Kirchen in der Diktatur. Drittes reich und SeD-Staat*. Gotinga, 1993, pp. 67-87.

Kissenkoetter, Udo. *Gregor Straßer und die NSDAP*. Stuttgart, 1978.

Klee, Ernst. *"Die SA Jesu christi"*. *Die Kirche im Banne Hitlers*. Frankfurt/M., 1989.

Klemperer, Victor. *LTi. Notizbuch eines Philologen*. 24ª ed. revisada, editada e comentada por Elke Fröhlich. Stuttgart, 2010.

Knickerbocker, H(ubert) R. *Deutschland so oder so?* Berlim, 1932.

Knopp, Guido. *Hitler. Eine Bilanz*. Berlim, 1995.

Knopp, Guido. *Geheimnisse des "Dritten reiches"*. Munique, 2011.

Koch-Hillebrecht, Manfred. *Homo Hitler. Psychogramm Eines Diktators*. Munique, 1999.

Koch-Hillebrecht, Manfred. *Hitler. Ein Sohn des Krieges. Fronterlebnis und Weltbild*. Munique, 2003.

Köhler, Joachim. *Wagners Hitler. Der Prophet und sein Vollstrecker*. Munique, 1997.

Koenen, Gerd. *Der rußland-Komplex. Die Deutschen und der Osten 1900-1945*, Munique, 2005.

König, Wolfgang. *Volkswagen, Volksempfänger, Volksgemeinschaft. "Volksprodukte" im Dritten Reich: Vom Scheitern der nationalsozialistischen Konsumgesellschaft*. Paderborn, 2004.

Kolb, Eberhard. *Die Weimarer Republik*, 2ª ed. Munique, 1988.

Kolb, Eberhard/Wolfram Pyta. "Die Staatsnotstandsplanung unter den Regierungen Papen und Schleicher". In: Heinrich August Winkler (ed.). *Die deutsche Staatskrise 1930-33*. Munique, 1992, pp. 155-181.

Kolb, Eberhard. "Die Weimarer Republik und das Problem der Kontinuität vom Kaiserreich zum 'Dritten reich'", In: *Umbrüche deutscher Geschichte 1866-71/ 1918-19/ 1929-33. Ausgewählte Aufsätze*. Org. Dieter Langewiesche e Klaus Schönhoven. Munique, 1993, pp. 359-372

Koop, Volker. *Martin Bormann. Hitlers Vollstrecker*, Viena/Colônia/Weimar, 2012.

Kopper, Christopher. *Hjalmar Schacht. Aufstieg und Fall von Hitlers mächtigstem Bankier*. Munique/Viena, 2006.

Kopperschmidt, Josef (org.). *Hitler als Redner*. Munique, 2003.

Kracauer, Siegfried. *Von Caligari zu Hitler. Eine psychologische Geschichte des deutschen Films*. Frankfurt/M., 1979.

Krauss, Marita (org.). *Rechte Karrieren in München. Von der Weimarer Zeit bis in die Nachkriegsjahre*. Munique, 2010.

Krings, Stefan. *Hitlers Pressechef Otto Dietrich (1897-1952). Eine Biographie*. Gotinga, 2010.

Krüger, Arnd. *Die Olympischen Spiele 1936 und die Weltmeinung. Ihre außenpolitische Bedeutung unter besonderer Berücksichtigung der USA*. Berlim, 1972.

Kube, Alfred. *Pour le mérite und hakenkreuz. hermann Göring im Dritten Reich*, Munique, 1989.

Kühnl, Reinhard. "Zur Programmatik der nationalsozialistischen Linken: Das Straßer-Programm von 1925/26". In: *Vierteljahrshefte für Zeitgeschichte*, vol. 14 (1966), pp. 317-333.

Kuhn, Axel. *Hitlers außenpolitisches Programm*. Stuttgart, 1970.

Kulka, Otto Dov. "Die Nürnberger Rassegesetze und die deutsche Bevölkerung im Lichte geheimer ss-Lage- und Stimmungsberichte". In: *Vierteljahrshefte für Zeitgeschichte*, vol. 32 (1984), pp. 582-624.

Laak, Dirk van. "Adolf Hitler". In: Frank Möller (org.). *Charismatische Führer der deutschen Nation*. Munique, 2004, pp. 149-169.

Lahme, Tilmann. *Golo Mann. Biographie*. Frankfurt/M., 2009.

Lang, Jochen von. *Der Sekretär. Martin Bormann. Der Mann, der Hitler beherrschte*. 3ª ed. revista, Munique/Berlim, 1987.

Lange, Karl. *Hitlers unbeachtete Maximen. "Mein Kampf" und die Öffentlichkeit*. Stuttgart, 1968.

Lange, Karl. "Der Terminus 'Lebensraum' in Hitlers 'Mein Kampf'". In: *Vierteljahrshefte für Zeitgeschichte*, vol. 13 (1965), pp. 426-437.

Large, David Clay. *Hitlers München. Aufstieg und Fall der hauptstadt der Bewegung*. Munique, 1998.

Large, David Clay. *Berlin. Biographie einer Stadt*. Munique, 2002.

Leicht, Johannes. *Heinrich Claß 1868-1953. Die politische Biographie eines Alldeutschen*. Paderborn, 2012.

Leis, Mario. *Leni Riefenstahl*. Reinbek, 2009.

Leiser, Erwin. *"Deutschland erwache!" Propaganda im Film des Dritten Reiches*, Reinbek, 1978.

Leßmann, Peter. *Die preußische Schutzpolizei in der Weimarer republik. Streifendienst und Straßenkampf*. Düsseldorf, 1989.

Leutheusser, Ulrike (ed.). *Hitler und die Frauen*. Munique, 2003.

Linse, Ulrich. *Barfüßige Propheten. Erlöser der zwanziger Jahre*. Berlim, 1983.

Lohalm, Uwe. *Völkischer Radikalismus. Die Geschichte des Deutschvölkischen Schutz- und Trutzbundes 1919-1923*. Hamburgo, 1970.

Loiperdinger, Martin. *Der Parteitagsfilm "Triumph des Willens" von Leni Riefenstahl*. Opladen, 1987.

Longerich, Peter. *Die braunen Bataillone. Geschichte der SA*. Munique, 1989.

Longerich, Peter. *Hitlers Stellvertreter. Führung der Partei und Kontrolle des Staatsapparats durch den Stab heß und die Partei-Kanzlei Bormanns*. Munique, 1992.

Longerich, Peter. *Deutschland 1918-1933. Die Weimarer Republik*. Hannover, 1995.

Longerich, Peter. *Politik der Vernichtung. eine Gesamtdarstellung der nationalsozialistischen Judenverfolgung*. Munique/Zurique, 1998.

Longerich, Peter. *"Davon haben wir nichts gewußt!" Die Deutschen und die Judenverfolgung 1933-1945*. Munique, 2006.

Longerich, Peter. *Heinrich Himmler. Biographie*. Munique, 2008.

Longerich, Peter. *Joseph Goebbels*. Munique, 2010.

Lukacs, John. Hitler. *Geschichte und Geschichtsschreibung*. Munique, 1997.

Luntowski, Gustav. *Hitler und die Herren an der Ruhr. Wirtschaftsmacht und Staatsmacht im Dritten Reich*, Frankfurt/M., 2000.

Machtan, Lothar. *Hitlers Geheimnis. Das Doppelleben eines Diktators*. Berlim, 2001.

Machtan, Lothar. "Was hitlers homosexualität bedeutet. Anmerkungen zu einer Tabugeschichte". In: *Zeitschrift für Geschichtswissenschaft*, vol. 51 (2003), pp. 334-351.

Machtan. Lothar. *Der Kaisersohn bei Hitler*. Hamburgo, 2006.

Mandell, Richard. *Hitlers Olympiade. Berlin 1936*. Munique, 1980.

Mann, Thomas. "Bruder Hitler (1939)". In: *An die gesittete Welt. Politische Schriften und Reden im Exil*. Frankfurt/M., 1986, pp. 253-260.

Marks, Stefan. *Warum folgten sie Hitler? Die Psychologie des Nationalsozialismus*. Düsseldorf, 2007.

Martynkewicz, Wolfgang. *Salon Deutschland. Geist und Macht 1900-1945*. Berlim, 2009.

Marx, Christian. *Paul Reusch und die Gutehoffnungshütte. Leitung eines deutschen Großunternehmens*. Gotinga, 2013.

Maser, Werner. *Die Frühgeschichte der* NSDAP. *Hitlers Weg bis 1924*. Frankfurt/ M./Bonn, 1965.

Maser, Werner. *Adolf Hitlers "Mein Kampf". Geschichte, Auszüge, Kommentare*. 9ª ed.. Esslingen, 2001.

Maser, Werner. *Adolf Hitler. Legende-Mythos-Wirklichkeit*. 12ª ed. Munique/Esslin- gen, 1998.

Matthias, Erich/Rudolf Morsey (Org.). *Das Ende der Parteien 1933*. Düsseldorf, 1960.

Mattioli, Aram. *Experimentierfeld der Gewalt. Der Abessinienkrieg und seine internationale Bedeutung 1935-1941*. Zurique, 2005.

Mauersberger, Volker. *Hitler in Weimar. Der Fall einer deutschen Kulturstadt*. Berlim, 1999.

Mehring, Reinhard. *Carl Schmitt. Aufstieg und Fall*. Munique, 2009.

Meier, Kurt. *Kreuz und Hakenkreuz. Die evangelische Kirche im Dritten Reich*, Munique, 1992.

Mensing, Björn/Friedrich Prinz (Org.). Irrlicht im leuchtenden München? Der Nationalsozialismus in der "Hauptstadt der Bewegung". Regensburg, 1991.

Merkenich, Stephanie. *Grüne Front gegen Weimar. Reichsland-Bund und agrarischer Lobbyismus 1918-1933*. Düsseldorf, 1998.

Merseburger, Peter. *Theodor Heuss. Der Bürger als Präsident. Biographie*. Munique, 2012.

Michalka, Wolfgang. *Ribbentrop und die deutsche Weltpolitik 1933-1940. Außenpolitische Konzeptionen und entscheidungsprozesse im Dritten reich*. Munique, 1980.

Miller, Alice. *Am Anfang war Erziehung*, Frankfurt/M., 1980.

Moeller, Horst. "Die nationalsozialistische Machtergreifung. Konterrevolution oder revolution?" In: *Vierteljahrshefte für Zeitgeschichte*, vol. 31 (1982), pp. 25-51.

Mommsen, Hans. *Hitlers Stellung im nationalsozialistischen Herrschaftssystem*. In: Gerhard Hirschfeld/Lothar Kettenacker (Org.). Der "Führerstaat". Mythos und Realität. Stuttgart, 1981, pp. 43-72.

Mommsen, Hans/Susanne Willems (Org.). *Herrschaftsalltag im Dritten Reich. Studien und Texte*. Düsseldorf, 1988.

Mommsen, Hans/Manfred Krieger. *Das Volkswagenwerk und seine Arbeiter im Dritten Reich*. Düsseldorf, 1996.

Mommsen, Hans. "Hitler's Reichstag Speech of 30 January 1939". In: *History & Memory*, Vol. 9 (1997), pp. 147-161.

Mommsen, Hans. *Zur Geschichte Deutschlands im 20. Jahrhundert*. Munique, 2010.

Moreau, Patrick. *Nationalsozialismus von links. Die "Kampfgemeinschaft revolutionärer Nationalsozialisten" und die "Schwarze Front" Otto Straßers 1930-1935*. Stuttgart, 1985.

Mühleisen, Horst. "Die Fritsch-Krise im Frühjahr 1938. Neue Dokumente aus dem Nachlaß des Generalobersten". In: Militärgeschichtliche Mitteilungen vol.56/2 (1997), pp. 471-508.

Mühlhausen, Walter. *Friedrich Ebert 1871-1925. Reichspräsident der Weimarer Republik*. Bonn, 2006.

Müller, Klaus-Jürgen. *Armee und Drittes Reich 1933-1939. Darstellung und Dokumente*. Paderborn, 1987.

Müller, Klaus-Jürgen. *Generaloberst Ludwig Beck. Eine Biographie*. Paderborn, 2008.

Mulack, Christa. *Klara Hitler. Muttersein im Patriarchat*. Rüsselsheim, 2005.

Muth, Heinrich. "Das 'Kölner Gespräch' am 4. Januar 1933." In: *Geschichte in Wissenschaft und Unterricht*, vol. 37 (1986), pp. 463–480.

Nebelin, Manfred. *Ludendorff. Diktator im ersten Weltkrieg*. Munique, 2011.

Neebe, Reinhard. *Großindustrie, Staat und NSDAP 1930-1933*. Gotinga, 1981.

Neliba, Günter. *Wilhelm Frick. Eine politische Biographie*. Paderborn, 1992.

Neumann, Hans-Joachim/Henrik Eberle. *War Hitler Krank? Ein abschließender Befund*. Bergisch--Gladbach, 2009

Nieden, Susanne zur. "Aufstieg und Fall des virilen Männerhelden. Der Skandal um ernst Röhm und seine Ermordung". In: Id. (Org.): *Homosexualität und Staatsräson. Männlichkeit, Homophobie und Politik in Deutschland 1900-1945*, Frankfurt/M. 2005, pp. 147-175.

Niekisch, Ernst. *Hitler – Ein deutsches Verhängnis (1931)*. In: Niekisch, Ernst. *Politische Schriften*. Colônia/Berlim, 1965, pp. 19-62.

Nüßlein, Timo. *Paul Ludwig Troost (1878-1934)*. Viena/Colônia/Weimar, 2012.

Oberwinter, Kristina. *"Bewegende Bilder". Repräsentation und Produktion von Emotionen in Leni riefenstahls "Triumph des Willens"*. Berlim, 2007.

Obst, Dieter. *"Reichskristallnacht". Ursachen und Verlauf des antisemitischen Pogroms vom November 1938*. Frankfurt/M., 1991.

O'Donnell, James P. "Der große und der kleine Diktator". In: *Der Monat*, vol. 30 (1978), pp. 51–62.

Olden, Rudolf. *Hitler*. Amsterdam, 1935; Neudruck hildesheim, 1981.

Ossietzky, Carl von. *Sämtliche Schriften*. vol. II: 1922-1924. Org. por Bärbel Boldt, Dirk Grathoff, Michael Sartorius, Bd. V: 1929-1930. Org. por Bärbel Boldt, Ute Maack, Günther Nickel, vol. VI: 1931-1933. Org. por Gerhard Kraiker, Günther Nickel, Renke Siems, Elke Suhr. Reinbek, 1994

Pätzold, Kurt. "Hitlers fünfzigster Geburtstag am 20. 4. 1939". In: Dietrich eichholtz/Kurt Pätzold (org.). *Der Weg in den Krieg. Studien zur Geschichte der Vorkriegsjahre (1935/36 bis 1939)*. Colônia, 1989, pp. 309-343

Pätzold, Kurt/Manfred Weissbecker. *Geschichte der NSDAP 1920-1945*. Colônia, 1998.

Parker, Robert Alexander Clarke. *Chamberlain and Appeasement. British Policy and the coming of the Second World War*. Londres, 1993.

Paul, Gerhard. *"Deutsche Mutter – heim zu Dir!" Warum es mißlang, Hitler an der Saar zu schlagen. Der Saarkampf 1933 bis 1945*. Colônia, 1984.

Paul, Gerhard. *Aufstand der Bilder. Die NS-Propaganda vor 1933*. Bonn, 1990.

Paul, Gerhard/Klaus-Michael Mallmann (org.). *Die Gestapo – Mythos und Realität*, Darmstadt, 2003.

Pehle, Walter H. (org.). *Der Judenpogrom 1938. Von der "Reichskristallnacht" zum Völkermord*. Frankfurt/M., 1988.

Petersen, Jens. *Hitler-Mussolini. Die entstehung der Achse Berlin – rom 1933-1936*. Tubinga, 1973.

Petzold, Joachim. "Claß und Hitler. Über die Förderung der frühen Nazibewegung durch den Alldeutschen Verband und dessen Einfluß auf die nazistische Ideologie". In: *Jahrbuch für Geschichte*, 21 (1980), pp. 247-288.

Petzold, Joachim. *Franz von Papen. Ein deutsches Verhängnis*. Berlim, 1995.

Phelps, Reginald H. "Before Hitler Came: Thule Society and Germanen Orden". In: *Journal of Modern History*, vol. 35 (1963), pp. 245-261.

Piper, Ernst. Alfred Rosenberg. Hitlers Chefideologe. Munique, 2005.

Plewnia, Margarete. *Auf dem Weg zu hitler. Der "Völkische" Publizist Dietrich Eckart*. Berlim, 1970

Plöckinger, Othmar. *Geschichte eines Buches: "Mein Kampf" 1922-1945*. Munique, 2006

Plöckinger, Othmar. *Unter Soldaten und Agitatoren. Hitlers prägende Jahre im deutschen Militär 1918-1920*. Paderborn, 2013.

Plöckinger, Othmar. "Adolf Hitler als Hörer an der Universität München im Jahr 1919. Zum Verhältnis zwischen Reichswehr und Universität". In: Elisabeth Kraus (org.). *Die Universität München im Dritten Eeich. Aufsätze. Teil II*. Munique, 2008, pp. 12-47.

Plöckinger, Othmar. "Frühe biographische Texte zu hitler. Zur Bewertung der autobiographischen Texte in 'Mein Kampf'". In: *Vierteljahrshefte für Zeitgeschichte*, vol. 58 (2010), pp. 93-114.

Przyrembel, Alexandra. *"Rassenschande", Reinheitsmythos und Vernichtungslegitimation im Nationalsozialismus*, Gotinga, 2003.

Pufendorf, Astrid. *Die Plancks. Eine Familie zwischen Patriotismus und Widerstand*. Berlim, 2006.

Pulzer, Peter G. J. *Die Entstehung des politischen Antisemitismus in Deutschland und Österreich 1867 bis 1914. Neuausgabe mit einem Forschungsbericht*. Gotinga, 2004

Pyta, Wolfram. *Hindenburg. Herrschaft zwischen Hohenzollern und Hitler*. Munique, 2007.

Pyta, Wolfram. Die Hitler-Edition des Instituts für Zeitgeschichte. In: *Historische Zeit-schrift*, vol. 281 (2005), pp. 383-394.

Radkau, Joachim. *Das Zeitalter der Nervosität. Deutschland zwischen Bismarck und Hitler*. Munique/Viena, 1998.

Raithel, Thomas/Irene Strenge. "Die Reichstagsbrandverordnung. Grundlegung der Diktatur mit den Instrumenten des Weimarer Ausnahmezustands". in: *Vierteljahrshefte für Zeitgeschichte*, vol. 48 (2000), pp. 413-460.

Rauscher, Walter. Hitler und Mussolini. Macht, Krieg und Terror, Graz/Viena/Colônia, 2001.

Rauschning, Hermann. Die revolution des Nihilismus. Zurique, 1938.

Rebentisch, Dieter. "Hitlers Reichskanzlei zwischen Politik und Verwaltung". In: Dieter Rebentisch/Karl Teppe (org.), *Verwaltung contra Menschenführung im Staat Hitlers*. Gotinga, 1986, pp. 65-99.

Recker, Marie-Luise. *Die Außenpolitik des Dritten Reiches*, Munique, 1990.

Reichel, Peter. *Der schöne Schein des Dritten Reiches. Faszination und Gewalt des Faschismus*. Munique, 1991.

Reif, Adalbert. *Albert Speer. Kontroversen um ein deutsches Phänomen*. Munique, 1978.

Reuß, Eberhard. *Hitlers Rennschlachten. Die Silberpfeile unterm Hakenkreuz*. Berlim, 2006.

Reuth, Ralf Georg. *Goebbels*. Munique/Zurique, 1990.

Reuth, Ralf Georg. *Hitler. Eine Biographie*. Munique/Zurique, 2003.

Reuth, Ralf Georg. *Hitlers Judenhass. Klischee und Wirklichkeit*. Munique/Zuriquem 2009.

Richardi, Hans-Günter. *Hitler und seine Hintermänner. Neue Fakten zur Frühgeschichte der NS-DAP*. Munique, 1991.

Richter, Ludwig. *Die Deutsche Volkspartei 1918-1933*. Düsseldorf, 2002.

Riecker, Joachim. *Hitlers 9. November. Wie der erste Weltkrieg zum Holocaust führte*. Berlin, 2009.

Rieger, Eva. *Friedelind Wagner. Die rebellische enkelin Richard Wagners*. Munique, 2012.

Rissmann, Michael. *Hitlers Gott. Vorsehungsglaube und Sendungsbewußtsein eines deutschen Diktators*. Zurique/Munique, 2001.

Robertson, Esmonde M. "Hitler und die Sanktionen des Völkerbunds". In: *Vierteljahrshefte für Zeitgeschichte*, vol. 26 (1962), pp. 237-264.

Rödder, Andreas. *Stresemanns Erbe. Julius Curtius und die deutsche Außenpolitik 1929-1931*. Paderborn, 1996.

Rösch, Mathias: Die Münchner NSDAP 1925-1933. Eine Untersuchung zur inneren Struktur der NSDAP in der Weimarer Republik. Munique, 2002.

Rohkrämer, Thomas. *Die fatale Attraktion des Nationalsozialismus. Zur Popularität eines Unrechtsregimes*. Paderborn, 2013.

Rostock, Jürgen/Franz Zadnicek. *Paradiesruinen. Das KDF-Seebad der Zwanzigtausend auf Rügen*. Berlim, 1995.

Roth, Karl Heinz. "Ökonomie und politische Macht. Die 'Firma Hamburg' 1930-1945". In: Angelika Rbbinghaus/Kartsten Line (org.). *Kein abgeschlossenes Kapitel: Hamburg im "Dritten reich"*, Hamburg, 1997, pp. 15-176.

Rother, Rainer. *Leni Riefenstahl. Die Verführung des Talents*. Berlin, 2000.

Ruben, Gunnhild. *"Bitte mich als Untermieter bei ihnen anzumelden!" Hitler und Braunschweig 1932-1935*. Norderstedt, 2004.

Ryback, Timothy W. *Hitlers Bücher. Seine Bibliothek – sein Denken*. Colônia, 2010.

Sabrow, Martin. *Der Rathenau-Mord. Rekonstruktion einer Verschwörung gegen die Republik von Weimar*. Munique, 1994.

Schad, Martha. "'Das Auge war vor allen Dingen ungeheuer anziehend'. Freundinnen und Verehrerinnen". In: Leutheusser, Ulrike (org.). *Hitler und die Frauen*, pp. 21-135.

Schad, Martha. *Sie liebten den Führer. Wie Frauen hitler verehrten*. Munique, 2009.

Schäche, Wolfgang/Norbert Szymanski. *Das reichssportfeld. Architektur im Spannungsfeld von Sport und Macht*, Berlim/Brandenburgo, 2001.

Schäfer, Claus W. André François-Poncet als Botschafter in Berlin (1931–1938), München, 2004.

Schäfer, Kerstin A. *Werner von Blomberg. Hitlers erster Feldmarschall. Eine Biographie*. Paderborn, 2006.

Schauff, Frank. *Der Spanische Bürgerkrieg*, Gotinga, 2006.

Scheck, Raffael. "Swiss Funding for the Early Nazi Movement". In: *The Journal of Modern History*. Vol. 71 (1999), pp. 793-813.

Scheel, Klaus. *Der Tag von Potsdam*. Berlim, 1993.

Schenk, Dieter. *Hitlers Mann in Danzig. Albert Forster und die NS-Verbrechen in Danzig-Westpreußen*. Bonn, 2000.

Schenk, Dieter. *Hans Frank. Hitlers Kronjurist und Generalgouverneur*. Frankfurt/M., 2006.

Schenk, Ernst Günther. *Patient Hitler. Eine medizinische Biographie*. Düsseldorf, 1989.

Schieder, Wolfgang. *Faschistische Diktaturen. Studien zu Italien und Deutschland*, Gotinga, 2008.

Schildt, Axel. *Militärdiktatur auf Massenbasis? Die Querfrontkonzeption der reichswehrführung um General Schleicher am ende der Weimarer Republik*, Frankfurt/M./Nova York. 1981.

Schildt, Gerhard. *Die Arbeitsgemeinschaft Nord-West. Untersuchungen zur Geschichte der NS-DAP*. Friburgo, 1964.

Schlüter, André. Moeller van den Bruck. Leben und Werk, Colônia/Weimar/Viena, 2010.

Schmid, Julia. *Kampf um das Deutschtum. Radikaler Nationalismus in Österreich und im Deutschen Reich 1890-1914*. Frankfurt/M./Nova York, 2009.

Schmidt, Matthias. Albert Speer. Das ende eines Mythos, 2ª ed. Berlim, 2005.

Schmidt, Rainer F. *Die Außenpolitik des Dritten reiches 1933-1939*. Stuttgart, 2002.

Schmidt, Ulf. *Hitlers Arzt Karl Brandt. Medizin und Macht im Dritten Reich*. Berlim, 2009.

Schmiechen-Ackermann, Detlef (org.): "*Volksgemeinschaft*". *Mythos, wirkungsmächtige soziale Verheißung oder soziale realität im "Dritten reich"? Zwischenbilanz einer Kontroverse*. Paderborn, 2012.

Schmölders, Claudia. *Hitlers Gesicht. Eine physiognomische Biographie*. Munique, 2000.

Schneider, Michael. *Unterm Hakenkreuz. Arbeiter und Arbeiterbewegung 1933 bis 1939*. Bonn, 1999.

Schneider, Thomas Martin. *Reichsbischof Ludwig Müller. Eine Untersuchung zu Leben, Werk und Persönlichkeit*. Gotinga, 1993.

Schoenbaum, David. *Die braune revolution. Eine Sozialgeschichte des Dritten reiches*. Colônia, 1968.

Schönberger, Angela. *Die Neue reichskanzlei. Zum Zusammenhang von nationalsozialistischer ideologie und Architektur*. Berlim, 1981.

Scholder, Klaus. *Die Kirchen und das Dritte Reich, Bd. 1: Vorgeschichte und Zeit der illusion 1918-1934*. Frankfurt/M./Berlim/Viena, 1977; *Bd. 2: Das Jahr der ernüchterung 1934. Barmen und rom*. Berlim. 1985.

Scholtyseck, Joachim. *Der Aufstieg der Quandts. Eine deutsche Unternehmerdynastie*, Munique, 2011.

Schorske, Carl E. *Wien. Geist und Gesellschaft im Fin de Siècle*. Munique, 1994.

Schmeer, Karlheinz. *Die regie des öffentlichen Lebens im Dritten Reich*. Munique, 1956.

Schmied, Jürgen Peter. *Sebastian Haffner. Eine Biographie*. Munique, 2010.

Schreckenberg, Heinz. *Hitler. Motive und Methoden einer unwahrscheinlichen Karriere. Eine biographische Studie*. Frankfurt/M., 2006.

Schreiber, Gerhard. *Hitler. Interpretationen 1923-1983. Ergebnisse, Methoden und Probleme der Forschung*. Darmstadt, 1984.

Schröder, Hans Joachim. *Alles Liebe & Heil Hitler. Wie falsche Hoffnungen entstehen. Eine Familiengeschichte*. Berlim, 2012.

Schulz, Gerhard. *Von Brüning zu Hitler. Der Wandel des politischen Systems in Deutschland 1930-1933*. Berlim/Nova York, 1992.

Schwarz, Birgit. *Geniewahn: Hitler und die Kunst*. Viena/Colônia/Weimar, 2009.

Schwarzschild, Leopold. *Chronik eines Untergangs. Deutschland 1924-1939*. Org. por Andreas P. Wesemann. Viena, 2005.

Schwarzwäller, Wulf C. *Hitlers Geld. Vom armen Kunstmaler zum millionenschweren Führer*. Viena, 1998.

Schwilk, Heimo. *Ernst Jünger. Ein Jahrhundertleben*. Munique/Zurique, 2007.

Seidler, Franz W. *Die Organisation Todt. Bauen für Staat und Wehrmacht 1938-1945*. Bonn, 1998.

Sereny, Gitta. *Albert Speer. Das ringen mit der Wahrheit und das deutsche Trauma*. Munique, 1995.

Sieg, Ulrich. *Ein Prophet nationaler Religion. Paul de Lagarde und die völkische Bewegung*. In: Friedrich Wilhelm Graf (org.). Intellektuellen-Götter. Munique, 2009, pp. 1-19.

Siemens, Daniel. *Horst Wessel. Tod und Verklärung eines Nationalsozialisten*. Berlin, 2009.

Sigmund, Anna Maria. *Des Führers bester Freund. Adolf Hitler, seine Nichte Geli raubal und der "Ehrenarier" Emil Maurice – Eine Dreiecksbeziehung*. Munique, 2003.

Sigmund, Anna Maria. *Die Frauen der Nazis. Die drei Bestseller vollständig aktualisiert in einem Band*. Munique, 2005.

Sigmund, Anna Maria. Diktator, Dämon, Demagoge. Fragen und Antworten zu Adolf Hitler. Munique, 2006.

Sigmund, Anna Maria. "Als Hitler auf der Flucht War". In: *Süddeutsche Zeitung* v. 8-9/11/2008.

Smelser, Ronald. *Robert Ley. Hitlers Mann an der "Arbeitsfront"*. Potsdam, 1989.

Smelser, Ronald/Rainer Zitelmann (org.). *Die braune Elite. 22 biographische Skizzen*. Darmstadt, 1989.

Smelser, Ronald/Enrico Syring/Rainer Zitelmann (org.). *Die braune Elite II. 21 weitere biographische Skizzen*. Darmstadt, 1993.

Smith, Bradley F. *Adolf Hitler. His Family, Childhood and Youth*. Stanford, 1967.

Sösemann, Bernd. *Das Ende der Weimarer Republik in der Kritik demokratischer Publizisten*. Berlim, 1976.

Solleder, Fridolin (org.). *Vier Jahre Westfront. Geschichte des Regiment List R. I.R 16*. Munique, 1932.

Sommer, Theo. *Deutschland und Japan zwischen den Mächten 1935-1940. Vom Antikominternpakt zum Dreimächtepakt*. Tubinga, 1962.

Sontheimer, Kurt. *Antidemokratisches Denken in der Weimarer Republik. Die politischen Ideen des deutschen Nationalismus zwischen 1918 und 1933*. Munique, 1968.

Sprengel, Peter. *Gerhart Hauptmann. Bürgerlichkeit und großer Traum. Eine Biographie*. Munique, 2012.

Stachura, Peter. *Gregor Straßer and the Rise of Nazism*. Londres, 1983.

Stachura, Peter D. "Der kritische Wendepunkt? Die NSDAP und die Reichstagswahlen vom 20. 5. 1928", In: *Vierteljahshefte für Zeitgeschichte*, vol. 26 (1978), pp. 66-99.

Stegmann, Dirk. "Zwischen repression und Manipulation: Konservative Machteliten und Arbeiter- und Angestelltenbewegung 1910–1918. Ein Beitrag zur Vorgeschichte der DAP/NSDAP". In: *Archiv für Sozialgeschichte*, vol. XII (1972), pp. 351-432.

Stegmann, "Dirk. Zum Verhältnis von Großindustrie und Nationalsozialismus 1930-1933". In: *Archiv für Sozialgeschichte*, vol. XIII (1973), pp. 399-482.

Steinert, Marlies. *Hitler*. Munique, 1994.

Steinweis, Alan E. *Kristallnacht 1938. Ein deutscher Pogrom*. Stuttgart, 2011.

Stern, Fritz. *Kulturpessimismus als politische Gefahr. Eine Analyse nationaler Ideologie*. Stuttgart, 2005.

Stierlin, Helm. "Anziehung und Distanz. Hitler und die Frauen aus der Sicht des Psychotherapeuten". In: Leutheusser, Ulrike (org.). Hitler und die Frauen, pp. 253-298.

Stöver, Bernd. *Volksgemeinschaft im Dritten Reich. Die Konsensbereitschaft der Deutschen aus der Sicht sozialistischer Exilberichte*. Düsseldorf, 1993.

Stribrny, Wolfgang. "Der Versuch einer Kandidatur des Kronprinzen Wilhelm bei der reichspräsidentenwahl 1932". In: *Geschichte in der Gegenwart. Festschrift für Kurt Kluxen*. Paderborn, 1972, pp. 199-210.

Süß, Dietmar/Winfried Süß (org.). Das "Dritte Reich". Eine Einführung. Munique, 2008.

Tennstedt, Florian. "Wohltat und Interesse. Das Winterhilfswerk des Deutschen Volkes: Die Weimarer Vorgeschichte und ihre Instrumentalisierung durch das NS-Regime". In: *Geschichte und Gesellschaft*, vol. 13 (1987), pp. 157-180.

Terveen, Fritz. "Der Filmbericht über Hitlers 50. Geburtstag. Ein Beispiel nationalsozialistischer Selbstdarstellung und Propaganda". In: *Vierteljahrshefte für Zeitgeschichte*, vol. 7 (1959), pp. 75-84.

Thamer, Hans-Ulrich. *Verführung und Gewalt. Deutschland 1933-1945*. Berlim, 1986.

Thamer, Hans-Ulrich. "Faszination und Manipulation. Die Nürnberger Reichsparteitage der NSDAP". In: Uwe Schultz (org.). *Das Fest. Eine Kulturgeschichte von der Antike bis zur Gegenwart*. Munique, 1988, pp. 352-368.

Thamer, Hans-Ulrich/Simone Erpel. *Hitler und die Deutschen. Volksgemeinschaft und Verbrechen*. Dresden, 2010.

Thies, Jochen. *Architekt der Weltherrschaft. Die "Endziele" Hitlers*. Düsseldorf, 1976.

Thompson, Dorothy. *Kassandra spricht. Antifaschistische Publizistik 1932-1942*. Leipzig e Weimar, 1988.

Thoss, Bruno. *Der Ludendorff-Kreis 1919-1923. München als Zentrum der europäischen Gegenrevolution*. Munique, 1978.

Tobias, Fritz. "Ludendorff, Hindenburg, Hitler. Das Phantasieprodukt des Ludendorff-Briefes vom 30. Januar 1933". In: *Uwe Backes/Eckhard Jesse/Rainer Zitelmann: Die Schatten der Vergangenheit. Impulse zur Historisierung des Nationalsozialismus*. Frankfurt/M./Berlim, 1992, pp. 319-343.

Toland, John. *Adolf Hitler, vol. 1: 1889-1938, vol. 2: 1938-1945*. Bergisch-Gladbach, 1981.

Tomberg, Friedrich. *Das christentum in hitlers Weltanschauung*. Munique, 2012

Tooze, Adam. *Ökonomie der Zerstörung. Die Geschichte der Wirtschaft im Nationalsozialismus*. Munique, 2006.

Treue, Wilhelm. "Hitlers Denkschrift zum Vierjahresplan 1936". In: *Vierteljahrshefte für Zeitgeschichte*, vol. 3 (1955), pp. 184-210.

Trimborn, Jürgen. *Riefenstahl. Eine deutsche Karriere*. Berlim, 2002.

Trimborn, Jürgen. *Arno Breker. Der Künstler und die Macht. Die Biographie*. Berlim, 2011.

Turner, Henry A. *Die Großunternehmer und der Aufstieg Hitlers*. Berlim, 1986.

Turner, Henry A. *Hitlers Weg zur Macht. Der Januar 1933*. Munique, 1996.

Tyrell, Albrecht. *Vom "Trommler" zum Führer. Der Wandel von Hitlers Selbstverständniszwischen 1919 und 1924 und die entwicklung der NSDAP*. Munique, 1975.

Ueberschär, Gerd R./Winfried Vogel. *Dienen und Verdienen. Hitlers Geschenke an seine Eliten*. Frankfurt/M., 1999.

Ullrich, Volker. *Die nervöse Großmacht. Aufstieg und Untergang des deutschen Kaiserreichs 1871-1918*. Frankfurt/M., 1997.

Ullrich, Volker. *Die revolution 1918/19*. Munique, 2009.

Ullrich, Volker. "'Drückeberger'. Die Judenzählung im ersten Weltkrieg". In: Julius Schoeps/Joachim Schlör (org.). *Antisemitismus. Vorurteile und Mythen*, Munique/Zurique, 1995, pp. 210-217.

Ullrich, Volker. *Kriegsalltag. Hamburg im Ersten Weltkrieg*. Colônia, 1982.

Ullrich, Volker. "Kriegsalltag. Zur inneren revolutionierung der wilhelminischen Gesellschaft". In: Wolfgang Michalka (org.). *Der erste Weltkrieg. Wirkung – Wahrnehmung – Analyse*. Munique/Zurique, 1994, pp. 603-621.

Ullrich, Volker. "Anpassung um jeden Preis? Die Kapitulation der deutschen Gewerkschaften 1932/33". In: Inge Marßolek/Till Schelz-Brandenburg (org.). *Soziale Demokratie und Sozialistische Theorie. Festschrift für Hans-Josef Steinberg zum 60. Geburtstag*, Bremen, 1995, pp. 245-255.

Urban, Markus. *Die Konsensfabrik. Funktion und Wahrnehmung der NS-Reichspartei- tage 1933-1941*, Gotinga, 2007.

Valentin, Veit. *Geschichte der Deutschen*. Berlim, 1947; Colônia, 1991.

Verhey, Geoffrey. *Der "Geist von 1914" und die Erfindung der Volksgemeinschaft*, Hamburgo, 2000.

Voegelin, Eric. *Hitler und die Deutschen*. Org. Manfred Henningsen, Munique, 2006.

Vogelsang, Thilo. *Reichswehr, Staat und NSDAP*. Stuttgart, 1962.

Vogelsang, Thilo. "Neue Dokumente zur Geschichte der reichswehr 1930-1933". In: *Vierteljahrshefte für Zeitgeschichte*, vol. 2 (1954), pp. 397-439.

Vogelsang, Thilo. "Zur Politik Schleichers gegenüber der NSDAP 1932". In: *Vierteljahrshefte für Zeitgeschichte*, vol. 6 (1958), pp. 86-118.

Vorländer, Herwart. *Die NSV. Darstellung und Dokumentation einer nationalsozialisti- schen Organisation*. Boppard, 1988.

Walter, Dirk. *Antisemitische Kriminalität und Gewalt. Judenfeindschaft in der Weimarer Republik*. Bonn, 1999.

Walters, Guy. *Berlin Games. How Hitler Stole the Olympic Dream*. Londres, 2006.

Watt, Donald Cameron. "Die bayerischen Bemühungen um Ausweisung Hitlers 1924". In: *Vierteljahrshefte für Zeitgeschichte*, vol. 6 (1958), pp. 270-280.

Weber, Thomas. *Hitlers erster Krieg. Der Gefreite Hitler im Weltkrieg. Mythos und Wahrheit*. Berlim, 2011.

Wehler, Hans-Ulrich. *Deutsche Gesellschaftsgeschichte, vol. IV: Vom Beginn des ersten Weltkriegs bis zur Gründung der beiden deutschen Staaten 1914-1949*, Munique, 2003.

Wehler, Hans-Ulrich. "Hitler als historische Figur". In: *Land ohne Unterschichten? Neue essays zur deutschen Geschichte*. Munique, 2010, pp. 92-105.

Weinberg, Gerhard L. *The Foreign Policy of Hitler's Germany. Diplomatic Revolution in Europe 1933-1936*. Chicago/Londres, 1970.

Weinberg, Gerhard L. "The May Crisis 1938". In: *Jounal of Modern History*, 29 (1957), pp. 213-225.

Weissbecker, Manfred/Kurt Pätzold. *Adolf Hitler. Eine politische Biographie*. Leipzig, 1995.

Weißmann, Karl-Heinz. *Das Hakenkreuz. Symbol eines Jahrhunderts*. Schnellrode, 2006.

Wendt, Bernd-Jürgen. *Großdeutschland. Außenpolitik und Kriegsvorbereitung des Hitler-Regimes*. Munique, 1987.

Wenninger, Florian/Lucile Dreidemy (org.). *Das Dollfuss/Schuschnigg-regime 1933-1938*. Vermessung eines Forschungsfeldes. Viena/Colônia/Weimar, 2013.

Wernecke, Klaus (em colaboração com Peter Heller). *Der vergessene Führer. Alfred Hugenberg. Pressemacht und Nationalsozialismus*. Hamburgo, 1982.

Wieland, Karin. *Dietrich & Riefenstahl. Der Traum von der neuen Frau*. Munique, 2011.

Wilderotter, Hans. *Alltag der Macht. Berlin Wilhelmstraße*. Berlim, 1998.

Wildt, Michael. *Generation des Unbedingten. Das Führungskorps des Reichssicherheits-hauptamtes*. Hamburgo, 2002.

Wildt, Michael. *Volksgemeinschaft als Selbstermächtigung. Gewalt gegen die Juden in der deutschen Provinz 1919 bis 1939*. Hamburgo, 2007.

Wildt, Michael. *Geschichte des Nationalsozialismus*. Gotinga, 2008.

Wildt, Michael/Christoph Kreutzmüller (org.). *Berlim 1933-1945*. Munique, 2013.

Willems, Susanne. *Der entsiedelte Jude. Albert Speers Wohnungsmarktpolitik für den Berliner Hauptstadtbau*. Berlim, 2000.

Willing, Georg-Franz. *Die Hitler-Bewegung. Der Ursprung 1919-1922*. Hamburgo/ Berlim, 1962.

Winkler, Heinrich August. *Der Weg in die Katastrophe. Arbeiter und Arbeiterbewegung in der Weimarer Republik 1930 bis 1933*. Berlim/Bonn, 1987.

Winkler, Heinrich August. *Mußte Weimar scheitern? Das ende der ersten republik und die Kontinuität der deutschen Geschichte*. Munique, 1991.

Winkler, Heinrich August. *Weimar 1918-1933. Die Geschichte der ersten deutschen Demokratie*. Munique, 1993.

Winkler, Heinrich August. Der lange Weg nach Westen, 2 vols. Munique, 2000.

Winkler, Heinrich August. Die abwendbare Katastrophe. Warum Hitler am 30. Januar 1933 Reichskanzler wurde. In: *Auf ewig in Hitlers Schatten? Anmerkungen zur deutschen Geschichte*. Munique, 2007, pp. 93-104.

Winkler, Heinrich August. *Geschichte des Westens, vol. II: Die Zeit der Weltkriege 1914-1945*. Munique, 2011.

Wirsching, Andreas. *Vom Weltkrieg zum Bürgerkrieg? Politischer extremismus in Deutschland und Frankreich 1918-1933/39. Berlin und Paris im Vergleich*. Munique, 1999

Wirsching, Andreas. "'Man kann nur Boden germanisieren'. Eine neue Quelle zu Hitlers Rede vor den Spitzen der Reichswehr am 3. Februar 1933". In: *Vierteljahrshefte für Zeitgeschichte*, vol. 49 (2001), pp. 517-550

Wirsching, Andreas (org.). *Das Jahr 1933. Die nationalsozialistische Machtergreifung und die deutsche Gesellschaft*. Gotinga, 2009.

Woller, Hans. *Geschichte italiens im 20. Jahrhundert*. Munique, 2010.

Wollstein, Günter. "Eine Denkschrift des Staatssekretärs Bernhard von Bülow vom März 1933. Wilhelminische Konzeption der Außenpolitik zu Beginn der nationalsozialistischen Herrschaft". In: *Militärgeschichtliche Mitteilungen* 23/1 (1973), pp. 77-94.

Wright, Jonathan. *Gustav Stresemann 1878-1929. Weimars größter Staatsmann*. Munique, 2006.

Xammar, Eugenie. Das Schlangenei. Berichte aus dem Deutschland der inflationsjahre 1922-1924. Berlim, 2007.

Zehnpfennig, Barbara: Hitlers "Mein Kampf", Eine interpretation, 2ª ed. Munique, 2002

Zelnhefer, Siegfried. *Die Reichsparteitage der* NSDAP. *Geschichte, Struktur und Bedeutung der größten Propagandafeste im nationalsozialistischen Feierjahr*. Nuremberg, 2002.

Zimmermann, Peter. "Die Parteitagsfilme der NSDAP und Leni Riefenstahl". In: Zimmermann/ Kaihoffmann (org.): *Geschichte des dokumentarischen Films in Deutschland, vol. 3: "Drittes reich" 1933-1945*, Stuttgart, 2005.

Zitelmann, Rainer. *Hitler. Selbstverständnis eines Revolutionärs*, 2ª ed. Stuttgart, 1989.

Zitelmann, Rainer. *Adolf Hitler. Eine politische Biographie*. Gotinga/Zurique, 1989.

Zdral, Wolfgang. *Die Hitlers. Die unbekannte Familie des Führers*, Frankfurt/M./Nova York, 2005.

CRÉDITOS FOTOGRÁFICOS

akg-images: Fotos 1, 2, 3, 38, 57

AKiP: Foto 40

Bayerische Staatsbibliothek München: Foto 11

Bayerisches Staatsministerium für Finanzen: Foto 30

Bildarchiv Preußischer Kulturbesitz: Fotos 4, 5 (bpk), 6 (bpk/hh), 9, 10, 12-14 (bpk/BSB/ HH), 16 (bpk), 17 (bpk/Freistaat Bayern/Heinrich Hoffmann), 18, 23, 24 (bpk/BSB/ HH), 25 (bpk), 26 (bpk/BSB/Archiv HH), 27, 29, 34, 35, 37, 47 (bpk/BSB/HH), 49 (bpk/ Friedrich Rohrmann), 56, 58, 59 (bpk/BSB/HH), 66 (bpk/Hans Hubmann), 67 (bpk), 69 (bpk/BSB/Archiv HH)

Bundesarchiv Koblenz: Foto 7 (146-1974-082-44); Foto 21 (102-10391); Foto 41 (183-S38324); Foto 48 (183-1982-1130-502); Foto 51 (146-1976-033-17); Foto 53 (146-1971-016-31); Foto 54 (146III-373); Foto 55 (146-1986-029-02); Foto 65 (183-1987-0922-500); Foto 68 (183-1988-0202-503)

Bundesarchiv Koblenz, Dokumentenstelle: Foto 60 (N1720/6)

Bundesarchiv Berlin-Lichterfelde: Foto 8 (NS 26/1242); Fotos 31, 32, 39 (NS 26/2557); Foto 43 (NS 10/123, Bl. 62, 63 [Montagem!]); Foto 44 (R 43 II/971, Bl. 49)

Landesarchiv Nordrhein-Westfalen, Detmold: Foto 33

Stadtarchiv Nürnberg: Foto 50

Stadt Essen: Foto 63 (Stadtbildstelle Essen)

Stiftung Neue Synagoge Berlin - Centrum Judaicum: Foto 62

The Library of Congress, Washington D. C.: Foto 52

Ullstein Bilderdienst: Fotos 19, 20 (ullstein bild/HH), 22, 42 (ullstein bild/Süddeutsche Zeitung/Photo Scherl), 45, 61 (ullstein bild/Roger-Viollet)

Foram feitos todos os esforços a fim de identificar os detentores dos direitos das imagens reproduzidas nesta obra. Contudo, não foi possível descobrir a propriedade de algumas delas. Reivindicações válidas sobre direitos autorais devem ser encaminhadas ao editor.

AGRADECIMENTOS

Nos trabalhos consideráveis para escrever esta biografia, tive muitos apoiadores aos quais devo expressar meu imenso agradecimento. Em primeiríssimo lugar, às senhoras e aos senhores dos arquivos que me deram acesso a seus tesouros — Torsten Zarwel do Arquivo Nacional de Berlim-Lichterfelde, Annegret Neupert do Arquivo Nacional de Koblenz, dr. Klaus A. Lankheit do *Institut für Zeitgeschichte* [Instituto de História Contemporânea], em Munique, dra. Sylvia Krauss do *Bayerischer Hauptstaatsarchiv* [Arquivo Estatal Geral Bávaro] em Munique, dr. Nino Nodia da *Bayerische Staatsbibliothek* [Biblioteca Estadual Bávara] em Munique e Marlies Hertig, do *Schweizerischen Bundesarchiv* [Arquivo Nacional Suíço], em Berna.

Pela oferta generosa de literatura, Mirjam Zimmer e dra. Kerstin Wilhelms, da área de documentação do jornal *Zeit*, que foram extraordinárias em sua ajuda. Karl-Otto Schütt sempre me dava acesso aos ricos acervos da biblioteca do *Forschungsstelle für Zeitgeschichte* [Serviço de Pesquisa da História Contemporânea] de Hamburgo.

Preciso agradecer principalmente ao meu amigo dr. Walter H. Pehle, editor de longa data da S. Fischer Verlag, que não apenas incentivou o projeto, mas também leu o manuscrito com rigor e, juntamente com o autor, providenciou a seleção de imagens. Sua sucessora, dra. Tanja Hommen, assumiu o projeto para coordenar os trabalhos na fase de impressão. Dr. Peter Sillem, supervisor da área de livros de não ficção, acompanhou o surgimento da obra sempre com uma palavra compreensiva de encorajamento. A Fundação S. Fischer garantiu uma bolsa generosa que possibilitou minhas pesquisas nos arquivos.

Obviamente, devo meu maior agradecimento à minha família — à minha mulher, Gudrun, e ao meu filho, Sebastian. Pude entabular com eles muitas conversas inspiradoras sobre esse tema controverso, e eles foram de grande ajuda com perguntas e objeções críticas ao texto.

Hamburgo, maio de 2013.

Volker Ullrich

ÍNDICE ONOMÁSTICO

Adam, Wilhelm 650

Addison, John 108

Adenauer, Konrad 587-588

Allgeier, Sepp 465

Alpers, Friedrich 601

Altenberg, Jakob 30-31

Alvensleben, conde Werner Ulrich von 267-268, 316-317, 317-318

Aly, Götz xiii, 471-472

Amann, Max 75 ss., 53-54, 71, 99-100, 199 s., 159-160, 165-166, 168-169, 177-178, 183-184, 193-194, 240-241, 334-335, 353-355, 509-510

Andreas-Friedrich, Ruth 592-593, 598-599

Arco auf Valley, conde Anton 60-61, 130-131, 134-135

Arendt, Richard 53-54

Arent, Benno von 615-616

Attolico, Bernardo 443-444, 819 s.

Auer, Erhard 91 ss., 96 s., 128-129

Augstein, Rudolf xviii-xix

August Wilhelm, Prinz von Preußen ("Auwi") 186-187, 307, 320-321, 333, 377

Axelrod, Towia 66-67

Baarova, Lida 343-344, 592-593

Baden, Prinz Max von 55

Bahls, Ernst 560-562

Baillet-Latour, Henri de 489-490, 494-495

Bajohr, Frank xiii, xvii-xviii, 521-522

Baldwin, Stanley 613-614

Ball, Rudi 491-492

Ballerstedt, Otto 93-94, 409

Barth, Karl 573

Baumann, Adolf 69

Baumgarten, Alexander 205

Baur, Hans 260-261, 407-408, 422-423, 500-501, 635 ss., 540-541, 549, 643-644

Bavendamm, Dirk xi

Beamish, Henry Hamilton 591

Bechstein, Edwin 101, 108-109, 129-130, 132-133, 164-165, 240-241, 316-317, 333, 691 s.

Bechstein, Helene 142 s., 108-109, 129-130, 132-133, 138-139, 164-165, 232, 240-241, 316-317, 333, 432 s., 342, 691 s.

Bechstein, Lotte 232

Beck, Jozef 425

Beck, Ludwig xi-xii, 363-364, 431-432 804 ss.

Beethoven, Ludwig van 560

Belleville, Rudolf 130-131, 140-142

Below, Maria von 695 ss.

Below, Nicolaus von 500-501, 549, 555-556, 621-622, 625-626, 634-635, 636-637, 640, 804 s.

Bendt, Walther 100 s.

Benesch, Edouard 811-817, 665-666

Bernhardt, Johannes 606-607

Best, Werner 293 s., 513-514

Bethmann Hollweg, Theobald von 37-38

Binding, Karl 478-479

Bismarck, Otto von 161-162, 276, 323-324 328, 348-349, 356, 377, 432-433, 440-441, 452-453, 618-619, 647-648, 662-663, 671

Blaschke, Hugo J. 355

Bloch, Eduard xi-xii, 39 s., 31, 635-636

Blohm, Rudolf 222-224

Blomberg, Werner von xi-xii, 316, 408 ss., 362-363, 402-403, 515 s., 410-411, 524 s., 421, 551 s., 445-446, 447-448, 465-466, 493-494, 510-511, 516, 549, 608-609, 613-614, 617-618, 771-782, 639-640

Blücher, Gebhard Leberecht von 439-440

Blum, Léon 492, 606-607

Böcklin, Arnold 22-23, 34-35, 350

Bohle, Ernst Wilhelm 426-427

Bonaparte, Napoleão 263-264, 339-340, 530-32

Bonnet, Georges 663-664

Bordone, Paris 540

Bormann, Albert 450-451, 500-501, 560-562

Bormann, Gerda 690 s., 560-562

Bormann, Martin 14, 84-85. 450-451, 500-501, 510-511, 651 s., 522-523, 674 s., 690 s., 557-558, 560, 560-562

Borsig, Ernst von 99

Bosch, Hieronymus 373-374, 586

Bosch, Robert 300

Bose, Herbert von 404, 408

Bouhler, Philipp 177-178, 560-562

Bracher, Karl Dietrich ix-x, xiii, 272, 302-303, 508-509, 271-272

Bracht, Franz 271-272

Brandi, Ernst 222-223, 252-253

Brandmeyer, Balthasar 46-47, 52-53

Brandt, Anni. Ver Rehborn, Anni

Brandt, Karl xi-xii, 691-695, 702 s., 593-594, 641-642

Brauchitsch, Walter von 626-627, 804-810

Braun, Eva xi-xii, 320 ss., 500-501, 677 s., 680-704, 641-642

Braun, Franziska 246

Braun, Friedrich 246, 549

Braun, Gretl 680 s., 684 s., 555, 700 ss.

Braun, Ilse (mais tarde Ilse Fucke-Michels) 247, 248-249, 544, 546-547, 560-562

Braun, Magnus Freiherr von 268-269

Braun, Otto 161, 201, 263-264, 270-271, 313-314

Brecht, Bertolt 203

Bredow, Ferdinand von 409

Breiting, Richard 359

Breker, Arno xi-xii, 530-532, 535-536, 540, 555-556

Breker, Mimina 555-556

Briand, Aristide 199-200

Bronnen, Arnolt 203

Bruckmann, Elsa xi-xii, 142 ss., 108-109, 138-139, 155, 160, 164-165, 178-179, 180, 182-183, 210-211, 232, 238, 333, 337, 340-341, 342, 356, 662-663

Bruckmann, Hugo xi-xii, 142 ss., 108-109, 155, 160, 178-179, 180, 182-183, 210-211, 232, 238, 333, 340-341, 342, 662-663

Bruckner, Anton 560

Brückner, Wilhelm 118, 182 s., 135-136, 291, 342, 353-355, 357, 545, 450-451, 500-501, 540, 548-549, 553-554, 555-556

Brueghel, Pieter 373-374

Brundage, Avery 491-492

Brüning, Heinrich 252 s., 194-195, 264 ss., 204, 206-207, 209-210, 215-216, 286-294, 251-252, 328 s., 258, 341-348, 361 ss., 283, 372 s., 305-306, 325-326, 382, 418-419, 632

Brunner, Alfred 89

Buch, Walter 177-178, 184, 552-553

Buchwitz, Otto 271-272

Bugiardini, Giuliano 540

Bullock, Alan xiv-xv, 244-245, 342

Bülow, Bernhard von 417-418, 419-420, 431-432

Bülow-Schwante, Vicco von 642-643

Bürckel, Josef 586, 601

Burhenne, Karl 99

Buttmann, Rudolf 160, 170, 666-667

Campbell, Ronald Hugh 199-200

Caracciola, Rudolf 351-352

Cerruti, Vittorio 385 443-444

Chamberlain, Houston Stewart 83-84, 97-98, 100-102, 102-103, 139-140, 148-149, 150-151, 331-332, 577, 659-660

Chamberlain, Neville 703 s., 613-614, 650, 811-820, 660-661, 661-662, 667-668

Chaplin, Charles ("Charlie") xiii-xiv, 535-536

Churchill, Winston 661-662

Chvalkovsky, František 828 s.

Ciano, Galeazzo (conde) von Cortellezza und Buccari 609, 632-633, 641-642, 658-659

Claß, Heinrich xi, 339-340

Clausewitz, Carl von 97-98, 335-336

Clive, Robert 128-129

Cohn, Willy 322-323, 481-482, 488, 584-585, 592, 637-638

Colenna, Piero 642-643

Conze, Eckart xiii

Coulondre, Robert 333

Crüwell, Ludwig 331-332

Cuno, Wilhelm 111, 116-117, 216-217

Curtius, Julius 199-200, 221-222

Dagover, Lil 505-506

Daladier, Edouard 820 s.

Daluege, Kurt 513-514, 601

Daranowski, Gerda 500-501, 555-556, 560-562, 666-667

Darré, Richard Walter 212-214, 274-275, 297-298, 344-345, 65, 514-515

Defregger, Franz von 671

Degano, Alois 537

Delmer, Sefton 259, 337 s., 292, 324, 329-330, 333, 339-340, 355, 376, 498

Deuerlein, Ernst 57

Dibelius, Otto 711 s.

Dickel, Otto 130 s.

Diels, Rudolf 468 s., 373-374, 403-404,Diem, Carl 493-494

Dietrich, Otto xi-xii, 212-214, 250, 327 s., 335 ss., 291, 308, 421 s., 340-341, 351-352, 357-358, 567 s., 500-501, 633 ss., 637 ss., 509-510, 689 s., 555-556, 562-563, 665-666

Dietrich, Sepp 261-262, 517 s., 500-501, 695 s.

Dingeldey, Eduard 287-288

Dinichert, Paul 324-325, 424-425, 450-451

Dinter, Arthur 159-160, 175, 565-566

Dirksen, Herbert von 417-418, 626-627, 650

Dirksen, Victoria von 546-547

Dodd, Martha 331-332, 448, 494-495

Dodd, William Edward 331-332, 448

Dohnanyi, Hans von 624-625

Döhring, Anne 547-548, 551

Döhring, Herbert 547-548, 551

Dollfuß, Engelbert 542 ss., 431

Domarus, Max xvii-xviii

Don, F. P. 434-435

Dorpmüller, Julius 510-511

Drexler, Anton 104 s., 72-73, 79-80, 89-90, 131 s., 123-124, 154-155, 214 s.

Duesterberg, Theodor 186-187, 255, 258, 406 s., 409 s., 334-335

Dufter, Georg 64-65

Duisburg, Carl 327 s.

Ebermayer, Erich 364-365, 370-371, 479 s., 378-379, 394, 406-407, 421-422, 426

Ebermayer, Ludwig 364-365

Ebert, Friedrich 63-64, 81, 94-95, 119-120, 161, 328, 338-339

Eckart, Dietrich 69, 85-86, 126 s., 130 s., 92-93, 140 ss., 147 s., 115-116

Eden, Anthony 427-428, 434-435, 554 ss., 440-441, 545, 783 s.

Eduardo VII, duque de Windsor 562-563, 610-611

Egelhofer, Rudolf 95 s.

Eglau, Hans Otto xi-xii

Ehard, Hans 181 s., 145-146

Ehrhardt, Hermann 62, 74-75, 79, 99-100, 131-132

Eichelsdörfer, Georg 44

Eichinger, Bernd xv

Eichmann, Adolf 586-587, 601

Eicke, Theodor 409, 512-513

Eicken, Carl Otto 546-547

Einem, Karl von 221-222

Eitel Friedrich, Prinz von Preußen 222-223

Eisner, Kurt 91 ss., 96 s., 66-67, 71-72, 112-113, 115, 130-131, 134-135

Elbau, Julius 299-300

Eltz-Rübenach, Paul Freiherr von 268-269, 293, 315, 408 s., 385 642 s., 576

Endres, Elsa 547-548

Enders, Maria 111-112

Engel, Gerhard 500-501, 622-623, 647-648, 664-665

Engelhardt, Philipp 41-42, 45

Epp, Franz Ritter von 62, 93-94, 112-113, 180-181, 373

Erbersdobler, Otto 184

Ernst, Karl 219

Erzberger, Matthias 71-72, 73, 74-75, 81

Escherich, Georg 111, 115-116, 161-162

Esser, Hermann 99-100, 104-105, 111-112, 130-131, 143, 159-160, 164, 167-168, 177-178, 344-345, 555-556

Evans, Richard J. xiii, 600

Fabeck, Karl von 393-394

Falkenhayn, Erich von 68 s.

Falter, Jürgen 197-198

Faulhaber, Michael 568, 718 ss.

Feder, Gottfried 99 s., 102 ss., 72-73, 82, 99, 129, 130-131, 143-144, 160, 164-165, 165-166, 167-168, 180-181, 216-217, 298-299

Fest, Joachim xvi, xviii-xix, 31, 86-87, 116-117, 230-231, 243-244, 244-245, 342, 490-491, 533-534, 551

Feuerbach, Anselm 34-35, 350, 540

Fischböck, Hans 601

Fobke, Hermann 144-145

Ford, Henry 148-149, 351-352

Forster, Albert 583-584, 671-673

Forster, Edmund 56

Fraenkel, Ernst 369

Franck, Richard 99

Franco, Francisco 755-759, 619

François-Poncet, André 304, 324, 328, 333, 359-360, 369-370, 389-390, 393-394, 407-408, 409-410, 411-412

427-428, 434-435, 437, 445-446, 463-464, 495-496, 615-616, 622-623, 819 s., 669

Frank, Hans xi-xii, 4-5, 69, 78, 138, 148, 236 s., 205, 212-214, 409-410, 494-495, 609, 616-617

Francisco Ferdinando, arquiduque austro-húngaro 37

Francisco José I (imperador austro-húngaro) 20

Frederico I (Barbarossa) 539

Frederico II (O Grande) 97-98, 137, 279 s., 263-264, 338-339, 347-348, 351, 377, 526-527, 615-616, 618-619, 671

Frederico III ("imperador por 99 dias") 546-47

Frederico Guilherme I (Prússia) 377

Frei, Norbert vii, xiii

Frentz, Walter 465, 555

Frey, Alexander Moritz 45

Frick, Wilhelm 75-76, 130-131, 182 s., 135-136, 143-144, 160, 170, 180-181, 191-192, 192, 201, 201-202, 255, 274-275, 357 s., 282-283, 287-288, 295-296, 307, 400 s., 314-315, 316, 319, 369, 474 s., 376, 380-381, 409, 465-466, 609 s., 612 s., 512, 646 s., 654 s., 579-580, 600, 666-667, 670

Friedländer, Saul 150-151, 587-588

Friedrich, Thomas xi

Fritsch, Theodor 83-84

Fritsch, Werner von 413, 551 s., 444, 447-448, 617-618, 771-782, 639-640

Fröhlich, Elke xvii-xviii

Fromm, Bella 198-99, 339-40, 376, 589-90

Fuchs, Eduard 97-98

Fucke-Michels, Ilse. Ver Braun, Ilse

Funk, Walther 217-218, 502-503, 517, 601, 627-628, 671

Furtwängler, Wilhelm 459

Gansser, Emil 99, 106-108

Ganz, Bruno xv

Garbo, Greta 351

Gareis, Karl 74-75

Gaus, Friedrich 654-655

Gayl, Wilhelm Freiherr von 268-269, 270-271, 281

Gebensleben, Elisabeth 369-370, 377-378, 412, 420-421, 450-451

Gebsattel, Konstantin (barão) von 56-57

Geiger, Theodor 197-198

Gemlich, Adolf 67-68, 84

Gerlach, Hellmut von 152-153

Gerlich, Fritz 409, 569

Gerwarth, Robert xi-xii, 485

Gesell, Silvio 61

Geßler, Otto 119-120

Giesler, Hermann 526-527

Gisevius, Hans 661-662

Glasl, Anna 5

Globke, Hans 587-588

Gobineau, conde Arthur de 83-84, 148-149

Goebbels, Helga 343-344

Goebbels, Joseph x-xii, xvii-xviii, 8, 9-10, 101, 151-52, 219 s., 222-27, 172-73, 174, 175-77, 240 s., 243 s., 246 ss., 253 ss., 257 s., 262 s., 201-2, 203, 271-78, 212-14, 282 s., 217-18, 219, 289-93, 311 ss., 317 ss., 250, 329 ss., 334 s., 340 s., 343 s., 346 s., 349 s., 353 ss., 360 ss., 365 s., 368-73, 378-84, 301, 391 s., 394 ss., 399 ss., 314-15, 406-12, 334-35, 336, 436 s., 439 ss., 445 ss., 352-353, 455 ss., 464-69, 472 s., 375-76, 480 s., 379-80, 382-83, 384-85, 494 ss., 499 s., 394-95, 398-99, 399-400, 510 ss., 515-22, 525 s., 416-17, 418-19, 534-39, 545 ss., 549 ss., 553 s., 557 ss., 563 ss., 449-50, 452-53, 454, 578 ss., 584-91, 471, 596 s., 475, 476-77, 482-83, 612 ss., 616 ss., 622 ss., 499-500, 501-2, 633 ss., 507-08, 641 s., 514-15, 517, 522-23, 659 ss., 529-30, 667 ss., 537, 539, 542-43, 680 ss., 691 s., 559, 563-64, 708 s., 714 s., 717-26, 583-84, 585-86, 733-43, 747 ss., 755 ss., 761-68, 618-19, 621-22, 777 ss., 628-29, 787 ss., 635-36, 796 ss., 645, 806 s., 650, 651-52, 653-54, 815 ss., 821 s., 661-62, 826 s., 666-67, 832 ss., 673-74

Goebbels, Magda. Ver Quandt, Magda

Goerdeler, Carl 321-322

Goldberg, Fritz 603-604

Goldschmidt, Jakob 284-285

Gooch, George Peabody 569-570

Göring, Hermann 141 s., 114, 170 s., 177 ss., 180-181, 281 s., 217-218, 220-221, 222-223, 225, 243-244, 250-251, 266-267, 268, 274-275, 363 ss., 380 ss., 307, 398 ss., 314-315, 406-411, 466 ss., 369, 373-374, 382, 399, 403-404, 406-407, 518 s., 434-435, 435-436, 447-448, 465-466, 495-496, 503-504, 510-511, 512-513, 647 ss., 522-523, 530-532, 533, 539, 551-552, 553-554, 572, 747-752, 756 ss., 613-614, 615-616, 617-618, 773 ss., 779 s., 782 s., 788 s., 639-640, 820 s., 828 s., 670

Görtemaker, Heike xi-xii, 247-48, 680 s., 552-53, 563-64

Graefe, Albrecht von 194 s., 162-63

Graf, Ulrich 99-100, 123-124, 129, 129-130

Grandel, Gottfried 99

Grant, Madison 148-149

Grimm, Hans 174

Gröbke, Erna 545-546, 555

Groener, Wilhelm 206-207, 221-222, 253-254, 342 ss., 269-270

Gropius, Walter 157-158

Groß, Walter 488

Grossmann, Stefan 152-153

Gruber, Max von 83-84

Gruhn, Margarete (mais tarde Margarete von Blomberg) 773 ss.

Grützner, Eduard von 22-23, 350

Grynzspan, Herschel 738 s.

Guilherme I. 276

Guilherme II. 259, 264-65, 268, 333, 377, 413-14

Gun, Nerin E. 544, 546-547, 549

Günther, Hans F. K. 148-149, 192

Gürtner, Franz 115-16, 268-69, 293-94, 317-18, 410-11, 610 ss., 512-13, 721 s., 601, 624-25

Gustloff, Wilhelm 489-490, 593-594, 597

Gutmann, Hugo 55

Haase, Ludolf 195 s., 357-358

Habicht, Theodor 428-429, 545 s.

Hácha, Emil 827 ss., 671-673

Hadamovsky, Eugen 331-332

Haffner, Sebastian xvii-xviii, 111, 116-117, 136-137, 157-158, 203, 323-324, 359-360, 375-376, 377, 386, 500 s., 521-522

Hagmüller, Wilhelm 13-14, 15

Haile Selassi I. 442-443

Halder, Franz 647-648, 650-651, 661

Halifax (Lorde). Ver Wood, Edward Frederick Lindley

Hamann, Brigitte xi-xii, 31, 230-231

Hammerstein, Kurt von 206-207, 343 s., 316-317, 318-319, 362-363, 413

Hammitzsch, Martin 542-543

Hanfstaengl, Erna 233-234

Hanfstaengl, Ernst 78, 85-86, 137 s., 140 ss., 145 s., 106-108, 169 s., 128-129, 178 s., 134-135, 140-142, 193, 146-147, 155, 157, 174, 201-202, 205, 294 s., 229-230, 233-234, 239-240, 316 s., 248-249, 259, 272-273, 274-275, 421, 329-330, 331-332, 333, 432 ss., 347-348, 351, 352-353, 453 s., 367-368, 404, 502

Hanfstaengl, Helene 96, 178 s., 193, 210 s., 229-230, 248-249, 274-275

Hanfstaengl, Hertha 156

Haniel, Karl 252-253

Hanisch, Magdalena 18-19

Hanisch, Reinhold 52 s., 29-30, 32

Hanke, Karl 499-500

Harmsworth, Harold, visconde Rothermere 200, 202-203

Harrer, Karl 69, 107 s.

Hartmannsgruber, Friedrich xvii-xviii

Hasselbach, Hanskarl von 553-554

Hassell, Ulrich von 283-284, 339-340, 432-433, 440-441, 561 s., 747 s., 758 s., 626-627, 628-629, 662-663, 669

Haug, Jenny 302 s.

Hauptmann, Gerhard 330-331

Haushofer, Karl 88, 130-131, 151, 344-345

Häusler, Emilie 230-231

Häusler, Rudolf 33-34, 36, 230-231

Häusser, Ludwig Christian 111-112

Hayes, Peter xiii

Hearst, William Randolph II 201-202, 218-219

Hecker, Ewald 290-292

Hedin, Sven 97-98

Heidegger, Martin 331-332

Heiden, Konrad xiv-xv, xvii-xviii, 32-33, 62-63, 78, 123-124, 138, 229, 232, 237-238, 244-245, 284-285, 301-302, 328-329, 331-332, 342, 344-345

Heim, Claus 184-185

Heim, Georg 66-67, 373

Heim, Heinrich 84-85

Heine, Heinrich 32-33

Heine, Thomas Theodor 103-104

Heinemann, Bruno 177-178

Heines, Edmund 175-176, 408

Heinrichsbauer, August 294-295

Held, Heinrich 154-155, 158-159, 269-270, 298-299, 474 s.

Helfferich, Emil 290-292

Helldorf, Wolf Heinrich von 219, 317-318, 733 ss., 621-622

Hemmrich, Franz 131-132, 145-146, 148-149, 153-154, 238

Henderson, Sir Nevile 460-461, 463-464, 613-614, 654-655, 658-659, 667-668

Henie, Sonja 492

Henlein, Konrad 797 s., 647-648, 650, 652-53

Henning, Wilhelm 143

Hepp, Ernst 41, 48-49

Herbst, Ludolf xi, 105-106

Hermine ("imperatriz", i.e., Hermine, Princesa Reuß de linhagem mais ancestral) 333-334

Heß, Ilse. Ver Pröhl, Ilse

Heß, Rudolf 41-42, 46, 69, 127 s., 133 s., 96, 140 s., 101, 103-104, 104-105, 111-112, 161 s., 118-119, 123, 126-127, 179 s., 188 ss., 143-144, 145-146, 199 s., 151, 208 s., 158-159, 160, 170, 174, 234 ss., 238 s., 182-183, 185-186, 188, 197-198, 201-202, 211-212, 215-216, 220-221, 232-233, 238, 241-242, 244-245, 248-249, 251-252, 291, 303-304, 320-321, 332, 333, 336, 337-338, 344-345, 347-348, 349-350, 351, 351-352, 392-393, 402, 406-407, 449-450, 459, 461-462, 465-466, 483-484, 486-487, 489-490, 503-504, 651 ss., 658 s., 542-543, 551-552, 579-580, 606-607, 671

Hesse, Fritz 610

Hesse, Hermann 299-300

Heusler, Andreas XI

Heuss, Theodor xvii-xviii, 170, 296 s., 266-267, 300, 359, 374-375, 377-378, 393-394, 405-406

Hewel, Walter 174, 175-176, 551-552, 665-666

Heydrich, Reinhard xi-xii, 373, 403-404, 516, 609 ss., 645 ss., 720 s., 586, 741 s., 601, 602-603, 623

Hiedler, Johann Georg 3

Hierl, Konstantin 96, 460, 512

Hildebrand, Klaus x-xi, 440-441

Hilferding, Rudolf 299-300

Hilgard, Eduard 601

Hilgenfeldt, Erich 475

Himmler, Anna Maria 453-454

Himmler, Gebhard 453-454

Himmler, Heinrich xi-xii, 101, 126-127, 178-179, 179, 303-304, 373, 375-376, 403-404, 406-407, 409, 413, 453-454, 461-462, 503-504, 645 ss., 551-552, 573, 723 ss., 594-595, 599-600, 602-603, 604, 623

Hindenburg, Oskar von 265-266, 302-303, 306-307, 309-310, 400 s., 316, 408 s., 414-415

Hindenburg, Paul von xi-xii, 4-5, 55, 81, 161-162, 180-181, 190-191, 201, 209-210, 289 ss., 328 ss., 257-258, 259, 340-349, 354-359, 361-366, 370-378, 297, 388 s., 392 ss., 397 s., 401-413, 416 ss., 328, 353-355, 458-

466, 469 s., 371-372, 373, 479-484, 386-387, 388-389, 391-392, 393-394, 508 s., 404, 405-406, 406-407, 410-411, 524 ss., 417-418, 617 s., 628 s., 520, 521-522, 572

Hirtsiefer, Heinrich 349 s.

Hitler, Alois jr. 5-7, 8

Hitler, Alois sr. Ver Schicklgruber, Alois

Hitler, Angela (mais tarde Angela Raubal) 5-7, 13-14, 19, 30-31, 132-133, 182-183, 309 ss., 243, 244-245, 678 ss., 547-548, 551-552

Hitler, Johann Georg. Ver Hiedler, Johann Georg

Hitler, Johann Nepomuk. Ver Hüttler, Johann Nepomuk

Hitler, Klara. Ver Pölzl, Klara

Hitler, Paula 8, 34 s., 41 s., 30-31, 232-233, 237-238, 551-552

Hitler, William Patrick 9

Hoche, Alfred 478-479

Hoegner, Wilhelm 207-208, 381, 420-421

Hoesch, Leopold von 610-611

Hoffmann, Heinrich 37-38, 101, 104, 106, 134-135, 155, 235 s., 234-236, 238, 312 ss., 243-244, 247, 248-249, 291, 433 s., 342, 350, 353-355, 412, 428-429, 468-469, 635 s., 682 ss., 692 s., 555-556, 559, 560-562, 563-564, 665-666

Hoffmann, Henriette (mais tarde Henriette von Schirach) 234-236, 310 s., 240-241, 243, 247, 342, 542-543

Hoffmann, Hermine 138 s., 138-139, 232

Hoffmann, Johannes 94 s., 63-64

Hofmansthal, Hugo von 20

Hohenborn, Adolf Wild von 52

Holländer, Ludwig 322-323

Holters, Wilhelm 353-354

Honacker, Samuel W. 598-599

Honisch, Karl 56 s.

Hoover, Herbert 218-219

Hoßbach, Friedrich 435, 630 s., 617-618, 771 s., 621-622, 776 ss.

Huch, Ricarda 60-61

Huemer, Eduard 10-11

Hugenberg, Alfred 247 s., 193-194, 214, 219, 291 s., 255, 281, 285-286, 371 s., 306-307, 309-310, 401, 404-410, 412 ss., 324-325, 359, 460 s., 364-365, 371-372, 380-381, 383-384, 498 s., 499-500

Hülsen, Hans von 134-135

Hüttler, Johann Nepomuk 3, 5-7

Innitzer, Theodor 636-637

Isak, Stefanie (casada, Rabatsch) 15-16, 230-31

Ismayr, Rudolf 493-494

Jäckel, Eberhard xvii, xviii-xix, 76-77, 326-327

Jacob, Hans 143

Jannings, Emil 505-506

Janßen, Karl-Heinz 622-623

Jarres, Karl 161

Jaspers, Karl 331-332

Joachimsthaler, Anton xi-xii, 544

Jodl, Alfred 628, 648-650

Johst, Hanns 469-470

Jugo, Jenny 505-506

Jung, Edgar Julius 203, 404, 405-406, 408

Jünger, Ernst 182-183, 203

Kaas, Ludwig 287-288, 313-314, 360-361, 382

Kahr, Gustav Ritter von 74-75, 127 s., 133 s., 156 s., 165 ss., 170-175, 129, 131-132, 133, 184, 137, 143, 154-155, 409, 410-411

Kalckreuth, conde Eberhard von 290-292, 305-306

Kallenbach, Hans 190 s.

Kandinsky, Wassily 34-35

Kannenberg, Arthur 455 s., 500-501, 547-548, 560, 560-562

Kannenberg, Freda 500-501, 547-548, 560-562

Kantzow, Carin von (Carin Göring) 141 s.

Kapp, Wolfgang 62, 74-75, 79, 85-86, 122-123, 271-272

Kaufmann, Karl 164, 239-240

Kaulbach, Friedrich August von 546-547

Keitel, Wilhelm 774 s., 779 ss., 629-630, 631-632, 641, 648-650, 650, 827 s.

Kellerhoff, Sven Felix xi

Kemnitz, Mathilde von (Mathilde Ludendorff) 161-162, 334-335

Kempka, Erich 351-352, 500-501

Keppler, Wilhelm 373 s., 389 s., 309-310, 632-633, 634-635

Kerr, Philip Henry, marquesa de Lothian 613-614

Kerrl, Hanns 270-271, 574-575, 723 ss., 648-650

Kershaw, Ian x-xi, xvii-xviii, 244-245, 342, 507-508

Kessler, conde Harry viii-ix, xvii-xviii, 61, 104, 111-112, 187-188, 262 s., 272 s., 228, 264-265, 268, 269-270, 273-274, 275-276, 359 ss., 283, 287, 314-315, 320, 321-322, 357-358, 366-367, 369-370, 374-375, 386, 392-393, 394, 534 s., 424-425, 440-441, 633-634

Keyserling, conde Hermann von 357-358

Kircher, Rudolf 299-300

Kirdorf, Emil 238 s., 186-187

Kirkpatrick, Ivone 654

Kirmair, Anna 240-241

Kisch, Egon Erwin 368

Klagges, Dietrich 255

Klausener, Erich 408, 569

Klein, Adelheid 330-331, 434 s.

Kleist-Schmenzin, Ewald von 320-321

Klemperer, Eva 424-425

Klemperer, Victor xvii-xviii, 151-152, 198-199, 228, 359-360, 373-374, 386, 393-394, 402-403, 412, 414-415, 537 s., 449, 452-453, 483-484, 488, 625 s., 586-587, 598, 602-603, 637-638, 639-640, 669

Klepper, Otto 270-271

Klimt, Gustav 20, 22-23, 28-29

Klintzsch, Johann 99-100

Knickerbocker, Hubert R. 225-226, 258, 332

Knilling, Eugen von 155 s., 119-120, 126-127

Köhler, Annemarie 452-453

Kokoschka, Otto 20

Kolb, Karl 555

König, Wolfgang xiii
Kopper, Christopher xi-xii
Körner, Theodor 196
Krauch, Carl 517
Kraus, Karl 21-22
Krause, Karl 630 ss., 636 ss., 560
Krause, Reinhold 713 s.
Krebs, Albert 184-185, 333, 346, 356
Kriebel, Hermann 158 s., 118, 122-123, 127-128, 129, 182 s., 135-136, 139-140, 141
Krings, Stefan xi-xii
Krogmann, Carl Vincent 290-292, 320-321, 380-381
Krogmann, Emerentia 320-321
Krupp von Bohlen und Halbach, Gustav 193-194, 327 s., 365-366, 522-523
Kubizek, August 4-5, 9, 35 ss., 40 ss., 45 ss., 50 ss., 28-29, 31
Kugler, Franz 97-98, 137
Kuhn, Axel xvii, 76-77
Kühnell, Walter 534-535
Kun, Béla 61
Kursell, Otto von 87-88
Labougle, Eduardo 590-591, 598-599
Laffert, Sigrid von 546-547
Lagarde, Paul Anton de 148-149, 591
Lammers, Hans Heinrich 319, 399-400, 498, 502-503, 510-511, 512, 520, 563-564
Landauer, Gustav 94 s.
Langenheim, Adolf 606-607
Lanz von Liebenfels, Joseph Adolf (Jörg) 32
Lanzhammer, Karl 52-53
Laski, Harold 299-300
Lauböck, Dora 98
Lauböck, Fritz 98, 122-123
Lauböck, Theodor 98
Laval, Pierre 442-443
Le Bon, Gustave 82-83
Leander, Zarah 505-506
Léger, Alexis 658-659
Léhar, Franz 560
Lehmann, Julius s. 36, 69, 126-127, 148-149

Leicht, Johannes xi-xii
Leipart, Theodor 323-324, 388-389, 390
Lenbach, Franz von 348-349
Lerchenfeld-Köfering, Hugo Graf von und zu 94-95, 112-113
Leviné, Eugen 94 ss., 66-67
Lewald, Theodor 617 ss.
Lewis, Sinclair 225-226
Ley, Robert 382 s., 494 s., 582 s., 471, 474-475, 518-519
Leybold, Otto 146-147, 207 s., 303 s.
Liebel, Willy 459, 526
Liebermann, Ferdinand 244-245
Liebknecht, Karl 85-86
Lindner, Alois 60-61
Linge, Heinz 500-501, 507, 548-549, 551, 668-669
Lippert, Julius 526-527
Lipski, Jozef 425
List, Guido von 32
List, Julius 39-41, 41-42
Lloyd George, David 562-563, 613-614
Löbe, Paul 282, 391
Lobjoie, Charlotte 46-47
Lochner, Louis P. 278-279, 469-470, 476-477
Löffner, Siegfried 32-33
Lohse, Hinrich 297-298
Londonderry (Lorde). Ver Vane-Tempest-Stewart, Charles, marquês Londonderry
Londonderry (Lady). Ver Vane-Tempest-Stewart, Diana, marquesa de Londonderry
Longerich, Peter xi-xii
Loos, Adolf 20, 22-23
Lorenz, Heinz 560-562
Lösener, Bernhard 612 s., 489, 600
Lossow, Otto von 156 s., 115, 165 s., 122-123, 171 ss., 131-132, 182 ss., 137, 154-155
Lothian (Lorde). Ver Kerr, Philip Henry, marquês de Lothian
Louis, Joe 357
Lubbe, Marinus van der 468 s.
Lüdecke, Kurt 78

Ludendorff, Erich 55, 75-76, 81 97-98, 117-118, 121-122, 171 ss., 177 ss., 182 ss., 194 ss., 208 s., 213-218, 170-171, 214, 321-322, 334-335, 620-621

Lueger, Karl 49 s., 32

Lurker, Otto 146-147, 148-149

Luther, Hans 398-399

Lüttwitz, Walther Freiherr von 74-75, 79, 122-123, 271-272

Lutze, Viktor 403-404, 406-407, 408, 413, 461-462

Luxemburgo, Rosa 85-86

Machtan, Lothar xi, 46-47, 229-230, 236-237

Mackensen, August von 552 s.

Mackensen, Hans Georg von 627-628

Magnus, Georg 593-594

Mahler, Gustav 16-17, 22-23, 32-33

Mahoney, Jeremiah 491-492

Maier, Reinhold 383-384

Maleta, Alfred 238

Mann, Golo 332

Mann, Klaus 226-227, 324, 330-331, 432-433

Mann, Thomas vii, ix-x, xvii-xviii, 15, 23, 39-40, 267 s., 226-227, 299-300, 331-332, 394, 412, 414-415, 421, 446-447, 637-638

Marahrens, August 572, 573-574

March, Werner 490-491

Makart, Hans 22-23

Martynkewicz, Wolfgang xi-xii

Marx, Wilhelm 216 s.

Maser, Werner 46-47, 544

Matzelsberger, Franziska ("Fanni") 26 s.

Maurenbrecher, Max 106

Maurice, Emil xi-xii, 99-100, 139-140, 141, 146-147, 233-234, 311 s., 351-352

May, Karl 10-11, 100-102

Mayer, Helene 491-492

Mayr, Karl 98 s., 66-67, 68-69, 71-72, 85-86, 93-94

Medicus, Franz Albrecht 485-486

Meinecke, Friedrich 203

Meiser, Hans 572, 573-574

Meissner, Otto 265-266, 267-268, 270-271, 275-276, 276-277, 371 ss., 376 s., 302-303, 304-305, 400 s., 408 ss., 328, 361-362, 371-372, 380-381, 410-411, 502-503, 665-666

Menzel, Adolph von 350

Messersmith, George S. 417-418

Meyer, Georg 52

Middendorf, Ernst 222-224

Miklas, Wilhelm 790 s.

Minoux, Friedrich 120-121

Mirre, Ludwig 521-522

Misch, Rochus 540-541

Mitford, Diana (mais tarde Diana Mosley) 545-546

Mitford, Valkyrie Unity 545-546

Mittlstrasser, Anna 548-549, 551

Mittelstrasser, Gretl 547-548, 551

Mittelstrasser, Willi 547-548

Moeller van den Bruck, Arthur 106, 203

Möhl, Arnold von 64-65

Moller, Johanna ("Hanni") 554, 560-562

Moltke, Helmuth von ("Moltke, o Velho") 647-648

Moltke, Helmuth von ("Moltke, o Jovem") 68 s.

Mommsen, Hans xiv-xv

Personenregister 1079

Morell, Theodor 229-230, 693 s., 560-562, 639-640, 641-642, 665-666

Morgenstern, Samuel 30-31

Moser von Filseck, Carl 113-114

Moses, Hugo 598

Mosley, Oswald 545-546

Motloch, Johanna 18-19

Muck-Lamberty, Friedrich 111-112

Mühsam, Erich 34-35, 38-39, 62-63, 66-67, 214, 368

Müller, Adolf 155, 243-244, 273-274

Müller, Heinrich 741 s.

Müller, Hermann 180-181, 251 s.

Müller, Karl Alexander von 65, 79, 100-102, 104-105, 106-108, 172 s., 131-132, 215 s., 330-331, 336, 340-341

Müller, Klaus-Jürgen xi-xii

Müller, Ludwig 712-716

Mussolini, Benito 104, 112-113, 118, 134-135, 171-172, 200, 201-202, 213, 212-214, 232, 301-302, 324, 334-335, 415, 419-420, 543 s., 431, 437-438, 440, 560 s., 508-509, 567-568, 606-607, 608-609, 610, 764 ss., 628-629, 633-634, 635-636, 798 ss., 657-658, 820 s., 661-662

Mutschmann, Martin 101

Nadolny, Rudolf 421

Nathorff, Hertha 598

Naumann, Victor 111-112

Neidhardt, Georg 134-135, 136-137

Neumann, Josef 29-30, 32

Neurath, Konstantin Freiherr von 268-269, 312-313, 315, 317-318, 324, 417-418, 419-420, 421, 426, 428-429, 435, 439-440, 562 s., 446-447, 465-466, 510-511, 591, 608-609, 617-618, 619-620, 780 s., 659-660, 666-667, 671-673

Niekisch, Ernst 61

Niemöller, Martin 712 s., 573, 725 s.

Nortz, Eduard 156 s.

Noske, Gustav 62, 63-64, 338-339

Nüsslein, Timo xi-xii

Oeynhausen, Adolf Freiherr von 308

Ohnesorge, Wilhelm 510-511, 522-523

Oppen, Heinrich von 54-55

Orsenigo, Cesare 671-673

Ossietzky, Carl von 138-139, 199-200, 204, 225, 300, 368, 460

Oster, Hans 661-662

Ott, Alois Maria 131-132

Ott, Eugen 293-294

Oven, Ernst von 62

Owens, Jesse 494-495

Pabst, Waldemar 85-86

Pacelli, Eugenio 708 s., 577

Pahl, Georg 104

Pannini, Giovanni Paolo 540

Papen, Franz von 345-350, 272-273, 355-370, 373 s., 376 ss., 297, 388 ss., 394 ss., 398 319, 412-419, 458 ss., 465 ss., 368, 369-370, 371-372, 476 ss., 483 s., 499 s., 395-396, 513-518, 521 s., 414-415, 418-419, 425, 431, 465-466, 478-479, 567-568, 627-628, 784 ss.

Perlitius, Ludwig 360-361

Pernet, Heinz 182 s., 135-136

Perowne, John 170-171

Petz, Friedrich 45

Petzl, Maria 555

Pfeffer von Salomon, Franz 101, 162-163, 178-179, 184, 209, 442 s., 430

Pfordten, Theodor Freiherr von 128-29, 136-37

Pfundtner, Hans 485-486

Philipp, Prinz von Hessen 633-634, 635-636

Phipps, *Sir* Eric 416-417, 426, 613-614

Picasso, Pablo 607-608

Piepenburg, Karl 534-535

Pietrzuch, Konrad 278-279

Piloty, Carl Theodor von 671

Pilsudski, Józef Klemens 426

Piper, Ernst xi-xii

Pirow, Oswald 603-604

Pio XI 577

Planck, Erwin 220-221, 357 s., 413

Planck, Max 276-277

Plöckinger, Othmar xi, 68-69, 151-152

Poensgen, Ernst 252-253

Poetsch, Leopold 13-14

Pöhner, Ernst 75-76, 94-95, 112-113, 123, 124-125, 130-131, 182 s., 135-136

Pölzl, Johann Baptist 5-7

Pölzl, Johanna ("Hanni"-Tante) 8, 13-14, 19, 21-22, 27-28, 30-31

Pölzl, Klara (mais tarde Klara Hitler) 5-7, 8, 34 s., 39 s., 232, 245-246, 500-501

Popp, Anna 36, 39-41

947

Popp, Joseph 44, 52-53

Poppelreuter, Walther 337

Porsche, Ferdinand 473-474

Porten, Henny 505-506

Preysing, Konrad von 578-579

Prittwitz und Gaffron, Friedrich von 417-418

Pröhl, Ilse (mais tarde Ilse Heß) 41-42, 189 s., 199 s., 188, 248-249, 320-321, 344-345

Pudor, Heinrich 67-68

Pünder, Hermann 255, 268, 357 s., 283

Puttkammer, Karl Jesko von 500-501

Pyta, Wolfram xi-xii, 301-302

Quaatz, Reinhold 273-274, 309-310, 316-317

Quandt, Günther 245-246, 329-330

Quandt, Magda (mais tarde Magda Goebbels) 245-246, 274-275, 276-277, 310-311, 439 s., 356, 367-368, 482-483, 503-504, 542-543, 552-553

Radek, Karl 583-584

Radkau, Joachim 231-232

Raeder, Erich 363-364, 608-609, 617-618, 620-621

Raether, Arnold 465

Rath, Ernst vom 738 ss., 597

Rathenau, Walther 52, 74-75, 82, 94-95, 171-172

Ratzel, Friedrich 151

Raubal, Alois 132-133

Raubal, Angela sr. Ver Hitler, Angela

Raubal, Angela jr. ("Geli") xi-xii, 229, 309-322, 273-274, 297, 353-355, 540, 541-542, 543-544, 636-637

Raubal, Leo (jr.) 238

Raubal, Leo (sr.) 13-14, 237-238

Rauschning, Hermann viii-ix

Rehborn, Anni (mais tarde Anni Brandt) 691 s., 558-559, 560-562

Reichel, Peter 470

Reichenau, Walter von 406-407, 430, 629-630

Reichert, Maria 96, 240-241, 242

Reinhardt, Fritz 395-396, 521-522

Reinhart, Friedrich 290-292

Reismann-Grone, Theodor 179, 212-214, 216-217

Reiter, Maria ("Mitzi" ou "Mimi") 305 ss., 247

Remarque, Erich Maria 207-208

Reschny, Hermann 430

Reupke, Hans 217-218

Reusch, Paul 180, 222-224, 252-253, 290-292

Reuth, Ralf Georg xi

Reventlow, Ernst (conde) von 333-334

Reynolds, Rothay 202-203

Ribbentrop, Joachim von 306-307, 309-310, 400 s., 404 s., 341, 426-427, 558 s., 444, 495-496, 503-504, 509-510, 548-549, 551-552, 756 s., 760 ss., 780 s., 631-632, 633-634, 635-636, 637-638, 642-643, 644-645, 811 s., 654-655, 820 s., 826 ss., 668-669, 671-673

Richter, Alfred 372

Riefenstahl, Leni xi-xii, 17 s., 246, 349-350, 586-591, 624 s., 503-504

Riezler, Kurt 37-38

Ritter, Gerhard 747 s., 637-638

Robespierre, Maximilien de 412

Robinson, Simon 32

Rochira, Ubaldo 586

Roder, Lorenz 131-132

Rothermere (Lorde). Ver Harmsworth,

Harold, visconde Rothermere Röhm, Ernst 62, 133 s., 112-113, 114, 126-127, 130-131, 182 s., 135-136, 135-136, 141, 143-144, 159-160, 217 s., 209, 220-221, 357 ss., 296, 373, 507-513, 516 ss., 523 s., 428-429, 458-459, 461-462, 588 s., 481-482, 624, 627-628

Roller, Alfred 16-17, 18-19

Roosevelt, Franklin D. 415, 590-591

Rösch, Matthias xi

Rosenberg, Alfred xi-xii, 69, 87 s., 99-100, 147 s., 169 s., 193 s., 159-160, 169, 178-179, 426-427, 460, 566-567, 709 s., 573-574, 577, 591

Rossbach, Gerhard 89-90, 129

Rossbach, J. R. 82-83

Rosterg, August 290-292

Ruff, Ludwig 526-527

Rühmann, Heinz 505-506

Rumbold, Horace 200, 324, 373-374, 386

Runciman, Walter, visconde Runciman de Doxford 647-648

Rundstedt, Gerd von 271-272

Rupprecht, Kronprinz von Bayern 126

Rust, Bernhard 484, 512

Ryback, Timothy W. xi

Sackett, Frederick 225-226, 471 s.

Sahm, Heinrich 254

Sauerbruch, Ferdinand 131-132

Schacht, Hjalmar xi-xii, 282 s., 291 s., 274-275, 280, 373 s., 390 s., 361-362, 365-366, 398-399, 484, 647 ss., 627-628, 661-662

Schäfer, Kristin A. xi-xii

Schäffer, Fritz 287-288, 379-380

Schäffer, Hugo 268-269

Personenregister 1081

Schaub, Julius 7-8, 213, 229, 313 s., 291, 353-355, 430, 500-501, 506-507, 680 s., 555-556, 594-595

Schemm, Hans 101

Schenk, Dieter xi-xii

Scheringer, Richard 205-206

Scheubner-Richter, Max Erwin von 87-88, 118, 125-126, 177 s., 214, 337

Schicklgruber, Alois (mais tarde Alois Hitler) 23 ss., 8, 12-13

Schicklgruber, Maria Anna 23 s.

Schiele, Egon 20

Schinkel, Karl Friedrich 22-23

Schirach, Baldur von 178-179, 234-236, 333, 346, 347-348, 452 ss., 359, 379-380, 461-462, 465-466, 494-495, 644 s., 599-600

Schirach, Henriette von. Ver Hoffmann, Henriette

Schirmer, Hans 35

Schirrmacher, Frank xi

Schlageter, Leo 116-117

Schlange-Schöningen, Hans 267-268

Schleicher, Kurt von 206-207, 220-221, 343 ss., 274-275, 276, 361 s., 283, 376 ss., 295-296, 298-299, 301, 302-303, 391 ss., 397 s., 401-407, 318-319, 325-326, 395-396, 517 ss., 412, 418-419

Schmeer, Rudolf 601

Schmeling, Max 357

Schmid, Wilhelm 517 ss.

Schmidt-Hannover, Otto 309-310, 314-315, 318-319

Schmidt, Ernst 76 s., 53-54, 91 ss.

Schmidt, Guido 783 s., 631-632

Schmidt, Lieselotte 330-331, 342-343, 357, 637-638

Schmidt, Otto 776 s., 628

Schmidt, Paul 554 ss., 495-496, 614, 783 s., 811 s., 814 ss., 657-658, 828 s.

Schmidt, Ulf xi-xii

Schmitt, Carl 203, 412

Schmitt, Kurt 392-393, 662-663

Schmölders, Claudia xi

Schmundt, Rudolf 500-501, 560-562

Schneider, Herta 555

Schneidhuber, August 517 s.

Schnitzler, Arthur 20, 28-29

Schnitzler, Georg von 365-366

Scholder, Klaus 566-567, 573

Scholz, Ernst 190-191

Schönberg, Arnold 20

Schönerer, Georg Ritter von 48 s., 28-29, 32

Schönfelder, Adolph 372

Schönmann, Fritz 560-562

Schönmann, Marianne ("Marion") 694 s., 560-562, 563-564

Schopenhauer, Arthur 49-50, 335-336

Schreck, Julius 178-179, 243-244, 291, 303-304, 351-352, 357, 630 s.

Schröder, Kurt von 290-292, 389 ss., 309-310

Schroeder, Christa 87-88, 230-231, 233-234, 239-240, 247, 248-249, 330-331, 334-335,

335-336, 339-340, 345-346, 348-349, 409, 500-501, 540-541, 555-556, 560-562, 582, 642-643, 666-667, 671-673

Schultze-Naumburg, Paul 192

Schultze, Walter 129-130

Schumacher, Kurt 255-256

Schumburg, Emil 601

Schuschnigg, Kurt von 430, 562-563, 586, 605-606, 782-788, 634-635, 651-652, 665-666

Schütz, Wilhelm 163-164

Schwab, Gustav 97-98

Schwarz, Birgit xi

Schwarz, Franz Xaver 177-78, 241-42, 555-56

Schwarzschild, Leopold 225, 250-51, 301-2

Schweninger, Ernst 356

Schwerin von Krosigk, conde Lutz xiii-xiv, 268-269, 274-275, 293-294, 312-313, 404 s., 317-318, 319, 329-330, 425 ss., 443 s., 368, 385 484, 509-510, 510-511, 512, 516, 601

Schwind, Moritz von 34-35

Sebottendorf, Rudolf (barão) von 103 s.

Seeckt, Hans von 165 s., 122-123, 222-223, 608-609

Seeds, William 108

Seifert, Gustav 76-77

Seißer, Hans Ritter von 166 s., 171 ss., 131-132, 133, 134-135, 137, 154-155

Selchow, Bogislaw von 59-60, 74-75

Seldte, Franz 219, 314-315, 316, 408 s., 320-321, 391, 512

Semper, Gottfried 22-23

Sereny, Gitta 532, 556-557

Severing, Carl 63-64, 205-206, 264-265, 348 s., 382

Seyß-Inquart, Arthur 786 s., 790 s.

Shirer, William L. 329-330, 437, 440, 445-446, 447-448, 454, 580 s., 461-462, 463-464, 492, 496-497, 586, 605, 647-648, 651-652, 654, 656-657, 659-660

Siedler, Wolf Jobst 840

Sigmund, Anna Maria xi-xii

Silverberg, Paul 252-253

Simon, Hugo 321-322

Simon, John 421, 434-435, 437-438, 439-440, 558 s., 545, 629-630

Slezak, Gretl 349-350

Simpson, Wallis, duquesa de Windsor 562-563, 610-611

Sobanski, conde Anton 376, 452-453

Solmitz, Luise 285-286, 299-300, 320-321, 369-370, 375-376, 411-412 437, 449-450, 637-638

Solmssen, Georg 387-388,Speer, Albert ix-x, xiii-xiv, xv, 184, 421 s., 330-331, 334-335, 337, 437 s., 441 s., 347, 446 s., 352-353, 355, 454, 460-461, 463-464, 468-469, 476, 490-491, 628 s., 632 ss., 522-523, 660-671, 537, 539, 677 s., 548-549, 550, 691 s., 695 ss., 560-562, 563-564, 610-611, 612-613, 671

Speer, Margarete 525, 691 s., 695 s., 558-559, 560-562

Spengler, Oswald 90-91, 203

Sperrle, Hugo 607-608, 629-630

Spitzweg, Carl 34-35, 350

Spitzy, Reinhard 548-549, 633-634, 635-636

Springorum, Fritz 252-253, 290-292, 310-311, 365-366

Stalin, Josef 583-584

Stampfer, Friedrich 382-383, 390

Stauß, Emil Georg von 282 s., 225-226

Stefanie (sobrenome desconhecido) 15-16, 230-231

Stegemann, Hermann 97-98

Steinle, Edward von 540

Stelling, Johannes 391

Stempfle, Bernhard 409

Stenglein, Ludwig 153-154

Stennes, Walter 274 ss., 347

Sternheim, Carl vii-viii, 198-199

Sternheim, Thea vii-viii, xvii-xviii, 198-199, 219, 225 s., 262, 324

Stimson, Henry 225-226
Stöhr, Franz 208
Stolper, Gustav 299-300
Stolzing-Cerny, Josef 148
Stork, Sofie 540, 555-556, 560, 560-562
Strang, William 651-652
Straßer, Gregor 143-144, 148-149, 151-152, 154-155, 214 s., 218-222, 224 s., 177-178, 179, 240 s., 254 s., 194-195, 201, 207-208, 217-218, 274-275, 361 s., 287-288, 377-384, 305-306, 396 s., 310-311, 342, 349-350, 407-408, 519 s., 412
Straßer, Otto 148-149, 151-152, 254 ss., 205, 243, 332, 341
Strauß, Richard 493-494, 560
Streicher, Julius 95-96, 143, 159-160, 172-173, 385 585-586, 591
Stresemann, Gustav 117-118, 119-120, 157-158, 171-172, 248 s., 190-191, 288-289, 418-419
Strupp, Christoph XVII-XVIII
Stuckart, Wilhelm 485-486, 489, 723 s., 600, 636, 666-667
Stützel, Karl 170-171, 373
Tenner, Friedrich 153-154
Terboven, Josef 406-407
Thälmann, Ernst 161, 172-173, 198-199, 255-256, 258, 262, 368
Thiele, Hertha 351
Thimme, Friedrich 569-570
Thoma, Ludwig 342
Thompson, Dorothy 295 s., 234-235, 329-330
Thyssen, August 214
Thyssen, Fritz XI-XII, 281 ss., 222-223, 250-251, 252-253, 290-292
Tiso, Jozef 664-665, 666-667, 671-673
Tizian. Ver Vecelli, Tiziano
Tobias, Fritz 367-368, 622-623
Todt, Fritz 504 s., 511
Toller, Ernst 61, 62-63, 66-67, 204, 205
Tooze, Adam XIII

Torgler, Ernst 282-283
Treitschke, Heinrich von 97-98
Trenker, Luis 310-311
Treviranus, Gottfried 201
Trimborn, Jürgen XI-XII
Troost, Gerdy 211-212, 540, 555
Troost, Paul Ludwig XI-XII, 277 ss., 499-500, 540
Trützschner, Fritz Günther von 84-85
Tschechowa, Olga 505-506
Tschirschky, Fritz Günther von 404
Tubeuf, Anton von 52-53
Turner, Henry A. 252-253
Urban, Markus XIII
Urbsys, Joseph 668-669
Valentin, Veit 326-327
Vane-Tempest-Stewart, Charles Stewart Henry, marquês de Londonderry 610
Vane-Tempest-Stewart, Edith Helen, marquesa de Londonderry 610
Vecelli, Tiziano 671
Personenregister 1083
Vittorio Emanuele II. (rei da Itália) 799 s.
Vogl, Adolf 240-241
Vögler, Albert 180, 252-253, 281, 290-292, 365-366
Wagener, Otto 209, 212-214, 283 ss., 244-245, 330-331, 430 s., 342, 345-346, 347-348, 349-350, 352-353, 353-355
Wagner, Adolf 373, 407-408, 460, 594-595
Wagner, Friedelind 430
Wagner, Gerhard 489
Wagner, Otto 20
Wagner, Richard 37 s., 22-23, 83-84, 97-98, 102-103, 106-108, 301, 335-336, 351, 352-353, 493-494, 540, 560, 606-607
Wagner, Robert 182 s., 135-136
Wagner, Siegfried 102-103, 108-109, 132-133, 138, 143-144, 145-146, 342-343, 637-638, 660-661
Wagner, Wieland 342-343

951

Wagner, Winifred xi-xii, 15, 102-103, 108-109, 132-133, 160, 221 s., 180-181, 186-187, 229, 232, 236-237, 243, 260-261, 301, 330-331, 342-343, 344-345, 615-616, 794 s., 660-661

Wagner, Wolfgang 342-343, 606-607

Ward Price, George 422-423, 434-435

Warmbold, Hermann 268-269, 274-275

Warmund, Adolf 83-84

Wassermann, Ludwig 128-129

Weber, Christian 99-100

Weber, Friedrich 126-127, 182 s., 135-136, 139-140, 141

Weber, Max 105-106

Weber, Thomas xi, 45

Wecke, Walter 317-318

Wehler, Hans-Ulrich 394, 449-450, 479

Weihmayr, Franz 465

Weinberg, Gerhard L. 182-183

Weinmann, Leopold 482-483

Weizsäcker, Ernst von 334-335, 541 s., 507-508, 604, 627-628, 637-638, 644-645, 652-653, 654-655, 819 ss., 823 s., 828 s.

Wellesley, Arthur, duque de Wellington 439-440

Wellington (Lorde). Ver Wellesley, Arthur, duque de Wellington

Wels, Otto 487 ss., 391

Werlin, Jakob 152-153, 351-352, 555-556, 560-562

Werner, Karl August 225

Wessel, Horst 177-178, 192-193, 311-312, 377

Wieck, Dorothea 351

Wiedemann, Fritz 74 s., 50, 82 s., 55, 247-248, 335-336, 348-349, 452-453, 454, 457-458, 498-499, 630 s., 657 s., 555-556, 700 s., 562-563, 625-626, 636, 641-642, 642-643, 806 s., 661-662

Wiedfeldt, Otto 120-121

Wiegand, Karl 278-279

Wieland, Karin xi-xii

Wildt, Michael xiii, 480

Wilhelm, Kronprinz 259

Wille, Ulrich 99

Willikens, Werner 305-306, 507-508

Wilson, Hugh R. 588-589

Wilson, Sir Horace 651-652, 815 ss., 658-659

Windt, Herbert 465-466

Winkler, Heinrich August 268

Winter, Anni 311 ss., 321 s., 350, 353-355, 540-541, 547-548

Winter, Georg 313 ss., 247-248

Winter, Margarete 182-183, 537

Winterfeld, Friedrich von 391-392

Wirth, Joseph 221-222

Witthoeft, Franz 290-292

Woermann, Ernst 601

Woermann, Kurt 290-292

Wohlrab, Maria 32-33

Wolf, Hugo 560

Wolf, Johanna 500-501, 540-541, 555-556

Wolff, Theodor 203, 308-309

Woltereck, Ernst 175-176

Wood, Edward Fredrick Lindley, visconde Halifax 783 s., 806 s., 669

Wulle, Reinhold 143

Wurm, Theophil 572, 573-574

Wysocki, Alfred 425

Young, Owen 186-187

Zahle, Herluf 402-403

Zakreys, Maria 19, 21-22, 26

Zetlmeier, Josef 112-113

Zimmermann, Moshe xiii

Zitelmann, Rainer 477-478

Zuckmayer, Carl 585-586

Zweig, Arnold 225

Zweig, Stefan xviii-xix, 20, 38-39, 586

FONTE: Fazeta
PAPEL: Pólen Bold 90g/m²
IMPRESSÃO: R.R. Donnelley